Entscheidungen in Kirchensachen

seit 1946

Begründet von

Prof. Dr. Dr. Carl Joseph Hering †   Dr. Hubert Lentz

Herausgegeben von

Dr. Hubert Lentz
Stadtdirektor a. D. in Düren

Prof. Dr. Wolfgang Rüfner   Prof. Dr. Manfred Baldus
Universitätsprofessor   Vorsitzender Richter
an der Universität zu Köln   am Landgericht Köln

1997

Walter de Gruyter · Berlin · New York

Entscheidungen in Kirchensachen

seit 1946

31. Band
1. 1.–31. 12. 1993

1997

Walter de Gruyter · Berlin · New York

Zitierweise
Für die Zitierung dieser Sammlung wird die Abkürzung KirchE empfohlen,
z. B. KirchE 1,70 (= Band 1 Seite 70).

ISBN 3-11-015739-X

©
Copyright 1997 by Walter de Gruyter & Co., 10785 Berlin.

Alle Rechte, insbesondere das Recht der Vervielfältigung und Verbreitung sowie der Übersetzung, vorbehalten. Kein Teil des Werkes darf in irgendeiner Form (durch Fotokopie, Mikrofilm oder ein anderes Verfahren) ohne schriftliche Genehmigung des Verlages reproduziert oder unter Verwendung elektronischer Systeme verarbeitet, vervielfältigt oder verbreitet werden. Printed in Germany.

Satz: Dörlemann Satz, Lemförde
Druck: Gerike, Berlin
Buchbinderarbeiten: Lüderitz & Bauer Buchgewerbe GmbH, Berlin

Vorwort und Benutzungshinweise

Die Sammlung „Entscheidungen in Kirchensachen seit 1946" (KirchE) veröffentlicht Judikatur staatlicher Gerichte in der Bundesrepublik Deutschland zum Verhältnis von Kirche und Staat und zu weiteren Problemkreisen, die durch die Relevanz religiöser Belange gekennzeichnet sind. Angesichts dieses breiten Themenkatalogs, der alle Zweige der Rechtsprechung berührt, kann eine Vollständigkeit der Übersicht nur angestrebt werden, wenn man eine gewisse zeitliche Distanz in Kauf nimmt. Um jedoch den Gebrauchswert der Sammlung zu erhöhen, ist im Quellennachweis unter Fußnote 1 der jeweiligen Entscheidung auf weitere Rechtsprechung verwiesen, die nach dem Publikationszeitraum anderenorts (nicht nur im Leitsatz) veröffentlicht worden ist und ähnliche Rechtsprobleme behandelt. Diese und weitere Entscheidungen werden in späteren Bänden der Sammlung abgedruckt. Über die aus den Bänden 1–25 ersichtliche Judikatur informiert ein im Jahr 1993 erschienener Registerband.

In Fußnote 1 finden sich ferner neben Quellenangaben Hinweise auf den Fortgang des Verfahrens (Rechtsmittel, Rechtskraft). Die Herausgeber halten es für angebracht, evtl. auch solche Entscheidungen aufzunehmen, die noch nicht rechtskräftig sind oder im weiteren Verlauf des Verfahrens keinen Bestand hatten; anderenfalls würde erfahrungsgemäß wertvolles religionsrechtliches Material für eine Auswertung in Wissenschaft und Praxis verlorengehen.

Soweit die als amtlich gekennzeichneten Leitsätze der Gerichte verwendet wurden, ist dies vermerkt. Im übrigen wurden die Leitsätze möglichst auf den religionsrechtlich relevanten Inhalt der Entscheidung beschränkt. Dasselbe gilt für die von den Herausgebern gefaßte Sachverhaltsschilderung, für die Prozeßgeschichte und die Entscheidungsgründe. Der z. T. unterschiedliche Zitier- und Abkürzungsmodus wurde nur angeglichen, wo Verwechslungen in Betracht kamen. Soweit in den Urteilen etc. auf andere Entscheidungen, die auch in KirchE abgedruckt sind, Bezug genommen wird, ist die Fundstelle in einer weiteren Fußnote – jeweils beim erstmaligen Zitat – nachgewiesen.

Zugänge zur Judikatur kirchlicher Gerichte, die in dieser Sammlung schon aus Raumgründen nicht berücksichtigt werden kann, eröffnen die Rechtsprechungsbeilage zum Amtsblatt der VELKD, das Amtsblatt der EKD (jeweils Beilage zu Heft 4 eines Jahrganges, ab 1982) und die kirchenrechtlichen Fachzeitschriften, insbesondere das „Archiv für katholisches Kirchenrecht" und die „Zeitschrift für evangelisches Kirchenrecht". Die Spruchpraxis arbeitsrechtlicher Schiedsstellen im Bereich der katholischen Kirche ist u. a. aus der Zeitschrift „Die Mitarbeitervertretung" ersichtlich.

Da im Asylrecht und Feiertagsrecht religionsrechtliche Bezüge nur ausnahmsweise eingehend behandelt werden, haben sich die Herausgeber hier auf den Abdruck jeweils einer exemplarischen Entscheidung beschränkt. Weitere Judikatur aus dem Veröffentlichungszeitraum ist jeweils in Fußnote 1 nachgewiesen. Entsprechend wurde verfahren für den Bereich des kirchlichen Arbeitsrechts, soweit die tarifliche Eingruppierung kirchlicher Arbeitnehmer in die Arbeits- u. Vergütungsordnung und ähnliche Probleme ohne unmittelbaren religionsrechtlichen Bezug Gegenstand der Entscheidung sind.

Seit seiner Gründung (1963) erscheint das Werk in Zusammenarbeit mit dem Institut für Kirchenrecht und Rheinische Kirchenrechtsgeschichte der Universität zu Köln und wird dort auch redaktionell betreut.

Den Benutzern der Sammlung, den Gerichten und kirchlichen Stellen, insbesondere dem Kirchenamt der EKD in Hannover und dem Institut für Staatskirchenrecht der Diözesen Deutschlands in Bonn, danken die Herausgeber für Hinweise und die Zusendung bisher unveröffentlichter Entscheidungen; sie werden diese Mithilfe auch weiterhin zu schätzen wissen.

Köln, im März 1997   *Hubert Lentz*   *Wolfgang Rüfner*
                            Manfred Baldus

Inhaltsverzeichnis

Nr.		Seite
1	Missionarische Tätigkeit einer Krankenschwester. ArbG Reutlingen, Urteil vom 5. 1. 1993 (1 Ca 378/92)	1
2	Ehescheidung israelischer Juden in Deutschland. KG, Beschluß vom 11. 1. 1993 (3 WF 7099/92)	9
3	Eingruppierung eines kirchl. Mitarbeiters. LAG Schleswig-Holstein, Urteil vom 12. 1. 1993 (1 Sa 287/92)	11
4	Anhörung der Mitarbeitervertretung, Frist. ArbG Bremen, Urteil vom 13. 1. 1993 (5 Ca 5394/92)	16
5	Bezeichnung einer Einrichtung als „katholisch". LG München I, Urteil vom 14. 1. 1993 (26 O 14864/92)	19
6	Staatl. Förderung eines Vereins zur Bekämpfung von Gefahren durch neue relig. Gruppierungen. VGH Baden-Württemberg, Beschluß vom 21. 1. 1993 (1 S 2616/92)	23
7	Kein staatlicher Rechtsweg gegen Suspendierung vom kath. Priesteramt. VG Mainz, Gerichtsbescheid vom 22. 1. 1993 (7 K 113/92)	27
8	Kirchensteuerpflicht aufgrund von Kindertaufe. FG Münster, Urteil vom 22. 1. 1993 (4 K 4272/92 Ki)	30
9	Fernbleiben im Gerichtstermin aus relig. Gründen. OLG Köln, Beschluß vom 26. 1. 1993 (Ss 562/92)	31
10	Versorgungsansprüche von Auslandspfarrern gegen die EKD. Nieders.OVG, Urteil vom 26. 1. 1993 (2 L 806/91)	35
11	Unternehmer i. S. v. § 636 RVO bei Böllerschießen anläßlich einer Fronleichnamsprozession. OLG Koblenz vom 3. 2. 1993 (7 U 1131/92)	47
12	Arbeitsfreistellung aus Anlaß der Erstkommunion eines Kindes. BAG, Urteil vom 11. 2. 1993 (6 AZR 98/92)	51
13	Gleichbehandlungsgrundsatz im kirchl. Arbeitsrecht. LAG Hamm, Urteil vom 12. 2. 1993 (10 Sa 1337/92)	53
14	Einschränkung von liturgischem Glockenläuten. BayVGH, Urteil vom 15. 2. 1993 (22 B 91.894)	67
15	Aufenthaltsbefugnis für türkische Angehörige der Zeugen Jehovas. VGH Baden-Württemberg, Urteil vom 17. 2. 1993 (11 S 1451/91)	69
16	Anwendung des staatl. Beihilferechts auf kirchl. Arbeitsverhältnisse. BAG, Urteil vom 17. 2. 1993 (4 AZR 52/92)	80
17	Sozialhilferechtl. Beihilfe für private Tauffeier. BVerwG, Urteil vom 18. 2. 1993 (5 C 22.91)	87
18	Aufwendung für Erstkommunionfeier kein Regelbedarf. BVerwG, Beschluß vom 18. 2. 1993 (5 C 49.90)	90

Inhaltsverzeichnis

Nr.		Seite
19	Bezeichnung eines Unternehmens als „wirtschaftliche Tarnorganisation" der Scientology Kirche. OLG Karlsruhe, Urteil vom 25. 2. 1993 (9 U 289/92)	94
20	Unterrichtsvertrag auf der Grundlage von Scientology-Schulungsmaterial. LG Heidelberg, Urteil vom 25. 2. 1993 (1 O 313/92)	99
21	Scheitern einer Klosteransiedlung infolge Änderung des Ortsbebauungsplans. VGH Baden-Württemberg, Urteil vom 2. 3. 1993 (5 S 2091/92)	102
22	Zeitschlag einer Kirchturmuhr, Kriterien für Unzumutbarkeit. VG München, Urteil vom 2. 3. 1993 (M 16 K 92.2177)	112
23	Kirchenangestellter als ehrenamtl. Richter. OVG Nordrhein-Westfalen. Beschluß vom 15. 3. 1993 (16 F 110/93)	121
24	Verbot des Schächtens u. sog. Elektrokurzzeitbetäubung. VG Koblenz, Urteil vom 16. 3. 1993 (2 K 1874/92)	122
25	Örtliche Gerichtszuständigkeit im Kirchensteuerrechtsstreit. BFH, Beschluß vom 25. 3. 1993 (I S 4/93)	128
26	Religionsunterricht, Stundenplangestaltung. BVerwG, Beschluß vom 8. 4. 1993 (6 B 82.92)	131
27	Formvorschriften nach § 14 KVVG und Vertragsschluß durch Bevollmächtigten. OLG Köln, Urteil vom 21. 4. 1993 (13 U 240/92)	134
28	Rücksichtnahme auf relig. Belange bei Ausübung eines gemeindlichen Vorkaufsrechts. BVerwG, Beschluß vom 26. 4. 1993 (4 B 31.93)	136
29	Staatl. Warnung vor sog. Jugendsekten. BVerwG, Beschluß vom 4. 5. 1993 (7 B 149.92)	145
30	Unzulässigkeit einer Spielhalle in einer u. a. durch eine Kirche geprägten Umgebung. Niedersächs.OVG, Urteil vom 13. 5. 1993 (1 L 104/91)	152
31	Kirchenbehördl. Genehmigung von Arbeitsverträgen. ArbG Bochum, Urteil vom 13. 5. 1993 (3 Ca 2629/92)	159
32	Namensrecht einer theol. Privathochschule. Niedersächs. OVG, Urteil vom 18. 5. 1993 (10 L 52/90)	162
33	AVR-Diakonie, Heimzulage (teilstationäre Erziehung). BAG, Urteil vom 26. 5. 1993 (4 AZR 130/93)	170
34	Belastung eines Erbbaurechts, Versagung der kirchenaufsichtl. Genehmigung. OLG Hamm, Beschluß vom 27. 5. 1993 (15 W 27/93)	178
35	Unterlassung kritischer Äußerungen einer Kirche über eine andere Glaubensgemeinschaft. BayVGH, Beschluß vom 27. 5. 1993 (7 CE 93.1650)	188
36	Bekenntnismäßig homogene Zusammensetzung des Lehrkörpers an Bekenntnisschule. VG Oldenburg, Urteil vom 27. 5. 1993 (2 A 2814/91)	191
37	Aufhebung des kirchl. Unterrichtsauftrages, Rechtsweg. VGH Baden-Württemberg, Urteil vom 8. 6. 1993 (4 S 2776/92)	199
38	Werbungskosten eines im Ruhestand lebenden Pastors. Nieders. Finanzgericht, Urteil vom 8. 6. 1993 (III 211/91)	203
39	Zeitzuschlag für Feiertagsarbeit eines Küsters. BAG, Urteil vom 16. 6. 1993 (4 AZR 446/92)	205

Inhaltsverzeichnis IX

Nr.		Seite
40	Namensänderung wegen Übertritt zum Islam. OVG Rheinland-Pfalz, Urteil vom 22. 6. 1993 (7 A 12338/92)	211
41	Kirchl. Ausbildungsverhältnis, Aufnahme eines Homosexuellen. LAG Baden-Württemberg, Urteil vom 24. 6. 1993 (11 Sa 39/93)	214
42	Pressemitteilung über die Zugehörigkeit zur Scientology Church. OLG Köln, Urteil vom 29. 6. 1993 (15 U 54/93)	224
43	Sog. modifizierte Kirchenaustrittserklärung. OLG Zweibrücken, Beschluß vom 30. 6. 1993 (3 W 33/93)	228
44	Konfessionswechsel u. Kirchensteuerpflicht. FG München, Urteil vom 2. 7. 1993 (13 K 4098/92)	232
45	Gewerbliche Betätigung (Scientology Kirche) u. Religionsfreiheit. Hamb.OVG, Urteil vom 6. 7. 1993 (Bf VI 12/91)	235
46	Unterlassung kritischer Äußerungen einer Kirche über eine andere Glaubensgemeinschaft. BVerfG, Kammerbeschluß vom 13. 7. 1993 (1 BvR 960/93)	275
47	Kosten der Schülerbeförderung zu einer Bekenntnisschule. BayVGH, Urteil vom 13. 7. 1993 (7 B 92.2967)	277
48	Baulast an Kirchenorgel der kath. Pfarrkirche Mariä Himmelfahrt in Wiesenfeld. VG Würzburg, Urteil vom 20. 7. 1993 (W 9 K 92.425)	283
49	Lohnverzicht ohne Verwendungsauflage im kirchl. Dienst. BFH, Urteil vom 30. 7. 1993 (VI R 87/92)	303
50	Presseberichterstattung über Mitgliedschaft in der Scientology Kirche. OLG München, Urteil vom 13. 8. 1993 (21 U 1717/93)	305
51	Zivildienstbefreiung für Pionierprediger der Zeugen Jehovas. BVerwG, Urteil vom 20. 8. 1993 (8 C 9.92)	312
52	Mitbestimmung des Personalrats bei Einstellung aufgrund Gestellungsvertrages. BVerwG, Beschluß vom 23. 8. 1993 (6 P 14.92)	318
53	Befreiung von der Schulpflicht aus Glaubensgründen (hier: koedukativer Schwimmunterricht). BVerwG, Urteil vom 25. 8. 1993 (6 C 7.93)	323
54	Befreiung einer muslimischen Schülerin vom koedukativen Sportunterricht. BVerwG, Urteil vom 25. 8. 1993 (6 C 8.91)	328
55	Befreiung einer muslimischen Schülerin vom koedukativen Sportunterricht. BVerwG, Urteil vom 25. 8. 1993 (6 C 30.92)	341
56	Beschimpfung eines relig. Bekenntnisses. AG Köln, Urteil vom 2. 9. 1993 (524 Cs 415/93)	353
57	Aufwendung für Tauffeier, Sozialhilfe. VGH Baden-Württemberg, Urteil vom 8. 9. 1993 (6 S 1467/91)	357
58	Gebührenbefreiung für die Klosterkammer Hannover. Niedersächs.OVG, Urteil vom 14. 9. 1993 (1 L 334/91)	364
59	Religiöse Symbole u. Unterrichtsinhalte in nordrhein-westfälischen Gemeinschaftsschulen. OVG Nordrhein-Westfalen, Beschluß vom 15. 9. 1993 (19 B 1933, 1934/93)	368
60	Informationsstand der Scientology Kirche in Fußgängerzone. HessVGH, Urteil vom 21. 9. 1993 (2 UE 3583/90)	373

Nr.		Seite
61	Aufwendungen für Beschneidungsfeier, Sozialhilfe. Niedersächs. OVG, Urteil vom 22. 9. 1993 (4 L 5670/92)	381
62	Wiedereintritt in die Kirche. FG Baden-Württemberg, Urteil vom 24. 9. 1993 (9 U 87/90)	386
63	Wiederbegründung einer Freimaurerloge, Vereinsrecht. OLG Jena, Urteil vom 27. 9. 1993 (6 W 33/93)	391
64	Wirtschaftlicher Geschäftsbetrieb eines Scientology-Vereins. VG Stuttgart, Urteil vom 30. 9. 1993 (8 K 697/92)	396
65	Zeitschlag einer Kirchturmuhr, Rechtsweg. BayVGH, Beschluß vom 6. 10. 1993 (22 B 93.1300)	418
66	Kirchenmitgliedschaft, Anknüpfungstatbestand. BFH, Urteil vom 6. 10. 1993 (I R 28/93)	420
67	Abschluß und Genehmigung eines Energieversorgungsvertrags für kath. Kirchengemeinde. OLG Hamm, Urteil vom 7. 10. 1993 (2 U 82/93)	424
68	Aufführungsverbot für das Musical Starlight Express an sog. stillen Feiertagen. OVG Nordrhein-Westfalen, Urteil vom 7. 10. 1993 (4 A 3101/92)	430
69	Kündigung eines Arztes im kirchl. Dienst wg. Vornahme homologer Insemination. BAG, Urteil vom 7. 10. 1993 (2 AZR 226/93)	438
70	Öffentl. Äußerung über früheres Sektenmitglied (hier: Scientology Kirche). OLG München, Urteil vom 15. 10. 1993 (21 U 1843/93)	455
71	Presseveröffentlichung über die Mitgliedschaft eines Schulleiters in der Scientology Kirche. LG Baden-Baden, Urteil vom 15. 10. 1993 (1 O 296/93)	460
72	Ausnahme vom Verbot des Schächtens, zwingende relig. Vorschriften. OVG Nordrhein-Westfalen, Urteil vom 21. 10. 1993 (20 A 3887/92)	465
73	Religionsgemeinschaft der Zeugen Jehovas in Deutschland als Körperschaft d. öffentl. Rechts. VG Berlin, Urteil vom 25. 10. 1993 (27 A 214/93)	475
74	Berechnung der Kirchensteuer in glaubensverschiedener Ehe (hier: sog. Kappungsfälle). OVG Niedersachsen, Beschluß vom 27. 10. 1993 (13 L 72/89)	486
75	„MESSIAS" als Warenzeichen. BPatG, Beschluß vom 2. 11. 1993 (W[pat] 85/92)	490
76	Befreiung einer muslimischen Schülerin vom Sportunterricht. VG Freiburg, Urteil vom 10. 11. 1993 (2 K 1739/92)	492
77	Berufsunfähigkeitsrente eines ausländischen Geistlichen. LSG Niedersachsen, Urteil vom 18. 11. 1993 (L 1 An 61/93)	500
78	Schutz der Bezeichnung „katholisch" bzw. „römisch-katholisch". BGH, Urteil vom 24. 11. 1993 (XII ZR 51/95)	504
79	Tarifliche Altersgrenze nach § 60 Abs. 1 BAT-KF. BAG, Urteil vom 1. 12. 1993 (7 AZR 428/93)	513
80	Religiöse Gesichtspunkte im Rahmen einer Sorgerechtsentscheidung. OLG Frankfurt a. M., Beschluß vom 2. 12. 1993 (6 UF 105/93)	517
81	Essenszeit im Strafvollzug während des islamischen Fastenmonats Ramadan. OLG Koblenz, Beschluß vom 2. 12. 1993 (3 Ws 286/93)	519

Nr.		Seite
82	Anspruch auf sog. Moslemkost im Strafvollzug. OLG Koblenz, Beschluß vom 8. 12. 1993 (3 Ws 591/93)	524
83	Vorbereitung auf das geistliche Amt i.S.v. § 12 Abs. 2 WPflG. VG Regensburg, Urteil vom 9. 12. 1993 (RO 12 K 93.2046)	527
84	Vergütungsanspruch eines ausgeschiedenen Ordensmitglieds. VG München, Urteil vom 15. 12. 1993 (M 7 K 93.363)	531
85	Sog. Geistheilen als Ausübung der Heilkunde. VGH Baden-Württemberg, Beschluß vom 16. 12. 1993 (9 S 326/93)	537
86	Pauschalierte Kirchensteuer. BFH, Gerichtsbescheid vom 21. 12. 1993 (I R 26/93)	546

Abkürzungsverzeichnis

aaO	am angegebenen Ort
AAZuVO	Baden-Württemberg. Verordnung der Landesregierung und des Innenministeriums über Zuständigkeiten nach dem Ausländergesetz und dem Asylverfahrensgesetz (Ausländer- und Asylzuständigkeitsverordnung)
ABl.	Amtsblatt
ABl.EKD	Amtsblatt der Evangelischen Kirche in Deutschland
ABl.VELKD	Amtsblatt der Vereinigten Evangelisch-Lutherischen Kirche Deutschlands
Abs.	Absatz
a.F.	alte Fassung
AFG	Arbeitsförderungsgesetz
AfP	Archiv für Presserecht
AG	Amtsgericht
AGBGB	Ausführungsgesetz zum Bürgerlichen Gesetzbuch
AGFGO.NW	Nordrhein-Westfalen. Gesetz zur Ausführung der Finanzgerichtsordnung
AkKR	Archiv für katholisches Kirchenrecht
Anm.	Anmerkung
AO	Abgabenordnung
AP	Arbeitsrechtliche Praxis
ArbG	Arbeitsgericht
ArbGG	Arbeitsgerichtsgesetz
AR-Blattei	Arbeitsrecht-Blattei
ArbRGeg.	Arbeitsrecht der Gegenwart
ARSt	Arbeitsrecht in Stichworten
Art.	Artikel
ArztR	Arztrecht
ASchO	Allgemeine Schulordnung
AÜG	Arbeitnehmerüberlassungsgesetz
AuR	Arbeit und Recht
AuslG	Ausländergesetz
AVBGas	Verordnung über Allgemeine Bedingungen für die Gasversorgung von Tarifkunden
AVG	Angestelltenversicherungsgesetz
AVR	Arbeitsvertragsrichtlinien
BAföG	Bundesausbildungsförderungsgesetz
BAG	Bundesarbeitsgericht
BAGE	Entscheidungen des Bundesarbeitsgerichts
BASS	Bereinigte Amtliche Sammlung der Schulvorschriften des Landes Nordrhein-Westfalen
BAT	Bundesangestelltentarif
BAT-KF	Bundesangestelltentarif-Kirchliche Fassung

Abkürzungsverzeichnis

BauGB	Baugesetzbuch
BauNVO	Baunutzungsverordnung
BayKGliedG	Ev.-Luth. Kirche in Bayern. Kirchengliedschaftsgesetz
BayKiStG	Bayern. Kirchensteuergesetz
BayOblG	Bayerisches Oberstes Landesgericht
BayOblGZ	Entscheidungen des Bayerischen Obersten Landesgerichts in Zivilsachen
BayVBl.	Bayerische Verwaltungsblätter
BayVerfGH	Bayerischer Verfassungsgerichtshof
BayVerfGHE, BayVGHE	Sammlung von Entscheidungen des Bayerischen Verwaltungsgerichtshofs mit Entscheidungen des Bayerischen Verfassungsgerichtshofs
BayVGH	Bayerischer Verwaltungsgerichtshof
BB	Der Betriebsberater
BBauG	Bundesbaugesetz
BBG	Bundesbeamtengesetz
BBiG	Berufsbildungsgesetz
Bd.	Band
BeamtVG	Beamtenversorgungsgesetz
BeschFG	Beschäftigungsförderungsgesetz
BetrAVG	Gesetz zur Verbesserung der betrieblichen Altersversorgung
BetrVG	Betriebsverfassungsgesetz
BfA	Bundesversicherungsanstalt für Angestellte
BFH	Bundesfinanzhof
BFHE	Sammlung der Entscheidungen des Bundesfinanzhofs
BFH/NV	Sammlung amtlich nicht veröffentlichter Entscheidungen des Bundesgerichtshofs
BGB	Bürgerliches Gesetzbuch
BGBl.	Bundesgesetzblatt
BGH	Bundesgerichtshof
BGHR	BGH-Rechtsprechung
BGHZ	Entscheidungen des Bundesgerichtshofs in Zivilsachen
BImSchG	Bundes-Immissionsschutzgesetz
BK	Bonner Kommentar zum Grundgesetz
Bln	Berlin
BlnLBG	Berlin. Landesbeamtengesetz
BPatG	Bundespatentgericht
BPatGE	Entscheidungen des Bundespatentgerichts
BRRG	Beamtenrechtsrahmengesetz
BRS	Baurechtssammlung
BSG	Bundessozialgericht
BSHG	Bundessozialhilfegesetz
BStBl.	Bundessteuerblatt
BT-Drucks.	Bundestagsdrucksache
BUrlG	Bundesurlaubsgesetz
BV	Verfassung des Freistaates Bayern
BVerfG	Bundesverfassungsgericht
BVerfGE	Entscheidungen des Bundesverfassungsgerichts
BVerfGG	Gesetz über das Bundesverfassungsgericht
BVerwG	Bundesverwaltungsgericht

Abkürzungsverzeichnis

BVerwGE	Entscheidungen des Bundesverwaltungsgerichts
BVO.NW	Nordrhein-Westfalen. Beihilfeverordnung
BW.KiStG	Baden-Württemberg. Kirchensteuergesetz
BW.LV	Baden-Württemberg. Landesverfassung
c.; can.; cc.	canon, canones
CIC, CJC	Codex Iuris Canonici
DAR	Deutsches Autorecht
DB	Der Betrieb
DGO	Deutsche Gemeindeordnung
DNotZ	Deutsche Notar-Zeitschrift
DÖD	Der öffentliche Dienst
DÖV	Die öffentliche Verwaltung
DStR	Deutsches Steuerrecht
DStZ	Deutsche Steuer-Zeitung
DVBl.	Deutsches Verwaltungsblatt
EFG	Entscheidungen der Finanzgerichte
EGBGB	Einführungsgesetz zum Bürgerlichen Gesetzbuch
EkA	Entscheidungssammlung zum kirchlichen Arbeitsrecht
EKD	Evangelische Kirche in Deutschland
ErbbauVO	Erbbaurechtsverordnung
EStG	Einkommensteuergesetz
ESVGH	Entscheidungen des Hessischen Verwaltungsgerichtshofs und des Verwaltungsgerichtshofs Baden-Württemberg
EuGH	Gerichtshof der Europäischen Gemeinschaften
ev.-luth.	evangelisch-lutherisch
EvStL	Evangelisches Staatslexikon
EWGV	Vertrag zur Gründung der Europäischen Wirtschaftsgemeinschaft
EzA	Entscheidungssammlung zum Arbeitsrecht
FamRZ	Zeitschrift für das gesamte Familienrecht. Ehe und Familie im privaten und öffentlichen Recht
FEVS	Fürsorgerechtliche Entscheidung der Verwaltungs- und Sozialgerichte
FG	Finanzgericht
FGG	Gesetz über Angelegenheiten der freiwilligen Gerichtsbarkeit
FGO	Finanzgerichtsordnung
FR	Finanz-Rundschau
FuR	Familie und Recht
GABl.	Gemeinsames Amtsblatt des Landes Baden-Württemberg
GBl.	Gesetzblatt
GBl.BW	Baden-Württembergisches Gesetzblatt
GewArch	Gewerbearchiv
GewO	Gewerbeordnung
GG	Grundgesetz
GKG	Gerichtskostengesetz
GO	Gemeindeordnung

Abkürzungsverzeichnis

GrEStG	Grunderwerbsteuergesetz
GRUR	Gewerblicher Rechtsschutz und Urheberrecht
GVBl.	Gesetz- und Verordnungsblatt
GVG	Gerichtsverfassungsgesetz
GVM	Gesetze, Verordnungen, Mitteilungen
GV.NW	Gesetz- und Verordnungsblatt für das Land Nordrhein-Westfalen
Hamb.OVG	Hamburgisches Oberverwaltungsgericht
Hamb.VwVG	Hamburg. Verwaltungsvollstreckungsgesetz
Hann.GS	Hannoversche Gesetz-Sammlung
Hbg.KiStG	Hamburg. Kirchensteuergesetz
Hess.KiAustrG	Hessen. Kirchenaustrittsgesetz
HessStrG	Hessen. Straßengesetz
Hess.VGH	Hessischer Verwaltungsgerichtshof
HFR	Höchstrichterliche Finanzrechtsprechung
HPG	Heilpraktikergesetz
HPG/DVO	Durchführungsverordnung zum Heilpraktikergesetz
HPVG	Hessen. Personalvertretungsgesetz
HRG	Hochschulrahmengesetz
HRR	Höchstrichterliche Rechtsprechung
InfAuslR	Informationsbrief Ausländerrecht
JFG	Jahrbuch für Entscheidungen in Angelegenheiten der freiwilligen Gerichtsbarkeit und des Grundbuchrechts
JR	Juristische Rundschau
JuS	Juristische Schulung
JW	Juristische Wochenschrift
JZ	Juristenzeitung
KABl.	Kirchliches Amtsblatt
KAnz.	Kirchlicher Anzeiger
KAVO	Kirchliche Arbeits- und Vergütungsordnung
KG	Kammergericht
KGliedG	Kirchengliedschaftsgesetz
KirchE	Entscheidungen in Kirchensachen seit 1946
KiStO	Kirchensteuerordnung
KiStVO	Kirchensteuerverordnung
KK	Karlsruher Kommentar
KostO	Kostenordnung
KR	Gemeinschaftskommentar zum Kündigungsschutzgesetz und sonstigen kündigungsschutzrechtlichen Vorschriften
KSchG	Kündigungsschutzgesetz
KuR	Kirche und Recht
KVVG	Gesetz über die Verwaltung des katholischen Kirchenvermögens
LAG	Landesarbeitsgericht
LandespersVertrG	Landespersonalvertretungsgesetz
LBG	Landesbeamtengesetz

LBO	Landesbauordnung
LG	Landgericht
LM	Nachschlagewerk des Bundesgerichtshofs
LS	Leitsatz
LSG	Landessozialgericht
LT-Drucks.	Landtagsdrucksache
LV	Landesverfassung
LVG	Baden-Württemberg. Landesverwaltungsgesetz
LVwVfG	Landesverwaltungsverfahrensgesetz
MABl.	Ministerialamtsblatt der bayerischen inneren Verwaltung
MDR	Monatsschrift für Deutsches Recht
MedR	Medizinrecht
MittRhNotK	Mitteilungen. Rheinische Notar-Kammer
MTB II	Manteltarifvertrag für Arbeiter des Bundes
MK; MünchKomm	Münchener Kommentar zum BGB
NÄG	Gesetz über die Änderung von Familiennamen und Vornamen
NBauO	Niedersachsen. Bauordnung
Nds.	Niedersachsen, niedersächsisch
Nds.GemO	Niedersachsen. Gemeindeordnung
Nds.GVBl.	Niedersächsisches Gesetz- und Verordnungsblatt
Nds.MBl.	Niedersächsisches Ministerialblatt
Nds.RPfl.	Niedersächsische Rechtspflege
Nds.StGH	Niedersächsischer Staatsgerichtshof
Nds.VBl.	Niedersächsische Verwaltungsblätter
Nds.VerwKostG	Niedersachsen. Verwaltungskostengesetz
NHG	Niedersachsen. Hochschulgesetz
Nieders.OVG, Niedersächs.OVG	Niedersächsisches Oberverwaltungsgericht
NJW	Neue Juristische Wochenschrift
NJW-RR	Neue Juristische Wochenschrift-Rechtsprechungsreport
NSchG	Niedersachsen. Schulgesetz
NStE	Neue Entscheidungssammlung für Strafrecht
NStZ	Neue Zeitschrift für Strafrecht
NVwZ	Neue Zeitschrift für Verwaltungsrecht
NVwZ-RR	Neue Zeitschrift für Verwaltungsrecht-Rechtsprechungsreport
NW	Nordrhein-Westfalen, nordrhein-westfälisch
NW.FtG	Nordrhein-Westfalen. Gesetz über den Schutz der Sonn- und Feiertage
NW.KiStG	Nordrhein-Westfalen. Kirchensteuergesetz
NW.LV	Nordrhein-Westfalen. Landesverfassung
NW.SchOG	Nordrhein-Westfalen. Schulordnungsgesetz
NW.SchVerwG	Nordrhein-Westfalen. Schulverwaltungsgesetz
NWVBl.	Nordrhein-Westfälische Verwaltungsblätter
NZA	Neue Zeitschrift für Arbeits- und Sozialrecht
NZS	Neue Zeitschrift für Sozialrecht
OLG	Oberlandesgericht
OLGE	Entscheidungen der Oberlandesgerichte in Zivilsachen

	Abkürzungsverzeichnis
OVG	Oberverwaltungsgericht
OVGE	Entscheidungen der Oberverwaltungsgerichte für das Land Nordrhein-Westfalen in Münster sowie für die Länder Niedersachsen und Schleswig-Holstein in Lüneburg (seit dem 43. Band [1996]: Entscheidungen der Oberverwaltungsgerichte für das Land Nordrhein-Westfalen in Münster und für das Land Niedersachsen in Lüneburg)
OWiG	Gesetz über Ordnungswidrigkeiten
PatG	Patentgesetz
PersR	Der Personalrat
PfG	Pfarrergesetz
PflSchG	Pflanzenschutzgesetz
PolG	Polizeigesetz
PrGS	Preußische Gesetzessammlung
PrOVGE	Entscheidungen des Preußischen Oberverwaltungsgerichts
RAG	Reichsarbeitsgericht
RdJB	Recht der Jugend und des Bildungswesens
Rdnr.	Randnummer
RegelsatzVO	Regelsatzverordnung
RG	Reichsgericht
RGZ	Entscheidungen des Reichsgerichts in Zivilsachen
RhPPersVG	Personalvertretungsgesetz für das Land Rheinland-Westfalen
Rpfleger; RPfleger	Der Rechtspfleger
RVO	Reichsversicherungsordnung
Rz.	Randziffer
RzW	Rechtsprechung zum Wiedergutmachungsrecht
SAE	Sammlung arbeitsrechtlicher Entscheidungen
SchG	Schulgesetz
SchOG	Schulordnungsgesetz
SGB	Sozialgesetzbuch
SGV.NW	Sammlung des bereinigten Gesetz- und Verordnungsblattes für das Land Nordrhein-Westfalen
SPE	Sammlung prüfungsrechtlicher Entscheidungen
SpielV	Spielverordnung
StAZ	Zeitschrift für Standesamtswesen
std.Rspr.	Ständige Rechtsprechung
StGB	Strafgesetzbuch
StPO	Strafprozeßordnung
StRK	Steuerrechtsprechung in Karteiform. Höchstgerichtliche Entscheidungen in Steuersachen. Mrozek-Kartei
StuW	Steuer und Wirtschaft
StV	Strafverteidiger
StVO	Straßenverkehrsordnung
StVollzG	Strafvollzugsgesetz
TA	Technische Anleitung
ThürVBl.	Thüringische Verwaltungsblätter

Abkürzungsverzeichnis XIX

TierSchG	Tierschutzgesetz
TOA	Tarifordnung für Angestellte
TVG	Tarifvertragsgesetz
unv.	unveröffentlicht
Urt.	Urteil
VBL	Versorgungsanstalt des Bundes und der Länder
VBlBW; BWVBl.	Verwaltungsblätter für Baden-Württemberg
VDI	Verein deutscher Ingenieure
VELKD	Vereinigte Evangelisch-Lutherische Kirche Deutschlands
VerfGH	Verfassungsgerichtshof
VersR	Versicherungsrecht
VerwRspr.	Verwaltungsrechtsprechung in Deutschland
VG	Verwaltungsgericht
VGH	Verwaltungsgerichtshof
VGH.BW	Baden-Württembergischer Verwaltungsgerichtshof
VOB/B	Teil B: Allgemeine Vertragsbedingungen für die Ausführung von Bauleistungen
VRS	Verkehrsrechts-Sammlung
VwGO	Verwaltungsgerichtsordnung
VwVfG	Verwaltungsverfahrensgesetz
VwVG	Verwaltungsvollstreckungsgesetz
WissR	Wissenschaftsrecht, Wissenschaftsverwaltung, Wissenschaftsförderung
WM	Zeitschrift für Wirtschafts- und Bankrecht. Wertpapiermitteilungen
WpflG	Wehrpflichtgesetz
WRV	Weimarer Reichsverfassung
WZG	Warenzeichengesetz
ZBR	Zeitschrift für Beamtenrecht
ZDG	Zivildienstgesetz
ZevKR	Zeitschrift für evangelisches Kirchenrecht
ZfF	Zeitschrift für das Fürsorgewesen
ZfJ	Zentralblatt für Jugendrecht
ZfSH/SGB	Zeitschrift für Sozialhilfe und Sozialgesetzbuch
ZfStrVo	Zeitschrift für Strafvollzug und Straffälligenhilfe
ZPO	Zivilprozeßordnung
ZTR	Zeitschrift für Tarifrecht

1

Eine an einer Universitätsklinik tätige Krankenschwester hat im Rahmen ihrer Dienstfunktionen keine seelsorgerlichen Aufgaben. Der Dienstherr kann ihr daher untersagen, Patienten und deren Angehörige in missionarischer Absicht anzusprechen.

Art. 4 Abs. 1 GG; § 1 Abs. 2 KSchG
ArbG Reutlingen, Urteil vom 5. Januar 1993 – 1 Ca 378/92[1] –

Die jetzt 27jährige Klägerin trat als Kinderkrankenschwester am 1. 10. 1990 in die Dienste des Universitätsklinikums A. und wurde dort im Fachbereich Hämatologie/Onkologie beschäftigt. Auf dieser Station werden vorwiegend krebskranke Kinder, die sich teilweise monatelang auf der Station aufhalten, behandelt.

Die Klägerin ist Mitglied der sog. Offensiven Stadtmission. Das beklagte Land wirft der Klägerin vor, sie habe den Patienten und deren Eltern ihre eigenen religiösen Überzeugungen in einer für ein staatlich betriebenes und zu religiöser Neutralität verpflichtetes Krankenhaus in nicht mehr erträglicher Weise nahezubringen und aufzudrängen versucht.

Bereits Mitte 1991 habe die Klägerin zwei junge krebskranke Patientinnen in einem nächtlichen Gespräch dadurch erheblich beunruhigt, daß sie mit ihnen gebetet und über Krankheitsschuld aus religiöser Sicht und den Teufel gesprochen hätte. Eine der Patientinnen sei dadurch „total" verängstigt worden und habe sich deshalb an den zuständigen Oberarzt, den Zeugen Dr. D., gewandt. Daraufhin habe der Zeuge der Klägerin Vorhaltungen gemacht und ihr erklärt, daß die Klägerin ohne Einverständnis der Eltern, der Patienten und sein eigenes Einverständnis keine Gespräche über Krankheit und Schuld mit den jugendlichen Patienten führen dürfe. Schon damals habe die Klägerin im Kollegenkreis davon gesprochen, Krankheit sei eine Anhäufung von Schuld nicht nur der Patienten, sondern auch von deren Angehörigen.

Im April 1992 sei es wegen des Verhaltens der Klägerin zu einem Gespräch im Mitarbeiterteam gekommen, in dem man sich Klarheit über die Ansichten der Klägerin habe verschaffen wollen. Bei diesem Gespräch habe, so behauptet das beklagte Land, die Klägerin erklärt, in der Klinik regiere der Teufel. Sie habe die Aufgabe, Christus in die Klinik zu tragen. Er könne auch anders als durch Chemotherapie heilen. Gleichzeitig habe die Klägerin bei dieser Gelegenheit auch geäußert, Gott habe mit der Klinik und deren Leiter, Prof. Dr. B.,

---

[1] Nur LS: BB 1993, 1012; ArbRGeg. 31 (1993), 280. Das Urteil ist rechtskräftig.

noch großes vor. Als Ergebnis dieses Teamgesprächs sei der Klägerin ihre missionarische Tätigkeit verboten worden. In jedem Falle müsse sie, wenn sie religiöse Gespräche mit Patienten oder deren Eltern führen wolle, zuvor die Genehmigung der Eltern einholen und den Oberarzt bzw. den psycho-sozialen Dienst unterrichten.

Trotzdem habe die Klägerin kurze Zeit später wieder mit einer Mutter ein Gespräch mit religiösem Inhalt geführt. Als die Mutter angefangen habe zu weinen, habe die Klägerin der Mutter erklärt, sie, die Klägerin, müsse diesen Vorfall sofort dem psycho-sozialen Dienst melden. Deswegen habe sich diese Mutter beim Oberarzt beschwert und sich verbeten, daß für jede Träne der psycho-soziale Dienst eingeschaltet werde.

Im Mai 1992 habe die Klägerin dem Ehepaar M. gegenüber erklärt, es sei möglich, daß Jesus ihr Kind auch ohne klinische Therapie heilen könne. Diese Eltern hätten sich deswegen verunsichert an den Oberarzt Dr. D. gewandt. Die Klägerin habe Frau M. das Buch „Das Vaterherz Gottes" geschenkt. Anschließend sei sie deren Ehemann nicht mehr von der Seite gewichen und habe ihn mit ihren religiösen Vorstellungen selbst noch im Treppenhaus verfolgt und anzusprechen versucht.

Am 18. 5. 1992 habe Prof. Dr. B. als Klinikdirektor zusammen mit der Pflegedienstleitung der Klägerin erneut die Ausübung ihrer missionarischen Tätigkeit verboten und ihr arbeitsrechtliche Konsequenzen für den Fall der Zuwiderhandlung angedroht. Nach einem Kurzurlaub der Klägerin vom 20. 5. bis 22. 5. 1992 sei die Klägerin bis 23. 6. 1992 in das EEG und damit in eine „Schreibtischtätigkeit" versetzt worden, um ihr Gelegenheit zu geben, über ihr Verhalten nachzudenken und sie von den Patienten fernzuhalten. Nachdem sich aber die Klägerin in einem weiteren Gespräch am 23. 6. 1992 völlig uneinsichtig gezeigt habe und von der Absicht, ihre missionarische Tätigkeit in der bisherigen Form fortzusetzen, nicht abgelassen habe, sei gar nichts anders übrig geblieben, als der Klägerin auch im Interesse der Wahrung des Betriebsfriedens zu kündigen.

Am 15./17. 7. 1992 hat das beklagte Land das Dienstverhältnis zum 30. 9. 1992 gekündigt. Mit der daraufhin erhobenen Kündigungsschutzklage beantragt die Klägerin festzustellen, daß das Arbeitsverhältnis zwischen den Parteien durch die Kündigung des beklagten Landes nicht beendet ist, sondern über diesen Termin hinaus fortbesteht.

Die Klägerin bestreitet nicht ihre Mitgliedschaft in der sog. Offensiven Stadtmission. Sie meint allerdings, „daß die Praktizierung der christlichen Lehre und Sitten, zu denen sich das beklagte Land in Art. 1 Abs. 1 BW.LV ausdrücklich bekenne, dem Wohle der Patienten nicht schädlich sein könne".

Hinsichtlich des Gesprächs mit zwei Patientinnen Mitte 1991 trägt sie vor, das Gespräch habe nur mit einer Patientin stattgefunden. Sie habe vielmehr die andere darum bitten müssen, nicht zu stören. Es habe sich nicht um ein nächtliches Gespräch gehandelt, vielmehr habe das Gespräch am Tage stattgefunden. Schließlich habe der Inhalt des Gesprächs auch nicht von Krankheitsschuld und dem Teufel gehandelt, sondern es habe sich auf die Sorgen der Patientin wegen deren Schwester, die damals gerade einen schweren Verkehrsunfall erlitten habe, bezogen. Das Wort „Teufel" sei nur in der von ihr zitierten Bibelstelle vorgekommen. Im übrigen habe der Oberarzt Dr. D. ihr in dem anschließenden Gespräch ausdrücklich gestattet, über die Person Gottes zu sprechen, solange die Patienten sich nicht bedrängt fühlten. Sie, die Klägerin, wolle auch niemand in religiöser Hinsicht bedrängen; sie habe vielmehr Achtung vor der Person des anderen.

Die Klägerin bestreitet mit Entschiedenheit, jemals davon gesprochen zu haben, in der Klinik regiere der Teufel. Es sei ihr auch nie verboten worden, entsprechend ihrer religiösen Einstellung auf die Patienten und ihre Eltern einzuwirken. Man habe von ihr nach dem Teamgespräch vom April 1992 nur Rechenschaft über solche Gespräche verlangt. Über das Gespräch mit der weinenden Mutter zu berichten, habe sie sich verpflichtet gefühlt. Daß sie dem Elternpaar M., insbesondere Herrn M., ins Treppenhaus nachgelaufen sei und ihm ihre religiösen Ideen habe aufdrängen wollen, sei falsch. Sie habe nur dafür gesorgt, daß das Kind möglichst schnell dem Oberarzt Dr. D. vorgestellt werden konnte. Richtig sei allerdings, daß sie der Mutter des Kindes ein Buch mit religiösem Inhalt geschenkt habe.

Auf das Verbot ihrer missionarischen Tätigkeit durch Prof. Dr. B. im Gespräch vom 18. 5. 1992 habe sie erklärt, sie könne keine schweigende Christin sein. Sie habe sich auch gegen das kategorische Verbot von religiösen Gesprächen am 23. 6. 1992 zur Wehr gesetzt. Entschieden lehnt die Klägerin die Behauptung des beklagten Landes ab, sie habe den Therapiezielen der Klinik zuwidergehandelt.

Die Klägerin meint schließlich, die Kündigung sei schon deshalb sozialwidrig, weil dadurch ihr Grundrecht auf Religions- und Glaubensbetätigungsfreiheit aus Art. 4 Abs. 1 GG verletzt werde. Sie beruft sich insoweit auf BAG NJW 1986, 85 und NJW 1990, 203.

Das Arbeitsgericht weist die Klägerin mit ihrer Kündigungsschutzklage ab.

Aus den Gründen:

Die Klage ist zulässig, aber unbegründet.

Gemäß § 1 Abs. 2 KSchG ist eine Kündigung dann sozial gerechtfertigt, wenn diese durch Gründe, die im Verhalten des Arbeitnehmers liegen, bedingt ist. Das setzt in aller Regel eine schuldhafte, auf Fahrlässigkeit oder Vorsatz beruhende Vertragsverletzung voraus, die auf einem Umstand beruht, den ein ruhig und verständig urteilender Arbeitgeber zur Kündigung bestimmen kann. Dabei ist eine umfassende Abwägung der beiderseitigen Interessen vorzunehmen. Schließlich muß bei verhaltensbedingten Kündigungen im allgemeinen eine Abmahnung vorangegangen sein und eine Wiederholungsgefahr bestehen (vgl. Stahlhacke/Preis, Kündigung und Kündigungsschutz im Arbeitsverhältnis, 5. Aufl. 1991, S. 256 ff.). Diese Voraussetzungen sind im vorliegenden Fall erfüllt:

1. Aufgabe der Klägerin als Kinderkrankenschwester auf der Station H. der (...) Onkologischen Klinik war es, unter ärztlicher Aufsicht die auf der Station liegenden krebskranken Kinder zu pflegen und entsprechend den Anordnungen der behandelnden Ärzte die den Krankenschwestern übertragenen Behandlungen bei den Patienten durchzuführen. Das schließt zugleich die Verpflichtung ein, alles zu unterlassen, was den Heilungserfolg bei den jungen Patienten gefährden könnte. Dazu gehört es, die den Schwestern anvertrauten Patienten und ihre Eltern nicht zu ängstigen und alles zu unterlassen, was in physischer oder psychischer Hinsicht den Krankheitsverlauf in irgendeiner Weise negativ beeinflussen könnte. Gegen diese Verpflichtung hat die Klägerin mehrfach in grober Weise verstoßen und auf ausdrückliches Befragen sowohl ihrer Vorgesetzten als auch des Gerichts erklärt, sie werde ihr Verhalten unbeirrt fortsetzen.

2. Die Zeugen B. und U. M. haben absolut glaubwürdig und in sich widerspruchsfrei bekundet, daß die Klägerin in missionarischem Übereifer meinte, diese Zeugen, als Eltern des auf der Station behandelten krebskranken Kindes S., von ihren eigenen religiösen Vorstellungen überzeugen zu müssen. Mit den Worten, es komme darauf an, „eine Leitung zu Jesus aufzubauen, dann könne das Kind seelisch und körperlich geheilt werden", und indem sie ihnen das Buch „Das Vaterherz Gottes" schenkte, hat sie dieses Elternpaar in erhebliche Unruhe und Sorge um ihr Kind versetzt. Die Zeugen haben wörtlich bekundet, sie hätten Angst um ihr Kind gehabt und hätten kein Vertrauen mehr in eine einwandfreie Pflege ihres Kindes durch die Klägerin haben können. Vielmehr hätten sie befürchten müssen, daß ihrem Kind von seiten der Klägerin die erforderliche Pflege nicht im notwendigen Umfang zuteil werde. Angesichts der Weigerung der Klägerin, die Bitte des kleinen S. nach der Blutdruckmessung nicht einmal in Gegenwart seiner Eltern zu erfüllen, wird diese Angst verständlich und nachvollziehbar. Ebenso können solche Befürchtungen verständlich werden, wenn die Klägerin diese Zeugen selbst im Treppenhaus noch nachgelaufen ist, um sie in ein Gespräch mit religiösem Inhalt zu verwickeln.

Es kann in diesem Zusammenhang offenbleiben, ob das Blutdruckmessen objektiv aus medizinischer Sicht notwendig war oder nicht. Selbst wenn das nicht der Fall war, was sogar anzunehmen ist, so wäre es schon zur Beruhigung des krebskranken Kindes sinnvoll und nützlich gewesen und hätte wohl auch von einer liebevollen Kinderkrankenschwester erwartet werden dürfen, den Blutdruck zu messen. Gerade auch das verständnisvolle Eingehen auf die kindlichen Wünsche, selbst wenn deren Erfüllung bei rationaler Überlegung überflüssig und medizinisch nicht geboten ist, kann Teil einer Krankenpflege sein, wie sie besorgte Eltern von so schwer kranken Kindern wie hier, zu Recht erwarten dürfen. Wird eine solche Handreichung versagt, so kann das durchaus begründete Sorgen darüber auslösen, was erst dann mit dem Kind geschieht, wenn die Eltern nicht anwesend sind.

3. Die Zeugin O. hat ebenfalls bekundet, daß durch die Gespräche der Klägerin mit Patienten und/oder deren Eltern über die Schuldfrage aus dem religiösen Blickwinkel bezüglich der schweren Krankheiten der Patienten auf der Station H Angst und Unsicherheit verbreitet worden seien. Durch ihre Missionierungsversuche habe die Klägerin eine ungute Atmosphäre geschaffen, die sich im Pflegeteam und bei den Schwesternschülerinnen nachteilig bemerkbar gemacht habe.

4. Der Zeuge Dr. D. berichtete anläßlich seiner Vernehmung, daß bereits im Mai 1991 die Klägerin in einem nächtlichen Gespräch zwei jugendliche Patientinnen schwer verunsichert und geängstigt habe, in dem sie die Schuldfrage an der Krankheit aufgeworfen und diese mit dem Teufel in Verbindung gebracht habe. Die Klägerin hat indirekt sogar eingeräumt, daß in jenem Gespräch vom Teufel die Rede gewesen sei. Sie scheint lediglich der Ansicht zu sein, es mache einen Unterschied, ob sie selbst vom Teufel mit eigenen Worten spreche oder wenn sie entsprechende Bibelstellen zitiere. Im Hinblick auf die hier allein entscheidende psychologische Wirkung auf die Patienten kann es auf einen solchen Unterschied sicher nicht ankommen.

In der Teambesprechung vom April 1992 hat die Klägerin nach der Bekundung der Zeugin O. erklärt, sie könne nicht immer hinter der Chemotherapie stehen, „Jesus und Gott könnten auch ohne Ärzte helfen".

5. Das Gericht schließt sich in vollem Umfang der Einschätzung des Zeugen Prof. Dr. N. an, daß die Klägerin in massiver Form in die ärztliche Therapie durch solche Gespräche eingegriffen hat, indem sie bei den verschiedensten Gelegenheiten die Frage, wer an den Krankheiten schuld sei, von ihrem extremen religiösen Standpunkt aus aufgeworfen und zu beantworten versucht habe. Dabei habe sie ihre eigene Überzeugung den Patienten und ihren Eltern aufzudrängen versucht, habe erhebliche Unsicherheit, Verwirrung und Angst bei Kolleginnen und bei den Patienten ausgelöst und behindere damit die Genesung der Patienten. Der Zeuge Prof. Dr. N. hat sehr eindrücklich geschildert, mit welcher Behutsamkeit und Vorsicht gerade die so heikle Schuldfrage mit den Patienten und ihren Eltern behandelt werden muß, zumal sich Eltern und Kinder ohnehin schon in einer nur schwer zu verkraftenden psychischen Ausnahmesituation befinden. Unter solchen Umständen kann die Art der „Hilfe der Klägerin" aus ihrer religiösen Überzeugung heraus für die Patienten nur schädlich sein und hätte insbesondere nach den zahlreichen Hinweisen

und Ermahnungen durch die Ärzte und die Teammitglieder unbedingt unterbleiben müssen.

6. Es mag sein und kann sogar als richtig unterstellt werden, daß die Klägerin nach ihrer subjektiven Beurteilung glaubte, Eltern und Kindern zu helfen, wenn sie versuchte, ihre eigenen religiösen Ideen und Vorstellungen Eltern und Kindern nahezubringen. Die Klägerin mußte aber erkennen, daß sie durch das Aufdrängen ihrer fundamentalistischen religiösen Vorstellungen mehr Schaden anrichtete, als sie helfen konnte. Es ist nun einmal nicht jedermanns Sache, sich ganz konkret „eine Leitung zu Jesus" vorstellen zu sollen, durch die eine „übernatürliche" Heilung möglich werden soll. Die fast schon an naive Wundergläubigkeit grenzende Vorstellung eines direkten und unmittelbaren Eingreifens Gottes in das Krankheitsgeschehen der einzelnen auf der Station zu pflegenden Patienten wird heute nur noch von den wenigsten Menschen geteilt. Es entspricht vielmehr dem modernen, von den exakten Naturwissenschaften geprägten Weltbild unserer Zeit, daß sich auch scheinbar unerklärliche Phänomene stets auf eine unter Umständen zunächst schwer verständliche und nicht leicht zu findende Ursache zurückführen lassen. Der Glaube an übernatürliche Heilungskräfte kann zumindest nur von den wenigsten in der von der Klägerin offenbar vertretenen Weise akzeptiert werden. Das mußte die Klägerin jedenfalls nach den zahlreichen Hinweisen und Ermahnungen unbedingt beachten.

7. Die Klägerin mußte daher bei ruhiger Überlegung damit rechnen, daß ihre eigenen weltanschaulichen Vorstellungen weitgehend auf Unverständnis und Ablehnung bei den Patienten und ihren Eltern stoßen würden, weil eben die Wissenschaft viele Dinge heute auf physikalische Ursachen zurückführen kann. In früheren Zeiten hat man bei vielen Dingen, die man noch nicht erklären konnte, ein übernatürliches Eingreifen Gottes angenommen und glaubte, vielen unerklärlichen Phänomenen durch Beten abhelfen zu können. Ein solches Verhalten ist inzwischen nur noch in Ausnahmefällen anzutreffen. Heilung von Krankheit führen daher heute viele, wenn nicht die meisten Menschen, nicht auf das unerklärliche Walten Gottes, sondern ganz banal auf die ausgezeichneten Leistungen der modernen Medizin, die auf exakter Naturbeobachtung beruhen, zurück. Dabei hat man längst die rein somatisch ausgerichteten Heilmethoden verlassen und die Bedeutung des ganzheitlichen, psychosomatischen Denkansatzes erkannt und verwirklicht. Dabei sei nicht verschwiegen, daß religiöse Überzeugungen bei Menschen, die einen festen Glauben haben, sehr hilfreich sein können.

Auch der Zeuge Prof. Dr. N. hat in seiner Vernehmung zu erkennen gegeben, daß er religiöse Fragestellungen seiner Patienten und ihrer Eltern dann nicht ausweicht, wenn sie an ihn herangetragen werden. Gleichzeitig wird auch durch die Anwesenheit von Klinikseelsorgern der großen Kirchen deutlich, daß die Klinikleitung keineswegs religiöse Fragen unterdrückt; sie werden richtigerweise aber nur dann in der (...) Klinik besprochen, wenn es die Patienten und ihre Eltern wünschen und nicht umgekehrt.

8. Nachdem aber die Klägerin mehrfach darauf hingewiesen worden war, daß ihr religiös motivierter, missionarischer Übereifer bei den Patienten und ihren Eltern nur schaden könne, hatte die Klägerin die Pflicht, sich zurückzuhalten und keine Bekehrungsversuche mehr zu unternehmen und schon gar nicht Eltern und deren Kindern ihre eigenen religiösen Vorstellungen aufzudrängen. Die Klägerin hatte die Aufgabe, Patienten zu pflegen und nicht „Jesus in die Klinik zu tragen". Sie hatte die ärztlichen Vorschriften, insbesondere auch die Chemotherapie korrekt anzuwenden und nicht die Patienten und ihre Eltern zusätzlich zu belasten und zu verunsichern, indem sie erklärte, man brauche nur „eine Leitung zu Jesus aufbauen, dann dürfe man auf eine Heilung an Seele und Körper durch ein übernatürliches Eingreifen Gottes rechnen".

9. Der Klägerin bleibt es völlig unbenommen, ihre persönlichen religiösen Vorstellungen zu haben, insoweit nimmt sie selbstverständlich an der in Art. 4 GG garantierten Religionsfreiheit teil. Wenn sie außerhalb der Klinik meint, in ihrer Freizeit ihre Mitmenschen missionieren und für ihre religiösen Vorstellungen gewinnen zu sollen, so ist ihr ein solches Tun völlig unbenommen; auch insoweit könnte sie sich auf Art. 4 GG berufen. Durch Art. 4 GG wird ihr aber nicht das Recht eingeräumt, an einer so sensiblen Stelle wie der Krankenpflege in einer Kinderklinik anderen ihre eigenen extremen religiösen Überzeugungen aufzudrängen. Am Arbeitsplatz unterliegt sie dem Direktionsrecht ihres Arbeitgebers. Wenn dieser die von der Klägerin vorgenommenen Bekehrungsversuche ausdrücklich mißbilligt und verbietet, dann hat sich die Klägerin daran zu halten und kann nicht unter Berufung auf Art. 4 GG ihr Tun nach eigenem Gutdünken fortsetzen.

Daher ist auch die Berufung der Klägerin auf die in NJW 1986, 85 und NJW 1990, 203 veröffentlichten BAG-Entscheidungen verfehlt. In den dort entschiedenen Fällen konnten die nach dem Arbeitsvertrag von den dortigen Klägern geschuldeten Leistungen nur dadurch erbracht werden, daß jene Kläger gegen ihre Überzeugungen hätten handeln und damit „ihr Gewissen hätten vergewaltigen" müssen, um die geschuldete Arbeitsleistung zu erbringen: In einem Fall hätte der Kläger Druckerzeugnisse herstellen müssen, die seinen eigenen Grundüberzeugungen völlig widersprachen. Im anderen Fall hätte ein Arzt im Rahmen seiner Forschungsaufgaben an der Entwicklung eines Medikaments mitwirken sollen, das die Führung eines Atomkriegs erleichtern sollte. Dieser Kläger lehnte aber jede Art von Vorbereitung eines solchen Krieges entschieden ab. Im vorliegenden Fall dagegen kann die Klägerin ohne im geringsten gegen ihr Gewissen zu verstoßen, ihre arbeitsvertraglichen Pflichten erfüllen. Im Gegenteil, die Krankenpflege gehört seit alters her zu den Werken christlicher Barmherzigkeit. Für eine praktizierende und aktive Christin kann daher die Ausübung der Krankenpflege nicht gegen ihre christlichen Grundüberzeugungen gerichtet sein; daher ist ein Gewissenskonflikt nicht einmal theoretisch vorstellbar. Die Klägerin will hier etwas anderes: Sie will ihren Arbeitsplatz gleichzeitig als Ort der Verkündung ihrer persönlichen religiösen Vorstellungen ge- bzw. mißbrauchen. Das kann sie von ihrem Arbeitgeber nicht nur nicht verlangen, vielmehr kann dieser ihr diese Art von „Erbringung der Arbeitsleistung" mit vollem Recht untersagen.

Erst recht kann sie ein solches Verlangen nicht auf Art. 4 GG stützen, denn mit dem gleichen Recht könnte jede beliebige andere weltanschauliche oder politische oder sonstige Gruppierung für ihre Mitglieder ähnliche „Freiheiten" am Arbeitsplatz beanspruchen. Das widerspräche den Grundsätzen des Arbeitsrechts: Im Interesse des reibungslosen Betriebsablaufs müssen politische, weltanschauliche oder sonstige Agitation von den Betrieben und Behörden ferngehalten werden. Das ergibt sich aus den §§ 74, 75, 45 BetrVG und findet in den §§ 66, 67, 4 a ff. LandespersVertrG seine Entsprechung.

Der Hinweis der Klägerin auf Art. 1 BW.LV führt ebenfalls nicht weiter, denn zum einen handelt es sich hier nicht um ein Grundrecht der Klägerin, und zum anderen bleibt es der Organisationsgewalt der Landesregierung und der Landesverwaltung überlassen, wie sie die Verpflichtung auf ein christliches Menschenbild umsetzen will. Im Hinblick auf das (*hier betroffene*) Klinikum dürfte das Land dieser Verpflichtung bereits dadurch nachgekommen sein, daß es einen Seelsorgerdienst der großen Kirchen eingerichtet hat und sicherlich auch Geistlichen anderer Glaubensrichtungen auf den Wunsch von Patienten um entsprechende Betreuung Zutritt gewähren würde.

10. Im vorliegenden Fall wurde der Klägerin am 18. 5. 1992 eine Abmahnung von Prof. Dr. N. und der Zeugin B. erteilt. Sie wurde anschließend so eingesetzt, daß sie möglichst ohne Kontakt zu Patienten und deren Eltern war und keine Gelegenheit mehr zu missionarischen Gesprächen hatte. Gleichzeitig sollte die Klägerin über ihr Verhalten nachdenken können.

a) Normalerweise kann erst dann nach einer Abmahnung aus verhaltensbedingten Gründen eine Kündigung ausgesprochen werden, wenn der/die Arbeitnehmer/in trotz der Abmahnung sich einen erneuten Verstoß gegen seine/ihre vertraglichen Pflichten zuschulden kommen läßt. Dazu ist es im vorliegenden Fall nicht mehr gekommen. Vielmehr wurde der Klägerin gekündigt, nachdem sie im Gespräch vom 23. 6. 1992 gegenüber dem Zeugen Prof. Dr. N. erklärt hatte, „sie müsse sich an das halten, was sie für notwendig halte; sie habe ihren Auftrag zu erfüllen." Damit war offenbar gemeint, wie es die Zeugin O. bekundete, „als Beauftragte Gottes den Menschen Gutes zu erweisen" und wie die Zeugin B. aussagte, „die Kinderklinik zu missionieren". Die Kammer hat keinerlei Anlaß zu irgendwelchen Zweifeln an der Glaubwürdigkeit der Zeugenaussagen, zumal diese sich nicht widersprechen, sondern sich gegenseitig ergänzen und in den Kernaussagen übereinstimmen.

b) In der mündlichen Verhandlung (...) hat die Klägerin ihre Einstellung auf Fragen des Gerichts nochmals ausdrücklich bestätigt und verdeutlicht, daß sie nicht bereit war und ist, ihr Verhalten zu ändern. Das kann auch nicht erwartet werden, weil die Klägerin viel zu sehr von ihren religiösen Vorstellungen überzeugt und darin gefangen ist, um zu erkennen, daß ihr Verhalten in einem staatlichen Krankenhaus untragbar ist. Unter diesen Voraussetzungen brauchte das beklagte Land nicht erst abwarten, bis die Klägerin erneut durch weitere Missionierungsversuche, wie sie die Eheleute M. bekundet haben, gegen ihre arbeitsvertraglichen Pflichten verstoßen würde, um erst danach kündigen zu können.

Die Klägerin läßt nämlich nach wie vor jegliche Einsicht in die Tatsache vermissen, daß sie Respekt vor der Überzeugung anderer haben muß, und daß sie es auch hinzunehmen hat, wenn andere mit religiösen Ideen nicht behelligt werden wollen oder jedenfalls nicht in der aggressiven und aufdrängerischen Weise, die die Klägerin praktiziert hat. Im Rahmen ihrer Aufgaben als Kinderkrankenschwester hat sie kranke Kinder zu pflegen, aber nicht missionarische Aufgaben wahrzunehmen. Wegen der völlig fehlenden Einsicht in diese Zusammenhänge konnte mit an Sicherheit grenzender Wahrscheinlichkeit angenommen werden, daß die Klägerin weitere Bekehrungsversuche unternommen und Gespräche über Schuld an der Krankheit, wie sie diese Dinge sieht, geführt haben würde. Daher konnte hier das beklagte Land, ohne einen weiteren Vertragsverstoß der Klägerin abwarten zu müssen, fristgemäß kündigen.

2

Da nach israelischem Recht die Ehescheidung der Mitwirkung des Rabbinatsgerichts bedarf, sind die deutschen Gerichte für die Ehescheidung von Juden israelischer Staatsangehörigkeit auch dann nicht international zuständig, wenn die Parteien ihren Wohnsitz in Deutschland haben.

Art. 17 Abs. 1 Satz 2, 14 Abs. 1 Nr.1 EGBGB; § 606a ZPO
KG Beschluß vom 11. Januar 1993 – 3 WF 7099/92[1] –

Die Parteien sind israelische Staatsangehörige und Juden. Das Amtsgericht hat den Antrag der Antragstellerin, ihr für die Durchführung des Verfahrens auf Scheidung ihrer vor dem Standesbeamten/Rabbinat in C. (Israel) geschlossenen Ehe, Prozeßkostenhilfe zu bewilligen, zurückgewiesen. Die Beschwerde blieb erfolglos.

---

[1] FamRZ 1994, 839. Vgl. zu diesem Fragenkreis auch BGH NJW-RR 1994, 642.

Aus den Gründen:

Die (...) Beschwerde der Antragstellerin ist nach § 127 II S. 2 ZPO zulässig, aber unbegründet.

Die deutschen Gerichte sind für den Antrag auf Scheidung der Ehe der Parteien international nicht zuständig. Allerdings haben beide Parteien ihren gewöhnlichen Aufenthalt im Inland, so daß die Zuständigkeit nach dem Wortlaut des § 606a 1 Nr. 2 ZPO begründet wäre. Auch ist in einem solchen Fall nicht weitere Voraussetzung für die internationale Zuständigkeit eines deutschen Gerichts, daß das in Deutschland ergehende Scheidungsurteil durch den gemeinsamen Heimatstaat der Eheleute anerkannt wird (Zöller/Geimer, ZPO, 17. Aufl., § 606a Rz. 10 und 46; Baumbach/Lauterbach/Albers/Hartmann, ZPO, 51. Aufl., § 606a Rz. 5). Der Gesetzgeber hat in einem solchen Fall auf die Anerkennungsprognose verzichtet, weil bei gewöhnlichem Aufenthalt beider ausländischer Ehegatten im Inland in der Regel von der Anerkennung der deutschen Entscheidung in den Heimatstaaten (bzw. dem gemeinsamen Heimatstaat) ausgegangen werden kann (MünchKomm/Walter, ZPO, § 606a Rz. 26). Ob dennoch in einem Fall, wie dem vorliegenden, in dem die Anerkennung eines deutschen Urteils im gemeinsamen Heimatstaat der Ehegatten offensichtlich ausgeschlossen ist, es aus diesem Grunde an der internationalen Zuständigkeit deutscher Gerichte fehlt (so wohl Bergmann/Ferid/Scheftelowitz, Internationales Ehe- und Kindschaftsrecht, Stand 1. 4. 1987, Länderteil Israel III A 3 e) bb)), braucht hier nicht entschieden zu werden.

Die internationale Zuständigkeit ist nämlich deshalb nicht gegeben, weil der deutsche Richter eine Scheidung nach dem hier anzuwendenden israelischen Recht (Art. 17 I S. 2, 14 I Nr. 1 EGBGB) nicht herbeiführen kann (nach anderer Auffassung fehlt es in einem solchen Fall an der besonderen Prozeßvoraussetzung der „Zulässigkeit einer vom ausländischen Recht vorgeschriebenen gerichtlichen Tätigkeit"; siehe hierzu Zöller/Geimer, aaO, Rz. 12). Nach israelischem Recht richten sich die Gründe für die Auflösung einer Ehe sowie die Form ihrer Auflösung nach dem religiösen Recht der Eheleute (Bergmann/Ferid/Scheftelowitz, aaO, III A 1 d) aa)), also hier nach jüdischem Recht. Hiernach ist bei Schlüssigkeit der Klage (von dem Rabbinatsgericht) ein Urteil des Inhalts zu erlassen, daß die Ehe geschieden werden soll. Dieses Urteil führt die Ehescheidung noch nicht herbei. Vielmehr wird die Scheidung erst durch Übergabe des unter Aufsicht des Rabbinatsgerichts unter Einhaltung besonderer Förmlichkeiten geschriebenen Scheidebriefes (Get) vollzogen (s. im einzelnen Bergmann/Ferid/Scheftelowitz, aaO, III C 2, ferner die Darstellung in *RGZ* 57, 250, 253, 254). Erst diese Scheidungszeremonie hat statusändernde bürgerlich-rechtliche Wirkung (so für den Fall der Anwendung jüdischen Rechts

OLG Köln, MDR 1973, 769²), sie ist der wesentliche, die Ehe auflösende Rechtsakt (*OLG* Düsseldorf, FamRZ 1974, 528 [530]³). Eine solche vom jüdischen Recht geforderte Mitwirkung des Rabbinatsgerichts, das das Vorliegen der Scheidungsvoraussetzungen feststellt, ist eine Tätigkeit, die, weil der Rabbiner als Geistlicher tätig wird und sein Mitwirken Teil einer religiösen Handlung ist, dem deutschen Rechtssystem völlig wesensfremd ist und von einem deutschen Gericht nicht geleistet werden kann. Zwar wäre das deutsche Gericht in der Lage festzustellen, ob die Scheidungsvoraussetzungen nach jüdischem Recht vorliegen. Aber das nach Art. 17 EGBGB zur Anwendung berufene Scheidungsstatut entscheidet grundsätzlich auch darüber, wie eine Scheidung zustande kommt (Palandt/Heldrich, BGB, 52. Aufl., Art. 17 EGBGB Rz. 35). Sachliches und Verfahrensrecht bilden hier eine untrennbare Ordnung, die man nicht auseinanderreißen darf, weil sonst der Befehl des Gesetzgebers, das ausländische Recht sachgetreu anzuwenden, verletzt werden würde (Zöller/Geimer, aaO, Rz. 15). Das deutsche Recht kennt keine passenden Regeln, durch die die Verfahrensvorschriften des jüdischen Rechts analog angewendet werden könnten.

Der Scheidungsantrag hätte auch dann keine hinreichende Aussicht auf Erfolg, wenn man die Ansicht verträte, daß Rechtsordnungen, die die Scheidung ihren geistlichen Gerichten überließen, denjenigen gleichstünden, die aus religiösen Gründen die (weltliche) Scheidung überhaupt ablehnten und deshalb ein Scheidungsantrag als unbegründet abzuweisen sei (s. Staudinger/Spellenberg, BGB, 12. Aufl., §§ 606 ff. ZPO Rz. 43, und Staudinger/v. Bar, aaO, Art. 17 EGBGB Rz. 105, 106).

Der Antragstellerin bleibt die Möglichkeit, sich unter Anrufung der Institutionen, die ihr Heimatrecht hierfür vorsieht, scheiden zu lassen.

3

Zur Frage der Eingruppierung eines kirchlichen Mitarbeiters im Bereich des sog. betreuten Wohnens.

LAG Schleswig-Holstein, Urteil vom 12. Januar 1993 – 1 Sa 287/92[1] –

---

[2] KirchE 13, 198.
[3] KirchE 14, 68.

[1] Die Revision der Beklagten wurde zurückgewiesen; BAG, Urteil vom 23. 2. 1994 – 4 AZR 224/93 – AuR 1994, 274 (LS).
Zur Eingruppierung kirchl. Mitarbeiter sind im Veröffentlichungszeitraum noch folgende Entscheidungen bekannt geworden: BAG AP § 12 AVR Caritasverband, Nr. 3; ZevKR 39 (1994), 94; AP § 12 AVR Diakonisches Werk, Nr. 5; EkA, Eingruppierung Erzieher (9 u. 10); *LAG Niedersachsen* EkA, Eingruppierung Erzieher (7 u. 8).

Der 1959 geborene Kläger hat eine abgeschlossene Ausbildung als Kunsttherapeut und Pädagoge. Er wurde von dem Rechtsvorgänger des beklagten Vereins durch Vertrag vom 28. 9. 1990 zu den Bedingungen des Kirchlichen Angestelltentarifvertrages (KAT-NEK) mit den zusätzlich abgeschlossenen Tarifverträgen in ihrer jeweils geltenden Fassung eingestellt. Seine Aufgabe bestand darin, gemeinsam mit seiner Frau in Form des sog. betreuten Wohnens in einem Haus rund um die Uhr für die Betreuung einer Gruppe von Kindern mit körperlichen, seelischen oder geistigen Störungen zu sorgen.

Der Kläger wurde zunächst in die Vergütungsgruppe Vc des KAT-NEK eingereiht. In einem Nachtrag vom 27. 6. 1991 traf er mit dem damaligen Arbeitgeber folgende ergänzende Vereinbarung: „Mit Wirkung vom 1. 1. 1991 wird für die Gruppenleitung in der Familiengruppe eine Zulage gezahlt in Höhe der Differenz zwischen den Vergütungsgruppen V c und V b."

Die Anlage 1 a zum KAT-NEK enthält in der während des streitigen Zeitraums (1. 10, 1991-31. 3. 1992) gültigen Fassung in der Abteilung 22 Eingruppierungsvorschriften für die „Erziehung und Ausbildung in Einrichtungen für Behinderte i. S. v. §§ 39 und 73 BSHG, 58 AFG und anderen, für Kinder und Jugendliche mit wesentlichen Erziehungsschwierigkeiten". Der Abschnitt a der Abteilung 22 betrifft „Erziehungsheime, Wohnheime (Internate) von Berufsbildungswerken sowie von Werkstätten für Behinderte, Kindertagesstätten". In diesem Abschnitt wird unter anderem folgendes bestimmt:

„Vergütungsgruppe V b
a) Erzieherinnen, Erzieher, Heilerzieherinnen und Heilerzieher mit staatlicher Anerkennung sowie sonstige Angestellte, die aufgrund gleichwertiger Fähigkeiten und ihrer Erfahrungen entsprechende Tätigkeiten ausüben, denen die verantwortliche Leitung einer oder mehrerer Gruppen ausdrücklich übertragen ist, wenn ihnen mindestens ein Angestellter ständig unterstellt ist. (Hierzu Protokollnotiz Nrn. 1 und 3)

Vergütungsgruppe IV b
a) Erzieherinnen und Erzieher mit staatlicher Anerkennung und sonderpädagogischer Zusatzausbildung, Heilerzieherinnen, Heilerzieher, Heilerziehungspflegerinnen und Heilerziehungspfleger mit staatlicher Anerkennung sowie sonstige Angestellte, die aufgrund gleichwertiger Fähigkeiten und ihrer Erfahrungen entsprechende Tätigkeiten ausüben, denen die verantwortliche Leitung einer oder mehrerer Gruppen ausdrücklich übertragen ist, wenn ihnen mindestens drei Angestellte ständig unterstellt sind.
(Hierzu Protokollnotizen Nrn. 1, 3 und 12)
b) Angestellte
  aa) bis dd) ...
  ee) als Leiterinnen und Leiter einer Gruppe in einem Erziehungsheim,
  (hierzu Protokollnotizen Nrn. 1 und 8),"

Eingruppierung 13

In einem Protokoll über das 36. Gespräch der „Kleinen Tarifkommission" am 4. 10. 1991 heißt es zu dem Protokoll über das 35. Gespräch der „Kleinen Tarifkommission" am 14. 8. 1991:

„Auf Seite 6 – zu Abteilung 22 Abschnitt a zweitletzter Absatz – wird folgender Satz angefügt: „Die Tarifvertragsparteien erzielen Einvernehmen, daß die Vergütungsgruppe IV b Fgr. b/ee gegenüber Vgr. Vb Fgr. a die speziellere Fallgruppe für Gruppenleiter in Erziehungsheimen im Sinne der Protokollnotiz Nr. 8 ist."

Die Protokollnotiz Nr. 8 zu Abteilung 22 lautet:

„Erziehungsheime im Sinne dieses Tätigkeitsmerkmals sind Heine, in denen überwiegend behinderte Kinder, Jugendliche oder Erwachsene im Sinne der §§ 39 und 72 BSHG oder Kinder oder Jugendliche mit wesentlichen Erziehungsschwierigkeiten ständig untergebracht sind. Dem Erziehungsheim sind gleichgestellt Einrichtungen, in denen Hilfe zur Erziehung nach dem § 34 des Kinder- und Jugendhilfegesetztes (KJHG) gewährt wird (Erziehung in Außenwohngruppen und in der Form des betreuten Wohnens)."

Die Protokollnotiz Nr. 16 zu Abschnitt 22 bestimmt:

„Als Gruppenleiterin oder Gruppenleiter gilt, wer eine Lerngruppe, Fachgruppe, Arbeitsgruppe (WfB), einen Lehrgang der vorberuflichen Förderung, Findung oder Erprobung, einen Eingangs- oder Trainingsbereich (WfB), eine Internats- bzw. Wohnheimgruppe ständig verantwortlich leitet (Gruppe ist hier als eine ständige betriebliche Organisationsform zu bezeichnen)."

Es gibt eine interne Arbeitsplatzbeschreibung der Beklagten für Gruppenleiter und Mitarbeiter im pädagogischen Dienst.

Der Kläger ist der Ansicht, daß er die Voraussetzungen der Vergütungsgruppe IV b Fallgruppe b/ee Abteilung 22 Abschnitt a der Anlage 1 a zum KAT-NEK erfüllt. Er hat rückwirkend die entsprechende Eingruppierung gefordert. Die Beklagte lehnte ab und begründete dies damit, daß die Vergütung nach KAT-NEK IV b Fallgruppe b/ee nach der Vereinbarung der Tarifpartner als die spezielle Fallgruppe für Erziehungsheime gelte, jedoch die Voraussetzungen der Vergütungsgruppe V b Fallgruppe a einschließe.

Mit der vorliegenden Klage begehrt der Kläger für den Zeitraum 1. 10. 1991 bis 31. 3. 1992 den Differenzbetrag zwischen der Vergütung nach der Vergütungsgruppe V b und derjenigen nach der Vergütungsgruppe IV b.

Die Beklagte macht im wesentlichen geltend, dem Kläger sei keinerlei Personal unterstellt. Er betreue die Kleingruppe partnerschaftlich mit seiner Ehefrau. Der Kläger sei nicht Gruppenleiter im Sinne des Tarifrechts. In Außenwohngruppen und in der Form des betreuten Wohnens könne nur dann von einem „Leiter einer Gruppe in einem Erziehungsheim" gesprochen werden, wenn diese Gruppe zahlenmäßig der Gruppe in einem Erziehungsheim in etwa entspreche und dem Gruppenleiter mindestens 2 Mitarbeiter unterstellt seien.

Das Arbeitsgericht hat der Klage stattgegeben. Die Berufung der Beklagten blieb erfolglos.

Aus den Gründen:

Die Berufung ist (...) nicht gerechtfertigt.

Der Kläger kann für den streitigen Zeitraum den zutreffend berechneten Unterschiedsbetrag zwischen der Vergütung nach der Vergütungsgruppe V b Abteilung 22 Abschnitt a der Anlage 1 a KAT-NEK und derjenigen nach der Vergütungsgruppe IV b Abteilung 22 Abschnitt a der Anlage 1 a KAT-NEK in Höhe von 2174,42 DM beanspruchen. Auf das Arbeitsverhältnis der Parteien findet kraft einzelvertraglicher Vereinbarung der KAT-NEK in seiner jeweils geltenden Fassung Anwendung. Gemäß § 22 Abs. 2 KAT-NEK ist der Angestellte in der Vergütungsgruppe eingruppiert, deren Tätigkeitsmerkmale die gesamte von ihm nicht nur vorübergehend auszuübende Tätigkeit entspricht. Die als einheitlicher Arbeitsvorgang zu wertende Tätigkeit des Klägers erfüllt die Voraussetzungen der Vergütungsgruppe IV b Fallgruppe b/ee Abteilung 22 Abschnitt a der Klage 1 a zum KAT-NEK.

1. Es ist nicht vorab zu prüfen, ob die Voraussetzungen der Vergütungsgruppe V b Fallgruppe a Abteilung 22 Abschnitt a der Anlage 1 a zum KAT-NEK gegeben sind; denn die Fallgruppe b/ee der Vergütungsgruppe IV Abteilung 22 Abschnitt a der Anlage 1 a zum KAT-NEK baut nicht auf der Fallgruppe a der Vergütungsgruppe V b auf.

Fallgruppen bauen nur dann aufeinander auf, wenn die höher bewertete alle Tätigkeitsmerkmale der niedriger bewerteten und mindestens ein weiteres Tätigkeitsmerkmal oder die Erweiterung eines Tätigkeitsmerkmals enthält. Die Fallgruppen a der Vergütungsgruppen V b und IV b stehen zueinander in diesem Verhältnis, nicht jedoch die Fallgruppe a der Vergütungsgruppe V b und die Fallgruppe b/ee der Vergütungsgruppe IV b. Dies ergibt sich schon daraus, daß die letztgenannte Fallgruppe keine besonderen Qualifikationsvoraussetzungen aufstellt – es ist schlicht von „Angestellten" die Rede –, während die Fallgruppe a der Vergütungsgruppe V b nur anwendbar ist auf „Erzieherinnen, Erzieher, Heilerzieherinnen und Heilerzieher mit staatlicher Anerkennung sowie sonstige Angestellte, die aufgrund gleichwertiger Fähigkeiten und ihrer Erfahrungen entsprechende Tätigkeiten ausüben".

2. Der Kläger war im streitigen Zeitraum in einer Einrichtung tätig, die nach der Protokollnotiz Nr. 8 zu Abteilung 22 der Anlage 1 a des KAT-NEK einem Erziehungsheim im Sinne der Fallgruppe b/ee der Vergütungsgruppe IV b gleichgestellt ist.

3. Er war auch Leiter einer Gruppe im Sinne dieser Tarifbestimmung.

a) Aus der Fallgruppe a der Vergütungsgruppe IV b läßt sich entnehmen, daß zum Begriff der Gruppe im Sinne des Abschnitts a Abteilung 22 nicht die Unterstellung von Angestellten unter einen Leiter gehört. Die ständige Unterstellung mindestens eines Angestellten wird dort zusätzlich zur Leitung einer oder mehrerer Gruppen genannt. Es sind also auch Gruppen im tarifrechtlichen Sinne denkbar, die nicht von Personen, die in einem Über-/Unterordnungsverhältnis stehen, betreut werden.

Nach der Protokollnotiz Nr. 16 zu Abteilung 22 gilt als Gruppenleiter unter anderem, wer eine Wohngruppe ständig verantwortlich leitet, wobei Gruppe in dem Klammerzusatz als „eine ständige betriebliche Organisationsform" definiert wird. Gruppen in diesem Sinne erfüllen auch die Voraussetzungen des Gruppenbegriffs in der Fallgruppe b/ee der Vergütungsgruppe IV b.

Die Wohngruppe, die der Kläger – sei es gleichberechtigt mit seiner Frau oder ihr übergeordnet – geleitet hat, ist eine ständige betriebliche Organisationsform. Der Kläger war damit im streitigen Zeitraum Leiter einer Gruppe im Sinne der Fallgruppe b/ee der Vergütungsgruppe IV b.

b) Die Beklagte kann nicht mit Erfolg einwenden, die Tarifvertragsparteien hätten die Vergütungsgruppe IV b Fallgruppe b/ee nur auf die Alsterdorfer Anstalten in Hamburg beziehen wollen.

Die normativen Bestimmungen von Tarifverträgen sind wie Gesetze auszulegen. Der subjektive Wille der Tarifvertragsparteien kann nur insoweit Berücksichtigung finden, wie er im Wortlaut seinen Niederschlag gefunden hat (s. z.B. BAG, Urteil v. 25. 11. 1987 – 4 AZR 403/87 – EzA § 1 TVG Auslegung Nr. 18). Die angeblich gewollte Beschränkung auf die Alsterdorfer Anstalten wird im Wortlaut des Tarifvertrages in keiner Weise auch nur angedeutet. Es ist deshalb unerheblich, ob sie beabsichtigt war.

c) Das von der Beklagten ins Feld geführte Urteil des BAG vom 18. 3. 1987 – 4 AZR 244/86 – bezog sich auf die Betreuung einer Gruppe von Kindern in einem Tageshort, die keine ständige betriebliche Organisationsform im Sinne der Protokollnotiz Nr. 16 war. Aus diesem Urteil läßt sich nicht ableiten, daß der eine *Wohngruppe* leitende Kläger kein Gruppenleiter im tarifrechtlichen Sinne ist.

d) Das Tarifgefüge wird durch die hier vorgenommene Auslegung der Fallgruppe b/ee Vergütungsgruppe IV b auch nicht etwa gesprengt. Es macht durchaus Sinn, die besonderen Belastungen, die mit der Kinderbetreuung in Form des betreuten Wohnens für den Hauptverantwortlichen einhergehen, genauso zu honorieren wie die Anforderungen, die in der Fallgruppe a der Vergütungsgruppe IV b erfüllt sein müssen.

4

Eine ordentliche Kündigung in der Probezeit eines kirchlichen Mitarbeiters ist jedenfalls dann gem. § 37 Abs. 4 Satz 4 MVO unwirksam, wenn sie vor Ablauf der 3-Tage-Frist zu § 37 Abs. 5 Satz 2 MVO ausgesprochen wird.

§ 37 MVO Diakon. Werk
ArbG Bremen, Urteil vom 13. Januar 1993 – 5 Ca 5394/92[1] –

Der Kläger ist seit dem 16. 4. 1992 in der beklagten Einrichtung als Krankenpfleger beschäftigt. Am 17. 8. 1992 erklärte die Einrichtung die ordentliche Kündigung des Arbeitsverhältnisses innerhalb der Probezeit gemäß § 30 Abs. 6 AVR.

Bei der Einrichtung besteht eine Mitarbeitervertretung, deren Beteiligungsrechte sich nach der Mitarbeitervertretungsordnung (MVO) des Diakonischen Werkes richten. § 37 Abs. 4 der MVO lautet: „Ordentliche Kündigungen während der Probezeit unterliegen nicht der Mitbestimmung. Die Mitarbeitervertretung ist jedoch rechtzeitig vorher zu hören. Die Gründe für die Kündigung sind ihr mitzuteilen. Eine ordentliche Kündigung während der Probezeit ist unwirksam, wenn sie ohne vorherige Anhörung der Mitarbeitervertretung ausgesprochen wurde." Nach § 37 Abs. 5 MVO ist die Mitarbeitervertretung bei einer außerordentlichen Kündigung vorher zu hören und kann sich innerhalb einer Frist von 3 Arbeitstagen schriftlich äußern. Nach § 8 AVR sind die ersten 6 Monate der Beschäftigung des Arbeitnehmers Probezeit, soweit nicht anderes vereinbart wurde.

Gegen die Kündigung vom 17. 8. 1992 richtet sich die Klage. Der Arbeitnehmer ist der Auffassung, die Kündigung sei wegen fehlender Anhörung der Mitarbeitervertretung unwirksam. Die Mitarbeitervertretung sei erst informiert worden, als die Kündigung bereits ausgesprochen worden sei.

Die Klage hatte Erfolg.

Aus den Gründen:

Die Klage ist begründet. Das Arbeitsverhältnis zwischen den Parteien ist durch die Kündigung der Einrichtung vom 17. 8. 1992 nicht beendet worden.

Da der Arbeitnehmer bei Zugang der Kündigung noch keine 6 Monate in der Einrichtung beschäftigt war, findet das Kündigungsschutzgesetz keine Anwendung (§ 1 Abs. 1 KSchG). Die Kündigung ist jedoch unwirksam, weil ent-

---

[1] EkA Kündigung, Probezeit (1). Das Urteil ist rechtskräftig. Vgl. zu diesem Fragenkreis auch LAG Köln PersR 1995, 313.

Anhörung der Mitarbeitervertretung

gegen § 37 Abs. 4 MVO die Mitarbeitervertretung nicht ordnungsgemäß beteiligt wurde. Unstreitig befand sich der Arbeitnehmer bei Zugang der Kündigung noch in der Probezeit. Für die Beteiligung der Mitarbeitervertretung ist daher § 37 Abs. 4 MVO einschlägig. Danach ist die Mitarbeitervertretung rechtzeitig vor der Kündigung zu hören. Kriterien zur näheren Bestimmung des Begriffes „rechtzeitig" enthält die MVO nicht. Dem Zweck der Regelung nach muß die Anhörung der Mitarbeitervertretung dieser jedoch ermöglichen, in einer Sitzung über die Gründe der beabsichtigten Kündigung zu beraten, ggf. weitere Erkundigungen bei der Leitung der Einrichtung einzuholen und den betroffenen Arbeitnehmer anzuhören. Als Regelfrist dürfte die Wochenfrist aus § 102 Abs. 2 BetrVG angemessen sein, da wesentliche Unterschiede bei den Aufgaben von Betriebsräten und Mitarbeitervertretungen anläßlich der Anhörung zu einer Kündigung nicht bestehen. Als zumindest erforderlich ist jedoch die Frist von 3 Arbeitstagen aus § 37 Abs. 5 MVO anzusehen, die für die Anhörung bei außerordentlicher Kündigung gilt. Wenn die MVO bei einer regelmäßig schon wegen der 2-Wochen-Frist aus § 626 BGB eilbedürftigen außerordentlichen Kündigung eine Frist von 3 Arbeitstagen für erforderlich hält, kann bei einer ordentlichen Kündigung jedenfalls keine kürzere Frist Anwendung finden. Diese Zeit muß der Mitarbeitervertretung also zumindest zur Verfügung stehen, um etwaige Einwendungen gegen die Kündigung vorzubringen.

Wird zugunsten der Einrichtung unterstellt, daß auch Sonnabende und Sonntage als Arbeitstage im Sinne von § 37 Abs. 5 MVO anzusehen sind, und wird weiter zugunsten der Einrichtung unterstellt, daß die Kündigung ausgesprochen werden kann, wenn innerhalb dreier Arbeitstage keine Stellungnahme durch die Mitarbeitervertretung erfolgt, ist die Kündigung dennoch vorzeitig ausgesprochen worden. Nach dem Vortrag der Einrichtung ist die Mitarbeitervertretung am 13. oder 14. 8. 1992 informiert worden. Da die Einrichtung für die ordnungsgemäße Durchführung des Anhörungsverfahrens nach entsprechendem Bestreiten des Arbeitnehmers darlegungs- und beweispflichtig ist (insoweit kann nichts anderes gelten als bei § 102 BetrVG, vgl. Etzel, in: KR, Rdnr. 192 zu § 102 BetrVG), ist insoweit vom 14. 8. 1992 auszugehen. Die 3-Tages-Frist endete mithin am 17. 8. 1992, frühestens am 18. 8. 1992 hätte die Kündigung ausgesprochen werden dürfen. Der Ausspruch erfolgte jedoch am 17. 8. 1992, also vor Ablauf der Frist von 3 Arbeitstagen.

Hinsichtlich der Folgen der vorzeitig ausgesprochenen Kündigung finden die zu § 102 BetrVG entwickelten Rechtsgrundsätze Anwendung. § 37 Abs. 4 Satz 4 MVO stimmt seinem Regelungsgehalt nach mit § 102 Abs. 1 Satz 3 BetrVG überein. Auch der Sinn und Zweck der Beteiligungsrechte der Mitarbeitervertretung ist mit dem der Beteiligungsrechte des Betriebsrats identisch. Hieraus folgt, daß eine ordentliche Kündigung nicht nur unwirksam ist, wenn die Mitarbeitervertretung überhaupt nicht angehört wurde. Sie ist vielmehr auch unwirksam, wenn das Anhörungsverfahren durch den Arbeitgeber nicht ordnungsgemäß durchgeführt wurde, insbesondere wenn die Kündigung ausgesprochen wird, bevor die für die Willensbildung der Mitarbeitervertretung erforderliche Zeit abgelaufen ist (vgl. Etzel, in: KR, Rdnr. 118 zu § 102 BetrVG). Zwar enthält § 37 Abs. 4 MVO im Gegensatz zu § 102 Abs. 2 BetrVG keine genau definierte Frist zur Stellungnahme. Sinn und Zweck der Beteiligungsrechte der Mitarbeitervertretung ist jedoch, daß diese Gelegenheit haben soll, zur beabsichtigten Kündigung Stellung zu nehmen und daß diese Stellungnahme bei der Willensbildung des Arbeitgebers berücksichtigt wird. Wird dieser Grundsatz verletzt, ist die Kündigung unwirksam. Ob insoweit die Wochenfrist aus § 102 Abs. 2 BetrVG direkt entsprechend anzuwenden ist, muß nicht entschieden werden. Denn aus dem genannten Zweck der Norm folgt, daß zumindest dann nicht von einer ordnungsgemäßen Durchführung des Anhörungsverfahrens auszugehen ist, wenn sogar die sehr kurze Frist aus § 37 Abs. 5 MVO vom Arbeitgeber nicht eingehalten wird. Angesichts der Eilbedürftigkeit einer beabsichtigten außerordentlichen Kündigung folgt aus der Normierung einer Frist von 3 Arbeitstagen für diesen Fall, daß ein kürzerer Zeitraum jedenfalls nicht ausreicht, um der Mitarbeitervertretung eine ordnungsgemäße Befassung zu ermöglichen. Dies wiederum führt dazu, daß eine ordentliche Kündigung in der Probezeit jedenfalls dann gemäß § 37 Abs. 4 Satz 4 MVO unwirksam ist, wenn sie vor Ablauf der 3-Tages-Frist zu § 37 Abs. 5 Satz 2 MVO ausgesprochen wird. Dies ist vorliegend auch unter Zugrundelegung des Vortrags der Einrichtung der Fall, es muß daher nicht aufgeklärt werden, wessen Angaben zur Anhörung der Mitarbeitervertretung zutreffen.

Auf die Versäumung der 3-Wochen-Frist aus § 4 KSchG durch den Arbeitnehmer kann die Einrichtung sich nicht berufen. Der Arbeitnehmer macht nicht Sozialwidrigkeit der Kündigung gemäß § 1 KüSchG geltend, sondern beruft sich auf die Unwirksamkeit der Kündigung aus anderen Gründen, so daß gemäß § 13 Abs. 3 KSchG, § 4 KSchG keine Anwendung findet.

Daß der Arbeitnehmer mit der Klageerhebung gewartet hat, bis seit Beginn des Arbeitsverhältnisses 6 Monate verstrichen waren und sowohl die Schutzvorschriften des Kündigungsschutzgesetzes als auch die weitergehenden Mitbestimmungsrechte der Mitarbeitervertretung Anwendung finden, kann dem Arbeitnehmer nicht als rechtsmißbräuchliches Verhalten gemäß § 242 BGB zur Last gelegt werden. (wird ausgeführt)

5

Einrichtungen und Veranstaltungen dürfen öffentlich (durch Hinweisschilder, Eintragung im amtlichen Telefonbuch etc.) nur mit Zustimmung des Ortsbischofs als „katholisch" oder „römisch-katholisch" bezeichnet werden.

§ 12 BGB
LG München I, Urteil vom 14. Januar 1993 – 26 O 14864/92[1] –

Der beklagte Verein ist eine privatrechtliche Vereinigung von Personen, die Anhänger des suspendierten, exkommunizierten und zwischenzeitlich verstorbenen ehemaligen Erzbischofs Lefèbvre sind. Der Verein betreibt in der X.-Straße in M. eine Einrichtung, die er im amtlichen Telefonbuch 1992/93 unter der Rubrik „Katholische Pfarrämter und Kuratien" hat eintragen lassen. Er bezeichnet diese Einrichtung sowie seine Veranstaltungen im Bereich der Klägerin, der Erzdiözese M., als „katholisch" oder „römisch-katholisch" und verwendet diese Bezeichnung auch in dem vor der Kapelle aufgestellten Schaukasten.

Die Klägerin ist der Ansicht, daß der beklagte Verein durch die Namensbezeichnung „katholisch" oder „römisch-katholisch" ihr Namensrecht verletze. Die Namensbezeichnung „katholisch" oder „römisch-katholisch" steht allein der katholischen Kirche zu, deren Rechtsträgerin im hier in Frage stehenden örtlichen Bereich sie, die Klägerin, sei.

Die Klägerin beantragt u. a., den beklagten Verein zu verurteilen, 1. es zu unterlassen, die Kapelle in M. in der X.-Straße sowie sonstige Einrichtungen und Veranstaltungen im Bereich der Erzdiözese M. als „katholisch" oder „römisch-katholisch" oder „röm.-kath." – gleich in welcher Schreibweise – zu bezeichnen, 2. die Bezeichnung „römisch-katholisch" aus dem Schaukasten vor der Kapelle in der X.-Straße in M. zu entfernen, 3. zu veranlassen, daß die Aufnahme seiner Einrichtung in der X.-Straße in M. im amtlichen Telefonbuch der Deutschen Bundespost Telekom, derzeit Ausgabe 1992/1993 unter der Rubrik „Katholische Pfarrämter und Kuratien" ab der nächsten Ausgabe unterbleibt.

Der Beklagte ist der Ansicht, daß die vom klagenden Bistum beanstandete Benutzung des Glaubensattribut „katholisch" bzw. „römisch-katholisch" keine Namensverletzung darstelle, da er die Bezeichnung „katholisch" bzw. „römisch-katholisch" nicht namensmäßig, sondern zur Kennzeichnung der von ihm vertretenen Glaubensinhalte benutze.

Die Kammer gibt der Klage statt.

---

[1] Das Urteil wurde nach Berufungsrücknahme (32 U 2614/93 OLG München) rechtskräftig.

Aus den Gründen:

Der zulässigen Klage war in vollem Umfang stattzugeben.
Die Klage ist zulässig. Das angerufene Gericht ist für den vorliegenden Rechtsstreit zuständig. Es handelt sich bei der dem Rechtsstreit zugrundeliegenden Streitfrage nicht um eine innerkirchliche Angelegenheit mit der Folge, daß die weltlichen Gerichte unzuständig wären. Streitgegenständlich ist hier die Frage, ob der beklagte Verein ohne Genehmigung des Klägers die Bezeichnung „katholisch" oder „römisch-katholisch" für seine Einrichtungen und Aktivitäten tragen und benutzen darf. Gegenstand des Verfahrens ist somit die Frage der rechtmäßigen oder widerrechtlichen Benutzung eines Namens oder einer hiermit gleichzustellenden Bezeichnung. Dies ist eine Frage des Namensrechts gemäß § 12 BGB, so daß die Zuständigkeit der staatlichen Gerichte gegeben ist.

Der Kläger ist zudem klagebefugt. Das Bistum ist nach Kirchenrecht eine Teilkirche, in der die katholische Kirche präsent ist. Sie ist eine eigenständige kirchenorganisatorische Einheit. Nach außen vertreten wird das Bistum durch den zuständigen Diözesanbischof mit dem Recht und der Pflicht, das Bistum zu leiten. Er hat die Rechte der Kirche auf dem Gebiet seines Bistums wahrzunehmen. In laufenden Verwaltungs- und Rechtsangelegenheiten wird das Bistum und dessen Bischof durch den Generalvikar vertreten. Diese Organisation der Kirche ist durch den Staat gemäß Art. 140 GG i.V.m. Art. 137 Abs. 5 WRV anerkannt. Hieraus ergibt sich, daß das Bistum M., vertreten durch den Generalvikar, innerhalb der Bistumsgrenzen die der katholischen Kirche zustehenden Namensrechte gemäß § 12 BGB geltend machen kann.

Die Klage ist auch in vollem Umfang begründet. Der Kläger begehrt zu Recht von dem beklagten Verein die Unterlassung, die Kapelle in M. sowie sonstige Einrichtungen und Veranstaltungen im Bereich der Erzdiözese M. als „katholisch" oder „römisch-katholisch" oder „röm.-kath." zu bezeichnen. Dem Kläger steht auch insbesondere das Recht zu, von dem Beklagten die Bezeichnung „römisch-katholisch" aus dem Schaukasten vor der Kapelle in der X.-Straße entfernen zu lassen, sowie gegenüber der Deutschen Bundespost Telekom zu veranlassen, daß die Aufnahme der Einrichtungen des beklagten Vereins in der X.-Straße in M. im amtlichen Telefonbuch (...) ab der nächsten Ausgabe nicht mehr unter der Rubrik „Katholische Pfarrämter und Kuratien" geführt werde. Die hierauf gerichteten Ansprüche des Klägers folgen aus § 12 BGB.

Gemäß § 12 Satz 1 BGB kann der Berechtigte, nämlich der Namensträger, von demjenigen, der seinen Namen unberechtigt benutzt, die Beseitigung dieser Beeinträchtigung verlangen, wenn durch den unbefugten Namensgebrauch seine Interessen verletzt werden. Diese Voraussetzungen sind vorliegend gegeben.

Der Name ist die sprachliche Kennzeichnung einer Person zur Unterscheidung von anderen Personen, er dient somit der Identifikation. Dabei unterfällt dem Schutz des § 12 nicht nur der Name natürlicher Personen, sondern auch der Name juristischer Personen des öffentlichen Rechts wie der katholischen Kirche. Die Bezeichnung „katholisch" oder „römisch-katholisch" wird heute in der Öffentlichkeit als Identifizierungsmerkmal der römischen Amtskirchen mit dem Papst an der Spitze angesehen, ist mithin der Name der Kirche als Organisation und unterfällt somit dem Namensschutz nach § 12 BGB. Das mit dem Namen „katholisch" bzw. „römisch-katholisch" verbundene Namensrecht der Kirche hat der beklagte Verein durch die Bezeichnung „römisch-katholisch" in dem Schaukasten vor der Kapelle in der X.-Straße in M. sowie durch die Eintragung im amtlichen Telefonbuch (...) der Deutschen Bundespost Telekom, Ausgabe 1992/93 unter der Rubrik „Katholische Pfarrämter und Kuratien" verletzt und ist daher gemäß § 12 Satz 1 BGB zur Beseitigung verpflichtet. Durch die Verwendung der Bezeichnung „römisch-katholisch" bzw. „katholisch" hat der Beklagte den Namen der Kirche, deren Rechte der Kläger für das Ortsbistum wahrnimmt, gebraucht. Der beklagte Verein kann mit seinem Einwand, daß er die Bezeichnung „römisch-katholisch" bzw. „katholisch" nicht namensmäßig gebrauche, nicht gehört werden. Der Name ist eine sprachliche Kennzeichnung einer Person zur Unterscheidung von anderen. Durch die Bezeichnung „römisch-katholisch" unterscheidet sich die römisch-katholische Kirche von anderen Glaubensgemeinschaften. Die Bezeichnung römisch-katholische Kirche wird heute in der Öffentlichkeit als Identifikation der verfaßten römisch-katholischen Kirche mit dem Papst in Rom als dem Oberhaupt dieser Kirche angesehen, ist somit der Name einer bestimmten christlichen Kirche als Organisation in Abgrenzung von anderen Kirchen und Religionsgemeinschaften. Soweit der beklagte Verein die Bezeichnung „römisch-katholisch" oder „katholisch" benutzt, verwendet er eine sprachliche Kennzeichnung einer anderen Person, deren namensmäßige Unterscheidungskraft beikommt.

Die gebrauchte Bezeichnung „römisch-katholisch" sowie „katholisch" durch den beklagten Verein ist auch widerrechtlich im Sinne von § 12 BGB. Widerrechtlichkeit liegt danach immer vor, wenn der Namensgebrauch gegen ein gesetzliches Verbot, gegen die guten Sitten oder einen sonstigen Namen erfolgt. Hier erfolgt die Widerrechtlichkeit aus dem katholischen Kirchenrecht, can. 216, 300 CIC. Nach diesen Vorschriften kann die Bezeichnung „katholisch" nur mit Zustimmung der zuständigen kirchlichen Autorität geführt werden. Die hiernach für die Bezeichnung der Einrichtungen der Beklagten in München als „katholisch" respektive „römisch-katholisch" notwendige Zustimmung des Bischofs von M. als zuständige kirchliche Autorität liegt nicht vor. Die Zustimmung ist auch nicht deshalb entbehrlich, weil die Mitglieder des beklagten Vereins katholisch sind oder seien. Es kann hier dahingestellt bleiben, ob die Anhänger des verstorbenen Bischofs Lefèbvre und die Mitglieder des beklagten Vereins noch auf dem Boden der katholischen Kirche und der von ihr vertretenen Glaubensinhalte stehen. Entscheidend ist allein, daß nach der zitierten Bestimmung des katholischen Kirchenrechts auch Personen, die unstreitig katholisch im kirchlichen Sinne sind bzw. Vereinigungen solcher Personen, öffentliche Einrichtungen und Veranstaltungen wie etwa die Kapelle in der X.-Straße in M. nur mit Zustimmung der kirchlichen Autorität als „katholisch" oder „römisch-katholisch" bezeichnen dürfen.

Die unbefugte Namensführung durch Gebrauch der Bezeichnung „römisch-katholisch" bzw. „katholisch" des beklagten Vereins in M. verletzt auch die Interessen des klagenden Namensberechtigten, nämlich der katholischen Amtskirche. Eine Verletzung von Interessen des berechtigten Namensträgers liegt in der Regel bereits bei jedem unbefugten Namensgebrauch vor. Insbesondere liegt die Verletzung bereits in der durch den Gebrauch gegebenen Verwechslungsgefahr.

Infolge des unbefugten Gebrauchs der Bezeichnung „römisch-katholisch" ist der beklagte Verein somit gemäß § 12 BGB zur Beseitigung der damit verbundenen Beeinträchtigung des Namensrechtes der Kläger verpflichtet. Die Beeinträchtigung muß dabei durch geeignete Maßnahmen für die Zukunft beseitigt werden. Die hierfür geeigneten Mittel sind, wie vom Kläger beantragt, die Entfernung der entsprechenden Bezeichnung aus der Schautafel vor der Kapelle in der X.-Straße sowie die Löschung des Eintrages des beklagten Vereins aus dem Telefonbuch (...) der Deutschen Bundespost Telekom unter der Rubrik „Katholische Pfarrämter und Kuratien".

Der Kläger begehrt vom beklagten Verein auch zu Recht, es zu unterlassen, die Kapelle in M. in der X.-Straße sowie sonstige Einrichtungen und Veranstaltungen im Bereich der Erzdiözese M. als „katholisch" oder „römisch-katholisch" oder „röm.-kath." zu bezeichnen. Der entsprechende Anspruch des Klägers folgt aus § 12 Satz 2 BGB. Daß der Gebrauch der Bezeichnung „katholisch" oder „römisch-katholisch" oder „röm.-kath." durch den Beklagten für dessen Einrichtungen das Namensrecht des Klägers verletzt, wurde bereits oben ausgeführt. Es besteht auch für den Unterlassungsanspruch die notwendige Gefahr weiterer zukünftiger Beeinträchtigungen durch den Beklagten. Die Besorgnis künftiger neuer Beeinträchtigungen folgt in der Regel bereits aus der Tatsache des bereits vorliegenden Eingriffes, es sei denn, das Verhalten des Verletzers des Namensrechts biete eine sichere Gewähr gegen künftige Beeinträchtigungen. Letzteres ist hier offensichtlich jedoch nicht der Fall. Wiederholungsgefahr ergibt sich aus der Weigerung des Beklagten, das geforderte Verfahren zu zeigen bzw. die geforderte Handlung vorzunehmen. Mit Schreiben vom 30. 3. 1992 verlangte der Kläger vom Vorstand des beklagten Vereins die Erklärung bis spätestens 30. 4. 1992, daß der beklagte Verein dem hier klagegegenständlichen Begehren des Klägers nachkomme. Dieser Aufforderung ist jedoch der beklagte Verein nicht nachgekommen.

6

Eine Gemeinschaft kann im vorläufigen Rechtsschutzverfahren nicht verlangen, daß der Staat die finanzielle Unterstützung für einen privaten Verein, der die Öffentlichkeit vor dem Wirken bestimmter Gruppierungen warnen soll, generell einstellt.

Die Frage, ob es sich bei der Scientology Kirche um eine Religionsgemeinschaft handelt, ist in der Rechtsprechung noch nicht geklärt und kann wegen ihrer Komplexität nicht im vorläufigen Rechtsschutzverfahren entschieden werden.

Art. 4, 140 GG, 137 WRV; § 123 VwGO
VGH Baden-Württemberg, Beschluß vom 21. Januar 1993 – 1 S 2616/92[1] –

Aus den Gründen:

Das Verwaltungsgericht Stuttgart hat entsprechend dem Begehren der Antragsteller durch den angegriffenen Beschluß dem Antragsgegner (Land Baden-Württemberg) bis zum Abschluß des Hauptsacheverfahrens untersagt, den Verein N. finanziell zu unterstützen, solange sich dieser in öffentlichen Äußerungen mit der Scientology Kirche befaßt. Die hiergegen eingelegten Beschwerden des Antragsgegners und des beigeladenen Vereins N. sind zulässig und begründet.

Die Antragsteller haben den für den Erlaß einer einstweiligen Anordnung erforderlichen Anordnungsanspruch (§ 123 Abs. 1, Abs. 3 VwGO i.V.m. § 920 Abs. 2 ZPO) nicht glaubhaft gemacht. Entgegen der Auffassung des Verwaltungsgerichts läßt sich im vorliegenden summarischen Prüfungsverfahren nicht feststellen, daß die Antragsteller mit ihrem Unterlassungsbegehren in der Hauptsache mit überwiegender Wahrscheinlichkeit erfolgreich sein werden.

Es bestehen bereits Bedenken gegen die Zulässigkeit des Begehrens der Antragsteller. Denn sie können nur die Verletzung individueller Rechte geltend machen und auch nur insoweit vorläufigen Rechtsschutz verlangen. Dementsprechend könnten die Antragsteller ein Zahlungsverbot nur insoweit verlangen, wie sie in ihren Rechten betroffen sein können. Durch das Verbot an den Antragsgegner, den Beigeladenen finanziell zu unterstützen, werden dem Antragsgegner generell Zahlungen an den beigeladenen Verein untersagt, obwohl der Verein sich nicht nur mit den Antragstellern befaßt. Ob und gegebenenfalls in welchem Umfang eine Aufteilung der finanziellen Leistungen möglich ist, wird von den Antragstellern nicht dargetan und ist auch nicht ersichtlich. Insbesondere ergeben sich aus den vorgelegten Unterlagen wie den Bewilligungs-

---

[1] Amtl. Leitsätze. JZ 1993, 105; KStZ 1994, 36. Nur LS: AkKR 162 (1993), 285.

bescheiden keine Anhaltspunkte für eine irgendwie geartete Aufteilung der an den Verein zugewendeten Beträge. Die Antragsteller können sich demgegenüber auch nicht mit Erfolg auf die Entscheidung des Bundesverwaltungsgerichts vom 27. 3. 1992[2] – 7 C 21.90 – (Buchholz 11 Art. 4 GG, Nr. 52; teilweise abgedruckt in JZ 1993, 33 ff.) berufen, die sich mit einem Feststellungsbegehren gegen die staatliche Förderungspraxis bezüglich eines privaten Vereins befaßt, der die Öffentlichkeit vor dem Wirken bestimmter Religions- oder Weltanschauungsgemeinschaften warnen soll. Im vorliegenden Fall geht es hingegen nicht um die gerichtliche Überprüfung der Förderungspraxis des Antragsgegners insgesamt, sondern um die individuellen Rechtsschutzansprüche der Antragsteller. Die Antragsteller werden in ihren Rechten auch nicht verletzt sein können, soweit der Beigeladene die Antragsteller nicht negativ darstellt oder sich mit anderen vergleichbaren Gruppierungen beschäftigt (vgl. die Anmerkung von Badura zum zitierten Urteil des BVerwG, JZ 1993, 37 [39]).

Die Antragsteller können ihr Ziel, Zahlungen an den beigeladenen Verein einstweilen zu verhindern, auch nicht durch den von ihnen am 30. 12. 1992 erhobenen Widerspruch „gegen sämtliche Bescheide", mit denen der Antragsgegner bislang Zuschüsse an den beigeladenen Verein bewilligt hat, erreichen. Mangels möglicher eigener Rechtsverletzungen der Antragsteller durch „sämtliche Bescheide" ist der Widerspruch als unzulässig anzusehen und kann keine aufschiebende Wirkung im Sinne des § 80 Abs. 1 VwGO entfalten (vgl. BVerwG, Urt. vom 30. 10. 1992 – 7 C 24.92 –).

Dem Begehren der Antragsteller steht außerdem entgegen, daß dadurch die Hauptsache in unzulässiger Weise vorweggenommen werden würde.

Mit ihrem Antrag verfolgen die Antragsteller im Verfahren des vorläufigen Rechtsschutzes dasselbe Ziel wie in einem etwaigen Hauptsacheverfahren. Der Erlaß der beantragten, auf vorläufige Unterlassung der Auszahlung gerichteten einstweiligen Anordnung würde zu einer nicht mehr rückgängig zu machenden (teilweisen) Vorwegnahme der Hauptsache führen. Die im Haushaltsplan nicht für übertragbar erklärten Geldmittel verfallen mit Ablauf des Haushaltsjahres, so daß sie entgegen der Auffassung der Antragsteller nicht noch später ausgezahlt werden könnten. Eine Vorwegnahme der Hauptsache ist im Verfahren nach § 123 VwGO grundsätzlich unzulässig. Sie widerspricht dem Wesen und Zweck eines auf die Gewährung vorläufigen Rechtsschutzes gerichteten Verfahrens, in dem grundsätzlich nicht bereits das zuerkannt werden darf, was im Hauptsacheverfahren zu erreichen ist (VGH.BW, Beschluß v. 9. 4. 1992 – 8 S 840/92 – und Kopp, VwGO, 9. Aufl., § 123, Rdnr. 13, m.w.N.).

Das Verbot der Vorwegnahme der Hauptsache gilt allerdings im Hinblick auf Art. 19 Abs. 4 GG dann nicht, wenn der Erlaß der einstweiligen Anord-

---

[2] KirchE 30, 151.

nung zur Gewährung effektiven Rechtsschutzes schlechterdings notwendig ist. Dies setzt voraus, daß die sonst zu erwartenden Nachteile für die Antragsteller unter Berücksichtigung der Art und Bedeutung der bedrohten Rechte, der Intensität, mit der sie betroffen sind, der Bedeutung und Dringlichkeit des Anspruchs und der Größe und Irreparabilität des drohenden Schadens für Antragsteller, Allgemeinheit bzw. Dritte unzumutbar wären und zudem ein hoher Grad an Wahrscheinlichkeit für einen Erfolg des Rechtsbehelfs in der Hauptsache besteht (VGH.BW, aaO und Kopp, aaO, Rdnrn. 13 u. 15, m.w.N.). Die Voraussetzungen für eine ausnahmsweise Durchbrechung des Grundsatzes des Verbots der Vorwegnahme der Hauptsache sind vorliegend nicht gegeben.

Ein hoher Grad an Wahrscheinlichkeit für ein Obsiegen der Antragsteller im Hauptsacheverfahren besteht nicht; vielmehr sind die Erfolgsaussichten offen. Für den Ausgang des Rechtsstreits in der Hauptsache ist von ausschlaggebender Bedeutung, ob sich die Antragsteller auf den Schutz des Grundrechts aus Art. 4 GG berufen können. Wie das Bundesverwaltungsgericht in einem ähnlich gelagerten Fall entschieden hat, stellt die staatliche finanzielle Unterstützung eines Vereins, der vor dem Wirken bestimmter Religions- oder Weltanschauungsgemeinschaften warnen soll, einen Eingriff in das Grundrecht der betroffenen Gemeinschaft aus Art. 4 GG dar und ist daher ohne gesetzliche Ermächtigung unzulässig (Urteile v. 27. 3. 1992, aaO). Das Grundrecht aus Art. 4 GG steht gemäß Art. 19 Abs. 3 GG auch Vereinen zu, die sich der gemeinsamen Pflege einer Religion oder Weltanschauung widmen (BVerfG, Beschluß v. 16. 10. 1968[3], BVerfGE 24, 236 [246 f.]; BVerwG, aaO). Unter Religion ist eine mit der Person des Menschen verbundene Gewißheit über bestimmte Aussagen zum Weltganzen sowie zur Herkunft und zum Ziel des menschlichen Lebens zu verstehen, wobei die Religion eine den Menschen überschreitende und umgreifende („transzendente") Wirklichkeit zugrundelegt, während sich die Weltanschauung auf innerweltliche („immanente") Bezüge beschränkt (BVerwG, Urteil v. 14. 11. 1980[4], BVerwGE 61, 152 [156]; und aaO). Allerdings können nicht allein die Behauptung und das Selbstverständnis, eine Gemeinschaft bekenne sich zu einer Religion und sei eine Religionsgemeinschaft, für diese und ihre Mitglieder die Berufung auf die Freiheitsgewährleistung des Art. 4 Abs. 1 u. 2 GG rechtfertigen; vielmehr muß es sich auch tatsächlich, nach geistigem Gehalt und äußerem Erscheinungsbild um eine Religion und Religionsgemeinschaft handeln (BVerfG, Beschluß v. 5. 2. 1991[5], BVerfGE 83, 341). Dies zu prüfen obliegt den staatlichen Organen, letztlich den Gerichten, die dabei den von der Verfassung gemeinten oder voraus-

---

[3] KirchE 10, 181.
[4] KirchE 18, 311.
[5] KirchE 29, 9.

gesetzten, dem Sinn und Zweck der grundrechtlichen Verbürgung entsprechenden Begriff der Religion zugrundezulegen haben (BVerfG, Beschluß v. 5. 2. 1991, aaO). Die Vermittlung und Ausübung einer geistigen Technik ohne bestimmte gedankliche Inhalte oder die Gewährung bloßer Lebenshilfe wird nicht von Art. 4 GG geschützt (BVerwG, Urteil v. 23. 5. 1989[6], Buchholz 11 Art. 4 GG, Nr. 45 [S. 10]); einer Gemeinschaft steht der Schutz des Art. 4 GG auch dann nicht zu, wenn ihre (religiösen) Lehren nur als Vorwand für eine wirtschaftliche Betätigung dienen, die Gemeinschaft in Wahrheit ausschließlich wirtschaftliche Interessen verfolgt (BVerwG, Urt. v. 27. 3. 1992, aaO).

Bei Berücksichtigung dieser Grundsätze ist fraglich, ob es sich bei den Antragstellern um Religionsgemeinschaften, wie sie selbst für sich in Anspruch nehmen, oder um Weltanschauungsgemeinschaften in diesem Sinne (vgl. auch Art. 140 GG, 137 WRV) handelt, die sich auf den Schutz des Art. 4 GG berufen können. Die Klärung dieser in tatsächlicher und rechtlicher Hinsicht schwierigen und komplexen Frage kann angesichts der gebotenen summarischen Prüfung der Sach- und Rechtslage ohne weitere Sachaufklärung im Verfahren des vorläufigen Rechtsschutzes nicht vorgenommen werden; sie ist dem Hauptsacheverfahren vorbehalten (so auch BayVGH, Beschluß v. 26. 4. 1985, GewArch 85, 336). Entgegen der Auffassung des Antragstellers ist diese Frage auch in der Rechtsprechung nicht geklärt, insbesondere sind höchstrichterliche verwaltungsgerichtliche Entscheidungen hierzu bislang nicht ergangen. Zwar hat das Bundesverwaltungsgericht (Urteil v. 25. 5. 1984[7], Buchholz 448.0, § 11 WpflG Nr. 35) entschieden, die Auffassung des Verwaltungsgerichts Darmstadt (NJW 1983, 2595[8]), Scientology sei eine Philosophie mit einigen religiösen Elementen, nicht aber ein Bekenntnis, in dem das Religiöse der zentrale Mittelpunkt der Lehre sei, halte einer revisionsgerichtlichen Überprüfung stand. In diesen Entscheidungen ging es aber um den Begriff des Bekenntnisses im Sinne von § 11 WpflG, der nicht gleichbedeutend ist mit dem Begriff der Religion oder Weltanschauung in Art. 4 Abs. 1 und 2 GG (BVerwG, Urteil v. 14. 11. 1980, aao). Der Bayerische Verwaltungsgerichtshof (aaO) und das OVG Hamburg (Beschluß v. 27. 2. 1985, GewA 85, 279, in dem von einem auf Gewinnerzielung bedachten Wirtschaftsunternehmen gesprochen wird) haben diese Frage offen gelassen (so auch VG Hamburg, Urteil v. 11. 12. 1990[9], NVwZ 1991, 806; den Charakter als Religionsgemeinschaft bejahen VG Frankfurt, Urteil v. 4. 9. 1990, NVwZ 1991, 195, VG Berlin, Urteil v. 12. 10. 1988[10], GewA 89, 231 und VG München, Urteil v. 25. 7. 1984[11], GewA 84, 329).

Die gebotene Interessenabwägung ergibt auch, daß die Versagung vorläufi-

---

[6] KirchE 27, 145.
[7] KirchE 22, 108.
[8] KirchE 17, 135.
[9] KirchE 28, 388.
[10] KirchE 26, 296.
[11] KirchE 22, 166.

gen Rechtsschutzes für die Antragsteller nicht zu unzumutbaren Nachteilen führt. Dabei verkennt der Senat nicht, daß die Antragsteller durch die vom Antragsgegner unterstützte Arbeit des Beigeladenen Einschränkungen unterworfen sein könnten, die nicht oder kaum rückgängig zu machen sein dürften. Die Antragsteller haben indes weder glaubhaft gemacht noch sind Anhaltspunkte dafür vorhanden, daß sie schwerwiegende und nachhaltige negative Auswirkungen durch die vom Antragsgegner finanziell unterstützte Tätigkeit des Beigeladenen zu befürchten haben. Vor allem werden die Antragsteller in ihren Aktivitäten durch die finanzielle Unterstützung nicht eingeschränkt. Sie können nach wie vor ihre Thesen und Meinungen verbreiten, für diese werben und ihre Leistungen und Produkte zum Verkauf anbieten. Allenfalls in den Wirkungen dieser Aktivitäten auf die Bevölkerung und potentielle Mitglieder oder Kunden hat die Arbeit des Beigeladenen möglicherweise negative Auswirkungen. Hinsichtlich des Umfangs dieser Auswirkungen sind konkrete Anhaltspunkte aber weder vorgetragen noch ersichtlich. Nach der eigenen Darstellung der Antragsteller hat die Verbreitung ihrer Thesen und Produkte in der Vergangenheit trotz der Arbeit des Beigeladenen eher zugenommen, so daß die Wahrscheinlichkeit des Eintritts eines erheblichen Schadens in der Zukunft gering erscheint.

Hinzu kommt, daß die Antragsteller die Möglichkeit haben, Darstellungen des Beigeladenen ihren eigenen Auffassungen in der Öffentlichkeit gegenüberzustellen, etwaige unrichtige Behauptungen richtig zu stellen und sich gegen deren Verbreitung zur Wehr zu setzen. Zu berücksichtigen ist schließlich, daß ein öffentliches Interesse an Informationen über die sog. Jugendsekten besteht (BVerwG, Urteil v. 23. 5. 1989, aaO) und der Beigeladene bei Ausbleiben der Gelder seine einschlägige Tätigkeit praktisch aufgeben müßte.

7

Gegen die Suspendierung vom Amt eines katholischen Priesters ist der Rechtsweg zu den staatlichen Gerichten nicht gegeben.

Art. 140 GG, 137 Abs. 3 WRV
VG Mainz, Gerichtsbescheid vom 22. Januar 1993 – 7 K 113/92[1] –

Der 1957 geborene Kläger wurde im Jahre 1986 zum katholischen Priester geweiht. Er war zuletzt in der Klinikseelsorge tätig. Mit Dekret des General-

---

[1] AkKR 162 (1993), 275. Der Bescheid ist rechtskräftig. Vgl. zu diesem Fragenkreis auch BVerwGE 95, 379; Hess.VGH NZA 1995, 1201; OVG Nordrhein-Westfalen NJW 1994, 3368; VG Berlin NVwZ 1995, 512.

vikars des Bistums N. vom 28. 7. 1992 vom Priesteramt mit der Begründung suspendiert, er habe in einer Fernsehsendung bekannt, in einem eheähnlichen Verhältnis mit einer Frau zu leben, und dabei deutlich gemacht, daß er nicht zu seinem Versprechen des priesterlichen Zölibats stehe. Die hiergegen eingelegte Beschwerde wurde vom Beklagten, dem Bischof von N., zurückgewiesen.

Mit der Klage erstrebt der Kläger die Aufhebung des Dekrets vom 28. 7. 1992, hilfsweise, den Beklagten zu verpflichten, ihn als Laienseelsorger in der Universitätsklinik N. zu beschäftigen.

Der Kläger ist der Auffassung, seine Klage sei zulässig. Es handele sich um eine öffentlich-rechtliche Streitigkeit i. S. von § 40 VwGO. Der Rechtssprechung zur Frage der Zulässigkeit des Verwaltungsrechtswegs in Streitigkeiten, die das kirchliche Amtsrecht betreffen, könne nicht gefolgt werden, da damit der kirchlichen Selbstbestimmung ein auch unter verfassungsrechtlichen Gesichtspunkten bedenklicher Freiraum eingeräumt werde. Die Verweisung auf den kirchlichen Rechtsweg sei auch deshalb nicht hinnehmbar, weil dieser nicht den Anforderungen des Grundgesetzes entspreche. Ungeachtet der Tatsache, daß er, der Kläger, zwischenzeitlich die Ehe geschlossen habe, sei von der Rechtswidrigkeit der Suspension des Klägers auszugehen. Die Anforderungen, die durch die Auferlegung des Zölibats an den einzelnen Geistlichen gestellt würden, verstießen gegen Art. 1, 2 u. 6 GG. Jedenfalls sei der Beklagte im Rahmen seiner Fürsorge verpflichtet, ihn als Laienseelsorger an seinem alten Arbeitsplatz weiter zu beschäftigen.

Der Beklagte meint, die Klage sei unzulässig, weil nach ständiger höchstrichterlicher Rechtsprechung und Kommentarliteratur die Entziehung geistlicher Ämter gemäß Art. 140 GG, 137 Abs. 3 Satz 1 WRV der staatlichen Gerichtsbarkeit entzogen sei. Der Kläger sei insoweit auf die innerkirchlichen Rechtsmittel zu verweisen, von denen er bisher keinen Gebrauch gemacht habe. Es fehle daher auch am Rechtsschutzbedürfnis. Die Klage könne auch in der Sache keinen Erfolg haben. Der Kläger habe aufgrund seiner Angaben in der Fernsehsendung nach den kirchenrechtlichen Bestimmungen suspendiert werden müssen. Zudem habe die inzwischen erfolgte standesamtliche Eheschließung des Klägers nach dem CIC die Suspension als Tatstrafe, d. h. als automatisch eintretende Strafe zur Folge, die auch der Bischof nicht zurücknehmen könne.

Die Kammer weist die Klage ab.

Aus den Gründen:

Die Klage ist unzulässig.

Für den vorliegenden Streitfall ist der Rechtsweg zu den staatlichen Gerichten und damit auch der Verwaltungsrechtsweg nicht eröffnet.

Dies folgt zwingend aus der durch Art. 140 GG i. V. m. Art. 137 Abs. 3 WRV vorgegebenen verfassungsrechtlichen Rechtsstellung der Kirchen. Nach diesen Bestimmungen ordnet und verwaltet jede Religionsgemeinschaft ihre Angelegenheiten selbständig innerhalb der Schranken des für alle geltenden Gesetzes. Sie verleiht ihre Ämter ohne Mitwirkung des Staates oder der bürgerlichen Gemeinde. Nach der ständigen Rechtssprechung des Bundesverfassungsgerichtes wird den Kirchen durch diese verfassungsrechtliche Vorschrift ein Selbstverwaltungs- und Selbstbestimmungsrecht garantiert mit der Folge, daß die im staatlichen Zuständigkeitsbereich keine unmittelbaren Rechtswirkungen entfaltenden Regelungen oder Maßnahmen der Kirchen keine der Überprüfung durch staatliche Gerichte zugängliche Akte „öffentlicher Gewalt" i. S. von Art. 19 Abs. 4 GG sind (vgl. BVerfGE 18, 385[2]; 42, 312[3]; Beschluß vom 28. 11. 1978[4] und 6. 4. 1979[5], in: NJW 1980, 1041 sowie vom 12. 2. 1981[6], in: NJW 1983, 2570; Beschluß vom 1. 6. 1983[7], in: NJW 1983, S. 2569). Ob eine Maßnahme dem innerkirchlichen Bereich zuzurechnen ist oder den staatlichen Bereich berührt, entscheidet sich danach, was materiell, der Natur der Sache oder Zweckbindung nach, als eigene Angelegenheit der Kirche anzusehen ist (BVerfGE 18, 385 [387]). In den Bereich der eigenen Angelegenheiten der Kirchen fallen nicht nur das kirchliche Amtsrecht einschließlich der Ämterhoheit, sondern auch das mit dem Amtsrecht untrennbar verbundene Dienstrecht der Geistlichen (BVerfGE 18, [385 f.]; BGHZ 22, 383[8]; 34, 372[9]; BVerwGE 25, 226[10]; 28, 345[11]; 30, 326[12]; Urteil vom 25. 11. 1982[13], in: DÖV 1984, S. 585; BAG, Urteil vom 7. 2. 1990[14], in: NJW 1990, 2082). Dies bedeutet nicht nur, daß die kirchlichen Ämter ohne staatliche Mitwirkung verliehen und entzogen werden dürfen, sondern auch, daß die Kirchen und Religionsgemeinschaften frei bestimmen dürfen, welche Anforderungen an ihre Amtsinhaber zu stellen sind und welche Rechte und Pflichten diese im einzelnen haben.

Da es sich vorliegend um eine den Status des Klägers als katholischer Geistlicher berührende, aufgrund kirchenrechtlicher Bestimmungen ergehende dienstrechtliche Maßnahme handelt, kann kein Zweifel daran bestehen, daß es sich um einen in den Bereich der eigenen Angelegenheiten der katholischen Kirche fallenden, den staatlichen Gerichten entzogenen Streitfall handelt.

Auch für den Hilfsantrag, mit dem der Kläger begehrt, als Laienseelsorger weiter beschäftigt zu werden, ist der Rechtsweg zu den staatlichen Gerichten nicht eröffnet. Ob der Beklagte den Kläger nach seiner Suspension als Laienseelsorger weiterbeschäftigen will oder nicht, unterliegt allein dem Recht der Kirchen zur eigenständigen Ordnung ihrer inneren Angelegenheiten.

---

[2] KirchE 7, 172.
[3] KirchE 15, 320.
[4] KirchE 17, 120.
[5] KirchE 17, 209.
[6] KirchE 18, 390.
[7] KirchE 21, 132.
[8] KirchE 3, 430.
[9] KirchE 5, 291.
[10] KirchE 8, 213.
[11] KirchE 9, 306.
[12] KirchE 10, 194.
[13] KirchE 20, 208.
[14] KirchE 28, 14.

8

Die durch Taufe begründete Mitgliedschaft in der röm.-kath. Kirche richtet sich ausschließlich nach kanonischem Recht und bedarf auch keiner vormundschaftsgerichtlichen Genehmigung.

Art. 140 GG; §§ 1626, 1643 BGB, 1 RKEG, 3 NW.KiStG
FG Münster, Urteil vom 22. Januar 1993 – 4 K 4272/92 Ki[1] –

Der bereits als Säugling getaufte Kläger wendet sich gegen seine Kirchensteuerpflicht mit der Begründung, daß die Kirchenangehörigkeit vereinsrechtlich zu beurteilen sei und seine Eltern zur Taufe wegen ihrer belastenden Wirkung durch die Kirchensteuer einer vormundschaftsgerichtlichen Genehmigung bedurft hätten.

Das Finanzgericht weist die Klage ab.

Aus den Gründen:

Die Klage hatte keinen Erfolg.

Der Kläger war im Streitjahr verpflichtet, röm.-kath. Kirchensteuer zu entrichten, denn er gehörte der röm.-kath. Kirche an und hatte seinen Wohnsitz in dem zum Land Nordrhein-Westfalen gehörenden Bistum Münster (§ 3 NW.KiStG).

Der Begriff der Kirchenangehörigkeit richtet sich in den durch die staatliche Rechtsordnung gezogenen Grenzen (wie z. B. das NW.Kirchenaustrittsgesetz vom 26. 5. 1981 sowie die Grundrechtsbestimmungen des GG) nach der innerkirchlichen Ordnung. Er ist weder im NW.KiStG noch in anderen staatlichen Gesetzen festgelegt, da der zur weltanschaulich-religiösen Neutralität verpflichtete Staat nicht bestimmen kann, wer einer steuerberechtigten Kirche angehört (BVerfG-Beschluß vom 31. 3. 1971[2] – 1 BvR 744/67 – BVerfGE 30, 415).

Die Zugehörigkeit des Klägers zur röm.-kath. Kirche kann nicht vereinsrechtlich gedeutet werden (Meyer, Das geltende Kirchensteuerrecht im Bereich der Evangelischen Kirche in Deutschland, in: Lienemann [Hrsg.], Die Finanzen der Kirche, S. 173 ff., 185). Die röm.-kath. Kirche ist mit einem bürgerlich-rechtlichen Verein nicht vergleichbar. Sie ist eine Körperschaft des öffentlichen Rechts, der durch das GG eine besondere Stellung im Rechtssystem eingeräumt worden ist. Die Kirchenzugehörigkeit wird, anders als beim Verein, nicht durch einen privat-rechtlichen Vertrag zwischen dem Beitrittswilligen

---
[1] EFG 1993, 400. Das Urteil ist rechtskräftig.
[2] KirchE 12, 101.

und der jeweiligen Kirche begründet. Sie ist vielmehr nach öffentlich-rechtlichen Grundsätzen geordnet und knüpft als wesentliches Element an dem tatsächlichen Vorgang der Taufe an.

Das Finanzamt und der Beklagte haben zu Recht die Taufe als entscheidungserhebliches Merkmal der Kirchenangehörigkeit angesehen. Die Anerkennung der Funktion der Taufe als Eingliederung in die Kirche ist allen christlichen Konfessionen gemeinsam. Für die röm.-kath. Kirche ist dies in c. 87 des Codex Juris Canonici vom 17. 5. 1917 festgelegt, dem zur Zeit der Taufe des Klägers gültigen röm.-kath. Kirchenrecht. Der Erwerb der Kirchenzugehörigkeit durch die Taufe wird vom Staat auch für den staatlichen Bereich anerkannt und zwar auch dann, wenn bei einer Taufe im Kindesalter die gesetzlichen Vertreter des Kindes über die Vornahme der Taufe entschieden haben (Maunz, GG, Rdnr. 39 zu Art. 140).

Die Kirchenangehörigkeit des Klägers, an die sich seine Kirchensteuerpflicht knüpft, ist durch seine Taufe 1971 rechtswirksam begründet worden. Im Vollzug der Taufe durch den katholischen Priester auf Begehren der Eltern des Klägers ist kein Vorgang zu sehen, der – wie der Kläger meint – einer vormundschaftsgerichtlichen Genehmigung bedurft hätte. Insbesondere ergibt sich nicht aus § 1643 BGB eine vormundschaftsgerichtliche Genehmigungspflicht. Die Taufe auf Begehren der Eltern ist kein Rechtsgeschäft, für das nach § 1643 BGB eine vormundschaftsgerichtliche Genehmigung erforderlich wäre, sondern ein tatsächliches Handeln im Rahmen der Bestimmung des religiösen Bekenntnisses (OVG Lüneburg, Urteil vom 25. 10. 1967[3] – V OVG A 26/64 – OVGE 23, 445). Die Eltern des Klägers konnten aus dem ihnen zustehenden Personensorgerecht in freier Einigung über die religiöse Erziehung ihres Kindes entscheiden (§ 1 RKEG), denn sie hatten im Zeitpunkt seiner Taufe das uneingeschränkte Recht und die Pflicht, für den Kläger als minderjähriges Kind zu sorgen, sowohl für seine Person als auch für sein Vermögen (§ 1626 BGB) ...

9

Grundsätzlich ist das Ausbleiben eines Angeklagten als genügend entschuldigt anzusehen, wenn ihm seine Religion die Teilnahme an seiner Gerichtsverhandlung an diesem Tage verbietet. Bei der Verschuldensfrage ist eine weite Auslegung zugunsten des Angeklagten geboten. Verbleibende Zweifel, ob es sich um ein gläubiges und praktizierendes Mitglied der Religionsgemeinschaft handelt, gehen nicht zu seinen Lasten.

---

[3] KirchE 9, 257.

Art. 4 Abs. 1 GG; § 329 StPO
OLG Köln, Beschluß vom 26. Januar 1993 – Ss 562/92[1] –

Das Amtsgericht hat den Angeklagten, der jüdischen Glaubens ist, wegen gemeinschaftlicher Einfuhr von Betäubungsmitteln in nicht geringer Menge zu einer Freiheitsstrafe verurteilt und die Vollstreckung der Strafe zur Bewährung ausgesetzt. Das Landgericht hat seine Berufung nach § 329 StPO verworfen. Der Angeklagte hatte sein Nichterscheinen damit begründet, daß am Tage der Hauptverhandlung 2. Instanz das jüdische Neujahrsfest begangen wurde, und Bescheinigungen der jüdischen Gemeinden in F. und A. vorgelegt, die sich u. a. über das Verbot der Teilnahme an Gerichtsverhandlungen an diesem Festtag verhielten.

Mit der Revision rügt der Angeklagte Verletzung formellen Rechts. Er rügt, das Landgericht habe den Begriff der genügenden Entschuldigung verkannt und auch unter Verstoß gegen § 261 StPO den vorgelegten Bescheinigungen einen anderen Inhalt entnommen, als diese tatsächlich gehabt hätten.

Die Revision des Angeklagten führt zur Aufhebung des angefochtenen Urteils und zur Zurückverweisung der Sache an das Landgericht.

Aus den Gründen:

Die ordnungsgemäß erhobene Rüge, das Landgericht habe den Begriff der genügenden Entschuldigung verkannt, greift durch.

Grundsätzlich ist das Ausbleiben eines Angeklagten als genügend entschuldigt anzusehen, wenn ihm seine Religion eine Teilnahme an einer Gerichtsverhandlung an diesem Tag verbietet. Bei der Verschuldensfrage ist im Rahmen des § 329 StPO eine weite Auslegung zugunsten des Angeklagten geboten (Kleinknecht/Meyer, StPO, 40. Aufl., § 329 Rdnr. 23 m.w.N.). Maßgebend ist, ob dem Angeklagten nach den Umständen des Falles wegen seines Ausbleibens billigerweise ein Vorwurf zu machen ist (Kleinknecht/Meyer, aaO, § 329 Rdnr. 23; KK-Ruß, StPO, 2. Aufl., § 329 Rdnr. 10 – jeweils m.w.N.). Berufliche oder private Angelegenheiten können das Ausbleiben entschuldigen, wenn sie unaufschiebbar oder von solcher Bedeutung sind, daß dem Angeklagten das Erscheinen billigerweise nicht zugemutet werden kann und die öffentlich-rechtliche Pflicht zum Erscheinen in der Hauptverhandlung ausnahmsweise zurücktreten muß (OLG Düsseldorf VRS 64, 438; Kleinknecht/Meyer, aaO, § 329 Rdnr. 28 m.w.N.), so z.B. wenn ein Angeklagter sich verpflichtet fühlt, sich nach dem Tod eines nahen Angehörigen um die Beerdigungsformalitäten zu kümmern, und deshalb einige Tage verreisen muß (Senatsentscheidung

---

[1] NJW 1993, 1345. Nur LS: AkKR 162 (1993), 287.

vom 11. 10. 1989 – Ss 512/89). Nichts anderes kann gelten, wenn ein Angeklagter sich aus religiösen Gründen verpflichtet fühlt, an dem Terminstag der Verhandlung fernzubleiben. Dies folgt schon zwingend aus Art. 4 Abs. 1 GG. Das Grundrecht der Glaubensfreiheit schließt aus, Betätigungen und Verhaltensweisen, die aus einer bestimmten Glaubenshaltung fließen, ohne weiteres den Sanktionen zu unterwerfen, die der Staat für ein solches Verhalten – unabhängig von seiner glaubensmäßigen Motivierung – vorsieht (BVerfGE 32, 98 [108][2]). Die sich aus Art. 4 Abs. 1 GG ergebende Pflicht aller öffentlichen Gewalt, die ernste Glaubensüberzeugung in weitesten Grenzen zu respektieren, muß zu einem Zurückweichen des Strafrechts jedenfalls dann führen, wenn der konkrete Konflikt zwischen einer nach allgemeinen Anschauungen bestehenden Rechtspflicht und einem Glaubensgebot den Täter in eine seelische Bedrängnis bringt, der gegenüber die kriminelle Bestrafung, die ihn zum Rechtsbrecher stempelt, sich als eine übermäßige und daher seine Menschenwürde verletzende soziale Reaktion darstellen würde (BVerfGE 32, 98 [109]). Diese Grundsätze haben nicht nur bei der Auslegung und Anwendung von Straftatbeständen zu gelten, sondern auch im Rahmen des § 329 StPO. Die Verwerfung einer Berufung nach § 329 StPO ist zwar keine Strafsanktion, sie führt aber dazu, daß eine sachliche Prüfung des erstinstanzlichen Urteils unterbleibt und im Ergebnis die dort ausgesprochene Verurteilung aufrechterhalten wird.

Davon, daß religiöse Gründe das Ausbleiben in der Hauptverhandlung entschuldigen können, ist auch das Landgericht ausgegangen. Wie die Revision ordnungsgemäß und zutreffend vorgetragen hat, gibt das Urteil allerdings den Inhalt der Bescheinigungen der jüdischen Gemeinden falsch wieder. Diese Bescheinigungen enthalten nicht die Einschränkung, daß nur ein „gläubiger" Jude am jüdischen Neujahrsfest an einem Gerichtstermin nicht teilnehmen darf. Die Bescheinigungen ergeben vielmehr, daß nach der jüdischen Religon eine Teilnahme an einer Gerichtsverhandlung allgemein verboten ist. Auf diesem Verstoß gegen § 261 StPO (vgl. Kleinknecht/Meyer, aaO, § 261 Rdnr. 38) beruht das Urteil aber nicht, da das Landgericht im Ergebnis zutreffend angenommen hat, daß dieses religiöse Verbot als Entschuldigungsgrund für das Ausbleiben nur dann anerkannt werden kann, wenn ein Angeklagter gläubiger und praktizierender Jude ist. Die Gebote einer Religion können das Fernbleiben eines Angeklagten nur dann entschuldigen, wenn er nicht nur formell, sondern auch gläubiges und praktizierendes Mitglied der entsprechenden Religionsgemeinschaft ist. Ein nicht gläubiges Mitglied einer Religionsgemeinschaft befindet sich bei einem Verstoß gegen Verhaltensnormen seiner Religion nicht in einem

---

[2] KirchE 12, 294.

seelischen Konflikt, der es rechtfertigen würde, das Interesse des Staates an der zügigen Durchführung des Strafverfahrens und die sich daraus ergebende öffentlich rechtliche Pflicht zum Erscheinen in der Hauptverhandlung zurückzustellen. Demjenigen, der sich auch sonst nicht an die Gebote seiner Religion hält, kann billigerweise zugemutet werden, an einer Hauptverhandlung teilzunehmen.

Gleichwohl kann das angefochtene Urteil keinen Bestand haben.

Nur die bestimmte Feststellung, nicht der bloße Verdacht, daß die Entschuldigung unwahr ist, läßt sie als ungenügend erscheinen (Kleinknecht/Meyer, aaO, § 329 Rdnr. 22; KK-Ruß, StPO, 2. Aufl., § 329 Rdnr. 8; Gollwitzer, in: Löwe-Rosenberg, StPO, 24. Aufl., § 329 Rdnr. 29 – jeweils m.w.N.). Ist und bleibt zweifelhaft, ob ein Angeklagter genügend entschuldigt ist, sind die Voraussetzungen einer Berufsverwerfung nach § 329 Abs. 1 StPO nicht gegeben (BayObLG bei Bär/DAR 1989, 370; OLG Düsseldorf StV 1987, 9 [10]; VRS 71, 292 [293]; ständige Senatsrechtsprechung vgl. Senatsentscheidung StV 1989, 53 = VRS 75, 113 und Senatsentscheidung vom 9. 10. 1992 – Ss 433/92 – sowie Senatsentscheidung VRS 83, 444 zu § 74 OWiG; Kleinknecht/Meyer, aaO, § 329 Rdnr. 22 m.w.N.). Bestehen Zweifel, ob dem Angeklagten das Erscheinen in der Hauptverhandlung zumutbar ist, muß das Gericht von Amts wegen sich die volle Überzeugung verschaffen, daß Entschuldigungsgründe nicht vorliegen (OLG Braunschweig NStE § 329 StPO Nr. 3). Verbleibende Zweifel dürfen nicht zu Lasten des Angeklagten gehen (OLG Frankfurt NStE § 329 StPO Nr. 4; Senatsentscheidung StV 1989, 53 = VRS 75, 113).

Gegen diese Grundsätze hat das Landgericht verstoßen. Es hat nicht festgestellt, daß der Angeklagte kein gläubiger und praktizierender Jude ist und ihm deswegen das Erscheinen in der Hauptverhandlung trotz des jüdischen Neujahrsfestes zumutbar war. Das Landgericht hat insoweit nur Zweifel geäußert, die aber nicht zu Lasten des Angeklagten gehen durften. Auch der Umstand, daß die Klärung der Frage, ob jemand gläubiges und praktizierendes Mitglied einer Religionsgemeinschaft ist, schwierig ist, weil es im wesentlichen um die subjektive Einstellung zur Religion geht, schränkt den Grundsatz nicht ein, daß die Berufung nur verworfen werden darf, wenn zur Überzeugung des Gerichts feststeht, daß der Angeklagte unentschuldigt fernblieb, also in einem Fall wie dem vorliegenden aus Gründen seiner religiösen Überzeugung nicht gehindert war, zum Termin zu erscheinen. Unter diesen Umständen durfte das Landgericht die Berufung des Angeklagten nicht nach § 329 StPO verwerfen.

10

Rechtsweg und Klageart bei Versorgungsansprüchen ehemaliger Pfarrer gegen die Evangelische Kirche in Deutschland.

Sieht ein Kirchengesetz vor, daß ins Ausland entsandte Pfarrer „die Fürsorge nach Maßgabe dieses Gesetzes ... genießen", so beschränkt sich der damit begründete Anspruch in versorgungsrechtlicher Hinsicht auf die in kirchlichen Versorgungsgesetzen vorgesehenen Leistungen.

§ 24 Abs. 3 AuslandsG.EKD

Niedersächs.OVG, Urteil vom 26. Januar 1993 – 2 L 806/91[1] –

Der im Jahre 1923 geborene Kläger beendete sein Studium mit der im September 1953 vor einer Kommission der Ev. Kirche in Hessen und Nassau (EKHN) bestandenen 1. theol. Prüfung. Mit Wirkung vom 1. 2. 1954 entsandte ihn die Ev. Kirche in Deutschland (Beklagte) in den Dienst der Ev. Kirche Lutherischen Bekenntnisses in Brasilien. Dort war er aufgrund einer Berufungsurkunde der Riograndenser Synode zunächst als beauftragter Pfarrer, nach bestandener 2. theol. Prüfung seit dem 4. 9. 1955 als ordinierter Pfarrer der Gemeinde N. tätig.

Die Beklagte teilte ihm mit Schreiben vom 19. 1. 1956 mit, der Rat der EKD habe ihn nach seiner Berufung in das Pfarramt der Gemeinde gemäß § 28 Abs. 2 b i.V.m. § 9 b des Auslandsgesetzes (AuslandsG) vom 18. 3. 1954 nachträglich als synodalen Geistlichen anerkannt. Auch habe die Beklagte sein Dienstalter berechnet. Seine Versorgungsansprüche richteten sich gegen die Versorgungskasse der Riograndenser Synode bzw. des Bundes der Synoden.

Nach Rückkehr aus Brasilien wurde der Kläger am 1. 6. 1957 zum Pfarrvikar der EKHN ernannt. Die Beklagte teilte ihm am 6. 7. 1957 mit, durch seine Entlassung aus dem Dienst der Riograndenser Synode seien auch seine rechtlichen Beziehungen zu ihr (der beklagten EKD) erloschen. Nach Ernennung zum Pfarrer (1. 5. 1958) blieb der Kläger noch bis zum 31. 7. 1972 im Dienst der EKHN und wechselte danach in den staatlichen Schuldienst. Die EKHN veranlaßte seine Nachversicherung für die bei ihr seit dem 1. 6. 1957 geleisteten Dienstzeiten bei der BfA. Eine Nachversicherung bezüglich der in Brasilien verbrachten Zeiten lehnte die BfA ab, weil die Beschäftigung bei dem ausländischen Dienstherrn nicht versicherungsfähig sei.

Seit Dezember 1983 bezieht der Kläger eine Rente von der BfA sowie eine Versorgungsrente der Versorgungsanstalt des Bundes und der Länder (VBL), in der er seit 1972 zusätzlich versichert war. Bei der VBL-Rente wird eine „gesamtversorgungsfähige Zeit" von 24 Jahren angesetzt, die zur Bemessung der

---

[1] Amtl. Leitsätze. OVGE 43, 369; ZevKR 40 (1995), 80. Das Urteil ist rechtskräftig.

„Gesamtversorgung" nach einem Satz von 63 v. H. führt. Die VBL-Rente überbrückt die Differenz zwischen der BfA-Rente und der „Gesamtversorgung". Für die Bemessung der BfA-Rente werden die Ausbildungszeiten bis 17. 9. 1953 und die Nachversicherungs- und Pflichtbeitragszeiten seit 1. 6. 1957 berücksichtigt. Dabei ergibt sich eine Summe aus Beitrags-, Ersatz- und Ausfallzeiten von 435 Monaten. Der Kläger errechnete, daß seine Gesamtversorgung bei Berücksichtigung zusätzlicher 21 Monate (4. 9. 1955 bis 31. 5. 1957) um 109,81 DM monatlich höher wäre. Zähle man nämlich diese 21 Monate zu den 435 gesetzlichen Rentenversicherungsmonaten hinzu, die auch die VBL zugrundelege, so ergebe sich nach dem Schema der VBL-Berechnung eine gesamtversorgungsfähige Zeit von 25 Jahren, mithin ein Bemessungssatz von 65 v. H. (statt bisher 63 v. H.; § 41 der VBL-Satzung).

Mit dem Ziel, nachträglich eine Versorgungsanwartschaft zu begründen, hatte der Kläger schon seit dem Jahre 1975 einen Schriftwechsel mit der EKHN, mit der Evangelischen Kirche Lutherischen Bekenntnisses in Brasilien (IECLB) und mit der Beklagten geführt. Diese hatte ihm mitgeteilt, alle Versorgungsansprüche gegen die brasilianische Kirche seien nach dortigem Recht mit dem Wechsel in ein anderes, einen Ruhegehaltsanspruch vermittelndes Amt erloschen. Auch eine nachträgliche Umwandlung in brasilianische Rentenansprüche sei nicht möglich.

Daraufhin forderte der Kläger, der inzwischen auch aus der Kirche ausgetreten ist, von der Beklagten, aus ihren eigenen Mitteln den ihm entstandenen Fehlbetrag zu ersetzen. Die Beklagte lehnte dieses Begehren des Klägers mit dem angefochtenen Bescheid vom 19. 3. 1985 ab. Hiergegen erhob der Kläger Widerspruch. Ein Widerspruchsbescheid ist dem Kläger nicht erteilt worden.

Der Kläger hat zunächst im Zivilrechtsweg Klage erhoben. Er hat die Auffassung vertreten, aus dem Auslandsgesetz der Beklagten von 1954, das nach dem Ratsbeschluß vom 19. 1. 1956 auf ihn anwendbar sei, ergebe sich die Verpflichtung der Beklagten, ihn hinsichtlich seiner Versorgungsansprüche im Inland nach dem Ende des Auslandsdienstes umfassend schadlos zu halten. Verpflichtet sei nicht die Landeskirche, in deren Dienst er später getreten sei; dies ergebe sich u. a. aus der in § 17 Abs. 3 AuslandsG geregelten Erstattungspflicht der Beklagten. Das Vertrauen auf eine ungeschmälerte Altersversorgung, das die Beklagte beim Kläger während der Entsendung ins Ausland geweckt und durch die später geltende Versorgungsregelung bestärkt habe, dürfe von ihr nicht wegen seines Ausscheidens aus dem Kirchendienst oder seines späteren Kirchenaustritts einfach für hinfällig erklärt werden. Anderenfalls hafte die Beklagte wegen Verletzung ihrer Fürsorge- oder Amtspflicht.

Nach Verweisung der Klage durch das Landgericht Frankfurt an das Verwaltungsgericht Hannover hat der Kläger dort beantragt, den Bescheid der Beklagten vom 19. März 1985 aufzuheben und die Beklagte zu verpflichten, an ihn einen monatlichen Betrag von 109,81 DM ab 1. 8. 1984 nebst Zinsen zu zahlen, (1.) *hilfsweise*, unter Aufhebung des angefochtenen Bescheides die Beklagte zu verpflichten, ihn unter Beachtung der Rechtsauffassung des Gerichts zu bescheiden, (2.) *hilfsweise*, die Beklagte zu verurteilen, an ihn einen monatlichen Betrag von 109,81 DM ab 1. 8. 1984 nebst Zinsen seit Klagerhebung zu zahlen.

Die Beklagte hat die Auffassung vertreten, daß die kirchenrechtliche Verpflichtung nur auf das innerkirchliche Versorgungsverhältnis bezogen gewesen sei; auch § 17 Abs. 3 AuslandsG beziehe sich nur auf solche Sonderrechtsbeziehungen. Nach seinem Ausscheiden trete der Kläger ihr nur noch nach allgemeinem staatlichen Recht gegenüber. Nach den Vorschriften über die Nachversicherung, die in den Jahren 1954 bis 1957 gegolten hätten, bleibe der Auslandsaufenthalt des Klägers für die Altersversorgung außer Betracht. Nach seinem freiwilligen Ausscheiden aus dem kirchlichen Dienst könne der Kläger nicht teilweise auf den Privilegien der innerkirchlichen Versorgung beharren, sondern müsse sich auf die für alle Arbeitsverhältnisse geltende Versicherungsregelung beschränken.

Das Verwaltungsgericht hat die Beklagte entsprechend dem ersten Hilfsantrag zur Neubescheidung verpflichtet.

Die Berufung der Beklagten führte zur Aufhebung des angefochtenen Urteils und Klageabweisung.

Aus den Gründen:

Die rechtzeitig eingelegte Berufung der Beklagten führt im Rahmen des Berufungsantrags – d.h. unter Ausschluß des ursprünglichen Hauptantrages – zur Prüfung des Streitfalls im selben Umfang wie im ersten Rechtszug (§ 128 Satz 1 VwGO). Ergänzend ist zu berücksichtigen (§ 128 Satz 2 VwGO), daß der Kläger den Versorgungsausfall jetzt auf der Grundlage einer ihm entgangenen Nachversicherung für 40 Monate berechnet, da er auch die Zeit vom 1. 2. 1954 bis zu seiner Ordination (3. 9. 1955) einbezieht.

Die Berufung ist begründet.

Allerdings ist das Verwaltungsgericht zu Recht von der Zulässigkeit der Klage ausgegangen. Infolge der bindenden Verweisung durch das Landgericht Frankfurt ist der Rechtsstreit im Verwaltungsrechtswege zu entscheiden (vgl. jetzt § 17 a GVG i.d.F. des 4. Gesetzes zur Änderung der VwGO vom 17. 12. 1990, BGBl. I S. 2809). Auch soweit der Kläger, wie erwähnt, die Grundlage seines Vorbringens ergänzt hat, ist darüber im Verwaltungsrechtswege zu entscheiden, da auch insoweit eine öffentlich-rechtliche Streitigkeit (§ 40 Abs. 1 VwGO) vorliegt. Die Beklagte ist ein föderativer Zusammenschluß von Landeskirchen, die nach Art. 140 GG i.V.m. Art. 138 WRV öffentlich-rechtliche

Körperschaften sind. Nach ihrer Grundordnung (vom 13. 7. 1948, ABl.EKD S. 233, zuletzt geändert durch Kirchengesetz vom 24. 2. 1991, ABl.EKD S. 89) ist sie selbst eine öffentlich-rechtliche Körperschaft (Art. 35 Abs. 1) und übt begrenzte Rechtssetzungsbefugnisse aus (Art. 10 der Grundordnung). In diesem Rahmen hat sie auch das Verhältnis zu den in ihrem unmitelbaren Dienst stehenden Kirchenbeamten, Ruhestandsbeamten, früheren Kirchenbeamten und Hinterbliebenen geregelt (Gesetze vom 18. 3. 1954, ABl.EKD S. 100 [107]). Die für diese Personenkreise geltende Rechtswegregelung – einschließlich der nach § 135 Satz 2 BRRG (Fassung vom 3. 1. 1977, BGBl. I S. 22) zulässigen Verweisung vermögensrechtlicher Ansprüche an die staatlichen Verwaltungsgerichte (Rechtswegeverordnung vom 13. 9. 1985, ABl.EKD vom 15. 11. 1985 – RwV –) – wurde auf die von der Beklagten in den Auslandsdienst entsandten Pfarrer (Auslandspfarrer) und früheren Auslandspfarrer erstreckt, und zwar unabhängig von der rechtlichen Ausgestaltung des Dienstverhältnisses (§ 1 Abs. 2 RwV).

Bei Anwendung des für diesen Pesonenkreis auf der Grundlage des Art. 17 der Grundordnung von der Beklagten erlassenen Kirchengesetzes für das Verhältnis der EKD und ihrer Gliedkirchen zu evangelischen Kirchengemeinschaften und Gemeinden, Pfarrern und Gemeindegliedern deutscher Herkunft außerhalb Deutschlands (vom 18. 3. 1954, ABl.EKD S.110 – AuslandsG –) handelt die Beklagte als öffentlich-rechtliche Körperschaft in der Form dienstrechtlicher Maßnahmen, die, sofern nicht die im AuslandsG bevorzugte Vertragsform verwendet wird, prozeßrechtlich als Verwaltungsakte (§ 42 VwGO) anzusehen sind. Das trifft hier nicht nur für die Verleihung des Status eines synodalen Geistlichen (Mitteilung vom 19. 1. 1956) zu, sondern auch für die Ablehnung des vom Kläger geltend gemachten Fürsorgeanspruchs durch den Bescheid vom 19. 3. 1985. Zutreffend hat deshalb das Verwaltungsgericht die mit einem Aufhebungsantrag verbundene Verpflichtungsklage (§ 42 VwGO) als statthafte Klagart angesehen. Der (2.) Hilfsantrag, der auf die Verurteilung zu einer Zahlung gerichtet ist, stellt sich als eine nach § 126 Abs. 3 BRRG zulässige allgemeine Leistungsklage dar. Das erforderliche Vorverfahren hat stattgefunden; die Klage ist zulässigerweise ohne Widerspruchsbescheid (§ 75 VwGO) erhoben worden.

Die Klage ist nicht begründet. Der ablehnende Verwaltungsakt verletzt den Kläger nicht in seinen Rechten (§ 113 Abs. 5 VwGO). Die Beklagte ist dem Kläger auch nicht aus anderen Gründen zur Leistung verpflichtet.

A. Die Beklagte hat eine nach § 24 Abs. 3 AuslandsG in Betracht kommende versorgungsbezogene Fürsorgemaßnahme zugunsten des Klägers nicht ermessensfehlerhaft abgelehnt. Der Senat folgt nicht der Ansicht des Verwaltungsgerichts, daß ein weitergehendes Ermessen der Beklagten bestehe, dieses sich also nicht darauf beschränke, zu Lasten des Klägers seine fehlende Bedürftigkeit oder seinen Kirchenaustritt zu berücksichtigen. Den Kirchenaustritt will die Beklagte, wie sie in der mündlichen Verhandlung klargestellt hat, dem Kläger ohnehin nicht entgegenhalten. Die Beschränkung ihrer Erwägungen darauf, daß dem Kläger mangels Bedürftigkeit keine Ausgleichsleistung gewährt werde, begegnet nach Ansicht des Senats keinen rechtlichen Bedenken und enthält keinen Fehlgebrauch eines Ermessens (§ 114 VwGO).

(1) Allerdings gehört der Kläger zu dem Personenkreis, dessen Rechtsbeziehung zur Beklagten durch § 24 AuslandsG geordnet wird.

a) Die Vorschrift gilt für „Pfarrer". Damit ist ein Status gemeint, der nach der Terminologie der AuslandsG nur bei anerkannten Geistlichen besteht; hiervon abzugrenzen ist die Rechtsstellung von Hilfspredigern, Pfarramtskandidaten (§ 22 AuslandsG) und anderen kirchlichen Mitarbeitern (§ 26 AuslandsG). Der Kläger wurde Pfarrer im Sinne des § 24 AuslandsG, als ihm durch einen Individualakt des Rates der Beklagten vom 17. 1. 1956 gemäß § 28 Abs. 2 b in Verbindung mit § 9 b AuslandsG die Rechtsstellung eines synodalen Geistlichen verliehen wurde, nachdem er die hierfür geforderten Voraussetzungen (2. theologische Prüfung, Ordination) erfüllte.

b) Es muß sich um einen von der Beklagten „entsandten" Pfarrer handeln. Die Beklagte ist nach § 12 AuslandsG zuständig gewesen, Pfarrer zum Dienst in ausländische Kirchengemeinschaften zu entsenden, um damit ihre Verantwortung für diese (Art. 17 der Grundordnung, § 1 AuslandsG) wahrzunehmen. Die Beklagte bezweifelt nicht, daß der Kläger seinerzeit von ihr entsandt wurde, bezieht sich dabei allerdings auf seine ursprüngliche Entsendung als Vikar (Theologe mit erster Prüfung). Daß der Kläger auch als Pfarrer entsandt werden sollte, ergibt sich daraus, daß die Beklagte ihn mit dem erwähnten Individualakt ausdrücklich dem Geltungsbereich des AuslandsG zugeordnet hat; der dabei genannte § 9 b bezweckt, einem Pfarrer die Rechtsstellung nach §§ 12 bis 24 AuslandsG zu gewähren, d.h. ihn als „entsandten" Pfarrer anzuerkennen.

c) Auch wenn es statt dessen darauf ankäme, daß die Entsendung des Klägers faktisch bereits am 1. 2. 1954 und damit vor dem Inkrafttreten des AuslandsG - 1. 5. 1954, § 33 - vollzogen worden war, konnte die Rechtsbeziehung zu einem Auslandspfarrer, dessen Status durch das zuvor geltende Recht (Kirchenbundesgesetz vom 17. 6. 1924, Allg. Kirchenblatt 1924, S. 97) geordnet war, durch eine in § 32 AuslandsG vorgesehene Neuordnung umgestaltet werden. Bezweckt war mit dieser Übergangsregelung offensichtlich die Einbeziehung in das Regelungswerk des AuslandsG. Mindestens diese Funktion einer Neuordnung erfüllt die Anerkennung vom 17. 1. 1956 gegenüber dem Kläger.

d) § 24 gilt für Pfarrer, die vor der Entsendung „nicht im Dienst einer Gliedkirche" gestanden haben. Das trägt der Kläger vor. Auch die Beklagte behauptet nicht mehr, daß ein Dienstverhältnis des Klägers zur EK Hessen-Nassau bestanden habe. Die Bescheinigung der Beklagten vom 12. 8. 1986, in der von einer Beurlaubung durch die EKHN die Rede ist, beruht entweder auf unzureichender Information oder meint eine Beurlaubung aus dem Ausbildungsverhältnis, das nach der bestandenen 1. theologischen Prüfung in Betracht kam, dem der Kläger aber wegen der Vorbereitung auf sein Rigorosum und danach wegen der mit der Beklagten vereinbarten Entsendung nach Brasilien ferngeblieben war.

(2) § 24 Abs. 1 AuslandsG kennzeichnet einen Personenkreis, begründet insoweit aber nur Zuständigkeiten, Pflichten oder Vereinbarungsaufträge für die Beklagte. Auch mit § 24 Abs. 2 wird ein unmittelbarer gesetzlicher Anspruch entsandter Pfarrer nicht normiert. Ob das hier eingeräumte Ermessen dem einzelnen einen subjektiven Anspruch auf ermessensfehlerfreie Bescheidung eines Aufnahmeantrags verschafft, bedarf hier nicht der Entscheidung, da eine Ruhestandsversorgung durch die Beklagte selbst vom Kläger nicht angestrebt wird und auch nicht Grundlage der vom Kläger in diesem Rechtsstreit angestrebten Ausgleichszahlung sein könnte.

Auf denselben Personenkreis wie § 24 Abs. 2 bezogen, verwendet § 24 Abs. 3 AuslandsG dann aber eine Formulierung, die als Einräumung einer subjektiven Rechtsstellung zu verstehen ist: Sie „genießen die Fürsorge" der Beklagten nach Maßgabe dieses Gesetzes. Ob es wegen der gleichlautenden Formulierung in der grundlegenden Norm des § 12 AuslandsG der Aussage des § 24 Abs. 3 AuslandsG noch bedurfte, mag zweifelhaft sein. Die Wiederholung verdeutlicht aber, daß die Beklagte auf eine individuelle Verbürgung der Fürsorge gerade in bezug auf die von der Betreuung durch Gliedkirchen nicht erfaßten Pfarrer Wert legte. Eines Individualanspruchs bedarf es, weil die vorherige „Regelung" (§ 24 Abs. 1 AuslandsG) nicht notwendig so ausgestaltet ist, daß der betroffene Pfarrer direkt beteiligt wird. Da das AuslandsG u. a. für die zu entsendenden Pfarrer einen Anreiz zum Auslandsdienst bieten soll, bedarf es bei Fehlen zusichernder Regelungen nach § 24 Abs. 1 oder Abs. 2 AuslandsG einer individuellen Anspruchsnorm, damit der einzelne die ihm in Aussicht gestellten Vergünstigungen und Anwartschaften auch realisieren kann.

(3) Der Rechtsanspruch ist allerdings (nur) auf „die Fürsorge ... nach Maßgabe dieses Gesetzes" gerichtet. Das bedeutet, daß den unter § 24 AuslandsG fallenden Pfarrern keine weitergehende Fürsorge zuteil werden soll als den von den Gliedkirchen freigestellten Pfarrern, deren Rechtsstellung nach §§ 15–22 AuslandsG näher geregelt ist. Diesen wird die Rückkehr durch Zusicherungen und Übergangsgeld erleichtert (§§ 15 Abs. 1, 19 AuslandsG); ihr Ruhegehalt wird von der Beklagten anteilig getragen, soweit es auf dem Auslandsdienst beruht, den die Gliedkirche als ruhegehaltfähig anzuerkennen hat (§ 17 Abs. 2, 3 AuslandsG). Dementsprechend hatte die EKHN den Auslandsdienst des Klägers als ruhegehaltfähig anerkannt. Für den Fall einer Beendi-

gung des Dienstverhältnisses ohne Anspruch auf Ruhegehalt sind ausdrückliche Regelungen im AuslandsG nicht getroffen worden. Die Beklagte hat indessen ohne Rechts- und Ermessensfehler entschieden, daß dem Kläger ein Anrecht auf eine Ausgleichsleistung für die bei ihm nicht mehr versorgungswirksamen Auslandsdienstzeiten nicht vermittels der verbürgten „Fürsorge" begründet werden kann.

Die Einschränkung „nach Maßgabe dieses Gesetzes" versteht der Senat dahin, daß die Verbürgung der Fürsorge bestimmte Grenzen finden sollte. Eine dieser Grenzen war das nach dem Zusammenhang des § 24 mit §§ 15 ff. AuslandsG in Bezug genommene Versorgungssystem für zurückgekehrte Auslandspfarrer. Ein solches Versorgungssystem war im AuslandsG zwar nicht ausgeformt, aber doch vorausgesetzt. Die Regelung, die für den Fall der Rückkehr in den landeskirchlichen Dienst eine die Auslandsdienstzeit einbeziehende Versorgung bei Eintritt in den Ruhestand vorsah (§ 17 Abs. 2, 3 AuslandsG), war unvollständig. So fehlte in § 17 Abs. 2 AuslandsG eine entsprechende Anrechnungsvorschrift für die nach dem Zusammenhang des Gesetzes ebenfalls gewollte Hinterbliebenenversorgung (vgl. § 7 Buchst. d, § 24 Abs. 2 AuslandsG). Die Ausfüllungsbedürftigkeit ergab sich auch aus der Verordnungsermächtigung des § 29 AuslandsG, einem Regelungsauftrag, den der Rat der Beklagten erst später erfüllte (Verordnung vom 27. 11. 1959, n. F. in ABl.EKD 1980 S. 354). Vor dem Erlaß dieser Verordnung waren mit der „Maßgabe dieses Gesetzes" erkennbar die Grundsätze des kirchlichen Versogungsrechts gemeint, das von der Beklagten (§ 24 Abs. 2 AuslandsG) und den Gliedkirchen angewendet wurde.

Dieses Versorgungsrecht enthielt keine Regelung zugunsten eines auf eigenen Entschluß aus dem fortgesetzten oder einem durch Vermittlung der Beklagten neu begründeten Dienstverhältnisses zu einer Gliedkirche ausscheidenden Pfarrers. Die Beklagte war weder gehalten noch bereit, für solche Fälle über das allgemeine, von den Kirchen rezipierte Versorgungssystem der Staatsbeamten hinaus Unterhaltsbeiträge, Zuschüsse oder Ausgleichszahlungen für ehemalige Auslandspfarrer vorzusehen oder den Gliedkirchen aufzuerlegen. Das wäre aus dem Blickwinkel des Kirchengesetzgebers im Jahre 1954 und in den hier zu beurteilenden folgenden Jahren des Auslandsdienstes des Klägers systemfremd gewesen. Man ging, wie die gleichzeitig ergangene Rechtssetzung der Beklagten für die Kirchenbeamten (§ 12 des Kirchengesetzes über die Besoldung und Versorgung der Kirchenbeamten der EKD vom 18. 3. 1954, ABl.EKD S. 107) bestätigt, von einem geschlossenen Katalog von Versorgungsleistungen aus. Bei Beendigung des Dienstverhältnisses, ohne daß eine dieser Versorgungsleistungen zum Tragen kam, galt der Grundsatz, daß mit der Entlassung oder dem Ausscheiden der Anspruch auf Dienstbezüge und Versorgung entfiel (§ 68 Abs. 2 Satz 1, § 69 Abs. 1 des Kirchenbeamtengesetzes der EKD vom 18. 3. 1954, ABl.EKD S. 100; entspr. § 34 Satz 1 BBG vom 14. 7. 1953, BGBl. I S. 551; ebenso § 55 Abs. 4 des Pfarrergesetzes der EKHN vom 1. 11. 1976, ABl. 1977, S. 8). Diese Regelung ist zwar in der Kirchengesetzgebung teilweise gemildert worden (Pfarrergesetz der Vereinigten Evangelisch-Lutherischen Kirche Deutschlands, Fassung vom 4. 4. 1989/16. 10. 1990, ABl.VELKD Bd. VI S. 82, 136, §§ 111 Abs. 1 Satz 2, 115 Abs. 2 Satz 3 – fakultativer Unterhaltungsbeitrag auch bei Entlassung auf Antrag sowie Kirchenaustritt –; § 55 a des Pfarrergesetzes der EKHN). Ein allgemeiner Grundsatz des kirchlichen Versorgungsrechts in dem Sinne, daß fakultative Unterhaltsbeiträge für entlassene Pfarrer vorgesehen sind, ist aber nicht feststellbar und deshalb nicht Bestandteil des vom AuslandsG vorausgesetzten Versorgungssystems.

Die Rechtsfolge des Wegfalls aller Versorgungsansprüche bei freiwilligem Ausscheiden wird regelmäßig durch das Eintreten des staatlichen Versicherungsschutzes aufgefangen. Die Kirchen werden durch das für alle geltende Gesetz (Art. 137 Abs. 3 Satz 1 WRV i.V.m. Art. 140 GG) verpflichtet, versorgungslos ausgeschiedene Pfarrer wegen ihrer geleisteten Dienste nachzuversichern (§ 9 i.V.m. § 6 Abs. 1 Nr. 4 AVG). Diese vom Sozialstaat auferlegte Pflicht entlastet den kirchlichen Dienstherrn regelmäßig von der Vorsorge für Versorgungsausfälle. Nur wenn im Einzelfall der gesetzliche Versicherungsschutz versagt, etwa weil aus besonderen Gründen eine Nachversicherung nicht stattfinden kann, kommt ein Regelungsbedarf für einen Ausgleich des Versorgungsdefizits durch den Dienstherrn in Betracht. Diese Sonderfälle bedürfen aber jedenfalls dann nicht der Einbeziehung in das gesetzliche Versorgungssystem, wenn der Betroffene die Möglichkeit hat, die ihm bekannten Folgen eines freiwilligen Ausscheidens aus dem Dienst zu bedenken und zu vermeiden. Wenn für Fälle dieser Art das kirchliche Versorgungssystem den Ausgleich von Versorgungsnachteilen grundsätzlich ausschließt oder nur in Fällen der Bedürftigkeit ermöglicht, so kann dies nach den allgemeinen Grundsätzen des Dienstrechts, die das aus den dargelegen Gründen von § 24 Abs. 3 AuslandsG in Bezug genommene Versorgungsrecht prägen, rechtlich nicht bemängelt werden.

Dann kann auch die nach § 24 Abs. 3 AuslandsG dem ehemaligen Auslandspfarrer von der Beklagten geschuldete Fürsorge nicht weiter reichen. Der Beklagten obliegt es danach nicht, etwaige Versorgungslücken, die sich für einen auf eigenen Antrag aus einer Landeskirche entlassenen früheren Auslandspfarrer ergeben können, zu schließen. Wenn sie ihm, wozu sie bereit ist, im Notfall Hilfe leistet, wird sie der gebotenen Fürsorge hinreichend gerecht.

Ein weitergehender Anspruch läßt sich aus § 24 Abs. 3 AuslandsG nicht auf dem Wege über eine Gleichstellungspflicht begründen. Allerdings hat das Oberverwaltungsgericht Rheinland-Pfalz (Urteil v. 15. 5. 1968 – 2 A 5/68 –, ZBR 1968, 221) für den ähnlich gelagerten Fall des Auslandsschuldienstes den Dienstherrn für verpflichtet angesehen, dafür Vorsorge zu treffen, daß die für den Auslandsschuldienst beurlaubten Lehrer gegenüber vergleichbaren Lehrern im Inland keine über das rechtlich und dienstlich unvermeidbare Maß hinausgehenden Nachteile in ihrer beamtenrechtlichen Stellung erleiden. Nach dem dort zu beurteilenden Sachverhalt ging es jedoch um die Anwendung dienstrechtlicher Ermessensvorschriften (Einweisung in Planstellen), während in dem hier zu beurteilenden Versorgungsrecht der Grundsatz strenger Gesetzesbindung gilt (§ 3 BeamtVG vom 24. 8. 1976, BGBl. I S. 2485, zuvor §§ 86 Abs. 1, 183 Abs. 1 BBG). Dieser auch in das Versorgungsrecht der Kirchen übernommene Grundsatz setzt dem Gleichstellungsbestreben dort Grenzen, wo das Gesetz Differenzierungen vorgibt. Auch wenn die Beklagte noch in der mündlichen Verhandlung die Auffassung vertreten hat, daß die Gleichstellung mit den Inlandspfarrern zu den Leitgedanken der Handhabung des AuslandsG gehöre, läßt sich daraus nach Ansicht des Senats nicht herleiten, daß dem Kläger von der Beklagten eine Quasi-Nachversicherung gewährt werden müßte, um ihn einem auf eigenen Antrag ausgeschiedenen Pfarrer gleichzustellen, der von 1954 bis 1957 in einer inländischen Gemeinde tätig gewesen wäre. Die unterschiedliche Versorgung beruht insoweit auf dem staatlichen Sozialversicherungsrecht, für dessen Differenzierungen die Beklagte nicht einzustehen hat und dessen Anwendbarkeit der Kläger selbst herbeigeführt hat.

Der Senat folgt auch nicht der Konstruktion des Verwaltungsgerichts, das eine Ermessensbindung der Beklagten aus dem Zusammenhang der die versorgungsrechtliche Alterssicherung der Auslandspfarrer bezweckenden Vorschriften herleitet. Bei einer Zusammenschau der Vorschriften über die Beteiligung der Auslandskirchen an der Versorgungslast (§ 7 d, § 10 e) sowie über die Weiterleitung der entsprechenden Beiträge durch die Beklagte an die versorgungsverpflichtete Gliedkirche (§ 17 Abs. 3) bzw. einen Selbsteintritt der Beklagten (§ 23 Abs. 2, § 24 Abs. 2 AuslandsG) ergibt sich allerdings, daß zur Altersversorgung durch Leistungen der Auslandsgemeinden an die Beklagte unabhängig von dem dienstrechtlichen Status der entsandten Personen und ihrer künftigen Versorgungsart beigetragen werden soll. Durch die Vereinbarungen, zu denen die Beklagte ermächtigt ist (§§ 2 f. AuslandsG), kann eine auf die dienstrechtliche und sozialversicherungsrechtliche Situation in den einzelnen Entsendungsstaaten abgestimmte Sicherstellung der entsandten Pfarrer erreicht werden. Mögen auch die in einzelnen Bestimmungen des AuslandsG enthaltenen Richtlinien für die zur Gestaltung der Auslandsbeziehungen ermächtigten kirchlichen Stellen den einzelnen entsandten Pfarrern zustatten kommen, so bilden sie doch keine materiell-rechtlichen Normen zu seinem Schutz, die die ihm geschuldete „Fürsorge nach Maßgabe des Gesetzes" inhaltlich ausfüllen oder in Abweichung von versorgungsrechtlichen Grundsätzen erweitern könnten. Allerdings wäre es zweckwidrig, wenn die Beklagte von der brasilianischen Gemeinde Beiträge für die künftige Altersversorgung des

Klägers erhalten hätte, ohne diese jetzt für den gedachten Zweck zu verwenden. Die Zweckmäßigkeit einer Verwaltungsentscheidung ist aber im gerichtlichen Verfahren grundsätzlich nicht zu überprüfen.

B. In der Zeit vom 1. 2. 1954 bis zur Ordination am 3. 9. 1955 war der Kläger noch nicht Pfarrer im Sinne des § 24 AuslandsG; diese Vorschrift kommt daher als unmittelbare Grundlage eines Versorgungsanspruchs insoweit nicht in Betracht. Dennoch war der Kläger von der Beklagten, die seine Berufung durch die Riograndenser Synode vermittelt hatte, zur Wahrnehmung der Aufgaben eines Pfarrers nach Brasilien entsandt worden. Im Zeitpunkt dieser Entsendung galten die Vorschriften des erst drei Monate später in Kraft getretenen AuslandsG (§ 33) noch nicht. Dennoch bestand eine Rechtsbeziehung zu der Beklagten, die sich nicht darin erschöpfte, das Zustandekommen der Berufung durch die Riograndenser Synode zu vermitteln. Auch das bisherige Kirchenrecht hatte Rechtspflichten der Beklagten gegenüber den von ihr entsandten kirchlichen Mitarbeitern ohne Pfarrerstatus begründet (§§ 10 ff. des Kirchenbundgesetzes vom 17. 6. 1924). Auch wenn insoweit in § 32 AuslandsG eine ausdrückliche Übergangsregelung fehlte, entsprach es dem Sinnzusammenhang, den Grundgedanken der Übergangsregelung auch auf andere kirchliche Mitarbeiter zu erstrecken (vgl. § 26 Satz 2 AuslandsG). Hiernach wäre eine Vorsorge für die Altesversorgung des Klägers außerhalb des auf Pfarrer und Kirchenbeamte zugeschnittenen Versorgungssystems der Beklagten und ihrer Gliedkirchen in Betracht zu ziehen gewesen.

Dies führt jedoch nicht dazu, daß dem Kläger nach § 26 AuslandsG „entsprechend dem Grundgedanken" des § 24 Abs. 3 i.V.m. §§ 12 f. AuslandsG von der Beklagten eine Quasi-Nachversicherung für den außerhalb des Pfarrerstatus verbrachten Zeitraum seines Auslandsdienstes gewährt werden oder darüber nochmals entschieden werden müßte. Denn die Beklagte hat diesen Zeitraum, als sie den Kläger nachträglich als synodalen Geistlichen anerkannte, besoldungs- und versorgungsrechtlich der späteren Pfarrerdienstzeit gleichgestellt und damit auch insoweit die Grundsätze des Versorgungssystems für Pfarrer und Kirchenbeamte als maßgebend angesehen. Die EKHN hat zwar bei der vorläufigen Festsetzung der Versorgungsbezüge (vom Kläger vorgelegtes Schreiben vom 5. 5. 1972) differenziert und die Zeit bis zum 4. 8. 1955 als „praktische Vorbildung" bezeichnet; im Ergebnis hätte dies aber nichts daran geändert, daß der Kläger beim Verbleib im Kirchendienst eine Pfarrerversorgung im Rahmen des dienstrechtlichen Versorgungssystems unter Einschluß der hier in Betracht kommenden Auslandsdienstzeit erhalten hätte. Durch den Fürsorgeanspruch (§ 26 Satz 1 AuslandsG) war es nach Ansicht des Senats nicht geboten, die einheitliche Bewertung des Auslandsdienstes nachträglich wieder zu durchbrechen und die Dienstleistung bis zum 4. 9. 1955 versorgungsrechtlich ähnlich einem Angestelltenverhältnis zu behandeln. Vielmehr hält der Senat auch insoweit das zu den Grenzen der Fürsorgepflicht der Beklagten Ausgeführte für maßgebend.

C. Der Senat stimmt mit dem Verwaltungsgericht darin überein, daß neben den genannten Vorschriften des AuslandsG nicht noch auf einen allgemeinen Fürsorgegrundsatz zurückgegriffen werden kann. Ob ein solcher im kirchlichen Amtsrecht, etwa nach dem Vorbild des § 79 BBG, enthalten ist, braucht hier nicht geprüft zu werden. Denn die Rechtsbeziehung der Auslandspfarrer zur Beklagten, um die es hier allein geht, hat im AuslandsG eine Spezialregelung mit der besonderen Ausprägung eines positiv normierten Fürsorgegrundsatzes gefunden.

D. Auch unter dem Gesichtspunkt eines Schadensersatzes wegen Pflichtverletzungen der Beklagten läßt sich weder die mit der Klage angestrebte Verpflichtung zur Neubescheidung noch der mit dem zweiten Hilfsantrag verfolgte Zahlungsanspruch begründen.

Als Grundlage eines Schadensersatzanspruchs kommt neben der vom Verwaltungsgericht geprüften Amtshaftungsnorm (Art. 34 GG i.V.m. § 839 BGB), für die allerdings der ordentliche Rechtsweg nicht ausgeschlossen werden darf (Art. 34 Satz 3 GG, § 17 Abs. 2 Satz 2 GVG n.F.), die im Dienstrecht allgemein anerkannte Haftung des Dienstherrn für Pflichtverletzungen seiner Organe und Bediensteten (vgl. BVerwGE 80, 123 f.) in Betracht. Wenn die Beklagte aus den dargelegten Gründen einen Ausgleich des dem Kläger entstandenen Versorgungsnachteils ohne Rechtsfehler abgelehnt hat, so kann dieser Nachteil als ein ihm entstandener Schaden angesehen werden. Dieser beruht nach Ansicht des Senats aber nicht auf schuldhaften Pflichtverletzungen von Organen oder Bediensteten der Beklagten.

1. Die Rechtsstellung des Klägers nach Beendigung seines Auslandsdienstes ist, soweit es sich um seine Versorgungsansprüche bei freiwilligem Ausscheiden aus dem Kirchendienst handelt, vor seiner Entsendung (§ 24 Abs. 1 Satz 1 AuslandsG) nicht geregelt worden. Daraus ergibt sich keine Pflichtverletzung, solange das AuslandsG noch nicht galt. Bei der einer Entsendung gleichstehenden Anerkennung als synodaler Geistlicher bzw. bei der Einbeziehung des Klägers in den persönlichen Geltungsbereich des AuslandsG (§ 32 AuslandsG) ist durch die Verweisung auf seine Versorgungsansprüche gegen die Versorgungskasse der Riograndenser Synode seine Rechtsstellung teilweise geregelt worden. Wenn darüber hinaus eine Regelung für die Zeit nach Beendigung des Auslandsdienstes unterblieb, so war dies aber für den Kläger insoweit unschädlich, als die Beklagte ihn bei seiner Rückkehr zunächst so behandelte, wie es ihm bei einer dem § 24 i.V.m. §§ 15 f. AuslandsG entsprechenden Regelung zugesichert worden wäre: Die Beklagte sorgte dafür, daß er in den pfarramtlichen Dienst der EKHN „eingefädelt" wurde. Eine Regelungslücke zeigte sich erst beim Ausscheiden des Klägers ohne kirchenrechtliche Versorgungsanwartschaft. § 24

Abs. 1 AuslandsG verlangt aber nur eine „Regelung", nicht eine positive, anspruchsbegründende Regelung. Es widerspricht nicht dem Regelungsauftrag, wenn der zu entsendende Pfarrer den einheimischen Pfarrern hinsichtlich der für den Erwerb eines Versorgungsanspruchs erforderlichen Wartezeit und hinsichtlich der Versetzung in den Ruhestand als regelmäßiger Versorgungsvoraussetzung gleichgestellt wird. Es gibt auch keinen Anhaltspunkt dafür, daß die Beklagte in anderen Fällen den Auslandspfarrern bei Anwendung des § 24 Abs. 1 AuslandsG günstigere Zusicherungen machte, etwa um sie dadurch für den Auslandsdienst zu werben. Es läßt sich demnach nicht begründen, daß der Kläger durch das Unterbleiben einer umfassenden Regelung seiner Rechtsstellung im Sinne des § 24 Abs. 1 AuslandsG einen Nachteil erlitten hat.

2. Neben der gesetzlichen Regelungspflicht besteht, soweit keine positive Regelung erfolgt, im Rahmen der Fürsorgepflicht (§ 24 Abs. 3 AuslandsG) eine Pflicht der Beklagten, den Auslandspfarrer vollständig über seine rechtliche Situation zu unterrichten. Es verhält sich hier anders als etwa bei der Übernahme eines Bewerbers in das Beamtenverhältnis, weil das Versorgungsrecht für Auslandspfarrer nicht vollständig normiert ist, sondern eine individuelle Regelung nach § 24 Abs. 1 AuslandsG erfordert. Gleichwohl kann hier eine schuldhafte Verletzung der Informationspflicht nicht bejaht werden. Der Kläger hat seine Versorgungsanwartschaft, wie dargelegt, mit der auf seinen Antrag vollzogenen Entlassung aus dem kirchlichen Dienst verloren. Es handelte sich hierbei aber um die Rechtsfolge einer 1972 getroffenen subjektiven Entscheidung, die nicht unter äußerem Zwang und Zeitdruck, sondern offenbar nach reiflicher Abwägung der für und gegen ein Verbleiben im kirchlichen Amt sprechenden Gesichtspunkt vorgenommen wurde. Diesen Fall zu bedenken, mußte sich der Beklagten nicht aufdrängen. Hinzu kommt: Wie der Kläger in der Berufungsverhandlung geschildert hat, bemühte sich ein Mitarbeiter des kirchlichen Außenamts im Herbst 1953 darum, ihm und seiner Familie zu einer auch wirtschaftlich gesicherten beruflichen Existenz zu verhelfen. In dieser besonderen Situation kann es der Beklagten nicht als fahrlässige Unterlassung zugerechnet werden, wenn sie sich nicht darauf einstellte, daß der Kläger in fernerer Zukunft nach Erreichen einer die Auslandsdienstzeit einbeziehenden kirchlichen Versorgungsanwartschaft den Pfarrerdienst verlassen werde und hierbei die fehlende Möglichkeit der Nachversicherung des Auslandsdienstes entweder in Kauf nehmen oder infolge unvollständiger Erkundigung übersehen werde. Nichts anderes gilt für die Situation im Zeitpunkt der Anerkennung des Klägers als synodalen Geistlichen. Das Ablegen der II. theologischen Prüfung und die Ordination konnten vielmehr als Bestätigung der fortbestehenden Motivation des Klägers für den kirchlichen Auslandsdienst verstanden werden. Deshalb kann es den Mitarbeitern des Außenamts der Beklagten nicht als Verschulden angerechnet werden, wenn sie die Möglichkeit außer Betracht

ließen, daß eine vollständige Belehrung des Klägers über seine versorgungsrechtliche Situation ihn vielleicht veranlassen könnte, sich um die sofortige Rückkehr in ein inländisches Pfarrerdienstverhältnis zu bemühen.

11

Zur Frage, wer als Unternehmer im unfallversicherungsrechtlichen Sinne anzusehen ist, wenn es bei einem im Verlauf einer Fronleichnamsprozession traditionsgemäß veranstalteten Böllerschießen zu einem Unfall mit Körperschaden kommt.

§§ 636, 637, 658 Abs. 2 Nr. 1 RVO
OLG Koblenz, Urteil vom 3. Februar 1993 – 7 U 1131/92[1] –

Der Kläger verlangt Schmerzensgeld wegen der Verletzungen, die er durch eine Explosion am 2. 6. 1988 beim Abschießen von Böllern bei der Fronleichnamsprozession in R. erlitten hat.

Nachdem der Verwaltungsrat der Kath. Kirchengemeinde 1985 dem Vorschlag des Beklagten, das früher übliche Böllerschießen am „Wallfahrtstag" (Fronleichnamsfest) wieder durchzuführen, zugestimmt und der Beklagte 1987 auch eine Erlaubnis zum Böllerschießen nach § 27 des Sprengstoffgesetzes erhalten hatte, führte er 1987 und 1988 dieses Böllerschießen während der Fronleichnamsprozession durch, wozu die Freiwillige Feuerwehr der Verbandsgemeinde G. zwei Feuerwehrleute abstellte, den Zeugen L. und den Kläger.

Am Unfalltage hatten die Feuerwehrleute dem Beklagten geholfen, die Böllerschußanlage mit einem Feuerwehrfahrzeug zum Sportplatz zu transportieren und dort aufzustellen, wobei das Schußgerät, eine Platte mit vier pulverbefüllten, elektrisch zu zündenden senkrechten Rohren in Reihe, in etwa 15 Meter Entfernung von dem Steuergerät im Wagen, einem Kasten mit einem Hauptschalter mit Schlüssel und zehn Kippschaltern, abgestellt war. Nach dem Abfeuern der ersten Salve, bei der das dritte Rohr nicht losgegangen war, lud der Beklagte die abgeschossenen Rohre mit Pulver nach. Dabei zog der Zeuge L. den Schlüssel des Hauptschalters des Steuergeräts ab, während der Kläger einen Feuerwehrhandschuh zum Schutz des Pulvers gegen einsetzenden Regen über die Rohre des Schießgeräts hielt. Beim Anschließen der Rohre an die Zündung explodierte die Ladung des ersten Rohrs, wodurch der Kläger schwere Gesichts- und Augenverletzungen, der Beklagte schwere Gesichts- und Gehörverletzungen und der Zeuge L. leichtere Verletzungen erlitten.

---

[1] Vgl. zu diesem Fragenkreis auch BSG NZS 1995, 225.

Der Gemeindeunfallversicherungsverband hat den Unfall des Klägers als Arbeitsunfall nach § 539 Abs. 1 Nr. 8 RVO anerkannt. Der Beklagte wurde wegen fahrlässiger Körperverletzung rechtskräftig verurteilt.

Der Kläger hat vorgebracht: Der Beklagte habe nach der ersten Salve weder den Hauptschalter noch die Wippschalter in Aus-Stellung gebracht, so daß beim Nachladen die Zündanlage noch eingeschaltet gewesen sei. Infolge fast völliger Erblindung sei er, der Kläger, ganz erwerbsunfähig und durch Pulvereinsprengsel im Gesicht schwer entstellt, weshalb ein Schmerzensgeld von mindestens 100.000,- DM angemessen sei. Der Schmerzensgeldanspruch sei nicht nach §§ 636, 637 RVO ausgeschlossen, weil „Unternehmer" in diesem Sinne nicht der als Sprengmeister selbständige, eigenverantwortlich handelnde Beklagte, sondern die Ortsgemeinde R. als Träger der Freiwilligen Feuerwehr sei und der Kläger als Feuerwehrmann zur Sicherung der Prozession tätig gewesen sei.

Demgegenüber hat der Beklagte vorgetragen: Die Zündung des Steuergeräts sei ausgeschaltet gewesen, die Explosion des ersten Rohres müsse durch noch glimmende Pulverreste verursacht sein. Durch den aufgelegten Feuerwehrhandschuh habe sich die Explosion zur Seite statt nach oben ausgewirkt. Ein Schmerzensgeldanspruch sei nach §§ 636, 637 RVO ausgeschlossen. Er, der Beklagte, sei von der Kirchengemeinde beauftragt worden, das traditionelle Böllerschießen durchzuführen. Der Kläger und der andere Feuerwehrmann seien ihm zur Sicherung des Böllerschießens als Fachleute zur Seite gestellt worden.

Das Landgericht hat zum Unfallhergang den Zeugen L. vernommen und die Klage mit der Begründung abgewiesen, ein etwaiger Schmerzensgeldanspruch des Klägers sei nach § 636 Abs. 1 RVO ausgeschlossen, weil der Kläger nach dem Ergebnis der Beweisaufnahme zumindest vorübergehend wie ein Arbeitnehmer in dem Unternehmen des Beklagten beschäftigt und dabei verletzt worden sei.

Hiergegen wendet die Berufung des Klägers im wesentlichen ein, das Böllerschießen des Beklagten sei ein Hobby, kein „Unternehmen", und der Kläger habe nur im Rahmen des Auftrags der Freiwilligen Feuerwehr zur Sicherung und Gefahrenabwehr gehandelt.

Der Senat weist die Berufung zurück.

Aus den Gründen:

Die Berufung des Klägers bleibt ohne Erfolg. Zu Recht hat das Landgericht einen etwaigen Schmerzensgeldanspruch gemäß § 636 Abs. 1 SGB IV/RVO für ausgeschlossen gehalten. Auf die Gründe des angefochtenen Urteils wird Bezug genommen (§ 543 Abs. 1 ZPO).

Die Ausführungen der Berufung führen zu keinem anderen Ergebnis.

I. Nach § 636 Abs. 1 Satz 1 RVO ist ein Unternehmer dem in seinem Unternehmen tätigen Versicherten zum Ersatz des Personenschadens, den ein Arbeitsunfall verursacht hat, nur dann verpflichtet, wenn er den Arbeitsunfall vorsätzlich herbeigeführt hat oder wenn der Arbeitsunfall bei der Teilnahme am allgemeinen Verkehr eingetreten ist.

Nach § 658 Abs. 2 Nr. 1 RVO ist Unternehmer derjenige, für dessen Rechnung das Unternehmen (Betrieb, Einrichtung oder Tätigkeit) geht.

Nach § 539 RVO sind in der Unfallversicherung gegen Arbeitsunfall versichert die aufgrund eines Arbeitsverhältnisses Beschäftigten (Abs. 1 Nr. 1), die in einem Unternehmen zur Hilfe bei Unglücksfällen Tätigen (Abs. 1 Nr. 8) und ferner Personen, die wie ein nach Abs. 1 Versicherter tätig werden, dies auch bei nur vorübergehender Tätigkeit (Abs. 2).

1. Zu Unrecht hält die Berufung das Böllerschießen zur Fronleichnamsprozession nicht für eine Tätigkeit im Sinne von § 658 Abs. 2 Nr. 1 RVO und den Beklagten nicht für einen Unternehmer im Sinne von § 636 Abs. 1 Satz 1 RVO. Auch wenn der Löschzug 4 (R.) der Freiwilligen Feuerwehr G. zwei Oberfeuerwehrmänner, ein Feuerwehrfahrzeug und Sprechfunkgeräte zum Böllerschießen anläßlich der Fronleichnamsprozession in R. abstellt, ist das Böllerschießen keine Tätigkeit der Freiwilligen Feuerwehr der Ortsgemeinde R. oder der Verbandsgemeinde G. Denn das einer besonderen Erlaubnis nach dem Sprengstoffgesetz bedürftige Böllerschießen wurde von dem Beklagten angestrebt, ermöglicht und durchgeführt.

Die Zustimmung des Verwaltungsrats der Kath. Kirchengemeinde macht das Böllerschießen nicht zu einer Tätigkeit dieser Gemeinde oder zu einer gottesdienstlichen Veranstaltung. Für die Gestaltung religiöser Feiern ist der Pfarrgemeinderat zuständig, während der Verwaltungsrat die rechtliche Vertretung und die Verwaltung der Kirchengemeinde besorgt. Jedoch hat der Verwaltungsrat hier dem Vorhaben des Beklagten nur zugestimmt und ihm keinen Auftrag erteilt. Für die Annahme eines Auftrages der Kirchengemeinde an den Beklagten, wie er in der Anklageschrift und im Strafurteil angegeben ist, fehlen tatsächliche Umstände. Die in bezug genommenen Schreiben des Pfarrers vom 29. 8. 1985 (...) und 16. 6. 1989 (...) enthalten nur die Mitteilung, daß der Verwaltungsrat dem Vorhaben zustimmt bzw. zugestimmt hat.

Das die Tradition wiederaufnehmende Böllerschießen während der Fronleichnamsfeier (jeweils 3 Böllerschüsse, wenn die Prozession einen der Altäre erreicht) kann dann nur als eine Tätigkeit, ein Unternehmen (im Sinne von § 658 Abs. 2 Nr. 1 RVO) des Beklagten als Unternehmer (im Sinne von § 636 Abs. 1 Satz 1 RVO) angesehen werden. Die unfallversicherungsrechtliche Definition des Unternehmers ist in dem angefochtenen Urteil zutreffend und im Einklang mit Rechtsprechung und Schrifttum beschrieben. Es ändert nichts, wenn das Böllerschießen für den Beklagten ein Hobby ist und er keine wirtschaftlichen Zwecke verfolgt. Das Haftungsprivileg greift auch zugunsten eines „Privatmanns" ein, wenn der Verunglückte – auch nur aus Gefälligkeit und nur vorübergehend – eine einem Arbeitsverhältnis vergleichbare Tätigkeit für ihn erbringt und dabei zu Schaden kommt; es ist unerheblich, wenn ein solcher „Unternehmer" keine Arbeitnehmer beschäftigt und keine Beiträge an eine Berufsgenossenschaft zahlt (BGH NJW 1981, 760).

2. Zu Unrecht meint die Berufung, die Feuerwehrleute seien im Rahmen des Einsatzes der Freiwilligen Feuerwehr und nicht im „Unternehmen" des Beklagten tätig geworden.

Unstreitig hat der Einsatzleiter B. den Zeugen L. und den Kläger mit der Sicherung des Böllerschießens beauftragt. Sie sollten Personen und Sachen vor Gefahren bewahren, die von der Böllerschußanlage und deren Betrieb ausgingen. Es braucht nicht geprüft zu werden, ob der Transport des Böllerschießgeräts und der Pulverkiste mit dem Feuerwehrfahrzeug und die Hilfe beim Ausladen und Aufstellen des Schußgeräts ebenso vom Auftrag des Einsatzleiters umfaßt waren wie der Sprechfunkverkehr zwischen Prozession und Standort der Böllerschießanlage.

Der Kläger behauptet nicht, die Feuerwehrleute seien beauftragt worden, sich selbst in den Gefahrenbereich zu begeben, um den Beklagten bei seiner Tätigkeit zu beaufsichtigen, zu kontrollieren oder ihm zur Hand zu gehen. Im Gegenteil bezeichnet die Berufung die Aussage des Zeugen L., er sei „abgestellt worden, um dem Beklagten behilflich zu sein. Dieselbe Aufgabe hatte auch Herr M., der Kläger" als nicht korrekt und richtig. Wenn der Zeuge L. nach dem Ausschalten des Steuergeräts fragte und auf Weisung des Beklagten den Schlüssel des Hauptschalters herauszog, wenn er beim Befüllen der Rohre mit Pulver einen Trichter hielt, wenn er oder der Kläger einen oder mehrere Feuerwehrhandschuhe aus dem Wagen holten und wenn der Kläger den oder die Handschuhe zum Abdecken der Rohre gegen Regen verwandte, dann sind die Feuerwehrleute insoweit – aus Gefälligkeit und vorübergehend – wie Gehilfen des Beklagten und vergleichbar einem aufgrund eines Arbeitsverhältnisses Beschäftigten tätig geworden.

Ohne Erfolg versucht die Berufung, diese Helfertätigkeiten als „spontane und punktuelle Hilfeleistungen" dem „Stammbetrieb" der Tätigen, der Freiwilligen Feuerwehr, zuzurechnen (BGH VersR 1981, 260; VersR 1986, 868). Dabei wäre Voraussetzung, daß die Tätigkeit, bei der Unfall sich ereignete, (auch oder zugleich) dem Aufgabenbereich des Stammbetriebs zuzuordnen ist. Die beschriebenen Tätigkeiten des Klägers und des Zeugen dienten aber allein und ausschließlich der Hilfe für den Beklagten, nicht ihrem von dem Einsatzleiter erteilten Auftrag (vgl. auch BGH VersR 1989, 67).

3. Der Beklagte als Unternehmer braucht daher nach § 636 Abs. 1 RVO dem Kläger als einem in seinem Unternehmen wenn auch nur vorübergehend

wie ein Arbeitnehmer Tätigen keinen Personenschaden zu ersetzen, da er den Unfall nicht vorsätzlich herbeigeführt hat und der Unfall nicht bei der Teilnahme am allgemeinen Verkehr eingetreten ist. Auf den genauen Hergang und die Ursachen des Unfalls kommt es dann ebensowenig an wie auf den Personenschaden und seinen Umfang.

12

Der Manteltarifvertrag für die Arbeiter des Bundes begründet nur für den Tag der Erstkommunion eines Kindes, nicht aber für die am folgenden Tag stattfindenden kirchlichen Danksagungsfeierlichkeiten einen Anspruch auf Arbeitsfreistellung.

§ 33 Abs. 2 MTB II
BAG, Urteil vom 11. Februar 1993 – 6 AZR 98/92[1] –

Die Parteien streiten darüber, ob dem Kläger am Tag der kirchlichen Danksagungsfeierlichkeiten, die aus Anlaß der Erstkommunion seiner Tochter stattfanden, Anspruch auf bezahlte Freistellung von der Arbeit zustand.

Das Arbeitsgericht hat der Klage stattgegeben. Das LAG Köln (ZTR 1992, 204) hat sie abgewiesen. Die Revision des Klägers blieb erfolglos.

Aus den Gründen:

Die Klage auf Feststellung, daß dem Kläger die Freistellung von der Arbeit am 8. 4. 1991 nicht auf den Erholungsurlaub anzurechnen ist, hat keinen Erfolg.

1. Nach den Feststellungen des *LAG* läßt sich nicht abschließend beurteilen, ob die Klage gem. § 256 I ZPO zulässig ist.

Nach dieser Vorschrift ist eine Klage auf Feststellung des Bestehens oder Nichtbestehens eines Rechtsverhältnisses nur zulässig, wenn ein rechtliches Interesse an alsbaldiger Feststellung besteht. Ist die Klage auf Feststellung des Bestehens eines vergangenen Rechtsverhältnisses gerichtet, so ist sie nur zulässig, wenn sich aus der Feststellung Rechtsfolgen für die Gegenwart oder Zukunft ergeben. Andernfalls wird vom Gericht unzulässigerweise ein Rechtsgutachten für einen abgeschlossenen Sachverhalt verlangt (vgl. BAGE 54, 210 = NZA 1987, 667 = AP § 52 BAT Nr. 3). Die Feststellungsklage eines Arbeitnehmers, daß er an einem bestimmten Tag in der Vergangenheit von der Arbeit ohne Anrechnung auf den Jahresurlaub freizustellen gewesen sei, ist damit unzulässig, wenn sich aus der Feststellung keine Rechtsfolgen für Gegenwart oder Zukunft ergeben (vgl. BAG, NZA 1993, 475).

---

[1] NZA 1993, 1003. Nur LS: FamRZ 1993, 951; AkKR 162 (1993), 286; ArbRGeg. 31 (1994), 322.

Im Streitfall begehrt der Kläger die vergangenheitsbezogene Feststellung, daß er am 8. 4. 1991 keinen Erholungsurlaub hatte, sondern aufgrund des § 33 II 1 lit. i MTB II von der Arbeit freigestellt war. Da der auf Nachgewährung des angewendeten Urlaubstags gerichtete Anspruch des Klägers gem. § 53 i. V. mit § 48 I 2 MTB II grundsätzlich am Ende des Kalenderjahres 1991 erloschen ist, können sich aus der beantragten Feststellung Rechtsfolgen für die Zukunft nur ergeben, wenn dem Kläger ein Ersatzurlaubsanspruch nach § 280 I, § 284 I, § 287 S. 2, § 249 BGB zustünde. Dies würde voraussetzen, daß der Kläger die Beklagte in Verzug gesetzt hat. Dies ist nicht durch die Klage geschehen, weil nach § 284 I 2 BGB nur die Erhebung der Leistungsklage, nicht jedoch die Erhebung der Feststellungsklage der Mahnung gleichgestellt ist. Das *LAG* hat keine Feststellungen dazu getroffen, ob der Kläger die Beklagte in sonstiger Weise in Verzug gesetzt hat. Damit läßt sich die Zulässigkeit der Feststellungsklage nicht abschließend beurteilen. Dies führt jedoch nicht zur Aufhebung des Berufungsurteils. Vielmehr ist die Revision zurückzuweisen, weil das Berufungsurteil sich aus anderen Gründen als richtig darstellt (§ 563 ZPO).

2. Der Anspruch des Klägers auf einen weiteren Tag Urlaub für das Urlaubsjahr 1991 ist jedenfalls durch die Urlaubsgewährung am 8. 4. 1991 erfüllt und damit erloschen (§ 362 BGB).

a) Das *LAG* hat zu Recht angenommen, der Kläger habe keinen tarifvertraglichen Anspruch auf Freistellung von der Arbeit am Montag, dem 8. 4. 1991, weil der Tag der Erstkommunion auf einen für den Kläger arbeitsfreien Sonntag gefallen sei und die Regelung des § 33 II 1 lit. i MTB II für die Danksagungsfeierlichkeiten am darauffolgenden Tag keinen Freistellungsanspruch vorsehe.

b) Nach § 33 II 1 lit. i MTB II wird ein Arbeiter vorbehaltlich der Sätze 2 bis 4 aus Anlaß der Erstkommunion oder einer entsprechenden religiösen oder weltanschaulichen Feier für einen Arbeitstag unter Fortzahlung des Lohnes von der Arbeit freigestellt. Weder der Wortlaut noch der Sinn und Zweck dieser Tarifnorm geben einen Anlaß zu der Annahme, daß die Arbeitsbefreiung auch für den Tag der kirchlichen Danksagungsfeierlichkeiten zu erteilen ist.

aa) Der Tag der kirchlichen Danksagungsfeierlichkeiten ist nicht ausdrücklich als Anlaß für eine Freistellung von der Arbeit genannt. Soweit die Tarifvorschrift die Erstkommunion als Freistellungsgrund nennt, kann daraus nicht gefolgert werden, damit seien auch die einen Tag später stattfindenden kirchlichen Danksagungsfeierlichkeiten gemeint. Es ist davon auszugehen, daß die Tarifvertragsparteien den Begriff Erstkommunion so verstanden wissen wollen, wie er im Bereich der katholischen Kirche üblich ist. Verwenden Tarifvertragsparteien einen auch sonst üblichen Begriff ohne erläuternden Zusatz, so ist davon auszugehen, daß sie den Begriff im allgemein üblichen Sinn verwenden wollen (std. Rspr. seit BAGE 5, 338 [341] = AP § 1 TVG – Auslegung – Nr. 13). Unter der Erstkommunion versteht man das Spenden des so bezeichneten Sakramentes (vgl. Böhm-Spiertz-Sponer-Steinherr, BAT, Stand: Dezember 1992, zum wortgleichen § 52 Rdnr. 70). Die kirchlichen Danksagungsfeierlichkeiten folgen diesem Akt nach. Sie werden daher nicht vom Tarifbegriff der Erstkommunion umfaßt. Als „Danksagungsfeierlichkeiten" setzen sie, wie sich aus ihrer Bezeichnung ergibt, die Sakramentserteilung voraus und sind dieser nach Art und Bedeutung nicht gleichzusetzen. Finden sie an einem Tag nach der Sakramentserteilung statt, ist dieser Tag nicht der Tag der Erstkommunion im Tarifsinne. Für diese Auslegung spricht auch, daß die Tarifvertragsparteien für die Erstkommunion nur einen Tag Arbeitsfreistellung gewährt haben, obwohl davon auszugehen ist, daß ihnen die üblicherweise am Tag danach stattfindenden kirchlichen Danksagungsfeierlichkeiten bekannt waren. Hätten sie auch für diesen Tag eine Freistellung von der Arbeit gewähren wollen, so hätten sie für zwei Tage Arbeitsbefreiung vereinbart. Dies ist jedoch nicht geschehen. Darüber hinaus haben die Tarifvertragsparteien gemäß § 33 II 2 MTB II ausdrücklich festgelegt, daß der Anspruch auf Freistellung entfällt, wenn die Erstkommunion auf einen arbeitsfreien Tag fällt. Auch damit wird klargestellt, daß grundsätzlich nur der Tag der Erstkommunion selbst zur Freistellung führen und dieser Anspruch entfallen soll, wenn der Tag, an dem die Erstkommunion stattfindet, wie im vorliegenden Fall, auf einen arbeitsfreien Tag fällt. Damit kann aus dem Tarifbegriff der Erstkommunion kein Freistellungsanspruch für die kirchlichen Danksagungsfeierlichkeiten hergeleitet werden.

bb) Bei den Danksagungsfeierlichkeiten handelt es sich entgegen der Auffassung des Klägers nicht um eine entsprechende religiöse oder weltanschauliche Feier i. S. des § 33 II 1 lit. i MTB II. Wortlaut und Systematik dieser Tarifbestimmungen zeigen, daß damit eine der Einsegnung (Konfirmation) bzw. Erstkommunion entsprechende Feier einer anderen Religions- oder Weltanschauungsgemeinschaft gemeint ist (vgl. Böhm-Spiertz-Sponer-Steinherr, BAT § 52 Rdnr. 70).

13

Kirchliche Arbeitgeber können in ihren paritätisch zustandegekommenen Arbeitsvertragsrichtlinien nur in demselben Umfang vom Gesetz abweichende Regelungen aufstellen wie Tarifvertragsparteien in Tarifverträgen. Eine Schlechterstellung von Teilzeitbeschäftigten, die weniger als die Hälfte der festgelegten Wochenarbeitszeit gearbeitet haben, bei der betrieblichen Altersversorgung (kirchl. Zusatzversorgungskasse) ist daher rechtswidrig.

Art. 3 Abs. 2 GG; § 2 Abs. 1 BeschFG
LAG Hamm, Urteil vom 12. Februar 1993 – 10 Sa 1337/92[1] –

Mit der vorliegenden Klage verlangt die Klägerin von der Beklagten, so gestellt zu werden, wie wenn sie bei der kirchlichen Zusatzversorgungskasse – KZVK – versichert gewesen wäre.

Die 1931 geborene Klägerin war in der Zeit vom 18. 5. 1977 bis zum 31. 3. 1991 in dem M. G., dessen Träger die Beklagte ist, aufgrund eines schriftlichen Arbeitsvertrages als Betreuerin für Kinder im Kinderhort mit einer wöchentlichen Arbeitszeit von zunächst 14, ab 1. 4. 1989 von 12 Stunden teilzeitbeschäftigt. Bei der Beklagten waren im Jahre 1990 insgesamt 940 Beschäftigte, davon 152 Teilzeitarbeitnehmer und hiervon 113 weibliche; 1991 beschäftigte die Beklagte insgesamt 997 Arbeitnehmer, davon 166 Teilzeitbeschäftigte, davon waren 124 Frauen. Am 31. 3. 1991, nach Vollendung des 60. Lebensjahres, trat die schwerbehinderte Klägerin in Ruhestand und bezieht seit dem 1. 4. 1991 vorgezogenes Altersruhegeld aus der gesetzlichen Rentenversicherung in Höhe von 310,19 DM monatlich. Da die Klägerin während des Beschäftigungsverhältnisses zu der Beklagten weniger als die Hälfte der nach Anl. 5 zu den AVR festgelegten Wochenarbeitszeit gearbeitet hat, wurde die Klägerin gemäß den Bestimmungen der Versorgungsordnung – Anl. 8 zu den AVR – bzw. der Satzung der KZVK nicht zur Zusatzversorgung bei der KZVK angemeldet. Erst nach Beendigung des Arbeitsverhältnisses zwischen den Parteien bestand ab 1. 4. 1991 aufgrund Satzungsänderung die Möglichkeit, auch Teilzeitbeschäftigte – mit Ausnahme der geringfügig Beschäftigten nach § 8 Abs. 1 SGB IV – bei der KZVK zusatzzuversichern.

Im vorliegenden Verfahren macht die Klägerin die Zahlung einer Zusatzrente bzw. Schadensersatz wegen unterlassener Zusatzversorgung geltend. Die Klägerin, die ihre monatliche Zusatzrente mit 85,– DM bis 100,– DM beziffert, wenn sie ordnungsgemäß bei der KZVK angemeldet worden wäre, ist der Auffassung, es sei mit den Grundsätzen der Gleichbehandlung und der Gleichberechtigung nicht zu vereinbaren, daß sie keine Zusatzrente erhalte. Da unverhältnismäßig mehr Frauen als Männer von der Teilzeitarbeit – sowohl bei der Beklagten als auch überhaupt – betroffen seien, beinhalte der Ausschluß von Teilzeitbeschäftigten von der Altersversorgung eine mittelbare und damit unzulässige Diskriminierung von Frauen und sei deshalb unwirksam. Daß eine Zusatzversorgung auch für Teilzeitbeschäftigte möglich sei, habe die Beklagte selbst gezeigt, indem durch Änderung der Bestimmungen der Versorgungsordnung bzw. der Satzung der KZVK die Zusatzversorgung mit Wirkung zum 1. 4. 1991 auch auf Teilzeitbeschäftigte ausgedehnt worden sei. Wenn die Be-

---

[1] Nur LS: DB 1994, 228. Das Urteil ist rechtskräftig.

klagte ihr, der Klägerin, bei der kirchlichen Zusatzversorgungskasse nicht nachträglich die Zusatzversorgung verschaffen könne, führe dies nur dazu, daß die Beklagte selbst für entsprechende Leistungen einzustehen habe. Sie, die Klägerin, habe gegen die Beklagte einen Erfüllungsanspruch dahingehend, mit den vollzeitbeschäftigten Mitarbeitern gleichbehandelt zu werden. Die Klägerin hat beantragt festzustellen, daß die Beklagte verpflichtet ist, ihr, der Klägerin, eine anteilige betriebliche Altersversorgung bei der kirchlichen Zusatzversorgungskasse entsprechend den für ihre vollzeitbeschäftigten Arbeitnehmer geltenden Regeln unter Nichtanwendung der Ausschlußfrist des § 16 Abs. 1 zu verschaffen, *hilfsweise festzustellen*, daß die Beklagte verpflichtet ist, ihr, der Klägerin, eine anteilige betriebliche Altersversorgung entsprechend den für ihre vollzeitbeschäftigten Arbeitnehmer geltenden Regeln unter Nichtanwendung der Ausschlußfrist des § 16 Abs. 1 b KZVK zu gewähren.

Die Beklagte hat die Auffassung vertreten, das Begehren der Klägerin sei auf eine unmögliche Leistung gerichtet, weil sie, die Beklagte, keine rechtlichen Möglichkeiten gehabt habe, auf die Satzung der KZVK einzuwirken. Nach § 16 der Satzung der KZVK habe die Klägerin nicht bei der KZVK angemeldet werden können, weil sie nicht mindestens 18 Stunden/Woche gearbeitet habe. Sie sei auch nicht verpflichtet, der Klägerin eine der Zusatzversorgung der KZVK vergleichbare Versorgung aus eigenen Mitteln zu verschaffen. Eine Versorgungszusage, aus der dies abgeleitet werden könnte, habe die Beklagte keinem der bei ihr beschäftigten Mitarbeiter gegeben. Vielmehr habe sich die Beklagte gegenüber allen Mitarbeitern, die die satzungsmäßigen Voraussetzungen erfüllt hätten, nur verpflichtet, diesen nach Maßgabe der Satzung eine Zusatzversorgung durch die KZVK durch Anmeldung und Beitragszahlung zu verschaffen.

Mindestens habe ein sachlicher Grund für den Ausschluß von teilzeitbeschäftigten Mitarbeitern, die eine bestimmte Stundenzahl unterschritten hätten, bestanden. Das Gesamtversorgungssystem des öffentlichen Dienstes lehne sich nämlich an die Grundsätze der Beamtenversorgung an. Das Beamtenrecht lasse aber eine Beschäftigung mit weniger als der Hälfte der regelmäßigen Arbeitszeit eines vollbeschäftigten Beamten nicht zu. Im übrigen sehe auch die gesetzliche Rentenversicherung eine Untergrenze für die Versicherungspflicht bei Teilzeitbeschäftigten vor. Eine Einbeziehung aller Teilzeitkräfte in die Zusatzversorgung des öffentlichen Dienstes hätte daher zur Folge, daß die Zusatzversicherung bei fehlender Grundversorgung entgegen ihrer Bedeutung als zusätzliche und subsidiäre Versicherung die gesamte Versorgungslast allein tragen müsse.

Für einen Schadensersatzanspruch der Klägerin fehle es an einem schuldhaften Verhalten der Beklagten, weil diese keine Möglichkeit gehabt habe, die Klägerin bei der KZVK anzumelden.

Schließlich hat die Beklagte die Auffassung vertreten, daß der geltend gemachte Anspruch verwirkt sei, soweit die Klägerin rückwirkend für die Gesamtdauer ihres Beschäftigungsverhältnisses ab 1977 eine Aufnahme in die Zusatzversorgung verlange. Bei Beendigung des Beschäftigungsverhältnisses habe die Beklagte nicht damit rechnen können, daß die Klägerin rückwirkend für dessen Gesamtdauer Ansprüche auf Zusatzversorgung geltend machen würde, die die Klägerin vor dem 20. 2. 1991 nicht beansprucht habe. Die Beklagte sei deshalb daran gehindert gewesen, irgendeine rechtliche oder finanzielle Vorsorge im Hinblick auf die jetzige Inanspruchnahme zu treffen. Im übrigen seien die geltend gemachten Ansprüche nach § 23 Abs. 1 der Richtlinien für Arbeitsverträge in den Einrichtungen des Deutschen Caritasverbandes – AVR – verfallen.

Das Arbeitsgericht hat den Hauptantrag abgewiesen, weil die Klägerin infolge Ausscheidens aus den Diensten der Beklagten nicht mehr bei der KZVK angemeldet werden könne. Dem Hilfsantrag der Klägerin hat das Arbeitsgericht jedoch in vollem Umfang stattgegeben und zur Begründung ausgeführt, der Ausschluß der Teilzeitbeschäftigten von der Zusatzversorgung verstoße gegen die Grundsätze der Gleichberechtigung und stelle eine mittelbare Diskriminierung der Frauen dar. Wegen Verstoßes gegen Art. 3 GG und Art. 119 Abs. 1 EWGV sei die Versorgungsordnung der Beklagten insoweit nichtig. Da der Anwendungsbereich des Art. 119 EWGV sich auch auf betriebliche Altersversorgungsleistungen erstrecke und bei der Beklagten überwiegend Frauen teilzeitbeschäftigt seien, sachliche Gründe hierfür einen Ausschluß der Teilzeitbeschäftigten von der Zusatzversorgung jedoch nicht vorlägen, stehe auch der Klägerin ein Anspruch darauf zu, so gestellt zu werden, wie sie gestanden hätte, wenn sie während der gesamten Zeit ihrer Beschäftigung bei der Beklagten zusatzversichert gewesen wäre. Der entsprechende Schadensersatzanspruch sei auch nicht verfallen.

Im Berufungsrechtszug erstrebt die Beklagte die Aufhebung des erstinstanzlichen Urteils und Klageabweisung. Die Klägerin stellt ihr Klagebegehren insoweit klar, als sie die Feststellung der Verpflichtung der Beklagten verlangt, ihr ab 1. 4. 1991 eine monatliche Rente in der Höhe zu zahlen, die zu zahlen wäre, wenn die Klägerin vom 18. 5. 1977 bis zum 31. 3. 1991 bei der kirchlichen Zusatzversorgungskasse versichert gewesen wäre. In der Sache verteidigt sie das erstinstanzliche Urteil.

Die Berufung blieb ohne Erfolg.

Aus den Gründen:

Die Berufung der Beklagten ist zulässig. (...)

Die Berufung ist aber unbegründet, weil das Arbeitsgericht dem ursprünglich gestellten Hilfsantrag der Klägerin in dem zu Protokoll der Berufungskammer vom 12. 2. 1993 klargestellten Umfang zu Recht stattgegeben hat.

I. Gegen die Zulässigkeit der Feststellungsklage bestehen keine Bedenken. Die Feststellungsklage ist nach § 256 ZPO zulässig. Die Klägerin hat ein rechtliches Interesse an der alsbaldigen gerichtlichen Feststellung, ob die Beklagte verpflichtet ist, ihr eine monatliche Rente zu zahlen. Da die Beklagte dies bestreitet, muß die Klägerin sich alsbald Klarheit darüber verschaffen können, ob ihr zur Sicherung des Lebensunterhalts Ansprüche auf Zahlung einer Zusatzrente gegenüber der Beklagten zustehen oder nicht. Sollte ihren Begehren nicht entsprochen werden, muß sie Gelegenheit haben, sich rechtzeitig auf etwaige Versorgungslücken einzustellen bzw. ihren Lebensunterhalt auf andere Weise abzudecken.

Die Feststellungsklage ist auch trotz der Möglichkeit einer Leistungsklage zulässig, da angenommen werden kann, daß die Beklagte bereits aufgrund eines Feststellungsurteils die geforderten Leistungen erbringen wird. Juristische Personen des öffentlichen Rechts sind kraft Amtspflicht zur Erfüllung der sich aus dem Feststellungsausspruch indirekt ergebenden Leistungsansprüche verpflichtet; durch Staatsaufsicht ist gewährleistet, daß sie Urteile staatlicher Gerichte vollziehen, auch wenn kein vollstreckungsfähiger Titel vorliegt (vgl. BAG, Urteil vom 4. 4. 1989 – AP Nr. 7 zu § 717 ZPO = AR-Blattei „Zwangsvollstreckung" Entscheidung 46 = DB 1989, 2180; BAG, Urteil vom 23. 1. 1990 – AP Nr. 7 zu § 1 BetrAVG Gleichberechtigung = Betriebliche Altersversorgung Entscheidung 236 = NZA 1990, 778; BAG, Urteil vom 28. 7. 1992 – 3 AZR 173/92 – DB 1993, 169 insoweit unv.).

Der Antrag ist auch hinreichend bestimmt, § 253 Abs. 2 ZPO. *(wird ausgeführt)*

II. Die Klage ist auch begründet. Die Beklagte muß der Klägerin eine Zusatzversorgung verschaffen, wie sie die Klägerin beziehen würde, wenn sie in der Zeit vom 18. 5. 1977 bis zum 31. 3. 1991 bei der KZVK versichert worden wäre.

1. Die Klägerin kann ihren Anspruch nicht unmittelbar auf vertragliche oder tarifvertragliche Regeln stützen.

Individuelle Versorgungszusagen scheiden aus. Der Arbeitsvertrag der Klägerin mit der Beklagten sah eine zusätzliche Altersversorgung nicht vor.

Auch aus den Bestimmungen der Versorgungsordnung (Anlage 1 zu den AVR), ihre Anwendbarkeit auf das Arbeitsverhältnis der Parteien unterstellt, in den bis zum 31. 3. 1991 geltenden Fassungen kann die Klägerin keinen Anspruch auf Zusatzversorgung herleiten. Die Bestimmungen der Versorgungsordnung in der bis zum 31. 3. 1991 geltenden Fassung sahen bis zu diesem Zeitpunkt die Anmeldung zur Zusatzversorgung von Arbeitnehmern, deren durchschnittliche regelmäßige Arbeitszeit vertraglich auf weniger als die Hälfte der regelmäßigen Arbeitszeit (Anlage 5 zu den AVR) eines entsprechend vollbeschäftigten Mitarbeiters festgesetzt war, nicht vor. Erst die zum

1. 4. 1991 durchgeführte Änderung der Versorgungsordnung senkte die Versicherungspflicht bis zur Grenze der geringfügigen Beschäftigung im Sinne des § 8 SGB IV.

Die Klägerin war unstreitig während der gesamten Zeit ihrer Beschäftigung bei der Beklagten vom 18. 5. 1977 bis zum 31. 3. 1991 mit weniger als der Hälfte der Arbeitszeit eines vollbeschäftigten Mitarbeites beschäftigt. Sie hat jedoch mehr als eine geringfügige Tätigkeit im Sinne des § 8 SGB IV erbracht.

2. Der Anspruch der Klägerin folgt jedoch aus dem allgemeinen arbeitsrechtlichen Gleichbehandlungsgrundsatz und, für die Zeit ab 1. 5. 1985, aus dem Verbot der Ungleichbehandlung von teilzeitbeschäftigten Arbeitnehmern gemäß § 2 Abs. 1 BeschFG.

Da der geltend gemachte Anspruch der Klägerin bereits hiernach begründet ist, konnte offenbleiben, ob in dem Ausschluß der teilzeitbeschäftigten Klägerin von der Zusatzversorgung eine mittelbare Frauendiskriminierung und damit ein Verstoß gegen Art. 3 Abs. 2 GG, Art. 119 EWGV liegt.

a) Der arbeitsrechtliche Gleichbehandlungsgrundsatz verbietet sowohl die sachfremde Schlechterstellung einzelner Arbeitnehmer gegenüber anderen Arbeitnehmern in vergleichbarer Lage als auch die sachfremde Differenzierung zwischen Arbeitnehmern in einer bestimmten Ordnung. Eine Gruppenbildung muß sachlichen Kriterien entsprechen. Eine Differenzierung ist dann sachfremd, wenn es für die unterschiedliche Behandlung keine billigenswerten Gründe gibt (vgl. zuletzt BAG, Urteil vom 12. 11. 1991 – AP Nr. 17 zu § 1 BetrAVG Gleichbehandlung = NZA 1992, 837 = DB 1992, 1432; BAG, Urteil vom 28. 7. 1992 – aaO).

Gegenüber diesem allgemeinen Gleichbehandlungsgrundsatz regelt § 2 Abs. 1 BeschFG nur einen Ausschnitt. Diese Vorschrift konkretisiert das Gebot der Gleichbehandlung für den Bereich der Teilzeitarbeit. Der Gesetzgeber wollte dazu beitragen, zusätzliche Beschäftigungsmöglichkeiten zu schaffen, aber auch einen besseren Schutz der Teilzeitarbeit zu erreichen. Eine unterschiedliche Behandlung von Arbeitnehmern soll nicht wegen der Teilzeitarbeit zulässig sein (Wlotzke, NZA 1984, 217 ff.; BAG, Urteil vom 28. 7. 1992 – aaO).

b) Der allgemeine und der besondere Gleichbehandlungsgrundsatz des § 2 Abs. 1 BeschFG sind auch im Streitfall anzuwenden.

Das Verbot einer Ungleichbehandlung ohne sachliche Rechtfertigung galt auch in bezug auf Teilzeitbeschäftigte nicht erst seit dem Inkrafttreten des Beschäftigungsförderungsgesetzes am 1. 5. 1985. § 2 Abs. 1 BeschFG konkretisiert lediglich ohnehin geltendes Recht (Hanau, NZA 1984, 345; BAG, Urteil vom 28. 7. 1992 – aaO).

aa) Die Geltung des § 2 Abs. 1 BeschFG wird nicht durch den Tarifvorrang gemäß § 6 Abs. 1 BeschFG aufgehoben. Abgesehen davon, daß es sich bei den

Bestimmungen der AVR und damit auch der Versorgungsordnung nicht um einen Tarifvertrag im tarifrechtlichen Sinne handelt, weil die AVR nicht von Tarifvertragsparteien vereinbart worden sind (BAG, Beschluß vom 24. 9. 1980[2] – AP Nr. 9 zu § 72a) ArbGG 1979 Grundsatz = AR-Blattei „Arbeitsgerichtsbarkeit X E" Entscheidung 18; BAG, Urteil vom 16. 2. 1989 – 6 AZR 325/87 –), wäre eine Bestimmung mit dem Ziel des Ausschlusses von Arbeitnehmern, die weniger als die Hälfte der wöchentlichen Arbeitszeit vollbeschäftigte Arbeitnehmer tätig sind, ohne Vorliegen eines sachlich rechtfertigenden Grundes unwirksam. Das Beschäftigungsförderungsgesetz erlaubt nicht einmal den Tarifvertragsparteien das Recht, unsachlich benachteiligende Regelungen zu beschließen. Das Verbot einer unsachlich benachteiligenden Regelung von Teilzeitarbeitnehmern beruht schon auf Art. 3 Abs. 1 GG (BAG, Urteil vom 29. 8. 1989 – AP Nr. 6 zu § 2 BeschFG 1985 = AR-Blattei „Teilzeitarbeit" Entscheidung 22 = NZA 1990, 37 = DB 1989, 2338; BAG, Urteil vom 28. 7. 1992 – aaO; LAG Berlin, Urteil vom 9. 10. 1991 – NZA 1992, 423; Hanau, NZA 1984, 345, 346).

Allein die Tatsache, daß es sich bei dem Träger des M., in dem die Klägerin beschäftigt gewesen ist, um eine kirchliche Einrichtung handelt, rechtfertigt keine andere Beurteilung. Aus § 6 Abs. 3 BeschFG 1985 ergibt sich nichts anderes. Kirchliche Arbeitgeber können in ihren paritätisch zustande gekommenen Arbeitsvertragsrichtlinien nur in demselben Umfang vom Gesetz abweichende Regelungen aufstellen wie Tarifvertragsparteien in Tarifverträgen. Das gilt auch unter Beachtung des Selbstordnungs- und Selbstverwaltungsrechts der Kirchen nach Art. 140 GG i.V.m. Art. 137 Abs. 3 WRV. Wenn § 6 Abs. 3 BeschFG 1985 keine neuen Rechtsbefugnisse geschaffen hat, sondern nach dem Selbstverständnis der Kirchen lediglich auf das verfassungsrechtlich Gebotene Rücksicht nimmt, so folgt daraus auch, daß die Bestimmungen über die abweichenden Regelungen in den drei Absätzen des § 6 BeschFG 1985 nicht unterschiedlich ausgelegt werden können. Denn es ist nicht verfassungsrechtlich geboten, den Kirchen eine weitere Abweichungsbefugnis zu gewähren als Tarifvertragsparteien, jedenfalls solange nicht, als besondere Loyalitätspflichten aus dem kirchlichen Arbeitsverhältnis nicht berührt sind. Ein Konflikt zwischen kirchlichem Selbstbestimmungsrecht und staatlichem Arbeitsrecht besteht bei der Gewährung einer Zusatzversorgung auch an Teilzeitbeschäftigte jedoch nicht (BAG, Urteil vom 6. 12. 1990[3] – AP Nr. 12 zu § 2 BeschFG 1985 = AR-Blattei „Gratifikation" Entscheidung 96 = NZA 1991, 350 = BB 1991, 2299 = DB 1991, 866).

---

[2] KirchE 18, 277.
[3] KirchE 28, 365.

bb) Der Anwendung des – allgemeinen und besonderen – Gleichbehandlungsgrundsatzes steht auch nicht, wie die Beklagte meint, der Grundsatz der Vertragsfreiheit entgegen.

Zwar wird die Ansicht vertreten, bis zum Inkrafttreten des Beschäftigungsförderungsgesetzes habe bei der Festlegung der Vergütung der Grundsatz der Vertragsfreiheit Vorrang vor dem arbeitsrechtlichen Gleichbehandlungsgrundsatz (BAG, Urteil vom 10. 4. 1973 – AP Nr. 38 zu § 242 BGB Gleichbehandlung = AR-Blattei „Gleichbehandlung" Entscheidung 38; BAG, Urteil vom 30. 5. 1984 – AP Nr. 2 zu § 21 MTL II = AR-Blattei „Gleichbehandlung" Entscheidung 73). Der Anspruch der Klägerin auf Gleichbehandlung scheitert aber nicht an diesem Vorrang. Er gilt nur für individuell getroffene Vereinbarungen. Stellt der Arbeitgeber einzelne Arbeitnehmer besser, so können die anderen Arbeitnehmer daraus keinen Anspruch auf Gleichbehandlung herleiten. Dagegen greift das Gebot der Gleichbehandlung immer dann ein, wenn der Arbeitgeber die Leistungen nach einem erkennbaren Prinzip in Gestalt abstrakter Regelungen gewährt (BAG, Urteil vom 27. 7. 1988 – AP Nr. 83 zu § 242 BGB Gleichbehandlung = AR-Blattei „Gleichbehandlung" Entscheidung 83; BAG, Urteil vom 24. 10. 1989 – AP Nr. 29 zu § 11 BUrlG = AR-Blattei „Teilzeitarbeit" Entscheidung 23; BAG, Urteil vom 12. 6. 1990 – AP Nr. 25 zu § 1 BetrAVG = AR-Blattei „Betriebliche Altersversorgung" Entscheidung 249; BAG, Urteil vom 28. 7. 1992 – aaO). Eine derartige abstrakte Regelung ist in der Versorgungsordnung, die die Beklagte auf alle ihre Arbeitsverhältnisse anwendet, enthalten.

c) Auch die Voraussetzungen eines Anspruches auf Gleichbehandlung sind im Streitfall erfüllt. Für eine Ungleichbehandlung der Klägerin sind sachliche Gründe nicht ersichtlich.

Die Beklagte hat die Klägerin im Vergleich zu vollzeitbeschäftigten Mitarbeitern ungleich behandelt. In Anwendung der bis zum 31. 3. 1991 geltenden Bestimmungen der Versorgungsordnung hat die Beklagte lediglich diejenigen Mitarbeiter zur Zusatzversorgung bei der KZVK angemeldet, die mit mehr als der Hälfte der wöchentlichen Arbeitszeit eines vollbeschäftigten Mitarbeiters beschäftigt wurden. Die Arbeitnehmer mit Arbeitszeiten unterhalb dieser Grenzen hat es von der Zusatzversorgung ausgeschlossen.

Die Ungleichbehandlung erfolgte auch wegen der Teilzeitarbeit. Dies ergibt sich direkt aus der Anwendung der Bestimmungen der AVR und der Versorgungsordnung in der bis zum 31. 3. 1991 geltenden Fassung.

Der Ausschluß der Klägerin von der Zusatzversorgung war auch willkürlich. Für eine Gruppenbildung allein nach dem Umfang der Teilzeitarbeit gab es keinen sachlichen Grund.

(1) Die Beklagte kann sich nicht darauf berufen, daß bereits die Bestimmungen der AVR und der Versorgungsordnung einen sachlichen Grund für den

Ausschluß darstellten. Sie verkennt, daß bereits nach der Rechtsprechung des Bundesverfassungsgerichts auch tarifliche Regelungen dem allgemeinen Gleichheitsgrundsatz des Art. 3 GG genügen müssen. Auch die Tarifvertragsparteien dürfen Gruppen nur nach sachlichen Kriterien bilden, gleich ob die Gruppenbildung durch tarifliche Rechtsnormen oder durch Ausschluß vom Geltungsbereich des Tarifvertrages stattfindet. Die Gestaltungsfreiheit der Tarifvertragsparteien endet an den Grenzen zwingenden übergeordneten Rechts. Dies gilt in gleicher Weise für die Beklagte und den gesamten kirchlichen Bereich. Auch die katholische wie die evangelische Kirche sind in ihren arbeitsrechtlichen Bestimmungen – z. B. AVR oder BAT-KF – an den arbeitsrechtlichen Gleichbehandlungsgrundsatz gebunden und dürfen nicht einen Teil der Arbeitnehmerschaft aus sachlich nicht berechtigten Gründen von bestimmten Leistungen ausschließen (BAG, Urteil vom 28. 7. 1992 – aaO, m.z.w.N.).

(2) Zur Rechtfertigung der unterschiedlichen Behandlung kann sich die Beklagte auch nicht auf den Grundgedanken und die Geschichte der Zusatzversorgung im öffentlichen Dienst berufen. Insbesondere ist ein Vergleich der Arbeitnehmer mit den Beamten im öffentlichen Dienst ungeeignet, um daraus Rechtsfolgen für die Behandlung von Teilleistungen abzuleiten. Auch dies hat das mehrfach in Bezug genommene Urteil des Bundesarbeitsgerichts vom 28. 7. 1992 (3 AZR 173/92 – aaO unter B I 3 c) [2] der Gründe) eingehend begründet. Den dort gemachten Ausführungen schließt sich die Berufungskammer zur Vermeidung von Wiederholungen ausdrücklich an.

(3) Zur sachlichen Rechtfertigung bei unterschiedlicher Behandlung von Teilzeitkräften kann auch nicht darauf verwiesen werden, teilzeitbeschäftigte Arbeitnehmer hätten in der Regel keinen Versorgungsbedarf, diese Arbeitnehmer seien typischerweise anderweit versorgt und nicht auf eine anteilige Zusatzversorgung angewiesen.

Die Zusatzversorgung der Arbeitnehmer des öffentlichen Dienstes macht die Versorgungsleistungen nicht von einem Versorgungsbedarf abhängig. Auch im vorliegenden Fall knüpft die Zusatzversorgung ausschließlich an den Umfang der Arbeitszeit an. Selbst bei einer generalisierenden und typisierenden Betrachtung des Versorgungsbedarfs läßt sich nicht allgemein erkennen, warum bei Teilzeitbeschäftigten kein Versorgungsbedarf vorliegen soll. Ob ein Versorgungsbedarf besteht oder nicht, bestimmt sich nicht danach, ob eine Grundsicherung durch die gesetzliche Rentenversicherung gewährleistet ist oder gar nur die zur Bestreitung des Lebensunterhalts erforderlichen Mindestbeträge zur Verfügung stehen. Jede Zusatzversorgung soll eine über die sozialversicherungsrechtliche Grundsicherung hinausgehende Versorgung sicherstellen. Selbst ein geringer Zuverdienst der in der Regel teilzeitbeschäftigten Frau beeinflußt den Lebensstandard einer Familie. So wie der Zuverdienst den Lebensstandard im aktiven Arbeitsleben beeinflußt, dient auch die geringere

Zusatzversorgung zusätzlich der Erhaltung dieses Lebensstandards im Ruhestand (BAG, Urteil vom 23. 1. 1990 – AP Nr. 7 zu § 1 BetrAVG Gleichberechtigung = AR-Blattei „Betriebliche Altersversorgung" Entscheidung 236 = NZA 1990, 778; BAG, Urteil vom 28. 7. 1992 – aaO – unter B I 3 c) [3] der Gründe; LAG Berlin, Urteil vom 9. 10. 1991 – NZA 1992, 423). Hieraus folgt auch, daß der unterschiedliche Umfang der Arbeitsleistung allein kein ausreichender sachlicher Grund ist, wie die Beklagte meint, Teilzeitarbeitnehmer von vornherein vollkommen von betrieblichen Versorgungsleistungen auszunehmen, die Vollzeitmitarbeitern zugestanden werden (BAG, Urteil vom 6. 4. 1982 – AP Nr. 1 zu § 1 BetrAVG Gleichberechtigung = AR-Blattei „Betriebliche Altersversorgung" Entscheidung 96). Auch allein das Maß und der Umfang der Teilzeitarbeit kann eine Ungleichbehandlung nicht sachlich rechtfertigen.

3. Aus alledem folgt, daß die Beklagte die Klägerin zu Unrecht von der Zusatzversorgung ausgeschlossen hat. Die Gruppenbildung nach dem Umfang der Arbeitszeit gemäß den Bestimmungen der Versorgungsordnung (Anlage 8 zu den AVR) war sachlich nicht gerechtfertigt, die entsprechenden Bestimmungen sind wegen Verstoßes gegen den Grundsatz der Gleichbehandlung unwirksam.

a) Die Nichtigkeit der Bestimmungen der Versorgungsordnung, durch die Teilzeitbeschäftigte von der betrieblichen Altersversorgung ausgeschlossen werden, hat zur Folge, daß die Klägerin den begünstigten Arbeitnehmern gleichgestellt werden muß. Sie hat einen Anspruch auf Gleichbehandlung und muß eine dem zeitlichen Umfang ihrer Arbeitsleistung entsprechende Zusatzversorgung erhalten. Aus der Nichtigkeit der entsprechenden Bestimmungen der Versorgungsordnung der Beklagten nach § 134 BGB folgt entgegen der Rechtsauffassung der Beklagten nicht, daß die Versorgungsordnung insoweit insgesamt nichtig wäre. Die Bestimmungen der Versorgungsordnung sind nur insoweit unwirksam, als sie Teilzeitbeschäftigte von der Altersversorgung ausschließen. Nur insoweit sind sie nach § 134 BGB nichtig; dagegen bleiben sie im übrigen aufrechterhalten. Nach der ständigen Rechtsprechung des Bundesarbeitsgerichts und der arbeitsrechtlichen Lehre ist § 139 BGB, wonach die Teilnichtigkeit eines Rechtsgeschäftes in aller Regel zu seiner völligen Nichtigkeit führt, dann nicht anwendbar, wenn es sich um Arbeitnehmerschutzvorschriften handelt (BAG, Urteil vom 6. 4. 1982 – AP Nr. 1 zu § 1 BetrAVG Gleichberechtigung = AR-Blattei „Betriebliche Altersversorgung" Entscheidung 96; BAG, Urteil vom 14. 10. 1986 – AP Nr. 11 zu Art. 119 EWG-V = AR-Blattei „Betriebliche Altersversorgung" Entscheidung 183 = NZA 1987, 445 [unter III 1a) der Gründe]; BAG, Urteil vom 14. 3. 1989 – AP Nr. 5 zu § 1 BetrAVG Gleichberechtigung = AR-Blattei „Gleichbehandlung" Entscheidung 85 = NZA 1985, 25 = DB 1990, 330 [unter III 1 der Gründe]; Wiedemann-Stumpf, TVG, 5. Aufl., § 4 Rz. 202 m.w.N.).

b) Entgegen der Rechtsauffassung der Beklagten ist der Anspruch der Klägerin auf Gleichbehandlung auch nicht auf eine unmögliche Leistung gerichtet (§ 306 BGB). Wie ein Arbeitnehmer im öffentlichen Dienst durfte auch die Klägerin des vorliegenden Falles davon ausgehen, daß ihr Arbeitgeber ihr die im Bereich der Beklagten gewährte Zusatzversorgung aus Gleichbehandlungsgrundsätzen verschafft. Das Versprechen einer dem öffentlichen Dienst angepaßten Versorgung bezieht sich im Zweifel nicht auf eine bestimmte Versorgungsform, sondern lediglich auf die Berechnung des Ruhegehaltes. Ein Arbeitnehmer ist in erster Linie daran interessiert, daß er eine Zusatzrente erhält. Dabei tritt die Frage, wer diese Rente zahlt, in den Hintergrund (BAG, Urteil vom 15. 5. 1975 – AP Nr. 7 zu § 242 BGB Ruhegehalt – VBL = AR-Blattei „Ruhegeld" Entscheidung 142).

Nichts anderes gilt, wenn in einem Arbeitsverhältnis wie dem vorliegenden Vorschriften über die Zusatzversorgung auch ohne eine ausdrücklich erklärte Zusage des Arbeitgebers anzuwenden sind. Auch in einem solchen Fall ist es dem Arbeitnehmer prinzipiell gleichgültig, in welcher Form seine Zusatzversorgung durchgeführt und abgewickelt wird. Für ihn ist allein von Bedeutung, daß er bei diesem Arbeitgeber eine Zusatzversorgung erhält. Er darf daher, auch ohne jede weitere Erklärung des Arbeitgebers, davon ausgehen, daß ihm dieser die Zusatzversorgung – auf welchem Weg auch immer – zu verschaffen hat.

Wird dem teilzeitbeschäftigten Arbeitnehmer unter Verletzung des Gebots der Gleichbehandlung die Zusatzversorgung versagt, so ist der Arbeitgeber seiner Pflicht zur Verschaffung der üblichen Zusatzversorgung rechtswidrig nicht nachgekommen. Der Grundsatz der Gleichbehandlung verpflichtet ihn, dem Arbeitnehmer eine gleichwertige Versorgung zukommen zu lassen. Kann der Arbeitnehmer nach den Satzungsbestimmungen der Kasse nicht nachversichert werden, so muß der Arbeitgeber selbst eintreten (BAG, Urteil vom 15. 5. 1975 – AP Nr. 7 zu § 242 BGB Ruhegehalt – VBL = AR-Blattei „Ruhegeld" Entscheidung 143; BAG, Beschluß vom 29. 8. 1989 – AP Nr. 6 zu § 2 BeschFG 1985 = AR-Blattei „Teilzeitarbeit" Entscheidung 22 = NZA 1990, 37; BAG, Urteil vom 28. 7. 1992 – aaO [unter B II 1 der Gründe]).

c) Entgegen der Auffassung der Beklagten scheitert der Anspruch der Klägerin auch nicht an einem fehlenden Verschulden der Beklagten. Es handelt sich nicht um einen Schadensersatzanspruch. Der Arbeitnehmer, der die Zusatzversorgung verlangt, obwohl sein Arbeitsvertrag in Verbindung mit den maßgeblichen Bestimmungen der Versorgungsordnung diese nicht vorsieht, begehrt keinen Schadensersatz wegen Vertragsverletzung, sondern einen Schutz vor sachfremder Schlechterstellung durch den Vertrag sowie durch die für den vergleichbaren längerzeitig beschäftigten Arbeitnehmer geltenden begünstigenden tarifvertraglichen oder betrieblichen Regelungen. Das Willkürverbot des Art. 3 Abs. 1 GG greift, auch in seiner Ausgestaltung im Privatrecht, nicht nur bei schuldhafter, sondern bei jeder objektiven Verletzung ein. Wer aufgrund des Gebots der Gleichbehandlung verlangen kann, so behandelt zu werden, als sei er Angehöriger einer begünstigten Gruppe, hat einen Anspruch auf Erfüllung derjenigen Ansprüche, die der begünstigten Gruppe zustehen. Auf andere Weise läßt sich die Gleichbehandlung nicht verwirklichen. Der gleichheitswidrig benachteiligte Arbeitnehmer hat einen Erfüllungsanspruch im Sinne des § 612 Abs. 2 BGB, aber keinen Schadensersatzanspruch (BAG, Urteil vom 28. 7. 1992 – aaO – unter B II 2 der Gründe; vgl. auch EuGH, Urteil vom 8. 11. 1990 – NZA 1991, 171).

4. Die Klägerin macht auch zu Recht die Zahlung der monatlichen Rente in der Höhe geltend, die zu zahlen wäre, wenn sie vom 18. 5. 1977 bis zum 31. 3. 1991 bei der KZVK versichert gewesen wäre. Zu Unrecht beruft sich die Beklagte darauf, daß sie nicht rückwirkend zur Gleichbehandlung verurteilt werden dürfe.

a) Eine rückwirkende Verpflichtung der Beklagten zur Gleichbehandlung verstößt nicht gegen den Verfassungsgrundsatz des rechtsstaatlichen Vertrauensschutzes.

Die im Rückwirkungszeitraum geltende Rechtslage und die bisherige Rechtsprechung der Arbeitsgerichte ließen kein schutzwürdiges Vertrauen darauf entstehen, daß willkürliche, teilzeitbeschäftigte Arbeitnehmer ohne sachlichen Grund benachteiligende Versorgungsregelungen wirksam sein könnten. In der mehrfach in Bezug genommenen Entscheidung des Bundesarbeitsgerichts vom 28. 7. 1992 (3 AZR 173/92 – aaO) hat das Bundesarbeitsgericht zutreffend darauf hingewiesen, daß die für die Beurteilung maßgebenden Normen bereits seit Bestehen der Bundesrepublik Deutschland Geltung hatten. Das Willkürverbot und der Gleichbehandlungsgrundsatz des Art. 3 GG gelten seit dem 23. 5. 1949. Auch die Rechtsprechung des Bundesarbeitsgerichts hat diesen Rechtsgrundsatz schon von Anbeginn anerkannt. Auch wenn die mit der unterschiedlichen Behandlung von Voll- und Teilzeitbeschäftigten zusammenhängenden Fragen in der anfänglichen Rechtsprechung des Bundesarbeitsgerichts keine besondere Bedeutung erlangt haben, weil die Teilzeitarbeit in den ersten Jahrzehnten der Bundesrepublik Deutschland nur geringe Bedeutung hatte, war stets anerkannt, daß ein Arbeitgeber nicht frei darin ist, welche Arbeitnehmer er an der betrieblichen Altersversorgung teilnehmen lassen will. Eine unterschiedliche Behandlung aus sachfremden Gründen wurde von Anbeginn als Verstoß gegen den Grundsatz der Gleichbehandlung geprüft und als verboten erachtet. Spätestens seit 1982 hat das Bundesarbeitsgericht ausdrücklich entschieden, daß eine Differenzierung zwischen Voll- und Teilzeitbeschäftigten nur dann vorgenommen werden darf, wenn dafür sachliche Gründe bestehen, die sich aus einer besonderen Interessenlage ergeben könnten. Eine gefestigte Rechtsprechung, wonach eine unterschiedliche Behandlung von Teilzeitbeschäftigten und Vollzeitbeschäftigten sachlich gerechtfertigt ist, hat zu keinem Zeitpunkt bestanden (BAG, Urteil vom 20. 11. 1990 – AP Nr. 8 zu § 1 BetrAVG Gleichberechtigung = AR-Blattei „Betriebliche Altersversorgung" Entscheidung 263 = NZA 1991, 635 = DB 1991, 1330; BAG, Urteil vom 23. 1. 1990 – AP Nr. 7 zu § 1 BetrAVG Gleichberechtigung = AR-Blattei „Betriebliche Altersversorgung" Entscheidung 236 = NZA 1990, 778; BAG, Urteil vom 28. 7. 1992 – aaO m.z.w.N.). Auch das Bundesverfassungsgericht weist darauf hin, daß ein Arbeitgeber keineswegs darauf vertrauen konnte, daß die in seiner Versorgungsordnung festgelegte Benachteiligung von – überwiegend weiblichen – Teilzeitbeschäftigten eindeutig rechtlich abgesichert war (BVerfG, Beschluß vom 28. 9. 1992 – DB 1992, 2511, vgl. auch Hanau-Preis, DB 1991, 1276 [1280]).

b) Auch Gesichtspunkte der wirtschaftlichen Zumutbarkeit und einer übermäßigen Kostenbelastung können im vorliegenden Fall entgegen der Auffassung der Beklagten nicht zu einer Begrenzung der Rückwirkung führen. Die Beklagte wird durch die Verurteilung in ihrer wirtschaftlichen Betätigungsfreiheit, die durch Art. 2 Abs. 1 GG geschützt ist, nicht auf unverhältnismäßige Weise beeinträchtigt. Ihre Versorgungsordnung ist nicht mit Rückwirkung zu ihren Lasten verändert, sondern nur mit dem geltenden Recht in Einklang gebracht worden, ohne daß dabei in einen schutzwürdigen Vertrauenstatbestand eingegriffen wird. Bei der insoweit erforderlichen Abwägung der beiderseitigen Interessen fällt zugunsten der Klägerin ins Gewicht, daß ihr, die sie zu Unrecht benachteiligt ist, nur durch eine ergänzende Auslegung der Versorgungsordnung Schutz vor einer unzulässigen, grundgesetzwidrigen Diskriminierung gewährt werden kann. Dem stehen zwar Aufwendungen der Beklagten gegenüber, die sie entgegen ihren ursprünglichen Absichten zusätzlich erbringen muß. Daß diese von der Beklagten nicht erwirtschaftet werden könnten oder gar ihre Existenz oder auch nur diejenige des von ihr getragenen M. ernstlich in Frage gestellt wäre, macht die Beklagte selbst nicht geltend. Zur Höhe der zusätzlich zu erbringenden Versorgungsleistungen für etwaige geringzeitig beschäftigte Arbeitnehmer hat die Beklagte keine Angaben gemacht. Offenbar ist die Klägerin die einzige teilzeitbeschäftigte Arbeitnehmerin im M. gewesen. Würde eine Überforderung der Beklagten eintreten, hätte es nahegelegen, hierzu Stellung zu nehmen (BVerfG, Beschluß vom 28. 9. 1992 – DB 1992, 2511; BAG, Urteil vom 14. 10. 1986 – AP Nr. 11 zu Art. 119 EWGV = AR-Blattei „Betriebliche Altersversorgung" Entscheidung 183 = NZA 1987, 445; BAG, Urteil vom 28. 7. 1992 – aaO). Auch insoweit ist der vorliegende Streitfall mit dem Fall, den das Bundesarbeitsgericht in der Entscheidung vom 28. 7. 1992 (aaO) zu beurteilen hatte, durchaus vergleichbar.

Die Beklagte ist auch in ihrer finanziellen Betätigungsfreiheit auch nicht mehr eingeschränkt als der ein Krankenhaus betreibende Arbeitgeber des öffentlichen Dienstes, der aufgrund der Bestimmungen des BAT und des Versorgungstarifvertrages in der Vergangenheit die Anmeldung zur Zusatzversicherung der teilzeitbeschäftigten Mitarbeiter unterlassen hat. Der Hinweis der Beklagten auf das Kostendeckungsprinzip ist insoweit unbeachtlich. Auch die in öffentlich-rechtlicher Trägerschaft betriebenen Krankenhäuser arbeiten nach dem Kostendeckungsprinzip.

Zu dem Einwand, bei der Beklagten handele es sich um eine kirchliche Einrichtung, kann im übrigen auf die oben unter II 2 b) aa) gemachten Ausführungen verwiesen werden.

III. Der Anspruch der Klägerin ist nicht verfallen und auch nicht verwirkt.

1. Der geltend gemachte Anspruch der Klägerin ist nicht nach § 23 AVR verfallen. Die Ausschlußfrist des § 23 AVR gilt selbst bei unterstellter Anwendbarkeit nicht für den Anspruch des Arbeitnehmers gegen den Arbeitgeber auf Verschaffung einer Zusatzversorgung und auch nicht für einen Schadensersatzanspruch gegen den Arbeitgeber wegen unterlassener Zusatzversorgung (BAG, Urteil vom 15. 5. 1975 – AP Nr. 7 zu § 242 BGB Ruhegehalt – VBL = AR-Blattei „Ruhegeld" Entscheidung 142; BAG, Urteil vom 29. 3. 1983 – AP Nr. 11 zu § 70 BAT = AR-Blattei „Öffentlicher Dienst" Entscheidung 268; BAG, Urteil vom 13. 12. 1989 – AP Nr. 22 zu § 1 BetrAVG Zusatzversorgungskassen = AR-Blattei „Betriebliche Altersversorgung V" Entscheidung 12 = NZA 1989, 690 = DB 1989, 1527; BAG, Urteil vom 17. 12. 1991 – AP Nr. 32 zu § 1 BetrAVG Zusatzversorgungskassen = NZA 1992, 973 = DB 1992, 1938 m.w.N.). Ansprüche auf Leistungen der betrieblichen Altersversorgung können nur dann tariflichen Ausschlußfristen unterliegen, wenn sich dies eindeutig und unmißverständlich aus dem Tarifvertrag selbst ergibt. Im Zweifel ist davon auszugehen, daß die Tarifvertragsparteien Versorgungsansprüche keinen tariflichen Ausschlußfristen unterwerfen (BAG, Urteil vom 27. 2. 1990 – AP Nr. 107 zu § 4 TVG Ausschlußfristen = AR-Blattei „Ausschlußfristen" Entscheidung 133 = NZA 1990, 627 = DB 1990, 1572). Tarifliche Ausschlußfristen sollen zwar eine kurzfristige Abwicklung der Ansprüche aus dem Arbeitsverhältnis sicherstellen. Sie sollen aber nicht Ansprüche beschneiden, die erst entstehen, wenn das Arbeitsverhältnis beendet wird und der Ruhestand beginnt. Die Klägerin hat im vorliegenden Fall mit Schreiben vom 20. 2. 1991 – bevor sie in Ruhestand ging – den Anspruch auf Zahlung einer Zusatzrente geltend gemacht.

2. Schließlich kann sich die Beklagte auch nicht mit Erfolg auf Verwirkung des geltend gemachten Anspruches berufen. Die Verwirkung eines Anspruches tritt erst dann ein, wenn der Berechtigte der Geltendmachung seines Rechts längere Zeit zuwartet (Zeitmoment) und daneben besondere Umstände vorliegen, aufgrund derer der Verpflichtete nach Treu und Glauben annehmen durfte, der Berechtigte werde sein Recht nicht mehr geltend machen (Umstandsmoment), und wenn die Erfüllung der Forderung dem Schuldner nicht

mehr zuzumuten ist (Zumutbarkeitsmoment). Es ist bereits fraglich, ob die Klägerin mit der Geltendmachung der Zahlung einer Zusatzrente längere Zeit zugewartet hat. Vor ihrem Ruhestand, dem 31. 3. 1991, war die Zahlung einer Zusatzrente überhaupt noch gar nicht fällig geworden. Jedenfalls hat sich die Klägerin nicht so verhalten, daß die Beklagte annehmen durfte, sie werde die Zahlung einer Zusatzrente nicht geltend machen. Vor dem Ruhestand der Klägerin konnte die Beklagte nicht darauf vertrauen, daß die Klägerin wegen der unterlassenen Zusatzversorgung nicht an die Beklagte herantreten werde.

14

Glockenläuten hat liturgischen Charakter, solange es mit der Nutzung des Gebäudes (hier: Gemeinde- und Pfarrhaus) zu liturgischen Zwecken in Zusammenhang steht.

§§ 3 Abs. 1, 22 Abs. 1 BImSchG

BayVGH, Urteil vom 15. Februar 1993 – 22 B 91.894[1] –

Der Kläger verlangt von der beklagten ev.-luth. Kirchengemeinde, das Läuten der auf ihrem Gemeinde- und Pfarrhaus B'Straße 2 in H. befindlichen Glocke zu unterlassen; der Kläger wohnt etwa 50 m von dem genannten Anwesen entfernt. Die Glocke wurde 1952 auf dem Gebäude angebracht, war später zeitweise außer Funktion und wurde 1985 erneut in Betrieb genommen; sie läutet regelmäßig um 7 Uhr (außer sonntags), 11 Uhr, 12 Uhr und 19 Uhr – je eine Minute –, zudem freitags um 15 Uhr – zwei Minuten –. Der Kläger macht geltend, das Läuten entbehre hinreichenden sakralen Anlasses, der Glockenton sei unrein und überlaut; der vom Straßenverkehr ausgehende Lärm an seiner Wohnung werde dadurch unnötig vermehrt; eine andere Wohnung könne er sich nicht leisten; er sei Rentner, schwerbehindert und ruhebedürftig.

Der Kläger erhob beim Verwaltungsgericht Unterlassungsklage. Mit dem angefochtenen Gerichtsbescheid wies dieses die Klage ab. Der Verwaltungsrechtsweg sei eröffnet. Das strittige Läuten halte sich jedoch in den durch § 22 Abs. 1 BImSchG auch kirchlichen Lebensäußerungen gezogenen Grenzen. Es überschreite nicht den Rahmen des Herkömmlichen und Angemessenen, finde nicht vor Tagesanbruch statt, dauere lediglich freitags um 15 Uhr zwei Minuten, ansonsten jeweils nur eine Minute und sei auch nicht erkennbar übermäßig laut. Besondere Umstände des Einzelfalls, die das Läuten als für den Kläger unzumutbar erscheinen ließen, seien nicht substantiiert geltend gemacht.

---

[1] In der Revisionsinstanz (7 B 52.93 BVerwG) wurde das Verfahren eingestellt. Vgl. zu diesem Fragenkreis auch BayVGH BayVBl. 1994, 721.

Mit der Berufung verfolgt der Kläger sein Begehren weiter. Die Beklagte tritt der Berufung entgegen und beantragt ihre Zurückweisung. Der Verwaltungsgerichtshof hat Sachverständigenbeweis zu der Frage erhoben, ob das in Rede stehende Glockenläuten sich im Rahmen üblichen liturgischen Läutens halte. Sodann hat der Senat die Berufung mit abgekürzter Begründung (§ 130b VwGO) zurückgewiesen.

Aus den Gründen:

Nicht grundsätzlich strittig ist zwischen den Beteiligten die Prämisse der verwaltungsgerichtlichen Entscheidung, daß die Zulässigkeit von Schallimmissionen durch kirchliches Glockenläuten an § 22 Abs. 1 BImSchG zu messen ist und Geräuschimmissionen durch liturgisches Glockengeläute der Kirchen im herkömmlichen Rahmen regelmäßig keine erhebliche Belästigung im Sinn des § 3 Abs. 1 BImSchG darstellen (BVerwGE 68, 62[2]). Der Kläger bezweifelt allerdings zum einen den liturgischen Charakter des in Rede stehenden Läutens, zum andern, daß sich das Läuten im Rahmen des Herkömmlichen und Üblichen halte. Die Zweifel des Klägers sind nicht berechtigt.

Die Beklagte ist Teil einer als Körperschaft des öffentlichen Rechts anerkannten Kirche. Die Glocke, deren Immissionen der Kläger beanstandet, ist eine solche, die widmungsgemäß kultischen Zwecken dient. Richtungweisend für diese Bewertung ist primär der dahingehende Wille der Beklagten; die Bewertung wird durch die Umstände bestätigt und von den Bedenken des Klägers nicht entkräftet. Die Beklagte hat zu dieser Frage sinngemäß berichtet (...), das Anwesen B'Straße 2 sei für sie – abgesehen von der eigentlichen Kirche – der zentrale Ort kirchengemeindlicher und liturgischer Veranstaltungen; es fänden dort regelmäßig teils selbständige, teils in andere Veranstaltungen integrierte Gottesdienste, Andachten und Abendmahlfeiern statt. Die liturgische Nutzung des Anwesens selbst setzt sich im Glockenläuten fort. Der Umstand, daß die Uhrzeiten, zu denen die Glocke geläutet wird, jeweils an besonderen religiösen Gebetsanlässen orientiert sind, bestätigt den liturgischen Charakter des Läutens; dieses geht damit ohne weiteres erkennbar über bloße Hinweise zur Uhrzeit hinaus. Die Zweifel des Klägers bleiben demgegenüber unsubstantiiert und geben keinen Anlaß zu weiterer Amtsermittlung oder Beweiserhebung.

Ebensowenig haben die Erörterungen der Beteiligten und die Begutachtung durch den Sachverständigen irgendeinen Anhalt dafür ergeben, daß das vom Kläger beanstandete Läuten nach Zeitpunkten, Lautstärke, Klangqualität oder Dauer außerhalb des Rahmens des Zulässigen liegen könnte. Der Kläger rügt namentlich Lautstärke und Klangqualität der Glocke. Was die Lautstärke an-

---

[2] KirchE 21, 251.

geht, hat der Sachverständige sich vor dem Haus des Klägers wegen ständig bis 82 dB(A) reichenden Verkehrslärms zu einer Messung von der Glocke herrührender Einwirkungen nicht in der Lage gesehen. Im Innenhof vor dem Betsaal des Gemeindehauses hat er von der Glocke ausgehende Spitzenpegel bis 78 dB(A) ermittelt, die er als unter den einschlägigen Grenzwerten von 90 oder 85 dB(A) liegend für zulässig erachtet – VDI-Richtlinie 2058 Bl. 1 vom September 1985 Nr. 3.3.1 Satz 1 Buchst. c oder d und Satz 2 –. Gegen diese Beurteilung ist rechtlich nichts zu erinnern. Die Orientierung an Außenpegeln – Nrn. 3.3, 4.2 der Richtlinie – will gerade auch auskömmliche Innenpegel gewährleisten. Zur Klangqualität hat der Sachverständige festgestellt, die Glocke sei zwar am unteren Rand etwas ausgefranst, dies beeinträchtige jedoch den Klang in keiner Weise, es handele sich um eine klanglich wertvolle Glocke. Der Beurteilung des Sachverständigen setzt der Kläger lediglich entgegen, er selbst empfinde den Glockenklang als scheppernd. Der Einwand ist nicht geeignet, die von langjähriger Erfahrung geprägte Sachkunde des Sachverständigen und die darauf beruhende Überzeugungskraft seines Gutachtens in Frage zu stellen.

15

1. Mit der Anordnung der obersten Landesbehörde nach § 32 AuslG entsteht für die durch die Anordnung begünstigten Ausländer ein Rechtsanspruch auf Erteilung (und Verlängerung) der Aufenthaltsbefugnis, wenn sie die dafür in der Anordnung festgelegten Voraussetzungen erfüllen.
2. Die Regelungen für „Christen aus der Türkei" in der Anordnung des Innenministeriums Baden-Württemberg vom 12. 8. 1991 (GABl. 1991 S. 905) gelten auch für türkische Angehörige der Glaubensgemeinschaft der Zeugen Jehovas.

Art. 4 GG; § 32 AuslG
VGH Baden-Württemberg, Urteil vom 17. Februar 1993 – 11 S 1451/91[1] –

Der 1969 geborene Kläger, ein türkischer Staatsangehöriger aus der Provinz Hatay, kam am 13. 10. 1988 – ohne im Besitz einer Aufenthaltserlaubnis in der Form des Sichtvermerks zu sein – in die Bundesrepublik Deutschland und beantragte seine Anerkennung als Asylberechtigter. Das Bundesamt für die An-

---

[1] Das Urteil ist rechtskräftig. Im Veröffentlichungszeitraum (1993) sind noch folgende Entscheidungen bekannt geworden, die u. a. die asylrechtl. Relevanz religiöser Tatbestände erörtern: *BVerfG* DVBl. 1993, 599 (Türkei); DVBl. 1993, 833 (Pakistan); *BVerwG* DVBl. 1994, 60 (Türkei); *OVG Rhld-Pf.* NVwZ 1994, 514 (Türkei); *VG Darmstadt* NVwZ-Beilage 3/1993, 22 (Indien).

erkennung ausländischer Flüchtlinge lehnte diesen Antrag mit Bescheid vom 6. 2. 1990 als unbegründet ab und führte dazu im wesentlichen aus: Der Kläger habe zwar seine Zugehörigkeit zur Glaubensgemeinschaft der arabisch-orthodoxen Christen durch Vorlage seines türkischen Personalausweises (Nüfus) glaubhaft gemacht. Aus seinem Vorbringen ergäben sich jedoch keine besonderen Anhaltspunkte dafür, daß er asylrechtlich erheblichen Verfolgungsmaßnahmen ausgesetzt gewesen sei oder bei seiner Rückkehr in die Türkei solche zu erwarten habe. Christen aus der Provinz Hatay seien keiner asylrelevanten Gruppenverfolgung ausgesetzt. Der Kläger habe auch nicht glaubhaft vorgetragen, daß er in der Türkei vor seiner Ausreise einer – dem türkischen Staat zurechenbaren – politischen Individualverfolgung ausgesetzt gewesen sei. Die von ihm vorgetragenen Schwierigkeiten hielten sich im Bereich bloßer Schikane und blieben weit unterhalb der Schwelle asylrechtlicher Beachtlichkeit. Der Kläger müsse zwar im Falle einer Rückkehr in die Türkei in absehbarer Zeit mit einer Heranziehung zum Wehrdienst rechnen, da er nach Vollendung des 20. Lebensjahres nach türkischem Recht der Wehrpflicht unterliege. Daraus folge indes kein Anspruch auf asylrechtliche Anerkennung. Dieser Bescheid ist bestandkräftig geworden, da der Kläger dagegen keine Klage erhoben hat. Während des Asylverfahrens erhielt der Kläger zunächst eine Duldung; danach wurden ihm Aufenthaltsgestattungen erteilt.

Mit Anwaltsschreiben vom 20. 3. 1990 beantragte der Kläger die Erteilung einer Aufenthaltserlaubnis im Hinblick darauf, daß christliche Türken ein Bleiberecht erhalten sollten. Der Kläger trat durch seine – am 21. 7. 1990 erfolgte – Taufe der Glaubensgemeinschaft der Zeugen Jehovas bei. – Der türkische Nationalpaß des Klägers wurde zuletzt am 18. 12. 1990 bis zum 17. 6. 1991 verlängert, nachdem er ihm am 17. 12. 1990 von der Ausländerbehörde ausgehändigt worden war. Am 20. 12. 1990 wurde der Paß – entsprechend der behördlichen Anordnung – wieder bei der Ausländerbehörde hinterlegt.

Das Landratsamt K. lehnte den Antrag des Klägers auf Erteilung einer Aufenthaltserlaubnis mit der angefochtenen Verfügung vom 10. 1. 1991 ab, setzte ihm eine Ausreisefrist von einem Monat nach Zustellung der Verfügung und drohte ihm für den Fall der nicht fristgerechten Ausreise die Abschiebung in die Türkei an. Zur Begründung wurde im wesentlichen ausgeführt: Dem weiteren Aufenthalt des Klägers als abgelehntem Asylbewerber stünden Interessen der Bundesrepublik Deutschland im Sinne von § 7 Abs. 2 Nr. 3 AuslG entgegen. Eine Aufenthaltserlaubnis könne ihm auch nicht im Rahmen des Erlasses des Innenministeriums Baden-Württemberg vom 8. 8. 1989, der eine Härtefallregelung für abgelehnte türkische Asylbewerber christlichen Glaubens vorsehe, erteilt werden. Diese Regelungen seien nicht auf Zeugen Jehovas auszudehnen. Maßgeblich sei, was das Innenministerium unter einem türkischen Staatsangehörigen christlichen Glaubens im Sinne dieser Regelung verstehe. Das Ministerium habe klargestellt, daß es nicht seinem Willen entspreche, die Erlaßregelung auf Angehörige der Glaubensgemeinschaft der Zeugen Jehovas auszudehnen.

Das Verwaltungsgericht hat die Klage, mit der der Kläger die Aufhebung des angefochtenen Bescheids und die Verpflichtung des Beklagten zur Erteilung einer Aufenthaltserlaubnis, *hilfsweise* einer Aufenthaltsbefugnis, erstrebt, abgewiesen. Die Berufung des Klägers führte zur Aufhebung der angefochtenen Verfügung des Landratsamts und zur Verurteilung des Beklagten nach dem Hilfsantrag.

Aus den Gründen:

Die – zulässige – Berufung des Klägers ist mit dem Hilfsantrag begründet. Entgegen der Ansicht des Verwaltungsgerichts ist die Verfügung des Landratsamts Karlsruhe vom 10. 1. 1991 rechtswidrig und verletzt den Kläger in seinen Rechten. Der Beklagte hat den vom Kläger geltendgemachten Anspruch auf Erteilung einer Aufenthaltsgenehmigung zu Unrecht in vollem Umfang abgelehnt und ihm die Abschiebung angedroht. Der Beklagte ist vielmehr zu verpflichten, dem Kläger eine Aufenthaltsgenehmigung als Aufenthaltsbefugnis zu erteilen (§ 113 Abs. 5 Satz 1 VwGO); eine Aufenthaltserlaubnis kann der Kläger hingegen nicht beanspruchen. Außerdem ist die Abschiebungsandrohung aufzuheben.

Soweit der Kläger auch im Berufungsverfahren – mit dem Hauptantrag – die Verpflichtung des Beklagten zur Erteilung einer Aufenthaltsgenehmigung als Aufenthaltserlaubnis (§ 5 Nr. 1 AuslG) erstrebt, muß sein Rechtsmittel erfolglos bleiben.

Dem Kläger steht jedoch ein Anspruch auf Erteilung einer Aufenthaltsbefugnis (§ 5 Nr. 4 AuslG) zu. Für das Bestehen dieses Rechtsanspruchs kommt es auf die Sach- und Rechtslage zum Zeitpunkt der gerichtlichen Entscheidung an. Danach hat der Kläger Anspruch auf diese Art der Aufenthaltsgenehmigung. Da sich der Beklagte weigert, ihm eine Aufenthaltsbefugnis zu erteilen, ist eine dahingehende Verpflichtung durch das Gericht auszusprechen.

Das Verwaltungsgericht hat zutreffend ausgeführt, daß dem Erfordernis eines entsprechenden Antrags an die Ausländerbehörde (s. § 6 Abs. 1 Satz 1 AuslG) durch den – mit Anwaltsschreiben vom 20. 3. 1990 gestellten – Antrag auf Erteilung einer Aufenthaltserlaubnis genügt ist. *(wird ausgeführt)*

Der Kläger hat auch einen Rechtsanspruch (§ 6 Abs. 1 Satz 1 AuslG) auf Erteilung einer Aufenthaltsgenehmigung als Aufenthaltsbefugnis, der sich in seinem Fall aus § 32 AuslG ergibt. Nach dieser Bestimmung kann die oberste Landesbehörde im Einvernehmen mit dem Bundesminister des Innern aus völkerrechtlichen oder humanitären Gründen oder zur Wahrung politischer Interessen der Bundesrepublik Deutschland anordnen, daß Ausländern aus bestimmten Staaten oder daß in sonstiger Weise bestimmten Ausländergruppen nach den §§ 30 und 31 Abs. 1 AuslG eine Aufenthaltsbefugnis erteilt wird und daß erteilte Aufenthaltsbefugnisse verlängert werden.

Diese gesetzlich geregelte Aufnahmebefugnis hat zwei rechtliche Wirkungsbereiche:
Zum einen eröffnet die gesetzliche Regelung der obersten Landesbehörde – hier: dem Innenministerium Baden-Württemberg (vgl. §§ 3, 4 Abs. 1 Satz 1 LVG, 1 Nr. 1 AAZuVO) – einen sehr weiten Entscheidungsspielraum. Die Bestimmung stellt einen rechtlich ausgeformten Rahmen und ein entsprechendes Verfahren zur Verfügung, das der zuständigen obersten Landesbehörde eines Bundeslands der Bundesrepublik Deutschland die Befugnis verleiht, bestimmten Gruppen von Ausländern einen rechtmäßigen Aufenthalt im Bundesgebiet zu ermöglichen, der auf andere Weise nach den Regelungen des Ausländerrechts nicht gewährt werden kann. Auf eine entsprechende Entscheidung der obersten Landesbehörde haben die Ausländer – als einzelne oder als Gruppe – grundsätzlich keinen Anspruch. Es steht im weiten Entschließungsermessen der obersten Landesbehörde, ob sie überhaupt von dieser gesetzlichen Möglichkeit der Aufnahme von Ausländern Gebrauch machen will, sowie – wenn sie sich für eine entsprechende Aufnahme entschieden hat – in welchem Umfang diese Aufnahme erfolgen soll. Dabei hat die oberste Landesbehörde jedoch den aus dem Rechtsstaatsgebot folgenden Grundsatz der Bestimmtheit und Rechtsklarheit zu beachten und eindeutig zu entscheiden, ob den Staatsangehörigen eines bestimmten Staates ohne weitere Einschränkung oder ob nur (dann: welchen) abgegrenzten Ausländergruppen, die „in sonstiger Weise" zu bestimmen sind, durch eine Aufenthaltsbefugnis ein rechtmäßiger Aufenthalt im Bundesgebiet ermöglicht werden soll. Diese behördliche Entscheidung ist einer inhaltlichen Kontrolle durch die Gerichte weitestgehend entzogen. Die gesetzlichen Entscheidungskriterien („aus völkerrechtlichen oder humanitären Gründen oder zur Wahrung politischer Interessen der Bundesrepublik Deutschland") sind lediglich als Leitlinien für die behördliche Anordnung zu sehen, ohne daß sich daraus ein Maßstab zur materiellen Überprüfung der Berechtigung der entsprechenden Behördenentscheidung ergibt. Die Einvernehmenserklärung des Bundesministers des Innern ist eine Wirksamkeitsvoraussetzung für die Anordnung nach § 32 AuslG. Dieses Einvernehmen ist wegen der grundsätzlichen und weittragenden Bedeutung der Entscheidung eines Landes unter Berücksichtigung des Gesichtspunkts der Wahrung der Bundeseinheitlichkeit erforderlich (siehe dazu die Begründung des Gesetzentwurfs der Bundesregierung zu § 32 AuslG, BT-Drucks. 11/6321, S. 67). Die wirksame Anordnung einer obersten Landesbehörde nach § 32 AuslG ist für alle nachgeordneten Ausländerbehörden dieses Landes verbindlich und verpflichtet sie, entsprechend der getroffenen Entscheidung (d.h. unter Beachtung der in der Anordnung enthaltenen Voraussetzungen und Einschränkungen) den

dadurch begünstigten Ausländern Aufenthaltsbefugnisse zu erteilen, ohne im Einzelfall das Vorliegen der tatbestandlichen Voraussetzungen der §§ 30 und 31 Abs. 1 AuslG zu überprüfen. Den Ausländerbehörden ist insbesondere – wie der im Berufungsverfahren beteiligte Vertreter des öffentlichen Interesses zu Recht ausgeführt hat – kein Ermessen zu einer im Einzelfall abweichenden Entscheidung eröffnet, wenn die oberste Landesbehörde in der Anordnung die Voraussetzungen für die Erteilung (und Verlängerung) der Aufenthaltsbefugnis festgelegt hat und diese Voraussetzungen erfüllt sind.

Zum anderen räumt die Regelung des § 32 AuslG jedoch den Ausländern, die durch eine solche Anordnung der obersten Landesbehörde privilegiert werden, einen unmittelbaren gesetzlichen Rechtsanspruch darauf ein, daß ihnen „eine Aufenthaltsbefugnis erteilt wird" und daß gegebenenfalls auch „erteilte Aufenthaltsbefugnisse verlängert werden". Dieser Rechtsanspruch ergibt sich nicht daraus, daß die Ausländerbehörden durch die Anordnung nach § 32 AuslG etwa in ihrer Ermessensausübung gebunden würden und dem durch die Regelung begünstigten Ausländer daher (nur) ein Anspruch auf gleichförmige Ermessensausübung (unter Beachtung des Gleichbehandlungsgrundsatzes) zustehen könnte; denn insoweit ist den Ausländerbehörden – wie dargelegt – gerade kein Ermessen eröffnet. Vielmehr garantiert die Regelung des § 32 AuslG unmittelbar einen Rechtsanspruch auf Erteilung (und Verlängerung) der Aufenthaltsbefugnis, sobald die oberste Landesbehörde von ihrer Befugnis, eine entsprechende Anordnung zu treffen, wirksam Gebrauch gemacht und dadurch diese (gesetzesausfüllende) Tatbestandsvoraussetzung des § 32 AuslG geschaffen hat. Mit der wirksamen Anordnung nach § 32 AuslG entsteht der Anspruch auf Erteilung (und Verlängerung) der Aufenthaltsbefugnis. Dies ergibt sich aus dem Wortlaut, der Systematik sowie dem Sinn und Zweck der gesetzlichen Regelung des § 32 AuslG.

Bereits die sprachliche Fassung des Gesetzes, daß Ausländern eine Aufenthaltsbefugnis „erteilt wird" und erteilte Aufenthaltsbefugnisse „verlängert werden", läßt erkennen, daß insoweit eine rechtliche Position geschaffen wird, die den Ausländern, die von der Anordnung erfaßt werden, einen gesicherten aufenthaltsrechtlichen Status vermittelt. Damit wird ihnen eine Anspruchsposition eingeräumt, die gegebenenfalls im Wege des gerichtlichen Rechtsschutzes durchsetzbar ist (vgl. dazu auch die rechtsähnlichen Regelungen des Ausländergesetzes, in denen eine Aufenthaltsgenehmigung erteilt bzw. verlängert „wird", z.B. in den §§ 10 Abs. 1, 12 Abs. 1 Satz 1, Abs. 2 Satz 1, 16 Abs. 5, 18 Abs. 5, 19 Abs. 1 Satz 1, 20 Abs. 6, 23 Abs. 2, 25 Abs. 2, 26 Abs. 3 Satz 3, 28 Abs. 1 Satz 1, 29 Abs. 2 Satz 1, 33 Abs. 2, 35 Abs. 2 Satz 1 AuslG).

Auch die Systematik des – seit 1. 1. 1991 geltenden – Ausländergesetzes läßt erkennen, daß Ausländern durch eine Anordnung nach § 32 AuslG – in anderer Weise als durch eine Erlaßregelung – eine aufenthaltsrechtliche Position eingeräumt wird. Die Regelung des § 32 AuslG wurde im derzeit geltenden Ausländergesetz neu geschaffen; im AuslG 65 war eine entsprechende Bestimmung nicht enthalten. § 32 AuslG enthält nicht etwa lediglich eine gesetzliche Festlegung von (allgemeinen oder besonderen) Verwaltungskompetenzen. Die Befugnis zur Erteilung von Einzelweisungen durch die Bundesregierung (§ 25 AuslG 65; jetzt: § 65 Abs. 2 AuslG; s. dazu Art. 84 Abs. 5 GG) ist mit der Regelung des § 32 AuslG ebensowenig vergleichbar wie die allgemeine Ermächtigung zum Erlaß von Verwaltungsvorschriften (§ 51 AuslG 65; jetzt: § 104 AuslG; s. auch Art. 84 Abs. 2 GG) oder die Regelung der Übernahme von Ausländern (§ 22 AuslG 65; jetzt: § 33 AuslG). Auch gegenüber der generellen Zuständigkeit zur Ausführung des Ausländergesetzes durch die Länder (Art. 83 GG) - mit der dadurch gegebenen weiten Befugnis der übergeordneten Landesbehörden zur (allgemeinen und speziellen) Weisung der nachgeordneten Behörden im Wege der Fachaufsicht - und den (eingeschränkten) Einwirkungsmöglichkeiten des Bundes zur Gewährleistung einer weitgehend einheitlichen Praxis bei der Ausführung des Gesetzes (s. Art. 84 GG) enthält § 32 AuslG vielmehr eine qualitativ andere Regelung. Die (nach bisherigem Recht geübte und auch nach dem neuen Ausländerrecht zulässige) Praxis, durch entsprechende Erlaßregelungen der obersten Landesbehörde ohne besondere gesetzliche Grundlage das Ermessen der nachgeordneten Ausländerbehörden bei der Anwendung entsprechender gesetzlicher Ermessensvorschriften landeseinheitlich zu binden (vgl. beispielsweise die - frühere - Verwaltungsvorschrift des Innenministeriums Bad.-Württ. zur Ausführung des Ausländergesetzes [AuslErl.], zuletzt in der Fassung vom 1. 8. 1984, GABl. 1984 S. 725; s. auch die Hinweise des Innenministeriums Bad.-Württ. zu den Vorschriften des Gesetzes zur Neuregelung des Ausländerrechts vom 27. 6. 1991, GABl. 1991 S. 873), ist grundsätzlich zu unterscheiden von der gesetzlich ausdrücklich geregelten Möglichkeit des behördlichen Vorgehens nach § 32 AuslG. Im Falle der allgemeinen Erlaßregelung (wie beispielsweise durch den AuslErl.) hat der Ausländer lediglich einen Anspruch auf pflichtgemäße Ausübung des Ermessens, das durch die jeweilige Norm des Ausländergesetzes eröffnet wird, die der Ausländerbehörde ein Entscheidungsermessen einräumt. Dabei steht dem Ausländer zwar wegen der Selbstbindung der Verwaltung dann ein Anspruch auf Gleichbehandlung (Art. 3 GG) mit den Fällen zu, in denen die Verwaltungspraxis (gebunden durch die Erlaßregelungen) eine bestimmte Rechtsfolge allgemein eintreten läßt, wenn sein Fall mit diesen Fällen vergleichbar ist; die Behörden sind jedoch grundsätzlich nicht gehindert, diese Praxis - gegebenenfalls auch entgegen dem Wortlaut der entsprechenden Erlaßregelungen, die insoweit nur Indizwirkung haben - jederzeit zu ändern oder aufzuheben. Demgegenüber steht dem Ausländer, der zu dem nach § 32 AuslG privilegierten Personenkreis gehört, ein Rechtsanspruch auf Erteilung einer Aufenthaltsbefugnis zu. Mit dem Erlaß einer Anordnung der obersten Landesbehörde wird das entsprechende Tatbestandsmerkmal des § 32 AuslG ausgefüllt, das die unmittelbare gesetzliche Rechtspflicht zur Erteilung (und Verlängerung) der Aufenthaltsbefugnis auslöst. Die behördliche Anordnung ist Teil der Anspruchsnorm des § 32 AuslG und unterliegt damit auch – anders als behördliche Erlaßregelungen – der Auslegung wie gesetzliche Vorschriften. Dementsprechend gelten für diese behördliche Anordnung die – im Rechtsstaatsgebot begründeten – Anforderungen der Klarheit und Bestimmtheit von gesetzlichen Regelungen sowie die Grundsätze einer verfassungskonformen Auslegung, die dem Gebot der optimalen Grundrechtsverwirklichung Rechnung tragen müssen. Auf die Auslegung durch die anordnende oberste Landesbehörde sowie auf die (tatsächliche) Anwendung und Ausführung in der Praxis kommt es daher nicht entscheidend an.

Der Sinn und der Zweck der Regelung des § 32 AuslG gebieten es ebenfalls, den Ausländern, die wegen ihrer Gruppenzugehörigkeit von einer Anordnung der obersten Landesbehörde erfaßt werden, den aufenthaltsrechtlichen Status wirksam zuzuerkennen, der ihnen aus völkerrechtlichen oder humanitären Gründen oder zur Wahrung politischer Interessen der Bundesrepublik Deutschland zukommen soll. Mit der Schaffung einer entsprechenden Aufnahmebefugnis soll ein effektiver Schutz bestimmter Ausländergruppen erreicht werden. Ohne die Zubilligung eines dementsprechenden Rechts auf Einräumung der gewährten Rechtsposition für die zu schützenden Ausländer wäre die Regelung des § 32 AuslG weitgehend wirkungslos. Mit den Grundsätzen eines rechtsstaatlichen Verwaltungsverfahrens wäre es zudem nicht vereinbar, die Umsetzung einer entsprechenden Schutzanordnung dem behördlichen Belieben anheimzustellen.

Nach diesen rechtlichen Maßstäben steht dem Kläger ein Rechtsanspruch auf Erteilung einer Aufenthaltsbefugnis zu. Denn er wird von den Regelungen der Anordnung des Innenministeriums Baden-Württemberg vom 12. 8. 1991 erfaßt, die als „Hinweise des Innenministeriums zur rechtlichen Behandlung abgelehnter Asylbewerber nach §§ 32, 54 des Ausländergesetzes (AuslG)" ergangen und im Gemeinsamen Amtsblatt (S. 905) veröffentlicht worden ist. In dieser Anordnung hat das Innenministerium „im Einvernehmen mit dem Bundesminister des Innern" (unter II 1.1.) u. a. bestimmt: „Eine Aufenthaltsbefugnis nach § 32 AuslG wird erteilt an ... Christen und Yeziden aus der Türkei, die bis zum 31. Dezember 1989 in das Bundesgebiet eingereist sind".

Nach Überzeugung des Senats besteht kein rechtserheblicher Zweifel daran, daß diese Regelung auch für den – im Jahr 1988 in das Bundesgebiet eingereisten – Kläger gilt. Denn er gehört zu den „Christen aus der Türkei" im Sinne dieser Anordnung. Dabei kann es letztlich dahinstehen, ob es für die Zugehörigkeit zu der durch die Anordnung geschützten Gruppe von Ausländern auf den Zeitpunkt der Einreise dieser Ausländer in das Bundesgebiet oder auf einen späteren Zeitpunkt ankommt. Denn der Kläger erfüllt zu allen in Frage kommenden Zeitpunkten diese Rechtsvoraussetzung: Bei seiner Einreise in das Bundesgebiet gehörte er eindeutig zu den „Christen aus der Türkei", da er der Glaubensgemeinschaft der arabisch-orthodoxen Christen zuzurechnen war. Dies hat das Bundesamt für die Anerkennung ausländischer Flüchtlinge im Bescheid vom 6. 2. 1990 festgestellt. Auch sein türkischer Personalausweis (Nüfus) weist ihn (in der deutschen Übersetzung) als „Christ" aus. Bereits deshalb spricht viel dafür, daß ihm die Regelungen der Anordnung für „Christen aus der Türkei" zugute kommen müssen; denn im Hinblick auf den Schutzzweck der Anordnung (siehe dazu unten) besteht kein Zweifel daran, daß der Kläger bei einer Rückkehr in sein Heimatland schon wegen dieses amtlichen Eintrags in seinem Personalausweis (Nüfus) in gleicher Weise wie andere türkische „Christen" behandelt werden würde.

Dies kann jedoch letztlich dahinstehen, da sich in Bezug auf seine Zuordnung zu dem – durch die Anordnung begünstigten – Personenkreis der „Christen aus der Türkei" auch in der Folgezeit keine Änderung ergeben hat, die im vorliegenden Zusammenhang rechtserheblich ist.

Zwar ist der Kläger nach seiner Einreise im Bundesgebiet der Glaubensgemeinschaft der „Zeugen Jehovas" beigetreten und wurde durch seine Taufe im Juli 1990 in diese Gemeinschaft aufgenommen. Dadurch ergibt sich im vorliegenden Zusammenhang aber keine andere rechtliche Beurteilung. Das Innenministerium Baden-Württemberg hat in der Anordnung vom 12. 8. 1991, die der Beurteilung des vom Kläger geltendgemachten Rechtsanspruchs zugrunde zu legen ist (die früheren Regelungen aus den Jahren 1985 und 1989 sind insoweit rechtlich unerheblich), den undifferenzierten Sammelbegriff der „Christen" aus der Türkei als Tatbestandsvoraussetzung und Abgrenzungskriterium festgesetzt. Insoweit erscheint es bereits grundsätzlich rechtlich bedenklich, ob in der Festlegung einer derartigen glaubensmäßigen Zugehörigkeit, deren Bekanntgabe durch staatliche Organe wegen der verfassungsrechtlich gewährleisteten (auch) negativen Bekenntnisfreiheit nicht verlangt werden darf, überhaupt ein rechtlich zulässiges Unterscheidungsmerkmal gesehen werden kann, sowie ob durch diese Regelung dem verfassungsrechtlich im Rechtsstaatsgebot begründeten Bestimmtheitsgrundsatz genügt ist. Der Senat läßt diese Bedenken jedoch dahinstehen; denn bei einer – die verfassungsrechtlichen Anforderungen beachtenden – Auslegung des Begriffs der „Christen" ergibt sich im vorliegenden Zusammenhang jedenfalls aus dem Wortlaut sowie dem Sinn und Zweck der Regelung, daß auch Angehörige der Glaubensgemeinschaft der „Zeugen Jehovas" davon erfaßt werden. Auszugehen ist zunächst vom allgemeinen Wortsinn des Begriffs der „Christen", wobei es nicht auf glaubensmäßige, kirchliche, theologische, religionsgeschichtliche oder religionswissenschaftliche

Definitionen ankommen kann. Als „Christ" wird im deutschen Sprachbereich ein „Anhänger des Christentums" (vgl. Brockhaus Enzyklopädie, 19. Aufl., Stichwort: „Christ"; Duden, Rechtschreibung der deutschen Sprache, 20. Aufl., Stichwort: „Christ"), ein „Getaufter" (vgl. Duden, Fremdwörterbuch, 3. Aufl., Stichwort: „Christ") bzw. „ein Anhänger des von Jesus Christus verkündigten Glaubens in einer seiner kirchlichen oder freien Formen" (vgl. Brockhaus Enzyklopädie, 17. Aufl., Stichwort: „Christ") verstanden. Das „Christentum", das als Bezeichnung für die Gesamtheit der Anhänger des auf Jesus Christus zurückgehenden „christlichen" Glaubens sowie für diesen Glauben selbst definiert wird (vgl. Brockhaus Enzyklopädie, 19. Aufl., Stichwort: „Christentum") umfaßt jedenfalls vier große Gruppen (nach Brockhaus Enzyklopädie, 17. Aufl., Stichwort „Christentum"): Das katholische, das ostkirchliche, das evangelische und das von den drei großen Gruppen sich abgrenzende Sonderchristentum, nämlich das individualistische Christentum und die Sekten. Die Glaubensgemeinschaft der „Zeugen Jehovas" wird allgemein als christliche Sekte angesehen (s. auch Ev. Staatslexikon, 2. Aufl., Stichwort: „Sekten", unter I A). Ungeachtet dessen, daß in staatskirchenrechtlicher Hinsicht die Bezeichnung „Sekten" einer „versunkenen Sicht des Staatskirchentums" angehört (siehe Münchener Rechts-Lexikon, Stichwort: „Sekten"), gehören die Sekten – und damit auch die Glaubensgemeinschaft der „Zeugen Jehovas" – nach geltendem Staatskirchenrecht zu den Religionsgesellschaften und sind als solche allen übrigen Religionsgesellschaften und Weltanschauungsgemeinschaften rechtlich gleichgestellt (s. Evangelisches Staatslexikon, aaO, unter II). Als Teil des „Sonderchristentums" gehören die „Zeugen Jehovas" damit zum Bereich des „Christentums", so daß ihre „Anhänger" – jedenfalls soweit sie durch die Taufe ihre Zugehörigkeit zu dieser Glaubensgemeinschaft dokumentiert haben – als „Christen" anzusehen sind. Dies entspricht auch der aktuellen Lebenswirklichkeit und dem allgemeinen Verständnis in der Bundesrepublik Deutschland.

Der erkennbare Sinn und Zweck der hier fraglichen Anordnung vom 12. 8. 1991 gebietet ebenfalls, die türkischen Angehörigen der Glaubensgemeinschaft der „Zeugen Jehovas" in dem hier maßgeblichen Zusammenhang als „Christen aus der Türkei" anzusehen. Zwar enthält diese Anordnung keine Ausführungen dazu, aus welchen Gründen „Christen und Yeziden aus der Türkei, die bis zum 31. Dezember 1989 in das Bundesgebiet eingereist sind", aufenthaltsrechtlicher Schutz gewährt werden soll. Unter Beachtung der gesetzlichen Vorgaben in § 32 AuslG kommen insoweit wohl nur humanitäre Gründe in Betracht. Durch die Regelung sollen offenbar „Christen und Yeziden aus der Türkei" vor – nicht asylrelevanten – Gefährdungen, Schikanen und Benachteiligungen geschützt werden, die ihnen bei einer Rückkehr in ihrem Heimatland drohen. Im Hinblick auf diese Gefährdungslage besteht für Angehörige der Glaubensgemeinschaft der „Zeugen Jehovas" kein erkennbarer Unterschied zu den

Angehörigen anderer „christlicher" Glaubensgemeinschaften (siehe dazu beispielsweise die – vom Kläger im Verfahren 4 K 249/91 beim Verwaltungsgericht Karlsruhe vorgelegte – epd-Dokumentation vom November 1989 „Zur Lage der Christen in der Türkei", in der als christliche Konfessionen (Kirchen) das römisch-katholische Apostolische Vikariat Istanbul, das Syrisch-katholische Patriarchalvikariat, die Armenisch-Katholische Erzdiözese Istanbul, das Armenisch-apostolische Patriarchat, das Ökumenische Patriarchat von Konstantinopel, die Syrisch-orthodoxe Metropolie Istanbul, die chaldäische Erzdiözese Amida und das Arabisch-orthodoxe Patriarchat Antiochien (= griechisch-melkitisch) aufgeführt werden). Das Innenministerium Baden-Württemberg hat hierzu – trotz entsprechender Bitte des Landratsamts Karlsruhe (vgl. auch den Senatsbeschluß vom 27. 9. 1991 – 11 S 1365/91 –, in dem bereits dargelegt wurde, daß dem Senat eine unterschiedliche Verfolgungssituation für die Mitglieder der einzelnen Glaubensgemeinschaften in der Türkei nicht bekannt sei) – keine Umstände angegeben, die eine andere Beurteilung der Situation der Angehörigen der Glaubensgemeinschaft der „Zeugen Jehovas" im Vergleich mit der Situation anderer „Christen" in der Türkei rechtfertigen könnte. Den Ausführungen des 13. Senats des VGH Bad.-Württ. in dem – in einem Verfahren des vorläufigen Rechtsschutzes ergangenen – Beschluß vom 10. 12. 1987 – 13 S 2718/87 – unter Bezugnahme auf ein – in einem Asylrechtsstreit ergangenes – Urteil dieses Senats vom 1. 12. 1983 – A 13 S 261/-82 –, „Zeugen Jehovas bedürften keines besonderen aufenthaltsrechtlichen Schutzes, da sie in der Türkei von keiner politischen Verfolgung bedroht seien", kann im vorliegenden Zusammenhang keine entscheidende Bedeutung zukommen; denn die Anordnung des Innenministeriums Baden-Württemberg vom 12. 8. 1991 sieht einen aufenthaltsrechtlichen Schutz gerade nicht für „Christen und Yeziden aus der Türkei" vor, denen eine (asylrelevante) politische Verfolgung droht, sondern bezieht sich ausdrücklich auf die aufenthaltsrechtliche Behandlung „abgelehnter Asylbewerber". Insoweit fehlen entsprechende Anhaltspunkte für eine Ausgrenzung von Angehörigen der Glaubensgemeinschaft der „Zeugen Jehovas" aus dem Begriff der „Christen". Bei objektiver Betrachtung erscheint es vielmehr eher wahrscheinlich, daß die Angehörigen der Glaubensgemeinschaft der „Zeugen Jehovas", die – wie allgemein bekannt ist – entsprechend ihrer Glaubensüberzeugung uneingeschränkt jede Art des Kriegs- und Wehrdienstes mit der Waffe ablehnen und sich zur Missionierung in der Öffentlichkeit verpflichtet fühlen, mindestens dieselben Schwierigkeiten und Nachteile wie andere Christen (und auch Yeziden) in der Türkei zu erwarten haben. Damit ist eine unterschiedliche rechtliche Beurteilung im Hinblick auf eine – aus humanitären Gründen erfolgende – Schutzgewährung nach § 32 AuslG nicht gerechtfertigt.

Bei dieser rechtlichen Situation ist die weite Auslegung, die sich durch die Verwendung des uneingeschränkten und undifferenzierten Sammelbegriffs der „Christen" aus der Türkei aufdrängt, auch unter verfassungsrechtlichen Gesichtspunkten geboten. Die als Grundrecht unverletzlich gewährleistete Glaubens- und Bekenntnisfreiheit, die von allen staatlichen Organen unmittelbar verbindlich zu beachten ist (Art. 4 Abs. 1, 1 Abs. 3 GG), gebietet hier eine Auslegung zugunsten der Glaubensgemeinschaft der „Zeugen Jehovas" und ihrer Angehörigen (vgl. auch BVerfG, Beschluß vom 25. 3. 1980[2], BVerfGE 53, 366 [401]). Eine Ausgrenzung dieser Gemeinschaft aus dem Sammelbegriff der „Christen", falls sie lediglich wegen des Glaubens oder der religiösen Anschauung dieser Gemeinschaft erfolgen sollte, würde überdies gegen Art. 3 Abs. 3 GG verstoßen.

Entgegen der Ansicht des Beklagten ist es insoweit rechtlich unerheblich, daß das Innenministerium Baden-Württemberg (in einem – im Berufungsverfahren vorgelegten – Schreiben vom 12. 3. 1992 an den beteiligten Vertreter des öffentlichen Interesses) der Meinung ist, „Zeugen Jehovas" könnten nicht unter den Begriff „Christen aus der Türkei" subsumiert werden, sowie daß das Innenministerium Baden-Württemberg mit Erlaß vom 10. 9. 1991 an das Landratsamt Karlsruhe mitgeteilt hat, der Bundesminister des Innern habe „auf aktuelle telefonische Anfrage ausdrücklich mitgeteilt, daß von seinem Einvernehmen türkische Staatsangehörige, die der Glaubensgemeinschaft der Zeugen Jehovas angehören, nicht erfaßt sind". Denn diese Äußerungen des Innenministeriums Baden-Württemberg sind bereits ihrer Art nach und im Hinblick auf ihre Adressaten nicht geeignet, die allgemein getroffene, gesetzesausfüllende Anordnung nach § 32 AuslG vom 12. 8. 1991 zu ändern. Eine Einschränkung des – nach § 32 AuslG erforderlichen – Einvernehmens des Bundesministers des Innern ist in der Anordnung vom 12. 8. 1991 nicht enthalten; auch später ist keine entsprechende Einschränkung – wie dies bereits aus formalen Gründen erforderlich gewesen wäre – in derselben Weise wie die Anordnung allgemein bekanntgemacht worden. Die Meinung des Innenministeriums Baden-Württemberg und des Bundesministers des Innern erscheinen zudem inhaltlich im Hinblick auf die staatliche Neutralitätspflicht – wie ausgeführt – rechtlich bedenklich.

Zur Klarstellung weist der Senat darauf hin, daß er an seiner teilweise abweichenden rechtlichen Beurteilung, die er im Verfahren des vorläufigen Rechtsschutzes geäußert hat (s. den Senatsbeschluß vom 27. 9. 1991 – 11 S 1365/91 –), insoweit nicht festhält, als diese Beurteilung von dem vorstehend Ausgeführten abweicht.

---

[2] KirchE 18, 69.

Der Anspruch des Klägers auf eine Aufenthaltsbefugnis wird auch nicht dadurch ausgeschlossen, daß er (derzeit) keinen gültigen türkischen Nationalpaß besitzt, nachdem die Gültigkeit seines Passes mit dem 17. 6. 1991 abgelaufen ist.
(wird ausgeführt)

16

1. Wird in Arbeitsvertragsrichtlinien der Kirchen auf das Beihilferecht des Landes Nordrhein-Westfalen Bezug genommen, so gelten für die Verjährung des Beihilfeanspruchs die für Beamte geltenden Regelungen.
2. Beihilfeansprüche verjähren nicht innerhalb der kurzen Verjährungsfrist des § 196 Abs. 1 Nr. 8 BGB.

§§ 195-198, 201 BGB, 13 Abs. 3 BVO.NW
BAG, Urteil vom 17. Februar 1993 - 4 AZR 52/92[1] -

Die Parteien streiten darüber, ob der Kläger gegen die Beklagte aus gem. § 90 BSHG übergeleitetem Recht noch einen Anspruch auf Beihilfe hat, insbesondere darüber, ob dieser Anspruch rechtzeitig geltend gemacht worden und auch nicht verjährt ist.

Der Kläger ist der überörtliche Träger der Sozialhilfe. Die Beklagte zu 2. hat am 1. 1. 1987 die Trägerschaft für das L-Krankenhaus in N. von der früheren Beklagten zu 1., einer Ordensgenossenschaft der kath. Kirche, übernommen. Der Kläger hat beide Beklagte für Beihilfeansprüche in rechnerisch unstreitiger Höhe von 99.617,13 DM für die Zeit vom 15. 8. 1984 bis 31. 12. 1986 aufgrund ihm für die minderjährige K. entstandener Pflegekosten in Anspruch genommen.

Am Krankenhaus N. ist Frau B. als Angestellte seit dem 13. 11. 1978 beschäftigt. Frau B. ist die Mutter der minderjährigen Sozialhilfeempfängerin K., die seit dem 15. 8. 1984 auf Dauer in der Rheinischen Landesklinik, deren Träger ebenfalls der Kläger ist, untergebracht ist und für die der Kläger seither Eingliederungsbeihilfe i. S. der §§ 39 ff. BSHG zahlt. Frau B. hat gegenüber ihrem Arbeitgeber, dem Krankenhaus N., nach dem unstreitigen Vortrag des Klägers einen Beihilfeanspruch nach dem Beihilferecht des Landes Nordrhein-Westfalen in entsprechender Anwendung gemäß der Anlage 11 zu den Arbeitsvertragsrichtlinien des Deutschen Caritas-Verbandes (AVR). Dieser Beihilfeanspruch erstreckt sich auch auf ihre minderjährige Tochter K.

Mit Schreiben vom 18. 3. 1987 an die Beklagte zu 2. leitete der Kläger den Beihilfeanspruch der Frau B. in bezug auf die Pflegekosten ihrer Tochter gem. § 90 BSHG auf sich über und übersandte ihr eine Pflegekostenaufstellung der Rheinischen Landesklinik vom 1. 7. 1986 für den Zeitraum vom 15. 8. bis 5. 11.

---

[1] Amtl. Leitsätze. AP § 196 BGB Nr. 14; EzA § 196 BGB Nr. 6; NZA 1993, 986; RdA 1993, 190; ZTR 1993, 383. Nur LS: AuR 1993, 254; ZevKR 38 (1993), 474.

1984 sowie eine weitere Pflegekostenaufstellung vom 2. 7. 1986 für den Zeitraum vom 5. 11. 1984 bis 31. 12. 1985 mit der Bitte um Gewährung von Beihilfe, wobei er im Anschreiben nur auf den letztgenannten Zeitraum Bezug nahm. Mit Schreiben vom 11. 5. 1987 beanspruchte der Kläger dann weitere Beihilfekosten für das Jahr 1986 unter Beifügung einer entsprechenden Pflegekostenaufstellung. Anfang des Jahres 1988 bat die Beklagte zu 2. um Übersendung eines ärztlichen Gutachtens vom 17. 5. 1985 mit der Begründung, dies werde für die weitere Bearbeitung der Angelegenheit benötigt. Dies geschah am 11. 1. 1988. Mit Schreiben vom 17. 2. 1988 erinnerte der Kläger die Beklagte zu 2. an die Bearbeitung und stellte gleichzeitig einen weiteren Beihilfeantrag für die im Jahre 1987 entstandenen Aufwendungen. Am 10. 3. 1988 teilte die Beklagte zu 2. mit, die Bearbeitung der Beihilfeangelegenheit verzögere sich noch etwas, weil sie selbst noch ein amtsärztliches Gutachten angefordert habe. Mit Schreiben vom 1. 7. 1988 teilte sie dem Kläger dann schließlich mit, daß eine Beihilfe zunächst abgelehnt werde. Eine Beihilfe könne erst dann gewährt werden, wenn die zuständige Krankenkasse ermessensfehlerfrei eine Leistungspflicht abgelehnt habe. Der Kläger bat daraufhin die zuständige Krankenkasse mit Schreiben vom 12. 7. 1988 um Ausstellung und Übersendung einer entsprechenden Bescheinigung. Unter dem 27. 7. 1988 bestätigte die zuständige Krankenkasse, daß sie die Kosten nicht übernehme, weil die Minderjährige sich seit dem 15. 8. 1984 nicht mehr in Krankenhausbehandlung befinde. Diese Bescheinigung wurde der Beklagten zu 2. am 3. 8. 1988 übersandt. Mit Schreiben vom 4. 10. 1988 wurde diese erneut an die Erledigung der Angelegenheit erinnert, wobei gleichzeitig ein weiterer Beihilfeantrag für die im ersten Halbjahr 1988 entstandenen Aufwendungen gestellt wurde. Am 18. 11. 1988 folgte dann eine weitere Erinnerung seitens des Klägers. In einem am 15. 12. 1988 mit der Beklagten zu 2. geführten Telefonat teilte diese mit, man warte noch auf ein ärztliches Gutachten der Rheinischen Landesklinik, nach dessen Vorlage werde über die Angelegenheit entschieden. Mit Schreiben vom 29. 11. 1989 teilte die Beklagte zu 2. schließlich mit, daß bereits mit Wirkung zum 1. 1. 1987 ein Wechsel in der Trägerschaft des Krankenhauses stattgefunden habe. Der Kläger wurde gebeten, die Beihilfeansprüche für die Zeit vor dem 1. 1. 1987 gegenüber der früheren Beklagten zu 1. geltend zu machen. Unter dem 24. 1. 1990 bat der Kläger die Beklagte zu 2. um Weiterleitung der Unterlagen an die Ordensgenossenschaft hinsichtlich des Zeitraumes vor dem 1. 1. 1987.

Mit Schreiben vom 22. 8. 1990 wandte sich der Kläger an die Ordensgenossenschaft und machte dieser gegenüber die Beihilfeansprüche für die Zeit vom 15. 8. 1984 bis zum 31. 12. 1986 geltend, nachdem die Beklagte zu 2. der Bitte des Klägers um Weiterleitung der bis dahin geführten Korrespondenz nicht nachgekommen war. Mit Schreiben vom 7. 9. 1990 lehnte die Ordensgenossenschaft die geltend gemachten Ansprüche ab, weil für die im Zeitraum vom 15. 8. 1984 bis

18. 3. 1985 entstandenen Aufwendungen die zweijährige Ausschlußfrist des § 13 Abs. 3 der Beihilfeordnung.NW eingreife. Diese Vorschrift stelle vorrangig auf den Entstehungszeitraum der Aufwendungen und nur hilfsweise auf den Zeitpunkt der Rechnungsstellung ab. Da der Antrag auf Beihilfe erst am 18. 3. 1987 gestellt worden sei, greife somit die zweijährige Ausschlußfrist des § 13 Abs. 3 BVO.NW ein. Die Beihilfeansprüche für den Zeitraum 19. 3. 1985 bis 31. 12. 1986 seien darüber hinaus gem. § 196 Abs. 1 Nr. 8 BGB verjährt.

In seiner sowohl gegen die Ordensgenossenschaft wie die Beklagte zu 2. erhobenen Klage hat der Kläger die Auffassung vertreten, der Anspruch sei nicht nach § 13 Abs. 3 BVO.NW verfristet, da die Ausschlußfrist erst ab dem Zeitpunkt der Rechnungsstellung laufe. Der Antrag auf Beihilfe sei aber innerhalb von zwei Jahren nach Rechnungsstellung vom 1. 7. bzw. 2. 7. 1986, nämlich mit Schreiben vom 18. 3. 1987 gestellt worden. Eine Verjährung des Beihilfeanspruches komme nicht in Betracht, da § 13 Abs. 3 BVO.NW eine Spezialregelung für das Beihilferecht darstelle, so daß ein Rückgriff auf die allgemeine Vorschrift des § 196 Abs. 1 Nr. 8 BGB nicht möglich sei. Darüber hinaus finde diese Regelung auf Beihilfeansprüche keine Anwendung. Denn hierbei handele es sich nicht um Arbeitsentgelt im weiteren Sinne. Selbst wenn man aber von der Anwendbarkeit dieser Vorschrift ausgehe, könne sich die Beklagte zu 2. jedenfalls nicht auf die Einrede der Verjährung berufen. Zum einen enthalte ihr Schreiben vom 1. 7. 1988 ein Anerkenntnis, welches die Verjährung unterbreche. Zum anderen sei die Einrede der Verjährung rechtsmißbräuchlich nach § 242 BGB, da die Beklagte zu 2. die Bearbeitung der Angelegenheit immer wieder hinausgezögert habe und dem Kläger auch erst am 29. 11. 1989 den Wechsel in der Trägerschaft des Krankenhauses mitgeteilt habe.

Die Ordensgenossenschaft hat sich für ihren Klageabweisungsantrag im wesentlichen auf ihre Ausführungen im vorprozessualen Schriftverkehr berufen. Sie hat hierbei die Auffassung vertreten, die Ausschlußfrist des § 13 Abs. 3 BVO.NW schließe die Verjährungseinrede nicht aus. Der rechtzeitige Beihilfeantrag innerhalb der Ausschlußfrist bewirke lediglich, daß der Anspruch über die Frist hinaus bestehen bleibt, dann sei er jedoch so zu behandeln wie jeder andere Rechtsanspruch auch. Er unterfalle der Verjährungsregel des § 196 Abs. 1 Nr. 8 BGB, da die Beihilfe als Arbeitsentgelt im weiteren Sinne zu verstehen sei und im Zusammenhang mit dem Austauschverhältnis im Rahmen des Dienstverhältnisses stehe.

Die Beklagte zu 2. hat darüber hinaus geltend gemacht, die Erhebung der Verjährungseinrede sei nicht rechtsmißbräuchlich. Weder der alte noch der neue Träger des Krankenhauses habe den Kläger durch eigenes Verhalten von der rechtzeitigen Klageerhebung abgehalten. Eine Unterbrechung der Verjährung durch Anerkenntnis komme gleichfalls nicht in Betracht, da im Schreiben vom 1. 7. 1988 ein Beihilfeanspruch gerade abgelehnt worden sei.

Das Arbeitsgericht hat die Klage abgewiesen. Auf die Berufung des Klägers hat das Landesarbeitsgericht die Beklagte zu 2. antragsgemäß verurteilt und die Berufung hinsichtlich der Ordensgenossenschaft zurückgewiesen. Mit der Revision erstrebt die Beklagte zu 2. die Wiederherstellung des Urteils des Arbeitsgerichts.
Das Rechtsmittel hatte keinen Erfolg.

Aus den Gründen:

Die Revision ist im Ergebnis unbegründet. Der Kläger hat den geltend gemachten Beihilfeanspruch innerhalb der Antragsfrist geltend gemacht. Bei Klageerhebung war der Anspruch auch nicht verjährt, da Beihilfeansprüche nicht mit Ablauf der zweijährigen Verjährungsfrist des § 196 Abs. 1 Nr. 8 BGB verjähren.

I. Der Kläger ist aufgrund der Überleitungsanzeige vom 18. 3. 1987 für den von ihm geltend gemachten Beihilfeanspruch aktiv legitimiert. Die Überleitungsanzeige nach § 90 Abs. 1 Satz 1 BSHG ist ein Verwaltungsakt, der mit unmittelbarer Rechtswirkung zum Anspruchsübergang von dem Beihilfeberechtigten auf den Träger der Sozialhilfe führt, es sei denn, der Verwaltungsakt wäre nichtig (BAG Urteil vom 30. 1. 1985 – 7 AZR 464/82 – AP Nr. 1 zu Nr. 5 Beihilfevorschriften, zu I der Gründe; BVerwG Urteil vom 16. 12. 1976 – VI C 24.71 – DÖD 1977, 55). Nichtigkeitsgründe sind aber weder von der Beklagten geltend gemacht worden, noch sonst erkennbar.

II.1. Nach dem unstreitigen Vortrag der Parteien hatte die Arbeitnehmerin B. jedenfalls vor Übergang der Trägerschaft des L-Krankenhauses auf die Beklagte zu 2. einen Beihilfeanspruch für die Pflegekosten ihrer Tochter nach der Anlage 11 zu den Arbeitsvertragsrichtlinien der Caritas. Diese hat – soweit es hier interessiert – folgenden Wortlaut:

2. In Dienststellen und Einrichtungen, die in einer Diözese ihren Sitz haben, in der eine Beihilfeordnung (Beihilfevorschriften) rechtsverbindlich durch eine entsprechende Veröffentlichung im Amtsblatt erlassen wurde, regelt sich der Anspruch des Mitarbeiters auf Beihilfe nach dieser Ordnung, sofern Ziffer 4 nichts anderes bestimmt.
3. Soweit in einer Diözese keine Beihilfeordnung im Sinne der Ziffer 2 erlassen wurde, regelt sich bis zum Inkrafttreten einer solchen der Anspruch des Mitarbeiters auf Beihilfe nach den Beihilfevorschriften, die jeweils für die Angestellten des Bundeslandes Anwendung finden, in dem die Dienststelle oder Einrichtung ihren Sitz hat, sofern nicht Ziffer 4 anzuwenden ist.

Das Krankenhaus N. war in dem streitgegenständlichen Zeitraum August 1984 bis 31. 12. 1986 eine Einrichtung, die ihren Sitz in der Diözese Köln hatte. Für diese bestand jedoch eine eigene Beihilfeordnung, die im Amtsblatt des Erzbistums Köln vom 25. 1. 1972 Stück 3 S. 27 ff., 63 veröffentlicht war (Anlage 10 zur Kirchlichen Arbeits- und Vergütungsordnung (KAVO) für die (Erz-)Bistümer Aachen, Essen, Köln, Münster und Paderborn). § 1 Abs. 1 dieser Anlage 10 hat den folgenden Wortlaut:

> *§ 1 (1) Hauptamtliche Arbeitnehmer im Sinne der KAVO erhalten Beihilfe in entsprechender Anwendung der Bestimmungen der Beihilfeverordnung für Beamte im Dienst des Landes Nordrhein-Westfalen vom 9. April 1965 in der Fassung vom 5. Juli 1971 (Gesetz- und Verordnungsblatt Nordrhein-Westfalen, S. 216).*

Aus alledem folgt, daß der Kläger einen Anspruch der Arbeitnehmerin B. auf Beihilfe in entsprechender Anwendung der Bestimmungen *für Beamte* im Dienst des Landes Nordrhein-Westfalen vom 9. April 1965 in der Fassung vom 5. Juli 1971 (GVBl.NW S. 216) auf sich übergeleitet hat.

2. Die für Beamte des Landes Nordrhein-Westfalen gültige Beihilfeverordnung hat – soweit es hier interessiert – folgenden Wortlaut: (es folgen §§ 1 Abs. 1 Nr. 1 u. 3, 3 Abs. 5, 5 Abs. 1a, 13 BVO.NW).

Hieraus folgt, daß die Arbeitnehmerin B. einen Beihilfeanspruch für ihre Tochter hinsichtlich der durch deren ständige Unterbringung entstandenen Pflegekosten gegen ihren damaligen Arbeitgeber, die Ordensgenossenschaft, hatte, soweit diese monatlich 175,- DM überstiegen. Die Beihilfe wurde auf Antrag gewährt, wenn diese innerhalb von zwei Jahren nach Entstehen der Aufwendungen, spätestens zwei Jahre nach der ersten Ausstellung der Rechnung beantragt wird. Für die Erfüllung dieses Anspruches haftet die Beklagte gem. § 613a BGB, nachdem sie – wie in der mündlichen Verhandlung klargestellt – unstreitig das Krankenhaus übernommen hat.

3.a) Für den Beginn der Antragsfrist ist gemäß dem Runderlaß des Finanzministers NW vom 3. 3. 1986 – B 3100-1.1-IV B 4 – unter II nach dem Rundschreiben des Bundesministers des Innern vom 12. 6. 1985 – D III 5-213 100-1/1 h – (GMBl. S. 390) zu verfahren. Diese Regelung hat – soweit hier von Interesse – den folgenden Wortlaut:

> *1. Bei Versäumnis der Antragsfrist ist eine Wiedereinsetzung in den vorigen Stand zu gewähren, sofern die Voraussetzungen des § 32 VwVfG vorliegen.*
> *2. Soweit ein Sozialhilfeträger Leistungen erbringt, für die Beihilfen zu gewähren sind, ist für den Beginn der Antragsfrist*
> *– bei überleitbaren Ansprüchen (§ 90 BSHG) das Datum der Rechnungsausstellung Dritter (z. B. einer Krankenanstalt)*
> *– bei nicht überleitbaren Ansprüchen, für die der Sozialhilfeträger den Beihilfeberechtigten zulässigerweise in Anspruch nimmt, das Datum der Leistungsaufforderung des Sozialhilfeträgers gegenüber dem Beihilfeberechtigten maßgebend.*

Das bedeutet aber, daß die Antragsfrist für die nach § 90 BSHG übergeleiteten Ansprüche erst mit dem Datum der Rechnungsausstellung Dritter (z.B. einer Krankenanstalt) zu laufen beginnt.

b) Nachdem die Rechnungen für die Zeiträume 15. 8. 1984 bis 31. 12. 1985

Beihilfeansprüche im Krankheitsfall 85

am 1./2. 7. 1986 von der Rheinischen Landesklinik ausgestellt worden sind, lief die Antragsfrist für diese Aufwendungen am 30. 6./1. 7. 1988 ab. Ihre Geltendmachung mit Schreiben vom 18. 3. 1987 war danach rechtzeitig. Dies gilt entgegen der Auffassung der Revision auch für die Aufwendungen in der Zeit vom 15. 8. bis 5. 11. 1984. Es trifft zwar zu, daß in dem Text des Schreibens des Klägers vom 18. 3. 1987 nur auf eine anliegende Pflegekostenaufstellung für die Zeit vom 5. 11. 1984 bis 31. 12. 1985 verwiesen wird. Nach den Feststellungen des Landesarbeitsgerichts, die mit einer zulässigen Prozeßrüge nicht angegriffen worden sind, hat diesem Schreiben aber auch die Pflegekostenaufstellung vom 1. 7. 1986 für die Zeit vom 15. 8. bis 5. 11. 1984 beigelegen. Einen Tatbestandsberichtigungsantrag hat die Beklagte zu 2. nicht gestellt. Damit ist der Senat an diese Feststellung gebunden (§ 561 ZPO). Danach hat der Kläger, der mit dem gleichen Schreiben den gesamten Beihilfeanspruch der Arbeitnehmerin der Beklagten zu 2. auf sich überführt hat, aber auch diesen Teilanspruch wirksam geltend gemacht. Für die Aufwendungen in der Zeit vom 1. 1. bis 31. 12. 1986 ergibt sich weder aus dem Vortrag der Parteien noch den Feststellungen des Landesarbeitsgerichts das Datum der Rechnungsausstellung. Der Kläger hat sie jedoch unstreitig mit Schreiben vom 11. 5. 1987 übersandt und damit geltend gemacht. Selbst wenn man davon ausgeht, sie seien im Laufe des Jahres 1986 fortlaufend in Rechnung gestellt worden, liefe jedoch die Antragsfrist frühestens am 31. 12. 1988 ab, so daß sie am 11. 5. 1987 ebenfalls innerhalb der Frist des § 13 Abs. 3 BVO.NW geltend gemacht worden sind.

4. Soweit die Beklagte zu 2. sich darauf beruft, die vom Kläger vorgelegten Rechnungen entsprächen nicht den Anforderungen der BVO.NW, vermag dem der Senat nicht zu folgen. *(wird ausgeführt)*

5. Dem geltend gemachten Beihilfeanspruch steht auch nicht entgegen, daß der Sozialhilfeträger ihn nicht innerhalb von zwei Jahren nach Entstehen der Aufwendungen gemäß § 90 Abs. 1 Satz 1, § 28 BSHG übergeleitet hat, so daß er selbst als Beihilfeberechtigter den Beihilfeanspruch hätte rechtzeitig geltend machen können bzw. nicht dafür Sorge getragen hat, daß die Arbeitnehmerin B. den Beihilfeanspruch in diesem Zeitraum selbst hätte geltend machen können. Mit der Überleitung des Beihilfeanspruchs gemäß § 90 Abs. 1 Satz 1, § 28 BSHG soll dem Sozialhilfeträger die Möglichkeit geschaffen werden, in vermehrtem Umfang selbständig an Stelle des Berechtigten Ansprüche geltend zu machen. Nimmt der Sozialhilfeträger diese Möglichkeit jedoch nicht wahr, so verbleibt es insoweit bei dem Nachrang der Sozialhilfe gemäß § 2 BSHG. Dieser Grundsatz der Nachrangigkeit der Sozialhilfe gilt auch gegenüber dem Beihilfeanspruch (vgl. BAGE 37, 361 = AP Nr. 4 zu Nr. 1 Beihilfevorschriften), so daß die Beihilferegel des § 13 Abs. 3 BVO.NW anzuwenden ist. Sinn und Zweck dieser Vorschrift ist es zwar, beihilfefähige Aufwendungen möglichst zeitnah zu erfassen, so daß der zur Beihilfezahlung Verpflichtete nach Ablauf

von zwei Jahren nicht mehr mit der Inanspruchnahme rechnen muß. Um dies zu erreichen, zwingt diese Regelung aber nur den Beihilfeberechtigten selbst, innerhalb der Zwei-Jahresfrist den Beihilfeantrag zu stellen, will er nicht den Beihilfeanspruch verlieren. Darüber hinaus bewirkt diese Vorschrift jedoch nicht, daß der Sozialhilfeträger die Rechnung innerhalb einer vom Entstehen der Aufwendungen i. S. des § 5 Abs. 2 Satz 2 BVO.NW an gerechneten Zwei-Jahresfrist stellt oder dafür Sorge zu tragen hat, daß der Beihilfeberechtigte innerhalb dieses Zeitraums den Beihilfeantrag stellen kann (vgl. BAG Urteil vom 24. 9. 1992 – 6 AZR 307/91 – n. v.).

III. Der geltend gemachte Beihilfeanspruch war im Zeitpunkt der Klageerhebung auch noch nicht verjährt. Denn entgegen der Auffassung des Landesarbeitsgerichts und der Beklagten unterfallen Beihilfeansprüche nicht der kurzen Verjährungsfrist des § 196 Abs. 1 Nr. 8 BGB. Für den vorliegenden Rechtsstreit kann dahingestellt bleiben, ob sie der vierjährigen Verjährungsfrist des § 197 BGB oder der regelmäßigen Verjährungsfrist von 30 Jahren des § 195 BGB unterfallen. Denn der Kläger hat mit der der Beklagten am 27. 6 1991 zugestellten Klage die vierjährige Verjährungsfrist eingehalten.

1. Nach § 198 BGB beginnt die Verjährung mit der Entstehung des Anspruchs. Im Sinne dieser Vorschrift ist ein Anspruch entstanden, sobald er klageweise geltend gemacht werden kann (vgl. BGHZ 55, 340 [341]; 79, 176 [178 m.w.N.]).

Da die Beihilfe nur auf Antrag gewährt wird, entsteht der Anspruch hierauf im Sinne des § 198 BGB aber erst mit dieser Antragstellung, vorher handelt es sich um einen aufschiebend bedingten Anspruch (BGHZ 47, 387 [391]; BGH Urteil vom 22. 1. 1987 – VII ZR 88/85 – NJW 1987, 2743 [2745]). Damit begann die Verjährungsfrist gemäß § 201 BGB am 1. 1. 1988, soweit man eine nach §§ 196, 197 BGB verkürzte Verjährungsfrist annimmt.

2. Nach § 196 Abs. 1 Nr. 8 BGB verjähren die Ansprüche derjenigen, welche im Privatdienste stehen, wegen des Gehalts, Lohnes oder anderer Dienstbezüge mit Einschluß der Auslagen sowie der Dienstberechtigten wegen der auf solche Ansprüche gewährten Vorschüsse in zwei Jahren. Für die hier aufgezählten Ansprüche gilt § 196 Abs. 1 Nr. 8 BGB nach ständiger Rechtsprechung trotz des Wortes „Privatdienst" auch für Arbeitnehmer des öffentlichen Dienstes (vgl. BAG Urteil vom 17. 12. 1964 – 5 AZR 90/64 – AP Nr. 2 zu § 196 BGB, zu 2 der Gründe; BAG Urteil vom 2. 12. 1955 – 2 AZR 59/54 – AP Nr. 8 zu § 3 TOA, zu 3 der Gründe, jeweils m.w.N.).

Unter die kurze Verjährungsfrist des § 196 BGB fallen jedoch nur solche Ansprüche, die ein Äquivalent für die vom Beihilfeberechtigten erbrachte Leistung darstellen, soweit sie also Entgelt für die geleisteten Dienste sind (BGHZ 79, 89, 92). So fallen z.B. Ansprüche auf einmalige Vergütungen für längere Dienste (vgl. BGH Urteil vom 23. 2. 1965 – VI ZR 281/63 – NJW 1965, 1224), einmalige Kapitalzahlungen anstelle von Ruhegehalt (vgl. BAG Urteile vom 28. 3. 1968 – 3 AZR 54/67 – = AP Nr. 4 zu § 195 BGB und vom 7. 11. 1989 – 3 AZR 48/88 – AP Nr. 10 zu § 9 BetrAVG) und ein Anspruch des Arbeitgebers wegen versehentlicher Lohnüberzahlung (BAG, Urteil vom 20. 9. 1972 – 5 AZR 197/92 – BAGE 24, 434 [436] = AP Nr. 5 zu § 195 BGB, zu 3 der Gründe) nicht unter die kurze Verjährungsfrist des § 196 Abs. 1 Nr. 8 BGB. Dasselbe muß für einen Anspruch auf Beihilfe angenommen werden. Die Beihilfe zu Krankheitskosten stellt keine Gegenleistung für die vom Berechtigten erbrachte Dienstleistung dar, sondern wird – wie schon die geschichtliche Entwicklung zeigt – den Beamten aus reinen Fürsorgegesichtspunkten gezahlt. In ihrer Höhe ist sie auch bei bestehenden Arbeitsverhältnissen in das Ermessen des Arbeitgebers „Staat" gestellt. Der Beihilfeanspruch tritt nicht „an die Stelle" des Anspruchs auf Gehalt (vgl. BAG, Urteil vom 20. 9. 1972, aaO). Insbesondere ist die Beihilfe aber auch kein Anspruch auf fortlaufende Entlohnung und fällt schon deshalb nicht unter die Regelung des § 196 Abs. 1 Nr. 8 BGB (RG, Recht 1928 Nr. 2091; RAG, Urteil vom 13. 7. 1935 – RAG 45/35 – JW 1935, 3325). Beihilfeansprüche sind vielmehr Ansprüche, die ähnlich wie die Versorgungsansprüche nach dem Regelungsgesetz zu Art. 131 GG weitgehend denen der Beamten nachgebildet sind (vgl. hierzu BAG Urteil vom 21. 10. 1971 – 2 AZR 416/70 – AP Nr. 48 zu § 52 RegelungsG). Diese verjähren aber nicht entsprechend § 196 Abs. 1 Nr. 8 BGB in zwei Jahren.

17

Der Anspruch auf Hilfe zum Lebensunterhalt (§ 11 BSHG) umfaßt eine einmalige Leistung für eine private Tauffeier in schlichter Form und kleinem Kreis.

§§ 11, 12 Abs. 1, 21 Abs. 1, 22 BSHG, 1 RegelsatzVO
BVerwG, Urteil vom 18. Februar 1993 – 5 C 22.91[1] –

Die Klägerin, die seit 1985 laufende Hilfe zum Lebensunterhalt im Rahmen der Sozialhilfe bezog, beantragte Anfang Oktober 1985 bei der Beklagten eine einmalige Leistung in Höhe von 100,– DM, um am 13. 10. 1985 die Taufe ihres im November 1984 geborenen Sohnes Benjamin im Kreise von 15 engeren Angehörigen feiern zu können. Die Beklagte lehnte den Antrag ab, weil der vergleichsweise geringe Bedarf aus den Regelsätzen gedeckt werden könne.
Die nach erfolglos durchgeführtem Vorverfahren erhobene Klage, gerichtet auf

---
[1] Amtl. Leitsatz. BVerwGE 92, 109; DÖV 1993, 770; DVBl. 1993, 795; NVwZ 1994, 170. Nur LS: NJW 1994, 2039; ZfSH/SGB 1995, 27.

Verpflichtung der Beklagten zur Bewilligung einer Beihilfe für die Ausrichtung einer Tauffeier in angemessener Höhe, ist vom Verwaltungsgericht unter Bezugnahme auf seine Rechtsprechung (NJW 1986, 1951[2]) abgewiesen, die hiergegen eingelegte Berufung der Klägerin, die ihr Klagebegehren nunmehr auf 160,- DM bezifferte, zurückgewiesen worden. Das Oberverwaltungsgericht hat dies unter Bezugnahme auf seine Rechtsprechung begründet, wonach die Ausrichtung bestimmter Feiern und Feste den persönlichen Bedürfnissen zugerechnet werde und es nicht den herrschenden Lebensgewohnheiten entspreche, eine (aufwendigere) Tauffeier auszurichten (ZfF 1989, 206).

Die vom Berufungsgericht zugelassene Revision führte zur Aufhebung des vorinstanzlichen Urteils und Zurückverweisung der Sache an das OVG.

Aus den Gründen:

Die Revision ist begründet. Das Berufungsurteil verletzt Bundesrecht, indem es einen Anspruch der Klägerin auf eine einmalige Leistung zu den Kosten der aus Anlaß der Taufe ihres Sohnes B. ausgerichteten Feier verneint hat.

Der für die Ausrichtung einer solchen Feier entstehende Bedarf gehört nicht zum Regelbedarf, den die laufenden Leistungen nach Regelsätzen umfassen. Er gehört insbesondere nicht zu der in § 12 Abs. 1 Satz 1 BSHG und § 1 Abs. 1 RegelsatzVO genannten Bedarfsgruppe der persönlichen Bedürfnisse des täglichen Lebens. Denn die in einem traditionell gewachsenen Rahmen übliche Ausrichtung einer privaten Feier im Anschluß an die kirchliche Taufe entspringt nicht vorrangig dem allgemeinen persönlichen Bedürfnis, auch über die alltäglichen Kontakte hinaus in gewissen zeitlichen Abständen Formen der Geselligkeit zu pflegen, die der Aufrechterhaltung, Festigung und Vertiefung zwischenmenschlicher – familiärer, freundschaftlicher oder nachbarschaftlicher – Beziehungen dienen (wie z.B. eine Geburtstagsfeier, vgl. dazu Urteil des Senats vom 18. 2. 1993 – BVerwG 5 C 47.92 – BVerwGE 92, 106). Sie wird vielmehr durch die herausragende religiöse Bedeutung der Taufe und durch die Einmaligkeit der ihr zugrundeliegenden Lebensentscheidung geprägt. Kirchliches Ereignis und privates Feiern mit Gästen sind im Fall der Taufe untrennbar miteinander verbunden.

Der Bedarf für die Ausrichtung einer Taufe wird auch dann nicht durch die Regelsätze abgedeckt, wenn es sich nur um eine schlichte, kleine Feier handelt, die mit beschränkten Mitteln bestritten werden kann. Ebenso wie ein Bedarf ohne ausdrückliche Regelung nicht allein wegen der Höhe des zu seiner Deckung erforderlichen finanziellen Aufwandes aus dem in § 22 BSHG in Verbindung mit der Regelsatzverordnung genannten Regelbedarf herausfällt (dazu

---

[2] VG Oldenburg KirchE 24, 106.

vgl. die Urteile des Senats vom 13. 12. 1990 – BVerwG 5 C 17.88 – BVerwGE 87, 212 ff. und vom 5. 11. 1992 – BVerwG 5 C 15.92 – BVerwGE 91, 156), gehört ein Bedarf nicht allein deshalb zum Regelbedarf, weil seine Deckung nur geringen Aufwand erfordert. Für die Abgrenzung kommt es vielmehr darauf an, ob der geltend gemachte Bedarf seiner Art nach unter die in § 1 Abs. 1 RegelsatzVO genannten Bedarfsgruppen fällt.

Daß die Kosten der Ausrichtung einer privaten Feier aus Anlaß der Taufe nicht in die Bedarfsgruppe der persönlichen Bedürfnisse des täglichen Lebens fallen und nicht zum Regelbedarf gehören, schließt allerdings nicht aus, daß sie dennoch vom notwendigen Lebensunterhalt im Sinne von § 11 Abs. 1 Satz 1, § 12 Abs. 1 Satz 1 BSHG erfaßt werden und durch eine einmalige Leistung (§ 21 Abs. 11 BSHG) zu decken sind. Denn die in § 12 Abs. 1 Satz 1 BSHG aufgeführten Bedarfsgruppen stellen, wie sich aus der Beifügung „besonders" ergibt, keine abschließende Aufzählung des notwendigen Lebensunterhalts dar. Nach der Aufgabe der Sozialhilfe, dem Empfänger der Hilfe die Führung eines Lebens zu ermöglichen, das der Würde des Menschen entspricht (§ 1 Abs. 2 Satz 1 BSHG; vgl. auch § 9 SGB I), umfaßt der notwendige Lebensunterhalt nach § 12 BSHG nicht nur das physiologisch Notwendige, sondern den gesamten zu einem menschenwürdigen Leben erforderlichen Bedarf (vgl. BVerwGE 87, 212 [214]). Es sind damit auch die herrschenden Lebensgewohnheiten und Erfahrungen zu berücksichtigen (vgl. BVerwGE 69, 146 [154]), wobei hinsichtlich des Maßstabes darauf Bedacht zu nehmen ist, was sich Personen, deren Einkommen dem im Geltungsbereich der jeweiligen Regelsätze erzielten durchschnittlichen Netto-Arbeitsentgelt unterer Lohngruppen zuzüglich Kindergeld und Wohngeld entspricht (vgl. § 22 Abs. 3 Satz 2 BSHG), aus ihren bescheidenen Mitteln üblicherweise leisten können.

Es entspricht der Lebenserfahrung und ist allgemeinkundig, daß – wie auch das Berufungsgericht ausgeführt hat – die Taufe in allen Kreisen der Bevölkerung festlich begangen wird. Die kirchliche Zeremonie und die daran anschließende private Feier bilden dabei nach allgemeiner Anschauung eine Einheit, aus der sich nicht einzelne Abschnitte – etwa erster Teil in der kirchlichen Öffentlichkeit oder zweiter Teil als Feier im Familienkreis – heraustrennen lassen. Die private Feier mit Gästen ist ein Ausdruck der persönlichen Anteilnahme an der im Vordergrund der Taufe stehenden Glaubensentscheidung und entspringt dem menschlichen Grundbedürfnis, einmalige und herausragende Ereignisse im persönlichen Leben in festlicher Form zu feiern. Fiele der Bedarf für die Ausrichtung einer privaten Feier der Taufe aus dem Leistungsrahmen des notwendigen Lebensunterhalts heraus, ginge für diejenigen, die auf Hilfe zum Lebensunterhalt angewiesen sind, der festliche Charakter der Taufe zu einem wesentlichen Teil verloren. Das ist dem Hilfesuchenden nicht zuzumuten.

Die sozialhilferechtlich gebotene Orientierung an Lebensgewohnheiten und Leistungsfähigkeit der unteren Einkommensgruppen (vgl. § 22 Abs. 3 Satz 2 BSHG) bedeutet jedoch, daß die Höhe der einmaligen Leistung an den Kosten einer Taufe in schlichter Form und kleinem Kreis auszurichten ist. Die vom Berufungsgericht in anderem rechtlichen Zusammenhang erwähnte gemeinsame Kaffeetafel der Eltern des Taufkindes mit den engsten Angehörigen und den Paten kann diesem Maßstab genügen.

Für die Bemessung der einmaligen Leistung sind, wenn – wie hier – die Feier schon stattgefunden hat, die den Hilfesuchenden tatsächlich entstandenen Kosten – in den durch § 88 VwGO gezogenen Grenzen – zugrunde zu legen, soweit sie nach den angeführten Kriterien sozialhilferechtlich angemessen sind. Das Berufungsgericht hat – von seinem Rechtsstandpunkt aus folgerichtig – keine tatsächlichen Feststellungen hierzu getroffen. Das nötigt zur Zurückverweisung, da die entsprechenden Ermittlungen im Revisionsverfahren nicht möglich sind (§ 144 Abs. 3 Nr. 2 VwGO).

Zugleich wird das Berufungsgericht allerdings aufzuklären haben, in welchem Umfang die Beklagte vor Durchführung der Tauffeier (s. hierzu BVerwGE 90, 154 [156] und Urteil des Senats vom 3. 12. 1992 – BVerwG 5 C 32.89 – BVerwGE 91, 245) Kenntnis vom Bedarf der Klägerin an den für die Ausrichtung der Feier nach obigen Grundsätzen angemessenen finanziellen Mitteln hatte. Bestand für die Beklagte aufgrund des Umstandes, daß die Klägerin zunächst nur eine Beihilfe in Höhe von 100,– DM beantragt hatte, keine Veranlassung, von einem höheren Bedarf auszugehen, scheitert ein darüber hinausgehendes, erstmals im verwaltungsgerichtlichen Verfahren auf 160,– DM beziffertes Verpflichtungsbegehren schon an § 5 BSHG. Denn nur für bekannten Bedarf kann nach Maßgabe von § 5 BSHG ein Sozialhilfeanspruch zugesprochen werden. Hatte die Klägerin hingegen den Bedarf der Beklagten gegenüber hinreichend (z.B. durch Angaben zum sächlichen und personellen Umfang der Feier) bekanntgegeben und zunächst nur geringer geschätzte Kosten geltend gemacht, so ist es dem Sozialhilfeträger verwehrt, die Übernahme der über den geschätzten Betrag hinausgehenden Kosten unter Berufung auf § 5 BSHG abzulehnen. Der Hilfesuchende könnte eine entsprechend erweiterte Kostenübernahme auf der Grundlage von § 91 VwGO in Verbindung mit § 264 Nr. 2 ZPO noch in einem schon anhängigen Rechtsstreit begehren.

18

Der Anspruch auf Hilfe zum Lebensunterhalt (§ 11 BSHG) umfaßt eine einmalige Leistung für eine private Kommunionfeier (Erstkommunion) in schlichter Form und kleinem Kreis.

§§ 11, 12 Abs. 1, 21 Abs. 1, 22 Abs. 3 BSHG, 1 RegelsatzVO
BVerwG, Urteil vom 18. Februar 1993 – 5 C 49.90[1] –

Die Klägerin zu 1. und ihre drei minderjährigen Kinder, unter ihnen der 1978 geborene Kläger zu 2., erhielten vom Beklagten seit 1984 laufende Hilfe zum Lebensunterhalt. Im Februar 1987 beantragte die Klägerin zu 1. bei dem Beklagten eine einmalige Beihilfe zur Einkleidung des Klägers zu 2. für dessen Erstkommunion sowie die Übernahme der Kosten für eine Familienfeier aus diesem Anlaß, an der außer dem Kläger zu 2., seinen beiden vier und sieben Jahre alten Geschwistern und seiner Mutter zwei Großeltern, eine Urgroßmutter und zwei Paten teilnehmen sollten. Der Beklagte bewilligte zwar eine Bekleidungsbeihilfe, lehnte jedoch die beantragte Beihilfe für die Familienfeier ab. Den hiergegen gerichteten Widerspruch wies der Beklagte zurück, da Aufwendungen für eine Familienfeier aus Anlaß der Kommunion eines Kindes nicht zum notwendigen Lebensunterhalt gehörten.

Daraufhin hat die Klägerin zu 1., die die Familienfeier mit Hilfe eines inzwischen ratenweise getilgten Privatdarlehens von 250,– DM wie vorgesehen ausgerichtet hatte, Klage erhoben, der sich der Kläger zu 2. angeschlossen hat. Die Kläger haben vor dem Verwaltungsgericht zuletzt beantragt, den Beklagten unter Aufhebung der entgegenstehenden Bescheide zu verpflichten, ihnen eine einmalige Beihilfe in Höhe von 225,– DM zur Ausrichtung der Kommunionfeier des Klägers zu 2. zu gewähren. Das Verwaltungsgericht hat die Klage abgewiesen. Die Berufung der Kläger ist vom OVG Nordrhein-Westfalen zurückgewiesen worden.

Hiergegen richtet sich die Revision der Kläger. Sie rügen eine Verletzung von § 9 SGB I sowie von § 1 Abs. 2, § 3 Abs. 1, § 7 Satz 2 Halbsatz 2 und § 12 Abs. 1 BSHG. Das Rechtsmittel führte zur Aufhebung und Zurückverweisung der Sache an das Oberverwaltungsgericht.

Aus den Gründen:

Die zulässige Revision, über die das Bundesverwaltungsgericht gemäß § 141 Satz 1 i.V.m. § 125 Abs. 1 Satz 1 und § 101 Abs. 2 VwGO ohne mündliche Verhandlung entscheiden kann, ist begründet. Der angefochtene Beschluß beruht auf der Auffassung, die Kläger hätten die Ausrichtung einer Kommunionfeier mit den engsten Angehörigen und Paten aus den Regelsatzleistungen der Hilfe zum Lebensunterhalt finanzieren müssen. Das verletzt Bundesrecht (§ 137 Abs. 1 Nr. 1 VwGO).

---

[1] Amtl. Leitsatz. BVerwGE 92, 102; NVwZ 1994, 171. Nur LS: NJW 1994, 2039; DÖV 1993, 780; DVBl. 1993, 803; FamRZ 1993, 1313; FuR 1993, 231; ZfSH 1995, 27. Vgl. zu diesem Fragenkreis auch OLG Karlsruhe FamRZ 1995, 1009.

Der für die Ausrichtung einer solchen Feier entstehende Bedarf gehört nicht zum Regelbedarf, den die laufenden Leistungen nach Regelsätzen umfassen. Er gehört insbesondere nicht zu der in § 12 Abs. 1 Satz 1 BSHG und § 1 Abs. 1 RegelsatzVO genannten Bedarfsgruppe der persönlichen Bedürfnisse des täglichen Lebens. Denn die in einem traditionell gewachsenen Rahmen übliche Ausrichtung einer privaten Feier im Anschluß an die kirchliche Kommunionfeier entspringt nicht vorrangig dem allgemeinen persönlichen Bedürfnis, auch über die alltäglichen Kontakte hinaus in gewissen zeitlichen Abständen Formen der Geselligkeit zu pflegen, die der Aufrechterhaltung, Festigung und Vertiefung zwischenmenschlicher – familiärer, freundschaftlicher oder nachbarschaftlicher – Beziehungen dienen (wie z. B. eine Geburtstagsfeier, vgl. dazu Urteil des Senats vom 18. 2. 1993 – BVerwG 5 C 47.92 – BVerwGE 92, 106). Sie wird vielmehr durch die herausragende religiöse Bedeutung der Erstkommunion und durch die Einmaligkeit der ihr zugrundeliegenden Lebensentscheidung geprägt. Kirchliches Ereignis und privates Feiern mit Gästen sind im Fall der Erstkommunion untrennbar miteinander verbunden.

Der Bedarf für die Ausrichtung einer Kommunionfeier wird auch dann nicht durch die Regelsätze abgedeckt, wenn es sich nur um eine schlichte, kleine Feier handelt, die mit beschränkten Mitteln bestritten werden kann. Ebenso wie ein Bedarf ohne ausdrückliche Regelung nicht allein wegen der Höhe des zu seiner Deckung erforderlichen finanziellen Aufwandes aus dem in § 22 BSHG in Verbindung mit der RegelsatzVO genannten Regelbedarf herausfällt (dazu vgl. die Urteile des Senats vom 13. 12. 1990 – BVerwG 5 C 17.88 – BVerwGE 87, 212 ff. und vom 5. 11. 1992 – BVerwG 5 C 15.92 – BVerwGE 91, 156), gehört ein Bedarf nicht allein deshalb zum Regelbedarf, weil seine Deckung nur geringen Aufwand erfordert. Für die Abgrenzung kommt es vielmehr darauf an, ob der geltend gemachte Bedarf seiner Art nach unter die in § 1 Abs. 1 RegelsatzVO genannten Bedarfsgruppen fällt.

Daß die Kosten der Ausrichtung einer privaten Feier aus Anlaß der Erstkommunion nicht in die Bedarfsgruppe der persönlichen Bedürfnisse des täglichen Lebens fallen und nicht zum Regelbedarf gehören, schließt allerdings nicht aus, daß sie dennoch vom notwendigen Lebensunterhalt im Sinne von § 11 Abs. 1 Satz 1, § 12 Abs. 1 Satz 1 BSHG erfaßt werden und durch eine einmalige Leistung zu decken sind. Denn die in § 12 Abs. 1 Satz 1 BSHG aufgeführten Bedarfsgruppen stellen, wie sich aus der Beifügung „besonders" ergibt, keine abschließende Aufzählung des notwendigen Lebensunterhalts dar. Nach der Aufgabe der Sozialhilfe, dem Empfänger der Hilfe die Führung eines Lebens zu ermöglichen, das der Würde des Menschen entspricht (§ 1 Abs. 2 Satz 1 BSHG; vgl. auch § 9 SGB I), umfaßt der notwendige Lebensunterhalt nach § 12 BSHG nicht nur das physiologisch Notwendige, sondern den gesamten zu einem menschenwürdigen Leben erforderlichen Bedarf (vgl. BVerwGE 87,

212 [214]). Es sind damit auch die herrschenden Lebensgewohnheiten und Erfahrungen zu berücksichtigen (vgl. BVerwGE 69, 146 [154]), wobei hinsichtlich des Maßstabes darauf Bedacht zu nehmen ist, was sich Personen, deren Einkommen dem im Geltungsbereich der jeweiligen Regelsätze erzielten durchschnittlichen Netto-Arbeitsentgelt unterer Lohngruppen zuzüglich Kindergeld und Wohngeld entspricht (vgl. § 22 Abs. 3 Satz 2 BSHG), aus ihren bescheidenen Mitteln üblicherweise leisten können.

Es entspricht der Lebenserfahrung und ist allgemeinkundig, daß – wie auch das Berufungsgericht ausgeführt hat – die Erstkommunion in katholischen Familien aus allen Kreisen der Bevölkerung festlich begangen wird. Die kirchliche Zeremonie und die daran anschließende private Feier bilden dabei nach allgemeiner Anschauung eine Einheit, aus der sich nicht einzelne Abschnitte – etwa erster Teil in der kirchlichen Öffentlichkeit oder zweiter Teil als Feier im Familienkreis – heraustrennen lassen. Die private Feier mit Gästen ist ein Ausdruck der persönlichen Anteilnahme an der im Vordergrund der Erstkommunion stehenden Glaubensentscheidung und entspringt dem menschlichen Grundbedürfnis, einmalige und herausragende Ereignisse im persönlichen Leben in festlicher Form zu feiern. Fiele der Bedarf für die Ausrichtung einer privaten Feier der Erstkommunion aus dem Leistungsrahmen des notwendigen Lebensunterhalts heraus, ginge für diejenigen, die auf Hilfe zum Lebensunterhalt angewiesen sind, der festliche Charakter der Erstkommunion zu einem wesentlichen Teil verloren. Das ist dem Hilfesuchenden nicht zuzumuten.

Die sozialhilferechtlich gebotene Orientierung an Lebensgewohnheiten und Leistungsfähigkeit der unteren Einkommensgruppen (vgl. § 22 Abs. 3 Satz 2 BSHG) bedeutet jedoch, daß die Höhe der einmaligen Leistung an den Kosten einer Kommunionfeier in schlichter Form und kleinem Kreis auszurichten ist. Das vom Berufungsgericht in anderem rechtlichen Zusammenhang erwähnte gemeinsame Kaffeetrinken des Kommunionkindes und seiner Eltern mit den engsten Angehörigen und den Paten kann diesem Maßstab genügen.

Für die Bemessung der einmaligen Leistung sind, wenn – wie hier – die Feier schon stattgefunden hat, die den Hilfesuchenden tatsächlich entstandenen Kosten zugrunde zu legen, soweit sie nach den angeführten Kriterien sozialhilferechtlich angemessen sind. Das Berufungsgericht hat – von seinem Rechtsstandpunkt aus folgerichtig – keine tatsächlichen Feststellungen hierzu getroffen. Das nötigt zur Zurückverweisung, da die entsprechenden Ermittlungen im Revisionsverfahren nicht möglich sind (§ 144 Abs. 3 Nr. 2 VwGO).

19

Zur Frage, ob ein privater Verein durch ein Zeitungsinterview seines Vorsitzenden vor einem gewerblichen Unternehmen u. a. mit der Behauptung warnen darf, es handele sich um eine „wirtschaftliche Tarnorganisation" der Scientology Kirche.

Art. 4 Abs. 1, 5 Abs. 1 GG; §§ 823 Abs. 2, 1004 BGB, 186 StGB
OLG Karlsruhe, Urteil vom 25. Februar 1993 – 9 U 289/92[1] –

Die Klägerin ist eine auf dem Gebiet der Farb- und Stilberatung tätige GmbH, deren Gesellschafter-Geschäftsführer Frau J. E. und Herr Dr. S. E. der Scientology Church angehören. Der Ehemann der Geschäftsführerin der Klägerin, der früher Geschäftsführer war, hat einen hohen Grad in der Scientology Church erreicht. Frau J. E. und ihr Ehemann sind Gründungsmitglieder eines Managerverbands, der sich zum Ziel gesetzt hat, aufrechtes und ethisches Verhalten insbesondere im Geschäftsleben durch die Vermittlung der Management-Techniken von Hubbard, des Gründers der Scientology Church, zu erreichen. Über die Scientology Church wurde in der Vergangenheit immer wieder negativ berichtet, u. a. auch unter ausdrücklicher Nennung des Erstbeklagten (Verein N.) als Informationsquelle in der Landtagsdiskussion vom 17. 10. 1991. Der Justizminister des Landes Baden-Württemberg hat unter dem 4. 5. 1992 an die 63. Konferenz der Justizminister und -senatoren vom 18. bis 21. 5. 1992 in Hannover die Ergänzung des § 302a StGB angeregt und die Konferenz der Innenminister und -senatoren um Prüfung gebeten, ob die Ziele und Methoden der Scientology Church eine Beobachtung durch die Verfassungsschutzbehörden notwendig machen. Der entsprechende Bericht des Bundesamts für Verfassungsschutz soll nach Information des „Spiegel" (Nr. 50/92) davon ausgehen, daß die Voraussetzungen für eine Beobachtung, nämlich Anhaltspunkte für verfassungsfeindliche Bestrebungen, vorliegen.

Die Zweitbeklagte hat in ihrer Eigenschaft als Vorsitzende des Erstbeklagten dem S-Wochenblatt in einem Interview Informationen über die Klägerin erteilt, die zu einem Artikel in der Ausgabe vom 24. 6. 1992 mit den Überschriften „Wirbt wirtschaftliche Tarnorganisation ‚Sekten'-Mitglieder? Farb- und Stilberatung durch Scientologen" führten. Gegen mehrere in dem Artikel enthaltene Behauptungen wandte sich die Klägerin mit dem Antrag auf Erlaß einer einstweiligen Verfügung.

Das Landgericht hat mit dem angefochtenen Urteil die erlassene einstweilige Verfügung aufgehoben und den Antrag zurückgewiesen.

In der Berufungsinstanz beantragt die Klägerin, 1) die Beklagten zu verur-

---

[1] NJW-RR 1993, 1054. Das Urteil ist rechtskräftig.

teilen, es zu unterlassen zu behaupten und/oder zu verbreiten, a) die Firma S-GmbH sei eine wirtschaftliche Tarnorganisation der Scientology, b) die Firma S-GmbH werbe über ihre Farb- und Stilberatung für die Scientologen und beschaffe sich dadurch von Kunden weiteres Adressenmaterial (gemeint: für die Scientology), 2) die Beklagten weiter zu verurteilen, es zu unterlassen, O'geschäfte vor einer Zusammenarbeit mit der Firma S-GmbH unter Hinweis auf die Behauptung in vorstehender Ziff. 1a) und/oder 1b) zu warnen.

Die Beklagte hat die Ansicht vertreten, daß es sich um Meinungsäußerungen handele, die ihr aufgrund des Rechts auf Meinungsfreiheit nicht verboten werden könnten. Soweit Tatsachenbehauptungen darin gesehen werden könnten, seien diese z.T. wahr, z.T. zumindest aufgrund genügend sorgfältiger Recherchen und des großen Öffentlichkeitsinteresses gerechtfertigt.

In der mündlichen Verhandlung vor dem Senat haben sich die Beklagten zu Protokoll verpflichtet, in Zukunft die Behauptung nicht mehr aufzustellen, daß die Scientologen durch die Farb- und Stilberatungen der Verfügungsklägerin an weitere Adressen kämen; zu diesen Erklärungen sei man aufgrund der neuen Verträge, die die Verfügungsklägerin mit ihren Lizenznehmern geschlossen habe, veranlaßt. Damit solle auch die Verpflichtung zur Unterlassung des Verbreitens erfaßt sein.

Die Berufung der Klägerin blieb ohne Erfolg.

Aus den Gründen:

Die Berufung der Klägerin ist zulässig, jedoch nicht begründet.

Der Klägerin steht kein Anspruch aus §§ 1004 i.V.m. 824, 823 Abs. 2 BGB und 186 StGB zu. Nach dem Sach- und Streitstand erweist sich das Vorgehen der Beklagten als rechtmäßig.

Der Erstbeklagte und damit auch die Zweitbeklagte als seine Vorstandsvorsitzende können sich grundsätzlich auf die Wahrnehmung berechtigter Interessen im Rahmen der durch die Verfassung geschützten Meinungsfreiheit (Art. 5 GG) berufen. Zwar ist der Erstbeklagte kein den öffentlichen Medien i.S. des Art. 5 Abs. 1 Satz 2 GG vergleichbares Organ. Doch unterfallen auch die in dieser Bestimmung u.a. geschützten Äußerungs- und Verbreitungsrechte der allgemeinen Meinungsfreiheit, welche die Beklagten in gleicher Weise, selbstverständlich in den Schranken der allgemeinen Gesetze, wie die Presse oder andere Medien für sich in Anspruch nehmen dürfen (vgl. Herzog, in: Maunz/Dürig, GG, Art. 5, Rz. 153f.; BVerfG NJW 1992, 1439). Der Erstbeklagte hat es sich zur Aufgabe gemacht, das Wirken der Scientologen im In- und Ausland zu ermitteln und die Öffentlichkeit darüber zu informieren. Insoweit ist sein Tun allgemein anerkannt und ernst genommen (vgl. Äußerung

d. CDU-Fraktionsvorsitzenden Dr. Schäuble, ...). Damit stehen aber auch sein Bestreben und die Rechtfertigungsvoraussetzungen für dieses Tun in keiner Weise hinter gleichgelagerten Interessen eines jeden Presseorgans zurück, dies jedenfalls so lange nicht, als keine Anhaltspunkte für einen Mißbrauch der Meinungsfreiheit zum Zwecke gewollter Schädigung oder Schmähung der Klägerin erkennbar werden. Ein solcher Mißbrauch durch den Erstbeklagten, der sich auch und gerade als Verein auf das Grundrecht der freien Meinungsäußerung berufen darf (vgl. Degenhart in: Dolzer/Vogel, BK, Art. 5 Rz. 178 m.w. Nachw. sowie BVerfG, aaO), ist nicht erkennbar.

Die Bezeichnung der Klägerin als eine wirtschaftliche Tarnorganisation der Scientology ist zumindest in ihrem Kern auch eine Tatsachenbehauptung, deren Inhalt jedoch entsprechend der Rechtsprechung des Bundesverfassungsgerichts (aaO) und des Bundesgerichtshofs (VersR 1993, 193) aus dem Zusammenhang, in dem die Äußerung steht, in Form einer Gesamtbetrachtung festzustellen ist. Danach hat die Zweitbeklagte zur Untermauerung ihrer Behauptung auf die Tatsache der Mitgliedschaft der Geschäftsführer bei den Scientologen und deren Spenden für die Scientology Church hingewiesen. Weiter hat sie ausgeführt, daß durch die Farb- und Stilberatungen die Scientologen auch an weitere Adressen kämen. Mithin ist nach dem Zusammenhang der Tatsachenkern dieser Behauptung dahin zu verstehen, daß die Klägerin von Scientologen beherrscht und besessen wird und durch die Tätigkeit der Klägerin die Scientologen Vorteile erhielten. Dabei seien diese Zusammenhänge der Öffentlichkeit nicht klar gewesen.

Die von der Klägerin darüber hinaus der Bezeichnung „wirtschaftliche Tarnorganisation" beigemessenen Bedeutungen vermag der Senat nicht zu erkennen. Durch die Bezeichnung als Tarnorganisation wird vielmehr die Nichtoffenlegung der Beteiligungsverhältnisse der Klägerin negativ, aber noch nicht in Form einer Schmähkritik bewertet. Insoweit handelt es sich um eine Meinungsäußerung, die im vorliegenden Fall wegen des herausragenden öffentlichen Interesses an der Aufklärung über die Aktivitäten der Scientology Church und ihrer Mitglieder infolge der in letzter Zeit sich häufenden Berichte über Mißstände bei der Scientology Church Vorrang haben muß gegenüber dem nicht gering einzuschätzenden Nachteil für die Klägerin durch die Beeinträchtigung ihrer Rechte. Nach der Rechtsprechung des Bundesverfassungsgerichts (aaO) ist die wenn auch scharfe, aber nicht in Form einer Schmähkritik vorgebrachte Meinung regelmäßig und so auch hier als zulässig anzusehen.

Die Beklagten haben sich, wie in der Öffentlichkeit verschiedentlich anerkannt worden ist, überwiegend sachlich mit der Scientology Church auseinandergesetzt und hierüber informiert. Wenn sie aus Sorge vor den Gefahren, die nach den ihnen vorliegenden Informationen für Mitglieder der Scientology Church gegeben sind, auch auf einflußreiche Firmen hinweisen, deren Organe oder Inhaber aktive Scientologen sind, ist dies nicht auf bloße Herabsetzung dieser Firmen gerichtet, sondern zur Information der Öffentlichkeit gedacht und auch als solche gerechtfertigt.

Die Klägerin kann sich auch nicht darauf berufen, daß es das Recht ihrer Organe sei, darüber zu bestimmen, ob sie sich öffentlich zu der Scientology Church bekennen oder nicht. Selbst wenn dies der Fall sein sollte, kann dies nicht zu einer Verbesserung der Rechtsposition der Klägerin führen, da diese als GmbH und damit selbständige Rechtspersönlichkeit insoweit nicht den Schutz des Art. 4 GG in Anspruch nehmen kann. Angesichts der großen Bedeutung der Klägerin auf dem Gebiet der Farb- und Stilberatung ist sie gehalten, die öffentliche Auseinandersetzung über die Scientology Church, deren Mitglieder ihre Organe sind, hinzunehmen.

Der in der Bezeichnung als wirtschaftliche Tarnorganisation liegende, oben näher umschriebene Tatsachenkern ist teilweise richtig. Die Klägerin wird von Scientologen geleitet und von ihnen besessen. Die Scientologen haben auch Vorteile dadurch, was sich in den Spenden der Organe an die Scientology Church zeigt. Dies ist der Öffentlichkeit bislang verborgen geblieben. Möglicherweise unrichtig ist allein der Teil des Tatsachenkerns, daß der Vorteil der Scientologen auch im Erlangen von Adressen durch die Tätigkeit der Klägerin liegen könnte. Aufgrund der früheren Vertragsgestaltung der Klägerin mit ihren Lizenznehmern waren diese verpflichtet, ihre Kunden einen in persönliche Einzelheiten gehenden Fragebogen ausfüllen zu lassen und diesen an die Klägerin zu senden. Vor diesem Hintergrund und im Zusammenhang mit den einzelnen bekannt gewordenen Fällen, daß Lizenznehmer unter dem Namen der Klägerin Werbeversuche für die Lehren der Scientology Church unternommen haben, hatten die Beklagten genügend Anhaltspunkte, in der Vergangenheit diese Äußerung zu machen. Auch hier gilt, daß angesichts des großen Interesses der Öffentlichkeit an Aufklärung über die Wirkungsweise der Scientology Church auch die Unterrichtung durch die Beklagten diesem öffentlichen Interesse diente und daher aufgrund der als ausreichend anzusehenden Recherchen durch Wahrnehmung berechtigter Interessen gedeckt ist.

Entgegen der Ansicht der Klägerin waren die Recherchen nicht deswegen als nicht genügend sorgfältig zu bezeichnen, weil die Beklagten nicht unmittelbar bei der Klägerin ermittelt und sie angehört haben. Wenn auch unterstellt wird, daß die Anordnungen des Scientology-Church-Gründers Hubbard, wie sie noch im Urteil des Senats vom 31. 12. 1992 (9 U 232/92) zitiert wurden, sich nur an die hauptamtlichen Mitarbeiter der Scientology Church wenden, so ist nach dem Vorgehen der Klägerin bzw. ihres Geschäftsführers in bezug auf die Unterrichtung der Scientology Church über den Fortgang der Verfahren durch das Fernschreiben mit dem Briefkopf der Klägerin davon auszugehen, daß solche hauptamtliche Mitarbeiter auf jeden Fall davon erfahren hätten, daß die Beklagten solche Recherchen vornehmen. Angesichts der für diese Mitarbeiter geltenden Regeln und Anweisungen der Scientology Church und ihres Gründers, wie mit Gegnern der Scientology Church zu verfahren ist, war den Beklagten das Kontaktieren der Klägerin nicht abzuverlangen. Auch wenn die Klägerin auf den Vorhalt der Beklagten, es werde in den Anweisungen sogar zu Mord aufgerufen, zu Recht darauf hinweist, daß es sich hierbei um eine unrichtige Übersetzung aus dem Englischen handele, so wird in diesen Anweisungen den Mitarbeitern doch Gewaltanwendung als Gegenmittel nicht verboten.

Diesen Teil des Tatsachenkerns der Bezeichnung als wirtschaftlicher Tarnorganisation durften die Beklagten also verbreiten, weil sie – wie bereits oben ausgeführt – aufgrund genügend sorgfältiger Recherchen das Öffentlichkeitsinteresse an der Information höher ansehen konnten als das Interesse der Klägerin an der Wahrung ihrer schützenswerten Belange.

Selbst wenn man unterstellt, die Klägerin habe nachgewiesen, daß die Kunden-Adressen nie an die Scientology Church weitergegeben worden sind, kann sie jedoch kein Unterlassen der Behauptung bzw. Verbreitung dieses Teils des Tatsachenkerns verlangen, da dafür die nunmehr zu prüfende Erstbegehungsgefahr fehlt. Nach der Rechtsprechung des Bundesgerichtshofs (NJW 1987, 225) ist ein Unterlassungsanspruch in einem solchen Falle nur gegeben, wenn die Erstbegehungsgefahr, um die es sich hier angesichts der Rechtmäßigkeit der vergangenen Äußerungen handelt, von der Klägerin glaubhaft gemacht wird. Angesichts der Verpflichtungserklärung der Beklagten in der mündlichen Verhandlung vor dem Senat ist dies jedoch nicht erfolgt. Diese brauchte nicht, da es sich um eine Erstbegehungsunterlassungsverpflichtung handelte, strafbewehrt zu sein, um die Befürchtung der „Wiederholung" als nicht glaubhaft gemacht anzusehen.

Aus dem gleichen Grunde ist auch der Antrag Nr. 1b) zurückzuweisen, soweit darin die Beschaffung von weiterem Adressenmaterial angesprochen wird.

Die Behauptung, die S-GmbH werbe über ihre Farb- und Stilberatung für die Scientologen, ist erwiesenermaßen richtig. Wenn Lizenznehmer (C., H.) unter dem Namen der Klägerin oder anläßlich von Farbberatungen für die Ideen und Lehren des Scientology-Church-Gründers werben und auch die Geschäftsführerin der Klägerin unter Beifügung des Namens der Klägerin in der Zeitschrift „N. N." für die Lehren des Scientology-Church-Gründers wirbt und zuließ, daß in ihren Räumen in der Vergangenheit eine Werbeveranstaltung für diese Lehren durchgeführt wird, so ist dieser Teil der Äußerungen der Beklagten als richtig anzusehen.

Mit Antrag Ziff. 2 verlangt die Klägerin das Unterlassen der Warnung vor der Zusammenarbeit mit ihr nur in bezug auf die in 1.a) und b) aufgeführten Behauptungen. Nachdem sie nach dem oben Gesagten nicht befugt ist, die

Unterlassung der in 1.a) und b) wiedergegebenen Behauptungen zu verlangen, ist auch ihr Antrag Nr. 2, der auf diesen Behauptungen aufbaut, nicht begründet. Da die Beklagten diese Behauptungen aufstellen durften, waren sie auch berechtigt, unter Hinweis auf diese Behauptungen vor der Zusammenarbeit mit der Klägerin zu warnen. Im Hinblick auf die in der Öffentlichkeit bekannt gewordenen Vorkommnisse bei Mitgliedern der Beklagten ist ein warnender Hinweis, wie er von den Beklagten durch die unter 1.a) und b) abgehandelten Behauptungen begründet worden ist, als durch Wahrnehmung berechtigter Interessen gerechtfertigt anzusehen. Auch hier hat die Klägerin es hinzunehmen, daß ihre Rechte gegenüber dem Interesse der Öffentlichkeit, und damit auch der angesprochenen O., an Information und dem Recht der Beklagten auf Meinungsäußerung zurückstehen müssen, da angesichts der großen Bedeutung der Diskussion über die Scientology Church die Rechte der Klägerin als geringer angesehen werden müssen.

Soweit es sich um die Warnung bezüglich des Beschaffens von Adressenmaterial handelt, ist auch hier durch die Verpflichtungserklärung der Beklagten in der mündlichen Verhandlung die Gefahr einer erneuten Aufstellung dieser Warnung nicht mehr gegeben, jedenfalls nicht glaubhaft gemacht.

20

Zur Frage der Nichtigkeit oder Anfechtbarkeit von Unterrichtsverträgen, die u.a. die Verwendung von Schulungsmaterial des Gründers von Scientology zum Gegenstand haben.

§§ 123, 138 BGB
LG Heidelberg, Urteil vom 25. Februar 1993 – 1 O 313/92[1] –

Der Kläger begehrt von der Beklagten die Rückzahlung von Unterrichtsgebühren. Im März 1991 meldete er sich bei der Beklagten zu einem Kurs „Erfolg durch Kommunikation I" an. Nach Teilnahme an diesem Kurs buchte er Anfang April und Anfang Mai 1991 weitere Kurse zum Thema Management und Kommunikation. Insgesamt zahlte der Kläger für die Kurse 20 020,– DM. 1000,– DM wurden ihm von der Beklagten zurückerstattet. In einem Brief vom 9. 5. 1991 sowie auf von der Beklagten nach jedem absolvierten Kurs verteilten Zetteln lobte der Kläger die Kurse überschwenglich und beschrieb seine persönlichen Erfolgserlebnisse. Am 9. 7. 1991 stornierte er aus angeblich finanziellen Gründen die noch nicht in Anspruch genommenen Kurse und erklärte

---

[1] Das Urteil ist rechtskräftig. Vgl. zu diesem Fragenkreis auch AG Schwetzingen NJW-RR 1996, 558.

der Beklagten am 14. 8. 1991 die Anfechtung aller Unterrichtsverträge wegen arglistiger Täuschung, vorsorglich kündigte er fristlos. Außerdem forderte er sämtliche von ihm bezahlten Kursgebühren zurück.

Der Kläger behauptet, die Beklagte sei eine Tarnorganisation der Scientology Church und arbeite fast ausschließlich mit Scientology-Unterrichtsmaterial, um neue Mitglieder für diese Sekte zu werben. Er habe sich bei der Kursanmeldung im März 1991 in einer persönlichen Krise befunden, die die Beklagte bewußt ausgenutzt habe. Er sei davon ausgegangen, daß die Beklagte seriöse Weiterbildung anbiete, in Wirklichkeit handele es sich bei den Kursen aber um religiöse Indoktrination und Manipulation. Bei Abschluß der Verträge habe er von der Verbindung der Beklagten zur Scientology Church nichts gewußt, die Beklagte habe ihn hierüber auch nicht aufgeklärt. Erst Anfang Juni 1991 habe er davon Kenntnis erlangt. Die Zufriedenheitsbescheinigungen habe er unter dem Druck der Beklagten ausgestellt. Als Grund für die Stornierung vom 9. 7. 1991 habe er zwar finanzielle Engpässe angegeben, aber nur, weil er geglaubt habe, anders von den Verträgen nicht loszukommen, zumal die Beklagte ihrer Verbindungen zur Scientology Church stets geleugnet habe.

Die Beklagte behauptet, sie sei sachlich und personell ein völlig selbständiger Gewerbebetrieb und keinesfalls eine Tarnorganisation der Scientology Church. Ihre Kurse dienten auch nicht der Mitgliederwerbung für Scientology. Zwar verwende sie, was dem Kläger von Anfang an bekannt gewesen sei, unter anderem Schulungsmaterial des amerikanischen Autors Ron L. Hubbard, der auch Gründer der Scientology Church in den USA war, hierbei handele es sich aber nicht um religiöse Indoktrination oder Manipulation. Die von dem Kläger gebuchten Kurse seien ordentlich und vertragsgerecht durchgeführt worden, was auch die Erfolgsberichte des Klägers bewiesen.

Die Kammer weist die Klage ab.

Aus den Gründen:

Die Klage ist zulässig, aber unbegründet.

Dem Kläger steht kein Rückzahlungsanspruch aus § 812 Abs. 1 BGB für die von ihm gezahlten 20020,- DM gegen die Beklagte zu.

In Höhe von 1000,- DM ergibt sich dies aus dem eigenen Vortrag des Klägers, wonach ihm die Beklagte diesen Betrag zurückerstattet hat. Aber auch den Restbetrag von 19020,- DM kann der Kläger nicht zurückfordern, da weder die Nichtigkeit der Unterrichtsverträge festgestellt werden konnte, noch eine wirksame Anfechtung oder fristlose Kündigung vorliegt. Die Unterrichtsverträge sind mangels hinreichender Anhaltspunkte nicht gemäß § 138 Abs. 1 oder Abs. 2 BGB nichtig. Die bloßen Behauptungen des Klägers, die Beklagte habe seine persönliche Krise im März 1991 bewußt ausgenutzt, und bei den Kursen handele es sich um religiöse Indoktrination und Manipulation, rechtfertigen es nicht, die Verträge für nichtig zu erklären. Zwar verwendet die Beklagte unstreitig Unterrichtsmaterial des Begründers der Scientology Church und es besteht auch der Verdacht, daß solche Sekten unter dem Deckmantel der Religionsausübung Mitglieder mit unlauteren Methoden anwerben und anschließend für ihre Zwecke manipulieren, konkrete Beweise dafür, daß auch die Beklagte solche Methoden anwendet, konnte der Kläger aber nicht vorlegen. Insbesondere sprechen die Zufriedenheitsbescheinigungen, die der Kläger der Beklagten ausgestellt hat, eher dafür, daß die Kurse ihm tatsächlich zunächst die erhofften persönlichen Erfolgserlebnisse gebracht haben. Daß die Beklagte hierbei Druck auf den Kläger ausübte, ist vorstellbar, aber nicht erwiesen. Den überschwenglich lobenden Brief vom 9. 5. 1991 hat der Kläger zu Hause und nicht unter den Augen der Kursleiter abgefaßt. Es ist deshalb nicht vorstellbar, unter welchem Druck er gestanden haben soll. Daß er sich in einem Zustand befunden habe, in dem er nicht mehr wußte, was er tat, hat der Kläger nicht behauptet.

Auch eine Anfechtung nach § 123 Abs. 1 BGB aufgrund arglistiger Täuschung kommt nicht in Betracht, denn es fehlt an substantiiertem Vortrag dafür, daß die Beklagte den Kläger arglistig über Art und Inhalt der Kurse getäuscht hat. Eine Anfechtung nach § 119 Abs. 2 BGB scheitert daran, daß der Kläger nicht unverzüglich im Sinne des § 121 Abs. 1 BGB angefochten hat. Seit Anfang Juni 1991 wußte der Kläger nach eigenen Angaben von der Verbindung der Beklagten zur Scientology Church, aber erst einen Monat später erklärte er die Stornierung, die ausdrückliche Anfechtung sogar erst im August. Aus demselben Grund ist auch eine fristlose Kündigung gemäß § 626 Abs. 1 BGB abzulehnen, die Zweiwochenfrist des § 626 Abs. 2 BGB war spätestens Ende Juni 1991 abgelaufen.

Eine außerordentliche Kündigung nach § 627 Abs. 1 BGB kommt nicht in Betracht, weil es sich bei den von der Beklagten durchgeführten Kurrsen zwar um Dienste höherer Art handelt, diese aber nicht auf Grund besonderen Vertrauens übertragen zu werden pflegen. Mit dem Merkmal des besonderen Vertrauens meint § 627 Abs. 1 BGB ein persönliches Vertrauen, das zwischen Dienstverpflichtetem und Dienstberechtigtem wegen der Art der zu leistenden Dienste in einem solchen Ausmaß vorausgesetzt ist, daß schon Mißtrauen oder persönliche Aversion eine Lösung ermöglichen sollen oder müssen (OLG Karlsruhe NJW 1981, 1676 [1677]). Vertrauen in die fachliche Qualität des Dienstverpflichteten reicht für die Annahme einer solchen besonderen persönlichen Vertrauensbildung für sich nicht aus (Schlosser NJW 1980, 273 [274]). Für die bloße Unterrichtserteilung in einer privaten Bildungseinrichtung wird die Anwendung des § 627 BGB überwiegend verneint, wenn – wie in dem hier zu entscheidenden Fall – der Unterricht nicht individuell mit einem bestimmten Lehrer vereinbart wird, sondern durch zunächst unbekannte, von der Ausbildungseinrichtung zu bestimmende Lehrer erteilt werden soll (vgl. OLG Karlsruhe NJW 1981, 1677).

21

1. Zur Frage der Änderung eines Ortsbebauungsplans mit der Folge, daß hierdurch die Ansiedlung eines Kloster unmöglich wird.
2. Aus inneren Beweggründen einzelner Gemeinderatsmitglieder, die den Akten des Planaufstellungsverfahrens nicht zu entnehmen sind, läßt sich kein Mangel im Abwägungsvorgang herleiten, der gemäß § 214 Abs. 3 Satz 2 BauGB offensichtlich ist (im Anschluß an BVerwGE 64, 33 ff.). Ein im Normenkontrollverfahren gegen einen Bebauungsplan gestellter Beweisantrag mit der Behauptung, die Mitglieder des Gemeinderats hätten keine städtebaulichen Zielsetzungen verfolgt, sondern den Antragsteller wegen seiner religiösen Auffassung benachteiligen wollen, ist daher als unerheblich abzulehnen.

VGH Baden-Württemberg, Urteil vom 2. März 1993 – 5 S 2091/92[1] –

Im Januar 1990 kaufte der Kläger, ein Verein, mehrere Grundstücke der Gemarkung H.; seit dem 23. 5. 1990 ist er im Grundbuch als Eigentümer u. a. des Grundstücks Flst. Nr. 1190 eingetragen. Auf diesem Grundstück steht ein Gebäude, das vom Voreigentümer bis zum Jahre 1982 als Kindererholungsheim genutzt wurde und danach leer stand. Die Grundstücke lagen früher im Geltungsbereich des Bebauungsplans für die (gesamte) Gemeinde H. vom 3. 11. 1969. Der Plan wies die Grundstücke des Klägers als allgemeines Wohngebiet aus. In dem am 25. 2. 1987 vom Gemeindeverwaltungsverband B. beschlossenen Flächennutzungsplan sind die vom Kläger erworbenen Grundstücke als Sondergebiet dargestellt.

Am 21. 3. 1990 teilte der Kläger, der dem traditionalisten Alterzbischof Lefèbvre nahesteht, dem Landratsamt W. mit, daß er die Absicht habe, in dem früheren Kindererholungsheim ein Anbetungskloster einzurichten; in dem Gebäude sollten außerdem Einkehr- und Besinnungstage ermöglicht werden. Zur Sicherung des Lebensunterhalts für die vorerst sechs Schwestern, die nach H. übersiedeln würden, sei die Aufnahme einiger Pensionäre geplant.

Am 12. 3. 1990 faßte der Gemeinderat von H. den Beschluß zur Änderung des Ortsbebauungsplans für die Grundstücke des Klägers. Dies sei erforder-

---

[1] Satz 2 Amtl. Leitsatz. NVwZ 1994, 797. Die Nichtzulassungsbeschwerde des Klägers wurde zurückgewiesen. BVerwG, Beschluß vom 20. 7. 1993 – 4 B 115.93 – (unv.)

lich, um die Nutzung des ehemaligen Kinderheimes für Sanatoriumszwecke bzw. für Heilbehandlung von Jugendlichen fortzusetzen. Außerdem beschloß er zur Sicherung dieser Planung eine Veränderungssperre. Der Aufstellungsbeschluß und die Veränderungssperre wurden im Mitteilungsblatt der Gemeinde H. vom 23. 3. 1990 bzw. 20. 4. 1990 bekanntgemacht.

Über diese bauleitplanerischen Maßnahmen unterrichtete das Landratsamt W. den Kläger mit Schreiben vom 25. 4. 1990. Es vertrat die Auffassung, daß die vom Kläger angestrebte Nutzung des Gebäudes unzulässig sei. Nach weiterem Schriftwechsel und einer Ortsbesichtigung, bei der die Durchführung von Renovierungsarbeiten festgestellt wurde, untersagte das Landratsamt W. mit dem angefochtenen Bescheid dem Kläger die Nutzung des Gebäudes als kirchliche Einrichtung oder (in der Hauptnutzung) zu Dauerwohnzwecken. Zur Begründung wurde angegeben: Die Errichtung eines Anbetungsklosters sei eine genehmigungspflichtige Nutzungsänderung. Die Änderung sei nicht genehmigungsfähig. Ihr stehe die von der Gemeinde H. rechtsgültig beschlossene Veränderungssperre entgegen. Eine Ausnahme hiervon könne nicht gemacht werden. Die Nutzungsuntersagung diene der Vermeidung künftiger Rechtsverstöße des Klägers. Denn er habe sich durch die Hinweise des Landratsamts nicht von seiner Absicht abbringen lassen. Das Landratsamt verkenne nicht das Interesse des Klägers, sein Eigentum nach den eigenen Vorstellungen zu nutzen und in dem dafür geeigneten Gebäude eine klösterliche Gemeinschaft zu gründen. Es überwiege jedoch das öffentliche Interesse daran, der Veränderungssperre und den Planungsabsichten der Gemeinde Geltung zu verschaffen.

Der Kläger erhob Widerspruch und brachte zur Begründung im wesentlichen vor: Nach dem geltenden Bebauungsplan, der ein allgemeines Wohngebiet festsetze, seien Anlagen für kirchliche, soziale und gesundheitliche Zwecke zulässig. Die Veränderungssperre stehe der Nutzung nicht entgegen. Denn sie diene einer Planung der Gemeinde, die keine Wirksamkeit erlangen könne. Sie erfolge nämlich nicht aus sachgemäßen städtebaulichen Überlegungen, sondern sei eine mißbräuchliche Einzelplanung. Sie diene lediglich der schikanösen Benachteiligung des Klägers. Die Gemeinde versuche mit allen Mitteln, die Ansiedlung des Klägers zu vereiteln. Zwar möge es sein, daß der im Jahre 1987 aufgestellte Flächennutzungsplan den Bereich bereits als Sondergebiet darstelle. Der Flächennutzungsplan sehe aber auch andere Änderungen des geltenden Bebauungsplans vor, ohne daß die Gemeinde zu deren Verwirklichung etwas unternehme. Bei Bekanntwerden des beabsichtigten Erwerbs des Anwesens durch den Kläger habe die kath. Kirche versucht, ihren Einfluß geltend zu machen. Sie habe sich an das Präsidium des Voreigentümers gewandt, und in den Pfarrgemeinden von H. und der Umgebung sei ein Hirtenbrief des Erzbischofs von Freiburg verlesen worden, in dem dieser seine Sorge über die beabsichtigte Niederlassung zum Ausdruck bringe. Die Interessen der röm.-kath. Kirche mache sich die Gemeinde H. zueigen. Abgesehen davon sei die beabsichtigte Nutzung des Gebäudes durch den Bestandsschutz, den es genieße, abgedeckt.

Nach Zurückweisung des Widerspruchs hat der Kläger beim Verwaltungsgericht u.a. gegen die Nutzungsuntersagung die vorliegende Anfechtungsklage erhoben.

Nach Durchführung des Offenlegungsverfahrens, in dem auch der Kläger eine Stellungnahme abgab, beschloß der Gemeinderat der Gemeinde H. am 22. 4. 1991 für die Grundstücke des Klägers einen Bebauungsplan (als Satzung). Als Art der baulichen Nutzung wurde ein Sondergebiet für Kliniken und Sanatorien festgesetzt. In der dem Bebauungsplan beigefügten Begründung wird angegeben, daß die Änderung des bisherigen Bebauungsplans erforderlich geworden sei, um sicherzustellen, daß die städtebauliche Entwicklung im Plangebiet entsprechend den Zielvorstellungen der Gemeinde verlaufe. Zur Sicherung ihrer Wettbewerbsfähigkeit als staatl. anerkannter Luftkurort mit besonderen Entwicklungsaufgaben im Bereich des Fremdenverkehrs müsse sie auch Kapazitäten im Bereich Kliniken, Sanatorien und Rehabilitationseinrichtungen anbieten. Hierfür sollten geeignete Flächen gesichert werden.

Das Verwaltungsgericht hat, dem Antrag des beklagten Landes entsprechend, die Klage abgewiesen. In den Entscheidungsgründen wird im wesentlichen ausgeführt: Die Nutzung vorbeugend zu untersagen, sei zulässig gewesen, weil mit hinreichender Wahrscheinlichkeit zu erwarten sei, daß der Kläger die in der Untersagungsverfügung umschriebene Nutzung alsbald aufzunehmen beabsichtige. Die Voraussetzungen der Nutzungsuntersagung lägen vor. Die Untersagung sei nicht genehmigt und auch nicht genehmigungsfähig. Es handle sich um eine genehmigungspflichtige Nutzungsänderung, weil im Vergleich mit einem Kindererholungsheim zum Teil unterschiedliche baurechtliche Anforderungen gälten. Insbesondere das höhere Verkehrsaufkommen stelle an die Nutzung weitergehende Anforderungen. Die bisherige Erfahrung habe gezeigt, daß die Abhaltung von Meßfeiern nach dem alten Ritus auf ein starkes überregionales Interesse mit einer Vielzahl motorisierter Besucher stoße. Materiell-rechtlich verstoße die Nutzung gegen die Veränderungssperre und seit dessen Inkrafttreten gegen den Bebauungsplan. Die Veränderungssperre sei wirksam. Sie sichere hinreichend konkrete Planungsabsichten der Gemeinde, die nicht an einem schlechterdings nicht behebbaren Mangel litten. Insbesondere sei die Planung nicht Ausdruck einer religiösen Diskriminierung des Klägers, sondern von städtebaulichen Absichten getragen. Dies zeige sich insbesondere daran, daß bereits der Flächennutzungsplan von 1987 den betreffenden Bereich als Sondergebiet dargestellt habe. Mithin habe die Gemeinde schon damals ihre Änderungsabsicht zum Ausdruck gebracht. Daß die verbindliche Bauleitplanung erst durch das konkrete Vorhaben des Klägers ausgelöst worden sei, sei rechtlich nicht bedenklich. Die Rüge des Klägers, die Planung sei Ausdruck der von der Amtskirche ihr entgegengebrachten Vorbehalte sei durch keine objektiv nachprüfbaren Indizien belegt. Seit Inkrafttreten des Bebauungsplans ergebe sich die Unzulässigkeit des Vorhabens des Klägers aufgrund dessen Festsetzung über die Art der baulichen Nutzung. Der Bebauungsplan leide nicht unter einem Abwägungsfehler. Ausweislich des Protokolls der Gemeinderatssitzung, in der der Plan als Satzung beschlossen worden sei, seien die Interessen des Klägers umfassend in die Überlegungen einbezogen worden. Die Nutzungsuntersagung sei auch nicht ermessensfehlerhaft. Dem Landratsamt könne nicht vorgeworfen werden, den Kläger wegen der von ihm vertretenen religiösen Überzeugungen an der Gründung eines Kloster in H. hindern zu wollen.

Mit seiner Berufung verfolgt der Kläger sein Begehren in vollem Umfange weiter. Zur Begründung macht er u. a. geltend: Es sei mehr als fraglich, ob überhaupt eine genehmigungspflichtige Nutzungsänderung angenommen werden könne. Das Verwaltungsgericht übersehe, daß nach dem bisherigen Bebauungsplan in einem Wohngebiet Anlagen für kirchliche, soziale und gesundheitliche Zwecke zulässig seien. Der Kläger habe dem Landratsamt mitgeteilt, daß auch die Aufnahme von Pensionären zur Pflege beabsichtigt sei. Mithin liege eine Nutzung zu sozialen Zwecken vor. Es werde durch eine Unterschriftensammlung der unmittelbaren Nachbarn belegt, daß von der Nutzung des Anwesens durch den Kläger kaum Verkehr, kein Lärm und keine Belästigung ausgingen. Für eine Kuranstalt oder Klinik gelte etwas anderes. Wenn das Verwaltungsgericht von einer Vielzahl motorisierter Besucher spreche, gehe es kritiklos von falschen Tatsachen aus. Die Nutzung des Anwesens durch den Kläger widerspreche auch nicht baurechtlichen Vorschriften. Die Veränderungssperre könne keine Gültigkeit beanspruchen, weil die Planungsvorstellungen der Gemeinde nicht zu einem rechtsfehlerfreien Bebauungsplan hätten führen können. Es bleibe dabei, daß es sich um eine unzulässige Verhinderungsplanung handle. Die Gemeinde habe keineswegs die ernsthafte Absicht, die Planungsabsichten tatsächlich zu realisieren. Das Anwesen habe seit 1982 leer gestanden, ohne daß die Gemeinde etwas unternommen habe. Die Gemeinde selber habe dem Voreigentümer Interessenten vermittelt, die alle möglichen Nutzungen, nicht aber eine Nutzung im Sinne der jetzigen Planung beabsichtigt hätten. In Wirklichkeit habe sich der Gemeinderat von H. die Motive des erzbischöflichen Ordinariats in Freiburg zueigen gemacht. Man wolle die Niederlassung von Schwestern verhindern, die Anhängerinnen des exkommunizierten Altbischofs Lefèbvre seien. Städtebauliche Erwägungen spielten hierbei keine Rolle. Gegen einen der katholischen Amtskirche zugehörigen Orden hätte der Gemeinderat keinerlei Aktivitäten entfaltet. Abgesehen davon sei der

Gemeinderat von falschen Voraussetzungen ausgegangen. Er habe angenommen, daß vom Betrieb eines Sanatoriums und einer Klinik eine geringere Beeinträchtigung der Wohnruhe ausgehe als von einem Anbetungskloster mit wechselndem Zustrom von Gläubigen. Die unmittelbaren Anlieger des Anwesens hätten gegenteilige Erfahrungen gemacht. Schließlich habe der Gemeinderat verkannt, daß der Kläger bei Erwerb des Anwesens habe darauf vertrauen dürfen, daß die beabsichtigte Nutzung zulässig sei.
Die Berufung des Klägers blieb ohne Erfolg.

Aus den Gründen:

Die Berufung ist zulässig, hat aber in der Sache keinen Erfolg. Denn das Verwaltungsgericht hat die Klage zu Recht abgewiesen. Die mit der Klage angegriffene Nutzungsuntersagung ist rechtmäßig und verletzt den Kläger daher nicht in seinen Rechten (vgl. § 113 Abs. 1 S. 1 VwGO).

Ob Rechtsgrundlage für die Nutzungsuntersagung § 49 Abs. 1 LBO oder vielmehr in § 64 S. 2 LBO ist, kann letztlich dahinstehen. Denn die Voraussetzungen beider Vorschriften sind nunmehr erfüllt.

Zutreffend hat das Landratsamt W. seine Entscheidung auf § 49 Abs. 1 LBO gestützt. Denn in jenem Zeitpunkt hatte der Kläger die von ihm beabsichtigte Nutzung des Gebäudes für kirchliche Zwecke noch nicht aufgenommen. Die Anwendung der Vorschrift des § 64 S. 2 LBO in der Auslegung, die sie durch die Rechtsprechung des VGH Baden-Württemberg gefunden hat (vgl. Urteil v. 2. 11. 1977 – III 1849/76 – BRS 32 Nr. 185; Beschluß v. 20. 9. 1988 – 8 S 2171/88 –), mußte daher ausscheiden. Denn jene Vorschrift bezieht sich entsprechend ihrem Wortlaut auf eine bereits begonnene Nutzung. Will die Baurechtsbehörde hingegen vorbeugend eine baurechtswidrige Nutzung untersagen, die mit hinreichender Wahrscheinlichkeit zu erwarten ist, so ist hierfür § 49 Abs. 1 LBO einschlägig. Seine Nutzungsabsichten hat der Kläger selbst mit Schreiben vom 21. 3. 1990, das an das Landratsamt gerichtet war, bekanntgegeben.

Hingegen spricht alles dafür, daß im Zeitpunkt der Widerspruchsentscheidung des Regierungspräsidiums (…) vom 8. 1. 1991 die Gründe, welche das Landratsamt an der Anwendung der spezielleren Vorschrift des § 64 S. 2 LBO hinderten, entfallen waren, da die Nutzung des Anwesens für kirchliche Zwecke bereits in Gang gekommen war. (wird ausgeführt)

Sowohl § 64 S. 2 LBO wie auch § 49 Abs. 1 LBO machen die Untersagung einer bereits ausgeübten wie auch einer ernsthaft beabsichtigten Nutzung davon abhängig, daß diese im Widerspruch zu öffentlich-rechtlichen Vorschriften geschieht. Dies trifft nach Überzeugung des Senats sowohl für die vom Landratsamt untersagte Nutzung „als kirchliche Einrichtung" wie auch für die Nutzung „zu Dauerwohnzwecken in der Hauptnutzung" zu. Ob dies auch für die Nutzung des Gebäudes als Seniorenheim gilt, was der Kläger im Berufungsverfahren bestreitet, war vom Senat hingegen nicht zu prüfen, weil die den Streitgegenstand dieses Verfahrens bildende Untersagungsverfügung des Landratsamts W. vom 30. 7. 1990 diese Nutzung nach dem ausdrücklichen Wortlaut des Tenors der Verfügung und ebenso nach deren Begründung nicht erfaßt.

Die Nutzung des betreffenden Anwesens als kirchliche Einrichtung und für Dauerwohnzwecke in der Hauptnutzung steht im Widerspruch zu öffentlichrechtlichen Vorschriften, weil sie nicht genehmigt und darüber hinaus materiell baurechtswidrig ist.

Es bedarf keiner weiteren Begründung, daß die Baugenehmigung, welche für die Errichtung und den Betrieb eines Kindererholungsheims erteilt wurde, keinen Bestandsschutz für die beabsichtigte bzw. schon aufgenommene Nutzung als Kloster gewährt. Dies wird auch vom Kläger nicht geltend gemacht.

Diese Nutzung ist auch materiell baurechtswidrig; ihr stehen fortwährend bis heute die Veränderungssperre der Gemeinde H. vom 12. 3. 1990 und – nach dessen Inkrafttreten – der Bebauungsplan „H." der Gemeinde H. vom 22. 4. 1991 entgegen. Gegen die Gültigkeit beider Rechtsvorschriften bestehen entgegen der Ansicht des Klägers keine durchgreifenden Bedenken:

Wie das Verwaltungsgericht im angefochtenen Urteil bereits zutreffend dargelegt hat, ist die Veränderungssperre in Einklang mit den maßgeblichen Vorschriften der §§ 14 ff. BauGB zustande gekommen. *(wird ausgeführt)*

Auch sonst beachtet die Veränderungssperre die von der Rechtsprechung für ihre Gültigkeit entwickelten Grundsätze. So ist die Veränderungssperre hier nicht etwa deshalb unzulässig, weil zur Zeit ihres Erlasses der Inhalt der Planung, die gesichert werden soll, noch in keiner Weise abzusehen gewesen wäre (vgl. BVerwGE 51, 121). Das Gegenteil ist richtig. Bereits der Aufstellungsbeschluß vom 12. 3. 1990 gibt klar zu erkennen, welche Zielsetzung mit der Änderung des Ortsbauplans von der Gemeinde verfolgt wurde. Der Aufstellungsbeschluß spricht nämlich ausdrücklich davon, daß „die Nutzung des ehemaligen Kinderheimes für Sanatoriumszwecke bzw. für Heilbehandlung von Jugendlichen" gesichert werden solle.

(...)

Die Änderung der Nutzung des früheren Kindererholungsheims in ein Kloster wird auch von der Veränderungssperre erfaßt. Sie gilt gemäß § 3 Abs. 1 Nr. 1 für „Vorhaben im Sinne des § 29 BauGB", was mit der Reglung in § 14 Abs. 1 S. 1 Nr. 1 BauGB übereinstimmt. Vorhaben gemäß § 29 S. 1 BauGB sind aber nicht nur die Errichtung von baulichen Anlagen, sondern auch deren Nutzungsänderung. Die auf § 14 Abs. 1 Nr. 2 und 3 BBauG fußende frühere Rechtsprechung, die Nutzungsänderungen als von einer Veränderungssperre nicht erfaßt ansah (vgl. VGH Baden-Württemberg, Beschluß v. 13. 12. 1978 –

III 3478/78 –; Zinkahn-Bielenberg, BBauG, § 14 Rdnr. 34), ist inzwischen überholt. Daß die hier in Betracht zu ziehende Nutzungsänderung vom Kindererholungsheim zum Kloster der bauaufsichtlichen Genehmigung bedarf, hat bereits das Verwaltungsgericht überzeugend dargetan (vgl. § 52 Abs. 3 LBO). Die angestrebte und inzwischen verwirklichte Nutzung des Gebäudes als Kloster verändert dieses von einer Anlage für gesundheitliche bzw. soziale Zwecke zu einer Anlage für kirchliche Zwecke. An beide werden in § 3 Abs. 3 Nr. 2 BauNVO in planungsrechtlicher Hinsicht und von § 39 Abs. 1 LBO in bauordnungsrechtlicher Hinsicht unterschiedliche Anforderungen gestellt. Dies bedarf im einzelnen keiner Wiederholung (vgl. § 130 b VwGO). Des weiteren kann der Senat auf die zutreffenden Ausführungen des angefochtenen Urteils verweisen, die sich mit der Zulassung einer Ausnahme von der Veränderungssperre gemäß § 14 Abs. 2 BauGB und mit der Anwendbarkeit von § 14 Abs. 3 BauGB befassen (…).

Mit der Bekanntgabe der Durchführung des Anzeigeverfahrens im Mitteilungsblatt der Gemeinde H. vom 26. 7. 1991 (Nr. 15/91) verstößt die Nutzung als Anbetungskloster gegen den am 22. 4. 1991 als Satzung beschlossenen Bebauungsplan „H.". Dieser Bebauungsplan ist gültig, wie im folgenden zu zeigen ist.

(…)

Des weiteren greift der Kläger den Plan zu Unrecht mit der Begründung an, es handle sich um eine unzulässige Individualsperre, mit der lediglich der Zweck verfolgt werde, das Vorhaben des Klägers zu vereiteln. Denn die Erfahrung zeigt, daß die Bauleitplanung einer Gemeinde häufig erst dadurch ausgelöst wird, daß Bauanträge für Grundflächen gestellt werden, welche die Gemeinde nicht in der beantragten Weise nutzen lassen möchte. Der Gemeinde ist es dann keineswegs verwehrt, auf derartige Bauanträge mit der Aufstellung eines Bebauungsplans zu reagieren, der ihnen die materielle Rechtsgrundlage entzieht. Der Zweck der Einvernehmensregelung des § 36 Abs. 1 Sätze 1 und 2 BauGB besteht auch darin, der Gemeinde aus Anlaß eines konkreten Bauantrags die Möglichkeit zu geben, die rechtlichen Voraussetzungen der Zulässigkeit des Vorhabens noch zu verändern. Der Umstand, daß ein Bebauungsplan nach seiner Entstehungsgeschichte einen Bezug auf ein zu verhinderndes Vorhaben aufweist und räumlich auf dessen Grundfläche begrenzt ist, läßt daher für sich genommen noch keinen Schluß auf die Rechtmäßigkeit oder Rechtswidrigkeit der Planung zu. Vielmehr kommt es darauf an, ob eine bestimmte Planung, auch wenn sie durch das Ziel, ein konkretes Vorhaben zu verhindern, ausgelöst worden ist, für die städtebauliche Entwicklung und Ordnung erforderlich erscheint im Sinne von § 1 Abs. 3 BauGB. Diese Vorschrift erkennt die gemeindliche Planungshoheit an und räumt der Gemeinde ein Planungsermessen ein. Ein Bebauungsplan steht mit dieser Vorschrift in Einklang, soweit er nach der planerischen Konzeption der Gemeinde erforderlich ist. Sie darf ihn nicht nur als vorgeschobenes Mittel verwenden, um einen Bauwunsch zu durchkreuzen. Letzteres kann aber nicht schon dann angenommen werden, wenn die negative Zielrichtung im Vordergrund steht (vgl. zum Ganzen: BVerwGE 40, 258; Beschluß v. 18. 12. 1990 – 4 NB 8.90 – DVBl. 1991, 445 [446]).

Gemessen an diesen Kriterien fehlt dem Bebauungsplan „H.", der dem Vorhaben des Klägers entgegensteht, die Planlegitimation nicht. Dies zeigt die Niederschrift über die Verhandlungen des Gemeinderats von H. in seiner Sitzung vom 22. 4. 1991 (S. 7), dies zeigt insbesondere aber auch die vom Gemeinderat als Bestandteil des Bebauungsplans beschlossene Begründung vom 26. 11. 1990. Darin wird unter der Überschrift „Anlaß für die Änderung" folgendes ausgeführt:

„Der Gemeinderat hat am 12. 3. 1990 beschlossen, den Bebauungsplan zu ändern. Die Änderung wurde erforderlich, um sicherzustellen, daß die städtebauliche Entwicklung im Planungsgebiet entsprechend den Zielvorstellungen der Gemeinde verläuft.
Die Gemeinde H. ist staatlich anerkannter Luftkurort und im Regionalplan Hochrhein-Bodensee als Ort mit besonderen Entwicklungsaufgaben – Schwerpunktort Fremdenverkehr – im Erholungsraum Schwarzwald ausgewiesen. Im Jahre 1989 waren 182 612 Gästeübernachtungen zu verzeichnen.
Zur Sicherung der Wettbewerbsfähigkeit gegenüber anderen Fremdenverkehrs-Orten wie auch zur Erhaltung eines breit gelagerten, differenzierten Angebotes, das auch unterschiedliche Gästekreise anspricht, soll die künftige Entwicklung des Fremdenverkehrs auf drei „Standbeinen" ausgebaut werden:
Neben dem vorhandenen Bettenangebot in
– Hotels, Gaststätten, Pensionen und bei privaten Zimmervermietern wie
– in Ferienwohnungen
sollen daher auch Kapazitäten im Bereich Kliniken, Sanatorien und Rehabilitationseinrichtungen angeboten werden. Angestrebt werden damit zusätzlich Gäste bzw. eine bessere Auslastung der vorgehaltenen Infrastruktureinrichtungen außerhalb der saisonalen Spitzenzeiten. Im Rahmen der städtebaulichen Planung sollen geeignete Flächen für diesen Zweck gesichert werden."

Damit hat der Gemeinderat von H. in gerichtlich nicht zu beanstandender Weise die Erforderlichkeit des Bebauungsplans positiv dargetan. Daß Konsequenz dieser Planungskonzeption – wie übrigens auch jeder anderen – die Verhinderung bestimmter, entgegenstehender Vorhaben ist, vermag die Planrechtfertigung nicht in Frage zu stellen und mithin einen Verstoß gegen § 1 Abs. 3 BauGB nicht zu begründen.

In dieser Beurteilung bestärkt den Senat ebenso wie das Verwaltungsgericht die Tatsache der Änderung des Flächennutzungsplans, die bereits im Jahre 1987, also lange vor dem Grundstückserwerb des Klägers, erfolgte. Damals wurden die Grundstücke, die jetzt dem Kläger gehören, als Sondergebiet gemäß § 11 BauNVO dargestellt. Ungeachtet der Rechtmäßigkeit dieser Darstellung, die eine konkrete Zweckbestimmung vermissen läßt (siehe dazu schon oben), bringt die Änderung die Ernsthaftigkeit des Plankonzepts der Gemeinde und dessen Unabhängigkeit vom konkreten Grundstückseigentümer zum Ausdruck.

Entgegen der Auffassung des Klägers ist der Bebauungsplan auch nicht wegen Verstoßes gegen das Abwägungsgebot des § 1 Abs. 6 BauGB ungültig. In diesem Zusammenhang liegt ein Fehler nicht bereits darin, daß der Plangeber die privaten Belange des Klägers außer Betracht gelassen oder nicht mit dem ihnen zukommenden Gewicht in seine Erwägungen eingestellt hätte. Diesen Einwand widerlegt das Protokoll der Gemeinderatssitzung vom 22. 4. 1991, in welcher der Satzungsbeschluß gefaßt wurde. Ausweislich der Angaben in der Niederschrift (...) war sich der Gemeinderat durchaus bewußt, welche Interessen ideeller und finanzieller Art der in Aussicht genommenen Planung entgegenstanden.

Die Nichtigkeit des Bebauungsplans „H." der Gemeinde H. ergibt sich nach Überzeugung des Senats aber auch nicht aus anderen Gründen, entgegen der mit Nachdruck in allen Stadien des Verfahrens vertretenen Auffassung des Klägers insbesondere auch nicht daraus, daß sachfremde, in der religiösen Anschauung der Mitglieder des Klägers wurzelnde Gründe zu seinen Ungunsten die Erwägungen des Gemeinderats beeinflußt hätten. Dafür lassen sich aus dem in den Bebauungsplanakten der Gemeinde H. dokumentierten Gang des Verfahrens und dem Inhalt der Erörterungen des Gemeinderats keine genügenden Anhaltspunkte finden. Ausweislich des mehrfach erwähnten Protokolls der Gemeinderatssitzung vom 22. 4. 1991 wurde von zwei Gemeinderäten sogar darauf hingewiesen, daß der Kläger das Haus weiter nutzen könne, wenn er die Vorgaben der gemeindlichen Bauleitplanung beachte. Auch liegt es auf der Hand, daß – spekulative – Presseberichte unsachliche Beweggründe des Gemeinderats nicht zu belegen vermögen. Darüber hinaus nach den persönlichen Motiven der einzelnen Gemeinderäte für ihre Entscheidung zu forschen, wie dies vom Kläger in seinem Begründungsschriftsatz im Berufungsverfahren vom 25. 11. 1992 verlangt wurde, ohne daß er freilich in der mündlichen Verhandlung des Senats einen förmlichen Beweisantrag gestellt hätte, verbietet sich in aller Regel. Zum einen sind die nicht verlautbarten Überlegungen der einzelnen Gemeinderäte nicht dem Gemeinderat als Organ ohne weiteres zuzuordnen, zum andern wurzeln sie im kommunalpolitischen Raum und entziehen sich damit der gerichtlichen Überprüfung und rechtlichen Qualifizierung (vgl. BVerwGE 56, 163 [171/172]; Beschluß v. 28. 11. 1989 – 7 B 161.89 – Buchholz 11 Art. 33 Abs. 5 Nr. 67 jeweils zur Abwahl von kommunalen Wahlbeamten).

Selbst wenn man aber die Ausdehnung der gerichtlichen Prüfung auf unsachliche, mit der Verfassung nicht in Einklang zu bringende Motive als angezeigt betrachten wollte (in diese Richtung tendiert wohl BVerwG, Beschluß v. 22. 9. 1992 – 7 B 40.92 –), so käme eine solche Nachforschung hier gleichwohl

Bauplanungsrecht

nicht in Betracht. Das Ergebnis dieser Prüfung wäre für die Beantwortung der Frage nach der Gültigkeit des Bebauungsplans nämlich irrelevant. Denn auf diesem Wege etwa gefundene unsachliche, den Kläger wegen der von seinen Mitgliedern vertretenen religiösen Überzeugungen diskriminierende Motive führten zu einem Mangel im Abwägungs*vorgang*, die Rechtmäßigkeit des Abwägungsergebnisses bliebe davon unberührt. Ein derartiger Mangel des Abwägungsvorgangs ist aber gemäß § 214 Abs. 3 S. 2 BauGB unter anderem nur erheblich, wenn er offensichtlich gewesen ist. Das Merkmal der Offensichtlichkeit eines Mangels im Abwägungsvorgang hat das Bundesverwaltungsgericht in der insoweit gleichlautenden Bestimmung des § 155 b Abs. 2 S. 2 BBauG wie folgt ausgelegt (BVerwGE 64, 33 [38]):

> *„Zieht man in Betracht, daß die Planungsmotive und Planungsvorstellungen der einzelnen Ratsmitglieder sich ohnehin einer verläßlichen Aufklärung entziehen und daß gerade diese Einsicht zu einer Anregung der kommunalen Spitzenverbände geführt hat, durch eine entsprechende Gesetzesänderung klarzustellen, daß die Rechtskontrolle der Bebauungspläne nicht mit einer Ausforschung der Ratsmitglieder zu belasten ist, so wird im Gegenschluß der Sinn des Begriffs eines „offensichtlichen" Mangels im Abwägungsvorgang deutlich: Unverändert bleibt alles das beachtlich, was zur „äußeren" Seite des Abwägungsvorgangs derart gehört, daß es auf objektiv erfaßbaren Sachumständen beruht. Fehler und Irrtümer, die z. B. die Zusammenstellung und Aufbereitung des Abwägungsmaterials, die Erkenntnis und Einstellung aller wesentlichen Belange in die Abwägung oder die Gewichtung der Belange betreffen oder die sich etwa aus Akten, Protokollen, aus der Entwurfs- oder Planbegründung oder aus sonstigen Unterlagen ergeben, sind „offensichtlich" und daher, wenn sich für ihr Vorliegen Anhaltspunkte ergeben, vom Gericht – gegebenenfalls auch durch Beweiserhebung – aufzuklären. ...*
> *Was dagegen zur „inneren" Seite des Abwägungsvorgangs gehört, was also die Motive, die etwa fehlenden oder irrigen Vorstellungen der an der Abstimmung beteiligten Mitglieder des Planungsträgers betrifft, gehört im Sinne des § 155 b Abs. 2 S. 2 BBauG zu den nicht offensichtlichen Mängeln; und diese Mängel lassen die Gültigkeit des Plans unberührt. ..."*

Ausgehend von diesen Grundsätzen und unter Beachtung der obigen Ausführungen zum Inhalt der einschlägigen Akten bedarf es der vom Kläger angeregten Beweiserhebung nicht. Selbst wenn sich dabei in seinem Sinne positive Feststellungen treffen ließen, bliebe die Gültigkeit des Bebauungsplans unberührt.

Auch sonstige beachtliche Mängel des Bebauungsplans sind nicht erkennbar. Daß es einer kleinen Gemeinde wie der Gemeinde H., die keine Bedienstete mit juristischer Ausbildung hat, unbenommen sein muß, im Planaufstellungsverfahren sich des Rats eines Rechtsanwalts zu bedienen, liegt auf der Hand.

Ist danach von der Gültigkeit sowohl der Veränderungssperre wie auch des Bebauungsplans auszugehen, so unterliegt es keinem Zweifel, daß die dem Kläger mit der angefochtenen Verfügung (...) untersagte Nutzung unzulässig ist. Dies wird auch vom Kläger nicht in Abrede gestellt.

22

Für eine Klage auf Unterlassen des Zeitschlagens einer Kirchturmuhr ist der Rechtsweg zu den Verwaltungsgerichten gegeben. Richtige Klageart ist die Unterlassungsklage in der Form der allgemeinen Leistungsklage.
Kriterien für die Beurteilung der Zumutbarkeit von Glockengeläut nach § 22 Abs. 1 BImSchG.

VG München, Urteil vom 2. März 1993 – M 16 K 92.2177[1] –

Der Kläger wohnt in E. in einem Gebiet, das nach einem Entwurf eines Flächennutzungsplans des Beigeladenen (Markt K.) als reines Wohngebiet eingestuft ist.

Im Februar 1989 beantragte der Kläger beim Landratsamt Eb., den Glockenschlag der Turmuhr in E. abzuschalten.

Der Markt K. führt in seinem Antwortschreiben an den Kläger aus, daß der Bau des Kirchturms in E. und die Anschaffung der Glocken Angelegenheit der Kath. Kirchengemeinde K. gewesen sei. Der Markt K. habe die Kosten der Turmuhr übernommen, weil er in ähnlich gelagerten Fällen dies ebenso gehandhabt habe. Der Glockenschlag sei zwischen 20.00 Uhr abends und 8.00 Uhr früh ausgeschaltet. Weiterhin sei festzustellen, daß der Glockenschlag zwischenzeitlich leiser gestellt worden sei. Auf Veranlassung des Kath. Pfarramts K. erstellte die Firma P. über die am 27. 4. 1989 und 17. 5. 1989 durchgeführten Messungen ein Meßprotokoll.

Mit weiterem Schreiben forderte der zwischenzeitlich vom Kläger eingeschaltete Bevollmächtigte den Pfarrer W. von der Kath. Kirchenstiftung K. im Juli 1989 auf, den Glockenschlag der Kirchturmuhr in E. abzustellen. Das Erzbischöfliche Ordinariat München teilte im August 1989 dem Bevollmächtigten des Klägers mit, daß dem Ansinnen, den Glockenschlag der Kirchturmuhr E. abzustellen, nicht nachgekommen werde. Von der Kirchturmuhr in E. gingen keine schädlichen Umwelteinwirkungen i. S. des Bundesimmissionsschutzgesetzes (BImSchG) aus. Die Turmuhr von E. schlage nur noch in der Zeit zwischen 8.00 und 22.00 Uhr und erreiche einen durchschnittlichen Schallpegel von 60 dB(A). Die Grenzen der TA-Lärm sei damit nicht überschritten. Das Landratsamt Eb. gab dem Kläger ebenfalls im August 1989 bekannt, daß bei einer Ortseinsicht am 24. 7. 1989 auf seinem Balkon für die Viertelstundenschläge 59–60 dB(A) und für die Stundenschläge 63–66 dB(A) festgestellt worden seien. Bei der Berechnung nach dem Taktmaximalpegelverfahren ergebe

---

[1] Auf die Berufung des Klägers hat das BayVGH das Urteil aufgehoben, den Verwaltungsrechtsweg für unzulässig erklärt und den Rechtsstreit an das Landgericht verwiesen; BayVGH, Beschluß vom 6. 10. 1993, KirchE 31, 418.

sich ein Beurteilungspegel von 46 dB(A). Der Richtwert von 55 dB(A) für ein allgemeines Wohngebiet werde damit weit unterschritten.

Mit der vorliegenden, gegen das Kath. Pfarramt St. Joseph in K. gerichteten Klage im Verwaltungsstreitverfahren beantragt der Kläger, den Beklagten zu verurteilen, es zu unterlassen, den Glockenschlag der Kirchturmuhr in E. zum Zwecke der akustischen Zeitansage zu betätigen. Zur Begründung wird vorgetragen, der Kläger wende sich gegen das Glockengeläut als akustische Zeitangabe, weil dieses Glockengeläut keine zumutbare, sozialadäquate Einwirkung darstelle, sondern vielmehr eine erhebliche Belästigung i. S. des Bundesimmissionsschutzgesetzes. Es sei nicht eindeutig, ob das Verwaltungsgericht zuständig sei. Aus diesem Grunde werde hilfsweise beantragt, den Rechtsstreit an das Landgericht München zu verweisen.

Die Eigentumswohnung des Klägers sei – wie dieser weiter ausführt – im dritten Geschoß schräg gegenüber der Kirche des Beklagten gelegen. Beides befinde sich im reinen Wohngebiet. Die Glocken würden viertelstündlich zwecke akustischer Zeitangabe geläutet. Durch das Glockenläuten würden Schallpegel von bis zu 60 dB(A) erreicht. Diese Lärmbelästigung sei vom Kläger nicht mehr hinzunehmen. Selbst die neue Läuteordnung der Erzdiözese München und Freising vom 2. 10. 1963 weise darauf hin, daß die veränderten Lebens- und Arbeitsverhältnisse unserer Zeit auch in der Erzdiözese München und Freising eine Überprüfung der bisher üblichen Läuteordnung notwendig machten. Der gemessene Schallpegel beeinträchtige den Kläger und seine Familie nicht nur auf dem Balkon, sondern auch in der Wohnung hinter verschlossenen Fenstern. Der Kläger sehe sein Wohnungseigentum durch die Lärmimmissionen beeinträchtigt.

Das Erzbischöfliche Ordinariat bezog zum klägerischen Vorbringen Stellung. Es hält die Klage für unzulässig. Das Kath. Pfarramt sei ein Verwaltungsamt der kath. Kirche, das keine eigene Rechtsfähigkeit besitze. Das Pfarramt sei nicht parteifähig. Ferner sei der Verwaltungsrechtsweg nicht gegeben, denn es liege keine öffentlich-rechtliche Streitigkeit i. S. der Verwaltungsgerichtsordnung vor. Die Uhr auf dem Kirchturm von E. gehöre der kath. Kirche. Ihr Schlagen sei keine hoheitliche Tätigkeit. Im Verhältnis zum Kläger liege nur ein nachbarschaftliches Verhältnis vor. Darüber hinaus sei der Anspruch auch unbegründet. Der Kläger könne aus keinem Rechtsgrund die vollständige Unterlassung des Glockenschlags der Kirchturmuhr in E. zum Zwecke der akustischen Zeitanzeige verlangen. Nach dem öffentlichen Recht sei der Kläger nur gegen schädliche Umwelteinwirkungen durch Geräusche geschützt, der zivilrechtliche Nachbarschutz gewähre nur Abwehransprüche gegen wesentliche Beeinträchtigungen eines Grundstücks. Auch ein eventuell geänderter Klageantrag auf zeitweise Unterlassung des Turmuhrschlagens bzw. weiterer Dämpfung des Turmuhrschlags sei unbegründet. Die Turmuhr schlage nur in der

Zeit von 8.00–18.00 Uhr. Der Kläger wohne nicht in einem reinen Wohngebiet, sondern in einem allgemeinen Wohngebiet. Gegenüber der Wohnung des Klägers befinde sich die Grundschule E. mit zwei ausgelagerten Klassen aus der Hauptschule, ebenso das Feuerwehrhaus. Neben der Schule sei ein Sportplatz. Das Schlagen der Turmuhr sei als sozialadäquat hinzunehmen. Auch die Stärke des Turmuhrschlagens sei vom Kläger unrichtig dargestellt worden. Der Sachverständige P. habe am 27. 4. 1989 für den Uhrenschlag um 11.00 Uhr einen Schallpegel von 60 dB(A) mit einem Spitzenwert von 62 dB(A) auf der Straßenkreuzung vor der Wohnung des Klägers gemessen.

Die Landesanwaltschaft München erachtet die Klage für zulässig. Der Verwaltungsrechtsweg sei gegeben. Das Zeitschlagen der Kirchturmuhr habe keinen liturgischen Zweck und sei nicht Bestandteil der durch Art. 4 GG geschützten Religionsausübung. Es handle sich um eine profane, nicht sakrale Nebenaufgabe der Kirche im öffentlichen Interesse, die dem staatlichen Recht und staatlichen Eingriffsbefugnissen unterliege. Die Klage sei gegen den Träger der Turmuhr und der Glocken zu richten. Aus den Akten ergäben sich diesbezüglich keine Informationen. Ob eine Beeinträchtigung vorliege, sei im Rahmen des öffentlich-rechtlichen Abwehranspruchs nach den Grundsätzen des Bundesimmissionsschutzgesetzes zu entscheiden. Schädliche Umwelteinwirkungen lägen in der Regel dann vor, wenn die zulässigen Immissionsrichtwerte überschritten würden. Der Gebietscharakter müsse in der mündlichen Verhandlung anhand von Plänen oder gegebenenfalls durch Augenschein bestimmt werden. Der Glockenschlag zur Zeitansage verursache schädliche Umwelteinwirkungen, wenn der Tagesrichtwert von 50 dB(A) bzw. 55 dB(A) überschritten werde. Eine Erhöhung des Immissionsrichtwerts aus der TA-Lärm wegen der traditionellen Präsenz der Kirche, die sich im regelmäßig wiederkehrenden Glockenzeitschlag ausdrücke, habe das Bundesverwaltungsgericht für die Nachtzeit abgelehnt. Gegenüber dem nächtlichen Glockenschlag habe das Bundesverwaltungsgericht keine höheren Duldungspflichten der Nachbarn im Verhältnis zum gewerblichen Lärm als gegeben angesehen. Im vorliegenden Fall stehe nicht der nächtliche Stundenschlag, sondern das Zeitschlagen tagsüber in Streit. Da die Entscheidung des Bundesverwaltungsgerichts auf die Bedeutung der Nachtruhe als hohes Schutzgut abstelle, lasse sich sicher vertreten, daß für das Zeitschlagen unter Tags der Richtwert der TA-Lärm auch überschritten werden dürfe, ohne daß schädliche Umwelteinwirkungen vorlägen. In jedem Fall ergebe sich aus dem Urteil des Bundesverwaltungsgerichts, daß dann, wenn der zulässige Immissionsrichtwert nicht überschritten werde, von schädlichen Umwelteinwirkungen nicht gesprochen werden könne. Die Messung des Landratsamtes Eb. vom 24. 7. 1989 habe ergeben, daß bei Viertelstundenschlägen ein Spitzenpegel von 60 dB(A), bei Stundenschlägen ein solcher von 66 dB(A) erreicht werde. Es errechne sich ein Beurteilungspegel von 46 dB(A). Die bisherigen gerichtlichen Entscheidungen hätten die TA-Lärm bzw. die VDI-Richtlinie 2058 als geeignete Beurteilungsgrundlage für die Lästigkeit von Glockenschlägen zur Zeitansage anerkannt. Für die Spitzenpegel, in denen sich die Impulshaltigkeit eines Einzelgeräusches ausdrücke, bestimme die VDI-Richtlinie 2058, daß eine schädliche Umwelteinwirkung dann nicht vorliege, wenn kurzzeitige Geräuschspitzen den Richtwert am Tage um nicht mehr als 30 dB(A) überschritten. Unter Zugrundelegung eines reinen Wohngebiets ergebe sich damit ein zulässiger Spitzenpegel von 80 dB(A), bei einem allgemeinen Wohngebiet seien den Anwohnern Spitzenpegel bis zu 85 dB(A) zuzumuten. Diese Spitzenwerte seien vom Zeitglockenschlag der Kirchturmuhr von St. Joseph in keinem Fall erreicht.

In der mündlichen Verhandlung vor dem Verwaltungsgericht wurde anhand des Bebauungsplans Ortsteil E./Landkreis Eb. Nr. 31 und anhand eines Auszugs aus dem Entwurf eines Flächennutzungsplans die Situationsgebundenheit der klägerischen Eigentumswohnung festgestellt. Auf Hinweis des Gerichts erklärte der Bevollmächtigte des Klägers, daß die Pfarrkirchenstiftung K. als Verfügungsbefugte über das Läutwerk der Kirche St. Joseph Beklagte sein solle. Die übrigen Beteiligten stimmten dieser Erklärung zu.

Die Kammer weist die Klage ab.

Aus den Gründen:

Die zulässige Klage ist nicht begründet. Dem Kläger steht gegen die Beklagte kein Anspruch auf Unterlassung des Glockenschlags der Kirchturmuhr zum Zwecke der akustischen Zeitangabe zu.

I. Die Klage ist zulässig.

1. Der Rechtsstreit fällt in die staatliche Gerichtsbarkeit. Kirchliches Glockengeläut in der hier vorliegenden Art berührt auch staatliche Belange, denn es kann mit dem Ruhebedürfnis der Nachbarn kollidieren; der Schutz der Nachbarn vor schädlichen Immissionen ist Aufgabe des Staates. Daher ist für Streitigkeiten der vorliegenden Art – auch wenn sich die Klage gegen die Kath. Kirchenstiftung richtet – der Rechtsweg zu den staatlichen Gerichten eröffnet (vgl. Urteil des BVerwG vom 7. 10. 1983[2], BayVBl. 1984, 186 f.).

2. Die vorliegende Immissionsabwehrklage ist eine öffentlich-rechtliche Streitigkeit nach § 40 Abs. 1 VwGO, für die der Verwaltungsrechtsweg gegeben ist.

Der Staat hat durch die Zuerkennung des Status von Körperschaften des öffentlichen Rechts gemäß Art. 137 Abs. 5 WRV i.V.m. Art. 140 GG die Kirchen

---

[2] KirchE 21, 251.

aus dem Kreis der Religionsgesellschaften, deren Wirken er der Privatrechtsordnung unterstellt, hervorgehoben und diesen gegenüber rechtlich abgegrenzt. Damit hat er nicht nur anerkannt, daß die Kirchen wie alle Religionsgesellschaften das Recht der Selbstbestimmung haben und vor staatlichen Eingriffen in ihre inneren Verhältnisse geschützt sind, vielmehr hat er darüber hinaus die Rechtsstellung der Kirchen wie auch deren öffentliches Wirken dem öffentlichen Recht zugeordnet. Der verfassungsrechtlich garantierte Körperschaftsstatus der Kirchen hat nach Auffassung des Bundesverwaltungsgerichts (Urteil vom 7. 10. 1983, aaO) vielmehr den Sinn, neben den Körperschaften des öffentlichen Rechts im verwaltungsrechtlichen Sinn die kirchlichen Körperschaften des öffentlichen Rechts als Rechtssubjekte anzuerkennen, deren Wirken, soweit es der staatlichen Rechtsordnung unterliegt, grundsätzlich dem öffentlichen Recht angehört.

Kirchliche Streitigkeiten der hier in Frage stehenden Art, für die staatliche Gerichte zuständig sind, sind grundsätzlich als öffentlich-rechtlich gemäß § 40 Abs. 1 VwGO zu behandeln. Der Glockenschlag der Kirchturmuhr zum Zwecke der akustischen Zeitansage ist nach Auffassung des Gerichts neben dem liturgischen Glockengeläut eine typische Lebensäußerung der öffentlich-rechtlichen Körperschaft Kirche und damit nach der Natur des Rechtsverhältnisses öffentlich-rechtlich. Auch die Widmung der Kirchenglocken als öffentliche Sachen, zu der die Kirchen aufgrund ihres Körperschaftsstatus befähigt sind, begründet zwischen dem öffentlich-rechtlichen Träger der Sache und dem Nachbarn, dessen Rechte durch den widmungsgemäßen Gebrauch der Sache betroffen werden, eine öffentlich-rechtliche Beziehung. Es ist anerkannt, daß die Kirchen auch außerhalb des religiösen Kernbereichs öffentliche Aufgaben wahrnehmen können (vgl. Maunz-Dürig, Komm. zum Grundgesetz, Art. 140 Rdnr. 12). Die Anerkennung des Status der Kirchen als Körperschaften des öffentlichen Rechts bedeutet, daß die Rechtsstellung der Kirchen wie auch deren öffentliches Wirken grundsätzlich dem öffentlichen Recht zugeordnet werden. In dieser Sicht ist das öffentliche Wirken der Kirchen außerhalb des religiösen Kernbereichs von ihrem nach Art. 140 GG, Art. 137 Abs. 3 WRV anerkannten Selbstverwaltungsrecht umfaßt. Soweit das Schlagwerk einer Turmuhr in Rede steht, liegt hier eine profane, nicht sakrale Nebenaufgabe der Kirche im öffentlichen Interesse vor (vgl. Campenhausen, DVBl. 1972, 316; OVG Saarlouis, Urteil vom 16. 5. 1991[3], in: NVwZ 1992, 72 m.w.N.).

3. Da die Beklagte über ihr Glockengeläut nicht durch Verwaltungsakt verfügen kann, ist die Unterlassungsklage in der Form der allgemeinen Leistungsklage die statthafte Klageart (vgl. Kaup, Rechtsschutz gegen kirchliches Mahngeläut, in: BayVBl. 1992, 161 ff. [163]).

---

[3] KirchE 29, 134.

4. Der Kläger ist auch klagebefugt, § 42 Abs. 2 VwGO analog. Mit dem Bundesverwaltungsgericht ist von der Anwendbarkeit des § 42 Abs. 2 VwGO auf allgemeine Leistungsklagen auszugehen (vgl. Kopp, Komm. zur VwGO, 8. Aufl., § 42 Rdnr. 38). Eine Verletzung der körperlichen Unversehrtheit nach Art. 2 Abs. 2 Satz 1 GG sowie der Eigentumsposition nach Art. 14 GG des Klägers ist infolge der von ihm vorgetragenen Lärmbelästigung denkbar.

II. Die Klage ist nicht begründet.

1. Die Kath. Kirchenstiftung St. Joseph K. ist vorliegend passiv legitimiert. Im Falle der Unterlassungsklage ist die Untergliederung der Kirche zu verklagen, die die jeweilige Verfügungsbefugnis über das Läutwerk hat. Nicht die Kirchengemeinden, sondern die Kirchenstiftungen sind im Freistaat Bayern die richtigen Beklagten (vgl. Kaup, aaO, S. 164 m.w.N.). Die Klageänderung gemäß § 91 Abs. 1 VwGO ist zulässig. Die übrigen Beteiligten willigten ein.

2. Nach der Rechtsprechung des Bundesverwaltungsgerichts (Urteil vom 29. 4. 1988 und 19. 1. 1989, DVBl. 1989, 463 und BayVBl. 1989, 20) kann dahinstehen, welches die Grundlage eines nachbarrechtlichen Abwehranspruchs gegen Immissionen, die von einer hoheitlich betriebenen Anlage ausgehen, ist: Der grundrechtliche Abwehranspruch aus Art. 2 Abs. 2 Satz 1 und Art. 14 Abs. 1 Satz 1 GG oder die §§ 1004, 906 BGB analog oder gar ein öffentlich-rechtlicher Folgenbeseitigungsanspruch. Der Maßstab für die Beurteilung der Zumutbarkeit oder Unzumutbarkeit des Lärms bleibt jeweils der gleiche. Er ergibt sich für das Glockengeläut aus § 22 Abs. 1 BImSchG. Danach sind schädliche Umwelteinwirkungen, hier Geräusche, die nach Art, Ausmaß oder Dauer geeignet sind, erhebliche Belästigungen für die Nachbarschaft herbeizuführen (§ 3 Abs. 1 BImSchG) zu verhindern, soweit sie nach dem Stand der Technik vermeidbar sind und, soweit das nicht der Fall ist, auf ein Mindestmaß zu beschränken. Dieser Maßstab führt im öffentlich-rechtlichen Nachbarschaftsverhältnis zum selben Ergebnis wie der nach §§ 906, 1004 BGB im privatrechtlichen Nachbarschaftsverhältnis geltende. Nach §§ 906 Abs. 1, 1004 Abs. 1 BGB kann ein Nachbar Geräusche, die die Benutzung seines Grundstücks nicht nur unwesentlich beeinträchtigen, abwehren.

Das Schlagwerk der Turmuhr der Beklagten ist eine Anlage im Sinne des § 3 Abs. 5 Nr. 1 BImSchG und in Abgrenzung zu § 4 BImSchG i.V.m. der 4. Verordnung zur Durchführung des Bundesimmissionsschutzgesetzes – 4. BImSchV – nicht genehmigungsbedürftig (vgl. auch Urteil des BVerwG vom 30. 4. 1992[4] – 7 C 25.91 – S. 7). Da diese Anlage nicht gewerblichen Zwecken dient, ist sie so zu betreiben, daß nach dem Stand der Technik vermeidbare schädliche Umwelteinwirkungen durch Geräusche verhindert werden. Wann Geräusche schädliche Umwelteinwirkungen für die Nachbarschaft

---

[4] KirchE 30, 211.

darstellen, unterliegt weitgehend tatrichterlicher Wertung und ist damit Frage einer Einzelbeurteilung (vgl. Urteil des BVerwG vom 30. 4. 1992 – 7 C 25.91 –). Die tatrichterliche Einzelbeurteilung richtet sich insbesondere nach der durch die Gebietsart und die tatsächlichen Verhältnisse bestimmten Schutzwürdigkeit (hier: Glockenschlag der Beklagten) und Schutzbedürftigkeit (hier: des Klägers), wobei wertende Elemente wie die Herkömmlichkeit, die soziale Adäquanz und die allgemeine Akzeptanz mitbestimmend sind (vgl. BVerwG, aaO). Dies erfordert letztendlich eine Güterabwägung im Rahmen einer wertenden Gesamtbetrachtung.

Im Ergebnis führt die Abwägung dazu, daß die Schutzbedürftigkeit des Klägers hinter der Schutzwürdigkeit der von der Anlage der Beklagten ausgehenden Geräusche zurückbleibt, weil die Grenze des einschlägigen Immissionsrichtwertes nicht überschritten ist.

2.1 Die Grenze der erheblichen Belästigungen für die Nachbarschaft orientiert sich an derjenigen der Zumutbarkeit und verläuft unterhalb der Gefahr von Gehörschäden und sonstigen Gesundheitsschäden (Kaup, aaO, S. 164).

Die Zumutbarkeit wird anhand objektiv-technischer und wertend-subjektiver Kriterien festgestellt. Das Bundesverwaltungsgericht hat die prinzipielle Eignung der technischen Anleitung Lärm – TA-Lärm – und der VDI-Richtlinie 2058 Bl. 1 für die Beurteilung der Zumutbarkeit von Glockengeläut für die Nachbarschaft anerkannt (vgl. Urteil vom 7. 10. 1983, aaO, S. 68 und vom 30. 4. 1992 – 7 C 25.91 –). Die im Verfahren nach § 48 BImSchG als Verwaltungsvorschrift erlassene TA-Lärm betrifft zwar nur die genehmigungsbedürftigen Anlagen im Sinne des § 4 BImSchG; die in ihr niedergelegten Lärmermittlungs- und Bewertungsgrundsätze sind aber auch für andere Lärmarten bedeutsam.

2.2 Die Immissionsrichtwerte nach Nr. 2.321 TA-Lärm orientieren sich an den verschiedenen Gebietsnutzungen. In einem Gebiet, in dem ausschließlich Wohnungen untergebracht sind (reines Wohngebiet), beträgt der für den Tag maßgebliche Wert 50 dB(A). Bei diesem Immissionswert handelt es sich um den äquivalenten Dauerschallpegel, Nr. 2.42 TA-Lärm.

Der Kläger wohnt ca. 100 m vom Kirchturm entfernt. In dem von der Vertreterin des Beigeladenen vorgelegten Entwurf eines Flächennutzungsplans sind die Flächen, in denen sich die klägerische Wohnung befindet, als reines Wohngebiet (WR) dargestellt, auch wenn die umgebenden Flächen Nutzungsänderungen zum allgemeinen Wohngebiet bzw. zum Sondergebiet erfahren werden oder bereits erfahren haben. Unabhängig von der hier rechtlich unverbindlichen bauplanungsrechtlichen Festlegung kommt es auf die tatsächliche bauliche Nutzung der den Immissionen ausgesetzten Flächen an, Nr. 2.322 a. E. TA-Lärm, da kein Bebauungsplan aufgestellt worden ist.

Selbst wenn man zugunsten des Klägers von einem reinen Wohngebiet ausgeht und einen Immissionsrichtwert von 50 dB(A) zugrundelegt, so ist der im

Zeitschlag einer Kirchturmuhr

Wege des Taktmaximalpegelverfahren (120 „1/4 Stundenschläge", 86 „Stundenschläge") vom Landratsamt Eb. festgestellte Beurteilungspegel von 46 dB(A) nicht überschritten (Messung des Landratsamts auf dem Balkon des Klägers am 24. 7. 1989, Schreiben des Landratsamts vom 2. 8. 1989, Bl. 28 d. A.). Die viertelstündlichen Schläge der Kirchturmuhr wiederholen sich in regelmäßigen Abständen auf einen bestimmten Pegel, die eine Einzeltonbewertung gerade ausschließen. Der oben genannte Dauerschallpegel entspricht diesem gleichbleibenden Geräusch.

2.3 Dagegen spricht nicht, daß Zeitschläge in der Nacht als Einzelgeräusche der Mittelwertbildung eines Dauergeräusches entgegenstehen (so BVerwG, Urteil vom 30. 4. 1992 – 7 C 25.91 – S. 9). Diese Bewertung fußt gerade auf der Besonderheit des Schutzes vor nächtlichen Ruhestörungen, die sich durch einzelne Spitzenmeßwerte auszeichnen. Das Bundesverwaltungsgericht stellt daher zu Recht auf die Bedeutung der Nachtruhe als hohes Schutzgut und die Lästigkeit der Einzelgeräusche ab. Diese Wertung kann angesichts der Betonung auf der Nachtruhe gerade nicht auf die tagsüber vorhandenen Geräuschimmissionen übertragen werden.

Die für den Kläger lästigen Einzelgeräusche ergeben bei den Viertelstundenschlägen einen Spitzenpegel von 60 dB(A), bei den Stundenschlägen einen solchen von 66 dB(A). Die Spitzenbelastung darf nach der VDI-Richtlinie 2058, Nr. 3.3. in reinen Wohngebieten den Richtwert von 50 dB(A) um bis zu 30 dB(A) überschreiben, ohne daß für die Nachbarschaft schädliche Umwelteinwirkungen gegeben wären.

Legt man sogar einen streitgegenständlichen Spitzenpegelwert von 68 dB(A) (Schriftsatz des Klägers vom 8. 4. 1992, S. 3) oder von 71 dB(A) (Meßprotokoll der P-GmbH & Co., Bl. 25 d. A.) zugrunde, so ist der zugelassene Spitzenpegel von 80 dB(A) nicht überschritten. Aufgrund des objektiv festgestellten Meßergebnisses sind daher schädliche Umwelteinwirkungen im Sinne von § 3 Abs. 1 BImSchG nicht gegeben.

2.4 Angesichts der in der mündlichen Verhandlung vom 2. 3. 1993 bezüglich der Situationsgebundenheit der klägerischen Wohnung getroffenen Feststellungen ist das Gericht sogar der Auffassung, daß der Bereich, der die Wohnung des Klägers mitumfaßt, als allgemeines Wohngebiet mit der Tendenz zum reinen Wohngebiet einzustufen ist. Die Grundstücksnutzung ist in derartigen Fällen mit einer Pflicht zur gegenseitigen Rücksichtnahme belastet. Dieser Pflicht unterliegt nicht nur derjenige, der Belästigungen verbreitet, sondern sie führt auch zu einer Duldungspflicht der Nachbarn. In einem mit der Pflicht zur Rücksichtnahme belasteten Gebiet muß ein Mehr an Lärmimmissionen hingenommen werden. Damit erhöht sich die Grenze, bei deren Überschreiten schädliche Umwelteinwirkungen angenommen werden (vgl. Bethge/Meurers, Komm. zur TA-Lärm, 4. Aufl., 1985 Rdnr. 14 zu Nr. 2.321). Der erforderliche Interessenausgleich darf dabei nicht schematisch im Sinne einer rein rechnerischen Mittelwertbildung vorgenommen werden, weil der Schallpegel kein arithmetisches, sondern ein logarithmisches Maß ist. Bei der Zwischenwertbildung sind die Besonderheiten der konkreten Situation, die Ortsüblichkeit eines Geräuschs als Ausdruck einer spezifschen Lästigkeit ebenso zu berücksichtigen wie der Aspekt, welche von zwei unverträglichen Nutzungen zuerst verwirklicht worden ist. Die örtliche Situation – gegenüber dem Anwesen, in dem sich die klägerische Wohnung befindet, liegt südlich das Volksschulgebäude, südöstlich die Kirche mit Kindergarten sowie südlich von der G.-Straße das Feuerwehrgebäude – gebietet im vorliegenden Falle, von einem Immissionsrichtwert tagsüber von 53 dB(A) für die klägerische Wohnung auszugehen.

2.5 Dem Kläger soll nicht abgesprochen worden, daß er sich durch den Zeitglockenschlag gestört fühlt. Es darf aber nicht auf die individuelle Einstellung eines besonders empfindlichen Nachbarn abgestellt werden.

Die Duldungspflicht resultiert aus dem im Rahmen der wertenden Gesamtbetrachtung höher einzustufenden Interesse der Beklagten, mit dem Zeitschlag auf die Präsenz der Kirche und die Zeitlichkeit des Menschen hinweisen zu dürfen (OVG Saarlouis, aaO, S. 74). Denn auch bei dem nicht sakralen Gebrauch der Glocke bewegt sich die Beklagte innerhalb ihrer historisch gewachsenen, traditionell mit den Dorfgemeinden verbundenen und rechtlich besonderen Position. Tagsüber überschreitet das beanstandete Läuten nicht die Grenzen des Angemessenen, was sich aus der Lage der klägerischen Wohnung selbst ergibt. Denn es ist denkbar – wie bereits ausgeführt –, daß angesichts der baulichen Nutzung des südlich angrenzenden Geländes (Volksschulgebäude mit Sportplatz, Feuerwehrgebäude als Sonderfläche SO) und damit ausgehend von einer potentiell höheren Geräuschbelastung eine höhere Mittelwertbildung für das dann größere Beurteilungsgebiet zugrunde zu legen ist.

2.6 Ein Mißbrauch des Läuterechts oder ein durch die neue Läuteordnung der Erzdiözese München und Freising vom 2. 10. 1963 nicht mehr gedeckter Gebrauch des Läutwerks ist nicht ersichtlich. Selbst wenn man mit dem Kläger von einer hinsichtlich der Glocken-Zeitanzeige gewandelten Einstellung der Gesellschaft und auch der Kirche ausgeht, so ist das Grundrecht des Klägers auf körperliche Unversehrtheit nach Art. 2 Abs. 2 Satz 1 GG dennoch nicht beeinträchtigt. Ein verständiger Durchschnittsmensch sieht diesen Zeitglockenschlag nicht als körperlichen Eingriff, der der Zufügung von Schmerzen entspricht (vgl. zum Schutzbereich des Art. 2 Abs. 2 Satz 1 GG BVerfGE 56, 784). Eine Verletzung von Art. 14 GG ist ebenfalls nicht ersichtlich.

23

Der Dienst bei öffentlich-rechtlichen Religionsgemeinschaften ist kein öffentlicher Dienst im Sinne von § 22 Nr. 3 VwGO.

Zur Befreiung von der Übernahme des Amtes eines ehrenamtlichen Richters in besonderen Härtefällen.

§§ 22 Nr. 3, 23 Abs. 2, 24 VwGO
OVG Nordrhein-Westfalen, Beschluß vom 15. März 1993 – 16 F 110/93[1] –

Der Antragsteller, der im Dienst einer kath. Kirchengemeinde steht, erstrebt seine Befreiung vom Amt eines ehrenamtlichen Richters in der Verwaltungsgerichtsbarkeit.
Der Antrag blieb erfolglos.

Aus den Gründen:

Herr K. ist nicht gemäß § 24 Abs. 1 Nr. 1 VwGO von seinem Amt zu entbinden. Er ist nicht Angestellter im öffentlichen Dienst im Sinne von § 22 Nr. 3 VwGO.

Zwar ist der Begriff des öffentlichen Dienstes entsprechend dem Zweck der vorgenannten Vorschrift, dem Grundsatz der Gewaltenteilung Rechnung zu tragen und bei den Betroffenen Interessen- und Pflichtkollisionen zu vermeiden, weit auszulegen. Gleichwohl ist der Dienst bei öffentlich-rechtlichen Religionsgemeinschaften kein öffentlicher Dienst, weil diese nach heutiger Auffassung keine staatlichen Aufgaben erfüllen (vgl. BVerwG, Urteil vom 15. 12. 1972 – 7 C 48.70 –, DÖV 1973, 282; OVG Hamburg, Beschluß vom 5. 2. 1969[2] – I 3/69 –, DÖV 1970, 102; Senatsbeschluß vom 30. 10. 1979[3] – 16 E 6/79 –; Kopp, VwGO, 9. Aufl. 1992, § 22 Rdnr. 2; Redeker/von Oertzen, VwGO, 10. Aufl. 1991, § 22 Rdnr. 2; Eyermann/Fröhler, VwGO, 9. Aufl. 1988, § 22 Rdnr. 3; Schnellenbach, Die Aufstellung der Vorschlagslisten für die Wahl der ehrenamtlichen Verwaltungsrichter, NVwZ 1988, 703 [704]).

Eine abweichende Beurteilung ist hier nicht deswegen geboten, weil die von Herrn K. geleitete, in der Trägerschaft der katholischen Kirchengemeinde St. J. stehende Bücherei aufgrund eines Vertrages mit der Stadt M. die Funktion einer Stadtbücherei erfüllt. Soweit man in der Wahrnehmung derartiger Aufgaben öffentlicher Daseinsvorsorge überhaupt eine Ausübung öffentlicher Gewalt sehen will, reicht dies jedenfalls für die Annahme des Merkmals „öffentlicher

---

[1] Amtl. Leitsätze. DÖV 1993, 830; NVwZ-RR 1994, 62; NWVBl. 1993, 432. Der Beschluß ist rechtskräftig.
[2] KirchE 10, 285.
[3] KirchE 17, 354.

Dienst" im Sinne von § 22 Nr. 3 VwGO nicht aus. Die aus dem Gewaltenteilungsprinzip abgeleitete Forderung nach Unabhängigkeit der Gerichte verbietet es lediglich, daß Personen zu ehrenamtlichen Richtern berufen werden können, bei denen dadurch allgemein Pflichtenkollisionen entstehen können. Soweit im Einzelfall solche Kollisionen vorhanden oder zu befürchten sind, greifen die Regeln über die Ausschließung und Ablehnung von Gerichtspersonen (§ 54 VwGO i.V.m. §§ 41 ff. ZPO) ein. Demzufolge besteht keine Notwendigkeit, Personen, die im kirchlichen Bereich nur teilweise mit der Ausübung öffentlich-rechtlicher Funktionen betraut sind, generell von der Befugnis zur Ausübung der ehrenamtlichen Richtertätigkeit auszuschließen (vgl. für einen Angestellten einer katholischen Fachhochschule: Senatsbeschluß vom 30. 10. 1979 – 16 E 6/79 –).

Herr K. kann ferner nicht gemäß § 23 Abs. 2 VwGO von der Übernahme des Amtes befreit werden. Ein besonderer Härtefall liegt nicht vor.

Der Senat verkennt nicht, daß Herr K. als Leiter der öffentlichen Bücherei M. in Anbetracht der begrenzten Personalsituation beruflich stark belastet ist. Dies reicht jedoch für eine Befreiung nicht aus, da hieran wegen der Gewährleistung des gesetzlichen Richters strenge Anforderungen zu stellen sind (vgl. BayVGH, Beschluß vom 13. 4. 1983[4] – 5 S 83 A.624 –, NVwZ 1984, 593 [594]). Im übrigen ist die Sorge von Herrn K., er müsse wegen seines Amtes als ehrenamtlicher Richter oft der Bücherei fernbleiben, nicht begründet. Nach aller Erfahrung werden die ehrenamtlichen Richter zu den Kammersitzungen der Verwaltungsgerichte lediglich einige Male im Jahr geladen. Sofern Herr K. im Einzelfall an der Sitzungsteilnahme gehindert ist, ist es ihm unbenommen, dies jeweils rechtzeitig geltend zu machen und dadurch seine Entbindung von der Sitzungsteilnahme zu erreichen (vgl. §§ 30 Abs. 2, 33 Abs. 1 Satz 1 VwGO und § 54 Abs. 1 GVG).

24

In der islamischen Religionsgemeinschaft bestehen weder zwingende Vorschriften, welche das Schlachten unbetäubter Tiere gebietet, noch solche, die den islamischen Gläubigen den Genuß von betäubt geschlachteten Tieren verbieten, sofern nur bestimmte, aus dem Koran und der islamischen Überlieferung hergeleitete Grundsätze beachtet werden. Der Kläger des vorliegenden Verfahrens hat nicht darzulegen vermocht, daß mit diesen Grundsätzen die Anwendung einer sog. Elektrokurzzeitbetäubung unvereinbar ist.

---

[4] KirchE 21, 80.

Art. 4 Abs. 2 GG
VG Koblenz, Urteil vom 16. März 1993 – 2 K 1874/92[1] –

Der Kläger begehrt eine Ausnahmegenehmigung nach dem Tierschutzgesetz für die Durchführung von Schlachtungen von Schafen ohne vorherige Betäubung (Schächten).

Der Kläger ist Angehöriger der islamischen Religionsgruppe und war von 1967 bis 1970 in Tunesien als Metzger tätig. Im Januar 1991 setzte er den Beklagten (Land Rheinland-Pfalz, vertreten durch den Landrat in N.) darüber in Kenntnis, daß er beabsichtige, in einem Metzgereibetrieb gelegentlich für Landsleute Schafe nach islamischem Ritus zu schlachten und beantragte, ihm die hierfür erforderliche Genehmigung zu erteilen. Nachdem der Beklagte erfolglos darauf hingewiesen hatte, daß es in Berlin seit Anfang 1989 im Einvernehmen mit den Vertretern der dort lebenden moslemischen Bevölkerung gängige Praxis sei, vor dem Schlachten eine Elektrokurzzeitbetäubung durchzuführen, die mit den Schlachtvorschriften des Islams im Einklang stehe, lehnte er den Antrag mit dem angefochtenen Bescheid ab. Zur Begründung wurde angeführt, daß nicht ersichtlich sei, inwieweit es zum Selbstverständnis der Religionsgemeinschaft des Klägers sowie der Abnehmer gehöre, Tiere zu schächten oder das Fleisch von nicht geschächteten Tieren nicht zu verzehren.

Hiergegen hat der Kläger nach erfolglosem Widerspruch Klage erhoben. Er trägt unter Berufung auf eine von ihm vorgelegte Stellungnahme der Islamischen Gemeinschaft Deutschland mit Sitz in München vom 17. 6. 1992 vor, daß entgegen der Rechtsauffassung des Beklagten Gründe für eine Ausnahmegenehmigung nach dem Tierschutzgesetz gegeben seien. Denn es gehöre zum Selbstverständnis seiner Religionsgemeinschaft, nur Fleisch von geschächteten Tieren zu verzehren. Selbst wenn möglicherweise in Berlin eine andere Möglichkeit gefunden sei, die den berechtigten Interessen der islamischen Bevölkerungsgruppe Rechnung trage, treffe dies für den hiesigen Bereich jedoch nicht zu. Darüber hinaus sei zu berücksichtigen, daß es im Regierungsbezirk Köln zu keinerlei Schwierigkeiten komme, wenn jemand die Ausnahmegenehmigung für die Schächtung beantrage. Der jeweilige Antragsteller müsse insoweit lediglich eine berufliche Qualifikation nachweisen. Er beantragt, den Beklagten unter Aufhebung des vorgenannten Bescheids sowie des dazu ergangenen Widerspruchsbescheids des Kreisrechtsausschusses des Landkreises N. zu verpflichten, ihm die beantragte Ausnahmegenehmigung nach § 4 a Abs. 2 Nr. 2 TierSchG zum Schächten von lebenden Schafen zu erteilen.

Das Verwaltungsgericht weist den Kläger mit der Klage ab.

---

[1] NVwZ 1994, 615. Das Urteil ist rechtskräftig. Vgl. zu diesem Fragenkreis auch BVerwGE 99, 1.

Aus den Gründen:

Die zulässige Klage hat in der Sache keinen Erfolg.

Die angefochtenen Bescheide sind rechtmäßig und verletzen den Kläger nicht in eigenen Rechten (§ 113 Abs. 4 Satz 1 VwGO). Denn der Kläger hat keinen Anspruch auf die von ihm begehrte Ausnahmegenehmigung nach § 4 a Abs. 2 Nr. 2 TierSchG in der Fassung der Bekanntmachung vom 17. 2. 1993 (BGBl. I S. 254) für ein Schlachten von Schafen ohne Betäubung.

Gemäß § 4 a Abs. 1 TierSchG setzt die Schlachtung eines warmblütigen Tieres grundsätzlich voraus, daß es vor Beginn des Blutentzuges betäubt worden ist. Eine Ausnahmegenehmigung für ein Schlachten ohne Betäubung (Schächten) darf dagegen nach § 4 a Abs. 2 Nr. 2 TierSchG nur insoweit erteilt werden, als es erforderlich ist, den Bedürfnissen von Angehörigen bestimmter Religionsgemeinschaften zu entsprechen, denen zwingende religiöse Vorschriften das Schächten vorschreiben oder den Genuß von Fleisch nicht geschächteter Tiere untersagen. Diese Anforderungen erfüllt der Kläger nicht, so daß er weiterhin an das Gebot der vorherigen Betäubung gebunden ist.

Aufgrund der in das Verfahren eingeführten Unterlagen ist nach Auffassung der Kammer davon auszugehen, daß in der islamischen Religionsgemeinschaft weder zwingende Vorschriften bestehen, welche das Schlachten unbetäubter Tiere gebieten, noch solche, die den moslemischen Gläubigen den Genuß von Fleisch betäubter Tiere verbieten, sofern nur bestimmte, sich aus dem Koran und der islamischen Überlieferung hergeleitete Grundsätze beachtet werden.

Ausgangspunkt der rechtlichen Würdigung ist dabei der Umstand, daß der Koran selbst keine ausdrückliche Bestimmung über das Verbot einer Betäubung enthält. In Sure 5, Vers 4 heißt es dazu lediglich:

„*Verboten ist euch das von selbst Verendete sowie Blut und Schweinefleisch und das, worüber ein anderer Name als Gottes (beim Schlachten) angerufen wurde; das Erdrosselte, das Erschlagene, das zu Tode Gestürzte oder Gestoßene und das, was reißende Tiere angefressen haben – außer dem, was ihr geschlachtet habt –, und das, was auf einem Altar (als Götzenopfer) geschlachtet wurde; und das durch Glückspiel verteilte ist Frevel ... Wer aber durch Hunger getrieben wird – ohne sündhafte Absicht –, dann ist Gott verzeihend und barmherzig.*"

Weitere ergänzende und teilweise gleichlautende Bestimmungen finden sich in Sure 2 (Vers 168), Sure 6 (Vers 146), Sure 16 (Vers 116) und Sure 22 (Vers 31). Für die vorschriftsmäßige Schlachtung nach islamischem Ritus sind im einzelnen folgende fünf Bedingungen einzuhalten (vgl. gutachterliche Äußerung von Dr. Ali Emari, Leiter der islamischen Gemeinschaft in Hamburg über die Schlachtung von erlaubten Tieren im Islam vom 14. 10. 1985):

1. Wer ein Tier schlachtet, ob Mann oder Frau, muß Muslim sein. Es ist keine Bedingung, daß dieser Muslim vollkommen gläubig sein muß, und es genügt, wenn er Anhänger ir-

gendeiner islamischen Glaubensrichtung ist. Es ist auch keine Bedingung, daß die Person, Mann oder Frau, die die Schlachtung vornimmt, rein ist, das bedeutet, daß vor einer Schlachtung die Pflichtgroßwaschung nicht durchgeführt zu werden braucht.
2. Das Tier muß mit einem Gegenstand geschlachtet werden, der scharf ist, z.B. ein scharfes Messer. Das Ziel ist, die Schlachtung so schnell wie möglich durchzuführen, damit das Tier nicht durch ein unscharfes Schlachtinstrument gequält wird und leidet. Die vier Halsschlagadern (Arterien und Venen) sowie die Luft- und Speiseröhre müssen mit einem Schnitt unterhalb der Kehle, und nicht im Nacken, vollständig durchschnitten werden.
3. Bei der Schlachtung muß der Körper des Tieres (die Schlachtstelle – Kehle – und die Extremitäten) in Gebetsrichtung (Kaaba in Mekka) liegen. Wenn das Tier mit Absicht nicht in Richtung gen Kaaba geschlachtet wird, ist der Verzehr des Fleisches eines so geschlachteten Tieres nicht erlaubt. Wenn der Schlachter dies nicht mit Absicht getan hat oder es nur vergessen hat, besteht dieses Verbot nicht.
4. Wenn der Schlachter die Absicht hat, ein Tier zu schlachten, muß er dabei den Namen Gottes anrufen. Es genügt, wenn er sagt: „Im Namen Gottes". Wenn er aus Vergeßlichkeit den Namen Gottes nicht angerufen hat, so ist dadurch die Schlachtung nicht ungültig geworden und das Fleisch dieses Tieres darf verzehrt werden.
5. Das Tier muß sich nach vollständiger Beendigung des Schlachtaktes bewegen, wenn auch nur schwach. Es genügt, wenn es z.B. mit den Augen zwinkert, ein Ohr bewegt, mit dem Schwanz schlägt oder noch läuft, zum Beweis dafür, daß es im Augenblick der Schlachtung gelebt hat.

Islamischen Vorschriften zufolge ist demnach entscheidend, daß das Tier unmittelbar nach Abschluß des Schlachtvorganges, also des Halsschnittes, wenn auch nur schwach, noch Lebenszeichen von sich gibt und Blut aus dem Hals abfließen kann (so auch Stellungnahme des Rektors der Al-Azhar-Universität Kairo vom 25. 2. 1982 gegenüber der Deutschen Botschaft in Ägypten). Nicht gestattet ist der Verzehr des Fleisches demgegenüber dann, wenn das Tier durch die Betäubung getötet und erst danach geschlachtet wird. Der damit verbundene medizinisch-hygienische Zweck der Schlachtvorschriften liegt darin, das möglichst vollständige Entfernen des mit Schlacken und Schadstoffen behafteten venösen Blutes zu gewährleisten. Denn bei einem toten Tier, das geschlachtet wird, findet ein Blutabfluß kaum noch statt, da die Herztätigkeit und die Muskelkontraktionen aufgehört haben mit der Folge, daß solches Blut und solches Fleisch im Islam als unrein gilt (vgl. Stellungnahme Dr. Emari vom 14. 10. 1985, aaO).

Zwar mag es sein, daß es innerhalb des Islams abweichende Auslegungen der in Traditionssammlungen näher festgelegten Speisevorschriften – allein die sunnitische Konfession unterscheidet zwischen vier bedeutenden Rechtsschulen – gibt, welche für die Gläubigen im Hinblick auf den Genuß von Fleisch strengere Regelungen als verbindlich festlegen. So wurden auf verschiedenen internationalen Treffen der Liga der moslemischen Welt etwa Betäubungsverfahren abgelehnt, welche die Tiere nachhaltig beschädigen, ohne unmittelbar den Tod herbeizuführen (vgl. dazu Novak/Rath, Zur Integration moslemischer Schlachtvorstellungen in das Tierschutzrecht, Fleischwirtschaft 1990, S. 167).

Auch der Kläger hat in diesem Zusammenhang eine – nicht näher begründete – Stellungnahme der Islamischen Gemeinschaft in Deutschland vom 17. 6. 1992 vorgelegt, worin u. a. darauf abgestellt wird, daß das Fleisch eines „auf irgendeine Weise verletzten Tieres nicht zum Verzehr geeignet ist." Gleichwohl ist nicht ersichtlich, warum sich daraus jedenfalls für den vorliegenden Fall eine andere Beurteilung ergeben sollte. In diesem Zusammenhang ist zunächst von Bedeutung, daß das betreffende, sehr allgemein gehaltene Gutachten zur Frage der Zulässigkeit einer vorhergehenden Betäubung keine Aussage getroffen hat. Insbesondere ist nicht zu erkennen, daß hiernach gerade das betäubungslose Schlachten zu den unabweisbaren Bedingungen eines rituellen Schlachtvorganges gehört. Hinzu kommt, daß der Kläger sich in der mündlichen Verhandlung allein auf den Koran berufen hat, der, wie gezeigt, ein Betäubungsverbot jedoch gerade nicht enthält, und von ihm im übrigen auch nicht dargelegt wurde, daß der Kreis seiner potentiellen Kunden neben den Vorschriften des Korans andere religiöse Vorschriften als verbindlich ansieht, die den Verzehr von Fleisch betäubter Tiere generell verbieten. Erst eine solche Darlegung würde aber den damit befaßten Behörden und Gerichten die Feststellung ermöglichen, ob es sich bei den geltend gemachten Gründen tatsächlich um zwingende Vorschriften einer Religionsgemeinschaft im Sinne des § 4 a Abs. 2 Nr. 2 TierSchG handelt oder ob nicht einzelne Personen oder Gruppen lediglich unter Berufung auf angeblich religiöse Bestimmungen nur traditionelle Schlachtmethoden aufrechterhalten wollen, deren religionsgesetzliche Ableitung sich in Wirklichkeit nicht belegen läßt bzw. neueren Erkenntnissen der Glaubensvorschriften nicht mehr entspricht (vgl. dazu auch VG Gelsenkirchen, Urteil vom 25. 5. 1992[2], 7 K 5738/91).

Aus den gleichen Gründen geht schließlich der von ihm pauschal erhobene Einwand, die von der Berliner Senatsverwaltung für Gesundheit und Soziales in Übereinstimmung mit den dortigen moslemischen Religionsvertretern praktizierte Durchführung einer Elektrokurzzeitbetäubung sei nicht geeignet, den berechtigten Interessen der islamischen Bevölkerungsgruppe im nördlichen Rheinland-Pfalz Rechnung zu tragen, ins Leere. Davon abgesehen hat bereits der Kreisrechtsausschuß des Landkreises N. in seinem Widerspruchsbescheid zu Recht angeführt, daß namentlich durch diese Betäubungsmethode Aspekte des Tierschutzes und islamische Religionsvorschriften ohne weiteres miteinander in Einklang gebracht werden können. Das ergibt sich aus folgender Überlegung:

Bei dem Verfahren der Elektrokurzzeitbetäubung wird elektrischer Strom mit einer Spannung von etwa 240 Volt für die Dauer von zwei Sekunden durch das Gehirn der Schlachttiere geleitet und das Schmerzempfinden sowie das Be-

---
[2] KirchE 30, 240.

wußtsein der Tiere für eine kurze Zeit ausgeschaltet. Diese Zeit reicht aus, um dem Tier mit einem Messer die Weichteilorgane des Halses zu durchtrennen. Da das Herz in dieser Zeit unbeeinflußt weiterschlägt, bluten die so betäubten Tiere ebensogut aus wie geschächtete Tiere. Überläßt man etwa Schafe im Anschluß an eine solche Narkose sich selbst, dann ist nach ca. fünf Minuten die volle Orientierungsfähigkeit wieder hergestellt und die Tiere zeigen ihr natürliches Flucht- und Herdenverhalten (vgl. Nowak/Rath, aaO). Warum vor diesem Hintergrund eine nur vorübergehende Bewußtseinsausschaltung islamischen rituellen Schlachtbestimmungen widersprechen soll, wie der Kläger meint, ist nicht nachzuvollziehen, wenn man in Rechnung stellt, daß das Verfahren zu keiner nachteiligen Schädigung oder Verletzung des Schafes führt und dessen Fleischqualität völlig unberührt läßt.

Daß es zum Selbstverständnis seiner Religionsgemeinschaft gehören soll, nur Fleisch von geschächteten Tieren zu essen, ist nach allem eine bloße, durch keinerlei objektive Tatsachen belegte Behauptung des Klägers, die auch unter Berücksichtigung der Ausstrahlungswirkung des Grundrechts der freien Religionsausübung gemäß Art. 4 Abs. 2 GG auf die Auslegung des Tierschutzgesetzes rechtlich unbeachtlich ist. Zwar ist das nicht unter einem Gesetzesvorbehalt stehende Grundrecht der freien Religionsausübung gemäß Art. 4 Abs. 2 GG extensiv auszulegen. Es umfaßt neben kultischen Handlungen und der Ausübung sowie Beachtung der religiösen Gebräuche auch alle anderen Äußerungen des religiösen oder weltanschaulichen Lebens, wobei im Einzelfall das Selbstverständnis der jeweiligen Vereinigung zu beachten ist (vgl. BVerfG, Beschluß vom 16. 10. 1968[3], BVerfGE 24, 236 [246 ff.]). Jedoch kann der Einzelne regelmäßig nicht verlangen, daß seine individuelle Überzeugung zum Maßstab der Gültigkeit allgemeiner Gesetze und ihrer Anwendung gemacht wird (BVerfG, Beschluß vom 18. 4. 1984, BVerfGE 67, 26 [37]; OVG Hamburg, Urteil vom 14. 9. 1992 – OVG Bf III 42/90 –[4]). Deshalb ist verfassungsrechtlich nicht zu beanstanden, daß § 4 a Abs. 2 Nr. 2 TierSchG die Erteilung einer Ausnahmegenehmigung von Vorschriften einer Religionsgemeinschaft und nicht von den subjektiven Ansichten der einzelnen Mitglieder abhängig macht. Art. 4 Abs. 2 GG begründet für Angehörige von Religionsgemeinschaften keinen Rechtsanspruch gegenüber dem Staat auf eine besondere Art der Gestaltung der allgemeinen Lebensverhältnisse, die der durch ihren Glauben oder ihre Weltanschauung vorgeschriebenen Lebensführung optimal entgegenkommt (OVG Hamburg, Urteil vom 14. 9. 1992, aaO; zur Verfassungsmäßigkeit von § 4 a Abs. 2 Nr. 2 TierSchG s. auch VG Hamburg, Urteil vom 14. 9. 1989 –

---

[3] KirchE 10, 181.
[4] KirchE 30, 348.

9 VG 703/89[5] –; VG Gelsenkirchen, Urteil vom 25. 5. 1992, aaO; OLG Hamm, Beschluß vom 27. 2. 1992 – 1 Ss OWi 652/91[6] –; VG Augsburg, Beschluß vom 10. 6. 1992 – Au 3 E 92 A.720 –; VG Sigmaringen, Beschluß vom 10. 6. 1992, Natur und Recht 1992, S. 496; Kuhl/Unruh, Tierschutz und Religionsfreiheit am Beispiel des Schächtens, DÖV 1991, S. 94; Kluge, Vorbehaltlose Grundrechte am Beispiel des Schächtens, ZRP 1992, S. 141).

Mit der Rüge, daß im Regierungsbezirk Köln ohne weitere Schwierigkeiten Ausnahmegenehmigungen erteilt würden, vermag der Kläger schließlich ebenfalls nicht durchzudringen. Zum einen ist eine entsprechende Verwaltungspraxis in Nordrhein-Westfalen nicht belegt. Zum anderen obliegt der Vollzug des Tierschutzgesetzes gemäß Art. 83 GG den einzelnen Bundesländern als eigene Angelegenheit, so daß die Verwaltungsbehörden des Beklagten von vornherein an eine etwaige abweichende Ausführung von Behörden anderer Länder außerhalb seines Zuständigkeitsbereiches nicht gebunden sind.

25

Im Rechtsstreit über die Festsetzung röm.-kath. Kirchensteuer richtet sich die örtliche Zuständigkeit des Finanzgerichts nach dem Sitz des Bistums, das über den Einspruch gegen den Heranziehungsbescheid entschieden hat.
Bestimmung des zuständigen Finanzgerichts durch den Bundesfinanzhof.

§§ 38 FGO, 14 Abs. 5 NW.KiStG
BFH, Beschluß vom 25. März 1993 – I S 4/93[1] –

Der Kläger erhob mit Schriftsatz vom 19. 6. 1992 Klage vor dem Finanzgericht Köln gegen das Erzbistum Köln wegen Festsetzung röm.-kath. Kirchensteuer 1989 durch das Finanzamt Z. Dem Klagebegehren liegt zugrunde, daß der Kläger am 12. 6. 1989 aus der röm.-kath. Kirche austrat und dennoch für die Zeit bis zum 31. 7. 1989 nach der o. g. Kirchensteuerfestsetzung röm.-kath. Kirchensteuer zahlen sollte. Der Kläger legte gegen den Bescheid zunächst Einspruch beim Erzbischöflichen Generalvikariat in Köln mit dem Ziel ein, der Kirchensteuerfestsetzung nur das bis zum 30. 6. 1989 erzielte Einkommen zugrunde zu legen. Dies lehnte das Erzbistum durch Einspruchsentscheidung vom 29. 5. 1992 ab.

Da das Finanzamt Z. ursprünglich die Kirchensteuer festgesetzt hatte, hielt sich das FG Köln für örtlich unzuständig. Es verwies die Sache „zuständig-

---

[5] KirchE 27, 246.
[6] KirchE 30, 97.
[1] BFN/NV 1993, 676.

keitshalber" durch Beschluß vom 12. 8. 1992 an das FG Düsseldorf, ohne zuvor dem Erzbistum Gelegenheit zur Stellungnahme zu geben. Das FG Düsseldorf hielt sich seinerseits ebenfalls für örtlich unzuständig. Es war der Auffassung, daß das FG Köln zuständig sei. Durch Beschluß vom 4. 2. 1993 hat es sich deshalb für örtlich unzuständig erklärt und den Bundesfinanzhof zur Bestimmung des zuständigen Finanzgerichts angerufen.
Der BFH bestimmt das FG Köln als zuständiges Gericht.

Aus den Gründen:
Die Anrufung des BFH ist gemäß § 39 Abs. 1 Nr. 4 der FGO zulässig. Sie führt zu der Bestimmung des FG Köln als dem in der Sache zuständigen Finanzgericht.
1. Nach § 39 Abs. 2 FGO kann die Anrufung des BFH auch von einem mit dem Rechtsstreit befaßten Finanzgericht beschlossen werden. Das anrufende FG Düsseldorf war mit der Sache befaßt und deshalb zur Anrufung berechtigt. Das FG Köln hatte das „Streitverfahren" durch Beschluß vom 12. 8. 1992 an das FG Düsseldorf „zuständigkeitshalber" verwiesen.
2. Zwar ist eine Bestimmung des zuständigen Finanzgerichts durch den BFH gemäß § 39 Abs. 1 Nr. 4 FGO nur dann zulässig, wenn verschiedene Finanzgerichte, von denen eines für den Rechtsstreit zuständig ist, sich rechtskräftig für unzuständig erklärt haben. Auch diese Voraussetzung ist jedoch im Streitfall erfüllt. Es liegen entsprechende Beschlüsse des FG Köln vom 12. 8. 1992 und vom FG Düsseldorf vom 4. 2. 1993 vor. Die Beschlüsse sind unanfechtbar (§ 70 Satz 2 FGO i.V.m. § 17 a Abs. 2 Satz3 GVG). Ob beide Beschlüsse oder auch nur einer von ihnen Rechtens sind, ist für die Zulässigkeit der Anrufung des BFH unerheblich. Durch § 39 FGO soll die Zuständigkeitsstreitigkeit zwischen zwei Finanzgerichten geschlichtet werden. Die Vorschrift dient der Lückenlosigkeit des Rechtsschutzes. Ein lückenhafter Rechtsschutz droht aber auch dann, wenn sich ein Finanzgericht zu Unrecht für unzuständig erklärt und ein anderes die Übernahme der Sache verweigert. Dieser Sachverhalt ist im Streitfall gegeben.
3. Für die Entscheidung über die Klage des Klägers ist das FG Köln örtlich zuständig. Es war deshalb als das zuständige Finanzgericht zu bestimmen.
a) Die örtliche Zuständigkeit des FG Köln ergibt sich für die Klage aus § 38 Abs. 1 FGO. Danach ist das Finanzgericht örtlich zuständig, in dessen Bezirk die Behörde ihren Sitz hat, gegen die die Klage gerichtet ist. Die Klage des Klägers ist aber gegen das Erzbistum Köln, vertreten durch das Generalvikariat, gerichtet. Das Erzbistum Köln ist eine Behörde i.S. des § 38 Abs. 1 FGO, die ihren Sitz in Köln hat (§ 1 Abs. 2 AGFGO.NW). Es ist auch nicht damit zu rechnen, daß die Klage künftig gegen eine andere Behörde (z.B. das Finanzamt) gerichtet wird. Das Erzbistum ist für die Klage passiv legitimiert. Dies er-

gibt sich aus § 160 Abs. 1 FGO i.V.m. § 14 Abs. 5 NW.KiStG und § 15 Abs. 2 KiStO der Erzdiözese Köln vom 30. 3. 1969. Nach § 14 Abs. 5 NW.KiStG ist beteiligte Behörde i.S. des § 57 FGO diejenige, die nach der Steuerordnung über den Einspruch zu entscheiden hat. Über den Einspruch des Klägers hatte (und hat) gemäß § 15 Abs. 2 der o.g. KiStO das Erzbischöfliche Generalvikariat Köln zu entscheiden (entschieden).

b) Eine abweichende Zuständigkeitsregelung ergibt sich nicht aus § 38 Abs. 2 FGO, weil das Erzbistum Köln keine oberste Finanzbehörde ist. Oberste Finanzbehörden sind nur die in § 1 Nr. 1, § 2 Abs. 1 Nr. 1 des Finanzverwaltungsgesetzes (FVG) und § 6 Abs. 1 Nr. 1 der Abgabenordnung genannten.

c) Die vom FG Köln vertretene abweichende Rechtsauffassung, es sei das FG Düsseldorf zuständig, weil der ursprüngliche Kirchensteuerbescheid von einem in dessen Bezirk ansässigen Finanzamt erlassen worden ist, findet im Gesetz keine Stütze. § 38 Abs. 1 FGO stellt auf den Sitz des die Kirchensteuer festsetzenden Finanzamts nicht ab. Die Vorschrift geht von der Überlegung aus, daß dem Finanzamt hoheitliche Aufgaben des Erzbistums Köln durch Gesetz übertragen sind, die jedoch mit Beginn des Rechtsbehelfsverfahrens auf das Erzbistum Köln wieder zurückfallen. Das Verwaltungshandeln des Finanzamts war ein solches für Rechnung des Erzbistums Köln, weshalb es rechtlich unbedenklich ist, wenn § 38 Abs. 1 FGO die örtliche Zuständigkeit des Finanzgerichts am Sitz des Erzbistums orientiert.

d) Etwas anderes ergibt sich auch nicht aus § 70 Satz 2 FGO i.V.m. § 17 a Abs. 2 Satz 3 GVG. Danach ist zwar das Gericht, an das die Sache verwiesen wird (hier: Düsseldorf), hinsichtlich seiner örtlichen Zuständigkeit an den Verweisungsbeschluß gebunden. Dies darf jedoch nicht dazu führen, daß ein Finanzgericht seine sämtlichen Verfahren oder auch nur eine ganze Gruppe von Verfahren zu Unrecht durch Verweisungsbeschlüsse an ein anderes Finanzgericht abgibt. Deshalb entfällt die Bindungswirkung nach ständiger höchstrichterlicher Rechtsprechung, wenn der Verweisungsbeschluß offensichtlich fehlerhaft ist und im Ergebnis eine willkürliche Verlagerung des gesetzlichen Richters bedeutet (vgl. Beschlüsse des BVerfG vom 30. 6. 1970 – 2 BvR 48/70 – BVerfGE 29, 45; vom 7. 7. 1982 – I BvR 787/81 – BVerfGE 61, 37, Beschluß des BGH vom 15. 3. 1978 – IV AR Z 17/78 – BGHZ 71, 69; Urteil vom 13. 2. 1980 – 2 StR 5/80 (S) – NJW 1980, 1586; Beschlüsse vom 10. 10. 1987 – I AZR 809/87 – BGHZ 102, 338; vom 16. 12. 1987 – IVb ARZ 46/87 – NJW-RR Zivilrecht 1988, 521; vom 22. 9. 1988 – I AZR 555/88 – NJW 1989, 461; vom 17. 5. 1989 – I AZR 254/89 – NJW 1990, 53). In diesem Fall muß die Rechtsfolge des § 17 a Abs. 2 Satz 3 GVG hinter dem Rechtsgedanken des Art. 101 GG zurücktreten. So ist auch der Streitfall gelagert. Der Beschluß des FG Köln vom 12. 8. 1992 ist offensichtlich rechtsfehlerhaft, weil er im Gesetz keine Rechtsgrundlage findet. Er bedeutet eine willkürliche Verlagerung des gesetz-

lichen Richters auf das FG Düsseldorf. Eine solche Rechtswirkung ist durch
§ 17 a Abs. 2 Satz 3 GVG nicht mehr gedeckt.

26

Das elterliche Erziehungsrecht des Art. 6 Abs. 2 GG und die Grundrechte der Kinder vermitteln den Eltern grundsätzlich keinen einklagbaren Anspruch auf die von ihnen gewünschten Stundenplangestaltung (hier: Religionsunterricht).

Art. 3 Abs. 1, 6 Abs. 2 GG
BVerwG, Beschluß vom 8. April 1993 – 6 B 82.92[1] –

Die Kläger erstreben die Verpflichtung der beklagten Orientierungsstufe, die Religionsstunden in den Klassen ihrer beiden Kinder auf Randstunden zu legen, soweit kein religionskundlicher Unterricht und auch kein Unterricht im Fach „Werte und Normen" angeboten wird. Klage und Berufung[2] sind erfolglos geblieben. Auch die Beschwerde, mit der die Kläger die Zulassung der Revision erreichen möchten, hat keinen Erfolg.

Aus den Gründen:

1. Der geltend gemachte Revisionszulassungsgrund der grundsätzlichen Bedeutung der Rechtssache (§ 132 Abs. 2 Nr. 1 VwGO) liegt nicht vor. Zur Darlegung der grundsätzlichen Bedeutung der Rechtssache in der Beschwerdebegründung ist nach der ständigen Rechtsprechung des Bundesverwaltungsgerichts erforderlich, daß eine bestimmte Frage des revisiblen Rechts mit Tragweite über den jeweiligen Einzelfall hinaus herausgearbeitet wird, die zur Erhaltung der Einheitlichkeit der Rechtsprechung oder für eine bedeutsame Fortentwicklung des Rechts höchstrichterlicher Klärung bedarf (vgl. BVerwGE 13, 90 [91 f.]). Die Beschwerde zeigt eine solche Frage nicht auf.

Das Berufungsgericht hat seiner Entscheidung den allgemeinen Rechtssatz zugrunde gelegt, daß das elterliche Erziehungsrecht des Art. 6 Abs. 2 GG und die Grundrechte ihrer Kinder den Eltern grundsätzlich keinen einklagbaren Anspruch auf die von ihnen gewünschte Stundenplangestaltung vermitteln. Etwas anderes könne nur dann gelten, wenn nach den besonderen Umständen des Falles

---

[1] Amtl. Leitsatz.JZ 1993, 193: NVwZ-RR 1993, 355; ZevKR 39 (1994), 214. Nur LS: AkkR 162 (1993), 285. Vgl. zu diesem Fragenkreis auch AG Aichach BayVBl. 1996, 412; BayObLG NJW 1995, 2317.
[2] Nieders.OVG, Urteil vom 17. 6. 1992, KirchE 30, 266.

die Eltern und ihre Kinder schwer und unerträglich oder – weil durch sachliche Gründe eindeutig nicht gerechtfertigt – sonst unzumutbar beeinträchtigt würden. Diesen Rechtssatz greifen die Kläger nicht an und machen insofern einen Klärungsbedarf nicht geltend. Sie sehen die grundsätzliche Bedeutung der Rechtssache vielmehr darin, daß das Oberverwaltungsgericht mit dem Satz, daß „bei rechter Sicht kein Anhaltspunkt für eine bewußte Benachteiligung besteht", in Abweichung von der „bisherigen Rechtsprechung" die Prüfung unterlassen habe, ob wesentlich Gleiches ungleich behandelt werde und ob sachliche Gründe die gerügte Ungleichbehandlung rechtfertigten. Mit diesen Ausführungen wird keine über den Einzelfall hinausgehende bedeutsame Rechtsfrage aufgeworfen, sondern die Kläger beanstanden die konkrete Rechtsanwendung, nämlich die in ihrem Fall nach ihrer Auffassung unzutreffende Auslegung des Gleichheitsgrundsatzes durch das Berufungsgericht. Fragen der konkreten Rechtsanwendung können aber nicht zur Revisionszulassung wegen grundsätzlicher Bedeutung führen.

Die Sache ist auch nicht deshalb grundsätzlich bedeutsam, weil – wie die Kläger meinen – das Oberverwaltungsgericht mit der Verwendung des Begriffs „bei rechter Sicht" und mit der Frage nur nach einer „bewußten Benachteiligung" subjektive Kriterien an die Stelle der in der Rechtsprechung bisher verwendeten objektiven Maßstäbe gesetzt habe. Diese Rüge kann schon deshalb keinen Erfolg haben, weil die Kläger nicht dargetan haben, inwieweit das Oberverwaltungsgericht damit subjektive Kriterien bei der Anwendung des Gleichheitsgrundsatzes zugrunde gelegt haben soll. Es hat in den Gründen des Urteils (S. 11) festgestellt, daß für die (von den Klägern) gerügte bewußte Benachteiligung der konfessionslosen Kinder durch die Beklagte bei rechter Sicht kein Anhaltspunkt bestehe. Dies hat es dann im einzelnen begründet. Damit hat sich das Gericht lediglich mit den Rügen der Kläger auseinandergesetzt und anhand objektiver Fakten den Nachweis geführt, daß eine Ungleichbehandlung der Kinder der Kläger nach seiner Auffassung nicht erfolgt ist. Subjektive Kriterien bei der Anwendung des Gleichheitssatzes hat es damit nicht eingebracht. Die weiteren pauschalen Hinweise der Kläger, die Beantwortung der Frage könne dazu beitragen, die Gleichbehandlung unterschiedlicher religiöser Überzeugungen an den Schulen weiterzuentwickeln, und weiter, es sei von grundsätzlicher Bedeutung, ob andersgläubige Schüler während der Religionsstunden auch dann vor die Tür gestellt werden dürften, wenn Unterrichtsausfall und Gruppenunterricht in anderen Fächern für keinen Schüler zu Freistunden führen, reichen gleichfalls nicht aus, um die grundsätzliche Bedeutung der Sache aufzuzeigen. Die Kläger hätten hierfür im einzelnen darlegen müssen, in welchem Umfang und aus welchen Gründen sie den oben erwähnten, vom Berufungsgericht seiner Entscheidung zugrunde gelegten allgemeinen Rechtssatz hinsichtlich des Verhältnisses des elterlichen Erziehungsrechts und der Grundrechte der Kinder einerseits und des Schulorganisationsrechts des Staates auf der anderen Seite in Frage stellen wollen. Das haben sie nicht getan.

2. Zu Unrecht rügt die Beschwerde, die Entscheidung des Oberverwaltungsgerichts weiche von dem Urteil des Bundesverwaltungsgerichts vom 25. 11. 1982 – BVerwG 5 C 69.79 – (NJW 1983, 2650) ab, wonach der allgemeine Gleichheitssatz verletzt sei, wenn ein vernünftiger, sich aus der Natur der Sache ergebender oder sonstwie sachlich einleuchtender Grund für die rechtliche Differenzierung sich nicht finden lasse. Eine Abweichung gemäß § 132 Abs. 2 Nr. 2 VwGO liegt nach der ständigen Rechtsprechung des Bundesverwaltungsgerichts nur dann vor, wenn das Oberverwaltungsgericht in einer die Entscheidung tragenden abstrakten Rechtsfrage bei Anwendung derselben Rechtsvorschrift anderer Auffassung ist als das Bundesverwaltungsgericht (Beschluß vom 30. 6. 1988 – BVerwG 2 B 89.87 – Buchholz 421.20 Hochschulpersonalrecht Nr. 38). Das ist hier nicht der Fall. Das von den Klägern herangezogene Urteil des Bundesverwaltungsgerichts betraf die Anwendung des Gleichheitssatzes im Zusammenhang mit einem geltend gemachten Anspruch auf Befreiung von der Mitgliedschaft in einer ärztlichen Versorgungseinrichtung, während das Berufungsurteil eine gegen den Gleichheitssatz verstoßende Benachteiligung der Kinder der Kläger im Zusammenhang mit der Stundenplangestaltung verneint hat.

Außerdem haben die Kläger auch nicht ansatzweise dargetan, in welcher Hinsicht das Oberverwaltungsgericht mit der Begründung „bei rechter Sicht besteht jedoch kein Anhaltspunkt für eine bewußte Benachteiligung" von dem zitierten Rechtssatz des Bundesverwaltungsgerichts in dem Urteil vom 25. 11. 1982 abgewichen sein soll. Das Berufungsgericht hat vielmehr ersichtlich diesen Rechtssatz seiner Entscheidung zugrunde gelegt und im einzelnen den Nachweis geführt, daß nach seiner Auffassung die Stundenplanregelung der Beklagten diesem Verfassungsgrundsatz gerecht wird.

3. Der geltend gemachte Verfahrensmangel (§ 132 Abs. 2 Nr. 3 VwGO) ist gleichfalls nicht dargetan. Die Rüge der Kläger, das Oberverwaltungsgericht habe den Gleichheitssatz nicht geprüft, verkennt das Wesen der Dispositionsmaxime. Danach darf gemäß § 88 VwGO das Gericht nicht über das Klagebegehren hinausgehen, es ist aber an die Fassung der Anträge nicht gebunden. Diese aus dem Dispositionsgrundsatz sich ergebenden Anforderungen hat das Berufungsgericht erfüllt. Es hat über den durch den Antrag der Kläger vorgegebenen Streitgegenstand entschieden, nämlich die von ihnen begehrte Verpflichtung, die Religionsstunden in den Klassen ihrer Kinder auf Randstunden zu legen, solange das Pflichtfach „Werte und Normen" ausfällt und den Kindern kein religionskundlicher Unterricht erteilt wird. Im übrigen ist die Behauptung auch sachlich unzutreffend, das Gericht habe den allgemeinen Gleichheitssatz nicht geprüft. In den Urteilsgründen hat sich das Oberverwaltungsgericht eingehend mit dieser Frage auseinandergesetzt (S. 10, 11).

27

Ein durch den bevollmächtigten Architekten einer kath. Kirchengemeinde abgeschlossenen Bauvertrag ist auch dann wirksam, wenn die besonderen Formvorschriften des § 14 KVVG nicht beachtet wurden.

§ 164 BGB

OLG Köln, Urteil vom 21. April 1993 – 13 U 240/92[1] –

Die Klägerin (katholische Kirchengemeinde) hatte über die Architekten O. und R. die Beklagte mit der Demontage der Fassadenverkleidung ihrer Pfarrkirche beauftragt. Die Klägerin begehrt von der Beklagten wegen unfachmännischer Arbeit Erstattung von Mehraufwand. Die Beklagte trägt u. a. vor, die für eine wirksame Beauftragung gem. § 14 S. 2 des Gesetzes über die Verwaltung des kath. Kirchenvermögens – KVVG – vom 24. 7. 1924 (PrGS S. 585) erforderliche Form sei nicht gewahrt.

Das Landgericht hat der Klage stattgegeben. Die Berufung der Beklagten hatte keinen Erfolg.

Aus den Gründen:

Die Klägerin hat in Bezug auf den geltend gemachten Mehraufwand für die Vertragsdurchführung einen Ersatzanspruch gem. § 4 Nr. 7 S. 3 i. V. mit § 8 Nr. 3 Abs. 2 VOB/B in Höhe von 26931,47 DM. Zwischen den Parteien ist auf der Grundlage der Ausschreibung der Klägerin betreffend die Demontage an der Fassadenverkleidung der Pfarrkirche ein Bauvertrag unter Einbeziehung der Verdingungsordnung für Bauleistungen Teil B (VOB/B) wirksam zustandegekommen, nachdem die Beklagte unter dem 29. 8. 1991 ein entsprechendes Angebot abgab und die von der Klägerin mit der Durchführung der gesamten Maßnahme beauftragten Architekten O. und R. dieses Angebot als Vertreter der Klägerin mit Wirkung für und gegen diese durch Erteilung des Auftrages angenommen haben (§§ 164 ff. BGB). Die von der Beklagten unter Hinweis auf § 14 S. 2 KVVG geäußerten Bedenken gegen die Wirksamkeit des Vertragsschlusses greifen nicht durch. Dabei bedarf es keiner Entscheidung der umstrittenen Frage, ob es sich bei der fraglichen Bestimmung um eine Formvorschrift i. S. von § 125 S. 1 BGB (vgl. hierzu OLG Hamm, NJW-RR 1988, 467) oder um eine Zuständigkeitsregel als Organisations- und Vertreterregelung mit vorgeschriebenen Förmlichkeiten (vgl. hierzu BGHZ 6, 330 [332f.] = NJW 1952, 1130 = LM § 37 DGO Nr. 1; BGHZ 32, 375 [380f.] = NJW 1960, 1805 = LM Nds. GemO Nr. 2 L; BGHZ 92, 164 [174] = NJW 1985, 1778 = LM § 276

---

[1] NJW-RR 1994, 211. Das Urteil ist rechtskräftig.

[Fb] BGB Nr. 8) handelt und ob der Beklagten gem. § 242 BGB die Berufung auf eine etwa daraus resultierende Unwirksamkeit des Vertrages zu versagen wäre (vgl. hierzu Förschler, in: MünchKomm, § 125 Rdnr. 53). Denn hier hat nicht die Klägerin selbst, sondern ihr Vertreter in Person des Architekten R. die erforderlichen Vertragserklärungen abgegeben; da nach § 167 Abs. 2 BGB die Bevollmächtigung grundsätzlich nicht der Form bedarf, die für das Rechtsgeschäft bestimmt ist, auf das sich die Vollmacht bezieht, konnte die Klägerin den Architekten ohne Beobachtung der Bestimmung des § 14 S. 2 KVVG bevollmächtigen und dieser durch einfache Erklärung gegenüber dem Geschäftsführer der Beklagten namens der Klägerin den Bauvertrag abschließen.

Eine Umgehung des § 14 KVVG ist darin nicht zu sehen; denn die Vorschrift des § 167 Abs. 2 BGB, derzufolge die Formfreiheit für die Vollmacht die Regel darstellt, ist eindeutig und vom Gesetzgeber in Kenntnis des Problems in das Gesetz aufgenommen worden. Einer der Fälle, in denen ausnahmsweise die Erteilung der Vollmacht entgegen § 167 Abs. 2 BGB der für das Vertretergeschäft bestimmten Form aufgrund einer besonderen gesetzlichen Regelung oder eines in Rechtsprechung und Schrifttum entwickelten Grundsatzes bedarf (vgl. z.B. zur unwiderruflichen Vollmacht beim Grundstückskauf und weiteren Ausnahmen vom Grundsatz der Formfreiheit: Thiele, in: MünchKomm, § 167 Rdnrn. 17ff. m. Nachw.), liegt nicht vor. In diesem Zusammenhang darf nicht übersehen werden, daß eine Bestimmung wie § 14 KVVG nicht dem Schutz des Geschäftspartners einer öffentlichrechtlichen Körperschaft dient, sondern zu deren Schutz gegen unbedachte und sie gefährdende Willenserklärungen besondere Anforderungen aufstellt und insofern nur Warnfunktion hat (vgl. *BGHZ* 6, 330 [332 f.] = NJW 1952, 1130 = LM § 37 DGO Nr. 1; *BGH*, NJW 1984, 606). In den Fällen der bloßen Warnfunktion findet aber durch formlose Vollmachtserteilung, die grundsätzlich frei widerruflich ist, keine Gesetzesumgehung statt (vgl. Staudinger/Dilcher, BGB, § 167 Rdnr. 20; Steffen, in: RGRK, § 167 Rdnr. 5).

Schließlich steht einem wirksamen Vertragsschluß zwischen den Parteien auch nicht § 21 Abs. 2 KVVG i. V. mit Nr. 3 der Anordnung betreffend die Veröffentlichung der Regelung der Rechtsgültigkeit der Beschlüsse der kirchlichen Verwaltungsorgane durch die bischöflichen Behörden vom 20. 2. 1958 in der geänderten Fassung vom 1. 7. 1979 entgegen, wonach ein Beschluß bzw. ein Vertrag über Gegenstände im Werte von mehr als 10000 DM erst durch die Genehmigung der bischöflichen Behörde rechtsgültig wird; denn die erforderliche kirchenaufsichtliche Genehmigung wurde durch die zuständige bischöfliche Behörde mit Bescheid vom 17. 9. 1991 erteilt.

Die nach dem Bauvertrag von der Beklagten zu erbringenden Leistungen waren bereits während der Ausführung vertragswidrig i. S. von § 4 Nr. 7 VOB/B. (*wird ausgeführt*)

28

Bei der Ausübung des gemeindlichen Vorkaufsrechts (§ 24 Abs. 3 Satz 1 BauGB) ist im Rahmen der Ermessensentscheidung als eine Frage des allgemeinen Wohls zu berücksichtigen, daß der Käufer das Grundstück für religiös motivierte Jugendarbeit und Sozialarbeit erworben hat (hier: Verein zur Betreuung ausländischer, insbesondere türkischer Muslime).

Art. 4 Abs. 1 GG
BVerwG, Beschluß vom 26. April 1993 – 4 B 31.93[1] –

Die Klägerin ist ein rechtsfähiger Verein zur Betreuung ausländischer, insbesondere türkischer Muslime im religiösen, kulturellen und sozialen Bereich. Nach ihrem Vorbringen ist sie hierbei nach ihrem Selbstverständnis weitgehend seelsorgerisch tätig. Mit zwei notariell beurkundeten Verträgen erwarb sie im April 1991 im Gebiet der beklagten Landeshauptstadt Stuttgart drei Grundstücke zum Gesamtpreis von etwa 3,3 Mio DM. Sie plante – wie sie vorträgt –, die bereits vorhandenen Gebäude für einen Betraum, Wohnungen, Särträume und zum Verkauf von koscheren Lebensmitteln zu nutzen. Das Gebiet ist nach Maßgabe früherer bauplanungsrechtlicher Festsetzungen der Beklagten als „gemischtes Gebiet" ausgewiesen. Am 13. 6. 1991 wurde für die Klägerin im Grundbuch eine Auflassungsvormerkung eingetragen.

Die Beklagte erfuhr von dem Verkauf im Mai 1991. Da sie gegen den Erwerb durch die Klägerin Bedenken hatte, versuchte sie im Wege von Verhandlungen mit der Klägerin diese zur Aufgabe ihrer Absichten zu bewegen. Die Verhandlungen scheiterten Anfang Juli 1991. Über die hierfür maßgeblichen Gründe geben die Beteiligten eine unterschiedliche Darstellung. Mit dem angefochtenen Bescheid vom 11. 7. 1991 übte die Beklagte durch ihren Oberbürgermeister das gemeindliche Vorkaufsrecht gem. § 24 Abs. 3 Satz 1 BauGB gegenüber der Klägerin und den Verkäufern aus. Sie begründete dies mit einer geplanten Blockentkernung zur Aufwertung der bereits vorhandenen Wohnbebauung und Begrünung des Gebiets, wie dies bereits im Flächennutzungsplan, in einem Gebietsplan und in dem Aufstellungsbeschluß für einen Bebauungsplan vorgesehen sei.

Die Klägerin erhob gegen die Ausübung des Vorkaufsrechts Widerspruch. In ihrer Begründung verwies sie auf den Ausschlußgrund des § 26 Nr. 2 b BauGB und machte hierzu geltend, daß sie die Grundstücke zum Zwecke der Seelsorge und des Gottesdienstes erworben habe und daß aus diesem Grund das Vorkaufsrecht nicht ausgeübt werden dürfe. Die Ausübung sei auch nicht durch das Wohl der Allgemeinheit gerechtfertigt. Darüber hinaus habe sich die

---
[1] Amtl. Leitsatz.

Beklagte von sachfremden Erwägungen leiten lassen. Sie habe auch nicht berücksichtigt, daß die geplante Nutzung als sozio-kulturelles Zentrum ebenfalls zur Aufwertung der Wohnnutzung führen werde. Die Beklagte beschied den Widerspruch zunächst nicht.

Am 13. 9. 1991 traten die Verkäufer unter Hinweis auf § 8 Abs. 3 der insoweit gleichlautenden Kaufverträge zurück. Die Vertragsklausel hat folgenden Wortlaut:

Der Veräußerer haftet dem Erwerber nicht dafür, daß das Vorkaufsrecht ganz oder teilweise nicht ausgeübt wird. Wird das Vorkaufsrecht wegen des ganzen Vertragsgegenstandes oder einer Teilfläche dessen ausgeübt, so steht dem Veräußerer ein Rücktrittsrecht vom gegenwärtigen Vertrag mit dem Erwerber der gegenwärtigen Urkunde zu.

Am 19. 9. 1991 schlossen die Beklagte und die Verkäufer über dieselben Grundstücke einen Kaufvertrag, über deren Inhalt im einzelnen nichts bekannt wurde. Die Beklagte wurde als Eigentümerin im Grundbuch eingetragen. Mit Urteil vom 29. 4. 1992 verurteilte das Landgericht Stuttgart die Klägerin, die Löschung der zu ihren Gunsten eingetragenen Auflassungsvormerkung zu bewilligen und zu beantragen. In seinen Gründen ging das Gericht davon aus, daß die vereinbarte Bedingung für die Ausübung des Rücktritts nicht die Rechtmäßigkeit der Ausübung des Vorkaufsrechts vorausgesetzt habe. Die Klägerin legte gegen das Urteil zum Oberlandesgericht Stuttgart Berufung ein, die mit Urteil vom 25. 11. 1992 (1 U 113/92) als unbegründet zurückgewiesen wurde.

Die Beklagte wies den Widerspruch der Klägerin gegen den Bescheid vom 11. 7. 1991 zurück, weil er zum einen unzulässig, zum anderen unbegründet sei. Die Klägerin habe kein schutzwürdiges Interesse mehr an der Aufhebung des Bescheides über die Ausübung des Vorkaufsrechts. Sie habe infolge des Rücktritts der Verkäufer vom Vertrag und des Erwerbs der Beklagten keine Möglichkeit mehr, Eigentum an den Grundstücken zu erwerben. Da die Klägerin weder Kirche noch eine Religionsgemeinschaft des öffentlichen Rechts sei, sei auch ein Ausschluß des Vorkaufsrechts nicht in Betracht gekommen. Im übrigen sei die Ausübung des Vorkaufsrechts rechtmäßig. Mit ihrer Klage beantragte die Klägerin vor dem Verwaltungsgericht zuletzt, den Bescheid der Beklagten über die Ausübung des Vorkaufsrechts vom 11. 7. 1991 in der Gestalt des Widerspruchsbescheids aufzuheben, *hilfsweise*, festzustellen, daß der Bescheid der Beklagten vom 11. 7. 1991 in der Gestalt des Widerspruchsbescheids rechtswidrig sei, *hilfsweise*, das Verfahren bis zur Entscheidung des Oberlandesgerichts Stuttgart über die anhängige Berufung gegen das Urteil des Landgerichts Stuttgart auszusetzen.

Das Verwaltungsgericht wies die Klage im Haupt- und im Hilfsantrag als jeweils unzulässig ab. Zur Begründung führte es aus: Für den Hauptantrag fehle es an dem erforderlichen Rechtsschutzbedürfnis. Der angefochtene Verwaltungsakt habe sich erledigt. Aufgrund der tatsächlich eingetretenen Entwicklung entfalte er keine Regelungswirkung mehr. Das beruhe auf dem Rücktritt der Verkäufer vom Vertrag und auf dem nunmehrigen Erwerb der Grundstücke durch die Beklagte. Daher könnte die Klägerin – selbst wenn der angefochtene Bescheid der Beklagten aufgehoben würde – kein Eigentum mehr erwerben. Eine Aufhebung des angefochtenen Bescheides ließe auch den erklärten Rücktritt der Verkäufer unberührt. Auch der Hilfsantrag sei unzulässig. Unter keinem denkbaren Gesichtspunkt sei ein berechtigtes Interesse an der Feststellung der Rechtswidrigkeit im Sinne des § 113 Abs. 1 Satz 4 VwGO zu erkennen. Der Verwaltungsakt habe sich bereits vor Klageerhebung erledigt. Deshalb scheide ein berechtigtes Interesse aus, soweit die Klägerin gegen die Beklagte eine Klage auf Schadensersatz vorbereiten wolle. Insoweit sei das hierfür zuständige Zivilgericht zur Klärung der entsprechenden öffentlichrechtlichen Vorfragen befugt. Ein Feststellungsinteresse könne auch nicht auf eine etwaige Wiederholungsgefahr gestützt werden. Die Klägerin habe nicht dargelegt, daß sie erneut in absehbarer Zeit ein Grundstück erwerben wolle, welches wiederum im Bereich einer Vorkaufssatzung liege. Zudem seien Zweifel, in welcher innergemeindlichen Weise die Beklagte ein Vorkaufsrecht auszuüben habe, durch eine inzwischen erfolgte Änderung der Hauptsatzung ausgeräumt worden. Auch eine Aussetzung des Verfahrens komme nicht in Betracht.

Die gegen das erstinstanzliche Urteil gerichtete Berufung, mit der die Klägerin ihre vorinstanzlichen Anträge wiederholte, hat der Verwaltungsgerichtshof Baden-Württemberg im Verfahren nach § 130 a VwGO durch Beschluß vom 1. 12. 1992 als unbegründet zurückgewiesen. Er hat sich die Gründe des Erstgerichts zu eigen gemacht und bestätigt, daß die Anfechtungsklage wegen fehlenden Rechtsschutzinteresses unzulässig sei und daß es für die hilfsweise erhobene Fortsetzungsfeststellungsklage nach § 113 Abs. 1 Satz 4 VwGO am erforderlichen Feststellungsinteresse fehle. Ergänzend hat das Gericht bemerkt: Das allgemeine Rechtsschutzinteresse sei eine von Amts wegen zu beachtende Sachurteilsvoraussetzung. Soweit die Klägerin einen Rechtsmißbrauch der Beklagten geltend mache, komme es hierauf nicht an. Im übrigen sei ein Rechtsmißbrauch nicht gegeben, weil die Klägerin es hinnehmen müsse, daß die Verkäufer vom Vertrag zurückgetreten seien. Auch eine Wiederholungsgefahr sei nicht gegeben. Für die Klärung der abstrakten Rechtsfrage, ob die Klägerin eine Kirche oder Religionsgemeinschaft im Sinne des § 26 Nr. 2 b BauGB sei und deshalb die Ausübung des Vorkaufsrechts ausgeschlossen gewesen sei, sei die Fortsetzungsfeststellungsklage nicht geeignet. Es stehe nicht fest, ob es bei einem weiteren Grundstückskauf durch die Klägerin hierauf ankommen werde. Im übrigen sei die Unanwendbarkeit der genannten Vorschrift auf die Klägerin angesichts deren privatrechtlicher Organisationsform offenkundig. Ein Verstoß gegen Art. 3 GG liege nicht vor. Auch ein Eingriff in die durch Art. 4 Abs. 1 und 2 GG geschützte Freiheit der Glaubens- und Religionsausübung sei zu verneinen.

Mit ihrer Beschwerde begehrt die Klägerin die Zulassung der Revision. Die Rechtssache habe grundsätzliche Bedeutung. Es sei klärungsbedürftig, ob auf moslemische Vereine, deren Status und Mitgliederzahl die Voraussetzungen der Dauerhaftigkeit erfüllten und die Grundstücke zur Ausübung der Religion erworben hätten, trotz des Fehlens eines öffentlich-rechtlichen Status der Ausschlußgrund des § 26 Nr. 2 b BauGB anzuwenden sei. Die Frage sei auch entscheidungserheblich, weil alsdann das Rehabilitationsinteresse zugunsten der Klägerin zu beantworten sei. Die angegriffenen Bescheide seien alsdann für rechtswidrig zu erklären. Grundsätzliche Bedeutung habe ferner die Frage, ob bei der Ausübung des Vorkaufsrechts das Wohl der Allgemeinheit im Sinne des § 24 Abs. 3 Satz 1 BauGB eine Berücksichtigung der religiösen Interessen verlange. Die Beklagte habe auch insoweit die Besonderheiten des Falles verkannt. Zudem bestünden Verfahrensfehler. Das Berufungsgericht habe festgestellt, das Rechtsschutzinteresse an der Fortsetzungsfeststellung bestehe nicht, weil die von der Beklagten angeführten Gründe für die Ausübung des Vorkaufsrechts nur auf die planungsrechtliche Situation der verkauften Grundstücke zugeschnitten gewesen seien. Das treffe nicht zu. Das Berufungsgericht habe den abweichenden Sachvortrag der Klägerin nicht hinreichend zur Kenntnis genommen und berücksichtigt. Die Klägerin beabsichtige unverändert, Grundstücke in Gebieten zu erwerben, für welche die Beklagte eine Vorkaufssatzung erlassen habe.

Die Beschwerde hatte hinsichtlich des hilfsweise gestellten Feststellungsantrags Erfolg und führte insoweit zur Aufhebung der vorinstanzlichen Entscheidungen und Zurückverweisung der Sache an das Verwaltungsgericht.

Aus den Gründen:

I. Die Beschwerde ist unzulässig, soweit sie sich auf den Hauptantrag (Anfechtungsantrag) bezieht.

Die Revision kann nur zugelassen werden, wenn die Voraussetzungen des § 132 Abs. 2 Nrn. 1 bis 3 VwGO erfüllt sind. Das Beschwerdevorbringen ergibt dies hinsichtlich des in den Vorinstanzen gestellten Anfechtungsantrags nicht. Es genügt nicht den Anforderungen, die nach § 133 Abs. 3 Satz 3 VwGO an eine Beschwerdebegründung zu stellen sind. *(wird ausgeführt)*

II. Hinsichtlich des Hilfsantrags (Feststellungsantrag) ist die Beschwerde zulässig und begründet. Der Beschluß des Berufungsgerichts, das sich die Entscheidungsgründe des erstinstanzlichen Gerichts auch insoweit zu eigen macht, beruht auf einem Verfahrensfehler im Sinne des § 132 Abs. 2 Nr. 3 VwGO. Das Beschwerdegericht macht zum Zwecke der Verfahrensbeschleunigung von der Möglichkeit des § 133 Abs. 6 VwGO Gebrauch und verweist den Rechtsstreit gemäß §§ 141, 130 Abs. 1 Nr. 1 VwGO unter Übergehung der Berufungsinstanz an das Verwaltungsgericht zur anderweitigen Verhandlung und Entscheidung zurück.

1. Das erstinstanzliche Gericht und das Berufungsgericht verneinen die Zulässigkeit des Hilfsantrags auf Feststellung der Rechtswidrigkeit der im Hauptantrag angegriffenen Bescheide. Damit verletzen sie revisibles Recht.

Es kann dahinstehen, ob der Antrag auf Feststellung der Rechtswidrigkeit der angegriffenen Bescheide nach § 113 Abs. 1 Satz 4 VwGO oder – was beide vorinstanzlichen Gerichte nicht näher erwogen haben – nach § 43 Abs. 1 VwGO zu beurteilen ist. Beide Gerichte verneinen das Rechtsschutzinteresse der Klägerin an der begehrten Feststellung unter anderem mit der jeweils tragenden Erwägung, daß eine Wiederholungsgefahr nicht gegeben sei. Die Beschwerde rügt zutreffend, daß die vom Berufungsgericht hierzu dargelegten Gründe und die ihm zuzurechnenden Erwägungen des erstinstanzlichen Gerichts nicht ausreichen, um damit ein Rechtsschutzinteresse für das im Hilfsantrag zum Ausdruck kommende Entscheidungsinteresse ausschließen zu können. Das Berufungsgericht wird dem unstreitigen Sachvortrag der Klägerin, wie ihn die Beschwerde richtig darstellt, nicht gerecht.

Ein Fortsetzungsfeststellungsantrag erfordert für seine Zulässigkeit ein klägerisches Feststellungsinteresse. Ein derartiges Interesse kann unter anderem in der Gefahr der Wiederholung begründet sein (vgl. BVerwG, Urteil vom 24. 2. 1983 – BVerwG 3 C 56.80 – Buchholz 310 § 113 VwGO Nr. 129 = DVBl. 1983, 850 [851]; Beschluß vom 9. 5. 1989 – BVerwG 1 B 166.88 – Buchholz 310 § 113 VwGO Nr. 202). Ein mit der drohenden Wiederholung eines erledigten Verwaltungsakts begründetes berechtigtes Interesse an der Feststellung der Rechtswidrigkeit dieses Verwaltungsakts setzt die hinreichend bestimmte Gefahr voraus, daß unter im wesentlichen unveränderten tatsächlichen und rechtlichen Umständen ein *gleichartiger* Verwaltungsakt ergehen wird (vgl. BVerwG, Urteil vom 25. 11. 1986 – BVerwG 1 C 10.86 – Buchholz 310 § 113 VwGO Nr. 162; Urteil vom 3. 6. 1988 – BVerwG 8 C 18.87 – Buchholz 310 § 113 VwGO Nr. 181; BVerwG, Beschluß vom 16. 10. 1989 – BVerwG 7 B 108.89 – Buchholz 310 § 113 VwGO Nr. 211 = NVwZ 1990, 360).

Das bedingt die Annahme, daß die tatsächlichen und rechtlichen Verhältnisse, welche für den angegriffenen Verwaltungsakt zunächst maßgebend waren, auch im Zeitpunkt der künftig zu erwartenden Entscheidungen mit hinreichender Wahrscheinlichkeit gegeben sein werden (vgl. BVerwG, Urteil vom 24. 8. 1979 – BVerwG 1 B 76.76 – Buchholz 402.24 § 2 AuslG Nr. 16). Werden sich die Verhältnisse in tatsächlicher oder rechtlicher Hinsicht in Zukunft geändert haben, wird mit einer gleichartigen Entscheidung nur dann gerechnet werden können, wenn die Behörde ihre Absicht erkennen läßt, an ihrer bisherigen Rechtsauffassung auch künftig festzuhalten. In einem derartigen Fall, in welchem sich die Behörde der klagenden Partei gegenüber der Rechtmäßigkeit ihres Verhaltens berühmt hat, kann es unzumutbar sein, daß der Betroffene eine erneute, ihm nachteilige Entscheidung abwartet.

Diesen Anforderungen wird das Berufungsurteil nicht gerecht. Das Berufungsgericht ist der Ansicht, eine Wiederholungsgefahr könne nur bejaht werden, wenn mit dem Eintritt eines Sachverhaltes zu rechnen sei, für den die Entscheidung des vorliegenden Rechtsstreites präjudizielle Wirkung habe. Da die Gründe, welche die Beklagte für die Ausübung des Vorkaufsrechts angeführt habe, auf die besondere planungsrechtliche Situation der verkauften Grundstücke zugeschnitten gewesen seien, sei eine Wiederholung schlechterdings ausgeschlossen. Mit dieser Begründung mißversteht das Berufungsgericht das Erfordernis der Gleichartigkeit künftiger behördlicher Entscheidungen. Für die sachgemäße Beurteilung des Rechtsschutzinteresses der Klägerin ist – entgegen der Ansicht des Berufungsgerichts – nicht die Rechtmäßigkeit, sondern gerade die Rechtswidrigkeit der angegriffenen Bescheide zu unterstellen. *(wird ausgeführt)*

2. Die Entscheidung des Berufungsgerichts stellt sich auf der Grundlage der bislang getroffenen tatsächlichen Feststellungen auch nicht aus anderen Gründen als richtig dar (vgl. § 144 Abs. 4 VwGO). Vielmehr weist das erstinstanzliche Urteil – wie noch auszuführen ist – im Hinblick auf das verneinte Rechtsschutzinteresse einen anderen Fehler auf, den das Berufungsgericht nicht korrigiert hat.

3. Da das Berufungsgericht zur Sache nicht entschieden hat, erscheint es zur Wahrung der Rechtsschutzmöglichkeiten beider Beteiligten angemessen, den Rechtsstreit gemäß §§ 141, 130 Nr. 1 VwGO an das erstinstanzliche Gericht zurückzuverweisen. Damit soll gewährleistet werden, daß den Beteiligten zwei Tatsacheninstanzen für eine Entscheidung in der Sache zur Verfügung stehen. Zur Förderung des weiteren Verfahrens wird ergänzend bemerkt:

3.1 Das Verwaltungsgericht wird davon auszugehen haben, daß über den Anfechtungsantrag rechtskräftig zum Nachteil der Klägerin entschieden worden ist. Damit steht nicht zugleich fest, daß die angegriffenen Bescheide auch inhaltlich rechtmäßig *waren*, da die Klage insoweit nur durch Prozeßurteil abgewiesen wurde.

3.2 Das Verwaltungsgericht verneint ein Feststellungsinteresse auch insoweit, als die Klägerin nach ihrem Vorbringen einen Amtshaftungsprozeß vorbereiten wolle. Das Gericht verweist darauf, daß das insoweit präjudizielle Rechtsverhältnis vom zuständigen Zivilgericht zu entscheiden sei. Das gelte im vorliegenden Fall, weil sich der angegriffene Verwaltungsakt bereits *vor* Klageerhebung erledigt habe (vgl. hierzu BVerwG, Urteil vom 20. 1. 1989 – BVerwG 8 C 30.87 – Buchholz § 73 VwGO Nr. 30; Beschluß vom 9. 5. 1989 – BVerwG 1 B 166.88 – Buchholz § 73 VwGO Nr. 202). Ob das auch hier zutrifft, mag zweifelhaft sein. Es läßt sich nicht von vornherein ausschließen, daß ein Widerspruchsverfahren mit dem Ziele der behördlichen Feststellung fortgesetzt werden kann, daß der angegriffene Verwaltungsakt jedenfalls rechtswidrig war. Denn die Klägerin war durch das Verhalten der Beklagten, über den Widerspruch nicht sofort zu entscheiden, gehindert, alsbald das Verwaltungsgericht anzurufen. Die Beklagte nutzte diese „offene Zeit" – in einem objektiven Sinne gemeint –, um durch Erwerb der Grundstücke gegenüber der Klägerin gewissermaßen vollendete Tatsachen zu schaffen. Das mag indes in seinen Einzelheiten dahinstehen. Die Besonderheit des Streitfalls besteht darin, daß die Beklagte sich das Eigentum an jenen Grundstücken durch ihr Verhalten verschafft hat, das nach dem klägerischen Vorbringen rechtswidrig war. Die Klägerin war – jedenfalls früher – daran interessiert, dieses Eigentum zu erwerben. Anders ist ihr Prozeßverhalten gegenüber der auf Löschung der Auflassungsvormerkung gerichteten Klage der Beklagten schwerlich zu verstehen. Unterstellt man im Rahmen der Prüfung des Rechtsschutzinteresses wiederum zugunsten der Klägerin die Rechtswidrigkeit der angegriffenen Bescheide – wie dies auch revisionsrechtlich geboten ist –, dann stellt sich die weitergehende Frage, ob der Klägerin gegen die Beklagte ein Anspruch auf Folgenbeseitigung zustehen könnte. Denn die Beklagte hätte durch ein rechtswidriges Ausüben des Vorkaufsrechts die entscheidende Ursache für den späteren Erwerb der Grundstücke selbst gesetzt. Für einen etwaigen Anspruch auf Folgenbeseitigung wäre der Rechtsweg zu den Verwaltungsgerichten gemäß § 40 Abs. 1 Satz 1 VwGO gegeben. Bei einer derartigen Betrachtung entfällt der vom Verwaltungsgericht hervorgehobene Gesichtspunkt der zivilgerichtlichen Vorfragenkompetenz. Bei Klagen gegen die öffentliche Hand ist grundsätzlich eine gerichtliche Feststellung – insoweit auch nach § 43 VwGO – ausreichend, um rechtmäßige Zustände erreichen zu können, da Rechtstreue zu erwarten ist. Die beklagte Landeshauptstadt würde die gebotenen und ihr möglichen Folgerungen aus der Feststellung zu ziehen haben, daß die Ausübung des Vorkaufsrechts rechtswidrig war. Das Verwaltungsgericht hat also – und ihm folgend das Berufungsgericht – übersehen, daß die Besonderheit des Streitfalls darin besteht, daß – folgt man weiterhin der Unterstellung der Rechtswidrigkeit der Bescheide – ein rechtswidriges Verhalten der Beklagten die zu erörternde Möglichkeit eröffnet hat, daß sich die Beklagte das Eigentum in zwar durchaus rechtmäßiger Weise verschaffen konnte, sie dies aber ggf. nicht auch gegenüber der Klägerin geltend machen kann. Sollte die Klägerin – aus welchen Gründen auch immer – nicht mehr an einer Sanktionierung des von ihr als rechtswidrig angesehenen Verhaltens der Beklagten interessiert sein, so kann sie gleichwohl ein verbleibendes Interesse daran haben, daß die Beklagte ihr gegenüber § 26 Nr. 2 b BauGB nicht anwendet.

Diese Bemerkungen nehmen – wie zur Vermeidung von Mißverständnissen zu verdeutlichen ist – nicht zu der Frage Stellung, ob die Ausübung des Vorkaufsrechts rechtswidrig war und ob – würde dies zu bejahen sein – der Klägerin ein Anspruch auf Folgenbeseitigung zustehen könnte. Sie unterstellen diese Möglichkeiten nur, um das Vorliegen eines Rechtsschutzinteresses auch insoweit als immerhin möglich aufzuweisen. Bejaht das Verwaltungsgericht die Wiederholungsgefahr, so genügt dies, um ein Rechtsschutzinteresse auch für etwaige Ansprüche auf Wiedergutmachung annehmen zu können.

3.3 Das Verwaltungsgericht wird das klägerische Vorbringen dahin zu prüfen haben, ob im Hinblick auf etwaige materiell-rechtliche Ansprüche mit der Feststellung ein präjudizielles Rechtsverhältnis festgestellt werden soll und/oder ob die Klägerin (nur) einer Wiederholungsgefahr begegnen will. Kann und will die Klägerin nur der Wiederholungsgefahr begegnen, kann es angezeigt sein, den Klageantrag gemäß §§ 173 VwGO, 264 ZPO anders zu fassen.

3.4 Kommt es nur auf die Rechtmäßigkeit der angegriffenen Bescheide der Beklagten an, wird die Prüfung naheliegend sein, ob die Anwendung des § 26 Nr. 2 b BauGB überhaupt entscheidungserheblich ist. Das ist dann nicht der Fall, wenn die Voraussetzungen des § 25 Abs. 1 Nr. 2 i.V.m. §§ 25 Abs. 2 Satz 1, 24 Abs. 3 Satz 1 BauGB nicht gegeben waren. Hierauf kann sich die Klägerin – die Zulässigkeit ihres Hilfsantrags unterstellt – unverändert berufen. Ohne auf Einzelheiten des Streitfalls einzugehen, läßt sich insoweit allgemein sagen:

Die Ausübung des Vorkaufsrechts ist ermessensbezogen. Sie muß gemäß § 24 Abs. 3 Satz 1 BauGB insbesondere durch das allgemeine Wohl gerechtfertigt sein. Dieser unbestimmte Rechtsbegriff unterliegt uneingeschränkter gerichtlicher Prüfung. Zum Inhalt des allgemeinen Wohls kann auch die Berücksichtigung solcher religiöser Belange gehören, die § 26 Nr. 2 b BauGB nicht erfaßt. Das ergibt sich aus Art. 4 Abs. 1 und 2 GG i.V.m. Art. 140 GG, 137 Abs. 2 WRV. Die Freiheit der in Art. 4 GG verbürgten Religionsausübung ist umfassend zu verstehen (vgl. BVerfGE 24, 236 [244][2]; 53, 366 [387 f.][3]; 83, 341 [354][4]). Sie darf weder auf Religionsgemeinschaften, welche der Staat als Körperschaften des öffentlichen Rechts anerkannt hat, noch auf sakral-kultusbezogenen Bereiche beschränkt werden (vgl. BVerfGE 19, 129 [132][5]; 30, 112 [119 f.][6]; 42, 313 [321 f.][7]; 46, 73 [83][8]; 53, 366 [388]; 83, 341 [357]). Auch die Beschwerdeerwiderung der Beklagten geht hiervon aus.

---

[2] KirchE 10, 181.
[3] KirchE 18, 69.
[4] KirchE 29, 9.
[5] KirchE 7, 242.
[6] KirchE 12, 2.
[7] KirchE 15, 320.
[8] KirchE 16, 189.

Das Verwaltungsgericht wird aus diesem Grunde ggf. zu prüfen haben, ob die Klägerin überhaupt den in § 26 Nr. 2 b BauGB vorgesehenen Status einer Kirche oder Religionsgesellschaft des öffentlichen Rechts nach Landesrecht erreichen könnte, wie die Beklagte in ihrer Beschwerdeerwiderung vortragen läßt. Würde der Klägerin diese Rechtsform nicht eröffnet sein, so kann dies für die verfassungskonforme Anwendung des § 24 Abs. 3 Satz 1 BauGB bedeutsam sein (vgl. auch BVerfGE 83, 341 [357]). Bislang ist dem Vortrag der Klägerin nicht näher nachgegangen worden, mit welchen genauen Zielen sie die Grundstücke erworben hatte und welche genauen Zwecke sie damit verwirklichen wollte. Die entsprechenden tatrichterlichen Feststellungen bleiben sehr allgemein. § 26 Nr. 2 b BauGB schließt das Vorkaufsrecht aus, wenn das Grundstück „für Zwecke des Gottesdienstes und der Seelsorge" gekauft wurde. Der Begriff der Seelsorge wird zumeist in einem umfassenden Sinne verstanden, so daß der Bereich der religiös motivierten Jugendarbeit und Sozialarbeit nicht von vornherein als ausgeschlossen gelten kann. Ein derartiges Verständnis kann für die Frage bedeutsam sein, ob die von der Klägerin vorgetragenen Belange – soweit diese dem Schutzbereich des Art. 4 Abs. 1 und 2 GG zuzuordnen sind – der Annahme des Wohls der Allgemeinheit nicht nur entgegenstehen, sondern geradezu Teil des Allgemeinwohls sind oder bei der Ausübung des Ermessens zu beachten sind (vgl. auch BVerwG, Urteil vom 27. 2. 1992[9] – BVerwG 4 C 50.89 – Buchholz 406.19 Nachbarschutz Nr. 107 = NJW 1992, 2170 zur bauplanungsrechtlichen Zulässigkeit eines islamischen Betsaals). Dies setzt voraus, daß es sich bei der Klägerin tatsächlich um eine Religionsgemeinschaft handelt, welche für sich den Schutzbereich des Art. 4 Abs. 1 und 2 GG i.V.m. Art. 140 GG, 137 WRV beanspruchen kann. In den Verfahrensakten der Beklagten finden sich Andeutungen, nach denen dies in Zweifel gezogen werden könnte. Soweit das Verwaltungsgericht die Rechtmäßigkeit der Ermessensausübung unter Berücksichtigung des § 24 Abs. 3 Satz 1 BauGB prüft, kommt es nur auf die konkreten Erwägungen an, welche seinerzeit, also im *Zeitpunkt* der Ausübung des Vorkaufsrechts, tatsächlich zugrunde gelegt wurden. Davon will auch die Beklagte in ihrer Beschwerdeerwiderung ausgehen. Für die Ermessensentscheidung gelten die §§ 39 Abs. 1 Satz 2, 46 VwVfG. Der Widerspruchsbescheid der beklagten Landeshauptstadt (...) erörtert die Frage des Wohls der Allgemeinheit, weitgehend unter städtebaulichen Erwägungen, und schließt eine Berücksichtigung von Belangen von Ausländern ausdrücklich aus. Dies wird das Verwaltungsgericht unter Berücksichtigung des erläuternden Vorbringens der Beklagten ggf. zu würdigen haben.

Das Vorkaufsrecht nach §§ 24 ff. BauGB regelt nicht, in welcher Weise sich eine Gemeinde dagegen sichern kann, daß zunächst gegebene Gründe, die der

---

[9] KirchE 30, 93.

Ausübung des Vorkaufsrechts entgegenstanden, auch später noch gegeben sind. Das ist ein gewisser gesetzestechnischer Nachteil (vgl. dagegen § 35 Abs. 6 Satz 1 BauGB). Es ist daher verständlich, wenn Gemeinden im Einzelfall versuchen, Anwendungsvereinbarungen in vertraglicher Form – über § 27 BauGB hinausgehend – zu treffen. Scheitern derartige Bemühungen, so kann dies für die Frage bedeutsam sein, ob die Gemeinde – bei Annahme einer Ermessensregelung – ermessensfehlerfrei entschieden hat. Es kann daher im Einzelfall bedeutsam sein, warum ein Käufer nicht bereit war, der Gemeinde entsprechende zumutbare Sicherheiten einzuräumen oder anderweitig durchsetzungsfähige Zusicherungen zu geben. Auch dies wird das Verwaltungsgericht ggf. zu berücksichtigen haben, wenn es die behördliche Entscheidung nach § 24 Abs. 3 Satz 1 BauGB würdigen sollte.

29

Eine Landesregierung kann sich im Rahmen der ihr nach Landesverfassungsrecht zustehenden Befugnis zur öffentlichen Stellungnahme auch unabhängig von einer zu einer Warnung berechtigenden Gefahrenlage kritisch mit der Lehre einer Religions- oder Weltanschauungsgemeinschaft auseinandersetzen, wenn und soweit diese Lehre der Wertordnung der Grundrechte widerspricht. Über die Zulässigkeit solcher staatlicher Äußerungen ist – ihre Qualität als Grundrechtseingriffe unterstellt – aufgrund einer einzelfallbezogenen Abwägung zu entscheiden, die darauf gerichtet ist, die gegenläufigen Verfassungsgüter zu einem angemessenen, verhältnismäßigen Ausgleich zu bringen.

Art. 1 Abs. 1, 4 Abs. 1, 20 Abs. 3, 30, 65, 83 ff. GG
BVerwG, Beschluß vom 4. Mai 1993 – 7 B 149.92[1] –

Der Kläger ist ein Meditationsverein der von dem Inder Osho-Rajneesh (früher „Bhagwan") gegründeten Osho-Bewegung. Er wendet sich gegen die Nennung dieser Bewegung in einem vom Ministerium für Kultus und Sport Baden-Württemberg im Auftrag der Landesregierung veröffentlichten „Bericht über Aufbau und Tätigkeit der sogenannten Jugendsekten". Das Verwaltungsgericht hat das beklagte Land dem Hauptantrag des Klägers entsprechend zur Unterlassung verurteilt; der Verwaltungsgerichtshof[2] hat auf den Hilfsantrag

---

[1] Amtl. Leitsätze. NVwZ 1994, 162; VlBW. 1993, 460. Nur LS: NJW 1994, 878. Vgl. zu diesem Fragenkreis auch BVerfG NJW 1996, 2085; BayVerfGH NVwZ 1996, 785; OVG Nordrhein-Westfalen NJW 1996, 3355.
[2] BW.VGH KirchE 30, 270.

des Klägers die Rechtswidrigkeit einiger als unsachlich oder einseitig beurteilter Textstellen festgestellt und im übrigen die Klage abgewiesen.

Mit seiner Beschwerde möchte der Kläger die Zulassung der Revision erreichen. Das Rechtsmittel wurde zurückgewiesen.

Aus den Gründen:

Die Beschwerde hat keinen Erfolg. Ihr Vorbringen ergibt keinen der in § 132 Abs. 2 VwGO genannten Gründe für die Zulassung der Revision.

1. Die Beschwerde meint, bei der Herausgabe des streitigen Berichts handele es sich um eine Verwaltungstätigkeit, weil der Bericht vornehmlich deskriptiven Inhalt habe und (auch) zur Verwendung im Schulunterricht bestimmt gewesen sei. Sie will deshalb geklärt wissen, nach welchen Kriterien Regierungsäußerungen, die der Staatsleitung dienen, von solchen Äußerungen abzugrenzen sind, die die Regierung in ihrer Eigenschaft als Verwaltungsorgan abgibt. Mit diesem Vorbringen wird eine in einem Revisionsverfahren zu klärende Frage des revisiblen Rechts mit grundsätzlicher Bedeutung (§ 132 Abs. 2 Nr. 1 VwGO) nicht aufgeworfen.

Der Verwaltungsgerichtshof hat in Anlehnung an die Rechtsprechung des beschließenden Senats zum Äußerungsrecht der Bundesregierung (BVerwGE 82, 76 [80 f.][3]) der Verfassung des Landes Baden-Württemberg das Recht der Landesregierung entnommen, in der Öffentlichkeit diskutierte Probleme aufzugreifen und hierzu ihrerseits öffentlich Stellung zu nehmen. Diese Rechtsauffassung des Verwaltungsgerichtshofs kann, da sie irrevisibles Landesrecht betrifft, gemäß § 137 Abs. 1 VwGO vom beschließenden Senat nicht auf ihre Richtigkeit überprüft werden. Dasselbe gilt, soweit der Verwaltungsgerichtshof angenommen hat, die Herausgabe des streitigen Berichts werde – auch in Anbetracht seiner Zweckbestimmung als Lehrmaterial – durch jenes Recht gedeckt.

Hiernach wäre die von der Beschwerde als klärungsbedürftig bezeichnete Problematik einer näheren Abgrenzung zwischen Regierungs- und Verwaltungstätigkeit in dem angestrebten Revisionsverfahren nicht zu erörtern. Soweit die Beschwerde demgegenüber auf die Ausführungen des beschließenden Senats zum Äußerungsrecht der Bundesregierung als Bestandteil ihrer Regierungsfunktionen verweist (vgl. vor allem Beschluß vom 13. 3. 1991[4] – BVerwG 7 B 99.90 – Buchholz 11 Art. 4 GG Nr. 47 S. 30), verkennt sie, daß diese Ausführungen ausschließlich die Ebene des Bundes betreffen und auf das Äußerungsrecht der Landesregierung nicht übertragbar sind. Der Senat hat in sei-

---

[3] KirchE 27, 145.
[4] KirchE 29, 59.

nem Beschluß vom 13. 3. 1991 (aaO, S. 34; vgl. auch BVerwGE 90, 112 [123][5]) festgestellt, daß die Bundesregierung mit öffentlichen Äußerungen zu gesellschaftlich relevanten, die Allgemeinheit bewegenden Problemen die Verwaltungskompetenzen der Länder nach Art. 30, 83 GG nicht verletzt, weil sie insoweit nicht als Verwaltungsorgan, sondern als Organ der Staatsleitung und damit in Ausübung ihrer spezifischen Regierungsfunktionen nach Art. 65 tätig wird. Demnach ist die Bundesregierung, soweit sie sich als Organ der Staatsleitung und nicht als Verwaltungsorgan äußert, schon wegen dieses Charakters ihrer Äußerungen von dem Vorwurf entlastet, mit ihrer Tätigkeit in den Zuständigkeitsbereich der Länder einzudringen. Eine solche Kompetenzverletzung ist bei Äußerungen der Landesregierungen nicht möglich.

Eine andere, von der Beschwerde nicht ausdrücklich angesprochene Frage ist, ob das verfassungsunmittelbare Äußerungsrecht der Regierung als Grundlage für Eingriffe in Grundrechtspositionen ausreicht, die mit der Ausübung dieses Rechts verbunden sind, oder ob es hierzu einer speziellen, d. h. sachbereichsbezogenen gesetzlichen Handlungsermächtigung bedarf. Diese Frage beantwortet sich nach den gemäß Art. 20 Abs. 3 GG an Eingriffsermächtigungen zu stellenden Bestimmtheitsanforderungen (Beschluß vom 13. 3. 1991, aaO, S. 31). Die Unterscheidung zwischen Regierungs- und Verwaltungstätigkeit ist hierfür als solche ohne Bedeutung. Das schließt nicht die Annahme aus, daß eine besondere gesetzliche Handlungsermächtigung um so eher erforderlich wird, je nachhaltiger die Regierung ihre Äußerungen als Instrument zur Durchsetzung bestimmter Verwaltungsziele einsetzt oder – anders ausgedrückt – je eindeutiger sich die Äußerungen in das herkömmliche Eingriffsinstrumentarium der Verwaltung als weiteres Handlungsmittel einfügen.

Die Beschwerde wirft ferner die als grundsätzlich bedeutsam und klärungsbedürftig bezeichnete Frage auf, ob kritische Äußerungen des Staates über einzelne Religions- oder Weltanschauungsgemeinschaften nur unter der Voraussetzung und nach Maßgabe einer bestehenden oder zumindest zu befürchtenden Gefahrenlage zulässig sind. Auch diese Frage kann die beantragte Revisionszulassung nicht rechtfertigen, denn sie ist, ohne daß dies der Klärung in einem Revisionsverfahren bedürfte, auf der Grundlage der bisherigen Rechtsprechung des Bundesverfassungs- und des Bundesverwaltungsgerichts zu verneinen.

Richtig ist zunächst, daß öffentliche Warnungen im Hinblick auf das Wirken einer Religions- oder Weltanschauungsgemeinschaft eine Gefahrenlage oder wenigstens einen Gefahrenverdacht voraussetzen (vgl. BVerwGE 82, 76 [81]); das bedeutet aber nicht, daß unterhalb dieser Schwelle jedwede kritische Äußerung einer Landesregierung wegen der uneingeschränkt gewährleisteten Freiheit des religiösen und weltanschaulichen Bekenntnisses gemäß Art. 4 Abs. 1 GG unzu-

---

[5] KirchE 30, 151.

lässig ist. Allerdings spricht manches dafür, eine solche von bestimmten Gefahrenlagen abstrahierende öffentliche Auseinandersetzung des Staates, wie sie in dem hier streitigen Bericht enthalten ist, als Eingriff in das Grundrecht auf Religions- oder Weltanschauungsfreiheit zu bewerten, weil auch derartige Äußerungen – jedenfalls im Grundsatz – darauf gerichtet sind, die Öffentlichkeit auf Distanz zu der betreffenden Gemeinschaft zu bringen. Indessen erlaubt, wie der Senat in seinem Beschluß vom 13. 3. 1991 (aaO, S. 35) unter Bezugnahme auf den Kammerbeschluß des Bundesverfassungsgerichts vom 15. 8. 1989[6] (NJW 1989, 3269 [3270]) ausgeführt hat, das Grundrecht aus Art. 4 GG, obwohl vorbehaltlos gewährleistet, Einschränkungen u. a. auch zum Schutz verfassungsrechtlich hervorgehobener Gemeinschaftsgüter. Solche kollektiven Rechtsgüter mit Verfassungsrang sind nach dem genannten Senatsbeschluß dem Gebot des Schutzes von Ehe und Familie in Art. 6 Abs. 1 GG, darüber hinaus aber auch jeder anderen Grundrechtsbestimmung zu entnehmen, weil die Grundrechte nach der ständigen Rechtsprechung des Bundesverfassungsgerichts (BVerfGE 7, 198 [205], 73, 261 [269] m.w.N.) neben ihrem individualrechtlichen Gehalt eine verbindliche objektive Wertordnung zum Ausdruck bringen. Ebenfalls bereits in der Rechtsprechung des Bundesverfassungsgerichts geklärt ist, daß vorbehaltlos gewährleistete Grundrechte nicht erst dann Schranken unterliegen, wenn andere Verfassungsgüter unmittelbar gefährdet sind (BVerfGE 81, 278 [292]). Vielmehr kann sich auch unabhängig von einer Gefahrenlage zwischen verschiedenen Verfassungsgütern ein zum Grundrechtseingriff berechtigender Widerstreit ergeben. Derartige Konflikte sind im Wege der einzelfallbezogenen Abwägung so aufzulösen, daß die gegenläufigen, gleichermaßen verfassungsrechtlich geschützten Interessen zu einem angemessenen, verhältnismäßigen Ausgleich gebracht werden (BVerfGE 81, 278 [292 f.]; 83, 130 [143]).

Aus alledem ergibt sich, daß der Staat entgegen der Annahme der Beschwerde auch dazu berechtigt sein kann, sich in der Öffentlichkeit allgemein kritisch mit den Lehren von Religions- oder Weltanschauungsgemeinschaften auseinanderzusetzen, wenn und soweit diese Lehren der grundrechtlichen Wertordnung widersprechen. Eine solche Auseinandersetzung ist für die betroffene Gemeinschaft deshalb um so eher zumutbar, weil sie den nachteiligen Folgen derartiger Äußerungen wirkungsvoller durch eine eigene, abweichende Darstellung zu begegnen vermag als den u. U. mehr oder weniger unumkehrbaren Folgen staatlicher Gefahrenwarnungen. Andererseits folgt aus dem Gesagten zugleich, daß nicht jeder Widerspruch zum Wertsystem der Grundrechte einen hinreichenden Anlaß zur öffentlichen Auseinandersetzung mit der Lehre einer Religions- oder Weltanschauungsgemeinschaft abgibt. Im vorliegenden Fall hat das Berufungsgericht die im Bericht wiedergegebenen Äuße-

---

[6] KirchE 27, 211.

rungen des Stifters der Gemeinschaft zu den Themen Ehe und Familie, zum Wert menschlichen Lebens, zur Geburtenkontrolle und zur Abtreibung zutreffend als dem Wertgehalt der Grundrechte widersprechend beurteilt und weiteren Äußerungen eine „menschenverachtende Tendenz" seiner Lehre entnommen. Da der Schutz der Menschenwürde nach Art. 1 Abs. 1 GG das oberste Konstitutionsprinzip nicht nur des dieser Bestimmung nachfolgenden Grundrechtskatalogs, sondern auch der Verfassung insgesamt bildet, bestehen bei einem so erheblichen Widerspruch zwischen der Lehre einer Religions- oder Weltanschauungsgemeinschaft und der Wertordnung der Verfassung keine durchgreifenden Bedenken dagegen, daß die Regierung diesen Widerspruch öffentlich beim Namen nennt und damit aktiv für die Wahrung der ihr vorgegebenen Wertordnung eintritt.

Ebensowenig ist die Revision zur Klärung der Frage zuzulassen, ob der Staat die Lehre einer Religions- oder Weltanschauungsgemeinschaft in einem für die Öffentlichkeit bestimmten Bericht zusammenhängend darstellen darf, ohne hierzu von der Gemeinschaft autorisiert zu sein. Wenn der Staat nach Maßgabe des zuvor Gesagten zur öffentlichen Kritik an der Lehre einer Religions- oder Weltanschauungsgemeinschaft berechtigt ist, so ist damit notwendig das Recht zur öffentlichen Darstellung dieser Lehre verbunden. Ein Eingriff in das Recht der betroffenen Gemeinschaft, den Inhalt ihrer Religion oder Weltanschauung selbst festzulegen und zu verbreiten, liegt hierin nicht, weil der Staat mit seinen Äußerungen von einem eigenen Recht zur Stellungnahme Gebrauch macht. Aus dem Wesen dieses Rechts folgt weiter, daß der Staat bei seiner Ausübung nicht auf das Einverständnis der Gemeinschaft angewiesen ist. Auch diese Erkenntnis ist so naheliegend, daß es hierzu nicht erst der Durchführung eines Revisionsverfahrens bedarf.

Soweit die Beschwerde des weiteren auf die Kritik Bezug nimmt, die die Rechtsprechung des Senats zu den öffentlichen Äußerungen der Bundesregierung zum Thema „Jugendreligionen/Jugendsekten" in der Literatur gefunden hat, genügt sie nicht den Darlegungsanforderungen des § 133 Abs. 3 Satz 3 VwGO. Denn diese Bezugnahme ist so global, daß ihr eine bestimmte, der Klärung in einem Revisionsverfahren bedürftige Frage des revisiblen Rechts nicht zu entnehmen ist. Davon abgesehen hat der Senat zu den Kernpunkten jener Kritik bereits in seinem Beschluß vom 13. 3. 1991 (aaO) ausführlich Stellung genommen.

2. Die als weiterer Zulassungsgrund geltend gemachten Abweichungen des Berufungsurteils von der Rechtsprechung des Bundesverwaltungsgerichts (§ 132 Abs. 2 Nr. 2 VwGO) liegen nicht vor.

Die Beschwerde hält dem Verwaltungsgerichtshof vor, er habe sich zu den Entscheidungen des Bundesverwaltungsgerichts vom 14. 1. 1965 – BVerwG 1 C 68.61 – (BVerwGE 20, 146 = Buchholz 310 § 161 Abs. 2 VwGO Nr. 12), vom 30. Oktober 1969 - BVerwG 8 C 219.67 - (BVerwGE 34, 159 = Buchholz 310 § 161 Abs. 2 VwGO Nr. 30), vom 28. November 1975 - BVerwG 4 C 45.74 - (BVerwGE 50, 2 = Buchholz 406.11 § 132 BBauG Nr. 20) und vom 7. Juni 1978 - BVerwG 7 C 63.76 - (BVerwGE 56, 31 = Buchholz 421.2 Hochschulrecht Nr. 60) in Widerspruch gesetzt, nach denen eine Erledigung des Rechtsstreits nur dann angenommen werden könne, wenn das Klagebegehren gegenstandslos geworden und die Beschwer entfallen sei. Dieser Vorwurf trifft nicht zu. Der Verwaltungsgerichtshof hat den Unterlassungsanspruch des Klägers mit der Begründung abgewiesen, daß aufgrund der Erklärungen des Vertreters des Beklagten in der mündlichen Verhandlung gegenwärtig keine Anhaltspunkte für eine hinreichend konkrete Gefahr der erneuten Herausgabe und Verbreitung des streitigen Berichts oder dessen weiterer Verwendung in den Schulen bestünden. Er hat den Unterlassungsanspruch mithin, ohne den von der Beschwerde aufgezeigten Erledigungsvoraussetzungen zu widersprechen, als (derzeit) gegenstandslos beurteilt. Ob diese Beurteilung zutrifft, mag dahinstehen, weil allein mit dem Vorbringen, das Berufungsgericht habe einen in der Rechtsprechung des Bundesverwaltungsgerichts aufgestellten Rechtssatz im Einzelfall unrichtig angewendet, eine Abweichungsrüge nach § 132 Abs. 2 Nr. 2 VwGO nicht begründet werden kann (vgl. Beschluß vom 12. 12. 1991 - BVerwG 5 B 68.91 - Buchholz 310 § 132 VwGO Nr. 302).

Der Verwaltungsgerichtshof hat ferner nicht der von der Beschwerde zitierten Rechtsprechung des Bundesverwaltungsgerichts widersprochen, derzufolge eine Feststellungsklage mit dem Ziel der Wiederherstellung des guten Rufs erhoben werden kann (Urteil vom 28. 2. 1961 - BVerwG 1 C 54.57 - BVerwGE 12, 87; Urteil vom 9. 2. 1967 - BVerwG 1 C 49.64 - BVerwGE 26, 161 = Buchholz 310 § 113 VwGO Nr. 35; Urteil vom 19. 3. 1970 - BVerwG 1 C 6.69 - Buchholz 310 § 113 VwGO Nr. 51; Urteil vom 26. 2. 1974 - BVerwG 1 C 31.72 - BVerwGE 45, 51 = Buchholz 402.41 Allgemeines Polizeirecht Nr. 25; Beschluß vom 4. 3. 1976 - BVerwG 1 WB 54.74 - BVerwGE 53, 134; Urteil vom 15. 3. 1977 - BVerwG 1 C 27.75 - Buchholz 310 § 113 VwGO Nr. 83). Das ergibt sich hinsichtlich des ersten, auf den Zeitpunkt der Herausgabe des streitigen Berichts bezogenen Feststellungsantrags des Klägers schon daraus, daß der Verwaltungsgerichtshof diesen Antrag gerade unter Rehabilitationsgesichtspunkten für zulässig erachtet hat. Was den weiteren, auf die gegenwärtige Sachlage bezogenen Feststellungsantrag des Klägers anbetrifft, so hat das Berufungsgericht hierfür offensichtlich ein gesondertes Rehabilitationsbedürfnis des Klägers nicht zu erkennen vermocht. Selbst wenn diese Annahme unrichtig wäre, könnte daraus wiederum keine Abweichung im Sinne des § 132 Abs. 2 Nr. 2 VwGO hergeleitet werden.

In seinem von der Beschwerde ferner angeführten Urteil vom 24. 2. 1992 - BVerwG 7 C 24.91 - (Buchholz 310 § 113 VwGO Nr. 242) hat sich der besog. Jugendsekten

schließende Senat mit den Voraussetzungen befaßt, unter denen ein im Anschluß an eine Verpflichtungsklage gestellter Fortsetzungsfeststellungsantrag entsprechend § 113 Abs. 1 Satz 4 VwGO zulässig ist. Eine derartige Problematik stellt sich im vorliegenden Verfahren nicht; infolgedessen enthält das angefochtene Urteil hierzu auch keine Aussage.

Aus entsprechenden Gründen scheidet auch eine Abweichung des Berufungsurteils von dem Urteil des beschließenden Senats vom 23. 5. 1989 – BVerwG 7 C 2.87 – (BVerwGE 82, 76) aus. Der Senat hat in diesem Urteil ausgesprochen, daß die Bundesregierung zu Warnungen, die das Wirken einzelner Religions- oder Weltanschauungsgemeinschaften betreffen, nicht ohne eine bestehende Gefahr oder wenigstens den begründeten Verdacht einer Gefahr für die Allgemeinheit berechtigt ist, daß sie ihre Warnungen nicht auf die Wiedergabe von Tatsachen beschränken muß, sondern daraus selbst wertende Schlußfolgerungen ziehen darf, daß sie sich aber unsachlicher oder aggressiver Wertungen zu enthalten hat (aaO, S. 83 f.). Zu der Frage, welche Anforderungen das Sachlichkeitsgebot an eine über warnende Äußerungen hinausgehende öffentliche kritische Auseinandersetzung des Staates mit den Lehren einer Religions- oder Weltanschauungsgemeinschaft stellt, verhält sich das Urteil nicht.

3. Schließlich ist die Revision auch nicht gemäß § 132 Abs. 2 Nr. 3 VwGO wegen eines dem Verwaltungsgerichtshof unterlaufenen Verfahrensfehlers zuzulassen. Entgegen der Ansicht der Beschwerde hat der Verwaltungsgerichtshof seine Pflicht zur erschöpfenden Aufklärung des Sachverhalts (§ 86 Abs. 1 VwGO) nicht dadurch verletzt, daß er den vom Kläger in der Berufungsverhandlung unter der Sammelbezeichnung „Beweisantrag A" gestellten Beweisanträgen nicht nachgekommen ist. Die genannten Anträge waren sämtlich auf den Nachweis gerichtet, daß die Landesregierung in dem streitigen Bericht die Lehre Osho-Rajneeshs nicht zutreffend, d. h. dem Selbstverständnis der Osho-Bewegung entsprechend, wiedergegeben habe. Auf diesen Nachweis kam es indes aus der materiell-rechtlichen Sicht des Verwaltungsgerichtshofs, die den Umfang der ihm obliegenden Sachverhaltsaufklärung bestimmte, nicht an. Zwar hat der Verwaltungsgerichtshof eine objektiv verzerrte oder einseitige Darstellung der Lehre für unzulässig erachtet. Er hat jedoch zugleich festgestellt, daß die Landesregierung nicht auf eine wissenschaftlich-sachliche, in jeder Hinsicht ausgewogene und sämtlichen Aspekten der Lehre Rechnung tragende Abhandlung beschränkt gewesen sei. Vielmehr habe sie sich bei ihrer Darstellung in erster Linie auf veröffentlichte Äußerungen des Gründers der Bewegung, insbesondere solche, die er über den eigenen Anhängerkreis hinaus bewußt an die Öffentlichkeit gerichtet habe, stützen können. Ferner habe sie sich bei der Auswahl der erörterten Themen an den in der Öffentlichkeit im Zusammenhang mit der Osho-Bewegung diskutierten Fragen wie auch an dem Ziel einer den Durchschnittsbürger zum Lesen des Berichts anregenden

Sprach- und Darstellungsform orientieren dürfen. Auf der Grundlage dieser Rechtsauffassung war ein näheres, das Erscheinungsbild der Bewegung in der Öffentlichkeit hinterfragendes Eindringen in die Inhalte der Lehre Osho-Rajneeshs durch Vernehmung maßgeblicher Repräsentanten der Osho-Bewegung nicht erforderlich. Erst recht bedurfte es keiner Aufhellung der Lehre unter religionswissenschaftlichen Gesichtspunkten.

30

§ 25c Abs. 3 Satz 2 BauNVO 1990 ist wegen fehlender gesetzlicher Ermächtigung nichtig.

Zur Unzulässigkeit einer „kleinen" Spielhalle in einem durch Kirche und alten Baumbestand geprägten Bereich.

Niedersächs. OVG, Urteil vom 13. Mai 1993 – 1 L 104/91[1] –

Die Klägerin begehrt die Erteilung eines Bauvorbescheides zum Umbau und zur Nutzungsänderung eines Ladens in eine Spielhalle mit einer Spielfläche von 105 m², hilfsweise die Feststellung, daß der Beklagte (Landkreis G.) verpflichtet war, ihr diesen Bauvorbescheid zu erteilen.

Die Spielhalle soll im Erdgeschoß des zweigeschossigen Hauses Obere Dorfstraße 4 im Ortsteil L. der beigeladenen Gemeinde eingerichtet werden. In den Räumen befindet sich z. Zt. ein Drogeriemarkt, vorher war hier ein Sportgeschäft untergebracht. Im Obergeschoß des im Zentrum des Ortsteiles gelegenen Hauses ist eine Wohnung vorhanden, früher befand sich dort auch eine Videothek. In der Umgebung des Baugrundstücks ist gewerbliche Nutzung und Wohnnutzung sowie ein kirchliches Zentrum mit Kirche, Pfarrhaus und Gemeindesaal anzutreffen. Der der Kirche südlich vorgelagerte Platz liegt gegenüber dem Baugrundstück an der Nordseite der Straße; es handelt sich um einen großen, grasbewachsenen, mit alten Laubbäumen bestandenen Platz, der durch einen auf die Kirche zuführenden Weg geteilt wird.

Mit Bauantrag vom 12. 12. 1987 beantragte die Klägerin zunächst eine Baugenehmigung für die Einrichtung einer Spielhalle mit einer Grundfläche (= Spielfläche, § 3 Abs. 2 Satz 1 SpielV) von 150,25 m² und Nebenräumen mit einer Fläche von 18,30 m². Diesen Antrag lehnte der Beklagte, nachdem die Gemeinde ihr Einvernehmen verweigert hatte, durch den angefochtenen Bescheid vom 11. 2. 1988 ab. Zur Begründung führte er aus, ein positiver Bescheid könne nicht ergehen, da die Gemeinde ihr Einvernehmen verweigert habe. Außerdem sei eine Spielhalle von der zur Prüfung gestellten Größe planungsrechtlich nach

---

[1] Amtl. Leitsätze. Nds.RPfl. 1993, 304. Das Urteil ist rechtskräftig.

§ 34 Abs. 2 BauGB unzulässig, da die Eigenart der näheren Umgebung einem Mischgebiet entspreche. Gegen diesen Bescheid legte die Klägerin Widerspruch ein. Sie begründete diesen im wesentlichen damit, die nähere Umgebung werde maßgeblich durch gewerbliche Nutzung geprägt (u. a. eine Fleischerei, einen Einzelhandelsbetrieb und eine Gaststätte); in einem derartigen Gebiet werde sich die Spielhalle nicht störend auswirken. Nach erfolglosem Widerspruch hat die Klägerin am 17. 5. 1988 beim Verwaltungsgericht Klage erhoben. Während des Klageverfahrens erklärte sie mit Schriftsatz vom 28. 3. 1989, sie beschränke ihren bisherigen Antrag und begehre nunmehr nur noch die Zulassung einer Spielhalle mit einer Grundfläche von 105 m². Der Beklagte erklärte darauf mit Schriftsatz vom 21. 4. 1989, gegen eine Spielhalle mit einer Fläche von 105 m² bestünden aus bauplanerischer Sicht keine Bedenken. Die beigeladene Gemeinde sprach sich weiter gegen die Zulässigkeit des Vorhabens aus, da der Betrieb der Spielhalle die benachbarte Wohnnutzung erheblich stören würde.

Darauf beschloß der Rat der Gemeinde am 13. 7. 1989 die Aufstellung eines Bebauungsplanes für den Ortskernbereich und zugleich eine zweijährige Veränderungssperre, die am 11. 8. 1989 bekanntgemacht wurde. In den Beschlußvorlagen heißt es zur Begründung, daß zur Sicherstellung der städtebaulichen und planungsrechtlichen Ordnung im Bereich des Kirchgrabens in der Ortschaft L. zum Zwecke der Dorferneuerung die Aufstellung eines Bebauungsplanes erforderlich sei. Mit der Aufstellung des Bebauungsplanes und dem gleichzeitigen Erlaß einer Veränderungssperre werde für zwei Jahre jede nicht gewünschte Bautätigkeit unterbunden. Auch der Bau von Spielhallen könne in dem Bebauungsplan geregelt werden. Am 27. 6. 1991 beschloß der Rat der Gemeinde eine 1. Nachtragssatzung, durch die die Veränderungssperre um ein Jahr verlängert wurde. Diese Satzung wurde am 9. 8. 1991 bekanntgemacht. Die 2. Nachtragssatzung, mit der die Veränderungssperre um ein weiteres Jahr verlängert wurde, wurde am 11. 6. 1992 beschlossen und am 5. 7. 1992 öffentlich bekanntgemacht, nachdem der Landkreis G. der Verlängerung zugestimmt hatte.

In dem Bebauungsplanverfahren wurde der Entwurf des Planes ausgelegt, und am 13. 2. 1992 beschloß der Rat der Gemeinde den Bebauungsplan als Satzung. Der Plan wurde dann am 11. 3. 1993 öffentlich bekanntgemacht.

In dem erstinstanzlichen Klageverfahren, das noch vor Inkrafttreten des Bebauungsplanes abgeschlossen wurde, hat die Klägerin beantragt, den Bescheid des Beklagten vom 11. 2. 1988 und den Widerspruchsbescheid aufzuheben und den Beklagten zu verpflichten, ihr eine Bebauungsgenehmigung für eine Spielhalle mit einer Spielfläche von 105 m² auf dem Grundstück Obere Dorfstraße 4 zu erteilen.

Das Verwaltungsgericht hat der Klage nach Durchführung einer Ortsbesichtigung stattgegeben. Zur Begründung hat es ausgeführt, die Veränderungssperre sei nichtig, weil die Gemeinde bei der Beschlußfassung über die Veränderungssperre keine hinreichend konkreten Planvorstellungen gehabt habe. Das Vorhaben sei nach § 34 Abs. 2 BauGB i.V.m. § 6 BauNVO 1977 zulässig. In dem durch Wohnungen und Gewerbebetriebe geprägten Gebiet sei eine Spielhalle mit einer Spielfläche von etwa 100 m² rechtlich nicht zu beanstanden.

Die Beigeladene hat gegen dieses Urteil Berufung eingelegt, mit der sie die Abweisung der Klage erstrebt. Zur Begründung hat sie zunächst geltend gemacht, daß die Veränderungssperre wirksam sei, da der Rat hinreichend konkrete Planvorstellungen gehabt habe. Diese seien darauf gerichtet gewesen, Spielhallen auszuschließen. Nach Inkrafttreten des Bebauungsplanes beruft sich die Beigeladene darauf, daß dem Vorhaben der Bebauungsplan entgegenstehe. Die Spielhalle könne aber auch dann nicht zugelassen werden, wenn das Vorhaben nach § 34 Abs. 2 i.V.m. § 6 BauNVO 1990 zu beurteilen sei. Die Regelung des § 6 Abs. 2 Nr. 8 BauNVO 1990 komme der Klägerin nicht zugute, da der geplante Standort nicht in einem überwiegend durch gewerbliche Nutzung geprägten Teil des Mischgebietes liege. Die geplante Halle sei aber auch schon nach der früheren Fassung der BauNVO unzulässig gewesen. Die Beigeladene beantragt, das angefochtene Urteil zu ändern und die Klage abzuweisen.

Die Klägerin beantragt, die Berufung der Beigeladenen zurückzuweisen, *hilfsweise* festzustellen, daß der Beklagte vor Inkrafttreten der BauNVO 1990 verpflichtet war, den beantragten Bauvorbescheid zu erteilen. Sie hält den Bebauungsplan für unwirksam und vertritt die Auffassung, sie habe nach § 34 Abs. 2 BauGB i.V.m. § 6 BauNVO 1990 einen Anspruch auf den beantragten Bauvorbescheid, da das Baugrundstück in einem Gebietsteil liege, der überwiegend durch gewerbliche Nutzung geprägt sei. Halte man ihren Hauptantrag für unbegründet, müsse sie jedenfalls mit ihrem Hilfsantrag, den sie zur Vorbereitung eines Schadensersatzanspruches stelle, Erfolg haben. Denn der Beklagte sei jedenfalls nach der vor Inkrafttreten der BauNVO 1990 geltenden Regelung des § 6 BauNVO 1977, die für Spielhallen günstiger gewesen sei, verpflichtet gewesen, den begehrten Bauvorbescheid zu erteilen.

Der Senat hat Beweis erhoben über die örtlichen Verhältnisse auf dem Baugrundstück und in der Umgebung durch Einnahme des Augenscheines und sodann die Klage abgewiesen.

Aus den Gründen:

Die Berufung der Beigeladenen ist zulässig und begründet, da die Klage weder mit dem Hauptantrag noch mit dem Hilfsantrag begründet ist. Die Klägerin hat keinen Anspruch auf den beantragten Bauvorbescheid; denn die geplante Spielhalle ist nach dem hier maßgeblichen § 34 Abs. 2 BauGB i.V.m. § 6 BauNVO 1990 planungsrechtlich unzulässig (1.). Auch der hilfsweise gestellte Feststellungsantrag kann keinen Erfolg haben, weil das Bauvorhaben auch in der Zeit vor Inkrafttreten der BauNVO 1990 unzulässig war (§ 34 Abs. 2 BauGB i.V.m. § 15 Abs. 1 BauNVO 1977 (2.).

1. Entspricht die Eigenart der näheren Umgebung eines Baugrundstücks, für das ein wirksamer Bebauungsplan nicht existiert, einem der Baugebiete der BauNVO, beurteilt sich die Zulässigkeit des Vorhabens nach § 34 Abs. 2 BauGB nach seiner Art allein danach, ob es nach der BauNVO in dem Baugebiet zulässig wäre. Nach diesem Maßstab kann die Klägerin den begehrten Bauvorbescheid nicht verlangen, weil die geplante Spielhalle in der als Mischgebiet zu qualifizierenden Bebauung nicht zu den nach § 6 BauNVO 1990 zulässigen Nutzungen zählt.

Die von der Klägerin beabsichtigte Nutzung des innerhalb eines im Zusammenhang bebauten Ortsteiles gelegenen Baugrundstücks ist nach § 34 BauGB zu beurteilen, weil der Bebauungsplan Nr. 014 „Kirchgraben" der Beigeladenen unwirksam ist.

Als Rechtsgrundlage für den vom Bebauungsplan ohne Ausweisung eines Baugebietes festgesetzten Ausschluß von Spielhallen kommt nur § 25c Abs. 3 Satz 2 der jetzt geltenden BauNVO 1990 in Betracht. Nach dieser Bestimmung kann der Plangeber in den im Zusammenhang bebauten Gebieten aus besonderen städtebaulichen Gründen isoliert Bestimmungen über die Zulässigkeit von Vergnügungsstätten festsetzen. Auf diese Vorschrift kann sich der Plangeber aber nicht stützen, weil sie wegen fehlender Ermächtigungsgrundlage nichtig ist (Art. 80 Abs. 1 GG).

Als gesetzliche Grundlage für § 25c Abs. 3 Satz 2 BauNVO 1990 ist allein § 2 Abs. 5 Nr. 1a BauGB erörterungsbedürftig, nach dem der Verordnunggeber ermächtigt wird, Vorschriften zu erlassen über Festsetzungen in den Bebauungsplänen über die Art der baulichen Nutzung. Ob diese Vorschrift eine ausreichende gesetzliche Grundlage für den in § 25c Abs. 3 Satz 2 BauNVO 1990 zugelassenen isolierten Ausschluß von Vergnügungsstätten darstellt, ist umstritten (ablehnend z. B. Fickert/Fieseler, Kommentar zur BauNVO, 7. Aufl. 1992, § 25c, Rdnr. 19f.; Ellenrieder, „Isolierter" Ausschluß von Vergnügungsstätten nach § 25c Abs. 3 Satz 2 BauNVO 1990, DVBl. 1990, 463f.; a.A. dagegen z.B. Ziegler in Kohlhammer-Kommentar zum BauGB, 1987, §§ 25 bis 27 BauNVO, Rdnr. 46f.). Der Senat folgt der Auffassung, die das Vorliegen einer gesetzlichen Grundlage für § 25c Abs. 3 Satz 2 BauNVO 1990 verneint. *(wird ausgeführt)*

Bei der planungsrechtlichen Überprüfung des Hauptantrages der Klägerin muß der Senat die von der beigeladenen Gemeinde beschlossene Veränderungssperre nicht berücksichtigen. Er braucht in diesem Zusammenhang nicht darauf einzugehen, ob diese Sperre wirksam gewesen ist. Sie ist jedenfalls mit der Bekanntmachung des Bebauungsplanes (§ 12 BauGB) unabhängig von seiner Gültigkeit außer Kraft getreten. Das folgt aus dem begrenzten Sicherungszweck einer solchen Sperre, der dahin geht, die planende Gemeinde nicht über den Tag hinaus zu sichern, an dem sie ihre Planung abschließen konnte (vgl. BVerwG, Beschl. v. 28. 2. 1990 – 4 B 174.89 –, BRS 50 Nr. 99). Im übrigen ist die Veränderungssperre aber auch aus den unter 2. zu erörternden Gründen unwirksam.

Das demgemäß allein nach § 34 BauGB zu beurteilende Bauvorhaben ist gemäß § 34 Abs. 2 BauGB i.V.m. § 6 BauNVO 1990 unzulässig, da die Eigenart der näheren Umgebung einem Mischgebiet entspricht und die Spielhalle in diesem Gebiet nicht zugelassen werden darf.

Als die für die Eigenart der näheren Umgebung maßgebliche Umgebung sieht der Senat unter Berücksichtigung des Eindrucks der Ortsbesichtigung die Bebauung nördlich und südlich der Unteren und Oberen Dorfstraße an, und zwar an der Nordseite dieser Straße von dem Grundstück Nr. 1 (…) im Westen bis zu dem Grundstück Nr. 12 im Osten, an der Südseite von dem Grundstück Nr. 27 im Westen bis zum Grundstück Nr. 10 im Osten; denn so weit kann sich das Vorhaben auf die Umgebung auswirken und prägt oder beeinflußt die Umgebung ihrerseits den bodenrechtlichen Charakter des Baugrundstücks (vgl. BVerwG, Urteil v. 26. 5. 1978 – 4 C 9.77 –, BRS 33 Nr. 36). Dabei reicht der maßgebliche Bereich nach Norden bis auf die Höhe der Kirche, nach Süden erfaßt er die an der Straße gelegenen Grundstücke und außerdem auch die weiter rückwärts gelegenen Grundstücke Nr. 31 und 32. Die Bebauung nördlich der Unteren bzw. Oberen Dorfstraße ist nicht wegen ihrer Lage jenseits dieser Straße unberücksichtigt zu lassen. Diese Straße ist nicht so breit, daß sie hier als trennend wirkende Abgrenzung in Erscheinung tritt.

Der geschilderte, für die planungsrechtliche Beurteilung maßgebliche räumliche Bereich wird geprägt durch das für Mischgebiete typische gleichwertige Nebeneinander (vgl. hierzu BVerwG, Urteil v. 4. 5. 1988 – 4 C 34.86 –, BRS 48 Nr. 37) von Wohnnutzung und gewerblicher, das Wohnen nicht wesentlich störender Nutzung sowie weiterer Anlagen, die, wie kirchliche Einrichtungen (vgl. § 6 Abs. 2 Nr. 5 BauNVO 1990 in einem Mischgebiet im Sinne des § 6 BauNVO 1990) zulässig sind. Eine andere Beurteilung ist nicht deshalb geboten, weil auf dem nördlich der Oberen Dorfstraße gelegenen Grundstück Nr. 16 (Landwirtschaft – Scheune/Stallgebäude –) eine bauliche Nutzung vorhanden ist, die im Katalog des § 6 BauNVO 1990 nicht erwähnt ist. Es handelt sich hierbei um eine Ausnahme, die als Fremdkörper den Gebietscharakter nicht mitprägt oder beeinflußt.

In einem Mischgebiet sind nach § 6 Abs. 2 Nr. 6 BauNVO 1990 nicht kerngebietstypische Vergnügungsstätten nur zulässig, wenn sie in Teilen des Mischgebiets liegen, die überwiegend durch gewerbliche Nutzungen geprägt sind. Die zur Prüfung gestellte Spielhalle ist unter Berücksichtigung ihrer Spielfläche von 105 m² noch nicht als kerngebietstypische Vergnügungsstätte anzusehen (vgl. hierzu OVG Lüneburg, Urteil v. 11. 9. 1987 – 6 OVG A 139/86 –, BRS 47

Nr. 51). Sie liegt aber nicht in einem Teil des Mischgebietes, der überwiegend durch gewerbliche Nutzung geprägt ist.

Nach dem bei der Ortsbesichtigung gewonnenen Eindruck wird der für die Beurteilung maßgebliche Mischgebietsanteil durch die südlich der Oberen Dorfstraße vorhandenen baulichen Nutzungen Nr. 3 bis 7 (...) und die nördlich gegenüberliegenden baulichen Anlagen Nr. 26 und 20 (Kirche und Wohnhaus) gebildet. Dieser Baugebietsteil wird nicht durch eine überwiegende gewerbliche Nutzung geprägt. Eine derartige überwiegende Prägung ist anzunehmen, wenn in dem maßgeblichen Gebietsteil die gewerbliche Nutzung bei einer wertenden Gesamtbetrachtung unter Berücksichtigung der Geschoßflächen, Baumassen und Zahl der einzelnen Nutzungen vorherrscht (vgl. OVG Lüneburg, Urteil v. 12. 11. 1990 – 6 L 119/89 –; Senatsurteil v. 10. 6. 1993 – 1 L 562/92 –; Fickert/Fieseler, Kommentar zur BauNVO, 7. Aufl. 1992, § 6 Rdnr. 16.2). Hiervon kann in dem hier maßgeblichen Gebietsteil keine Rede sein. In dem Teilbereich südlich der Oberen Dorfstraße dominiert die gewerbliche Nutzung nach den obigen Maßstäben nicht. Die Grundstücke Nr. 3, 4 und 5 des Lageplanes werden im Erdgeschoß gewerblich genutzt, im Obergeschoß für Wohnzwecke; auf den Grundstücken Nr. 6 und 7 erstreckt sich die Wohnnutzung auch auf das Erdgeschoß. In dem Teilbereich nördlich der Oberen Dorfstraße, in dem außer der Kirche mit Vorplatz ein Wohnhaus liegt, ist sogar keine gewerbliche Nutzung vorhanden.

Die geplante Spielhalle kann nicht ausnahmsweise nach § 6 Abs. 3 BauNVO 1990 zugelassen werden. Eine Ausnahmesituation im Sinne dieser Bestimmung, welche die Möglichkeit für eine Ermessensentscheidung über das Vorhaben eröffnen könnte, liegt nach den örtlichen Verhältnissen hier nicht vor. Dagegen spricht die Nähe des Standortes der Spielhalle zu dem stark durch Wohnnutzung geprägten Bereich der Grundstücke Nr. 6 und 7, aber unabhängig davon auch die Nähe zu dem durch die Kirche dominierten Bereich auf der dem Baugrundstück gegenüberliegenden Seite der Straße.

Wie der Senat bei der Ortsbesichtigung festgestellt hat, bildet die Kirche mit dem ihr vorgelagerten schönen, baumbestandenen Platz einen zusammenhängenden Bereich, in dem der Platz als ein dem Gebäude der Kirche und ihrer Nutzung zugeordnetes „Umfeld" in Erscheinung tritt. Dies hat zur Folge, daß der „kirchliche Bereich" und der ihm unmittelbar gegenüberliegende Standort der Spielhalle auch bei Berücksichtigung der dazwischenliegenden Straße dicht nebeneinander liegen. Bei einer derartigen Nähe eines gegenüber Beeinträchtigungen durch Spielhallen besonders schutzbedürftigen Bereichs ist kein Ausnahmefall gegeben, den der Verordnunggeber in § 6 Abs. 3 BauNVO 1990 im Auge hat. Daß kirchliche Nutzungen zu den sensiblen Nutzungen zählen, die aus bauplanerischer Sicht gegenüber Einwirkungen aus Spielhallen besonders schutzbedürftig sind, verdeutlicht § 2a Nr. 2 BauGB-Maßnahmengesetz i.d.F.

vom 28. 4. 1993 (BGBl. I S. 623). Der Gesetzgeber führt sie hier ausdrücklich bei den schutzbedürftigen Anlagen auf, zu deren Sicherung die Gemeinden Vergnügungsstätten durch Bebauungsplan ausschließen können (zur ebenfalls aufgeführten besonderen Schutzbedürftigkeit von Einrichtungen für Kinder vgl. das Senatsurteil v. 12. 5. 1993 – 1 L 98/91 –).

2. Der Hilfsantrag der Klägerin hat ebenfalls keinen Erfolg.
Die von der Klägerin hilfsweise entsprechend § 113 Abs. 1 Satz 4 VwGO erhobene Feststellungsklage ist zulässig. Die Klägerin hat ein berechtigtes Interesse an der begehrten Feststellung. Dies folgt daraus, daß die Feststellungsklage der Vorbereitung eines Amtshaftungsprozesses dienen soll, der im Falle eines obsiegenden verwaltungsgerichtlichen Urteils nicht offensichtlich aussichtslos erscheint. Die Klage ist aber unbegründet, da der Beklagte auch vor Inkrafttreten der BauNVO 1990 (27. 1. 1990) nicht verpflichtet war, der Klägerin einen positiven Bauvorbescheid zu erteilen.

Für die planungsrechtliche Beurteilung des Vorhabens während dieses Zeitraumes ist § 34 Abs. 2 BauGB i.V.m. §§ 6, 15 BauNVO 1977 maßgeblich. Die Eigenart der näheren Umgebung entsprach auch zu dieser Zeit einem Mischgebiet. Die örtlichen Verhältnisse unterscheiden sich nicht wesentlich von der gegenwärtigen Situation, wie sie oben im Zusammenhang mit dem Hauptantrag geschildert worden ist.

Die von der beigeladenen Gemeinde am 13. 7. 1989 beschlossene und am 11. 8. 1989 bekanntgemachte Veränderungssperre stand dem Vorhaben der Klägerin nicht entgegen. Sie war, wie das Verwaltungsgericht im einzelnen zutreffend ausgeführt hat, nichtig, weil der künftige Planinhalt beim Erlaß der Sperre noch nicht in dem erforderlichen Mindestmaß konkretisiert war. Die Nichtigkeit der Veränderungssperre ist aber auch dann anzunehmen, wenn man von einer hinreichenden Konkretisierung ausgeht. Diese kann allenfalls dergestalt vorgelegen haben, daß die Planungsvorstellungen der Gemeinde schon damals darauf ausgerichtet waren, einen Bebauungsplan aufzustellen, der, wie der dann beschlossene Plan, nur den Ausschluß von Spielhallen zum Inhalt hat. Auch in diesem Fall ist die Veränderungssperre unwirksam, weil sie dann der Sicherung eines unzulässigen Planes gedient hätte.

Die planungsrechtliche Zulässigkeit des demgemäß nach § 34 Abs. 2 BauGB i.V.m. den Vorschriften der BauNVO 1977 zu beurteilenden Vorhabens bedarf näherer Prüfung nur, soweit es um die Spielhalle mit einer Spielfläche von 105 m² geht. Daß der Beklagte vor Zugang des Schriftsatzes vom 28. 3. 1989, durch den die Klägerin ihr Begehren auf eine Spielhalle dieser Größe reduziert hat, nicht verpflichtet war, der Klägerin einen positiven Bauvorbescheid zu erteilen, ist offensichtlich. Denn eine Halle mit einer Spielfläche von 150,52 m², wie sie die Klägerin zunächst zur Prüfung gestellt hatte, war aufgrund ihrer Größe als kerngebietstypische Spielhalle auch nach dem im Vergleich zur BauNVO 1990 für Spielhallen günstigeren § 6 BauNVO 1977 in einem Mischgebiet eindeutig unzulässig (vgl. im einzelnen OVG Lüneburg, Urteil v. 11. 9. 1987, aaO).

Die dann geplante Spielhalle mit einer Spielfläche von 105 m² gehört zu den Spielhallen, die nach Größe und Ausstattung als sonstige Gewerbebetriebe im Sinne des § 6 Abs. 2 Nr. 4 BauNVO 1977 in einem Mischgebiet grundsätzlich zulässig waren (vgl. OVG Lüneburg, Urt. v. 11. 9. 1987, aaO). Die Halle war wegen besonderer örtlicher Verhältnisse aber unzulässig, weil sie aufgrund ihrer Lage der Eigenart des Baugebietes widersprach (§ 34 Abs. 2 BauGB i.V.m. § 15 Abs. 1 Satz 1 BauNVO 1977). Wie schon oben näher dargestellt worden ist, beginnt direkt gegenüber dem Standort der geplanten Spielhalle mit dem der Kirche vorgelagerten und von ihr beherrschten Platz ein größerer durch kirchliche Nutzung geprägter Bereich, der die Eigenart des Teiles des Baugebietes, in dem die Spielhalle liegen soll, maßgeblich mitbestimmt. Angesichts der erheblichen Größe dieses Bereiches ist seine prägende Wirkung auf die Umgebung so bedeutsam, daß die unmittelbar gegenüberliegenden Grundstücke auf der Südseite der Oberen Dorfstraße noch als „Umrahmung" des Platzes erscheinen. Die geplante Spielhalle würde in einer solchen Umgebung aus planungsrechtlicher Sicht einen Fremdkörper darstellen, der aufgrund seiner speziellen Zweckbestimmung in einen unvereinbaren Gegensatz zu der kirchlichen Nutzung tritt. Dabei ergibt sich dieser Gegensatz im vorliegenden Fall nicht durch die von der Spielhalle zu erwartenden Immissionen; er ist vielmehr begründet in der unterschiedlichen Zweckbestimmung beider Nutzungen, die zur Folge hat, daß, je nach den Umständen des Einzelfalles, schon die räumliche Nähe beider unterschiedlichen Nutzungsarten aus planungsrechtlicher Sicht störend ist.

31

Ist dem Arbeitnehmer bekannt, daß entgeltliche Arbeitsverträge eines kirchlichen Anstellungsträgers auf die Dauer von mehr als einem Jahr der Genehmigung der bischöflichen Aufsichtsbehörde bedürfen, dann ist die duldende Entgegennahme der Arbeitsleistung durch den Dienstgeber nach Auslaufen eines befristeten Arbeitsverhältnisses nicht geeignet, ohne weiteres zum Abschluß eines unbefristeten Arbeitsverhältnisse zu führen.

§§ 625 BGB, 21 Abs. 2 KVVG
ArbG Bochum, Urteil vom 13. Mai 1993 – 3 Ca 2629/92[1] –

Die Klägerin ist Diplomsozialwissenschaftlerin. Mit Vertrag vom 13. 3. 1990 wurde sie zunächst befristet bis zum 14. 3. 1992 im Rahmen einer Arbeitsbeschaf-

---

[1] NZA 1993, 1134. Das Urteil ist rechtskräftig.

fungsmaßnahme bei dem Beklagten, einem Verband kath. Kirchengemeinden, unter Einreihung in die Vergütungsgruppe K III Stufe 4 angestellt. Die Klägerin wurde sodann nach dem 14. 3. 1992 weiterbeschäftigt. Ihr wurde ein weiterer Arbeitsvertrag vorgelegt, den sie am 2. 4. 1992 unterzeichnete. Die Tätigkeitsbezeichnung in dem früheren Arbeitsvertrag lautete „pädagogische Fachkraft in der Jugendkulturarbeit", der zweite Arbeitsvertrag sieht als Tätigkeit „pädagogische Fachkraft in der Jugendkulturarbeit/Fachreferentin" vor. Weiter ist in dem zweiten Arbeitsvertrag ein unbefristetes Arbeitsverhältnis, beginnend am 15. 3. 1992 unter Einreihung in Vergütungsgruppe K IV b, Stufe 5, vorgesehen. In beiden Arbeitsverträgen findet sich jeweils die Vereinbarung der Geltung der kirchlichen Arbeits- und Vergütungsordnung (KAVO) in ihrer jeweiligen Fassung einschließlich der Anlagen; weiterhin ist nach der Bezeichnung der Vertragsparteien in beiden Verträgen der Hinweis enthalten, daß der Vertrag vorbehaltlich der Genehmigung durch das Bischöfliche Generalvikariat geschlossen wird.

Der zweite Arbeitsvertrag hatte, als er von der Klägerin unterzeichnet wurde, hinsichtlich der Vergütungsgruppe noch die Vergütungsgruppe K III vorgesehen. Der Vertrag wurde nach Unterzeichnung durch die Klägerin zur kirchenaufsichtlichen Genehmigung versandt. In der vorgelegten Fassung wurde der Vertrag nicht genehmigt, vielmehr wurde eine Genehmigung lediglich für einen Vertrag mit der Vergütungsgruppe K IV b erteilt. Dies wurde seitens der Kirchenaufsicht dem Beklagten mitgeteilt, gleichzeitig wurde der Beklagte gebeten, bei Aushändigung des Arbeitsvertrages diesen Umstand und die Änderung des von der Klägerin unterzeichneten Vertrags der Klägerin mitzuteilen. Der Beklagte hatte den nicht geänderten Vertrag bereits am 25. 6. 1992 unterzeichnet. – Der Beklagte hat zunächst nach der Weiterarbeit der Klägerin ab dem 15. 3. 1992 der Klägerin eine Vergütung nach Vergütungsgruppe K III Stufe 5 gezahlt. Nach der kirchenaufsichtlichen Genehmigung lediglich der niederen Vergütungsgruppe behielt er im September 1992 bis auf einen geringen Restbetrag die gesamte Vergütung der Klägerin ein und zahlte für Oktober 1992 lediglich eine der Vergütungsgruppe K IV b entsprechende verringerte Vergütung aus.

Mit ihrer Klage begehrt die Klägerin die Auszahlung der für September und Oktober 1992 gegenüber der früheren Vergütung einbehaltenen Beträge sowie die Feststellung der Verpflichtung der Beklagten zur Vergütung der Klägerin auch nach dem 15. 3. 1992 als pädagogische Fachkraft in der Jugendkulturarbeit gemäß der Vergütungsgruppe K III, Stufe 5 mit Zulagen. Sie macht geltend, sie habe ab dem 15. 3. 1992 in gleicher Weise wie zuvor gearbeitet. Der Abschluß eines zweiten Arbeitsvertrages sei nicht erforderlich gewesen, der unbefristete Fortbestand des Arbeitsverhältnisses ergebe sich bereits aus § 625 BGB. Weiter ergebe sich ein Anspruch daraus, daß der zweite Vertrag sowohl von ihr als auch von der Beklagten mit der Vergütungsgruppe K III unter-

schrieben worden war, bevor er aufgrund des kirchenaufsichtlichen Genehmigungsverfahrens abgeändert wurde.
Das Arbeitsgericht weist die Klage ab.

Aus den Gründen:

Sowohl Feststellungs- als auch Zahlungsklage sind zulässig, jedoch unbegründet.

Die Klägerin hat keinen arbeitsvertraglichen Anspruch auf Zahlung der Vergütung nach Vergütungsgruppe K III der KAVO. Weder aus dem ursprünglichen Arbeitsvertrag i.V.m. § 625 BGB noch aus dem weiteren Arbeitsvertrag vom 2. 4./25. 6. 1992 folgt ein derartiger Anspruch.

Der ursprüngliche Arbeitsvertrag war befristet bis zum 14. 3. 1992. Ein unmittelbarer Zahlungsanspruch aus dem Vertrag ist damit nach diesem Zeitpunkt nicht gegeben. Er folgt auch nicht aus einer Weiterarbeit der Klägerin über den 14. 3. 1992 hinaus. Die Klägerin ist bereits beweisfällig dafür geblieben, daß sie mit der gleichen Tätigkeit wie zuvor nach dem 14. 3. 1992 befaßt war. Die Beklagte hat diesen Umstand bestritten, so daß es eines Beweisantritts der Klägerin zu dieser Tatsachenbehauptung bedurfte. Davon abgesehen steht das Erfordernis der kirchenaufsichtlichen Genehmigung der Anwendung des § 625 BGB auch für den Fall, daß die Tätigkeit der Klägerin unverändert geblieben wäre, entgegen. Nach § 21 Abs. 2 des Gesetzes über die Verwaltung des katholischen Kirchenvermögens – KVVG – vom 24. 7. 1924 bestimmt die Geschäftsanweisung, in welchen Fällen ein Beschluß erst durch die Genehmigung der bischöflichen Behörde rechtsgültig wird. Nach der Anordnung betreffend die Veröffentlichung der Regelung der Rechtsgültigkeit der Beschlüsse der kirchlichen Verwaltungsorgane durch die bischöflichen Behörden vom 2. 2. 1928, dort unter Nr. 7, ist zur Rechtsgültigkeit der Beschlüsse der Kirchenvorstände und Vertretungen der Gemeindeverbände die Genehmigung der bischöflichen Behörden der katholischen Kirche bei entgeltlichen Anstellungsverträgen auf die Dauer von mehr als 1 Jahr notwendig. Die duldende Entgegennahme der Arbeitsleistung eines Arbeitnehmers durch den Dienstgeber, die nach § 625 BGB den Abschluß eines unbefristeten und damit länger als 1 Jahr währenden Arbeitsverhältnisses bewirkt, kann damit für sich genommen nicht zum Abschluß eines unbefristeten Arbeitsverhältnisses führen, weil es als ausdrücklich vereinbartes der kirchenaufsichtlichen Genehmigung bedürfte. Anderenfalls, bei Annahme eines Arbeitsverhältnisses in derartigen Fällen lediglich aufgrund bloßer Duldung der Tätigkeit der Dienstnehmerseite, würde das Genehmigungserfordernis umgangen. Es ist unerheblich, ob im Einzelfall eine derartige Umgehungsabsicht bei beiden Seiten oder auch nur einer Seite bestand. Entscheidend ist vielmehr, daß bei der Annahme einer Möglichkeit derartigen

Handelns der Bestand des kirchenaufsichtlichen Genehmigungserfordernisses praktisch gegenstandslos wäre.

Ein Arbeitsvertrag mit der Vergütungsgruppe K III ist auch nicht durch Unterschrift beider Vertragsparteien unter dem Vertrag vom 2. 4./25. 6. 1992 zustandegekommen. Dieser Vertrag enthielt ausdrücklich ein Hinweis auf die kirchenaufsichtliche Genehmigungsbedürftigkeit. Er ist vor kirchenaufsichtlicher Genehmigung schwebend unwirksam gewesen. Diese Rechtslage, eine schwebende Unwirksamkeit sowie die Beachtlichkeit des Formerfordernisses der kirchenaufsichtlichen Genehmigung wird auch ansonsten in der Rechtsprechung angenommen (OLG Hamm, Urteil vom 16. 11. 1987[2], MDR 1988 S. 860 sowie BayObLG, Beschluß vom 5. 10. 1989[3], NJW – RR 1990, S. 476). Ein Vertrag mit der Vergütungsgruppe K III wurde kirchenaufsichtlich jedoch gerade nicht genehmigt. Es ist der Beklagten auch nicht nach Treu und Glauben (§ 242 BGB) verwehrt, sich auf die kirchenaufsichtlichen Genehmigungserfordernisse gegenüber der Klägerin im Hinblick auf den zweiten Arbeitsvertrag und bezüglich § 625 BGB zu berufen. Die Berufung auf einen Formmangel ist jedenfalls dann nicht treuwidrig, wenn die Gegenpartei das Formerfordernis kennt. So liegt es jedoch hier. Hinsichtlich des zweiten Arbeitsvertrages ergibt sich die Kenntnis der Klägerin von dem Formerfordernis bereits daraus, daß die Genehmigungsbedürftigkeit durch die Kirchenaufsicht ausdrücklich eingangs des Arbeitsvertrages genannt ist. Hinsichtlich des Bestehens eines Arbeitsverhältnisses über § 625 BGB ist zu beachten, daß die Klägerin bereits aus dem ersten Arbeitsvertrag wußte, daß Arbeitsverträge der kirchenaufsichtlichen Genehmigung bedürfen, und zwar zumindest hinsichtlich eines Arbeitsvertrages für die Dauer von 2 Jahren. Um so mehr mußte ihr bewußt sein, daß ein gleichartiges Genehmigungserfordernis bei dem Entstehen eines unbefristeten Arbeitsverhältnisses als dem gegenüber der Befristung weitergehenden Fall besteht. Daß sie seinerzeit möglicherweise hieran nicht gedacht haben mag, ist für die Entscheidung ohne Bedeutung.

32

1. Die rückwirkende Abschaffung der sog. Anzeige-Hochschule in Niedersachsen ist verfassungsmäßig.
2. Die Bezeichnung einer privaten Wissenschaftseinrichtung (hier: theol. Bildungsstätte für Missionare) als „Universität" oder „Wissenschaftliche Hochschule" gehört dem staatlichen Hochschulorganisationsrecht an.

---

[2] KirchE 25, 365.
[3] KirchE 27, 280.

Art. 5 Abs. 3, 7 Abs. 4 GG
Niedersächs. OVG, Urteil vom 18. Mai 1993 – 10 L 52/90[1] –

Die Klägerin führt seit 1981 den Namensteil „Universität" und ist seit 1984 als rechtsfähiger Verein mit ihrem Namen in das Vereinsregister des Amtsgerichts W. eingetragen. Das Betreiben einer nichtstaatlichen Einrichtung des theologischen Bildungswesens war von ihr gemäß dem damaligen Rechtszustand (§ 126 NHG a. F.) dem Beklagten lediglich angezeigt worden; eine staatliche Anerkennung nach § 127 NHG a. F. war jedoch nicht erforderlich.

Mit dem dritten Änderungsgesetz zum NHG – 3. ÄGNHG – im Jahre 1989 forderte der Beklagte die Klägerin unter Hinweis auf die Übergangsregelung des Art. II Abs. 6 3. ÄGNHG auf, bis zum 31. Oktober 1989 einen ihrer Bezeichnung entsprechenden Lehr- und Forschungsbetrieb nachzuweisen. Der Nachweis der Klägerin vom 26. 10. 1989 reichte dazu jedoch dem Beklagten nicht aus. Mit Bescheid vom 29. 11. 1989 sprach er ihr aufgrund von Art. II Abs. 6 3. ÄGNHG die Berechtigung ab, die Bezeichnung „Universität" weiterhin zu führen.

Hiergegen hat die Klägerin Klage erhoben. Sie hat dargelegt, daß durch das 3. ÄGNHG rechtswidrig in ihr Namensrecht eingegriffen worden sei, weil das Gesetz gegen verschiedene Bestimmungen des Grundgesetzes verstoße. Sie habe bis 1989 die Bezeichnung „Universität" unbeanstandet führen dürfen, so daß ihr diese Berechtigung nicht habe entzogen werden dürfen. Im übrigen habe sie ausreichend dargelegt, daß ihr Lehr- und Forschungsbetrieb die Bezeichnung „Universität" rechtfertige.

Es gehe in erster Linie darum, ob sie als Sonderfall einen Anspruch darauf habe, einen Namen weiter zu führen, den sie bisher schon geführt habe. Sie sei die einzige Einrichtung in Niedersachsen gewesen, die vor Inkrafttreten des 3. ÄGNHG die Führung des Namens „Universität" als nichtstaatliche Hochschule unter Billigung des zuständigen Fachministeriums in Anspruch genommen habe. Dieses Recht sei ihr durch Gesetz und Ministerium aberkannt worden. Der Gesichtspunkt der Namensklarheit könne entgegen der Auffassung des Verwaltungsgerichts nicht erheblich sein, da sie in Niedersachsen die einzige private Wissenschaftseinrichtung mit dem Recht auf Bezeichnung als „Universität" gewesen sei und diese Bezeichnung seit etwa einem Jahrzehnt getragen habe. Auf den Beschluß des Bundesverwaltungsgerichts vom 13. 3. 1979 (7 B 176.78)[2] könne sich das Verwaltungsgericht nicht stützen, da sie im Gegensatz zum Hamburger Fall durch ein neues Gesetz in ihrem alten Recht beschnitten worden sei.

Das Recht zur Führung der Bezeichnung „Universität" sei als Kern des vereinsrechtlichen Namensrechts verfassungsrechtlich gewährleistet. Das Na-

---

[1] Satz 1 Amtl. Leitsatz. Die Revision der Klägerin wurde zurückgewiesen; BVerwG, Beschluß vom 15. 8. 1994 – 6 B 61.93 – DVBl. 1994, 1366.
[2] KirchE 17, 196.

mensrecht aus § 12 BGB sei Bundesrecht und könne wegen Art. 31GG durch Landeshochschulorganisationsrecht nicht gebrochen werden. Der Betrieb von Hochschulen und Schulen sei frei, so daß durch die Namensregelung in Art. 5 Abs. 3 und Art. 7 Abs. 4 GG eingegriffen werde. Wenn von der Sache her eine Hochschule betrieben werde, dann müsse sie sich auch so nennen dürfen. Gemeinwohlinteressen könnten diesen Eingriff nicht rechtfertigen. Der rückwirkende Eingriff in ihr Namensrecht sei darüber hinaus unverhältnismäßig. Der Beklagte habe das Anerkennungsverfahren des § 70 HRG dazu benutzt, sie ihres Namensführungsrechts zu berauben. § 70 HRG verfolge das Ziel, Privathochschulen staatlichen Hochschulen gleichzustellen. Sie wolle aber gar nicht gleichgestellt werden.

Mit dem 3. ÄGNHG habe das Ministerium versucht, ihr die Bezeichnung „Universität" in der Form eines Einzelgesetzes durch den Landtag entziehen zu lassen. Dieses Gesetz sei kein allgemeines Gesetz und betreffe nur sie. Das Verwaltungsgericht habe zu Unrecht behauptet, daß ihre Finanzierung durch Dritte gesichert sei, auch wenn die Bezeichnung „Universität" nicht mehr geführt werden dürfe. Vielmehr sei sie ein Instrument der Siloah-Missionen, die wiederum Kirchen im kirchenrechtlichen Sinne seien, wenn auch nicht Körperschaften des öffentlichen Rechts. Sie seien jedenfalls Religionsgemeinschaften, die staatskirchenrechtlich Schutz genießen würden. Den Siloah-Missionen gehe es darum, Missionare für ihre Arbeit vor allem in Südasien zu gewinnen. Hierzu bräuchten sie eine Institution, die den Rang einer Universität habe, um in den südasiatischen Ländern erfolgreich arbeiten zu können. Wenn ihr also die Befugnis entzogen werde, sich „Universität" zu nennen, so wäre das Interesse der Siloah-Missionen an dieser Arbeit nicht mehr gegeben. Die finanzielle Unterstützung würde ausbleiben und sie zur Schließung verurteilt sein. Im übrigen habe das Verwaltungsgericht ihre theologische Aufgabe und die religionspolitische Bedeutung einer Entscheidung nicht erkannt. Hier gehe es um eine „radikale Bindung" an die Bibel, um eine mit Luther schriftgetreue Bibelauslegung, die heute unter dem Einfluß der „historisch-kritischen Methode" der Bibelauslegung an den staatlichen Hochschulen kaum noch vertreten werde. Dieser Umstand sei gerade für die Mission in Asien wichtig.

Das Verwaltungsgericht hat die Klage abgewiesen.
Die Berufung der Klägerin wurde zurückgewiesen.

Aus den Gründen:

Die Berufung ist zulässig, aber nicht begründet.
Das Verwaltungsgericht hat die Klage zu Recht abgewiesen. Die Klägerin hat kein Recht zur Fortführung der Bezeichnungen „Universität" und „Hochschule" in ihrem Namen.

Die auf Feststellung dieser Berechtigung gerichtete Klage ist als Fortsetzungsfeststellungsklage gemäß § 113 Abs. 1 Satz 4 VwGO und – soweit sie darüber hinaus geht – als allgemeine Feststellungsklage nach § 43 VwGO zulässig.

Der angefochtene Verwaltungsakt des Beklagten vom 29. 11. 1989 ist durch Zeitablauf gegenstandslos geworden, so daß die auf seine Aufhebung gerichtete ursprüngliche Anfechtungsklage unzulässig geworden ist. Denn mit Ablauf der Übergangsregelung am 30. 4. 1991 gemäß Art. II Abs. 6 des 3. Gesetzes zur Änderung des Niedersächsischen Hochschulgesetzes – 3. ÄGNHG – vom 10. 4. 1989 (Nds. GVBl. S. 85) entbehrt der Bescheid des Beklagten jeglicher Wirkung. Nach dieser Vorschrift hätte die Bezeichnung „Universität" oder „Hochschule" ohnehin nur bis zum 30. 4. 1991 weitergeführt werden können, wenn dem Beklagten bis zum 31. 10. 1989 ein dieser Bezeichnung entsprechender Lehr- und Forschungsbetrieb nachgewiesen worden wäre. Es kann deshalb dahingestellt bleiben, ob der Klägerin dieser Nachweis gelungen ist.

Für die Klage als Fortsetzungsfeststellungsklage besteht jedoch nur insoweit ein berechtigtes Interesse an der Feststellung der Rechtswidrigkeit des angefochtenen Bescheides der Beklagten vom 29. 11. 1989, als bei der Verfassungswidrigkeit des 3. ÄGNHG wegen Abschaffung der „Anzeige-Hochschule" der Bescheid rechtswidrig und die Klägerin auch in der Übergangszeit berechtigt gewesen wäre, in ihrem Namen die ihr untersagte Bezeichnung „Universität" zu führen.

Bei Verfassungsmäßigkeit des 3. ÄGNHG hingegen wäre ein weitergehendes Feststellungsinteresse wegen Ablaufs der Übergangsfrist nicht anzuerkennen. Vielmehr müßte die Klägerin einen Antrag auf staatliche Anerkennung nach § 126 Abs. 2 NHG stellen und ihren Anspruch im Hinblick auf § 43 Abs. 2 VwGO mit der Verpflichtungsklage durchsetzen.

Für den weitergehenden allgemeinen Feststellungsantrag besteht jedoch ein berechtigtes Interesse an der alsbaldigen Feststellung (§ 43 Abs. 1 VwGO) insoweit, als der Beklagte aufgrund des § 126 NHG i.d.F. des 3. ÄGNHG der Klägerin jederzeit auch für die Zukunft die Führung der Bezeichnungen „Universität" und „Hochschule" untersagen könnte.

Die Feststellungsanträge haben jedoch keinen Erfolg, weil § 126 NHG i.d.F. des 3. ÄGNHG verfassungsmäßig ist.

Auf die Verfassungsmäßigkeit der Übergangsregelung des Art. II Abs. 6 3. ÄGNHG hinsichtlich ihres inhaltlichen Regelungsgehalts kommt es wegen Ablaufs der Geltungsfrist am 30. 4. 1991 nicht mehr an. Daher sind die gegen die Verfassungsmäßigkeit der Übergangsregelung als solche erhobenen Bedenken der Klägerin, ob nicht ein Einzelfallgesetz vorliege und der Bestimmtheitsgrundsatz verletzt werde, gegenstandslos. Daß § 126 NHG in der Neufassung allgemein und nicht nur für den Fall der Klägerin gilt, ist offensichtlich.

Verfassungsrechtlich entscheidend ist die Frage, ob der Gesetzgeber des Landes Niedersachsen die bloß anzeigepflichtige Privathochschule abschaffen und dem staatlichen Anerkennungszwang unterwerfen durfte. Soweit § 126 NHG n. F. in die Zukunft wirkt, bestehen keinerlei verfassungsrechtliche Bedenken. Soweit er rückwirkend auch auf die Namensführung der Klägerin einwirkt, ist dies nach den Regeln der unechten Rückwirkung verfassungsrechtlich zulässig.

Eine unechte Rückwirkung bzw. eine tatbestandliche Rückanknüpfung liegt vor, wenn eine Norm auf gegenwärtige, noch nicht abgeschlossene Sachverhalte für die Zukunft einwirkt und damit die betroffene Rechtsposition nachträglich entwertet. Die unechte Rückwirkung bzw. die tatbestandliche Rückanknüpfung wird herkömmlich am Rechtsstaatsprinzip gemessen. Sie ist danach in der Regel zulässig. Anderes gilt nur dann, wenn das Gesetz einen Eingriff vornimmt, mit dem der Betroffene nicht zu rechnen brauchte, den er also bei seinen Dispositionen nicht berücksichtigen konnte. Das Vertrauen auf den Fortbestand gesetzlicher Vorschriften wird jedoch regelmäßig nicht geschützt. Außerdem muß das Vertrauen schutzwürdiger als die mit dem Gesetz verfolgten Anliegen sein. Dabei ist eine Abwägung zwischen dem Ausmaß des Vertrauensschadens des einzelnen und der Bedeutung des gesetzlichen Anliegens für das Wohl der Allgemeinheit erforderlich. Schließlich muß der Gesetzgeber aufgrund des rechtsstaatlichen Grundsatzes der Verhältnismäßigkeit eine angemessene Übergangsregelung treffen (vgl. BVerfG, Beschluß v. 15. 1. 1992 – 2 BvR 1824/89 –, NJW 1992, 2877 [2878]; BVerfGE 75, 246 [280]; 72, 200 [242 f.]; 72, 141 [154 f.]; Jarass, in: Jarass/Pieroth, Grundgesetz für die Bundesrepublik Deutschland, 2. Aufl. 1992, Art. 20 Rdnrn. 49, 52, 54).

Nach diesen Maßstäben, denen der erkennende Senat folgt, liegt kein Verstoß gegen die Grundsätze unechter Rückwirkung von Gesetzen vor.

Die Klägerin konnte auf den Fortbestand des NHG in der vor dem 3. ÄGNHG geltenden Fassung nicht vertrauen, da es einen solchen Schutz gnerell nicht gibt. Nach der Kompetenzverteilung des Grundgesetzes (vgl. Art. 30, Art. 70 Abs. 1 GG) steht die „Kulturhoheit", der auch das Hochschulwesen zuzuordnen ist, grundsätzlich den Ländern zu. Soweit der Bund Regelungsbefugnisse in bezug auf das Hochschulwesen hat (vgl. Art. 75 Nr. 1 u. Art. 91 a Abs. 1 Nr. 1 GG), hat er hinsichtlich der Frage, ob und inwieweit die Gründung und Zulassung von Hochschulen Sache des Staates ist, hiervon bisher keinen Gebrauch gemacht (BVerfGE 37, 314 [322]). Die staatliche Hochschulhoheit gilt in Deutschland seit jeher (Thieme, Deutsches Hochschulrecht, 2. Aufl. 1986, Rdnr. 101).

Die Errichtung nichtstaatlicher Hochschulen ist ausschließlich landesrechtlich geregelt; § 70 HRG regelt nur die Frage ihrer staatlichen Anerkennung (Lüthje, in: Denninger, HRG, 1984, § 70 Rdnr. 2). Dabei unterliegt die grundsätzliche Zulassung nichtstaatlicher Hochschulen der freien Entscheidung der Länder (D. Lorenz, in: Hailbronner, Kommentar zum Hochschulrahmengesetz, Ordner 2, Stand Mai 1991, § 70 Rdnr. 2). Da auch andere Bundesländer die Errichtung einer nichtstaatlichen Hochschule oder aber ihre Führung unter der Bezeichnung „Hochschule" unter Genehmigungsvorbehalt stellen (vgl. D. Lorenz, aaO), mußte die Klägerin grundsätzlich damit rechnen, daß eines Tages auch in Niedersachsen aus der bloßen Anzeigepflicht nach § 126 NHG a.F. ein Genehmigungs- bzw. Anerkennungsvorbehalt werden könnte.

Insbesondere gehört zum Hochschulorganisationsrecht die rein äußerliche Frage der Bezeichnung einer privaten Wissenschaftseinrichtung (BVerwG, Beschluß v. 13. 3. 1979 – 7 B 176/78 –, MDR 1979, 699 [700]). Dies räumt auch Thieme ein, wenn er die Bezeichnungen „Hochschule" oder „Universität" für nicht ohne weiteres zulässig hält, weil sie die staatliche Hochschulhoheit berühren (Deutsches Hochschulrecht, Rdnr. 101).

Selbst wenn die Klägerin auf die Weitergeltung alten Rechts hätte vertrauen dürfen, wäre dieses Vertrauen nicht schutzwürdig gewesen. Denn die verfassungsrechtliche Zulässigkeit einer tatbestandlichen Rückanknüpfung ist an demjenigen Grundrecht zu messen, das mit der Verwirklichung des betreffenden Tatbestandsmerkmals vor Verkündung der Norm ins Werk gesetzt wurde (BVerfG, Beschluß v. 15. 1. 1992, aaO, S. 2878). Solche Rechte stehen der Klägerin aber nicht zu.

Das Grundrecht der Wissenschaftsfreiheit nach Art. 5 Abs. 3 GG (BVerwG, Beschluß v. 20. 10. 1989 – BVerwG 7 B 204.88 –, Buchholz 421.2 Hochschulrecht Nr. 128; BVerfGE 35, 79; 54, 363; 61, 210; 64, 323) wird nicht berührt (BVerwG, Beschluß v. 13. 3. 1979, aaO, S. 700). Danach fallen in den durch Art. 5 Abs. 3 GG vorbehaltlos geschützten Freiheitsraum der wissenschaftlich Tätigen vor allem die auf wissenschaftlicher Eigengesetzlichkeit beruhenden Prozesse, Verhaltensweisen und Entscheidungen bei dem Auffinden von Erkenntnissen, ihrer Deutung und Weitergabe. Über dieses Abwehrrecht hinaus erwächst dem einzelnen Träger des Grundrechts aus Art. 5 Abs. 3 GG aus der Wertentscheidung der Verfassung ein Recht auf solche staatlichen Maßnahmen auch organisatorischer Art, die zum Schutz seines grundrechtlich gesicherten Freiheitsraumes unerläßlich sind, weil sie ihm freie wissenschaftliche Betätigung überhaupt erst ermöglichen. Es bleibt der Klägerin jedoch unbenommen, ihre Einrichtung auch unter einer anderen Bezeichnung als „Universität" und „Hochschule" wissenschaftlich weiterzuführen, so etwa unter den von dem Beklagten vorgeschlagenen Bezeichnungen wie z.B. „Akademie" oder – angesichts der rein theologischen Ausrichtung der Klägerin – „Fakultät".

Ob aus Art. 5 Abs. 3 und Art. 7 Abs. 4 GG eine Privathochschulfreiheit im Sinne einer Errichtungsfreiheit hergeleitet werden kann (so aber Thieme, Privathochschulen in Deutschland – Chancen für die Zukunft? Göttingen 1988,

S. 19; nur als allgemeines Freiheitsrecht aus Art. 2 Abs. 1 GG, nicht aber als spezielle Grundrechtsgarantie D. Lorenz, Privathochschulfreiheit und Bundesrecht, WissR 1987, 22; ablehnend hinsichtlich eines Rechts auf Errichtung von privaten Fachhochschulen aus Art. 7 Abs. 4 Satz 1 GG, da zum „Schulwesen" im Sinne dieser Verfassungsbestimmung nicht die Hochschulen rechnen, BVerfGE 37, 314 [319 f.]), kann dahingestellt bleiben. Denn durch Art. 5 Abs. 3 GG wird vorbehaltlos nur der Eigenbereich der Wissenschaft garantiert. Die rein äußerliche Frage der Bezeichnung einer privaten Wissenschaftseinrichtung als „Universität" oder „Wissenschaftliche Hochschule" berührt den Eigenbereich der Wissenschaft nicht, sondern gehört zum Hochschulorganisationsrecht (BVerwG, aaO, S. 700).

Gehört das – objektive – Namensrecht privater Hochschulen als lex specialis mithin zum öffentlich-rechtlichen Hochschulorganisationsrecht, so kann sich die Klägerin als eingetragener Verein dagegen nicht mit Erfolg auf das allgemeine – subjektive – Namensrecht aus § 12 BGB, gewährleistet durch die Vereinigungsfreiheit nach Art. 9 Abs. 1 GG, berufen, um die Bezeichnungen „Hochschule" und „Universität" in ihrem Namen weiterzuführen (a. A. Thieme, zum Namensschutz von Hochschulen und Universitäten, DÖV 1977, 484 [485]). Derartige Bezeichnungen sind bei echten Privathochschulen nicht ohne weiteres zulässig, da sie die staatliche Hochschulhoheit berühren (Thieme, Deutsches Hochschulrecht, Rdnr. 101).

Zu dem durch Art. 9 Abs. 1 GG geschützten Kernbereich gehört zwar in gewissem Umfang die Namensführung (BVerfGE 30, 227 [241]). Jedoch sind dem Schutz des Bestandes und der Betätigung eines Vereins auch in dem nicht durch Art. 9 Abs. 2 GG erfaßten Bereich Grenzen gesetzt. Dem Gesetzgeber darf es nicht verwehrt sein, der Betätigung des Vereins Schranken zu ziehen, die zum Schutz anderer Rechtsgüter von der Sache her geboten sind (BVerfGE 30, 227 [243]; BVerwG, Beschluß v. 13. 3. 1979, aaO, S. 700). Einem Verein ist in seinem nach außen gerichteten Verhalten nicht mehr als natürlichen Personen erlaubt, so daß auch die Vorschriften des allgemeinen Sicherheitsrechts gegen ihn anwendbar sind (BVerwG, aaO). Eine Eingriffsnorm ist jedenfalls nur dann verfassungsmäßig, wenn die Interessen des Gemeinwohls, die der Staat beim Schutz anderer Rechtsgüter wahrnimmt, der Intensität des Eingriffs in die Vereinsfreiheit an Gewicht entsprechen (BVerfGE 30, 227 [243]).

Nach diesen Maßstäben wird durch das 3. ÄGNHG in den Kern der Betätigung der Klägerin als Verein, nämlich in ihren durch Art. 5 Abs. 3 GG gewährleisteten Wissenschaftsbetrieb, überhaupt nicht eingegriffen. An sich lassen Gattungsbezeichnungen wie „Universität" und „Hochschule" das Namensrecht einer Hochschule unberührt, weil ihnen die individualisierende Kennzeichnungskraft und damit die Namensfunktion fehlen (Thieme, Deutsches Hochschulrecht, aaO, Rdnr. 101 und Fn. 27). Darüber hinaus wäre ein

Eingriff in die Namensführung angesichts der kurzen Dauer der Namensführung und der Umstrittenheit der Frage – u. a. wegen der einseitigen theologischen Ausrichtung des Betriebes der Klägerin – von Anfang an, ob ein der Bezeichnung als „Universität" und „Hochschule" entsprechender Lehr- und Forschungsbetrieb vorliegt, nur geringfügig. Die Klägerin hat zur Führung der begehrten Bezeichnung „Universität" und „Hochschule" in ihrem Namen nichts weiter investiert als eine Anzeige bei dem Beklagten. Ihr ist auch nichts genommen worden, was sie nicht wiedererlangen könnte. Im Grunde geht es lediglich um die Gewährleistung der Namenswahrheit, die Übereinstimmung von Sein und Schein. Insoweit ist ein Eingriff schon durch das staatliche Interesse gedeckt, bei nichtstaatlichen Hochschulen einen den staatlichen Hochschulen adäquaten Lehr- und Forschungsbetrieb zu gewährleisten, zweifelhaften Unternehmen im Bereich nichtstaatlicher Hochschulen angemessen zu begegnen sowie die Rechtslage in Niedersachsen in etwa der Rechtslage in anderen Ländern anzugleichen (LT-Drucks. 11/3780, S. 71; LT-Drucks. 11/2220 v. 26. 2. 1988, S. 108 f.).

Soweit die Finanzierung durch Dritte, wie die Klägerin behauptet, allein durch den Wegfall der Bezeichnung „Universität" und „Hochschule" im Namen der Klägerin gefährdet sei, bleibt es ihr unbenommen, die staatliche Anerkennung als Hochschule gemäß § 126 NHG zu betreiben. In den eigentlichen Wissenschaftsbetrieb der Klägerin, der durch die Wissenschaftsfreiheit nach Art. 5 Abs. 3 GG weiterhin geschützt bleibt und der die wahre Grundlage für die finanzielle Förderung der Klägerin durch Dritte bleiben dürfte, wird durch das 3. ÄGNHG jedenfalls nicht eingegriffen.

Mithin stehen Rechte der Klägerin der Gesetzesänderung nicht entgegen. Auf der anderen Seite wird jedoch die Gesetzesänderung durch ein beachtliches staatliches Anliegen gerechtfertigt.

Auf dem Gebiet der organisatorischen Gestaltung des Hochschulwesens kommt dem Gesetzgeber ein breiter Raum zur Verwirklichung seiner hochschulpolitischen Auffassungen zu, der lediglich durch das Freiheitsrecht aus Art. 5 Abs. 3 GG und die in ihm enthaltene Wertentscheidung begrenzt wird (BVerwG, Beschluß v. 13. 3. 1979, aaO, S. 700). Das Gebiet der organisatorischen Gestaltung des Hochschulwesens umfaßt nicht nur die innere Struktur der staatlichen Hochschulen. Vielmehr ergibt sich ein weites Verständnis dessen, was unter organisatorischer Gestaltung des Hochschulwesens zu verstehen ist. Jedenfalls berührt die rein äußerliche Frage der Bezeichnung einer privaten Wissenschaftseinrichtung als „Universität" und „Wissenschaftliche Hochschule" nicht den Eigenbereich der Wissenschaft, sondern gehört zum Hochschulorganisationsrecht (BVerwG, aaO, S. 700).

Im Rahmen dieses weiten hochschulpolitischen Gestaltungsspielraumes liegt es, wenn der Beklagte im Bereich der nichtstaatlichen Hochschulen die

von ihm als gesetzgeberischen Fehlgriff erkannte „Anzeige-Hochschule" abschafft, um Mißbrauch zu verhindern und vielmehr einen den staatlichen Hochschulen adäquaten Lehr- und Forschungsbetrieb zu gewährleisten. Schließlich hat das 3. ÄGNHG gemäß Art. II Abs. 6 eine zweijährige Übergangsfrist vom 1. 5. 1989 bis zum 30. 4. 1991 vorgesehen, die der Senat angesichts des Grundsatzes der Verhältnismäßigkeit für angemessen erachtet.
Nach allem kommt es nicht mehr darauf an, ob die Klägerin nach Art. II Abs. 6 3. ÄGNHG „einen ihrer Bezeichnung entsprechenden Lehr-und Forschungsbetrieb nachweisen" kann, sondern – wenn sie die Bezeichnung „Universität" und „Hochschule" in ihrem Namen führen will – darauf, ob sie die Voraussetzungen einer staatlichen Anerkennung nach § 126 NHG in der zur Zeit geltenden Fassung erfüllt.

33

1. Ein Mitarbeiter im Sozial- und Erziehungsdienst, der im teilstationären Bereich eines Erziehungsheimes nur vorübergehend am Tage anwesende Kinder betreut, hat keinen Anspruch auf eine Heimzulage. Diese soll bei den Bediensteten die besonderen Erschwernisse ganztägiger Heimunterbringung abgelten.
2. Ein Anspruch auf Heimzulage kann aufgrund betrieblicher Übung erwachsen, wenn der Arbeitgeber trotz fehlender Voraussetzungen über einen längeren Zeitraum die Zahlungen erbringt, obwohl er den Arbeitnehmer versetzt hat, Vertragsgestaltung und Vertragshandhabung keine strenge Bindung an die Arbeitsvertragsrichtlinien erwarten lassen und die Zahlungen bei notwendigen Gehaltsanpassungen bestätigt werden.
3. Bei Arbeitnehmern des Diakonischen Werkes ist nicht ohne weiteres davon auszugehen, daß sie nur auf eine Behandlung nach den Arbeitsvertragsrichtlinien vertrauen können.

§ 12 AVR-Diakonie
BAG, Urteil vom 26. Mai 1993 – 4 AZR 130/93[1] –

Die Parteien streiten über die Fortzahlung einer der Klägerin bis zum 31. 12. 1991 gezahlten Heimzulage.
Die Klägerin ist seit 1986 bei der Beklagten als Mitarbeiterin im pädagogischen Bereich beschäftigt. Im Text ihres Arbeitsvertrages heißt es u. a.:

---

[1] Amtl. Leitsätze. BAGE 73, 191; MDR 1993, 1211; AP § 12 AVR Diakon. Werk Nr. 3; EzA § 242 BGB Betriebl. Übung Nr. 29; NZA 1994, 88; ZTR 1993, 471; ZevKR 39 (1994), 86. Parallelverfahren: BAG, Urteile v. 26. 5. 1993 – 4 AZR 149/92 u. 260/91 – AP § 12 Diakon. Werk Nr. 2 u. 4.

„§ 2
Als Vertragsinhalt gelten die Richtlinien für Arbeitsverträge für Anstalten und Einrichtungen, die dem Diakonischen Werk – Innere Mission und Hilfswerk – der Evangelischen Kirche in Deutschland angeschlossen sind, in der jeweils gültigen Fassung.

§ 3
Die Angestellte erhält Vergütung in freier Vereinbarung von DM 1.713,62 brutto monatlich.

§ 7
Bei Meinungsverschiedenheiten, die sich aus dem Dienstverhältnis ergeben, haben die Vertragschließenden zunächst die Schlichtungsstelle bei dem jeweils für die Einrichtung zuständigen Diakonischen Werk der Ev. Kirche anzurufen.

§ 9
Mündliche Nebenabreden sind nicht getroffen. Änderungen oder Ergänzungen des Vertrages bedürfen der Schriftform."

In der Arbeitsvertragsergänzung vom 20. 1. 1987 vereinbarten die Parteien gemäß den Arbeitsvertragsrichtlinien (AVR) eine Vergütung nach der Vergütungsgruppe VI b.

Die Beklagte ist eine mit der Ev. Kirche verbundene Einrichtung. Sie unterhält in der gesamten Bundesrepublik Einrichtungen verschiedenster Art auf dem Gebiet der Sozialpädagogik, insbesondere Kinder- und Jugendwohnheime, Wohngruppen, Einrichtungen des betreuten Wohnens und Tagesgruppen. In den Tagesgruppen werden die Kinder und Jugendlichen nur tagsüber betreut und zwar teilweise ganztägig, teilweise nur nachmittags, teilweise aber auch nur an einigen Tagen in der Woche. Die Klägerin ist examinierte Erzieherin. Sie hat die Aufgabe, für die entwicklungsgerechte Förderung sowie die pflegerische und gesundheitliche Versorgung der Kinder zu sorgen. Bei den zu betreuenden Personen handelt es sich überwiegend um seelisch oder geistig gestörte, gefährdete oder schwer erziehbare Kinder und Jugendliche.

Die Klägerin arbeitete ursprünglich in der stationären Wohngruppe A. in F. Dort werden Kinder und Jugendliche über Tag und Nacht betreut. Während dieser Tätigkeit zahlte ihr die Beklagte gem. der Anmerkung Nr. 1 Einzelgruppenplan (EGP) – Diakonie Ziff. 21 eine Heimzulage. Seit November 1989 ist die Klägerin in der Tagesgruppe III (K/M bei S) tätig. Sie betreut dort mit 2 weiteren Erziehern Kinder und Jugendliche im Alter von 6 bis 15 Jahren. Die Betreuung erfolgt in der Zeit zwischen 11.30 Uhr bis 17.30 Uhr. Während der restlichen Zeit halten sich die Kinder/Jugendlichen bei ihren Familien auf, mit Ausnahme von Wochenendfreizeiten und Ferienmaßnahmen. Die Tagesgruppe ist nicht mit einem Heimbetrieb der Beklagten organisatorisch verbunden.

Die Beklagte zahlte der Klägerin und drei weiteren in vergleichbarer Situation befindlichen Erzieherinnen auch nach dem Wechsel in die Tagesgruppe die Heimzulage bis einschließlich November 1991 weiter. Mit Schreiben vom 11. 11.

1991 teilte sie der Klägerin mit, sie sei aufgrund der Änderung der Einzelgruppenpläne zur Eingruppierung im Erziehungs- und Sozialdienst durch die Arbeitsrechtliche Kommission mit Wirkung vom 1. Januar 1991 in die Vergütungsgruppe V b AVR eingruppiert. Weiter heißt es in dem Schreiben: „... Die Heimzulage erhöht sich ab diesem Zeitpunkt von 90,00 DM auf 120,00 DM." In der Dezemberabrechnung 1991 behielt die Beklagte insgesamt 1.320,00 DM ein mit der Begründung, die Heimzulage sei in den vorausgegangenen 12 Monaten zu Unrecht gezahlt worden. Daraufhin setzten sich die betroffenen Erzieherinnen mit der Buchhaltung der Beklagten in Verbindung und erklärten, sie seien grundsätzlich mit der Rückforderung einverstanden, wenn der Anspruch auf die Heimzulage nicht mehr vorliegen solle. Gleichzeitig baten sie um ratenweisen Abzug über einen Zeitraum von sechs Monaten. Die Beklagte zahlte daraufhin den einbehaltenen Betrag zurück.

Die Klägerin hat die Auffassung vertreten, sie habe Anspruch auf die Heimzulage, obwohl sie nicht in einem Heim im technischen Sinne arbeite. Nach der Anmerkung Nr. 1 zum EGP-Diakonie Ziff. 21 sei nur Tatbestandsmerkmal, daß die Kinder oder Jugendlichen zum Zweck der Erziehung, Ausbildung oder Pflege ständig untergebracht seien. Da die Beklagte Heimbetriebe einerseits und betreutes Wohnen bzw. Wohngruppen andererseits führe, käme es nicht darauf an, ob sie selbst in einem Heim mit ständig dort untergebrachten Kindern arbeite. Es reiche aus, wenn der Arbeitgeber auch solche Heime unterhalte.

Die Klägerin hat zuletzt beantragt, 1. die Beklagte zu verurteilen, an sie 600,- DM brutto nebst Zinsen zu zahlen, 2. die Beklagte zu verurteilen, an sie ab Juni 1992 monatlich 120,- DM brutto als Heimzulage zu zahlen.

Die Beklagte hat vorgetragen, der Klägerin stehe seit November 1989 die begehrte Heimzulage nicht mehr zu, denn sie sei ab diesem Zeitpunkt nicht mehr in einem Heim im Sinne der Anmerkung Nr. 1 des EGP-Diakonie Ziff. 21 tätig. Der Begriff des Heims setze eine Unterbringungsform voraus, die als Ersatz für das übliche Leben in einer Familie dienen solle. Dies sei bei Tagesgruppen nicht gegeben. Auch fehle es wegen des nur zeitweiligen Aufenthalts am Merkmal der ständigen Unterbringung. Der Anspruch der Klägerin ergebe sich auch nicht aus betrieblicher Übung. Die Heimzulage sei anläßlich des Wechsels der betroffenen Erzieherinnen in die Tagesgruppen nur versehentlich nicht storniert worden. Dies sei erst bei einer entsprechenden Kontrolle entdeckt worden. Zudem würden auch andere Mitarbeiter der Beklagten keine Heimzulage erhalten, sofern sie in Tagesgruppen arbeiteten.

Das Arbeitsgericht hat die Klage abgewiesen. Das Landesarbeitsgericht hat ihr auf die Berufung der Klägerin stattgegeben. Die Beklagte erstrebt mit der Revision weiterhin die Abweisung der Klage. Das Rechtsmittel blieb im wesentlichen erfolglos.

Aus den Gründen:

Die Revision ist im wesentlichen nicht begründet. Das Landesarbeitsgericht ist zu Recht von einer Verpflichtung der Beklagten zur Zahlung der Heimzulage gegenüber der Klägerin ausgegangen.

I. Die Klage ist zulässig.

1. Der Zulässigkeit der Klage steht nicht die Schlichtungsvereinbarung in § 7 des Arbeitsvertrages entgegen. Es ist bereits fraglich, ob die Parteien mit dieser Abrede die Zulässigkeit einer Klageerhebung davon abhängig machen wollten, daß zunächst die Schlichtungsstelle angerufen wird. Die Zulässigkeit einer arbeitsgerichtlichen Klage ist dort nicht erwähnt. Zudem ist in § 2 des Arbeitsvertrages die Geltung der Arbeitsvertragsrichtlinien des Diakonischen Werkes der Evangelischen Kirche in Deutschland (AVR-Diakonie) vereinbart. In § 44 AVR-Diakonie heißt es zum Schlichtungsverfahren:

> *„... Sofern bei dem zuständigen gliedkirchlichen Diakonischen Werk eine Schlichtungsstelle gebildet ist, können Dienstgeber und Mitarbeiter bei Meinungsverschiedenheiten, die sich aus dem Dienstverhältnis ergeben, zunächst die Schlichtungsstelle anrufen. Die Behandlung eines Falles vor der Schlichtungsstelle schließt die Anrufung des Arbeitsgerichtes nicht aus."*

Damit haben Dienstgeber und Mitarbeiter ein Wahlrecht, ob sie die Schlichtungsstelle anrufen oder sogleich vor dem Arbeitsgericht Klage erheben wollen. Dem Text des § 7 des Arbeitsvertrages läßt sich nicht entnehmen, die Parteien hätten trotz der Vereinbarung der Arbeitsvertragsrichtlinien in § 2 des Arbeitsvertrages von der Freiwilligkeit des Schlichtungsverfahrens abweichen wollen.

Zumindest haben sie aber für die vorliegende Streitigkeit auf die Einhaltung des Schlichtungsverfahrens konkludent verzichtet. Weder hat eine der Parteien die Schlichtungsstelle angerufen noch hat die Beklagte gerügt, daß die Klägerin diese nicht vor Klageerhebung eingeschaltet hat.

2. Der Antrag zu 2. ist als Leistungsklage auf künftige Leistungen unzulässig. Die Klägerin macht mit ihrer Klage insoweit zukünftiges Arbeitsentgelt geltend. Die entsprechende Zahlungspflicht der Beklagten steht im synallagmatischen Verhältnis zur Arbeitsleistung. Nach der Anmerkung Nr. 1 des EGP-Diakonie Ziff. 21 wird die Zulage nur für Zeiträume gezahlt, für die Bezüge zustehen. Die Zulässigkeit einer Klage auf künftige Geldforderungen nach § 257 ZPO setzt jedoch voraus, daß sie nicht von einer Gegenforderung abhängen (BAGE 24, 63 [66] = AP Nr. 154 zu § 242 BGB Ruhegehalt, zu I der Gründe; Germelmann/Matthes/Prütting, ArbGG, § 46 Rz. 47).

Die Klage auf künftige Lohnzahlung ist auch nicht gem. § 259 ZPO zulässig, da nach den Umständen nicht die Besorgnis besteht, die Beklagte werde sich der rechtzeitigen Zahlung entziehen (vgl. BAG Urteil vom 29. 7. 1960 – 5 AZR

532/59 – AP Nr. 2 zu § 259 ZPO, zu 1 der Gründe). Die Parteien streiten über die Auslegung der Arbeitsvertragsrichtlinien und eine mögliche Verpflichtung der Beklagten aus betrieblicher Übung. Es ist damit davon auszugehen, daß die Beklagte auch im Falle eines Unterliegens bei einer entsprechenden Feststellungsklage die Zahlungen für die Zukunft erbringt. Der Antrag kann jedoch dahin ausgelegt werden, die Klägerin begehre inzident die Feststellung der Verpflichtung der Beklagten, ihr auch ab Juni 1992 monatlich eine Heimzulage in Höhe von 120,00 DM zu zahlen. Die Zulässigkeit der dahingehenden Feststellungsklage ist gegeben, da anzunehmen ist, daß die Beklagte einem Feststellungsurteil folgen wird.

II. Die Klage ist auch begründet, denn die Klägerin hat Anspruch auf die Zahlung der Heimzulage über den 31. 12. 1991 hinaus aufgrund betrieblicher Übung.

1. Das Landesarbeitsgericht hat zutreffend einen Anspruch der Klägerin auf die Heimzulage aus § 611 BGB i.V.m. dem geschlossenen Arbeitsvertrag und der Anmerkung Nr. 1 des EGP-Diakonie Ziff. 21 verneint.

a) Die AVR-Diakonie finden kraft einzelvertraglicher Vereinbarung in § 2 des Anstellungsvertrages auf das Arbeitsverhältnis der Parteien Anwendung. Diese haben – soweit es hier interessiert – folgenden Wortlaut:

„21. Mitarbeiter/innen im Sozial- und Erziehungsdienst

...

Anmerkungen zu EGP-21

(1) Der Mitarbeiter – ausgenommen der Mitarbeiter im handwerklichen Erziehungsdienst – erhält für die Dauer der Tätigkeit in einem Erziehungsheim, einem Kinder- oder einem Jugendwohnheim oder einer vergleichbaren Einrichtung (Heim) eine Zulage in Höhe von 120,– DM monatlich, wenn in dem Heim überwiegend Behinderte im Sinne des § 39 BSHG oder Kinder oder Jugendliche mit wesentlichen Erziehungsschwierigkeiten zum Zwecke der Erziehung, Ausbildung oder Pflege ständig untergebracht sind; sind nicht überwiegend solche Personen ständig untergebracht, beträgt die Zulage 60,– DM monatlich. Für Mitarbeiter im handwerklichen, hauswirtschaftlichen oder landwirtschaftlichen Erziehungsdienst in einem Heim im Sinne des Unterabs. 1 erster Halbsatz bträgt die Zulage 80,– DM monatlich.

b) Diese Voraussetzungen erfüllt die Tätigkeit der Klägerin nicht. Denn die Klägerin ist nicht in einem Heim im Sinne der Anmerkung 1 beschäftigt. Die Klägerin ist zwar Erzieherin im Sinne des EGP-Diakonie Ziff. 21, so daß die Anmerkung 1 hierzu Anwendung findet. Sie ist jedoch seit November 1989 nicht mehr in einer vollstationären Wohngruppe, sondern nur in einer teilstationären Tagesgruppe tätig. Bei einer Tagesgruppe handelt es sich nicht um ein Erziehungsheim, Kinder- oder Jugendwohnheim oder eine vergleichbare Einrichtung (Heim) im Sinne der Anmerkung 1 zum EGP-Diakonie Ziff. 21. Nach dem Sprachgebrauch ist ein Heim Wohnung, Haushalt, bzw. Ort, an dem jemand lebt und zu dem er eine gefühlsmäßige Bindung hat. Im vorliegenden

Sinne ist Heim eine gemeinschaftliche Wohnstätte für einen bestimmten Personenkreis, besonders als öffentliche Einrichtung der Jugend-, Alters- und Krankenhilfe, z. b. Altenwohnheim, Kinder- und Kindererholungsheime (Brockhaus/Wahrig, Deutsches Wörterbuch, 3. Bd., 1981). Eine gemeinschaftliche Wohnstätte setzt eine ununterbrochene Versorgung voraus. Der Lebensmittelpunkt der zu betreuenden Personen muß sich auf das Heim beziehen. Eine Betreuung von nur montags bis freitags zwischen 11.30 Uhr und 17.30 Uhr ist hierzu nicht ausreichend. Die Tagesgruppe III (K/M) ist damit Einrichtung der Kindertagesbetreuung im Sinne der Anmerkungen zum EGP-Diakonie Ziff. 21. In den Anmerkungen 2c und 5a sind u. a. die Tätigkeiten in Einrichtungen der Kindertagesbetreuung erwähnt. Die AVR-Diakonie unterscheiden damit erkennbar zwischen Heim- und Kindertagesbetreuung. Ansonsten hätte auch in diesen Anmerkungen die Tätigkeit in einem Heim genannt werden können. Im übrigen verlangt die Anmerkung 1 die Vergleichbarkeit der Einrichtung (Heim) mit einem Erziehungsheim, einem Kinder- oder einem Jugendwohnheim. In solchen Wohn- bzw. Erziehungsheimen leben die Kinder und Jugendlichen üblicherweise wie in einer Familie. Sie haben dort ihren Lebensmittelpunkt.

Das gleiche folgt aus dem Erfordernis der Anmerkung 1, die Kinder oder Jugendlichen müßten „ständig" untergebracht sein. „Ständig" bedeutet sprachlich dauernd, immer, ununterbrochen (Brockhaus/Wahrig, Deutsches Wörterbuch, 5. Bd., 1983). Die Unterbringung für höchstens 6 Stunden täglich erfüllt diese Voraussetzung nicht.

Entgegen der Auffassung der Klägerin erfüllt sie auch nicht deshalb die Voraussetzung der Anmerkung 1 zum EGP-Diakonie Ziff. 21, weil die Beklagte auch Heime unterhält, in denen die Kinder und Jugendlichen ständig untergebracht sind. Bereits nach dem Wortlaut der Anmerkung 1 ergibt sich, daß der Mitarbeiter selbst in einem solchen Heim tätig sein muß. Er erhält die Zulage danach nämlich nur für die Dauer der Tätigkeit in einem Heim.

2. Der geltend gemachte Anspruch der Klägerin ergibt sich jedoch aus § 611 BGB i.V.m. dem Arbeitsvertrag aufgrund betrieblicher Übung.

a) Unter einer betrieblichen Übung wird die regelmäßige Wiederholung bestimmter Verhaltensweisen des Arbeitgebers verstanden, aus denen die Arbeitnehmer schließen können, ihnen solle eine Leistung oder eine Vergünstigung auch für die Zukunft gewährt werden. Die betriebliche Übung enthält eine Willenserklärung des Arbeitgebers, die von den Arbeitnehmern stillschweigend angenommen wird (§ 151 BGB). Auf Grund dessen erwachsen vertragliche Ansprüche der Arbeitnehmer auf die üblich gewordene Vergünstigung. Die Bindungswirkung tritt ein, wenn die Arbeitnehmer aufgrund des Verhaltens des Arbeitgebers darauf vertrauen durften, die Leistung solle auch für die Zukunft gewährt werden (BAGE 52, 33 [49] = AP Nr. 12 zu § 4 BAT, zu 5 der

Gründe; BAG Teilurteil vom 5. 2. 1971, BAGE 23, 213 [221] = AP Nr. 10 zu § 242 BGB Betriebliche Übung, zu I 2 b der Gründe; BAG Urteil vom 3. 8. 1982, BAGE 39, 271 [276] = AP Nr. 12 zu § 242 BGB Betriebliche Übung, zu II 2 der Gründe). Dies gilt insbesondere dann, wenn ein Arbeitgeber eine Zulage gewährt, auf die inzwischen die Anspruchsgrundlagen entfallen sind (BAG Urteil vom 7. 9. 1982, BAGE 40, 126 [133] = AP Nr. 1 zu § 3 TVArb Bundespost, zu III 1 a der Gründe; BAG Urteil vom 13. 11. 1986 – 6 AZR 567/83 – AP Nr. 27 zu § 242 BGB Betriebliche Übung, zu II 3 a der Gründe). Die Beklagte hat die Heimzulage gegenüber den Erzieherinnen über mehrere Monate weitergezahlt, obwohl diese durch den Wechsel in den teilstationären Bereich hierauf keinen Anspruch nach der Anmerkung Nr. 1 des EGP-Diakonie Ziff. 21 mehr hatten. Für die betroffenen Mitarbeiter ist ein Vertrauenstatbestand erwachsen, daß die Beklagte eine rechtsgeschäftliche Bindung eingehen wollte. Sie hat bei den einzelnen Zahlungen keinen Vorbehalt gemacht. In dem Einzelarbeitsvertrag vom 14. August 1986 ist auf die Richtlinien für Arbeitsverträge in Anstalten und Einrichtungen des Diakonischen Werkes verwiesen. Gleichwohl ist hiervon in § 3 eine Ausnahme gemacht, weil die Vergütung in freier Vereinbarung festgesetzt wurde. Nach den Ausführungen der Beklagten in der mündlichen Verhandlung vor dem Senat entsprach dies der unterwertigen Vergütung einer Praktikantin. Auch wenn später auf eine bestimmte Vergütungsgruppe verwiesen wurde, ändert das nichts an der Tatsache, daß im Arbeitsvertrag auch sonst von den AVR-Diakonie – etwa bei der Schriftformklausel – abgewichen wurde. Aus allem konnte bei objektiver Betrachtung vom Empfängerhorizont gesehen werden, daß die Beklagte das Arbeitsverhältnis nicht streng an die AVR-Diakonie binden wollte. Dies gilt um so mehr, als die Beklagte selbst nach elfmonatiger Zahlung ohne Rechtsgrund noch die Erhöhung der Zulage mitteilte. Mag die Erklärung vom 11. November 1991 auch keine eigene rechtsgeschäftliche Erklärung, sondern allein eine Mitteilung sein, konnte die Klägerin darauf vertrauen, daß sie nach Versetzung, monatelanger Zahlung, einzelvertraglicher Abweichung von den AVR-Diakonie und Mitteilung über die Erhöhung dieser Zulage diese weiterhin erhalten sollte. Die Zahlungsverpflichtung ist damit zum Inhalt des Arbeitsvertrages geworden und kann durch einfache Zahlungseinstellung nicht aufgehoben werden.

b) Die Beklagte kann sich nicht darauf berufen, die Mitarbeiter hätten davon ausgehen müssen, sie vergüte ausschließlich nach den Regeln der AVR-Diakonie. Eine solche Einschränkung der betrieblichen Übung gibt es in der Regel nur im Bereich des öffentlichen Dienstes. Der Arbeitnehmer des öffentlichen Dienstes muß in aller Regel davon ausgehen, sein Arbeitgeber wolle nur die Leistungen gewähren, zu denen er rechtlich verpflichtet ist (BAG Urteil vom 24. 3. 1993, BAGE 73, 20; BAG Urteil vom 7. 5. 1986, BAGE 52, 33 [50]

= AP, aaO; BAG Urteil vom 6. 3. 1984 – 3 AZR 340/80 – AP Nr. 16 zu § 242 BGB Betriebliche Übung, zu 2b der Gründe; BAG Urteil vom 10. 4. 1985, BAGE 49, 31 [38] = AP Nr. 19 zu § 242 BGB Betriebliche Übung, zu 5 der Gründe). Diese Grundsätze gelten nicht für den privaten Arbeitgeber, auch wenn sein Vergütungsgefüge in Anlehnung an das des BAT aufgestellt ist. Ein Arbeitnehmer des öffentlichen Dienstes muß bei Fehlen anderweitiger Anhaltspunkte davon ausgehen, der an die Grundsätze des Haushaltsrechts gebundene öffentliche Arbeitgeber wolle sich gesetzes- und tarifgemäß verhalten. Dies trifft für Arbeitsverhältnisse im Bereich des Diakonischen Werkes der Evangelischen Kirche nicht zu. Das Diakonische Werk ist rechtlich bei der Gestaltung der vertraglichen Beziehungen zu seinen Arbeitnehmern freier als die Arbeitgeber des öffentlichen Dienstes. Denn es unterliegt nicht den gleichen strengen haushaltsrechtlichen Überwachungsbestimmungen (BAG Urteil vom 28. 10. 1987[2] – 5 AZR 518/85 – AP Nr. 1 zu § 7 AVR Caritasverband, zu II 2 b der Gründe). Hinzu kommt, daß die Parteien des Rechtsstreits ausdrücklich zum Nachteil der Klägerin von den AVR-Diakonie abgewichen sind.

c) Die Beklagte kann sich nicht darauf berufen, die Heimzulage sei nur versehentlich weitergezahlt worden. Für die Begründung eines Anspruchs aus betrieblicher Übung kommt es nicht darauf an, ob der Arbeitgeber mit Verpflichtungswillen gehandelt hat. Entscheidend ist allein, ob der Arbeitnehmer aus dem Erklärungsverhalten des Arbeitgebers auf diesen Willen schließen durfte (BAG Teil-Urteil vom 5. 2. 1971, BAGE 23, 213 [220] = AP, aaO; BAG Urteil vom 3. 8. 1982, BAGE 39, 271 [276] = AP Nr. 12 zu § 242 BGB Betriebliche Übung).

Eine irrtümliche Zahlung, von der der Arbeitgeber jederzeit wieder abrücken darf, verhindert das Entstehen einer betrieblichen Übung nur dann, wenn der Arbeitnehmer aus den Umständen den Irrtum erkennen konnte. Ein Rechtsirrtum der Beklagten kann dann für die betroffenen Arbeitnehmer erkennbar sein, wenn der Arbeitgeber mit seinen Zahlungen ersichtlich ausschließlich nach den vereinbarten Arbeitsbedingungen verfahren wollte (Senatsurteil vom 11. 3. 1987 – 4 AZR 234/86 –, n. v.). Dies war aber gerade vorliegend nicht der Fall.

3.a) Die Nichteinhaltung der in § 5 Abs. 4 AVR-Diakonie und in § 9 des Arbeitsvertrages für Vertragsänderungen bzw. Nebenabreden vorgesehenen Schriftform steht der Anspruchsbegründung durch betriebliche Übung nicht entgegen. Gemäß § 125 BGB ist ein Rechtsgeschäft, das der durch Gesetz vorgeschriebenen Form ermangelt, nichtig. Die Nichteinhaltung der durch Rechtsgeschäft bestimmten Form hat nur im Zweifel die Nichtigkeit zur Folge. Die Parteien haben die im Arbeitsvertrag und den AVR-Diakonie vereinbarten

---

[2] KirchE 25, 346.

Schriftformklauseln jedoch einvernehmlich aufgehoben. Ein rechtsgeschäftlich vereinbarter Formzwang kann jederzeit wieder formlos und stillschweigend aufgehoben werden (BAG Urteil vom 4. 6. 1963 – 5 AZR 16/63 – AP Nr. 1 zu § 127 BGB). Die vereinbarte Schriftform kann auch durch eine betriebliche Übung formlos abbedungen werden (BAG Urteil vom 27. 3. 1987 – 7 AZR 527/85 – AP Nr. 29 zu § 242 BGB Betriebliche Übung). Durch die ständige formfreie Gewährung der Heimzulage hat die Beklagte gegenüber den betroffenen Erzieherinnen zu erkennen gegeben, daß sie die dauerhafte Gewährung der Heimzulage nicht von der Beachtung der schriftlichen Form abhängig machen wollte. Die Erzieherinnen haben dies durch die Annahme der Leistungen stillschweigend angenommen (§ 151 BGB).

b) Die Parteien waren auch befugt, die Schriftform des § 5 Abs. 4 der AVR einvernehmlich aufzuheben. Zwar sind tarifvertragliche Formvorschriften gesetzliche Formvorschriften im Sinne von Art. 2 EGBGB (BAG Urteil vom 9. 12. 1981, BAGE 37, 228 [236] = AP Nr. 8 zu § 4 BAT) und können daher von den Arbeitsvertragsparteien nicht aufgehoben werden. Die Arbeitsvertragsrichtlinien sind jedoch keine Tarifverträge und damit keine Rechtsnormen im Sinne des Art. 2 EGBGB oder des § 72a ArbGG. Sie sind diesen auch nicht gleichgestellt. Es ist Sache des staatlichen Gesetzgebers, Regelungen nichtstaatlicher Einrichtungen und Stellen die allgemeine Rechtsqualität im Sinne des staatlichen Rechts zuzuerkennen. Dies ist aber nur für Tarifverträge und Betriebsvereinbarungen geschehen (§ 4 Abs. 1 TVG; § 77 Abs. 4 Satz 1 BetrVG). Für Arbeitsvertragsrichtlinien fehlen solche Bestimmungen (BAG Urteil vom 28. 10. 1987 – 5 AZR 518/85 – AP Nr. 1 zu § 7 AVR Caritasverband, zu III 1 a der Gründe). Die Zahlung der Heimzulage auch während einer Tätigkeit in einer Tagesgruppe ist damit unabhängig von der Erfüllung der Anspruchsvoraussetzungen der Anmerkung Nr. 1 zur EGP-Diakonie Ziff. 21 arbeitsvertraglicher Anspruch der Klägerin gegenüber der Beklagten geworden.

4. Die Parteien haben auch nicht vereinbart, die Zahlung der Heimzulage könne entfallen, falls hierauf kein Anspruch nach den AVR-Diakonie bestehe. *(wird ausgeführt)*

34

Das Verfahren nach § 7 Abs. 3 ErbbauVO ist auch zulässig, wenn der Eigentümerzustimmung zur Belastung eines Erbbaurechts die kirchenaufsichtliche Genehmigung versagt wird. Die ergehende gerichtliche Entscheidung ersetzt die Zustimmung des Grundstückseigentümers abschließend, so daß insoweit eine kirchenaufsichtliche Genehmigung nicht mehr in Betracht kommt.

Erbbaurecht 179

OLG Hamm, Beschluß vom 27. Mai 1993 – 15 W 27/93[1] –

Der Beteiligte zu 1. ist eingetragener Berechtigter des im Grundbuch N. N. eingetragenen Erbbaurechts; die Beteiligte zu 2., die Kath. Kirchengemeinde A., ist die Eigentümerin des mit dem Erbbaurecht belasteten Grundstücks. Als dinglicher Inhalt des Erbbaurechts ist im Grundbuch eingetragen, daß die Veräußerung und die Belastung des Erbbaurechts der Zustimmung der Grundstückseigentümerin bedarf.

Der Beteiligte zu 1. hat in Ausübung des Erbbaurechts auf dem Grundstück ein Einfamilienhaus errichtet. Er hat das Erbbaurecht in Abteilung III des Grundbuches erstrangig mit einer Hypothek zum Kapitalbetrag von 29.200,– DM nebst 8,5% Jahreszinsen zugunsten der Landesbank für Westfalen, Girozentrale, X. (Landeswohnungsbau) sowie nachrangig in Abteilung III Nr. 2 des Grundbuches mit einer Hypothek zum Kapitalbetrag von 12.000,– DM zugunsten der Wohnungsbauförderungsanstalt des Landes Nordrhein-Westfalen belastet. Die durch die in Abteilung III Nr. 1 eingetragene Hypothek gesicherte Darlehensforderung in Höhe eines Restbetrages von 15.360,06 DM hat die Tochter des Beteiligten zu 1. Anfang des Jahres 1992 abgelöst. Die Hypothek ist daraufhin am 3. 3. 1992 auf den Antrag des Beteiligten zu 1. im Grundbuch gelöscht worden.

Der Beteiligte zu 1. hat in notarieller Urkunde vom 13. 2. 1992 zugunsten der Eheleute M., d. h. seiner Tochter und seines Schwiegersohnes, die Eintragung einer Grundschuld zum Kapitalbetrag von 15.360,– DM mit 12% Jahreszinsen bewilligt und sich wegen der dinglichen Ansprüche aus der Grundschuld der sofortigen Zwangsvollstreckung in das belastete Erbbaurecht unterworfen. In der notariellen Urkunde heißt es weiter, die Grundschuld solle als Sicherheit für ein Darlehen dienen, mit dem die Verpflichtungen des Erbbaurechtsinhabers gegenüber der Wohnungsbauförderungsanstalt Nordrhein-Westfalen abgelöst worden seien. Unter dem 21. 2. 1992 hat der Kirchenvorstand der Beteiligten zu 2. seine Zustimmung zur Belastung des Erbbaurechts mit der bewilligten Grundschuld erteilt. Die schriftliche Zustimmungserklärung ist von dem Pfarrer der Kirchengemeinde und zwei weiteren Kirchenvorstandsmitgliedern unter Beidrückung des Amtssiegels der Kirchengemeinde unterschrieben. Den Antrag auf Eintragung der Grundschuld hat der Rechtspfleger des Grundbuchamtes mit Verfügung vom 21. 5. 1992 dahin beanstandet, daß für den Grundbuchvollzug in Ansehung der Zustimmungserklärung der Kirchengemeinde zusätzlich die Genehmigung des bischöflichen Generalvikariats erforderlich sei. Der Beteiligte zu 1. hat daraufhin bei dem bischöflichen Generalvikariat um eine kirchenaufsichtliche Genehmigung der Zustim-

---

[1] NJW-RR 1993, 1106; RPfleger 1994, 19. Nur LS: NVwZ 1994, 24.

mungserklärung der Beteiligten zu 2. nachgesucht. Diese ist ihm mit der Begründung verweigert worden, in Anbetracht des niedrigen Erbbauzinses von lediglich 160,35 DM jährlich könne eine solche Genehmigung nicht erwartet werden.

Der Beteiligte zu 1. hat daraufhin beim Amtsgericht beantragt, die Zustimmung der Beteiligten zu 2. zu der Belastung des Erbbaurechts mit der in der genannten notariellen Urkunde bestellten Grundschuld zu ersetzen. Zur Begründung hat er die Auffassung vertreten, die Zustimmung der Beteiligten zu 2. als Grundstückseigentümerin sei noch nicht wirksam erteilt, weil die erforderliche Genehmigung des bischöflichen Generalvikariats fehle; diese Genehmigung zu beschaffen, sei Sache der Beteiligten zu 2. Der Anspruch auf Erteilung der Zustimmung sei gerechtfertigt, weil sich die Belastung des Erbbaurechts mit der Grundschuld im Rahmen einer ordnungsgemäßen Bewirtschaftung des Erbbaurechts halte. Ihm, dem Beteiligten zu 1., sei von seiner Tochter und seinem Schwiegersohn ein Darlehen in Höhe des restlichen Valutenstandes der Hypothek Abteilung III Nr. 1 des Grundbuches gewährt worden, um diese Belastung vorzeitig ablösen zu können. Der Kapitalbetrag der neu einzutragenden Grundschuld liege deutlich unter dem Nennbetrag der abgelösten Hypothek Abteilung III Nr. 1 des Grundbuches. Das bischöfliche Generalvikariat setze die Verweigerung der kirchenaufsichtlichen Genehmigung lediglich als Druckmittel ein, um gegen ihn, den Beteiligten zu 1., einen höheren Erbbauzins durchzusetzen. Der gesetzliche Zustimmungsanspruch des Erbbauberechtigten nach § 7 Abs. 2 ErbbauVO bestehe demgegenüber unabhängig von der Auseinandersetzung über die Berechtigung des Verlangens nach einem höheren Erbbauzins.

Die Beteiligte zu 2. ist dem Antrag entgegengetreten. Sie hat geltend gemacht, ihr Kirchenvorstand habe die Zustimmung zur Belastung des Erbbaurechts in der erforderlichen Weise erteilt. Die Entscheidung des bischöflichen Generalvikariats über eine kirchenaufsichtliche Genehmigung sei von ihr nicht zu beeinflussen. Die Genehmigung des bischöflichen Generalvikariats könne im Verfahren nach § 7 Abs. 3 ErbbauVO auch nicht ersetzt werden. Darüber hinaus hat die Beteiligte zu 2. darauf hingewiesen, die Bedingungen des der einzutragenden Grundschuld zugrundeliegenden Darlehens über 15.360,– DM seien im einzelnen nicht bekannt. Die Ersetzung des Darlehens der Wohnungsbauförderungsanstalt durch ein solches der Eheleute M. führe im Zweifel zu ungünstigeren Zins- und Tilgungsbedingungen und damit zu einer wirtschaftlichen Verschlechterung des Erbbaurechts.

Das Amtsgericht hat den Antrag des Beteiligten zu 1. zurückgewiesen. In den Gründen hat das Amtsgericht näher ausgeführt, die Beteiligte zu 2. habe die Zustimmung zur Belastung des Erbbaurechts bereits erteilt. Diese Zustimmung bedürfe zwar zu ihrer Wirksamkeit der kirchenaufsichtlichen Genehmigung durch das bischöfliche Generalvikariat. In dem Verfahren nach § 7 Abs. 3 ErbbauVO könne jedoch über die Erteilung dieser Genehmigung nicht entschieden werden.

Gegen diesen Beschluß hat der Beteiligte zu 1. Beschwerde eingelegt, mit der er seinen erstinstanzlichen Antrag weiterverfolgt und nunmehr hilfsweise die Feststellung begehrt hat, eine kirchenaufsichtliche Genehmigung zu der Zustimmungserklärung der Beteiligten zu 2. sei nicht erforderlich. Im wesentlichen stützte er seine Beschwerde auf die Erwägung, das Erfordernis der kirchenaufsichtlichen Genehmigung berühre den materiell-rechtlichen Inhalt des Zustimmungsanspruchs des Erbbauberechtigten nach § 7 Abs. 2 ErbbauVO nicht. Die mangels Erteilung dieser Genehmigung unwirksame Zustimmung der Beteiligten zu 2. sei deshalb im Verfahren nach § 7 Abs. 3 ErbbauVO zu ersetzen. Den Hilfsantrag hat der Beteiligte zu 1. für den Fall gestellt, daß das Beschwerdegericht zu der Auffassung gelange, eine kirchenaufsichtliche Genehmigung sei in diesem Fall nicht erforderlich. Für diesen Fall könne nur durch die begehrte Feststellung der Grundbuchvollzug auf der Grundlage der Zustimmungserklärung der Beteiligten zu 2. sichergestellt werden.

Neben der Beteiligten zu 2. ist nunmehr auch das bischöfliche Generalvikariat der Beschwerde entgegengetreten mit dem Vorbringen, eine kirchenaufsichtliche Genehmigung zu der Belastung des Erbbaurechts sei *nicht* erforderlich. Selbst wenn sie erforderlich wäre, könne sie im Verfahren nach § 7 Abs. 3 ErbbauVO nicht ersetzt werden.

Das Landgericht hat die Beschwerde des Beteiligten zu 1. aus den von ihm für zutreffend erachteten Gründen der Entscheidung des Amtsgerichts zurückgewiesen.

Gegen diese Entscheidung richtet sich die vorliegende weitere Beschwerde des Beteiligten zu 1. Sowohl die Beteiligte zu 2. als auch das im Verfahren der weiteren Beschwerde hinzugezogene bischöfliche Generalvikariat beantragen die Zurückweisung des Rechtsmittels.

Das Rechtsmittel führte zur Aufhebung der im Beschwerderechtszug ergangenen Beschlüsse des Amtsgerichts und des Landgerichts. Im übrigen verweist der Senat die Sache zu erneuter Behandlung und Entscheidung an das Amtsgericht zurück.

Aus den Gründen:

Die weitere Beschwerde ist, da der Antrag des Beteiligten zu 1. auf Ersetzung der Zustimmung in den Vorinstanzen zurückgewiesen worden ist, als nicht fristgebundenes Rechtsmittel nach § 27 FGG statthaft und gem. § 29 Abs. 1 S. 2 FGG formgerecht eingelegt. Die Beschwerdebefugnis des Beteiligten zu 1. folgt bereits daraus, daß seine erste Beschwerde ohne Erfolg geblieben ist.

In der Sache ist das Rechtsmittel begründet, weil die Entscheidung des Landgerichts auf einer Verletzung des Gesetzes beruht (§ 27 Abs. 1 S. 1 FGG). Die weitere Beschwerde führt zur Aufhebung der Entscheidung beider Vorinstanzen und zur Zurückverweisung der Sache an das Amtsgericht.

Das Landgericht, das zutreffend von einer zulässigen Erstbeschwerde des Beteiligten zu 1. ausgegangen ist, hätte in verfahrensrechtlicher Hinsicht zunächst prüfen müssen, ob das erforderliche Rechtsschutzinteresse für den Ersetzungsantrag des Beteiligten zu 1. gegeben ist. Der Antrag und die Entscheidung nach § 7 Abs. 3 ErbbauVO sind anerkanntermaßen stets dann zulässig, wenn die Zustimmungserklärung des Grundstückseigentümers aus irgendeinem Grund nicht ausreicht, die Belastung des Erbbaurechts wirksam durchzuführen, wenn sie also zur Herbeiführung ihres Zweckes nicht geeignet ist (Ingenstau, ErbbauVO, 6. Aufl., § 7 Rdnr. 19; von Oefele/Winkler, Handbuch des Erbbaurechts, Kapitel 4 Rdnr. 194; MK/BGB, von Oefele, 2. Aufl., § 7 ErbbauVO Rdnr. 14; Soergel/Stürner, BGB, 12. Aufl., § 7 ErbbauVO Rdnr. 5; Palandt/Bassenge, BGB, 52. Aufl., § 7 ErbbauVO Rdnr. 6; ständige Rechtsprechung des Senats, zuletzt Beschluß vom 30. 7. 1991 – 15 W 97/91 – = DNotZ 1992, 368).

Im Rahmen der Prüfung des erforderlichen Rechtsschutzinteresses muß deshalb über die Vorfrage entschieden werden, ob die von der Beteiligten zu 2. erteilte Zustimmung für den Vollzug der Eintragung der Grundschuld im Grundbuch ausreicht. Die Entscheidung des KG (JFG 17, 81 ff.) steht dieser Prüfung nicht entgegen. Zwar hat das KG in dieser Entscheidung die Auffassung vertreten, im Verfahren nach § 7 Abs. 3 ErbbauVO sei nicht darüber zu entscheiden, ob der Grundstückseigentümer zu der Belastung bereits eine materiell wirksame Zustimmung erteilt habe. Indessen bezieht sich diese Entscheidung auf einen Sachverhalt, in dem es um die nachträgliche Erteilung der Eigentümerzustimmung zu einer unter Verletzung grundbuchrechtlicher Vorschriften bereits vollzogenen Eintragung der Belastung im Erbbaugrundbuch ging. Soweit das Ersetzungsverfahren – wie hier – durchgeführt wird, um die Eintragung eines Grundpfandrechtes auf dem Erbbaurecht erst zu ermöglichen, muß es demgegenüber bei der Prüfung des Rechtsschutzinteresses in der vom Senat für erforderlich erachteten Weise verbleiben, da nur so das Verfahren nach § 7 Abs. 3 ErbbauVO einen sachgerechten Anwendungsbereich hat, der funktionell auf die grundbuchrechtlichen Erfordernisse abgestimmt ist. Die Entscheidung des KG verpflichtet den Senat schon wegen ihrer Beschränkung auf den Fall der nachträglichen Zustimmungserteilung nicht zu einer Vorlage an den BGH gemäß § 28 Abs. 2 FGG, zumal die Rechtsauffassung des KG in der Sache im Ergebnis nicht zu einer anderen Entscheidung führen würde.

Im vorliegenden Fall ist die Beteiligte zu 2. durch die Erklärung vom 21. 2. 1992 ordnungsgemäß vertreten worden; die Erklärung wahrt auch die Form des § 29 Abs. 3 GBO. Das in Nordrhein-Westfalen weiterhin gültige preußische Gesetz über die Verwaltung des katholischen Kirchenvermögens – KVVG – vom 24. 7. 1924 (PrGS S. 585) enthält besondere Vorschriften über die Vertretung der katholischen Kirchengemeinden beim Abschluß von Rechtsgeschäften und stellt spezielle Formerfordernisse für die Abgabe von Willenserklärungen der Kirchengemeinden auf. Nach § 14 S. 2 KVVG wird die Kirchengemeinde durch Willenserklärungen des Kirchenvorstandes verpflichtet, wenn sie dessen Vorsitzender oder sein Stellvertreter und zwei Mitglieder schriftlich unter Beidrückung des Amtssiegels abgeben. Diese Voraussetzungen sind hier gegeben, da die Erklärung vom 21. 2. 1992 die Unterschrift des Gemeindepfarrers und zweier weiterer Mitglieder des Kirchenvorstandes trägt und das Amtssiegel der katholischen Kirchengemeinde A. beigedrückt ist. Im übrigen ist anerkannt, daß der Kirchenvorstand eine siegelführende Behörde im Sinne des § 29 Abs. 3 GBO ist (KG OLGE 44, 156 = HRR 1925 Nr. 518; Knott, MittRhNotK 1963, 748, 750), so daß es einer notariellen Beglaubigung dieser Erklärung nicht bedurfte.

Die Zustimmungserklärung der Beteiligten zu 2. als Grundstückseigentümerin bedurfte jedoch zusätzlich der Genehmigung des bischöflichen Generalvikariats. Dieses Genehmigungserfordernis folgt aus Nr. 1 der preußischen Anordnung betreffend die Veröffentlichung der Regelung der Rechtsgültigkeit der Beschlüsse der kirchlichen Verwaltungsorgane durch die bischöflichen Behörden vom 20. 2. 1928 (PrGS S. 12). Der Senat hat bereits in seinem Beschluß vom 1. 10. 1980[2] (OLGZ 1981, 129 = RPfleger 1981, 60) ausgeführt, daß diese Anordnung auf § 21 KVVG beruht, weiterhin geltendes Recht ist und dazu führt, daß die bürgerlich-rechtliche Wirksamkeit von Rechtsgeschäften des Kirchenvorstandes in den von der Anordnung erfaßten Fällen von der Erteilung der Genehmigung des bischöflichen Generalvikariats abhängig ist. An dieser Auffassung, die auch von anderen Oberlandesgerichten für die entsprechenden staatskirchenrechtlichen Bestimmungen anderer Bundesländer geteilt wird (BayObLGZ 1989, 387 [392][3]; OlG Braunschweig, RPfleger 1991, 452 [453][4]) ist festzuhalten.

Von den Genehmigungstatbeständen der preußischen Anordnung vom 20. 2. 1928 kommt hier lediglich die Nr. 1 in Betracht. Danach ist die Genehmigung des bischöflichen Generalvikariats erforderlich bei Erwerb, Belastung, Veräußerung und Aufgabe des Eigentums sowie Änderung, Veräußerung und Aufgabe von Rechten an Grundstücken. Durch die Zustimmung zur Belastung des Erbbaurechts hat der Kirchenvorstand nicht über ein Recht an einem Grundstück verfügt, vielmehr kann es sich lediglich um eine der in der ersten Alternative der

---

[2] KirchE 18, 280.   [3] KirchE 27, 280.   [4] KirchE 29, 199.

Vorschrift genannten Verfügungen über das Eigentum an dem mit dem Erbbaurecht belasteten Grundstück selbst handeln. Es entspricht der gefestigten Rechtsprechung des Senats, daß die Erteilung der Zustimmung sowohl zur Veräußerung als auch zur Belastung des Erbbaurechts als Verfügung über das Grundstück im Sinne des § 185 BGB zu qualifizieren ist (OLG Hamm OLGZ 1966, 574 [576] betreffend die Veräußerung des Erbbaurechts sowie Beschluß vom 14. 11. 1991 – 15 W 212/91 – betreffend die Belastung des Erbbaurechts).

Zur Begründung hat der Senat in seinem letztgenannten Beschluß ausgeführt: Die – notwendig erstrangige – Bestellung eines Erbbaurechts verdrängt nahezu die eigentumsrechtlichen Befugnisse des Grundstückseigentümers. Die Nutzung des Grundstückseigentums beschränkt sich auf die Rechte aus dem Erbbaurecht, insbesondere also auf die Einnahmeerziehung aus dem Erbbauzins. Der verbliebene Inhalt des Grundstückseigentums ist mit demjenigen des Erbbaurechts untrennbar verbunden. Aus diesem Grund hat § 5 ErbbauVO abweichend von § 137 BGB die Möglichkeit vorgesehen, die Veräußerung und Belastung des Erbbaurechts an die Zustimmung des Grundstückseigentümers zu binden. Wird das Erbbaurecht mit diesem Inhalt bestellt, ist mit dem Grundstückseigentum untrennbar (§ 96 BGB) das Recht verbunden, die Zustimmung zu Rechtsvorgängen bei dem Erbbaurecht zu versagen, durch die, wie durch die Veräußerung oder die Belastung, der Zweck des Erbbaurechts gefährdet wird (§ 7 Abs. 1 und 2 ErbbauVO). Dieses Recht, über dessen Bestehen im Streitfall im Verfahren nach § 7 Abs. 3 ErbbauVO zu entscheiden ist, wird durch die Erteilung der Zustimmung zu der jeweiligen Veräußerung bzw. Belastung des Erbbaurechts aufgehoben.

Die Erteilung der Zustimmung zur Belastung des Erbbaurechts ist damit eine Aufgabe einer dem Grundstückseigentum zugeordneten Rechtsstellung, die ohne weiteres als „Aufgabe des Eigentums" im Sinne des Nr. 1 der preußischen Anordnung angesehen werden kann. Daß mit diesem Begriff ausschließlich der Tatbestand der Dereliktion im Sinne des § 928 BGB erfaßt werden soll, kann nach dem Sinn des Genehmigungserfordernisses nicht angenommen werden. Der Senat hat bereits zur Auslegung der in der preußischen Anordnung vom 20. 2. 1928 enthaltenen Rechtsbegriffe ausgeführt, daß diese nach denselben Grundsätzen wie die Auslegung von Gesetzen vorzunehmen ist und der Terminologie des bürgerlichen Rechts zu folgen hat. Dabei besteht der Sinn des kirchenaufsichtlichen Genehmigungsvorbehalts darin, einer Gefährdung oder Beeinträchtigung des Kirchenvermögens vorzubeugen. Eine solche Gefährdung könnte aber gerade dann eintreten, wenn das Erbbaurecht über den Rahmen einer ordnungsgemäßen Wirtschaft hinaus (§ 7 Abs. 2 ErbbauVO) mit Grundpfandrechten belastet wird. Dadurch können die Interessen des Grundstückseigentümers gefährdet werden, zu deren Schutz das als Inhalt des Erbbaurechts vereinbarte Erfordernis seiner Zustimmung zur Belastung des Erbbaurechts dient. An dieser Auslegung der Nr. 1 der preußischen Anordnung vom 20. 2. 1928 ändert sich nichts im Hinblick darauf, daß dem Erbbauberechtigten bei einer ordnungsgemäßen Wirtschaft entsprechenden Belastung des Erbbaurechts ein gesetzlicher Zustimmungsanspruch nach § 7 Abs. 2 ErbbauVO zusteht. Denn das Genehmigungserfordernis nach Nr. 1 der preußischen Anordnung ist nicht davon abhängig, daß die Kirchengemeinde zur Vornahme des genehmigungsbedürftigen Rechtsgeschäfts ggf. gesetzlich verpflichtet ist. Vielmehr soll in allen Fällen eine ergänzende kirchenaufsichtliche Prüfung der wirtschaftlichen und rechtlichen Voraussetzungen des Rechtsgeschäfts stattfinden.

Dieser Auffassung entspricht die Entscheidung des OLG Braunschweig (RPfleger 1991, 452) das für die inhaltsgleiche Vorschrift des § 16 Nr. 1 des niedersächsischen Kirchenvermögensverwaltungsgesetzes ebenfalls von der Genehmigungsbedürftigkeit der Zustimmung des Grundstückseigentümers zur Belastung des Erbbaurechts ausgeht. In dem vom OLG Braunschweig entschiedenen Fall war zwar die Belastungszustimmung zusätzlich mit einem Rangrücktritt der in Abteilung II des Grundbuches eingetragenen Erbbauzinsreallast hinter die zu bestellenden Grundpfandrechte verbunden. Das OLG Braunschweig hat jedoch ausdrücklich – wenn auch ohne nähere Subsumtion unter die Einzelmerkmale der genannten Vorschrift – das Genehmigungserfordernis bereits für die Belastungszustimmung für gegeben erachtet. Nur diese Begründung deckt die vom OLG Braunschweig angeordnete Eintragung eines Amtswiderspruches gegen die Grundpfandrechte selbst. Hätte das OLG Braunschweig lediglich den Rangrücktritt der Kirchengemeinde für genehmigungsbedürftig erachtet, hätte der Amtswiderspruch lediglich gegen den Rangvermerk eingetragen werden dürfen.

Unzutreffend ist die Auffassung beider Vorinstanzen, im Verfahren nach § 7 Abs. 3 ErbbauVO könne die Zustimmung des bischöflichen Generalvikariats nicht ersetzt werden, so daß dem Antrag des Beteiligten zu 1. schon deshalb nicht entsprochen werden könne. Dieser Auffassung liegt schon im Ausgangspunkt eine unrichtige rechtliche Fragestellung zugrunde. Anzuknüpfen ist vielmehr ausschließlich an die gesetzliche Vorschrift des § 7 Abs. 3 ErbbauVO. Danach hat das Gericht der freiwilligen Gerichtsbarkeit die Zustimmung des Grundstückseigentümers zur Belastung des Erbbaurechts zu ersetzen, wenn dieser seine Zustimmung ohne ausreichenden Grund verweigert. Diese gesetzliche Vorschrift bindet auch die Beteiligte zu 2. als katholische Kirchengemeinde, nachdem sie auf der Grundlage des staatlichen Rechts an dem zum Kirchenvermögen gehörenden Grundstück ein Erbbaurecht zugunsten des Beteiligten zu 1. bestellt hat. Der Umstand, daß die erforderliche Zustimmungserklärung des Grundstückseigentümers hier der Genehmigung durch das bischöfliche Generalvikariat bedarf, hat keinen Einfluß auf die gerichtliche

Ersetzungsbefugnis. Denn die preußische Anordnung vom 20. 2. 1928 bindet zwar mit Außenwirkung die rechtsgeschäftliche Willenserklärung des Kirchenvorstandes an die Genehmigung des bischöflichen Generalvikariats. Die sachliche Bedeutung dieses Genehmigungserfordernisses beschränkt sich indessen auf den innerkirchlichen Bereich und dient – wie bereits ausgeführt – allein der Vorsorge vor einer Gefährdung oder Beeinträchtigung des Kirchenvermögens. Eine Befreiung von den gesetzlichen Vorschriften des staatlichen Rechts ist damit indessen nicht verbunden. Dies kommt in dem KVVG weder zum Ausdruck noch hatte der Landesgesetzgeber dafür die erforderliche Gesetzgebungskompetenz. Daraus folgt, daß die Erteilung der Genehmigung durch das bischöfliche Generalvikariat lediglich Voraussetzung für den Grundbuchvollzug der Eintragung des Grundpfandrechts aufgrund einer von dem Kirchenvorstand erteilten Zustimmung ist. Fehlt die Genehmigung, so ist der Antrag nach § 7 Abs. 3 ErbbauVO zulässig. Die ergehende gerichtliche Entscheidung ersetzt die Zustimmung der Beteiligten zu 2. als Grundstückseigentümerin abschließend, ohne daß es dazu noch einer Genehmigung des bischöflichen Generalvikariats bedarf. Die Auffassung der Vorinstanzen würde demgegenüber den Erbbauberechtigten entgegen der gesetzlichen Vorschrift rechtlos stellen. Da er in keinerlei Rechtsbeziehung zu der kirchenaufsichtlichen Behörde steht, bliebe ihm keine Möglichkeit, den gesetzlichen Zustimmungsanspruch durchzusetzen. Er wäre damit auch der Willkür der Kirchenaufsichtsbehörde ausgesetzt, die Erteilung der erforderlichen Genehmigung allein von seiner Zustimmung zu einer Erbbauzinserhöhung abhängig zu machen, wie es hier außergerichtlich geschehen ist. Demgegenüber ist einhellig anerkannt, daß das als dinglicher Inhalt des Erbbaurechts vereinbarte Erfordernis der Zustimmung des Grundstückseigentümers nicht dazu dient, etwaigen Ansprüchen der Beteiligten zu 2., mögen sie begründet sein oder nicht, Nachdruck zu verleihen (BayObLG NJW-RR 1987, 459, 462; OLG Frankfurt, RPfleger 1979, 24; OLG Hamm OLGZ 1976, 260 = RPfleger 1976, 131; von Oefele/Winkler, aaO, Kap. 4 Rdnr. 194).

Im Hinblick auf die Außenwirkung des Erfordernisses der kirchenaufsichtlichen Genehmigung ist die Kirchenaufsichtsbehörde im Ersetzungsverfahren nach § 7 Abs. 3 ErbbauVO als materiell Beteiligte anzusehen und deshalb auch formell zum Verfahren hinzuzuziehen, um ihr Gelegenheit zu geben, durch eigenes Vorbringen die von ihr für bedeutsam erachteten tatsächlichen und rechtlichen Gesichtspunkte im Verfahren zur Geltung zu bringen. Die erforderliche Hinzuziehung des bischöflichen Generalvikariats ist vorliegend jedenfalls im Erstbeschwerdeverfahren durchgeführt worden.

Die Sache ist auch nicht aus anderen Gründen zur abschließenden Entscheidung durch den Senat reif.

Nach § 7 Abs. 2 ErbbauVO kann der Erbbauberechtigte die Zustimmung des Grundstückseigentümers zu einer Belastung des Erbbaurechts verlangen, wenn die Belastung mit den Regeln einer ordnungsgemäßen Wirtschaft vereinbar ist und der mit der Bestellung des Erbbaurechts verfolgte Zweck nicht wesentlich beeinträchtigt oder gefährdet wird. Die gesetzlichen Voraussetzungen dieser Vorschrift zielen damit auf eine Abwägung der Interessen des Erbbauberechtigten und des Grundstückseigentümers ab. Nach dem bisherigen Vortrag der Beteiligten kann ohne weiteres angenommen werden, daß die angestrebte Belastung des Erbbaurechtes sich in einem angemessenen Rahmen zu seinem Verkehrswert hält, da der Kapitalbetrag der bestellten Grundschuld nur einen Teilbetrag der ursprünglich mit Zustimmung der Beteiligten zu 2. erstrangig eingetragenen Hypothek ausmacht. Weitere tatsächliche Ermittlungen erscheinen jedoch gem. § 12 FGG erforderlich im Hinblick auf das bereits erstinstanzlich angebrachte Vorbringen der Beteiligten zu 2., das Darlehen der Eheleute M. sei im Zweifel zu ungünstigeren Zins- und Tilgungsbestimmungen gewährt worden als das abgelöste Darlehen der Wohnungsbauförderungsanstalt. Allerdings ist der Erbbauberechtigte auch unter dem Gesichtspunkt einer ordnungsgemäßen Wirtschaft im Sinne des § 7 Abs. 2 ErbbauVO nicht verpflichtet, ein ihm aus öffentlichen Mitteln gewährtes zinsgünstiges Darlehen zu behalten. Vielmehr kann er im Rahmen der ihm einzuräumenden wirtschaftlichen Bewegungsfreiheit auch ein anderweitiges Darlehen aufnehmen, selbst wenn ihm dies nur zu ungünstigeren Konditionen gewährt wird. Eine solche Entscheidung des Erbbauberechtigten muß der Grundstückseigentümer jedenfalls solange hinnehmen, als er dadurch in seinen Interessen nicht greifbar gefährdet wird. Dafür besteht nach dem gegenwärtigen Sachstand kein Anhaltspunkt.

Indessen hat die Beteiligte zu 2. mit ihrem erstinstanzlichen Vorbringen zugleich die Frage angeschnitten, daß der Beteiligte zu 1. die von ihm mit den Eheleuten M. getroffene Vereinbarung über die Bedingungen der Darlehensgewährung bislang nicht offengelegt hat. Der Senat hat bereits in seinem Beschluß vom 22. 5. 1990 – 15 W 77/90 – (OLGZ 1990, 385 = NJW-RR 1991, 20) ausgeführt, der Grundstückseigentümer habe ein berechtigtes Interesse an der Kenntnisnahme eines schriftlich zu fixierenden Darlehensvertrages, der der zu bestellenden Grundschuld zugrundeliege. Dieses Interesse ergibt sich aus der Bedeutung des Darlehensvertrages für die etwaige Geltendmachung eines Heimfallanspruches durch den Grundstückseigentümer, dessen Voraussetzungen und Folgen hier in § 7 des Erbbaurechtsvertrages geregelt sind. Bei der Ausübung des Heimfallanspruches muß der Grundstückseigentümer nämlich sowohl die auf dem Erbbaurecht eingetragenen Grundpfandrechte als auch die ihnen zugrundeliegenden persönlichen Verbindlichkeiten des Erbbauberechtigten übernehmen (§ 33 Abs. 1 und 2 ErbbauVO). Diese Verbindlichkeiten sind zwar auf den Entschädigungsanspruch des Erbbauberechtigten, der hier auf 2/3 des Verkehrswertes des Erbbaurechtes beschränkt worden ist, anzurechnen (§ 31 Abs. 3 ErbbauVO). Im Hinblick auf die Ausübung eines etwaigen Heimfallanspruches hat der Grundstückseigentümer gleichwohl ein berechtigtes Interesse daran, die Höhe der von ihm ggf. zu übernehmenden Verbindlichkeiten ohne weiteres feststellen zu können. Dies gilt nach der genannten Senatsentscheidung auch für die Vereinbarungen der Beteiligten über eine Tilgung des Darlehens. Der Senat hat insbesondere dargelegt, daß den berechtigten Interessen des Grundstückseigentümers nur dann hinreichend Rechnung getragen wird, wenn zur Rückführung des Darlehenskapitals angemessene laufende Tilgungsleistungen erbracht werden. (...)

Da es unter diesem Gesichtspunkt noch weiterer tatsächlicher Aufklärung bedarf, war die Sache zur erneuten Behandlung und Entscheidung zurückzuverweisen. Dabei macht der Senat von seinem Ermessen dahin Gebrauch, die Sache an das Amtsgericht zurückzuverweisen.

Nachdem der Senat im Rahmen der Prüfung des Rechtsschutzbedürfnisses über die Genehmigungsbedürftigkeit der Zustimmungserklärung des Kirchenvorstandes der Beteiligten zu 2. entschieden hat, ist der von dem Beteiligten zu 1. im Erstbeschwerdeverfahren gestellte Hilfsantrag nunmehr gegenstandslos.

Mit der erneuten Sachentscheidung ist dem Amtsgericht auch die Entscheidung über die Anordnung der Erstattung außergerichtlicher Kosten des Verfahrens der ersten und der weiteren Beschwerde zu übertragen, die nach Maßgabe des § 13a Abs. 1 S. 1 FGG zu treffen ist.

Die Wertfestsetzung für das Verfahren der weiteren Beschwerde *(Anm.: hier 15.360,- DM)* beruht auf den §§ 131 Abs. 2, 30 Abs. 1 KostO. Dabei bemißt sich der Geschäftswert im Verfahren nach § 7 Abs. 3 ErbbauVO nach dem Interesse des Antragstellers an der zustimmungspflichtigen Verfügung über das Erbbaurecht, so daß der Kapitalbetrag der von dem Beteiligten zu 1. bestellten Grundschuld zugrundezulegen ist. Damit stimmt das Beschwerdeinteresse des Beteiligten zu 1. im Verfahren der ersten und der weiteren Beschwerde überein. Dementsprechend hat der Senat gleichzeitig gem. § 31 Abs. 1 S. 2 KostO die Wertfestsetzung des Landgerichts für das Erstbeschwerdeverfahren abgeändert.

35

Einer Kirche steht es zu, in der öffentlichen Auseinandersetzung mit anderen Weltanschauungsgemeinschaften zugespitzte und scharfe Äußerungen zu tun, solange sie dabei die Strafgesetze nicht verletzt oder den Bereich der freien Religionsausübung der angegriffenen Gemeinschaft nicht in einer Weise verletzt, die diese auch in Ansehung der durch Art. 4 Abs. 2 GG gedeckten Äußerungsfreiheit der Kirche nicht mehr hinnehmen muß.

BayVGH, Beschluß vom 27. Mai 1993 – 7 CE 93.1650[1] –

Die Antragstellerin, die Glaubensgemeinschaft N. N., nimmt die Ev.-Luth. Kirche in Bayern und deren Sektenbeauftragten Pfarrer B., auf Unterlassung rufschädigender Äußerungen in Anspruch. Ihr in einem abgetrennten Verfahren behandelter Antrag geht dahin, den Antragsgegnern möge im Wege einstweiliger Anordnung gem. § 123 VwGO geboten werden, abträgliche Meinungsäußerungen und Tatsachenbehauptungen über die Glaubensgemeinschaft N. N. zu unterlassen, soweit sie sich hierbei nicht ausschließlich zu Fragen christlicher Lehrinhalte äußern. Insbesondere möge ihr untersagt werden zu behaupten:
(1) die Glaubensgemeinschaft versuche, Jugendliche in ihre Netze zu treiben, (2) die Glaubensgemeinschaft sei eine totalitäre Organisation, die von einer Frau von eiskalter Brutalität geführt werde, die mit ihren Offenbarungen ein gnadenloses System der Selbsterlösung aufgebaut habe, das hilfesuchende Menschen in die Abhängigkeit führe, (3) man solle sich nicht von der Herzlichkeit der Mitglieder des N. N. beeindrucken lassen: diese Freundlichkeit sei eine knallharte Investition, die mit Zins und Zinseszins zurückgefordert werde; (4) beim N. N. handele es sich um eine pseudoreligiöse Organisation. Es sei zu befürchten, daß Pfarrer B. diese Äußerungen bei einem Vortrag am 27. 5. 1993 abends tun werde.

Der Senat lehnt den Antrag ab.

Aus den Gründen:

Der erkennende Senat hält den Verwaltungsrechtsweg (§ 40 VwGO) für gegeben, da der Sektenbeauftragte der Ev.-Luth. Kirche in Bayern, Pfarrer Dr. B., im Auftrag dieser Kirche spricht oder jedenfalls von ihr dazu autorisiert ist; die Antragsgegnerin ist eine Körperschaft des öffentlichen Rechts (vgl. BVerwGE 68, 62[2]). Passiv legitimiert ist damit aber nur die Ev.-Luth. Kirche in Bayern, für die sich der Sektenbeauftragte äußert.

Der Antrag kann jedoch in der Sache keinen Erfolg haben. Soweit die Antragsgegnerin verpflichtet werden soll, abträgliche Äußerungen über den Antragsteller zu 1. zu unterlassen, soweit sie sich hierbei nicht ausschließlich zu Fragen christlicher Lehrinhalte äußert, ist der Antrag zu unbestimmt.

Die übrigen Äußerungen, die der Antragsgegnerin untersagt werden sollen, liegen auch unter Beachtung des Rechts der Antragsteller auf ungestörte Reli-

---

[1] NVwZ 1994, 598; BayVBl. 1993, 692. Die Verfassungsbeschwerde der Antragstellerin wurde nicht zur Entscheidung angenommen; BVerfG, Kammerbeschluß vom 13. 7. 1993 – 1 BvR 960/93 –, KirchE 31, 275. Vgl. zu diesem Fragenkreis auch BVerfG NVwZ 1995, 471; BayVGH BayVBl. 1995, 564; OVG Bremen NVwZ 1995, 793.
[2] KirchE 21, 251.

gionsausübung (Art. 4 Abs. 2 GG) im Rahmen dessen, was die Antragsgegnerin ihrerseits unter Berufung auf ihr Grundrecht aus Art. 4 Abs. 2 GG äußern darf. Das auch der Kirche zustehende Grundrecht des Art. 4 Abs. 2 GG umfaßt den gesamten Bereich religiöser Betätigung einschließlich der Äußerungen zu Fragen des religiösen und weltanschaulichen Lebens, des Werbens und der Propaganda. Das folgt daraus, daß bei der Auslegung des Art. 4 Abs. 2 GG das Selbstverständnis der betreffenden Religions- oder Weltanschauungsgemeinschaft nicht außer Betracht bleiben darf. Dieses Selbstverständnis besteht bei der Antragsgegnerin auch darin, daß sie die Freiheit zur Entfaltung und Wirksamkeit in der Welt, so wie diese Entfaltung ihrem religiösen Verständnis entspricht, als wesentlich ansieht (vgl. Leibholz/Rinck/Hesselberger, GG, Rdnrn. 201, 202 zu Art. 4). Dabei steht es ihr zu, in der öffentlichen Auseinandersetzung mit anderen Weltanschauungsgemeinschaften zugespitzte und scharfe Äußerungen zu tun, solange sie dabei die Strafgesetze nicht verletzt oder den Bereich der freien Religionsausübung der angegriffenen Gemeinschaft (Art. 4 Abs. 2 GG) nicht in einer Weise verletzt, die diese auch in Ansehung der durch Art. 4 Abs. 2 GG gedeckten Äußerungsfreiheit der Kirche nicht mehr hinnehmen muß.

Die Äußerungen, welche die Antragsteller der Antragsgegnerin verbieten lassen möchten, überschreiten diese Grenzen nicht. Die Behauptung, der Antragsteller zu 1. versuche, Jugendliche in ihre Netze zu treiben, enthält lediglich die bildhaft überspitzte Feststellung der – gerichtsbekannten – Tatsache, daß der Antragsteller zu 1. Mitglieder und vor allem auch junge Mitglieder wirbt. Die weitere Äußerung, die Glaubensgemeinschaft des Antragstellers zu 1. sei eine totalitäre Organisation, die von einer Frau von eiskalter Brutalität geführt werde, die mit ihren Offenbarungen ein gnadenloses System der Selbsterlösung aufgebaut habe, das hilfesuchende Menschen in die Abhängigkeit führe, ist ersichtlich eine zwar sehr scharfe und zugespitzte Wertung. In der Glaubensauseinandersetzung ist der Antragsgegnerin aber eine solche – wertende – Äußerung gestattet. Sie betrachtet es als ihre religiöse Aufgabe, Menschen vor einer solchen Abhängigkeit zu bewahren. Die Äußerung ist, soweit das im Eilverfahren beurteilt werden kann, nicht strafbar. Die Äußerung entbehrt darüber hinaus nicht jedes sachlichen Hintergrundes. Dem erkennenden Senat ist aus einer in einem früheren Verfahren (vgl. BayVGH BayVBl. 1992, 239 [242][3]) vorgelegten „Gemeindeordnung" und aus weiteren Schriften des Antragstellers zu 1. bekannt, daß der Antragsteller zu 1. auf einen straffen Zusammenhalt seiner Mitglieder ausgerichtet ist. Ebenso halten sich die weiteren, der Antragsgegnerin zu verbietenden Äußerungen, man solle sich von der Herzlichkeit der Mitglieder des Antragstellers zu 1. nicht beeindrucken lassen usw.

---

[3] KirchE 29, 261.

und beim N. N. handle es sich um eine pseudoreligiöse Organisation in dem Bereich der vorstehend umschriebenen, durch Art. 4 Abs. 2 GG gedeckten Äußerungsfreiheit der Antragsgegnerin. Diese Äußerungen beeinträchtigen die Antragsteller in Abwägung des beiden Parteien zustehenden Grundrechts aus Art. 4 Abs. 2 GG nicht in unzumutbarer Weise, da sie keine unwahren Tatsachenbehauptungen enthalten und ihr Inhalt – wie dargelegt – im Rahmen des zulässigen, auch scharfen und übersteigerten religiösen Meinungskampfs liegt. Würden der Kirche Äußerungen der von den Antragstellern beanstandeten Art untersagt, so wäre die durch Art. 4 Abs. 2 GG gewährleistete religiöse Betätigungsfreiheit in unerträglicher Weise eingeschränkt. Das gilt auch unter dem Gesichtspunkt, daß der Antragsteller zu 1. – wie dem erkennenden Senat aus dem genannten früheren Verfahren bekannt ist – in äußerst scharfer Weise gegen die großen Kirchen und insbesondere auch gegen die Antragsgegnerin Stellung nimmt.

36

Eltern von Schulkindern, die eine Bekenntnisschule niedersächsischen Rechts besuchen, können aus eigenem Recht die Ersetzung konfessionsloser durch bekenntnisangehörige Lehrkräfte verlangen. Die Verpflichtung des Staates, für eine bekenntnismäßig homogene Zusammensetzung des Lehrkörpers zu sorgen, steht unter dem Vorbehalt des tatsächlich Möglichen; hieran sind strenge Anforderungen zu stellen.

Art. 4 Abs. 2, 6 Abs. 2 GG; § 109 NSchG
VG Oldenburg, Urteil vom 27. Mai 1993 – 2 A 2814/91[1] –

Ende des Schuljahres 1990/91 wurde die Elternschaft der öffentlichen katholischen Grundschule „Marienschule" in D. davon unterrichtet, daß das Schulaufsichtsamt D. ab dem Schuljahr 1991/92 zur Sicherstellung der Unterrichtsversorgung drei konfessionslose Lehrkräfte an der Schule einsetzen wolle. Die Beklagte hatte nicht zuvor in der üblichen Weise drei Stellen an der katholischen Grundschule „Marienschule" zur Ausschreibung gebracht. Daraufhin erhoben die Kläger bei der Beklagten Widerspruch gegen die Zuweisung der beigeladenen Lehrkräfte und eines dritten, mittlerweile nicht mehr an der Schule tätigen Lehrers an die Marienschule und begründeten dies im wesentlichen damit, sie hätten kraft ihres Elternrechts einen Anspruch darauf, daß an der Marienschule nur katholische Lehrer tätig seien. Die Beigeladenen – mittlerweile beide im

---

[1] Auf die Berufung der Beklagten hat das Niedersächs. OVG (Urteil v. 19. 10. 1994 – 13 L 3892/93 – Nds.VBl. 1995, 136) das angefochtene Urteil aufgehoben und die Klage abgewiesen.

Beamtenverhältnis beschäftigt – sind seit dem Schuljahr 1991/1992 in verschiedenen Fächern (nicht im Religionsunterricht) an der Marienschule tätig; Beschwerden über einen gegen das katholische Bekenntnis gerichteten Unterricht der Beigeladenen sind nicht bekannt.

Die Beklagte wies den Widerspruch der Kläger als unzulässig zurück. Die streitgegenständliche Stellenbesetzung an der Marienschule sei ihnen gegenüber kein Verwaltungsakt. Zudem hätten die Kläger keinen Anspruch darauf, daß an der Marienschule nur katholische Lehrer tätig seien. Die Aufrechterhaltung des Unterrichts habe Vorrang, so daß erforderlichenfalls auch Lehrer anderer Konfession bzw. ohne Konfession an einer solchen Bekenntnisschule eingesetzt werden könnten. Sechs Grundschullehrer katholischen Bekenntnisses hätten dem Schulaufsichtsamt D. auf seine Anfrage, ob sie bereit seien, an die Marienschule zu wechseln, eine abschlägige Antwort erteilt. Die drei Lehrer ohne Konfession sollten außerdem nicht im religiösen Bereich der Marienschule wirken.

Mit ihrer Klage erstreben die Kläger, die Zuweisung der beigeladenen Lehrkräfte zum Schuljahr 1991/92 an die Marienschule in D. und die Widerspruchsbescheide der Beklagten aufzuheben und die Beklagte zu verpflichten, die Stellen unter Beachtung der Rechtsauffassung des Gerichts mit geeigneten katholischen Lehrkräften zu besetzen.

Das Verwaltungsgericht gibt der Klage statt.

Aus den Gründen:

Der Verwaltungsrechtsweg ist gegeben (§ 40 Abs. 1 VwGO). Es handelt sich bei den Klagen – auch soweit sich die Kläger gegen die Zuweisung des Beigeladenen zu 2. an die Marienschule wenden – um eine öffentlich-rechtliche Streitigkeit. Insoweit ist es unerheblich, daß der Beigeladene zu 2. im Angestelltenverhältnis beschäftigter Lehrer war. Maßgeblich ist allein, daß die hier streitigen Ansprüche der Kläger im öffentlichen Recht wurzeln (Kopp, Kommentar zur VwGO, 9. Aufl. 1992, § 40 Rz. 6; BVerwG, Urteil vom 18. 1. 1974 – VII C 25.71 –, DÖV 1974, 420). Anspruchsgrundlage des klägerischen Begehrens ist § 109 Abs. 2 NSchG.

Zu Recht verfolgen die Kläger ihr Begehren im Wege einer Verpflichtungsklage. Das klägerische Begehren zielt darauf ab, daß anstelle der Beigeladenen katholische Lehrkräfte an der Marienschule tätig werden. Sie begehren mithin eine schulorganisatorische Maßnahme, die den Klägern gegenüber die Qualität eines Verwaltungsaktes hat. Insoweit ist unerheblich, daß die Beklagte das von den Klägern verfolgte Ziel beamtenrechtlich möglicherweise ohne den Erlaß von Verwaltungsakten erreichen kann – die Umsetzung eines Beamten ist nicht als Verwaltungsakt zu qualifizieren (BVerwG, Urteil vom 22. 5. 1980 – 2 C

30.78 – BVerwGE 60, 144). Das Begehren einer Leistung oder einer Unterlassung, die logisch eine als Verwaltungsakt zu klassifizierende Entscheidung der Behörde voraussetzen, ist durch die Verpflichtungsklage zu verfolgen (Kopp, Kommentar zur VwGO, 9. Aufl. 1992, § 42 Rz. 35). So liegt der Fall hier. Wenn schon die Entscheidung der Schule, ein bestimmtes Schulbuch zu verwenden, gegenüber den Eltern, die durch dieses Schulbuch das Neutralitäts- und Toleranzgebot verletzt sehen, als Verwaltungsakt zu werten ist (BVerwG, Urteile vom 3. 5. 1988 – 7 C 89.86 und 7 C 92.86 – SPE n.F. Nr. 702 – Verletzung des Neutralitäts- und Toleranzgebotes durch ein Schulbuch – Nr. 5 und 6), dann muß erst recht das in seinen Auswirkungen gewichtigere Begehren der Kläger als auf einen sie begünstigenden Verwaltungsakt der Behörde gerichtet ausgelegt werden. Die statthafte Verpflichtungsklage ist auch zulässig. Ein Vorverfahren zum Begehren der Kläger hat stattgefunden (§ 68 VwGO). Die Widersprüche der Kläger vom 25. 6. 1991 und 17. 10. 1991 sind dahingehend auszulegen, daß die Kläger sich mit ihnen nicht nur gegen die Zuweisung der drei konfessionslosen Lehrer an die Marienschule wenden, sondern auch deren Ersatz durch katholische Lehrkräfte begehren. Dies ergibt sich zwar nicht aus dem Tenor des Antrags, wohl aber aus dem Wortlaut der Begründung. Sie wenden sich damit gegen den Ausgangsverwaltungsakt, durch die Beklagte das Begehren einer diesbezüglichen positiven schulorganisatorischen Maßnahme ablehnte.

Die Bezirksregierung hat durch diese dem Schulelternrat der Marienschule am 27. 6. 1991 mitgeteilte Entscheidung über die Zuweisung der Beigeladenen und der dritten – mittlerweile nicht mehr an der Marienschule tätigen – Lehrkraft zugleich ihre Entscheidung bekanntgegeben, nicht dem Wunsch nach einem bekenntnishomogenen Lehrerkollegium an der Schule entsprechen zu wollen.

Die Klage ist auch begründet. Die Beklagte hat die Kläger unter Beachtung der Rechtsauffassung des Gerichts neu zu bescheiden, da die angegriffenen Verfügungen rechtswidrig sind und die Kläger in ihren Rechten verletzen.

Bei der hier streitgegenständlichen Frage, welche Personalmaßnahmen zur Sicherstellung der Unterrichtsversorgung an einer staatlichen Schule erforderlich sind, hat die Beklagte als die zuständige Schulbehörde (s. Klügel/Woltering, Handkommentar zum Niedersächsischen Schulgesetz, 2. Aufl. 1991, § 101 Rz. 16 – s. Ziffer 1.2 des Beschlusses des Landesministeriums vom 27. 9. 1977 – Nds.MBl. S. 1350) ein weites Ermessen. Die diesbezüglichen Personalmaßnahmen der Beklagten darf das Verwaltungsgericht nur in den Grenzen des § 114 VwGO nachprüfen. Bei Ermessensentscheidungen hat das Gericht danach auch zu prüfen, ob der Verwaltungsakt oder die Ablehnung oder Unterlassung des Verwaltungsakts rechtswidrig war, weil die gesetzlichen Grenzen des Ermessens überschritten sind oder von dem Ermessen in einer dem Zweck der

Ermächtigung nicht entsprechenden Weise Gebrauch gemacht ist. Das ist hier der Fall. Die Beklagte hat bei der Zuweisung der Beigeladenen als nichtkonfessionslose Lehrer an die Marienschule nicht hinreichend die aus § 109 Abs. 2 NSchG erwachsenden Anforderungen beachtet. Nach dieser Vorschrift setzt sich der Lehrkörper einer öffentlichen Grundschule für Schüler des gleichen Bekenntnisses aus Lehrern zusammen, die dem gleichen Bekenntnis wie die Schüler angehören. Freilich begründet nicht allein der Umstand, daß aufgrund der streitgegenständlichen Maßnahmen das Kollegium der Marienschule in D. nicht ausschließlich aus katholischen Lehrern zusammengesetzt ist, den Anspruch der Kläger. Aus § 42 Abs. 2 VwGO folgt vielmehr, daß die Kläger eine gerichtliche Kontrolle *und* Abänderung dieser Maßnahmen nur insoweit verlangen können, als ihre eigenen Rechte betroffen sind. Eine gerichtliche Überprüfung der schulorganisatorischen und personalplanerischen Erwägungen insgesamt können die Kläger dagegen nicht verlangen (s. OVG Bremen, Beschluß vom 2. 10. 1985 – 1 B 39/85 – NVwZ 1986, 1038 sowie OVG Lüneburg – im gerichtlichen Verfahren zur Überprüfung des Planfeststellungsbeschlusses für eine Mülldeponie – Urteil vom 5. 3. 1991 – 7 L 104/89 –, S. 19 ff. des Urteilabdrucks, V.n.b.). Hierzu gilt das Folgende:

§ 109 Abs. 2 NSchG räumt den Eltern einer Bekenntnisschule i.S.v. § 109 Abs. 1 NSchG als Dritten eigene Rechte ein. Drittschutz vermitteln solche Vorschriften, die nach dem in ihnen enthaltenen, durch Auslegung zu ermittelnden Entscheidungsprogramm für die Behörden auch der Rücksichtnahme auf Interessen eines individualisierbaren, d.h. sich von der Allgemeinheit unterscheidenden Personenkreises dienen. Die Gesetzgebungsmaterialien zu § 109 Abs. 2 NSchG und auch die zu den Vorgängerregelungen im Schulgesetz von 1954 geben dazu zwar keine Hinweise. Eine Norm dient aber nicht nur dann dem Schutz Dritter, wenn der Gesetzgeber mit einer Regelung speziell diesen Drittschutz bezweckt, sondern auch in Fällen, in denen der Gesetzgeber an den Schutz Drittbetroffener nicht dachte, das Gesetz bei systematischer, insbesondere bei verfassungskonformer Auslegung aber als Norm mit Schutzwirkung für Dritte zu verstehen ist (Kopp, aaO, § 42 Rz. 80). So liegt der Fall hier.

Aus Art. 4 Abs. 1 i.V.m. Art. 6 Abs. 2 GG ist ein Teilhaberecht der Eltern von Kindern, die an einer Bekenntnisschule unterrichtet werden, auf Gewährleistung einer den Anforderungen von § 109 Abs. 2 NSchG entsprechenden Lehrerschaft abzuleiten. Schulen, an denen Kinder möglichst eines Bekenntnisses von Lehrern grundsätzlich dieses Bekenntnisses und im Geiste dieses Bekenntnisses zu unterrichten sind – also Bekenntnisschulen im materiellen Sinne wie die Grundschule gemäß § 109 Abs. 1 NSchG –, sind verfassungsmäßig (s. BVerfG, Urteil vom 26. 3. 1957[2] – 2 BvG 1/55 –, BVerfGE 6, 309;

---

[2] KirchE 4, 46.

BVerfG, Beschluß vom 17. 12. 1975[3] – 1 BvR 63/68 –, BVerfGE 41, 29 [44 ff.]). Der in Art. 7 Abs. 5 GG für private Volksschulen getroffenen Regelung ist zu entnehmen, daß diese Verfassungsvorschrift auch die Institution der öffentlichen Bekenntnisschule als möglich und zulässig ansieht (BVerwG, Urteil vom 13. 12. 1963[4] – VI C 163.61 – = BVerwGE 17, 267 = SPE VI A 1 S. 301, 301b). Die Einrichtung einer Grundschule für Schüler gleichen Bekenntnisses nach § 109 Abs. 1 NSchG wurzelt in Art. 4 Abs. 2 sowie 6 Abs. 2 GG. Zur durch Art. 4 Abs. 2 GG geschützten Freiheit der Religionsausübung gehören nicht nur „kultische Handlungen und Ausübung sowie Beachtung religiöser Gebräuche ..., sondern auch religiöse Erziehung ..." (BVerfGE 24, 236 [246][5]). Art. 6 Abs. 2 GG stellt durch eine Institutsgarantie die Erziehung in und durch die Familie unter verfassungsrechtlichen Schutz (s. von Münch, Rz. 25 zu Art. 6 in: I. von Münch/Kunig, GG-Kommentar I, 4. Aufl. 1992), so daß elterliches Erziehungsrecht und staatliches Schulrecht in einem Spannungsverhältnis zueinander stehen (Hemmerich, Rz. 14 zu Art. 7, in: aaO). Sache des Staates ist insbesondere die Einrichtung und Organisation und mithin auch die Sicherstellung der Unterrichtsversorgung in Schulen. Das Recht der Eltern im Schulbereich besteht zunächst darin, daß sie einen vom Staat zu achtenden „Gesamtplan der Erziehung" ihrer Kinder aufstellen dürfen (BVerfG, Beschluß vom 21. 12. 1977 – 1 BvL 1/75, 1 BvR 147/75 –, BVerfGE 47, 46 [75]) und zu dessen Verfolgung innerhalb der vom Staat oder vom privaten Träger zur Verfügung gestellten Ausbildungsmöglichkeiten frei wählen dürfen.

An dieser verfassungsrechtlichen Fundierung der Grundschule für Schüler des gleichen Bekenntnisses hat auch § 109 Abs. 2 NSchG teil. Die in dieser Vorschrift enthaltene Eignungsanforderung, daß die Lehrer einer Grundschule für Schüler des gleichen Bekenntnisses dem gleichen Bekenntnis wie die Schüler anzugehören haben, dient unmittelbar dem Zweck der materiellen Bekenntnisschulen. Ist die Verfassungsmäßigkeit der materiellen Bekenntnisschule zu bejahen, dann müssen als verfassungsmäßig auch bestimmte Eignungsanforderungen an die Lehrer dieser Schulen gelten; der Begriff der materiellen Bekenntnisschule ist notwendig verknüpft mit der Anforderung, daß sie „von einem Bekenntnis geprägt" und von ihm „durchformt" ist (BVerwG, Urteil vom 29. 1. 1960[6] – VII C 201.59 –, BVerwGE 10, 136 [137]). Da diese den besonderen Elternrechten bei der religiösen Erziehung ihrer Kinder und deren verfassungsmäßigen Schutz durch Art. 4 Abs. 2 und 6 Abs. 2 GG dient, ist § 109 Abs. 2 auch eine Schutzvorschrift für diese Erziehungsberechtigten, die ihre Kinder auf eine Grundschule für Schüler des gleichen Bekenntnisses entsenden. Diese Entscheidung ist Teil verfassungsmäßig abgesicherten Elternrechts.

---

[3] KirchE 15, 128.
[4] KirchE 6, 354.
[5] KirchE 10, 181.
[6] KirchE 5, 128.

Sie folgt einem religiös motivierten Gesamtplan der Erziehung, dem der Gesetzgeber durch das Institut der öffentlichen Grundschule für Schüler gleichen Bekenntnisses *(Rechnung trägt)*.

Daß § 109 Abs. 2 NSchG auch Grundlage einklagbarer Individualrechte von Eltern ist, ergibt sich letztlich aus folgendem: Je stärker der moderne Staat sich der sozialen Sicherung und kulturellen Förderung der Bürger zuwendet, desto mehr tritt im Verhältnis zwischen Bürger und Staat neben das ursprüngliche Postulat grundrechtlicher Freiheitssicherung vor dem Staat die komplementäre Forderung nach grundrechtlicher Verbürgung der Teilhabe an staatlichen Leistungen. Auch wenn grundsätzlich daran festzuhalten ist, daß es auch im modernen Sozialstaat der nicht einklagbaren Entscheidung des Gesetzgebers überlassen bleibt, ob und inwieweit er im Rahmen der darreichenden Verwaltung Teilhaberechte gewähren will, so können sich aber aus dem Gleichheitssatz i.V.m. dem Sozialstaatsprinzip Ansprüche an den Staat ergeben, da die Grundrechte in einem modernen Verfassungsverständnis auch als objektive Wertentscheidungen wirken (s. grundlegend BVerfG, Urteil vom 18. 7. 1972 – 1 Bvl. 32/70 und 25/71 –, BVerfGE 33, 303 [330f.]). Zwar mag im einzelnen streitig sein, welche Ansprüche aus den Grundrechten als Teilhaberechte abzuleiten sind (s. von Münch, Rz. 19 ff. vor Art. 1–19, in: von Münch/Kunig, aaO), es dürfte doch unstreitig sein, daß die Grundrechte eine verfassungsrechtliche Grundentscheidung für alle Bereiche des Rechts sind und Richtlinien und Impulse für Gesetzgebung, Verwaltung und Rechtsprechung geben (BVerfG, Urteil vom 25. 2. 1975 – 1 BvF 1,2,3,4,5,6/74 –, BVerfGE 39, 1 [41]). Die Deutung der Grundrechte als Richtlinien und Impulse für Gesetzgebung, vollziehende Gewalt und Rechtsprechung spricht eine positive Verpflichtung des Staates beispielsweise im Wissenschaftsbereich aus, die zum Schutz des dort grundrechtlich zugesicherten Freiheitsraums an staatlichen Hochschulen unerläßlich ist. Danach hat der Staat die Pflege der freien Wissenschaft und ihre Vermittlung an die nachfolgende Generation durch Bereitstellung von personellen, finanziellen und organisatorischen Mitteln zu ermöglichen und zu fördern, d.h. funktionsfähige Institutionen für einen freien Wissenschaftsbetrieb zur Verfügung zu stellen (BVerfG, Urteil vom 29. 5. 1973 – 1 BvR 424/71 und 325/72 –, BVerfGE 35, 79 [114]). Diese Überlegungen sind auch für das Elternrecht an einer öffentlichen Grundschule für Schüler gleichen Bekenntnisses gemäß § 109 NSchG anwendbar. Der Staat hat hier eine besondere Organisationsform für die durch Art. 4 Abs. 2 und 6 Abs. 2 GG abgesicherte Elternverantwortung für die religiöse Prägung ihrer Kinder geschaffen. Auf diesen verfassungsrechtlichen Grundlagen räumt der niedersächsische Schulgesetzgeber dem Elternwillen im Hinblick auf die Grundschule für Schüler des gleichen Bekenntnisses einen besonderen Rang ein, denn ihre Voraussetzung ist ein von einer gesetzlich festgelegten Mindestzahl von Kindern gestellter Antrag von Erziehungsberechtigten (§ 111 NSchG). Trotz der weitreichenden Verantwortung des Staates für die Schule aus Art. 7 GG muß er diese materiellen Bekenntnisschulen und das in ihnen auch materialisierte religiöse Elternrecht als für ihren Zweck funktionsfähige Institutionen – solange er ihren Bestand anerkennt – sichern. Dem dient unmittelbar § 109 Abs. 2 NSchG mit der Verpflichtung, einen bekenntnismäßig homogenen Lehrkörper zu gewährleisten.

Aus dieser Feststellung folgt aber nicht ohne weiteres, daß die Klagen begründet sind. Auch wenn grundsätzlich ein Teilhaberecht der Eltern im Hinblick auf eine bekenntnismäßig homogene Zusammensetzung des Lehrkörpers einer öffentlichen Grundschule für Schüler des gleichen Bekenntnisses aus § 109 Abs. 2 NSchG abgeleitet werden kann, so steht doch deshalb der quantitative Umfang dieses Anspruchs nicht von vornherein fest. Der Inhaber von Teilhaberechten kann nicht verlangen, daß diese uneingeschränkt verwirklicht werden. Teilhaberechte stehen generell unter dem Vorbehalt des Möglichen im Sinne dessen, was der einzelne vernünftigerweise von der Gesellschaft verlangen kann (BVerfG, Urteil vom 18. 7. 1972 – 1 BvL 32/70 und 25/71 – BVerfGE 33, 303 [331]). Die Kläger können von der Beklagten m.a.W. nicht etwas verlangen, was ihr zu realisieren unmöglich ist. Den Grundrechten der Eltern aus Art. 4 Abs. 2 und Art. 6 Abs. 2 GG kommt nicht schlechthin Vorrang zu, vielmehr ist ein optimierender Ausgleich geboten, der jedem der kollidierenden Verfassungsgüter die jeweils mögliche und notwendige Wirksamkeit läßt. Diese Rücksichtnahme auf kollidierende Verfassungsgüter kann nicht generell, sondern nur unter Berücksichtigung aller Umstände des Einzelfalls und des rechtsstaatlichen Grundsatzes der Verhältnismäßigkeit realisiert werden. Deshalb kommt es entscheidend darauf an, welche Bemühungen die Beklagte unternommen hat, damit an der Marienschule nur Lehrkräfte katholischen Bekenntnisses unterrichten. Wenn es der Beklagten im Rahmen ihrer rechtlichen Möglichkeiten nicht gelungen wäre, die frei gewordenen Stellen mit katholischen Lehrkräften zu besetzen, hätte sie das getan, was die Kläger aus § 109 Abs. 2 NSchG an Rechten ableiten können. Die Beklagte hätte in diesem Fall gleichsam den Verstoß gegen § 109 Abs. 2 NSchG nicht zu vertreten (s. OVG Lüneburg, Beschluß vom 8. 11. 1979 – X OVG B 1735/78 – mit Anmerkung Schrimpf zum Anspruch von Studenten auf Gewährleistung eines ordnungsgemäßen Studiums, DUZ/HD 1980, 86). Es ist nicht verboten, auch Lehrer eines anderen Bekenntnisses im Einzelfall einzusetzen, wenn anders der Unterricht an der öffentlichen Grundschule für Schüler gleichen Bekenntnisses nicht aufrechterhalten werden könnte (Klügel/Woltering, Handkommentar zum Nds. Schulgesetz, § 109 Rz. 6). Auch wenn insoweit die Widerspruchsbescheide der Beklagten vom 12. 8. 1991 und 26. 11. 1991 einen zutreffenden Ansatzpunkt haben, so verkennen sie doch die Reichweite von § 109 Abs. 2 NSchG. Bei Bekenntnisschulen ist die „richtige Konfession" nicht lediglich ein

Argument, das in die Ermessensentscheidung, welche Lehrer eingestellt werden, neben anderen einfließt. Aus zutreffenden Gründen nimmt das Bundesverwaltungsgericht (Urteil vom 13. 12. 1963 – VI C 163.61 – SPE VI A 1, 301, 301d) an, daß grundsätzlich bekenntnisfremde Lehrer für Unterrichtstätigkeit an Bekenntnisschulen ungeeignet seien (aaO, 301c f.). Daß unter bestimmten Voraussetzungen dort auch bekenntnisfremde Lehrer unterrichten dürfen, ändert nichts daran, daß der Bekenntnisschulbegriff des Grundgesetzes nach dieser Entscheidung strenge Anforderungen an die bekenntnismäßige Zusammensetzung des Lehrkörpers an diesen Schulen und damit an das Bekenntnis der dort eingesetzten Lehrer stellt. Die von der Beklagten zitierte Entscheidung des Bundesverwaltungsgerichts (Urteil vom 24. 11. 1988[7] – 2 C 10/86 –, NJW 1989, 921 [922]) ist insoweit nicht einschlägig, da es dort nicht um eine mit § 109 NSchG vergleichbare schulische Einrichtung ging.

Die Beklagte ist also verpflichtet, besondere Anstrengungen zu unternehmen, um an einer Bekenntnisschule einen den Anforderungen von § 109 Abs. 2 NSchG entsprechenden Lehrkörper zu gewährleisten. Sofern eine katholische Lehrkraft an einer sonstigen Grundschule durch eine andere (nicht katholische) Lehrkraft ersetzt werden kann, wird die Beklagte die Umsetzung, Abordnung oder Versetzung auch gegen den Willen dieser katholischen Lehrkraft vorzunehmen haben (§ 31 Abs. 1 Satz 2 2. Halbsatz bzw. § 32 Abs. 1 Satz 2 NBG). Unter Zugrundelegung der zitierten Rechtsprechung des Bundesverwaltungsgerichts ist es als dienstliches Bedürfnis im Sinne dieser beamtenrechtlichen Vorschriften anzusehen, daß der Lehrkörper an Bekenntnisschulen den Anforderungen von § 109 Abs. 2 NSchG entspricht. Sofern sich mit den beamtenrechtlichen Möglichkeiten und dem vorhandenen Personal nicht die Voraussetzungen von § 109 Abs. 2 NSchG erfüllen lassen, muß die Schulverwaltung alle Anstrengungen unternehmen, durch Gewinnung zusätzlicher Lehrkräfte für einen bekenntnishomogenen Lehrkörper an Bekenntnisschulen zu sorgen. Dabei ist es ihr verwehrt, quantitativ und lediglich mit Blick auf den gesamten Bezirk des zuständigen Schulaufsichtsamtes zu argumentieren, eine zusätzliche Einstellung sei nicht möglich, weil die Unterrichtsversorgung insgesamt gewährleistet sei. Auch über eine ausreichende Unterrichtsversorgung für den Schulaufsichtsamtsbezirk hinaus sind die zuständigen Behörden zur Einstellung zusätzlicher Lehrkräfte zur Sicherstellung eines bekenntnishomogenen Lehrkörpers an öffentlichen Bekenntnisschulen gehalten. Sollten all diese Bemühungen fehlschlagen, könnten zur vorübergehenden Sicherstellung eines ausreichenden Unterrichtsangebots auch bekenntnisfremde Lehrer an öffentlichen Bekenntnisschulen eingesetzt werden können (Klügel/Woltering, NSchG, § 109 Rdnr. 6). Allerdings muß dies auf die Zeiten begrenzt sein, in

---

[7] KirchE 26, 375.

denen es der Schulverwaltung nicht gelingt, mit den vorbeschriebenen Maßnahmen Lehrer des Bekenntnisses der Schüler für die Schule zu gewinnen. M.a.W. die vorbeschriebenen Bemühungen müssen auch nach dem Tätigwerden der bekenntnisfremden Lehrer zur Gewährleistung der Unterrichtsversorgung fortgesetzt werden.

Unter Zugrundelegung dieser Maßstäbe ist die streitgegenständliche Personalmaßnahme ermessensfehlerhaft. Durch die Beschränkung ihrer Sichtweise auf die ausreichende Unterrichtsversorgung im Schulaufsichtsbezirk D. hat die Beklagte eine fehlerhafte Grundlage für ihre Ermessensentscheidung gelegt, da sie nicht die nach dem oben Ausgeführten gebotenen Anstrengungen unternommen hat, katholische Lehrkräfte für die Marienschule auch aus anderen Gebieten Deutschlands zu gewinnen. Insbesondere ist es geboten, im Bedarfsfall über die vorliegenden Anträge auf Einstellung bzw. Versetzung in den niedersächsischen Schuldienst hinauszugehen und entsprechende Stellen in den jeweils einschlägigen konfessionsgebundenen Zeitschriften ausschreiben zu lassen.

37

Der Rechtsweg zu den staatlichen Gerichten ist nicht eröffnet beim Streit eines evangelischen Pfarrers mit seiner Kirche über die im Rahmen des Pfarrdienstverhältnisses erfolgte Aufhebung eines kirchlichen Unterrichtsauftrags zur Erteilung von Religionsunterricht an einer staatlichen Schule.

Art. 19 Abs. 4, 140 GG, 137 Abs. 3 WRV; § 40 VwGO
VGH Baden-Württemberg, Urteil vom 8. Juni 1993 – 4 S 2776/92[1] –

Der Kläger stand im Pfarrdienstverhältnis zur Beklagten (Ev. Landeskirche in Württemberg). Sein letzter Dienstauftrag im Rahmen dieses Pfarrdienstverhältnisses zur Erteilung von Religionsunterricht an einer staatlichen Schule endete zum 31. 7. 1973. Zum 31. 7. 1975 wurde er wegen Dienstunfähigkeit in den Ruhestand versetzt.

Ohne bestimmten Klageantrag hat der Kläger beim Verwaltungsgericht Klage erhoben. Sein Vortrag bezieht sich auf die Beendigung seines Unterrichtsauftrages, die er für rechtswidrig hält, und auf die angenommenen Folgen dieses Vorgangs. Die Beklagte hat Klagabweisung beantragt. Sie hat geltend gemacht, daß der Rechtsweg zu den staatlichen Verwaltungsgerichten nicht gegeben sei. Das Verwaltungsgericht hat die Klage abgewiesen. In den Gründen ist ausgeführt: Die Klage sei unzulässig, da der Rechtsweg zu den staatlichen

---
[1] Amtl. Leitsatz. ESVGH 43, 280; NVwZ-RR 1994, 422.

Verwaltungsgerichten nicht gegeben sei. Der Entzug eines Dienstauftrages zur Erteilung von Religionsunterricht unterliege als innerkirchliche Angelegenheit nicht der Nachprüfung durch die staatlichen Gerichte.

Mit seiner Berufung beantragt der Kläger, unter Aufhebung der vorinstanzlichen Entscheidung festzustellen, daß die zum 31. 7. 1973 ausgesprochene Aufhebung des Unterrichtsauftrages an der N.-Schule in X. rechtswidrig war. Zur Frage des Rechtsweges trägt er vor, daß der kirchliche Auftrag zur Erteilung von Religionsunterricht als sog. res mixta auch Bezüge zum staatlichen Recht aufweise und von daher der Kontrolle der staatlichen Gerichte unterliege. Ferner hat der Kläger erklärt, daß er die Klage auf das Land Baden-Württemberg, vertreten durch das Oberschulamt Tübingen, erweitern wolle. Er macht hierzu geltend, daß insbesondere der Schulleiter seiner früheren Schule durch die Behauptung unzulänglicher Unterrichtsleistungen Einfluß auf die Beendigung seines Unterrichtsauftrages genommen habe.

Die Berufung hatte keinen Erfolg.

Aus den Gründen:

Die zulässige Berufung ist nicht begründet. Das Verwaltungsgericht hat die Klage zu Recht als unzulässig abgewiesen. Für die Klage ist weder der Verwaltungsrechtsweg noch ein anderer Rechtsweg zu den staatlichen Gerichten gegeben.

Bei dem Streit um die von der Beklagten zum 31. 7. 1973 ausgesprochenen Aufhebung des Unterrichtsauftrags für Religionsunterricht handelt es sich um eine Streitigkeit des kirchlichen Verwaltungsrechtes, im besonderen um eine Streitigkeit auf dem Gebiete des öffentlich-rechtlichen kirchlichen Dienstrechtes. Im staatlichen Bereich wäre für eine solche Streitigkeit nach § 40 Abs. 1 VwGO der Verwaltungsrechtsweg gegeben. Die Erstreckung des durch § 40 Abs. 1 VwGO eröffneten Verwaltungsrechtsweges auf Streitigkeiten des öffentlich-rechtlichen kirchlichen Dienstrechtes stünde aber mit der durch Art. 140 GG i.V.m. Art. 137 WRV anerkannten Eigenständigkeit der Kirche nicht in Einklang. Der in § 40 Abs. 1 VwGO vorausgesetzte Begriff des öffentlichen Rechtes ist nur als staatliches oder vom Staat abgeleitetes öffentliches Recht zu verstehen, dem das kirchliche öffentliche Recht und die hieraus abgeleiteten Streitigkeiten grundsätzlich, d. h. insoweit nicht zugehören, als sie unter die kirchliche Eigenständigkeit fallen. Dies folgt im einzelnen aus den in Art. 140 GG übernommenen Regelungen des Art. 137 Abs. 1 u. 3 WRV, daß keine Staatskirche besteht, daß jede Religionsgesellschaft ihre Angelegenheiten selbständig innerhalb der Schranken des für alle geltenden Gesetzes verwaltet und ihre Ämter ohne Mitwirkung des Staates oder der bürgerlichen Gemeinde verleiht. Damit erkennt der Staat die Kirche als vorgegebene, mit dem Recht der

Selbstbestimmung ausgestattete Einrichtung an, die ihre Amtsgewalt nicht vom Staat ableitet und in deren eigene Rechtsverhältnisse der Staat nicht eingreifen darf (so BVerwGE 25, 226[2]). Die Kirchen üben daher zwar öffentliche, aber nicht staatliche Gewalt aus (BVerwGE 18, 385). Vor dem Hintergrund dieser für das Verhältnis zwischen Staat und Kirche verfassungsrechtlich gegebenen Lage wird ersichtlich, daß sich die Rechtsweggarantie des Art. 19 Abs. 4 GG unmittelbar nur auf staatliche oder staatsabgeleitete öffentliche, nicht aber auf kirchliche Gewalt bezieht. Die Kirchen unterstehen im Rahmen der Eigenständigkeit nicht der staatlichen Justizhoheit (Maunz/Dürig, GG, Art. 19 Rdnr. 20). Hieraus folgt weiter, daß auch § 40 Abs. 1 VwGO, dessen Rechtswegregelung die Rechtsweggarantie des Art. 19 Abs. 4 GG gesetzlich ausführt, für die Kirchen unmittelbar nicht gilt und daß deren eigene Angelegenheiten nicht unter den Begriff der öffentlich-rechtlichen Streitigkeiten im Sinne des § 40 Abs. 1 VwGO fallen (Redeker/von Oertzen, VwGO, 7. Aufl., § 40 Erl. 33; Kopp, VwGO, 9. Aufl., § 40 Rdnr. 38).

Diese Rechtsgrundsätze gelten auch im Bereich des kirchlichen öffentlichen Dienstrechtes mit einer noch zu erörternden, aber hier nicht durchgreifenden Abweichung für vermögensrechtliche Streitigkeiten aus diesem Bereich. Ausgehend von der Verfassungsnorm des Art. 137 Abs. 3 WRV, wonach die Kirchen ihre Ämter ohne Mitwirkung des Staates verleihen, ist festzuhalten, daß die Kirchen auch im Bereich ihrer gewährleisteten Ämterhoheit, also bei der Regelung ihres öffentlichen Dienstrechtes, ihre eigene und keine staatabgeleitete hoheitliche Gewalt ausüben (BVerwGE 28, 345[3]). Somit fallen auch Maßnahmen auf dem Gebiete des kirchlichen öffentlichen Dienstrechtes nicht unter die staatliche Justizhoheit. Das gilt insbesondere für das gesamte Statusrecht der in einem öffentlich-rechtlichen Dienstverhältnis stehenden kirchlichen Bediensteten wie für die Gesamtheit der Streitigkeiten wegen Begründung, Beendigung und Fortbestehens der kirchlichen Dienst- und Amtsverhältnisse. Ferner für sonstige amtliche Tätigkeiten im kirchlichen Dienst und somit für alle Streitigkeiten, deren Gegenstand die Begründung oder Beendigung kirchlicher Ämter und Befugnisse ist (so BVerwG, Beschluß v. 6. 4. 1979[4] NJW 1980, 1041 zu der in einem Lehrbeanstandungsverfahren streitigen Befugnis, eine amtliche Tätigkeit im kirchlichen Dienst auszuüben). Denn auch insoweit handelt es sich um eigene Angelegenheiten der Kirche.

Somit ist auch die vorliegende Streitigkeit der staatlichen Gerichtsbarkeit entzogen, denn es handelt sich um den Fortbestand bzw. die Beendigung des kirchlichen Auftrages zur Erteilung von Religionsunterricht im Rahmen des Pfarrdienstverhältnisses. Dabei kommt es nicht darauf an, welche dienstrecht-

---

[2] KirchE 8, 213.   [3] KirchE 9, 306.   [4] KirchE 17, 209.

lichen Beziehungen durch die Erteilung eines solchen Auftrages im einzelnen begründet wurden. Dieser Erkenntnis steht nicht entgegen, daß die Erteilung von Religionsunterricht zu einem Aufgabenbereich gehört, der nach dem aus Art. 7 Abs. 3 Satz 2 GG abzuleitenden Verfassungsverständnis zu den gemeinsamen Angelegenheiten von Staat und Kirche gehört, bei denen die Verantwortungsbereiche beider Institutionen verknüpft sind (nach überliefertem Sprachgebrauch eine sogenannte res mixta, wie sie der Kläger anspricht). Nach dem genannten Verfassungsartikel wird der Religionsunterricht unbeschadet des staatlichen Aufsichtsrechtes in Übereinstimmung mit den Grundsätzen der Religionsgemeinschaften erteilt. Jedoch müssen auch in diesem Bereich die jeweiligen Zuständigkeiten streng voneinander geschieden werden (BVerwGE 74, 251). Der Kirche verbleibt das eigenständige, innerkirchlich zu verstehende Recht, nicht nur den Lehrinhalt des Religionsunterrichts zu bestimmen, sondern auch die Personen, die Religionsunterricht erteilen dürfen und die hierzu nach kirchlicher Auffassung geeignet sind. Die Kirche entscheidet sonach eigenständig auch über Erteilung und Entziehung der Vollmacht zur Erteilung von Religionsunterricht, gleich ob es sich um einen Geistlichen handelt oder nicht (Maunz/Dürig, GG, Art. 7 Rdnr. 50, 53b). Auch insoweit würde eine Überprüfung des kirchlichen Vorgehens durch die staatlichen Gerichte in eine innerkirchliche Angelegenheit eingreifen.

Demgegenüber ist bei vermögensrechtlichen Streitigkeiten aus einem öffentlich-rechtlichen kirchlichen Dienstverhältnis die kirchliche Eigenständigkeit soweit begrenzt, daß bei Fehlen einer eigenen kirchlichen Verwaltungsgerichtsbarkeit der Verwaltungsrechtsweg in analoger Anwendung des § 40 Abs. 1 VwGO gegeben ist (vgl. hierzu VGH Bad.-Württ., Urteil vom 20. 5. 1980[5] – IV 1140/77 –, DVBl. 1981, 31 mit krit. Anm. von Uibel). Jedoch macht der Kläger hier keine vermögensrechtlichen Ansprüche geltend. Er faßt zwar einen vermögensrechtlichen Schadensersatzanspruch wegen rechtswidriger Beendigung seines Religionsunterrichtsauftrages ins Auge, aber sein Klageantrag bezieht sich hierauf nicht. Er gibt zu verstehen, daß er Geldansprüche von dem Ausgang des anhängigen Verfahrens abhängig machen wolle, ohne diese näher zu bestimmen. Im übrigen könnte der Kläger mit einem Schadensersatzanspruch wegen rechtswidriger Beendigung seines Religionsunterrichtsauftrages nicht durchdringen. Die Zuerkennung eines solchen Schadensersatzanspruches setzt ein rechtswidriges und schuldhaftes Verhalten des Schuldners voraus. Die staatlichen Gerichte können aber eine solche rechtliche Einordnung innerkirchlicher Akte auch nicht als Vorfrage für die Voraussetzungen eines vermögensrechtlichen Anspruches vornehmen.

---

[5] KirchE 18, 165.

Schließlich wäre die Klage auch dann unzulässig, wenn sie der Kläger im Berufungsverfahren auch gegen das Land Baden-Württemberg als Träger der Schulaufsicht gerichtet hätte, was nach seinem Klage- und Berufungsantrag nicht der Fall ist. Die Einführung eines weiteren Beklagten in den Verwaltungsprozeß erfolgt im Wege der Klagänderung nach § 91 VwGO. Nach Abs. 1 ist eine Änderung der Klage zulässig, wenn die übrigen Beteiligten einwilligen oder das Gericht die Änderung für sachdienlich hält. Diese Voraussetzungen wären hier nicht gegeben. Insbesondere wäre die Erweiterung der Klage auf das Land Baden-Württemberg, zumal im Berufungsverfahren, nicht sachdienlich. Die Schulverwaltung wurde mit der Angelegenheit des Klägers bisher nicht befaßt. Es ist auch nicht zu erkennen, mit welchem Rechtsschutzbedürfnis der Kläger gegen das Land seine Auffassung verfolgen könnte, die Schulverwaltung habe rechtswidrig Einfluß auf den Fortbestand seines Unterrichtsauftrages genommen, weshalb die Aufhebung des Unterrichtsauftrages auch ihm zuzurechnen sei.

38

Ein evangelischer Pastor im Ruhestand kann Aufwendungen für Tätigkeiten im kirchlichen Bereich nur dann als Werbungskosten geltend machen, wenn sie auf einem dem aktiven Dienstverhältnis gleichzustellenden besonderen Rechtsverhältnis (z.B. Vertretung einer Pfarrstelle) beruhen.

§ 9 Abs. 1 EStG
Niedersächs. Finanzgericht, Urteil vom 8. Juni 1993 – III 211/91[1] –

Der Kläger ist evangelischer Pastor (Militärpfarrer) im Ruhestand. Er machte im Streitjahr 1989 unter Hinweis auf seine im Ruhestand fortgesetzte seelsorgerische Betätigung sowie die Teilnahme an Kirchenkreiskonferenzen Aufwendungen u.a. für ein Arbeitszimmer und Telefon vergeblich als Werbungskosten bei seinen Einkünften aus nichtselbständiger Arbeit geltend.
Auch die Klage blieb erfolglos.

Aus den Gründen:

Die Klage ist unbegründet.
(...)
Der Senat verkennt nicht, daß grundsätzlich unter noch näher darzulegenden Voraussetzungen ein den Werbungskosten-Abzug rechtfertigender objektiver Zusammenhang zwischen den von einem Pfarrer im Ruhestand bezoge-

---

[1] EFG 1994, 141. Das Urteil ist rechtskräftig.

nen Versorgungsbezügen und den aus einer kirchlichen Betätigung des Pfarrers im Ruhestand entstandenen Aufwendungen in Betracht kommen kann. Dies folgt aus den Besonderheiten des kirchlichen Dienstrechts. Danach ist der Pfarrer mit Beginn des Ruhestands unter Aufrechterhaltung seines Dienstverhältnisses zwar der Pflicht zur Dienstleistung enthoben (§ 107 Abs. 1 PfG). Das fortbestehende Ordinationsverhältnis ist aber auf Lebenszeit angelegt (§ 4 Abs. 1 PfG). Der Pfarrer im Ruhestand untersteht weiter der Lehrverpflichtung und der Amtspflicht und damit der Lehraufsicht und der Amtszucht (§ 107 Abs. 1 Satz 2 PfG). Dieser kirchengesetzliche Hintergrund rechtfertigt es grundsätzlich, den Beruf eines evangelischen Pfarrers in einem weiteren Sinne und im Unterschied zu Beamtenverhältnissen des staatlichen Rechts als „Beruf auf Lebenszeit" zu qualifizieren (Vogel, DStR 1990, 191). Deswegen vermag der Senat auch dem FG Berlin (Urteil vom 20. 2. 1980[2] II 315/79, EFG 1980, 388) nicht zu folgen, das das Halten von Predigten und die Aufrechterhaltung des Kontakts zu Gemeindemitgliedern und Pfarrern einer Pastorin im Ruhestand pauschal als ehrenamtlich qualifiziert hat.

Andererseits ist den umschriebenen kirchenrechtlichen Gegebenheiten nicht zu entnehmen, daß das Pfarrerdienstverhältnis mit der Folge ein Beruf auf Lebenszeit ist, daß die Ruhestandsbezüge lediglich an die gegenwärtig erbrachten und Kosten verursachenden Tätigkeiten des Ruheständlers anknüpfen und somit stets ein unmittelbarer bzw. mittelbarer wirtschaftlicher Zusammenhang zwischen jeder Tätigkeit des Pfarrers und seinen Versorgungsbezügen besteht. Die Auffassung von Vogel (aaO), die aktive Pastorentätigkeit und der Status des Pastors im Ruhestand seien „rechtlich wie lebenstatsächlich eine Einheit", verkennt die mit der Versetzung in den Ruhestand verbundenen Rechtswirkungen. Denn mit der Versetzung in den Ruhestand tritt – nicht anders als im staatlichen Beamtenrecht – bei Erreichen der Altersgrenze eine kirchenrechtlich zulässige Trennung von Amt und Auftrag bzw. Befähigung ein. Insbesondere kann der Pfarrer einer Versetzung in den Ruhestand bei Erreichen der Altersgrenze nicht mit Erfolg den auf Lebenszeit angelegten Ordinationsauftrag entgegenhalten. Unter Berücksichtigung dieser Rechtslage kommt demnach ein Werbungskosten-Abzug für einen Pastor im Ruhestand nur insoweit in Betracht, als diesem Aufwendungen im Zusammenhang mit einem dem Dienstverhältnis des aktiven Pastors gleichzustellenden besonderen Rechtsverhältnis entstehen. Das ist z.B. dann der Fall, wenn der Pfarrer im Ruhestand mit der Vertretung einer Pfarrstelle betraut wird oder ihm in einem vergleichbaren Umfang die Wahrnehmung kirchlicher Aufgaben übertragen wird (BFH-Urteil vom 19. 6. 1974 – VI R 37/70 – BFHE 113, 281, BStBl. II 1975, 23; Schmidt/Drens-

---

[2] KirchE 18, 13.

eck, EStG, 11. Aufl., Anm. 12 betr. den Werbungskosten-Abzug für emeritierte Hochschullehrer).

Diese Voraussetzungen liegen im Streitfall nicht vor. Dem Kläger war im Streitjahr weder ein kirchliches Amt übertragen noch war er in einem mit einem aktiven Pfarrerdienstverhältnis vergleichbaren Umfang mit der Wahrnehmung kirchlicher Aufgaben betraut. Die von dem Kläger im Streitjahr vereinzelt vorgenommenen Tätigkeiten erfüllen nicht die vorgenannten Anforderungen eines Werbungskosten-Abzugs. Dies gilt auch für die vom Kläger besonders herausgestellte Fortsetzung seiner Kontakte zu Personen, zu denen er während seiner Tätigkeit als Militärseelsorger ein besonderes Vertrauensverhältnis geschaffen hatte. Insoweit fehlt es nämlich an einem für den Werbungskosten-Abzug erforderlichen mittelbaren Zusammenhang mit dem früheren Dienstverhältnis. Zwar mag insoweit das bisherige Dienstverhältnis auslösendes Moment der im Ruhestand fortgesetzten seelsorgerischen Betätigung des Klägers gewesen sein. Die fragliche Betätigung kann jedoch bereits deshalb nicht mehr der einkommensteuerrechtlich relevanten Erwerbssphäre des Klägers zugerechnet werden, weil der Militärseelsorger – auch – staatlicher Amtsträger ist (von Campenhausen, Staatskirchenrecht, 2. Aufl., S. 116). Dieses staatliche Amt endet mit Eintritt des Militärseelsorgers in den Ruhestand. Demgemäß ist auch der Veranlassungszusammenhang der von einem Militärpfarrer nach Eintritt in den Ruhestand fortgeführten seelsorgerischen Betreuung von Bundeswehrangehörigen einkommensteuerrechtlich gelockert und genügt nicht den Anforderungen eines Werbungskosten-Abzugs. Der seelsorgerische Rat eines Ruhestandspastors erfolgt quasi außerhalb des oben beschriebenen besonderen Rechtsverhältnisses über die Wahrnehmung besonderer kirchlicher Aufgaben im Ruhestand.

39

Nach § 35 Abs. 23 Unterabs. KAT-NEK besteht Anspruch auf Zeitzuschlag für Feiertagsarbeit anläßlich von Gottesdiensten, kirchlichen Feiern und Amtshandlungen nur, soweit es sich um Überstunden handelt.

BAG, Urteil vom 16. Juni 1993 – 4 AZR 446/92[1] –

Die Parteien streiten darüber, ob der Kläger nach dem für die Nordelbische Kirche abgeschlossenen Kirchlichen Angestelltentarifvertrag vom 15. 1. 1982

---

[1] Amtl. Leitsatz. BAGE 73, 256; AP § 1 TVG Tarifverträge Kirchen Nr. 1; NZA 1994, 37; ZevKR 39 (1994), 82. Nur LS: BB 1993, 1880; 31 (1994), 301; AuR 1993, 337; RdA 1993, 312; AkKR 162 (1993), 567.

(KAT-NEK) für Küsterdienst an Wochenfeiertagen einen Zuschlag zur Vergütung beanspruchen kann.

Der Kläger ist bei der Beklagten als Küster beschäftigt. Die Parteien haben die Anwendung des KAT-NEK und der sich diesem Tarifvertrag anschließenden Tarifverträge auf das Arbeitsverhältnis vereinbart. Die regelmäßige Arbeitszeit des Klägers, die nach § 15 Abs. 1 KAT-NEK im Durchschnitt eines Zeitraums von acht Wochen 38,5 Stunden pro Woche beträgt, ist wie folgt festgelegt: Er hat dienstags bis freitags jeweils 8 1/2 Stunden sowie – innerhalb eines Zeitraums von vier Wochen – dreimal samstags und dreimal sonntags jeweils drei Stunden zu arbeiten. Der Kläger hat auch an Wochenfeiertagen Küsterdienst zu leisten. Er hat hierfür Freizeitausgleich, aber keinen Zuschlag erhalten. Er ist der Meinung, ein solcher Zuschlag stehe ihm aber nach § 35 KAT-NEK zu. In dieser Bestimmung heißt es:

„*§ 35*
Zeitzuschläge, Überstundenvergütung
(1) Der Angestellte erhält neben seiner Vergütung (§ 26) Zeitzuschläge. Sie betragen je Stunde
   a) für Überstunden in den Vergütungsgruppen IX b bis Vc, Kr. I bis Kr. VI   25 v.H.
...
   b) für Arbeit an Sonntagen   25 v.H.
   c) für Arbeit an Wochenfeiertagen, auch wenn sie auf einen Sonntag fallen, sowie am Ostersonntag und am Pfingstsonntag
     aa) ohne Freizeitausgleich   135 v.H.
     bb) bei Freizeitausgleich   35 v.H.
...
(2) ...
Für Arbeiten anläßlich von Gottesdiensten, kirchlichen Feiern und Amtshandlungen werden Zeitzuschläge nur nach Absatz 1 Satz 2 Buchstabe a gezahlt."

Küster sind nach Anl. 1a, Abt. 16 zum KAT-NEK in VergGr. VIII bis VI b eingruppiert.

Der Kläger hat die Auffassung vertreten, ihm stehe nach § 35 Abs. 2 KAT-NEK zwar kein Zuschlag von 35 v.H. zu, weil er seinen Küsterdienst an Wochenfeiertagen anläßlich von Gottesdiensten zu leisten habe. Aufgrund der in dieser Vorschrift enthaltenen Verweisung auf § 35 Abs. 1 Satz 2 Buchst. a KAT-NEK habe er aber Anspruch auf Zuschlag i.H.v. 25%. Hierfür sei es nicht erforderlich, daß es sich bei dem von ihm an Wochenfeiertagen geleisteten Dienst um Überstunden i.S. des KAT-NEK handele. Die in § 35 Abs. 2 KAT-NEK enthaltene Verweisung auf Abs. 1 Satz 2 Buchst. a sei nämlich eine Rechtsfolgenverweisung.

Der Kläger hat zuletzt beantragt festzustellen, daß die Beklagte verpflichtet ist, dem Kläger für die Arbeit anläßlich von Gottesdiensten, kirchlichen Feiern und Amtshandlungen an den nachfolgenden Wochenfeiertagen einen Zeitzuschlag von 25 v.H. je Stunde (bei Freizeitausgleich) zu zahlen:

*a) Karfreitag
Ostermontag
Pfingstmontag
Himmelfahrt
Buß- und Bettag;
b) Neujahr
1. Mai
3. Oktober (Tag der Deutschen Einheit)
erster Weihnachtsfeiertag
zweiter Weihnachtsfeiertag
– soweit diese Feiertage auf einen Werktag fallen.*

Die Beklagte hat die Auffassung vertreten, daß die in § 35 Abs. 2 KAT-NEK enthaltene Verweisung auf § 35 Abs. 1 Satz 2 Buchst. a an die tatbestandlichen Voraussetzungen dieser Norm anknüpfe (Rechtsgrundverweisung). Daher könne der Kläger nur dann Zuschlag für den an den fraglichen Wochenfeiertagen geleisteten Küsterdienst beanspruchen, wenn es sich hierbei um Überstunden i. S. des KAT-NEK handele. Dies sei aber nicht der Fall.

Das Arbeitsgericht hat zur Auslegung von § 35 KAT-NEK Auskünfte der tarifschließenden Verbände eingeholt, die unterschiedliche Auffassungen geäußert haben, und sodann die Klage abgewiesen. Das Landesarbeitsgericht hat die Berufung des Klägers zurückgewiesen.

Die Revision des Klägers blieb ebenfalls erfolglos.

Aus den Gründen:

Die Revision des Klägers ist nicht begründet. Der Kläger hat keinen Anspruch auf den begehrten Zeitzuschlag.
I. Die Klage ist zwar zulässig. Das nach § 256 Abs. 1 ZPO erforderliche besondere Feststellungsinteresse liegt vor, weil Gegenstand des Feststellungsantrags Entgeltansprüche des Klägers nicht nur für die Vergangenheit, sondern auch für die Zukunft sind. Dies ergibt sich aus dem Regelungszusammenhang des KAT-NEK.
II. Die Klage ist aber nicht begründet. Der vom Kläger geltend gemachte Anspruch auf Zeitzuschläge für Arbeit an Wochenfeiertagen läßt sich nicht aus dem KAT-NEK herleiten, dem das Arbeitsverhältnis der Parteien kraft einzelvertraglicher Vereinbarung unterliegt. Dies ergibt sich aus dem Regelungszusammenhang des KAT-NEK.
1. Der Wortlaut der in § 35 Abs. 2 3. Unterabs. KAT-NEK enthaltenen Regelung über die Zahlung von Zeitzuschlägen für Arbeiten anläßlich von Gottesdiensten, kirchlichen Feiern und Amtshandlungen ist nicht eindeutig.
a) So kann die Bestimmung, daß für solche Arbeiten Zeitzuschläge „nur nach Absatz 1 Satz 2 Buchstabe a gezahlt" werden, nach ihrem Wortlaut einer-

seits entsprechend der Auffassung des Klägers als Rechtsfolgenverweisung zu verstehen sein. Die Präposition „nach", die hier zur Bezeichnung des Musters oder Vorbildes verwandt wird (vgl. Brockhaus/Wahrig, Deutsches Wörterbuch, 4. Bd., 1982), kann nämlich die Bedeutung von „in der sich aus Abs. 1 Satz 2 Buchst. a ergebenden Höhe" haben. In diesem Fall folgt aus der in § 35 Abs. 2 3. Unterabs. KAT-NEK enthaltenen Verweisung auf Abs. 1 Satz 2 Buchst. a, daß ein Zeitzuschlag nicht, wie für Arbeit an Wochenfeiertagen in Abs. 1 Satz 2 Buchst. c, bb bestimmt, i.H.v. 35%, sondern nur, wie im Fall von Überstunden, i.H.v. 25% zu zahlen ist.

b) Andererseits läßt der Wortlaut von § 35 Abs. 2 3. Unterabs. KAT-NEK aber auch die von der Beklagten für richtig gehaltene Auslegung zu, wonach es sich hierbei um eine Rechtsgrundverweisung handelt. „Nach" kann nämlich in der o.a. Verwendung auch die Bedeutung „unter den in Abs. 1 Satz 2 Buchst. a aufgestellten Voraussetzungen" haben. In diesem Fall besteht ein Anspruch auf den – auf 25% verminderten – Zeitzuschlag nur, wenn es sich bei der Arbeit an Wochenfeiertagen um Überstunden i.S. des KAT-NEK handelt.

2. Da der Wortlaut der Tarifbestimmung nicht eindeutig ist, ist nach den für die Auslegung von Tarifverträgen maßgeblichen Grundsätzen auf weitere Kriterien zurückzugreifen. Dabei ergibt sich aus dem mit Hilfe des Regelungszusammenhangs zu ermittelnden Normzweck, daß die Verweisung auf Abs. 1 Satz 2 Buchst. a KAT-NEK als Rechtsgrundverweisung anzusehen ist, so daß der Kläger die von ihm begehrten Zeitzuschläge nur für solche Arbeit an Wochenfeiertagen beanspruchen kann, die er in Form von Überstunden leistet.

a) Die Auslegung des normativen Teils eines Tarifvertrages, über die hier zwischen den Parteien Streit besteht, folgt nach ständiger Rechtsprechung des Bundesarbeitsgerichts den für die Auslegung von Gesetzen geltenden Regeln. Danach ist zunächst vom Tarifwortlaut auszugehen. Soweit dieser jedoch nicht eindeutig ist, ist der wirkliche Wille der Tarifvertragsparteien mitzuberücksichtigen, soweit er in den tariflichen Normen seinen Niederschlag gefunden hat. Abzustellen ist ferner auf den tariflichen Gesamtzusammenhang, weil dieser Anhaltspunkte für den wirklichen Willen der Tarifvertragsparteien liefern und nur so der Sinn und Zweck der Tarifnorm zutreffend ermittelt werden kann. Läßt dies zweifelsfreie Auslegungsergebnisse nicht zu, dann können die Gerichte für Arbeitssachen ohne Bindung an eine Reihenfolge weitere Kriterien wie die Entstehungsgeschichte des Tarifvertrages, gegebenenfalls auch die praktische Tarifübung ergänzend hinzuziehen (vgl. z.B. Senatsurteil vom 23. 9. 1992 – 4 AZR 66/92 – EzA § 4 TVG Großhandel Nr. 3, zu I 2 a der Gründe, m.w.N.).

b) Soweit der Zweck der Regelung seinen Niederschlag in § 35 Abs. 2 3. Unterabs. KAT-NEK gefunden hat, gibt er freilich für die Beantwortung der Frage, ob es sich bei dieser Bestimmung um eine Rechtsgrund- oder um eine Rechtsfolgenverweisung handelt, nichts her.

aa) Die in § 35 Abs. 2 3. Unterabs. KAT-NEK enthaltene Beschränkung des Anspruchs auf Feiertagszuschlag von 35% auf solche Arbeiten, die nicht anläßlich von Gottesdiensten u.ä. geleistet werden, soll offensichtlich dem Umstand Rechnung tragen, daß Feiertagsarbeit im Zusammenhang mit Gottesdiensten u.ä. nicht in demselben Maß als belastend anzusehen sind wie die von Kirchenbediensteten aus anderem Anlaß geleistete Feiertagsarbeit. Für die im Rahmen von Gottesdiensten, kirchlichen Feiern und Amtshandlungen beschäftigten kirchlichen Arbeitnehmer wie z.B. Küster ist nämlich Feiertagsarbeit typisch und damit – im Gegensatz etwa zu anderen kirchlichen Angestellten wie Büropersonal – Bestandteil der normalen Berufsausübung. Wer einen solchen Beruf ergreift, stellt sich, wie das Landesarbeitsgericht zutreffend erkannt hat, auf regelmäßige Feiertagsarbeit ein. Dies rechtfertigt es, ihn bei der Zahlung von Zuschlägen, die für andere Arbeitnehmer zum Ausgleich der mit Feiertagsarbeit verbundenen Belastungen vorgesehen sind, gegenüber diesen Arbeitnehmern schlechter zu stellen.

bb) Diesem Zweck wird § 35 Abs. 2 3. Unterabs. KAT-NEK indessen sowohl als Rechtsgrundverweisung als auch als Rechtsfolgenverweisung gerecht, wenn auch mit unterschiedlicher Intensität. In beiden Fällen führt die Vorschrift nämlich zu einer geringeren Vergütung der anläßlich von Gottesdiensten u.ä. geleisteten Feiertagsarbeit im Vergleich zu sonstiger Feiertagsarbeit, entweder durch völligen Wegfall des Feiertagszuschlags oder durch dessen Verminderung von 35% auf 25%.

c) Daß § 35 Abs. 2 3. Unterabs. KAT-NEK als Rechtsgrundverweisung gewollt ist, ergibt sich aber aus dem Zusammenhang dieser Bestimmung mit Abs. 1 Satz 2 Buchst. b, wo für Sonntagsarbeit ein Zuschlag von 25% vorgesehen ist. Die in § 35 Abs. 2 3. Unterabs. enthaltene Ausnahmeregelung für Zeitzuschläge gilt nach ihrer systematischen Stellung für alle in Abs. 1 geregelten Zeitzuschläge, also auch für den Zuschlag für Sonntagsarbeit nach Abs. 1 Satz 2 Buchst. b. Wenn, wie der Kläger meint, § 35 Abs. 2 3. Unterabs. eine Rechtsfolgenverweisung wäre, aus der sich ein Anspruch auf 25% Zeitzuschlag für Arbeit anläßlich von Gottesdiensten u.ä. ergäbe, so würde die Bestimmung für die Angehörigen der VergGr. IX b bis V c – also auch für den Kläger – leerlaufen, weil für Sonntagsarbeit anläßlich von Gottesdiensten u.ä. derselbe Zuschlag zu zahlen wäre wie für andere Arbeiten. Damit würde die Ausnahmebestimmung des Abs. 2 3. Unterabs. aber ihren Zweck verfehlen, denn Sonntagsarbeit ist, mindestens ebenso sehr wie Arbeit an Wochenfeiertagen, typisch für die im Rahmen von Gottesdiensten u.ä. Beschäftigten. Bei dieser Auslegung wäre die Regelung in sich widersprüchlich, weil zwar bei der aus Anlaß von Gottesdiensten geleisteten Feiertagsarbeit, nicht aber bei der aus diesem Anlaß geleisteten Sonntagsarbeit eine Verminderung des für Feiertagsbzw. Sonntagsarbeit vorgesehenen Zuschlags vorgenommen würde.

Ohne Erfolg macht der Kläger geltend, Sonn- und Feiertagsarbeit könnten in diesem Zusammenhang nicht gleich bewertet werden, wie sich aus § 15 Abs. 6 KAT-NEK ergebe. Der Kläger übersieht, daß in dieser Bestimmung, die die regelmäßige Arbeitszeit zum Gegenstand hat, Sonntagsarbeit und Feiertagsarbeit grundsätzlich gleich behandelt werden. Aus dem zweiten Unterabsatz dieser Bestimmung, die für den Fall ständiger Sonntagsarbeit u. a. einen Anspruch auf sechs freie Sonntage im Kalenderjahr vorsieht, kann entgegen der Auffassung des Klägers nicht geschlossen werden, daß die Tarifvertragsparteien in § 35 KAT-NEK zwar Feiertagsarbeit anläßlich von Gottesdiensten u. ä., nicht aber die aus diesem Anlaß geleistete Sonntagsarbeit niedriger bewerten wollten als aus anderem Anlaß geleistete Sonn- oder Feiertagsarbeit. Die Beschränkung der in § 15 Abs. 6 2. Unterabs. enthaltenen Regelung auf Sonntagsarbeit ist vielmehr allein damit zu begründen, daß der bei ständiger Sonntagsarbeit von den Tarifvertragsparteien gesehene Ausgleichsbedarf für „ständige" Arbeit an Wochenfeiertagen wegen deren geringer Zahl und unregelmäßiger Lage nicht in Betracht kommt.

d) Angesichts dieses aus dem Regelungszusammenhang des Tarifvertrags abzuleitenden Ergebnisses kommt es auf die vom Arbeitsgericht eingeholten Auskünfte der Tarifvertragsparteien, die zudem widersprüchlich sind, nicht mehr an.

3. Die Klage konnte auch unter dem Gesichtspunkt eines möglichen Anspruchs auf Zeitzuschlag für Überstunden nach § 35 Abs. 1 Satz 2 Buchst. a KAT-NEK keinen Erfolg haben.

a) Der Kläger hat den von ihm geltend gemachten Anspruch auf Zeitzuschlag für Feiertagsarbeit nicht auf die Fälle beschränkt, in denen diese Arbeit in Form von Überstunden geleistet wird. Er hat auch nicht dargetan, daß er diese Arbeit über die dienstplanmäßig oder betriebsüblich festgesetzten Arbeitsstunden hinaus geleistet habe oder leiste. Nur bei solcher Arbeit handelt es sich aber nach § 17 Abs. 1 1. Unterabs. KAT-NEK um Überstunden.

b) Auch ein der Klage teilweise, nämlich beschränkt auf Feiertagsarbeit in Form von Überstunden, stattgebendes Urteil kam nicht in Betracht. Der Kläger hat einen entsprechenden Antrag nicht gestellt. Ein solcher Antrag kann auch nicht dem Klageantrag als ein Weniger entnommen werden, denn insoweit besteht zwischen den Parteien kein Streit. Dem Kläger geht es im vorliegenden Rechtsstreit vielmehr gerade darum, daß er einen Anspruch auf Zeitzuschlag für Feiertagsarbeit unabhängig davon, ob es sich im Einzelfall um Überstunden handelt, zuerkannt haben will.

40

Der Übertritt zum islamischen Glauben verbunden mit einer Lebensführung in einem weitgehend islamischen Umfeld stellt im Regelfall einen gewichtigen Grund mindestens für die Beifügung eines islamischen Vornamens zu dem bisherigen Vornamen dar, jedoch können besondere Umstände des Einzelfalls im öffentlichen Interesse einer solchen Vornamensänderung entgegenstehen.

§ 3 Abs. 1 NÄG

OVG Rheinland-Pfalz, Urteil vom 22. Juni 1993 – 7 A 12338/92[1] –

Der Kläger begehrte im April 1990 bei der Verbandsgemeindeverwaltung in N. die Änderung seines Vornamens Dirk Olaf in Abdul-Faruk Cetin. Hierzu trug er im wesentlichen vor, er habe zusammen mit seiner Mutter, deren zweitem Ehemann, einem türkischen Staatsangehörigen, sowie einem Halbbruder in Istanbul gelebt und dort anfänglich die Grundschule besucht. Er habe sich fünf Jahre in der Türkei aufgehalten und sei acht Jahre mit einer türkischen Staatsangehörigen verheiratet gewesen. Seit 1987 gehöre er dem Islam an und trage den genannten islamischen „Taufnamen". In der Türkei und später auch in der Bundesrepublik habe er als Übersetzer für die türkische Sprache gearbeitet. Er befinde sich zur Zeit in Haft, sei in das Schuldnerverzeichnis eingetragen und habe beantragt, die Strafe in einem türkischen Gefängnis absitzen zu können. Er beabsichtige, die türkische Staatsangehörigkeit zu beantragen und die deutsche Staatsbürgerschaft schnellstmöglich abzugeben. Um die Integration im religiösen und kulturellen Bereich in der Türkei, insbesondere im Hinblick auf die beabsichtigte Aufenthaltszeit im Gefängnis zu vereinfachen, beabsichtige er, den Namen seiner türkischen Frau zum Familiennamen zu machen und seinen Geburtsnamen abzulegen. Da der jetzige Vorname Dirk Olaf mit seiner Religionszugehörigkeit und seinem kulturellen Umgang nicht zu vereinbaren sei und auch zu den türkischen Familiennamen nicht passen werde, sei sein Antrag begründet.

Mit der nach Ablehnung des Antrages und erfolglosem Widerspruch erhobenen Anfechtungs- und Verpflichtungsklage erstrebt der Kläger in erster Linie die Ersetzung seiner bisherigen Vornamen durch einen islamischen, hilfsweise die Ergänzung seiner bisherigen Vornamen durch einen islamischen Vornamen.

Das Verwaltungsgericht[2] hat die Klage abgewiesen.

Die Berufung des Klägers blieb ohne Erfolg.

---

[1] Vgl. zu diesem Fragenkreis auch OVG Hamburg StAZ 1996, 180; LG Bremen StAZ 1996, 46; OLG Bremen StAZ 1996, 86.
[2] VG Koblenz KirchE 30, 381.

Aus den Gründen:

Die zulässige Berufung, über die im Einverständnis der Beteiligten ohne mündliche Verhandlung entschieden werden konnte (vgl. §§ 125 Abs. 1, 101 Abs. 2 VwGO), ist unbegründet; das Verwaltungsgericht hat die Klage zu Recht abgewiesen.

Die Klage ist zulässig. Anders als das Verwaltungsgericht hat der Senat auch hinsichtlich der Zulässigkeit des vom Kläger gestellten Hilfsantrags keine Bedenken. Die Erweiterung der Klage um einen Hilfsantrag stellt sich als Klageänderung im Sinne von § 91 VwGO dar. Da der Streitstoff des vorliegenden Verfahrens auch nach der Klageerweiterung im wesentlichen der gleiche bleibt, hält der Senat diese Klageänderung für sachdienlich (§ 91 Abs. 1 VwGO). Der hinzugekommene hilfsweise gestellte Klageantrag selbst ist ebenfalls zulässig. Insbesondere ist entgegen der Auffassung des Beklagten dem Antragserfordernis gemäß § 1 NÄG dadurch genügt, daß der Kläger mit Schriftsatz vom 25. 3. 1993 ein entsprechendes Begehren schriftlich eingereicht hat. Ein Vorverfahren gemäß § 68 VwGO war vorliegend entbehrlich, da der mit dem Hilfsantrag begehrte Verwaltungsakt im wesentlichen dieselben Sach- und Rechtsfragen zum Gegenstand hat wie der Hauptantrag und sich der Beklagte im übrigen auf die Klage eingelassen hat, ohne das Fehlen eines Vorverfahrens zu rügen.

Die Klage ist aber unbegründet; der Kläger hat jedenfalls zur Zeit keinen Anspruch auf Änderung seines Vornamens, und zwar weder in der Form der Ersetzung des bisherigen Vornamens durch einen anderen Vornamen noch in der Form der Beifügung weiterer Vornamen zu seinem bisherigen Vornamen. Zur Begründung kann insoweit auf die zutreffenden Ausführungen in den Entscheidungsgründen des erstinstanzlichen Urteils verwiesen werden (vgl. § 130b VwGO). Ergänzend soll noch auf folgendes hingewiesen werden: Bei der Gesamtwürdigung aller Umstände überwiegt das öffentliche Interesse an der Beibehaltung des bisherigen Vornamens des Klägers sein Interesse an der Namensänderung. Zwar mag der Übertritt zum islamischen Glauben verbunden mit einer Lebensführung in einem weitgehend islamischen Umfeld regelmäßig ein gewichtiger Grund jedenfalls für die Beifügung eines islamischen Vornamens zu dem bisherigen Vornamen darstellen, der das öffentliche Interesse an der Namenskontinuität überwiegt. Im Falle des Klägers ergeben sich aber einige besondere Umstände, die eine von dem Regelfall abweichende Gewichtung der Interessen erfordern. Nach dem Inhalt der Verwaltungsakten und seinen eigenen Erklärungen befindet sich nämlich der Kläger seit dem 13. Juli 1989 in der Justizvollzugsanstalt X. in Haft; voraussichtliches Strafende wird der 7. Juli 1995 sein. Ferner ist der Kläger in das Schuldnerverzeichnis aufgenommen worden. Damit kommt dem Gesichtspunkt der Identifizierbarkeit in seinem Falle eine besondere Bedeutung zu. Der Vorname dient nämlich in Verbindung mit dem Familiennamen zur Kennzeichnung einer Person; an der ordnungsgemäßen Verwendung besteht ein öffentliches, durch § 111 OWiG geschütztes Interesse. Dem kann nicht entgegengehalten werden, daß eine Behörde aufgrund weiterer Nachforschungen auch nach einer Vornamensänderung zweifellos in der Lage sein wird, früher oder später die wahre Identität des Klägers festzustellen. Wie sich nämlich aus § 111 OWiG ergibt, geht der Gesetzgeber davon aus, daß ein staatliches Interesse an der *sofortigen* Identitätsfeststellung besteht. Um die staatlichen Aufgaben ordnungsgemäß wahrnehmen zu können, muß es etwa für einen Polizeibeamten möglich sein, die Identität eines Bürgers sofort, ohne umfangreiche Ermittlungen feststellen zu können. Deshalb ist ein Bürger, etwa auch dann, wenn er sich auf ein Aussageverweigerungsrecht stützen kann, stets verpflichtet, seine Personalien ordnungsgemäß anzugeben. Auch der Senat kommt daher zu dem Ergebnis, daß ein geänderter Vorname es dem Kläger zumindest erleichtern würde, im Schriftverkehr mit den Behörden oder bei einer Identitätsüberprüfung durch die Polizei den Eindruck zu erwecken, daß er mit Dirk Olaf N. nicht identisch sei (vgl. hierzu Nrn. 62, 30 Abs. 4 Satz 3 der Allgemeinen Verwaltungsvorschrift zum Gesetz über die Änderung von Familiennamen und Vornamen – NamÄndVwV – in der Fassung vom 18. 4. 1986). Auch wenn seinem bisherigen Vornamen lediglich weitere islamische Vornamen beigefügt würden, könnte der Kläger, da er nicht verpflichtet ist, seine sämtlichen Vornamen anzugeben, künftig im Rechtsverkehr mit den neuen islamischen Vornamen auftreten. Auch in diesem Falle wäre seine Identitätsfeststellung erschwert.

Könnte der Kläger künftig – ob nun aufgrund einer Vornamensersetzung oder aufgrund einer Erweiterung – im Rechtsverkehr einen anderen Vornamen führen, wäre es damit auch den Gläubigern des Klägers zumindest erschwert, diesen künftig, nach der Haftentlassung aufzuspüren und festzustellen, ob er wieder über Einkommen oder sonstige der Vollstreckung zugängliche Vermögenswerte verfügt. Diesem Aspekt trägt auch die Nr. 62 in Verbindung mit Nr. 30 Abs. 4 Satz 2 NamÄndVwV Rechnung, wonach die Aufnahme in das Schuldnerverzeichnis bei der Änderung des Nachnamens in der Regel zur Ablehnung führt, so daß nach dieser Verwaltungsvorschrift die Eintragung in das Schuldnerverzeichnis zumindest als ein der Vornamensänderung entgegenstehender Belang anzusehen ist.

Demgegenüber muß der Wunsch des Klägers, sich islamischer Sitte gemäß einen islamisch-arabischen bzw. islamisch-türkischen Vornamen zuzulegen, zurücktreten. Insoweit ist bei der Abwägung auch zu berücksichtigen, daß auch nach dem Vortrag des Klägers selbst der vollzogene Glaubenswechsel zunächst nicht im Mittelpunkt seiner Begründung für den Namenswechsel stand. Wie sich aus seinen schriftlichen Äußerungen im Verwaltungsverfahren (...)

ergibt, standen für ihn vielmehr andere Überlegungen im Vordergrund: Er strebte an, seine Resthaft in einem türkischen Gefängnis verbringen zu dürfen, seine deutsche Staatsbürgerschaft schnellstmöglich gegen eine türkische einzutauschen, von dem türkischen Ehemann seiner Mutter rechtlich als Sohn anerkannt zu werden und seine Eingliederung in die Türkei vorzubereiten. Insoweit hielt er jeweils einen türkischen Vornamen für sinnvoll. Der Kläger ging somit zunächst selbst nicht davon aus, daß die begehrte Vornamensänderung bzw. Ergänzung für seine Religionsausübung unabdingbare Voraussetzung sei. Daß hier nicht schutzwürdige Fragen des persönlichen Geschmacks zumindest *auch* eine wesentliche Rolle spielen, ergibt sich ferner daraus, daß der Kläger im Verlaufe des Verfahrens mit seinem Hauptantrag insgesamt drei Vornamensvarianten in das Verfahren eingeführt hat (...).

Schließlich hält der Senat – wie auch das Verwaltungsgericht – den Umstand für bedeutsam, daß es seit jeher für zulässig erachtet wird, daß ohne eine behördliche Namensänderung etwa im Familien- oder Freundeskreis mit dem Vornamen nicht übereinstimmende Rufnamen, Dorfnamen etc. geführt, in Ordensgemeinschaften Ordensnamen angenommen oder in Sekten, Bruderschaften etc. zusätzliche Vornamen verwendet werden. Es steht mithin dem Kläger frei, sich im Schriftwechsel und bei Zusammenkünften mit Angehörigen der islamischen Glaubensgemeinschaft, den Mitgliedern seines Vereins oder seinen Familienangehörigen sich des von ihm gewünschten Vornamens zu bedienen oder sich mit diesem ansprechen zu lassen. Damit ist auch seinen gemäß Art. 4, 6 und 12 GG rechtlich geschützten Interessen ausreichend Rechnung getragen. Ein darüber hinausgehendes schutzwürdiges Interesse daran, auch in öffentlichen Registern mit dem geänderten Vornamen geführt zu werden und im Rechtsverkehr mit einem solchen geänderten Vornamen auftreten zu dürfen, kann aber im Falle des Klägers jedenfalls zur Zeit im Hinblick auf das in seinem Fall gesteigerte öffentliche Interesse an der Namenskontinuität nicht bejaht werden.

41

Die schulisch-praktische Ausbildung zum Heilerziehungspfleger im dualen System erfolgt nicht auf der Grundlage eines arbeitsrechtlichen Ausbildungsvertrages im Sinne von §§ 3, 19 BBiG, sondern eines privatrechtlichen Beschulungsvertrages.

Hat der kirchliche Träger von Schule und Ausbildungsstätte durch konkrete Umstände zu der Erwartung Anlaß gegeben, daß er zur Begründung eines Ausbildungsverhältnisses bereit sei, wird diese rechtliche Selbstbindung nicht allein dadurch in Frage gestellt, daß sich der Bewerber als Homosexueller bekennt. Inwieweit darüber hinaus eine entsprechende Lebensführung des Bewerbers den kirchlichen Anforderungen für das Ausbildungsverhältnis widerspricht, ist Frage des Einzelfalls und vom Träger darzulegen und zu beweisen.

LAG Baden-Württemberg, Urteil vom 24. Juni 1993 – 11 Sa 39/93[1] –

Der Kläger begehrt von der beklagten altrechtlichen Körperschaft des öffentlichen Rechts und caritativen Untergliederung der kath. Kirche als Trägerin der Ausbildungsstätte und der staatlich anerkannten Fachschule (Ersatzschule) für Sozialpädagogik, – Berufskolleg – Fachrichtung Heilerziehungspflege (HE-Schule), ab 1. 9. 1992 zum Heilerziehungspfleger ausgebildet zu werden. Die Ausbildung erfolgt auf der Grundlage eines Vertrages („Ausbildungsvertrag"), der die Aufnahme in die HE-Schule einschließt. Zuvor hatte der Kläger bei der Beklagten die nach § 2 Ziff. 2 der Schulordnung der HE-Schule vorgesehene „mindestens einjährige geeignete praktische Tätigkeit, die in der Regel im St. Josefshaus abgeleistet worden sein soll", absolviert.

Der Kläger, der mit Schreiben der Beklagten vom 26. 2. 1992 nicht zur Ausbildung zugelassen worden war, hat Klage erhoben und zuletzt u. a. beantragt, 1. die Beklagte zu verurteilen, mit ihm, dem Kläger, den für die Ausbildung zum Heilerziehungspfleger an der von der Beklagten betriebenen Fachschule für Sozialpädagogik – Berufskolleg – Fachrichtung Heilerziehungspflege erforderlichen Ausbildungsvertrag nach den üblichen, von der Beklagten gestalteten Bedingungen abzuschließen und 2. ihn, den Kläger, ab 1. 9. 1992 in einem solchen Ausbildungsverhältnis zum Heilerziehungspfleger weiterzubeschäftigen und die dafür erforderliche Ausbildung an der bei der Beklagten bestehenden Fachschule für Sozialpädagogik – Berufskolleg – Fachrichtung Heilerziehungspflege durchzuführen.

Die Beklagte hat sich auf den Standpunkt gestellt, die vom Kläger bekannte und gelebte Homosexualität hindere den Abschluß eines Ausbildungsvertrages unter Aufnahme in die HE-Schule ab 1. 9. 1992.

Das Arbeitsgericht (ArbG Lörrach AuR 1993, 151) hat den Rechtsweg zu den Arbeitsgerichten als gegeben angesehen, weil es sich bei dem vom Kläger verfolgten Anspruch um einen solchen aus dem Arbeitsvertragsrecht, nämlich auf Abschluß eines Berufsausbildungsvertrages i. S. des § 19 BBiG handele. Es hat dem Hauptantrag zu Ziff. 1 entsprochen und den „Weiterbeschäftigungsantrag" des Klägers als begründet angesehen in „entsprechender Anwendung der Grundsätze des Großen Senates des BAG in seiner Entscheidung von 1985" (AP Nr. 14 zu § 611 BGB Beschäftigungspflicht).

---

[1] AuR 1993, 221; NZA 1994, 416; EkA, Ausbildungsvertrag (1).

Hiergegen wendet sich die Beklagte mit ihrer Berufung, mit der sie die Abweisung der Klage erstrebt.

Der Kläger beantragt, die Berufung zurückzuweisen, und hilfsweise für den Fall, daß der Berufung gegenüber den gestellten Hauptanträgen (Ziff. 1 u. 2) stattgegeben würde, festzustellen, daß sein Arbeitsverhältnis als Erziehungshelfer bei der Beklagten aufgrund des zwischen den Parteien geschlossenen Vertrages vom 22. 11. 1991 nicht mit dem 31. 8. 1992 aufgrund der im Vertrag enthaltenen Befristung geendet hat, sondern unbefristet darüber hinaus fortbesteht, sowie die Beklagte zu verurteilen, ihn, den Kläger, über den 31. 8. 1992 hinaus als Erziehungshelfer zu den Bedingungen des Vertrages vom 22. 11. 1991 unbefristet weiterzubeschäftigen.

Die Berufung blieb im Ergebnis erfolglos. Der Urteilstenor wird vom LAG im wesentlichen dahingehend neugefaßt, daß die Beklagte verurteilt wird, das Angebot des Klägers auf Abschluß des Ausbildungsvertrages vom 1. 9. 1992 rückwirkend ab 1. 9. 1992 anzunehmen. Ferner wird sie verurteilt, als Schulträger und Ausbildungsstätte den Kläger ab 1. 9. 1992 nach Maßgabe des vorerwähnten Ausbildungsvertrages auszubilden und ihn hierzu ab 1. 9. 1992 in ihr Berufskolleg – Fachrichtung Heilerziehungspflege – aufzunehmen.

Aus den Gründen:

1. Die (...) an sich statthafte Berufung wurde form- und fristgerecht eingelegt und begründet.

2. Sie hatte indes der Sache nach keinen Erfolg.

Der Kläger hat zwar keinen arbeitsrechtlichen Anspruch gegen die Beklagte auf Abschluß des für die Ausbildung zum Heilerziehungspfleger an der von der Beklagten betriebenen Fachschule für Sozialpädagogik – Berufskolleg – Fachrichtung Heilerziehungspflege erforderlichen Ausbildungsvertrages nach den üblichen von der Beklagten gestalteten Bedingungen und dann auch keinen Anspruch auf Weiterbeschäftigung, wohl aber einen privatrechtlichen Anspruch gegen die Beklagte als Trägerin der Ausbildungsstätte und der HE-Schule, die sich als private Ersatzschule darstellt, auf Abschluß eines Ausbildungsvertrages wie den vom 1. 9. 1992 (...) und dementsprechend einen privatrechtlichen Anspruch auf Erfüllung, nämlich auf tatsächliche praktische und theoretische Ausbildung in der Ausbildungsstätte und in der HE-Schule der Beklagten unter Aufnahme in die HE-Schule.

Im einzelnen gilt folgendes:

a) Entgegen der Annahme des Arbeitsgerichts besteht kein arbeitsrechtlicher Anspruch des Klägers auf Abschluß eines Ausbildungsvertrages, genauer auf Annahme des Angebots des Klägers auf Abschluß eines Ausbildungsvertrages für die Ausbildung zum Heilerziehungspfleger.

Dies schon deswegen nicht, weil es sich bei dem vom Kläger erstrebten Ausbildungsvertrag nicht um einen Ausbildungsvertrag i. S. des § 3 BBiG oder des § 19 BBiG handelt. Eine Berufsausbildung i. S. des BBiG liegt nur vor, wenn sie in einem anerkannten Ausbildungsberuf nach Maßgabe einer Ausbildungsordnung nach § 25 BBiG erfolgt. Die vor dem Inkrafttreten des BBiG anerkannten Lehrberufe und Anlernberufe oder vergleichbar geregelter Ausbildungsberufe gelten nach § 108 BBiG als Ausbildungsberufe nach § 25 Abs. 1 BBiG.

Als andere Ausbildung i. S. des BBiG, in der berufliche Kenntnisse, Fertigkeiten und Erfahrungen vermittelt werden, ist insbesondere die Ausbildung von Praktikanten und Volontären anzusehen (BAG vom 19. 6. 1974 AP Nr. 3 zu § 3 BAT; BAG vom 20. 2. 1975, Arbeitsrechts-Blattei, D-Blatt „Berufsausbildung" Entscheidungen Nr. 16). Auf Studenten, die innerhalb ihres Studiums und als dessen Bestandteil ein Praktikum absolvieren, findet § 19 BBiG keine Anwendung, da die Ausbildung insoweit den Schulgesetzen der Länder unterliegt (BAG vom 19. 6. 1974 AP Nr. 3 zu § 3 BAT). Die in der Approbationsordnung für Ärzte vorgeschriebene praktische Ausbildung in Krankenanstalten ist Teil des Studiums der Medizin. Deshalb haben Studierende, die an dieser praktischen Ausbildung teilnehmen, keinen Anspruch auf angemessene Vergütung als Praktikanten (BAG vom 25. 3. 1981 AP Nr. 1 zu § 19 BBiG).

Die praktische Ausbildung in der Ausbildungsstätte der Beklagten und die damit einhergehende Ausbildung in der HE-Schule fällt nicht unter das BBiG. Die Beklagte hat zutreffend darauf hingewiesen, daß die Ausbildung zum Heilerziehungspfleger nicht im dualen System durchgeführt wird, d.h. in der Kombination (berufs-)schulischer und betrieblicher Ausbildung (vgl. dazu „Berufsausbildung im dualen System in der Bundesrepublik Deutschland", hrsg. vom Bundesminister für Bildung und Wissenschaft, 2. Aufl. Bonn 1992 passim). Und die „fachpraktische Ausbildung" in der Ausbildungsstätte der Beklagten ist Teil der Ausbildung zum Heilerziehungspfleger nach der Verordnung der Landesregierung über die Schulen für Erzieher vom 20. 1. 1981 (GBl.BW S. 50). Das Berufsbildungsgesetz findet daher keine Anwendung, auch nicht über § 19 BBiG.

Liegt somit eine rein schulische Ausbildung vor, und zwar auch insoweit, als es um die „fachpraktische Ausbildung" geht, so handelt es sich weder um ein Berufsausbildungsverhältnis i. S. des § 3 Abs. 1 BBiG, auf das nach § 3 Abs. 2 BBiG im Zweifel arbeitsrechtliche Vorschriften und Grundsätze anzuwenden sind, noch liegt eine andere Ausbildung i. S. des § 19 BBiG vor, in der berufliche Kenntnisse, Fertigkeiten und Erfahrungen vermittelt werden, für die § 3 Abs. 2 BBiG wegen der in § 19 BBiG enthaltenen Verweisung gilt, noch ist ein Arbeitsverhältnis gegeben. Dann aber geht es bei dem vom Kläger verfolgten Anspruch, die Ausbildung zum Heilerziehungspfleger abzuleisten, nicht darum, einen dem Arbeitsrecht unterworfenen Ausbildungsvertrag abzuschließen, also im Rahmen eines reinen Arbeitsverhältnisses oder eines Arbeitsverhältnisses, das auch andere Elemente enthält, ausgebildet zu werden, sondern um die Frage des Anspruchs des Klägers auf Abschluß eines „Ausbildungsvertrages" i. S. eines Schul- oder Beschulungsvertrages. Das hat zur Folge, daß es sich bei dem vom Kläger verfolgten Anspruch entgegen der Auffassung des Arbeitsgerichts nicht um einen Anspruch aus dem Arbeitsvertragsrecht handelt. Auf die vom Arbeitsgericht gewählte Begründung für das Vorliegen eines Anspruches auf Abschluß eines Ausbildungsvertrages zum Heilerziehungspfleger als eines Berufsausbildungsvertrages i. S. des § 19 BBiG kommt es sonach in keiner Weise an. Dann ist auch entgegen der Auffassung der Berufung die Durchführung des Schlichtungsverfahrens keine Sachurteilsvoraussetzung, abgesehen davon, daß es durchgeführt und lt. Schreiben des Vorsitzenden der Schlichtungsstelle des Caritasverbandes der Erzdiözese Freiburg vom 3. 6. 1993 „der Versuch einer Schlichtung gescheitert (ist)".

b) Der Kläger hat indes einen privatrechtlichen Anspruch auf Abschluß eines Ausbildungsvertrages gegen die Beklagte als Trägerin der Ausbildungsstätte und der sich als private Ersatzschule darstellenden HE-Schule.

aa) Entgegen der Auffassung der Beklagten ist nämlich die Klage nicht deswegen abweisungsreif und daher die Berufung begründet, weil der Kläger (nur) im Rahmen eines Arbeitsverhältnisses ausgebildet werden will, also letztlich einen Anspruch auf Abschluß eines Arbeitsvertrages verfolgt, der schon deswegen nicht gegeben ist, weil die Ausbildung zum Heilerziehungspfleger nicht im Rahmen eines dem BBiG und damit dem Arbeitsrecht unterliegenden Vertragsverhältnisses oder im Rahmen eines allgemeinen Arbeitsverhältnisses erfolgt.

Vielmehr hat jedenfalls das Berufungsgericht, nachdem das Verfahren ohne Rüge der Beklagten in erster Instanz, das Arbeitsgericht sei sachlich unzuständig, in die zweite Instanz gelangt ist, im Lichte der §§ 17 bis 17 b n. F. GVG, insbesondere des § 17 a Abs. 5 GVG zumindest auch über privatrechtliche Anspruchsgrundlagen hinsichtlich eines etwaigen Anspruchs des Klägers auf einen Ausbildungsvertrag als Schulvertrag, Beschulungsvertrag bürgerlichen Rechts zu entscheiden. Denn es besteht dann die erweiterte, auch den Rechtsweg überschreitende Prüfungskompetenz, die Verpflichtung, die volle Rechtsschutzfunktion wahrzunehmen. Eine Klageabweisung wegen Unzulässigkeit des Rechtsweges gibt es nicht mehr, auch nicht, soweit Anspruchsgrundlagen in Rede stehen, die an sich den ordentlichen Gerichten zur Entscheidung anfallen.

Bei dem vom Kläger angestrebten Ausbildungsvertrag handelt es sich entgegen der Berufung nicht um ein öffentlich-rechtliches Schulverhältnis. Es geht vielmehr um einen Schulvertrag (Beschulungsvertrag) als Vertrag bürgerlichen Rechts, der nach zivilrechtlichen Grundsätzen zu beurteilen ist. Die Rechtsbeziehungen zwischen Schulträger und Ausbildungsstättenträger und Schülern (Auszubildenden, Studenten) richten sich nach Privatrecht. Der Anspruch auf Aufnahme in eine Privatschule richtet sich auf den Abschluß des privatrechtlichen Schulvertrages, hat mithin privatrechtlichen Charakter (Niehues, Schul- und Prüfungsrecht, 2. Aufl. München 1983, Rz. 265). Das ist nicht nur für die Privatschule als solche anerkannt (vgl. nur Heckel/Avenarius, Schulrechtskunde, Ein Handbuch für Praxis, Rechtsprechung und Wissenschaft 6. Aufl. 1986 Rz. 13. 432 S. 147; Holfelder/Bosse/Weber, Schulgesetz für Baden-Württemberg, Handkommentar, 10. Aufl., Stuttgart 1991, § 2 S. 39; Hecker Anm. zu BGH vom 29. 5. 1961 DÖV 1961, 788 [789 linke Sp.]), sondern auch für private staatlich anerkannte Ersatzschulen (vgl. nur OVG Münster vom 14. 2. 1979 JZ 1979, 677 ff; VGH.BW vom 12. 11. 1979 BWVPr 1980, 87 f. = NJW 1980, 2597; BayVGH vom 28. 1. 1982[2] DÖV 1982, 371 ff; Niehues aaO, Rz. 91) wie die Beklagte eine solche nach ihrem eigenen Vorbringen unter Hinweis auf die staatliche Anerkennung als Ersatzschule vom 25. 2. 1971 (ABl. 445) trägt.

Nichts anderes würde indes gelten, wenn man das Begehren des Klägers als Frage eines öffentlich-rechtlichen Teilhaberechts aus Art. 12 Abs. 1 GG ansehen würde, wenn dieses denn auf den Zugang zu nichtstaatlichen staatlich anerkannten kirchlichen Fach(hoch)schulen Anwendung finden sollte (vgl. VGH Baden-Württemberg vom 25. 7. 1980[3] DÖV 1981, 65 f.), was der Fall wäre, wenn der Kläger – wie nicht – geltend machte, daß sein allgemeiner Bildungsanspruch nach den Umständen des Einzelfalles nur durch eine bestimmte Ersatzschule zu erfüllen ist, was sich als öffentlich-rechtliche Streitigkeit darstellen könnte. Dann hätte die Berufungskammer eben auch darüber zu entscheiden.

bb) Ist sonach die Berufungskammer zur Entscheidung über den entwaigen privatrechtlichen Anspruch des Klägers auf Abschluß und Einhaltung des privatrechtlichen Schulvertrages gehalten, so ergibt sich insoweit folgendes:

Ein solcher Anspruch besteht. Er ergibt sich aus der veranlaßten und bestätigten Erwartung des Klägers als Bewerber, die Beklagte sei als Trägerin der Schule und der Ausbildungsstätte zum Abschluß eines Ausbildungsvertrages bereit, die unter dem Gesichtspunkt des venire contra factum proprium, Erscheinungsform oder rechtstheoretische Präzisierung des § 242 BGB – Treu und Glauben –, schutzwürdig ist und einen Vertrauenstatbestand begründet, der zum Abschluß eines Ausbildungsvertrages verpflichtet.

aaa) Selbst wenn das Begehren des Klägers nicht hinreichend bestimmt i. S. des § 253 ZPO sein sollte, wie die Berufung meint (immerhin hat die Rechtsprechung des Bundesarbeitsgerichts Anträge nicht beanstandet, mit denen die

---

[2] KirchE 19, 202.
[3] KirchE 18, 224.

Verurteilung zum Abschluß von Ausbildungsverträgen zu einem bestimmten Zweck begehrt wurde, vgl. nur BAG vom 15. 5. 1987 AP Nr. 27 zu Art. 33 Abs. 2 GG; BAG vom 1. 10. 1986 AP Nr. 26 zu Art. 33 Abs. 2 GG), so hat die Berufungskammer diesen Bedenken dadurch Rechnung getragen, daß sie die Beklagte verurteilt hat, das Angebot des Klägers auf Abschluß des Ausbildungsvertrages vom 1. 9. 1992 S. 1–6 ohne den Vorbehalt des § 11 Ziff. 4 des Ausbildungsvertrages vom 1. 9. 1992 rückwirkend ab 1. 9. 1992 anzunehmen, so daß der Anwendung des § 894 ZPO nicht entgegen steht, daß der vom Kläger erstrebte Vertrag möglicherweise noch nicht in allen Einzelheiten fest stand.

Und daß der Kläger der Sache nach auf der Grundlage des Vertrages vom 1. 9. 1992 ohne den in ihm enthaltenen Vorbehalt (weiter) ausgebildet werden will, ergibt sich schon aus seinem Schriftsatz vom 26. 2. 1993, in dem er ausdrücklich auf diesen Vertrag rekurriert; einer Anregung an den Kläger, den Antrag entsprechend umzustellen, bedurfte es daher nicht.

bbb) Es ist zwar richtig, daß im Grundsatz die Privatschule das Recht zur freien Auswahl der Schüler hat, also in der Schüleraufnahme und -ablehnung frei ist, was als durch Art. 7 Abs. 4 S. 1 GG verbürgtes Recht der Schulträger angesehen wird (Friedrich Müller, Das Recht der freien Schule nach dem Grundgesetz, 2. Aufl. 1982, Staatskirchenrechtliche Abhandlungen Bd. 12, S. 65 m.w.N. in Fußn. 115) oder sich unmittelbar aus dem Wesen der Privatschule als freier Schule und aus den besonderen Aufgaben der Privatschule ergeben soll (Heckel, Deutsches Privatschulrecht, Köln 1955, S. 48, 234 f.), und es ist auch richtig, daß das Begehren, an einer Privatschule als Schüler aufgenommen zu werden, sich nicht auf die aus der Privatschulfreiheit den Schülern zufließenden Rechte stützen läßt. Art. 7 Abs. 4 GG äußert keine Drittwirkung (vgl. Maunz/Dürig, Grundgesetz, Kommentar, Loseblatt-Slg., Stand September 1980, Art. 7 Rdnr. 69). Der Schulträger kann sich aber selbst binden: Eine veranlaßte und bestätigte Erwartung des Bewerbers, der Träger einer Schule und Ausbildungsstätte sei zu einem künftigen Abschluß eines Ausbildungsvertrages bereit, kann unter dem Gesichtspunkt des venire contra factum proprium (§ 242 BGB) schutzwürdig sein und einen Vertrauenstatbestand begründen, der zum Abschluß eines Ausbildungsvertrages verpflichtet.

Diese Voraussetzungen liegen vor. Denn die Beklagte hat dem Kläger gegenüber zu erkennen gegeben, daß sie, wenn die Voraussetzungen des § 2 der Schulordnung vorliegen, und wenn er bereit ist, im Geiste der Caritas und im Auftrage der katholischen Kirche geistig Behinderte zu pflegen, zu erziehen und zu fördern sowie sie zu optimaler sozialer und beruflicher Integration anzuleiten (§ 1 der Schulordnung; vgl. auch das Informationsblatt für Bewerber, das dem Kläger bei Aufnahme seines Praktikantenverhältnisses ausgehändigt wurde) und wenn er die persönlichen Bedingungen des § 4 Abs. 3 AVR erfüllt

(Präambel des formularmäßigen Ausbildungsvertrages), mit dem Kläger einen Ausbildungsvertrag zum Heilerziehungspfleger abzuschließen *(bereit sei)*.

Nachdem die Beklagte selbst ausgeführt hat, daß der Kläger in die Fachschule der Beklagten aufgenommen worden wäre, wie das auch bei den etwa 20 anderen Personen der Fall war, die das berufspraktische Jahr bei der Beklagten abgeleistet haben, „würde er (scil.: der Kläger) seine homosexuelle Veranlagung nicht öffentlich leben" (Berufungsbegründung), hat sie zu erkennen gegeben, daß der Kläger die Aufnahmebedingungen an sich erfüllt, von der Homosexualität abgesehen. Mit diesen selbst geschaffenen Anforderungen ist es indes nicht vereinbar, wenn die Beklagte den Kläger nur wegen seiner Homosexualität, zu der er sich bekannt hat, nicht ausbilden will.

Denn § 4 Abs. 3 AVR, welche Bestimmung allein in Betracht kommt, vermag die Nichtzulassung des Klägers zur Ausbildung nicht zu tragen.

Diese Bestimmung ist, wie sich aus ihrem Wortlaut ergibt, im Lichte der Glaubens- und Sittenlehre der katholischen Kirche sowie der übrigen Normen der katholischen Kirche zu sehen.

Dazu gehört der 1992 verabschiedete „Katechismus der Katholischen Kirche". Und diese letzte kirchenamtliche Äußerung (die am 14. 8. 1992 veröffentlichten Anmerkungen der römischen Kongregation für die Glaubenslehre zur gesetzlichen Nichtbenachteiligung von Homosexuellen „Verantwortung für die öffentliche Moral" verstehen sich „nicht als offizielle und öffentliche Instruktion der Glaubenslehre") zur Homosexualität in den Nr. 2357 bis 2359, die nicht etwa auf das von dem Herrn Direktor der Beklagten in der mündlichen Verhandlung vor der Berufungskammer genannte Schreiben über die Seelsorge für homosexuelle Menschen vom 30. 10. 1986 Bezug nehmen, sondern auf die CDF-Erklärung „Persona humana" aus dem Jahre 1975, die die bislang offenste Position der Kirche zur Homosexualität darstellt (vgl. Gründel in: Rauchfleisch, Homosexuelle Männer in Kirche und Gesellschaft, Freiburger Akademieschriften, Bd. 6, Düsseldorf 1993, S. 40 ff. [61]), enthält den Satz, „Man hüte sich, sie (also die Homosexuellen) in irgendeiner Weise ungerecht zurückzusetzen" (Nr. 3258 S. 4), was sich der Sache nach nur als Gebot darstellt, die homosexuell Veranlagten nicht zu benachteiligen.

Zwar ist der „Katechismus der Katholischen Kirche" keine abschließende Aussage. Es handelt sich aber um eine Grundorientierung (vgl. Abschn. Ziff. 4 Ap. Konstitution „Fidei Depositum" zur Veröffentlichung des „Katechismus der Katholischen Kirche" und Prolog VI 24) und deshalb kann Nr. 3258 S. 4 nicht nur als Appell an die Gläubigen der katholischen Kirche oder an außenstehende Dritte verstanden werden, sondern richtet sich gleichermaßen auch an caritative Untergliederungen der katholischen Kirche, wie die Beklagte eine darstellt. Die Homosexualität an sich vermag die Nichtzulassung des Klägers zur Ausbildung sonach nicht zu tragen.

Selbst wenn trotz der Nr. 2357 ff., insbesondere der Nr. 2358 S. 4, 5, der Nr. 2359 des „Katechismus der Katholischen Kirche" nach wie vor homosexuelle Lebensführung „ungeordnet" sein sollte und damit mit der katholischen Lehre nicht vereinbar sein sollte oder gar ein Mensch, der sich offen zu seiner homosexuellen Orientierung bekennt, einer derjenigen ist, die im Sinne des c. 915 CIC „hartnäckig in einer offenkundigen schweren Sünde verharren", so ist davon im vorliegenden Fall nicht auszugehen, nachdem die Beklagte keine Tatsachen im einzelnen vorgetragen hat noch solche ersichtlich sind, die hinreichend dafür stehen, daß der Kläger Homosexualität offen gelebt und/oder öffentlich vertreten hätte, somit gegen die katholische Glaubens- und Morallehre verstoßen haben könnte (vgl. insoweit hinsichtlich ordentlicher Kündigung des Arbeitsverhältnisses eines Dipl.-Psychologen, eingesetzt in einem Kirchenkreis der evangelischen Kirche im Bereich der Konfliktberatung (Familienhilfe), der Betreuung suchtkranker Männer und geistig Behinderter LAG Hamm vom 24. 7. 1981 – 11 Sa 383/81 – ARSt 1983 Nr. 1029 S. 29, Vorinstanz zu BAG vom 30. 6. 1983[4] – 2 AZR 524/81 – AP Nr. 15 zu Art. 140 GG; vgl. insoweit neuestens Bruns, Betrifft Justiz 1993, 82 ff. [83] zu 4.2).

Die Beklagte trägt vor, auch der Kläger wäre in die Schule aufgenommen worden, wenn die Beklagte nicht von seiner homosexuellen Lebensweise erfahren hätte. Auch die bloße Veranlagung des Klägers hätte seiner Aufnahme nicht entgegen gestanden. Die Tatsache allerdings, daß er seiner homosexuellen Veranlagung entsprechend lebe, sei Grund für die Beklagte gewesen, ihn nicht in die Schule aufzunehmen.

Ob dem indes so ist, dazu liegt ein substantiierter Sachvortrag nicht vor. Die Beklagte hat insoweit lediglich vorgetragen, daß die unmittelbare Vorgesetzte des Klägers, Frau X., der Erziehungsleitung darüber berichtet habe. Und die Beklagte hat den Vortrag des Klägers nicht widerlegt, daß dies eine vertrauliche Mitteilung des Klägers war und Frau X. dann – ohne Absprache mit dem Kläger und nach seiner Ansicht unter Bruch der Vertraulichkeit – diese Tatsache der Leitung der Beklagten mitgeteilt hat. Nach dem weiteren Vortrag der Beklagten haben Mitarbeiter und Heimbewohner davon erzählt, daß ein Mann bei dem Kläger in seiner Mitarbeiterunterkunft unerlaubt übernachte, mit dem der Kläger zunächst händchenhaltend das Gelände verlasse und dann Arm-in-Arm, schließlich engumschlungen im Dorf weiter laufe. Damit wird zwar ein Dauerverhalten suggeriert, allerdings nur vom Hörensagen, indes kann mangels Vortrages von Daten und einzelner Vorgänge nicht darauf geschlossen werden, daß „die innere Neigung" „als eine mit dem § 4 Abs. 3 (AVR) unvereinbarte Haltung demonstriert" wird, dies schon deswegen nicht, weil sich das Vorbringen der Beklagten später auf einen einmaligen nicht datierten Vorgang

---

[4] KirchE 21, 162.

reduziert und weil der Kläger nicht nur die Behauptung, er habe seine Homosexualität nicht nur mehrfach öffentlich gelebt, sondern geradezu zur Schau gestellt, entschieden zurückgewiesen hat, sondern vorgetragen hat, sich nie auf dem Schulgelände oder nur in der Nähe des Schulgeländes händchenhaltend mit seinem Freund bewegt zu haben, auch nicht Arm-in-Arm im Dorf spaziert zu sein, und dazu – „gegenbeweislich" – einen Zeugen benannt hat. Deswegen wäre es an der Beklagten gewesen, insoweit im einzelnen vorzutragen, was denn eine mit § 4 Abs. 3 AVR unvereinbare Demonstration abweichender sexueller Orientierung ausmachen solle.

Auch in der Berufungsinstanz hat die Beklagte lediglich einen in seiner Lebensführung begründeten Verstoß des Klägers gegen die von der katholischen Kirche geforderten Loyalitätspflichten behauptet, ohne im einzelnen ein tendenzwidriges oder gar tendenzaggressives Verhalten darzulegen.

Soweit die Beklagte mit Schriftsatz vom 17. 6. 1993 außerhalb der Berufungsbegründungsfrist vorgetragen hat, es treffe nicht zu, daß am 28. 2. 1992 der Beklagten „die homosexuelle Lebensführung des Klägers nicht bekannt gewesen sei", das Thema sei nicht nur vertraulich mit Frau X. besprochen worden, der Kläger habe sich vielmehr auch im sog. Gruppenteam dazu bekannt, auch die Erziehungsleitung des Gruppenteams habe deshalb bereits im Januar 1992 von Veranlagung und Lebensweise des Klägers gewußt, der Erziehungsleiter Y. habe dementsprechend den Vorstand der Beklagten informiert, und dies in das Wissen des Erziehungsleiters Y. als Zeugen stellt, so ist nicht dargelegt, ob der Kläger nur eingeräumt hat, homosexuell zu sein, oder ob und wann und wie er sich auch zu einer homosexuellen Lebensführung, und wenn ja zu welcher, bekannt hat. Abgesehen von der Verspätungsrüge des Klägers war von einer Einvernahme des Erziehungsleiters Y. abzusehen; sie wäre im Hinblick auf den unzureichenden Vortrag der Beklagten auf eine reine und damit unzulässige Ausforschung hinausgelaufen.

Genausowenig hat die Beklagte Tatsachen dazu vorgetragen noch sind solche ersichtlich, die dafür zu stehen vermöchten, daß sich die Homosexualität des Klägers als solche im Bereich der Beklagten – Ausbildungsstätte, Schule – in irgendeiner Form, und zwar störend, auswirkte. Der Vortrag des Klägers, nie seine Homosexualität in irgendeiner Weise im Rahmen seiner Tätigkeit bei der Beklagten zum Ausdruck gebracht zu haben, ist nicht widerlegt. Fehlt es an solchen Tatsachen, so kann die Vorbildfunktion, die ein Heilerziehungspfleger oder jemand, der sich zu einem solchen ausbilden lassen will, nach Vortrag der Beklagten auch hinsichtlich seiner Lebensführung haben muß, nicht tangiert sein.

ccc) Hat die Beklagte sonach nicht zu belegen vermocht, daß der Kläger die von der Beklagten selbst aufgestellten Voraussetzungen für die Aufnahme in die Ausbildung zum Heilerziehungspfleger nicht erfüllt, so führt diese Selbst bindung der Beklagten zum Anspruch des Klägers auf Abschluß eines Ausbildungsvertrages zum Heilerziehungspfleger, und zwar eines Ausbildungsvertrages mit dem Inhalt des am 1. 9. 1992 zwischen den Parteien geschlossenen (...).

Ob sich ein solcher Anspruch auf Abschluß eines Ausbildungsvertrages oder auf Annahme des Angebotes eines Ausbildungsvertrages auch aus anderen Anspruchsgrundlagen ergibt oder ergeben kann (vgl. insoweit die bei Kühner NJW 1986, 1397 ff. [1401] genannten), kann sonach dahingestellt bleiben.

c) Der Kläger hat Anspruch auf tatsächliche Ausbildung durch die Beklagte, also auf praktische Ausbildung in der Ausbildungsstätte der Beklagten und auf Aufnahme in die HE-Schule der Beklagten und theoretische Ausbildung durch diese.

Der Kläger hat der Sache nach mit seiner Klage auf Abschluß eines Ausbildungsvertrages zum Heilerziehungspfleger die Klage auf die vertragsmäßige Leistung – also auf praktische und theoretische Ausbildung zum Heilerziehungspfleger – verbunden. Das durfte er. Es ist anerkannt, daß – wird der Vertragsschluß verweigert – der Berechtigte mit der Klage auf Annahme seines Angebots die Klage auf die vertragsgemäße Leistung verbinden kann (vgl. nur Palandt/Heinrichs, BGB, 52. Aufl., 1993, Einf. vor § 145 Rdnr. 11, 22; BGH vom 14. 10. 1988 NJW 1989, 2129 ff. [2131 f. zu B der Gründe S. 1 m.w.N.]; BGH vom 18. 4. 1986 NJW 1986, 2820 [2821 zu 2 a der Gründe]).

Die Beklagte war daher zur tatsächlichen Ausbildung des Klägers in ihrer Ausbildungsstätte und zur Aufnahme und zur Ausbildung des Klägers in der HE-Schule zu verurteilen.

d) Nachdem der Kläger der Sache nach sein Ziel erreicht hat, nämlich einen Ausbildungsvertrag zum Heilerziehungspfleger und tatsächliche Ausbildung sowohl in praktischer und theoretischer Art, kommt es auf die im Hinblick auf die Rechtsprechung des Bundesgerichtshofes (vom 29. 1. 1964 NJW 1964, 772; vom 16. 1. 1951 NJW 1952, 184 = LM Nr. 1 zu § 525 ZPO; Gift/Baur, Das Urteilsverfahren vor den Gerichten für Arbeitssachen, München 1993, Rz G 251 Abs. 1) ohne weiteres in der Berufungsinstanz angefallenen Hilfsanträge des Klägers nicht mehr an, auf sie ist daher nicht mehr einzugehen.

42

Eine Güter- und Interessenabwägung im Einzelfall kann es rechtfertigen, daß dem Interesse der Allgemeinheit, über die Verbindungen einer Person oder ihres Ehegatten zur Scientology Kirche informiert zu werden, gegenüber dem Schutz der Privatsphäre der Vorzug gebührt.

Art. 1 Abs. 1, 2 Abs. 1, 5 Abs. 1 GG; §§ 828, 1004 BGB
OLG Köln, Urteil vom 29. Juni 1993 – 15 U 54/93[1] –

Die Verfügungsklägerin wendet sich im Wege der Einstweiligen Verfügung gegen Äußerungen der Verfügungsbeklagten zu 1. auf einer von der Jungen Union in X. veranstalteten Pressekonferenz, sie, die Verfügungsklägerin, werde bei der Scientology Kirche (Scientology Church) als „Operierender Thetan VIII" geführt. Anlaß der Pressekonferenz war eine geplante Ausstellung des Künstlers H., des Ehemannes der Verfügungsklägerin.

Die begehrte Einstweilige Verfügung wurde zunächst erlassen, im Rahmen des Widerspruchsverfahrens jedoch aufgehoben. Im Berufungsverfahren verfolgt die Verfügungsklägerin ihr Ziel weiter.

Der Senat weist das Rechtsmittel zurück.

Aus den Gründen:

Die zulässige Berufung der Verfügungsklägerin ist unbegründet.

Das Landgericht hat seine gegen die Verfügungsbeklagte zu 1. erlassene Einstweilige Verfügung (...) zu Recht aufgehoben und den auf ihren Erlaß gerichteten Antrag ebenso wie den Hilfsantrag zurückgewiesen, weil ein Unterlassungsanspruch gemäß §§ 823, 1004 BGB nicht begründet ist.

1. Beim ersten Teil der beanstandeten Äußerung, die Verfügungsklägerin werde bei den Scientologen als „Operierender Thetan VIII" geführt, handelt es sich unstreitig um eine zutreffende Tatsachenbehauptung. Diese betrifft zwar die durch Art. 2 Abs. 1 GG i.V.m. Art. 1 Abs. 1 GG geschützte und grundsätzlich dem Zugriff der Öffentlichkeit entzogene Privatsphäre der Verfügungsklägerin. Eine am konkret betroffenen Konflikt zwischen den schutzwürdigen Interessen der Persönlichkeit der Verfügungsklägerin und den Belangen der in Art. 5 Abs. 1 Satz 1 GG gewährleisteten Meinungsfreiheit, die die Verfügungsbeklagte zu 1. mit ihrer öffentlichen Äußerung in Anspruch nehmen kann, ausgerichtete Güter- und Interessenabwägung führt jedoch auch nach Auffassung des Senats zu dem Ergebnis, daß dem Grundrecht der Meinungsfreiheit der Vorrang gebührt, weil ein schutzwürdiges Interesse der Öffentlichkeit die Interessen der Verfügungsklägerin überwiegt.

Für den Schutz der Privatsphäre der Verfügungsklägerin spricht, daß sie bisher nicht öffentlich in Erscheinung getreten ist, daß sie die Scientology Church in keiner Weise nach außen vertritt und unstreitig kein Amt in der Organisation bekleidet.

---

[1] AfP 1993, 759. Vgl. zu diesem Fragenkreis auch OLG Frankfurt NJW 1995, 876 u. 878.

Auf der anderen Seite bestand ein erhebliches Interesse der Öffentlichkeit an einer Klärung der Frage, ob die in X. geplante Ausstellung des Künstlers Gottfried H., des Ehemanns der Verfügungsklägerin, möglicherweise eine Werbeveranstaltung der Scientology Church werden sollte. Diese Frage stand auch nach der Erklärung des erstinstanzlichen Prozeßbevollmächtigten der Verfügungsklägerin in der mündlichen Verhandlung vom 25. 5. 1993 im Zentrum der öffentlichen Diskussion. Im Hinblick darauf, daß der Scientology Church in zunehmendem Maß vorgeworfen wird, Mission mit allen Mitteln zu betreiben und zu versuchen, durch systematische Unterwanderungsaktivitäten Einfluß in Wirtschaft, Politik und Kultur zu gewinnen, hatten die Junge Union X. und die Verfügungsbeklagte zu 1. ein schutzwürdiges Interesse an der Aufklärung der Frage, ob zwischen dem Künstler H. und der Scientology Church irgendwelche Verbindungen bestanden, nachdem in der Öffentlichkeit insoweit ein konkreter Verdacht geäußert worden war. Ein Aufklärungsinteresse war insbesondere durch die eidesstattliche Erklärung H.'s begründet worden, der „jede aktive Mitgliedschaft in irgendeiner Religionsgemeinschaft, politischen Partei, Kirche oder Sekte" bestritten hatte. Diese im Zusammenhang mit den gegen ihn erhobenen Vorwürfen, ein bekennender Scientologe zu sein, abgegebene Erklärung durfte von der Verfügungsbeklagten zu 1. durchaus dahin verstanden werden, daß H. keinerlei Verbindung zur Scientology Church als Organisation hatte. Da andererseits H. aber gemeinsam mit der Verfügungsklägerin in einer „Patronliste" der Zeitschrift „Impact" der Scientology Church geführt wurde und da unbestritten grundsätzlich nur als „Patron" in die Liste aufgenommen wird, wer mindestens 40.000,- US-Dollar in die „Kriegskasse" der International Association of Scientologists eingezahlt hat, war der konkrete Verdacht entstanden, daß H. eine in Wirklichkeit bestehende enge Verbindung zu der Organisation leugnete. Diese Umstände begründeten ein öffentliches Interesse an der Klärung der Frage, ob die Gefahr einer heimlichen Unterwanderung der Kunstausstellung durch die Scientology Church bestand bzw. ob sich der Künstler H. zumindest für Werbezwecke der Scientology Church benutzen ließ. Dabei kommt es nicht darauf an, ob die Scientology Church den Künstler H. ohne Zahlung irgendeines Beitrages in die „Patronliste" aufgenommen hat, wie die Verfügungsklägerin behauptet. Wenn das der Fall war und H. sich – so der Vortrag der Verfügungsklägerin in der Berufungsverhandlung – gegen eine Vereinnahmung durch die Scientology Church wehren mußte, um wieder aus der „Patronliste" herausgenommen zu werden, war erst recht ein Interesse der Öffentlichkeit an der Frage begründet, ob eine Vereinnahmung H.'s nicht so weit ging, daß die Scientology Church auch seine Kunstausstellung für ihre Zwecke nutzen würde.

Die Bemühungen der Verfügungsklägerin zu 1., eine enge Verbindung des Künstlers H. zur Scientology Church nachzuweisen und die Richtigkeit seiner eidesstattlichen Erklärung zu widerlegen, rechtfertigen unter diesen besonderen Umständen auch die Aufdeckung der Verbindung der Verfügungsklägerin zu der Organisation. Dabei ist zu bedenken, daß es sich nicht um eine einfache Mitgliedschaft handelt, sondern daß die Verfügungsklägerin als „Operierender Thetan VIII" die höchste im Rahmen des scientologischen Kurssystems mögliche Stufe erreicht hat. Im Hinblick darauf und auf die mit der Aufnahme in die „Patronliste" regelmäßig verbundene Zahlung eines erheblichen Geldbetrages an die Organisation durfte die Verfügungsbeklagte zu 1. durchaus davon ausgehen, daß die Verfügungsklägerin aktiv für die Missionsziele der Scientology Church eintritt.

Wenn die in der Öffentlichkeit gegen die Scientology Church erhobenen Vorwürfe zutreffen, reichte bereits die dargestellte Verbindung der Verfügungsklägerin zur Organisation für den Verdacht aus, daß die geplante Kunstausstellung ebenfalls in irgendeiner Verbindung zur Scientology Church stand. Ob diese Verdächtigungen berechtigt sind, war indes unerheblich, denn sie waren gerade Gegenstand der öffentlichen Diskussion, und es bestand ein durchaus berechtigtes Interesse, diesen Verdächtigungen nachzugehen.

Schließlich war das Interesse der Verfügungsklägerin an einer Geheimhaltung ihrer Verbindung zur Scientology Church unter Berücksichtigung des Umstandes zu würdigen, daß die Verfügungsklägerin in zwei Publikationen der Organisation namentlich genannt wird und daß sie in dem im Jahre 1992 erschienenen Buch „Einsteins falsche Erben" von H. P. Steiden/Christine Hamernik in bezug auf die Scientology Church als „ehemaligen Kursleiterin R. – sie war nun seit einigen Jahren mit dem Maler H. verheiratet" – ebenfalls namentlich benannt ist. Wenngleich die eigenen Publikationen der Scientology Church vornehmlich für deren Mitglieder bestimmt sein mögen, so sind sie doch ebenso wie das zitierte Buch ohne weiteres der Öffentlichkeit zugänglich.

Der Senat brauchte nicht zu entscheiden, ob die öffentliche Äußerung der Verfügungsbeklagten zu 1. auch das Grundrecht der Verfügungsklägerin auf Freiheit des religiösen und weltanschaulichen Bekenntnisses gemäß Art. 4 Abs. 1 GG bzw. das allgemeine Persönlichkeitsrecht in der Ausprägung der negativen Bekenntnisfreiheit gemäß Art. 1, 2 und 140 GG i.V.m. Art. 136 Abs. 3 Satz 1 WRV berührt. Das überragende Interesse der Allgemeinheit an einer wahrheitsgemäßen Aufklärung über eine Verbindung der Verfügungsklägerin und ihres Ehemannes zu der Scientology Church würde insoweit aus denselben Gründen wie oben dargestellt die Äußerung der Verfügungsbeklagten zu 1. rechtfertigen.

Die Güter- und Interessenabwägung führt daher zu dem Ergebnis, daß die Äußerung der Verfügungsbeklagten zu 1. auf der den Künstler Gottfried H. betreffenden Pressekonferenz der Jungen Union, die Verfügungsklägerin werde bei den Scientologen als „Operierender Thetan VIII" geführt, zulässig war.

Dafür, daß die Verfügungsbeklagte zu 1. die Äußerung auch dann aufstellt, wenn kein überwiegendes schutzwürdiges Interesse der Öffentlichkeit an der Information besteht, hat die Verfügungsklägerin nichts vorgetragen. Insofern besteht daher keine Erstbegehungsgefahr.

Somit unterscheidet sich der vorliegende Fall wesentlich von dem der Entscheidung des OLG Stuttgart vom 27. 5. 1992[2] – 4 U 26/92 – zugrundeliegenden Sachverhalt, bei dem es nur um eine allgemeine Berichterstattung über die Scientology Church ging (...).

43

Die Erklärung „aus der Steuergemeinschaft der röm.kath. Kirche" auszutreten, stellt mangels Eindeutigkeit keine wirksame Kirchenaustrittserklärung dar.

Der mit der Erklärung verbundene Zusatz, daß sich der Austritt „allein auf die bürgerlich-rechtlichen Wirkungen" erstrecke, macht zwar den Kirchenaustritt nicht unwirksam, ist aber in die Kirchenaustrittsbescheinigung nicht aufzunehmen.

Art. 4 Abs. 1, 140 GG, 137 Abs. 3 WRV, 1, 3, 4 Hess.KiAustrG
OLG Zweibrücken, Beschluß vom 30. Juni 1993 – 3 W 33/93[1] –

Der Rechtspfleger des Amtsgerichts A. hat am 2. 7. 1992 folgende Erklärung des Beteiligten zu 1. beurkundet:

> „Hiermit trete ich aus der Steuergemeinschaft der röm.kath. Kirche aus. Von dem Austritt unberührt bleibt die Zugehörigkeit zur Glaubensgemeinschaft ..."

Über den Austritt hat der Rechtspfleger am selben Tage eine Bescheinigung erteilt mit dem Wortlaut: „Vorstehender Austritt ist wirksam vollzogen".

In dem Verfahren über die Erinnerung des Beteiligten zu 2., des Bistums Mainz, der den Kirchenaustritt nicht für wirksam hielt, hat der Rechtspfleger den Beteiligten zu 1. einbestellt und eine weitere Erklärung vom 10. 9. 1992 zu Protokoll genommen, die im wesentlichen lautet wie folgt:

> „Es ist zwar richtig, daß es die Steuergemeinschaft im engeren Sinne nicht gibt, ich wollte jedoch zum Ausdruck bringen, daß sich mein Austritt allein auf die bürgerlich-rechtlichen Wirkungen erstreckt. Von diesen Wirkungen ist die augenfälligste und weitaus überragendste die Steuergemeinschaft bzw. die Kirchensteuerpflicht. Die weiteren Wirkungen sind nur schwer denkbar und praktisch kaum relevant. Wenn von mir eine Erklärung

---

[2] KirchE 30, 252.
[1] StAZ 1993, 297; ZfJ 1994, 190; AkKR 163 (1994), 198; ZevKR 39 (1994), 198. Vgl. zu diesem Fragenkreis auch AG Landau ZevKR 41 (1996), 344.

verlangt wird, derzufolge ich aus der Kirche insgesamt austreten soll, so ist das für mich unzumutbar. Ich bin zur Zeit nicht bereit, einen derartigen unbeschränkten Austritt zu erklären, da ich gerade die Kirche als Glaubensgemeinschaft nicht verlassen möchte ..."

Der Rechtspfleger hat darauf mit Beschluß vom 10. 9. 1992 die ursprüngliche, unter dem 2. 7. 1992 erteilte Austrittsbescheinigung eingezogen und dem Antragsteller eine neue Bescheinigung folgenden Wortlauts erteilt:

„Es wird bescheinigt, daß Herr ..., geb. am ..., ..., aus der römisch-katholischen Kirche, Diözese Mainz, in ihrer Eigenschaft als öffentlich-rechtliche Körperschaft ausgetreten ist. Es wird klargestellt, daß sich der Austritt nur auf die bürgerlich-rechtlichen Wirkungen beschränkt."

Aus den Gründen des Beschlusses ergibt sich, daß der Rechtspfleger bereits die Austrittserklärung vom 2. 7. 1992 als wirksam angesehen hat. Er ist dabei davon ausgegangen, daß gegen die Wirksamkeit sogenannter modifizierter Kirchenaustrittserklärungen grundsätzlich keine Bedenken bestünden, und daß schon die erste Erklärung des Beteiligten zu 1. ausreichend gewesen sei, weil die Mitgliedschaft in der Kirche als öffentlich-rechtlicher Körperschaft sich in erster Linie in der Kirchensteuerpflichtigkeit manifestiere, während die übrigen bürgerlichen Wirkungen demgegenüber nicht ins Gewicht fielen.

Die Beschwerdekammer des Landgerichts hat die ihr vorgelegte Beschwerde mit dem angefochtenen Beschluß[2] zurückgewiesen.

Gegen diese Entscheidung richtet sich die weitere Beschwerde des Beteiligten zu 2., mit der er seinen Rechtsstandpunkt weiterverfolgt. Abgesehen von grundsätzlichen Bedenken gegen sog. modifizierte Austrittserklärungen habe sich vorliegend die erste Erklärung vom 2. 7. 1992 nur auf die Kirche als „Steuergemeinschaft" bezogen, das sei keinesfalls ausreichend. Die zweite Erklärung vom 10. 9. 1992 sei wiederum unklar, weil sie auch die bürgerlichen Wirkungen des Austritts nicht vollständig umfasse. Demgemäß sei die erteilte Bescheinigung vom 10. 9. 1992 ebenfalls unrichtig.

Die weitere Beschwerde führte zur Aufhebung des angefochtenen Beschlusses. Das Amtsgericht wurde angewiesen, die dem Beteiligten zu 1. am 10. 9. 1992 erteilte Bescheinigung einzuziehen und ihm eine Bescheinigung über den am 10. 9. 1992 erklärten Kirchenaustritt nach Maßgabe der Gründe des vorliegenden Beschlusses zu erteilen.

Aus den Gründen:

Das Rechtsmittel der Beteiligten zu 2. ist zulässig. Die Beurkundung des Kirchenaustritts und Erteilung einer Bescheinigung hierüber richtet sich im

---

[2] LG Mainz KirchE 30, 426.

ehemaligen Regierungsbezirk Rheinhessen nach dem fortgeltenden Gesetz über die bürgerlichen Wirkungen des Austritts aus einer Kirche oder Religionsgemeinschaft vom 10. 9. 1878 (GVBl. 1970, Sondernr. 1 a, Sammlung des bereinigten hessischen Rechts für den ehemaligen Regierungsbezirk Rheinhessen, 222-1). Verfahrensrechtlich gilt gemäß Art. 3 des Gesetzes zur Ausführung des Gesetzes über die Angelegenheiten der freiwilligen Gerichtsbarkeit vom 18. 7. 1899 (aaO, 3212-1) im wesentlichen das Gesetz über die Angelegenheiten der freiwilligen Gerichtsbarkeit. Die weitere Beschwerde ist demnach statthaft (§ 27 Abs. 1 FGG, Art. 9 des Gesetzes vom 18. 7. 1899); sie ist auch im übrigen zulässig. Insbesondere mußte die Beschwerdeschrift nicht gemäß § 29 Abs. 1 Satz 2 FGG von einem Rechtsanwalt unterzeichnet sein, weil Kirchenverwaltungen als Behörden im Sinne des § 29 Abs. 1 Satz 3 FGG von der genannten Vorschrift ausgenommen sind (vgl. Keidel/Kuntze/Winkler, FGG, Teil A, 13. Aufl., Rdnr. 20 zu § 29 FGG).

In der Sache führt die weitere Beschwerde zu einer Abänderung der angefochtenen Entscheidung, weil sie auf einer Verletzung des Gesetzes beruht. Die dem Antragsteller am 10. 9. 1992 erteilte Bescheinigung ist inhaltlich unrichtig und daher einzuziehen. Dem Antragsteller ist jedoch statt dessen eine Bescheinigung zu erteilen, die seinen Kirchenaustritt am 10. 9. 1992 bestätigt. Im einzelnen gilt:

Für den früheren Regierungsbezirk Rheinhessen ist der Kirchenaustritt in dem bereits genannten Gesetz vom 10. 9. 1878 (insbesondere Art. 1, 3, 4) geregelt. Ebenso wie entsprechende andere landesrechtliche Regelungen trägt dieses Landesgesetz dem Grundsatz Rechnung, daß die Kirchen einerseits im innerkirchlichen Bereich ihre Angelegenheiten selbständig und ohne Einflußnahme des Staates ordnen, sie andererseits aber auch Körperschaften des öffentlichen Rechts sind (Art. 137 Abs. 5 WRV, Art. 140 GG), und der Staat in bezug hierauf mit Rücksicht auf Art. 4 Abs. 1 GG eine Austrittsmöglichkeit gewährleisten muß. Für die Austrittserklärung mit „bürgerlichen Wirkungen", d.h. für den Bereich des staatlichen Rechts, ist in dem genannten Gesetz ein bestimmter Wortlaut nicht vorgeschrieben. Die Wirksamkeit von Austrittserklärungen mit verschiedenen Zusätzen – sogenannte modifizierte Austrittserklärungen – ist seit längerem umstritten. Der Senat folgt für die Auslegung des hier anwendbaren Gesetzes vom 10. 9. 1878 der wohl herrschenden Auffassung, daß der Zusatz, der kirchlichen Glaubensgemeinschaft weiter angehören zu wollen, die Austrittserklärung nicht unwirksam macht. Demgegenüber erscheint die Austrittserklärung aus der „Steuergemeinschaft der römisch-katholischen Kirche" nicht klar und eindeutig genug, um wirksam zu sein. Ungeachtet der Beurteilung der Wirksamkeit der genannten Erklärungen sind Zusätze der fraglichen Art weder zu beurkunden noch gar in die Austrittsbescheinigung nach Art. 3 Abs. 6 des Gesetzes vom 10. 9. 1878 aufzunehmen.

Nach allgemeinen Rechtsgrundsätzen müssen einseitig gestaltende Willenserklärungen klar und eindeutig sein, sie dürfen nicht an Bedingungen und Vorbehalte geknüpft sein (vgl. etwa OLG Hamm NJW 1971, 149 [150]). Zusätze mit dem Inhalt, weiterhin der kirchlichen Glaubensgemeinschaft angehören zu wollen, sind aber dessenungeachtet unschädlich, weil sie weder eine Bedingung enthalten noch die Austrittserklärung unklar machen: Es wird für den gesamten Bereich des staatlichen Rechts die Beendigung der Zugehörigkeit zur Kirche angestrebt, und für den innerkirchlichen Bereich fehlt dem Staat ohnehin die Regelungskompetenz (ebenso OLG Hamm NJW 1971, 149 f.[3]; OLG Frankfurt am Main NJW 1972, 776 f.[4]; OLG Oldenburg NJW 1972, 777 f.[5]; OLG Frankfurt am Main NJW 1977, 1732 f.[6]; von Campenhausen, in: Handbuch des Staatskirchenrechts der Bundesrepublik Deutschland, Band 1, § 14 II, S. 663 ff.; a. M. VGH München NJW 1977, 1306 f.[7]; wohl auch OVG Hamburg NJW 1975, 1900 f.[8]). Der fragliche Zusatz hat lediglich die Bedeutung einer Absichtserklärung und ist Ausdruck einer religiösen Bekenntnishaltung, ändert aber für sich genommen nichts daran, daß ein nach staatlichem Recht voll wirksamer Kirchenaustritt gewollt und erklärt ist.

Legt man dies zugrunde, so ist vorliegend zwischen den Erklärungen des Antragstellers vom 2. 7. und 10. 9. 1992 zu unterscheiden. Die erstgenannte Erklärung bezog sich lediglich auf die „Steuergemeinschaft der römisch-katholischen Kirche" und ist damit nach Auffassung des Senats nicht klar genug, um Wirkungen zu entfalten (ebenso von Campenhausen aaO, S. 664; der Entscheidung OLG Hamm NJW 1971, 149 lag ein anderer Wortlaut der Erklärung zugrunde). Es mag sein, daß der Antragsteller mit dem Austritt aus der „Steuergemeinschaft" denjenigen aus der röm.-kath. Kirche als öffentlich-rechtlicher Körperschaft gemeint hat, weil die Kirchensteuerpflicht insoweit die augenfälligste Rechtsfolge der Zugehörigkeit ist. Eindeutig zum Ausdruck gekommen ist dies jedoch nicht, zumal der Kirchenaustritt auch Rechtswirkungen im familienrechtlichen Bereich haben kann (vgl. dazu BVerwG NJW 1979, 2322 [2324][9]). Die verbleibenden Zweifel lassen die erste Austrittserklärung unwirksam erscheinen. Da die Bescheinigung des Rechtspflegers vom 10. 9. 1992 dem nicht Rechnung trägt, ist sie schon deshalb unrichtig.

Die zweite Erklärung des Antragstellers vom 10. 9. 1992 läßt den Willen zum Austritt mit Wirkung für den gesamten Bereich des staatlichen Rechts jedoch entgegen der Auffassung des Beschwerdeführers klar genug erkennen,

---

[3] KirchE 11, 317.
[4] KirchE 12, 324.
[5] KirchE 12, 333.
[6] KirchE 16, 143.
[7] KirchE 15, 190.
[8] KirchE 14, 144.
[9] KirchE 17, 183.

auch wenn sie irrtümlich die „bürgerlich-rechtlichen" statt „bürgerlichen" Wirkungen des Austritts nennt. Die Modifikation bezieht sich nunmehr lediglich auf die Absicht, der Glaubensgemeinschaft weiterhin anzugehören, und dies ist, wie bereits ausgeführt, unschädlich. Da der genannte Zusatz außerhalb des Bereichs des staatlichen Rechts liegt, hätte er allerdings nicht beurkundet werden sollen (vgl. von Campenhausen aaO, S. 665; OLG Frankfurt am Main NJW 1972, 776 [777]).

Aufgrund der zweiten Erklärung hätte der Rechtspfleger dem Antragsteller mithin eine Bescheinigung des Inhalts erteilen müssen, daß er am 10. 9. 1992 aus der röm.-kath. Kirche ausgetreten ist. Die in der angegriffenen Bescheinigung enthaltenen Zusätze und beigefügten Gründe sind unzulässig, weil damit der Zuständigkeitsbereich des Amtsgerichts als staatlichen Gerichts überschritten wird. Insbesondere die Ausführungen zur weiteren Zugehörigkeit zur Glaubensgemeinschaft der katholischen Kirche greifen in unzulässiger Weise in den innerkirchlichen Bereich ein. Die erteilte Bescheinigung ist demnach auch aus diesem Grunde einzuziehen; dem Antragsteller ist eine neue Bescheinigung ohne Zusätze zu erteilen (vgl. OLG Frankfurt am Main NJW 1977, 1732 [1733]). Da hierfür funktionell das Amtsgericht zuständig ist, waren diesem die entsprechenden Ausführungshandlungen zu übertragen (vgl. Kuntze aaO, Rdnr. 6 zu § 25 FGG).

44

Die durch die Taufe begründete und für die Kirchensteuerpflicht konstitutive Mitgliedschaft in der ev. Kirche wird weder durch erneute Taufspendung sub conditione in der kath. Kirche noch durch den Empfang des Firmsakraments beseitigt. Es entsteht auf diesem Wege auch keine Doppelmitgliedschaft.

Art. 1 Abs. 1, 2 Abs. 1 u. 3 BayKiStG; § 2 u. 3 Hbg.KiStG
FG München, Urteil vom 2. Juli 1993 – 13 K 4098/92[1] –

Der Kläger wurde im Februar 1952 in H. evangelisch getauft. Seine Eltern sind ev. Konfession. Im Februar 1958 wurde er – ebenfalls in H. – „sub conditione et sine caeremoniis" römisch-katholisch getauft. Die röm.-kath. Firmung erfolgte am 17. 5. 1960 in V. Der Kläger besuchte die kath. Grundschule in H. und – von 1960 bis Anfang 1965 – das kath. Internat in V. Dort nahm er auch am röm.-kath. Religionsunterricht teil. Ab 1965 bis zu seinem Abitur besuchte er das Gymnasium in H., wo er am ev. Religionsunterricht teil-

---

[1] EFG 1994, 167. Das Urteil ist rechtskräftig.

nahm. Der Kläger ist bisher weder aus der ev. noch aus der röm.-kath. Kirche ausgetreten. Seine Ehefrau gehört der röm.-kath. Kirche an. Streitig ist, welcher Kirche der Kläger, der jetzt in Bayern lebt, in den Streitjahren 1987 bis 1989 angehörte. Er wird von der röm.-kath. Kirche auf Kirchensteuer in Anspruch genommen und erstrebt eine berichtigte Kirchensteuer-Veranlagung mit der Begründung, er gehöre nach wie vor der ev. Kirche an, so daß für seine Veranlagung zur Kirchensteuer der Halbteilungsgrundsatz maßgebend sei.

Die Klage hatte Erfolg.

Aus den Gründen:

Die Klage ist begründet.
Der Kläger gehört der ev. Kirche an, so daß für die Streitjahre eine berichtigte Kirchensteuerveranlagung gegenüber der Klägerin gem. § 9 Abs. 1 Nr. 2 Bay.KiStG durchzuführen ist, d. h. eine Veranlagung nach dem Halbteilungsgrundsatz bei konfessionsverschiedener Ehe, wenn – wie hier – eine Zusammenveranlagung zur ESt erfolgt ist.

Zu Unrecht hat das röm.-kath. Kirchensteueramt den Kläger in Anspruch genommen. Denn die röm.-kath. Kirche darf gem. Art. 1 Abs. 1 i.V.m. Art. 2 Abs. 1 KiStG Kirchensteuer nur von ihren Angehörigen erheben. Der Kläger ist jedoch Mitglied der ev. Kirche.

Nach dem Kirchengesetz über die Kirchenmitgliedschaft, das kirchliche Meldewesen und den Schutz der Daten der Kirchenmitglieder (EKD.KMitgliedG) vom 10. 11. 1976 (ABl.EKD 1976, 389) sind Voraussetzungen einer Mitgliedschaft bei einer Gliedkirche EKD Taufe und Wohnsitznahme.

Von der Gültigkeit der dem Kläger 1952 gespendeten ev. Taufe (Verwendung natürlichen Wassers sowie der trinitarischen Formel in Matth. 28,19) bestehen auch aus ökumenischer Sicht keine vernünftigen Zweifel. Auch nach katholischem Kirchenrechtsverständnis sind formgerechte Taufen anderer christlicher Bekenntnisse gültig (Erler, Kirchenrecht, 5. Aufl., S. 50). Es mag sein, daß katholischerseits in den 50er Jahren noch Bedenken an der Gültigkeit dieser Taufen bestanden. Jedenfalls aus heutiger Sicht sind evangelische Taufen im Lichte des II. Vaticanums zu würdigen. Hiernach begründet die Taufe die Zugehörigkeit zur „Kirche Christi" und insofern eine „wahre Verbindung im Heiligen Geist" zwischen allen Christen (Krämer, in: Listl/Müller/Schmitz, Handbuch des Katholischen Kirchenrechts, S. 170, auch S. 163, 164–167). Can. 869 § 3 CIC 1983 bestätigt diese Anschauung aus kirchenrechtlicher Perspektive. Die Wirksamkeit der ev. Taufe wurde somit durch die später erfolgte röm.-kath. Taufe in keiner Weise berührt.

Unstreitig hat der Kläger in den 70er Jahren auch seinen Wohnsitz in Bayern begründet. Nach § 1 Abs. 1 i.V.m. § 2 Nr. 2 Bay KGliedG ist er somit Glied der ev. Kirche Bayerns geworden. Daraus folgt seine Kirchensteuerpflicht nach Art. 1 Abs. 1 i.V.m. Art. 2 Abs. 1 KiStG.

Eine Beendigung seiner Kirchenmitgliedschaft und damit seiner Kirchensteuerpflicht ist nur durch formwirksamen Austritt aus der ev. Kirche möglich (Art. 2 Abs. 2 KiStG und § 7 Abs. 1 KGliedG). Ein solcher ist bisher nicht erfolgt.

Auch unter dem Gesichtspunkt eines Übertritts in die röm.-kath. Kirche ist die Kirchensteuerpflicht des Klägers gegenüber der ev. Kirche nicht beendet oder eine Kirchensteuerpflicht gegenüber der röm.-kath. Kirche begründet worden.

Es mag sein, daß nach dem inneren Recht der röm.-kath. Kirche der Kläger Mitglied geworden ist, obwohl an der Wirksamkeit der 1958 gespendeten Taufe erhebliche Zweifel bestehen. Diese begründen sich daraus, daß die Taufe als rechtskonstitutiver Akt normalerweise nicht wiederholt werden kann (c. 732 § 1 CIC 1917; c. 745 § 1, 746, 749 CIC 1917). Jedoch können diese Zweifel auf sich beruhen: Denn aus staatskirchenrechtlicher Sicht ist eine röm.-kath. Kirchensteuerpflicht deshalb nicht eingetreten, weil kein wirksamer Übertritt in die röm.-kath. Kirche stattgefunden hat.

Der Übertritt (= Konversion), d. h. der Wechsel des Kirchensteuerpflichtigen von einer Kirche in die andere, setzt schon aus Gründen der Rechtsklarheit voraus, daß der Austritt aus der einen Religionsgemeinschaft wirksam erfolgt sein muß, bevor die Aufnahme in die andere Religionsgemeinschaft stattfinden kann. Dies bedeutet, daß sich der Übertritt aus zwei notwendigen rechtlichen Schritten zusammensetzt: Dem Austritt (aus der alten) und dem Eintritt (in die neue Kirche). Nur so können Doppelmitgliedschaften vermieden werden, die weder aus kirchensteuerrechtlicher noch aus kirchenrechtlicher oder gar religiöser Sicht wünschenswert sind.

Die Kirchensteuergesetze der Länder Hamburg und Bayern haben für die hier fraglichen Jahre (1958–1960) den Übertritt nicht eigens geregelt. Sie enthielten aber den Grundsatz, daß die Kirchensteuerpflicht bei einer Religionsgemeinschaft, die Körperschaft des öffentlichen Rechts ist, durch einen Austritt nur dann beendet werden kann, wenn dieser formwirksam (mündlich gegenüber dem Standesbeamten oder durch öffentlich beglaubigte schriftliche Erklärung beim Standesamt) erklärt worden ist: Art. 2 Abs. 3 BayKiStG 1954 (wörtlich übereinstimmend mit den späteren Fassungen des KiStG, zuletzt Art. 2 Abs. 3 KiStG 1967); §§ 2, 3 Abs. 2 VO über den Austritt aus Religionsgesellschaften des öffentlichen Rechts vom 29. 1. 1942; § 11 Satz 2 der KiStVO der Ev.-Luth. Kirche im Hamburgischen Staate vom 18. 3. 1947 i.d.F. vom 12. 12. 1957 (GVM 1957, 48). Da ein Austritt durch die damals erklärungsberechtigten Eltern des Klägers unstreitig nicht erfolgt ist, kam ein wirksamer Übertritt in die röm.-kath. Kirche nicht zustande. Die neueren staatlichen und kirchlichen Gesetze tragen den oben zum Übertritt entwickelten Grundsätzen ausdrücklich Rechnung: § 2 Abs. 2, 2. Halbsatz des Hbg.KiStG vom 15. 10. 1973 (abgedruckt bei Giloy/König, Kirchensteuerrecht und Kirchensteuerpraxis in den Bundesländern, 2. Aufl., S. 242 ff.) bestimmt, daß bei Übertritt die Kirchensteuerpflicht gegenüber der neuen steuerberechtigten Körperschaft erst beginnt, wenn die bisherige Kirchensteuerpflicht – durch Austritt gem. § 2 Abs. 3 c Hbg.KiStG – beendet wurde. Dem entspricht die Regelung in § 5 Abs. 1 Satz 2 KGliedG, wonach bei Aufnahme eines in einem anderen christlichen Bekenntnis Getauften (§ 4 KGliedG) der Austritt aus der anderen Kirche nachzuweisen ist. Auch der zum Vollzug des Art. 2 Abs. 3 BayKiStG ergangenen Bekanntmachung über den Austritt aus einer Kirche, Religions- oder weltanschaulichen Gemeinschaft, die Körperschaft des Bürgerlichen Rechts ist, vom 27. 7. 1976 (MABl. 1976, 689) ist der Grundsatz zu entnehmen, daß der Teil des Übertritts, der sich als Austritt darstellt, den Formen der Bekanntmachung genügen muß (Nr. 17 Satz 2), d.h. es ist eine mündliche oder schriftliche Erklärung beim zuständigen Standesamt erforderlich (Nr. 3 ff.). Es kommt all diesen Regelungen gegenüber dem bisherigen (d.h. z. Zt. der hier strittigen Vorgänge geltenden) Rechtszustand nur klarstellende, keine rechtskonstitutive Bedeutung zu.

Das hier gefundene Ergebnis hat zur Folge, daß der Kläger nur gegenüber der ev. Kirche zur Zahlung von Kirchensteuer verpflichtet und eine zusätzliche Kirchensteuerpflicht gegenüber der röm.-kath. Kirche (sog. Doppelmitgliedschaft) nicht eingetreten ist. Soweit sich aus Engelhardt (DVBl. 1971, 543) eine andere Auffassung zum Problem der Doppelmitgliedschaft ergeben sollte, könnte das Gericht dem nicht folgen.

45

1. Für die Feststellung, daß ein Gewerbe im Sinne der Gewerbeordnung ausgeübt wird und dieses Gewerbe gemäß § 14 Abs. 1 GewO anzumelden ist, bedarf es nicht der Feststellung, ob ein Verein (hier: Scientology Kirche) als Religions- oder Weltanschauungsgemeinschaft im Sinne von Art. 4 Abs. 1 GG anzuerkennen ist.
2. Auch eine Religions- oder Weltanschauungsgemeinschaft kann ein Gewerbe im Sinne der Gewerbeordnung betreiben, nämlich wenn sie mit der Absicht der Gewinnerzielung auf Dauer den Verkauf von Waren und Dienstleistungen betreibt, insbesondere wenn sie durch Werbung und

Verkauf in Konkurrenz zu anderen Gewerbetreibenden tritt und ihre Betätigung sich nach dem Gesamtbild als gewerblich darstellt.

3. Die Absicht der Gewinnerzielung im Sinne des Gewerberechts ist auch dann gegeben, wenn die im voraus festgelegten Gegenleistungen als Spendenbeiträge bezeichnet werden und wenn die Erträge idealen Zwekken zugeführt werden sollen. Auch soweit der Verkauf gegenüber Mitgliedern stattfindet, liegt eine gewerbliche Betätigung vor.

4. Die Annahme einer Gewinnerzielungsabsicht ist nicht schon dann ausgeschlossen, wenn beim Verkauf eines Teiles der Waren und Dienstleistungen, insbesondere gegenüber neu geworbenen Mitgliedern, die Kosten höher als die Erträge sind. Bei einem Vertrieb, der auf den Verkauf weiterer Waren und Dienstleistungen zu zunehmend höheren Entgelten ausgerichtet ist, kommt es für die Absicht der Gewinnerzielung auf das wirtschaftliche Gesamtergebnis an.

5. Verweigert der Verein die Angaben über seine wirtschaftlichen Gesamtergebnisse und sind die Verluste maßgeblich durch Unkosten aus Bereichen entstanden, über die eine Auskunft verweigert wird, so kann wegen Versagung der prozessualen Mitwirkungspflicht von einer Absicht auf Gewinnerzielung ausgegangen werden.

6. Die Pflicht zur Gewerbeanzeige beeinträchtigt nicht den Grundrechtsschutz einer Religionsgemeinschaft aus Art. 4 Abs. 1 GG und das Recht zur selbständigen Verwaltung ihrer Angelegenheiten aus Art. 140 i.V.m. Art. 137 Abs. 3 WRV.

Art. 4 Abs. 1, 140 GG, 137 Abs. 3 WRV; § 14 Abs. 1 GewO
Hamburgisches OVG, Urteil vom 6. Juli 1993 – Bf VI 12/91[1] –

Der Kläger wendet sich gegen die Aufforderung der Beklagten, den Verkauf von Büchern, Broschüren und sogenannten Elektrometern sowie die entgeltliche Durchführung von Kursen und Seminaren als Gewerbe im Sinne des § 14 GewO, jetzt gültig i.d.F. der Bekanntmachung v. 1. 1. 1987 (BGBl. I S. 425, m.sp.Änd.), anzuzeigen. Dabei streiten die Beteiligten vor allem darüber, ob der Kläger insoweit gewerblich tätig ist oder ob es sich – wie der Kläger meint – bei dem Verkauf der Bücher, Broschüren und Elek-

---

[1] Amtl. Leitsätze. DVBl. 1994, 414; NVwZ 1994, 192; GewArch 1994, 16; AkKR 168 (1994), 202. Nur LS: MDR 1994, 740.
Die Nichtzulassungsbeschwerde des Klägers wurde zurückgewiesen; BVerwG, Beschluß vom 16. 2. 1995 – 1 B 205.93 – NVwZ 1995, 473. Parallelverfahren mit demselben Ergebnis: Hamb.OVG, Urteil vom 6. 7. 1993 – Bf VI 2/92 –; BVerwG, Beschluß vom 16. 2. 1995 – 1 B 206/93 – betr. die gewerberechtl. Anzeigepflicht für den Betrieb einer unselbständigen Zweigstelle des Klägers. Vgl. zu diesem Fragenkreis auch BAG NJW 1996, 143; BayVGH NVwZ 1994, 787 u. 1995, 502; OVG Hamburg NVwZ 1995, 498; Nieders. OVG NVwZ-RR 1996, 244 u. 247.

trometer sowie bei der Durchführung der Kurse und Seminare um nicht dem Gewerberecht unterliegende, sondern der Religionsausübung zuzurechnende Tätigkeiten handelt.

Der Kläger ist ein seit dem 25. 2. 1974 eingetragener Verein. Der Vereinsname lautete zunächst: „College für Angewandte Philosophie, Hamburg e. V.". In § 3 der ursprünglichen Satzung vom 29. 10. 1973 war der Vereinszweck wie folgt beschrieben:

„Der Verein verfolgt ausschließlich und unmittelbar gemeinnützige Zwecke im Sinne der Gemeinnützigkeitsverordnung vom 24. Dezember 1953, und zwar insbesondere durch: Die Führung von Kursen und Trainings zur freien Persönlichkeitsentfaltung unter praktischer Anwendung der Philosophie von L. Ron Hubbard, gemäß den Kodizes und Richtlinien, die von L. Ron Hubbard entwickelt worden sind, um die Anwendung der standardisierten Verfahren zu gewährleisten und die Ausbreitung von Scientology und Dianetics zu garantieren. Der Verein setzt sich die Verbreitung des einschlägigen Schrifttums, das eine Voraussetzung für die Durchführung von Kursen und Trainings zur freien Persönlichkeitsentfaltung ist, weiterhin zum Ziel. Außerdem fördert der Verein die Ausbildung von Lehrkräften für seine Kurse und Trainings."

§ 8 der Satzung lautete:

„Die Kosten des Vereins werden durch die Beiträge der Kursteilnehmer, die Mitgliedsbeiträge sowie durch Spenden getragen. Von den Bruttoeinnahmen sind 10 % Lizenzen an L. Ron Hubbard abzuführen."

Am 27. 4. 1974 erhielt § 8 der Satzung folgende Fassung:

„Die Kosten des Vereins werden durch die Beiträge der Kursteilnehmer, die Mitgliedsbeiträge sowie durch Spenden getragen. Von den Bruttoeinnahmen aus Beiträgen für Kurse und Trainings entsprechend § 3 sollen 10 % zur Unterstützung der mildtätigen, humanitären und religiösen Arbeit einer Kirche oder Religionsgemeinschaft verwendet werden."

Am 23. 3. 1985 änderte der Kläger seinen Namen in den seither geführten Vereinsnamen „Scientology Kirche Hamburg e. V.". Außerdem wurde die Satzung in verschiedenen Einzelpunkten geändert.

Am 22. 12. 1985 wurde die Satzung erneut geändert. In § 2 Abs. 1 der Satzung in der Fassung vom 22. 12. 1985 wird der Zweck des Vereins nunmehr wie folgt beschrieben:

„Der Verein ist eine Religionsgemeinschaft (Kirche). Der Zweck der Kirche ist die Pflege und Verbreitung der Scientology Religion und ihrer Lehre. Die Scientology Kirche sieht es als ihre Mission und Aufgabe an, den Menschen Befreiung und Erlösung im geistig-seelischen Sinn zu vermitteln, wodurch sie eine Verbesserung möglichst vieler und zahlreicher Mitglieder in sittlicher, ethischer und spiritueller Hinsicht bewirken will, so daß wieder gegenseitiges Verstehen und Vertrauen unter den Menschen herrscht und eine Gesellschaft ohne Krieg, ohne Wahnsinn und ohne Kriminalität geschaffen wird; eine Gesellschaft, in der sich der Mensch gemäß seinen Fähigkeiten und seiner Rechtschaffenheit entwickeln kann; eine Gesellschaft, in der Mensch die Möglichkeit hat, sich zu höheren Ebenen des Seins zu entwickeln."

In § 3 heißt es zum „Wesen der Scientology Religion" u.a.:

„*1. Die Scientology Religion versteht sich in der Tradition der ostasiatischen Religionen, insbesondere des Buddhismus, Taoismus, des Hinduismus, der Veden. Ihre historischen Bindungen sieht sie vor allem im Früh-Buddhismus (Hinayana). Sie ist eine direkte Fortsetzung des Werkes von Gautama Siddharta Buddha.*
2. In dieser Tradition versteht sich die Scientology Lehre als Erlösungsreligion. Sie will dem Menschen den Zustand vollständiger geistiger Freiheit von dem endlosen Kreislauf von Geburt und Tod vermitteln und ihn von seinen Banden im physischen Universum befreien.
3. ...
4. Die Scientology Religion ist ein überkonfessionelles Bekenntnis im Sinne eines allumfassenden Bekenntnisses. Gemäß ihrer buddhistischen Tradition toleriert sie die Mitgliedschaft in anderen Religionen und macht keinen Unterschied nach Klasse, Rasse oder Religionszugehörigkeit. Ihr Anliegen ist die Erlösung aller Menschen gleich welcher Rasse oder Herkunft.
...".

In § 5 („Verwirklichung der Zwecke der Kirche") heißt es:

„*Der in § 2 dieser Satzung festgelegte Zweck wird verwirklicht insbesondere durch:*
1. Gründung, Aufbau und Unterhalt einer Gemeinde und seiner Kirchenverwaltung für die Unterrichtung und für die Ausübung der Scientology Religion sowie für die Verbreitung der religiösen Lehre der Scientology Kirche durch Wort, Schrift, Bild und Beispiel.
2. Missionierung durch Werbung und Gewinnung von Mitgliedern, Werbung für die religiösen Dienste der Kirche und ihrer religiösen Schriften in der Gesellschaft.
3. Verbreitung von einschlägigen Schriften über die Scientology Religion. Unter Schriften sind die schriftlichen, auf Tonband oder anderen Kommunikationsträgern aufgezeichneten Werke des Religionsgründers L. Ron Hubbard in Bezug auf die Scientology Lehre und Scientology Kirchen gemeint.
4. Abgabe und Überlassung von Schriften und religionsspezifischen Materialien ... zur Durchführung des Studiums der Religion und für die Anwendung der Religion in der Seelsorge.
5. Praktische Seelsorge, damit ist gemeint die geistliche Beratung (Auditing) durch die Anwendung der religiösen Übungen der Scientology Religion sowie die Beratung und Unterstützung auf ethischem Gebiet. Das Auditing wird durchgeführt von Geistlichen, ehrenamtlichen Geistlichen und Studenten der Scientology Religion während ihres Studiums und durch den Kaplan oder andere dafür qualifizierte und eingesetzte Personen ...
6. Abhaltung von einführenden und grundlegenden Seminaren und Kursen zur Förderung und Unterstützung des Mitglieds in seinem Bestreben, die religiösen Ziele zu erreichen.
7. Ausbildung und Studium in der Scientology Religion bezüglich ihrer Lehren und Übungen, Ausbildung von Geistlichen, ehrenamtlichen Geistlichen und ehren- und hauptamtlich tätigen Mitgliedern zum Zwecke der Verbreitung der religiösen Lehre und ihrer Anwendung.
8. Gründung, Aufbau und Unterhalt geeigneter Kirchenstätten für die Unterrichtung in der Scientology Religion und ihrer Anwendung ...
9. Gründung, Aufbau und Unterhaltung geeigneter Kirchenstätten für die religiösen Übungen der Scientology Religion ...

Gewerberecht / Religionsausübung 239

10. *Durchführung von Veranstaltungen für Mitglieder und Nichtmitglieder, um über die Scientology Religion und ihre religiösen Praktiken zu informieren und die Unterhaltung von hierfür geeigneten Informationszentren.*
...".

In § 7 der Satzung („Gemeinnützigkeit") heißt es u.a., die Kirche verfolge ausschließlich und unmittelbar gemeinnützige Zwecke; sie sei selbstlos tätig und verfolge nicht in erster Linie eigenwirtschaftliche Zwecke; Mittel der Kirche dürften nur für die satzungsmäßigen Zwecke verwendet werden; die Mitglieder dürften keine Gewinnanteile und in ihrer Eigenschaft als Mitglieder auch keine sonstigen Zuwendungen erhalten.

Am 14. 8. 1986 wurde die Satzung erneut geändert. In § 8 („Verhältnis zu anderen Scientology Gemeinschaften") heißt es nunmehr u.a. wie folgt:

„*1. Diese Scientology Kirche ist eine von zahlreichen international verbreiteten Scientology Kirchen. Sie soll dies auch für die Zukunft sein. Sie ist wie alle Kirchen Bestandteil einer international verbreiteten und hierarchisch aufgebauten Kirchengemeinschaft, die international von der Mutterkirche geleitet und vertreten wird. Mit dem Begriff „Mutterkirche" oder „Hierarchie der Kirche" ist die hierarchische Gliederung verstanden, die unter der Schirmherrschaft der Mutterkirche für Kirchen, Scientology Church International (USA), — einer dort als gemeinnützig organisierten Körperschaft — derzeit aufgebaut und tätig ist ...*"

Am 1. 10. 1989 ist die Satzung wiederum geändert worden. Dabei ist u.a. in § 8 („Verhältnis zu anderen Scientology Gemeinschaften") ein Absatz 5 eingefügt worden, wonach „Richtlinien und Direktiven der Mutterkirche zur Regelung der innerkirchlichen Angelegenheiten, zur Verwaltung und Gestaltung der satzungsmäßigen Zweckverwirklichung im einzelnen" des Vorstandsbeschlusses bedürfen, um für den Verein Verbindlichkeit zu erlangen. Schließlich ist die Satzung am 1. 6. 1990 und am 18. 11. 1991 noch einmal in einzelnen Punkten geändert worden.

Zu dem Begriff „Scientology" heißt es in einer von dem Kläger im Jahre 1990 herausgegebenen Informationsschrift „Was ist Scientology":

„*Scientology ist der Name einer im Jahre 1954 gegründeten Religionsgemeinschaft. Sie basiert auf den Lehren des amerikanischen Wissenschaftlers und Schriftstellers L. Ron Hubbard. Der Begriff „Scientology" setzt sich zusammen aus den Worten „scire" (lateinisch: „wissen") und „logos" (griechisch: „die Lehre"). Damit bedeutet „Scientology" also „die Lehre vom Wissen" oder „wissen, wie man weiß". Die Scientology-Lehre umfaßt das Studium der Seele in Beziehung zu sich selbst, zu anderem Leben und zum Universum. Das Ziel ist geistige Freiheit. Die Ursprünge liegen in den östlichen Religionen, insbesondere im Buddhismus. Scientology bietet einen Weg, auf dem der einzelne durch Studium und seelsorgerische Beratung für sich selbst zu Gott finden kann. Es ist Wissen über die geistige Seite des Menschen, über die Dinge, den den Menschen davon abhalten, seine eigenen Fähigkeiten voll zu entfalten und Unsterblichkeit zu erlangen. Die Anwendung der Scientology-Prinzipien im täglichen Leben kann das Vertrauen der Person in sich selbst stark vergrößern, die Intelligenz erhöhen und ihre Selbstbestimmung vollständig wiederherstellen."*

Zu dem Begriff „Dianetik" heißt es in der genannten Informationsschrift weiter:

„Im Jahre 1950 verfaßte L. Ron Hubbard sein erstes Werk, das unter dem Titel „DIANETIK" veröffentlicht wurde. Bis 1990 erreichte dieses Buch eine Auflage von über 13 Millionen Exemplaren. Die Dianetik (von „dia", griechisch: „durch" und „nous", griechisch: „die Seele") versteht sich als die Lehre vom geistigen Wesen in seiner Beziehung zum Körper. Sie erklärt, wie sowohl körperlich, als auch seelisch schmerzhafte Erlebnisse noch nach Jahren Energie, Fähigkeiten, Vernunft und Lebensfreude eines Menschen einschränken können. Und sie beinhaltet eine Methode, mit deren Hilfe das ursprüngliche geistige Potential wiederhergestellt werden kann. Dianetik ist ein Weg, die Seele in größere Harmonie zu sich selbst und zu ihrem Körper zu bringen."

Auf die Frage, was Dianetik mit Scientology zu tun habe, gibt die Informationsschrift folgende Antwort:

„Zwar ist das 1950 erschienene Buch „DIANETIK" eher weltanschaulich ausgerichtet; dennoch war L. Ron Hubbard sich der religiösen Eingebundenheit dieser Thematik schon damals bewußt. ... Die Dianetik ist der Vorläufer der Scientology. Sie hat in manchen Aspekten aufgrund der Scientology Religion eine Neubewertung erhalten und ist heute ein Teil davon."

Zur Finanzierung der Scientology Kirche findet sich in der Informationsschrift folgende Erklärung:

„Scientology Kirchen sind selbstverwaltet. Sie erhalten von ihren Gemeindemitgliedern Spendenbeiträge für Seminare und seelsorgerische Beratung. Die Gelder dienen der Erhaltung und Erweiterung der einzelnen Kirchen. Ein Teil fließt in die kirchlichen Sozialprogramme. Es gibt viele unentgeltliche Dienste der Scientology Kirche."

Der Kläger, der zunächst in der G'straße saß und seit 1989 seinen Hauptsitz im Hause St. 63 hat, bietet gegen Entgelt zahlreiche Bücher und Broschüren von L. Ron Hubbard an, für die er zum Teil durch Postwurfsendungen und Handzettel warb und wirbt. Zu diesen Büchern gehört vor allem das Buch „Dianetik", das auf dem Titelblatt zunächst den Zusatz „Die moderne Wissenschaft der geistigen Gesundheit" trug und das in der Taschenbuchausgabe jetzt mit dem Zusatz „Der Leitfaden für den menschlichen Verstand" erscheint. Das Buch kostet nach einer Postwurfsendung 1983 gebunden zwischen 66,67 DM (Juni) und 73,50 DM (August) und als Taschenbuch zwischen 23,25 DM (Juni) und 25,65 DM (August); jetzt ist es als Taschenbuch für 14,80 DM erhältlich. Außerdem bietet der Kläger u.a. das Buch „Alles über radioaktive Strahlung" von L. Ron Hubbard an, das nach den Angaben des Klägers in den Werbezetteln in den Jahren 1983/1984 zwischen 73,40 DM und 125,- DM kostete und nunmehr für 35,- DM zu haben ist. Ferner vertreibt der Kläger eine Broschüre mit dem Titel „Der Weg zum Glücklichsein", von der 12 Stück im Jahre 1983 zwischen 39,15 DM (Juli) und 41,10 DM (August) kosteten und die nunmehr in Paketen zu je 12 Exemplaren zum Preis von 28,– DM erworben werden kann.

Außer Büchern und Broschüren bietet der Kläger gegen Entgelt verschiedene Kurse und Seminare an. Dem Angebot konkreter Kurse geht in der Regel die Durchführung eines Persönlichkeitstests voraus. Der Test enthält zweihundert Fragen, unter denen sich in der Fassung 1989 u. a. folgende Fragen befinden: Bekommen Sie manchmal ein Zucken in Ihren Muskeln, auch wenn es keinen ersichtlichen Grund dafür gibt? (Nr. 13); Geraten Sie gelegentlich in Schwierigkeiten? (Nr. 51); Können Sie eine Party „richtig in Schwung bringen"? (Nr. 65); Müßten Sie sich eindeutig anstrengen, um über Selbstmord nachzudenken? (Nr. 102); Schlafen Sie gut? (Nr. 113); Sind Sie gegen den „Strafvollzug auf Bewährung" für Kriminelle? (Nr. 179); Werden Sie von anderen herumgestoßen? (Nr. 195). Nach Auswertung der ausgefüllten Fragebogen durch den Kläger werden im Wege einer sog. Falleinschätzung den Interessenten bestimmte Kurse und Seminare angeboten, um die in dem Test nach Ansicht der Mitarbeiter des Klägers zutage getretenen Defizite und Probleme zu beheben. Zu diesen Kursen und Seminaren gehört u. a. ein sog. Kommunikationskurs. Nach den Ermittlungen der Beklagten soll ein Teilnehmer für den ersten Kommunikationskurs 270,– DM einen zweiten Kurs 700,– DM und einen dritten Kurs schließlich 10 000,– DM gezahlt haben. In einer Beilage zu der von der „Church of Scientology AOSH EU & AF" in Kopenhagen – der für den Kläger zuständigen kontinentalen Kirche – herausgegebenen Publikation OT-News 9 (1984) sind für mehrere Kurse zusammen Preise bis zu 238.969,– DM angegeben.

Ferner bietet der Kläger seinen Mitgliedern ein als „Auditing" bezeichnetes Beratungsverfahren an, das er in seiner Schrift „Was ist Scientology" wie folgt beschreibt:

„Auditing ist die Bezeichnung für die Seelsorge in der Scientology Kirche. Es wird von einem Auditor praktiziert. Der Begriff geht auf das lateinische Wort audire zurück, was „zuhören" bedeutet. Der Auditor hilft dem einzelnen dabei, mehr über sich selbst und seine Beziehung zum Universum zu erfahren, indem er eine Reihe genauer Fragen stellt und den Antworten sorgfältig zuhört. Er sagt der befragten Person nicht, was er als falsch betrachtet oder was er als den Grund ihrer Schwierigkeit annimmt. Er rät nicht, wie ein Problem oder eine Situation gelöst werden soll, und er versucht nicht, der Person etwas beizubringen. Unter genauer Anwendung der Methoden, in denen er ausgebildet ist, hilft er Personen, sich selbst, andere und das Leben besser zu verstehen und selbst Lösungen für Probleme zu finden. Er ist dabei an einen strikten Kodex gebunden, der auf Vertrauen und der stetigen Bereitschaft zu helfen beruht. Im Auditing werden Lebensbereiche einer Person angesprochen, über die Unklarheit besteht, die Schwierigkeiten bereiten, oder in denen sie ihre Fähigkeiten verbessern will. Auditing vollzieht sich in aufeinanderfolgenden Erkenntnisstufen, die L. Ron Hubbard als „Die Brücke" bezeichnet hat. Sie symbolisiert das Ziel des Auditings – das Erreichen völliger geistiger Freiheit –."

Das System der dem Auditing zugrunde gelegten „Erkenntnisstufen" beginnt mit einem sog. Reinigungsprogramm, das „Freiheit von den restimulierenden Wirkungen von Drogenablagerungen und anderen Giftstoffen" gewährleisten soll. Über verschiedene Zwischenstufen können die Mitglieder die Stufe „Clear" („ein Wesen, das seinen eigenen reaktiven Mind nicht mehr hat") erreichen. Im Zustand „Clear" sind nach Auffassung des Klägers die in sogenannten „Engrammen" gespeicherten unbewußten schmerzhaften Erfahrungen und schädlichen Handlungen der Vergangenheit erkannt und verlieren so ihre Kraft auf die Person. Sogenannte „Clears" können sich über weitere Zwischenstufen schließlich bis zum sogenannten „Operierenden Thetan" („OT = eine Person, die über schrittweise Erlösungsstufen den Zustand völliger geistiger Freiheit erreicht hat") fortentwickeln.

Im Rahmen des Auditings setzen die Auditoren ein als Hubbard-Elektrometer oder „E-Meter" bezeichnetes Wheatstone'sches Meßgerät zur Messung des Körperwiderstandes ein, das in der Informationsschrift „Was ist Scientology" wie folgt erläutert wird:

„Die Nadel der Skala zeigt alle Veränderungen des Körperwiderstandes an. Diese wiederum werden durch geistige Einwirkungen auf den Körper verursacht. So eignet sich das E-Meter als Hilfsmittel im Auffinden von Bereichen seelischer Belastung. Es hilft festzustellen, ob die Person von einer geistigen Ladung befreit wurde oder nicht. Aus sich allein heraus bewirkt es nichts. Es ist nicht zur Diagnose, Behandlung, Vorbeugung oder Heilung von Krankheiten bestimmt. Es erleichtert die Seelsorge, macht sie gezielter und wirkungsvoller."

Nach einer vom Kläger ausgestellten Quittung kostete ein Mark VI E-Meter im August 1983 6994,- DM abzüglich 20 % = 5595,20 DM. Nach einer Beilage zu der von der „Church of Scientology AOSH EU & AF" in Kopenhagen herausgegebenen Zeitschrift „The Auditor" 196 aus dem Jahre 1984 kostete ein Mark VI E-Meter 9400,- DM.

Mit dem angefochtenen Bescheid forderte die Beklagte den Kläger auf, den Beginn eines selbständigen Gewerbebetriebs im Sinne des § 14 GewO anzuzeigen, und setzte zugleich für den Fall, daß der Kläger der Aufforderung nicht oder nicht vollständig nachkomme, ein Zwangsgeld in Höhe von 1000,- DM fest: Der Kläger betreibe zumindest seit dem 23. 1. 1984 ein Gewerbe im Sinne des § 14 GewO, indem er den Verkauf von Kursen und Seminaren sowie von Büchern, Broschüren und Elektro-Metern durchführe.

Mit seinem Widerspruch trug der Kläger vor: Es treffe nicht zu, daß er ein Gewerbe ausübe. Entscheidend sei insoweit nicht das äußere Erscheinungsbild. Nach ständiger Rechtsprechung des Bundesverfassungsgerichts sei für die Beurteilung der Tätigkeit einer weltanschaulichen oder religiösen Gemeinschaft, wie er es sei, vielmehr deren Selbstverständnis maßgeblich. Die „wirtschaftliche" Betätigung einer Religionsgemeinschaft falle trotz gleichartiger

Angebote weltlicher Wettbewerber immer dann unter den unmittelbaren Schutz des Art. 4 GG, wenn die Betätigung nach dem jeweiligen Selbstverständnis der Religionsgemeinschaft eine Verwirklichung ihrer Aufgaben in der Welt darstelle. Dies gelte auch in seinem Fall. Die von der Beklagten beanstandeten Tätigkeiten stellten sich in Wahrheit als Teil der Religionsausübung dar. Die verkauften Bücher und Broschüren hätten einen religiösen Inhalt; ihr Verkauf falle unmittelbar unter den Schutz des Art. 4 GG. Die angebotenen einführenden Kurse vermittelten die grundlegenden Teilaspekte der Lehre von Scientology und deren Anwendung. Weiterführende Kurse dienten der Aus- und Fortbildung der Geistlichen. Die Teilnahme an den Kursen und Seminaren setze die Mitgliedschaft in der Scientology Kirche voraus. Zudem müsse eine ganz bestimmte, festgelegte Reihenfolge eingehalten werden, da jedes Angebot einen ganz bestimmten Zweck erfülle, ohne das die Erreichung der jeweils nächsten Befreiungsstufe nicht möglich sei. Für die Kurse würden keineswegs Preise gefordert, die übersteigerte Gewinnspannen enthielten. Eine Gewinnerzielung sei weder beabsichtigt, noch finde eine solche statt. Die Einnahmen reichten gerade aus, um die laufenden Ausgaben zu decken. Dabei dürfe nicht übersehen werden, daß er nicht auf Kirchensteuereinnahmen zurückgreifen könne. Sämtliche ihm zur Verfügung gestellten Mittel würden für die Erreichung des idealen Vereinszwecks eingesetzt. Soweit Überweisungen an die Mutterkirche erfolgt seien, kämen diese ideellen Zwecken der Mutterkirche und mittelbar auch ihm selbst zugute. Die Tätigkeit einer Religionsgemeinschaft könne nicht als unternehmerisches Handeln angesehen werden; hieran ändere nichts, daß er eine Bezahlung für seine Leistungen verlange. Die Beitragsregelung und das Finanzierungssystem der Scientology Kirche unterlägen nicht staatlicher Kontrolle.

Im Laufe des Widerspruchsverfahrens forderte die Beklagte den Kläger auf, Bilanzen für die Jahre 1982 bis 1984 nebst den dazugehörigen Einnahmen- und Ausgabenrechnungen, die neueste Preisliste für den Vertrieb von Büchern und Kursen sowie eine detaillierte Aufstellung des Entlohnungssystems für die bei dem Kläger tätigen Mitarbeiter vorzulegen. Der Kläger kam dieser Aufforderung nicht nach und führte zur Begründung aus, daß er hierzu nicht verpflichtet sei; im übrigen sei beabsichtigt, in Hamburg eine GmbH zu gründen, die den Verkauf der religiösen Schriften übernehmen werde.

Die Beklagte wies den Widerspruch im wesentlichen mit folgender Begründung zurück: Indem der Kläger Bücher und Broschüren wie das Buch „Dianetik: Die moderne Wissenschaft der geistigen Gesundheit", das Buch „Alles über radioaktive Strahlung" und die Broschüre „Der Weg zum Glücklichsein" sowie sogenannte Elektrometer verkaufe und entgeltlich Kurse und Seminare wie den Kommunikationskurs und einen Kurs für erhöhtes Selbstbewußtsein durchführe, betreibe er ein anzeigepflichtiges Gewerbe im Sinne des § 14

GewO. Insbesondere handele es sich um auf Gewinnerzielung gerichtete und auf Dauer angelegte selbständige Tätigkeiten. Die Dienstleistungen und Waren würden zu erheblichen Preisen von 20,- DM (für ein Taschenbuch) bis 238 969,- DM (für mehrere Kurse) angeboten. Hinzu komme, daß er die Preise für Bücher und Broschüren je nach dem Zeitpunkt der Bestellung gestaffelt habe. Diese werblichen Maßnahmen seien ausschließlich auf den schnellen Absatz der Ware ausgerichtet und ein deutliches Anzeichen für eine gewinnorientierte Tätigkeit. Ohne Erfolg wende der Kläger demgegenüber unter Hinweis auf die Satzung ein, daß er keine Gewinne mache. Maßgeblich für das Vorliegen eines Gewerbes sei nicht die Frage, wie die erwirtschafteten Gelder verwandt würden, sondern wie sie erzielt würden. Die Gewinnerzielungsabsicht entfalle nicht deshalb, weil mit dem wirtschaftlichen Überschuß ideelle oder gemeinnützige Zwecke unterstützt würden. Im übrigen gehe aus der von dem Kläger im Rahmen der durchgeführten wegerechtlichen Verfahren eingereichten Einnahme- und Ausgaberechnung für die Zeit vom 1. Januar bis 31. Dezember 1980 vor, daß er seinerzeit Einnahmen für religiöse Schriften und Artefakte in Höhe von 212 935,95 DM und Ausgaben in Höhe von 100 981,46 DM gehabt habe, so daß ein Gewinn von rund 50 % vorgelegen habe. Angesichts dessen, daß sich der Kläger geweigert habe, im vorliegenden Verfahren die neuesten Bilanzen vorzulegen, bestehe kein Anlaß zu der Annahme, daß sich die aus der Bilanz von 1980 ergebenden Umstände seither wesentlich geändert hätten. Auch sei die Tätigkeit des Klägers weder den freien Berufen noch etwa dem Unterrichtswesen im Sinne des § 6 GewO zuzurechnen. Schließlich verböten es Art. 140 GG i.V.m. Art. 137 Abs. 3 WRV und Art. 4 GG nicht, den Kläger aufzufordern, sein Gewerbe anzumelden. Nach seinem Erscheinungsbild trete der Kläger gegenüber unbefangenen Dritten nicht als Religionsgemeinschaft auf. Es stelle sich mit den von ihm angebotenen Büchern, Broschüren und Kursen nach dem Schwerpunkt seines Erscheinungsbildes nicht anders dar als jeder an einer bestimmten Philosophie ausgerichtete Buchvertrieb, in dem Lesungen, Diskussionen und Kurse veranstaltet würden. Gemäß Art. 140 GG in Verbindung mit Art. 137 Abs. 3 WRV bestehe das Recht einer Religionsgemeinschaft bzw. Weltanschauungsvereinigung, ihre Angelegenheiten selbständig zu ordnen und zu verwalten, nur innerhalb der Schranken des für alle geltenden Gesetzes. Selbst wenn man unterstelle, daß es sich bei dem Kläger um eine Religionsgemeinschaft handele, so werde er nicht in seiner Besonderheit als Kirche oder Weltanschauungsgemeinschaft eingeschränkt. Die Pflichten aus § 14 GewO träfen den Kläger wie „jedermann"; denn eine inhaltliche Kontrolle oder Beschränkung der Publikations- und Verkaufstätigkeit sei mit der Pflicht zur Anzeige nicht verbunden, so daß die verfügte Maßnahme im Interesse der Verwirklichung der Zwecke des § 14 GewO hinzunehmen sei. Die Aufforderung zur Gewerbeanmeldung stelle auch keinen Eingriff in die von Art. 4 Abs. 1 und Abs. 2 GG geschützte Glaubens- und Bekenntnisfreiheit dar. Denn diese Grundrechte sollten die Integrität des geistigen Prozesses in Glaubens- und Weltanschauungsfragen schützen. Hierzu gehöre die Gewerbeausübung nicht. Selbst wenn einzelne Kurse der Religionsausübung unterfielen, so sei der Kläger jedenfalls gehalten, solche Kurse und Seminare wie den Kommunikationskurs und den Kurs für erhöhtes Selbstbewußtsein sowie die Veräußerung von Büchern, Broschüren und E-Metern anzuzeigen, und dürfe sie, die Beklagte, eine entsprechende Anzeige fordern. Dabei könne dahinstehen, ob die maßgebliche Rechtsgrundlage unmittelbar in § 14 GewO gesehen werde oder ob es eines Rückgriffs auf § 3 des Gesetzes zum Schutz der öffentlichen Sicherheit und Ordnung (SOG) vom 14. 3. 1966 (Hamb.GVBl. S. 77) bedürfe. Der Verstoß gegen die Anzeigepflicht nach § 14 GewO erfülle auch den Tatbestand der Störung der öffentlichen Sicherheit und Ordnung. Das in § 3 SOG eingeräumte Ermessen sei in jedem Falle dahin auszuüben, die angefochtene Verfügung zu erlassen, wenn man bedenke, daß die Verletzung der Anzeigepflicht aus § 14 Abs. 1 GewO nach § 146 Abs. 2 Nr. 1 GewO eine Ordnungswidrigkeit darstelle, die mit einer Geldbuße bis zu 2000,- DM geahndet werden könne. Die Festsetzung des Zwangsgeldes beruhe auf den §§ 14, 20 des Verwaltungsvollstreckungsgesetzes (Hamb.VwVG) vom 13. 3. 1961 (GVBl. S. 79, 136). Der Widerspruchsbescheid ist dem Kläger am 23. Februar 1988 zugestellt worden.

Mit seiner Klage hat der Kläger zunächst vorgetragen:

Er sei nicht verpflichtet, wegen irgendwelcher Tätigkeiten ein Gewerbe anzumelden. Er sei eine Religionsgemeinschaft im Sinne des Grundgesetzes und finanziere sich fast ausschließlich aus Spenden, Beiträgen und Gebühren seiner Mitglieder. Alles, was durch die religiöse Lehre einer Religionsgemeinschaft impliziert sei, stehe der Annahme eines wirtschaftlichen Geschäftsbetriebs entgegen und könne demgemäß keine gewerbliche Betätigung darstellen. Bei verfassungskonformer Beurteilung stellten der Bücherverkauf Glaubenswerbung durch Verbreitung religiöser/weltanschaulicher Literatur, das Abhalten von Kursen und Seminaren Unterweisung von Gläubigen zur Erreichung des religiösen Ziels und die erzielten Entgelte Spenden, Gebühren und Beiträge dar, die die Religionsgemeinschaft zur Finanzierung ihrer gesamten Organisation benötige. Es sei denkgesetzlich unmöglich, daß ein und dieselbe Handlung sowohl Religionsausübung als auch wirtschaftliche Betätigung sein könne. Außerdem könne die Gewerbeordnung nicht als ein für alle geltendes Gesetz im Sinne von Art. 140 GG i.V.m. Art. 137 Abs. 3 WRV angesehen werden. Wenn er, der Kläger, ein Gewerbe anmelden müsse, dann treffe ihn das keinesfalls wie „jedermann"; eine Religionsgemeinschaft, die ein Gewerbe anmelden müsse, sei nach allgemeinem Verständnis keine Religionsgemeinschaft mehr. Zu Unrecht stelle die Beklagte darauf ab, daß die ausschließlich religiös/weltanschaulich motivierten Tätigkeiten „gegen Entgelt" erfolgten. Angesichts dessen, daß er nicht das Recht habe, Kirchensteuern zu erheben, bleibe ihm überhaupt nichts anderes übrig, als sich durch Spenden, Beiträge und Gebühren zu finanzieren und auf diese Weise die Mittel zu erhalten, die er für seine Zwecke benötige. Nähere Einzelheiten brauche er dazu nicht zu nennen. Wie das Landgericht Hamburg in seinem Beschluß vom 17. 2. 1988[2] – 71 T 79/85 – ausgeführt habe, sei ihm angesichts des Selbstbestimmungsrechts der Kirchen eine Offenlegung interner Angelegenheiten unzumutbar. Ein wirtschaftlicher Geschäftsbetrieb sei auch dann nicht anzunehmen, wenn einzelne Leistungen besonders teuer angeboten würden. Auch andere Kirchen nähmen für ihre Handlungen Gebühren und verlangten für ihre Bücher Preise. Da die Scientology Kirche bei vergleichbarem Kostendruck von Steuergeldern ausgeschlossen sei, müßten die von ihm zu fordernden Entgelte notwendig höher sein, um die anfallenden Kosten zu decken. Auch die Erzielung von Überschüssen stehe dem nicht entgegen, da auch andere Kirchen Überschüsse erzielten.

Im einzelnen sei zu den Ermittlungen und Beanstandungen der Beklagten folgendes auszuführen:

Er sei schon deshalb nicht gewerblich tätig, weil er sich grundsätzlich nur an seine Mitglieder wende. Das gelte nicht nur im Hinblick auf die Kurse, Seminare und das Auditing, sondern auch im Hinblick auf die Bücher und Elektrometer. Das einzige Buch, das er grundsätzlich auch an Nichtmitglieder entgeltlich abgebe, sei die Taschenbuchausgabe von „Dianetik: Die moderne Wissenschaft der geistigen Gesundheit" zum Preis von 19,80 DM. Das Buch „Alles über radioaktive Strahlung" werde ausschließlich an Mitglieder abgegeben und koste 50,- DM. Die Broschüre „Der Weg zum Glücklichsein" werde grundsätzlich entgeltlich nur an Mitglieder abgegeben, welche die Broschüre sodann als persönliches Geschenk an Nichtmitglieder weitergeben sollten. Der Inhalt des Büchleins sei allgemeingültig. Der Umstand, daß es sich nach dem Aufdruck auf der Rückseite des Büchleins um einen nichtreligiösen Moralkodex handele, liege an der andersartigen verfassungsrechtlichen Lage in den USA. Wie so vieles, sei der Text in der deutschen Fassung einfach mitübersetzt worden, ohne daß man sich der anderen Rechtslage in der Bundesrepublik bewußt gewesen sei.

Das E-Meter diene ausschließlich als Hilfsmittel der religiösen Seelsorge oder Beichte, um den Seelsorger oder Geistlichen (Auditor) zu unterstützen, dem Mitglied zu helfen, Wahrheit zu erkennen und seine selbstgeschaffenen Verstrickungen und Lügen dadurch aufzulösen und sich selbst dadurch zu begreifen. Das ausschließlich im Kernbereich der religiösen Betätigung der Scientology Kirche, der Seelsorge (Auditing), benutzte E-Meter sei nur Mit-

---

[2] KirchE 26, 23.

gliedern in gutem Ansehen der Kirche und solchen zugänglich, die das Amt des Geistlichen anstrebten oder nach entsprechender Ausbildung erreicht hätten oder sich auf den höheren Erlösungsstufen bei übergeordneten Kirchen im Ausland befänden, wo sie selbst dieses E-Meter anwendeten. Das E-Meter werde seit März 1988 in einer überarbeiteten, verfeinerten Mark VII-Version den Mitgliedern angeboten und sei für einen Beitrag in Höhe von 5.430,- DM erhältlich. Das Mark VI E-Meter koste derzeit 3.985,- DM. Er, der Kläger, müsse diese Geräte zu denselben Preisen erwerben und stelle sie nicht selbst her; bei Abnahme von 10 Stück erhalte er allerdings einen Nachlaß in Höhe von 45 %.

Die Anzeigen in der Zeitschrift „The Auditor 196" und die „OT News 9" stammten nicht von ihm, sondern von der „Church of Scientology Advanced Organisation Saint Hill Europe + Africa" in Kopenhagen. Die Beiträge seiner Mitglieder seien weit geringer. Auch sei kein Mitglied verpflichtet, alle möglichen Kurse und Auditingschritte zu absolvieren, um die angestrebten Erlösungsziele der Religion zu erreichen.

Die Teilnahme an den Kursen, die die Beklagten ausdrücklich genannt habe, sei nach seinem Selbstverständnis zur Erreichung des religiösen Ziels unabdingbar. Bevor ein Mitglied überhaupt mit den wesentlichen religiösen Übungen – dem Auditing – der Scientology Kirche vertraut werde, solle es die grundsätzlichen Lehren der Kirche kennen und bereits Erfahrung in der Anwendung dieser Lehren auf sein Leben gemacht haben. Der Kommunikationskurs vermittele grundlegende Übungen, die dem Mitglied hülfen, ein Bewußtsein seiner selbst als geistiges Wesen zu erlangen. Der Kommunikationskurs sei in der Regel der Beginn des Weges zur völligen Freiheit bei jedem neuen Mitglied der Scientology Kirche. Der Kurs sei völlig in die religiöse Lehre der Scientology Kirche eingebunden und ein wesentlicher Bestandteil des Erlösungsweges. Es gebe wohl kaum ein Mitglied der Kirche, das diesen Kurs nicht absolviert habe. In dem Kurs für erhöhtes Selbstbewußtsein oder erhöhtes Selbstvertrauen werde das Buch „Selbstanalyse" von L. Ron Hubbard abgehandelt. Dieses Buch gebe eine Einführung in die grundlegenden Aspekte und Lehren der Scientology Religion.

Er habe bisher keine Gewinne erzielt. Insbesondere habe er aus dem Verkauf religiöser Schriften sowie der Durchführung der religiösen Kurse, auf die der Bescheid der Beklagten ausdrücklich gestützt sei, keine Gewinne erzielt. Er handele auch nicht in Gewinnerzielungsabsicht. Das Streben nach Gewinnen im erwerbswirtschaftlichen Sinne sei ihm aufgrund der kircheninternen Richtlinien verboten. Die ihm zur Verfügung gestellten finanziellen Mittel würden ausschließlich für die Erreichung des ideellen Vereinszwecks eingesetzt. Soweit Überweisungen an die Mutterkirche erfolgt seien, seien diese unmittelbar den ideellen Zwecken der Mutterkirche und mittelbar auch ihm zugute gekommen. Die von der Beklagten herangezogenen Zahlen hinsichtlich des Buchverkaufs im Jahre 1980 seien unzutreffend. Jedenfalls seien die anteiligen Gemeinkosten wie Miete, Strom, Wasser etc. nicht berücksichtigt. Von einer Gewinnspanne im Buchverkauf von 50 % zu sprechen, sei abwegig. Bei ihm bereichere sich niemand. Wie der von dem Wirtschaftsprüfer W. erstellte Untersuchungsbericht über die Einnahmen der mit der Kirchenleitung beauftragten Personen für den Zeitraum von 1984 bis 1988 ergebe, müsse die Tätigkeit der Vorstandsmitglieder auf rein ideellen und religiösen Beweggründen beruhen. Jeder Geistliche der traditionellen Amtskirchen in der Bundesrepublik verdiene ein Vielfaches mehr. Außerdem sei es rechtlich nicht zulässig, einzelne Tätigkeiten wie z.B. den Verkauf religiöser Literatur herauszugreifen und diese dann mit der Begründung, die Einnahmen überstiegen die Ausgaben, als gewerblich hinzustellen. Entscheidend sei, ob insgesamt eine Gewinnerzielungsabsicht vorliege, wobei es bei Religionsgemeinschaften wie bei ihm nicht genüge, wenn Einnahmen lediglich zur finanziellen Sicherung der Existenz der Einrichtung erzielt würden. Er, der Kläger, habe seit seiner Existenz noch keine Überschüsse zu verzeichnen gehabt. Wie der Wirtschaftsprüfer W. unter dem 12. 11. 1990 bestätigt habe, seien aufgrund der Jahresabschlüsse des Vereins für die Jahre 1984 bis 1989 insgesamt Verluste angefallen; es seien in diesen Jahren auch keine verdeckten Gewinnausschüttungen vorgenommen worden; auch sei in den Jahren 1984 bis 1989 aus dem Verkauf der Bücher nach Abzug der Kosten für den Bucheinkauf und anteiliger Personal-, Verwaltungs- und Vertriebskosten insgesamt kein Gewinn angefallen. Eine Entbindung des zuständigen Finanzamts vom Steuergeheimnis werde er, der Kläger, jedoch nicht erklären. Im übrigen seien auch andere eingetragene Vereine oder kirchliche Verbände in erheblichem Umfang beim Verkauf von Büchern und der Veranstaltung von Kursen tätig, ohne daß dies beanstandet oder eine Gewerbeanzeige gefordert werde. Offenbar behandele die Beklagte vergleichbare Sachverhalte unterschiedlich.

Der Wirtschaftsprüfer des Klägers hat eine auf den Verkauf von Büchern und Elektrometern bezogene Einnahme- und Ausgabenrechnung für die Zeit von 1983 bis 1987 vorgelegt.

Mit einem späteren Schriftsatz hat der Kläger vorgetragen, er gebe folgende 10 Buchtitel auch an Nichtmitglieder ab: „Dianetik", „Selbstanalyse", „Dianetik 55", „Die Entwicklung einer Wissenschaft", „Lernfibel", „Clear Body – Clear Mind", „Die Wissenschaft des Überlebens", „Dianetik – die ursprüngliche These", „Kinderdianetik", „Alles über radioaktive Strahlung". Weitere Bücher würden an Nichtmitglieder nicht abgegeben. Alle 10 genannten Bücher stünden in unmittelbarem Bezug zur religiösen Lehre von Scientology; die Abgabe dieser Bücher diene ausschließlich dazu, neue Mitglieder für die Scientology Kirche zu werben, indem das Interesse an Scientology durch die Lektüre einführender Literatur geweckt werden solle. Auf die Preise dieser Bücher komme es nicht an. Die Finanzierung einer Religionsgemeinschaft insgesamt unterfalle dem Bereich der verfassungsrechtlich geschützten Selbstverwaltung gemäß Art. 137 WRV. Er sei als anerkannte Religionsgemeinschaft nicht verpflichtet, seine innersten Angelegenheiten offenzulegen.

Im Termin vor dem Verwaltungsgericht hat der Vertreter des Klägers erklärt, der Mitgliedsbeitrag betrage derzeit 30,- DM jährlich. Der Vizepräsident des Klägers, Herr R., hat weiter angegeben: Das Dianetikbuch koste jetzt als Taschenbuch 14,80 DM; der Preis einer gebundenen Ausgabe, die nur an Mitglieder abgegeben werde, betrage etwa 50,- DM. Die weiter im Schriftsatz vom 7. Dezember 1990 aufgeführten Bücher würden zu Preisen von 30,- DM bis 50,- DM auch an Nichtmitglieder abgegeben. Der sogenannte Kommunikationskurs koste derzeit 40,- DM. Es gebe weitere bzw. höhere Stufen der Kurse, die im wesentlichen im sogenannten Auditing bestünden. Für diese höhere Art von Kursen würden entsprechend höhere Gebühren entrichtet. Alle Kurse richteten sich lediglich an Mitglieder, die ihren Mitgliedsbeitrag entrichtet und eine entsprechende Beitrittserklärung unterschrieben hätten; zusätzlich sei eine Erklärung erforderlich, daß der Betreffende sich zu den Glaubensinhalten der Scientology Kirche bekenne. Die höheren Stufen der Kurse müßten zum Teil im Ausland abgehalten werden, weil nur dort entsprechend qualifizierte Mitglieder der Scientology Kirche zur Verfügung stünden. Die Preise für solche Kurse könnten sich in der Größenordnung von 10.000,- DM bewegen. Solche Seminare erstreckten sich teilweise über mehrere Jahre hinweg. Leistungen für Unterkunft und Verpflegung seien in diesen Gebühren nicht enthalten. Zum Volumen des Kurswesens, wie er es in Hamburg betreibe, wolle er keine Ausführungen machen. Die Bücher bezöge er vom New Era-Verlag zu vom Verlag bestimmten Preisen und verkaufe sie kostendeckend weiter. Für die Entgeltsgestaltung bei den Kursen gebe es Grundsatzrichtlinien der Mutterkirche. Es sei jedoch den örtlichen Gliederungen freigestellt, die Preisgestaltung im einzelnen den örtlichen Gegebenheiten anzupassen. Das geschehe auch in Hamburg. Die Elektrometer würden grundsätzlich weder an Nichtmitglieder noch an einfache Mitglieder, sondern lediglich an Geistliche der Scientology Kirche abgegeben, wobei allerdings nicht zwischen hauptamtlich oder ehrenamtlich tätigen Geistlichen differenziert werde. Die Bücher stünden in den Kirchen und Missionen zum Verkauf. Außerdem betreibe er Werbung. Er selbst habe gelegentlich über die Post Werbung für das Schrittum betrieben. Straßenwerbung auf öffentlichen Wegen erfolge heute nicht mehr. Soweit auf seinen Grundstücken Dritte angesprochen würden, sollten sie allgemein für die Arbeit der Scientology Kirche interessiert werden. Erst wenn nähere Kontakte hergestellt worden seien, bestünde die Möglichkeit, Bücher zu erwerben oder an Kursen teilzunehmen. Ihm stünden außer der Werbung durch Handzettel und Postwurfsendungen kaum andere Möglichkeiten der Werbung offen, da sich die Presse fast immer weigere, seine Anzeigen aufzunehmen.

Die Beklagte hat sich auf den Widerspruchsbescheid bezogen und ergänzend vorgetragen: Zahlreiche Gerichte seien inzwischen zu der Überzeugung gelangt, daß der Kläger vornehmlich einer wirtschaftlichen Betätigung nachgehe. Sie bestreite auch, daß die Bücher „Dianetik, die moderne Wissenschaft der geistigen Gesundheit", „Alles über radioaktive Strahlung" und „Der Weg zum Glücklichsein" dem Kernbereich einer Religionsausübung oder Werbung für eine Religion zuzuordnen seien. Soweit es um die Verwendung der E-Meter und die Angebote anderer Kurse gehe, so stünden die hierfür begehrten Entgelte in einem eklatanten Widerspruch zu der angeblich betriebenen gemeinnützigen und selbstlosen Tätigkeit.

Das Verwaltungsgericht hat die Klage abgewiesen.

Auch die Berufung des Klägers blieb erfolglos.

Aus den Gründen:

Die zulässige Berufung hat in der Sache keinen Erfolg (...). Auch das Berufungsvorbringen rechtfertigt keine andere Beurteilung.

I. Rechtsgrundlage der angefochtenen Verfügung ist die von der Beklagten zu Recht herangezogene Vorschrift des § 14 Abs. 1 Satz 1 GewO, wonach u. a. derjenige, der den selbständigen Beginn eines stehenden Gewerbes anfängt, dies der für den betreffenden Ort zuständigen Behörde anzeigen muß. Wie das Verwaltungsgericht unter Hinweis auf die Rechtsprechung des Bundesverwaltungsgerichts zutreffend ausgeführt hat, enthält die Vorschrift eine ausreichende Ermächtigungsgrundlage für die Beklagte, von einem Gewerbetreibenden durch Verwaltungsakt die Erstattung der in § 14 GewO vorgeschriebenen Anzeige zu fordern (vgl. auch BVerwG, Urteil v. 26. 1. 1993 = GewArch 1993, 196). Eines Rückgriffs auf die allgemeine ordnungrechtliche Vorschrift des § 3 Abs. 1 SOG bedarf es nicht. Im übrigen hat die Beklagte ihre Verfügung in ihrem Widerspruchsbescheid (...) ausdrücklich auch auf § 3 Abs. 1 SOG gestützt.

II. Die angefochtene Verfügung ist hinreichend bestimmt. Wie das Verwaltungsgericht zutreffend ausgeführt hat, läßt sich den angefochtenen Bescheiden jedenfalls unter Berücksichtigung der Begründung des Widerspruchsbescheides hinreichend deutlich entnehmen, welchen Inhalt die von der Beklagten gewünschte Anzeige haben soll: Die Beklagte fordert von dem Kläger, den Verkauf von Büchern, Broschüren und sogenannten Hubbard-Elektrometern (E-Metern) sowie die entgeltliche Durchführung von Kursen und Seminaren anzuzeigen, während das als „Auditing" bezeichnete sogenannte geistige Beratungsverfahren nicht zu den Tätigkeiten zählt, die die Beklagte angezeigt wissen will; die Beklagte hat in ihren Bescheiden das „Auditing" nicht erwähnt und gegen die Ausführungen des Verwaltungsgerichts, daß das „Auditing" von der Beklagten nicht gemeint und dementsprechend nicht Gegenstand der Entscheidung sei, im Berufungsverfahren auch keine Einwendungen erhoben. Die Frage, wie genau die von den angefochtenen Bescheiden erfaßten Tätigkeiten nach dem Willen der Beklagten bezeichnet werden sollen, ist dahin zu beantworten, daß die Beklagte von dem Kläger nicht mehr fordert, als sie dies in vergleichbaren Fällen auch sonst tut. Es reicht daher aus, wenn der Kläger – ebenso wie die Beklagte dies getan hat – den Gegenstand der Tätigkeiten lediglich generell umschreibt und mithin etwa den „Verkauf von Büchern, Broschüren, E-Metern und die entgeltliche Durchführung von Kursen und Seminaren" anzeigt.

III. Der Kläger tat – und tut – das, was die Beklagte als gewerbliche Tätigkeiten angezeigt wissen will: Er verkauft nach wie vor Bücher, Broschüren und sogenannte E-Meter und führt nach wie vor entgeltlich Kurse und Seminare durch, so daß offen bleiben kann, ob maßgeblicher Zeitpunkt für die Beurteilung (nur) der Zeitpunkt der letzten Verwaltungsentscheidung (...) 1988 oder (auch) der Zeitpunkt der Entscheidung des Berufungsgerichts ist.

1. Der Kläger verkauft zahlreiche Bücher und Broschüren. Der Kläger hat im Widerspruchsverfahren (...) zwar einmal vorgetragen, es sei beabsichtigt, in Hamburg eine GmbH zu gründen, die den Verkauf der Schriften übernehmen werde. *(Schriftsätzlich)* hat der Kläger dazu ergänzt, es seien weiterhin Überlegungen im Gange, den Buchverkauf einer GmbH zu übertragen, um der Beklagten entgegenzukommen. Dies ist jedoch bisher nicht geschehen. Der Kläger bietet nach wie vor selbst Bücher und Broschüren an. Es kann auch nicht zweifelhaft sein, daß es sich bei der Abgabe der Bücher durch den Kläger zu festen Preisen um Verkäufe im Rechtssinne handelt, gleichgültig, ob der Kläger die Gegenleistung als Kaufpreis oder als Spendenbeitrag bezeichnet. Im übrigen spricht der Kläger vielfach, z.B. auch in der Berufungsbegründung (...), von dem „Verkauf von Büchern".

2. Der Kläger verkauft nach wie vor sogenannte E-Meter. Hinsichtlich der rechtlichen Einordnung gilt das gleiche wie im Hinblick auf den Verkauf der Bücher und Broschüren: Es handelt sich bei der Abgabe der E-Meter zu festen Preisen um Verkäufe im Rechtssinne, ungeachtet dessen, daß der Kläger die von dem Erwerber zu erbringende Gegenleistung als „Spendenbeitrag" bezeichnet.

3. Der Kläger führt nach wie vor entgeltlich Kurse und Seminare durch. Der Kläger führt nach dem Ergebnis der Beweisaufnahme eine ganze Reihe von Kursen und Seminaren durch. Zu diesen Kursen und Seminaren gehören u.a. ein sog. Kommunikationskurs (oder: „Erfolg durch Kommunikation"), ein Dianetik-Seminar und ein Dianetik-Heimkurs. Der Kurs für erhöhtes

Selbstbewußtsein oder erhöhtes Selbstvertrauen, in dem nach den Angaben des Klägers (...) das Buch „Selbstanalyse" von L. Ron Hubbard abgehandelt worden ist, wird nach den Erklärungen des Vizepräsidenten des Klägers, Herrn R., in der Sitzung vom 16. 3. 1993 seit sieben Jahren nicht mehr angeboten. Der Kläger bietet Kurse und Seminare gegen festes Entgelt an. So bietet er den Kommunikationskurs jetzt für 160,- DM (nach seinen Angaben einschließlich eines Anteils von 90,- DM für Kursmaterial und einschließlich des Mitgliedsbeitrages von 30,- DM), das Dianetik-Seminar für 120,- DM und den Dianetik-Heimkurs für 50,- DM an. Auch für andere Kurse und Seminare fordert der Kläger grundsätzlich feste Preise. Wie Herr R. erklärt hat, gibt es für die Kurse Beitragsrahmenlisten (Listen über Mindest- und Höchstpreise), die der Kläger von der kontinentalen Kirche in Kopenhagen erhält. Wenn der Kläger sich auch geweigert hat, diese Beitragsrahmenlisten vorzulegen, und Herr R. erklärt hat, daß diese Beitragsrahmenlisten für den Kläger nicht verbindlich seien, und es dem einzelnen Mitglied überlassen sei, daß er erkläre, mehr oder weniger als die generell festgesetzten Beiträge zu zahlen oder den Beitrag in anderer Form, etwa durch soziales Engagement, zu erbringen, so hat Herr R. doch eingeräumt, daß die Gesamthöhe des Beitrags für einen Kurs oder Seminar für das einzelne Mitglied vor Beginn seiner Teilnahme feststehe. Es kann auch nicht zweifelhaft sein, daß der Kläger Kurse und Seminare wie den Kommunikationskurs, das Dianetik-Seminar und den Dianetik-Heimkurs, für die er feste Preise fordert, entgeltlich durchführt, auch wenn er die Gegenleistung der Kursteilnehmer als „Spendenbeiträge" bezeichnet. Es überzeugt nicht, wenn der Kläger mit der Berufung vorbringt, daß die geforderten „Spendenbeiträge" wirtschaftlich gesehen nicht in einem Gegenleistungsverhältnis zu den seelsorgerischen Diensten, Seminaren und Kursen der Scientology Kirche stünden, da diesen Diensten im Diesseits kein wirtschaftlicher Wert beigemessen werden könne, weil die Kurse und Seminare erkennbar nicht nach allgemeinen wirtschaftlichen oder wissenschaftlichen Erkenntnissen zu bewerten seien, sondern durch Glauben an das religiöse Endziel im Sinne von Scientology überhöht würden. Mögen die von dem Kläger angebotenen Kurse und Seminare auch nach weltlichen Maßstäben das vom Kläger geforderte Geld nicht wert sein, so ändert dies doch nichts daran, daß der Kläger die Kurse und Seminare entgeltlich durchführt.

IV. Der Kläger ist bei dem Verkauf von Büchern, Broschüren und E-Metern gewerblich tätig und führt auch gewerblich Kurse und Seminare durch.

Das Verwaltungsgericht hat den Begriff des Gewerbes unter Hinweis auf die Rechtsprechung und Literatur zutreffend umschrieben: Gewerbe i. S. der Gewerbeordnung ist jede nicht sozial unwertige (generell nicht verbotene), auf Gewinnerzielung gerichtete und auf Dauer angelegte selbständige Tätigkeit, ausgenommen Urproduktion, freie Berufe (freie wissenschaftliche, künstlerische und schriftstellerische Tätigkeit höherer Art sowie persönliche Dienstleistungen höherer Art, die eine höhere Bildung erfordern) und bloße Verwaltung und Nutzung eigenen Vermögens (vgl. auch BVerwG, Urteil v. 26. 1. 1993, aaO). Zu ergänzen ist, daß eine Tätigkeit, die sonst alle Merkmale des Gewerbebegriffs erfüllt, gleichwohl nicht als gewerbliche Tätigkeit angesehen werden kann, wenn sie nach ihrem Gesamtbild keine gewerbliche Tätigkeit darstellt: Letztlich entscheidend ist, ob das Gesamtbild der zu beurteilenden Erwerbshandlung im Einzelfall den allgemeinen Vorstellungen von einem Gewerbe entspricht (vgl. etwa BVerwG, Urteil v. 24. 6. 1976, GewArch 1976, 293; Urteil v. 26. 1. 1993, aaO; Fuhr/Friauf, Gewerbeordnung, Stand: Februar 1989, § 1 Rdnrn. 113 ff.; Kahl in Landmann/Rohmer, Gewerbeordnung, Stand: Juli 1990, Einleitung Rdnrn. 48 ff.).

Dem Verwaltungsgericht ist auch darin zuzustimmen, daß der Kläger bei dem Verkauf von Büchern, Broschüren und E-Metern gewerblich tätig ist und auch gewerblich Kurse und Seminare durchführt. Für diese Feststellung ist es unerheblich und deshalb vom Gericht nicht geprüft worden, ob der Kläger als Religions- oder Weltanschauungsgemeinschaft im Sinne des Grundgesetzes anzuerkennen ist. Auch eine Religionsgemeinschaft kann ein Gewerbe im Sinne der Gewerbeordnung betreiben, wenn sie mit der Absicht der Gewinnerzielung auf Dauer den Verkauf von Waren und Dienstleistungen betreibt und diese Tätigkeiten ihrem Gesamtbild nach als gewerbliche Tätigkeiten einzustufen sind. Im einzelnen gilt dazu folgendes:

1. Es handelt sich bei dem Verkauf von Büchern, Broschüren und E-Metern sowie bei der entgeltlichen Durchführung von Kursen und Seminaren durch den Kläger um nicht sozial unwertige (generell nicht verbotene) Tätigkeiten im Sinne des Gewerbebegriffs.

2. Es handelt sich bei dem Verkauf von Büchern, Broschüren und E-Metern sowie bei der entgeltlichen Durchführung von Kursen und Seminaren durch den Kläger um auf Dauer angelegte selbständige Tätigkeiten.

3. Der Kläger tritt bei dem Verkauf von Büchern, Broschüren und E-Metern sowie bei der entgeltlichen Durchführung von Kursen und Seminaren im Rechtsverkehr in einer Art und Weise auf, die sich nicht von der gewerblichen Tätigkeit anderer, insbesondere nicht religionsgebundener Unternehmen unterscheidet und die dem gewöhnlichen Teilnehmer am Rechtsverkehr als gewerbliche Tätigkeit erscheint. Dies gilt sowohl für den Verkauf von Büchern und Broschüren (a) als auch für die entgeltliche Durchführung von Kursen und Seminaren (b) als auch schließlich für den Verkauf von E-Metern (c).

a) Der Kläger ist bei dem Verkauf von Büchern und Broschüren in einer Art und Weise tätig, die sich nicht von der Tätigkeit anderer, insbesondere nicht religionsgebundener Buchläden unterscheidet und die in den Augen des Verkehrs als gewerbliche Tätigkeit erscheint. Dies zeigt sich in der Werbung für

Bücher und Broschüren (aa), in den Büchern und Broschüren selbst (bb) und in der Preisgestaltung (cc).

aa) Der Kläger wirbt für von ihm verkaufte Bücher und Broschüren gegenüber Mitgliedern und Nichtmitgliedern in einer Art und Weise, die sich in nichts von einer kommerziellen Buchwerbung unterscheidet und den religiösen Bezug, die die Bücher nach dem Selbstverständnis des Klägers haben, in den Augen des Verkehrs nicht erkennbar macht.

So warb der Kläger 1983/84 für das von L. Ron Hubbard verfaßte Buch „Dianetik" mit einer Postwurfsendung, in der unter dem Foto Albert Einsteins blickfangartig der Satz „Wir nutzen nur 10 % unseres geistigen Potentials" hervorgehoben war und in der es wie folgt weiter hieß:

„Dies sind die Worte Einsteins, des größten Physikers unserer Zeit. L. Ron Hubbards Entdeckungen auf dem Gebiet des Geistes beweisen heute, daß Einstein recht hatte. In seinem Buch DIANETIK geht Hubbard aber noch einen Schritt weiter. Er zeigt neben seinen Entdeckungen, wie jeder selbst mehr und mehr seines brachliegenden Potentials freisetzen kann. Immer mehr Menschen, darunter Ärzte, Künstler, Manager und Angestellte benützen DIANETIK. Die in die Tausende gehenden schriftlichen Berichte ihrer Erfolge sind der beste Beweis für die Qualität dieses Buches. DIANETIK: Die moderne Wissenschaft der geistigen Gesundheit. Bestellen Sie sich Ihr Exemplar bereits jetzt!"

Ähnlich warb der Kläger im Jahre 1989. In einer Werbebroschüre, die auf der Titelseite das Wort „Test", das Bild Albert Einsteins und den Satz „Wir nutzen nur 10 % unseres geistigen Potentials" trägt, und in der 200 Testfragen für einen sog. Persönlichkeitstest enthalten sind, heißt es auf der Rückseite unter der Abbildung des Buches „Dianetik", das danach als Taschenbuch 19,80 DM kosten sollte, wie folgt:

„Die großen Männer der Geschichte wußten es auszuschöpfen. Gemäß Albert Einstein nützen wir Alltagsmenschen aber nur 10 % unseres wahren Potentials. In seinem Buch DIANETIK zeigt L. Ron Hubbard erstmals, warum wir bisher auf 90 % unseres kostbarsten Gutes verzichten mußten. Er präsentiert aber auch eine Methode, mit der wir mehr und mehr unsere enormen geistigen Reserven freisetzen können. Fachleute waren von seinen Entdeckungen so beeindruckt, daß die amerikanische Regierung versuchte, sein Wissen unter ihr Monopol zu bekommen. Hubbards Antwort war die Veröffentlichung des Buches DIANETIK, mit dem er seine Erkenntnisse uns allen zugänglich macht. Ihr wahres geistiges Potential ist zu wertvoll, um ungenutzt zu bleiben."

In einem Faltblatt vom 21. 11. 1992 heißt es zu dem Buch, das als Taschenbuch in einer neuen Ausgabe nunmehr 14,80 DM kostet, unter der Überschrift „Das Rätsel über das Denken ist gelöst!" und einer Abbildung des Buches wie folgt:

„Dianetik ist ein internationaler Selbsthilfe-Bestseller. Ein Buch, das jede Woche fast 35 000 Mal verkauft wird.
Über die Jahrtausende gab es viele Philosophien, in den Wissenschaften wie Mathematik, Elektronik und Physik wurde eine Menge an Wissen angesammelt. Aber gemessen an den

ideologischen und politischen Konflikten, wurde wenig dieses Wissens jemals auf das Gebiet des menschlichen Verstandes angewandt.

Dieses Buch enthält einen revolutionären Einblick in die grundlegende Natur des Menschen und löst das Rätsel über den menschlichen Verstand und sein wahres geistiges Potential.
Lesen Sie dieses Buch. Füllen Sie den Coupon auf dieser Seite aus oder bestellen Sie es telefonisch direkt im Dianetik-Zentrum."

Unten auf derselben Seite des Faltblatts ist ein Bestellcoupon vorgedruckt, der ausgeschnitten und an das Dianetik-Zentrum des Klägers eingesandt werden soll und mit dem u. a. das Buch „Dianetik" als Taschenbuch zum Preis von 14,80 DM bestellt werden kann.

In ähnlich kommerzieller Weise wie für das Buch „Dianetik" wirbt der Kläger auch für das Buch „Selbstanalyse" von L. Ron Hubbard. So wird in einem an alle Haushalte gerichteten Faltblatt für das Buch u. a. wie folgt geworben:

„An alle Haushalte!
Steigern Sie Ihr Selbstvertrauen!
Lesen Sie SELBSTANALYSE.
Sie können jetzt innerhalb kurzer Zeit mehr für Ihr Selbstvertrauen und Ihr geistiges Wohlbefinden tun, als Ihnen dieses jemals möglich erschien. Und das mit nur ein paar Minuten täglicher Anwendung der in SELBSTANALYSE enthaltenen Verfahren.
Die Neuerscheinung von L. Ron Hubbard, SELBSTANALYSE, beinhaltet eine Reihe von Do-it-yourself-Übungen, mit denen man sich selbst zu einem positiveren Leben verhelfen kann. Wahrscheinlich eines der lohnenswertesten Bücher, die Sie jemals gelesen haben.
Die SELBSTANALYSE-Übungen können sehr einfach durchgeführt werden, doch das, was das Buch so wertvoll macht, sind vor allem die positiven Ergebnisse, die man damit erreichen kann."

Unter einem Foto von L. Ron Hubbard heißt es:

„L. Ron Hubbard ist einer der führenden Philosophen unserer Zeit. Seine Werke, die jetzt auch in Deutschland starke Verbreitung finden, wurden in 24 Sprachen übersetzt. Auch für seine Beiträge auf dem Gebiet der Drogenrehabilitation findet Hubbard große internationale Anerkennung als Autor und Humanist."

Ferner heißt es u. a.:

„Machen Sie diese einfachen Übungen selbst, mit denen Sie nach wenigen Minuten täglicher Anwendung Ihr natürliches Selbstvertrauen Stück für Stück befreien können. Die in die Tausende gehenden Erfolgsberichte begeisterter Leser zeigen Resultate auf, die bisher unerreichbar schienen ..."

Als Absender des Faltblattes erscheint das Dianetik-Informationszentrum des Klägers im Hause St.63; als Bestelladresse, bei der das Buch mit dem auszuschneidenden Coupon des Faltblattes zum Preis von 24,80 DM bestellt werden kann, ist ebenfalls das Dianetik-Informationszentrum des Klägers angegeben.

Außerdem warb der Kläger für das Buch „Alles über radioaktive Strahlung" von L. Ron Hubbard mit Postwurfsendungen, in denen es u. a. wie folgt heißt:

„Finden Sie heraus, was sich wirklich hinter radioaktiver Strahlung versteckt, damit Sie etwas dagegen tun können. Kaufen Sie „Alles über radioaktive Strahlung" ... Dieses Buch enthält eine Fülle von faszinierenden Tatsachen, welche die Auswirkung von Radioaktivität auf den geistigen Zustand einer Person darlegen. Für den interessierten Menschen, dem das Wohl anderer am Herzen liegt, schafft das Buch Klarheit über die weltweite Auseinandersetzung zu diesem Thema ... Holen Sie sich dieses Buch und lesen Sie es! Es vermittelt Ihnen ein fundiertes Wissen über dieses Gebiet; dadurch können Sie der Sache ins Auge blicken. Trennen Sie selbst die harten Tatsachen von der Propaganda. Wissen über die Sache beseitigt die nagende Ungewissheit und gibt vermehrte Sicherheit. Die Fähigkeit, sich gegen Radioaktivität zur Wehr zu setzen, steigt in der Folge. Jedermann, d. h. Männer und Frauen gleichwohl, der am Wohlbefinden dieser Gesellschaft interessiert ist, wird sich anhand dieses Buches informieren wollen ..."

Ferner vertreibt der Kläger eine Broschüre mit dem Titel „Der Weg zum Glücklichsein". In einer Postwurfsendung, mit der der Kläger für die Broschüre warb, heißt es u. a.:

*„Zeigen Sie anderen den Weg zum Glücklichsein! ... DER WEG ZUM GLÜCKLICHSEIN ist da! Lesen Sie ihn und entdecken Sie einen einfachen, praktischen Kodex für das Überleben in unserer modernen Welt. Lernen Sie, wie die eigenen Handlungen Glück oder Kummer bringen können, entdecken Sie die grundlegenden Verhaltensregeln, die, wenn sie befolgt werden, wahres Glücklichsein hervorbringen ...
Die Broschüre DER WEG ZUM GLÜCKLICHSEIN, die in Paketen zu je 12 Stück verkauft wird, ist ein Werkzeug, das sie verwenden können, um etwas dagegen zu unternehmen! Helfen Sie mit, das Licht größerer Anständigkeit und gegenseitigen Vertrauens unter den Menschen zu verbreiten. Begeben Sie sich jetzt auf den Weg zum Glücklichsein. Kaufen Sie viele Pakete dieser Broschüre und legen Sie sie Geschenken für Ihre Familienmitglieder und Freunde bei oder geben Sie die Broschüre allein als Geschenk."*

bb) Es handelt sich bei den vom Kläger verkauften Büchern und Broschüren zumindest auch um Schriften, die nicht nur nach der Werbung des Klägers, sondern auch nach ihrer Aufmachung und ihrem Inhalt den Bezug zur Religion, den sie nach dem Selbstverständnis des Klägers haben, für den gewöhnlichen Teilnehmer am Rechtsverkehr nicht oder nur untergeordnet erkennbar machen. Dies gilt insbesondere für das Buch „Dianetik".

So wird das Buch „Dianetik" nach dem Titelbild der dem Gericht vorliegenden Taschenbuchausgabe 1992 als „Der Leitfaden für den menschlichen Verstand" bezeichnet und der Autor L. Ron Hubbard als „einer der führenden Selbsthilfe-Autoren" gekennzeichnet. Dementsprechend wird L. Ron Hubbard auf Seite 1 des Buches wie folgt vorgestellt:

*„L. Ron Hubbard wurde am 13. März 1911 in Montana, USA, geboren.
Seine zwanzigjährige Forschungsarbeit über den Menschen und den menschlichen Geist, finanziert durch seinen Erfolg als Romanschriftsteller in den 30iger und 40iger Jahren, re-*

sultierte im Jahre 1950 im Werk Dianetik, das in der Zwischenzeit über 15 Millionen Mal gekauft wurde.
Hubbard ist der Autor von 530 veröffentlichten Werken in den Gebieten Lebenshilfe, Philosophie, Esoterik, Gesundheit, Erziehung, Drogenrehabilitation und Belletristik. Mit über 106 Millionen Gesamtauflage und Vertrieb seiner Bücher in über 90 Ländern gilt Hubbard als einer der meistgelesenen Autoren aller Zeiten. Für sein Schaffen erhielt er zahlreiche Auszeichnungen. U. a. verlieh ihm die Universität Moskau im Februar 1992 postum den Ehrendoktortitel für Literatur."

Von Religion ist in diesem Zusammenhang nicht die Rede.
Zur Dianetik heißt es auf S. 4 des Buches:

„Dieses Buch ist Teil der Werke von L. Ron Hubbard, der die DIANETIK, eine Technologie zur Befreiung des geistigen Wesens, entwickelte. Es wird dem Leser als eine Aufzeichnung von Beobachtungen und Forschungen über Verstand und Geist des Menschen vorgelegt, nicht als vom Autor aufgestellte Behauptung.
DIANETIK, eine Technologie zur Befreiung des geistigen Wesens, ist die Lehre vom geistigen Wesen in seiner Beziehung zum Körper und die Förderung des Wesens in dieser Beziehung."

Auf S. 19 heißt es zur Dianetik u. a.:

„Bei all ihrer Einfachheit ist und bewirkt die Dianetik folgendes:
1. Sie ist eine systematisch aufgebaute Wissenschaft vom Denken, gegründet auf eindeutige Axiome, d. h. auf Aussagen über Naturgesetze im gleichen Rang wie jene der Naturwissenschaften.
2. Sie umfaßt eine therapeutische Technik, mit der alle nicht organischen Geistesstörungen und alle organischen psychosomatischen Leiden mit der Gewißheit völliger Heilung in beliebigen Fällen behandelt werden können.
3. Sie ermöglicht dem Menschen eine Ebene der Fähigkeit und Vernunft, die ihn weit über den gegenwärtigen Durchschnitt hebt, und sie zerstört nicht seine Lebenskraft und Persönlichkeit, sondern erhöht sie …"

Auf der Rückseite des Buches heißt es u. a.:

„In diesem Buch stellt L. Ron Hubbard eine neue, praktische und unkomplizierte Methode vor, die Sie gemeinsam mit einem Freund verwenden können. Mit diesem Verfahren kann eine Person, Schritt für Schritt, ihr ungenutztes geistiges Potential und ihre wahren Fähigkeiten freisetzen und lernen, sich selbst wie auch andere besser zu verstehen. Entdecken Sie: wie man seine Intelligenz verbessern kann; warum an der Wurzel Ihrer Probleme vorgeburtliche Erlebnisse liegen können; wie Ihr „Bewußtsein" und Ihr „Unterbewußtsein" genau funktionieren; wie Gedanken den Körper beeinflussen; auf welche Art und Weise ein hoher Prozentsatz der menschlichen Krankheiten durch frühere schmerzhafte Erlebnisse verursacht wird und die exakten Techniken, um solche Erlebnisse völlig aufzulösen; was Ihre wahren geistigen Fähigkeiten sind."

Der religiöse Bezug, den das Buch „Dianetik" nach dem Selbstverständnis des Klägers hat, ist für den durchschnittlichen Leser nicht zu erkennen. Entsprechendes gilt für die Broschüre „Der Weg zum Glücklichsein", in der sich nach einer Definition des Begriffes „Glücklichsein" verschiedene Kapitel befinden, die jeweils mit Aufforderungen zur Lebensgestaltung überschrieben sind, wie beispielsweise: Lassen Sie sich behanden, wenn Sie krank sind; halten Sie Ihren Körper sauber; halten Sie Ihre Zähne instand; ernähren Sie sich vernünftig; schlafen Sie genug; ehren Sie Ihre Eltern und helfen Sie ihnen; morden Sie nicht; seien Sie fleißig; respektieren Sie die religiösen Überzeugungen anderer; seien Sie aktiv und erfolgreich. Auf der Umschlagrückseite dieser Broschüre heißt es:

> „Dies ist vielleicht der erste nicht religiöse Moralkodex, der gänzlich auf gesundem Menschenverstand beruht. Er wurde von L. Ron Hubbard als eigenständige Publikation geschrieben und ist nicht Teil irgendeiner religiösen Doktrin. Der Nachdruck oder die einzelne Verbreitung des Buches bedeutet nicht, daß man mit irgendeiner religiösen Organisation in Verbindung steht oder sie fördert. Das Verteilen des Buches ist daher Regierungsbehörden und deren Angestellten gestattet, da es keine religiöse Aktivität ist ..."

Wenn es auch sein mag, daß der Text auf der Rückseite der Broschüre auf die andersartige verfassungsrechtliche Lage in den USA zurückzuführen ist und entsprechend dem Vorbringen des Klägers für die deutsche Fassung einfach mitübersetzt worden ist, ohne daß man sich der anderen Rechtslage in der Bundesrepublik Deutschland bewußt gewesen ist, so ändert dies nichts daran, daß der durchschnittliche Leser dies nicht erkennen kann.

cc) Der Kläger nimmt für Bücher und Broschüren Preise, die sich im Rahmen der üblichen Buchpreise halten. Zwei Bücher, nämlich das Buch „Dianetik" und das Buch „Selbstanalyse", sind als Taschenbücher bei dem Kläger zu denselben Preisen wie im allgemeinen Buchhandel erhältlich: Wie aus der Libri-Liste im Barsortiments-Lagerkatalog 1992/93 für den Buchhandel ersichtlich ist, kosten die Bücher im allgemeinen Buchhandel 14,80 DM bzw. 24,80 DM; der Kläger verkauft die Bücher zu denselben Preisen. Auch sonst halten sich die Preise für die vom Kläger vertriebenen Bücher im üblichen Rahmen. So hat der Vizepräsident des Klägers, Herr R., beispielsweise in der Sitzung des Verwaltungsgerichts vom 11. 12. 1990 angegeben, die im Schriftsatz vom 7. 12. 1990 aufgeführten Bücher, die auch an Nichtmitglieder verkauft würden, kosteten – außer dem schon genannten Taschenbuch „Dianetik" – zwischen 30,- und 50,- DM. In dem Faltblatt „Verstehen, Informationen über Scientology", das die Berufsrichter am 15. 3. 1993 auf der Straße vor dem Gebäude St. 63 erhalten haben, werden die Preise für die Bücher „Die Grundlagen des Denkens" und „Eine neue Sicht des Lebens" mit je 25,- DM und der Preis für das Buch „Die Probleme der Arbeit" mit 20,- DM angegeben. In der nur für Mitglieder des Klägers bestimmten Liste „Vervollständigen Sie Ihre LRH-Bibliothek" (Bl. 1898 ff. d. A.) werden für gebundene Bücher Preise zwischen 62,50 DM und 312,50 DM, für Taschenbücher und Broschüren Preise zwischen 14,80 und 425,- DM (für 6 Bücher) und für Bände Preise bis zu 6375,- DM (für ein 18bändiges Werk) genannt, wobei Mitglieder der internationalen Vereinigung von Scientologen (IAS) – wie es auf Seite 4 der Preisliste heißt – eine zwanzigprozentige „Ermäßigung auf viele Artikel des Buchladens" erhalten (Bl. 1901 d. A.).

b) Was für Bücher und Broschüren gilt, gilt entsprechend auch für vom Kläger angebotene Dienstleistungen in Gestalt von Kursen und Seminaren. Dies zeigt sich in der Werbung (aa), den Kursmaterialien (bb) und der Preisgestaltung (cc).

aa) Der Kläger wirbt für von ihm durchgeführte Kurse und Seminare in einer Art und Weise, die sich in nichts von einer kommerziellen Werbung unterscheidet und den religiösen Bezug, den die Kurse und Seminare nach dem Selbstverständnis des Klägers haben, für den gewöhnlichen Teilnehmer am Rechtsverkehr nicht oder nur untergeordnet erkennbar macht. Dies gilt jedenfalls für die Werbung für den Kommunikationskurs, das Dianetik-Seminar und den Dianetik-Heimkurs.

So wirbt der Kläger für den sog. Kommunikationskurs („Erfolg durch Kommunikation") in dem erwähnten, auf der Straße verteilten Faltblatt mit dem Titel „Verstehen, Informationen über Scientology", in dem sich u. a. Erklärungen über das sog. „A-R-K Dreieck", über L. Ron Hubbard und „Die acht Dynamiken" befinden, mit folgenden Worten:

„Innerhalb erstaunlich kurzer Zeit kann sich durch diesen Kurs Ihr gesamtes Leben verändern, denn Erfolg im Leben hängt in erster Linie davon ab, inwieweit Sie mit Ihren Mitmenschen Gedanken austauschen können."

Darunter heißt es:

„Warum werde ich manchmal unsicher?
Wie finde ich neue Kontakte?
Warum lasse ich mich von meinen Ideen abbringen?
Anmeldung unter umseitiger Adresse."

Auf der nächsten Seite des Faltblattes befindet sich ein Bestellcoupon, der abgetrennt und an den Kläger abgesandt werden kann und womit sich der Interessent durch Ankreuzen der Rubrik „Ich möchte an dem Kurs „Erfolg durch Kommunikation" teilnehmen Beitrag DM 160,–" zu diesem Kursus anmelden kann.

Außerdem wirbt der Kläger für das von ihm veranstaltete Dianetik-Seminar und den Dianetik-Heimkurs. So heißt es in dem bereits erwähnten, von der Beklagten vorgelegten Faltblatt mit dem Vermerk „Ausgabe vom 21. 11. 1992" (…), bei dem es sich nach den Angaben des Zeugen K. um eben so ein Faltblatt handelt wie das dem Gericht vorliegende Exemplar „Verstehen, Informationen über Scientology", unter einer Anzeige über das Buch „Dianetik" zu dem Dianetik-Zentrum des Klägers u. a. wie folgt:

„*Man schrieb das Jahr 1950, als L. Ron Hubbard die Welt mit der Entdeckung der Ursache von Streß, Sorge, Selbstzweifel und psychosomatischen Krankheiten verblüffte – dem reaktiven Verstand.*
Das erste Dianetik-Zentrum eröffnete im Jahre 1950, nur wenige Monate nach der Veröffentlichung des Buches DIANETIK. Heute gibt es Hunderte von Dianetik-Zentren auf der ganzen Welt ...
Seminare und Kurse über die Dianetik werden im Dianetik-Zentrum abgehalten.
Sie sind im Dianetik-Zentrum willkommen."

Darunter befindet sich ein Bestellcoupon, der ausgeschnitten und an das Dianetik-Zentrum des Klägers eingesandt werden kann und mit dem der Interessent nicht nur das Taschenbuch „Dianetik" zum Preis von 14,80 DM, sondern auch den Dianetik-Heimkurs zum Preis von 50,- DM bestellen und die Anmeldung für sich und weitere Personen zum Dianetik-Seminar zum Preis von 120,- DM pro Person bewirken kann.

Ferner ist in dem vom Kläger vertriebenen, auch an Nichtmitglieder verkauften Taschenbuch „Dianetik" in der dem Gericht vorliegenden Ausgabe 1992 eine Karte eingeheftet, womit der Leser vom Kläger weiteres Informationsmaterial u. a. auch über den Dianetik-Heimkurs und das Dianetik-Seminar anfordern kann.

bb) Es handelt sich bei dem vom Kläger angebotenen Kursen und Seminaren zumindest auch um Dienstleistungen, die nach dem zugrundeliegenden Kurs- bzw. Seminarmaterial den Bezug zu einer Religions- oder Weltanschauungsgemeinschaft, den die Dienstleistungen nach dem Selbstverständnis des Klägers haben, nicht oder nur untergeordnet erkennbar werden lassen. Dies gilt insbesondere für den Kommunikationskurs, das Dianetik-Seminar und den Dianetik-Heimkurs.

Der sog. Kommunikationskurs soll nach dem dem Gericht vorliegenden Kursmaterial den Teilnehmern helfen, ihre „Fähigkeit zu steigern, in jeder beliebigen gesellingen, geschäftlichen oder sonstigen Situation die Kommunikation zu führen und zu lenken". In den Kursmaterialien wird zu diesem Zweck eine ganze Reihe von Kommunikations-Trainingsübungen dargestellt, und zwar mit folgenden Themen: da sitzen; jemanden anschauen; zu jemanden sprechen; trotz einer Störung sprechen; eine Mitteilung hinüberbringen; zuhören; einfache Bestätigung; vollständige Bestätigung; jemanden zum Weitersprechen bringen; Nicht-Antwort; eine Befragung beenden; eine Unterhaltung beginnen; eine schweigende Person zum Sprechen bringen; jemanden zum Thema zurückbringen; Ablenkung von einem Thema; eine Antwort auf eine Frage bekommen; eine Verstimmung in einer Kommunikation beheben; eine Unterhaltung beenden. Der Zweck der Übung „da sitzen", mit der der Kurs beginnt, soll darin liegen, die „Fertigkeit zu erwerben, ruhig sitzen zu können, ohne Anspannung oder Nervosität und ohne etwas anderes zu tun, als einfach da zu sitzen". Der Zweck der Übung „Nicht-Antwort" wird dahin umschrieben, die „Fertigkeit zu erwerben, scheinbar zu antworten, ohne die Frage wirklich zu beantworten". Die Übung „eine Unterhaltung beenden", mit der der Kurs endet, hat nach dem Kursmaterial den Zweck, die „Fertigkeit zu erwerben, eine Unterhaltung reibungslos und auf angenehme Weise zu beenden, so daß sie wirklich zu Ende ist". Der religiöse Bezug, den der Kommunikationskurs nach dem Selbstverständnis des Klägers hat, kommt in den Materialien nicht zum Ausdruck.

Entsprechendes gilt für das dem Gericht vorliegende Material zum Dianetik-Seminar, in dem L. Ron Hubbard nicht etwa als Religionsstifter, sondern als „der führende zeitgenössische Schriftsteller von Selbstverbesserungsbüchern" beschrieben wird. So heißt es über den Autor:

„L. Ron Hubbard wird von Millionen als der führende zeitgenössische Schriftsteller von Selbstverbesserungsbüchern anerkannt. Allein seine Sachbücher wurden in Millionenauflage verkauft. Ein Hauptgrund dafür ist, daß er darin sein selbst gewonnenes Wissen über die Grundlagen des Lebens und seine Fähigkeit ausdrückt – Wissen, das nicht auf den Nebengeleisen des Lebens, sondern aus seiner vollsten Aktivität gewonnen wurde ... Die Veröffentlichung von Dianetik: Die moderne Wissenschaft der geistigen Gesundheit im Mai 1950 war der Meilenstein des Beginns einer neuen Ära für den Menschen. Es war das erste Buch seiner Art – ein praktisches Lehrbuch über den Verstand, das jeder Laie lesen, anwenden und unmittelbar benutzen konnte, um erhöhtes Bewußtsein, Befreiung von unerwünschten Zuständen und ein neues Leben zu erreichen. Eine begeisterte Öffentlichkeit begann die erstaunliche Technologie des Dianetik-Verfahrens täglich zu verwenden. Die Leute begannen einander mit beständigen Erfolgen und Resultaten zu auditieren. Dies war tatsächlich eine praktische Technologie, die jedermann verwenden konnte, um Resultate zu erzielen, was allen davorliegenden Praktiken „geistiger Heilung" kläglich abging ..."

Wie es in der Taschenbuchausgabe 1992 des Buches „Dianetik" (S. 540) heißt, ist das Hubbard-Dianetik-Seminar dazu gedacht, den Teilnehmern eine Einführung in die Grundsätze und Methoden der Dianetik-Technologie in einfacher Weise zu vermitteln. In den Seminarunterlagen ist dazu eine Reihe von Übungsschritten aufgeführt, die der Teilnehmer im Laufe des Seminars durchzuführen hat.

Mit dem Dianetik-Heimkurs schließlich sollen die Teilnehmer mehr über Dianetik bei sich zuhause lernen. Das dem Gericht vorliegende Kursmaterial enthält Aufgabenblätter mit insgesamt 160 Fragen, die auf dem Buch „Dianetik: Die moderne Wissenschaft der geistigen Gesundheit" beruhen, wobei der Kursteilnehmer die Fragen zuhause beantworten und die ausgefüllten Aufgabenblätter alsdann an den Heimkursleiter des Dianetik-Informationszentrums schicken soll, das der Kläger in seinen Räumen St. 63 betreibt. Wie aus den Kursmaterialien hervorgeht, handelt es sich bei Dianetik um eine Technologie bzw. um eine Technik, die dazu dienen soll, ein glücklicheres, freieres Leben zu führen. Wer die 160 Fragen des Dianetik-Heimkurses beantwortet hat, wird dementsprechend am Ende u. a. mit folgenden Worten beglückwünscht:

„Sie haben den Hubbard-Heimkurs der Dianetik abgeschlossen. Ihr nächster Schritt ist, Dianetik-Auditing persönlich zu erfahren. Die Dianetik-Techniken, wie sie in dem Buch beschrieben sind, werden täglich auf der ganzen Welt von Tausenden von Leuten verwendet, um ein glücklicheres, freieres Leben zu führen ..."

cc) Die Entgelte für die Kurse und Seminare halten sich jedenfalls bei dem Kommunikationskurs, dem Dianetik-Seminar und dem Dianetik-Heimkurs in dem üblichen Rahmen, in dem vergleichbare Dienstleistungen, etwa Kurse für Lebenshilfe, von gewerblichen Unternehmen angeboten werden. Der Kläger fordert für den Kommunikationskurs derzeit 160,- DM, wobei hierin nach den Angaben des Klägers der Mitgliedsbeitrag in Höhe von 30,- DM sowie Kursmaterial (nämlich ein 73 Blätter umfassendes Buch) in Höhe von 90,- DM eingeschlossen sein sollen. Das Dianetik-Seminar bietet der Kläger für 120,- DM pro Person an, während der Dianetik-Heimkurs für 50,- DM angeboten wird. Wieviel die übrigen von dem Kläger angebotenen Kurse und Seminare kosten, hat das Gericht nicht genau ermitteln können, zumal der Kläger sich geweigert hat, die vorhandenen – wenn auch nach Angaben des Herrn R. nicht verbindlichen – Beitragsrahmenlisten von der kontinentalen Kirche in Kopenhagen vorzulegen. Der Kläger hat aber eingeräumt, daß es höhere und teurere Kurse gibt. So hat Herr R. in der Sitzung vor dem Verwaltungsgericht (...) erklärt, daß es höhere Arten von Kursen gebe, für die entsprechend höhere Gebühren entrichtet würden. Jedenfalls im Ausland, wo die höchsten Stufen der Kurse abgehalten werden, die nach der Vorstellung des Klägers für die Erreichung seines Zieles durchlaufen werden müssen, hat es Kurse gegeben, die – in einem Paket zusammengefaßt – bis zu 238.969,- DM kosten, wie sie in einer Beilage zur „OT-News 9" vom Oktober 1984 von der Church of Scientology AOSH EU & AF in Kopenhagen angeboten worden sind. Der Zeuge K. hat (...) bekundet, daß es zwar nicht beim Kläger, wohl aber bei der Scientology Kirche in Kopenhagen und England solche Kurse gegeben habe, die einen Aufwand in dieser Größenordnung mit sich brächten, und es auch sein könne, daß Mitglieder des Klägers an solchen Kursen teilgenommen hätten oder teilnehmen würden.

c) Was für den Verkauf von Büchern und Broschüren und die entgeltliche Durchführung von Kursen und Seminaren gilt, gilt schließlich auch für den Verkauf von sog. E-Metern.

aa) Der Kläger wirbt für E-Meter. So sind in der vom Kläger stammenden Preisliste aus dem Jahr 1991 (...), die nur für Mitglieder – d.h. nach den Angaben des Herrn R. für Mitglieder des Klägers – bestimmt ist und mit den Sätzen „Vervollständigen Sie Ihre LRH-Bibliothek" und „Kaufen Sie Bücher von L. Ron Hubbard auf bequeme Weise, bestellen Sie sie per Post bei Ihrer nächsten Scientology Kirche" überschrieben ist, auf Seite 3 unter der Rubrik „Kurs-Materialien" nicht nur Materialien zur „Einführung in das E-Meter" und ein „Buch der E-Meterübungen", sondern auch E-Meter selbst aufgeführt: Hiernach soll ein Mark VII E-Meter 7950,- DM (für IAS-Mitglieder 6360,- DM) und eine Sonderausgabe des Mark VII E-Meters 9250,- DM (für IAS-Mitglieder 7400,- DM) kosten. Nach dem Bestellabschnitt auf Seite 4 können die gewünschten Gegenstände per Post beim Kläger bestellt und beispielsweise mit beigelegtem Scheck oder per Nachnahme bezahlt werden.

bb) Es handelt sich bei dem E-Meter um ein Instrument, das seiner physikalischen Funktion nach den religiösen Bezug, den das Instrument nach dem Selbstverständnis des Klägers für die Seelsorge hat, nicht erkennen läßt: Es handelt sich bei dem E-Meter nach der vom Kläger herausgegebenen Schrift „Was ist Scientology" um ein physikalisches Instrument, das den Körperwiderstand mißt, wobei die Nadel der Skala alle Veränderungen des Körperwiderstandes anzeigt. Auch insoweit tritt der Kläger in Konkurrenz zu anderen, insbesondere nicht religionsgebundene Gewerbeunternehmen; physikalische Instrumente zur Messung des Körperwiderstandes sind auch sonst im gewerblichen Handel erhältlich.

cc) Der Kläger nimmt für E-Meter erhebliche Entgelte, wobei die Preisangaben schwanken: So kostete ein Mark VI E-Meter nach einer vom Kläger am 17. 8. 1983 ausgestellten Quittung 6994,- DM abzüglich 20 % = 5595,20 DM. Nach den Angaben des Klägers im Schriftsatz vom 26. Mai 1988 kostete das Mark VI E-Meter damals 3985,- DM und eine seit März 1988 erhältliche verfeinerte Version Mark VII 5430,- DM. Nach der bereits erwähnten Preisliste des Klägers aus dem Jahre 1991 kostete das Mark VII E-Meter 7950,- DM; eine Sonderausgabe kostete 9250,- DM. In der Sitzung vom 16. 3. 1983 hat der Vizepräsident des Klägers, Herr R., dazu erklärt, das grundlegende E-Meter, das der Geistliche in der Ausbildung erwerbe, koste 800,- DM; für die auf Seite 11 der Schrift „Was ist Scientology" abgebildete Ausführung des E-Meters bezahle man etwa 4000,- DM; in der Zeit vor 1992 habe das „übliche" E-Meter für das Mitglied rund 5000,- DM gekostet; ab Mitte 1992 gebe es wieder das alte Standard E-Meter für 800,- DM.

4. Der Kläger bietet nicht nur Bücher, Broschüren, E-Meter, Kurse und Seminare in einer Art und Weise an, die ihrem Erscheinungsbild nach gewerblich ist. Es ist auch davon auszugehen, daß der Kläger dabei in gewerberechtlicher Gewinnerzielungsabsicht handelt.

Es spricht schon nach den sog. Führungsanweisungen von L. Ron Hubbard manches dafür, daß der Kläger bei dem Verkauf von Büchern, Broschüren und E-Metern sowie bei der entgeltlichen Durchführung von Kursen und Seminaren in der Absicht handelt, für sich Geld und Wohlstand zu erwerben.

So heißt es in einer Führungsanweisung von L. Ron Hubbard vom 4. Mai 1982, die an verschiedene Organisationsgliederungen, darunter die „Leiter der

Buchläden" sowie „alle Mitarbeiter der Organisationen" gerichtet ist und unter dem Thema „Ein freimütiger Vortrag über Bücher" steht (...), u.a. wie folgt:

> „In der Verbreitung stehen Bücher an erster Stelle.
> Wenn Sie kein Markting für Bücher machen und Sie nicht in großem Umfang an völlig neue Leute aus der Öffentlichkeit verkaufen, werden Sie letztendlich keine Kunden haben ...
> Ihre Buchverkäufe bestimmen ihr zukünftiges Gesamteinkommen. Falls Sie sich heute Sorgen über Ihr Gesamteinkommen machen, werden Sie sich morgen die Haare raufen, außer Sie haben für völlig neue Leute Bücher auf den Markt gebracht und sie ihnen verkauft. Also muß immer ein Teil Ihres Werbeetats an Buchverkäufe für völlig neue Leute aus der Öffentlichkeit gehen – und darf nicht für Massensendungen allgemein eingeplant werden.
> Wenn Sie nur ein Buch oder ein E-Meter in einem Buchladen haben, ist es sehr unwahrscheinlich, daß die Leute es kaufen. Die Leute werden kaufen, wenn sie weitaus mehr im Regal oder vorrätig haben. Nicht Mangel, sondern Überfluß an Buchbeständen bringt Verkäufe ...
> Und lassen Sie nicht zu, daß Ihre Buchbestände knapp werden oder daß man Ihnen Ihre Lagerbestände leerräumt. Bücher stellen ein Vermögen dar. Achten Sie auf die Bestände und das Geld, was Sie dafür bekommen und bestellen Sie damit neue Bücher. Obwohl Sie an Büchern verdienen können, ist das daraus folgende Gesamteinkommen für Dienstleistungen weitaus größer ...
> Alles Geld, das Sie aus Buchverkäufen erhalten, sollte dazu verwendet werden, mehr Bücher zu kaufen. Das Marketing und der Verkauf dieser Bücher wird Leute für Dienstleistungen hereinbringen und Ihrer Organisation zu Wohlstand verhelfen ..."

Das hieraus ersichtliche Ziel, zu Wohlstand zu gelangen, dürfte sich auch aus einem Brief L. Ron Hubbards (HCO policy letter of 9 March 1972 R issue I, revised 4 August 1983 ...) ergeben, in der es u.a. heißt:

„*MAKE MONEY.*
MAKE MORE MONEY.
MAKE OTHER PEOPLE PRODUCE SO AS TO MAKE MONEY."

Es kann jedoch letztlich offen bleiben, ob aus diesen Anweisungen L. Ron Hubbards mit der nötigen Sicherheit geschlossen werden kann, daß der Kläger bei dem Verkauf von Büchern, Broschüren und E-Metern sowie der entgeltlichen Durchführung von Kursen und Seminaren in Gewinnerzielungsabsicht handelt. Auch wenn es sein mag, daß finanztechnische und buchhalterische Anweisungen – wie dies Herr R. in der Sitzung vom 16. 3. 1993 erklärt hat – keine Gegenstände sind, die zum religiösen Weg gehören, der allein für den Kläger verbindlich ist, und die erwähnten Anweisungen L. Ron Hubbards deshalb außer acht bleiben, ist nach dem Ergebnis der Beweisaufnahme davon auszugehen, daß der Kläger bei dem Verkauf von Büchern, Broschüren und E-Metern sowie bei der entgeltlichen Durchführung von Kursen und Seminaren tatsächlich Gewinne erzielt (a) und dies auch beabsichtigt (b). Hierzu ist im einzelnen folgendes auszuführen:

a) Das Berufungsgericht muß nach dem Ergebnis der Beweisaufnahme davon ausgehen, daß der Kläger durch den Verkauf von Büchern, Broschüren und E-Metern (aa) und durch die entgeltliche Durchführung von Kursen und Seminaren (bb) Gewinne erzielt.

aa) Das Berufungsgericht muß davon ausgehen, daß der Kläger durch den Verkauf von Büchern, Broschüren und E-Metern Gewinne erzielt.

(1.) Es gibt eine Reihe von Gesichtspunkten, die die Annahme nahelegen, daß der Kläger durch den Verkauf von Büchern, Broschüren und E-Metern Gewinne erzielt.

(a) Erstens verkauft der Kläger zwei Bücher, nämlich das Buch „Dianetik" und das Buch „Selbstanalyse", als Taschenbücher zu exakt denselben Preisen, mit denen auch der allgemeine Buchhandel auskommen muß, und fordert auch im übrigen Preise, die sich im Rahmen der allgemeinen Buchpreise bewegen.

(b) Zweitens erzielt der Kläger aus dem Verkauf von Büchern, Broschüren und E-Metern erhebliche Erträge. So hat der Kläger nach den Angaben des als Zeuge vernommenen Wirtschaftsprüfers W. (...) aus dem Verkauf von Büchern pp. – worunter der Verkauf von Büchern, Broschüren, E-Metern und anderer Artefakte zu verstehen ist – folgende Erträge erzielt: 457000,- DM (1984), 354000,- DM (1985), 400000,- DM (1986), 442000,- DM (1987), 956000,- DM (1988), 1825000,- DM (1989), 659000,- DM (1989), 1503000,- DM (1991) und 1813000,- DM (1992).

(c) Drittens liegen nach den Angaben des vom Kläger benannten und vom Gericht vernommenen sachverständigen Zeugen Prof. Dr. W. die Rohaufschlagssätze, nämlich das Verhältnis zwischen Umsatzerlösen und Materialeinsatz, im Bereich der Bücher pp. durchaus im Bereich des Normalen. Wie der Zeuge begründet hat, liegen die Rohaufschlagssätze in der Gruppe Nord für Buchhandlungen nach den allgemeinen, von der Finanzverwaltung bekanntgemachten Richtzahlen zwischen 33 % und 49 %, während die effektiven Zahlen nach der Finanzbuchhaltung des Klägers 1990 33,39 %, 1991 35,01 % und 1992 16,49 % betragen haben.

(d) Viertens zahlt der Kläger seinen Mitgliedern – ebenso wie ein gewerblicher Buchvertrieb seinen Vertretern – Provisionen für die erfolgreiche Verkaufswerbung für Bücher pp. Diese Zahlungen sind von beträchtlicher Höhe. Nach den Angaben des Zeugen W. (...) betrugen die Provisionen 1989 161000,- DM, 1990 58000,- DM, 1991 133000,- DM und 1992 160000,- DM. Wie der Zeuge weiter angegeben hat, ist die Provision an eine Vielzahl von Personen gezahlt worden und hat sich für die Jahre 1989 bis 1992 auf durchschnittlich 8,85 % des Verkaufserlöses belaufen.

(2.) Die Behauptung des Klägers, er habe gleichwohl bei dem Verkauf von Büchern, Broschüren und E-Metern keine Gewinne erzielt, vermag nicht zu überzeugen. (wird ausgeführt)

(3.) Unter diesen Umständen muß das Berufungsgericht davon ausgehen, daß der Kläger durch den Verkauf von Büchern, Broschüren und E-Metern Gewinne erzielt. Wenn sich der Kläger seinen prozessualen Mitwirkungspflichten entzieht und es dem Gericht verwehrt, die mit dem Verkauf von Büchern, Broschüren und E-Metern verbundenen Aufwendungen verläßlich zu ermitteln und dadurch festzustellen, ob den Erlösen, die der Kläger durch den Verkauf von Büchern, Broschüren und E-Metern erzielt, entsprechend den Behauptungen des Klägers gleichhohe oder gar höhere Aufwendungen gegenüberstehen, dann ist die Annahme gerechtfertigt, daß die Aufwendungen in Wahrheit nicht so hoch sind, wie es der Kläger vorgibt, und ihm deshalb ein Überschuß verbleibt. Ohne Erfolg macht der Kläger demgegenüber geltend, daß er als Religionsgemeinschaft nicht verpflichtet sei, seine innersten Angelegenheiten – und damit auch sein Finanzierungssystem – offenzulegen, und er zudem befürchten müsse, daß die Beklagte seine Angaben in anderen Verfahren gegen ihn verwende. Einerseits ist ihm entgegenzuhalten, daß bereits die dem Gericht bekannt gewordenen Tatsachen die Annahme einer auf Gewinnerzielung ausgerichteten gewerblichen Betätigung rechtfertigen. Zum anderen muß es der Kläger auch als Religionsgemeinschaft hinnehmen, daß er mit seinem Argument, wegen der von ihm mitgeteilten Verluste fehle es an einer Gewinnerzielungsabsicht, nicht durchdringen kann, wenn er dem Gericht eine hinreichende Nachprüfung seiner angeblichen Verluste verwehrt, insbesondere wenn er die (auch) im Zusammenhang mit anderen Betätigungsbereichen angeblich angefallenen Gemeinkosten nicht durch die Bekanntgabe seiner gesamtwirtschaftlichen Ergebnisse belegt. Der Kläger kann die Aufklärung des Sachverhalts durch das Gericht nicht auf die ihm genehmen Tatsachen beschränken und erwarten, daß das Gericht allein hieraus die vom Kläger erhofften Schlüsse zieht. Wenn der Kläger sich für seinen Standpunkt auf seine Verluste beruft, muß er diese vollen Umfanges offenbaren. Geschieht dies nicht, kann das Gericht aus diesem Verhalten auch zum Nachteil des Klägers Schlüsse ziehen. Im übrigen hat das Gericht angesichts des Verhaltens des Klägers auch keinen Anlaß, zu der Frage der Gewinne/Verluste des Klägers durch den Verkauf von Büchern, Broschüren und E-Metern weitere Zeugen wie etwa den in der Finanzbuchhaltung der Scientology-Kirche Deutschland beschäftigten J. zu vernehmen. (wird ausgeführt)

bb) Was für den Verkauf von Büchern, Broschüren und E-Metern gilt, gilt entsprechend auch für die entgeltliche Durchführung von Kursen und Seminaren.

(1.) Es gibt mehrere Gesichtspunkte, die die Annahme nahelegen, daß der Kläger durch die entgeltliche Durchführung von Kursen und Seminaren Gewinne erzielt.

(a) Erstens führt der Kläger die Kurse und Seminare zu Preisen durch, die sich jedenfalls bei dem Kommunikationskurs, dem Dianetik-Seminar und dem Dianetik-Heimkurs in dem Rahmen halten, in dem vergleichbare Dienstleistungen, etwa Kurse für Lebenshilfe, von gewerblichen Unternehmen angeboten werden, wobei der Kläger eingeräumt hat, daß höhere Kurse teurer als die genannten Kurse sind.

(b) Zweitens nehmen an den vom Kläger veranstalteten Kursen zahlreiche Personen teil. So hat Herr R. in der Sitzung vom 16. 3. 1993 angegeben, an allen Kursen zusammen nähmen gegenwärtig ungefähr 500 Personen teil, wobei manche Teilnehmer freilich nicht ständig anwesend seien, sondern beispielsweise nur während eines Urlaubs teilnähmen; die Zahl von 500 beziehe sich auf die Zahl der durchschnittlich anwesenden Personen. Mit Schriftsatz vom 22. März 1993 hat der Kläger dazu vorgetragen, an allen Kursen zusammen nähmen gegenwärtig nicht 500, sondern 300 Personen teil; davon studierten nur 12 Personen in „Vollzeit" (10 Stunden täglich, 6 Tage die Woche); die Zahl der durchschnittlich am Tag anwesenden Personen belaufe sich auf zirka 100 Personen.

(c) Drittens erzielt der Kläger aus den Kursen und Seminaren beträchtliche Erlöse. Nach den Angaben des Zeugen W. in der Sitzung vom 30. Juni 1993 betrugen die Erlöse 1989 1029000,- DM, 1990 882000,- DM, 1991 1010000,- DM und 1992 461000,- DM.

(d) Viertens zahlt der Kläger – ebenso wie ein gewerblicher Veranstalter – erhebliche Provisionen für die erfolgreiche Werbung für die Teilnahme an Kursen und Seminaren. Nach den Angaben des Zeugen W. in der Sitzung vom 30. Juni 1993 betrugen diese Provisionen 1989 67000,- DM, 1990 58000,- DM, 1991 66000,- DM und 1992 30000,- DM. Nach den weiteren Angaben des Zeugen betrug der Durchschnittsprozentsatz der Provisionen für die Anwerbung zu Kursen für die Jahre 1989 bis 1992 6,52 Prozent.

(2.) Die Behauptung des Klägers, er habe gleichwohl aus den Kursen und Seminaren keine Gewinne erzielt, sondern Verluste gemacht, vermag nicht zu überzeugen. (wird ausgeführt)

(b) Unter diesen Umständen ist der Schluß gerechtfertigt, daß der Kläger bei dem Verkauf von Büchern, Broschüren und E-Metern sowie bei der entgeltlichen Durchführung von Kursen und Seminaren in Gewinnerzielungsabsicht handelt.

aa) Es überzeugt nicht, wenn der Kläger demgegenüber geltend macht, daß man nicht isoliert darauf abstellen dürfe, ob er bei dem Verkauf der Bücher, Broschüren und E-Meter sowie bei der entgeltlichen Durchführung von Kursen und Seminaren Überschüsse der Einkünfte über die Ausgaben erzielen wolle, sondern nur danach fragen dürfe, ob er als Gesamtorganisation Gewinne anstrebe; tue man dies, so werde man feststellen, daß er für seine Mitglieder oder für Dritte keine Gewinne anstrebe, sondern es ihm nur um die finanzielle Sicherung seiner Existenz und um die Finanzierung der Ausbreitung der Scientology-Religion und damit lediglich um die Deckung seiner Ausgaben und nicht um Gewinnerzielung im Sinne des Gewerberechts gehe.

(1.) Diese Überlegungen des Klägers überzeugen schon im Ansatz nicht. Es trifft zwar zu, daß sich der Kläger für die Auffassung vor allem auf Kopp (GewArch 1987 S. 209) stützen kann und daß das Verwaltungsgericht Karlsruhe (Urteil v. 25. 8. 1988[3], GewArch 1988, S. 373) und der Verwaltungsgerichtshof Mannheim (Urteil v. 30. 5. 1989[4], GewArch 1989, S. 378) sich zumindest zum Teil den Überlegungen von Kopp angeschlossen haben. Die Überlegungen Kopps haben jedoch Kritik erfahren (vgl. Fuhr/Friauf, Gewerbeordnung, Stand Februar 1989, § 1 Rdnr. 47, Kienzle, ablehnende Anmerkung zu der Entscheidung des VG Karlsruhe v. 25. 8. 1988 in GewArch 1989 S. 58). Auch das Berufungsgericht vermag der Auffassung von Kopp, der mehrfach für die Scientology Kirche als Privatgutachter tätig gewesen ist und später seine Überlegungen in dem erwähnten Aufsatz veröffentlicht hat, ebensowenig wie das Verwaltungsgericht zu folgen.

Es entspricht der herkömmlichen, vom Verwaltungsgericht zutreffend zugrunde gelegten Auffassung in Rechtsprechung und Literatur, daß in den Fällen, in denen ein Überschuß über die Selbstkosten erzielt werden soll, die Gewinnerzielungsabsicht nicht dadurch ausgeschlossen wird, daß der Erlös der Tätigkeit für einen „idealen" Zweck verwendet wird. In derartigen Fällen wird ein Überschuß über die Selbstkosten, also ein Gewinn, angestrebt; dieser soll lediglich altruistisch verwendet werden. Die Gewinnverwendung ist jedoch für das Vorliegen einer gewerblichen Tätigkeit irrelevant. So wird z.B. ein Basar oder ein Vereinsfest, mit dem Geld für einen „idealen" Zweck eingenommen soll, in Gewinnerzielungsabsicht veranstaltet. Dies gilt auch dann, wenn die Einnahmen voll und ohne Umweg über das Vereinsvermögen für den altruistischen Zweck verwendet werden. In derartigen Fällen dient die Tätigkeit nur mittelbar „idealen" Zwecken, da immer zunächst ein Gewinn erzielt und erst in einem weiteren Schritt der Gewinn für diese Zwecke verwendet werden soll (vgl. Fuhr/Friauf, aaO, Rdnr. 45, m.w.N.). Dementsprechend ist bei miteinander verbundenen Tätigkeiten maßgeblich für das Vorliegen einer Gewinnerzielungsabsicht jeweils die Tätigkeit, die ihrer Natur nach in den Anwendungsbereich der Gewerbeordnung fallen kann; werden daneben „ideale" Tätigkeiten ausgeübt, bei denen etwaige Entgelte planmäßig die Selbstkosten nicht decken, darf keine Saldierung von Gewinnen und Verlusten vorgenommen werden, da die Finanzierung der „verlustbringenden" Tätigkeit lediglich eine gewerbe-

---

[3] KirchE 26, 211.
[4] KirchE 27, 177.

rechtlich irrelevante Verwendung der Gewinne aus der gewerberechtlichen Tätigkeit darstellt (vgl. Fuhr/Friauf, aaO, Rdnr. 46). Diese Auffassung verdient weiterhin Zustimmung und gilt auch für Religionsgemeinschaften. Übt eine Religionsgemeinschaft eine Tätigkeit aus, die – wie den Verkauf von Büchern, Broschüren und E-Metern sowie die entgeltliche Durchführung von Kursen und Seminaren – ihrer Natur nach gewerblich sein kann und mit der ein Überschuß über die Selbstkosten erzielt werden soll, kann die Gewinnerzielungsabsicht nicht mit der Begründung verneint werden, die Tätigkeit der Religionsgemeinschaft als solche sei insgesamt nicht auf Gewinnerzielung gerichtet und die mit der Überschußerzielungsabsicht betriebene Erwerbshandlung diene deshalb der Sicherung der finanziellen Grundlage der Religionsgemeinschaft (vgl. Fuhr/Friauf, aaO, Rdnr. 47). Wie das Verwaltungsgericht weiter zutreffend ausgeführt hat, hängt die Gewinnerzielungsabsicht auch nicht davon ab, daß der Bereich der Tätigkeit, durch welche Erlöse zur Finanzierung einer im übrigen nicht gewerblichen Tätigkeit erzielt werden sollen, sachlich und organisatorisch von den „idealen" Aktivitäten getrennt ist; vielmehr genügt zur Bejahung einer Gewinnerzielungsabsicht der Umstand, daß eine spezifische Tätigkeit, die ihrer Natur nach gewerblich sein kann, mit der Absicht vorgenommen wird, einen Überschuß über die Selbstkosten zu erzielen (vgl. Fuhr/Friauf, aaO, Rdnr. 48).

(2.) Unabhängig von diesen Überlegungen überzeugen die Einwendungen des Klägers auch deshalb nicht, weil das Berufungsgericht nach dem Ergebnis der Beweisaufnahme nicht davon ausgehen kann, daß es dem Kläger insgesamt lediglich um die Deckung seiner Ausgaben gehe, sondern annehmen muß, daß es ihm auch um die Erzielung von Gewinnen geht.

(a) Es gibt mehrere Anhaltspunkte dafür, daß der Kläger insgesamt keine Verluste macht, sondern Gewinne erzielt.

(aa) Erstens liegt diese Annahme schon nach den vorangegangenen Ausführungen zu den Gewinnen/Verlusten des Klägers bei dem Verkauf von Büchern, Broschüren und E-Metern und der entgeltlichen Durchführung von Kursen und Seminaren nahe: Wenn davon auszugehen ist, daß der Kläger sowohl durch den Verkauf von Büchern, Broschüren und E-Metern als auch durch die entgeltliche Durchführung von Kursen und Seminaren Gewinne erzielt, dann liegt es nahe, daß er auch insgesamt gewinnreich tätig ist.

(bb) Zweitens weisen die beiden einzigen Bilanzen, die dem Gericht vorliegen, nämlich die Bilanzen zum 31. 12. 1980 und zum 31. 12. 1981, zum 1. 1. 1980 und 1981 Gewinne aus.

(cc) Drittens deuten die Ausführungen der Schatzmeisterin des Klägers, Frau S., nach dem Protokoll der außerordentlichen Hauptversammlung vom 18. 11. 1991 auf eine positive finanzielle Entwicklung des Klägers hin. So heißt es in dem Protokoll der außerordentlichen Hauptversammlung u. a.:

„Frau S. ging dann auf die finanzielle Entwicklung der Kirche ein. Die erhaltenen Spendenbeiträge sind im Berichtszeitraum um zirka 31 % angestigen. So haben die zahlreichen Gemeindemitglieder schon bis Ende Oktober Spenden bis zur Höhe des Vorjahres erbracht. Damit ging einher, daß das Vermögen der Kirche weiter zugenommen hat ..."

(b) Die Behauptung des Klägers, er habe gleichwohl insgesamt keine Gewinne erzielt, sondern Verluste gemacht, vermag nicht zu überzeugen. (wird ausgeführt)

(bb) Nach allem ist es gerechtfertigt, davon auszugehen, daß der Kläger bei dem Verkauf von Büchern, Broschüren und E-Metern sowie bei der entgeltlichen Durchführung von Kursen und Seminaren in Gewinnerzielungsabsicht handelt. Selbst wenn es so sein sollte, daß der Kläger bei dem Verkauf einzelner Bücher und bei der Durchführung des Kommunikationskurses, des Dianetik-Seminars und des Dianetik-Heimkurses – für sich gesehen – nur die Selbstkosten decken kann oder gar Verluste erleidet, so würde dies am Ergebnis nichts ändern. Für den Kläger ist – wie das Gericht anhand der vorgelegten Schriften und Kursmaterialien feststellen konnte – der Erwerb weiterer Bücher und die Teilnahme an weiteren Kursen durch den vom Kläger für jedes Mitglied angestrebten Weg zu höheren Bewußtseins- oder Erlösungsstufen vorgeben, die nur durch Lektüre von Büchern L. Ron Hubbards und durch den Besuch weiterer Kurse, für die zunehmend mehr Geld zu entrichten ist, erreicht werden können. Der Zeuge Prof. Dr. W. hat sich einmal den Kursplan angesehen und anschaulich von einer „sehr tief gegliederten Hierarchie von Anfänger- bis zu höheren Kursen" gesprochen. Diese Ausrichtung führt dazu, daß es für die Gewinnerzielungsabsicht nicht darauf ankommen kann, ob der Verkauf einzelner Bücher und die Durchführung von Anfängerkursen und Seminaren wie des Kommunikationskurses, des Dianetik-Seminars und des Dianetik-Heimkurses für den Kläger verlustreich sind. Es genügt, wenn der Verkauf der Bücher und die Durchführung der genannten Kurse und Seminare gegen Entgelt dazu beiträgt, daß – wenn nicht schon durch diese Tätigkeiten unmittelbar – so doch durch den anschließenden Verkauf weiterer Bücher, Broschüren und E-Meter und die entgeltliche Durchführung weiterer Kurse und Seminare Gewinne erzielt werden sollen, wie es bei dem Kläger der Fall ist. Nach dem Ergebnis der Beweisaufnahme muß das Berufungsgericht jedenfalls davon ausgehen, daß der Kläger nicht oder zumindest nicht nur in der Absicht handelt, „die Seelen zu fangen", wie es der Zeuge Prof. Dr. W. ausgedrückt hat, sondern daß es dem Kläger darüber hinaus darauf ankommt, Gewinne zu erzielen.

5. Schließlich ist der Kläger bei dem Verkauf von Büchern, Broschüren und E-Metern sowie bei der entgeltlichen Durchführung von Kursen und Seminaren auch nach dem Gesamtbild dieser Tätigkeiten gewerblich tätig. Das Streben nach dem Verkauf von Büchern, Broschüren und E-Metern und der entgeltlichen Durchführung von Kursen und Seminaren ist für den Kläger

ausgeprägt. Art und Umfang dieser Betätigung des Klägers stellen sich nach dem Gesamtbild als gewerblich dar. Hieran ändert auch der Umstand nichts, daß sich der Kläger nach seinem Vorbringen in der Klagbegründung grundsätzlich nur an seine Mitglieder wendet.

a) Zum einen trifft es nicht zu, daß sich der Kläger grundsätzlich nur an seine Mitglieder wendet.

aa) Dies gilt vor allem für den Verkauf von Büchern und Broschüren. Der Kläger entfaltet insoweit nicht nur eine umfangreiche Werbetätigkeit durch Postwurfsendungen und Faltblätter auch gegenüber Nichtmitgliedern. Er verkauft auch wesentlich mehr Bücher an Nichtmitglieder als nur das Taschenbuch „Dianetik", das er in seiner Klagbegründung als das einzige Buch bezeichnet hat, das grundsätzlich entgeltlich auch an Nichtmitglieder abgegeben werde. So hat der Kläger (...) eingeräumt, daß er außer dem Buch „Dianetik" weitere neun Buchtitel zu Preisen zwischen 30,- DM und 50,- DM auch an Nichtmitglieder abgebe. Wie der Vizepräsident des Klägers, Herr R., (...) zugestanden hat, werden darüber hinaus auch die in dem Faltblatt „Verstehen, Informationen über Scientology" erwähnten vier Bücher – von denen der Kläger in seinem Schriftsatz (...) nur das Buch „Selbstanalyse" genannt hatte – auch an Nichtmitglieder verkauft.

bb) Auch wegen der Teilnahme an Kursen und Seminaren wendet sich der Kläger nicht nur an Mitglieder. So wirbt er beispielsweise in dem Faltblatt „Verstehen, Informationen über Scientology" für die Teilnahme an dem Kurs „Erfolg durch Kommunikation" auch gegenüber Nichtmitgliedern und ohne einen Hinweis darauf, daß man nur als Mitglied des Klägers teilnehmen könne. Entsprechendes gilt für die Werbung für das Dianetik-Seminar und den Dianetik-Heimkurs in dem Faltblatt mit dem Aufdruck „Ausgabe vom 21. 11. 1992" und die in dem Taschenbuch „Dianetik", Ausgabe 1992, eingeheftete Karte, mit der der Leser vom Kläger Informationen über das Dianetik-Seminar und den Dianetik-Heimkurs anfordern kann.

b) Zum anderen tritt der Kläger bei dem Verkauf von Büchern, Broschüren und E-Metern sowie bei der entgeltlichen Durchführung von Kursen und Seminaren nach dem Gesamtbild der Tätigkeiten auch insoweit gewerblich auf, als er den Verkauf weiterer Bücher sowie den Verkauf von E-Metern und die Teilnahme an Kursen und Seminaren an die Mitgliedschaft knüpft. Dies gilt um so mehr, als der Kläger um Mitglieder wirbt, der Jahresmitgliedsbeitrag nur 30,- DM beträgt und bei dem Kläger nach § 10 der Satzung grundsätzlich „jede unbescholtene Person" Mitglied werden kann. Auch können die hier fraglichen Tätigkeiten des Klägers nicht etwa den freien Berufen im Sinne des Gewerbebegriffs zugerechnet werden.

V. Auf der Grundlage dieser Überlegungen ist der Kläger verpflichtet, entsprechend dem Begehren der Beklagten den Verkauf von Büchern, Broschüren und E-Metern sowie die entgeltliche Durchführung von Kursen und Seminaren nach § 14 Abs. 1 Satz 1 GewO als Gewerbe anzuzeigen, und zwar auch dann, wenn es sich bei dem Kläger – wovon das Gericht ohne nähere Prüfung zugunsten des Klägers ausgeht – um eine Religionsgemeinschaft im Sinne des Grundgesetzes handelt. Insoweit unterliegt der Kläger den für alle Gewerbetreibenden geltenden staatlichen Gesetzen. Auf Vorrechte für Religionsgemeinschaften, insbesondere auf das kirchliche Selbstverwaltungsrecht und das Grundrecht der freien Religionsausübung, kann er sich gegenüber der Pflicht zur Gewerbeanmeldung nicht berufen.

Es kann freilich nicht fraglich sein, daß eine Religionsgemeinschaft- oder Weltanschauungsgemeinschaft, um über den rein spirituellen Zusammenhalt hinaus als säkulare Gemeinschaft bestehen zu können, ein Minimum an organisatorischer Struktur aufweisen muß, und daß sie hierzu finanzielle Mittel benötigt (vgl. BVerwG, Urteil v. 27. 3. 1992[5], BVerwGE 90, 112). In welcher Weise sie ihre Finanzverhältnisse gestaltet, hat sie kraft ihrer verfassungsrechtlich gewährleisteten Autonomie (Art. 140 GG, 137 WRV) grundsätzlich selbst zu entscheiden. Wie das Bundesverwaltungsgericht (aaO) weiter ausgeführt hat, schließt das neben den traditionellen Finanzierungsformen, der Erhebung von Steuern oder von Mitgliedsbeiträgen auch die Möglichkeit ein, für Güter oder Dienstleistungen mit unmittelbarem religiösen oder weltanschaulichen Bezug (so etwa für die Unterrichtung in den Lehren der Gemeinschaft) Entgelte zu verlangen, wie es bei den in der Öffentlichkeit als „Jugendreligionen" oder „Jugendsekten" bekannt gewordenen sog. neuen religiösen Bewegungen der Fall ist.

Hieraus kann jedoch nicht gefolgert werden, daß der Kläger der in § 14 Abs. 1 Satz 1 GewO bestimmten Pflicht zur Gewerbeanzeige nicht nachzukommen braucht. Tritt eine Religionsgemeinschaft in der Art und Weise wie der Kläger in der Absicht der Gewinnerzielung auf Dauer durch Werbung und Verkauf von Waren und Dienstleistungen in Konkurrenz zu anderen, insbesondere zu nicht religionsgebundenen Gewerbeunternehmen und sind diese Tätigkeiten – wie beim Kläger – in den Augen des Verkehrs auch nach ihrem Gesamtbild als gewerblich einzustufen, so unterliegt die Religionsgemeinschaft insoweit den für alle Gewerbetreibenden geltenden staatlichen Gesetzen (vgl. in dieser Richtung auch BVerwG, aaO). Dies gilt jedenfalls für die Pflicht zur Gewerbeanzeige nach § 14 Abs. 1 Satz 1 GewO. Wie das Verwaltungsgericht zutreffend ausgeführt hat, ist die Gewerbeordnung besonderes Ordnungsrecht und daher zur Wahrung der öffentlichen Sicherheit und Ordnung bestimmt; sie soll die Allgemeinheit und einzelne gegen Gefahren, erhebliche Nachteile und erhebliche Belästigungen schützen, die erfahrungsgemäß durch bestimmte

---

[5] KirchE 30, 151.

wirtschaftliche Betätigungen herbeigeführt werden können. Um die Behörde in die Lage zu versetzen, bei Nichterfüllung der gesetzlichen Voraussetzungen einschreiten zu können, bedarf es einer Überwachung der Tätigkeit der Gewerbetreibenden. Voraussetzung dafür ist, daß die Behörde ein möglichst vollständiges Bild über die jeweils ausgeübten gewerblichen Betätigungen besitzt. Hierzu dient die in § 14 Abs. 1 Satz 1 GewO festgelegte Anzeigepflicht des Gewerbetreibenden. Dieser Pflicht muß auch eine Religionsgemeinschaft nachkommen, wenn sie in der Art und Weise wie der Kläger gewerblich tätig ist. Insoweit kann sich der Kläger nach den zutreffenden Ausführungen des Verwaltungsgerichts weder auf das kirchliche Selbstverwaltungsrecht noch auf das Grundrecht der freien Religionsausübung berufen. Insbesondere tritt das Grundrecht der freien Religionsausübung – soweit es durch die Anzeigepflicht nach § 14 GewO überhaupt berührt wird – bei der Abwägung der kollidierenden Rechtsgüter gegenüber den durch § 14 Abs. 1 Satz 1 GewO bzw. den Vorschriften des Gewerbeordnungsrechts insgesamt geschützten und verfassungsrechtlich von Art. 2, 12, 14 GG erfaßten Rechtsgütern zurück.

Es überzeugt nicht, wenn der Kläger demgegenüber mit der Berufung vorbringt, es sei eine grundgesetzwidrige Diskriminierung für jede Religionsgemeinschaft, wenn man sie dem Gewerberecht unterwerfe, weil die Klassifizierung einer Religionsgemeinschaft als Gewerbebetrieb das Wesen der Religionsgemeinschaft schlechthin berühre. Die Feststellung, daß der Kläger beim Verkauf von Büchern, Broschüren und E-Metern sowie bei der entgeltlichen Durchführung von Kursen und Seminaren im Sinne der Gewerbordnung gewerblich tätig ist und insoweit ein Gewerbe anmelden muß, bedeutet nicht, daß der Kläger nicht als Religions- und Weltanschauungsgemeinschaft anzuerkennen ist, wenn er die Voraussetzungen einer solchen Gemeinschaft erfüllt. Die im vorliegenden Fall zu entscheidende Frage würde sich in gleicher Weise stellen und wäre in gleicher Weise zu beantworten, wenn etwa eine der christlichen Amtskirchen in Deutschland in der gleichen Art und Weise wie der Kläger mit der Absicht der Gewinnerzielung auf Dauer den Verkauf von Waren und Dienstleistungen betreiben würde.

Ebensowenig überzeugt es, wenn der Kläger darauf hinweist, daß er – im Gegensatz zu den christlichen Amtskirchen in Deutschland – keine Kirchensteuer erheben dürfe und deshalb auf solche Geldzahlungen angewiesen sei, wie er sie für seine Bücher, Broschüren und E-Meter sowie für die Teilnahme an Kursen und Seminaren verlange. Dem Kläger steht es frei, sich wie andere kleinere Religionsgemeinschaften auch durch freiwillige Spenden und Beiträge seiner Mitglieder zu finanzieren. Ebensowenig ist es ihm verwehrt, für Güter oder Dienstleistungen Entgelte zu verlangen. Entscheidet er sich für letzteres und ist er dann – wie hier – in einer Art und Weise tätig, daß die Tätigkeiten nach ihrem Gesamtbild als gewerblich anzusehen sind, dann muß er, wie jeder andere auch bei vergleichbaren Tätigkeiten, seiner Gewerbeanmeldepflicht genügen, ohne sich auf Vorrechte für Religionsgemeinschaften oder ein vom staatlichen Recht abweichendes Selbstverständnis berufen zu können. Hieran vermag auch der Hinweis des Klägers auf die Urteile des Verwaltungsgerichts Karlsruhe vom 25. 8. 1988 (GewArch 1988, 373) und des Verwaltungsgerichtshofs Mannheim vom 30. 5. 1989 (GewArch 1989, 378) nichts zu ändern. Zum einen betreffen die beiden Urteile nicht die Gewerbeanzeigepflicht nach § 14 Abs. 1 Satz 1 GewO, sondern die Frage, inwieweit für die Beherbergung und Beköstigung von Gästen in Einrichtungen von Religionsgemeinschaften eine Gaststättenerlaubnis erforderlich ist. Zum anderen unterscheidet sich der diesen beiden Entscheidungen zugrundeliegende Fall von dem vorliegenden auch insoweit, als den beiden Entscheidungen nicht entnommen werden kann, daß es sich bei der dort umstrittenen Tätigkeit ihrem Gesamtbild nach um eine gewerberechtliche Tätigkeit handelt. Etwas ähnliches gilt für die vom Kläger für sein Begehren weiter zitierte Entscheidung des Oberverwaltungsgerichts Münster vom 27. 5. 1986 (GewArch 1987, 235), in der sich das Gericht mit der Frage zu befassen hatte, ob ein Künstler für den Verkauf von ihm selbst gefertigter Gemälde auf öffentlichen Straßen einer Reisegewerbekarte bedarf. Wenn es in dieser Entscheidung heißt, daß der Verkauf der selbstgefertigten Bilder durch den Künstler seiner künstlerischen Tätigkeit zuzurechnen sei und daher nach allgemeiner Verkehrsauffassung nicht dem Begriff des Gewerbes unterfalle, und wenn das Gericht hierzu weiter ausführt, daß niemand ernsthaft auf die Idee komme, einem Maler, der in seinem Atelier oder bei Ausstellungen seine Bilder verkaufe, eine Anzeige nach § 14 GewO anzusinnen, so zeigen diese Überlegungen, daß es sich bei der dort umstrittenen Tätigkeit – anders als im vorliegenden Falle – nach dem Gesamtbild nicht um eine gewerbliche, sondern um eine nicht dem Gewerberecht unterliegende künstlerische Tätigkeit handelt.

VI. Schließlich ist auch sonst kein Grund zu erkennen, der den Kläger berechtigen könnte, die von der Beklagten geforderte Gewerbeanzeige nicht zu erstatten. Insbesondere kann der Kläger sich insoweit nicht mit Erfolg auf Art. 3 Abs. 1 GG berufen. Sollte es entsprechend dem Vorbringen des Klägers im Bundesgebiet zahlreiche weitere Fälle geben, in denen natürliche oder juristische Personen in ähnlicher Weise wie der Kläger gewerbliche Tätigkeiten ausüben, ohne daß die zuständigen Behörden die Gewerbeanzeige fordern, so entlastet dies den Kläger nicht. Nach § 14 Abs. 1 Satz 1 GewO ist die Gewerbeanzeige für den Gewerbetreibenden bindend vorgesehen; wird diese Verpflichtung nicht überall durchgesetzt, so kann der Kläger sich darauf nicht berufen. Ebensowenig überzeugt es, wenn der Kläger geltend macht, die Beklagte verfolge in Wahrheit ganz andere Ziele und wolle ihn, den Kläger, vernichten; zum einen solle über den Vorwurf der Gewerblichkeit die Scientology Kirche sozial demontiert werden, damit sie ihren Rückhalt in der Bevölkerung verliere; zum anderen solle über den Vorwurf der Gewerblichkeit der Weg zur Gewerbeuntersagung eröffnet werden. Das Berufungsgericht hat keine Anhaltspunkte dafür gefunden, daß die Beklagte die in den angefochtenen Bescheiden erhobene Forderung zur Gewerbeanzeige nur vorgeschoben hat, um in Wahrheit allein den vom Kläger vermuteten Zielen nachzugehen. Der Beklagten steht es nicht frei, ob sie die Gewerbeanzeige fordert; nach § 14 Abs. 1 Satz 1 GewO „muß" der Gewerbetreibende die Anzeige erstatten. Die Anzeige soll nach den zutreffenden Ausführungen des Verwaltungsgerichts der Behörde die Prüfung ermöglichen, ob etwaige gesetzliche Voraussetzungen für den Betrieb des Gewerbes erfüllt sind und Bedenken gegen die Zuverlässigkeit des Gewerbetreibenden bestehen. Zu diesem Zweck wird der Kläger wie jeder andere, der vergleichbare gewerbliche Tätigkeiten ausübt, die in § 14 Abs. 1 Satz 1 GewO geforderte und in der Verordnung über die Anzeige nach den §§ 14 und 55 c GewO vom 19. 10. 1979 (BGBl. I S. 1761) näher umschriebene Anzeige erstatten müssen. Sollte sich ergeben, daß der Kläger bei der Ausübung der gewerblichen Tätigkeiten seinen Pflichten nicht hinreichend nachkommt, wird die Beklagte gegen den Kläger wie gegen alle anderen Personen in vergleichbarer Lage nach den Vorschriften des Gewerberechts vorzugehen haben.

46

Religionsgemeinschaften, die Körperschaften des öffentlichen Rechts sind, bedürfen für öffentliche Äußerungen zu konkurrierenden Religionsgemeinschaften keiner gesetzlichen Ermächtigungsgrundlage; sie handeln auch insoweit nicht in Ausübung staatlicher Gewalt. Für die Reichweite des Äußerungsrechts im Hinblick auf das dem Gegner zustehende Recht ungestörter Religionsausübung kann auf die zur Meinungsfreiheit entwickelten Grundsätze zurückgegriffen werden.

Art. 4 Abs. 2, 5 Abs. 1 u. 2, 140 GG, 137 Abs. 5 WRV
BVerfG, Kammerbeschluß vom 13. Juli 1993 - 1 BvR 960/93[1] -

Die Beschwerdeführer wenden sich gegen den Beschluß des BayVGH vom 27. 5. 1993 KirchE 31, 188 (Versagung vorläufigen Rechtsschutzes). Sie vertreten die Auffassung, daß es der Evangelischen Kirche in Bayern und ihrem Beauftragten für Sekten und Weltanschauungsfragen ohne besondere gesetzliche

---

[1] DVBl. 1993, 1204; BayVBl. 1993, 683. Vgl. zu diesem Fragenkreis auch BayVGH BayVBl. 1995, 564; OVG Bremen NVwZ 1995, 793.

Grundlage nicht erlaubt sei, sich abträglich über ihre Religionsgemeinschaft zu äußern, soweit sie sich dabei nicht auf Fragen christlicher Lehrinhalte beschränkten.

Die Kammer nimmt die Verfassungsbeschwerde nicht zur Entscheidung an; damit erledigt sich zugleich der Antrag auf Erlaß einer einstweiligen Anordnung.

Aus den Gründen:

II. 1. Die Verfassungsbeschwerde ist unzulässig, soweit sie den Sektenbeauftragten betrifft. Der Verwaltungsgerichtshof hat diesen als nicht passiv legitimiert angesehen. (...)
2. Die Rüge einer Verletzung des rechtlichen Gehörs ist nicht ordnungsgemäß ausgeführt (§ 23 Abs. 1 Satz 2, § 92 BVerfGG). (...)

III. Im übrigen hat die Verfassungsbeschwerde keine hinreichende Aussicht auf Erfolg.

1. Sie wirft mit ihrer eingangs bezeichneten These keine verfassungsrechtliche Frage grundsätzlicher Bedeutung auf. Die Religionsgesellschaften, die nach Art. 140 GG i.V.m. Art. 137 Abs. 5 WRV Körperschaften des öffentlichen Rechts sind, bedürfen für öffentliche Äußerungen zu konkurrierenden Religionsgemeinschaften keiner gesetzlichen Ermächtigungsgrundlage. Es handelt sich dabei ebensowenig um Ausübung staatlicher Gewalt wie bei ihren sonstigen Stellungnahmen zu die Öffentlichkeit berührenden Fragen. Auf Äußerungen zu „christlichen Lehrinhalten" sind sie durch das Grundgesetz nicht beschränkt.

2. Der Verwaltungsgerichtshof hat Bedeutung und Tragweite der geltend gemachten Grundrechte nicht verkannt. Er hat dem Recht der Beschwerdeführer auf ungestörte Religionsausübung (Art. 4 Abs. 2 GG) ein auf dieselbe Verfassungsbestimmung gestütztes Äußerungsrecht der Kirche gegenübergestellt, für dessen Reichweite er auf zur Meinungsfreiheit entwickelte Grundsätze zurückgegriffen hat. Das ist verfassungsrechtlich nicht zu beanstanden.

Soweit er die fraglichen Äußerungen nicht als Tatsachenbehauptungen, sondern als Meinungsäußerungen aufgefaßt hat, kann dies nicht unmittelbar überprüft werden, weil diejenigen Äußerungen, welche den Anlaß für das Verfahren gegeben haben, mit der Verfassungsbeschwerde weder vorgelegt noch in ihrem Zusammenhang wiedergegeben worden sind. Die Formulierung der hier gestellten Anträge läßt jedoch den Rückschluß darauf zu, daß die fraglichen Äußerungen vornehmlich wertenden Gehalt hatten.

Zutreffend ist ferner die Erwägung, daß die Schutzwürdigkeit dessen, der selbst seine Gegner scharf angreift, gemindert sein kann. Die Beschwerdeführer haben mit der Verfassungsbeschwerde nicht die Feststellung des Verwaltungsgerichtshofs in Frage gestellt, daß der Beschwerdeführer zu 1. „in äußerst scharfer Weise gegen die großen Kirchen und insbesondere auch gegen die Antragsgegnerin Stellung nimmt".

3. Einer eingehenderen Überprüfung ist die angegriffene Entscheidung nicht zugänglich, da das Vorbringen der Verfassungsbeschwerde sich auf die Frage der Ermächtigungsgrundlage konzentriert und deshalb weder die inhaltliche Berechtigung der einzelnen Vorwürfe des Sektenbeauftragten erörtert noch überhaupt deren Anlaß und Zusammenhang mitteilt. Sollte sie gleichwohl so zu verstehen sein, daß auch das Ergebnis der vom Verwaltungsgerichtshof vorgenommenen Abwägung zwischen den widerstreitenden Rechten zur Prüfung gestellt wird, wäre die darauf gerichtete Rüge mangels hinreichender Substantiierung unzulässig. Denn eine nähere Darstellung der Tatsachengrundlagen erübrigte sich nicht schon im Hinblick auf die Schärfe einiger der fraglichen Äußerungen:

Das Grundrecht auf ungestörte Religionsausübung gibt weder den Religionsgesellschaft noch deren Mitgliedern einen Anspruch darauf, daß der Staat durch seine Gerichte eine – auch scharfe – öffentliche Kritik an ihrer Tätigkeit unterbindet. Das gilt zumal für Beiträge zum geistigen Meinungskampf in einer die Öffentlichkeit wesentlich berührenden Frage, wie sie hier aufgeworfen ist. Angesichts des Massenselbstmords der „Volkstempel-Sekte" 1978 in Guayana und der Ereignisse in Waco, aber auch schwerwiegender Vorwürfe anderer Art gegen Organisationen, welche die Religions- und Weltanschauungsfreiheit für sich in Anspruch nehmen, kann die Tätigkeit religiöser und weltanschaulicher Gemeinschaften nicht als reines Internum angesehen werden, der ein „kritikfreier Raum" vorbehalten bleiben muß. Gegen Schärfen und Überspitzungen genießen sie im Vorfeld des § 166 StGB deshalb nur denjenigen Schutz, der auch sonst für Persönlichkeitsrechtsverletzungen anerkannt ist.

47

Für die Übernahme von Kosten für die Schülerbeförderung zu einer Bekenntnisschule statt zur nächstgelegenen Schule gemäß § 2 Abs. 3 Satz 1 BaySchBefV ist allein die Auswahlentscheidung der Eltern bzw. des volljährigen Schülers maßgebend. Auf das Motiv oder die Bekenntnisidentität kommt es nicht an.

BayVGH, Urteil vom 13. Juli 1993 – 7 B 92.2967[1] –

---

[1] NVwZ-RR 1994, 501; BayVBl. 1994, 212. Nur LS: KuR 1995, H. 1, 63. Das Urteil ist rechtskräftig. Vgl. zu diesem Fragenkreis auch Nieders.OVG NVwZ-RR 1996, 656.

Der Beigeladene, der evangelischen Bekenntnisses ist, besuchte bis zum Ende des Schuljahrs 1990/91 die staatliche Realschule in W. (Technischer Zweig). Das Klassenziel erreichte er nicht. Mit dem Schuljahr 1991/92 trat er in die staatlich anerkannte private katholische Realschule Maria Stern in N. über. Er beantragte beim klagenden Landkreis, für diesen Schulbesuch die Kosten der Beförderung zwischen W. und N. zu übernehmen. Die Busfahrkarte werde monatlich 86,- DM kosten. Der Kläger lehnte die Kostenübernahme ab. Da eine gleichartige öffentliche Realschule in W. bestehe, sei die private Schule in N. nicht die nächstgelegene Schule. Es seien auch keine Anhaltspunkte dafür ersichtlich, daß der Beigeladene die Realschule in N., die durch die katholische Kirche weltanschaulich geprägt sei, wegen dieser Eigenheit besuche.

Auf den Widerspruch des Beigeladenen, mit dem er geltend machte, die Schule wegen deren weltanschaulicher Eigenheit zu besuchen, weil sein Vater katholischen Glaubens sei und weil für seine Erziehung die weltanschauliche Prägung entscheidend sei, hob die Regierung von Mittelfranken mit dem angefochtenen Widerspruchsbescheid den Bescheid des Klägers auf und verpflichtete diesen, dem Beigeladenen Kostenfreiheit des Schulwegs zum Besuch der Realschule Maria Stern in N. zu gewähren. Der Beigeladene habe nach § 2 Abs. 3 Schülerbeförderungsverordnung (SchBefV) Anspruch auf die Übernahme der Fahrtkosten zur katholischen privaten Realschule in N. Beim Besuch einer Schule in konfessioneller Trägerschaft sei stets davon auszugehen, daß die Schulwahl wegen der weltanschaulichen Eigenheit der Schule erfolge. Auf die Zugehörigkeit zu demjenigen christlichen Bekenntnis, das für die jeweilige Schule prägend sei, komme es grundsätzlich nicht an. Der Kostenträger sei nicht berechtigt, nach der Konfession des Schülers oder dessen Motiv für den Schulbesuch zu forschen.

Die hiergegen erhobene Klage hat das Verwaltungsgericht abgewiesen.
Die Berufung des Klägers blieb ohne Erfolg.

Aus den Gründen:

Die Berufung (§ 124 VwGO) ist nicht begründet. Das Verwaltungsgericht hat zu Recht entschieden, daß die Klage des Landkreises Ansbach gegen den ihn belastenden Widerspruchsbescheid der Regierung von Mittelfranken zwar zulässig, aber unbegründet sei, weil der Beigeladene einen Anspruch auf Übernahme der Kosten für die Fahrten zur Katholischen Realschule Maria Stern in N. hat.

1. Rechtsgrundlage der angegriffenen Entscheidung ist § 2 Abs. 3 Satz 1 der Schülerbeförderungsverordnung (SchBefV) vom 29. 7. 1983 (GVBl. S. 553), zuletzt geändert durch VO vom 4. 5. 1987 (GVBl. S. 127). Danach soll in Ab-

weichung von dem allgemeinen Grundsatz, daß eine Beförderungspflicht nur zur nächstgelegenen Schule besteht (vgl. Art. 2 Abs. 1 und 2 des Gesetzes über die Kostenfreiheit des Schulwegs – SchulwegKFrG – i.d.F. der Bek. vom 17. 1. 1984, GVBl. S. 13, geändert durch Ges. v. 4. 4. 1985, GVBl. S. 79; § 2 Abs. 1 Satz 1 SchBefV), die Beförderung zu einer anderen als der nächstgelegenen Schule übernommen werden, wenn der Schüler diese Schule wegen ihrer pädagogischen oder weltanschaulichen Eigenheiten besucht, insbesondere eine Tagesheimschule, eine nicht-koedukative Schule oder eine Bekenntnisschule. Diese Vorschrift gilt gleichermaßen für öffentliche Schulen und für staatlich anerkannte Privatschulen (§ 1 Satz 1 SchBefV; vgl. auch BayVGH BayVBl. 1985, 561). Bedenken dagegen, daß sie auf der gesetzlichen Ermächtigung in Art. 2 Abs. 3 SchulwegKFrG beruhende Vorschrift des § 2 Abs. 3 Satz 1 mit den Regelungen des Schulwegkostenfreiheitsgesetzes nicht in Einklang stünde, bestehen nicht. Die Notwendigkeit der Beförderung ist im Gesetz nicht in jeder Hinsicht abschließend geregelt (vgl. Art. 2 Abs. 1 und 2 SchulwegKFrG). Der Verordnungsgeber ist nach Art. 2 Abs. 3 SchulwegKFrG ermächtigt, die näheren Voraussetzungen für die notwendige Beförderung der Schüler auf dem Schulweg zu regeln. Auch wenn sich die gleichermaßen für öffentliche und für staatlich anerkannte Privatschulen geltende Vorschrift des § 2 Abs. 3 Satz 1 SchBefV faktisch dahin auswirken sollte, daß vor allem für pädagogisch oder weltanschaulich besonders geprägte, weiter entfernte Privatschulen in Abweichung vom Grundsatz des § 2 Abs. 1 Satz 1 SchBefV die Beförderung zu übernehmen ist, so liegt darin kein Verstoß gegen Art. 2 Abs. 2 SchulwegKFrG, da der dort aufgestellte Grundsatz, daß die Beförderung nur zur nächstgelegenen Schule zu übernehmen ist, nur in der Regel einzuhalten ist und auf der Grundlage der Ermächtigung in Art. 2 Abs. 3 SchulwegKFrG für die besonderen Fälle des § 2 Abs. 3 Satz 1 SchBefV durchbrochen werden konnte. Es ist ferner nicht ersichtlich, inwieweit § 2 Abs. 3 Satz 1 SchBefV gegen den Gleichheitssatz (Art. 3 Abs. 1 GG, Art. 118 Abs. 1 BV) verstoßen sollte. Der Verordnungsgeber kann unter dem Gesichtspunkt des Gleichheitssatzes nicht gehindert sein, aus bildungspolitischen Gründen für eine Gruppe von pädagogisch oder weltanschaulich besonders geprägten Schulen die Beförderung über den allgemeinen Grundsatz des § 2 Abs. 1 Satz 1 SchBefV hinaus zu übernehmen und insoweit eine freiwillige weitergehende Leistung zu gewähren.

2. Die tatbestandlichen Voraussetzungen des § 2 Abs. 3 SchBefV sind nach Wortlaut, Sinn und Zweck dieser Vorschrift im vorliegenden Fall gegeben. Die Katholische Realschule Maria Stern in N. ist eine Bekenntnisschule (zu diesem Begriff vgl. BayVGH BayVBl. 1992, 239 [240][2]). Hierüber besteht unter den

---
[2] KirchE 29, 261.

Beteiligten auch kein Streit. Es ist ferner davon auszugehen, daß der Beigeladene diese Schule im Sinne der Vorschrift „wegen ihrer weltanschaulichen Eigenheiten", insbesondere als Bekenntnisschule besucht.

a) Der Wortlaut des § 2 Abs. 3 Satz 1 SchBefV mag für sich allein noch keinen völlig sicheren Schluß zulassen, ob lediglich auf die objektive Tatsache abzustellen ist, daß sich die Eltern oder – bei Volljährigkeit – der Schüler für den Besuch einer weltanschaulich besonders geprägten Schule entschieden haben, oder ob darüber hinaus auch eine glaubhafte Motivation weltanschaulicher Art bestehen muß, welche die Behörde zu prüfen hätte. Indes sprechen bei der Analyse des Wortlauts überwiegende Gründe dafür, die Vorschrift im ersteren Sinne zu verstehen. § 2 Abs. 3 Satz 1 SchBefV umfaßt nicht nur den Besuch von weltanschaulich, sondern auch den Besuch von pädagogisch besonders geprägten Schulen wie etwa von Tagesheimschulen oder nicht-koedukativen Schulen. Für die letzteren Fälle erschiene es nach den sonst geltenden Grundsätzen des Schülerbeförderungsrechts, nach denen lediglich auf objektive Tatsachen abzustellen ist, kaum vertretbar und sinnvoll, über den schlichten Wunsch hinaus, eine solche Schule zu besuchen, noch eine besondere Begründung dafür zu verlangen. Für weltanschaulich besonders geprägte Schulen kann grundsätzlich nichts anderes gelten als für Schulen mit besonderen pädagogischen Eigenheiten; beide Arten von Schulen werden in § 2 Abs. 3 Satz 1 SchBefV in einem Zuge genannt. Für die Auslegung, daß grundsätzlich allein der Entschluß genügt, eine entsprechende Schule zu besuchen, ohne daß die näheren subjektiven Gründe dafür zu prüfen sind, spricht auch der 2. Halbsatz des § 2 Abs. 3 Satz 1 SchBefV („insbesondere eine Tagesheimschule, eine nicht- koedukative Schule oder eine Bekenntnisschule"). Die Vorschrift kann folgendermaßen gelesen werden: „… wenn der Schüler eine Bekenntnisschule besucht". Der 2. Halbsatz der Vorschrift kann grammatikalisch also so verstanden werden, daß u. a. beim Besuch einer Bekenntnisschule die Beförderung immer übernommen werden soll, ohne daß es auf eine weitere Prüfung der dafür maßgebenden Gründe des Antragstellers ankommt.

b) Es sprechen ferner überwiegende Gründe dafür, daß diese Auslegung auch dem Sinn und Zweck der Vorschrift entspricht. Sinn und Zweck der Regelung bestehen zunächst ersichtlich darin, daß für den Besuch pädagogisch oder weltanschaulich besonders geprägter Schulen – unbeschadet der näheren tatbestandlichen Voraussetzungen – eine Ausnahme von dem Grundsatz gemacht werden soll, daß nur die Fahrt zur nächstgelegenen Schule gefördert wird (vgl. § 2 Abs. 1 Satz 1 SchBefV). Es kann – wie das bereits die wörtlich-grammatikalische Auslegung nicht zuläßt – vom Sinn und Zweck einer solchen Ausnahmeregelung nicht darauf geschlossen werden, der Verordnungsgeber habe das mit dem Gebrauch der Worte „wegen ihrer pädagogischen und weltanschaulichen Eigenheiten" von einer besonders zu begründenden und von der Behörde zu prüfenden subjektiven Motivation der Antragsteller abhängig machen wollen. Hiergegen bestünden schon im Hinblick auf die in Art. 136 Abs. 1 Satz 3 WRV i.V.m. Art. 140 GG besonders hervorgehobene Freiheit, religiöse Überzeugungen zu verschweigen (vgl. hierzu BVerfGE 46, 266 [267][3]), Bedenken. Es ginge hier nicht nur um die schlichte Frage nach einer bestimmten Religionszugehörigkeit, sondern um Nachforschungen nach der Ernsthaftigkeit weltanschaulicher oder religiöser Überzeugungen. Eine solche Prüfung der subjektiven Beweggründe ist den Behörden grundsätzlich versagt.

Diese Überlegungen legen die Auslegung nahe, daß der Verordnungsgeber mit der Sonderreglung des § 2 Abs. 3 Satz 1 SchBefV das Recht auf freie Wahl der gewünschten Schule, das für die Eltern aus Art. 6 Abs. 2 GG, Art. 126 Abs. 1 BV und für volljährige Schüler aus Art. 2 Abs. 1 GG, Art. 101 BV folgt (vgl. auch BVerfGE 34, 165 [182 ff., 184]), auch in einem Teilbereich der Schülerbeförderung anerkennen wollte. Diese Auslegung wird gestützt durch die Entstehungsgeschichte. Nach § 2 Abs. 3 Nr. 1 SchBefV i.d.F. der Bek. vom 29. 7. 1983 (GVBl. S. 552) stand es im Ermessen der zuständigen Behörden, die Beförderung zu pädagogisch oder weltanschaulich besonders geprägten Schulen zu übernehmen. Da die darauf gegründete Praxis als unbefriedigend, nämlich als zu eng empfunden wurde, ersuchte der Bayerische Landtag die Staatsregierung (Beschluß vom 11. 6. 1986, LT-Drucks. 10/10482), durch eine entsprechende Änderung der Schülerbeförderungsverordnung sicherzustellen, daß die Beförderung zu einer anderen als der nächstgelegenen Schule grundsätzlich übernommen wird, wenn der Schüler diese Schule wegen ihrer pädagogischen oder weltanschaulichen Eigenheiten besucht. In Befolgung dieses Beschlusses wurde § 2 Abs. 3 Satz 1 SchBefV in der nunmehr geltenden Fassung von einer „Kann-Vorschrift" in eine „Soll-Vorschrift" umgewandelt.

Für die vorstehend vertretene Auffassung sprechen auch Gründe der Praktikabilität. Der Vollzug des Rechts der Schülerbeförderung muß sich auf möglichst einfach, eindeutig und objektiv festzustellende Tatbestandsvoraussetzungen gründen können, damit die in großer Zahl eingehenden Anträge zeitgerecht und unter Beachtung des Gleichbehandlungsgrundsatzes verbeschieden werden können. Eine irgendwie geartete Nachforschung nach den subjektiven Gründen einer Schulwahl stünde auch im Rahmen des § 2 Abs. 3 Satz 1 SchBefV diesem Gesetzesvollzug entgegen. Ein Verstoß gegen Art. 2 Abs. 2 SchulwegKFrG ist bei der vorstehenden Auslegung nicht gegeben, wenn in den Fällen des § 2 Abs. 3 Satz 1 SchBefV, auch wenn es sich um eine private Schule handelt, eine entsprechende öffentliche Schule, nämlich eine pädagogisch oder weltanschaulich besonders geprägte Schule, nicht näher

---

[3] KirchE 16, 212.

liegt. Wäre das im Einzelfall gegeben, könnten die Kosten der Beförderung zur privaten Schule nicht übernommen werden.

c) Entgegen der Auffassung des Klägers kann die Anwendung des § 2 Abs. 3 Satz 1 SchBefV beim Besuch einer Bekenntnisschule nicht auf die Fälle beschränkt werden, in denen ein Schüler die Schule seines Bekenntnisses besucht. Eine Bekenntnisschule verliert ihren Charakter als solche grundsätzlich nicht, wenn sie auch Schüler anderer Bekenntnisse aufnimmt. Es kommt vor allem darauf an, daß die Kinder im Geiste des betreffenden Bekenntnisses unterrichtet werden, daß also das religiöse Bekenntnis das Gepräge der Schule bestimmt (vgl. BayVGH BayVBl. 1992, 239 [240 m.w.N.]). Es liegt grundsätzlich in der Entscheidung der privaten Bekenntnisschule, auch Schüler anderer Bekenntnisse aufzunehmen (vgl. zur Zulassung bekenntnisfremder Schüler zum Religionsunterricht BVerfG NJW 1987, 1873[4]; BayVGH BayVBl. 1981, 147[5]). Der Charakter als Bekenntnisschule wird somit nicht dadurch in Frage gestellt, daß die Schule auch einzelne Schüler anderen Bekenntnisses aufnimmt. Daß im vorliegenden Fall etwa durch eine Überzahl solcher Schüler der Charakter der Schule als Bekenntnisschule in Frage gestellt wäre, wird von keiner Seite geltend gemacht. Da es – wie dargelegt – grundsätzlich unzulässig ist, im Rahmen des § 2 Abs. 3 Satz 1 SchBefV die näheren religiösen oder weltanschaulichen Motive für den Entschluß zu prüfen, die Schule eines bestimmten Bekenntnisses zu besuchen, kann dem Antragsteller allein die Tatsache, daß er einem anderen Bekenntnis angehört, nicht entgegengehalten werden.

d) Zusammenfassend ergibt sich, daß es für die Anwendung des § 2 Abs. 3 Satz 1 SchBefV in aller Regel allein auf den Entschluß der Eltern oder des (volljährigen) Schülers ankommt, eine entsprechende Schule zu besuchen. Der Verordnungsgeber unterstellt gewissermaßen, daß dieser Entschluß durch die pädagogischen oder weltanschaulichen Eigenheiten der betreffenden Schule bestimmt ist. Nur wenn abweichend von dieser Regelvermutung offensichtlich wäre, daß Gründe dieser Art keine Rolle gespielt haben können, wäre anders zu entscheiden. Ein solcher Fall ist hier nicht gegeben. Zwar mag gegen den Beigeladenen sprechen, daß er an die Katholische Realschule in N. erst übergewechselt ist, nachdem er im vorangegangenen Schuljahr in der öffentlichen Realschule in W. die Erlaubnis zum Vorrücken in die nächste Jahrgangsstufe nicht erhalten hatte. Das allein reicht aber nicht aus, um die Regelvermutung des § 2 Abs. 3 Satz 1 SchBefV zu widerlegen und seine Anwendung abzulehnen. Die Eltern des Beigeladenen haben darüber hinaus übereinstimmend mit dessen Angaben im Widerspruch erklärt, sie sähen die Vorteile der Katholischen Realschule in der vom Prinzip her geprägten religiösen Erziehung und

---

[4] KirchE 25, 39.
[5] KirchE 18, 191.

Gestaltung des gesamten Unterrichts. In beiden Konfessionen werde nach gemeinsamen Grundüberzeugungen gelehrt. Der Vater des Beigeladenen gehört außerdem unbestritten der Katholischen Kirche an. Es kann demnach nicht ausgeschlossen werden, daß religiöse Gründe für den Besuch der katholischen Bekenntnisschule in N. zumindest mitbestimmend waren.

48
Zur Entstehung von Kirchenbaulastverbindlichkeiten politischer Gemeinden an Kirchenorgeln aufgrund altrechtlicher Rechtsinstitute (Würzburger Landrecht; Gemeines Recht; Gewohnheitsrecht/Observanz; „vertragsersetzendes" Herkommen).

VG Würzburg, Urteil vom 20. Juli 1993 – W 9 K 92.425[1] –

Die Parteien streiten darum, ob die Beklagte als Rechtsnachfolgerin der früheren Gemeinde Wiesenfeld (jetzt Karlstadt/Unterfranken) an der bisher im Kirchengebäude in Wiesenfeld befindlichen Orgel der kath. Pfarrkirche Mariä Himmelfahrt baulastpflichtig ist. Die Klägerin hält eine Baulastverpflichtung vornehmlich aufgrund „vertragsersetzenden Herkommens" für gegeben.

Der Rechtsstreit steht – wie sich aus der von den Beteiligten vorgelegten Urkunden und Akten ergibt – vor folgendem historischen Hintergrund:

Bereits im 18. Jahrhundert war in der Wiesenfelder Kirche eine Orgel vorhanden. Wer die Orgel seinerzeit angeschafft hat, liegt im Dunkeln. Es soll jedoch auf ihr der Name des Schultheißen gestanden haben. Ausweislich der von der Klägerin vorgelegten Aufzeichnungen über Gemeindeausgaben hat die damalige Gemeinde Wiesenfeld in den Jahren 1804/05, 1826/27, 1832/33, 1833/34, 1841/42, 1866/67, 1868 und 1969 Kosten für die Reparatur und Unterhaltung der Orgel getragen. Anläßlich eines Streites zwischen dem Katholischen Pfarramt Wiesenfeld und der Gemeinde Wiesenfeld wegen einer Kirchturmreparatur beschloß die damalige Kgl. Regierung des Untermainkreises am 4. 1. 1833 wie folgt:

„*In dem Anbetrachte*
1. daß die Kirchthürme nicht unumgänglich nothwendige Theile der Kirche sind, welches schon daraus hervorgeht das ihre Entstehung jünger ist, als jene der Kirchen selbst, ferner,
2. daß die Kirchthürme nicht blos zu kirchlichen, sondern auch zu bürgerlichen Zwecke dienen;

---
[1] Amtl. Leitsatz. Das Urteil ist rechtskräftig. Vgl. zu diesem Fragenkreis auch VGH Baden-Württemberg NVwZ 1996, 1230; BayVGH VGHE 47, 116; Hess.VGH NVwZ 1996, 1227.

3. *daß die fürstlich Würzburgische Verordnung, welche die Kosten zum Bau u. Reparatur der Kirchen in der Regel zunächst auf das Gotteshausvermögen anweiset, die Kirchthürme nicht erwähnt, daher auch nur auf den Hauptbau der Kirchen Anwendung findet, um so mehr als*
4. *im vormaligen Fürstbisthum Würzburg seit ältesten Zeiten wie die Akten des dahiesigen bischöflichen Ordinariats nachweisen, eine anerkannte Observanz besteht, vermöge welcher die Errichtung u. Unterhaltung des Thurmes, der Glocken und der Orgel der Kirche den Parochianen obliegt, wenn sie nicht eine Befreyung von dieser Verbindlichkeit evident darzuthun vermögen,*
5. *daß zur Zeit eine solche Befreyung für die Pfarrgemeinde Wiesenfeld nicht nachgewiesen ist,*
6. *daß insbesondere die vom k. Landgericht Karlstadt im Beschlusse v. 3. Juli v. Js. genommene Beziehung auf die alten Gotteshausrechnungen von Wiesenfeld den Beweis einer solchen Exemtion nicht geben kann, weil nirgends vorliegt, daß die für Kirchthurmsreparaturen aus dem Gotteshausvermögen geleisteten Ausgaben mit Anerkennung einer Verbindlichkeit und auf vorausgegangenen Widerspruch der Kirchengemeinde hinsichtlich der an sie zu machenden Ansprüche erfolgt seyen, vielmehr in der Gotteshausrechnung v. 1724 bis 1725 S. 42 zwischen zwei solchen Ausgaben des Gotteshauses für Kirchthurms-Reparaturen aus Rechtsverwahrung beigesetzt ist,*
7. *daß endlich auch eine Unvermögenheit der Kirchengemeinde von Wiesenfeld die betreffenden Ausgaben ganz oder zum Theile zu leisten, nicht dargethan ist, wird der Beschluß des k. Landgerichtes Karlstadt vom 3. Juli v. Js. dahin abgeändert, daß die Verbindlichkeit zur Tragung der Ausbesserungskosten an dem Kirchthurme zu Wiesenfeld zunächst nicht dem Gotteshaus, sondern der Kirchengemeinde obliege, durch diese administrative Verfügung jedoch der Rechtsweg nicht ausgeschlossen werde. Das k. Landgericht hat diese Entschließung sowohl dem Pfarramte zu Wiesenfeld als der Kirchengemeinde zu eröffnen, das weiter geeignete hiernach zu verfügen, und die vorgelegten 19 Gotteshausrechnungen in Empfang zu nehmen."*

Am 11./13. 10. 1870 berichtete dann der Gemeindeausschuß dem Kgl. Bezirksamt Karlstadt über die vollkommen defekte Orgel und den Beschluß des Gemeindeausschusses zur beabsichtigten Neuanschaffung. Die geschätzten Kosten von 1.700 bis 1.800 fl sollten dem sehr schnell anwachsenden Getreidemagazinfonds für vier Jahre (jedoch ohne späteren Rückersatz) entnommen werden, so daß um die Erteilung der Kuratelgenehmigung gebeten wurde. In dem Schreiben heißt es u. a.:

„*Ausweislich der gemeindlichen Akten war im Jahre 1834 von der damaligen Gemeindeverwaltung die Anschaffung einer neuen Orgel beschlossene Sache. Beleidigter Stolz von Seiten eines Mitgliedes soll damals das Hindernis gewesen sein, warum sich der Beschluß nicht realisirte. Seit dieser Zeit wurden nun fast alle Jahre Reparaturen an der Orgel vorgenommen und viele Hunderte von Gulden hierauf verwendet, die durch Beschaffung einer neuen Orgel hätten erspart werden können.*"

Nachdem das Bezirksamt zunächst Erhebungen über den Zustand der Orgel angestellt hatte, beschied es den Antrag der Gemeinde Wiesenfeld unter Hinweis auf eine Entschließung der Kgl. Regierung vom 27. 4. 1871 am 27. 5. 1871 abschlägig. Der teilweisen Kürzung des Lokalgetreidemagazinfonds um

1500 fl zur Anschaffung der neuen Orgel ohne späteren Rücksersatz könne im Hinblick auf Art. 26 und 31 der Gemeindeordnung nicht zugestimmt werden. Darüber hinaus vertrat das Bezirksamt unter Bezugnahme auf eine „generalisierte höchste Ministerialentschließung vom 18. 01. 1839" (abgedruckt bei Weber, Gesetz- und Verordnungssammlung Bd. 3, 1883, S. 278) die Auffassung:

„Nach den diesamtlichen Akten obliegt nämlich die primäre Baulast an der Pfarrkirche zu Wiesenfeld dem Kirchenvermögen und ist die Gemeinde erst subsidiär baupflichtig an dem Langhause, jedoch primär an dem Thurme der Kirche. Es trifft demnach die Bestreitung der Kosten für die innere Kircheneinrichtung, soferne nicht das Herkommen ein Anderes statuirt oder privatrechtliche Verbindlichkeiten in Mitte liegen, die Renten der Kirche."

Der Gemeindeausschuß wurde deshalb vom Bezirksamt beauftragt, der Kirchenverwaltung von dieser Verfügung Kenntnis zu geben und ihre Erklärung darüber zu veranlassen, „ob aus den disponiblen Renten des Kirchenvermögens, die aufzunehmende Orgelschuld gedeckt werden wolle".

Die Kirchenverwaltung Wiesenfeld beriet sich daraufhin am 6. 6. 1871 und kam zu folgendem Beschluß:

„Die Beiziehung des Kirchenvermögens für die anzuschaffende Orgel kann die Kirchenverwaltung in keinem Falle zugeben;
1. weil dieses dem örtlichen Herkommen widerstreiten würde. Seit unvordenklicher Zeit wurde nämlich die Orgel aus der Gemeindekasse angeschaft und unterhalten; auch ist die Kirche keineswegs in dem Grade bemittelt, daß sie auf ihre Rechte verzichten dürfte. Ihr Vermögen hat sich auf viel beschwerlichere Weise angesammelt, mittelst gottesdienstlicher Stiftungen, als der Getreids-Magazinfond, zu welchem die Einwohner, wollend oder nicht wollend, jährlich circa 300 fl beisteuern müssen.
2. Die disponiblen Renten müssen bei der Kirche zusammengehalten werden eben weil dieselbe die primäre Baulast im Langhäuse hat. Es ist nicht Luxus sondern Bedürfnis, daß man bereits auf eine Erweiterung des Schiffes denkt, und nur weil nicht ergibige Mittel dazu vorhanden sind, muß mit dieser großen Bauwendung noch zugewartet werden."

Mit Schreiben vom 11. 6. 1871 an das Kgl. Bezirksamt verweigerte auch der Gemeindeausschuß die Mittelaufbringung für die neue Orgel mit der Begründung, daß „1. der Kirche die primäre Baulast obliegt, 2. weil die Gemeindepflege die Mittel hierzu nicht besitzt."

Am 19. 6. 1871 legte das Bezirksamt sodann den bisherigen Sachstand der Regierung von Unterfranken vor. Diese antwortete dem Bezirksamt mit Schreiben vom 27. 7. 1871 u.a. wie folgt:

„Da von der Kirchenverwaltung Wiesenfeld behauptet wird, daß seit unvordenklicher Zeit die Anschaffung und Unterhaltung der Orgel in der dortigen Pfarrkirche aus der Gemeindekasse bestritten worden sei, so ist es nunmehr Sache des königlichen Bezirksamtes in dieser Beziehung die erforderlichen Erhebungen zu pflegen und nach ergänzter Sachinstruktion salvo recursu Bescheid zu erlassen. Hierbei wird mit Bezug auf den Inhalt der bezirksamtlichen Verfügung v. 27. Mai d. Jrs. bemerkt, daß auf Beschaffung von Gegen-

ständen der inneren Kircheneinrichtung, wie einer Orgel, die Bestimmungen über kirchliche Baupflicht keine Anwendung finden, was in der vom k. Bezirksamte selbst allegirten höchsten Ministerial-Entschließung v. 18. Januar 1839 ... ausdrücklich gesagt ist."

Mit Schreiben vom 31. 7. 1871 fragte daraufhin das Bezirksamt bei der Gemeindeverwaltung unter Hinweis auf den Beschluß der Kirchenverwaltung vom 6. 6. 1871 an, „ob dieses Herkommen anerkannt werde".
Dies lehnte die Gemeindeverwaltung mit Schreiben vom 11. 8. 1871 ab:

„Wer die Kosten für die Anschaffung der Orgel bestritten hat, – die Gemeinde oder die Kirche – ist hierorts nicht bekannt; dagegen ist in den Rechnungen ersichtlich, daß die Gemeinde die Kosten der Reparatur bisher immer getragen hat; jedoch nicht aufgrund eines besonderen Rechtstitels, sondern nur aus gutem Willen, weil die Mittel bei der Gemeinde vorhanden waren. Nachdem aber diese Mittel geringer geworden und kaum mehr zur Bestreitung der Ausgaben für Gemeindezwecke ausreichen, ferner die Gotteshauskasse ihre Erübrigungen respektierlich Rentenüberschüsse an Kirchen auswärtiger Ortschaften zahlen muß, so glaubt man Grund genug zu haben, der Kirchenpflege ihre Last der zur Anschaffung und Unterhaltung der Orgel allein tragen zu lassen."

Mit Schreiben vom 14. 8. 1871 leitete das Bezirksamt vorgenannte Stellungnahme der Kirchenverwaltung Wiesenfeld mit der Bitte zu zu erklären, „ob sie einen freiwilligen Zuschuß zur Beschaffung der Orgel zu leisten geneigt sei, da die Verbindlichkeit der Gemeinde erst im Wege des Rechtsstreits festgesetzt werden muß und auf gütlichem Wege am Ersten zum Ziele zu gelangen sein dürfte."
Einen solchen freiwilligen Zuschuß lehnte die Kirchenverwaltung mit Schreiben an das Bezirksamt vom 19. 8. 1871 allerdings ab:

„Der Gemeindeausschuß, welcher früher wie alle Leute im Orte nicht anders wußte, als daß die Kirchen-Gemeinde die Orgel zu stellen und zu unterhalten habe, will nach seinem Berichte v. 11. (08. 1871) alle Orgelreparaturen aus bloßem guten Willen bestritten haben, will ferner nicht wissen, wer die damalige Orgel angeschafft hat, während der darauf stehende Name des Schultheißen es schon an die Hand gibt und weist der Kirche diese Last ohne weiteres als die ihrige zu, als wäre das selbstverständliche und ausgemachte Sache. ... Man bittet zu diesem Zweck den Gemeindeausschuß auf die Entscheidung hinzuweisen, welche hohe Königliche Regierung unter dem 4. Januar 1833 zufolge collegialer Berathung laut Anlage gegeben hat. Absatz vier dieses Decretes sagt klar, daß nach einer allgemeinen Observanz des Fürstbischöflich Würzburgischen Lande Thurm, Glocken und Orgel Sache der Kirchengemeinde und nicht der Kirche sind und wo anders pettuiert werden will, die Befreiung evident nachgewiesen werden müsse, was für Wiesenfeld sicher eine Unmöglichkeit ist. ... Dem Priester genügt zu solchem Zwecke im schlimmsten Falle noch die bisherige Orgel; ist sie allerdings für die Kirchengemeinde nöthig, so möge diese auch dafür Sorge tragen. Die Gemeinde hat ja bekanntlich größere Kapitalien ausstehen als das Gotteshaus und ist sonst nicht arm an Mitteln."

Nachdem somit eine gütliche Einigung nicht zu erzielen war, legte zunächst das Bezirksamt die Streitsache der Kgl. Regierung vor, welche es an das Kgl. Staatsministerium des Innern in München weiterleitete. Das Innenministerium beschied am 26. 11. 1871 den Antrag des Gemeindeausschusses vom 25. 1.

1871 auf Entnahme des Kostenbetrags für die Anschaffung der neuen Kirchenorgel aus den Renten des örtlichen Getreidemagazinfonds ohne späteren Rückersatz positiv, nachdem es sich insoweit nicht um eine „Einzehrung von Grundstocks- Vermögenstheilen des Getreidemagazinfonds in Wiesenfeld, sondern nur um die zeitweise Verwendung der Zuflüsse zu dem Fond zu einem demselben fremden Zwecke" handele.

Weiter führte das Staatsministerium aus:

„In der Erklärung des Gemeindeausschusses ... wird die Verpflichtung der Gemeinde Wiesenfeld, die Kirchenorgel anzuschaffen und zu unterhalten, in Abrede gestellt. Hiernach würde es sich zugleich um eine freiwillige Leistung aus den Erträgnissen des Gemeindevermögens für einen, auch der Gemeinde selbst fremden Zweck handeln. Aufgrund der ... Bestimmungen der Art. 26 und 31 der Gemeindeordnung ... kann nach diesem Sachverhalte der Antrag des Gemeindeausschusses in Wiesenfeld vom 25. Januar d. Jrs. als gesetzlich unstatthaft nicht bezeichnet werden, indem das Grundstocksvermögen des gemeindlichen Getreidemagazinfonds nicht angegriffen werden soll, indem ferner die Gemeinden auch Leistungen für Zwecke machen können, zu deren Erfüllung eine Verpflichtung für sie nicht begründet ist."

Unter Bezugnahme auf die Beschwerdeführung des Gemeindeausschusses vom 14. 10. 1871 wurde deshalb die Kgl. Regierung beauftragt, unter Beachtung der Ausführungen des Staatsministeriums „den vorwürfigen Gegenstand in weitere Erwägung zu nehmen".

Die Regierung leitete die Entscheidung des Ministeriums am 2. 12. 1871 an das Bezirksamt Karlstadt weiter. Von dort wurde die Gemeindeverwaltung am 15. 12. 1871 entsprechend benachrichtigt. Im Einklang mit der Regierung fragte das Bezirksamt an, „ob die Gemeinde-Verwaltung noch ferner beabsichtigt, die Kosten für Herstellung und Unterhaltung der Kirchenorgel ohne nähere Constatirung der Verpflichtungsverhältnisse auf die Gde.Kasse als freiwillige Leistung zu übernehmen".

Daraufhin faßte der Gemeindeausschuß Wiesenfeld am 24. 12. 1871 folgenden Beschluß:

„In der Erwägung, daß
1. hiesige Kirchenorgel schon seit vielen Jahren aus Mitteln der Gemeindekasse unterhalten wurde und auch für die folgende Zeit von dieser wird unterhalten werden müssen, ferner
2. die Anschaffung einer neuen Orgel dringendstes Bedürfniß ist, so wird beschlossen: Es sei zur Aufbringung der veranschlagten Kosten zu 1.800 fl der Betrag von 1.500 fl unrefundirlich aus den Renten des Localgetreidemagazinfonds zu entnehmen und der Rest von den Umlagepflichtigen der Kirchengemeinde zu erheben."

Dieser Beschluß wurde sodann in der Versammlung der Umlagepflichtigen der Gemeinde am 26. 12. 1871 einstimmig angenommen.

Die kuratelamtliche Genehmigung durch die Kgl. Regierung erfolgte schließlich am 14. 4. 1872.

Tatsächlich wurde die neue Orgel dann von Orgelbauer Schlimbach 1879 aufgestellt, nachdem zuvor Baumaßnahmen am Langhaus und an der Empore durchgeführt worden waren. Die hierfür notwendigen Kosten, einschließlich weiterer Kosten (Vergoldung der Orgel usw.) wurden nach neuerlichen Streitigkeiten zwischen der Kirchenverwaltung und der Gemeindeverwaltung aufgrund eines gemeinsamen Beschlusses vom 3. 8. 1879 zu gleichen Teilen aus der Gemeinde- und Kirchenkasse getragen.

In der Folgezeit kam dann die Gemeinde Wiesenfeld ausweislich der von der Klägerseite vorgelegten Rechnungen in den Jahren 1901, 1906, 1907, 1908, 1911 und 1912 für die Unterhaltung und Reparatur der Orgel auf.

Am 2. 9. 1953 beschloß der Gemeinderat Wiesenfeld, dringend notwendige Reparaturarbeiten an der Orgel zu vergeben. Nachdem sich aber die Bürgerversammlung am 24. 9. 1953 für eine Neuanschaffung der Orgel ausgesprochen hatte, folgte der Gemeinderat dieser Empfehlung mit Gemeinderatsbeschlüssen vom 25. 9. und 6. 11. 1953. Da die Kosten für den ersten Bauabschnitt von 7500,- DM gesichert waren, wurden die Orgelarbeiten an die Firma H. in R. vergeben. Insgesamt übernahm die Gemeinde Wiesenfeld die Gesamtkosten von rund 8000,- DM.

Am 16./17. 6. 1963 hielt der damalige Bischof von Würzburg im Rahmen einer kanonischen Visitation protokollarisch fest, daß die Baulast am Turm, an den Glocken und an der Orgel der politischen Gemeinde obliege.

Im Jahre 1968 erteilte letztlich die Gemeinde Wiesenfeld den Auftrag zu einer Generalüberholung der Orgel. Dagegen wurde der Einbau einer neuen Windmaschine am 27. 11. 1968 durch den damaligen Bürgermeister zunächst zurückgestellt.

Nach Eingemeindung der ehemals selbständigen Gemeinde Wiesenfeld verweigerte schließlich die Beklagte die Anerkennung einer Baulast an der Orgel. Ausweislich der im vorliegenden Rechtsstreit vorgelegten Behördenakten kam es zu einem umfangreichen Schriftverkehr zwischen dem bischöflichen Ordinariat Würzburg und der Beklagten. Auch aus Anlaß weiterer Baulaststreitigkeiten wurden mehrfach das Landratsamt Main-Spessart und die Regierung von Unterfranken eingeschaltet. Das Landratsamt Main-Spessart vertrat dabei, zuletzt mit Schreiben vom 28. 8. 1991, die Auffassung, daß eine Baulastverbindlichkeit der Beklagten an der Orgel in der Pfarrkirche Wiesenfeld nicht bestehe.

Mit der vorliegenden Teilklage beantragt die Klägerin, die Beklagte zu verurteilen, an sie, die Klägerin, einen Betrag von 5000,- DM nebst Zinsen zu zahlen.

Zur Begründung wurde unter Darlegung der historischen Fakten vorgetragen: Die bisher im Kirchengebäude in Wiesenfeld befindliche Orgel sei nicht mehr funktionstüchtig. Die gesamte Orgel müsse deshalb mit einem geschätzten Aufwand von rund 400 000,- DM erneuert werden. Mit der Klage werde insoweit ein Teilbetrag für die anstehenden Neuanschaffungskosten speziell für Windmaschine und Hauptbalg in Höhe von 5000,- DM geltend gemacht.

Die Baulastpflicht der Beklagten ergebe sich aufgrund der historischen Gegebenheiten zumindest kraft „rechtsbegründenden, d.h. vertragsersetzenden Herkommens". Im Zusammenhang mit der Baulast sei immer die politische Gemeinde angesprochen gewesen. Diese habe sich auch immer für die Orgel zuständig und verantwortlich gefühlt. Nach gemeinrechtlicher Praxis sei für das Entstehen einer Herkommensverbindlichkeit erforderlich, daß eine entsprechende Übung sehr lange Zeit, d.h. „wenigstens 40 Jahre" gedauert habe. Im vorliegenden Fall habe die politische Gemeinde mindestens seit 1804 bis in die jüngste Vergangenheit ausweislich der Gemeinderechnungen und der vorgelegten Unterlagen Reparaturen und Neuanschaffungen an der Orgel bestritten. Der geforderte Zeitraum von wenigstens 40 Jahren sei also längst erfüllt. Darüber hinaus stehe fest, „daß eine sichere Kunde von einem anderen Zustand als der gemeindlichen Baupflicht im menschlichen Gedächtnis nicht" bestehe. Dies habe die heutige politische Gemeinde, die Stadt Karlstadt, bislang nicht vorbringen können. Sie habe insbesondere nicht „den Nachweis eines unrechtmäßigen Beginns vor Menschengedenken und dessen ununterbrochenen fortgesetzten ursächlichen Zusammenhang mit dem gegenwärtigen Zustand oder den Nachweis einer bestimmten Unterbrechung des behaupteten Zustandes während der letzten zwei Menschenalter oder den Nachweis eines entgegengesetzten Zustandes während dieser 80 Jahre führen" können, „um dadurch die Baupflicht kraft Herkommens zu erschüttern oder gar zu widerlegen". Eine verschiedentlich geforderte „gemeinsame Rechtsüberzeugung der Beteiligten" hinsichtlich der Verpflichtung der politischen Gemeinde könne aus der objektiven Erfüllung der Baulast seit mindestens 1804 abgeleitet werden. Dies jedenfalls dann, wenn – wie im vorliegenden Fall – durchgreifende Gesichtspunkte, die der Annahme einer gemeinsamen Rechtsüberzeugung entgegenstünden, nicht gegeben seien.

Die Beklagte begründet ihren Klageabweisungsantrag im wesentlichen wie folgt: Die Klägerin sei nicht in der Lage, einen Titel vorzulegen, der die Übernahme der Baulast beweise. Im Gegenteil weise alles darauf hin, daß eine gemeindliche Baulast an der Orgel nicht bestehe. Sowohl im „Kataster der katholischen Kultusgebäude" als auch in den „tabellarischen Nachweisungen der Kirchengüter" befänden sich keinerlei Hinweise über eine Baulastpflicht der Beklagten an der Orgel. Daraus könne geschlossen werden, daß eine solche nie bestanden habe. Eine Übernahme der Baulastverpflichtung kraft Herkommens habe nie stattgefunden. Die Leistungen der politischen Gemeinde Wiesenfeld in der Vergangenheit seien ausschließlich im Bewußtsein der Freiwilligkeit erfolgt. Bereits aus der Entschließung der Kgl. Regierung von 1833 ergebe sich, daß im vormaligen Fürstbistum Würzburg eine anerkannte Observanz bestehe, wonach die Errichtung und Unterhaltung der Orgel den Parochianen obliege. Dabei handele es sich aber nicht, wie die Klägerin behauptet, um die politische Gemeinde, sondern um die Mitglieder der Pfarrei und dabei der Kirchengemeinde. Anläßlich der Vorfälle in den Jahren 1870 ff. habe die damalige Gemeinde Wiesenfeld klargestellt, daß es sich bei den bisherigen Leistungen nur um freiwillige Leistungen gehandelt habe und sich fernerhin auch in der Zukunft daran nichts ändern sollte. Der Name des Schultheißen auf der ursprünglichen Orgel spreche dafür, daß es sich ursprünglich um eine Stiftung des Schultheißen gehandelt habe. Aus der Tatsache, daß die Beklagte die Gemeindebürger und Umlagepflichtigen zur Beratung hinsichtlich der Kostendeckung herangezogen habe, ergebe sich ebenfalls eindeutig die Freiwilligkeit der Leistung durch die Gemeinde. Auch in der Folgezeit habe die stillschweigende Zahlung von Reparaturen und Ähnlichem keine Rechtsverpflichtung der politischen Gemeinde zu begründen vermocht. Dem Protokoll der kanonischen Visitation vom 16. und 17. 7. 1963 komme keinerlei Beweiskraft zu. Hinsichtlich einer Baulastübernahme kraft Herkommens fehle es schließlich an der erforderlichen aufsichtlichen Genehmigung. Insbesondere könne nicht in der Genehmigung der Kgl. Regierung vom 14. 4. 1872 die für eine Baulastübernahme notwendige kuratelrechtliche Genehmigung erblickt werden.

Nach Aufforderung des Gerichts nahm die Klägerseite zur angesprochenen Problematik einer eventuell notwendigen besonderen kuratelrechtlichen Genehmigung für das wirksame Entstehen einer Herkommensverbindlichkeit nochmals besonders Stellung. Die Klägerin meint, eine solche komme für eine Baulast aufgrund rechtsbegründenden, vertragsersetzenden Herkommens schon deshalb nicht in Betracht, weil eine Herkommenslast im Laufe von Jahrzehnten, nicht aber durch einen einmaligen konstitutiven Akt entstehe. Es ergebe sich vorliegend auch weder aus der Bayer. Gemeindeordnung vom 29. 4. 1869 noch nach dem Gemeindeedikt vom 17. 5. 1818/1. 7. 1834 ein Genehmigungserfordernis; dies schon deshalb nicht, weil die Pflicht der Gemeinde mindestens seit 1804 belegbar sei. In den Ausführungsvorschriften zur Anlegung der „tabellarischen Nachweisungen" nach 1841 sei zudem von der Notwendigkeit einer kuratelamtlichen Genehmigung nicht die Rede. Letztlich spräche auch eine Rechtsvermutung für ein formell rechtmäßiges Zustandekommen der gemeindlichen Baulast, weil im 19. Jahrhundert von den zuständigen staatlichen Behörden zu keinem Zeitpunkt die Rechtmäßigkeit der gemeindlichen Verpflichtung ernsthaft angezweifelt worden sei. Mit der jährlichen Rechnungslegung seien den Kuratelbehörden die Ausgaben der Gemeinde Wiesenfeld für die Orgel bekannt geworden und unbeanstandet geblieben.

Das Verwaltungsgericht weist die Klage ab.

Aus den Gründen:

Verfahrensgegenstand der (Teil-) Klage ist das Begehren der Klägerin auf Zahlung von 5000,- DM für die Erneuerung der Windanlage und den Hauptbalg der im Kirchengebäude der katholischen Pfarrkirche Mariä Himmelfahrt befindlichen Orgel, da die Beklagte mindestens kraft „vertragersetzenden Herkommens" baulastpflichtig sei.

I. Die Klage ist zulässig.

1. Der Verwaltungsrechtsweg ist für Streitigkeiten dieser Art nach § 40 Abs. 1 VwGO gegeben, da sich der mit der Klage geltend gemachte Anspruch als ein öffentlich-rechtlicher darstellt, für den eine Sonderzuweisung zu einem anderen Gericht nicht besteht. Die Klägerin fordert von der Beklagten die Zahlung eines (Teil-) Betrages von 5000,- DM aus einer Baulastverpflichtung.

In seit längerem gefestigter ständiger höchstrichterlicher Rechtsprechung – der sich die erkennende Kammer anschließt – ist bei Kirchenbaulaststreitigkeiten von öffentlich-rechtlichen Streitigkeiten nicht verfassungsrechtlicher Art ausgegangen worden (BVerwG, Urteil v. 23. 4. 1971[2], BVerwGE 38, 76 = DVBl. 1972, 332 f.; BVerwG, Urteil v. 17. 12. 1973[3], VerwRspr. 26, 75 f.; BVerwG, Beschluß v. 31. 8. 1978[4], DVBl. 1979, 116 = KStZ 79, 29). Für den öffentlich-rechtlichen Charakter von Rechtsverhältnissen, die Leistungen für kirchliche Zwecke zum Gegenstand haben, spricht eine Vermutung (BayVGH, Urteil v. 24. 3. 1936, VGH a. F. 57, 28 [49]; BayVGH, Urteil v. 24. 4. 1956[5], BayVBl. 1956, 280 [281]; BayVGH, Urteil v. 23. 5. 1969, VGH n. F. 22, 78 [79]). Wenn ein Gebietshoheitsträger eine Leistungspflicht für kirchliche oder öffentliche Zwecke eingegangen ist mit dem Ziele, durch die Leistungen dem Wohle der Bevölkerung zu dienen, handelte er dabei im öffentlich-rechtlichen Wirkungskreis (BayVGH, Urteil v. 17. 5. 1943, VGH a. F. 63, 6 [8] m.w.N.; BayVGH, Urteil v. 23. 5. 1969, aaO). Der Bundesgerichtshof (Urteil v. 28. 10. 1959[6], BGHZ 31, 115 = NJW 1960, 242) und das Bayerische Oberste Landesgericht (Urteil v. 20. 5. 1966[7], BayObLGE 16, 191 f. = BayVBl. 1966, 395 = BayObLGZ 1966, 191) haben für Kirchenbaulaststreitigkeiten, deren Klagegrund, wie hier, auf Herkommen oder erwerbende Verjährung gestützt ist, ausdrücklich einen öffentlich-rechtlichen Verpflichtungsgrund angenommen (ebenso vgl. VG Würzburg, Urteil v. 23. 10. 1979 Nr. W 63 IV 78 und Urteil v. 17. 5. 1992 Nr. W 1 K 90.216). Die Rechte und Pflichten des Baulastpflichtigen sind, wie hier hinsichtlich der Orgel, Gegenständen zugewandt, die weniger dem Privatinteresse, sondern vorzüglich dem öffentlichen Interesse dienen (für den Fall der Unterhaltspflicht des Patrons an Bauten, die dem Kultus dienen: BayObLG, aaO).

---

[2] KirchE 12, 125.
[3] KirchE 13, 419.
[4] KirchE 17, 47.
[5] KirchE 3, 286.
[6] KirchE 5, 108.
[7] KirchE 8, 82.

2. Gegen die Zulässigkeit der Klage in der Form der reinen Leistungsklage bestehen keine Bedenken. Die von kirchlichen Rechtsträgern häufig zusätzlich begehrte Feststellung der Baulastpflichtigkeit des Beklagten ist als selbständiges Rechtsbegehren nicht notwendig, denn die Leistungsklage schließt die Inzidentprüfung der Baulastpflichtigkeit notwendig mit ein. Die Leistungsklage gewährt hingegen nicht ein über den vorliegenden Fall hinausgehenden Rechtsschutz, wie das bei einer Feststellungsklage der Fall wäre. Dies wurde aber von der Klägerin im vorliegenden Fall offenbar bewußt angestrebt. Mit Schriftsatz vom 28. 8. 1992 hat sie zudem ausdrücklich klargestellt, daß sich die geltend gemachte Klagesumme aus den Kosten für die erneuerungsbedürftige Windmaschine (3524,- DM) und den Hauptbalg (1476,- DM) zusammensetzt. Die von der Beklagtenseite (...) angesprochene Problematik der unzureichend bezifferten Teilklage (vgl. BGH, Urteil v. 3. 12. 1953, BGHZ 11, 193; Urteil v. 8. 12. 1989, NJW 1990, 2068; Urteil v. 21. 2. 1992, NJW 1992, 1769) stellte sich damit nicht mehr.

3. Die Klägerin ist als juristische Person des öffentlichen Rechts beteiligtenfähig (§ 61 Nr. 1 VwGO; Art. 1 Abs. 1, Art. 36 des Bay.Stiftungsgesetzes vom 26. 11. 1954, GVBl. S. 301; Art. 1 Abs. 3 Satz 1 der Ordnung für kirchliche Stiftungen in den Bayerischen (Erz-) Diözesen = KiStiftO vom 1. 7. 1988, KWMBl. S. 212/215); sie wird durch die Kirchenverwaltung gesetzlich vertreten (Art. 9 Abs. 2, 13 Abs. 4 KiStiftO; vgl. auch Art. 39 Bay.Stiftungsgesetz).

II. Die Klage ist jedoch unbegründet.

A.1. Die Klägerin ist aktiv legitimiert. Rechtsträger der aus der Baulast entspringenden Ansprüche mit der Befugnis, diese dem Verpflichteten gegenüber geltend zu machen, ist diejenige Rechtspersönlichkeit, zu deren Vermögen die kirchlichen Gebäude gehören, für die die Baulast in Anspruch genommen wird (BayVGH, Urteil v. 18. 5. 1982[8] Nr. 7 B-475/79 S. 9 des amtlichen Umdrucks m.w.N.). Das ist vorliegend die Klägerin. Sie hat die kirchlichen Gebäude in ihrem baulichen Zustand zu erhalten und entsprechend der ortskirchlichen Bedürfnisse auszustatten (Art. 11 KiStiftO). Sie kann deshalb Ansprüche gegen Dritte zur Erfüllung dieser Bedürfnisse geltend machen (vgl. Art. 11 Abs. 7 Satz 2 KiStiftO; ferner BayVGH, Urteil v. 26. 10. 1984, VGH n.F. 37, 124/126).

2. Die Beklagte ist passiv legitimiert. Sie ist die Rechtsnachfolgerin der im Zuge der Gemeindegebietsreform durch Verordnung der Regierung von Unterfranken vom 12. 4. 1976 zur Neugliederung der Gemeinden im Landkreis Main-Spessart (RABl. S. 91) mit Wirkung vom 1. 5. 1978 eingemeindeten Gemeinde Wiesenfeld (§ 3 i.V.m. § 24 der Verordnung). Durch den Wegfall von ursprünglich verpflichteten politischen Gemeinden wird eine von diesen be-

---

[8] KirchE 20, 23.

gründete Baulast nicht berührt (vgl. OVG Münster, Urteil v. 17. 12. 1975[9], DÖV 1976, 677 [678]; VG Würzburg, Urteil v. 23. 10. 1979, aaO, S. 14 des amtlichen Umdrucks).

3. Ob die Beklagte als Rechtsnachfolgerin der früheren Gemeinde Wiesenfeld Trägerin der Baulast der in der Pfarrkirche Mariä Himmelfahrt befindlichen Orgel ist und deshalb von der Klägerin zu Leistungen herangezogen werden kann, ist sowohl nach dem derzeit geltenden Recht wie auch nach den bis zum Inkrafttreten des Bürgerlichen Gesetzbuches (1. 1. 1900) und damit bis heute geltenden kirchenbaulastrechtlichen Vorschriften zu beurteilen (BayVGH, Urteil v. 26. 10. 1984, VGH n.F. 37, 124 [126] = BayVBl. 1985, 303 [304] unter Hinweis auf BayVGH, Urteil v. 18. 5. 1982, aaO). Dies gilt selbst für die kirchenbaulastrechtlichen Vorschriften aus der Zeit vor Erlaß der Bayerischen Verfassungsurkunde vom 26. 5. 1818 (Art. 77 Abs. 1 AGBGB in der Neufassung vom 20. 9. 1982; Art. 132 EGBGB). Die altrechtlichen Rechtsinstitute wurden, soweit sie Verpflichtungen der politischen Gemeinden für Kultuszwecke begründeten, weder durch die Gemeindeedikte vom 17. 5. 1818 und 1. 7. 1834 noch durch die Rechtsrheinische Gemeindeordnung vom 29. 4. 1869, ferner auch nicht durch die Kirchengemeindeordnung vom 24. 9. 1912 aufgehoben (vgl. Meurer, Bayerisches Kirchenvermögensrecht, III. Band, Stuttgart 1919, S. 224 ff.; Zängl, Staatliche Baulast an Kultusgebäuden im Rechtskreis des gemeinen Rechts, BayVBl. 1988, 649). Schließlich hat auch das BGB (Art. 77 Abs. 1 AGBGB, Art. 132 EGBGB) und das Verfassungsrecht (Art. 140 GG i.V.m. Art. 138 Abs. 1 WRV; Art. 145 Abs. 1 BV) die Leistungsverpflichtungen zu Kultuszwecken aufgrund altrechtlicher Vorschriften unberührt gelassen. Grundsätzlich sind dabei die altrechtlichen Vorschriften in ihrer Gesamtheit, nicht nur in einzelnen spezifisch kirchenbaulastrechtlichen Bestimmungen anzuwenden (BayVGH, Urteil v. 18. 5. 1982, aaO, S. 23 = VGH n.F. 35, 88 [94]).

B. Die Klage wäre begründet, wenn sich als Rechtsgrund für die Zahlungsforderung eine „Orgelbaulast" der Beklagten bzw. ihrer Rechtsvorgängerin, der Gemeinde Wiesenfeld, ausmachen ließe, diese Baulast bis heute nicht erloschen und die konkrete (Teil-) Forderung vom Umfang der Baulast gedeckt wäre. Die Klage scheitert im vorliegenden Fall jedoch schon daran, daß eine „Orgelbaupflicht" in der Person der Beklagten nicht ersichtlich ist.

Die Entstehung einer Baulast an Kultusgegenständen zu Lasten einer (politischen) Gemeinde kann auf den verschiedenartigsten Rechtsgründen beruhen (vgl. allgemein Fundstelle 1976 Nr. 239, S. 676 ff.; Fundstelle 1977 Nr. 144, S. 397 ff., Zängl, aaO, 609 ff.). Die Klägerseite stützt sich zur Begründung ihrer Forderung vornehmlich auf „vertragsersetzendes Herkommen". Bevor auf

---
[9] KirchE 15, 169.

diesen besonderen Baulasttitel eingegangen wird, ist jedoch aus systematischen Gründen und dem historischen Ablauf folgend zunächst zu klären, ob die ehemalige Gemeinde Wiesenfeld, jetzt die Stadt Karlstadt, nicht kraft allgemeiner (alt-) rechtlicher Rechtsgrundsätze (Baulastnormen und Gewohnheitsrecht) an der streitgegenständlichen Orgel baulastpflichtig ist. Besteht nämlich bereits eine allgemeine altrechtliche (gesetzliche) Baulastverpflichtung der Beklagten bzw. bestand früher einmal eine solche, dann scheiden Rechtsinstitute wie (vertragsersetzendes) Herkommen bzw. unvordenkliche Verjährung für diesen Zeitraum bereits begrifflich aus (BayVGH, Urteil v. 17. 5. 1943, aaO, S. 18; BayObLG, Urteil v. 7. 10. 1952[10], BayObLGZ 1952, 218; BayVGH, Urteil v. 18. 5. 1982, VGH n. F. 35, 88 [98]; VG Würzburg, Urteil v. 23. 10. 1979, aaO, S. 26).

1 a) In der Zeit vor dem Inkrafttreten des BGB am 1. 1. 1900 galt in der ehemaligen Gemeinde Wiesenfeld (Amtsgerichtsbezirk Karlstadt) Würzburger Landrecht und subsidiär gemeines Recht (Völdendorff, Zivilgesetzgebungsstatistik des Königreiches Bayern, 2. Aufl. 1880, S. 171). Diese Rechtsinstitute kennen keine allgemeine (primäre bzw. subsidiäre) Baulastverpflichtung der (politischen) Gemeinden für kirchliche Zwecke (vgl. BayVGH, Urteil v. 23. 5. 1969, aaO, S. 81; Meurer, aaO, S. 406 mit dem weiteren Hinweis, daß dies auch für das preußische allgemeine Landrecht gegolten hat; VG Würzburg, Urteil v. 23. 10. 1979, aaO, S. 21 f., Urteil v. 7. 5. 1992, aaO, S. 20; ebenso zum Bayerischen Landrecht vgl. Krick, Handbuch der Verwaltung des Kirchenvermögens, 4. Aufl., Kempten/München 1904 S. 35). Wenn in diesem Zusammenhang in alten Baulastverordnungen oder Urkunden von „Gemeinde" als (subsidiär) Baupflichtige die Rede ist, dann ist damit bis zum Beweis des Gegenteils die *Kirchen*gemeinde, nicht jedoch die politische Gemeinde gemeint (BayVGH, Urteil v. 23. 5. 1969, aaO; Meurer, III., aaO). Die Baulastregeln des gemeinen Rechts und auch des Würzburger Landrechts gehen zurück auf das Tridentinum im 16. Jahrhundert, das wiederum eine Kodifikation bereits geltenden Gewohnheitsrechts brachte. Danach (sess 21 c. 7 de ref. – vgl. Meurer, aaO, III., S. 241 f.) trägt die Baulast an Kultusgebäuden in erster Linie die Kirchenstiftung selbst, sodann alle diejenigen, die Nutznießer des kirchlichen Vermögens sind (Patrone, Dezimatoren und andere) und letztlich bei Insuffizienz aller vorangegangenen die Parochianen. Politische Gemeinden sind nach dieser Regelung nicht angesprochen (zur Kultusbaupflicht der politischen Gemeinden im Bereich des pfälzischen Rechts, vgl. Meurer, Bayerisches Kirchenstiftungsrecht, I. Bd., Stuttgart 1899, S. 114; zur Mainzer Diözesanobservanz vgl. Zängl, aaO, S. 651; zur Kulmbacher Konsistorialordnung von 1594 vgl. Fundstelle 1976, S. 668). Auch aus der Fürstbischöflichen Würzburgischen Verord-

---

[10] KirchE 1, 315.

nung vom 11. 4. 1687 kann eine Baupflicht der Beklagten an der Orgel nicht abgeleitet werden. Diese Verordnung wollte keine neue (subsidiäre) Baulastverbindlichkeit der politischen Gemeinden kreieren (vgl. zuletzt VG Würzburg, Urteil v. 7. 5. 1992, aaO, S. 20; Meurer, III., S. 219, 335 ff., 409; Kahr, Kultusbaulast, Regensburg 1888, 206 ff.).

Unabhängig von diesen allgemeinen (altrechtlichen) Baulastvorschriften, die somit eine Baupflicht der politischen Gemeinden an Kultusgegenständen grundsätzlich nicht kennen, ist im Hinblick auf die hier umstrittene Kirchenorgel darüber hinaus ohne Zweifel (in Rechtsprechung und Literatur unbestritten) davon auszugehen, daß solche Gegenstände als „innere Kircheneinrichtung", soweit nicht sonstige besondere Titel eingreifen, von der Kirche selbst (Kirchenstiftung, Kirchengemeinde) anzuschaffen und zu unterhalten sind (zur Baupflicht der Kirche speziell für die Orgel als innere Kircheneinrichtung vgl. ausführlich Meurer, III., S. 482 ff., 488 f.; ferner Krick, aaO, S. 68; Zängl, aaO, S. 650 f.; EvStL, 2. Aufl. 1975, Anm. 4 zu „Baulast"; mittelbar auch BayVGH, Urteil v. 26. 10. 1984, BayVBl. 1985, S. 303 [305], wonach allerdings unter dem Gesichtspunkt des „unumgänglich Notwendigen" die Baulast am Kirchturm auch den Glockenstuhl im Turm erfaßt). Diese allgemeine Rechtslage wird letztlich auch von der Klägerin unter Hinweis auf die von ihr genannte Ministerialentschließung vom 18. 1. 1839 (vgl. vorstehend S. 5) nicht in Abrede gestellt. Aufgrund der eindeutigen Rechtslage verwundert es somit auch nicht, daß sich (von der Klägerin unbestritten) weder im „tabellarischen Nachweis der Kirchengüter" von 1841, im „Kataster der katholischen Kultusgebäude" von 1863 noch im „Realschematismus" von 1897 (zum Inhalt und Aussagewert der vorgenannten Quellen, die im übrigen genau zwischen den Baupflichten der Parochianen, der Kirchengemeinde und der politischen Gemeinde differenzierten, vgl. Meurer, III., S. 189 ff.; Fundstelle 1976, S. 674 f.; VG Würzburg, Urteil v. 23. 10. 1979, aaO, S. 14 ff.) speziell Hinweise auf die streitgegenständliche Orgel finden (...). Umgekehrt kann dies für den fraglichen Zeitraum eher als Indiz dafür gewertet werden, daß eine Baupflicht an der Orgel auch aufgrund sonstiger Rechtsverhältnisse nicht begründet worden ist.

b) Auch örtliches Gewohnheitsrecht (Observanz) vermag eine (gesetzliche) Baupflicht der Beklagten an der Orgel nicht zu begründen.

Die Entstehung von Observanz im Sinne einer objektiven Rechtsnorm setzt zweierlei voraus, nämlich die Rechtsüberzeugung der Beteiligten, daß Rechtsbeziehungen innerhalb eines bestimmten Bereichs durch einen ungeschriebenen Rechtssatz geordnet sind und die Anwendung dieses Rechtssatzes in ständiger oder langjähriger gleichmäßiger Übung (vgl. BVerwG, Beschluß v. 31. 8. 1978, DVBl. 1979, S. 116 [118]; Voll, Handbuch des Bayerischen Staatskirchenrechts, München 1985, S. 180; Fundstelle 1976, S. 670; Gröpper, DVBl. 1969, 945 [946] m.w.N.). Im Unterschied zum Rechtsinstitut des Herkommens (im subjektiven Sinn) bzw. der Unverdenklichen Verjährung (Ersitzung) bedarf es somit für die Bildung örtlichen Gewohnheitsrechts einer Übung, die über ein einzelnes Rechtsverhältnis hinaus sich auf eine Vielzahl gleichartiger Fälle bezieht und insoweit eine allgemeine Regelung zum Inhalt hat (vgl. BayVGH, Urteil v. 29. 1. 1973[11], BayVBl. 1973, 584 [585]; BayVGH, Urteil v. 17. 5. 1943, aaO, S. 14; Gröpper, aaO).

In diesem Sinne ist eine gewohnheitsrechtliche Orgelbaupflicht der *Beklagten* im Bereich der ehemaligen Gemeinde Wiesenfeld nicht feststellbar. Soweit sich die Klägerin (...) mittelbar zum Nachweis einer solchen Observanz auf die Entschließung der Kgl. Regierung des Untermainkreises vom 4. 1. 1833 beruft, ist im Gegenteil davon auszugehen, daß ausdrücklich die in Ziffer 4 der Regierungsentschließung genannten „Parochianen" gewohnheitsrechtlich zur Errichtung und Unterhaltung der Orgel verpflichtet (gewesen) sind. Weder aus dem Gesamtzusammenhang der Entschließung von 1833 noch aus der Tatsache, daß die ehemalige politische Gemeinde Wiesenfeld die Orgel zur damaligen Zeit tatsächlich unterhalten hat, auch nicht aus den historischen Gegebenheiten, läßt sich folgern, daß mit dem Begriff „Parochianen" eine gewohnheitsrechtliche Baupflicht der „politischen Gemeinde" (damals hinsichtlich des allein streitgegenständlichen Kirchturms) begründet werden sollte.

Im einzelnen gilt dazu folgendes:

Soweit nach Ziffer 4 die Baupflicht hinsichtlich „Turm, Glocken und Orgel" im vormaligen Fürstbistum Würzburg den „Parochianen" zugeschrieben wird, sind hiermit die katholischen Pfarrangehörigen der (allerdings damals noch nicht organisierten) „Kirchengemeinde" Wiesenfeld gemeint. Der Begriff der „Parochianen" ist und war eindeutig bestimmt, aber eben in bezug auf die Kirche, und war keinesfalls identisch mit der „politischen Gemeinde". Auch damals wurden darunter nur die Pfarrangehörigen einer Konfession ohne Ansehen des Standes verstanden, die im Pfarrbezirk ihren Wohnsitz hatten (vgl. Kahr, aaO, S. 277; ferner Meyers Großes Universallexikon, Bd. 10, Mannheim 1984: Parochie = Pfarrei). Die (subsidiäre) Kirchenbaupflicht der „Parochianen" war ursprünglich aus dem alten und neuen Testament abgeleitet worden (BGH, Urteil v. 28. 10. 1959, BGHZ 31, 115 [123]). Später fand sie, wie bereits dargelegt, ihre allgemeine ausdrückliche Regelung durch das Tridentinum des 16. Jahrhunderts (Meurer, III., S. 241 ff. und 408). Ob damals nach katholischem Recht die „Parochianen" insoweit als kooperative Gesamtheit oder als Einzelne verpflichtet gewesen sind (offen Meurer, I., S. 90) kann dahinstehen, denn eine Verbindlichkeit des Rechtssubjekts „politische Gemeinde" läßt sich dem nicht entnehmen. Hierfür spricht auch der Kontext der Regierungsentschließung vom 4. 1. 1833. Nirgends ist in der Entschließung von „politischer

---

[11] KirchE 13, 132.

Gemeinde", nicht einmal lediglich von "Gemeinde" die Rede. Mehrfach wird dagegen von der "Pfarr- und Kirchengemeinde" gesprochen (vgl. Nr. 5 bis 7 der Entschließung), die nach der Entscheidung letztlich auch die Baulast am Kirchturm zu tragen hatte. Ebenso wie der Begriff der "Parochianen" war auch der Begriff der "Kirchengemeinde" damals bereits seit Jahrhunderten festgelegt und allgemein bekannt (Meurer, I., S. 84). Bis zum Jahr 1834 waren unter dem Begriff der "Kirchengemeinde" als Sprengelbezeichnung die Pfarrangehörigen angesprochen, die – in der katholischen Kirche als Objekt priesterlicher Tätigkeit – für den Bau und die Unterhaltung der jeweils zugeordneten Kirche aufzukommen hatten (vgl. Meurer, I., S. 73 ff., 82, 84). Die Entschließung vom 4. 1. 1833 bestätigt somit, daß die Begriffe "Parochianen" und "Kirchengemeinde" synonym gebraucht wurden (vgl. auch VG Würzburg, Urteil v. 17. 5. 1992, aaO, S. 23: Kirchengemeinde = die Parochianen im Sinne des tridentinischen Rechts).

Von den "Kirchengemeinden" als Aufbringgemeinschaften und Nutznießer des ortskirchlichen Stiftungsvermögens waren jedoch auch vor 1834, die "politischen Gemeinden" (Zivilgemeinden, bürgerlichen Gemeinden) eindeutig zu unterscheiden. Hiervon geht auch das Bundesverwaltungsgericht in einem Urteil vom 3. 11. 1967[12] (VerwRspr. 1967, 675 [678]) aus, wenn es die Auslegung des Begriffs "Gemeinde" in einer Verordnung des früheren Herzogtums Berg aus dem Jahre 1711 als "Kirchengemeinde" und nicht als "bürgerliche Gemeinde" als nicht gegen Denkgesetze und Erfahrungsgrundsätze verstoßend angesehen hat. Vorübergehend wurden zwar in Bayern von 1808 bis zur Schaffung eigener Kirchenverwaltungen im Jahr 1834 (§§ 59 Abs. 3 und 94 Abs. 5 des revidierten Gemeindeedikts) die Kirchengüter der "Kirchengemeinden" von den "politischen Gemeinden" treuhänderisch mitverwaltet, jedoch blieb das Vermögen der als *längst bestehend vorausgesetzten* Kirchengemeinden als Sondervermögen unangetastet (vgl. § 24 des Gemeindeedikts vom 17. 5. 1818; ferner BayVGH, Urteil v. 17. 5. 1943, aaO, S. 18 und Meurer, I., S. 14 und 78). Die "politischen Gemeinden" waren gesetzlich verpflichtet, für die Fehlbeträge der kirchlichen Stiftungen, also zu kirchengemeindlichen Bedürfnissen, durch Umlagenerhebung aufzukommen (BayVGH, Urteil v. 17. 5. 1943, aaO). Bestand insoweit kein *besonderer* Verpflichtungsgrund der "politischen Gemeinde", so durften Umlagen nur von den jeweiligen Konfessionsangehörigen (Parochianen, Kirchengemeinde) erhoben werden (Meurer, I., S. 116 ff./122). Art. V des Umlagengesetzes von 1819 bestimmte ausdrücklich: "Kein Staatsbürger ist verbunden, zur Befriedigung der Bedürfnisse von Kirchen und Schulen einer Religions-Parthey, zu welcher der nicht gehört, mittelst Umlagen beizutragen, wenn nicht ein gemeinschaftlicher Genuß oder ein besonderes

---

[12] KirchE 9, 269.

Rechtsverhältnis besteht". Nachdem dann im Jahr 1834 die „Kirchengemeinden" organisiert und als Träger von Rechten und Pflichten *anerkannt* worden waren (vgl. BayVGH, Urteil v. 24. 3. 1936, aaO, S. 68 mit Nachweisen zur ständigen Rechtsprechung; zuletzt auch VG Würzburg, Urteil v. 7. 5. 1992, aaO, S. 22 f.) entfiel schließlich die gesetzliche Pflicht der politischen Gemeinden, zur Deckung der Fehlbeträge der kirchlichen Stiftungen beitragen zu müssen (BayVGH, Urteil v. 17. 5. 1943, aaO; ferner VG Würzburg, Urteil v. 23. 10. 1979, aaO, S. 26/29).

Die geschilderte Rechtslage, insbesondere zum Umlagenrecht, macht deutlich, daß nach damaligem Rechtsverständnis unter „Kirchengemeinde" (zur Rechtsstellung heute vgl. Art. 4 BayKiStG) eben nicht die „politische Gemeinde" verstanden wurde. Deren Gemeindegebiete konnten zudem durchaus unterschiedlich sein (vgl. Meurer, I., S. 76; Kahr, aaO, S. 279). Soweit die ehemalige „politische Gemeinde" Wiesenfeld, ausweislich der von der Klägerin vorgelegten Aufzeichnungen über Gemeindeausgaben, tatsächlich Zahlungen für die Orgel erbracht hat, entsprach dies ihrer damaligen allgemeinen gesetzlichen Verpflichtung (§ 24 des Gemeindeedikts vom 17. 5. 1818). Allerdings kam es im Rahmen des Umlageverfahrens dann darauf an, ob letztlich die „Zivilgemeinde" kraft besonderer Titel oder die „Kirchengemeinde / Parochianen" eine Baulastverbindlichkeit traf. Hinsichtlich des Kirchturms ist die königliche Regierung in ihrer Entschließung vom 4. 1. 1833 somit ausdrücklich und bewußt von einer Baulastverbindlichkeit der „Kirchengemeinde" ausgegangen. Entsprechendes hat aufgrund der in Ziff. 4 der Entschließung genannten Observanz folglich für die „Orgel" zu gelten, da die Baupflicht an der Orgel und am Kirchturm jedenfalls kraft „Observanz" damals einheitlich beurteilt wurden.

In diesem Zusammenhang drängt sich abschließend auch der Schluß auf, daß die in Ziff. 4 der Regierungsentschließung genannte „anerkannte Observanz" im „vormaligen Fürstbistum Würzburg" mit der „Würzburger Diözesanobservanz" identisch ist. Nach letzterer waren nämlich ebenfalls, was nach Meurer (ausführlich III., S. 469 ff.), „wo der gemeindliche Teilungsprozeß zu Ende ist, nicht wohl zu bezweifeln" ist, die „Kirchengemeinden" und nicht die „politischen Gemeinden" bezüglich der Kirchtürme baulastpflichtig, wenn diese „über das Kirchendach" hinausgehen oder „wann und soweit solche (Türme) in der Kirche selbst nicht eingebaut sind" (vgl. auch Meurer, III., S. 244 f., 406; Voll, aaO, S. 188; ferner Krick, aaO, S. 45 und 66).

Nach alledem ist eine gewohnheitsrechtliche Orgelbaupflicht der „politischen Gemeinde" Wiesenfeld nicht nachgewiesen.

c) „Vertragsersetzendes Herkommen", auf das sich die Klägerin deshalb vornehmlich beruft (...), scheidet vorliegt als Anspruchsgrundlage ebenfalls aus.

Das Herkommen ist ein Rechtsinstitut, das im gemeinen Recht entwickelt wurde (Fundstelle 1976, S. 672). Allerdings wird Herkommen häufig begrifflich mit „Observanz" und „unvordenklicher (erwerbender) Verjährung" gleichgesetzt (vgl. Krick, aaO, S. 61; BayVGH, Urteil v. 23. 5. 1969, aaO, S. 83; Urteil v. 24. 4. 1956, aaO, S. 282). Das Reichsgericht hat in ständiger Rechtsprechung unter Herkommen im Gegensatz zur Observanz eine „Übung, die nur ein besonderes dauerndes Rechtsverhältnis zwischen zwei Beteiligten regelt und in dieser beständigen Übung eine vertragsmäßige Abmachung ersetzt" verstanden (vgl. Gröpper, aaO, S. 946 m.w.N.). Der Bundesgerichtshof hat diese Rechtsprechung fortgesetzt und spricht auch namentlich von einem „vertragsersetzenden Herkommen" (Urteil v. 28. 10. 1959, aaO, S. 121). Dagegen bedeuten „Herkommen" und „unvordenkliche (erwerbende) Verjährung" im wesentlichen das gleiche (Fundstelle 1976, aaO). Nach neurerer Auffassung wird allerdings die „unvordenkliche Verjährung" nicht mehr als Rechtserwerbsgrund, sondern nur als eine (Beweis-) Vermutung für das Bestehen des behaupteten Rechts angesehen (vgl. BayVGH, Urteil v. 4. 4. 1974, BayVBl. 1974, 557 [558]; Gröpper, aaO, S. 947). Eines weiteren Eingehens auf diese Unterscheidung bedarf es vorliegend jedoch nicht.

Nach der Rechtsprechung des Bayerischen Verwaltungsgerichtshofs (Urteil v. 4. 4. 1974, aaO, S. 558; Urteil v. 23. 5. 1969, aaO, S. 84), welcher sich die Klägerin in ihrer Klagebegründung offenbar anschließt, sind nämlich für das Entstehen eines Herkommens im Sinne der erwerbenden bzw. unvordenklichen Verjährung folgende Grundvoraussetzungen notwendig: 1. 40-jährige, ununterbrochene Dauer eines als Erfüllung einer Pflicht zu wertenden Zustandes (vgl. auch Krick, aaO, S. 63; Meurer, III., S. 203); 2. keine sichere Kunde von einem anderen Zustand im Gedächtnis der lebenden Generation. Wenn die Unvordenklichkeit in die Zeit vor zwei Generationen hinaufreicht, so soll eine Entkräftung (durch Tatsachen, die eine unrechtmäßige Entstehung dartun) nur für den Fall eintreten, daß sich der spätere unrechtmäßige Zustand nachweisbar fortgesetzt auf jene unrechtmäßigen Anfänge begründet hat.

Unter Berücksichtigung dieser Voraussetzungen kommt vorliegend eine Baupflicht der Beklagten an der streitgegenständlichen Orgel nicht in Betracht. Fraglich sind bereits die zeitlichen Voraussetzungen. Im einzelnen gilt dazu folgendes:

Als maßgeblicher Erwerbszeitraum kann allenfalls auf die Zeit ab 1804 zurückgegriffen werden. Für den Zeitraum davor bestehen bezüglich der Rechtsverhältnisse an der ursprünglichen Orgel keine sicheren Angaben und können zugunsten der Klägerseite in ihrem Sinne auch nicht einfach unterstellt werden. Die im Schreiben der Kirchenverwaltung vom 19. 8. 1871 behauptete Widmung des „Schultheißen" auf der ursprünglichen Orgel läßt nicht auf eine Anschaffung durch die politische Gemeinde schließen (vgl. Meyers Großes

Universallexikon: Schultheiß (Schulze) [eigentlich = der Verpflichtungen zu einer Leistung befiehlt], im Fränkischen Reich etwa seit dem Ende des 8. Jahrhunderts der vom Grafen ernannte Unterbeamte, später dessen Vertreter. Nach dem Wegfall der alten Grafschaftsverfassung (etwa 12. Jahrhundert) bezeichnete der Begriff Amtsträger weltliche und geistliche Herren mit administrativen und richterlichen Befugnissen). Möglicherweise handelt es sich bei der ursprünglichen Orgel um eine persönliche Stiftung des Schultheißens.

Für die Zeit ab 1804 bleibt festzustellen, daß bis zum Erlaß des revidierten Gemeindeedikts am 1. 7. 1834 ein „vertragsersetzendes Herkommen" ohnehin nicht entstehen konnte, da die politischen Gemeinden mindestens seit 1808, wie dargelegt, bereits kraft Gesetzes zur Ergänzung ortskirchlicher Bedürfnisse verpflichtet waren. Bestand aber schon eine gesetzliche Verpflichtung, so können dementsprechende Handlungen, hier die Zahlungen ausweislich der vorgelegten Aufzeichnungen über Gemeindeausgaben, nicht Ausdruck oder Indiz einer „vertraglichen" Übung sein (vgl. BayVGH, Urteil v. 17. 5. 1943, aaO, S. 18; Urteil v. 18. 5. 1982, VGH n.F., 88 [98]; VG Würzburg, Urteil v. 23. 10. 1979, aaO, S. 26 jeweils m.w.N.).

In der Folgezeit scheidet das Entstehen eines vertragsersetzenden Herkommens ebenfalls aus. Nachdem am 1. 7. 1834 die gesetzliche Verpflichtung der Zivilgemeinden, zu den ortskirchlichen Bedürfnissen beitragen zu müssen, weggefallen war, hat die Rechtsvorgängerin der Beklagten, soweit nachgewiesen, erstmalig wieder im Zeitraum 1841/42 Zahlungen für die streitgegenständliche Orgel erbracht. Von 1841/42 bis zu den nächsten einschneidenden Ereignissen ab dem Jahr 1870, als es zwischen der Kirchenverwaltung und der Zivilgemeinde zu Meinungsverschiedenheiten um die Baupflicht kam, konnte insoweit dann aber die Herkommensvoraussetzung einer mindestens „40-jährigen, ununterbrochenen" Übung nicht mehr erfüllt werden; selbst dann nicht, wenn der (unterbrochene) Zeitraum von 1804 bis 1808 zugunsten der Klägerin noch eingerechnet würde.

Unabhängig hiervon, fehlt es für den Zeitraum ab 1834 zudem an Anhaltspunkten, wonach die von der damaligen Gemeinde Wiesenfeld erfolgten Leistungen für die Orgel als in „Erfüllung einer Pflicht" geleistet angesehen werden könnten. Da freiwillige Zahlungen ein Herkommen nicht begründen können (vgl. auch BayVGH, Urteil v. 24. 3. 1936, aaO, S. 67; Voll, aaO, S. 183; VG Würzburg, Urteil v. 23. 10. 1979, aaO, S. 30), müßten die von der ehemaligen Gemeinde Wiesenfeld getätigten Ausgaben als „Pflichtleistung" aufzufassen sein. Dies kann hier jedoch nicht angenommen werden. Da Kirchenorgeln als „innere Kircheneinrichtung", wie die Klägerin unter Hinweis auf die Ministerialentschließung vom 18. 1. 1839 selbst zugibt, grundsätzlich von der Kirche (Kirchenstiftung) bzw. nach der in Ziff. 4 der Regierungsentschließung vom 4. 1. 1833 genannten Observanz von der Kirchengemeinde

(Parochianen) zu unterhalten waren, spricht nämlich eine Vermutung für die Freiwilligkeit der von der ehemaligen Gemeinde Wiesenfeld getätigten Orgelausgaben. Nach Zängl (aaO, S. 650) kann „aus solchen Zuschüssen, etwa für die Anschaffung einer neuen Orgel oder die Reparatur einer Orgel, deshalb nicht auf eine Baupflicht geschlossen werden". Allenfalls ist zu vermuten, daß die politische Gemeinde Wiesenfeld ab 1834 die Orgelkosten weiterhin aus „Gewöhnung" getragen hat (vgl. Meurer, I., S. 110).

Wegen Fehlens der Grundvoraussetzung „40-jährige, ununterbrochene Dauer eines als Erfüllung einer Pflicht zu wertenden Zustandes", konnte sich ab 1870 ein Herkommen auch nicht mehr bilden.

Es kann offen bleiben, ob (Kirchen-) Baulastverbindlichkeiten, die allein auf „Herkommen" bzw. „unvordenkliche Verjährung" gestützt werden, nach Inkrafttreten des Bürgerlichen Gesetzbuches am 1. 1. 1900, soweit nicht bereits endgültig entstanden, noch entstehen konnten. Dagegen könnte sprechen, daß es sich insoweit um allgemeine, nicht kirchenbaulasttypische Rechtstitel handelt (Art. 132 EGBGB: „Unberührt bleiben die landesgesetzlichen Vorschriften über die Kirchenbaulast und die Schulbaulast"; Art. 77 Abs. 1 BayAGBGB) und das Bürgerliche Gesetzbuch die „erwerbende Verjährung" auf die sachenrechtliche Ersitzung beschränkt hat (BayVGH, Urteil v. 23. 5. 1969, aaO, S. 84; VG Würzburg, Urteil v. 7. 5. 1992, aaO, S. 21; im Ergebnis a. A. BayVGH, Urteil v. 18. 5. 1982, VGH n. F. 35, 88 [98]; BayObLG, Urteil v. 7. 10. 1952, aaO, S. 223; VG Ansbach, Urteil v. 3. 12. 1980[13], Nr. AN 1327-I/77 (XVII), S. 35 des amtlichen Umdrucks).

Die politische Gemeinde Wiesenfeld hat jedenfalls in den Jahren 1870 bis 1872 anläßlich des Baulaststreits mit der Kirchenverwaltung, aber auch gegenüber den Aufsichtsbehörden für die Zukunft unmißverständlich zum Ausdruck gebracht, daß es sich bei den Aufwendungen für die Orgel ausschließlich um freiwillige Leistungen handelt (Schreiben des Gemeindeausschusses vom 11. 6. 1871 und der Gemeindeverwaltung vom 11. 8. 1871). Hiervon gingen auch die Aufsichtsbehörden aus, wie der Entscheidung des Innenministeriums vom 26. 11. 1871 zu entnehmen ist. Ausdrücklich fragte das Bezirksamt am 15. 12. 1871 bei der Gemeindeverwaltung an, ob diese „noch ferner beabsichtigt, die Kosten für Herstellung und Unterhaltung der Kirchenorgel ohne nähere Constatirung der Verpflichtungsverhältnisse auf die Gemeindekasse als freiwillige Leistung zu übernehmen". Nach alledem durfte die Kirchenverwaltung nach 1871 nicht mehr von Pflichtleistungen der politischen Gemeinde Wiesenfeld ausgehen. Im übrigen kam es wegen zusätzlicher Orgelkosten (Vergoldung u.s.w.) noch eim Jahr 1879 zu weiteren Streitigkeiten zwischen der Kirchen- und Gemeindeverwaltung. Es fällt auch auf, daß von der Klägerin für

---

[13] KirchE 18, 330.

einen Zeitraum von über 40 Jahren (1912 bis 1953) keine Orgelrechnungen vorgelegt wurden.

Nach alledem fehlt es für ein „vertragsersetzendes Herkommen" bereits an einer grundsätzlichen Voraussetzung. Zusätzlich standen aber noch Kirchenbaulastübernahmen politischer Gemeinden durch Herkommen bzw. unvordenkliche Verjährung besondere gesetzliche Bestimmungen entgegen.

Dies gilt zum einen im Hinblick auf den bereits zitierten Art. V des Umlagengesetzes von 1819, der selbst noch durch die Rechtsrheinische Gemeindeordnung vom 29. 4. 1869 (Art. 206 Abs. 2 Ziffer 2) aufrechterhalten wurde (Krick, aaO, S. 54 ff.). Aufgrund dieser Vorschrift konnten Kirchenbaulasttitel gegenüber politischen Gemeinden gestützt auf Herkommen, unvordenkliche Verjährung und Ersitzung nicht entstehen (BayVGH, Urteil v. 17. 5. 1943, aaO, S. 18 f.; VG Würzburg, Urteil v. 23. 10. 1979, aaO, S. 31).

Entgegen der Stellungnahme der Klägerin (...) konnte die Übernahme einer dauernden Orgelbaulast aufgrund Herkommens auch wegen Fehlens der erforderlichen kuratelrechtlichen Genehmigung nicht wirksam erfolgen. Der Bayerische Verwaltungsgerichtshof hat den Grundsatz aufgestellt, daß Herkommen bzw. erwerbende Verjährung als Titel einer gemeindlichen Kirchenbaulast ähnlich wie ein Schuldanerkenntnis nach Maßgabe des öffentlichen Rechts die Erteilung der vorgeschriebenen staatsaufsichtlichen Genehmigung zwingend voraussetzt (vgl. BayVGH, Urteil v. 24. 3. 1936, aaO, S. 67; Urteil v. 16. 6. 1959[14], BayVBl. 1959, S. 383 [386]; Urteil v. 23. 5. 1969, aaO, S. 84; ferner Fundstelle 1976, S. 672 ff. und Fundstelle 1977, S. 398 f.).

Ob insoweit eine Genehmigungspflicht bereits ab 1806 aufgrund der Organischen Edikte vom 29. 12. 1806, 1. 10. 1807 und 30. 12. 1807 betreffend die Generaladministration des Stiftungs- und Kommunalvermögens bestanden hat, kann offen bleiben (offen gelassen auch BayVGH, Urteil v. 16. 6. 1959, aaO). Denn mindestens seit dem Gemeindeedikt vom 17. 5. 1818 (BayVGH, Urteil v. 23. 5. 1969, aaO, S. 82; VG Ansbach, Urteil v. 3. 12. 1980, aaO, S. 31) konnten politische Gemeinden ohne Genehmigung Baulastverbindlichkeiten für Kultuszwecke nicht mehr übernehmen. Damit war auf diesem Gebiet ein Herkommen, soweit nicht bereits vollständig entstanden, ohne Genehmigung als Erwerbstitel ausgeschlossen.

Eine in diesem Sinne besondere Genehmigungspflicht ergab sich auch aufgrund des Art. 159 Abs. 1 Nr. 7 der Rechtsrheinischen Gemeindeordnung vom 29. 4. 1869 (abgedruckt bei Weber, Gesetzes- und Verordnungssammlung, Bd. 7, 1887, S. 746). Dies hat die Rechtsprechung bereits wiederholt entschieden (BayVGH, Urteil v. 23. 5. 1969, aaO, S. 84; Urteil v. 26. 5. 1897, VGH a. F. 18, S. 298; VG Würzburg, Urteil v. 7. 5. 1992, aaO, S. 24; ferner Kahr, Gemein-

---

[14] KirchE 5, 42.

deordnung, 2. Bd., München 1898, Anm. 15 a zu Art. 159). Soweit sich die Klägerin daher (...) mit der Vorschrift des Art. 159 Abs. 1 Ziff. 5 der Rechtsrheinischen Gemeindeordnung befaßt, gehen ihre Ausführungen am eigentlichen Genehmigungstatbestand vorbei. Eine besondere Genehmigung nach Art. 159 Abs. 1 Ziff. 7 der Rechtsrheinischen Gemeindeordnung wurde seitens der Aufsichtsbehörden ebenfalls nicht erteilt und kann auch nicht, wie die Klägerin meint, durch staatliche Kassenaufsicht ersetzt werden. Die Genehmigung der Kgl. Regierung von Unterfranken vom 14. 4. 1872 ging, wie dem vorausgegangenen Geschehen zu entnehmen ist, von einem anderen Sachverhalt aus, wollte jedoch niemals die freiwillige Übernahme einer *dauernden* Orgelbaulast gestatten.

Nach alledem ist die Klage nicht begründet. Die Klägerin hat schon den Nachweis einer Baulastverbindlichkeit der Beklagten hinsichtlich der streitgegenständlichen Orgel nicht erbracht. Die im Protokoll der kanonischen Visitation vom 16./17. 6. 1963 enthaltene gegenteilige Rechtsansicht ändert hieran nichts.

49

An einem steuerpflichtigen Lohnzufluß fehlt es, wenn Arbeitgeber und Arbeitnehmer (hier: im kirchlichen Dienst) eine Gehaltsminderung vereinbaren, diese tatsächlich durchgeführt wird und der Arbeitnehmer keine Bedingungen an die Verwendung der freigewordenen Mittel knüpft.

§ 11 EStG
BFH, Urteil vom 30. Juli 1993 – VI R 87/92[1] –

Bei einer Lohnsteuer-Außenprüfung für 1983 bis 1987 wurde festgestellt, daß eine Gruppe von Geistlichen und Laienmitarbeitern seit dem 1. 1. 1982 gegenüber ihrem Arbeitgeber, dem Bistum N. (Kläger), auf Teile des monatlichen Gehalts verzichtet hatten. Auf der Grundlage der entsprechend geminderten Bruttobeträge berechnete der Kläger die einzubehaltende Lohnsteuer und führte sie an das Finanzamt ab. Nach den Feststellungen des FG Köln war es Ziel der unter der Bezeichnung „Gerechter Lohn" auftretenden Gruppe, durch freiwillige materielle Selbstbeschränkung im Lebensstil ein Zeichen der Solidarität, Glaubwürdigkeit und Nähe zu den Arbeitern und „kleinen Leuten" zu setzen. Der Gehaltsverzicht sollte ferner im Hinblick auf die wachsende Arbeitslosigkeit dazu beitragen, innerhalb der Diözese zusätzliche Arbeitsplätze zu schaffen. Schriftliche Vereinbarungen wurden nur mit den Laienmitarbeitern getroffen, die in eine niedrigere Gehaltsgruppe eingestuft wurden. Diese Vereinbarungen enthielten keine Auflagen bezüglich der Verwendung der eingesparten Gehälter durch den

---

[1] DB 1993, 2366.

Kläger. 1983 richtete der Kläger einen Solidaritätsfonds für Arbeitslose ein, den er 1985 um die durch den Gehaltsverzicht ersparten Personalkosten aufstockte. In einem Rundschreiben der Initiative war ausgeführt worden, daß das ersparte Geld zusätzlich zum Solidaritätsfonds des Klägers zur Schaffung von Arbeitsplätzen verwendet werden solle. In Gesprächen mit dem Kläger sei man bemüht, dieses Ziel zu erreichen. Das Finanzamt verneinte einen wirksamen Gehaltsverzicht und sah hierin lediglich eine gem. § 10b EStG begrenzt abziehbare Spende für kirchliche Zwecke. Im Anschluß an die Lohnsteuer-Außenprüfung erließ es einen Haftungs- und Nachforderungsbescheid, mit dem es Lohn- und Kirchensteuer für die bisher nicht lohnversteuerten Gehaltsteile nachforderte, abzüglich fiktiver Spenden bis zur Höhe von 5 v. H. des Gesamtbetrags der Einkünfte der einzelnen Geistlichen. Der Kläger, der sich mit der Haftungsinanspruchnahme als solcher einverstanden erklärte, erhob gegen den Haftungsbescheid Klage.

Das Finanzgericht gab der Klage statt (FG Köln EFG 1993, 20). Der BFH wies die Revision des Finanzamts als unbegründet zurück.

Aus den Gründen:

Das Finanzgericht ist in einer revisionsrechtlich nicht zu beanstandenden Weise von einem echten Gehaltsverzicht ausgegangen, bei dem es an einem Lohnzufluß fehlt.

1. Einnahmen aus nichtselbständiger Arbeit sind gem. § 11 EStG zugeflossen, sobald der Steuerpflichtige über sie wirtschaftlich verfügen kann (BFH DB 1984, 1442). Dies ist nicht nur dann der Fall, wenn der Arbeitgeber den Lohn ausgezahlt oder überwiesen hat, sondern auch dann, wenn der Arbeitgeber eine mit dem Arbeitnehmer getroffene Lohnverwendungsabrede erfüllt hat (vgl. Giloy, BB 1984, S. 715). An einem Lohnzufluß fehlt es hingegen, wenn Arbeitgeber und Arbeitnehmer eine Gehaltsminderung vereinbaren, diese tatsächlich durchgeführt wird und der Arbeitnehmer keine Bedingungen an die Verwendung der freigewordenen Mittel knüpft. Verzicht auf Lohn und Verfügung über die Verwendung schließen sich gegenseitig aus (vgl. BFH DB 1991 S. 786; Schmidt/Drenseck, EStG, § 19 Rdn. 8; Hartz/Meeßen/Wolf, ABC-Führer Lohnsteuer, „Gehaltsverzicht"). Da die Fälligkeit eines Lohnanspruchs allein – vor seiner Erfüllung – noch nicht zu einem gegenwärtigen Lohnzufluß führt, kommt es auch nicht darauf an, ob der vereinbarte Lohnverzicht – etwa wegen Verstoßes gegen das Tarifvertragsgesetz oder die Pfarrbesoldungsordnung – arbeitsrechtlich als wirksam anzusehen ist (§ 4 AO 1977). Ob im Einzelfall ein bedingungsfreier Lohnverzicht oder lediglich ein Verzicht unter Lohnverwendungsauflage vereinbart wurde, ist eine Frage der tatrichterlichen Würdigung, die revisionsrechtlich nur auf Verstöße gegen Denk- oder Erfahrungssätze überprüft werden kann (§ 118 Abs. 2 FGO).

2. Nach diesen Rechtsgrundsätzen ist die Entscheidung des Finanzgerichts, wonach im Streitfall von einem echten Lohnverzicht ohne Lohnverwendungsabrede auszugehen ist, revisionsrechtlich nicht zu beanstanden. Das Finanzgericht hat festgestellt, daß die arbeitsrechtlichen Gehaltsansprüche der Pfarrer und kirchlichen Laienmitarbeiter auf deren Wunsch einvernehmlich mit dem Bistum als Arbeitgeber abgeändert worden sind und die Gehaltsminderung tatsächlich durchgeführt wurde. Es hat weiterhin geprüft, ob der Gehaltsverzicht unbedingt erfolgte oder nur unter der Voraussetzung einer den Lohnzufluß begründenden bestimmten Mittelverwendung. Dies hat es mit der Begründung verneint, weder in den schriftlichen noch mündlichen Verzichtsverträgen sei eine Lohnverwendungsauflage enthalten. Auch die tatsächliche Mittelverwendung lasse nicht auf eine stillschweigend vereinbarte Mittelverwendung schließen. Denn das Generalvikariat habe eine Zweckbindung der freigewordenen Mittel ausdrücklich abgelehnt. Auch die einmalige Aufstockung des Solidaritätsfonds für Arbeitslose im Jahre 1985 – drei Jahre nach der Gehaltskürzung – entspreche lediglich den Wünschen der Gruppe, beruhe aber nicht auf einer für den Arbeitgeber bindenden Lohnverwendungsabrede, zumal es der Gruppe bei dem Gehaltsverzicht wesentlich um einen demonstrativen Akt der Selbstbeschränkung gegangen sei. Diese tatsächliche Würdigung des Finanzgerichts ist für den Senat revisionsrechtlich bindend (§ 118 Abs. 2 FGO), denn die Würdigung ist möglich und verstößt nicht gegen Denk- oder Erfahrungssätze. Das Finanzamt hat der Würdigung des Finanzgerichts lediglich eine eigene Würdigung mit abweichendem Ergebnis entgegengestellt.

3. Der Gehaltsverzicht kann auch nicht in eine konkludente Verwendungsabrede der freigewordenen Mittel zu beliebigen kirchlichen Zwecken umgedeutet werden. Denn bei einem Gehaltsverzicht von Kirchenangehörigen ist die mit der Gehaltsminderung zwangsläufig verbundene Schonung des Kirchenhaushalts nur ein notwendig verbundener Reflex (ebenso Erlaß des FinMin. NRW vom 8. 12. 1982 S 2332 – 64 – V B 3, BB 1983 S. 43, beim Sanierungsverzicht).

50

Zur Frage der im Einzelfall maßgeblichen Abwägungskriterien beim Konflikt zwischen Pressefreiheit einerseits und negativer Bekenntnisfreiheit bzw. Persönlichkeitsrecht des Betroffenen andererseits (hier: Bezeichnung einer im Wirtschaftsleben tätigen Person als Scientologin).

Art. 2, 5, 140 GG, 136 Abs. 3 WRV
OLG München, Urteil vom 13. August 1993 – 21 U 1717/93[1] –

---

[1] NVwZ 1994, 203; AfP 1993, 762. Das Urteil ist rechtskräftig. Vgl. zu diesem Fragenkreis auch OLG Frankfurt NJW 1995, 876 u. 878.

Die Klägerin begehrt von der Beklagten die Unterlassung einer pressemäßigen Behauptung.

Die Klägerin ist Geschäftsführerin der S.-GmbH in K., eines Farb-, Typ- und Imageberatungsinstituts. Geschäftszweck der Gesellschaft ist die Förderung des Erscheinungsbildes von Unternehmen und deren Mitarbeitern. Die Beklagte ist Verlegerin eines monatlich erscheinenden Wirtschaftsmagazins für Europa. Im Augustheft 1992 erschien auf den Seiten 29 ff. unter der Überschrift „Psychokreuzzug" ein Bericht über die Scientologen mit folgendem Vorspann:

„*Um neue Mitglieder zu werben, gehen die Scientologen unzählige Schleichwege. Über Management-Beratung ... infiltrieren die Jünger L. Ron Hubbards mit bedenklichen Methoden auch die deutsche Wirtschaft* ..."

In diesem Bericht wird die Klägerin als Scientologin der ersten Stunde bezeichnet. Streitbefangen im zweiten Rechtszug ist lediglich das Verlangen der Klägerin, die Verbreitung der Behauptung zu untersagen, daß sie Scientologin sei.

Die Klägerin hat im ersten Rechtszug – von weiteren Einzelheiten abgesehen – behauptet, sie sei zwar überzeugte Scientologin. Es sei jedoch unzulässig, ihre Religionszugehörigkeit zu offenbaren. Dies sei ihre Privatsache.

Die Klägerin hat u. a. beantragt, der Beklagten zu verbieten, über Sie, die Klägerin, zu verbreiten, a) daß sie Scientologin ist, b) sinngemäß zu verbreiten, sie halte Seminare ab, um u. a. an Adressen zu kommen, die für Scientology bestimmt sind.

Die Beklagte hat im wesentlichen die Ansicht vertreten, der Presse sei im Interesse der Information der Öffentlichkeit zu gestatten, über Institutionen wie die Scientology-Church und deren Mitglieder zu berichten, soweit sie im Geschäftsleben hervorträten. In ihrem in der Zeitschrift N. Heft 7/1992 veröffentlichen Artikel habe sich die Klägerin öffentlich zu den Lehren von Ron Hubbard bekannt. Sie könne sich deshalb nicht mit Erfolg auf das Grundrecht der negativen Bekenntnisfreiheit berufen. Zudem habe sie Spenden in beachtlicher Höhe an die Organisation geleistet. Weil die Scientology-Church wegen ihrer Ziele und Methoden in den Blickpunkt der Öffentlichkeit geraten sei, sei ein Bericht über die Personen, die hinter dieser Organisation stünden, von dem vorrangigen Grundrecht der Pressefreiheit gedeckt.

Mit dem angefochtenen Urteil hat das Landgericht der Klage stattgegeben. Zur Begründung hat es im wesentlichen ausgeführt, die Beklagte habe ohne rechtfertigenden Grund in das allgemeine Persönlichkeitsrecht der Klägerin eingegriffen. Weil die Klägerin auch nach dem Verständnis der Beklagten Adressenmaterial ohne Kenntnis der Seminarteilnehmer nicht an Scientology weitergegeben habe, bestehe im Hinblick auf das Grundrecht der negativen Bekenntnisfreiheit kein überwiegendes Interesse der Öffentlichkeit an einer Aufklärung über die Person der Klägerin.

Gegen dieses Urteil wendet sich die Beklagte, soweit ihr die Verbreitung der Behauptung untersagt wurde, die Klägerin sei Scientologin.

Zur Begründung ihres Rechtsmittels vertritt die Beklagte unter Wiederholung ihres erstinstanziellen Sachvortrages im übrigen im wesentlichen die Ansicht, daß dem Grundrecht der Pressefreiheit gegenüber dem Grundrecht der negativen Bekenntnisfreiheit Vorrang einzuräumen sei. Ziele und Methoden der Scientologen stünden im Blickpunkt des öffentlichen Interesses. Weil die Klägerin ein prominenteres Mitglied der Gemeinschaft sei, dürfe auch über ihre Person berichtet werden. Zudem habe sich die Klägerin freiwillig ihres Grundrechts auf negative Bekenntnisfreiheit begeben, weil sie sich in dem in der Zeitschrift N. abgedruckten Artikel ausdrücklich zu den Lehren des Ron Hubbard bekannt habe.

Die Klägerin hält das landgerichtliche Urteil, auch soweit es angefochten wurde, für zutreffend. Sie führt ergänzend aus, kein prominentes Mitglied der Scientology-Church zu sein. Zudem sei zwischen der Scientology-Church als Religionsgemeinschaft und den Management-Theorien des L. Ron Hubbard zu unterscheiden. Dieser habe seine Managementlehren neben und unabhängig vor der Entwicklung seiner religiösen Lehre aufgestellt und verbreitet. In der Anwendung der Management-Theorien liege nicht zugleich ein religiöses Bekenntnis und ein Verzicht auf das Grundrecht der negativen Bekenntnisfreiheit.

Die Berufung der Beklagten führte zur Aufhebung des angefochtenen Urteils und Klageabweisung hinsichtlich des Unterlassungsbegehrens.

Aus den Gründen:

Die zulässige Berufung der Klägerin (§§ 511, 511a, 516, 518, 519 ZPO) hat in der Sache Erfolg.
A. Der Klägerin steht der begehrte Unterlassungsanspruch – soweit er im zweiten Rechtszug streitbefangen ist – wegen Verletzung ihres allgemeinen Persönlichkeitsrechts in entsprechender Anwendung der §§ 823, 1004 BGB nicht zu. Wegen der Spannungslage zwischen dem grundrechtlich geschützten allgemeinen Persönlichkeitsrecht der Klägerin (Art. 2 Abs. 1 GG) und der verfassungsrechtlich gewährleisteten Pressefreiheit (Art. 5 Abs. 1 Satz 2 GG), auf die sich die Beklagte berufen kann, ist eine einzelfallbezogene Abwägung der widerstreitenden grundrechtlich geschützten Werte und Interessen erforderlich. Das Recht der Klägerin auf Persönlichkeitsschutz wird vorliegend durch die geschützte Funktion der Presse überlagert. Die Offenlegung der Zugehörigkeit der Klägerin zur Scientology-Church ist deshalb nicht rechtswidrig.
I. 1. Die Klägerin ist allerdings Trägerin des religiösen und weltanschaulichen Freiheitsrechts des Art. 4 GG. Sie kann sich deshalb im Grundsatz auch

auf das Grundrecht der sog. negativen Bekenntnisfreiheit berufen (Art. 140 GG i.V.m. Art. 136 Abs. 3 WRV).

Nach Art. 4 Abs. 1 GG wird die Freiheit des Glaubens, des religiösen und weltanschaulichen Bekenntnisses geschützt. Glaubensfreiheit ist somit Religions- und Weltanschauungsfreiheit. Dabei ist das Grundrecht der freien Religionsausübung im Sinne des Art. 4 Abs. 2 GG im Begriff der Glaubens- und Bekenntnisfreiheit des Art. 4 Abs. 1 GG mit enthalten. Dieser Begriff umfaßt nämlich – gleichgültig, ob es sich um ein religiöses Bekenntnis oder eine religionsfremde oder religionsfreie Weltanschauung handelt – nicht nur die innere Freiheit, zu glauben oder nicht zu glauben, d. h. einen Glauben zu bekennen, zu verschweigen oder sich davon loszusagen, sondern ebenso die Freiheit des entsprechenden Handelns (BVerfG NJW 1969, 31[2]). Dieses nach dem Gesetz nicht unter einem Vorbehalt stehende, umfassend gewährte religiöse und weltanschauliche individuelle Freiheitsrecht umschließt – wie Art. 140 GG i.V.m. Art. 136 Abs. 3 WRV verdeutlicht – auch die sog. negative Bekenntnisfreiheit, also das Recht, seine eigene Überzeugung zu verschweigen.

Es kann offen bleiben, ob es sich bei der Scientology-Church um eine Religions- oder Weltanschauungsgemeinschaft handelt, der das Freiheitsrecht des Art. 4 GG offensteht oder ob der weite Schutzbereich dieses Grundrechts lediglich als Vorwand für die Verfolgung wirtschaftlicher Ziele dient (vgl. BVerwG NJW 1992, 2496[3] – Würdigung der Osho-Bewegung –; allgemein Fehlau, Die Schranken der freien Religionsausübung, in: JuS 1993, 441 ff.). Maßgebend ist vorliegend allein das Selbstverständnis der Klägerin in ihrer Beziehung zu dieser Gemeinschaft (OLG Stuttgart, Urteil vom 27. 5. 1992[4] – 4 U 26/92 –). Die Klägerin bezeichnet sich als überzeugte Scientologin. Dem ist die Beklagte nicht entgegengetreten. Die Beklagte hat weder behauptet noch sind Umstände erkennbar, daß der Gemeinschaft jegliche weltanschaulichen Elemente fehlen und das Selbstverständnis der Klägerin zu der Gemeinschaft nur vorgeschoben sei. Dagegen spricht vielmehr die Ideologie und Zielsetzung der Scientology-Church, welche die Verwirklichung der völligen seelischen Freiheit, der vollkommenen Erlösung des Geistes zu erreichen sucht.

2. Durch die Offenlegung ihrer Zugehörigkeit zur Scientology-Church wird die Klägerin nicht nur in ihrem grundrechtlich geschützten Recht auf negative Bekenntnisfreiheit, sondern zugleich auch in ihrem durch Art. 2 Abs. 1 GG geschützten allgemeinen Persönlichkeitsrecht betroffen. Zwar geht das Grundrecht der religiösen und weltanschaulichen Freiheit des Art. 4 als lex specialis dem in Art. 2 Abs. 1 GG gewährleisteten allgemeinen Persönlichkeitsrecht vor, soweit der Schutzbereich des Art. 4 GG reicht (Maunz/Dürig, GG, Rdnr. 17 zu

---

[2] KirchE 10, 181.   [3] KirchE 30, 151.   [4] KirchE 30, 252.

Art. 4; Jarras/Pieroth, GG, 2. Aufl., Rdnr. 5 zu Art. 4). Dies schließt aber nicht gleichzeitig einen Verstoß gegen das allgemeine Persönlichkeitsrecht aus. Im Mittelpunkt steht das Recht des einzelnen – hier der Klägerin –, selbst darüber zu bestimmen, was an Informationen aus der Persönlichkeitssphäre an die Öffentlichkeit gelangen soll. In dieses informationelle Selbstbestimmungsrecht der Klägerin wurde durch die Offenlegung ihrer Mitgliedschaft bei der Scientology-Church und damit in ihre Persönlichkeit eingegriffen.

II. In Abwägung des unter dem verfassungsrechtlichen Schutz stehenden Persönlichkeitsrechts der Klägerin und der Pressefreiheit, auf die sich die Beklagte beruft, war dieser Eingriff jedoch nicht objektiv rechtswidrig.

1. Die Klägerin hat allerdings durch die Veröffentlichung ihres Artikels in der Zeitschrift N. nicht in die Offenlegung ihrer Mitgliedschaft eingewilligt.

Zwar hat die Klägerin in ihrem Aufsatz mit dem Titel „Vom Sender zum Empfänger" sich auf einen Ausspruch des L. Ron Hubbard über die Kommunikationsfähigkeit des einzelnen bezogen und sich auf seine Lehre gestützt. In dem Bericht findet sich aber kein Hinweis auf die Scientology-Church. L. Ron Hubbard wird nicht als ihr Begründer vorgestellt. Grundlagen der Hubbard'schen Befreiungsmethode und Weltanschauung sowie die weltanschauliche Zielsetzung und die Mittel ihrer Verwirklichung werden nicht genannt. Auch fehlt in dem Artikel jegliche Stellungnahme der Klägerin zu dem weltanschaulichen Aspekt der Lehre Hubbards. Dem Bericht kann lediglich entnommen werden, daß die Klägerin die Kommunikationslehre Hubbards im kommerziellen Bereich zum Zwecke der Verkaufsförderung vertritt und dabei „einige wichtige Spielregeln zur Kommunikation im Augenoptik-Geschäft" aufzeigt. Wegen des fehlenden Bezugs zur weltanschaulichen Seite hat die Klägerin sich nicht ihres Rechts auf negative Bekenntnisfreiheit begeben und insoweit auf einen Schutz ihres Persönlichkeitsrechts verzichtet.

2. Gleichwohl entfällt die Rechtswidrigkeit des Eingriffs in die Persönlichkeit der Klägerin wegen der vorrangigen Äußerungsfreiheit für die Beklagte nach Art. 5 Abs. 1 Satz 2 GG.

a) Obgleich es sich bei der Freiheit der religiösen und weltanschaulichen Überzeugung und ihrer Ausübung nach Art. 4 Abs. 1 und 2 GG um ein vorbehaltloses Grundrecht handelt, das insbesonders nicht durch die „Schrankentrias" des Art. 2 Abs. 1 GG eingeschränkt wird, ist das Freiheitsrecht nicht schrankenlos. Es muß sich innerhalb des Spannungsverhältnisses halten, in dem die kollidierenden Grundwerte als Teile eines einheitlichen Wertesystems enthalten sind. Es bestehen danach verfassungsimmanente Schranken. Ebenso wie bei dem vorbehaltlosen Grundrecht der Kunstfreiheit des Art. 5 Abs. 3 GG (vgl. u. a. BVerfG NJW 1991, 1471) ist auch hier von einer in sich geschlossenen verfassungsrechtlichen Ordnung auszugehen, deren Einheit nicht dadurch gestört werden darf, daß der einzelne sein Grundrecht ohne Rücksicht auf Verfassungsgüter anderer durchsetzen darf. Es bedarf danach einer fallbezogenen Abwägung zwischen dem Recht der Klägerin auf negative Bekenntnisfreiheit und Schutz ihrer Persönlichkeit einerseits und der durch Art. 5 Abs. 1 Satz 2 GG geschützten Pressefreiheit. Durch die Freiheit der Presse soll ihre Bedeutung für die freie individuelle und öffentliche Meinungsbildung gewährleistet werden. Maßgebliche Kriterien der Abwägung bilden insbesondere die Abstufung des Persönlichkeitsschutzes nach Persönlichkeitssphären, das eigene Verhalten des Betroffenen in der Öffentlichkeit und das dadurch bedingte öffentliche Interesse an Information, andererseits die durch Art. 5 Abs. 1 GG geschützte Freiheit der Kommunikation in allen gesellschaftlichen – nicht nur politischen – Bereichen. Dabei gilt der Grundsatz der Vermutung der freien Rede jedenfalls dann, wenn rechtsmäßig erlangte Information wahrheitsgemäß verbreitet wird (Degenhart, Das allgemeine Persönlichkeitsrecht, JuS 1992, 361 ff.).

b) Für den höher zu bewertenden Schutz der Persönlichkeit der Klägerin spricht allerdings, daß es sich bei ihr nicht um eine relative Person der Zeitgeschichte handelt. Bei solchen Personen ist ein Eingriff im Einzelfall unter Berücksichtigung aller Einzelumstände eher hinzunehmen (vgl. auch BVerfGE 35, 202 ff.). Die Klägerin hat jedoch nicht im Zusammenhang mit einem bestimmten Ereignis oder Vorgang Bedeutung erlangt, sie ist nicht dadurch vorübergehend aus ihrer Anonymität hervorgetreten. Es fehlt danach eine derartige Verknüpfung mit einem zeitgeschichtlichen Vorgang. Die fortwährenden geschäftlichen Aktivitäten der Klägerin, insbesondere das Abhalten von Seminaren im Managementberatungsbereich, und ihr Bekanntheitsgrad in der Branche machen sie noch nicht zur relativen Person der Zeitgeschichte.

Auch wenn der Eingriff in das Persönlichkeitsrecht der Klägerin nicht die am intensivsten geschützte Intimssphäre berührt (zu den einzelnen Sphären vgl. Ricker, NJW 1991, 2098), so betrifft die hier in Frage stehende Privatsphäre doch das dem öffentlichen Blick entzogene Privatleben der Klägerin. Zudem ist im Rahmen der Abwägung der sich widerstreitenden Grundrechte zu beachten, daß es sich bei der negativen Bekenntnisfreiheit um ein kraft Gesetzes vorbehaltloses Grundrecht handelt. Auch erfolgte die Offenlegung des Bekenntnisses der Klägerin in einer Wirtschaftszeitung für Europa mit branchenspezifischer Breitenwirkung. Die beanstandete Äußerung führte – wie glaubhaft vorgetragen – zu einer Beeinträchtigung der Lebensumstände der Klägerin in ihrem privaten und sozialen Bereich angesichts der öffentlichen Diskussion über die Zielsetzung der Scientology-Church in den Medien.

c) Trotz des hohen Ranges des Rechts auf freie Entfaltung und Achtung der Persönlichkeit überwiegt vorliegend im Rahmen der Güterabwägung die Freiheit der Berichterstattung. Das öffentliche Interesse an umfassender Information verdient den Vorrang gegenüber dem Schutz der Privatsphäre der Klägerin. Die Offenlegung ihrer Mitgliedschaft zur Scientology-Church steht im angemessenen Verhältnis zur Bedeutung der Sache.

(1) Bei der Scientology-Church handelt es sich um eine in der Öffentlichkeit sehr umstrittene Bewegung. Die öffentliche, selbst politische Diskussion ist keineswegs abgeschlossen. Die Fachliteratur äußert sich überwiegend äußerst kritisch (vgl. Lexikon der Sekten, Sondergruppen und Weltanschauungen, 3. Aufl. 1991, Verlag Herder mit Literaturnachweisen). Teilweise wird der Gemeinschaft jegliches Religionsspezifische abgesprochen (z.B. Hartwig Weber, Jugendlexikon Religion, Verlag Rowohlt). Es besteht danach ein grundsätzliches Interesse der Öffentlichkeit, umfassend über das Wirken der Gemeinschaft und über ihre Mitglieder – soweit sie über die Gemeinschaft hinaus Aktivitäten entfalten – unterrichtet zu werden.

(2) Hinzu kommt, daß die Klägerin durch das Halten von Seminaren im Managementbereich in die Öffentlichkeit getreten ist und sich durch ihren in der Zeitschrift N. abgedruckten Artikel öffentlich zu den Lehren von L. Ron Hubbard bekannt hat.

(a) Die Klägerin hält seit Jahren Seminare für Persönlichkeiten ab, welche aufgrund ihrer beruflichen Stellung mit Mitmenschen in Kontakt kommen. Sie tritt danach nicht nur einzelfallbezogen, sondern ständig in die Öffentlichkeit und übt als Seminarleiterin einen gewissen Einfluß aus.

(b) Ins Gewicht fällt dabei, daß die Klägerin durch ihren Artikel im N. offen die Lehre des Gründers der Scientology-Bewegung L. Ron Hubbard vertritt. Der Senat verkennt zwar nicht, daß die Frage der Kommunikation mit dem Kunden ein zentrales, in den Fachkreisen und auch in der Literatur (z.B. Blake Mouton, Besser verkaufen durch GRID) diskutiertes Problem der Verkaufs- und Absatzförderung darstellt. Andererseits wird in der Öffentlichkeit und in den einschlägigen Schriften (vgl. u.a. Lexikon der Sekten aaO) lebhaft diskutiert, ob und inwieweit durch Managementschulung, Kommunikationstraining und Motivationsberatung die weltanschauliche Lehre Hubbards in wirtschaftliche Bereiche getragen wird. Weil sich die Klägerin öffentlich zu dieser Lehre im Rahmen ihrer geschäftlichen Aktivitäten bekannt hat, muß sie das bestehende öffentliche Interesse an umfassender Information, d.h. auch an der Offenlegung ihres Bekenntnisses hinnehmen.

Zwar ist davon auszugehen, daß die Klägerin ihre kommerziell ausgerichteten Kurse weder offen noch verdeckt für die Ziele der Scientology-Church verwendet hat. Andererseits vermag der Senat nicht von einer scharfen Unterscheidung zwischen den Lehren des L. Ron Hubbard im Managementbereich einerseits und im weltanschaulichen Bereich andererseits auszugehen. Dagegen sprechen zwei Umstände. Zum einen wird durch die World Institute of Scientology Enterprise (WISE) auch scientologisches Gedankengut in die Wirtschaft getragen. Zum anderen wurde das von Hubbard verfaßte Werk

"Moderne Management Technology Defined" im Jahre 1976 verlegt. In diesem Jahr wurde aber Clearwater (Florida) als eigentliches Zentrum der Bewegung geschaffen. Bereits im Jahre 1954 wurde nach dem Erscheinen des Handbuches der dianetischen Erfahrung die „Church of Scientology California" gegründet. Diese zeitlichen Verflechtungen sprechen gerade gegen die von der Klägerin vorgetragene inhaltliche und zeitliche scharfe Trennung der Lehren Hubbards im kommerziellen und weltanschaulichen Bereich.

(3) In die Gesamtabwägung hat schließlich mit einzufließen, daß die Klägerin unbestritten eine Spende von 25 000 Dollar der Organisation hat zukommen lassen.

Auch wenn jeder Gesichtspunkt für sich allein den Vorrang der grundrechtlich geschützten Pressefreiheit nicht zu begründen vermag, so lassen sie in ihrer Gesamtheit das berechtigte Interesse der Öffentlichkeit an umfassender Information überwiegen. Dabei spielt auch der Umstand eine Rolle, daß die Klägerin durch ihre Aktivitäten in der Öffentlichkeit und Offenlegung der von ihr verfolgten Managementlehre des Begründers der Scientology-Church bereits eine gewisse Information aus ihrem Persönlichkeitsbereich weitergegeben hat.

51

Eine die Befreiung vom Zivildienst rechtfertigende hauptamtliche geistliche Tätigkeit ist nicht gegeben, wenn der Geistliche neben der Wahrnehmung seines geistlichen Amts zur Bestreitung seines Lebensunterhalts einer weltlichen Berufstätigkeit nachgeht und dafür mehr als ein Fünftel der regelmäßigen wöchentlichen Arbeitszeit des öffentlichen Dienstes aufwendet.

§ 10 Abs. 1 Nr. 3 ZDG
BVerwG, Urteil vom 20. August 1993 – 8 C 9.92[1] –

Der 1963 geborene verheiratete Kläger ist anerkannter Kriegsdienstverweigerer. Er wurde im Juli 1974 als Zeuge Jehovas getauft. Im Januar 1991 wurde dem Kläger aufgrund einer Nachuntersuchung der Tauglichkeitsgrad zivildienstfähig und verwendungsfähig mit Einschränkung in der Grundausbildung und für bestimmte Tätigkeiten zuerkannt. Mit dem angefochtenen Bescheid berief ihn das Bundesamt für den Zivildienst zur Ableistung des Zivildienstes in der Zeit vom 14. 3. 1991 bis zum 13. 3. 1992 beim St.-Georg-Krankenhaus in F. ein. Der Kläger erhob Widerspruch, mit dem er seine Befreiung vom Zivil-

---

[1] Amtl. Leitsatz. DÖV 1994, 217; NVwZ 1994, 174; ZevKR 39 (1994), 216. Nur LS: AkKR 162 (1993), 566; KuR, H. 1, 1995, 64.

dienst begehrte, da er als allgemeiner Pionierprediger und Ältester der Versammlung A.-West geistlich-seelsorgerischen Dienst versehe. Das Bundesamt für den Zivildienst wies den Widerspruch des Klägers im wesentlichen mit der Begründung zurück, der Kläger sei nicht hauptamtlich als Geistlicher tätig.

Der Kläger hat Anfechtungsklage erhoben, mit der er geltend gemacht hat, seine Tätigkeit als Pionierprediger sei hauptamtlich angelegt. Er arbeite ca. 58 Wochenstunden bei den Zeugen Jehovas. Nur etwa 15 Wochenstunden gehe er einer anderen Arbeit nach.

Das Verwaltungsgericht hat den Kläger in der mündlichen Verhandlung zu seinen Aufgaben als allgemeiner Pionierprediger und Aufseher in der Gemeinde gehört und sodann der Klage stattgegeben. Zur Begründung hat es im wesentlichen ausgeführt: Der Kläger sei gemäß § 10 Abs. 1 Nr. 3 ZDG vom Zivildienst befreit. Die Glaubensgemeinschaft der Zeugen Jehovas sei ein anderes Bekenntnis im Sinne der bezeichneten Vorschrift. Der Kläger habe auch ein geistliches Amt inne. Zu seinen Aufgaben gehörten der Predigtdienst innerhalb der Gemeinde sowie Haus- und Rückbesuche, die wöchentlich ca. 14 Stunden in Anspruch nähmen. Weiterhin führe er Bibelstunden, d.h. Bibellesungen, in einem Umfange von 15 Wochenstunden durch. Anderthalb Stunden wöchentlich unternehme er Krankenbesuche bei Gemeindemitgliedern. Weiter nehme der Kläger an fünf Versammlungszusammenkünften pro Woche von ca. je einer Stunde Dauer teil. Diese Aufgaben stellten nach seinen Angaben hauptsächlich den Aufgabenbereich seines Amtes als allgemeiner Pionierprediger dar. Sein Aufgabenbereich als Aufseher in der Gemeinde sei ebenfalls ausgefüllt von der Führung und Betreuung der Angehörigen der Religionsgemeinschaft. Unter diesen Aufgabenbereich fielen insbesondere die Jugendarbeit und Hirtenbesuche in einem Umfang von ca. sieben Wochenstunden. Weiter bereite der Kläger für die Versammlungen auch organisatorische Fragen in einem Zeitumfang von ca. acht Wochenstunden vor. Er unternehme Schulungen der Gemeindemitglieder für den Predigtdienst. In Gruppen von ca. zehn bis zwölf Gemeindemitgliedern betreibe er das Bibelstudium. Zu seinen Aufgaben gehöre die geistig-seelsorgerische Betreuung kranker Gemeindemitglieder, die Durchführung von Heimbibelstunden, das Halten von Vorträgen und Ansprachen, die Beteiligung an der Programmgestaltung der fünf wöchentlichen Zusammenkünfte und die Leitung von Unterweisungen in den Zusammenkünften. Der solchermaßen umschriebene Aufgabenbereich des Klägers stelle sich als geistlicher im Sinne des § 10 Abs. 1 Nr. 3 ZDG dar. Der Kläger sei als Geistlicher auch hauptamtlich im Sinne dieser Vorschrift tätig. Eine ganz überwiegend seelsorgerische Tätigkeit genüge, um die Befreiung vom Zivildienst zu rechtfertigen, weil durch eine lediglich in geringem Umfange ausgeübte anderen Zwecken dienende Beschäftigung die Intensität des Einsatzes der Arbeitskraft für das geistliche Amt erfahrungsgemäß nicht beeinträchtigt werde. Eine solche für die Befreiung vom

Zivildienst ausreichende, ganz überwiegende geistliche Tätigkeit sei vorliegend gegeben, da der Kläger nur 15 Wochenstunden einer seinen Lebensunterhalt sichernden Erwerbstätigkeit nachgehe. Eine solche „weltliche Nebentätigkeit" mit einem derartig geringen Zeitaufwand sei geringfügig und schließe den für eine Befreiung vom Zivildienst von Rechts wegen vorausgesetzten vollen Einsatz der Arbeitskraft für das geistliche Amt nicht aus.

Mit ihrer vom Bundesverwaltungsgericht zugelassenen Revision erreichte die Beklagte (Bundesrepublik Deutschland) die Aufhebung des angefochtenen Urteils und die Abweisung der Klage.

Aus den Gründen:

Die Revision ist begründet. Das angefochtene Urteil verletzt Bundesrecht. Die Klage ist abzuweisen (vgl. §§ 137 Abs. 1 Nr. 1, 144 Abs. 3 Nr. 1 VwGO). Der angefochtene Einberufungsbescheid hat sich während des Revisionsverfahrens durch Zeitablauf im Sinne des § 113 Abs. 1 Satz 4 VwGO erledigt (vgl. § 43 Abs. 2 VwVfG), weil die in ihm angegebene Dauer des vom Kläger zu leistenden Zivildienstes verstrichen ist (vgl. Urteile vom 8. 11. 1991 – BVerwG 8 C 53.90 – BVerwGE 89, 183 [184 ff.] sowie vom 13. 12. 1991 – BVerwG 8 C 54.89 – Buchholz 448.11 § 19 ZDG Nr. 17 S. 4 [5 f.] und – BVerwG 8 C 65.90 – Buchholz 448.0 § 21 WPflG Nr. 45 S. 6 [7 f.]). Der Kläger ist dementsprechend in der mündlichen Verhandlung vor dem erkennenden Senat zur Fortsetzungsfeststellungsklage (§ 113 Abs. 1 Satz 4 VwGO) übergegangen. Diese ist zulässig. Namentlich hat der Kläger ein berechtigtes Interesse an der von ihm begehrten Feststellung der Rechtswidrigkeit des erledigten Einberufungsbescheides (§ 113 Abs. 1 Satz 4 VwGO), da gegen ihn ein Strafverfahren wegen Dienstflucht anhängig ist (vgl. etwa Urteil vom 24. 10. 1979 – BVerwG 8 C 22.78 – BVerwGE 59, 23 [25]).

Zutreffend geht das angefochtene Urteil – in Übereinstimmung mit der ständigen Rechtsprechung des Senats (vgl. Urteil vom 29. 9. 1989[2] – BVerwG 8 C 53.87 – Buchholz 448.11 § 10 ZDG Nr. 7 S. 9 [11] m.w.N.) – davon aus, daß die Glaubensgemeinschaft der Zeugen Jehovas ein anderes Bekenntnis im Sinne des § 10 Abs. 1 Nr. 3 ZDG ist. Rechtsirrig ist jedoch die weitere entscheidungstragende Annahme des Verwaltungsgerichts, der Kläger sei in dem für die Beurteilung der Sach- und Rechtslage maßgebenden Gestellungszeitpunkt (st. Rspr.; vgl. etwa Urteil vom 15. 1. 1988[3] – BVerwG 8 C 29.86 – Buchholz 448.11 § 11 ZDG Nr. 25 S. 1 [2] m.w.N.) als Geistlicher der Zeugen Jehovas „hauptamtlich" im Sinne des § 10 Abs. 1 Nr. 3 ZDG tätig gewesen.

---

[2] KirchE 27, 277.
[3] KirchE 26, 9.

Das Tatbestandsmerkmal „hauptamtlich" des § 10 Abs. 1 Nr. 3 ZDG (§ 11 Abs. 1 Nr. 3 WPflG) erfüllt der Geistliche eines anderen als des evangelischen oder katholischen Bekenntnisses, wenn er seine Arbeitskraft voll einer Tätigkeit widmet, die dem Seelsorgeamt der beiden großen christlichen Kirchen entspricht (vgl. Urteile vom 30. 11. 1984[4] – BVerwG 8 C 110.82 – Buchholz 448.11 § 10 ZDG Nr. 2 S. 1 [2] m.w.N. und vom 29. 9. 1989, aaO, S. 12). Der mit dem Tatbestandsmerkmal „hauptamtlich" von Rechts wegen geforderte Einsatz der vollen Arbeitskraft für das geistliche Amt (st. Rspr.; vgl. Urteile vom 8. 2. 1963 – BVerwG VII C 62.62 – Buchholz 448.0 § 11 WPflG Nr. 8 S. 19 [20], vom 9. 12. 1966 – BVerwG VII C 54.65 – BVerwGE 25, 338 [339], vom 11. 12. 1969[5] – BVerwG VIII C 46.68 – BVerwGE 34, 291 [299], vom 30. 11. 1984, aaO, S. 2f. und vom 29. 9. 1989, aaO, S. 13) schließt im Grundsatz eine anderweitige Erwerbstätigkeit aus. Nur ausnahmsweise vermag auch eine ganz überwiegende seelsorgerische Tätigkeit die Befreiung vom Zivildienst zu rechtfertigen, wenn durch eine lediglich in geringem zeitlichen Umfang ausgeübte anderen Zwecken dienende Beschäftigung die Intensität des Einsatzes der Arbeitskraft für das geistliche Amt erfahrungsgemäß nicht beeinträchtigt wird (vgl. Urteile vom 30. 11. 1984, aaO, S. 2f. und vom 29. 9. 1989, aaO, S. 12). Der von der Revisionserwiderung des Klägers unternommene Versuch, die ohne körperliche oder geistige Überforderung denkbare Höchstarbeitszeit zwischen dem geistlichen Aufgabenbereich und einer weltlichen Erwerbstätigkeit aufzuteilen, geht danach bereits im Ansatz fehl. Eine für die Befreiung vom Zivildienst erforderliche hauptamtliche geistliche Tätigkeit ist nicht gegeben, wenn der Geistliche einer weltlichen Nebentätigkeit – namentlich einer seinen Lebensunterhalt sichernden Erwerbstätigkeit – nachgeht, die mehr als einen nur geringfügigen Zeitaufwand in Anspruch nimmt (vgl. Urteile vom 30. 11. 1984, aaO, S. 2f. und vom 29. 9. 1989, aaO, S. 12). Geringfügig ist der Zeitaufwand für eine solche Nebentätigkeit nur dann, wenn er – unter dem Blickwinkel des Gebots, sämtliche Arbeitskraft dem geistlichen Amt zu widmen – objektiv eine völlig zu vernachlässigende Größe darstellt.

Unter welchen Voraussetzungen die mit dem Tatbestandsmerkmal „hauptamtlich" aufgestellte Forderung nach dem Einsatz der vollen Arbeitskraft als Geistlicher trotz einer weltlichen Nebenerwerbstätigkeit noch erfüllt ist, hängt nicht von etwaigen Dienstzeitvorgaben der jeweiligen Religionsgemeinschaft ab. Namentlich kann ein „anderes Bekenntnis" im Sinne des § 10 Abs. 1 Nr. 3 ZDG nicht selbst bestimmen, wieviel Arbeitszeit es auf das geistliche Hauptamt aufgewendet wissen will und in welchem zeitlichen Umfang daneben eine andere Erwerbstätigkeit zugelassen sein soll. Die Auslegung des Begriffs

---

[4] KirchE 22, 256.
[5] KirchE 11, 98.

"hauptamtlich" ist zwar ebenso wie die des "Bekenntnisses" in § 10 Abs. 1 Nr. 3 ZDG einerseits dem Gebot der Bekenntnisneutralität und Religionsparität verpflichtet, andererseits aber auch dem durch die Gewährung der Befreiung durchbrochenen Gebot der Wehrgerechtigkeit, d. h. der Gleichbehandlung im Wehrpflicht- und Zivildienstrecht (vgl. zum Bekenntnis Urteil vom 25. 5. 1984[6] – BVerwG 8 C 108.82 – Buchholz 448.0 § 11 WPflG Nr. 35 S. 6 [19]).

Unter dem Blickwinkel der gebotenen Gleichbehandlung bedarf es einer für alle Bekenntnisse gleichermaßen geltenden Begrenzung des Zeitaufwandes, den ein Geistlicher einer entgeltlichen Nebenbeschäftigung widmen darf. Ein bezifferter Grenzwert ist sowohl im öffentlichen Interesse an der Handhabbarkeit der Befreiungsvorschrift des § 10 Abs. 1 Nr. 3 ZDG (§ 11 Abs. 1 Nr. 3 WPflG) als auch im Interesse der Religionsgemeinschaften mit Blick auf deren Möglichkeit, sich darauf "einzurichten", unerläßlich.

Das legt es – mangels anderweitiger rechtlicher Anhaltspunkte – nahe, den zeitlichen Umfang einer unschädlichen Nebentätigkeit in Anlehnung an die den einschlägigen Vorschriften des Dienstrechts für Beamte zugrundeliegenden Rechtsgedanken zu bestimmen. Denn der in § 10 Abs. 1 Nr. 3 ZDG verwendete Begriff "hauptamtlich" ist dem öffentlichen Dienstrecht entlehnt. Dienstrechtlich ist das Hauptamt vom Nebenamt und der Nebentätigkeit eines Beamten abzugrenzen (vgl. insoweit etwa Urteile vom 23. 9. 1975 – BVerwG II C 19.71 – BVerwGE 49, 184 [187], vom 25. 10. 1979 – BVerwG 2 C 9.77 – BVerwGE 59, 38 [40], vom 17. 12. 1981 – BVerwG 2 C 3.81 – Buchholz 237.6 § 80 LBG Niedersachsen Nr. 1 S. 1 [2] und vom 17. 10. 1985 – BVerwG 2 C 79.81 – Buchholz 237.0 § 83 LBG Baden-Württemberg Nr. 2 S. 1 [2 f.]). Freilich nimmt § 135 des Rahmengesetzes zur Vereinheitlichung des Beamtenrechts (Beamtenrechtsrahmengesetz – BRRG) in der zuletzt durch Art. 2 des Neunten Gesetzes zur Änderung dienstrechtlicher Vorschriften vom 11. 6. 1992 (BGBl. I S. 1030) geänderten Fassung der Bekanntmachung vom 27. 2. 1985 (BGBl. I S. 462) die öffentlich-rechtlichen Religionsgesellschaften ausdrücklich vom Geltungsbereich dieses Gesetzes aus und überläßt es ihnen, die Rechtsverhältnisse ihrer Beamten und Seelsorger – sei es dem Beamtenrechtsrahmengesetz entsprechend oder sei es davon abweichend – selbst zu regeln (vgl. Urteil vom 15. 12. 1967[7] – BVerwG VI C 68.67 – BVerwGE 28, 345 [347]). Die in § 10 Abs. 1 Nr. 3 ZDG enthaltene Forderung einer "hauptamtlichen Tätigkeit" knüpft aber gerade nicht an das Dienstrecht für die Geistlichen evangelischen und römisch-katholischen Bekenntnisses an. Das Tatbestandsmerkmal "hauptamtlich tätig" tritt vielmehr bei Geistlichen anderer Bekenntnisse als Voraussetzung der Wehrdienstausnahme an die Stelle der für

---

[6] KirchE 22, 108.
[7] KirchE 9, 306.

Geistliche der beiden großen Volkskirchen geltenden Abgrenzungsmerkmale „Ordination" und „(Sub-)Diakonsweihe" (vgl. Urteil vom 11. 12. 1969, aaO, S. 299). Der mit diesem besonderen Merkmal verlangte Einsatz der vollen Arbeitskraft soll sicherstellen, daß nicht sämtliche Funktionsträger oder gar alle Mitglieder einer Religionsgemeinschaft, sondern nur bestimmte Amtsträger in den Schutzbereich der Norm einbezogen werden. Zwar ist der Staat durch die ihm auferlegte religiös-weltanschauliche Neutralität daran gehindert, einen staatlich geprägten institutionellen Begriff des Geistlichen zu verwenden. Ihm ist es aber nicht verwehrt, die Wehr- und Zivildienstausnahme der dauernden Dienstbefreiung Geistlicher davon abhängig zu machen, daß nach objektiven Maßstäben der Einsatz ihrer vollen Arbeitskraft für das von ihnen wahrgenommene geistliche Amt gewährleistet ist.

Das Bundesbeamtenrecht sieht im öffentlichen Interesse an der ordnungsgemäßen Erfüllung der dienstlichen Pflichten in verfassungsrechtlich unbedenklicher Weise ein Verbot bestimmter Nebentätigkeiten mit Erlaubnisvorbehalt vor (vgl. etwa Urteile vom 26. 4. 1968 – BVerwG VI C 104.63 – BVerwGE 29, 304 [307ff.], vom 13. 2. 1969 – BVerwG II C 119.65 – BVerwGE 31, 241 [244ff.] und vom 26. 6. 1980 – BVerwG 2 C 37.78 – BVerwGE 60, 254 [255f.]; Beschluß vom 12. 7. 1978 – 1 WB 283.77, 1 WB 13.78 – BVerwGE 63, 99 [100ff.] m.w.N.). Diese Einschränkung von Nebentätigkeiten findet ihre Grundlage und Rechtfertigung in dem das öffentliche Dienstrecht seit jeher beherrschenden Gebot („hergebrachten Grundsatz"), daß der Beamte sich mit voller Hingabe seinem Beruf zu widmen und dementsprechend seinem Dienstherrn seine volle Arbeitskraft zur Verfügung zu stellen hat (vgl. Urteil vom 25. 1. 1990 – BVerwG 2 C 10.89 – Buchholz 237.2 § 29 BlnLBG Nr. 2 S. 1 [2]). Auf Ausnahmefälle – wie Teilzeitbeschäftigung und Beamte im Vorbereitungsdienst (vgl. dazu etwa Urteil vom 26. 3. 1992 – BVerwG 2 C 23.90 – Buchholz 240 § 65 BBesG Nr. 2 S. 2 [3f.]) – ist hier nicht einzugehen. Die Pflicht des Beamten zum Einsatz der vollen Arbeitszeit besteht freilich im allgemeinen nur nach Maßgabe der Arbeitszeitvorschriften (vgl. Urteile vom 26. 6. 1980, aaO, S. 256 und vom 25. 1. 1990, aaO, S. 2). Die dem Beamten verbleibende freie Zeit soll er jedoch in erster Linie für seine Erholung und nicht für eine entgeltliche Nebentätigkeit verwenden (vgl. Urteil vom 26. 6. 1980, aaO, S. 256). Deren im Dienstrecht des Bundes und der Länder vorgesehene zeitliche Begrenzung mag zwar – ebenso wie die der dienstlichen Beanspruchung gezogenen Grenzen (vgl. Urteil vom 17. 12. 1981, aaO, S. 3f.) – auch dem Schutze des Beamten vor einer Überforderung seiner körperlichen oder geistigen Leistungsfähigkeit (Raubbauarbeit) dienen. Sie sichert jedoch in erster Linie die ordnungsgemäße Erfüllung der ihm obliegenden dienstlichen Pflichten.

Nach § 42 Abs. 2 Satz 1 BRRG ist die Genehmigung einer gemäß § 42 Abs. 1 BRRG genehmigungspflichtigen Nebentätigkeit zu versagen, wenn zu besorgen ist, daß durch die Nebentätigkeit dienstliche Interessen beeinträchtigt werden. Ein solcher Versagungsgrund liegt nach § 42 Abs. 2 Satz 2 Nr. 1 BRRG insbesondere vor, wenn die Nebentätigkeit nach Art und Umfang die Arbeitskraft des Beamten so stark in Anspruch nimmt, daß die ordnungsgemäße Erfüllung seiner dienstlichen Pflichten behindert werden kann. Diese Voraussetzung des § 42 Abs. 2 Satz 2 Nr. 1 BRRG für eine Versagung der Nebentätigkeitsgenehmigung „gilt" nach § 42 Abs. 2 Satz 3 BRRG „in der Regel als erfüllt, wenn die zeitliche Beanspruchung durch eine oder mehrere Nebentätigkeiten in der Woche ein Fünftel der regelmäßigen wöchentlichen Arbeitszeit überschreitet". Eine gleichlautende Regelung enthalten § 65 Abs. 2 Sätze 1, 2 Nr. 1 und 3 des Bundesbeamtengesetzes (BBG) in der zuletzt durch das Neunte Gesetz zur Änderung dienstrechtlicher Vorschriften vom 11. 6. 1992 (aaO) geänderten Fassung der Bekanntmachung vom 27. 2. 1985 (BGBl. I S. 479) und die Beamtengesetze der Länder (vgl. dazu auch Urteil vom 25. 1. 1990, aaO, S. 6).

Gemessen an diesen Maßstäben war der Kläger im Gestellungszeitpunkt als Geistlicher nicht hauptamtlich im Sinne des § 10 Abs. 1 Nr. 3 ZDG tätig. Das führt zur Abweisung seiner Klage, da sich der (erledigte) angefochtene Einberufungsbescheid auch nicht aus anderen Gründen als rechtswidrig erweist.

52

Die Beschäftigung einer kirchlichen Dienstkraft aufgrund eines Gestellungsvertrages zwischen dem Land Hessen und einer Diözese zur Erteilung von katholischem Religionsunterricht an einer staatlichen Schule geschieht nicht aufgrund einer Einstellung, die der Mitbestimmung des Personalrats dieser Schule unterliegt.

§§ 77 Abs. 1 Nr. 2a HPVG, 14 Abs. 2 AÜG
BVerwG, Beschluß vom 23. August 1993 – 6 P 14.92[1] –

Der Antragsteller und die Beteiligten streiten darüber, ob der Einsatz der Frau L. als Religionslehrerin an der Integrierten Gesamtschule in R., deren Leiter der Beteiligte zu 1. ist, der Mitbestimmung des Antragstellers, des Personalrats der Lehrer dieser Schule, unterlegen hat. Das Bischöfliche Ordinariat Mainz stellte im August 1985 fest, daß ein nicht unerheblicher Teil des katholischen Religionsunterrichts an der genannten Schule wegen Lehrermangels ausfiel. Das Land Hessen und das Bistum Mainz vereinbarten daraufhin die Gestellung der Frau L. und einer weiteren Lehrerin zur nebenamtlichen Erteilung von katholischem Religionsunterricht an der Schule. Die Gestellungsver-

---
[1] Amtl. Leitsatz. RiA 1994, 249. Nur LS: DÖV 1994, 130.

träge wurden im Rahmen der zwischen dem Land Hessen und dem Bistum Mainz im Jahre 1973 geschlossenen Vereinbarung über die nebenberufliche Erteilung katholischen Religionsunterrichts an öffentlichen Schulen des Landes Hessen (ABl. des Hessischen Kultusministers 1973, 768) abgeschlossen. Danach sollten die Lehrkräfte nicht in ein Angestelltenverhältnis zum Land Hessen eintreten; vielmehr sollten die Dienstverhältnisse zwischen der Kirche und den Lehrkräften unberührt bleiben. Das Bistum Mainz schloß mit Frau L. einen Arbeitsvertrag und stellte sie mit einem Unterrichtsdeputat von höchstens 13 Stunden wöchentlich ab 23. 8. 1985 bis zum 31. 7. 1986 als nebenberufliche Lehrperson ein. Der Beteiligte zu 2., der Leiter des Staatlichen Schulamts für den Kreis G., setzte Frau L. mit Wirkung vom 1. 9. 1985 bis auf weiteres zur Erteilung von 7 Wochenstunden katholischen Religionsunterrichts an der genannten Schule ein. Dies geschah ohne Beteiligung des Antragstellers.

Der Antragsteller hat das personalvertretungsrechtliche Beschlußverfahren eingeleitet und beantragt festzustellen, daß die „Einstellung" der Lehrerin L. und einer weiteren Lehrerin sein Mitbestimmungsrecht verletze.

Das Verwaltungsgericht hat diesen Antrag mit Beschluß abgelehnt. Soweit dieser Beschluß die Lehrerin L. betraf, hat der Antragsteller hiergegen Beschwerde eingelegt. Der Verwaltungsgerichtshof[2] hat insoweit den Beschluß des Verwaltungsgerichts aufgehoben und festgestellt, daß der Einsatz der Lehrerin L. für die Zeit vom 1. 9. 1985 bis auf weiteres für den Religionsunterricht das Mitbestimmungsrecht des Antragstellers verletzt habe.

Hiergegen haben die Beteiligten die vom Verwaltungsgerichtshof wegen Abweichung von einer Entscheidung des OVG Lüneburg (Beschluß vom 21. 3. 1990 – 18 L 36/89 – [unv.]) und wegen grundsätzlicher Bedeutung der Rechtssache zugelassene Rechtsbeschwerde eingelegt. Sie machen geltend, das Beschwerdegericht habe mit der von ihm gegebenen Begründung insbesondere gegen Art. 140 GG i.V.m. Art. 137 WRV verstoßen. Da der Religionsunterricht zweifelsfrei auch eine Angelegenheit der Kirche sei, sei die Gestellung von Lehrkräften für den Religionsunterricht schon nach § 116 HPVG dem Regelungsbereich staatlicher Personalvertretungsgesetze entzogen. Es handele sich hier um Lehrkräfte, die unstreitig Bedienstete der katholischen Kirche seien und nicht Landesbedienstete; sie unterfielen in vollem Umfang der Mitarbeitervertretungsordnung der jeweiligen Diözese; auf sie könne grundsätzlich das staatliche Personalvertretungsrecht keine Anwendung finden. Die vom Bundesarbeitsgericht zum Begriff der Einstellung entwickelten Grundsätze ständen dem nicht entgegen. Das Land habe keine Personalhoheit über die kirchlichen Lehrkräfte.

---

[2] Hess.VGH – Fachsenat f. Landespersonalvertretungssachen, Beschluß vom 8. 4. 1992 – HPV TL 576/86 – KirchE 30, 125.

Das Rechtsmittel führte zur Abänderung der angefochtenen Entscheidung und Zurückweisung der Beschwerde gegen den Beschluß des Verwaltungsgerichts.

Aus den Gründen:

1. Obwohl sich der Vorgang, der vom Antragsteller zum Gegenstand des personalvertretungsrechtlichen Beschlußverfahrens gemacht worden ist, nämlich die Beschäftigung der Frau L. als Religionslehrerin an der Integrierten Gesamtschule in R. ab 1. 9. 1985, bereits im Jahre 1986 durch das Ende ihrer Tätigkeit erledigt hat, scheitert das Begehren des Antragstellers nicht schon wegen fehlenden Rechtsschutzbedürfnisses oder Feststellungsinteresses. Wie der Verwaltungsgerichtshof zutreffend ausgeführt hat, geht es dem Antragsteller nicht allein um ein Mitbestimmungsrecht bei diesem Vorgang. Vielmehr ist die dahinterstehende allgemeine Frage streitig, ob der Einsatz von Lehrpersonen zur Erteilung von katholischem Religionsunterricht im Wege von Gestellungsverträgen eine mitbestimmungspflichtige „Einstellung" ist. Da weiterhin derartige Gestellungsverträge abgeschlossen werden, kann die zugrundeliegende Streitfrage zwischen den Verfahrensbeteiligten wieder auftreten. Allerdings hätte der Antragsteller im Beschwerdeverfahren von seinem Feststellungsbegehren zum konkreten Fall der Frau L. auf ein allgemein gehaltenes Begehren etwa des Inhalts übergehen sollen, daß die Beschäftigung von Lehrkräften zur Erteilung von katholischem Religionsunterricht aufgrund von Gestellungsverträgen mit dem Bistum seiner Mitbestimmung wie im Falle einer Einstellung bedarf. Der Senat hat in seinem Beschluß vom 2. 6. 1993 – BVerwG 6 P 3.92 – im einzelnen ausgeführt, daß die Verwaltungsgerichte im Falle der Erledigung des zum Gegenstand des Beschlußverfahrens gemachten konkreten Begehrens darauf hinzuwirken haben, daß der Antragsteller zu einem weitergehenden Feststellungsantrag übergeht, der sich auf die hinter dem konkreten Fall stehende umstrittene Rechtsfrage bezieht, wenn er geltend machen will, daß ein Rechtsschutzbedürfnis für einen über den konkreten Anlaß hinausgehenden Antrag besteht. Übergangsweise geht der Senat jedoch bei den anhängigen Verfahren noch von einem Feststellungsinteresse und Rechtsschutzbedürfnis für die weitere Verfolgung des an sich erledigten konkreten Rechtsschutzbegehrens aus, wenn zu erwarten ist, daß die Streitfrage zwischen den Verfahrensbeteiligten, wenn auch anläßlich eines anderen Falles, mit mehr als nur geringfügiger Wahrscheinlichkeit erneut auftreten wird. Das ist hier der Fall.

2. Der Antrag des Antragstellers war jedoch von Anfang an unbegründet, weil die Beschäftigung der Frau L. zur Erteilung von katholischem Religionsunterricht in der genannten Schule nicht auf einer „Einstellung" i. S. von § 64 Abs. 1 Nr. 2a HPVG a. F./§ 77 Abs. 1 Nr. 2a HPVG n. F. beruhte. Dabei kann

unentschieden bleiben, ob Frau L. deshalb nicht als Beschäftigte i. S. des Hessischen Personalvertretungsrechts galt, weil – wie das Verwaltungsgericht angenommen hat – ihre Beschäftigung vorwiegend durch Beweggründe religiöser Art bestimmt war (vgl. § 3 Abs. 3 Nr. 3 HPVG n. F.). Dies kann deshalb zweifelhaft sein, weil nach den Feststellungen des Verwaltungsgerichts Frau L. „zu der voraussehbaren Problemgruppe berufswahlfrei, bedarfsplanlos und arbeitslos vollausgebildeter Lehrer ohne staatliche Stellung" (Beschluß vom 23. 1. 1986, S. 3) gehörte; ihre Tätigkeit dürfte daher mindestens auch der Gewinnung ihres Lebensunterhalts gedient haben.

Mit Recht hat das Verwaltungsgericht jedoch auch darauf abgestellt, daß Frau L. nicht aufgrund eines staatlichen, sondern eines kirchlichen Rechtsverhältnisses mittels „Gestellungsvertrag" eingesetzt war. Der Senat hat in seinem Beschluß vom 3. 9. 1990[3] – BVerwG 6 P 20.88 – (Buchholz 251.8 § 12 RhPPersVG Nr. 1 = PersR 1991, 22) zu dem vergleichbaren Fall der Erteilung von evangelischem Religionsunterricht durch einen Pfarrer, der aufgrund eines Gestellungsvertrages von seiner Landeskirche als Religionslehrer an einem staatlichen Gymnasium „bereitgestellt" worden war, entschieden, daß dieser kein wahlberechtigter Mitarbeiter des Gymnasiums gewesen ist. Er hat dazu anhand des zwischen der Kirche und dem Land Rheinland-Pfalz abgeschlossenen Gestellungsvertrages ausgeführt, ein unmittelbares Dienst- oder Arbeitsverhältnis scheide aus, weil der Pfarrer in kein Angestelltenverhältnis zum Land getreten sei. Die Kirche, der der Antragsteller angehöre, regele weiter seine personellen Angelegenheiten und zahle die Besoldung bzw. die Vergütung sowie die Nebenleistungen. Er sei auch nicht dadurch zum Mitarbeiter im personalvertretungsrechtlichen Sinne geworden, daß er durch den Gestellungsvertrag dem Land „bereitgestellt" worden sei und daß auf ihn die Vorschriften über die dienstlichen Pflichten und Rechte der vergleichbaren staatlichen Lehrer entsprechende Anwendung fänden und er außerdem den Bestimmungen der jeweils geltenden Schulordnung usw. unterliege. Trotz der Dienstpflichten des Pfarrers im Schulbetrieb nehme das Gymnasium auch faktisch nicht die Funktion einer Beschäftigungsstelle ein. Damit fehlten dem Personalrat an dem Gymnasium in den wichtigen Personalfragen, die zum Kernbestand seiner Mitbestimmung gehörten, die Beteiligungsbefugnisse. Vertragspartner des Landes für die Aufnahme des Pfarrers als Religionslehrer und für die Kündigung sei nicht, wie bei Beschäftigungsverhältnissen im öffentlichen Dienst, der Beschäftigte, sondern die Kirche. Die Rechtsstellung des Beschäftigten sei damit vergleichbar mit jener der an Krankenhäusern aufgrund eines Gestellungsvertrages tätigen Schwestern des Roten Kreuzes, bei denen das Bundesverwaltungsgericht und das Bundesarbeitsgericht die Mitarbeiter- bzw. Arbeit-

---

[3] KirchE 28, 222.

nehmereigenschaft im personal- bzw. betriebsverfassungsrechtlichen Sinne verneint habe. Dort wie hier beruhe die Unterstellung und Weisungsgebundenheit gegenüber dem Schulleiter nicht auf einem zwischen dem Beschäftigten und dem Land beruhenden Dienstverhältnis, sondern allein auf der von der Kirche durch den Gestellungsvertrag übernommenen Verpflichtung, den Antragsteller zur hauptberuflichen Erteilung von Religionsunterricht zu „überstellen". Neben der Zugehörigkeit zur Kirche könne auch kein besonderes Dienstverhältnis des Beschäftigten zum Land bestehen. Es seien auch keine mittelbaren dienstrechtlichen Beziehungen zwischen dem Land und dem Beschäftigten, vergleichbar denjenigen eines echten Leiharbeitsverhältnisses oder eines entsprechenden mittelbaren Dienstrechtsverhältnisses i. S. des Art. 1 § 14 Abs. 2 Satz 1 des Gesetzes zur Regelung der gewerbsmäßigen Arbeitnehmerüberlassung, zustande gekommen. Soweit wegen der fehlenden Zuordnung des kirchlichen Mitarbeiters zur staatlichen Schule eine (gesetzliche) Beteiligungslücke entstehe, könne diese vom Gericht nicht geschlossen werden.

Alle diese Erwägungen gelten auch für die Anwendung des hessischen Rechts auf den vom Beschwerdegericht festgestellten Sachverhalt. Danach ist Frau L. gemäß § 4 der im angefochtenen Beschluß zitierten Vereinbarung zwischen dem Land Hessen und dem Bistum Mainz vom Jahre 1973 nicht als Lehrkraft in ein Angestelltenverhältnis zum Land Hessen getreten. Vielmehr blieben die Dienstverhältnisse zwischen der Kirche und den Lehrkräften unberührt. Unabhängig davon sollten die Lehrkräfte der staatlichen Schulaufsicht unterliegen. Sie wurden jedoch gemäß § 1 Abs. 2 der genannten Vereinbarung als von der Kirche für persönlich und fachlich geeignete kirchliche Bedienstete zur Erteilung von nebenberuflichem Religionsunterricht „zur Verfügung" gestellt. Zutreffend hat das Beschwerdegericht daraus entnommen, daß Frau L. keine Beschäftigte des Landes Hessen geworden ist und auch nicht in ein zusätzliches oder ein mittelbares Dienstverhältnis zum Land getreten ist. Soweit es gleichwohl angenommen hat, sie sei mit der Aufnahme ihrer Tätigkeit als Religionslehrerin tatsächlich in den Dienstbetrieb der Schule eingegliedert worden (S. 10 des Beschlusses), rechtfertigt dies nicht die Annahme einer Einstellung im Sinne des Personalvertretungsrechts. Der vom Beschwerdegericht gezogene Vergleich zu vom Bundesarbeitsgericht (Beschluß vom 15. 4. 1986 – 1 ABR 44/84 – BAGE 51, 337; vgl. insbesondere auch den Beschluß vom 3. 7. 1990 – 1 ABR 36.89 – AP § 99 BetrVG 1972 Nr. 81) entschiedenen Fällen von der Regelung des § 99 BetrVG unterworfenen Vorgängen kann seine Rechtsauffassung nicht stützen. Es hat nicht hinreichend berücksichtigt, daß die von der Kirche zur Verfügung gestellten Lehrkräfte in einem kirchlichen Dienstverhältnis stehen, das es verbietet, gleichzeitig allein aufgrund der Tätigkeit in einer staatlichen Schule eine mitbestimmungspflichtige „Einstellung" in den staatlichen Schuldienst anzunehmen. Die Rechtslage ist in dieser Sache insbesondere deshalb anders als in den vom Bundesarbeitsgericht (aaO) entschiedenen Fällen zu beurteilen, weil hier die religiösen Inhalte im Mittelpunkt stehen, die im Religionsunterricht vermittelt werden (vgl. zur Sonderstellung des Religionsunterrichts BVerfGE 74, 244 [252f.]⁴). Es kommt allein der Kirche zu, darüber zu befinden, welche Personen dazu berufen sind, den Religionsunterricht im Sinne ihrer Lehre ordnungsgemäß zu erteilen. Staatliche Einflußnahmen sind insoweit unzulässig (Art. 7 Abs. 3 Satz 2 GG). Gleichermaßen muß es von vornherein ausgeschlossen sein, daß die Personalvertretung durch eine Mitbestimmung bei der „Einstellung" auf diese dem „Tendenzschutz" des Art. 7 Abs. 3 Satz 2 GG unterliegende Entscheidung der Kirche Einfluß nimmt. Vertraut die Kirche der von ihr gestellten Lehrkraft die rechte Vermittlung ihrer Lehre an, ist kein Raum mehr dafür, dies durch personalvertretungsrechtliche Beteiligungen in Frage zu stellen. Darauf, ob der Antragsteller mit dem von ihm in Anspruch genommenen Mitwirkungsrecht kollektive Interessen der Lehrer an der Schule wahrnehmen wollte, an der auch Frau L. Unterricht erteilt hat, kommt es demgegenüber nicht an.

53

Das für den Übergang zur Fortsetzungsfeststellungsklage notwendige Feststellungsinteresse setzt im Fall der Geltendmachung einer Wiederholungsgefahr das Bestehen der konkreten Gefahr voraus, daß die Verwaltungsbehörde in naher Zukunft auf einen gleichartigen Antrag hin eine auf gleichartigen Erwägungen beruhende negative Entscheidung treffen könnte.
Eine mit der Schulpflicht in Konflikt stehende Glaubensüberzeugung muß hinreichend objektivierbar sein, um eine Befreiung von der Schulpflicht oder von einzelnen Unterrichtsfächern zu rechtfertigen (Anschluß an BVerwG, Urteil vom 17. 4. 1973 – BVerwG 7 C 38.70 – BVerwGE 42, 128 [132]¹).

Art. 4 Abs. 1, 7 Abs. 1 GG; §§ 43 Abs. 1, 113 Abs. 1 u. 5 VwGO
BVerwG, Urteil vom 25. August 1993 – 6 C 7.93² –

Die 1983 geborene Tochter der Klägerin besuchte im Schuljahr 1991/1992 die 3. Jahrgangsstufe der Volksschule G. In der Grundschulstufe wird ein Schwimmunterricht in koedukativer Form und von der 5. Jahrgangsstufe an

---

⁴ KirchE 25, 39.

¹ KirchE 13, 221.
² Amtl. Leitsätze. NVwZ-RR 1994, 234; DVBl. 1994, 168; BayVBl. 1994, 119.

für Jungen und Mädchen getrennt durchgeführt. Nach dem Unterrichtsplan ist dafür eine Wochenstunde vorgesehen; er findet in zweiwöchigem Turnus mit jeweils zwei Unterrichtsstunden statt und wird im öffentlichen Hallenbad in G. durchgeführt, das für die Dauer des Unterrichts für die allgemeine Benutzung gesperrt bleibt. Im September 1991 beantragte die Klägerin bei der Schulleitung, ihre Tochter vom Schwimmunterricht zu befreien. Sie könne es aus Glaubensgründen nicht zulassen, daß sich ihre Tochter nur mit einem Badeanzug bekleidet in der Öffentlichkeit zeige. Diese Bekleidung entspreche nicht der biblischen Vorstellung von Schamhaftigkeit und Sittsamkeit, wie es sich aus dem 1. Brief des Apostels Paulus an Timotheus, Kap. 2, Verse 9–11 ergebe.

Der Schulleiter lehnte den Antrag ab. Den dagegen eingelegten Widerspruch wies das Staatliche Schulamt im Landkreis S. als unbegründet zurück. Hiergegen hat die Klägerin die vorliegende Klage erhoben und beantragt, den Bescheid der Volksschule G. sowie den Widerspruchsbescheid des Staatlichen Schulamtes im Landkreis S. aufzuheben und den Beklagten zu verpflichten, ihre Tochter vom Schwimmunterricht im Schuljahr 1991/1992 zu befreien.

Vor dem Verwaltungsgericht und dem Verwaltungsgerichtshof blieb die Klägerin erfolglos.

Auch die Revision, die die Klägerin nach einem Schulwechsel ihrer Tochter als Fortsetzungsfeststellungsklage behandelt wissen will, wurde zurückgewiesen.

Aus den Gründen:

Die Revision hat schon deshalb keinen Erfolg, weil das Rechtsschutzinteresse der Klägerin an der Durchführung des Revisionsverfahrens entfallen ist. Mit ihrer Klage hatte die Klägerin ursprünglich beantragt, unter Aufhebung der ablehnenden Bescheide den Beklagten zu verpflichten, ihre Tochter vom Schwimmunterricht im Schuljahr 1991/1992 zu befreien. Dieser Antrag hat sich wegen Zeitablaufs erledigt. Im Revisionsverfahren hat die Klägerin den Antrag dahingehend geändert, daß sie nunmehr die Feststellung beantragt, daß die Versagung der Befreiung der Tochter L. vom Schwimmunterricht im Schuljahr 1991/1992 rechtswidrig war. Damit hat sie ihre zunächst erhobene Verpflichtungsklage in eine Fortsetzungsfeststellungsklage umgestellt. Das ist bei einer späteren Erledigung in entsprechender Anwendung des § 113 Abs. 1 Satz 4 VwGO grundsätzlich statthaft. Nach der ständigen Rechtsprechung des Bundesverwaltungsgerichts ist die an sich nur für die Anfechtungsklage geltende Vorschrift des § 113 Abs. 1 Satz 4 VwGO auf die Verpflichtungsklage nach § 113 Abs. 5 VwGO analog anzuwenden. Das bedeutet, daß in Fällen, in denen sich bei einem Verpflichtungsbegehren der bei der Verwaltungsbehörde gestellte Antrag auf Erlaß eines Verwaltungsakts vor der (endgültigen) gerichtlichen Entscheidung erledigt hat, das Gericht auf Antrag durch Urteil ausspricht, daß die Versagung – oder Unterlassung – des beantragten Verwaltungsakts rechtswidrig gewesen ist, wenn der Kläger oder die Klägerin ein berechtigtes Interesse an der Entscheidung hat (Urteil vom 10. 11. 1988 – BVerwG 3 C 19.87 – Buchholz 424.4 PflSchG Nr. 1). Die Umstellung der Klage kann auch noch in der Revisionsinstanz erfolgen (BVerwG, Urteil vom 10. 12. 1958 – BVerwG 5 C 144.55 – BVerwGE 8, 59).

Die Fortsetzungsfeststellungsklage ist aber unzulässig geworden, weil die Klägerin kein berechtigtes Interesse an der von ihr begehrten Feststellung der Rechtswidrigkeit der Versagung der Befreiung ihrer Tochter vom Schwimmunterricht mehr hat. Ein solches Feststellungsinteresse, das Voraussetzung für die Zulässigkeit der Fortsetzungsfeststellungsklage ist, liegt nach der Rechtsprechung des Bundesverwaltungsgerichts insbesondere dann vor, wenn ein Rehabilitationsinteresse gegeben oder ein Schadensersatzanspruch vorhanden ist oder der Gefahr der Wiederholung gleichartiger Verwaltungsentscheidungen vorgebeugt werden soll (BVerwG, Urteil vom 24. 2. 1983 – BVerwG 3 C 56.80 – Buchholz 310 § 113 VwGO Nr. 129 m.w.N.).

Nach dem Vorbringen der Klägerin kann hier allein die zuletzt genannte Wiederholungsgefahr in Betracht kommen. Diese setzt das Bestehen einer konkreten Gefahr voraus, daß die Schulbehörde gegenüber der Klägerin in naher Zukunft auf einen gleichartigen Antrag hin eine gleichartige negative Entscheidung treffen könnte. Die Gleichartigkeit einer Verwaltungsentscheidung kann grundsätzlich nur dann angenommen werden, wenn sich die tatsächlichen und rechtlichen Interessen seit dem Erlaß der erledigten Verwaltungsentscheidung nicht geändert haben und diese Verhältnisse auch noch im Zeitpunkt der zukünftig zu erwartenden Verwaltungsentscheidung vorliegen werden oder wenn auch trotz veränderter Verhältnisse eine auf gleichartigen Erwägungen beruhende Entscheidung der Behörde zu erwarten ist, weil sie eine entsprechende Absicht zu erkennen gegeben hat (BVerwG, Urteil vom 24. 2. 1983, aaO). Im vorliegenden Fall ist zugunsten der Klägerin zu berücksichtigen, daß gerade im religiösen Bereich die Auswirkungen eines solchen Grundrechtsverstoßes besonders tiefgreifend und schwerwiegend sein können, so daß der Grundrechtsschutz der Klägerin im Zusammenhang mit der Prüfung des Rechtsschutzinteresses nicht in unzumutbarer Weise verkürzt werden darf (vgl. in diesem Sinne: BVerfGE 34, 165 [180]; 41, 29 [43][3]).

Auch bei Anlegung eines großzügigen Prüfungsmaßstabes im Hinblick auf das von der Klägerin geltend gemachte Grundrecht auf Glaubens- und Gewissensfreiheit (Art. 4 Abs. 1 GG) sind keine Anhaltspunkte dafür ersichtlich, daß sich zwischen der Klägerin und der beklagten Schulbehörde der Rechtsstreit in

---

[3] KirchE 15, 128.

der Gestalt, in der er Gegenstand des anhängigen Verwaltungsstreitverfahrens war, wiederholen wird. Die Verhältnisse haben sich wesentlich gewandelt. Die Tochter der Klägerin besucht nach ihrer eigenen Darstellung nicht mehr die Grundschule in G., sondern sie ist jetzt auf die Hauptschule übergewechselt. Damit sind die Gründe, die die Klägerin für die Befreiung ihrer Tochter vom Schwimmunterricht vorgetragen hat, entfallen. Nach dem vom Verwaltungsgerichtshof festgestellten Sachverhalt, der für das Bundesverwaltungsgericht verbindlich ist, wird der Schwimmunterricht ab der 5. Jahrgangsstufe nämlich nicht mehr wie in der Grundschulstufe in koedukativer Form, sondern für Jungen und Mädchen getrennt erteilt. Die Klägerin hatte ihren Befreiungsantrag und ihr Klagebegehren darauf gestützt, daß es nicht der biblischen Vorstellung von Schamhaftigkeit und Sittsamkeit entspreche, wenn ihre Tochter sich – nur mit einem Badeanzug bekleidet – in der Öffentlichkeit zeige. Dies ergebe sich insbesondere aus dem 1. Brief des Apostels Paulus an Timotheus, Kap. 2, Verse 9-11. In ihrer Klageschrift an das Verwaltungsgericht hat sie ihre Auffassung im wesentlichen wie folgt begründet: Diejenige Frau, die auf Grund ihrer unschamhaften Bekleidung ein Objekt der Begierde darstelle, begehe Sünde und Ungerechtigkeit vor Gott. Das Tragen eines Badeanzugs oder eines Bikinis trage im besonderen Maße dazu bei, daß eine Frau begehrlich angesehen werde, und das sei Sünde. Die Sorge, daß ihre Tochter wegen des Tragens eines Badeanzugs beim Schwimmunterricht zum Objekt der Begierde werden könne, ist auf jeden Fall nicht mehr begründet, weil der Schwimmunterricht ab der 5. Jahrgangsstufe getrennt für Jungen und Mädchen durchgeführt wird. Anhaltspunkte dafür, daß sich der streitige Sachverhalt wiederholen könnte, indem der Schwimmunterricht wieder gemeinsam für Jungen und Mädchen oder in einem Schwimmbad während der allgemeinen Öffnungszeiten erteilt wird, sind nicht ersichtlich; sie sind auch nicht von der Klägerin vorgetragen worden.

Andere Gründe, die darüber hinaus ein rechtliches Interesse der Klägerin an der begehrten Feststellung rechtfertigen könnten, sind gleichfalls nicht ersichtlich. Die Klägerin hat keine weiteren Kinder, so daß auch insoweit nicht die Gefahr besteht, daß sich dasselbe Problem in absehbarer Zeit für ein anderes Kind erneut stellen könnte. Sollte die Klägerin Rechte von Kindern anderer Angehöriger ihrer Glaubensgemeinschaft geltend machen wollen, fehlte ihr hierfür gleichfalls das Rechtsschutzinteresse, weil sie nur eigene subjektiv-öffentliche Rechte – hier aus ihrem Elternrecht (Art. 6 Abs. 2 GG) – geltend machen kann (§ 43 Abs. 1 VwGO).

Die Revision hätte aber auch dann keinen Erfolg, wenn der Vortrag der Klägerin in dem Sinne auszulegen wäre, daß sie das Tragen eines Badeanzugs auch dann für unvereinbar mit ihrem Glauben hält, wenn der Schwimmunterricht für Jungen und Mädchen getrennt stattfindet. Für eine derartige Glaubensüberzeugung fänden sich selbst in dem eigenen Vorbringen der Klägerin keine erkennbaren objektiven Anhaltspunkte. Mangels wirklicher Glaubensüberzeugung mußten ihre abweichenden Erziehungsvorstellungen gegenüber dem Erziehungs- und Bildungsauftrag des Staates zurücktreten (Art. 7 Abs. 1 GG). Dem steht nicht entgegen, daß auch Außenseitern und Sektierern die ungestörte Entfaltung ihrer Persönlichkeit gemäß ihren subjektiven Glaubensüberzeugungen zu gestatten ist, solange sie nicht in Widerspruch zu anderen Wertentscheidungen der Verfassung geraten und aus ihrem Verhalten deshalb fühlbare Beeinträchtigungen für das Gemeinwesen oder die Grundrechte anderer entstehen, und daß es dem Staat verwehrt ist, Glaubensüberzeugungen seiner Bürger zu bewerten oder gar als „richtig" oder „falsch" zu bezeichnen (BVerfGE 33, 23 [29f.])[4]; 35, 366 [376])[5]. Dagegen spricht auch nicht die Tatsache, daß es nicht Aufgabe des Staates bzw. der Gerichte sein kann, anhand einer „Bibelexegese" nachzuprüfen, ob bestimmte Auslegungen „richtig" oder „falsch" sind, weil dies eine unzulässige Bewertung von Glaubens- oder Gewissensentscheidungen darstellen würde. Eine mit der Schulpflicht in Konflikt stehende Glaubensüberzeugung muß aber als eine solche hinreichend objektivierbar sein, um eine Befreiung von der Schulpflicht oder von einzelnen Unterrichtsfächern zu rechtfertigen (vgl. BVerwG, Urteil vom 17. 4. 1973[6] – BVerwG 7 C 38.70 – BVerwGE 42, 128 [132]). Wer sich auf seine Glaubens- und Gewissensfreiheit beruft, muß ernstliche, einsehbare Erwägungen, d.h. wenigstens ansatzweise objektiv nachvollziehbare Anhaltspunkte für seine Glaubens- und Gewissensnot vortragen. Anderenfalls ist den Beweisanforderungen nicht genügt, die der Tatrichter berücksichtigen muß, um die Motive einer echten Gewissensnot nachvollziehen zu können (BVerwG, Urteil vom 12. 12. 1972 – BVerwG 1 C 30.69 – BVerwGE 41, 261 [268]).

Diese Voraussetzungen wären im vorliegenden Fall nicht erfüllt. Auch nach dem Vortrag der Klägerin und den von ihr zur Begründung ihres Begehrens herangezogenen Bibelstellen ist kein objektiver Gesichtspunkt erkennbar und von der Klägerin auch nicht dargetan worden, der eine Verletzung des Gebots der Schamhaftigkeit und Sittsamkeit auch für den Fall erkennen läßt, daß ihre Tochter an einem Schwimmunterricht für Mädchen teilnimmt, der von demjenigen für Jungen getrennt durchgeführt wird.

---

[4] KirchE 12, 410.
[5] KirchE 13, 315.
[6] KirchE 13, 221.

54

Führt ein vom Staat aufgrund seines Bildungs- und Erziehungsauftrags aus Art. 7 Abs. 2 GG im Rahmen der allgemeinen Schulpflicht angebotener koedukativ erteilter Sportunterricht für eine zwölfjährige Schülerin islamischen Glaubens im Hinblick auf die Bekleidungsvorschriften des Korans, die sie als für sie verbindlich ansieht, zu einem Gewissenskonflikt, so folgt für sie aus Art. 4 Abs. 1 und 2 GG ein Anspruch auf Befreiung vom Sportunterricht, solange dieser nicht nach Geschlechtern getrennt angeboten wird.

Art. 3 Abs. 1 u. 2, 4 Abs. 1 u. 2, 7 Abs. 1 GG
BVerwG, Urteil vom 25. August 1993 – 6 C 8.91[1] –

Die 1977 geborene, bei Klageerhebung zwölfjährige Klägerin türkischer Staatsangehörigkeit begehrt, aus Gründen ihres islamischen Glaubens vom koedukativ erteilten Sportunterricht befreit zu werden.

Sie besucht ein städtisches Gymnasium für Jungen und Mädchen in B. Ihr Vater beantragte mit Schreiben vom 4. 11. 1989 namens der „Familie B." beim Beklagten die Befreiung der Klägerin vom koedukativen Sportunterricht, weil ihr islamischer Glaube ihr verbiete, zusammen mit Jungen Sport zu treiben. Der Beklagte lehnte mit dem angefochtenen Bescheid die Befreiung ab, weil eine solche voraussetze, daß die Teilnahme an der fraglichen Unterrichtsveranstaltung für den betroffenen Schüler aus besonderen persönlichen Gründen unzumutbar sei; der Klägerin aber sei es selbst bei Beachtung der Bekleidungsvorschriften des Koran zumutbar, in weit geschnittener Kleidung am koedukativen Sportunterricht, gegebenenfalls mit Ausnahme des Schwimmunterrichts, teilzunehmen.

Nach Zurückweisung ihres dagegen erhobenen Widerspruchs hat die Klägerin Klage erhoben und diese wie folgt begründet: Ihren Anspruch auf Befreiung vom Sportunterricht leite sie aus der durch Art. 4 GG gewährleisteten Religionsfreiheit sowie dem an öffentlichen Schulen geltenden Toleranzgebot ab, die die Glaubensausübung des einzelnen ohne Rücksicht darauf schützten, ob seine Auffassung von sämtlichen Angehörigen seiner Religionsgemeinschaft geteilt werde. Sie bekenne sich zu den in der Bescheinigung des Islamischen Zentrums Aachen (Bilal-Moschee) e.V. vom 13. 8. 1990 zur Frage der Bekleidungsvorschriften im Islam formulierten Grundsätzen. Sie sehe keine Mög-

---

[1] Amtl. Leitsatz. BVerwGE 94, 82. DVBl. 1994, 163; DÖV 1994, 383; NVwZ 1994, 578; VerwR 1994, 246; RdJB 1994, 285; ZevKR 40 (1995), 439. Nur LS: NJW 1994, 1889. Trotz z.T. übereinstimmender Begründung werden beide in den Parallelverfahren 6 C 8.91 und 6 C 30.92 am 25. 8. 1993 verkündeten Urteile (KirchE 31, 328 u. 341) wegen der teils unterschiedlichen Prozeßgeschichte und Argumentationsschwerpunkte hier abgedruckt.

lichkeit, in der danach für muslimische Frauen vorgeschriebenen Kleidung, die sie auch innerhalb und außerhalb der Schule mit Ausnahme des häuslichen Bereichs trage, am Sportunterricht teilzunehmen. Insbesondere lasse sich nicht verhindern, daß sie bei Turnübungen ihr Kopftuch verliere. Im übrigen werde an anderen Schulen die von ihr begehrte Befreiung stillschweigend gewährt.

Das Verwaltungsgericht hat der Klage insoweit stattgegeben, wie die Klägerin die Befreiung vom Schwimmunterricht erstrebt hatte, und sie im übrigen abgewiesen.

Auf die Berufung der Klägerin hat das OVG Nordrhein-Westfalen (KirchE 29, 396) die Entscheidung der Vorinstanz bestätigt.

Die Klägerin hat gegen das Urteil des Berufungsgerichts die von diesem zugelassene Revision eingelegt, mit der sie ihr Begehren auf vollständige Befreiung vom koedukativ erteilten Sportunterricht weiterverfolgt. Zur Begründung trägt sie ergänzend vor: Das Bundesverwaltungsgericht habe im Jahre 1973 (BVerwGE 42, 128 = KirchE 13, 221) entschieden, daß Schüler vom Schulbesuch an Samstagen zu befreien seien, wenn ihre religiöse Überzeugung den Besuch der Schule an Samstagen verbiete; im Vergleich dazu sei eine Befreiung lediglich vom Sportunterricht geringfügig. Müßte sie am koedukativen Sportunterricht teilnehmen, so wäre sie letztlich zur Beendigung ihrer schulischen Ausbildung gezwungen, um die geschilderten Gewissenskonflikte zu vermeiden; das aber könne nicht die Konsequenz des staatlichen Bildungsauftrags sein.

Der Beklagte und der am Verfahren beteiligte Oberbundesanwalt verteidigen das angefochtene Urteil. Bei dem Bemühen um einen möglichst schonenden Ausgleich müsse zugunsten des staatlichen Bildungsauftrags maßgeblich auch der Verfassungsgrundsatz des Art. 3 Abs. 2 GG über die Gleichberechtigung von Männern und Frauen berücksichtigt werden, der im Interesse der wirklichen Emanzipation der Frauen kompensatorische Ausgleichsmaßnahmen zu ihren Gunsten insbesondere im Ausbildungsbereich erfordere; diesem Verfassungsprinzip sei die Schule besonders verpflichtet. Für die Entscheidung über eine Befreiung der Klägerin vom Sportunterricht komme es daher auch darauf an, inwieweit der Ausschluß von Mädchen von Unterrichts- und sonstigen schulischen Veranstaltungen der verfassungsrechtlich gebotenen Gleichbehandlung der Geschlechter entgegenstehe. Im übrigen sei zu berücksichtigen, daß an deutschen Schulen Kinder vieler Nationalitäten mit den unterschiedlichsten Religionen und kulturellen Wertvorstellungen, deren Prinzipien in nicht unerheblichem Umfang in Kollision zum allgemeinen Schulbetrieb stünden, unterrichtet würden, was zunehmend zu Abstinenzverhalten bzw. Anträgen auf Freistellung von Klassenfahrten, Veranstaltungen jeglicher Art, von der Sexualerziehung, vom Biologieunterricht usw. führe. Eine einseitige Gewichtung der religiösen Belange der Schüler und ihrer Eltern müsse deshalb zum völligen Zusammenbrechen des auf die gemeinsame Unterrichtung von Kindern verschiedener Nationalitäten und Religionen gerichteten schulischen Erziehungsauftrags führen.

Die Revision hatte Erfolg. Sie führte zur Aufhebung des angefochtenen Urteils und zur Verpflichtung des Beklagten, die von der Klägerin begehrte vollständige Befreiung vom koedukativen Sportunterricht zu erteilen.

Aus den Gründen:
Das Berufungsgericht hat dadurch Bundesrecht, Art. 4 Abs. 1 und 2 GG, verletzt, daß es einen entsprechenden Anspruch der Klägerin verneint hat.

Das Berufungsgericht ist in Auslegung und Anwendung von irrevisiblem Landesrecht davon ausgegangen, daß die Klägerin auch hinsichtlich der Teilnahme am Sportunterricht der allgemeinen Schulpflicht unterliege (Art. 8 Abs. 2 NW.LV und § 8 Abs. 1 Satz 1 ASchO); ein „besonderer Ausnahmefall" i. S. von § 11 Abs. 1 Satz 1 ASchO, der eine Befreiung vom Unterricht in einzelnen Fächern und somit auch eine Befreiung vom Sportunterricht rechtfertige, liege bei ihr angesichts der von ihr vorgebrachten religiösen Gründe zwar hinsichtlich der begehrten Befreiung vom Schwimmunterricht, nicht aber bezüglich einer Befreiung vom übrigen, koedukativ erteilten Sportunterricht vor. Mit dieser Rechtsauffassung hat das Berufungsgericht jedenfalls unter den konkreten Umständen des Falles der Klägerin die Reichweite der grundgesetzlichen Gewährleistung ihrer Glaubensfreiheit, Art. 4 Abs. 1 und 2 GG, verkannt, auf die sie ihren geltend gemachten Befreiungsanspruch gestützt hat und die auch bei der Anwendung von Landesrecht zu beachten ist. Zwar hat das Berufungsgericht zugunsten der Klägerin ihre Glaubensfreiheit sowie die Konsequenzen ihres Glaubens für ihre praktische Lebensgestaltung berücksichtigt; auch ist es zutreffend davon ausgegangen, daß ihr Grundrecht aus Art. 4 Abs. 1 und 2 GG in Konflikt gerät mit dem gleichermaßen mit Verfassungsrang ausgestatteten staatlichen Bildungs- und Erziehungsauftrag, Art. 7 Abs. 1 GG. Bei dem daraufhin gebotenen schonenden Ausgleich beider Rechtspositionen im Rahmen „praktischer Konkordanz" hätte es allerdings berücksichtigen müssen, daß die staatliche Schulverwaltung verpflichtet ist, alle ihr zu Gebote stehenden, zumutbaren organisatorischen Möglichkeiten auszuschöpfen, jedenfalls für Mädchen ab dem Alter der (zwölfjährigen) Klägerin einen nach Geschlechtern getrennten Sportunterricht einzurichten und anzubieten; dann aber, und nur dann, wenn die staatliche Schulverwaltung dieser Verpflichtung nicht nachkommt oder nicht nachkommen kann, ist der Konflikt in der Weise zu lösen, daß ein Anspruch auf Befreiung vom koedukativ erteilten Sportunterricht besteht. Letzteres ist bei der Klägerin der Fall. Dagegen ist es ihr – entgegen der Auffassung des Berufungsgerichts – grundsätzlich nicht zumutbar, zwecks Vermeidung ihres Glaubenskonfliktes auf eine andere Schule ihres

Wohnortes, an der der Sportunterricht nach Geschlechtern getrennt erteilt wird, auszuweichen oder gar den Wohnort zu wechseln. Dazu ist im einzelnen auszuführen:

Nach Art. 7 Abs. 1 GG steht von Verfassungs wegen „das gesamte Schulwesen unter der Aufsicht des Staates" und somit in seiner Verantwortung. Dies entspricht der herausragenden Bedeutung des Schul- und Bildungswesens für die Gesellschaft sowie insbesondere für die Verwirklichung der vom Grundgesetz allen Bürgern gleichermaßen eingeräumten Grundrechte, hier insbesondere Art. 2 Abs. 1 und Art. 12 Abs. 1 GG; die dem Staat vorbehaltene Aufsicht über das gesamte Schulwesen gibt ihm die Möglichkeit, dieser Verantwortung gerecht zu werden. Dabei umfaßt die in Art. 7 Abs. 1 GG statuierte staatliche Schulaufsicht die Befugnis zur Planung und Organisation des Schulwesens mit dem Ziel, ein Schulsystem zu gewährleisten, das allen jungen Bürgern gemäß ihren Fähigkeiten die dem heutigen gesellschaftlichen Leben entsprechenden Bildungsmöglichkeiten eröffnet. Damit der Staat seinen Bildungs- und Erziehungsauftrag – auch unabhängig von den Vorstellungen der betroffenen Eltern – wirksam und umfassend wahrnehmen kann, darf er eine allgemeine Schulpflicht einführen und die Möglichkeit einer Befreiung auf besonders begründete Ausnahmefälle beschränken (vgl. dazu BVerfGE 34, 165 [181 ff., 186 ff.] und BVerwG, Beschluß vom 9. 4. 1975 – BVerwG 7 B 68.74 – Buchholz 421 Kultur- und Schulwesen Nr. 42 = DVBl. 1975, 429 mit Nachweisen).

Zu dem staatlichen Gestaltungsbereich gehört nicht nur die organisatorische Gliederung der Schule, sondern auch die inhaltliche Festlegung der Ausbildungsgänge und der Unterrichtsziele; der Staat kann daher in der Schule grundsätzlich unabhängig von den Vorstellungen und Wünschen der Eltern eigene Erziehungsziele verfolgen, der Auftrag der Schule zur Bildung und Erziehung der Kinder ist dem Elternrecht nicht nach-, sondern gleichgeordnet (BVerfGE 47, 46 [71 ff.] – Sexualerziehung – im Anschluß an BVerfGE 34, 165 [181 ff.] – obligatorische Förderstufe –). Aus diesem Grund ist der Staat beispielsweise befugt, auf der Grundlage einer entsprechenden Entscheidung des Gesetzgebers ohne Zustimmung der betroffenen Eltern Sexualerziehung in der Schule durchzuführen; diese muß dann allerdings für die verschiedenen Wertvorstellungen auf diesem Gebiet offen sein und allgemein Rücksicht nehmen auf das natürliche Erziehungsrecht der Eltern und auf deren religiöse oder weltanschauliche Überzeugungen, soweit diese für das Gebiet der Sexualität von Bedeutung sind (BVerfGE 47, 46, Leitsätze 1 bis 5 und S. 69 ff.).

Das Berufungsgericht hat zutreffend darauf hingewiesen, daß die staatliche Befugnis, die Ausbildungsgänge und Unterrichtsziele festzulegen, auch für den Sportunterricht gilt; dem Staat steht es daher frei, als Inhalt und Ziel des Sportunterrichts nicht allein die Förderung der Gesundheit der Schüler sowie die Entwicklung von sportlichen Fertigkeiten und Fähigkeiten, sondern zusätzlich

z. B. die Einübung sozialen Verhaltens anzustreben und derart den Sportunterricht inhaltlich anzureichern und aufzuwerten. Derartige Bildungs- und Erziehungsziele enthält beispielhaft das sog. Zweite Aktionsprogramm für den Schulsport, das auf übereinstimmenden Beschlüssen der Ständigen Konferenz der Kultusminister der Länder, des Deutschen Sportbundes und der kommunalen Spitzenverbände beruht und am 17. 4. 1985 der Öffentlichkeit übergeben wurde („Zweites Aktionsprogramm für den Schulsport", Sammlung der Beschlüsse der Ständigen Konferenz der Kultusminister, Nr. 80.1). Danach soll der Schulsport als Handlungsraum, der Spontanität ebenso erfordere wie planerisches Denken, Durchsetzungsvermögen wie Sensibilität, Leistungsstärke des einzelnen wie Solidarität mit Schwächeren, dazu dienen, Probleme im Sozialverhalten zu verringern und jene Spannungen positiv wirksam werden zu lassen, die aus unterschiedlichen Begabungen, Neigungen und Temperamenten resultieren (aaO unter 2.); in diesem Rahmen seien die kulturelle Identität und die unterschiedliche Sozialisation von Kindern ausländischer Herkunft nachdrücklich zu beachten (aaO unter 3.1). Unter inhaltlichen und organisatorischen Aspekten sei bei dem im Rahmen der Schulpflicht erteilten Sportunterricht u. a. insbesondere zu berücksichtigen, daß „koedukativer Unterricht möglich (ist), wenn er pädagogisch, sportfachlich und schulorganisatorisch vertretbar ist" (aaO unter 3.2). Wie der zweite Halbsatz erkennen läßt, wird ein koedukativer Sportunterricht also nicht voraussetzungslos für möglich oder gar empfehlenswert gehalten. Die genannten Vorgaben hat z. B. das Land Berlin durch Rundschreiben zur Organisation des Sportunterrichts vom 4. 7. 1986 (abgedruckt in Mayer/Jaksch/Will, Berliner Recht für Schule und Lehrer, 3. Aufl. November 1990, Bd. 2 Nr. 3451.1) mit der Maßgabe umgesetzt, daß koedukativer Unterricht nur dann möglich sei, wenn er pädagogisch und sportfachlich vertretbar sei; das sei denkbar, wenn das Bewegungsverhalten, die allgemeine Entwicklung und die Leistungsfähigkeit in der Übungsgruppe weitgehend übereinstimmten; diese Ausgangssituation sei im Klassenverband in der Regel nicht gegeben. Bei der Organisation des Sportunterrichts müsse die unterschiedliche Entwicklung von Jungen und Mädchen berücksichtigt werden; dementsprechend sei der Sportunterricht in der Regel möglichst ab Klasse 5, in jedem Falle ab Klasse 7 für Jungen und Mädchen getrennt zu erteilen; dazu seien entsprechende Übungsgruppen aus Parallelklassen zu bilden. Soweit das Berufungsgericht hinsichtlich der Situation im Land Nordrhein-Westfalen auf § 1 Abs. 3 SchOG sowie z. B. auf die Verwaltungsvorschrift „Sport" (BASS 13-32 Nr. 3.1/3.2 Anlage 2) verwiesen hat, sind diese Vorschriften in bezug auf die speziell mit dem Sportunterricht verfolgten erzieherischen Ziele allerdings unergiebig.

Bei der Wahrnehmung des mit Verfassungsrang ausgestatteten Bildungs- und Erziehungsauftrags sowie speziell bei der Durchsetzung der allgemeinen

Schulpflicht zu diesem Zweck muß der Staat die – gleichrangigen – Grundrechte von Eltern und Schülern beachten; dies sind vor allem Art. 6 Abs. 2 Satz 1 GG, wonach Pflege und Erziehung der Kinder das natürliche Recht der Eltern und die zuvörderst ihnen obliegende Pflicht sind, sowie Art. 4 Abs. 1 und 2 GG, der die Freiheit des Glaubens, des Gewissens und die Freiheit des religiösen und weltanschaulichen Bekenntnisses schützt und die ungestörte Religionsausübung gewährleistet. Der hohe Rang der Religionsfreiheit im Rahmen der Organisation von Bildung und Erziehung seitens des Staates aufgrund seiner Verantwortung für das gesamte Schulwesen kommt außerdem zum Ausdruck in der detaillierten Regelung des Religionsunterrichts im Rahmen der staatlichen Schule, Art. 7 Abs. 2 und 3 GG, sowie in der Privatschulgarantie unter besonderer Hervorhebung der privaten Bekenntnisschulen und ihrer Privilegierung hinsichtlich der Zulassung privater Volksschulen, Art. 7 Abs. 4 i.V.m. Abs. 5 GG (vgl. dazu Urteil des Senats vom 19. 2. 1992[2] – BVerwG 6 C 3.91 – BVerwGE 90, 1 ff.).

Die Klägerin hat sich zur Begründung ihres geltend gemachten Anspruchs auf vollständige Befreiung vom koedukativen Sportunterrichts auf ihre Glaubens- und Gewissensfreiheit, Art. 4 Abs. 1 und 2 GG, berufen. Insoweit hat das Berufungsgericht zutreffend angenommen, daß auch Anhänger des Islam sich auf dieses Grundrecht berufen können, daß der Schutz der aus dem Koran gewonnenen Überzeugung nicht davon abhängt, ob sie im islamischen Raum allgemein oder nur von Strenggläubigen geteilt wird, und daß zu der geschützten Religionsausübung auch Äußerungen der religiösen Überzeugung wie die Beachtung von religiös begründeten Bekleidungsvorschriften gehören, solange sich derartige Äußerungen „im Rahmen gewisser übereinstimmender sittlicher Grundanschauungen der heutigen Kulturvölker halten" (BVerfGE 24, 236 [246][3]).

Ebenfalls zutreffend ist das Berufungsgericht davon ausgegangen, daß denjenigen, der unter Berufung auf sein Grundrecht aus Art. 4 Abs. 1 und 2 GG die Befreiung von einer vom Staat durch Gesetz allen auferlegten Pflicht – hier von der allgemeinen Schulpflicht hinsichtlich des Sportunterrichts – begehrt, die Darlegungslast dafür trifft, daß er durch verbindliche Ge- oder Verbote seines Glaubens gehindert ist, der gesetzlichen Pflicht zu genügen, und daß er in einen Gewissenskonflikt gestürzt würde, wenn er entgegen den Ge- oder Verboten seines Glaubens die gesetzliche Pflicht erfüllen müßte. Es hat sich nämlich nicht darauf beschränkt, entsprechende verbale Behauptungen der Klägerin entgegenzunehmen, sondern es hat zusätzlich tatsächliche Feststellungen darüber getroffen, daß die Klägerin die von ihr als für sie verbindlich bezeich-

---

[2] KirchE 30, 52.
[3] KirchE 10, 181.

neten Bekleidungsvorschriften des Korans, wie sie sie versteht, in ihrem täglichen Leben konsequent beachtet und z. b. in der Öffentlichkeit sowie insbesondere auch im Schulunterricht ein Kopftuch sowie weite Kleider trägt. In diesem Zusammenhang hat es sich mit dem konkreten Inhalt der in der Bescheinigung des Islamischen Zentrums Aachen vom 13. 8. 1990 beschriebenen Bekleidungsregeln, auf die die Klägerin – unter Hinweis auf die zugrundeliegende Sure 24, Vers 31 des Korans – sich berufen hatte, auseinandergesetzt und das Vorbringen der Klägerin im Sinne einer Ernsthaftigkeitskontrolle an diesen Bekleidungsregeln gemessen. Auf diese Weise hat es ausreichend sichergestellt, daß nicht schon die bloße – nicht ernsthafte, möglicherweise aus anderen Gründen vorgeschobene – Berufung auf behauptete Glaubensinhalte und Glaubensgebote, sondern erst die konkrete, substantiierte und objektiv nachvollziehbare Darlegung eines Gewissenskonfliktes als Konsequenz aus dem Zwang, der eigenen Glaubensüberzeugung zuwiderzuhandeln, geeignet ist, einen möglichen Anspruch auf Befreiung von einer konkret entgegenstehenden, grundsätzlich für alle geltenden Pflicht unter der Voraussetzung zu begründen, daß der Zwang zur Befolgung dieser Pflicht die Glaubensfreiheit verletzen würde.

Nach dem Text der bezeichneten Sure sollen gläubige Frauen ihre Blicke niederschlagen, ihre Scham hüten und ihre Reize nicht zur Schau tragen, es sei denn, was außen ist, und sie sollen ihren Schleier über ihren Busen schlagen und ihre Reize nur ihren Ehegatten, Vätern, Brüdern, Söhnen und anderen nahen männlichen Verwandten sowie Frauen und auch Kindern, welche die Blöße der Frauen nicht beachten, zeigen. Insoweit hat die Klägerin nachvollziehbar dargelegt, daß sie dieses Glaubensgebot in dem Sinne verstehe, daß es Mädchen ihres Alters eine entsprechende Verhüllung ihres Körpers auch im Sportunterricht vorschreibe, wenn dieser in Gegenwart von Jungen stattfinde; dabei müsse sie immer befürchten, auch bei weit geschnittener Kleidung die Konturen ihres Körpers zu zeigen oder ihr Kopftuch zu verlieren und derart die Gebote ihres Glaubens zu verletzen; das mache ihr die Teilnahme am Sportunterricht zusammen mit Jungen unzumutbar. Auch dürfe sie Jungen mit zwecksentsprechend knapp geschnittener oder engliegender Sportkleidung bei ihren Übungen nicht zusehen und müsse körperliche Berührungen mit Jungen vermeiden, was ihr jedoch in einem gemeinsamen Sportunterricht mit Jungen nicht möglich sei. Da die Klägerin diese für sie verbindlichen Vorschriften aus ihrem Glauben herleitet, genießt sie insoweit den Schutz des Art. 4 Abs. 1 und 2 GG.

Diesem Grundrecht der Klägerin auf Respektierung ihres Glaubens steht zwar der dem Beklagten obliegende staatliche Bildungs- und Erziehungsauftrag, Art. 7 Abs. 1 GG, kraft dessen er an der von der Klägerin besuchten öffentlichen Schule im Rahmen der allgemeinen Schulpflicht einen gemeinsamen

Sportunterricht für Jungen und Mädchen eingerichtet hat, prinzipiell gleichgeordnet gegenüber. Dieser Konflikt kann bei einer Abwägung aller zu berücksichtigenden Gesichtspunkte aber in der Weise zu einem schonenden Ausgleich (vgl. dazu BVerfGE 41, 65 [78][4] und 52, 223, [251 f.][5]) gebracht werden, daß der Klägerin ein Anspruch auf vollständige Befreiung vom Sportunterricht (nur) für den Fall zugestanden wird, daß der Sportunterricht vom Beklagten für Mädchen ihres Alters ausschließlich in der Form eines gemeinsamen (koedukativen) Unterrichts für Mädchen und Jungen angeboten wird. Das ergibt sich im einzelnen aus folgenden Erwägungen:

Der aus Art. 7 Abs. 1 GG folgende Erziehungsauftrag des Staates wird in bezug auf den hier allein interessierenden Sportunterricht dann nicht durch die gebotene Rücksichtnahme auf die Glaubensfreiheit der Klägerin in Frage gestellt, wenn der Staat dem Anliegen der Klägerin schon mit den ihm zu Gebote stehenden organisatorischen Mitteln in vertretbarer Weise Rechnung tragen kann. Das ist ihm in der Weise möglich, daß er anstelle eines koedukativ erteilten Sportunterrichts, der den von der Klägerin dargelegten Glaubenskonflikt zur Folge hat, einen nach Geschlechtern getrennten Sportunterricht anbietet. Dadurch wird die Erfüllung des ihm obliegenden Erziehungsauftrags weder insgesamt noch auch nur in bezug auf die Erteilung von Sportunterricht ernsthaft gefährdet. Das hat allerdings zur Folge, daß dann, wenn er von dieser organisatorischen Möglichkeit keinen Gebrauch macht, er sich gegenüber dem Verlangen der Klägerin nach Befreiung allein vom koedukativ erteilten Sportunterricht nicht auf den Vorrang seines Erziehungsauftrags berufen kann. Deshalb hat im Hinblick darauf, daß der Beklagte an der von der Klägerin besuchten Schule einen nach Geschlechtern getrennten Sportunterricht jedenfalls für Schülerinnen und Schüler ab der Altersstufe der (zwölfjährigen) Klägerin einführen könnte und dies im wesentlichen wegen organisatorischer Schwierigkeiten nicht tut, bei Abwägung aller Aspekte mit dem Ziel der Herbeiführung eines schonenden Ausgleichs die Glaubensfreiheit der Klägerin den Vorrang.

Soweit der Beklagte sich für seine Auffassung, eine vollständige Befreiung der Klägerin vom koedukativen Sportunterricht sei mit seinem Bildungs- und Erziehungsauftrag nicht zu vereinbaren, zusätzlich darauf beruft, daß er mit der Einrichtung eines für Mädchen und Jungen gemeinsamen Sportunterrichts auch gewichtige erzieherische Ziele verfolge, hat er nicht darzulegen vermocht, daß und warum diese Ziele angesichts einer Vielzahl von anderen Fächern gerade einen gemeinsamen Sportunterricht, und zwar auch noch für Schülerinnen und Schüler der Altersstufe der Klägerin, erfordern. Zweifel hinsichtlich des erzieherischen Wertes eines solchen gemeinsamen Sportunterrichts erge-

---

[4] KirchE 15, 158.
[5] KirchE 17, 325.

ben sich insoweit insbesondere bei einem Vergleich mit den Bildungs- und Erziehungszielen des bereits angeführten „Zweiten Aktionsprogramms für den Schulsport" aus dem Jahre 1985, das auf übereinstimmenden Beschlüssen der Ständigen Konferenz der Kultusminister der Länder, des Deutschen Sportbundes sowie der kommunalen Spitzenverbände beruht und sich deshalb auf fachlich fundierte Einschätzungen und Wertungen gründet. Danach soll bei dem im Rahmen der Schulpflicht erteilten Sportunterricht u. a. insbesondere berücksichtigt werden, daß „koedukativer Unterricht möglich (ist), wenn er pädagogisch, sportfachlich und schulorganisatorisch vertretbar ist"; in diesem Zusammenhang seien die kulturelle Identität und die unterschiedliche Sozialisation von Kindern ausländischer Herkunft nachdrücklich zu beachten. Wenn etwa das Land Berlin diese oben im einzelnen wiedergegebenen Grundsätze in der Weise umgesetzt hat, daß Sportunterricht in der Regel ab der Klasse 5, in jedem Falle aber ab der Klasse 7 für Mädchen und Jungen getrennt zu erteilen sei, so zeigt dies, daß die Auffassung des Beklagten, auch bei dieser Altersstufe sei ein koedukativer Sportunterricht pädagogisch wertvoll oder gar unverzichtbar, zumindest eingehender Begründung bedurft hätte. In Ermangelung einer solchen Begründung kann jedenfalls nicht davon ausgegangen werden, daß der vom Beklagten in der von der Klägerin besuchten Schule im Rahmen der allgemeinen Schulpflicht erteilte koedukative Sportunterricht einen so hohen pädagogischen Stellenwert besitzt, daß die von der Klägerin vorgebrachten, durch Art. 4 Abs. 1 und 2 GG geschützten Glaubensgründe dahinter zurücktreten müßten.

Ein Anspruch der Klägerin auf vollständige Befreiung vom koedukativen Sportunterricht, d. h. vom Sportunterricht, solange der Beklagte diesen nicht nach Geschlechtern getrennt anbietet, wäre nach alledem nur dann nicht gegeben, wenn ihr Glaubenskonflikt, dessentwegen sie ihre Befreiung begehrt, mit weniger weitreichenden Maßnahmen vermieden werden könnte; das ist indessen nicht der Fall. Das Berufungsgericht ist zwar der Auffassung, es reiche aus, daß der Beklagte der Klägerin angeboten habe, mit entsprechend weitgeschnittener Kleidung, die ihren Körper ausreichend verhülle, sowie mit einem Kopftuch am Sportunterricht teilzunehmen und sie erforderlichenfalls im Einzelfall von solchen sportlichen Übungen zu befreien, bei denen diese Kleidung eine Verletzungsgefahr begründen könnte. Mit dieser Auffassung hat das Berufungsgericht der Klägerin indessen eine nicht nur unerhebliche und ihr nicht ohne weiteres zumutbare Beschränkung ihrer Glaubensfreiheit abverlangt und damit ihrem Grundrecht aus Art. 4 Abs. 1 und 2 GG nicht hinreichend Rechnung getragen. Die Klägerin weist nämlich mit Recht darauf hin, daß auch eine weitgeschnittene Kleidung sie nicht ausreichend vor dem Konflikt mit den für sie verbindlichen Glaubenssätzen schütze; denn sie müsse immer befürchten, daß auch bei einer solchen Bekleidung die Konturen ihres Körpers sichtbar würden und sie möglicherweise ihr Kopftuch verliere, was ihr die Teilnahme am Sportunterricht zur Qual mache; außerdem würden dadurch ihr verbotene körperliche Berührungen mit Jungen nicht ausgeschlossen, und schließlich sei sie gezwungen, den entweder mit zweckentsprechend knapp geschnittener oder enganliegender Sportkleidung bekleideten Jungen bei ihren Übungen zuzusehen, was ihr ebenfalls verboten sei.

Wenn das Berufungsgericht demgegenüber meint, daß die Klägerin aufgrund ihrer Entscheidung, hier in Deutschland zu leben, auch außerhalb des Sportunterrichts in vielerlei Situationen des täglichen Lebens körperliche Berührungen mit anderen Menschen sowie den Anblick leichtbekleideter Jungen und Männer nicht vermeiden könne und ihr deshalb dergleichen auch im schulischen Sportunterricht zumutbar sei, verkennt es, daß die Klägerin – wie sie auch vorträgt – in ihrem selbstbestimmten Privatleben solchen Situationen weitgehend ausweichen kann. Dies ist ihr jedoch, wenn sie aufgrund der allgemeinen Schulpflicht gezwungen ist, am koedukativen Sportunterricht teilzunehmen, nicht möglich. Vor einem solchen staatlichen Zwang sowie einem daraus entstehenden Glaubenskonflikt aber soll das Grundrecht des Art. 4 Abs. 1 und 2 GG gerade schützen. Im übrigen verkennt der Beklagte, daß sein Angebot an die Klägerin, mit weit geschnittener Kleidung und Kopftuch am Sportunterricht teilzunehmen und sie erforderlichenfalls von der Teilnahme an einzelnen Übungen zu befreien, für sie im Verhältnis zu den anderen Schülern mit erheblichen Nachteilen verbunden ist, die den Wert des Sportunterrichts jedenfalls für sie entsprechend mindern. Immer dann nämlich, wenn z. B. im Hinblick auf eine anstehende Benotung von Leistungen die Schülerinnen und Schüler die ihnen mögliche Bestleistung erbringen wollen und sollen und hierfür größtmögliche Bewegungsfreiheit benötigen, ist die Klägerin infolge ihrer nicht zweckentsprechenden Kleidung gegenüber den anderen Schülern im Nachteil, ohne daß dies, wie der Beklagte meint, durch eine „entsprechend bessere" Benotung sachgerecht ausgeglichen werden könnte. Entsprechendes gilt dann, wenn die Klägerin infolge einer ihr im Einzelfall gewährten Befreiung von Übungen gehindert ist, die ihr mögliche Leistung zu erbringen, so daß sie auch in diesem Fall nicht sachgerecht benotet werden könnte.

Soweit der Beklagte in diesem Zusammenhang gemeint hat, bei einer vollständigen Befreiung vom Sportunterricht gerate die Klägerin in eine Außenseiterrolle, was er als mit seinen schulischen Bildungs- und Erziehungszielen unvereinbar verhindern müsse, hat die Revision zutreffend darauf hingewiesen, daß die Klägerin nach allgemeiner Lebenserfahrung nicht weniger in eine Außenseiterrolle gedrängt wird, wenn sie gezwungen wird, mit einer nicht zweckentsprechenden Kleidung am Sportunterricht teilzunehmen und außerdem im Einzelfall die Befreiung von bestimmten Übungen zu erbitten, und zwar jeweils mit dem Zwang zu entsprechender individueller Darlegung ihres

Glaubenskonfliktes. Auch dürften die vom Beklagten befürchteten Schwierigkeiten, aus der Sicht seines Bildungs- und Erziehungsauftrages den anderen Schülern seine Entscheidung zu erklären und verständlich zu machen, im Falle einer vollständigen Befreiung der Klägerin vom koedukativen Sportunterricht nicht größer sein als dann, wenn ihr das Tragen weit geschnittener Kleidung gestattet und sie außerdem von einzelnen Übungen befreit wird, zumal die Entscheidung in beiden Fällen auf denselben Glaubensgründen beruhen würde. Im übrigen ist insoweit auf die Ausführungen des Bundesverfassungsgerichts in seiner „Schulgebets-Entscheidung" (BVerfGE 52, 223 [250 ff.]) hinzuweisen, wonach „eine Diskriminierung der nicht am Schulgebet teilnehmenden Schüler dadurch in aller Regel (wird) ausgeschlossen werden können, daß die Lehrkräfte entsprechend dem Erziehungsziel der Schule auf alle Schüler im Hinblick auf die Gebote der gegenseitigen Achtung von Überzeugungen, der Duldsamkeit und der Toleranz einwirken"; die bei Berücksichtigung des grundgesetzlichen Toleranzgebots seitens aller Beteiligten, in erster Linie der Lehrer und Eltern aller Schüler einer Klasse, aber auch der Schüler selbst sichtbare Bemühung, Recht und Empfindungen des jeweils Andersdenkenden so wenig wie möglich zu beeinträchtigen, schließe es in der Regel aus, daß ein am Gebet nicht teilnehmender Schüler in eine Außenseiterrolle gerate (aaO, S. 248 ff. [251/52]). Bezogen auf die Nichtteilnahme am Sportunterricht aus Glaubensgründen kann letztlich nichts anderes gelten.

Nach alledem vermag das Angebot des Beklagten, die Klägerin dürfe weit geschnittene Sportkleidung tragen und könne im Einzelfall von Übungen befreit werden, ihren Glaubenskonflikt nicht in zumutbarer Weise zu vermeiden. Dann aber ist diese weniger weitreichende Maßnahme auch nicht geeignet, einen „schonenden Ausgleich" herbeizuführen, so daß allein eine vollständige Befreiung der Klägerin vom Sportunterricht, solange dieser koedukativ erteilt wird, dem Grundrecht ihrer Glaubensfreiheit hinreichend Rechnung trägt.

Die Befürchtungen des Beklagten sowie des Oberbundesanwalts, daß die Befreiung der Klägerin vom koedukativen Sportunterricht aus Gründen ihres islamischen Glaubens zu unangemessenen Weiterungen auch hinsichtlich anderer Unterrichtsfächer sowie sonstiger Schulveranstaltungen führen könnte, sind angesichts der gegebenen Rechtslage nicht begründet. Wie eingangs ausgeführt wurde, unterliegt der mit Verfassungsrang, Art. 7 Abs. 1 GG, ausgestattete staatliche Bildungs- und Erziehungsauftrag grundsätzlich keinen Einschränkungen. Ist im Einzelfall wegen eines konkret entgegenstehenden Grundrechts ausnahmsweise eine Einschränkung geboten, wie dies hier hinsichtlich eines für Jungen und Mädchen im Alter der Klägerin koedukativ erteilten Sportunterrichts der Fall ist, so läßt dies nicht auf Weiterungen schließen. Da Ausnahmen auf das für den Grundrechtsschutz unerläßliche Maß beschränkt bleiben müssen, sind andere Einschränkungen des staatlichen Bildungs- und Erziehungsauftrags in Form einer Befreiung einzelner Schüler vom Unterricht in aller Regel auch nicht aus Gründen der Glaubensfreiheit zu rechtfertigen. Dies gilt nach der bereits angeführten Entscheidung des Bundesverfassungsgerichts selbst für die Einführung eines obligatorischen Sexualkundeunterrichts (vgl. BVerfGE 47, 46 [69ff.]); denn obwohl es davon ausgeht, daß die individuelle Sexualerziehung in erster Linie zu dem natürlichen Erziehungsrecht der Eltern im Sinne von Art. 6 Abs. 2 GG gehört, hat es dessenungeachtet ausdrücklich die Berechtigung des Staates anerkannt, aufgrund seines Bildungs- und Erziehungsauftrags aus Art. 7 Abs. 1 GG Sexualerziehung in der Schule durchzuführen. Dabei stellen die von ihm aufgestellten Maßstäbe der Offenheit für verschiedene Wertvorstellungen, der Rücksichtnahme auf das natürliche Erziehungsrecht der Eltern und deren religiöse oder weltanschauliche Überzeugungen sicher, daß insbesondere jeder Versuch einer Indoktrinierung der Schüler als unzulässig abgewehrt werden kann. Ähnlich hat das Bundesverfassungsgericht in seiner „Schulgebets-Entscheidung" (BVerfGE 52 223 [245ff.]) argumentiert und betont, daß ein Schulgebet, das von einzelnen Schülern oder/und Eltern abgelehnt wird, deshalb nicht etwa von vornherein unzulässig sei, sondern daß ein Ausgleich unter Berücksichtigung des Toleranzgebots gesucht werden müsse; in einer freiheitlichen Rechts- und Gesellschaftsordnung stelle es ein Recht jedes einzelnen dar, über die Teilnahme an einer religiösen Übung in völliger Freiheit zu entscheiden, wobei weder die Teilnahme noch die Nichtteilnahme einer Wertung in irgendeiner Form unterliege (aaO, S. 250). Bei Anlegung dieses Maßstabs, der allen Beteiligten ein erhebliches Maß an Toleranz abverlangt, kann die Befreiung eines Schülers von Teilen des Unterrichts aus Glaubensgründen, wie die Klägerin sie begehrt, nur in besonders gelagerten Ausnahmefällen in Betracht kommen. Ein solcher Ausnahmefall liegt hier indessen – wie dargelegt – vor.

Im übrigen verweist der Senat in diesem Zusammenhang auf sein Urteil zu den Voraussetzungen für die Genehmigung der Errichtung einer privaten Grundschule als Bekenntnisschule vom 19. 2. 1992 – BVerwG 6 C 3.91 – BVerwGE 90, 1. Dort hat er näher dargelegt, daß zum Mindeststandard an Erziehungszielen, die der Staat kraft seiner Verantwortung für das gesamte Schulwesen den öffentlichen Schulen vorschreiben und deren Verfolgung und Erreichung er im Wege der Schulaufsicht überwachen muß, jedenfalls die Grundrechte des Grundgesetzes gehören, die gemäß Art. 1 Abs. 3 GG jegliche staatliche Gewalt unmittelbar binden. Dazu zählt beispielsweise auch Art. 3 Abs. 2 GG, wonach Männer und Frauen gleichberechtigt sind. Jedenfalls an diesen Mindeststandard an Erziehungszielen, aber auch an sonstige, vom Staat für die öffentlichen Schulen vorgeschriebene Erziehungsziele sind auch Privatschulen und selbst private Bekenntnisschulen gebunden, die als Ersatz für entsprechende öffentliche Schulen errichtet werden; denn gemäß Art. 7 Abs. 4

GG bedürfen sie der staatlichen Genehmigung, die u. a. nur dann erteilt werden darf, wenn sie in ihren Lehrzielen, zu denen auch die Erziehungsziele zählen, „nicht hinter den öffentlichen Schulen zurückstehen"; auch unterliegen sie insoweit der staatlichen Schulaufsicht. Auf diese Weise stellt das Bundesverfassungsrecht sicher, daß z. B. auch Schülerinnen islamischen Glaubens sowohl an öffentlichen als auch an privaten Schulen im Rahmen des vom Staat verantworteten Schulunterrichts uneingeschränkt in den Genuß der Grundrechte einschließlich des Art. 3 Abs. 2 GG gelangen und überdies befähigt werden, ihre Grundrechte auch tatsächlich wahrzunehmen.

Weiterungen für andere Unterrichtsfächer und sonstige Schulveranstaltungen sind nicht zu befürchten, weil es allein die dargelegten Besonderheiten des Faches Sport sind, die aus Glaubensgründen einen Anspruch der Klägerin auf Befreiung vom Unterricht in eben diesem Fach begründen; bei allen anderen Fächern sind diese Besonderheiten nicht gegeben. Soweit der Oberbundesanwalt im Fall der Nichtteilnahme der Klägerin am Sportunterricht die Gefahr einer Beeinträchtigung der Gleichberechtigung von Schülerinnen und Schülern sieht, ist darauf hinzuweisen, daß der Senat eine Befreiung der Klägerin allein vom *koedukativen* Sportunterricht für geboten hält. Für die Entscheidung der Frage, ob ein koedukativer Sportunterricht der Emanzipation von Schülerinnen der Altersstufe der Klägerin eher förderlich ist als ein nach Geschlechtern getrennter Sportunterricht, läßt sich aber weder aus Art. 3 Abs. 1 GG, wonach alle Menschen vor dem Gesetz gleich sind, noch aus dem Gebot der Gleichberechtigung von Männern und Frauen, Art. 3 Abs. 2 GG, etwas herleiten. Im übrigen ist nicht zu befürchten, daß durch die Befreiung allein vom koedukativen Sportunterricht die Integration ausländischer Schülerinnen in Frage gestellt wird. Sie nehmen am gesamten sonstigen Unterricht teil. Auch werden sie durch die Befreiung vom Sportunterricht – wie oben dargelegt – nicht stärker in eine Außenseiterrolle gedrängt, als wenn sie gezwungen wären, in unpassender Kleidung und somit in einer augenfälligen Sonderrolle daran teilzunehmen.

Da nach alledem das Berufungsurteil – das einen Anspruch der Klägerin auf Befreiung vom koedukativ erteilten Sportunterricht verneint hat – Bundesrecht, Art. 4 Abs. 1 und 2 GG, verletzt, ist es auf die Revision der Klägerin aufzuheben, ebenso das Urteil des Verwaltungsgerichts, soweit es die Klage abgewiesen hat, sowie die ablehnenden Bescheide des Beklagten, soweit sie noch Gegenstand des Berufungsverfahrens waren; außerdem ist, da die Sache spruchreif ist, der Beklagte zu verpflichten, die Klägerin vom – koedukativ erteilten – Sportunterricht zu befreien.

55

Führt ein koedukativ erteilter Sportunterricht für eine 13jährige Schülerin islamischen Glaubens im Hinblick auf die Bekleidungsvorschriften des Korans zu einem Gewissenskonflikt, so folgt für sie aus Art. 6 Abs. 3 i.V.m. Art. 4 Abs. 1 und 2 GG und für ihre Eltern aus Art. 6 Abs. 2 i.V.m. Art. 4 Abs. 1 GG ein Anspruch auf Befreiung vom Sportunterricht, solange dieser nicht nach Geschlechtern getrennt angeboten wird (wie Urteil BVerwG 6 C 8.91, ebenfalls vom 25. 8. 1993).

Art. 3 Abs. 1 u. 2, 4 Abs. 1 u. 2, 7 Abs. 1 GG
BVerwG, Urteil vom 25. August 1993 – 6 C 30.92[1] –

Die 1977 geborene, bei Klageerhebung 13jährige Klägerin zu 1. sowie ihre Eltern, die Kläger zu 2. und 3., sind türkische Staatsangehörige. Sie begehren aus Gründen ihres islamischen Glaubens die Befreiung der Klägerin zu 1. vom koedukativ erteilten Sportunterricht.

Die Klägerin zu 1. besucht eine städtische Realschule der Beklagten für Jungen und Mädchen. Ihr Vater beantragte mit Schreiben vom 18. 9. 1990, sie aus religiösen Gründen vom Sportunterricht zu befreien, weil er als gläubiger Moslem nach dem Koran verpflichtet sei, seine Tochter im Sinne des Keuschheitsgebots zu erziehen. Er sei gegen den Sportunterricht nur in gemischten Klassen, nicht dagegen in einer reinen Mädchengruppe. Diesen Antrag lehnte die Schulleitung mit dem angefochtenen Bescheid mit der Begründung ab, daß auf die religiösen Empfindungen der Klägerin zu 1. beim Sportunterricht gebührend Rücksicht genommen werde. Sie dürfe im Trainings- oder Jogginganzug sowie mit Kopftuch am Sportunterricht teilnehmen und sich im Lehrerzimmer umziehen. Zur Erfüllung der allgemeinen Schulpflicht gehöre auch der Besuch des Sportunterrichts, der wegen seiner sozialintegrativen Funktion und aus gesundheitlichen Gründen für die Klägerin zu 1. sehr bedeutsam sei.

Nach Zurückweisung des hiergegen eingelegten Widerspruchs haben die Kläger – die schulpflichtige Tochter sowie ihre Eltern – Klage erhoben, weil die Ablehnung der Befreiung der Klägerin zu 1. vom koedukativ erteilten Sportunterricht diese in ihrer durch Art. 4 Abs. 1 GG garantierten Religionsfreiheit und die Kläger zu 2. und 3. in ihren Elternrechten aus Art. 6 Abs. 2 GG verletze. Die Teilnahme am Sportunterricht begründe für die Klägerin zu 1. einen Gewissenskonflikt, der durch die von der Beklagten zugestandene Rücksichtnahme nicht vermieden werde.

Das Verwaltungsgericht hat der Klage stattgegeben und die Beklagte unter Aufhebung ihrer ablehnenden Bescheide verpflichtet, die Klägerin zu 1. vom

---

[1] Amtl. Leitsatz. RiA 1994, 198. Nur LS: FamRZ 1994, 570.

Sportunterricht an ihrer Schule zu befreien, solange die Beklagte dort einen nach Geschlechtern getrennten Sportunterricht nicht anbiete. Hiergegen hat die Beklagte Berufung eingelegt und diese wie folgt begründet: Das Verwaltungsgericht habe dem Grundrecht auf Glaubens- und Religionsfreiheit zu Unrecht Vorrang vor dem schulischen Erziehungsauftrag eingeräumt. Die Entscheidung werde dem Gebot eines möglichst schonenden Ausgleichs des Grundrechtskonflikts nicht gerecht. Die Schule trage im Rahmen ihres Verfassungsauftrags den einzelnen kulturellen Empfindungen und Empfindsamkeiten im gesamten Spektrum der Multikulturalität der heutigen Schülerschaft durchaus Rechnung; so würden nicht nur Befreiungen vom Schwimmunterricht ausgesprochen, sondern beim sonstigen Sportunterricht werde auch verhüllende Bekleidung toleriert, soweit damit kein Sicherheitsrisiko verbunden sei. Die Kläger forderten jedoch nicht nur eine eigene Bekleidung ein, sondern erhöben aus der Bekleidung anderer Forderungen an den Staat. Damit werde nicht mehr nur Toleranz gegenüber den eigenen kulturellen Vorstellungen beansprucht, sondern von der Gesellschaft und insoweit von der Schule als Teil derselben verlangt, sich in ihrer Organisation zu ändern. Bezogen auf das übrige, was Schule ausmache, werde durch entsprechendes Verhalten die Erziehung zu einer Gemeinschaftsgesinnung im Sinne der Bremischen Landesverfassung unmöglich gemacht. Zum Beispiel würden Klassenfahrten, Projektwochen, Sexualerziehung, Sing- und Kreisspiele, Theaterbesuche, Koch- und Nähunterricht aus den unterschiedlichsten religiösen Überzeugungen erschwert, weil sich Teile der Schülerschaft verweigerten. Auch würden Kinder bis zur 10. Jahrgangsstufe überfordert, die multikulturell bedingte Einräumung von Sonderrechten zu verstehen. Dies fördere Ausgrenzung, Aggression und eine generalisierende Form von Ausländerfeindlichkeit und führe zu Erscheinungen, die den Nerv der Schule träfen. Nur durch energisches Bestehen auf Erfüllung der Schulpflicht sie es noch möglich, den Unterricht an Schulen mit hohem Ausländeranteil nicht völlig auseinanderbrechen zu lassen. Ausländer, die in unserer Gesellschaft längere Zeit leben wollten, müßten zu Zugeständnissen bereit sein und sich auf die hier geltenden Wertvorstellungen, Normen und gesellschaftlichen Lebensformen einstellen. Ihre Integration verlange die Respektierung unserer Kultur und der Grundwerte unserer Verfassung sowie auch den Verzicht auf übersteigerte religiöse Verhaltensweisen. Die Konfrontation mit den Bekleidungsformen der westlichen Gesellschaft, die im Sommer bis zu weitgehender Nacktheit führen könne, sei unvermeidbar. Wollten Mädchen sich davor schützen, müßten sie sich vom öffentlichen Leben praktisch vollständig fernhalten. Dies zu unterstützen, widerspreche der emanzipierten, gleichberechtigten Stellung der Frau in unserer Gesellschaft und damit dem Gleichbehandlungsgrundsatz des Art. 3 Abs. 2 GG. Ausländische Schüler islamischen Glaubens müßten sich deshalb auf die für den hiesigen Sportunterricht geltenden Bekleidungsvorschriften einstellen; sie seien zur Teilnahme am Sportunterricht verpflichtet, wenn die eigene Bekleidung den Anforderungen ihrer Religion entspreche. Mit dieser Begründung hat die Beklagte die Aufhebung des Urteils des Verwaltungsgerichts sowie die Abweisung der Klage beantragt.

Die Kläger haben die Zurückweisung der Berufung beantragt und zur Begründung ausgeführt: Ihre Glaubens- und Religionsfreiheit erfordere die Befreiung vom koedukativ erteilten Sportunterricht. Sie respektierten die Kultur der Bundesrepublik Deutschland und ihre Verfassung, bäten aber ihrerseits zu respektieren, daß sie eine Emanzipation der Klägerin zu 1. nach westlichen Wertmaßstäben nicht wünschten.

Das Berufungsgericht hat die Berufung zurückgewiesen (OVG Bremen RdJB 1992, 412 = KirchE 30, 139). Hiergegen hat die Beklagte die vom Berufungsgericht zugelassene Revision eingelegt, mit der sie sich gegen einen Anspruch der Klägerin zu 1. auf Befreiung vom koedukativ erteilten Sportunterricht wendet. Zur Begründung trägt sie vor: Zwar sei die Schule verpflichtet, die kulturellen Traditionen und religiösen Überzeugungen ausländischer Kinder und Jugendlicher zu respektieren; sie seien jedoch stets mit dem Ziel einer Erziehung in der Wertordnung des Grundgesetzes und der jeweiligen Landesverfassung zu fördern. Die Kläger zu 2. und 3. räumten selbst ein, daß sie in der islamischen Tradition nicht wollten, daß sich ihre Tochter im Sinne westlicher Vorstellungen emanzipiere. Eine solche Position dürfe die Schule nicht hinnehmen, weil die vollständige Gleichberechtigung der Frau mit dem Mann ein fundamentales Prinzip westlicher, aufgeklärter Gesellschaften sei. Zwar toleriere die Schulverwaltung die Weigerung von Mädchen moslemischer Glaubenszugehörigkeit, am Schwimmunterricht teilzunehmen, weil es für diese eine nicht zumutbare psychische Belastung bedeute, wenn sie sich selbst in subjektiv nicht zu verantwortender Weise „der Welt" stellen müßten, nämlich in nasser, die eigenen Körperkonturen betonender Kleidung; diese psychische Belastung sei jedoch nicht mit derjenigen zu vergleichen, die ein moslemisches Mädchen erfahre, wenn es im Sportunterricht auf leichtbekleidete Jungen sehen oder sie im sportlichen Spiel auch einmal berühren müsse. Solche Konfrontationen seien beim koedukativen Sport hinzunehmen zugunsten des Wertes, den die Schule im Rahmen der vom Staat normierten Erziehungsprinzipien grundsätzlich auch im Fach Sport der Koedukation beimesse. Auch der Gesetzgeber, dessen Aufgabe es sei, im Spannungsgefüge mehrerer Grundrechte im Rahmen des ihm zustehenden Ermessens zumindest dort Abgrenzungen vorzunehmen, wo sie ihm zur Wahrung der Persönlichkeitsrechte des einzelnen unerläßlich erschienen, habe keine Befreiung vom Unterricht aus religiösen Gründen vorgesehen. Im übrigen sei der Klägerin zu 1. eine zumutbare Alternative angeboten und damit eine grundrechtsgemäße Milderung ihrer Gewissensnot ermöglicht worden, nämlich in Form ihrer Teilnahme am Unterricht in einer von ihr gewählten und ihren religiösen Geboten entsprechenden Sportkleidung; dieses Angebot hätte den Kern des Konflikts der Klägerin zu 1. zu lösen vermocht, ohne die durch die staatliche Schulhoheit und das Gebot des weltanschaulich-religiösen Pluralismus in der Schule bestehenden Schranken der Gewissensfreiheit der Klägerin zu 1. zu überschreiten.

Der am Verfahren beteiligte Oberbundesanwalt unterstützt das Vorbringen der Beklagten und trägt ergänzend vor: Bei dem Bemühen um einen möglichst schonenden Ausgleich müsse zugunsten des staatlichen Bildungsauftrags maßgeblich der Verfassungsgrundsatz des Art. 3 Abs. 2 GG über die Gleichberechtigung von Männern und Frauen berücksichtigt werden, der im Interesse der wirklichen Emanzipation der Frauen kompensatorische Ausgleichsmaßnahmen zu ihren Gunsten insbesondere im Ausbildungsbereich erfordere; diesem Verfassungsprinzip sei die Schule besonders verpflichtet. Für die Entscheidung über eine Befreiung der Klägerin zu 1. vom Sportunterricht komme es daher auch darauf an, inwieweit der Ausschluß von Mädchen von Unterrichts- und sonstigen schulischen Veranstaltungen der verfassungsrechtlich gebotenen Gleichbehandlung der Geschlechter entgegenstehe. Im übrigen sei zu berücksichtigen, daß an deutschen Schulen Kinder vieler Nationalitäten mit den unterschiedlichsten Religionen und kulturellen Wertvorstellungen, deren Prinzipien in nicht unerheblichem Umfang in Kollision zum allgemeinen Schulbetrieb stünden, unterrichtet würden, was zunehmend zu Abstinenzverhalten bzw. Anträgen auf Freistellung von Klassenfahrten, Veranstaltungen jeglicher Art, von der Sexualerziehung, vom Biologieunterricht usw. führe. Eine einseitige Gewichtung der religiösen Belange der Schüler und ihrer Eltern müsse deshalb zum völligen Zusammenbrechen des auf die gemeinsame Unterrichtung von Kindern verschiedener Nationalitäten und Religionen gerichteten schulischen Erziehungsauftrags führen.

Die Revision der Beklagten blieb ohne Erfolg.

Aus den Gründen:

Die zulässige Revision ist unbegründet. Das Berufungsgericht hat zu Recht das Urteil des Verwaltungsgerichts bestätigt, das die ablehnenden Bescheide der Beklagten aufgehoben und sie verpflichtet hat, die Klägerin zu 1. vom Sportunterricht zu befreien, solange die Beklagte an der von der Klägerin zu 1. besuchten Schule einen nach Geschlechtern getrennten Sportunterricht nicht anbietet.

Das Berufungsgericht ist in Auslegung und Anwendung von irrevisiblem Landesrecht davon ausgegangen, daß die Klägerin zu 1. einen Anspruch auf Befreiung vom koedukativ erteilten Sportunterricht habe; denn das der Beklagten eingeräumte Ermessen für ihre Entscheidung über die Gewährung einer Ausnahme von der Schulpflicht aus wichtigem Grund sei im Falle der Klägerin zu 1. im Hinblick auf die Grundrechtsordnung und den Grundsatz der Verhältnismäßigkeit so weit reduziert, daß eine Befreiung habe erteilt werden müssen. Der sich aus Art. 7 Abs. 1 GG, Art. 28, 30 BremLV ableitende Bildungs- und Erziehungsauftrag des Staates müsse hier hinter das Recht der religionsmündigen Klägerin zu 1. auf Glaubens- und Religionsausübungsfreiheit, Art. 4 Abs. 1 und 2 GG, Art. 33 BremLV, und gleichermaßen hinter das Erziehungsrecht ihrer Eltern, Art. 6 Abs. 2 GG, zurücktreten. Diese Auffassung des Berufungsgerichts läßt eine Verletzung von Bundesrecht nicht erkennen. Dazu ist im einzelnen auszuführen:

Nach Art. 7 Abs. 1 GG steht von Verfassungs wegen „das gesamte Schulwesen unter der Aufsicht des Staates" und somit in seiner Verantwortung. Dies entspricht der herausragenden Bedeutung des Schul- und Bildungswesens für die Gesellschaft sowie insbesondere für die Verwirklichung der vom Grundgesetz allen Bürgern gleichermaßen eingeräumten Grundrechte, hier vor allem Art. 2 Abs. 1 und Art. 12 Abs. 1 GG; die dem Staat vorbehaltene Aufsicht über das gesamte Schulwesen gibt ihm die Möglichkeit, dieser Verantwortung gerecht zu werden. Dabei umfaßt die in Art. 7 Abs. 1 GG statuierte staatliche Schulaufsicht die Befugnis zur Planung und Organisation des Schulwesens mit dem Ziel, ein Schulsystem zu gewährleisten, das allen jungen Bürgern gemäß ihren Fähigkeiten die dem heutigen gesellschaftlichen Leben entsprechenden Bildungsmöglichkeiten eröffnet. Damit der Staat seinen Bildungs- und Erziehungsauftrag – auch unabhängig von den Vorstellungen der betroffenen Eltern – wirksam und umfassend wahrnehmen kann, darf er eine allgemeine Schulpflicht einführen und die Möglichkeit einer Befreiung auf besonders begründete Ausnahmefälle beschränken (vgl. dazu BVerfGE 34, 165 [181 ff., 186 ff.] und BVerwG, Beschluß vom 9. 4. 1975 – BVerwG 7 B 68.74 – Buchholz 421 Kultur- und Schulwesen Nr. 42 = DVBl. 1975, 429, mit Nachweisen).

Zu dem staatlichen Gestaltungsbereich gehört nicht nur die organisatorische Gliederung der Schule, sondern auch die inhaltliche Festlegung der Ausbildungsgänge und der Unterrichtsziele; der Staat kann daher in der Schule grundsätzlich unabhängig von den Vorstellungen und Wünschen der Eltern eigene Erziehungsziele verfolgen, der Auftrag der Schule zur Bildung und Erziehung der Kinder ist dem Elternrecht nicht nach-, sondern gleichgeordnet (BVerfGE 47, 46 [71 ff.] – Sexualerziehung – im Anschluß an BVerfGE 34, 165 [181 ff.] – obligatorische Förderstufe –). Aus diesem Grund ist der Staat beispielsweise befugt, auf der Grundlage einer entsprechenden Entscheidung des Gesetzgebers ohne Zustimmung der betroffenen Eltern Sexualerziehung in der Schule durchzuführen; diese muß dann allerdings für die verschiedenen Wertvorstellungen auf diesem Gebiet offen sein und allgemein Rücksicht nehmen auf das natürliche Erziehungsrecht der Eltern und auf deren religiöse oder weltanschauliche Überzeugungen, soweit diese für das Gebiet der Sexualität von Bedeutung sind (BVerfGE 47, 46, Leitsätze 1 bis 5 und S. 69 ff.). Das Berufungsgericht hat zutreffend darauf hingewiesen, daß die staatliche Befugnis, die Ausbildungsgänge und Unterrichtsziele festzulegen, auch für den Sportunterricht gilt; dem Staat steht es daher frei, als Inhalt und Ziel des Sportunterrichts nicht allein die Förderung der Gesundheit der Schüler sowie die Entwicklung von sportlichen Fertigkeiten und Fähigkeiten, sondern zusätzlich z. B. die Einübung sozialen Verhaltens anzustreben und derart den Sportunterricht inhaltlich anzureichern und aufzuwerten. Derartige Bildungs- und Erziehungsziele enthält beispielhaft das sog. Zweite Aktionsprogramm für den Schulsport, das auf übereinstimmenden Beschlüssen der Ständigen Konferenz der Kultusminister der Länder, des Deutschen Sportbundes und der kommunalen Spitzenverbände beruht und am 17. 4. 1985 der Öffentlichkeit übergeben wurde („Zweites Aktionsprogramm für den Schulsport", Sammlung der Beschlüsse der Ständigen Konferenz der Kultusminister, Nr. 80.1). Danach soll der Schulsport als Handlungsraum, der Spontaneität ebenso erfordere wie planerisches Denken, Durchsetzungsvermögen wie Sensibilität, Leistungsstärke des einzelnen wie Solidarität mit Schwächeren, dazu dienen, Probleme im Sozialverhalten zu verringern und jene Spannungen positiv wirksam werden zu lassen, die aus unterschiedlichen Begabungen, Neigungen und Temperamenten resultieren (aaO unter 2.); in diesem Rahmen seien die kulturelle Identität und die unterschiedliche Sozialisation von Kindern ausländischer Herkunft nachdrücklich zu beachten (aaO unter 3.1). Unter inhaltlichen und organisatorischen Aspekten sei bei dem im Rahmen der Schulpflicht erteilten Sportunterricht u. a. insbesondere zu berücksichtigen, daß „koedukativer Unterricht möglich (ist), wenn er pädagogisch, sportfachlich und schulorganisatorisch vertretbar ist" (aaO unter 3.2). Wie der zweite Halbsatz erkennen läßt, wird ein koedukativer Sportunterricht also nicht voraussetzungslos für möglich oder gar empfehlenswert gehalten. Die genannten Vorgaben hat z. B. das Land Berlin durch Rundschreiben zur Organisation des Sportunterrichts vom 4. 7. 1986 (abgedruckt in Mayer/Jaksch/Will, Berliner Recht für Schule und Lehrer, 3. Aufl. November 1990, Bd. 2 Nr. 3451.1) mit der Maßgabe umgesetzt, daß koedukativer Unterricht nur dann möglich sei, wenn er pädagogisch und sportfachlich vertretbar sei; das sei denkbar, wenn das Bewegungsverhalten, die allgemeine Entwicklung und die Leistungsfähigkeit in der Übungsgruppe weitgehend übereinstimmten; diese Ausgangssituation sei im Klassenverband in der Regel nicht gegeben. Bei der Organisation des Sportunterrichts müsse die unterschiedliche Entwicklung von Jungen und Mädchen berücksichtigt werden; dementsprechend sei der Sportunterricht in der Regel möglichst ab Klasse 5, in jedem Falle ab Klasse 7 für Jungen und Mädchen getrennt zu erteilen; dazu seien entsprechende Übungsgruppen aus Parallelklassen zu bilden. Soweit das Berufungsgericht hinsichtlich der Situation im Land Bremen auf Ausführungen des Senators für Bildung („Unterrichtsrahmen – Künste/Sport – Sekundarstufe I", April 1982, S. 1 ff.) verwiesen hat, wonach der Sportunterricht über die Vermittlung körperlicher Fähigkeiten und Fertigkeiten hinaus dazu beitragen soll, Selbstkompetenz, Sachkompetenz und Sozialkompetenz zu entwickeln, sind diese Ausführungen allerdings hinsichtlich der speziell mit einem koedukativen Sportunterricht verfolgten erzieherischen Ziele unergiebig.

Bei der Wahrnehmung des mit Verfassungsrang ausgestatteten Bildungs- und Erziehungsauftrags sowie speziell bei der Durchsetzung der allgemeinen Schulpflicht zu diesem Zweck muß der Staat die – gleichrangigen – Grundrechte von Eltern und Schülern beachten; dies sind vor allem Art. 6 Abs. 2 Satz 1 GG, wonach Pflege und Erziehung der Kinder das natürliche Recht der Eltern und die zuvörderst ihnen obliegende Pflicht sind, sowie Art. 4 Abs. 1 und 2 GG, der die Freiheit des Glaubens, des Gewissens und die Freiheit des religiösen und weltanschaulichen Bekenntnisses schützt und die ungestörte Religionsausübung gewährleistet. Der hohe Rang der Religionsfreiheit im Rahmen der Organisation von Bildung und Erziehung seitens des Staates aufgrund seiner Verantwortung für das gesamte Schulwesen kommt außerdem zum Ausdruck in der detaillierten Regelung des Religionsunterrichts im Rahmen der staatlichen Schule, Art. 7 Abs. 2 und 3 GG, sowie in der Privatschulgarantie unter besonderer Hervorhebung der privaten Bekenntnisschulen und ihrer Privilegierung hinsichtlich der Zulassung privater Volksschulen, Art. 7 Abs. 4 i.V.m. Abs. 5 GG (vgl. dazu Urteil des Senats vom 19. 2. 1992[2] – BVerwG 6 C 3.91 – BVerwGE 90, 1 ff.).

Die Klägerin zu 1. hat sich zur Begründung ihres geltend gemachten Anspruchs auf vollständige Befreiung vom koedukativen Sportunterricht auf ihre Glaubens- und Gewissensfreiheit, Art. 4 Abs. 1 und 2 GG, berufen; entsprechend haben ihre Eltern, gestützt auf ihr Erziehungsrecht, Art. 6 Abs. 2 GG, argumentiert. Insoweit hat das Berufungsgericht zutreffend angenommen, daß auch Anhänger des Islam sich auf dieses Grundrecht berufen können, daß der Schutz der aus dem Koran gewonnenen Überzeugung nicht davon abhängt, ob sie im islamischen Raum allgemein oder nur von Strenggläubigen geteilt wird, und daß zu der geschützten Religionsausübung auch Äußerungen der religiösen Überzeugung wie die Beachtung von religiös begründeten Bekleidungsvorschriften gehören, solange sich derartige Äußerungen „im Rahmen gewisser übereinstimmender sittlicher Grundanschauungen der heutigen Kulturvölker halten" (BVerfGE 24, 236 [246][3]).

---

[2] KirchE 30, 52.
[3] KirchE 10, 181.

Ebenfalls zutreffend ist das Berufungsgericht davon ausgegangen, daß denjenigen, der unter Berufung auf sein Grundrecht aus Art. 4 Abs. 1 und 2 GG die Befreiung von einer vom Staat durch Gesetz allen auferlegten Pflicht – hier von der allgemeinen Schulpflicht hinsichtlich des Sportunterrichts – begehrt, die *Darlegungslast* dafür trifft, daß er durch verbindliche Ge- oder Verbote seines Glaubens gehindert ist, der gesetzlichen Pflicht zu genügen, und daß er in einen Gewissenskonflikt gestürzt würde, wenn er entgegen den Ge- oder Verboten seines Glaubens die gesetzliche Pflicht erfüllen müßte. Es hat sich nämlich nicht darauf beschränkt, entsprechende verbale Behauptungen der Klägerin zu 1. entgegenzunehmen, sondern es hat zusätzlich tatsächliche Feststellungen darüber getroffen, daß die Klägerin zu 1. regelmäßig den Gottesdienst in der Moschee besucht, daß sie an religiösen Veranstaltungen der islamischen Mädchengruppe teilnimmt und insbesondere auch die von ihr als für sie verbindlich bezeichneten Bekleidungsvorschriften des Korans, wie sie sie versteht, in ihrem täglichen Leben konsequent beachtet und zum Beispiel in der Öffentlichkeit sowie auch im Schulunterricht ein Kopftuch sowie weite Kleider trägt. In diesem Zusammenhang hat es u. a. die Sure 24, Verse 30 und 31, des Korans angeführt, auf die sich die Klägerin zu 1. berufen hat. Danach sollen gläubige Frauen ihre Blicke niederschlagen, ihre Scham hüten und ihre Reize nicht zur Schau tragen, es sei denn, was außen ist, und sie sollen ihren Schleier über ihren Busen schlagen und ihre Reize nur ihren Ehegatten, Vätern, Brüdern, Söhnen und anderen nahen männlichen Verwandten sowie Frauen und auch Kindern, welche die Blöße der Frau nicht beachten, zeigen. Auf diese Weise hat das Berufungsgericht ausreichend sichergestellt, daß nicht schon die bloße – nicht ernsthafte, möglicherweise aus anderen Gründen vorgeschobene – Berufung auf behauptete Glaubensinhalte und Glaubensgebote, sondern erst die konkrete, substantiierte und objektiv nachvollziehbare Darlegung eines Gewissenskonflikts als Konsequenz aus dem Zwang, der eigenen Glaubensüberzeugung zuwiderzuhandeln, geeignet ist, einen möglichen Anspruch auf Befreiung von einer konkret entgegenstehenden, grundsätzlich für alle geltenden Pflicht unter der Voraussetzung zu begründen, daß der Zwang zur Befolgung dieser Pflicht die Glaubensfreiheit verletzen würde.

Dem Grundrecht der Klägerin zu 1. auf Respektierung ihres Glaubens sowie dem Erziehungsrecht ihrer Eltern, Art. 6 Abs. 2 i.V.m. Art. 4 Abs. 1 GG, steht zwar der der Beklagten obliegende staatliche Bildungs- und Erziehungsauftrag, Art. 7 Abs. 1 GG, kraft dessen sie an der von der Klägerin zu 1. besuchten öffentlichen Schule im Rahmen der allgemeinen Schulpflicht einen gemeinsamen Sportunterricht für Mädchen und Jungen eingerichtet hat, prinzipiell gleichgeordnet gegenüber. Dieser Konflikt kann bei einer Abwägung aller zu berücksichtigenden Gesichtspunkte aber in der Weise zu einem schonenden

Ausgleich (vgl. dazu BVerfGE 41, 65 [78][4] und 52, 223 [251 f.][5]) gebracht werden, daß der Klägerin zu 1. ein Anspruch auf Befreiung vom Sportunterricht (nur) für den Fall zugestanden wird, daß der Sportunterricht von der Beklagten für Mädchen ihres Alters ausschließlich in der Form eines gemeinsamen (koedukativen) Unterrichts für Mädchen und Jungen angeboten wird. Das ergibt sich im einzelnen aus folgenden Erwägungen:

Der aus Art. 7 Abs. 1 GG folgende Erziehungsauftrag des Staates wird in bezug auf den hier allein interessierenden Sportunterricht dann nicht durch die gebotene Rücksichtnahme auf die Glaubensfreiheit der Klägerin zu 1. in Frage gestellt, wenn der Staat ihrem Anliegen schon mit den ihm zu Gebote stehenden organisatorischen Mitteln in vertretbarer Weise Rechnung tragen kann. Das ist ihm in der Weise möglich, daß er anstelle eines koedukativ erteilten Sportunterrichts, der den von der Klägerin zu 1. dargelegten Glaubenskonflikt zur Folge hat, einen nach Geschlechtern getrennten Sportunterricht anbietet. Dadurch wird die Erfüllung des ihm obliegenden Erziehungsauftrags weder insgesamt noch auch nur in bezug auf die Erteilung von Sportunterricht ernsthaft gefährdet. Das hat dann allerdings zur Folge, daß dann, wenn er von dieser organisatorischen Möglichkeit keinen Gebrauch macht, er sich gegenüber dem Verlangen der Klägerin zu 1. nach Befreiung allein vom koedukativ erteilten Sportunterricht nicht auf den Vorrang seines Erziehungsauftrags berufen kann. Deshalb hat im Hinblick darauf, daß die Beklagte an der von der Klägerin zu 1. besuchten Schule einen nach Geschlechtern getrennten Sportunterricht jedenfalls für Schülerinnen und Schüler ab der Altersstufe der (13jährigen) Klägerin zu 1. einführen könnte, bei Abwägung aller Gesichtspunkte mit dem Ziel der Herbeiführung eines schonenden Ausgleichs die Glaubensfreiheit der Klägerin zu 1. den Vorrang.

Allerdings hat sich die Beklagte für ihre Auffassung, eine Befreiung der Klägerin zu 1. vom koedukativen Sportunterricht sei mit ihrem Bildungs- und Erziehungsauftrag nicht zu vereinbaren, nicht auf die mit der Einrichtung eines nach Geschlechtern getrennten Sportunterrichts verbundenen organisatorischen Schwierigkeiten berufen. Sie hat vielmehr hervorgehoben, daß sie mit dem für Mädchen und Jungen gemeinsamen Sportunterricht gewichtige erzieherische Ziele verfolge. Insoweit hat sie indessen nicht darzulegen vermocht, daß und warum diese Ziele angesichts einer Vielzahl von anderen Fächern gerade einen gemeinsamen Sportunterricht, und zwar auch noch für Schülerinnen und Schüler der Altersstufe der Klägerin zu 1., erfordern. Zweifel ergeben sich insoweit insbesondere bei einem Vergleich mit den Bildungs- und Erziehungszielen des bereits angeführten „Zweiten Aktionsprogramms für den

---

[4] KirchE 15, 158.
[5] KirchE 17, 325.

Schulsport" aus dem Jahre 1985, das auf übereinstimmenden Beschlüssen der Ständigen Konferenz der Kultusminister der Länder, des Deutschen Sportbundes sowie der kommunalen Spitzenverbände beruht und sich deshalb auf fachlich fundierte Einschätzungen und Wertungen gründet. Bereits in einem Beschluß vom 31. 11. 1966 über „Rahmenrichtlinien für die Leibeserziehung an den Schulen der Bundesrepublik Deutschland" (Sammlung der Beschlüsse der Ständigen Konferenz der Kultusminister der Länder, Grundwerk KMK Neuauflage 1982, Nr. 656) hatte die Kultusministerkonferenz auf die geschlechtsspezifisch unterschiedliche Geschwindigkeit der körperlichen Entwicklung und des Wachstums von Jungen und Mädchen ab dem 11. Lebensjahr hingewiesen, wobei Mädchen schnell einen Entwicklungsvorsprung erreichten, der einem vollen Lebensjahr entspreche; sie hat außerdem das sich zunehmend unterschiedlich entwickelnde Bewegungsbedürfnis hervorgehoben, insbesondere auch, was die Neigung zu bestimmten Bewegungsarten betrifft (aaO unter B II). Das „Zweite Aktionsprogramm für den Schulsport" aus dem Jahre 1985 hat diese Tendenz fortgesetzt. Hierauf konnte sich etwa die Unterrichtsverwaltung des Landes Berlin stützen, als sie – wie oben ausgeführt – anordnete, daß Sportunterricht in der Regel ab der Klasse 5, in jedem Falle aber ab der Klasse 7 für Mädchen und Jungen getrennt zu erteilen sei. Demgegenüber hat sich die Beklagte für ihre Auffassung auf allgemeine Erwägungen zum erzieherischen Wert der Koedukation von Mädchen und Jungen beschränkt und sich nicht mit den spezifischen Problemen auseinandergesetzt, die diese Unterrichtsmethode für das Fach Sport ab einem bestimmten Lebensalter sowohl in sportfachlicher Hinsicht als auch im Hinblick auf allgemeine Ziele der Koedukation aufwirft. Damit fehlt es an einer hinreichend substantiierten und nachvollziehbaren Begründung dafür, daß der von der Beklagten im Rahmen der allgemeinen Schulpflicht erteilte koedukative Sportunterricht einen so hohen pädagogischen Stellenwert besitzt, daß die von der Klägerin zu 1. vorgebrachten, durch Art. 4 Abs. 1 und 2 GG geschützten Glaubensgründe dahinter zurückstehen müßten.

Ein Anspruch der Klägerin zu 1. auf Befreiung vom koedukativen Sportunterricht wäre nach alledem nur dann nicht gegeben, wenn ihr Glaubenskonflikt, dessentwegen sie ihre Befreiung begehrt, mit den von der Beklagten angebotenen Maßnahmen vermieden werden könnte. Daß dies nicht der Fall ist, hat das Berufungsgericht ohne die Verletzung von Bundesrecht angenommen. So hat es mit Recht darauf hingewiesen, daß die Zugeständnisse der Beklagten hinsichtlich der Sportbekleidung, des Umziehens und der Befreiung von einzelnen Übungen und Spielen nur einen Teilaspekt des Gewissenskonflikts der Klägerin zu 1. betreffen, weil sie es als mit ihrer Glaubenshaltung, nämlich in bezug auf das Keuschheitsgebot des Korans, unvereinbar erlebe, ihren nur knapp bekleideten Mitschülern bei ihren Übungen zusehen zu müssen.

Ebenso zutreffend hat das Berufungsgericht hervorgehoben, daß der Umstand, daß die Klägerin zu 1. auch außerhalb des Sportunterrichts, zumal im Sommer, mit Menschen zusammentreffe, deren Bekleidung ihren Glaubensmaßstäben zuwiderlaufe, sie nicht hindere, der Beklagten gegenüber ihren Gewissenskonflikt geltend zu machen; denn zum einen ändere dieser Umstand nichts an ihrem Glaubenskonflikt, und zum anderen könne sie sich in ihrem Freizeitverhalten weitgehend ihrer Glaubenshaltung entsprechend einrichten. Im Ergebnis hat das Berufungsgericht auf der Grundlage der von ihm getroffenen tatsächlichen Feststellungen es als nachvollziehbar bezeichnet, daß die Klägerin zu 1. ihre erzwungene Teilnahme am koedukativen Sportunterricht wegen ihrer religiösen Überzeugung als ernst zu nehmenden und deshalb unzumutbaren Konflikt erlebe. Wenn es daraufhin zum Schutz der Klägerin zu 1. in ihrer Glaubensfreiheit, Art. 4 Abs. 1 und 2 GG, sowie zum Schutz ihrer Eltern in ihrem Erziehungsrecht, Art. 6 Abs. 2 GG, einen Anspruch der Klägerin zu 1. auf Befreiung (allein) vom koedukativen Sportunterricht angenommen hat, ist dies aus Gründen des Bundesrechts nicht zu beanstanden.

Die Befürchtungen der Beklagten sowie des Oberbundesanwalts, daß die Befreiung der Klägerin zu 1. vom koedukativen Sportunterricht aus Gründen ihres islamischen Glaubens zu unangemessenen Weiterungen auch hinsichtlich anderer Unterrichtsfächer sowie sonstiger Schulveranstaltungen führen könnte, sind angesichts der gegebenen Rechtslage nicht begründet. Wie eingangs ausgeführt wurde, unterliegt der mit Verfassungsrang, Art. 7 Abs. 1 GG, ausgestattete staatliche Bildungs- und Erziehungsauftrag grundsätzlich keinen Einschränkungen. Ist im Einzelfall wegen eines konkret entgegenstehenden Grundrechts ausnahmsweise eine Einschränkung geboten, wie dies hier hinsichtlich eines für Jungen und Mädchen im Alter der Klägerin zu 1. koedukativ erteilten Sportunterrichts der Fall ist, so läßt dies nicht auf Weiterungen schließen. Da Ausnahmen auf das für den Grundrechtsschutz unerläßliche Maß beschränkt bleiben müssen, sind andere Einschränkungen des staatlichen Bildungs- und Erziehungsauftrags in Form einer Befreiung einzelner Schüler vom Unterricht in aller Regel auch nicht aus Gründen der Glaubesfreiheit zu rechtfertigen.

Dies gilt nach der bereits angeführten Entscheidung des Bundesverfassungsgerichts selbst für die Einführung eines obligatorischen Sexualkundeunterrichts (vgl. BVerfGE 47, 46 [69 ff.]); denn obwohl es davon ausgeht, daß die individuelle Sexualerziehung in erster Linie zu dem natürlichen Erziehungsrecht der Eltern im Sinne von Art. 6 Abs. 2 GG gehört, hat es dessenungeachtet ausdrücklich die Berechtigung des Staates anerkannt, aufgrund seines Bildungs- und Erziehungsauftrags aus Art. 7 Abs. 1 GG Sexualerziehung in der Schule durchzuführen. Dabei stellen die von ihm aufgestellten Maßstäbe der Offenheit für verschiedene Wertvorstellungen, der Rücksichtnahme auf das natürliche Erziehungsrecht der Eltern und deren religiöse oder weltanschauliche Überzeugungen sicher, daß insbesondere jeder Versuch einer Indoktrinierung der Schüler als unzulässig abgewehrt werden kann. Ähnlich hat das Bundesverfassungsgericht in seiner „Schulgebets-Entscheidung" (BVerfGE 52, 223 [245 ff.]) argumentiert und betont, daß ein Schulgebet, das von einzelnen Schülern oder/und Eltern abgelehnt wird, deshalb nicht etwa von vornherein unzulässig sei, sondern daß ein Ausgleich unter Berücksichtigung des Toleranzgebots gesucht werden müsse; in einer freiheitlichen Rechts- und Gesellschaftsordnung stelle es ein Recht jedes einzelnen dar, über die Teilnahme an einer religiösen Übung in völliger Freiheit zu entscheiden, wobei weder die Teilnahme noch die Nichtteilnahme einer Wertung in irgendeiner Form unterliege (aaO, S. 250). Bei Anlegung dieses Maßstabs, der allen Beteiligten ein erhebliches Maß an Toleranz abverlangt, kann die Befreiung eines Schülers von Teilen des Unterrichts aus Glaubensgründen, wie die Klägerin zu 1. sie begehrt, nur in besonders gelagerten Ausnahmefällen in Betracht kommen. Ein solcher Ausnahmefall liegt hier indessen – wie dargelegt – vor.

Im übrigen verweist der Senat in diesem Zusammenhang auf sein Urteil zu den Voraussetzungen für die Genehmigung der Errichtung einer privaten Grundschule als Bekenntnisschule vom 19. 2. 1992 – BVerwG 6 C 3.91 – BVerwGE 90, 1. Dort hat er näher dargelegt, daß zum Mindeststandard an Erziehungszielen, die der Staat kraft seiner Verantwortung für das gesamte Schulwesen den öffentlichen Schulen vorschreiben und deren Verfolgung und Erreichung er im Wege der Schulaufsicht überwachen muß, jedenfalls die Grundrechte des Grundgesetzes gehören, die gemäß Art. 1 Abs. 3 GG jegliche staatliche Gewalt unmittelbar binden. Dazu zählt beispielsweise auch Art. 3 Abs. 2 GG, wonach Männer und Frauen gleichberechtigt sind. Jedenfalls an diesen Mindeststandard an Erziehungszielen, aber auch an sonstige, vom Staat für die öffentlichen Schulen vorgeschriebene Erziehungsziele sind auch Privatschulen und selbst private Bekenntnisschulen gebunden, die als Ersatz für entsprechende öffentliche Schulen errichtet werden; denn gemäß Art. 7 Abs. 4 GG bedürfen sie der staatlichen Genehmigung, die u. a. nur dann erteilt werden darf, wenn sie in ihren Lehrzielen, zu denen auch die Erziehungsziele zählen, „nicht hinter den öffentlichen Schulen zurückstehen"; auch unterliegen sie insoweit der staatlichen Schulaufsicht. Auf diese Weise stellt das Bundesverfassungsrecht sicher, daß z.B. auch Schülerinnen islamischen Glaubens sowohl an öffentlichen als auch an privaten Schulen im Rahmen des vom Staat verantworteten Schulunterrichts uneingeschränkt in den Genuß der Grundrechte einschließlich des Art. 3 Abs. 2 GG gelangen und überdies befähigt werden, ihre Grundrechte auch tatsächlich wahrzunehmen.

Weiterungen für andere Unterrichtsfächer und sonstige Schulveranstaltungen sind insbesondere auch deshalb nicht zu befürchten, weil es allein die dargelegten Besonderheiten des Faches Sport sind, die aus Glaubensgründen einen Anspruch der Klägerin zu 1. auf Befreiung vom Unterricht in eben diesem Fach begründen; bei allen anderen Fächern sind diese Besonderheiten nicht gegeben. Soweit der Oberbundesanwalt im Fall der Nichtteilnahme der Klägerin zu 1. am Sportunterricht die Gefahr einer Beeinträchtigung der Gleichberechtigung von Schülerinnen und Schülern sieht, ist darauf hinzuweisen, daß der Senat eine Befreiung der Klägerin zu 1. allein vom *koedukativen* Sportunterricht für geboten hält. Für die Auffassung der Beklagten, daß ein koedukativer Sportunterricht der Emanzipation von Schülerinnen der Altersstufe der Klägerin zu 1. eher förderlich ist als ein nach Geschlechtern getrennter Sportunterricht, läßt sich aber weder aus Art. 3 Abs. 1 GG, wonach alle Menschen vor dem Gesetz gleich sind, noch aus dem Gebot der Gleichberechtigung von Männern und Frauen, Art. 3 Abs. 2 GG, etwas herleiten. Im übrigen ist nicht zu befürchten, daß durch die Befreiung allein vom koedukativen Sportunterricht die Integration ausländischer Schülerinnen in Frage gestellt wird. Sie nehmen am gesamten sonstigen Unterricht teil. Auch werden sie durch die Befreiung vom Sportunterricht – wie oben dargelegt – nicht stärker in eine Außenseiterrolle gedrängt, als wenn sie gezwungen wären, in unpassender Kleidung und somit in einer augenfälligen Sonderrolle daran teilzunehmen.

Da nach alledem das Berufungsgericht zu Recht einen Anspruch der Klägerin zu 1. sowie auch ihrer Eltern aufgrund ihres Erziehungsrechts aus Art. 6 Abs. 2 GG auf Befreiung der Klägerin zu 1. vom koedukativ erteilten Sportunterricht angenommen hat, ist die Revision der Beklagten zurückzuweisen.

56

Zur Frage der Beschimpfung eines religiösen Bekenntnisses (§ 166 StGB) durch eine verfremdete Kreuzdarstellung (Kruzifix mit der Kopfleiste „Tünnes") im Rahmen einer Kölner Karnevalssitzung.

AG Köln, Urteil vom 2. September 1993 – 524 Cs 415/93[1] –

Der Angeklagte ist verantwortlicher Regisseur für die sog. Casablanca-Szene. Diese gehörte zum Programm der wiederholt stattfindenden „Stunksitzung", einer Veranstaltung im Rahmen des Kölner Karnevals. Dabei verstehen die Veranstalter der „Stunksitzung" sich selbst als eine Alternative zu den offiziellen Veranstaltungen des Festkomitees Kölner Karneval. Im Verlaufe einer Karnevalssaison wird die „Stunksitzung" von ca. 30000 Gästen besucht. Allein im Januar 1993 haben bereits acht bis zehn Sitzungen stattgefunden.

---

[1] Das Urteil ist rechtskräftig.

Zum Bühnenbild der Szene, in der der Film „Casablanca" in einer Autobahnkirche nachgespielt wurde, gehörte ein ca. 3 m großes Holzkreuz mit daran angeschlagener Christus-Figur. Statt der darüber üblicherweise befindlichen Inschrift „INRI" (lateinische Abkürzung für Jesus von Nazareth, König der Juden) war ein Schild mit dem Namenszug „Tünnes" angebracht worden. Tünnes ist neben „Schääl" eine bekannte Symbolfigur des Kölner Volkslebens. Hieran nahm ein Besucher Anstoß, weil der gefolterte Christus der Lächerlichkeit preisgegeben werde, und erstattete Anzeige. In der Folgezeit kam es aufgrund eines Beschlusses des Amtsgerichts Köln zur Beschlagnahme des Schildes mit der Aufschrift „Tünnes".

Im Zuge des Ermittlungsverfahrens wegen Verdachts einer Straftat gemäß § 166 StGB hat der Angeklagte durch seinen Verteidiger sich nur dahingehend eingelassen, daß die Stunksitzung nicht öffentlich gewesen sei und keine Beschimpfung eines religiösen Bekenntnisses vorgelegen habe. Auch sei das Tatbestandsmerkmal „Störung des öffentlichen Friedens" nicht erfüllt. Zu den Beweggründen oder Absichten, die er mit dem Tünnes-Schild am Kreuz verfolgte, hat der Angeklagte keine Angaben gemacht.

Daraufhin wurde auf Antrag der Staatsanwaltschaft vom Amtsgericht Köln ein Strafbefehl erlassen, durch den gegen den Angeklagten wegen Vergehens gemäß § 166 StGB auf eine Geldstrafe erkannt wurde.

Hiergegen richtete sich der Einspruch des Angeklagten. Im wesentlichen machte er folgendes geltend: Er sehe den „Tünnes" als Narren. Es gebe weise und weniger weise Narren. Deshalb sei am Kreuz auch noch ein weiteres Schild befestigt gewesen, das aber nicht beschlagnahmt worden sei. Auf diesem Schild habe gestanden: „Nun sind wir zwei". Mit der Bezeichnung Tünnes habe er das liebenswerte Kölner Original ansprechen wollen. Einen beleidigenden oder verunglimpfenden Inhalt habe diese Bezeichnung für ihn nicht. Er habe durch seine Szene innerkirchliche Mißstände kritisieren und zum Ausdruck bringen wollen, daß Jesus Christus zum Narren gemacht werde.

Der Amtsrichter erkennt auf Freispruch des Angeklagten.

Aus den Gründen:

Aufgrund dieser unwiderlegbaren Einlassung des Angeklagten war dieser aus tatsächlichen Gründen freizusprechen. Die Tatbestandsvoraussetzungen des § 166 StGB sind nicht erfüllt. Es liegt keine Beschimpfung eines religiösen Bekenntnisses vor, jedenfalls aber auch keine Störung des öffentlichen Friedens. Für die Erfüllung des Tatbestandsmerkmales des Beschimpfens eines religiösen Bekenntnisses genügt nicht jede herabsetzende Äußerung, sondern es muß eine nach Form und Inhalt besonders verletzende Äußerung festgestellt werden. Dabei kommt es nicht etwa auf die Sicht eines besonders empfindlichen Religionsangehörigen an, sondern auf die Sicht eines neutralen, auf Toleranz bedachten Beobachters unter Berücksichtigung aller Gesamtumstände (vgl. LG Bochum, Beschluß vom 25. 8. 1988[2], NJW 1989, 727).

Für sich betrachtet, stellt die Herstellung einer Verbindung des Leidenswegs Christi mit der Tünnes-Figur die Beschimpfung eines religiösen Bekenntnisses dar. Für gläubige Christen beinhaltet die Darstellung des gekreuzigten Christi einen wesentlichen Inhalt ihres religiösen Bekenntnisses. Im Kölner Sprachgebrauch wird der „Tünnes" nicht nur als die vom Angeklagten beschriebene positive Figur gesehen, sondern die Bezeichnung als „Tünnes" wird auch in abwertender Weise verwandt. Als „Tünnes" wird häufig eine etwas dümmliche und einfältige Person bezeichnet, so daß jedenfalls wegen dieser durchaus gebräuchlichen Interpretationsmöglichkeit, die dem in Köln lebenden Angeklagten auch bewußt sein mußte, eine Beschimpfung des religiösen Bekenntnisses von Christen vorliegt, wenn Christus am Kreuz als dümmliche und einfältige Person bezeichnet wird. Obwohl sich sicherlich noch rohere und verletzendere Äußerungen vorstellen lassen, geht das Gericht davon aus, daß dieser Angriff gegen den zentralen Inhalt des Glaubensbekenntnisses aller Christen nicht nur als geschmacklos, sondern als roh und verletzend angesehen werden muß.

Allerdings war der Sachverhalt auch unter Berücksichtigung des Privilegs der Kunstfreiheit gemäß Art. 5 Abs. 3 Satz 1 GG zu würdigen. Dem hohen Rang der Kunstfreiheit ist in der Weise Rechnung zu tragen, daß nur eine *besonders* rohe Äußerung als Beschimpfung eines religiösen Bekenntnisses gewertet werden kann. Solange die Darstellung sachliche Kritik zum Ausdruck bringt oder einen Ansatz zur sachlichen Auseinandersetzung erkennen läßt, liegt keine strafbare Beschimpfung eines öffentlichen Bekenntnisses vor, denn auch harte und ansatzweise verletzende Kritik z. B. der Kirche in satirischer Form wird durch Art. 5 Abs. 3 Satz 1 GG gerechtfertigt. Da der Angeklagte sich unwiderlegbar dahin eingelassen hat, daß es ihm mit der Szene gerade um diese kritische Auseinandersetzung mit der Amtskirche gegangen sei, sieht das Gericht das Verhalten des Angeklagten durch die ihm zur Seite stehende Kunstfreiheit als gerechtfertigt an. Dabei hat das Gericht berücksichtigt, daß die Kreuzdarstellung Bestandteil der Dekoration für eine Spielszene war, und folglich nicht isoliert betrachtet werden kann. Unter Berücksichtigung dieser Gesamtumstände war die Kreuzdarstellung als satirisches und künstlerisches Ausdrucksmittel zu werten. Eine besonders rohe und verletzende, dem durch die Kunstfreiheit abgedeckten Schutzbereich überschreitende, Beschimpfung des religiösen Bekenntnisses anderer hat das Gericht nicht feststellen können.

---

[2] KirchE 26, 206.

Da dem Angeklagten das Privileg von Kunstfreiheit zur Seite steht, konnte er dies auch für sich in Anspruch nehmen, selbst wenn er damit rechnete, daß einige Besucher in ihrem religiösen Empfinden verletzt werden könnten. Obwohl der Angeklagte bereits freizusprechen war, weil das Tatbestandsmerkmal des Beschimpfens eines religiösen Bekenntnisses nicht vorliegt, weist das Gericht vorsorglich darauf hin, daß auch das Tatbestandsmerkmal der Störung des öffentlichen Friedens nicht erfüllt ist. Hierfür reicht es nicht aus, daß durch die Darstellung das religiöse Gefühl von Anhängern der betroffenen Religionsgemeinschaft verletzt wird. Es muß vielmehr aus der Sicht eines objektiven Betrachters die Befürchtung bestehen, daß das friedliche Nebeneinander der durch ein gemeinsames Bekenntnis verbundenen Bevölkerungsteile gestört wird. Dabei kann das friedliche Nebeneinander verschiedener Bevölkerungsgruppen sowohl dadurch gestört werden, daß das berechtigte Vertrauen der Betroffenen in die Respektierung ihrer Überzeugung beeinträchtigt wird, als auch dadurch, daß eine Äußerung geeignet ist, bei Dritten die Intoleranz gegenüber den Anhängern des beschimpften Bekenntnisses zu fördern (OLG Köln, Urteil vom 11. 11. 1981[3], NJW 1982, S. 657). Das Gericht hat keine Anhaltspunkte dafür finden können, daß die satirische Darstellung geeignet gewesen ist, feindseliges Verhalten gegenüber Christen zu fördern. Der Angeklagte selbst hat dargelegt, daß es ihm um eine kritische Auseinandersetzung mit Zuständen innerhalb der Kirche gegangen ist. Allein aus dieser Absicht kann nicht der Rückschluß gezogen werden, daß der Angeklagte damit die Absicht verfolgte, feindseliges Verhalten zu fördern, vielmehr kann Beweggrund gewesen sein, einen konstruktiven Beitrag zur Lösung innerkirchlicher Probleme zu leisten. Andere Anhaltspunkte, infolge des Beitrages in der Stunksitzung könnte Vorschub für Intoleranz gegenüber Anhängern des beschimpften Bekenntnisses gefördert worden sein, hat das Gericht nicht.

Das Gericht sieht auch nicht, wie durch den Verlauf der Stunksitzung das berechtigte Vertrauen der Betroffenen in die Respektierung ihrer Überzeugung beeinträchtigt worden sein könnte. Dabei hat das Gericht in seine Überlegungen auch die Umstände einbezogen, wie die Kreuzdarstellung der Öffentlichkeit zugänglich gemacht worden ist. Dabei konnte es keinem Zweifel unterliegen, daß es sich bei den Besuchern der Stunksitzung um eine breite Öffentlichkeit und nicht um eine geschlossene Gesellschaft gehandelt hat, denn jeder, der die Beschwerlichkeiten des Kartenerwerbes auf sich nehmen wollte, hatte Zugang zu den Stunksitzungen. Besonders interessant ist diese Veranstaltung jedoch für ein Publikum, das einen alternativen Inhalt einer Karnevalssitzung zum übliche Sitzungskarneval in Köln erwartet. Dieses Publikum erwartet eher kabarettistische Einlagen und eine intellektuelle Ansprache.

---

[3] KirchE 19, 133.

Von diesem Publikum konnte der Angeklagte auch erwarten, daß es sein sachliches Anliegen verstehen werde und daß es dadurch nicht zu einer Störung des öffentlichen Friedens kommen könne. Er braucht auch nicht damit zu rechnen, daß bei Anhängern des religiösen Bekenntnisses der Eindruck aufkommen könne, daß dieses lediglich wegen satirischer Kritik nicht respektiert werden würde. Tatsächlich sind in der nachfolgenden öffentlichen Auseinandersetzung über die Casablanca-Szene keine Anhaltspunkte erkennbar geworden, daß der öffentliche Frieden gestört worden ist oder auch nur die Gefahr hierzu bestanden hat.

57

Zum Anspruch auf Sozialhilfeleistungen aus Anlaß einer Taufe (Bewirtungs- und Reisekosten, Festkleidung für Angehörige, Taufkleid, Einladungskarten).

§§ 11 Abs. 1, 12 Abs. 1 BSHG

VGH Baden-Württemberg, Urteil vom 8. September 1993 – 6 S 1467/91[1] –

Die Klägerinnen begehren u. a. verschiedene einmalige Beihilfen nach BSHG. Die 1963 geborene Klägerin zu 4. ist seit Januar 1989 geschieden. Sie ist die Mutter der im Januar 1986 geborenen Klägerin zu 3. sowie der im Mai 1989 geborenen Klägerinnen zu 1. und 2., die sie allein erzieht. Von Januar 1989 bis Februar 1990 erhielten die Klägerinnen vom Beklagten (Landkreis B.) auf Grund von mehreren Bescheiden laufende Hilfe zum Lebensunterhalt. Ab September 1989 wurde die Klägerin zu 4. in das Landesprogramm „Mutter und Kind" aufgenommen.

Unter anderem beantragte die Klägerin zu 4. beim Beklagten die Übernahme der Kosten im Zusammenhang mit der Taufe der Klägerinnen zu 1. und 2. am 25. 2. 1990 in N./Nordrhein-Westfalen. Im einzelnen beantragte sie:

a) Restaurantkosten für 20 Personen (ca. 600,- DM),
b) Kosten für Einladungsschreiben und Porto (ca. 40,- DM),
c) Kosten der Bahnfahrt nach N. (ca. 300,- DM),
d) Taufkleidung für die Klägerinnen zu 1. und 2. (ca. 200,- DM),
e) je ein Kleid für die Klägerinnen zu 3. und 4. (ca. 130,- DM),
f) je ein Paar festliche Schuhe für die Klägerinnen zu 3. und 4. (ca. 120,- DM).

Mit Bescheid vom 11. 4. 1990 bewilligte der Beklagte u. a. den Klägerinnen folgende Beihilfe:

---

[1] Amtl. Leitsatz. VBlBW 1994, 110. Das Urteil ist rechtskräftig.

a) 100,- DM für *Taufbekleidung der Klägerinnen zu 1. und 2.*,
b) *150,- DM für Bewirtung im Rahmen einer kleinen häuslichen Tauffeier.*

Mit weiterem Bescheid vom 11. 4. 1990 lehnte der Beklagte u. a. den Antrag auf Übernahme von Reisekosten, Einladungskarten sowie Bekleidung für die Klägerinnen zu 3. und 4. anläßlich der Taufe der Klägerinnen zu 1. und 2. ab. Zur Begründung führte der Beklagte aus, im Rahmen der Sozialhilfe könnten die anfallenden Kosten einer Taufe nur für eine kleine Feier im häuslichen Rahmen übernommen werden. Die Fahrt nach N. könne nicht aus Sozialhilfemitteln finanziert werden. Aus Anlaß einer Taufe reiche es zudem aus, wenn Eltern und Geschwister normale Sonntagsbekleidung trügen. Besondere Festtagsbekleidung könne nicht bewilligt werden. Die Kosten für die Einladungskarten und Briefe sowie das Porto dafür seien aus den Regelsätzen zu bestreiten.

Die Klägerinnen erhoben gegen den ablehnenden Bescheid vom 11. 4. 1990 Widerspruch und brachten vor, bei der Taufe seien die Kosten in Höhe von ca. 20 bis 25 DM für Angehörige und Freunde zu übernehmen. An der Tauffeier hätten zwölf Personen teilgenommen. Ihr, der Klägerin zu 4., sei es nicht möglich gewesen, in ihrer Zweizimmerwohnung eine häusliche Feier mit zwölf Personen auszurichten. Auch sei es damals ihrer 81jährigen Großmutter nicht sehr gut gegangen, weshalb die Feier hauptsächlich in N. stattgefunden habe. Ferner hätten weder sie noch ihre älteste Tochter Sonntagsbekleidung und Sonntagsschuhe gehabt. Eine Bekleidungsbeihilfe sei daher notwendig gewesen. Im Regelsatz seien nur vier Briefe enthalten. Daher gehörten die Kosten für Einladungen zu den Kosten der Taufe. Die gewährte Beihilfe für Bekleidung reiche bei weitem nicht aus.

Der Beklagte wies die Widersprüche gegen die Bescheide vom 11. 4. 1990 als unbegründet zurück. Für die anläßlich der Taufe entstandenen Kosten sei eine Beihilfe in Höhe von 150,- DM gewährt worden. Der Gesamtbetrag der Beihilfe von ca. 4155,- DM habe ausgereicht, die notwendigen Anschaffungen zu bestreiten, zumal, da die Klägerin zu 4. über Einnahmen verfüge, die im Rahmen der Sozialhilfe nicht angerechnet würden. Umstände, die dafür sprechen würden, eine höhere Beihilfe anläßlich der Tauffeier zu bewilligen, seien nicht ersichtlich. Der Sozialhilfeträger müsse nicht jeden insoweit geltend gemachten Bedarf befriedigen. Tauffeiern würden unabhängig von den wirtschaftlichen Verhältnissen in unterschiedlichem Umfang begangen und reichten von schlichten Feiern im engsten Familienkreis bis zu einem größeren Familienfest. Es reiche daher aus, daß der Sozialhilfeträger nur die Bewirtung der engsten Angehörigen sowie der Taufpaten gewährleiste. Die Bewirtung von zwölf Gästen gehe über einen vertretbaren Umfang hinaus. Auch zusätzliche Kosten für die Fahrt nach N., Einladungen u. a. seien nicht von existentieller Bedeutung für die Durchführung der Tauffeier gewesen, da die Klägerin zu 4. nicht gezwungen gewesen sei, diese außerhalb ihres Wohnortes durchzuführen. Auch könnten die Klägerinnen zu 3. und 4. keine zusätzliche Beihilfe für die Beschaffung von festlicher Kleidung beanspruchen. Hierbei sei auch zu berücksichtigen, daß es heutzutage nicht mehr allgemein üblich sei, ein Kleid ausschließlich für die Taufe oder für sonntags zu erwerben.

Mit ihrer hierauf erhobenen Klage machen die Klägerinnen u. a. geltend: Es bestehe ein Anspruch auf Bewilligung weiterer 150,- DM für die Bewirtung der Gäste der Tauffeier. Die Bewirtung von zwölf Gästen sei angemessen. Dies seien die Eltern der Klägerin zu 4., der Stiefvater der Klägerin zu 4., der Vater der Klägerinnen zu 1. und 2., 4 Taufpaten und schließlich die Klägerinnen selbst gewesen. An der Tauffeier hätten noch weitere Personen teilgenommen. Die Tauffeier habe in N. stattfinden müssen, da die Großmutter der Klägerin zu 4. nicht reisefähig gewesen sei. Auch die Paten hätten in dieser Gegend gewohnt. 25,- DM pro Person entspreche für festliche Anlässe mindestens dem Üblichen. Üblich sei es auch, zu einer Tauffeier mit Karten einzuladen. Für die Taufkleider müßten weitere 100,- DM bewilligt werden. Für festliche Taufkleidung könnten die Klägerin zu 4. 150,- DM und die Klägerin zu 3. 100,- DM beanspruchen (Kleider und Schuhe).

Das Verwaltungsgericht hat die Klage, soweit diese auf weitergehende Beihilfe zu den Kosten der Tauffeier gerichtet ist, abgewiesen. Die Klägerinnen hätten keinen Anspruch auf Übernahme der Kosten für die Zugfahrt nach N. Der Umstand, daß ein Teil der Taufpaten in N. wohne, führe nicht zu der Annahme, daß die Reise dorthin von existentieller Bedeutung sei. Es könne nicht angehen, daß Sozialhilfeempfänger Reisen zu Personen unternähmen, die keine Sozialhilfe in Anspruch nähmen. Das Vorbringen der Klägerin zu 4., ihre Wohnung sei für eine Tauffeier mit zwölf bis sechzehn Personen zu klein, liege neben der Sache. Auch möge es zwar wünschenswert sein, daß die Urgroßmutter an der Taufe der Urenkel teilnehme, von existentieller Bedeutung sei dies aber nicht. Auch bestehe kein Anspruch auf eine weitere Beihilfe in Höhe von 150,- DM für Verpflegungskosten anläßlich der Bewirtung der Taufgäste. Zum notwendigen Lebensunterhalt aus Anlaß von Festen und Feiern zähle hauptsächlich der Bedarf für das Weihnachtsfest und für Familienfeiern wie Taufe, Kommunion, Konfirmation, Hochzeit und Beerdigung. Dabei sei auch der Bedarf von nahestehenden Personen zu berücksichtigen. Allerdings müßten sich die Hilfesuchenden auf eine bescheidene Feier beschränken, da nur insoweit ein notwendiger Bedarf vorliege. Die vom Beklagten gewährte Hilfe habe ausgereicht, eine solche Tauffeier zu ermöglichen. Es erscheine bereits zweifelhaft, ob eine Feier mit dreizehn Personen noch als bescheiden angesehen werden könne. Dies könne aber offen bleiben, weil die gewährte Hilfe auch für dreizehn Personen ausgereicht habe. Die Klägerinnen zu 1. bis 3. hätten nur einen geringen Essensbedarf gehabt. Für die Klägerin zu 4. müsse noch ein gewisser Betrag aus der für „Ernährung" geleisteten Regelsatzhilfe angesetzt werden. Gehe man also von zehn „notwendigen" Erwachsenen und einem zur Verfügung stehenden Betrag von 145,- DM aus, so ergebe sich pro Person ein Betrag von 14,50 DM. Dieser Betrag müsse für eine einfache Bewirtung ausreichen, zumal da die Klägerinnen keinen Anspruch darauf hätten, die Taufe in der Form zu feiern, daß Essen aus einem Restaurant verzehrt werde. Es sei ferner nicht erkennbar, warum zwölf schriftliche Einladungen zuzüglich Porto erforderlich gewesen seien. Den Aufwand für vier Einladungskarten und Porto hätten die Klägerinnen auf jeden Fall aus dem Regelsatz bestreiten können. Die Klägerin zu 4. habe weiter auch keinen Anspruch auf eine Beihilfe für ein festliches Kleid und ein Paar Schuhe. Zwar sei es einem Sozialhilfeempfänger nicht zuzumuten, eine Familienfeier in unzureichender Kleidung zu begehen. Jedoch reiche eine „übliche", korrekte Kleidung aus, mit der der Hilfeempfänger nicht negativ auffalle. In vielen sozialen Schichten der Bundesrepublik Deutschland sei es nicht mehr üblich, anläßlich einer Taufe besonders festliche Kleidung zu tragen. Für die Klägerin zu 3. gelte nichts anderes. Diese sei bei der Taufe knapp 4 Jahre alt gewesen. Bei Kindern in diesem Alter sie es erst recht nicht üblich, besonders festliche Kleidung anzuschaffen. Guterhaltene Alltagskleidung sei ausreichend, und diese habe die Klägerin zu 3. besessen. Der vom Beklagten bewilligte Betrag von jeweils 50,- DM für Taufkleider sei, sofern der Bedarf überhaupt notwendig sei, ausreichend bemessen. Hierbei sei zu beachten, daß es in weiten Kreisen der Bevölkerung nicht mehr üblich sei, eine spezielle festliche Taufbekleidung für den Täufling zu kaufen, vielmehr reiche ein normales Kleidchen völlig aus. Für ein neun Monate altes Kind sei dieses für 50,- DM zu bekommen.

Mit ihrer Berufung verfolgen die Klägerinnen u. a. diesen Beihilfeanspruch weiter und machen geltend: Bei den Reisekosten für die Tauffeier habe das Verwaltungsgericht die Besonderheit des vorliegenden Falles nicht ausreichend berücksichtigt. Die Urgroßmutter der Täuflinge sei nicht reisefähig gewesen. Die Klägerin zu 4. habe zu dieser Urgroßmutter eine sehr enge Beziehung, diese sei ihre Ersatzmutter. Mit 150,- DM hätten die Klägerinnen auch nicht die engste Verwandtschaft bewirten können. Für 14,50 DM pro erwachsene Person lasse sich zu Hause kein Festessen mit Getränken herstellen, erst recht nicht in einer Gaststätte. Auch die drei teilnehmenden Kinder hätten einen Essensbedarf. Eine Kostenersparnis für Kinder falle nicht sehr ins Gewicht. Die engste Verwandtschaft bestehe im vorliegenden Fall aus 13 Personen. Hierbei sei die Urgroßmutter der Täuflinge noch nicht erwähnt. In N. sei das Essen so kostengünstig wie möglich im Gemeindesaal der evangelischen Kirche ausgerichtet worden. Auch sei es nicht möglich gewesen, die Tauffeier in der Zweizimmerwohnung der Klägerinnen stattfinden zu lassen. Es sei auch nicht üblich, zu einer wichtigen Familienfeier nicht persönlich einzuladen. Gerade im Kreise der untersten Einkommensschichten werde besonderer Wert auf festliches

Aussehen, auch und gerade von Kindern, gelegt. Die Klägerinnen hätten entgegen der Darstellung des Verwaltungsgerichts vorgetragen, daß sie für die Tauffeier keine korrekte Kleidung besessen hätten. Es sei auch immer noch üblich, den Täuflingen Taufkleider anzuziehen. Solche Kleider kosteten in den billigsten Preislagen je 100,- DM. Die Kleider, die die Klägerin zu 4. angeschafft habe, hätten je ca. 150,- DM gekostet.

Die Klägerinnen beantragen in der Berufungsinstanz, das Urteil des Verwaltungsgerichts zu ändern, soweit die Klage abgewiesen wurde, den Beklagten zu verpflichten, u.a. 2. den Klägerinnen zu 1. bis 4. eine Beihilfe zu Reisekosten in Höhe von 312,- DM für die Fahrt von A. nach N. und zurück zu bewilligen, 3. den Klägerinnen zu 1. und 2. eine weitere Beihilfe in Höhe von 150,- DM für die Bewirtung der Gäste der Tauffeier vom 25. 2. 1990 zu bewilligen, 4. den Klägerinnen zu 1. und 2. eine Beihilfe in Höhe von 18,- DM für zwölf Einladungskarten und Porto zu bewilligen, 5. der Klägerin zu 4. eine Beihilfe in Höhe von 150,- DM für ein festliches Kleid und ein Paar Schuhe zu bewilligen, 6. der Klägerin zu 3. eine Beihilfe in Höhe von 100,- DM für ein festliches Kleid und ein Paar Schuhe zu bewilligen, 7. den Klägerinnen zu 1. und 2. eine weitere Beihilfe von insgesamt 100,- DM für Taufkleider zu bewilligen.

Die Berufung hatte u.a. Erfolg hinsichtlich eines Teils der beantragten Beihilfen für Bewirtungskosten sowie für ein Festkleid der Klägerin zu 4.

Aus den Gründen:

2. Reisekosten von A. nach N. und zurück für alle Klägerinnen (Berufungsantrag Nr. 2):

Das Verwaltungsgericht hat diese Kosten mit zutreffender Begründung für nicht notwendig im Sinne von § 12 BSHG gehalten. Der Senat verweist daher insoweit auf das Urteil des Verwaltungsgerichts (vgl. § 130b VwGO). Hervorzuheben ist nochmals, daß die Taufe auch in A. oder Umgebung hätte gefeiert werden können. Dann hätten die eingeladenen Verwandten und Paten zwar die Reise- und Hotelkosten aufbringen müssen; dies ist aber nichts Besonderes, weil Verwandte oft von weither zu einer Taufe anreisen. Der Umstand, daß die Urgroßmutter der Klägerinnen zu 1. und 2. nicht reisefähig war, kann ebenfalls nicht dazu führen, die Tauffeier auf Kosten des Beklagten und damit des Steuerzahlers an einen Ort in der Nähe des Wohnortes der Urgroßmutter zu verlegen.

3. Übernahme von weiteren Kosten für die Bewirtung bei der Tauffeier (Berufungsantrag Nr. 3):

Das Verwaltungsgericht hat zu dieser Frage zu Recht das Urteil des Senats vom 24. 5. 1989 – 6 S 283/89 – herangezogen, wonach sich die Sozialhilfempfänger auf eine bescheidene Feier im engsten Familienkreise beschränken müssen, da nur insoweit ein notwendiger, in vertretbarem Umfang zu deckender Bedarf vorliegt (vgl. nunmehr auch Urteil des BVerwG v. 18. 2. 1993[2] – 5 C 22.91 –). Daraus folgt, daß ein Anspruch auf ein Gasthausessen nicht besteht. Nicht nur bei den unteren Einkommensschichten kommt es öfters vor, daß aus Anlaß von Tauffeiern selbst gekocht wird. Etwas anderes ergibt sich hier auch nicht daraus, daß die Klägerinnen nur in einer Zweizimmer-Wohnung leben, denn auch in einer solchen Wohnung ist eine bescheidene Familienfeier möglich. Wenn die Wohnung mit Sachen „vollgestopft" ist, wie vorgetragen wird, müssen eben die Möbel und anderen Gegenstände für die Zeit der Feier zusammengestellt werden, um Platz zu schaffen. Auch dies ist nichts Besonderes. Ferner ist es auch nicht erforderlich, daß alle Personen in einem Zimmer feiern und an einem Tisch sitzen.

Die Zahl der Teilnehmer an der Tauffeier geben die Klägerinnen in der Berufungsbegründung mit 13 an, nämlich die Eltern der Klägerin zu 4., den Stiefvater der Klägerin zu 4., den Vater der Klägerinnen zu 1. und 2., 4 Taufpaten für zwei Täuflinge sowie die vier Klägerinnen – dies sind jedoch 12, nicht 13 Personen. Eine Bewirtung von 12 Personen ist hier (bei zwei Täuflingen) angemessen. Beim Bewirtungsaufwand für diese Personen hat das Verwaltungsgericht zu Recht berücksichtigt, daß die Klägerinnen zu 1. bis 3. nur einen geringen Bewirtungsbedarf hatten und daß bei den Klägerinnen noch ein gewisser Betrag aus der für „Ernährung" geleisteten Regelsatzhilfe berücksichtigt werden muß (vgl. Urteil des Senats v. 24. 5. 1989 aaO). Der Einwand der Klägerinnen, in Restaurants seien die Kinderteller unverhältnismäßig teuer, greift schon deshalb nicht, weil ein Restaurantbesuch, wie ausgeführt, nicht zum notwendigen Bedarf gehört. Der Senat hält nach allem folgende Beträge für angemessen: Für 9 Erwachsene je 20,– DM für Bewirtung, für die Klägerin zu 310,– DM und für die Klägerinnen zu 1. und 2. nichts, weil diese noch keinen besonderen Bewirtungsbedarf hatten; dies ergibt einen Betrag von 190,– DM. Hiervon zieht der Senat nochmal 10,– DM wegen der für „Ernährung" geleisteten Regelsatzhilfe ab. Da die Klägerinnen vom Beklagten bereits 150,– DM erhalten haben, stehen ihnen mithin weitere 30,– DM zu.

4. Übernahme von Kosten für 12 Einladungsschreiben und Porto (Berufungsantrag Nr. 4):

Der Senat verweist auf die zutreffenden Ausführungen im Urteil des Verwaltungsgerichts (vgl. § 130b VwGO). Im übrigen hält er es für zumutbar, die Einladungskarten – soweit ihre Versendung überhaupt erforderlich ist – selbst herzustellen, statt sie zu kaufen.

---

[2] KirchE 31, 87.

5. Beihilfe für ein festliches Kleid und Schuhe der Klägerin zu 4. (Berufungsantrag Nr. 5):
Nach der Rechtsprechung des Senats zum Bedarf aus Anlaß einer Kommunion (vgl. Urteil v. 24. 5. 1989, aaO), die der Senat auch auf den Bedarf bei Taufen überträgt, kann es den Familienangehörigen nicht zugemutet werden, die Feier in unzureichender Kleidung zu begehen. Unzureichend in diesem Sinne ist eine Kleidung aber nicht schon dann, wenn sie nicht neu oder nicht ausgesprochen festlich ist. Es reicht daher eine „übliche" Sonntagskleidung aus, denn auch mit dieser fällt man nach den heutigen Anschauungen, selbst beim Kirchgang, nicht negativ auf. Die Klägerin zu 4. bestreitet aber glaubhaft, daß sie „übliche Sonntagskleidung" besaß. Sie hat unbestritten vorgetragen, sie habe durch die Schwangerschaft 15 kg zugenommen, daher habe ihr kein Kleid aus früherer Zeit mehr gepaßt (...). Dieser Vortrag leuchtet ohne weiteres ein; die beantragten 150,- DM sind auch dann nicht überzogen, wenn berücksichtigt wird, daß die Klägerin zu 4. zu den „festlichen Schuhen" nichts weiter vorgetragen hat und daß sie „normale" Schuhe hatte. Auch hat sie die Beihilfe rechtzeitig vor der Tauffeier beim Beklagten beantragt, so daß der Beklagte genügend Zeit hatte, darüber vor der Taufe zu entscheiden. Daher kann es offenbleiben, ob und eventuell wie die Klägerin zu 4. ihren Bedarf anderweitig gedeckt hat (vgl. hierzu Urteil des BVerwG v. 30. 3. 1992 – 5 C 12.87 – BVerwGE 90, 154).

6. Beihilfe für ein festliches Kleid und Schuhe der Klägerin zu 3. (Berufungsantrag Nr. 6):
Die Klägerin zu 3. war im Zeitpunkt der Taufe ihrer Schwestern erst etwa 4 Jahre alt. Bei einem Kind in diesem Alter wird hinsichtlich der „Sonntagskleidung" weniger erwartet als bei Erwachsenen (vgl. Urteil des Senats v. 24. 5. 1989, aaO). Daß dies gerade bei den „untersten Einkommensschichten" anders sein sollte, wie die Klägerinnen vortragen, leuchtet dem Senat nicht ein. „Normale" Kleidung und Schuhe hatte die Klägerin zu 3. aber. Die Beihilfe steht ihr daher nicht zu.

7. Weitere Beihilfe für Taufkleider der Klägerinnen zu 1. und 2. (Berufungsantrag Nr. 7):
Ebenso wie das Verwaltungsgericht hält es auch der Senat nicht für erforderlich, daß die Klägerinnen zu 1. und 2. bei der Taufe Taufkleider tragen sollten. Auch mit normalen Kleidchen oder Stramplern wären die Klägerinnen zu 1. und 2. nach den herrschenden Lebensgewohnheiten nicht negativ aufgefallen.

58

Die persönliche Gebührenfreiheit, die die Klosterkammer Hannover als Landesbehörde genießt, erstreckt sich nicht auf den Allgemeinen Hannoverschen Klosterfonds, den sie als Stiftungsorgan vertritt.

§ 2 Abs. 1 Nr. 2 Nds.VerwKostG

Niedersächs.OVG, Urteil vom 14. September 1993 – 1 L 334/91[1] –

Die Klägerin, die Klosterkammer Hannover, wendet sich gegen einen Kostenfestsetzungsbescheid der Beklagten, mit der ihr Baugebühren auferlegt worden sind. 1990 beantragte die Klägerin bei der Beklagten die Zustimmung nach § 82 NBauO für den Neubau eines Holzschuppens der Revierförsterei G., deren Eigentümer der Allgemeine Hannoversche Klosterfonds ist. Die Beklagte stimmte der Baumaßnahme zu und setzte mit dem angefochtenen Bescheid Kosten in Höhe von 103,- DM fest. Den Widerspruch der Klägerin wies die Beklagte zurück.

Mit der Klage trägt die Klägerin vor, ihr stehe Befreiung von den Baugebühren nach § 2 Abs. 1 Nr. 2 VerwKostG zu. Dadurch, daß sie den Allgemeinen Hannoverschen Klosterfonds vertrete, verliere sie nicht das ihr zustehende Gebührenprivileg. Außerdem lasse die Gebührenbefreiung auch der Kirchen den Schluß zu, daß der Gesetzgeber auch die von der Klosterkammer verwalteten Fonds befreien wollte.

Die Beklagte meint, die Klägerin sei deshalb nicht von Baugebühren befreit, weil die Gebühren dem Allgemeinen Hannoverschen Klosterfonds als Drittem nach § 2 Abs. 1 Nr. 2 VerwKostG zur Last zu legen seien. Der Aufwand, der der Klägerin aus der Verwaltung des Allgemeinen Hannoverschen Klosterfonds entstehe, werde von diesem getragen.

Das Verwaltungsgericht hat die Klage abgewiesen.

Mit ihrer Berufung trägt die Klägerin vor: Tragender Gesichtspunkt der Gebührenbefreiung nach § 2 Abs. 1 Nr. 2 NdsVerwKostG sei, daß im Verhältnis von Landesbehörden untereinander keine Gebühren anfallen sollten. Veranlasser der Gebühr sei nicht der Allgemeine Hannoversche Klosterfonds, sondern sie, die Klägerin. Bereits nach Preußischem Recht habe für sie, die Klägerin, Gebührenfreiheit bestanden; daran habe das Niedersächsische Verwaltungskostengesetz nichts ändern wollen. Eine Rechtsänderung hätte eines deutlichen Hinweises bedurft. Die Gebührenbefreiung für den Allgemeinen Hannoverschen Klosterfonds nach § 2 Abs. 2 GKG und § 11 Abs. 2 KostO i.V.m. § 1 des Niedersächsischen Gesetzes über Gebührenbefreiung, Stundung und Erlaß

---

[1] Amtl. Leitsatz. OVGE 44, 357. Das Urteil ist rechtskräftig. Vgl. zu diesem Fragenkreis auch BVerwG NVwZ 1996, 786.

von Kosten in der Gerichtsbarkeit vom 10. April 1973 verdeutliche die Intentionen des Gesetzgebers. Da das Land bereits aufgrund bundesrechtlicher Vorschriften von Gebühren befreit sei, sei der Allgemeine Hannoversche Klosterfonds ausdrücklich genannt.

Die Berufung blieb ohne Erfolg.

Aus den Gründen:

Die zulässige Berufung der Klägerin hat keinen Erfolg, weil sich die persönliche Gebührenfreiheit der Klägerin nach § 2 Abs. 1 Nr. 2 VerwKostG nicht auf den von der Klägerin vertretenen Allgemeinen Hannoverschen Klosterfonds erstreckt.

Rechtsgrundlage des angefochtenen Kostenbescheides ist § 1 Abs. 1 Nds. Verwaltungskostengesetz – VerwKostG – vom 7. 5. 1962 (Nds.GVBl. S. 42), zuletzt geändert durch Art. 3 des Gesetzes vom 7. 11. 1991 (Nds.GVBl. S. 295). Nach dieser Vorschrift werden u. a. für Amtshandlungen in Angelegenheiten der Landesverwaltung Kosten erhoben, wenn die Beteiligten zu der Amtshandlung Anlaß gegeben haben. Die Klägerin hat als Stiftungsorgan des Allgemeinen Hannoverschen Klosterfonds die Zustimmung der Bezirksregierung nach § 82 NBauO für eine Baumaßnahme des Allgemeinen Hannoverschen Klosterfonds beantragt und damit die Amtshandlung veranlaßt.

Die Klägerin ist nicht nach § 2 Abs. 1 Nr. 2 VerwKostG von der Entrichtung von Gebühren befreit. Nach dieser Vorschrift werden Gebühren u. a. nicht für Amtshandlungen erhoben, zu denen eine Landesbehörde Anlaß gegeben hat, es sei denn, daß die Gebühr einem Dritten zur Last zu legen ist. Die Beklagte hat sich bei der Heranziehung der Klägerin auf den Runderlaß des MF vom 8. 5. 1990 (Nds.MBl. S. 635) gestützt, der davon ausgeht, daß die Klägerin die Amtshandlungen, die sich auf das Vermögen des Allgemeinen Hannoverschen Klosterfonds beziehen, zwar in ihrer Eigenschaft als Landesbehörde veranlasse, daß aber Gebührenfreiheit nicht eintrete, weil die Gebühr einem – nicht gebührenprivilegierten – Dritten zur Last zu legen sei. Dieser Auffassung vermag der Senat nicht zu folgen.

Es ist zwar richtig, daß der Allgemeine Hannoversche Klosterfonds eine selbständige Stiftung des öffentlichen Rechts mit eigener Rechtspersönlichkeit oder aber ein unselbständiges Sondervermögen unter der Trägerschaft des Landes Niedersachsen ist (vgl. Urteil d. Nds. Staatsgerichtshofes v. 13. 7. 1972[2] – StGH 1/71 – OVGE 28, 483 ff.). Die Anwendung der Vorbehaltsregelung des § 2 Abs. 1 Nr. 2 VerwKostG, „... es sei denn, daß die Gebühr einem Dritten zur Last zu legen ist", setzt aber eine Rechtsgrundlage voraus, die es der ver-

---

[2] KirchE 13, 2.

anlassenden Landesbehörde erlaubt, den Dritten hoheitlich heranzuziehen (vgl. Loeser, VerwKostG, Praxis der Gemeindeverwaltung, Stand Okt. 1985, § 1 Anm. 2d). Eine derartige Rechtsgrundlage kann – entgegen der Auffassung der Beklagten – auch nicht durch das Argument ersetzt werden, aus den Rechtsbeziehungen der Klägerin und des Allgemeinen Hannoverschen Klosterfonds folge aus der Natur der Sache eine hoheitliche Inanspruchnahmemöglichkeit des Allgemeinen Hannoverschen Klosterfonds durch die Klägerin.

Die Klägerin hat jedoch die Amtshandlung nicht selbst veranlaßt, sondern als Stiftungsorgan des Allgemeinen Hannoverschen Klosterfonds gehandelt. Der Vertreter ist nicht Veranlasser der durch einen Antrag ausgelösten Amtshandlung, vielmehr ist der Antrag dem Vertretenen zuzurechnen (vgl. OVG Lüneburg, Urteil v. 27. 8. 1980 – 9 A 114/78 – KStZ 1981, 154). Allerdings muß der Vertreter den Antrag ausdrücklich im Namen des Vertretenen stellen oder es muß sich aus den Umständen eindeutig oder zwingend ergeben, daß der Antrag einem Dritten zuzurechnen ist. So liegen die Dinge hier, weil die Klägerin als Sonderbehörde für die Verwaltung und für die rechtliche Vertretung des Allgemeinen Hannoverschen Klosterfonds zuständig ist (vgl. Urteil d. Nds.StGH, aaO; Korte/Rebe, Verfassung und Verwaltung des Landes Niedersachsen 1986 S. 403; PrOVGE 57, 226 [231 ff.]). Im übrigen können dann keine besonderen Anforderungen an das Offenlegen der Vertretung gestellt werden, wenn die Vertretung aufgrund einer mehr als 100jährigen Rechtstradition besteht und bekannt ist.

Die persönliche Gebührenfreiheit, die die Klägerin nach § 2 Abs. 1 Nr. 2 NdsVerwKostG als Landesbehörde genießt, erstreckt sich nicht auf den von ihr vertretenen Allgemeinen Hannoverschen Klosterfonds. Die klagende Klosterkammer ist durch „landesherrliches Patent über die Errichtung einer allgemeinen Kloster-Cammer zu Hannover" vom 8. 5. 1818 (im Wortlaut abgedruckt im Urteil d. Nds.StGH v. 13. 7. 1972 – StGH 1/71 –, Nds.MBl. 1972, 1101 = OVGE 28, 483) als besondere Behörde geschaffen worden, der – unter unmittelbarer Aufsicht des Ministeriums – die Verwaltung der im Allgemeinen Hannoverschen Klosterfonds vereinigten Güter und Einkünfte der aufgehobenen Klöster und geistlichen Stiftungen übertragen worden ist. Die Klosterkammer verwaltet den Allgemeinen Hannoverschen Klosterfonds und vertritt ihn im Rechtsverkehr. „Sie ist sowohl Landesbehörde als auch Stiftungsorgan. Als erstere ist sie eine staatliche Sonderbehörde, eingefügt in den Behördenorganismus ... Als Behörde untersteht die Klosterkammer der Dienstaufsicht des Niedersächsischen Ministeriums für Wissenschaft und Kunst, als Stiftungsorgan jedoch nur der Stiftungsaufsicht (Rechtsaufsicht)." (vgl. Staatshandbuch Land Niedersachsen, Ausgabe 1993, S. 107f.). Es kann offen bleiben, ob sich die Eigenschaft der klagenden Klosterkammer als Landesbehörde und als Stiftungsorgan trennen läßt. Auch wenn es sich insoweit um untrennbare Funktionen einer Institution handelt, kann sich die Gebührenfreiheit der Klägerin als Landesbehörde nach § 2 Abs. 1 Nr. 2 VerwKostG nicht auf den von ihr vertretenen Allgemeinen Hannoverschen Klosterfonds beziehen. Ist diesem der Antrag zuzurechnen, der die Amtshandlung auslöst, kann es für die persönliche Gebührenbefreiung nicht auf die Verhältnisse des Vertreters, sondern nur auf die des Vertretenen ankommen.

Die Besonderheit, daß zur Verwaltung und Vertretung des Allgemeinen Hannoverschen Klosterfonds eine besondere Landesbehörde, die Klosterkammer, errichtet worden ist, legt allerdings die Frage nahe, ob nicht die persönliche Gebührenfreiheit der Klosterkammer deshalb auf die Tätigkeiten der Klosterkammer für den Allgemeinen Hannoverschen Klosterfonds zu erstrekken ist, weil die Gebührenfreiheit der Klosterkammer mangels anderweitiger Aufgaben sonst praktisch leerliefe. Diese Frage muß verneint werden. Der Sinn des § 2 Abs. 1 Nr. 2 VerwKostG liegt darin begründet, „Zahlungen aus einer Kasse des Landes Niedersachsen in die andere zu vermeiden" (LT-Drucks. IV/222 zu § 2). Die rechtliche Verselbständigung des Allgemeinen Hannoverschen Klosterfonds als Stiftung des öffentlichen Rechts oder jedenfalls als Sondervermögen des Landes – „das zu einer abgesonderten Masse vereinigte Vermögen soll von den übrigen öffentlichen Kassen gänzlich getrennt bleiben" (§ 79 Landesverfassungsgesetz v. 6. 8. 1840 – Hann.GS S. 141) – schließt eine Gleichstellung mit anderen Kassen des Landes Niedersachsen aus. Auch wenn „hinter" dem Allgemeinen Hannoverschen Klosterfonds das Land steht, verbietet sich wegen der rechtlichen Verselbständigung der Vermögensmasse eine Vermischung mit anderen Gebührenhaushalten des Landes. Die rechtliche Verselbständigung des Allgemeinen Hannoverschen Klosterfonds hat auf der einen Seite zur Erhaltung des umfänglichen Liegenschaftsvermögens geführt, die Verselbständigung und Trennung vom übrigen Landesvermögen muß aber auch auf der „Negativseite" beachtet werden. Auch wenn die persönliche Gebührenfreiheit der Klosterkammer als Landesbehörde praktisch leerlaufen dürfte, rechtfertigt dies daher nicht die Erstreckung der Gebührenfreiheit auf den Allgemeinen Hannoverschen Klosterfonds.

Der Allgemeine Hannoversche Klosterfonds selbst ist keine Landesbehörde im Sinne des § 2 Abs. 1 VerwKostG. Der Staatsgerichtshof (aaO) hat zwar offen gelassen, ob der Allgemeine Hannoversche Klosterfonds den Charakter einer Stiftung des öffentlichen Rechts hat oder ob es sich lediglich um ein rechtlich unselbständiges staatliches Sondervermögen handelt. Gleich wie man den Allgemeinen Hannoverschen Klosterfonds einordnet, Behördeneigenschaft kommt ihm mangels eigener Organe und wegen seiner Verselbständigung nicht zu (vgl. BVerfG, Urteil v. 14. 7. 1959 – 2 BvF 1/58 –, BVerfGE 10, 20 [48]; dazu Wolff, Verwaltungsrecht II, 1962, § 76 I 2). Für den allgemeinen Behördenbegriff wird auf die organisatorische Einheit von Personen und sächlichen

Mitteln abgestellt, die staatliche Zwecke wahrnehmen (vgl. BVerwG, Urteil v. 24. 1. 1991 – II C 16.88 –, DVBl. 1991, 642). Der Allgemeine Hannoversche Klosterfonds stellt nur eine Vermögensmasse dar, es fehlt das personale Element und die Einordnung in den Organismus der Staatsverwaltung. Das bedarf keiner Vertiefung, weil davon auch die Beteiligten ausgehen.

Schließlich kommt eine Gebührenbefreiung für Amtshandlungen, „zu denen in Ausübung öffentlicher Gewalt eine andere Behörde im Lande Anlaß gegeben hat", nicht in Frage, weil diese Gebührenbefreiung nicht jedes Handeln in öffentlich-rechtlicher Rechtsform, sondern nur hoheitliches Verwaltungshandeln auslösen kann (vgl. OVG Lüneburg, Urteil v. 27. 10. 1967 – III OVG A 163/66 –, KStZ 1968, 99 [101]).

Daß der Allgemeine Hannoversche Klosterfonds vor Inkrafttreten des Niedersächsischen Verwaltungskostengesetzes Gebührenfreiheit genoß, ändert an der Rechtslage ebensowenig wie die bisherige Praxis. Es mag durchaus zutreffen, daß der Gesetzgeber nichts an der Gebührenbefreiung des Allgemeinen Hannoverschen Klosterfonds ändern wollte, diese Intention hat aber im Wortlaut des Gesetzes keinen Niederschlag gefunden.

Aus der Gebührenbefreiung des Allgemeinen Hannoverschen Klosterfonds nach § 1 Abs. 1 Nr. 4 des Gesetzes über Gebührenbefreiung, Stundung und Erlaß von Kosten in der Gerichtsbarkeit vom 10. 4. 1973 (Nds.GVBl. S. 111) ergibt sich kein unmittelbarer Schluß auf eine Gebührenfreiheit in Verwaltungsverfahren. Zwar erscheint es sachlich wenig angemessen, daß der Allgemeine Hannoversche Klosterfonds von der Zahlung der Gebühren befreit ist, die die ordentlichen Gerichte in Zivilsachen, die Justizverwaltungsbehörden und die Behörden der Arbeitsgerichtsverwaltung erheben, während er für Amtshandlungen in Angelegenheiten der Landesverwaltung Gebühren entrichten muß. Diese Divergenz zu korrigieren, überschreitet jedoch angesichts des eindeutigen Wortlauts der beiden Regelungen die Möglichkeiten einer harmonisierenden Auslegung. Eine Harmonisierung des § 2 Abs. 1 Nr. 2 VerwKostG und des § 1 Abs. 1 Nr. 4 des Gesetzes über Gebührenbefreiung, Stundung und Erlaß von Kosten in der Gerichtsbarkeit in bezug auf den Allgemeinen Hannoverschen Klosterfonds bedarf einer Korrektur durch den Gesetzgeber.

59

Das Schulrecht des Landes Nordrhein-Westfalen bietet keine Rechtsgrundlage für einen Anspruch auf Entfernung aller religiösen Symbole aus dem Gebäude einer öffentlichen Gemeinschaftsschule und das Begehren, daß dort der Unterricht frei von religiösen Inhalten, Festen und Feiern und religiösen Erziehungszielen sowie Erziehungsstilen erteilt wird.

Art. 4 Abs. 1 u. 2, 6 Abs. 2, 7 Abs. 1 GG, 12 Abs. 6 NW.LV
OVG Nordrhein-Westfalen, Beschluß vom 15. September 1993 – 19 B 1933, 1934/93[1] –

Die Antragstellerin, deren Sohn eine als Gemeinschaftsschule geführte Grundschule der Antragsgegnerin besucht, begehrt vorläufigen Rechtsschutz und Prozeßkostenhilfe. Sie beantragt, 1. die Antragsgegnerin im Wege der einstweiligen Anordnung zu verpflichten, alle religiösen Symbole, insbesondere die Kruzifixe, aus den Unterrichtsräumen und an allen anderen Stellen der N.-Schule zu entfernen, 2. die Antragsgegnerin im Wege der einstweiligen Anordnung zu verpflichten, alle Vorkehrungen dafür zu treffen, daß die Leitung der N.-Schule einen Unterricht frei von religiösen Inhalten, religiösen Festen und Feiern und religiösen Erziehungszielen sowie Erziehungsstilen erteilt.

Das Verwaltungsgericht hat die Anträge abgelehnt. Auch die Beschwerde blieb erfolglos.

Aus den Gründen:

Mit der Beschwerdebegründung hat die Antragstellerin nichts vorgetragen, was Anlaß gäbe, von der erstinstanzlichen Entscheidung abzuweichen. Auch unter Berücksichtigung des Beschwerdevorbringens ist keine Notwendigkeit erkennbar, zur Vermeidung unzumutbarer Nachteile im vorläufigen Verfahren die Entscheidung in der Hauptsache ausnahmsweise vorwegzunehmen. Zwar hat die Antragstellerin erstmals im Beschwerdeverfahren zunächst behauptet, unzumutbare Nachteile entstünden ihrem Sohn dadurch, daß die Lehrerin seiner Grundschulklasse den Unterricht täglich mit einem Schulgebet beginne, dem er nicht ausweichen könne. Dieses Argument ist aber – unabhängig von der Frage seiner Stichhaltigkeit (vgl. zur prinzipiellen verfassungsrechtlichen Unbedenklichkeit eines überkonfessionell-christlichen Schulgebetes außerhalb des Religionsunterrichts an einer Gemeinschaftsschule BVerfG, Beschluß vom 16. 10. 1979[2] – 1 BvR 647/70 und 7/74 –, BVerfGE 52, 223 ff.) offensichtlich überholt, weil das Kind – nach dem unwidersprochen gebliebenen Vortrag der Antragsgegnerin – in die Parallelklasse wechseln konnte, deren Lehrerin den Unterricht nicht mit dem Schulgebet beginnt.

Darüber hinaus hat die Antragstellerin nach wie vor keinen Anordnungsanspruch glaubhaft gemacht (§§ 123 Abs. 1 Satz 2 und Abs. 3 VwGO i.V.m. §§ 920, 294 ZPO). Hinsichtlich des Antrages zu 1. hat sich das Verwaltungs-

---

[1] OVGE 43, 164; NVwZ 1994, 597; AkKR 163 (1994), 195. Nur LS: NJW 1994, 2108; DVBl. 1994, 172; KuR 1995, H. 1, 63. Vgl. zu diesem Fragenkreis auch BVerfGE 93, 1; BayVGH NVwZ 1995, 472 u. 1996, 1554, NJW 1996, 1554.
[2] KirchE 17, 325.

gericht im angefochtenen Beschluß ausführlich und überzeugend mit den widerstreitenden (Grund-)Rechten und Pflichten der Beteiligten auseinandergesetzt. Das Vorbringen der Antragstellerin, Gewicht und Bedeutung der christlichen Religionen hätten insbesondere nach der Vereinigung stark abgenommen, rechtfertigt eine andere Abwägung ebensowenig wie ihr Einwand, daß in den Schulräumen angebrachte Kruzifix habe erzieherische Wirkung und greife deshalb in das Erziehungsrecht der Eltern ein.

Richtig ist, daß Art. 6 Abs. 2 Satz 1 GG den Eltern das Recht gewährt, die Pflege und Erziehung ihrer Kinder nach ihren eigenen Vorstellungen frei und – vorbehaltlich des Art. 7 GG – mit Vorrang vor anderen Erziehungsträgern zu gestalten. Darüber hinaus vermittelt Art. 4 Abs. 1 und 2 GG den Eltern das Recht, ihren Kindern die von ihnen für richtig gehaltene religiöse oder weltanschauliche Überzeugung nahezubringen. Durch den Zwang, ihr schulpflichtiges Kind einer Schulerziehung aussetzen zu müssen, die ihren Erziehungsvorstellungen in religiöser Hinsicht nicht entspricht, können Eltern in ihrer grundrechtlichen Stellung betroffen sein. Daraus folgt aber nicht, daß dem Staat bei der Gestaltung des Schullebens – mit Ausnahme des in Art. 7 Abs. 3 GG ausdrücklich garantierten Religionsunterrichtes – jeder religiöse Bezug verwehrt wäre. Gemäß Art. 7 Abs. 1 GG nimmt der Staat in der Schulerziehung eigenständig und gleichgeordnet neben den Eltern einen eigenen Erziehungsauftrag wahr. Das im Bereich der Schule unvermeidbare Spannungsverhältnis zwischen verschiedenen religiösen Bekenntnissen und Weltanschauungen sowie zwischen positiver und negativer Religionsfreiheit zu lösen, obliegt dem demokratischen Landesgesetzgeber, der einen für alle zumutbaren Kompromiß zu suchen hat. Die Ausschaltung aller weltanschaulich-religiösen Bezüge würde die bestehenden Spannungen und Gegensätze nicht neutralisieren, sondern diejenigen Eltern in ihrer Glaubensfreiheit beeinträchtigen, die eine christliche Erziehung ihrer Kinder wünschen. Eine Lösung läßt sich nur unter Würdigung der kollidierenden Interessen durch Ausgleich und Zuordnung der verfassungsrechtlichen Gesichtspunkte und unter Berücksichtigung des grundgesetzlichen Gebotes der Toleranz sowie unter Wahrung der Selbständigkeit der Länder in der Organisation des Schulwesens finden. Dabei können Schultraditionen, die konfessionelle Zusammensetzung der Bevölkerung und ihre mehr oder weniger starke religiöse Verwurzelung Berücksichtigung finden (vgl. zum Vorstehenden: BVerfG, Beschluß vom 17. 12. 1975[3] – 1 BvR 63/68 –, BVerfGE 41, 29 [50f.]). Die nordrhein-westfälische Gemeinschaftsschule, in der die Kinder „auf der Grundlage christlicher Bildungs- und Kulturwerte in Offenheit für die christlichen Bekenntnisse und für andere religiöse und weltanschauliche Überzeugungen gemeinsam unterrichtet und erzogen" (Art. 12

---

[3] KirchE 15, 128.

Abs. 6 NW.LV) werden, entspricht mit ihren über den konfessionellen Religionsunterricht hinausgehenden religiösen Bezügen den genannten Anforderungen. Durch die Erziehung in Offenheit für die christlichen Bekenntnisse und andere weltanschauliche Überzeugungen auf der Grundlage christlicher Bildungs- und Kulturwerte werden weder Eltern, die eine konfessionsgebundene Erziehung wünschen, noch Eltern, die eine Erziehung ohne religiöse Bezüge vorziehen, in einen verfassungsrechtlich unzumutbaren Glaubens- oder Gewissenskonflikt gebracht (vgl. BVerfG, Beschluß vom 17. 12. 1975 – 1 BvR 548/68 –, BVerfGE 41, 88 [108]). Das gilt auch bei Anbringung von Kreuzen in den Schulräumen. Ergänzend ist hervorzuheben, daß die nordrhein-westfälische Gemeinschaftsschule nach Art. 12 Abs. 6 NW.LV in der Auslegung, die auch das Bundesverfassungsgericht in der zuletzt genannten Entscheidung zugrundegelegt hat, keine wertneutrale Schule ist, in der die christlichen Bildungs- und Kulturwerte nur im Sinne eines unverbindlichen Kulturchristentums Platz hätten (vgl. BVerfG, aaO, S. 110). Offenheit für die christlichen Bekenntnisse bedeutet vielmehr – ebenso wie die Offenheit für andere Überzeugungen – die Förderung eines Dialoges der Bekenntnisse und Weltanschauungen; die Schule darf die Schüler ohne Beeinträchtigung der Glaubens- und Gewissensentscheidung diesem Dialog aussetzen. Auf der Grundlage christlicher Bildungswerte kann dazu auch die Ausstattung von Klassenräumen mit Kreuzen gehören.

Einem Nichtchristen wird dadurch nicht eine Identifikation mit den durch das Kreuz versinnbildlichten Glaubensinhalten und Werthaltungen aufgezwungen. Bei der Ausstattung von Klassenräumen mit Kreuzen beschränkt sich die Rolle des Staates darauf, durch Bereitstellung eines sinnfälligen Hilfsmittels den organisatorischen Rahmen für ein freiwilliges Schulgebet oder privates Gebet einzelner Schüler zu schaffen. Der Staat ordnet hier nicht an, er regt allenfalls an und gibt ein Angebot, von dem Gebrauch gemacht werden kann. Damit bleibt das Land auch unter Berücksichtigung der darin möglicherweise liegenden Förderung eines religiösen Elementes in der Schule im Rahmen der gestalterischen Freiheit, die den Ländern als Träger der Schulhoheit nach Art. 7 Abs. 1 GG gewährleistet ist, und zwar auch dann, wenn das Grundrecht Andersdenkender nach Art. 4 GG zur Erreichung einer Konkordanz mit in die Bewertung einbezogen wird (vgl. BVerfG, Beschluß vom 16. 10. 1979 – 1 BvR 647/70 und 7/74 –, aaO, S. 240; E. W. Böckenförde, Zum Ende des Schulgebetsstreits, DÖV 1980, 323 [324]).

Der Hinweis der Antragstellerin auf die Entscheidung des Bundesverfassungsgerichts vom 17. 7. 1973[4] (– 1 BvR 308/69 –, BVerfGE 35, 366 ff.) übersieht, daß sich die religiös-weltanschauliche Neutralität des Staates in zweifa-

---

[4] KirchE 13, 315.

cher Hinsicht entfaltet: Einmal als distanzierende Neutralität im Sinne der Nichtidentifikation, zum anderen als übergreifende Neutralität in der Weise, daß der Staat gewährleistet, daß sich religiöse und weltanschauliche Überzeugungen – wie wohl der Staat sich mit keiner von ihnen identifiziert – doch innerhalb des Staates frei entfalten können. Das Grundrecht der Freiheit der Religionsausübung (Art. 4 Abs. 2 GG) und die Garantie kirchlicher und religiöser Selbstbestimmung im Rahmen der für alle geltenden Gesetze bringen diese Seite der Neutralität zum Ausdruck (vgl. E. W. Böckenförde, Kreuze [Kruzifixe] in Gerichtssälen?, ZevKR 20 (1975), 119 [130 f.]). Gesellschaftliche Lebensbereiche, die nicht dem Spiel der freien Kräfte allein überlassen werden, sondern vom Staat in Obhut und Leitung übernommen werden, unterliegen nicht primär der distanzierenden, auf Nichtidentifikation zielenden, sondern der übergreifenden, auf Verbürgung freier Entfaltung ausgerichteten Neutralität. Die öffentliche Schule als ein soziales Gebilde, das der Staat seiner organisatorischen und weitgehenden inhaltlichen Gestaltung unterstellt hat, ist ein solcher gesellschaftlicher Lebensbereich, in dem sich staatliches Handeln und bürgerliche Freiheit begegnen. Weil Schüler einen wesentlichen Teil ihres Tagewerks in der Schule vollbringen (müssen), ist es angemessen, daß der Staat – auch durch Bereithalten sinnfälliger, in dem betreffenden Bundesland verbreiteter religiöser Übung entsprechender Symbole – einen organisatorischen Rahmen schafft, damit sich bei einem großen Teil der Schüler bzw. Eltern vorhandene religiöse Überzeugungen frei entfalten können. Eine Identifikation des Staates mit etwaigen Bekenntnishandlungen liegt darin nicht (vgl. BVerfG, Beschluß vom 17. 12. 1975 – 1 BvR 63.68 –, aaO, S. 49; Beschluß vom 16. 10. 1979 – 1 BvR 647/70 und 7/74 –, aaO, S. 241; E. W. Böckenförde, Kreuze [Kruzifixe] in Gerichtssälen? aaO, S. 134, wo er auf eine unterschiedliche Bewertung von Kreuzen in Gerichtssälen und Schulräumen eingeht; derselbe, Zum Ende des Schulgebetsstreits, aaO, S. 324). Solange die Schule Raum läßt für eine sachliche Auseinandersetzung in Offenheit auch für andere religiösweltanschauliche Überzeugungen, liegt darin keine verfassungsrechtlich unzulässige Beeinträchtigung der Grundrechte dissentierender Schüler und Eltern.

Mit der Beschwerdebegründung hat die Antragstellerin ebenfalls keinen Anordnungsanspruch im Hinblick auf den Antrag zu 2. glaubhaft gemacht (§ 123 Abs. 1 Satz 2 und Abs. 3 VwGO i.V.m. §§ 920, 294 ZPO).

Zu Recht hat das Verwaltungsgericht insoweit bereits die Passivlegitimation der Antragsgegnerin in Zweifel gezogen. Diese ist als gemeindliche Schulträgerin für das mit dem Antrag zu 2. geltend gemachte, auf den Inhalt des Unterrichts sowie die Erziehungsziele und -stile gerichtete Begehren eindeutig nicht passivlegitimiert (§§ 3 Abs. 1 NW.SchOG, 2 Abs. 1, 14, 15 Abs. 1 NW.SchVerwG).

Darüber hinaus hat die Antragstellerin keinen Anspruch darauf, daß religiöse Bezüge im Unterricht völlig ausgeschaltet werden. Das machen – ergänzend zu den überzeugenden Darlegungen des Verwaltungsgerichts im angefochtenen Beschluß – die obigen Ausführungen deutlich. Da die beabsichtigte Rechtsverfolgung keine Aussicht auf Erfolg bietet, ist auch die Beschwerde gegen die Versagung der Prozeßkostenhilfe unbegründet (§ 166 VwGO i.V.m. § 114 Satz 1 ZPO).

60

Für die Entscheidung über Erteilung einer Sondernutzungserlaubnis zum Aufstellen eines beweglichen Informationsstandes (hier: der Scientology Kirche) in der Fußgängerzone einer Großstadt darf sich die Behörde nur an Gesichtspunkten orientieren, die mit dem Widmungszweck der Straße noch in einem Sachzusammenhang stehen. Für eine ausschließliche Berücksichtigung allgemeiner ordnungsbehördlicher Gesichtspunkte bietet das hessische Straßenrecht keine Grundlage.

Art. 5 Abs. 1 GG; § 16 HessStrG
Hess.VGH, Urteil vom 21. September 1993 – 2 UE 3583/90[1] –

Der Kläger, ein als „Scientology Kirche Frankfurt" in das Vereinsregister eingetragener Verein, begehrt die Erlaubnis der Beklagten zum gelegentlichen Aufstellen eines beweglichen Informationsstandes (Klapptisches) im öffentlichen Straßenraum der Frankfurter Innenstadt, möglichst an einer stark frequentierten Stelle der Fußgängerzone Zeil in der Nähe der Hauptwache. Entsprechende Genehmigungen waren einer Vorgängerorganisation seit 1976 wiederholt erteilt, ab 1982 hingegen versagt worden. Unter dem 8. 7. 1985 suchte die damalige Scientology Mission Frankfurt-Sachsenhausen erneut um die Erlaubnis nach, „im Rahmen einer missionarischen Tätigkeit auf den öffentlichen Straßen der Stadt Frankfurt am Main andere Personen über die religiösen Ziele und Vorstellungen der Scientology Kirche informieren sowie zu religiösen Zwecken und zur Anleitung zu einem ethischen Lebenswandel Literatur ohne gewerblichen Inhalt (Bücher, Schriften, Druckwerke) verschenken oder gegen Selbstkostenpreis abgeben" zu dürfen. Diesen Antrag lehnte der Magistrat der Beklagten – Ordnungsamt – durch Bescheid vom 9. 8. 1985 mit der Begründung ab, seit Erlaß zweier früherer Verfügungen habe sich die Sach- und Rechtslage nicht geändert. In den damit angesprochenen Ablehnungsbeschei-

---

[1] NVwZ 1994, 189. Die Nichtzulassungsbeschwerde der Beklagten wurde mit der Begründung zurückgewiesen, daß eine dem revisiblen Recht angehörige Rechtsfrage nicht aufgezeigt und ein Verstoß gegen die Sachaufklärungspflicht nicht hinreichend ausgeführt sei; BVerwG, Beschluß vom 8. 8. 1994 – 11 B 163.94 – unv. Vgl. zu diesem Fragenkreis auch Nieders.OVG Nds.VBl. 1996, 57.

den des Oberbürgermeisters der Beklagten – Straßenverkehrsamt – vom 15. 11. 1982 und 15. 7. 1983 war ausgeführt worden, nach den Vorschriften der Straßenverkehrsordnung sei es untersagt, einen Informationsstand – nämlich einen Gegenstand i. S. des § 32 Abs. 1 1 StVO – auf einer öffentlichen Verkehrsfläche aufzustellen sowie Waren und Leistungen aller Art auf der Straße anzubieten (§ 33 Abs. 1 1 Nr. 2 StVO), wenn hierdurch der Verkehr beeinträchtigt werde. Da durch die vom Ast. beabsichtigten Aktivitäten Passanten belästigt würden, sei dies der Fall, so daß es einer Ausnahmegenehmigung der Straßenverkehrsbehörde nach § 46 StVO bedürfe, die jedoch versagt werde. Maßgeblich hierfür sei der Gesichtspunkt, daß der öffentliche Verkehrsraum nicht als Plattform oder Medium für Aktivitäten zur Verfügung stehen sollte, die sich inzwischen für die Behörde als rechts- und gesetzwidrig erwiesen hätten. Den gegen die neuerliche Ablehnung eingelegten Widerspruch wies der Magistrat der Beklagten zurück. Auf die anschließende Klage hat das Verwaltungsgericht die Beklagte zur Neubescheidung verpflichtet (NVwZ 1991, 195). Die Berufung der Beklagten wurde zurückgewiesen.

Aus den Gründen:

Die zulässige Berufung der Beklagten bleibt in der Sache ohne Erfolg. Das Verwaltungsgericht hat zu Recht die Verpflichtung der Beklagten ausgesprochen, den Kläger hinsichtlich seines am 8. 7. 1985 gestellten Antrags auf Erteilung einer Sondernutzungserlaubnis unter Beachtung der Rechtsauffassung des Gerichts erneut zu bescheiden (§ 113 Abs. 5 2 VwGO). Die der angegriffenen Entscheidung insoweit zugrundeliegenden Erwägungen geben zu Beanstandungen durch das Rechtsmittelgericht keinen Anlaß; sie stehen im Einklang sowohl mit den einschlägigen Vorschriften des Landesstraßenrechts und des von der Beklagten erlassenen Satzungsrechts als auch mit der Rechtsprechung des erkennenden Senats, NVwZ 1987, 902 = DÖV 1987, 876), an der nach erneuter Überprüfung festgehalten wird. Auf die weiteren Erwägungen des Verwaltungsgerichts, insbesondere auf die Beantwortung der Frage, ob es sich bei dem Kläger um eine Religions- oder Weltanschauungsgemeinschaft handele oder nicht, kommt es hingegen für die Entscheidung über die Berufung der Beklagten nicht an; denn sie betreffen die – im ersten Rechtszug verneinte, vom Kläger nicht der berufungsgerichtlichen Überprüfung unterworfene – Frage, ob ein Rechtsanspruch auf Erteilung der beantragten Sondernutzungserlaubnis bestehe. An diese Erwägungen ist die Beklagte im übrigen auch nicht im Rahmen der erforderlichen Neubescheidung gebunden (vgl. insoweit BVerwGE 29, 1 [2f.] = RzW 1968, 472).

Daß die Beklagte (nur) zur Neubescheidung des Klägers verpflichtet ist, folgt in Ergänzung der maßgeblichen verwaltungsgerichtlichen Ausführungen, auf die insoweit zur Vermeidung unnötiger Wiederholungen Bezug genommen wird, im einzelnen aus nachstehenden Überlegungen:

Der Kläger bedarf für das beabsichtigte Aufstellen eines Klapptisches, an dem in der Fußgängerzone Zeil/Hauptwache Bücher, Schriften und sonstige Druckwerke an Passanten „verschenkt oder gegen Selbstkostenpreis abgegeben" werden sollen, gem. § 16 Abs. 1 1 HessStrG der (Sondernutzungs-)Erlaubnis der Straßenbaubehörde; denn jedenfalls das Aufstellen eines Gestelles, Tisches oder Standes geht auch über einen weiteren, die Kontaktaufnahme und Kommunikation mit anderen Verkehrsteilnehmern in innerstädtischen Fußgängerbereichen einschließenden Verkehrsbegriff hinaus und stellt sich deshalb in jedem Falle als Gebrauch der öffentlichen Straßen über den Gemeingebrauch hinaus (Sondernutzung) dar (vgl. BVerwGE 56, 63 [65] = NJW 1978, 1933 sowie VG Berlin, NJW 1989, 2559 zu einem „Informationsstand der Scientology Kirche").

Diese Erlaubnis ist nicht deshalb entbehrlich, weil es gem. § 16 Abs. 7 Hess.StrG keiner Erlaubnis nach Abs. 1 bedarf, wenn eine Erlaubnis nach § 5 StVO erteilt wird. Zwar ist diese der Verfahrenskonzentration bei der Straßenverkehrsbehörde dienende (an die Neufassung der StVO redaktionell noch nicht angepaßte) Vorschrift nach der Rechtsprechung des Senats, VRS 81, 314 m.w.N.) im Wege einer am Gesetzeszweck orientierten extensiven Interpretation dahingehend auszulegen, daß alle verkehrsbehördlichen Erlaubnisse und Ausnahmegenehmigungen, die eine über den Gemeingebrauch hinausgehende Benutzung der Straße zulassen, die sonst nach dem Straßenrecht erforderliche Sondernutzungserlaubnis ersetzen; mit anderen Worten: Ist für eine bestimmte Art der Straßenbenutzung nach verkehrsrechtlichen Vorschriften eine Erlaubnis (vgl. § 29 StVO) oder eine Ausnahmegenehmigung der Straßenverkehrsbehörde (vgl. § 46 I Abs 1 Satz 1 Nr. 8 und 9 i.V.m. den §§ 32 Abs. 1 und 33 Abs. 1 Nr. 1 und 2 StVO) erforderlich, entfällt damit die Erlaubnispflicht nach § 16 Abs. 1 1 Hess.StrG, und zwar unabhängig davon, ob eine verkehrsbehördliche Entscheidung tatsächlich ergangen ist oder nicht. Nicht anders ist übrigens in diesem Zusammenhang § 4 Abs. 1 Nr. 3 der zur Zeit geltenden Satzung der Stadt Frankfurt am Main über Sondernutzungen an öffentlichen Straßen und über Sondernutzungsgebühren vom 5. 12. 1989 (Mitteilungen 1989, 952) auszulegen. Wonach es keiner Erlaubnis nach dieser Satzung bedarf, wenn für eine Nutzung an einer öffentlichen Straße durch Informationsstände zur Verbreitung von politischem, karitativem und weltanschaulichem Gedankengut und sonstige Meinungsäußerungen dieser Art (Aufstellen von Plakaten, Verteilen von Werbematerial u.ä.) eine Erlaubnis durch die Straßenverkehrsbehörde (Straßenverkehrsamt) nach straßenverkehrsrechtlichen Vorschriften erteilt worden ist.

Das vom Kläger beabsichtigte Aufstellen eines ca. 1,00 × 1,20 m großen Klapptisches – an einer für derartige Zwecke ausdrücklich vorgesehenen Stelle der Fußgängerzone Zeil/Hauptwache – erfordert jedoch, wovon auch die Beklagte in Abgrenzung zu ihrer früheren, jedenfalls bis 1983 aufrechterhaltenen Praxis nunmehr ausgeht, eine verkehrsbehördliche Erlaubnis nach § 29 StVO oder eine Ausnahmegenehmigung von den Verboten der §§ 32 Abs. 1 1 und §§ 33 Abs. 1 1 Nr. 2 StVO nicht. Insbesondere ist auch ohne weitergehende Feststellung etwa in Form von Verkehrsbeobachtungen in tatsächlicher Hinsicht zugrundezulegen, daß durch die beantragte Sondernutzung, die sich bei sachgerechter Auslegung des klägerischen Begehrens ausschließlich auf einen von der Beklagten als solchen – beispielsweise mit der Ordnungsnummer 315 – ausgewiesenen Stellplatz bezieht, der (Fußgänger-)Verkehr weder gefährdet noch in nennenswerter Weise erschwert werden kann. Es wäre nämlich sachwidrig anzunehmen, die Beklagte könne zumindest einzelne der zahlreichen Stellplätze für bewegliche Informations-, Werbe- und Verkaufsstände im Bereich Zeil/Hauptwache gerade für solche Stellen der in Betracht kommenden ausgedehnten Verkehrsflächen vorgesehen haben, an denen bei Aufstellung eines Klapptisches mit dem Entstehen eines verkehrswidrigen Zustandes gerechnet werden müßte. Eine derartige Annahme verbietet sich deshalb, zumal die Beklagte auch im Berufungsverfahren selbst nicht geltend gemacht hat, das Aufstellen eines Klapptisches durch den Kläger werde in Zukunft zumindest zu einer Erschwerung des Fußgängerverkehrs führen. Ob es im Rahmen der einer Vorgängerorganisation erlaubten Sondernutzung bis in das Jahr 1982 zu Belästigungen von Passanten infolge „aggressiven Vorgehens" kam, wie die Beklagte behauptet, bedarf in diesem Zusammenhang keiner Aufklärung.

Die Erteilung der demzufolge für die beabsichtigte Sondernutzung erforderlichen (wegerechtlichen) Erlaubnis liegt nach § 16 Abs. 1 1 Hess.StrG im Ermessen der Straßenbaubehörde. Allerdings wäre eine Auslegung und Anwendung dieser Vorschrift, die die Gewährung von Sondernutzungserlaubnissen in das freie Ermessen der Exekutive stellte, jedenfalls mit zugunsten des jeweiligen Antragstellers eingreifenden Grundrechten – etwa dem aus Art. 5 Abs. 1 GG folgenden Recht, Meinungen frei zu äußern und zu verbreiten – nicht vereinbar (vgl. BVerfG, NVwZ 1992, 53 [54] zum ohne Hilfsmittel erfolgenden Verteilen sog. Informationsbriefe in Fußgängerzonen durch Mitglieder der „Scientology Church").

Dementsprechend hat der Senat in dem bereits zitierten Beschluß vom 3. 4. 1987 unter ausdrücklicher Aufgabe seines früheren, von der Beklagten zur Stützung ihrer Rechtsauffassung weiterhin herangezogenen Standpunkts (ESVGH 33, 223) ausgeführt, eine normativ nicht näher vorbestimmte Ermessensbetätigung müsse ihre Rechtfertigung in dem Zweck des der Entscheidung zugrundeliegenden Gesetzes und der vom Gesetzgeber gewollten Ordnung der jeweiligen Rechtsmaterie finden, weshalb sich die Ermessensbetätigung nach § 16 Abs. 1 (HessStrG) an *straßenrechtlichen* Gesichtspunkten zu orientieren habe.

Hieran wird nach erneuter Überprüfung festgehalten (vgl. neuerdings hierzu: Sauthoff, NVwZ 1990, 223 [227]; Krüger, NWVBl. 1993, 161 [168]; Scholz, NVwZ 1993, 629 [631], jeweils mit Rechtsprechungsnachweisen). Über straßenrechtliche Belange im engeren Sinne hinaus darf die zuständige Straßenbaubehörde (§ 36 Hess.StrG) bei der im Rahmen der Ermessensentscheidung nach § 16 Abs. 1 Hess.StrG vorzunehmenden Interessenabwägung zwar weitere Gesichtspunkte berücksichtigen, die mit dem Widmungszweck der Straße noch in einem sachlichen Zusammenhang stehen; denn Schutzgut der straßengesetzlichen Erlaubnispflicht für Sondernutzungen ist die Straße schlechthin – nicht nur in ihrer verkehrlichen Funktion –, so daß in den erforderlichen Interessenausgleich auch der Schutz des Umfeldes der Straße einbezogen werden kann, in das die Straße eingebunden ist und auf das sie unmittelbar oder mittelbar – zum Beispiel optisch oder durch das Verhalten der Straßenbenutzer – einwirkt, insbesondere der Schutz des Stadtbildes vor Verschandelung und Verschmutzungen oder der Schutz der Straßenanlieger vor unzumutbaren Störungen (vgl. hierzu auch das – nicht rechtskräftige – Urteil des OVG Lüneburg, NVwZ-RR 1993, 393 [394]).

Für die ausschließlich Berücksichtigung allgemein-ordnungsbehördlicher Gesichtspunkte, auf die der Magistrat der Beklagten in dem angegriffenen Ablehnungsbescheid sowie dem für die gerichtliche Überprüfung letztlich maßgeblichen Widerspruchsbescheid (vgl. § 79 Abs. 1 Nr. 1 VwGO) für seine Entscheidung allein abgestellt hat, bietet jedenfalls das hessische Straßenrecht keine Grundlage (vgl. zur insoweit abw. Rechtslage in Berlin das Urteil des VG Berlin, NJW 1989, 2559[2]). Ein Bescheid, der eine Sondernutzungserlaubnis versagt und sich dabei ausschließlich auf Belange außerhalb des Straßen- und Wegerechts stützt, ist in aller Regel ermessensfehlerhaft (vgl. OVG Münster, DÖV 1986, 575 [576], unter Hinweis auf VGH München, NVwZ 1985, 207). Dies gilt, wie das Verwaltungsgericht zutreffend erkannt hat, auch hier; denn die Versagung der begehrten Sondernutzungserlaubnis wird von der Beklagten ausschließlich auf die Erwägung gestützt, der öffentliche Verkehrsraum solle nicht als Plattform für Aktivitäten zur Verfügung stehen, die sich inzwischen für die (Ordnungs-)Behörde als rechts- und gesetzwidrig erwiesen hätten. Auch im Widerspruchsbescheid vom 27. 8. 1986 wird – freilich ohne die erforderliche Konkretisierung – lediglich ausgeführt, mit Hilfe der begehrten Sondernutzungserlaubnis solle für eine Vereinigung geworben werden, deren Ziele und Aktivitäten mit dem geltenden deutschen Recht, insbesondere mit straf- und wettbewerbsrechtlichen Vorschriften, kollidierten oder zumindest die Möglichkeit eines Rechtsbruchs hinreichend wahrscheinlich erscheinen ließen. Bereits der hierin zu Tage tretende Ermessensfehler (§ 114 VwGO) führt zu

---

[2] KirchE 26, 296.

der Verpflichtung der Beklagten, den Kläger unter Beachtung der - vorstehend dargelegten - Rechtsauffassung des Gerichts erneut zu bescheiden.

Die Beklagte hat ferner überhaupt nicht erwogen, ob die vom Kläger beabsichtigten Aktivitäten, sollten sie entsprechend ihrer erst im vorliegenden Prozeß geäußerten Ansicht als „reine Wirtschaftswerbung unter religiösem Deckmantel" anzusehen sein, gleichwohl als solche den Grundrechtsschutz aus Art. 5 Abs. 1 GG genießen, was jedenfalls nicht von vornherein - ohne nähere tatsächliche Feststellungen der Behörde - ausgeschlossen werden kann (vgl. hierzu BVerfGE 30, 336 [352f.] = NJW 1971, 1555; Degenhart, in: BK, Art. 5 Rdnrn. 150-154 sowie 190 und 191; Wendt, in: v. Münch/Kunig, GG I, 4. Aufl. [1992], Art. 5 Rdnrn. 8, 10 u. 11; VGH München, NVwZ 1987, 435ff. zum Anspruch auf Zulassung zum Werbemarkt des öffentlichrechtlichen Rundfunks im Rahmen des Vertriebes des Buches „Dianetik" von L. Ron Hubbard). Hierin liegt ein weiterer Ermessensfehler, der ebenfalls die Verpflichtung der Beklagten nach sich zieht, den unstreitig bis heute im Vereinsregister beim AG Frankfurt a. M. eingetragenen Kläger hinsichtlich der Erteilung der begehrten Sondernutzungserlaubnis neu zu bescheiden. Denn im Rahmen des ihr eingeräumten Ermessens hat die Straßenbaubehörde zuvörderst das Grundrecht der Meinungsäußerungsfreiheit zu berücksichtigen und nach den konkreten Umständen insbesondere mit dem öffentlichen Interesse an einer möglichst ungestörten Inanspruchnahme des Gemeingebrauchs durch andere unter dem Aspekt der Sicherheit und Leichtigkeit des Verkehrs abzuwägen (vgl. BVerwGE 56, 56 [59] = NJW 1978, 1937; BVerfG, NVwZ 1992, 53).

Unter welchen Voraussetzungen die Erlaubnisbehörde hiervon - ausnahmsweise - von vornherein absehen darf, braucht hier letztlich nicht abschließend geklärt zu werden. Zwar mag es Fälle geben, in denen für die Sondernutzungserlaubnis schon ein Bescheidungsinteresse nicht besteht, weil der Ast. aus anderen Gründen mit Sicherheit von der Erlaubnis keinen Gebrauch wird machen können (vgl. Sauthoff, NVwZ 1990, 227 unter Hinweis auf OVG Münster, DÖV 1986, 575 und NVwZ 1988, 269 [270]). Dies wird aber allenfalls dann angenommen werden können, wenn offensichtlich - mithin auch für die zuständige Straßenbaubehörde ohne weiteres erkennbar - ist, daß von einer erteilten Sondernutzungserlaubnis ein rechtmäßiger Gebrauch nicht gemacht werden kann, beispielsweise wenn die beabsichtigte Sondernutzung unmittelbar einen Straftatbestand verwirklicht. Der gezielte Rechtsbruch ist nicht durch Art. 5 Abs. 1 1 GG geschützt. Allerdings wird die Befugnis der Behörde zur Ablehnung der Sondernutzungserlaubnis auf Fälle evidenter Gesetzeswidrigkeit der beabsichtigten Meinungskundgabe beschränkt werden müssen (so Degenhardt, Art. 5 Rdnr. 191). Hiervon kann bei dem werbenden Anbieten von Druckschriften in einer großstädtischen Fußgängerzone jedenfalls dann nicht ausgegangen werden, wenn der Inhalt der Druckschriften nicht seinerseits evident gegen Strafgesetze verstößt. Daß dies der Fall sei, behauptet die Beklagte selbst nicht. Die – dem Gericht bekannte – Auseinandersetzung zwischen Anhängern und Gegnern der Scientology-Bewegung betrifft vielmehr die zumindest nicht eindeutig im einen oder anderen Sinne zu beantwortende Frage, ob Personen, die sich für das von L. Ron Hubbard entwickelte Gedankengut erst einmal interessiert haben, in der Folgezeit mit bestimmten Methoden in ein Abhängigkeitsverhältnis gebracht werden mit dem eigentlichen Ziel, sie finanziell auszubeuten, oder ob sich diese Personen kraft freien Willensentschlusses einer Vereinigung anschließen, die ihnen unter anderem – vor allem durch zu vergütende Dienstleistungen – den Zugang zu einer „Erlösungsreligion" verschaffen will; dabei ist die von der Berufung in den Vordergrund gerückte Frage, ob es sich bei der „Scientology Kirche" um eine Religions- bzw. Weltanschauungsgemeinschaft handele, weder in der Rechtsprechung bereits geklärt (vgl. VGH Mannheim, Beschluß v. 21. 1. 1993[3] – 1 S 2616/92) noch im vorliegenden Verfahren klärungsbedürftig. Denn diese öffentliche Auseinandersetzung ergibt keine ausreichenden Hinweise auf offensichtliche Gesetzesverstöße des Klägers oder seiner Mitglieder im Rahmen der beabsichtigten Straßenbenutzung, welche ein Sachbescheidungsinteresse von vornherein entfallen lassen und die zuständige Straßenbaubehörde der Notwendigkeit entheben könnten, eine die Meinungsäußerungsfreiheit einbeziehende abwägende Ermessensentscheidung nach den vorstehend dargelegten Grundsätzen zu treffen.

Dieser Notwendigkeit ist die Beklagte auch nicht im Hinblick darauf enthoben, daß es sich nach ihrer nunmehr vertretenen Auffassung bei dem Klapptisch, den der Kläger gelegentlich aufstellen möchte, nicht um einen „Informationsstand" im Sinne des maßgeblichen Satzungsrechts handele, sondern um einen Verkaufs- bzw. kommerziellen Werbestand, für den aber ein entsprechender Antrag nicht gestellt worden sei. Mit dieser Überlegung läßt sich das klägerische Bescheidungsinteresse nicht in Frage stellen. Weder hat nämlich der Kläger den Begriff des „Informationsstandes" seinem ursprünglichen „Antrag auf Sondernutzungserlaubnis" mit einschränkender Zielrichtung zugrundegelegt noch verzichtet er jetzt auf die begehrte Sondernutzung, falls sie ihm nach dem Satzungsrecht der Beklagten oder aus sonstigen Rechtsgründen nur – gebührenpflichtig – für einen „Verkaufsstand" bzw. einen „Werbeverkaufsstand" im Sinne des maßgeblichen Gebührenverzeichnisses erteilt werden könnte. Dies hat er auf Befragen in der mündlichen Verhandlung vor dem erkennenden Senat – unter Bekräftigung seiner Auffassung, einen „Informationsstand" beanspruchen zu können – ausdrücklich klargestellt.

---

[3] KirchE 31, 23.

Im übrigen handelt es sich bei dem Klapptisch, der auf einem der hierfür im Bereich Zeil/Hauptwache besonders ausgewiesenen Stellplätze (beispielsweise Nr. 315) aufgestellt werden soll, um einen „Informationsstand" im Sinne des Satzungsrechts der Beklagten. Wenn § 4 der Satzung der Stadt Frankfurt a. M. über Sondernutzung an öffentlichen Straßen und über Sondernutzungsgebühren unmittelbar auch nur die „Erlaubnisfreiheit" u. a. von Informationsständen im Hinblick auf die oben erörterte Verfahrenskonzentration bei der Straßenverkehrsbehörde vorsieht, kann dieser Vorschrift doch zugleich eine Definition des Begriffs „Informationsstand" – insbesondere in Abgrenzung zu einem gebührenpflichtigen „Verkaufsstand" bzw. „Werbeverkaufsstand" – entnommen werden. Die Vorschrift stellt dabei aber nicht, wie die Beklagte darzulegen versucht, darauf ab, ob es sich bei dem antragstellenden Betreiber des Standes um eine politische Partei, eine karitative Organisation, eine Religions- bzw. Weltanschauungsgemeinschaft oder etwa um ein Gewerbeunternehmen handelt, sondern ausschließlich darauf, ob „politisches, karitatives oder weltanschauliches Gedankengut und sonstige Meinungsäußerungen dieser Art (Aufstellen von Plakaten, Verteilen von Werbematerial u. a.) verbreitet" werden sollen. Dies kann hier nicht ernsthaft in Frage gestellt werden; denn das vom Kläger zur Verteilung vorgesehene Material stellt sich jedenfalls als „sonstige Meinungsäußerung" i. S. der Satzungsbestimmung dar, ohne daß es darauf ankäme, ob es sich bei dem Kläger (oder einer anderen Organisationsform der Scientology-Bewegung) um eine Religionsgesellschaft bzw. eine gleichgestellte Weltanschauungsgemeinschaft handelt oder nicht. Dies gilt übrigens auch für das Buch „Dianetik", das der Kläger, ohne allerdings hierauf zu bestehen, möglichst ebenfalls, wenn auch nicht gratis, an Interessenten abgeben möchte. Der Verkauf dieses Buches zum „Selbstkostenpreis" von 14,80 DM dient erkennbar nicht der Gewinnerzielung, sondern der (vertiefenden) Information derjenigen Personen, die sich mit dem Gedankengut L. Ron Hubbards auseinandersetzen möchten. Jedenfalls aber gibt der beabsichtigte Buchverkauf, so wie er Gegenstand des in der mündlichen Verhandlung vor dem erkennenden Senat präzisierten klägerischen Antrags ist, der streitgegenständlichen Straßenbenutzung des Klägers kein überwiegend erwerbswirtschaftliches Gepräge. Vielmehr liegt auf der Hand, daß Aktivitäten mit dem Ziel der Gewinnerwirtschaftung und -optimierung nur außerhalb des öffentlichen Straßenraums und im Anschluß an bereits vermittelte Erstinformation mit hinreichender Erfolgsaussicht entfaltet werden können, mithin in einem Bereich, der von der für die Erteilung von Sondernutzungserlaubnissen zuständigen Straßenbaubehörde nicht zu beeinflussen ist.

Für die von der Beklagten in Fällen der vorliegenden Art aus Praktikabilitätsgründen geforderte Verfahrenskonzentration bei der Ordnungsbehörde fehlt es an der erforderlichen Rechtsgrundlage. Die Vorschrift des § 16 Abs. 7

Hess.StrG ordnet, wie bereits ausgeführt, eine derartige Konzentrationswirkung nur zugunsten der Straßenverkehrsbehörde an, die im Innenverhältnis die Straßenbaubehörde einzuschalten hat. Im übrigen wäre diese Vorschrift falsch verstanden, wenn aus ihr gefolgert würde, bei einer Entscheidungszuständigkeit der Ordnungsbehörde für Sondernutzungserlaubnisse könnten die anzustellenden Ermessenerwägungen ausschließlich auf allgemein-ordnungsbehördliche Belange (hier etwa auf den von der Beklagten für erforderlich gehaltenen Schutz der Bevölkerung vor Werbeaktivitäten der Scientology-Bewegung) beschränkt werden.

Wenn die Ordnungsbehörde der Beklagten Anlaß zum Einschreiten gegen den Kläger oder seine Mitglieder sieht, mag sie von den ihr zu Gebote stehenden gesetzlichen Möglichkeiten Gebrauch machen; das Sondernutzungserlaubnisrecht bietet ihr hierfür nach dem vorliegenden Sachverhalt keine geeignete Grundlage.

61

Der Senat folgt unter Aufgabe seiner früheren Rechtsprechung der Auffassung des Bundesverwaltungsgerichts (Urteil vom 18. 2. 1993, DVBl. 1993, 795 = KirchE 31, 87), daß der notwendige Lebensunterhalt eine einmalige Leistung für eine private Tauffeier in schlichter Form und kleinem Kreis umfaßt. Dasselbe gilt für eine Feier aus Anlaß der Beschneidung nach islamischem Glauben.

Anspruch auf eine Beihilfe besteht nicht, wenn bei Bekanntgabe des Bedarfs der zeitliche Zusammenhang zwischen religiösem Ereignis und geplanter privater Feier nicht mehr gewahrt ist (in der Regel nach mehreren Wochen oder Monaten).

§§ 11 Abs. 1, 12 Abs. 1, 21 BSHG
Niedersächs. OVG, Urteil vom 22. September 1993 – 4 L 5670/92[1] –

Der am 25. Oktober 1989 geborene Kläger ist Sohn moslemischer Eltern. Diese leben mit ihren vier Kindern im gemeinsamen Haushalt und halten sich – soweit ersichtlich – als geduldete Ausländer in der Bundesrepublik Deutschland auf. Die für den Beklagten handelnde Samtgemeinde G. gewährt ihnen Hilfe zum Lebensunterhalt nach dem Bundessozialhilfegesetz.

Am 31. 1. 1990 wurde bei dem Kläger im Rahmen eines Krankenhausaufenthaltes die Beschneidung durchgeführt. Am 10. 10. 1990 erklärte die Mutter des Klägers gegenüber dem Sozialamt, es solle nun im Rahmen der Familie

---
[1] Amtl. Leitsätze. FEVS 1994, 465. Nur LS: KuR 1995, H. 1, 64. Das Urteil ist rechtskräftig.

eine Beschneidungsfeier begangen werden. Das werde erst jetzt gemacht, weil die Eltern des Vaters des Klägers erst jetzt kommen könnten. Die Feier solle zusammen mit dem ersten Geburtstag des Klägers stattfinden. Sie bitte um eine Beihilfe zur Ausrichtung der Feier.

Diesen Antrag lehnte die Samtgemeinde G. mit dem angefochtenen Bescheid ab. Den hiergegen eingelegten Widerspruch wies der Beklagte (Landkreis N.) zurück. Zur Begründung führte er aus, die Beschneidungsfeier in der islamischen Glaubensgemeinschaft sei mit einer christlichen Tauffeier vergleichbar. Es entspreche aber nicht den herrschenden Lebensgewohnheiten, eine aufwendige Tauffeier auszurichten, so daß mittellose Eltern eines Täuflings keinen Fragen ausgesetzt seien, wenn sie die Taufe nicht so feierten. Dies gelte auch für die Familie des Klägers.

Gegen diese Bescheide haben die Kläger Klage erhoben und vorgetragen: Die Beschneidungsfeier sei mit einer im engsten Familienkreis begangenen christlichen Tauffeier nicht vergleichbar. Ihr komme größere Bedeutung zu. Mit der Feier werde die Aufnahme des Beschnittenen in die islamische Glaubensgemeinschaft nach außen bekundet. Gerade in den Herkunftsländern der Eltern des Klägers sei eine Feier erforderlich, wenn sie nicht gesellschaftliche Nachteile erleiden wollten.

Der Beklagte hat vorgetragen: Der von dem Kläger erhobene Anspruch sei nicht hinreichend substantiiert. Eine Beschneidungsfeier beruhe nicht auf einem Anlaß, der ein in allen Kreisen der Bevölkerung festzustellendes Bedürfnis nach festlicher Gestaltung begründe. Die Anerkennung einer solchen Feier als sozialhilferechtlich beihilfefähig komme einer Besserstellung von Mitgliedern eines anderen Kulturkreises gleich. Im übrigen sei es geboten, daß auf Sozialhilfe angewiesene Familien solche Feierlichkeiten in einem Umfang begingen, wie dies Familien mit niedrigerem Erwerbseinkommen täten.

Mit Gerichtsbescheid hat das Verwaltungsgericht die angegriffenen Bescheide aufgehoben und den Beklagten verpflichtet, den Kläger unter Beachtung der Rechtsauffassung des Gerichts neu zu bescheiden. Zur Begründung hat es ausgeführt: Der Kläger habe „dem Grunde nach" einen Anspruch auf Gewährung einer Beihilfe zur Ausrichtung einer Beschneidungsfeier. Zum (notwendigen) Lebensunterhalt im Sinne des § 11 BSHG zählten in vertretbarem Umfang Beziehungen zur Umwelt und die Teilnahme am kulturellen Leben. Die hier beanspruchte Beihilfe zur Befriedigung des persönlichen Bedürfnisses nach einer geselligen Feier aus religiösem Anlaß zähle zu den genannten Beziehungen zur Umwelt. Es handele sich hier – anders als etwa bei Aufwendungen aus Anlaß von Geburtstagen – um einen einmaligen Bedarf, der mit den Regelsätzen nicht abgegolten sei. Die Beschneidungsfeier sei im Bereich der islamischen Religion ein wichtiges, herausragendes Ereignis, das regelmäßig – so auch hier – im Kindes- oder Jugendalter stattfinde. Wegen dieser Bedeutung sei der mit der Feier verbundene erhöhte Aufwand, insbesondere durch die Bewirtung von Gästen, mit einer einmaligen Leistung im Sinne des § 21 Abs. 1 BSHG zu decken. Hinsichtlich des Umfangs der dem Kläger zu gewährenden Hilfe stehe dem Beklagten aber gemäß § 4 Abs. 2 BSHG ein Ermessen zu. Insoweit sei die Sache deshalb nicht spruchreif und sei der Beklagte daher zur Neubescheidung zu verpflichten.

Gegen diesen Gerichtsbescheid richtet sich die von dem Verwaltungsgericht zugelassene Berufung des Beklagten. Er wiederholt sein bisheriges Vorbringen und trägt ergänzend vor: Eine zusätzliche Leistung zur Finanzierung von Feierlichkeiten aus Anlaß der Beschneidung sei nur dann sozialhilferechtlich vertretbar, wenn der Verzicht auf die Feier zu einer nicht hinnehmbaren Einschränkung von Persönlichkeitsrechten führte. Davon aber könne schon deshalb keine Rede sein, weil das Feiern an sich durchaus zugestanden werde, lediglich die finanzielle Zuwendung dazu unterbleibe. Im übrigen ergebe sich aus der Rechtsprechung des erkennenden Senats, daß beispielsweise eine Tauffeier einen sozialhilferechtlichen Beihilfeanspruch nicht auslöse. Dies müsse erst recht für eine Feier gelten, deren religiöser Anlaß einem fremden Kulturkreis entspringe. Selbst wenn man es als grundsätzlich rechtlich zulässig ansehe, eine finanzielle Beihilfe für eine Beschneidungsfeier zu gewähren, habe der Kläger hier einen solchen Anspruch jedoch nicht. Wie die Samtgemeinde G. inzwischen ermittelt habe, sei die Beschneidung des Klägers zusammen mit der des am 19. 11. 1990 geborenen Bruders Mehdi im November 1991 gefeiert worden. Zu dieser Zeit sei der Vater des Klägers im Bauhof der Samtgemeinde G. beschäftigt gewesen und habe das Einkommen der Familie den Bedarfssatz nicht unerheblich überschritten, so daß der geltend gemachte Bedarf für die Ausrichtung der Feier von den Eltern des Klägers selbst habe gedeckt werden können.

Das Oberverwaltungsgericht hat zur Klärung der Bedeutung der Beschneidung im Islam sowie der Frage, ob und, wenn ja, in welcher Art und Weise moslemische Familien, die in Deutschland leben, eine Beschneidung zu feiern pflegen, eine sachverständige Stellungnahme vom Deutschen Orient-Institut in Hamburg eingeholt.

Die Berufung hatte Erfolg und führte zur Aufhebung des erstinstanzlichen Urteils und Klageabweisung.

Aus den Gründen:

Die Berufung des Beklagten ist begründet.

Nach § 21 Abs. 1 BSHG kann die Hilfe zum Lebensunterhalt durch laufende und einmalige Leistungen gewährt werden. Nach § 22 Abs. 1 BSHG werden die laufenden Leistungen zum Lebensunterhalt außerhalb von Anstalten, Heimen und gleichartigen Einrichtungen nach Regelsätzen gewährt. Die Regelsätze sind dazu bestimmt, die in § 12 BSHG und § 1 Abs. 1 RegelsatzVO genannten Bedürfnisse des Hilfeempfängers, einschließlich der persönlichen Bedürfnisse des täglichen Lebens, zu decken. Entgegen der Auffassung des Verwaltungsgerichts kann der Kläger darüber hinaus die Gewährung einer einmaligen Leistung zu dem genannten Zweck nicht beanspruchen.

Bei der Entscheidung darüber, ob für die Durchführung einer Feier aus Anlaß der Beschneidung eines der islamischen Religionsgemeinschaft angehörenden Kindes oder Jugendlichen zusätzlich zu den Regelsätzen eine Beihilfe zu gewähren ist, kann an die Rechtsprechung angeknüpft werden, die zu der Frage der Gewährung einer Beihilfe für die Durchführung einer christlichen Tauffeier entwickelt worden ist. Die Taufe im christlichen Kulturkreis und die Beschneidung im islamischen Kulturkreis sind von ihrer religiösen Bedeutung her vergleichbar. Wesentlicher Inhalt der Taufe im christlichen Bereich ist die Aufnahme des Kindes in die Glaubensgemeinschaft (vgl. Heidelberger Katechismus, Ausgabe des reformierten Bundes für Zwecke des Jugendunterrichtes 1991 – zu Frage 74: „Darum sollen sie (die kleinen Kinder) auch durch die Taufe als das Zeichen des Bundes in die christliche Kirche als Glieder eingefügt und von den Kindern der Ungläubigen unterschieden werden, wie dies im Alten Testament durch die Beschneidung geschah, an deren Stelle im Neuen Testament die Taufe eingesetzt ist."). Sinngemäß dasselbe gilt in christlichen Gemeinschaften, die anstelle der Kindestaufe die Erwachsenentaufe für richtig halten. Für den islamischen Kulturkreis ergibt sich aus der von dem Senat eingeholten Sachverständigen-Stellungnahme des Herrn A., daß die Beschneidung bereits im alten vorislamischen Arabien ein üblicher Brauch gewesen ist und in den Islam eingegangen ist. Sie wird zwar nicht im Koran, wohl aber im Hadith (Tradition des Propheten Muhammad) und in der Dichtung erwähnt. Im Hadith wird berichtet, daß Ibrahim (der Patriarch Abraham) im 80. Lebensjahr beschnitten worden sei. Diese Tradition fußt auf dem biblischen Bericht. Die verschiedenen islamischen Rechtsschulen bewerten die Beschneidung unterschiedlich etwa als religiöse Pflicht oder als eine Befolgung des Vorbilds des Propheten Muhammad, der nach der traditionellen Überlieferung beschnitten zur Welt gekommen ist. Jedenfalls wird mit der Beschneidung ein generelles religiöses Gebot des Islam erfüllt. Ein Verstoß gegen dieses Gebot macht beispielsweise bei den Shiiten das tägliche Gebet ungültig. Eine religiöse Zeremonie oder Feier der Beschneidung ist zwar an sich nicht vorgeschrieben. Sie ist aber ein unverzichtbarer Bestandteil der Tradition und Ausdruck des Wertes, der der Beschneidung als der feierlichen Aufnahme in die islamische Gemeinschaft beigelegt wird. Daraus ergibt sich nach Auffassung des Senats, daß die allgemeine familiäre und gesellschaftliche Bedeutung der Beschneidungsfeier im islamischen Kulturkreis als mit der Bedeutung der Taufe im christlichen Bereich mindestens gleich angesehen werden muß.

Zu der Frage, ob und in welchem Umfang der mit der Ausrichtung einer Tauffeier verbundene finanzielle Aufwand von den Regelsätzen umfaßt oder durch zusätzliche einmalige Beihilfen abzudecken ist, hat das Bundesverwaltungsgericht in seinem Urteil vom 18. 2. 1993 (BVerwG – 5 C 22.91 – DVBl. 1993, 795) ausgeführt: *(es folgt eine wörtliche Wiedergabe der tragenden Gründe der vorgenannten Entscheidung).*

Der Senat schließt sich unter Aufgabe seiner bisherigen Rechtsprechung (vgl. Urteil v. 24. 6. 1992 – 4 L 2282/92 –) dieser Rechtsprechung des Bundesverwaltungsgerichts an, soweit dieses grundsätzlich die Aufwendungen für die Ausrichtung einer Tauffeier als nicht von den Regelsätzen gedeckt ansieht. Für eine Beschneidungsfeier nach den Geboten des Islam gilt – wie oben bereits ausgeführt – dasselbe.

Dennoch ist das Begehren des Klägers auf Gewährung einer Beihilfe zu der (auch) im Hinblick auf seine Beschneidung durchgeführten Familienfeier nicht begründet. Nach den Angaben des Beklagten, denen der Kläger nicht entgegengetreten ist, hat die Feier im November 1991 stattgefunden. Es kann dahingestellt bleiben, ob die Eltern des Klägers zu dieser Zeit die Feier aus eigenen Mitteln (aus dem Arbeitsverdienst des Vaters) haben finanzieren können, ein sozialhilferechtlicher Bedarf für die Gewährung einer Beihilfe also nicht (mehr) bestanden hat. Jedenfalls kann der Kläger eine Beihilfe nicht für eine Feier beanspruchen, die infolge des Zeitablaufs zwischen der Beschneidung im Januar 1990 und dem Zeitpunkt der Feier im November 1991 ihre religiöse und gesellschaftliche Bedeutung eingebüßt hat. In der von dem Senat eingeholten Stellungnahme des Herrn A. heißt es hierzu, daß ein zeitlicher Zusammenhang zwischen der Beschneidung, die in Deutschland von einem Arzt im Krankenhaus vorgenommen worden ist, und der Beschneidungsfeier bestehen muß. Grundsätzlich müssen Operation und Feier innerhalb von drei Tagen erfolgen. Ein zu langer zeitlicher Abstand (mehrere Wochen oder Monate) kann zum Verlust der beabsichtigten personalen und gesellschaftlichen Effekte führen. Dieser Fall liegt hier zur Überzeugung des Senats vor. Bereits im Oktober 1990, als die Gewährung einer Beihilfe für eine Feier beantragt worden ist, war der gebotene zeitliche Zusammenhang zwischen der Beschneidung im Januar 1990 und einer Feier nicht mehr gewahrt. Es braucht deshalb nicht entschieden zu werden, ob der zeitliche Zusammenhang ausnahmsweise dann als gewahrt anzusehen ist, wenn die Feier allein deshalb nicht zeitgerecht hat stattfinden können, weil der Träger der Sozialhilfe die Beihilfe zu Unrecht verweigert hat (und auch vorläufiger Rechtsschutz nicht gewährt worden ist). Ebenso kann unentschieden bleiben, ob es ausnahmsweise gerechtfertigt sein kann, die Feier zu verschieben, wenn die im Ausland lebenden Großeltern des Kindes aus zwingenden Gründen gehindert sind, der Einladung zu der rechtzeitig geplanten Feier zu folgen. Denn der Vater des Klägers hat nicht vorgetragen, daß er seine Eltern (die Großeltern des Klägers) rechtzeitig zu einer früheren Feier eingeladen hat und aus welchen Gründen es ihnen nicht möglich oder nicht zuzumuten gewesen ist, zu diesem Zweck nach Deutschland zu reisen. Erst recht hat die Feier, die 22 Monate nach der Beschneidung des Klägers erfolgt ist, den religiös-traditionellen Bezug offensichtlich verloren. Sie hatte jedenfalls hinsichtlich des Klägers – auf einen eventuellen Zusammenhang mit der Beschneidung seines jüngeren Bruders kommt es insoweit hier nicht an – lediglich noch den Charakter einer Familienfeier. Für die Durchführung einer solchen Feier sind aber Beihilfen aus Sozialhilfemitteln grundsätzlich nicht zu gewähren.

Nach alledem ist die Klage unbegründet und kann der Gerichtsbescheid des Verwaltungsgerichts nicht Bestand haben.

62

Sieht kirchliches Recht für den Wiedereintritt in die Kirche ein besonderes Verfahren vor, dann ist für einen die Kirchensteuerpflicht auslösenden Wiedereintritt durch schlüssiges Verhalten kein Raum.
Zur Frage der Revisibilität von Kirchensteuerrecht.

Art. 140 GG, 137 Abs. 3 WRV; §§ 3 Abs. 1 BW.KiStG, 33 Abs. 1, 118 Abs. 1 FGO
FG Baden-Württemberg, Urteil vom 24. September 1993 – 9 K 87/90[1]

Der in der Mark Brandenburg geborene Kläger wurde im Jahre 1921 evangelisch getauft, trat aber durch Erklärung vor dem Amtsgericht L. am 1. 12. 1938 aus der ev. Kirche aus. Nach dem Krieg verzog er in den Bereich der Ev. Landeskirche in Württemberg (Beigeladene). Seine standesamtliche Heiratsurkunde vom 22. 12. 1952 und die Geburtsurkunde seines Sohnes aus Oktober 1955 weisen den Kläger als evangelisch aus. In seinen Einkommensteuer-Erklärungen bezeichnet er sich fortlaufend als evangelisch und zahlte demgemäß auch regelmäßig ev. Kirchensteuer.

Nunmehr greift der Kläger die Kirchensteuer-Festsetzung für 1983 und 1985 mit der Begründung an, daß er mangels eines förmlichen Wiedereintritts in die ev. Kirche nicht kirchensteuerpflichtig sei. Die Klage hatte Erfolg und führte zur Aufhebung der angefochtenen Bescheide.

---

[1] EFG 1994, 168. Das Urteil ist rechtskräftig.

Aus den Gründen:

Die Klage ist begründet.
(...)
Gemäß § 3 Abs. 1 KiStG ist kirchensteuerpflichtig, wer der steuerberechtigten Religionsgemeinschaft angehört und in ihrem Bereich einen Wohnsitz oder den gewöhnlichen Aufenthalt hat. Der Kläger gehörte in den Streitjahren nicht der Beigeladenen an. Das (staatliche) KiStG definiert den Begriff der Kirchenangehörigkeit nicht. Damit verweist das Gesetz hinsichtlich des Eintritts in eine steuerberechtigte Religionsgemeinschaft, also auch der Beigeladenen, auf das innerkirchliche Recht. Es gehört zu den eigenen Angelegenheiten der Kirchen und Religionsgemeinschaften i. S. von Art. 140 GG i.V.m. Art. 137 Abs. 3 WRV, die Mitgliedschaft zur Kirche oder Religionsgemeinschaft selbst zu ordnen (BVerfG-Beschluß vom 31. 3. 1971 – 1 BvR 744/67[2] – BVerfGE 30, 415).

Nach dem Recht der Ev. Landeskirche in Württemberg ist der Kläger nicht deren Mitglied geworden.

Der Kläger war durch Erklärung gegenüber dem Amtsgericht L. am 1. 12. 1938 aus der Ev. Kirche Berlin-Brandenburg ausgetreten. In dem Zeitraum seit dem Zuzug des Klägers in den Zuständigkeitsbereich der Ev. Landeskirche Württemberg etwa 1949 bis zu den Streitjahren 1983 bzw. 1985 hat die Beigeladene ausdrückliche Regelungen über den Erwerb der Kirchenmitgliedschaft durch Aufnahme und Wiederaufnahme in die ev. Kirche getroffen. In sämtlichen Regelungen (nämlich Erlaß des Ev. Oberkirchenrats vom 25. 5. 1945 Nr. A. 2443, ABl. der Württembergischen Ev. Landeskirche Bd. 33 1948/49, S. 125; Erlaß des Ev. Oberkirchenrats vom 5. 3. 1946 Nr. A. 2857 betr. Wiederaufnahmegesuche, ABl. der Ev. Landeskirche in Württemberg Bd. 33, 1948/49, S. 126; Erlaß des Ev. Oberkirchenrats vom 20. 12. 1946 Nr. A. 16 902, ABl. der Ev. Landeskirche in Württemberg Bd. 32, 1945/47, S. 193; Erlaß des Ev. Oberkirchenrats vom 16. 2. 1950 Nr. A. 2122 betr. Aufnahmen und Wiederaufnahmen in die Landeskirche, ABl. der Ev. Landeskirche in Württemberg Bd. 34 1950/51, S. 15; Bekanntmachung des Oberkirchenrats vom 16. 4. 1970 AZ 17.70 Nr. 8, ABl. der Ev. Landeskirche in Württemberg Bd. 44 1970, S. 72; Bekanntmachung des Oberkirchenrats vom 2. 2. 1978 AZ 17.70 Nr. 105, ABl. der Ev. Landeskirche in Württemberg Bd. 48, S. 61) ist übereinstimmend zum einen festgestellt, daß der Gesuchsteller einen förmlichen Antrag auf Wiederaufnahme bei der Kirche einzureichen hat und zum anderen, daß eine von der Kirche genehmigte Wiederaufnahme förmlich zu vollziehen ist. So heißt es z. B. in der Bekanntmachung des Oberkirchenrats (ABl. Bd. 48 1978, S. 61), daß Gesuche um Wiederaufnahme in die Ev. Landeskirche von den betreffen-

---

[2] KirchE 12, 101.

den Pfarrern über den Vorsitzenden des Kirchengemeinderats an das Dekanatamt zu richten sind. Die Gesuche müssen die wesentlichen Personalangaben und die Beweggründe des Antragstellers, bei Gesuchen um Wiederaufnahme außerdem Datum, Ort und Beweggründe des Austritts, bisherigen Anschluß und besondere Bemerkungen des Pfarramtes enthalten. Beim Wiedereintretenden geschieht die Wiederaufnahme durch Verpflichtung in die Hand des Aufnehmenden in Gegenwart zweier Kirchengemeinderäte. Diese Voraussetzungen liegen beim Kläger nicht vor. Er hat, was von der Beigeladenen nicht bestritten wird, in dem Zeitraum 1949 bis 1985 kein förmliches Gesuch an die Ev. Landeskirche in Württemberg auf Wiederaufnahme gestellt.

Der Kläger ist auch nicht formlos durch schlüssiges (konkludentes) Verhalten in die Kirche wieder eingetreten. Hierbei läßt der Senat dahinstehen, ob das Verhalten des Klägers rechtfertigt, von einem konkludenten Antrag auf Wiederaufnahme in die ev. Kirche zu sprechen, ebenso ob das Verhalten der Beigeladenen es rechtfertigt, von einer Wiederaufnahme des Klägers in die Ev. Landeskirche in Württemberg auszugehen. Denn eine Wiederaufnahme in die Ev. Landeskirche in Württemberg ist formlos nicht möglich.

Nach der überwiegenden Meinung in Rechtsprechung und Literatur kann freilich ein Wiedereintritt in die Kirche auch schlüssig (konkludent) erklärt werden (OVG Lüneburg, Beschluß vom 21. 11. 1985 – 13 OVG B 86/85 – KirchE 23, 260; VG Oldenburg, Urteil vom 18. 2. 1986 – 4 A 250/84 –, NJW 1986, 3103; VG Braunschweig, Urteil vom 26. 1. 1978 – 1 A 5/76 – KirchE 16, 285; VG Hannover, Urteil vom 24. 9. 1975 – VII A 99/74 – KirchE 15, 42; Schleswig-Holsteinisches VG, Urteil vom 26. 10. 1971 – 1 A 37/70 – KirchE 12, 307; Engelhardt, Der Austritt aus der Kirche, 1972, S. 31; Meyer, DVBl. 1976, 913; Obermayer, NVwZ 1985, 77; von Campenhausen, Staatskirchenrecht, 2. Aufl., S. 152 Fn. 53; Bäcker, Kirchenmitgliedschaft und Kirchensteuerpflicht, 1980, S. 84/85; Zeller/Oehler, Das Kirchensteuer-Recht der Ev. Landeskirche in Württemberg, 1932, S. 54). Eine solche Möglichkeit scheidet jedoch bei einem Wiedereintritt in die Ev. Landeskirche in Württemberg aus.

Die vorgenannte Auffassung gründet sich, soweit ersichtlich, auf Schoen (Das evang. Kirchenrecht in Preußen, Bd. 1, 1903, S. 316), wo es heißt, daß dort, wo für den Beitritt zur Kirche ein Vertrag erforderlich ist, d. h. Beitritts- und Aufnahmeerklärung, beide auch in Form konkludenter Handlungen abgegeben werden können. Der Senat läßt unerörtert, welche Rechtsnatur der Eintritt bzw. Wiedereintritt eines Bürgers in die Ev. Landeskirche in Württemberg als Körperschaft des öffentlichen Rechts hat. Auch wenn man entsprechend der Ansicht im Vereinsrecht, wonach beim Vereinsbeitritt zwischen dem Beitrittswilligen und dem Verein ein atypischer Vertrag abgeschlossen wird (BGH-Urteil vom 29. 6. 1987 – II ZR 295/86 – BGHZ 101, 193), davon ausgeht, daß auch der Wiedereintritt in die Kirche auf vertraglicher Grundlage erfolgt und damit folgerichtig im Grundsatz auch ein Aufnahmeantrag des Bürgers wie eine Annahme des Aufnahmeantrages seitens der Kirche durch Erklärung mittels schlüssigen (konkludenten) Verhaltens in Betracht zu ziehen ist, scheidet hier eine solche Möglichkeit von vornherein aus. Denn dadurch, daß die Ev. Landeskirche in Württemberg explizit ein besonderes Aufnahmeverfahren geschaffen und dabei besondere Aufnahmevoraussetzungen aufgestellt hat, hat die Beigeladene belegt, daß es in ihrem Bereich keinen konkludenten Wiedereintritt gibt (vgl. BFH-Urteil vom 18. 11. 1977[3] – VI R 16/75 – BFHE 124, 287, BStBl. II 1978, 273). So hat denn auch Schoen (aaO, Bd. 2, 1906/1910, S. 238 Fn. 3) ausdrücklich vermerkt, daß nur dann, wenn Aufnahmeformalitäten nicht vorgeschrieben sind, der Eintritt auch stillschweigend erklärt werden kann.

Diese Auffassung deckt sich im übrigen mit Rechtsprechung und Rechtslehre zum Vereinsrecht. Hat ein Verein gem. § 58 Nr. 1 BGB in der Satzung Bestimmungen über den Eintritt der Mitglieder geschaffen, gerade auch um später Streit über das Bestehen der Mitgliedschaft oder über den Zeitpunkt des Beitritts zu vermeiden (Sauter/Schweyer, Der eingetragene Verein, 11. Aufl., Rdnr. 73 S. 43), ist nur eine Aufnahme entsprechend der Satzung möglich. Nur dann, wenn die Satzung keine Bestimmungen über die Form des Beitritts enthält, greift der Grundsatz der Formfreiheit ein (BayObLG, Beschluß vom 24. 3. 1972 – BReg 2 Z 131/71 – NJW 1972, 1323).

Soweit, wie hier, der Wiedereintritt eines Bürgers in eine steuerberechtigte Religionsgemeinschaft die Kirchensteuer-Pflicht tangiert, ist im übrigen der Grundsatz der Tatbestandsmäßigkeit der Besteuerung angesprochen. Dem Grundsatz der Tatbestandsmäßigkeit der Besteuerung, der als Ausdruck des Rechtsstaatsprinzips (Art. 20 GG) im Bereich des Abgabewesens fordert, daß steuerbegründende Tatbestände so bestimmt sein müssen, daß der Steuerpflichtige die auf ihn entfallende Steuerlast vorausberechnen kann, wird durch entsprechend detaillierte kirchliche Regelungen Genüge getan (BVerfG-Beschluß vom 23. 10. 1986 – 2 BvL 7, 8/84 – BVerfGE 73, 388). Soweit das staatliche Kirchensteuer-Recht, wie im Streitfall hinsichtlich der Frage der Kirchenangehörigkeit und damit des Beginns der Kirchensteuer-Pflicht, keine Bestimmungen enthält und deshalb auf das innerkirchliche Recht zurückgegriffen werden muß, ist der Grundsatz der Tatbestandsmäßigkeit (nur) dadurch gesichert, daß Voraussetzungen und Umfang des kirchlichen Steueranspruchs durch geschriebene Satzung der Kirche geregelt und damit klargestellt sind (Engelhardt, Die Kirchensteuer in der Bundesrepublik Deutschland, 1968, S. 34).

Bei der im Streitfall gegebenen Konstellation wäre der Grundsatz der Tatbestandsmäßigkeit der Besteuerung bei der vom Beklagten wie von der Beigela-

---

[3] KirchE 16, 239.

denen geltend gemachten Möglichkeit eines Wiedereintritts in die Kirche durch schlüssiges Verhalten verletzt, weil sich nicht bestimmen ließe, zu welchem Zeitpunkt der Kläger in die Ev. Landeskirche in Württemberg wieder eingetreten sein soll. Für die mittelbaren Erklärungen durch „schlüssiges Verhalten" gelten keine anderen Regelungen als für Willenserklärungen überhaupt (Larenz, Allgemeiner Teil des Deutschen Bürgerlichen Rechts, 5. Aufl., § 19 IV b S. 325). Ebenso wie im Vereinsrecht eine Annahme des Aufnahmeantrags durch den Verein ohne Erklärung an den Antragenden gem. § 151 Satz 1 BGB nicht in Frage kommt (BGH, BGHZ 101, 193), müßte es sich bei der Annahme der Kirche durch schlüssiges Verhalten um eine empfangsbedürftige Willenserklärung handeln. Bloßes Schweigen der Kirche, von dem in Übereinstimmung mit der genannten überwiegenden Meinung zum Wiedereintritt in die Kirche durch konkludentes Verhalten sowohl der Beklagte wie die Beigeladene ausgehen, genügt nicht (...).

Die Revision war gem. § 115 Abs. 2 Nr. 1 FGO zuzulassen. Die Rechtssache hat grundsätzliche Bedeutung.

Soweit, wie hier, Gegenstand der Rechtssache Landesrecht ist, ist dieses nur dann revisibel, wenn im Falle des § 33 Abs. 1 Nr. 4 FGO die Vorschriften der FGO über die Revision durch Landesgesetz für anwendbar erklärt werden (§ 118 Abs. 1 Satz 2 FGO). Diese Voraussetzung ist schon dann erfüllt, wenn für Streitigkeiten über Landesrecht der Finanzrechtsweg eröffnet ist (BFH-Urteile vom 7. 8. 1985 – I R 309/82 – BFHE 145, 7, BStBl. II 1986, 42; vom 24. 10. 1975 – VI R 82/73 – BFHE 117, 338, BStBl. II 1976, 104). Das ist hier der Fall. Gemäß § 4 AGFGO (BStBl. II 1966, 96) ist der Finanzrechtsweg auch in öffentlich-rechtlichen Streitigkeiten über Abgabenangelegenheiten gegeben, soweit die Angaben nicht der Gesetzgebung des Bundes unterliegen und durch Landesfinanzbehörden verwaltet werden. Die ev. Kirchensteuer wird durch Landesfinanzbehörden verwaltet. Nach § 17 Abs. 1 Satz 1 des KiStG kann auf Antrag der Religionsgemeinschaft das Finanzministerium die Verwaltung der Kirchensteuern, die als Zuschlag zur Einkommensteuer erhoben werden, durch RechtsVO ganz oder teilweise den Landesfinanzbehörden übertragen. Dies ist in bezug auf die ev. Kirchensteuer insgesamt, weil einschränkungslos, geschehen. Die Verwaltungsanordnung betreffend die Übertragung der Verwaltung der ev. und der altkatholischen Kirchensteuer in den Regierungsbezirken Nord-Württemberg und Süd-Württemberg-Hohenzollern auf die staatlichen Finanzbehörden vom 22. 12. 1955 (BStBl. II 1956, 6) enthält unter I.1 eine uneingeschränkte Übertragung der Verwaltung der Kirchensteuer auf die staatlichen Finanzbehörden. Diese Übertragung gilt gem. § 17 Abs. 1 Satz 2 KiStG als fortbestehend.

Damit ist zugleich das innerkirchliche Recht über den Wiedereintritt in die Ev. Landeskirche in Württemberg revisibel. Denn hinsichtlich der Frage der

Kirchenmitgliedschaft knüpft § 3 Abs. 1 KiStG an das innerkirchliche Recht an (zur entsprechenden Fragestellung bei den früheren GrEStG der Länder: Boruttau/Egly/Sigloch, GrEStG, 11. Aufl., Vorbem. § 1 14g). Soweit sich aus dem BFH-Beschluß vom 27. 6. 1984 – II B 9/84 – (BFHE 141, 229, BStBl. II 1984, 721) etwas anderes ergeben sollte, folgt dem der Senat nicht.

Die Grundsätzlichkeit der Rechtsfrage wird auch nicht dadurch tangiert, daß der BFH möglicherweise zu der Streitfrage des konkludenten Wiedereintritts in die Kirche bereits im Urteil BFHE 124, 287, BStBl. II 1978, 273 Stellung bezogen hat. Denn diese Entscheidung betraf das im Streitfall nicht einschlägige innerkirchliche Recht der Ev. Kirche im Rheinland.

63

Der unter politischem Druck herbeigeführte Beschluß zur Auflösung einer vereinsrechtlich organisierten Freimaurer-Loge ist zwar unwirksam, jedoch kann ein solcher Verein nur dann wiederaufleben, wenn seine Tätigkeit durch einen wesentlichen Teil seiner Mitglieder sogleich nach Wegfall der Zwangslage fortgeführt wird.

Art 9 Abs. 1 GG; §§ 21, 57, 58, 60 BGB
OLG Jena, Urteil vom 27. September 1993 – 6 W 33/93[1] –

Am 13. 1. 1992 gründeten acht Mitglieder der Großen National-Mutterloge „Zu den drei Weltkugeln" den Verein „Ludwig zur Eintracht" in A. als Nachfolger der früheren Johannes-Loge in A. Die Vorstandsmitglieder meldeten im Februar 1992 den Verein zur Eintragung in das Vereinsregister an. In § 1 der Satzung heißt es, der Verein sei die Nachfolgeorganisation der früheren Johannes-Loge „Ludwig zur Eintracht", die ihren Sitz in A. gehabt und eine Tochterloge der Großen National-Mutterloge „Zu den drei Weltkugeln" gewesen sei. Laut § 2 der Satzung hat der Verein den Zweck, die Reaktivierung der unter dem gleichen Namen nach dem 30. 1. 1933 zwangsweise geschlossenen Johannes-Loge möglichst am gleichen Ort nach der freimaurerischen Lehrart der Großen Nationalen Mutterloge „Zu den drei Weltkugeln" anzustreben und dort freimaurerisches Gedankengut bekanntzumachen. Gemäß § 10 der Satzung ist vorgesehen, daß sich der Verein auflöst, wenn der Zweck des Vereins durch Reaktivierung der Johannes-Loge erfüllt und dieselbe in Arbeit gesetzt ist, es sei denn, die Mitglieder entschließen sich, eine neue, durch die Große Nationale Mutterloge „Zu den drei Weltkugeln" vorgeschlagene Aufgabe zu übernehmen.

---

[1] NJW-RR 1994, 698.

Mit Schreiben vom 26. 1. 1993 teilte das Kreisgericht dem Vorstandsvorsitzenden mit, es sei unverständlich, warum die Eintragung in das Vereinsregister beantragt worden sei. Es werde bezweifelt, ob eine Registrierung und eine dementsprechende Veröffentlichung dem Sinn der Loge entspreche. Solle der Verein ausschließlich den Zweck haben, die ehemals zwangsweise geschlossene Johannes-Loge zu reaktivieren, so könne der neugegründete Verein keine Nachfolgeorganisation der früheren Johannes-Loge „Ludwig zur Eintracht" sein, denn dann sei er nach der Reaktivierung wegen Zweckerfüllung aufzulösen. Der neugegründete Verein könne dann keine Nachfolgeorganisation sein und § 1 der Satzung sei dementsprechend zu ändern. Der Verfahrensbevollmächtigte des Vereins antwortete unter Bezugnahme auf die Entscheidung des Bundesgerichtshofs vom 17. 11. 1955 (BGHZ 19, 51 ff.), die frühere Johannes-Loge „Ludwig zur Eintracht" sei nach beinahe 60 Jahren de facto erloschen gewesen. Das Vermögen sei der Großloge angewachsen, die zur Wahrung des Namensrechts und zur Wahrung der Tradition der untergegangenen Johannes-Loge den vorliegenden Verein mit dem Zweck der Reaktivierung der Loge gegründet habe. Die reaktivierte Loge sei nicht Rechtsnachfolger der untergegangenen Tochterloge und ihr stünden keinerlei Vermögensrechte der früheren Loge zu. Die neuzugründende Loge solle nur Traditionsnachfolgerin sein. Nichts anderes sei mit dem Wort „Nachfolgeorganisation" gemeint. Daraufhin forderte das Registergericht den Verein auf, den § 1 der Satzung dementsprechend zu ändern. Dies lehnte der Verein mit der Begründung ab, eine Satzungsänderung würde einen unverhältnismäßig großen Aufwand verursachen. Die Rechtspflegerin hat daraufhin die Eintragung des Vereins abgelehnt. Die Richterin beim Kreisgericht hat der sofortigen Erinnerung nicht abgeholfen und zur Begründung ausgeführt, der neugegründete Verein könne nicht Nachfolgeorganisation der 1933 zwangsweise geschlossenen Johannes-Loge sein, weil er dann mit der Reaktivierung wegen Zweckerfüllung aufzulösen sei. Aus der Satzung sei nicht erkennbar, daß es sich nur um eine Funktions- und Traditionsnachfolge handeln solle. Deshalb sei eine Satzungsänderung erforderlich gewesen, da der neugegründete Verein weder Nachfolgeorganisation der Johannes-Loge sei, noch sein wolle.

Mit dem angefochtenen Beschluß hat das Bezirksgericht die Beschwerde zurückgewiesen. Zur Begründung hat es ausgeführt, der Eintragungsantrag sei schon deshalb zu Recht abgelehnt worden, weil er gegen ein fremdes Namensrecht verstoße. Der Name „Ludwig zur Eintracht" gehöre zum Vermögen der früheren Tochterloge und sei gemäß der Bundessatzung an die Große National-Mutterloge „Zu den drei Weltkugeln" zurückgefallen. Der neugegründete Verein sei nicht Rechtsnachfolger der Johannes-Loge und damit nicht zur Führung des Namens „Ludwig zur Eintracht" befugt. Deshalb sei lediglich die Mutterloge zur Gründung einer Nachfolgerloge berechtigt. Aus der Satzung ergebe sich nicht, daß der Verein durch die Mutterloge gegründet worden sei. Zudem dürfe der Name eines zur Eintragung angemeldeten Vereins nicht Anlaß geben, über Art, Größe, Alter, Bedeutung, Zweck oder sonstige Verhältnisse des Vereins zu täuschen. Die Führung des Namens „Ludwig zur Eintracht" deute eine Rechtsnachfolge nach der früheren Johannes-Loge gleichen Namens an. Aus der Satzung ergebe sich nicht, daß sich der Verein nicht als Rechtsnachfolger der Johannes-Loge ansehe.

Mit der sofortigen weiteren Beschwerde macht der Verein geltend, daß die Großloge selbst den vorliegenden Verein zur Reaktivierung der Loge gegründet hat. Das Leitungsgremium der Großen National-Mutterloge „Zu den drei Weltkugeln", nämlich das Bundesdirektorium, habe zur Wahrung des Namensrechts beschlossen, an sämtlichen Orten, an denen früher Tochterlogen bestanden, Vereine zur Wiedererrichtung der erloschenen Tochterloge zu errichten.

Das Rechtsmittel führte zur Aufhebung der vorinstanzlichen Entscheidungen. Das Kreisgericht wird angewiesen, den Antragsteller in das Vereinsregister einzutragen.

Aus den Gründen:

1. Die sofortige weitere Beschwerde ist gemäß §§ 27 Abs. 1, 160a FGG statthaft. Sie ist auch form- und fristgerecht eingelegt worden.

Das Rechtsmittel scheitert insbesondere nicht daran, daß der Verein als Beschwerdeführer benannt ist. Der neugegründete Verein kann sich als sogenannter Vor-Verein am Eintragungsverfahren beteiligen. Es ist nicht erforderlich, daß die Beschwerde im Namen der anmeldenden Vorstandsmitglieder eingelegt wird (a. A. Reichert/Dannecke, Handbuch des Vereins- und Verbandsrechts, 5. Auflage, Rdnr. 177 f.; Reuter, Münchner Kommentar zum Bürgerlichen Gesetzbuch, 3. Auflage, § 60 Rdnr. 3). Der Verein erlangt zwar gem. § 21 BGB erst mit Eintragung ins Vereinsregister die Rechtsfähigkeit und ist während des Eintragungsverfahrens noch keine juristische Person. Er ist nach der Vorschrift des § 50 Abs. 2 ZPO nur beschränkt parteifähig. Seine Beteiligtenfähigkeit im FGG-Verfahren ist gleichwohl zu bejahen. Der Senat folgt der Auffassung des Bayerischen Obersten Landesgerichts (BayObLG NJW-RR 1991, 958 f.), wonach der Vorverein an dem Verfahren, das die Eintragung des Vorvereins zum Gegenstand hat, als solcher teilnimmt und daß er die Zurückweisung seiner Anmeldung mit der Beschwerde angreifen kann (ebenso Soergel/Hadding BGB, 12. Aufl., § 60 Rdnr. 5). Das Bayerische Oberste Landesgericht weist in seiner Entscheidung zu Recht darauf hin, daß für den Vor-Verein nichts anderes gelten kann als für die Vor-GmbH, bei der die Beteiligtenfähigkeit anerkannt ist (BGHZ 107, 1 ff.).

2. Die sofortige Beschwerde ist auch begründet, weil die angefochtenen Beschlüsse auf einer Verletzung der §§ 21, 60 BGB beruhen. Die Vorinstanzen hätten die Anmeldung nicht zurückweisen dürfen. Die Voraussetzungen für die Eintragung in das Vereinsregister sind erfüllt.

Gegenstand der Prüfung der Anmeldung eines neugegründeten Vereins zum Vereinsregister ist die Ordnungsmäßigkeit seiner Gründung mit nicht wirtschaftlicher Zwecksetzung in formeller und materieller Hinsicht, sowie die gehörige Form der Anmeldung mit den erforderlichen Unterlagen. Die Satzung muß den sich aus den §§ 57, 58 BGB ergebenden gültigen Inhalt haben und darf die unabdingbaren BGB-Vorschriften nicht mißachten, die für alle Vereine bestehen. Sie darf auch nicht ungeschriebene zwingende allgemeine Grundsätze des Vereinsrechts mißachten. Satzungsbestimmungen, die Außenwirkung haben, dürfen nicht offensichtlich unklar oder unrichtig sein. Der Name des Vereins, der gemäß § 57 Abs. 1 BGB in der Satzung enthalten sein muß, hat sich von dem Namen der an demselben Orte oder in derselben Gemeinde bestehenden eingetragenen Vereine deutlich zu unterscheiden. Für den Vereinsnamen gilt daneben der handelsrechtliche Grundsatz der Firmenwahrheit entsprechend. Danach darf der Name eines zur Eintragung angemeldeten Vereins oder ein durch Satzungsänderung gebildeter neuer Name nicht Anlaß geben, über Art, Größe, Alter, Bedeutung, Zweck oder sonstige wesentliche Verhältnisse des Vereins zu täuschen (vgl. im einzelnen Reichert/Dannecke, aaO, Rn. 157 ff.). Die Anmeldung des Beteiligten entspricht diesen Voraussetzungen.

a) Die Eintragung hätte nicht mit der Begründung abgelehnt werden dürfen, der Verein verstoße gegen fremdes Namensrecht, weil lediglich die Mutterloge zur Gründung einer Nachfolgerloge berechtigt sei. Dabei kann dahingestellt bleiben, ob tatsächlich das Namensrecht der Mutterloge gegen deren Willen verletzt würde oder ob die Mutterloge selbst die Gründung betrieben hat, der Namensgebung also zustimmte. Das Registergericht ist nämlich zur Prüfung dieser Frage nicht berechtigt. Die Prüfung der Anmeldung des Vereins zur Eintragung in das Vereinsregister und damit zur Begründung seiner Rechtsfähigkeit dient öffentlichen Belangen. Sie hat eine ordnungsrechtliche Funktion. Namensrechtliche Bedenken können die Eintragung nur verhindern, wenn sie eine Verwechslungsgefahr zum Gegenstand haben oder wenn sie einen Verstoß gegen das Prinzip der Namenswahrheit dartun. Ob und inwieweit der angemeldete Verein private Rechte Dritter verletzt, insbesondere ob dem gewählten Vereinsnamen bessere Rechte eines anderen Rechtsträgers an diesem Namen zustehen, hat das Vereinsregistergericht nicht zu prüfen (BayObLG DNotZ 1987, 353). In vorliegender Sache wurden die Belange der Allgemeinheit durch einen möglichen Namensstreit zwischen Verein und Mutterloge nicht berührt. Daraus folgt, daß das Registergericht nicht befugt ist, wegen eventueller privater Ansprüche der Mutterloge dem angemeldeten Verein die Eintragung zu versagen.

b) Die angefochtenen Entscheidungen erweisen sich auch nicht aus anderen Gründen im Ergebnis als richtig. Der Name des Vereins ist nicht gem. § 57 Abs. 2 BGB unzulässig, weil ein Verein mit gleichem Namen in A. nicht mehr besteht. Die alte Johannes-Loge ist, wie das Bezirksgericht zu Recht ausführt, erloschen. Sie erlosch zwar noch nicht durch die unter nationalsozialistischem Druck beschlossene Auflösung der Mutterloge und sämtlicher Johannes-Logen im Jahre 1935. Dieser Beschluß war nämlich nichtig. Ein solchermaßen unwirksam aufgelöster Verein kann aber nur dann wieder aufleben, wenn die verbliebenen Mitglieder sich mit der Auflösung des Vereins nicht abfinden. Sie bringen dies dadurch zum Ausdruck, daß sie nach Beseitigung des politischen Drucks alsbald wieder zusammenkommen, um den Verein zu seinem satzungsgemäßen Zweck mit der abgebrochenen Tradition fortzusetzen (vgl. BGHZ 19, 51 ff.). Eine solche Wiederaufnahme der Vereinstätigkeit durch wesentliche Teile der früheren Mitglieder hat nicht stattgefunden. Das faktische Erlöschen des 1935 scheinbar aufgelösten Vereins hat durch das Untätigbleiben der ihn ehemals tragenden Mitglieder in der Zeit nach 1945 rechtliche Qualität erlangt. Ein eingetragener Verein mit dem Namen des Antragstellers besteht deshalb in A. nicht mehr.

c) Der Name ist auch nicht irreführend und verstößt nicht gegen den Grundsatz der Namenswahrheit. Allein die Namensgleichheit mit einem vor mehr als 50 Jahren letztmals tätig gewesenen Verein täuscht nicht vor, daß der Verein Rechtsnachfolger der früheren Johannes-Loge ist. Das Rechtsbeschwerdegericht kann dies ohne Bindung an die tatrichterliche Auffassung selbständig beurteilen, weil die Frage, ob der Name zur Täuschung geeignet ist, eine Rechtsfrage und somit in vollem Umfang nachprüfbar ist.

d) Das Registergericht durfte die Eintragung auch nicht von einer vorhergehenden Satzungsänderung abhängig machen und eine Änderung oder Erläuterung des Begriffs „Nachfolgerorganisation" verlangen. Zwar müssen offensichtliche Unklarheiten oder gar Unrichtigkeiten bei Satzungsbestimmungen, die Außenwirkungen haben, beanstandet werden (vgl. Reichert/Dannecke, aaO, Rdnr. 160 m.w.N.). Dabei muß jedoch die Satzung in ihrer Gesamtheit berücksichtigt werden. Allein aus dem Begriff der „Nachfolgerorganisation" ergibt sich noch nicht, daß es sich bei dem Verein um einen Rechtsnachfolger handeln soll, auf den Ansprüche der früheren Johannes-Loge übergegangen sind. Der Satzung läßt sich eindeutig entnehmen, daß es sich um eine Neugründung eines Vereins handelt und eine Rechtsnachfolge deshalb nicht in Betracht kommt.

e) Unerheblich ist auch, daß gem. § 10 der Satzung eine Auflösung des Vereins nach Reaktivierung der Johannes-Loge vorgesehen ist, falls die Mitglieder sich nicht zur Übernahme einer neuen Aufgabe entschließen. Die Satzung verstößt damit nicht gegen geltendes Recht. Zum Kernbereich der verfassungsrechtlich geschützten Vereinigungsfreiheit (Art. 9 Abs. 1 GG) gehört auch die Satzungsautonomie. Das Registergericht darf deshalb eine Anmeldung nicht allein deshalb beanstanden, weil es eine Satzungsbestimmung für unzweckmäßig oder für ungeeignet erachtet. Der Verein hat einen Anspruch auf Eintragung, falls – wie hier – die gesetzlichen Voraussetzungen eingehalten worden sind. Der Verein entscheidet aufgrund seiner Autonomie allein darüber, wann er den Vereinszweck als erfüllt ansieht und ob er sich dann auflöst oder eine Neuaufgabe übernimmt und dementsprechend dann später die Satzung ändert, was ihm jederzeit möglich ist.

Die Voraussetzungen für eine Eintragung sind erfüllt. Die gem. § 5 der 2. Thüringer Verordnung zur Bestimmung von Zuständigkeiten im Geschäftsbereich des Thüringer Innenministeriums vom 12. 2. 1992 (GVBl. S. 66 ff.) zuständige Verwaltungsbehörde hat gegen die Eintragung keinen Einspruch erhoben. Da die Entscheidung einer Vollziehung bedarf, sind die Entscheidungen beider Vorinstanzen aufzuheben und die Ausführung des Entscheidungssatzes dem Erstgericht zu überlassen.

64

Zur Frage, unter welchen Voraussetzungen einem Verein, der die Ziele der Scientology Kirche verfolgt, im Hinblick auf dessen wirtschaftlichen Geschäftsbetrieb die Rechtsfähigkeit entzogen werden kann.

§§ 21, 43 Abs. 2 BGB
VG Stuttgart, Urteil vom 30. September 1993 – 8 K 697/92[1] –

Der klagende Verein wurde am 24. 4. 1975 von sieben Personen als Scientology Kirche N. gegründet und am selben Tage in das Vereinsregister des Amtsgerichts N. eingetragen. Aufgrund der Mitgliederversammlung vom 6. 5. 1983 wurde am 6. 9. 1984 der neue Vereinsname „Scientology Neue Brücke Mission der Scientology Kirche" in das Vereinsregister eingetragen. Die Satzung des klagenden Vereins wurde mehrfach geändert, letztmals durch Beschluß der Mitgliederversammlung vom 25. 11. 1990. Bis dahin hatte § 5 Ziffer 2 der Satzung „Verwirklichung der Zwecke der Mission" folgenden Wortlaut: „Missionierung durch Werbung und Gewinnung von Mitgliedern, Werbung für die re-

---

[1] NVwZ 1994, 612. Nur LS: AkKR 163 (1994), 212. Auf die Berufung des Klägers hat der VGH Baden-Württemberg durch Urteil vom 2. 8. 1995 – 1 S 438/95 – MDR 1996, 107 unter Abänderung des vorliegenden Urteils den angefochtenen Bescheid nebst Widerspruchsbescheid aufgehoben. Über die Revision des Beklagten war bei Redaktionsschluß (31. 12. 1996) noch nicht entschieden (BVerwG 1 C 18.95). Vgl. zu diesem Fragenkreis auch VGH Baden-Württemberg NJW 1996, 3358; VG Hamburg NJW 1996, 3363.

ligiösen Dienste der Kirche und ihrer religiösen Schriften in der Gesellschaft." Die neue Fassung des § 5 Ziffer 2 lautet nunmehr: „Missionierung durch Werbung und Gewinnung neuer Mitglieder; die Missionierung durch Verkauf von Schriften nach außen gegenüber Nichtmitgliedern bleibt den einzelnen Mitgliedern überlassen, soweit sie dies wünschen; der Verein selbst verbreitet Schriften (siehe folgende Ziffer 3 und 4) nur an Mitglieder."

Das Regierungspräsidium N. entzog dem Verein mit dem angefochtenen Bescheid vom 28. 10. 1986 die Rechtsfähigkeit, da er entgegen seiner Satzung nicht überwiegend ideelle Ziele verfolge, sondern einen wirtschaftlichen Geschäftsbetrieb führe.

Den hiergegen eingelegten Widerspruch wies das Regierungspräsidium N. zurück. Zur Begründung wurde im wesentlichen ausgeführt: Nach § 43 Abs. 2 BGB könne einem Verein, dessen Zweck nach der Satzung nicht auf einen wirtschaftlichen Geschäftsbetrieb gerichtet sei, die Rechtsfähigkeit entzogen werden, wenn er einen solchen Zweck verfolge. § 21 BGB eröffne den Weg, die Rechtsfähigkeit durch Eintragung in das Vereinsregister zu erwerben, nur jenen Vereinen, „deren Zweck nicht auf einen wirtschaftlichen Geschäftsbetrieb gerichtet ist"; stelle sich nach Eintrag des Vereins heraus, daß dieser aber tatsächlich einen wirtschaftlichen Geschäftsbetrieb unterhalte, könne die Rechtsfähigkeit wieder entzogen werden. Das Vereinsrecht unterscheide also den sogenannten wirtschaftlichen Verein vom nicht wirtschaftlichen Verein. Jenen Vereinen, deren wirtschaftliche Aktivitäten nicht nur eine untergeordnete Rolle spielten, solle zwecks Erwerb der Rechtsfähigkeit der Zugang zum Vereinsregister verschlossen sein. Der Grund für die Entscheidung des Gesetzgebers, solche Vereine, wenn sie die Rechtsfähigkeit erwerben wollten, nach § 22 BGB einer besonderen staatlichen Prüfung zu unterwerfen oder sie auf andere Rechtsformen mit besonderen gesetzlichen Schutzvorschriften zu verweisen, z.B. auf die Rechtsform der GmbH, der AG oder der eingetragenen Genossenschaft, sei darin zu sehen, daß ihre planmäßige Beteiligung am Wirtschaftsverkehr für Dritte, aber auch für den Verein und seine Mitglieder selbst, besondere Risiken mit sich bringe, denen allein mit den vereinsrechtlichen Bestimmungen des Bürgerlichen Gesetzbuches nicht wirksam begegnet werden könne. Sei die Gründung einer Kapitalgesellschaft oder Genossenschaft aus konkretem Anlaß heraus nicht zuzumuten, so müsse die Personenvereinigung um die staatliche Verleihung der Rechtsfähigkeit nach § 22 BGB nachsuchen. Der „Sperrfunktion" des § 22 BGB komme daher bei der Prüfung, ob ein Verein nach der Art und Weise seiner Betätigung in das Vereinsregister eingetragen werden dürfe, besondere Bedeutung zu. Bei der Prüfung, ob ein wirtschaftlicher oder ein nicht wirtschaftlicher Verein gegeben sei, dürfe nicht allein die Aussage über den Vereinszweck in der Satzung herangezogen werden. Nach neuerer Auffassung sei für die Eintragung demnach nicht das Ziel des

Vereins, sondern seine objektive Tätigkeit entscheidend, d.h. ein Verein der nicht wirtschaftliche Ziele ausschließlich durch einen wirtschaftlichen Geschäftsbetrieb erreichen wolle, sei nicht eintragungsfähig. Dem Wortlaut der Satzung nach (vgl. § 2 und § 7) verfolge der klagende Verein zwar ideelle Zwecke; diese Zielsetzung solle nicht oder „nicht in erster Linie" mit Hilfe eines wirtschaftlichen Geschäftsbetriebs verwirklicht werden. Aufgrund umfangreicher Ermittlungen, müsse man davon ausgehen, daß der klagende Verein entgegen dem Wortlaut der Vereinssatzung objektiv einen wirtschaftlichen Geschäftsbetrieb unterhalte. Nach den aus den §§ 21, 22 BGB gebildeten Fallgruppen betätige sich z.b. der sogenannte unternehmerische Verein wirtschaftlich. Dieser Haupttyp sei gekennzeichnet durch eine planmäßige, entgeltliche, anbietende Tätigkeit an einem äußeren Markt. Der Verein müsse eine anbietende Tätigkeit ausüben; denn hierdurch setze der sich einem Marktrisiko aus. Gegenstand der anbietenden Tätigkeit könnten Waren und Dienstleistungen jeder Art sein, gleichgültig ob sie dem materiellen oder dem ideellen Bereich angehörten. Dazu zählten unter anderem die Pflege und Verbreitung einer bestimmten Religion oder Weltanschauung, die Verfolgung gemeinnütziger oder wohltätiger Zwecke, Förderung der Geselligkeit, Förderung der Wissenschaft. Für wesentliche Teile des Angebots des klagenden Vereins gebe es auch einen Markt, auf dem Leistungen dieser Art nachgefragt würden und auf dem der Kläger mit anderen ähnlich strukturierten Angeboten konkurriere. Der Kläger biete neben einem umfangreichen Literaturangebot im Rahmen seines Kurssystems sogenannte Technologien an. Diese Technologien sollen dem einzelnen die Möglichkeit bieten, seine geistigen Fähigkeiten zu verbessern und helfen, mehr über sich selbst und seine Beziehung zum Universum zu erfahren. Die Anwendung der Scientology-Prinzipien im täglichen Leben könne das Vertrauen der Personen in sich selbst stark vergrößern, die Intelligenz erhöhen und ihre Selbstbestimmung vollständig wieder herstellen. Das Angebot des klagenden Vereins umfasse also im wesentlichen Technologien zur Steigerung der geistigen Leistungsfähigkeit, zur Heilung psychosomatischer Krankheiten und zur Reinigung des menschlichen Körpers. Diesem Angebot stünden die Bedürfnisse zahlreicher Menschen gegenüber, die größere geistige Leistungsfähigkeit, Befreiung von seelischen Nöten und Ängsten und Rettung vor Umweltgefahren suchten.

Die Wirtschaftsgüter müßten an einem äußeren Markt, d.h. einer nicht aus Mitgliedern bestehenden Marktseite angeboten werden. Der Kläger biete auch Waren und Dienstleistungen an. Der Scientology-Gründer L. Ron Hubbard habe eine große Anzahl von Büchern geschrieben, die in erster Linie von den Scientology Zentren, also auch vom Kläger aber auch über den Buchhandel und sonstigen Buchverkaufsstellen vertrieben würden. Angeboten würden auch in dicken Buchbänden zusammengefaßte Anweisungen, sogenannte Policy Letters und Bulletins. Darüberhinaus biete der Kläger Kassetten, Alben, Videos, Filme, das sogenannte E-Meter, Zeitspurkarte, Anstecker und ähnliches sowie verschiedene Zeitschriften an. Ein Teil dieses Angebotes sei – neben einer Flut von Werbematerial – speziell für die breite Öffentlichkeit gedacht. Der Literaturverkauf erfolge nach dem Wortlaut der alten Satzung sowohl an Mitglieder als auch an Nichtmitglieder. Der klagende Verein habe angekündigt, den Buchverkauf auf eine noch zu gründende GmbH zu übertragen. Der Widerspruchsbehörde lägen derzeit keine Erkenntnisse darüber vor, ob diese GmbH mittlerweile gegründet beziehungsweise der Buchverkauf an diese GmbH übertragen worden sei. Der klagende Verein habe trotz nochmaliger Aufforderung mit Schreiben vom 19. 11. 1991 keine Angaben dazu gemacht.

Auch nach der nunmehr erfolgten Satzungsänderung werde der Kläger nach außen tätig. Nach Auffassung der Widerspruchsbehörde sei die Satzungsänderung bewußt vorgenommen worden, um die gesetzlichen Bestimmungen zu unterlaufen: Mit Hilfe dieser rechtlichen Konstruktion solle fingiert werden, daß der Literaturverkauf durch den Verein ausschließlich an Mitglieder erfolge, während sich an der Handhabung des Literaturverkaufs tatsächlich nichts ändere. Nach wie vor würden die Mitglieder des Klägers, aus denen sich der Verein zusammensetze und die sämtliche Aktivitäten entfalteten, Literatur Nichtmitgliedern anbieten. Die Mitglieder müßten und wollten aber selbst Literatur in größtmöglichen Mengen aber auch an Nichtmitglieder verkaufen. Die Scientology Kirche rufe ihre Mitglieder ständig zum Verkauf von Waren und Dienstleistungen zur Erhöhung der Verkaufszahlen auf. Bereits die Vereinssatzung bestimme in § 5: „Der in § 2 dieser Satzung festgelegte Zweck werde verwirklicht insbesondere durch: Nr. 1 ... die Verbreitung der religiösen Lehre der Scientology Kirche durch Wort, Schrift, Bild und Beispiel. Nr. 3 Verbreitung von einschlägigen Schriften über die Religion ... Nr. 4 Abgabe und Überlassung von Schriften und religionsspezifischen Materialien wie Bücher ...". In einer Flut von Anweisungen würden die Mitglieder angehalten, Waren und Dienstleistungen in immer größeren Mengen zu verkaufen. Hinzu komme, daß von den Vereinsmitgliedern verlangt werde, einmal pro Woche eine Statistik zu erstellen, aus der sich unter anderem die wöchentliche Verkaufszahl und die Zahl neugewonnener Mitglieder ergebe. Der Erfolg der einzelnen Verkaufsstellen werde laufend überwacht. Weiterhin hätten die Mitglieder auch ein eigenes wirtschaftliches Interesse am Verkauf. Zwar erhielten sie keine Provisionen oder Gewinnanteile für die getätigten Verkäufe, aber Rabatte auf den Preis für Waren und Dienstleistungen, die sie für sich selbst kauften. Dies zeige nach Auffassung der Widerspruchsbehörde deutlich, daß es – im Gegensatz zur Satzungsregelung – den Mitgliedern letztlich doch nicht freistehe, ob sie Literatur an Nichtmitglieder verkauften. Der Verkauf werde gleichsam zur

Pflicht der Mitglieder, da mit Hilfe des Verkaufs Ziele und Zwecke des Vereins erreicht werden sollen. Der Verein brauche also den Buchverkauf gerade auch an Nichtmitglieder, um die satzungsmäßigen Ziele und Zwecke und die von der Scientology-Führung erlassenen Anweisungen erfüllen zu können. Der klagende Verein müsse sich somit rechtlich nach wie vor den Verkauf von Literatur an Nichtmitglieder zurechnen lassen.

Der Verein biete diese Waren planmäßig und entgeltlich an. Zwar bezeichne der Kläger das Entgelt als „Spende" bzw. als „Mindestspendenbeitrag" für die Lieferung von Waren und auch von Dienstleistungen. Definitionsgemäß setze eine Spende jedoch voraus, daß die Leistung freiwillig erfolge. Dies treffe bei dem klagenden Verein jedoch nicht zu. Waren bzw. Dienstleistungen könnten nur gegen Bezahlung eines festgesetzten Betrages erworben werden; die Zahlungen seien also echte Gegenleistungen. Die zu zahlenden Beträge würden auch den Selbstkostenpreis übersteigen, sie entsprächen dem im Buchhandel üblicherweise verlangten Kaufpreis für Bücher; so würden u. a. gebundene Bücher zum Preis zwischen 47,- DM und 130,- DM angeboten, Taschenbücher zum Preis zwischen 16,- DM und 67,- DM, Kassetten, Alben und Videos zum Preis von 28,- bis 1125,- DM. Das sogenannte E-Meter werde ebenfalls weit über dem Herstellerpreis (ca. 200,- DM) verkauft. Der derzeit erhältliche „Mark Super VII" koste für Mitglieder der International Association of Scientologysts 8900,- DM, der „Mark V" 5750,- DM (normaler Preis). Der klagende Verein biete außerdem verschiedene Kurse, Seminare und insbesondere das sogenannte Auditing an. Nach Angaben des Klägers würden lediglich kostenlose Einführungslehrgänge, Einführungskurse und ein Persönlichkeitstest Nichtmitgliedern angeboten. Alle anderen Kurse stünden jedoch nur Mitgliedern offen.

Der Kläger sei aber auch dann wirtschaftlich tätig, wenn er seine Kurse, Seminare usw. ausschließlich Mitgliedern anbieten würde, da er insoweit einen offenen Binnenmarkt errichte und damit ebenfalls den Tatbestand eines wirtschaftlichen Geschäftsbetriebs erfülle.

Zu den von der Lehre entwickelten Grundtypen des wirtschaftlichen Vereins gehöre auch der Verein mit unternehmerischer Tätigkeit an einem sogenannten inneren Markt. Der Verein könne Waren und Dienstleistungen sowie andere materielle Leistungen wie ein nicht in Vereinsform betriebenes hierauf spezialisiertes Unternehmen ausschließlich den Mitgliedern entgeltlich anbieten (sogenannte Tätigkeit am Binnenmarkt). Der Austausch am Markt werde lediglich auf die Mitglieder beschränkt. Entscheidend sei, daß die Mitglieder dem Verein in der Rolle als Kunden gegenübertreten würden und Leistungen in Anspruch nähmen, die üblicherweise auch auf einem äußeren Markt gegen Entgelt angeboten würden. Die Scientologen strebten an, „höhere Stufen des Daseins für das Individium und die Gesellschaft" zu erlangen (Broschüre „Die Scientology Kirche stellt sich vor"). Dieses Ziel könne aber nur erreicht werden durch die ständige Teilnahme an Kursen usw., um immer höhere scientologische Befreiungsgrade zu erreichen und in der Regel auch die Befähigung, das scientologische Training und die geistige Beratung (Auditing) selbst zu vermitteln und ausüben zu können. Angeboten würde ein Dienstleistungspaket, das „einen zur völligen Befreiung" führen soll. Die Kurse seien im überwiegenden Teil sehr teuer und überstiegen bei weitem die Kosten einer normalen Psychotherapie. Es könnten sehr schnell Kosten in fünfstelliger Höhe anfallen. Die von dem klagenden Verein erhobenen Beträge erhöhten sich ständig. In dem Schreiben „Ein besonderer Hinweis Spenden" (Auditorinsurt von 1976) wird eine monatliche Preiserhöhung von 5 Prozent angekündigt. Seit 31. 6. 1989 erhöhen sich die Preise für alle Training- und Processing-Services um monatlich 10 Prozent, die einzelnen Angebote aus dem Buchladen stiegen bis zu 30 Prozent an. Der klagende Verein gewähre auch Rabatte bei Abnahme von Groß- und Buchpaketen, beim Verkauf von Waren und Dienstleistungen an Dritte. Schließlich bediene sich der Kläger bei der Verkaufsförderung eines Gedankengutes moderner Verkaufspsychologie und sämtlicher in der Werbung üblicher Mittel, wie zum Beispiel Werbung durch Anzeigen in Zeitungen, Werbung im Radio und Fernsehen und Postwurfsendungen.

Der klagende Verein handle auch mit der Absicht, Gewinn zu erzielen. Gesicherte Erkenntnisse über die finanzielle Situation lägen nicht vor. Der Kläger habe es bislang abgelehnt, Angaben insbesondere über Einnahmen, Ausgaben und Verwendung eventueller Gewinne zu machen. Er habe es ebenfalls abgelehnt, die Finanzbehörden vom Steuergeheimnis zu entbinden. Die Gewinnerzielungsabsicht sei zwar keine notwendige Bedingung für das Vorliegen eines wirtschaftlichen Vereins, wohl aber ein Indiz für unternehmerische Tätigkeiten.

Der klagende Verein habe mit Schreiben vom 22. 1. 1992 mitgeteilt, die Scientology Neue Brücke, Mission der Scientology Kirche e. V. habe derzeit nur 11 Mitglieder; Angaben zur finanziellen Situation seien nicht gemacht worden. Die kleine Mitgliederzahl hindere jedoch den Kläger nicht daran, einem wirtschaftlichen Geschäftsbetrieb nachzugehen. Unterstellt, der Kläger erziele aufgrund der kleinen Mitgliederzahl keinen oder keinen erheblichen Gewinn, so sei der Kläger dennoch wirtschaftlich tätig. Es sei ohne Belang, ob der Verein im Rahmen seiner wirtschaftlichen Tätigkeit tatsächlich Gewinne für sich oder seine Mitglieder erziele. Lägen die Voraussetzungen eines wirtschaftlichen Geschäftsbetriebs vor, sei es unerheblich, wenn der Verein seine Tätigkeit soweit einschränke, daß keine Gewinne erwirtschaftet würden. Zwar werde ein Teil des erzielten Gewinns für ideelle Zwecke verwendet. Die erwirtschafteten Gewinne überstiegen jedoch nach Überzeugung der Widerspruchsbehörde um ein Vielfaches die vom Kläger zu tragenden Unkosten. Nach Überzeugung der Widerspruchsbehörde verfüge die Scientology Kirche und auch der Kläger über enorme Gelder.

Die wirtschaftliche Tätigkeit des Klägers sei nach Überzeugung der Widerspruchsbehörde im Verhältnis zum nicht wirtschaftlichen Zweck und dessen Verfolgung auch nicht als bloße Nebentätigkeit einzuordnen. Die Verbindung zwischen Nebentätigkeit und Hauptzweck bestehe nur in der Mittelbeschaffung; der ideelle Zweck soll den wirtschaftlichen Geschäftsbetrieb fördern, nicht aber soll mit Hilfe der wirtschaftlichen Tätigkeit der ideelle Zweck erreicht werden. Die Grenze des Anwendungsbereichs der Lehre vom sogenannten Nebenzweckprivileg sei auch nicht in erster Linie nach quantitativen Gesichtspunkten zu bestimmen. Der Kläger biete zwar auch in kleinem Umfang kostenlose Dienstleistungen wie Sonntagsandachten, Eheschließungen, Namensgebungen, Persönlichkeitstests u. a. an. Diese Dienstleistungen hätten jedoch keine oder kaum eine Bedeutung. Für diese Dienstleistungen werde auch nicht geworben. Der Schwerpunkt der Tätigkeit des Klägers liege bei der Durchführung entgeltlicher Dienstleistungen (Kurse, Seminare, Auditing) und dem Literaturverkauf. Dies ergebe sich bereits aus der Satzung, nach der die Ziele nur durch das Absolvieren von Kursen und Seminaren erreicht werden könnten und aus der Tatsache, daß der Kläger im Rahmen seiner wirtschaftlichen Tätigkeit erhebliche Gewinne erziele. Der Hinweis des Klägers, er sei eine Religionsgemeinschaft und stehe daher unter dem Schutz des Art. 4 und 140 GG i.V.m. Art. 137 WRV, gebiete ebenfalls keine andere rechtliche Einordnung. Es könne dahinstehen, ob der Kläger – wie behauptet – eine Religionsgemeinschaft oder eine Weltanschauungsgemeinschaft im Sinne des Art. 140 GG i.V.m. Art. 137 WRV sei. Selbst wenn der Kläger als Religionsgemeinschaft oder Weltanschauungsgemeinschaft zu qualifizieren wäre, schütze das Grundgesetz den Kläger nicht in dem von ihm behaupteten Umfange. Eine Religionsgemeinschaft oder eine weltanschauliche Vereinigung, die ihre Rechtsfähigkeit nach bürgerlichem Recht erstrebe, könne diese nach § 21 nur dann durch Eintragung erlangen und auf Dauer behalten, wenn sie ein nicht wirtschaftlicher Verein im Sinne des § 21 BGB sei. Mit der Anmeldung zum bzw. mit der Eintragung ins Vereinsregister unterwerfe sie sich denselben Regeln wie jeder andere Verein auch. Religionsfreiheit soll auch keinen privilegierenden Rechtsstandort im Verhältnis zur wirtschaftlichen Konkurrenz vermitteln. Gehe eine Religionsgemeinschaft wirtschaftlichen Aktivitäten nach, werde sie nicht anders behandelt als weltanschaulich desinteressierte Unternehmen. Hier gehe es um die Abwehr von Mißbrauchsgefahren. Würde die Berufung auf religiöse Überzeugungen genügen, um Schutzmaßnahmen zugunsten Dritter von sich fernzuhalten, wäre das eine Einladung dazu, religiöse Überzeugungen einfach vorzutäuschen. Der Kläger werde dadurch auch nicht benachteiligt. Die Möglichkeit der Bildung einer Religionsgemeinschaft soll den Weg eröffnen, sich als Vereinigung von Menschen zur Verwirklichung des gemeinsamen religiösen Zwecks zu organisieren, eine rechtliche Gestalt zu geben und am allgemeinen Rechtsverkehr teilzunehmen. Damit ist kein Anspruch auf eine bestimmte Rechtsform gemeint, etwa die des rechtsfähigen Vereins oder einer sonstigen in Form der juristischen Person; gewährleistet sei die Möglichkeit einer irgendwie gearteten rechtlichen Existenz einschließlich der Teilnahme am allgemeinen Rechtsverkehr. Die Vorschriften des bürgerlichen Rechts hätten wie jedermann so auch die Religionsgesellschaften grundsätzlich zu beachten. Es liege daher keine Benachteiligung vor, wenn eine Religionsgesellschaft oder eine ihrer Gliederungen wegen einer glaubensbegründeten besonderen Organisation eine bestimmte Rechtsform, die sie erstrebe, nicht erlangen könne.

Im Rahmen der Ermessensausübung sei das Interesse des Klägers an der Beibehaltung der Rechtsfähigkeit mit dem Schutz der Allgemeinheit, insbesondere möglicher Gläubiger abzuwägen gewesen. Die intensive, teilweise auch aggressive Werbung des Klägers richte sich sowohl an Mitglieder als auch an Nichtmitglieder. Im Rahmen der Ermessensausübung sei weiterhin zu berücksichtigen gewesen, daß die Rückzahlung von Beiträgen für nicht in Anspruch genommene Dienstleistungen nur mit Hilfe von Gerichten oder unter Einschaltung der Presse erfolgen würde und daß die entstehenden Kosten so hoch sein könnten, daß die Betroffenen auf Jahre hinaus wenn nicht sogar lebenslang, unter ihrer finanziellen Situation zu leiden hätten.

Zur Begründung seiner gegen das Land Baden-Württemberg erhobenen Klage, mit der er die Aufhebung des vorgenannten Bescheids und des Widerspruchsbescheids erstrebt, trägt der Kläger im wesentlichen vor: Im Widerspruchsbescheid werde der Versuch unternommen, aus einem Verein, der im Moment 11 Mitglieder habe, ein Wirtschaftsimperium entstehen zu lassen. Die Ausführungen würden sich wie eine theoretische Abhandlung lesen; mit dem konkret betroffenen Verein hätten sie nahezu hundertprozentig nichts zu tun. Der klagende Verein sei auch eine Religionsgemeinschaft im Sinne des Grundgesetzes. Aus diesem Grunde könne er nicht auf die Rechtsformen des Handelsrechts verwiesen werden, da wirtschaftliche Betätigung und Religionsausübung nach allgemeiner Anschauung einander wesensfremd seien. Sämtliche vom Beklagten im Widerspruchsbescheid inkriminierten Handlungen (Verkauf religiöser Literatur, Abhaltung von Seminaren, Durchführung des Auditing) seien als „Unterrichtung in den Lehren der Gemeinschaft" anzusehen und daher keine Wirtschaftsgüter. Ansatzpunkt der Beurteilung müsse sein, welche Inhalte vermittelt würden. Die Art und Weise der Finanzierung einer Religionsgemeinschaft entscheide nicht über deren Eigenschaft als solche. Es stehe nirgendwo geschrieben, daß eine Religionsgemeinschaft ihre seelsorgerischen Dienste verschenken müsse. Wohl aufgrund der in Deutschland geltenden kirchlichen Steuerpflicht hätte sich der Beklagte hierüber überhaupt keine Gedanken gemacht. Die Scientology Kirche erachte das von ihr gewählte Finanzierungssystem als wesentlich gerechter als beispielsweise das von anderen Religionsgemeinschaften gewählte Prinzip, wonach die Mitglieder einen bestimmten prozentualen Anteil ihres Einkommens der Religionsgemeinschaft zur Verfügung stellen müßten. Im übrigen ließen sich religiöse Dienste – entgegen der insoweit völlig falschen Rechtsansicht des Oberlandesgerichts Düsseldorf – eben nicht „vermarkten". Hierfür gebe es nämlich keinen „Markt". Bei Beurteilung der Frage, was religiös sei und was nicht religiös sei, trete häufig das Problem auf, daß ausschließlich von einem christlich-abendländisch geprägten Vorverständnis ausgegangen werde, welches als Voraussetzung von „Religion" die Verehrung einer personifizierten Gottheit erfordere. Dies sei bei Scientology nicht der Fall. Die Lehre von Scientology könne eher mit den fernöstlichen Religionen verglichen werden, die beim Menschen selbst ansetzten und die zur Grundvoraussetzung der Erlangung höherer religiöser Bewußtseinsstufen hätten, daß das Individium mit sich selbst und seiner Umwelt im Reinen sei. Das Finanzierungssystem einer Religionsgemeinschaft, könne nicht darüber entscheiden, ob überhaupt eine Religionsgemeinschaft vorliege oder nicht. Zunächst müßte also anhand der Inhalte überprüft werden, ob eine Religionsgemeinschaft vorliege; falls ja, unterfalle das Finanzierungssystem dem grundgesetzlich geschützten Bereich der innersten „eigenen" Angelegenheiten einer Religionsgemeinschaft. Es könne überhaupt kein Zweifel daran sein, daß es sich beim klagenden Verein um eine Religionsgemeinschaft handele. Im Zentrum der Mission von Scientology stehe das Heil der unsterblichen Seele, ihre Erlösung, die Wiedererlangung ihres Heils, ihrer Ganzheit, die Befreiung aus der materiellen Verhaftung und damit aus dem ewigen Kreislauf von Geborenwerden, Aufwachsen und Tod. Das Verhältnis des THETAN zu Verstand, Körper und dem Universum sei daher in vielfältiger Hinsicht Gegenstand der Scientology Lehre und Praxis, da sie Gegenstand der Verstrikkung seien. Die Lehre der Erlösung sei das Anliegen der Scientology-Religion. Die Verwirklichung dieses Anliegens sei die Aufgabe der Scientology Kirchen. Die Vermittlung der Lehre der Scientology Kirche erfolge in sogenannten „Kursen". Dieser Begriff lege zunächst einen Vergleich mit anderen „Kursen" nahe, insbesondere solchen, in denen ein gewisser Stoff mehreren Teilnehmern durch eine Lehrperson im sogenannten Frontalunterricht vermittelt werde. Das Lehrsystem der Scientology Kirche sei dagegen völlig anders aufgebaut. Dem seelsorgerischen Angebot der Scientology Kirche stünden die Menschen nicht anders gegenüber als dem seelsorgerischen Angebot anderer Religionsgemeinschaften. Aufgrund der Tatsache, daß es sich bei Scientology um eine relativ „junge" Religion handele, würden allerdings die Menschen leichter ihre eigenen Bedürfnisse wiederzuerkennen scheinen, als in den althergebrachten Religionen. Auch müsse Scientology tagtäglich gelebt werden, sonst sei keine Verbesserung möglich. Offensichtlich aufgrund der tagtäglichen Auswirkung auf das alltägliche Leben solle nun die Scientology Kirche in „Konkurrenz" mit anderen „Anbietern" treten. Dies sei bei objektiver Betrachtungsweise absurd, da immer ein Bezug zu dem Gesamtsystem der religiösen Lehre hergestellt werden müsse und nicht nur mikroskopisch kleine Ausschnitte (ein einzelnes Buch, ein einzelner Kurs, eine einzelne Richtlinie usw.) betrachtet werden dürften. Die Scientology Kirche trete auch insbesondere nicht in „Konkurrenz" zu Psychiatern und ähnlichen Heilberufen, auch wenn sich beispielsweise der Verein „Kommission für Verstöße der Psychiatrie gegen Menschenrechte e. V." kritisch mit diesen Berufsgruppen auseinandersetze. Die Scientology Kirche biete auch keine Waren und Dienstleistungen an. Religiöse Schriften seien in diesem Sinne keine „Waren", da es keinen „Markt der Religionen" gebe. Im übrigen verkaufe der klagende Verein im Moment überhaupt keine Bücher, da er nur noch 11 Mitglieder habe. Wie der Beklagte zu Recht ausführe, dürfe der klagende Verein seit der Änderung der Satzung auch an Nichtmitglieder keine Literatur mehr verkaufen. Die im Widerspruchsbescheid angesprochene GmbH sei bislang noch nicht gegründet worden, da die Scientology Kirche insgesamt immer noch auf dem Standpunkt stehe, daß der Verkauf von religiösen Schriften für eine Religionsgemeinschaft sich rechtlich nicht für die Religionsgemeinschaft negativ auswirken dürfe. Durch die vorgenommene Satzungsänderung habe man gleichwohl dem Beklagten entgegenkommen und sozusagen einen Streitpunkt aus dem Weg räumen wollen. Nunmehr werde der Scientology Kirche unterstellt, sie wolle gesetzliche Regelungen „umgehen". Nur zur Klarstellung sei noch darauf hingewiesen, daß auch in früheren Zeiten, als noch religiöse Literatur an Nichtmitglieder verkauft worden sei, von den angeblich 530 Buchveröffentlichungen nur zwei Titel davon betroffen gewesen seien, nämlich wiederum das „Dianetik"-Buch und das Buch „Selbstanalyse". Hier versuche der Beklagte, aus einer Mücke einen Elefanten zu machen. Ein wirklicher Elefant wäre beispielsweise der TÜV e. V. oder aber der ADAC e. V. Letzterer sei Umsatzmilliardär. In diesem Verein werde das Auto nebst Zubehör nach allen Regeln der Kunst vermarktet. Ausgegliedert habe der ADAC dabei lediglich die Rechtsschutzversicherungs AG und die Reise GmbH. Hier komme auch niemand auf die spitzfindige Idee, von einem „offenen Binnenmarkt" zu sprechen, obwohl – wie jeder weiß – man beim ADAC noch Mitglied werden könne, wenn man bereits mit einer Panne am Straßenrand stehe.

Der klagende Verein habe im Moment nur 11 Mitglieder. Seit März 1991 führe er keine seelsorgerischen Dienste mehr durch. Weder der klagende Verein noch seine 11 Mitglieder verkauften derzeit für den klagenden Verein Bücher. In der Zeit vom 8. 12. 1985 bis Februar 1991 hätten die seelsorgerischen Dienste des klagenden Vereins nur von Mitgliedern in Anspruch genommen werden können, die eine förmliche Beitrittserklärung unterschrieben und den

Mitgliedschaftsbeitrag entrichtet hätten. Auch vor der Ausgliederung des Literaturverkaufs seien an Nichtmitglieder nur das „Dianetik"-Buch und das Buch „Selbstanalyse" abgegeben worden. Soweit Nichtmitglieder an einführenden Seminaren hätten teilnehmen können, sei dies ohne Erhebung eines Spendenbeitrags geschehen. Der klagende Verein habe zeit seines Bestehens keine Gewinne erwirtschaftet. Sämtliche, dem klagenden Verein zur Verfügung stehenden finanziellen Mittel würden ausschließlich für die Erreichung des idealen Vereinszwecks eingesetzt. Soweit in der Zeit vor März 1991 Überweisungen an die Mutterkirche in den USA erfolgt seien, seien diese ausschließlich den ideellen Zwecken der Mutterkirche zugute gekommen. Nach März 1991 seien keine Überweisungen mehr an die Mutterkirche erfolgt. Für den klagenden Verein sei nie ein Kreditbedarf entstanden und es werde auch keiner entstehen, den der Verein auf dem allgemeinen Kapitalmarkt befriedigen müßte. Es gebe keinen einzigen Fall, in dem ein gegen den klagenden Verein erhobener Geldanspruch an dessen Zahlungsunfähigkeit gescheitert wäre. Das Streben nach Gewinnen im erwerbswirtschaftlichen Sinn ist dem klagenden Verein aufgrund der kircheninternen Richtlinien verboten. Der klagende Verein betreibe im Moment auch keine Mitglieder-Werbung für sich. Alle früher angebotenen Kurse, Seminare und das Auditing seien zur Erreichung des religiösen Endziels im Sinne von Scientology unabdingbar.

Der Beklagte ist der Klage entgegengetreten und beantragt, die Klage abzuweisen. Zur Begründung bezieht er sich im wesentlichen auf den Inhalt der angefochtenen Bescheide. Ergänzend trägt er vor: Die Entwicklung des klagenden Vereins zeige, daß dieser Verein nach Entzug der Rechtsfähigkeit nach und nach zum Ruhen gebracht worden sei, in dem die von ihm ausgeübten Tätigkeiten auf die Dianetik N. e. V. übertragen worden seien. Klagende Vereine erhofften sich mit Hilfe dieser Tätigkeitsverlagerung den Gerichtsverfahren die Grundlage zu entziehen. Diese Absicht sei aus anderen Verwaltungs- und Gerichtsverfahren bekannt: Die vom Entzug der Rechtsfähigkeit bedrohten Vereine versuchten durch Satzungsänderungen, Umstrukturierungen und anderes teilweise in letzter Minute die Verfahren zu ihren Gunsten zu beeinflussen, obwohl sich in der Praxis durch Satzungsänderungen und Umstrukturieren keine Veränderungen ergeben hätten. So hätte beispielsweise die Landeshauptstadt München in dem von dem klagenden Verein angesprochenen Verwaltungsgerichtsverfahren erst dann einem Vergleich vor dem bayerischen VGH zugestimmt, nachdem der Münchner Verein der Scientology Kirche angekündigt habe, die Tätigkeiten, die von der Verwaltungsbehörde als wirtschaftliche Tätigkeiten angesehen worden seien, auf eine GmbH zu übertragen und den Verein zur Dachorganisation für die übrigen, mitgliedschaftlich geprägten Vereinigungen der sonstigen Scientology Kirchen umzustrukturieren. Die Tätigkeiten, die bislang der Münchner Verein ausgeübt habe, seien auf die „Scientology

Kirche Bayern e. V." übertragen worden. Der klagende Verein habe seit längerem angekündigt, den Literaturverkauf an eine noch zu gründende GmbH zu übertragen, was jedoch bislang nicht erfolgt sei.

Der Vertreter des öffentlichen Interesses hat sich förmlich am Verfahren beteiligt und unter anderem ausgeführt: Bei dem klagenden Verein handele es sich um ein kommerzielles Unternehmen mit eigenständiger „Geschäftsphilosophie", jedoch nicht um eine Religions- oder Weltanschauungsgemeinschaft. Die angefochtenen Bescheide seien rechtmäßig. Das Regierungspräsidium N. habe dem klagenden Verein zu Recht die Rechtsfähigkeit entzogen.

Die Kammer weist die Klage ab.

Aus den Gründen:

Die Klage ist zulässig, in der Sache aber nicht begründet. Der angefochtene Bescheid des Regierungspräsidiums N. (...) und der Widerspruchsbescheid (...) sind rechtmäßig und verletzen den Kläger nicht in seinen Rechten (§ 113 Abs. 1 Satz 1 VwGO).

Nach § 43 Abs. 2 BGB kann einem Vereine, dessen Zweck nach der Satzung nicht auf einen wirtschaftlichen Geschäftsbetrieb gerichtet ist, die Rechtsfähigkeit entzogen werden, wenn er einen solchen Zweck verfolgt. Diese Voraussetzungen für eine Entziehung der Rechtsfähigkeit sind nach Auffassung der Kammer beim Kläger gegeben.

Der Begriff des „wirtschaftlichen Geschäftsbetriebs" ist einmal dadurch gekennzeichnet, daß auf einem größeren Markt planmäßig und dauerhaft Leistungen gegen Entgelt angeboten werden. Den Vorschriften der §§ 21 und 22 BGB liegt der gesetzgeberische Gedanke zugrunde, aus Gründen der Sicherheit des Rechtsverkehrs, insbesondere des Gläubigerschutzes, Vereine mit wirtschaftlicher Zielsetzung auf die dafür zur Verfügung stehenden handelsrechtlichen Formen zu verweisen und die wirtschaftliche Betätigung von Idealvereinen zu verhindern. Diese gesetzgeberischen Erwägungen tragen der Tatsache Rechnung, daß bei einer nach außen gerichteten wirtschaftlichen Betätigung Gläubigerinteressen in besonderem Maße berührt werden und daß diese Interessen in den für juristische Personen des Handelsrechts und andere Kaufleute geltenden Vorschriften eine weit stärkere Berücksichtigung gefunden haben als in den Bestimmungen des Vereinsrechts (vgl. BGH, NJW 1983, S. 569 [570] m.w.N.).

Die Aktivitäten des Klägers erfüllen den so verstandenen Begriff des „wirtschaftlichen Geschäftsbetriebs". Für wesentliche Teile des Angebots des Klägers gibt es einen Markt, auf dem Leistungen dieser Art nachgefragt werden und auf dem der Kläger mit anderen ähnlich strukturierten Angeboten konkurriert. Der Kläger bietet praktische Verfahren, sogenannte Technologien an (vgl. Kirchenrecht des Klägers i.d.F. vom 6. 5. 1983, § 3 Ziffer 4 und 5). Mit

Hilfe der vom Kläger angebotenen Technologien soll die Seele befreit, das Wissen über das höchste Wesen erweitert und schließlich dann das offenbart werden, was über Gott offenbart werden kann. Daneben bietet der Kläger ein umfangreiches Literaturangebot an (vgl. Kirchenrecht § 3 Ziffer 7 c). Nach scientologischer Definition bietet Scientology einen Weg, auf dem der einzelne durch Studium und seelsorgerische Hilfe das Bewußtsein über seine eigene Unsterblichkeit und die höchste Wahrheit erlangen kann. Der Weg dahin wird als „Brücke zur völligen Freiheit" bezeichnet. Er führt durch „Auditing" (ein Verfahren, bei dem mit Hilfe eines Elektrometers psychische Verletzungen in diesem oder einem vorangegangenen Leben aufgespürt und beseitigt werden sollen) zum Zustand des „Clear" und darüber hinaus zum „Operierenden Thetan", der die Fähigkeit besitzen soll, seine unsterbliche Seele vom sterblichen Körper zu lösen. Die Technologien sollen dem einzelnen die Möglichkeit bieten, seine geistigen Fähigkeiten zu verbessern (vgl. „Die Scientology Kirche stellt sich vor") und helfen, mehr über sich selbst und seine Beziehungen zum Universum zu erfahren. Mit Hilfe der vom Kläger angebotenen Technologien sollen Schädigungen, die einem Menschen in diesem oder in einem früheren Leben zugefügt worden sind und die als sog. „Engramme" gespeichert sind, beseitigt werden. Mit Hilfe der sog. Dianetik soll eine Vergrößerung der Fähigkeiten und der Rationalität sowie eine Befreiung von dem entdeckten alleinigen Ursprung der Aberration und der psychosomatischen Krankheiten erreicht werden können (Broschüre, S. 4). Mit Hilfe der Technik des Reinigungs-Rundowns sollen Drogen und giftige Substanzen, die sich im Körper angesammelt haben, entfernt werden können. Dies gilt auch für radioaktive Strahlung, so daß nach Auffassung des Klägers diejenigen, die einen vollständigen und sachkundig durchgeführten Reinigungs-Rundown gemacht haben, einen Atomkrieg überleben werden. Ein wesentlicher Teil der Aktivitäten des Klägers besteht also in dem Angebot von Technologien zur Steigerung der geistigen Leistungsfähigkeit, zur Heilung psychosomatischer Krankheiten und zur Reinigung des menschlichen Körpers von dort angesammelten Drogen, Giften und radioaktiven Strahlungen. Diesem Angebot des Klägers stehen die Bedürfnisse zahlreicher Menschen gegenüber, die gerade in heutiger Zeit größere geistige Leistungsfähigkeit, Befreiung von seelischen Nöten und Ängsten sowie Rettung vor Umweltgefahren suchen. Es gibt auch zahlreiche Einzelpersonen und Organisationen, die auf den genannten Feldern Hilfeleistungen anbieten. Mit dieser Konkurrenz setzt sich der Kläger auch durchaus auseinander; insbesondere bezieht die Scientology-Kirche kritisch Stellung zu den Behandlungsmethoden der Psychiatrie und hat u. a. eine „Kommission für Verstöße der Psychiatrie gegen Menschenrechte" gegründet.

Die vom Kläger angebotenen Leistungen werden bzw. wurden sowohl Mitgliedern als auch einer nicht aus Mitgliedern bestehenden Marktseite angeboten. In diesem Zusammenhang hat die Werbung des Klägers ausschlaggebende Bedeutung. Diese Werbung wendet sich an jedermann. Der Scientology-Gründer Ron Hubbard hat eine große Anzahl von Büchern geschrieben, die in erster Linie von den Scientology-Zentren, also auch vom Kläger, aber auch über den Buchhandel und sonstige Buchverkaufsstellen vertrieben werden. Angeboten werden auch in dicken Buchbänden zusammengefaßte Anweisungen, sogenannte Policy Letters und Bulletins. Das Angebot enthält außerdem Kassetten, Alben, Videos, Filme, das sog. E-Meter, Zeitspurkarte, Anstecker und ähnliches sowie verschiedene Zeitschriften. Ein Teil dieses Angebotes ist seinem Inhalt nach speziell für die breite Öffentlichkeit gedacht. So wird z. B. mit folgendem Einsteinzitat geworben: „Wir nutzen nur 10 % unseres geistigen Potentials". Daraufhin folgt folgender Ratschlag: „In dem Buch ‚Dyanetik' zeigt L. Ron Hubbard, wie Sie die restlichen 90 % nutzen können. Sie erfahren, wie Sie diese ungeahnten Kräfte und Energien nutzen können (Intelligenz, Emotion, Kreativität), wie Sie Ihre Intelligenz steigern können, wie jeder mehr und mehr des brachliegenden Potentials freisetzen kann". Daraufhin wird an den Leser appelliert, nicht einen Großteil seiner Fähigkeiten zu verschwenden, sein eigenes wahres Selbst kennenzulernen und sein geistiges Potential zu nutzen. Bei dieser Art von Werbung ist nicht erkennbar, daß nur Mitglieder angesprochen werden sollen. Der Literaturverkauf erfolgte dementsprechend auch – nach dem Wortlaut der alten Satzung – sowohl an Mitglieder als auch an Nichtmitglieder. Die derzeit gültige Satzung bestimmt nunmehr in § 5 Nr. 2:

> „Missionierung durch Werbung und Gewinnung neuer Mitglieder; die Missionierung durch Verkauf von Schriften nach außen gegenüber Nichtmitgliedern bleibt den einzelnen Mitgliedern überlassen, soweit sie dies wünschen; der Verein selbst verbreitet Schriften (siehe folgende Ziffer 3 und 4) nur an Mitglieder."

In diesem Zusammenhang hatte der Kläger dem Beklagten auch angekündigt, den Buchverkauf an eine noch zu gründende GmbH zu übertragen. Dies ist allerdings bis zum heutigen Zeitpunkt nicht geschehen. Trotz Satzungsänderung muß davon ausgegangen werden, daß der Kläger auch nach erfolgter Satzungsänderung nach außen tätig wurde bzw. tätig wird. Denn nach wie vor werden die Mitglieder des Klägers, aus denen sich der Verein zusammensetzt und die sämtliche Aktivitäten entfalten, Literatur Nichtmitgliedern anbieten. Diese Verpflichtung der Mitglieder ergibt sich sowohl aus der Satzung als auch aus dem der Satzung zugrundeliegenden Kirchenrecht. So bestimmt die Vereinssatzung u. a. in § 5:

> „Der in § 2 dieser Satzung festgelegte Zweck wird verwirklicht, insbesondere durch:
> Nr. 1 ... die Verbreitung der religiösen Lehre der Scientology-Kirche durch Wort, Schrift, Bild und Beispiel.
> Nr. 3 Verbreitung von einschlägigen Schriften über die Religion. ...

Nr. 4 Abgabe und Überlassung von Schriften und religionsspezifischen Materialien wie Bücher, ..."

§ 3 Nr. 7 des Kirchenrechts lautet:

„In den obigen Lehrsätzen begründet, verfolgt sie (Scientology -Kirche) die folgenden allgemeinen Ziele ...
c) die Herausgabe und Veröffentlichung religiöser Literatur und anderer Hilfsmittel zur Bekanntmachung und Verbreitung von Scientology."

In § 5 des Kirchenrechts (Mitgliedschaft) heißt es u. a.:

2. „... Die aktiven Mitglieder haben sich um die täglichen Kirchenaufgaben und Tätigkeiten gewissenhaft zu bemühen und sich dafür einzusetzen, daß die satzungsmäßigen Ziele wirklich erreicht werden. ..."

Hinzu kommt eine Flut von Anweisungen, in denen die Mitglieder angehalten werden, Waren und Dienstleistungen in immer größeren Mengen zu verkaufen (vgl. hierzu die Ausführungen im Widerspruchsbescheid ...). Aus all dem ergibt sich, daß die Mitglieder selbst Literatur in größtmöglichen Mengen gerade auch an Nichtmitglieder verkaufen müssen und wollen. Die einzelnen Mitglieder haben auch ein eigenes wirtschaftliches Interesse am Verkauf. Zwar erhalten sie keine Provision oder Gewinnanteile für die getätigten Verkäufe, dafür aber Rabatte auf den Preis für Waren und Dienstleistungen, die sie für sich selbst kaufen. Dem steht auch nicht die Einlassung des Präsidenten des Klägers entgegen, der in der mündlichen Verhandlung u. a. erklärt hat, ob die Mitglieder – entsprechend der neuen Satzung – Bücher und sonstiges Material in eigener Verantwortung verkaufen, könne er nicht sagen. Dies sei Sache der Mitglieder selbst. Sollten Mitglieder Bücherverkauf betreiben, so würden sie diese Bücher vom N'er Verein Dianetik e. V. beziehen können. Diese Aussage ändert nichts an der sich für jedes Mitglied aus der Satzung dem Kirchenrecht ergebenden Verpflichtung, den Bücherverkauf zu betreiben, da gerade auch mit Hilfe des Verkaufs Ziele und Zwecke des Vereins erreicht werden sollen. Als Zweck der Mission wird in § 2 der Satzung unter Nr. 3 entsprechend formuliert: „Die Scientology-Kirche soll die scientologische Religion vorstellen, bekanntmachen, verbreiten, ausüben. ..."

Der klagende Verein braucht deshalb den Buchverkauf gerade auch an Nichtmitglieder, um die satzungsmäßigen Ziele und Zwecke und die von der Scientology-Führung erlassenen Anweisungen erfüllen zu können. Damit muß er sich aber rechtlich nach wie vor den Verkauf von Literatur von Mitgliedern an Nichtmitglieder – wie eigenes Tun – zurechnen lassen.

Der Kläger bot bzw. bietet seine Leistungen auch planmäßig und gegen Entgelt an, auch wenn der Kläger das Entgelt für die Lieferung von Waren und auch Dienstleistungen als „Spende" bzw. als „Mindestspendenbeitrag" bezeichnet. Demgegenüber vermag die Behauptung des Klägers nicht zu überzeugen, wonach die von ihm geforderten „Spendenbeiträge" wirtschaftlich gesehen nicht in einem Gegenleistungsverhältnis zu den seelsorgerischen Diensten, Seminaren und Kursen der Scientology-Kirche stünden, da diesen Diensten im Diesseits kein wirtschaftlicher Wert beigemessen werden könne, weil die Kurse und Seminare erkennbar nicht nach allgemeinen wirtschaftlichen oder wissenschaftlichen Erkenntnissen zu bewerten seien, sondern durch den Glauben an das religiöse Endziel i. S. der Scientology überhöht würden. Mögen die von dem Kläger angebotenen Kurse und Seminare auch nach weltlichen Maßstäben das vom Kläger geforderte Geld nicht wert sein, so ändert dies doch nichts daran, daß der Kläger die von ihm angebotenen Dienstleistungen, die Kurse und Seminare, entgeltlich durchführt. Denn diese sind von wenigen Ausnahmen abgesehen grundsätzlich nur gegen Bezahlung eines festgesetzten Betrages zu erhalten bzw. zu absolvieren. Hinsichtlich der Höhe der geforderten Zahlungen wird auf die entsprechenden Feststellungen im Widerspruchsbescheid (...) verwiesen. Daß die „Spendenbeiträge" Entgelte für die Leistungen des Klägers sind, kann man auch daran erkennen, daß im Sprachgebrauch des Klägers von „Rabatt" und von „Verkaufen" die Rede ist und der Kläger seinen Mitarbeitern auch einen „Kurs für planmäßiges Verkaufen" anbietet (ebenso OLG Düsseldorf, Beschluß vom 12. 8. 1983[2], S. 16, und neuerdings OVG Hamburg, Urteil vom 6. 7. 1993[3] - Bf VI 12/91 -).

Selbst wenn der Kläger aber seine Dienstleistungen, Kurse, Seminare u. a. ausschließlich Mitgliedern anbieten würde, wäre auch in diesem Fall der Tatbestand eines wirtschaftlichen Geschäftsbetriebes erfüllt. Entscheidend ist, daß die Mitglieder dem Verein in der Rolle als Kunden gegenübertreten und Leistungen in Anspruch nehmen, die üblicherweise auch an einem äußeren Markt gegen Entgelt angeboten werden. Die Mitglieder selbst aber treten dem Verein als Kunden gegenüber, da Sinn und Zweck der Mitgliedschaft letztlich im Verkauf von Waren und Dienstleistungen besteht. Die Scientologen streben an, „höhere Stufen des Daseins für das Individuum und die Gesellschaft" zu erlangen (vgl. Broschüre „Die Scientology-Kirche stellt sich vor"). Dieses Ziel kann aber nur erreicht werden durch die ständige Teilnahme an Kursen usw., um immer höhere scientologische Befreiungsgrade zu erreichen und in der Regel auch die Befähigung, das scientologische Training und die geistige Beratung (Auditing) selbst zu vermitteln und ausüben zu können. Angeboten wird ein Dienstleistungspaket, das „zur völligen Befreiung" führen soll. Am Anfang stehen zwar kostenlose Einführungsvorträge, ein Persönlichkeitstest und Einführungskurse. Es folgen dann aber Dienstleistungen, auf „dem Weg auf die Brücke" und Dienstleistungen zur Ausbildung zum Auditor. Daneben gibt es

---

[2] KirchE 21, 217.
[3] KirchE 31, 235.

Kurse, mit deren Hilfe der Fortschritt „auf der Brücke" beschleunigt werden kann und sog. Korrekturprogramme. Außerdem werden ständig neue Kurse angeboten, z. B. Kurse zur Lebensverbesserung usw. Alle Mitglieder bleiben bezüglich des Dienstleistungsangebots selbst immer Kunden, auch dann, wenn sie hohe scientologische Lehr- und Befreiungsgrade erreicht haben. Auch sie müssen immer wieder neue Dienstleistungen kaufen, denn nur mit diesen können sie schrittweise auf der „Brücke" voranschreiten von Befreiungsgrad zu Befreiungsgrad, um „Operierender Thetan-OT" zu werden. Dazu müssen beide Wege über die „Brücke" beschritten werden, denn „wenn Sie die Grad-Kette weiter nach oben kommen, erreichen Sie einen Punkt, wo die Tatsache, daß Sie nicht als Auditor ausgebildet sind, direkt auf Sie zurückschlägt, und Sie den Zustand OT überhaupt nicht erreichen werden" (HLO-Policy-Brief vom 17. 7. 1984). Die Kurse sind zum überwiegenden Teil sehr teuer und können sehr schnell Kosten in fünfstelliger Höhe erreichen (vgl. hierzu die Feststellungen im Widerspruchsbescheid ...).

Unter diesen Umständen ist der Schluß gerechtfertigt, daß der Kläger bei dem Verkauf von Büchern, Broschüren und E-Metern sowie bei der entgeltlichen Durchführung von Kursen und Seminaren in Gewinnerzielungsabsicht handelt. Es entspricht der herkömmlichen Auffassung in Rechtsprechung und Literatur, daß in den Fällen, in denen ein Überschuß über die Selbstkosten erzielt werden soll, die Gewinnerzielungsabsicht nicht dadurch ausgeschlossen wird, daß der Erlös der Tätigkeit für einen „idealen" Zweck verwendet wird. In derartigen Fällen wird ein Überschuß über die Selbstkosten, also ein Gewinn, angestrebt; dieser soll lediglich altruistisch verwendet werden. Die Gewinnverwendung aber ist für das Vorliegen eines wirtschaftlichen Geschäftsbetriebes ohne Bedeutung. So wird z. B. ein Basar oder ein Vereinsfest, mit dem Geld für einen „idealen" Zweck eingenommen werden soll, in Gewinnerzielungsabsicht veranstaltet. Dies gilt auch dann, wenn die Einnahmen voll und ohne Umweg über das Vereinsvermögen für den altruistischen Zweck verwendet werden. In derartigen Fällen dient die Tätigkeit nur mittelbar „idealen" Zwecken, da immer zunächst ein Gewinn erzielt und erst in einem weiteren Schritt der Gewinn für diese Zwecke verwendet werden soll (vgl. Fuhr/Friauf, Gewerbeordnung, 1989, § 1 Rdnr. 45 m.w.N.). Die Gewinnerzielungsabsicht hängt auch nicht davon ab, daß der Bereich der Tätigkeit, durch welche Erlöse zur Finanzierung einer im übrigen nichtgewerblichen Tätigkeit erzielt werden sollen, sachlich und organisatorisch von den „idealen" Aktivitäten getrennt ist; vielmehr genügt zur Bejahung einer Gewinnerzielungsabsicht der Umstand, daß eine spezifische Tätigkeit, die ihrer Natur nach gewerblich sein kann, mit der Absicht vorgenommen wird, einen Überschuß über die Selbstkosten zu erzielen (vgl. Fuhr/Friauf, aaO, § 1 Rdnr. 48). Daß der Kläger tatsächlich durch den Verkauf von Büchern, Broschüren und E-Metern sowie durch seine

Kurse und Seminare Gewinne erzielt hat, liegt auch deshalb nahe, weil der Kläger es bislang abgelehnt hat, Angaben insbesondere über Einnahmen, Ausgaben und Verwendung evtl. Gewinne zu machen. Wenn sich der Kläger aber seinen prozessualen Mitwirkungspflichten entzieht und es der Behörde bzw. dem Gericht verwehrt, die mit dem Verkauf von Büchern, Broschüren und E-Metern verbundenen Aufwendungen verläßlich zu ermitteln und dadurch festzustellen, ob den Erlösen, die der Kläger durch den Verkauf erzielt, entsprechend seinen Behauptungen gleich hohe oder gar höhere Aufwendungen gegenüberstehen, dann ist die Annahme gerechtfertigt, daß die Aufwendungen in Wahrheit nicht so hoch sind, wie es der Kläger vorgibt, und ihm deshalb ein Überschuß verbleibt. Ohne Erfolg macht der Kläger demgegenüber geltend, daß er als Religionsgemeinschaft nicht verpflichtet sei, seine innersten Angelegenheiten - und damit auch sein Finanzierungssystem - offenzulegen, und er zudem befürchten müsse, daß seine Angabe in anderen Verfahren gegen ihn verwendet würden. Einerseits ist ihm entgegenzuhalten, daß bereits die der Behörde und dem Gericht bekanntgewordenen Tatsachen die Annahme einer auf Gewinnerzielung ausgerichteten Betätigung rechtfertigen. Zum anderen muß es der Kläger auch als Religionsgemeinschaft hinnehmen, daß er mit seinem Argument, keine Gewinne zu erzielen, nicht durchdringen kann, wenn er dem Gericht eine hinreichende Nachprüfung seiner angeblichen Verluste verwehrt, insbesondere wenn er die angeblich angefallenen Gemeinkosten nicht durch die Bekanntgabe seiner gesamtwirtschaftlichen Ergebnisse belegt bzw. es beharrlich ablehnt, die Finanzbehörden vom Steuergeheimnis zu entbinden. Die Gewinnerzielungsabsicht ist zwar keine notwendige Bedingung für das Vorliegen eines wirtschaftlichen Vereins, wohl aber ein Indiz für unternehmerische Tätigkeit. Interessant ist in diesem Zusammenhang auch die Erklärung des Klägers, wonach dem klagenden Verein noch nie ein Kreditbedarf entstanden sei und auch in Zukunft keiner entstehen werde, den der Verein auf dem allgemeinen Kapitalmarkt befriedigen müßte. Auch aus dieser Erklärung kann gefolgert werden, daß der Kläger insgesamt keine Verluste macht, sondern - im Gegenteil - Gewinne erzielt.

Auch die Tatsache, daß dem klagenden Verein - wie mit Schreiben vom 22. 1. 1992 mitgeteilt - lediglich nur noch 11 Mitglieder angehören, ändert nichts daran, daß der Kläger einem wirtschaftlichen Geschäftsbetrieb nachgeht. Liegen die Voraussetzungen eines wirtschaftlichen Geschäftsbetriebes vor, ist es unerheblich, wenn der Verein seine Tätigkeit soweit einschränkt, daß keine nennenswerten Gewinne mehr erwirtschaftet werden. Im übrigen ist noch einmal darauf hinzuweisen, daß der Kläger jederzeit die Möglichkeit hatte, aussagekräftige, von neutralen Stellen testierte Aufstellungen und Dokumente vorzulegen, aus denen sich in nachvollziehbarer Weise Buch- und Kursumsätze, Abführungen an andere Scientology-Organisationen und dergleichen ergeben hätten.

An dieser Betrachtungsweise vermag auch die Lehre vom sogenannten Nebenzweckprivileg nichts zu ändern. Nach dieser Lehre kann ein Verein ein nicht wirtschaftlicher Verein auch dann sein, wenn er zur Erreichung seiner idealen Ziele unternehmerische Tätigkeiten entfaltet, sofern diese dem nichtwirtschaftlichen Hauptzweck zu- und untergeordnet und lediglich Hilfsmittel zu dessen Erreichung sind (vgl. BGH, NJW 1983, S. 569 ff.). Es mag zutreffen, daß die Grenzen des Anwendungsbereichs der Lehre vom Nebenzweckprivileg nicht in erster Linie nach quantitativen Gesichtspunkten zu bestimmen sind. Es kommt vielmehr darauf an, ob der wirtschaftliche Geschäftsbetrieb dem nichtwirtschaftlichen Hauptzweck zu- und untergeordnet und nur Hilfsmittel zu dessen Erreichung ist. Dies kann bei dem geschilderten wirtschaftlichen Geschäftsbetrieb des Klägers jedoch nicht festgestellt werden. Der Schwerpunkt der Tätigkeit des Klägers liegt nach Überzeugung des Gerichts grundsätzlich bei der Durchführung entgeltlicher Dienstleistungen (Kurse, Seminare, Auditing) und dem Literaturverkauf. Dies ergibt sich bereits aus der Satzung und aus dem Kirchenrecht, wonach die Ziele nur durch das Absolvieren von Kursen und Seminaren und dem Literaturverkauf erreicht werden können, die im wesentlichen gegen Entgelt angeboten bzw. durchgeführt werden. Denkt man den wirtschaftlichen Zweck hinweg, so entfällt beim Kläger ein umfangreicher und wesentlicher Teil seiner Aktivitäten. Entscheidend kann hier nur sein, welcher Vereinszweck sich ergibt, wenn die entgeltliche Betätigung insgesamt entfällt. Im letzteren Fall bliebe nicht viel mehr als die gemeinsame Pflege von Überzeugungen übrig. Ein Großteil der das Erscheinungsbild des Klägers prägenden Elemente und seiner nach außen hin wirksamen Dynamik wäre entfallen.

Steht nach alledem zur Überzeugung des Gerichts fest, daß der Kläger die Kriterien eines wirtschaftlichen Geschäftsbetriebes erfüllt, so vermögen an diesem Ergebnis auch die Einlassungen des Präsidenten des Klägers in der mündlichen Verhandlung nichts zu ändern. Auch wenn der klagende Verein danach seit März 1991 kein Auditing, keine Kurse sowie Seminare und keinen Bücherverkauf mehr durchführe, konnte der Präsident nicht sagen, ob die Mitglieder – entsprechend der neuen Satzung – Bücher und sonstiges Material in eigener Verantwortung verkaufen. Dies – so seine Einlassung – sei Sache der Mitglieder selbst. Sollten Mitglieder Bücherverkauf betreiben, so würden sie diese Bücher vom N'er Verein Dianetik e.V. beziehen können. Auf ausdrückliche Frage des Gerichts räumte der Präsident des Klägers ein, daß der klagende Verein früher 50 bis 60 Mitglieder gehabt habe und daß diese in ihrer Mehrzahl inzwischen zum N'er Verein Dianetic e.V. übergewechselt seien. Der Verein Dianetic e.V. stimme in seinen Zielen und Aufgaben mit dem klagenden Verein (vor seiner Tätigkeitseinschränkung) überein. Ein Unterschied könne vielleicht darin gesehen werden, daß der klagende Verein sich intensiver mit der

Einzelperson beschäftigen könne. Der Präsident des Klägers erklärte außerdem, daß der Kläger jederzeit seine Tätigkeit wiederaufnehmen könne. Dazu bedürfe es eines entsprechenden Vorstandsbeschlusses. Aus diesen Einlassungen und der ausdrücklichen Erklärung, daß für den klagenden Verein nie ein Kreditbedarf entstanden sei und auch keiner entstehen werde, den der Kläger auf dem allgemeinen Kapitalmarkt befriedigen müßte, kann – jedenfalls bis zum Beweis des Gegenteils – nicht ausgeschlossen werden, daß die Mitglieder auch weiterhin Literaturverkauf betreiben, den sich der Kläger letztendlich zurechnen lassen muß. Aber auch wenn dies nicht der Fall sein sollte, bleibt festzustellen, daß der Kläger jederzeit ohne äußere Hemmnisse durch einen entsprechenden Vorstandsbeschluß seine Tätigkeit in vollem Umfang wiederaufnehmen kann. Davon, daß der Kläger dies auch tatsächlich beabsichtigt, muß realistischerweise ausgegangen werden. Denn nur so erklärt sich das starke Interesse des Klägers an der Beibehaltung seines Status als eingetragener rechtsfähiger Verein nach § 21 BGB. Würde der Kläger nämlich eine Wiederaufnahme seiner Tätigkeiten nicht mehr ins Auge fassen, die Einstellung seiner satzungsmäßigen Tätigkeiten also von Dauer sein, so würde der Vereinszweck entfallen mit der Folge, daß der Kläger kein Interesse mehr an der Beibehaltung seiner Eintragung haben könnte, der Grund der Eintragung in das Vereinsregister entfallen wäre. Nach alledem muß davon ausgegangen werden, daß der Kläger seine Eigenschaft als wirtschaftlicher Geschäftsbetrieb durch die vorübergehende Einstellung seiner Tätigkeiten nicht verloren hat.

Bei dieser Sach- und Rechtslage spielt es keine entscheidende Rolle, ob es sich beim Kläger um eine Religionsgemeinschaft oder eine weltanschauliche Vereinigung im Sinne des Art. 140 GG i.V.m. Art. 137 WRV handelt. Denn auch eine Religionsgemeinschaft oder eine weltanschauliche Vereinigung, die die Rechtsfähigkeit nach bürgerlichem Recht erstrebt, kann diese nach § 21 BGB nur dann durch Eintragung erlangen und auf Dauer erhalten, wenn sie ein nichtwirtschaftlicher Verein im Sinne des § 21 BGB ist. Insofern unterliegt auch eine Religionsgemeinschaft mit der Anmeldung zum bzw. mit der Eintragung ins Vereinsregister denselben Regeln wie jeder andere Verein. Die Feststellung, daß der Kläger beim Verkauf von Büchern, Broschüren und E-Metern sowie bei der entgeltlichen Durchführung von Kursen und Seminaren wie andere wirtschaftliche Vereine tätig wird, bedeutet nicht, daß der Kläger nicht als Religions- und Weltanschauungsgemeinschaft anzuerkennen ist, wenn er die Voraussetzung einer solchen Gemeinschaft erfüllt. Die im vorliegenden Fall zu entscheidende Frage würde sich in gleicher Weise stellen und wäre in gleicher Weise zu beantworten, wenn etwa eine der christlichen Amtskirchen in Deutschland in der gleichen Art und Weise wie der Kläger mit der Absicht der Gewinnerzielung auf Dauer den Verkauf von Waren und Dienstleistungen betreiben würde. Auch der Hinweis des Klägers darauf, daß er – im Gegensatz zu den christlichen Amtskirchen Deutschlands – keine Kirchensteuer erheben dürfe und deshalb auf solche Geldzahlungen angewiesen sei, wie er sie für seine Bücher, Broschüren und E-Meter sowie für die Teilnahme an Kursen und Seminaren verlange, vermag nicht zu überzeugen. Dem Kläger steht es frei, sich wie andere kleinere Religionsgemeinschaften auch durch freiwillige Spendenbeiträge seiner Mitglieder zu finanzieren. Ebensowenig ist es ihm verwehrt, für Güter und Dienstleistungen Entgelte zu verlangen. Entscheidet er sich für letzteres und ist er dann – wie hier – in einer Art und Weise tätig, daß die Tätigkeiten nach ihrem Gesamtbild als wirtschaftliche Tätigkeiten anzusehen sind, dann muß er dieselben Regeln wie jeder andere Verein auch für sich akzeptieren, ohne sich auf Vorrechte für Religionsgemeinschaften oder ein von staatlichem Recht abweichendes Selbstverständnis berufen zu können. Der Gewährleistungsinhalt der religiösen Vereinigungsfreiheit umfaßt die Freiheit, aus gemeinsamem Glauben sich zu einer Religionsgesellschaft zusammenzuschließen oder zu organisieren. Damit ist kein Anspruch auf eine bestimmte Rechtsform gemeint, etwa die des rechtsfähigen Vereins oder einer sonstigen Form der juristischen Person; gewährleistet ist die Möglichkeit einer irgendwie gearteten rechtlichen Existenz einschließlich der Teilnahme am allgemeinen Rechtsverkehr (vgl. BVerfG, Beschluß vom 5. 2. 1991[4] – 2 BvR 263/86 –). Art. 4 Abs. 1 und 2 GG i.V.m. Art. 137 WRV geben dem Kläger danach kein Abwehrrecht gegen die Anwendung der bürgerlich-rechtlichen Vereinsklassenabgrenzung. Geht eine Religionsgemeinschaft wirtschaftlichen Aktivitäten nach, wird sie nicht anders behandelt als weltanschaulich neutrale Wirtschaftsunternehmen. Die Anwendung von Gläubigerschutzbestimmungen, die als gesetzgeberischer Gedanke den §§ 21, 22 BGB zugrunde liegen, scheitert daher nicht an Art. 4 Abs. 1 und 2 GG. Wenn sich jemand auf eine religiöse Überzeugung beruft, so wird dadurch das Schutzbedürfnis seiner Gläubiger nicht zwangsläufig geringer. Es entspräche nicht der grundgesetzlichen Werteordnung, wenn demjenigen, der sich auf Art. 4 Abs. 1 und 2 GG beruft, gestattet werden müßte, Vorkehrungen zum Schutz der Rechte Dritter zu unterlassen.

Ermessensfehler sind nicht ersichtlich. Das Regierungspräsidium hat sein Ermessen in nicht zu beanstandender Weise ausgeübt (vgl. Widerspruchsbescheid ...).

Das in Anwendung der Bestimmungen des BGB gewonnene Ergebnis, das – wie dargelegt – im Einklang mit dem Verfassungsrecht, insbesondere den Art. 4 Abs. 1 und 2 und 140 GG i.V.m. Art. 137 WRV steht, wird schlußendlich auch nicht durch die vom Klägervertreter (*schriftsätzlich*) gestellten Beweisanträge Nr. 1 bis 18 in Frage gestellt. Diese Anträge, die auch im Rahmen der mündlichen Verhandlung ausdrücklich als Hilfsanträge gestellt wurden, sind

---

[4] KirchE 29, 9.

abzulehnen, weil sie entweder entscheidungsunerheblich sind oder als wahr unterstellt werden können.

Soweit der Beweisantrag Nr. 1 darauf abhebt, daß weder der Kläger noch seine 11 Mitglieder *für* den Kläger Bücher verkaufen, kommt es darauf – wie in den Entscheidungsgründen dargelegt – nicht entscheidend an. Entscheidend ist vielmehr, daß die Mitglieder selbst – wie vom Präsidenten des Klägers in der mündlichen Verhandlung eingeräumt – nach wie vor Literatur verkaufen können, die ihnen der gleiche Ziele und Aufgaben verfolgende Verein Dianetik e. V. zur Verfügung stellt.

Gleiches gilt für die Beweisanträge Nr. 2 und 3. Sie sind schon deshalb entscheidungsunerheblich, weil auch dann – wie in den Entscheidungsgründen dargelegt – ein wirtschaftlicher Geschäftsbetrieb vorliegen kann, wenn sich der Kläger mit seinen Dienstleistungen ausschließlich an seine Mitglieder wendet. Dies gilt erst recht dann, wenn – wie im Beweisantrag Nr. 3 behauptet – lediglich das „Dianetik"-Buch und das Buch „Selbstanalyse" an Nichtmitglieder abgegeben wurde. Hierin zeigt sich im übrigen, daß der Kläger eben nicht nur Dienstleistungen seinen Mitgliedern gegenüber erbrachte.

Der Beweisantrag Nr. 4, wonach der Kläger seit seines Bestehens keine Gewinne erwirtschaftete, muß schon deshalb abgelehnt werden, weil dieser Beweis auf weit einfachere Weise als durch Parteieinvernahme des Schatzmeisters hätte erbracht werden können, und zwar durch Vorlage entsprechender Bilanzen, durch Entbindung des Finanzamtes vom Steuergeheimnis oder durch Darlegungen des Präsidenten des Klägers in der mündlichen Verhandlung. Auf allen diesen Ebenen hat es der Kläger beharrlich abgelehnt, seinen Mitwirkungspflichten gerecht zu werden.

Der Beweisantrag Nr. 8, wonach dem Kläger nie Kreditbedarf entstanden sei bzw. entstehen werde, den er auf dem allgemeinen Kapitalmarkt hätte befriedigen müssen oder künftig befriedigen müßte, war schon deshalb als entscheidungsunerheblich abzulehnen, weil es im Rahmen der §§ 21 und 22 BGB allein auf die abstrakte Gefährdung von Gläubigerinteressen ankommt und nicht etwa auf eine konkrete Gefährdungslage.

Auch darauf, ob – gemäß dem Beweisantrag Nr. 10 – das Streben nach Gewinnen im erwerbswirtschaftlichen Sinn dem Kläger aufgrund der kircheninternen Richtlinien verboten ist, kommt es letztendlich nicht an. Entscheidend bleibt – wie in den Entscheidungsgründen dargelegt –, daß nach dem Gesamttätigkeitsbild des Klägers von einer Gewinnerzielungsabsicht ausgegangen werden muß. Ob im Einzelfall tatsächlich Gewinne erzielt wurden oder werden (Beweisantrag Nr. 11), ist nicht von ausschlaggebender Bedeutung. Dies wurde in den Entscheidungsgründen im einzelnen ebenfalls dargelegt.

Alle übrigen Beweisanträge sind für die Entscheidungsfindung gleichermaßen unerheblich und können als wahr unterstellt werden.

65

Für eine Nachbarklage auf Unterlassen des Zeitschlagens einer Kirchturmuhr ist der ordentliche Rechtsweg gegeben.

§§ 13, 17a GVG, 40 Abs. 1 VwGO

BayVGH, Beschluß vom 6. Oktober 1993 – 22 B 93.1300[1] –

Der Kläger ist Nachbar der Kirche E. Deren Glocken werden außer zu den Gottesdiensten in der Zeit zwischen 8.00 Uhr und 20.00 Uhr zum Stundenviertel einmal und zur vollen Stunde entsprechend der Stundenzahl geläutet. Dadurch fühlt sich der Kläger gestört. Er begehrt von der beklagten Kirchenstiftung, das Zeitschlagen zu unterlassen.

In dem anhängig gemachten verwaltungsgerichtlichen Verfahren bestritt die Beklagte die Zulässigkeit des Verwaltungsrechtswegs. Das Verwaltungsgericht erachtete ihn für gegen und wies die Klage mit Sachurteil vom 2. 3. 1993[2] ab. Mit der Berufung verfolgt der Kläger sein Begehren weiter. Er hält den Verwaltungsrechtsweg für gegeben, weil die maßgeblichen Rechtsvorschriften dem öffentlichen Recht angehörten, die Zeitansage mittels Glockenschlags eine öffentliche Aufgabe darstelle und die Glocke nebst Schlagwerk der Beklagten von der beigeladenen Gemeinde zur Verfügung gestellt worden sei. Die Beklagte verweist auf § 17 a Abs. 5 GVG und beantragt im übrigen, den Rechtsstreit an das zuständige Landgericht zu verweisen.

Die Berufung führte zur Aufhebung des angefochtenen Urteils. Der Senat stellt fest, daß der Verwaltungsweg unzulässig ist und verweist den Rechtsstreit an das zuständige Landgericht.

Aus den Gründen:

Der Verwaltungsrechtsweg ist nicht gegeben, der Rechtsstreit an das zuständige Landgericht zu verweisen.

1. Der Verwaltungsgerichtshof ist nicht gehindert, zu prüfen, ob der Rechtsweg zulässig ist. § 17 a Abs. 5 GVG ist hier nicht anwendbar, weil das Verwaltungsgericht unter Verstoß gegen § 17 a Abs. 3 GVG nicht über die Zulässigkeit des Verwaltungsrechtswegs vorab entschieden hat (BGH NJW 1993, 1799; BayVGH vom 5. 5. 1993, Az. 4 CE 93.464). Andernfalls wäre die den Verfahrensbeteiligten nach § 17 a Abs. 3, 4 GVG eröffnete Möglichkeit, die Rechtswegfrage im Rechtszug klären zu lassen, zunichte gemacht. Allerdings eröffnet der Verfahrensfehler des Verwaltungsgerichts dem Berufungsgericht nicht die

---

[1] Die Beschwerde des Klägers wurde zurückgewiesen; BVerwG, Beschluß vom 28. 1. 1994 – 7 B 198.93 – NJW 1994, 956.
[2] KirchE 31, 112.

Befugnis, wie ein Gericht erster Instanz von Amts wegen über den Rechtsweg zu entscheiden, vielmehr wird es nur auf entsprechende Rüge hin tätig; m.a.W. ist, um das Verfahren wieder auf den gesetzlich vorgeschriebenen Weg zu bringen, auf das verwaltungsgerichtliche Urteil hin so zu verfahren, wie wenn ein Beschluß nach § 17 a Abs. 3 GVG ergangen wäre. Auf die begründete Rüge der Beklagten hin ist das Urteil des Verwaltungsgerichts aufzuheben und die Verweisung auszusprechen.

2. Ob Klagen wie die vorliegende, die die Abwehr der durch das Zeitschlagen von Kirchenglocken erzeugten Immissionen zum Gegenstand haben, den öffentlich-rechtlichen Streitigkeiten nach § 40 Abs. 1 VwGO zuzurechnen sind, ist strittig (vgl. Laubinger, VerwArch 83 [1992], S. 623 [635 ff.]). Der Verwaltungsgerichtshof hält den Verwaltungsrechtsweg aufgrund folgender Erwägungen nicht für gegeben: Zwar geht das Zeitschlagen von einer Körperschaft des öffentlichen Rechts aus und sind die Kirchenglocken öffentliche Sachen („res sacrae"). Entscheidend ist indessen, ob das Zeitschlagen zu den Lebensäußerungen der Kirche gehört, für die ihr der öffentlich-rechtliche Status verliehen ist. Enger gefaßt stellt sich die Frage, ob das Zeitschlagen sich noch im Rahmen der Widmung der Kirchenglocken hält oder ob es sich um eine nichtsakrale Zusatzverwendung handelt. Der Glockenschlag zur Zeitangabe läßt sich – jedenfalls heutzutage und im Gegensatz zum liturgischen Glockengeläut (s. dazu BVerwGE 68, 62[3]) – nicht generell als typische Lebensäußerung der öffentlich-rechtlichen Körperschaft Kirche qualifizieren. Die Kirche kann für das nichtsakrale Glockenschlagen immissionsschutzrechtlich allein im Hinblick auf mit ihm verbundene traditionelle oder spirituelle Werte keine Privilegierung beanspruchen (BVerwGE 90, 163 [167][4]); damit wird insoweit der Zuerkennung eines Sonderstatus überhaupt die Legitimation entzogen. Wenn im vorliegenden Verfahren sogar die Beklagte das Zeitschlagen privatrechtlich beurteilt wissen will, spricht daraus ein kirchliches Selbstverständnis, das diese „nichtsakrale Nebenaufgabe im Randbereich kirchlicher Tätigkeit" aus dem spezifisch kirchlichen Wirken gerade ausklammert. Es kann offenbleiben, ob das kirchliche Selbstbestimmungsrecht es nicht geradezu gebietet, dieses Selbstverständnis staatlicherseits – etwa bei der hier vorzunehmenden Qualifizierung – zu berücksichtigen; jedenfalls unterstreicht es die hier vorgenommene Einschätzung. Zum Vorbringen des Klägers ist ergänzend zu bemerken, daß weder die Herkunft der Glocken oder ihre Finanzierung noch die Frage, ob es sich beim Zeitschlagen um eine öffentliche Aufgabe handelt (was zweifelhaft ist; vgl. BVerwGE 90, 163 [167]), für die Rechtswegfrage erheblich ist; für letzteres ergibt sich dies daraus, daß es keinen Rechtssatz gibt, der den Schluß von einer öffentlichen Aufgabe auf die öffentlich-rechtliche Form ihrer Wahrnehmung zuließe.

---

[3] KirchE 21, 251.   [4] KirchE 30, 211.

66

1. Nach innerkirchlichem Recht bestimmt sich, wer Angehöriger einer Religionsgemeinschaft ist. Der BFH ist als Revisionsinstanz grundsätzlich an die Feststellungen des Finanzgerichts zum Inhalt innerkirchlichen Rechts gebunden.
2. Eine an Abstammung, Bekenntnis und Wohnsitz anknüpfende Mitgliedschaftsregelung ist nicht verfassungswidrig.

§§ 3, 14, 15 NW.KiStG
BFH, Urteil vom 6. Oktober 1993 – I R 28/93[1] –

Der Kläger und Revisionskläger, Sohn jüdischer Eltern, wohnt seit 11. 9. 1950 in X. Im Melderegister der Stadt X. ist unter Religionszugehörigkeit des Klägers „is." angegeben. Entsprechende Angaben machte der Kläger bei einer früheren Anmeldung gegenüber dem Oberstadtdirektor der Stadt Y. und in seiner Heiratsurkunde. Nachdem die Beklagte und Revisionsbeklagte (Kultusgemeinde), die eine Körperschaft des öffentlichen Rechts ist, vom Eintrag im Melderegister der Stadt X. erfahren hatte, veranlaßte sie, daß das Finanzamt für 1984 bis 1987 erstmals durch entsprechende Ergänzung der Einkommensteuerbescheide Bescheide über Kultussteuer erließ.

Einspruch und Klage blieben erfolglos. Erfolglos blieb auch eine Klage des Klägers gegen die Stadt X. auf Löschung der Eintragung „is." im Melderegister.

Mit seiner Revision beantragt der Kläger, unter Aufhebung des angefochtenen Urteils die Kultussteuerbescheide aufzuheben.

Die Revision blieb erfolglos.

Aus den Gründen:

Die Revision ist als unbegründet gemäß § 126 Abs. 2 FGO zurückzuweisen.
1. Die Revision ist zulässig.

Gemäß § 118 Abs. 1 Satz 2 FGO i.V.m. § 14 Abs. 4 Satz 2 des Kirchensteuergesetzes des Landes Nordrhein-Westfalen vom 22. 4. 1975, zuletzt geändert durch Gesetz vom 17. 12. 1985 (GVBl.NW 1975, 438; 1985, 766 – NW.KiStG –) kann die Revision auch darauf gestützt werden, daß das angefochtene Urteil auf der Verletzung von Landesrecht beruht, da die Vorschriften der FGO durch Landesgesetz für anwendbar erklärt worden sind (vgl. Urteil BFH vom 11. 12. 1985 – I R 207/84 – BFHE 146, 315, BStBl. II 1986, 569). Die Bestimmungen des NW.KiStG finden auf alle Religionsgemeinschaften, die die

---

[1] Amtl. Leitsätze. BFHE 173, 570; BStBl. II 1994, 253; DStZ 1994, 159; HFR 1994, 150. Nur LS.:BB 1994, 132; DB 1994, 357.

Rechte einer Körperschaft des öffentlichen Rechts haben, entsprechende Anwendung (vgl. § 15 Abs. 1 NW.KiStG). Sie gelten damit auch für die Beklagte, die eine Körperschaft des öffentlichen Rechts ist.

2. Die Revision ist unbegründet.

Gemäß § 15 Abs. 1 i.V.m. § 3 NW.KiStG sind kirchensteuerpflichtig alle Angehörigen öffentlich-rechtlicher Religionsgemeinschaften, die ihren Wohnsitz oder gewöhnlichen Aufenthalt im Land Nordrhein-Westfalen haben. Die Mitgliedschaft zu einer Religionsgemeinschaft bestimmt sich nach innerkirchlichem Recht (vgl. z.B. Entscheidung des BVerfG vom 31. 3. 1971[2] – 1 BvR 744/67 – BVerfGE 30, 415 [422]; BFHE 146, 315, BStBl. II 1986, 569[3]). Nach § 4 Abs. 1 der vom Finanzgericht festgestellten Satzung der Beklagten sind Mitglieder der Beklagten alle Personen, die dem jüdischen Glaubensbekenntnis angehören, sich zur jüdischen Religion bekennen und im Gemeindegebiet wohnen.

Der Kläger ist nach diesen Regeln des Satzungsrechts der Beklagten im streitigen Zeitraum deren Mitglied gewesen.

a) Nach jüdischem Recht ist Jude/Jüdin und gehört damit dem jüdischen Glaubensbekenntnis an, wer von einer jüdischen Mutter abstammt oder zum Judentum konvertiert ist (vgl. Meyer's Enzyklopädisches Lexikon, Bd. 13, Stichwort „Judentum"; Maier, Das Judentum, Kindler, S. 657). Die Anknüpfung an die Abstammung folgt daraus, daß sich das Judentum (auch) als ethnische Gemeinschaft versteht. Dem jüdischen Glaubensbekenntnis können auch Personen weiblichen Geschlechts angehören.

Der Kläger stammt nach den Feststellungen des Finanzgerichts, an die der Senat gebunden ist (§ 118 Abs. 2 FGO), von einer jüdischen Mutter ab.

Nicht entscheidungserheblich ist, daß der Kläger nicht beschnitten ist. Der Ritus der Beschneidung ist nach den Feststellungen des Finanzgerichts nach innerkirchlichem Recht nicht Voraussetzung für die Zugehörigkeit einer männlichen Person zum jüdischen Glaubensbekenntnis. An diese Feststellung ist der Senat mangels zulässiger und begründeter Revisionsrügen gebunden (§ 118 Abs. 2 FGO). Zwar unterliegt im Streitfall gemäß § 118 Abs. 1 Satz 2 FGO i.V.m. § 14 Abs. 3 NW.KiStG Landesrecht der revisionsrechtlichen Überprüfung. Insoweit ist der Senat bezüglich Bestandes und Inhalts landesrechtlicher Vorschriften nicht an die Feststellung des Finanzgerichts gebunden. Die Zugehörigkeit zum jüdischen Glaubensbekenntnis richtet sich aber nicht nach Landes-, sondern ausschließlich nach Kirchenrecht. Gemäß Art. 140 GG sind die Art. 136, 137, 138, 139 und 141 WRV Bestandteil des GG. Gemäß Art. 137 Abs. 3 WRV ordnet und verwaltet jede Religionsgemeinschaft ihre Angelegenheiten selbständig innerhalb der Schranken der für alle geltenden Gesetze. In-

---

[2] KirchE 12, 101.   [3] KirchE 23, 279.

nerkirchliche Rechtsetzungsakte entspringen einer originären Rechtsetzungsbefugnis der Religionsgemeinschaften. Der Staat und damit auch die staatlichen Gerichte sind hieran grundsätzlich gebunden (vgl. Beschluß des BVerfG vom 17. 2. 1965[4] – 1 BvR 732/64 – BVerfGE 18, 385 [386]; von Mangoldt/Klein/von Campenhausen, Das Bonner Grundgesetz, 3. Aufl., Art. 137 Abs. 3 WRV Rdnr. 43). Innerkirchliche Rechtsetzungsakte sind daher nicht Landesgesetz i. S. des § 118 Abs. 1 Satz 2 FGO (vgl. ähnlich Beschluß des BVerfG vom 23. 10. 1986[5] – 2 BvL 7, 8/84 – BVerfGE 73, 388 [400]). An die Feststellung des Finanzgerichts zum Bestand und Inhalt innerkirchlicher Glaubensinhalte und Rechtsetzungsakte ist daher der Senat gebunden.

b) Der Kläger hat sich auch zur jüdischen Religion bekannt.

Das Bekenntnis zu einem Glauben ist eine innere Tatsache, die wie alle sich in der Vorstellung von Menschen abspielenden Vorgänge nur anhand äußerer Merkmale beurteilt werden kann (vgl. Beschluß des Großen Senats des BFH vom 25. 6. 1984 – GrS 4/82 – BFHE 141, 405, BStBl. II 1984, 751, unter C IV 3 c, bb; vgl. auch von Campenhausen, aaO, Art. 137 Abs. 3 WRV Rdnr. 44). Zu einem bestimmten Glauben bekennt sich derjenige, der nach außen seine Zugehörigkeit zu einer Glaubensgemeinschaft erkennen läßt. Der Dokumentation eines besonderen Willens, die Beklagte unterstützen zu wollen, bedarf es nach dem Inhalt der festgestellten Satzung nicht (anders: FG Düsseldorf, Senate in Köln, Beschluß vom 28. 5. 1973[6] – VI 185/72 A – EFG 1973, 510). Nicht entscheidungserheblich ist, wer Empfänger derartiger Bekenntniserklärungen ist. Dies können auch staatliche Behörden sein. Dementsprechend hat auch das BVerfG die Angaben über die Bekenntniszugehörigkeit in den Einkommensteuererklärungen als Wille zur Zugehörigkeit zu einer Religionsgemeinschaft gewertet (BVerfGE 30, 415 [425]; ebenso Beschluß des BFH vom 26. 9. 1979[7] – VI R 74/77 –). Ebenso ist die rituelle Beschneidung als Bekenntniserklärung zu verstehen (so FG München, Urteil vom 10. 4. 1989[8] – XIII 314/87 Ki – EFG 1989, 593). Sie ist aber nicht die alleinige Form eines Bekenntnisses zum jüdischen Glauben. Zur Begründung der Kirchensteuerpflicht ist auch nicht erforderlich, daß der Steuerpflichtige sich für jeden Veranlagungszeitraum gesondert zu einer Religionsgemeinschaft bekennt. Nach innerkirchlichem Recht bleibt die durch Bekenntnis dokumentierte Glaubenszugehörigkeit bestehen. Sie kann grundsätzlich nur durch Austritt, Ausschluß oder Tod beendet werden (vgl. § 6 Abs. 2, 3 der Satzung der Beklagten).

Nach den für den Senat mangels Revisionsrügen bindenden Feststellungen des Finanzgerichts hat der Kläger gegenüber der Meldebehörde in X. seine Religionszugehörigkeit mit „israelitisch" angegeben. Wenn der Kläger im Revi-

---

[4] KirchE 7, 172.
[5] KirchE 24, 267.
[6] KirchE 13, 274.
[7] KirchE 17, 318.
[8] KirchE 27, 83.

sionsverfahren darlegt, daß diese Erklärung als Bekenntnis der Zugehörigkeit zum Volk der Juden, nicht aber zur jüdischen Religionsgemeinschaft zu verstehen sei, so rügt er eine unrichtige Würdigung seiner Erklärung vor der Meldebehörde durch das Finanzgericht. Die Feststellung des Inhalts von Willenserklärungen ist jedoch eine Frage der Tatsachenwürdigung, die revisionsrechtlich nur daraufhin überprüft werden kann, ob die Auffassung des Finanzgerichts gegen Denkgesetze oder allgemeine Erfahrungssätze verstößt (vgl. Gräber/Ruban, Finanzgerichtsordnung, 2. Aufl., § 118 Rdnr. 17). Einen derartigen Widerspruch läßt die Würdigung des Finanzgerichts nicht erkennen.

c) Es verstößt auch nicht gegen das GG, wenn Religionsgemeinschaften die Mitgliedschaft von Abstammung und Bekenntnis abhängig machen und hieran die Kirchensteuerpflicht anknüpft.

Das Grundrecht der Glaubensfreiheit gemäß Art. 4 Abs. 1 GG verbietet zwar, eine Person einseitig und ohne Rücksicht auf ihren Willen der Kirchengewalt zu unterwerfen (BVerfGE 30, 415 [423]). Es verlangt aber nicht, daß der Beitritt zu einer Religionsgemeinschaft durch eine ausdrückliche Beitrittserklärung, wie z.B. im Christentum durch die Taufe, bestätigt wird, sofern der Wille des Betroffenen in geeigneter Form Berücksichtigung findet oder finden kann. Diesen Anforderungen entspricht die Satzung der Beklagten, da sie die Mitgliedschaft an das Bekenntnis zum jüdischen Glauben, also an eine Willensäußerung anknüpft. Ein Mitglied der Beklagten wird auch nicht gegen seinen Willen in der Religionsgemeinschaft festgehalten. Dem Grundrecht auf (negative) Glaubensfreiheit und zugleich dem Grundrecht auf negative Vereinigungsfreiheit (Art. 2, 9 GG) wird durch die Möglichkeit des Kirchenaustritts Rechnung getragen. Nach § 1 des Gesetzes zur Regelung des Austritts aus Kirchen, Religionsgemeinschaften und Weltanschauungsgemeinschaften des öffentlichen Rechts (Kirchenaustrittsgesetz) vom 26. 5. 1981 (GVBl. NW 1981, 260) kann das Mitglied jederzeit durch Erklärung vor dem Amtsgericht aus einer Religionsgemeinschaft austreten. Hieran knüpft auch die Mitgliedschaftsregelung der Beklagten an (vgl. § 6 Abs. 2 der Satzung). Die Tatsache, daß der Kläger in der Annahme, der Beklagten nicht anzugehören, von der Austrittsmöglichkeit in den Streitjahren keinen Gebrauch gemacht hat, berührt die Verfassungsmäßigkeit des geltenden Kirchensteuergesetzes nicht.

Der Senat kann im Streitfall offenlassen, ob er der Auffassung des Bundesverwaltungsgerichts uneingeschränkt folgen könnte, wonach Abstammung und Wohnsitz allein zur Begründung der Mitgliedschaft genügen (vgl. Urteil des BVerwG vom 9. 7. 1965[9] – VII C 16.62 – BVerwGE 21, 330; vgl. auch von Campenhausen, aaO, Art. 137 Abs. 3 WRV, Rdnr. 48). Da der Kläger seine Bekenntniszugehörigkeit nach außen hin dokumentiert hat, bestehen jeden-

---

[9] KirchE 7, 218.

falls im Streitfall keine verfassungsrechtlichen Bedenken gegen die Kirchensteuerpflicht des Klägers.

d) Daß der Kläger in den Streitjahren im Gemeindegebiet der Beklagten wohnte, ist unstreitig.

67

**Ein wegen Verstoßes gegen § 14 KVVG unwirksamer Energieversorgungsvertrag einer kath. Kirchengemeinde wird vom Kirchenvorstand nicht bereits dadurch konkludent genehmigt, daß Haushaltsmittel für die laufende Vertragserfüllung zur Verfügung gestellt werden.
Zur Frage der Anscheins- oder Duldungsvollmacht des Pfarrers.**

OLG Hamm, Urteil vom 7. Oktober 1993 – 2 U 82/93[1] –

Die Beklagte, eine kath. Kirchengemeinde, betreibt das Altenwohnheim B. Hierfür hat die Klägerin, ein Energieversorgungsunternehmen, der Beklagten bis zum 31. 8. 1992 Erdgas geliefert. Dies geschah zunächst aufgrund eines Vertrages vom 26. 1. 1982, der auf Seiten der Beklagten nur von Herrn A., dem Pfarrer der Kirchengemeinde, unter Beifügung eines Siegels unterzeichnet wurde. Unter Aufhebung früherer Verträge kam es dann am 27. 6. 1990 zu dem streitigen Vertrag, der ebenfalls nur von Pfarrer A. unter Beifügung des Siegels unterzeichnet wurde und nach dessen Inhalt die Beklagte verpflichtet sein soll, den gesamten Erdgasbedarf für diese Abnahmestelle bis zum 30. 9. 2000 nur bei der Klägerin zu decken.

Im Jahre 1991 beschloß die Beklagte, das Altenwohnheim B. in Zukunft mit Fernwärme zu beheizen, die von einem anderen Energieversorgungsunternehmen geliefert werden sollte. Als die Klägerin hiervon erfuhr, forderte sie Erfüllung des Gaslieferungsvertrages bis zum 30. 9. 2000 und wies dabei darauf hin, daß die Beklagte nach § 2 Ziff. 8 des Vertrages vom 27. 6. 1990 zur Abnahme von Mindestmengen verpflichtet sei. Hierauf erwiderte die Beklagte, der Vertrag sei unwirksam, weil er entgegen § 14 des preußischen Gesetzes über die Verwaltung des katholischen Kirchenvermögens vom 27. 4. 1924 (SGV.NW 222) – KVVG – nur von ihrem Pfarrer unterzeichnet worden sei und außerdem auch die erforderliche Genehmigung des Generalvikariats fehle. Seit dem 1. 9. 1992 wird das Altenwohnheim mit Fernwärme der Firma F. versorgt. Das bis dahin von der Klägerin bezogene Gas wurde abgerechnet und bezahlt.

Mit ihrer auf Rechtsgültigkeit des Gaslieferungsvertrages und der Abnahmeverpflichtung der Beklagten gerichtete Feststellungsklage hat die Klägerin vorgetragen, ihr sei bisher nicht bekannt gewesen, daß nach § 14 Satz 2 Verträge

---

[1] NVwZ 1994, 205; AkKR 162 (1993), 556. Das Urteil ist rechtskräftig.

Vertretung einer kath. Kirchengemeinde 425

außer vom Vorsitzenden noch von zwei weiteren Mitgliedern des Kirchenvorstandes unterzeichnet werden müssen. Sie habe darauf vertraut, daß der Pfarrer allein handeln dürfe, und hat in diesem Zusammenhang darauf hingewiesen, daß außer den beiden Verträgen mit der Beklagten auch Gasversorgungsverträge mit weiteren, näher bezeichneten katholischen Kirchengemeinden jeweils nur von deren Pfarrer unterzeichnet worden seien. Weiter hat die Klägerin behauptet, der Vertrag müsse dem Kirchenvorstand auch bekannt gewesen und von ihm genehmigt worden sein; schließlich sei das Gas vertragsgemäß abgenommen und bezahlt worden und der entsprechende Ausgabenposten müsse auch in dem vom Kirchenvorstand aufgestellten Haushaltsplan der Gemeinde enthalten gewesen sein. Sie hat die Ansicht vertreten, wenn ein entsprechender Haushaltsplan aufgestellt werde, liege darin auch eine Genehmigung des Gaslieferungsvertrages. Zumindest habe die Beklagte den Anschein erweckt, daß Herr Pfarrer A. in diesem Bereich als Bevollmächtigter Verträge allein schließen könne.

Die Beklagte hat die Auffassung vertreten, der Vertrag sei unwirksam, weil sie bei dessen Abschluß nicht in der in § 14 S. 2 KVVG vorgeschriebenen Form vertreten worden sei. Der Vertrag sei auch nicht nachträglich genehmigt worden; hierfür reiche die Bereitstellung von Haushaltsmitteln im Haushaltsplan und die Begleichung der Gasrechnungen nicht aus. Nach dem Schutzzweck der Vorschrift, Kirchengemeinden vor unbedachten Verfügungen einzelner zu schützen, hätte eine Genehmigung des Vertrages auch nur in der Form des § 14 KVVG erfolgen können. Eine dieser Anforderungen genügende Genehmigung seitens des Kirchenvorstandes sei aber nicht erfolgt und es fehle darüberhinaus auch die nach § 21 Abs. 2 KVVG i.V.m. Nr. 3 der Geschäftsanweisung erforderliche weitere kirchenaufsichtliche Genehmigung der bischöflichen Behörde. Weiter hat sie die Ansicht vertreten, daß der Einwand der unzulässigen Rechtsausübung aus § 242 BGB versage, wenn eine öffentlich-rechtliche Körperschaft sich auf Vertretungs- und Zuständigkeitsregelungen berufe, die zu ihrem Schutz erlassen worden seien. Vielmehr sei es den Vertragspartnern zuzumuten, sich vor Vertragsabschluß über die Legitimation der jeweils Handelnden Gewißheit zu verschaffen. Das Landgericht hat die Klage abgewiesen.

Die Berufung der Klägerin blieb ohne Erfolg.

Aus den Gründen:

Die Berufung ist zulässig. Sie hat aber keinen Erfolg, weil der Vertrag vom 27. 6. 1990 nicht wirksam zustande gekommen ist. Es kann dahinstehen, ob die nach § 21 Abs. 2 KVVG i.V.m. Ziff. 3 der Geschäftsanweisung vom 20. 2. 1928 erforderliche Genehmigung des bischöflichen Generalvikariats zu diesem Vertrag erteilt wurde. Seine Wirksamkeit scheitert bereits daran, daß die beklagte Kirchengemeinde bei Vertragsabschluß nicht wirksam vertreten worden ist.

I. Nach § 14 S. 2 KVVG wird eine katholische Kirchengemeinde nur dann durch Willenserklärung verpflichtet, wenn sie der Vorsitzende des Kirchenvorstandes oder sein Stellvertreter und zwei weitere Mitglieder des Kirchenvorstandes unter Beifügung des Amtssiegels schriftlich abgeben. Dem genügt der Vertrag vom 27. 6. 1990 nicht, weil er auf Seiten der Beklagten nur von Pfarrer A. unterzeichnet worden ist.

Entgegen der Auffassung der Klägerin ist das Vermögensverwaltungsgesetz vom 24. 7. 1924 Teil des in Nordrhein-Westfalen geltenden Landesrechts. Im Wege der Staatssukzession ist preußisches Recht in Nordrhein-Westfalen weiter in Geltung. Mit dem Gesetz zur Bereinigung des in Nordrhein-Westfalen geltenden preußischen Rechts (v. Hippel-Rehborn, Gesetze des Landes Nordrhein-Westfalen Nr. 6 a) wurden zwar eine Vielzahl preußischer Rechtsvorschriften aufgehoben; nach § 4 Nr. 6 dieses Gesetzes sind jedoch die staatskirchenrechtlichen Vorschriften, zu denen auch das Vermögensverwaltungsgesetz gehört, von der Aufhebung ausgenommen. Bei § 14 KVVG handelt es sich auch nicht um eine Formvorschrift i.S.d. § 125 BGB, für deren Erlaß dem Landesgesetzgeber die Gesetzgebungskompetenz fehlt. Geregelt ist vielmehr die Vertretungsmacht des Kirchenvorstandes, die durch das Gebot, bestimmte Förmlichkeiten zu beachten, begrenzt wird (Palandt-Heinrichs, BGB, 52. Aufl., § 125 Rdnr. 3 und 4). In der Rechtsprechung ist auch nie in Zweifel gezogen worden, daß Verträge unwirksam sind, wenn sie entgegen § 14 Satz 2 KVVG allein vom Gemeindepfarrer unterzeichnet wurden (OLG Hamm KirchE 3, 412; MDR 1988, 860; OLG Düsseldorf KirchE 17, 356; LG Osnabrück KirchE 22, 131).

Unzutreffend ist auch der Einwand der Klägerin, der streitige Energieversorgungsvertrag falle nicht in den Anwendungsbereich des Gesetzes, weil das Vermögen der beklagten Kirchengemeinde nicht betroffen sei. Nach dem Inhalt des Vertrages sollte die Beklagte verpflichtet sein, während der vorgesehenen Laufzeit von 10 Jahren bestimmte Mindestmengen an Gas abzunehmen, die nach der eigenen Darstellung der Klägerin einen Gesamtbetrag von etwa 350 000,00 DM ausmachen. Eine solche Verpflichtung berührt das Vermögen der Beklagten.

II. Der Vertrag ist auch nicht aufgrund einer Ermächtigung des Kirchenvorstandes vor der Unterzeichnung oder einer anschließend erteilten Genehmigung durch den Kirchenvorstand wirksam geworden.

Der 6. Senat des OLG Hamm (KirchE 3, 412 [417]) hat entschieden, daß eine Ermächtigung oder Genehmigung durch den Kirchenvorstand ebenfalls der Schriftform des § 14 KVVG bedarf. Dies entspricht auch der allgemeinen Meinung für den vergleichbaren Fall des § 56 Abs. 1 Gemeindeordnung Nordrhein-Westfalen (BGH NJW 1984, 606; Palandt § 177 Rdnr. 7; MK-Schramm

§ 177 Rdnr. 34). § 56 Abs. 1 GO regelt die Vertretung der Gemeinden im Land Nordrhein-Westfalen in ähnlicher Weise wie § 14 des KVVG. Danach ist eine Verpflichtungserklärung für die Gemeinde nur bindend, wenn sie durch den Gemeindedirektor oder seinen Stellvertreter und einen vertretungsberechtigten Beamten unterzeichnet worden ist. Inhalt und Zielrichtung der Vorschriften stimmen weitgehend überein, so daß die Rechtsprechung des BGH zu § 56 GO bei Auslegung des § 14 KVVG herangezogen werden kann. Der BGH vertritt zu § 56 GO die Auffassung, Zweck der Schriftform sei es, die als Vertreter Mitwirkenden eindeutig erkennbar zu machen, die Prüfung ihrer Vertretungsberechtigung zu ermöglichen und die Kontrolle ihrer Tätigkeit zu sichern; das sei, wenn nur einer den Vertrag unterzeichne, nur gewährleistet, wenn auch die Ermächtigung oder Genehmigung des anderen Gesamtvertreters schriftlich erfolge. Das gilt in gleicher Weise auch für § 14 KVVG.

Eine schriftliche Ermächtigung oder Genehmigung liegt jedoch nicht vor. Nach dem Ergebnis der Beweisaufnahme ist vielmehr davon auszugehen, daß der Kirchenvorstand den Vertrag nicht einmal formlos gebilligt hat. Herr Pfarrer A. hat im Rahmen seiner Parteivernehmung bekundet, er habe den Vertrag vor der Unterzeichnung nicht mit anderen Mitgliedern des Kirchenvorstandes abgestimmt und darüber sei auch hinterher innerhalb des Kirchenvorstandes nicht gesprochen worden. Die Richtigkeit dieser Angaben wird belegt durch das Sitzungsbuch des Kirchenvorstandes der beklagten Kirchengemeinde. Die Klägerin und ihr Prozeßbevollmächtigter, die Gelegenheit hatten, das Sitzungsbuch einzusehen, haben erklärt, darin keine konkreten Angaben über den streitigen Vertrag gefunden zu haben.

Darüber hinaus hat die Klägerin zum Nachweis einer Genehmigung des Kirchenvorstandes lediglich beantragt, der Beklagten aufzugeben, die Haushaltspläne für die Jahre 1990 und 1991 vorzulegen, die ausweislich der Seiten 329 und 342 des Sitzungsbuches vom Kirchenvorstand angenommen worden sind. Dieser Beweisantrag ist jedoch unerheblich, weil die Haushaltspläne zum Nachweis einer Genehmigung des streitigen Vertrages vom 27. 6. 1990 ungeeignet sind. Aus den Haushaltsplänen kann sich nur ergeben, daß der Kirchenvorstand in den Geschäftsjahren 1990 und 1991 Haushaltsmittel zur Bezahlung von Gaslieferungen bewilligt hat. Eine solche Bereitstellung von Haushaltsmitteln enthält aber entgegen der Auffassung der Klägerin keine konkludente Genehmigung des streitigen Vertrages. Eine Genehmigung durch schlüssiges Handeln setzt voraus, daß sich der Genehmigende der schwebenden Unwirksamkeit des Vertrages bewußt ist, oder zumindest mit ihr rechnet (BGH WM 1981, 171). Schon daran fehlt es. Die Beklagte hatte ihr Altenwohnheim bereits seit 1982 mit Gas beheizt, das von der Klägerin bezogen wurde. Zwangsläufig mußten seitdem in jedem Jahr hierfür Haushaltsmittel bewilligt werden. Es ist nicht ersichtlich, woran die Mitglieder des Kirchenvorstandes bei Annahme der Haushaltspläne für die Jahre 1990 und 1991 überhaupt erkannt haben könnten, daß die Gaslieferungen in diesen beiden Haushaltsjahren aufgrund eines neuen Vertrages mit abgeänderten Bedingungen erfolgen sollten. Erkennbar war nur, daß das Altenwohnheim wie bisher mit Gas beheizt werden sollte. Mit Bereitstellung der hierfür in den Haushaltsjahren 1990 und 1991 erforderlichen Mittel hat der Kirchenvorstand allenfalls gebilligt, daß auch in diesen Jahren weiter mit Gas geheizt und die Rechnungen bezahlt werden sollten. Letzteres ist unstreitig auch geschehen. Hier geht es aber darum, ob die Beklagte darüber hinaus bis zum 30. 9. 2000 bestimmte Mindestmengen Gas von der Klägerin abnehmen muß. Das ist aber gar nicht Gegenstand der beiden Haushaltspläne für die Jahre 1990 und 1991.

III. Das Handeln des Pfarrer A. kann der Beklagten auch nicht unter dem Gesichtspunkt einer Duldungs- oder Anscheinsvollmacht zugerechnet werden.

Die Grundsätze über Ancheins- und Duldungsvollmachten sind zwar auch gegenüber öffentlich-rechtlichen Körperschaften anwendbar. Eine Haftung nach diesen Regeln setzt aber voraus, daß die vertretungsberechtigten Organe der öffentlich-rechtlichen Körperschaft den Anschein einer Vollmacht hervorgerufen bzw. das Vertreterhandeln des vollmachtlos Handelnden geduldet haben (BGH NJW 1972, 940 [941]). Da eine wirksame Vertretung der beklagten Kirchengemeinde nach § 14 S. 2 KVVG voraussetzt, daß neben dem Gemeindepfarrer mindestens zwei weitere Mitglieder des Kirchenvorstandes mitwirken, müßte der Anschein einer Bevollmächtigung folglich vom Kirchenvorstand der Beklagten oder zumindest von zwei Mitgliedern des Kirchenvorstandes hervorgerufen worden sein. Das ist nicht ersichtlich. Die Klägerin hat nicht dargetan, durch welche Vertreter des Kirchenvorstandes und in welcher Weise der Anschein erweckt worden sein könnte, Pfarrer A. könne den Vertrag allein schließen. Sie beruft sich im wesentlichen darauf, daß bei allen anderen Kirchengemeinden in N. der jeweilige Pfarrer die Energieversorgungsverträge allein unterzeichnet habe. Das ist aber unerheblich. Jede einzelne Kirchengemeinde ist für sich eine rechtsfähige Körperschaft des öffentlichen Rechts (Staudinger Einl. 20 zu §§ 21 bis 89). Die Beklagte muß sich daher im Rahmen einer Duldungs- oder Anscheinsvollmacht nur das Verhalten der Mitglieder ihres eigenen Kirchenvorstandes zurechnen lassen. Sie hat keinen Einfluß darauf, wie die Vertretungsregelungen des Vermögensverwaltungsgesetzes in anderen Kirchengemeinden praktiziert werden. Deren Verhältnisse kann man ihr ebensowenig anlasten, wie man etwa zu Lasten einer Stadt eine Anscheinsvollmacht damit begründen könnte, daß in anderen Städten deren Stadtdirektoren Verträge häufig allein unterzeichnen.

Im Zuständigkeitsbereich der Beklagten ist nach Darstellung der Klägerin nur einmal am 26. 1. 1982 ein Energieversorgungsvertrag allein vom Pfarrer unterzeichnet worden. Daraus läßt sich eine Anscheins- oder Duldungsvollmacht jedoch nicht herleiten. Es ist nicht ersichtlich, daß dieser lange zurückliegende Vorgang bei Abschluß des streitigen Vertrages am 27. 6. 1990 noch von Bedeutung gewesen sein könnte. Selbst wenn man unterstellt, daß die am 26. 1. 1982 zuständigen Mitglieder des Kirchenvorstandes es gebilligt haben, daß Pfarrer A. den ersten Vertrag alleine schloß, so konnte die Klägerin daraus gleichwohl nicht herleiten, daß Herr A. auch am 27. 6. 1990 noch allein handeln dürfte. Zu bedenken ist, daß zwischen den beiden Verträgen ein Zeitraum von $8\frac{1}{2}$ Jahren liegt und die Vertreter des Kirchenvorstandes gem. § 8 Abs. 1 KVVG nur auf Dauer von sechs Jahren gewählt sind. Auch wenn die Vertreter der Klägerin diese Vorschrift nicht kannten, so muß zumindest jeder, der mit öffentlich-rechtlichen Körperschaften zu tun hat, wissen, daß sich die personelle Zusammensetzung der zuständigen Gremien im Laufe eines so langen Zeitraums in aller Regel ändert. Schon deshalb rechtfertigte der $8\frac{1}{2}$ Jahre zurückliegende Einzelfall auf Seiten der Klägerin nicht die Annahme, daß Pfarrer A. auch jeden weiteren Energielieferungsvertrag allein schließen konnte.

Außerdem könnte der Anschein einer Bevollmächtigung des Pfarrers A. im Zusammenhang mit dem Vertrag vom 26. 1. 1982 allenfalls formlos hervorgerufen worden sein, was aber wegen des Schriftformerfordernisses in § 14 nicht ausreicht.

Nach herrschender Meinung sind die Grundsätze über Anscheins- und Duldungsvollmachten gegenüber öffentlich-rechtlichen Körperschaften nur anwendbar, soweit den im öffentlichen Interesse aufgestellten förmlichen Vertretungsregeln damit nicht die Wirkung genommen wird. Sie versagen, wenn die den Anschein einer Vollmacht erweckenden bzw. das Vertreterhandeln duldenden Organe der Körperschaft – wie hier – überhaupt nicht in der Lage sind, formlose Vollmachten zu erteilen, aber gleichwohl nur formlos gehandelt haben (BGH NJW 1984, 606 [607]; MK – Schramm § 167 Rdnr. 37 u. 42; Palandt-Heinrichs § 173 Rdnr. 20; a. A.: Staudinger-Dilcher § 167 Rdnr. 49).

IV. Die Beklagte handelt auch nicht treuwidrig (242 BGB), indem sie sich auf die Unwirksamkeit des Vertrages beruft.

Der Zweck des § 14, eine Kontrolle der handelnden Personen zu ermöglichen und das Vermögen der Kirchengemeinde vor unbedachten Handlungen einzelner Personen zu schützen, verbietet es, sich unter Anwendung der Grundsätze von Treu und Glauben über die Vertretungsregelung hinwegzusetzen (Zitate wie unter I). Der BGH (BGHZ 92, 164 [174]; NJW 1972, 940; NJW 1984, 607) nimmt bei den entsprechenden Vertretungsregelungen der Gemeindeordnungen ebenfalls an, daß diese nicht über § 242 BGB außer Kraft gesetzt werden können. Er verlangt, daß zumindest die nach der Vertretungsregelung zuständigen Leute – wenn auch formlos – gehandelt haben und hält in diesem Fall nur Bestimmungen über reine Förmlichkeiten wie Schriftform und Amtssiegel für entbehrlich, wenn man andernfalls zu einem schlechthin unerträglichen Ergebnis käme.

Diese Voraussetzungen liegen hier nicht vor. Die zuständigen Leute – neben Pfarrer mindestens zwei weitere Mitglieder des Kirchenvorstandes – sind gar nicht tätig geworden. Vielmehr hatte nach dem Ergebnis der Beweisaufnahme außer Pfarrer A. niemand Kenntnis vom Abschluß eines – neuen – Energieversorgungsvertrages für das Altenwohnheim. Von einem schlechthin unerträglichen Ergebnis kann ohnehin keine Rede sein. Die Beklagte hat alle Gaslieferungen, die sie von der Klägerin nach dem 27. 6. 1990 erhalten hat, bezahlt. Es geht nur darum, ob sie verpflichtet ist, darüber hinaus bis zum 30. 9. 2000 weiteres Gas abzunehmen. Die Nachteile der Klägerin halten sich in engen Grenzen, weil alle tatsächlich ausgeführten Leistungen bezahlt wurden und sie das noch nicht abgenommene Gas auch anderweitig veräußern kann. Dessen Menge dürfte im Rahmen des Gesamtumsatzes der Klägerin von ganz untergeordneter Bedeutung sein. Weiter ist zu bedenken, daß die Klägerin Kaufmann ist und ständig Energieversorgungsverträge schließt. Es ist ihr durchaus zuzumuten, sich vor Vertragsabschlüssen über die einschlägigen Zuständigkeitsregelungen zu informieren. Schließlich ist allgemein bekannt, daß es bei öffentlich-rechtlichen Körperschaften wie auch bei juristischen Personen des Privatrechts Vertretungsregelungen gibt, die häufig Gesamtvertretung vorsehen. Auf Seiten der Klägerin sind die von ihr vorgelegten Verträge auch immer von zwei Personen unterzeichnet worden.

V. Entgegen der Ansicht der Klägerin läßt sich der mit der Klage geltend gemachte Anspruch auch nicht aus § 31 BGB oder aus § 2 AVBGasV herleiten.

§ 31 BGB regelt nur Schadensersatzansprüche. Die Klägerin hat nicht dargetan, daß ihr durch Nichtabnahme von Gas ein Schaden entstehen könnte, und klagt im übrigen gar nicht auf Schadensersatz, sondern auf Feststellung, daß der Vertrag vom 27. 6. 1990 wirksam ist.

Aus § 2 Abs. 2 AVBGasV oder den Regeln über sog. faktische Verträge läßt sich allenfalls herleiten, daß die Beklagte das abgenommene Gas bezahlen muß. Eine Abnahmeverpflichtung für bisher nicht abgenommene Gasmengen läßt sich damit nicht begründen.

68

Die Aufführung des Musicals Starlight Express unterliegt den für sog. stille Feiertage geltenden gesetzlichen Einschränkungen.

Art. 3 Abs. 1, 5 Abs. 3, 140 GG, 139 WRV; § 6 Abs. 1 Nr. 5 NW.FtG
OVG Nordrhein-Westfalen, Urteil vom 7. Oktober 1993 – 4 A 3101/92[1] –

---

[1] NWVBl. 1994, 144; NVwZ-RR 1994, 206. Die Revisionsbeschwerde ist zurückgewiesen worden; BVerwG, Beschluß vom 21. 4. 1994, NJW 1994, 1975.

Feiertagsrecht

Die Klägerin ist Veranstalterin des Musicals Starlight Express, das seit Juni 1988 regelmäßig täglich um 20.00 Uhr – an Samstagen und Sonntagen zusätzlich auch um 15.00 Uhr – aufgeführt wird. Die Darbietung findet in dem eigens zu diesem Zweck in Bochum am Stadionring zwischen Ruhrlandhalle und Ruhrschnellweg errichteten Starlight-Theater statt. Der Aufführungsraum bietet 1700 Besuchern Platz.

Die Klage mit dem Begehren festzustellen, daß die Aufführung des Musicals an den stillen Feiertagen nicht verboten ist, blieb in beiden Rechtszügen ohne Erfolg.

Aus den Gründen:

Die Klage ist unbegründet. Die Aufführung des Musicals Starlight Express ist eine andere der Unterhaltung dienende öffentliche Veranstaltung i.S. v. § 6 Abs. 1 Nr. 5 NW.FtG, hier anwendbar i.d.F. vom 17. 4. 1991 (GV.NW S. 200), und als solche ohne Ausnahmegenehmigung (§ 10 Abs. 1 NW.FtG) am Volkstrauertag und am Buß- und Bettag sowie am Allerheiligentag und am Totensonntag (§ 6 Abs. 2 NW.FtG) von 5.00 Uhr bis 18.00 Uhr und am Karfreitag ganztägig (§ 6 Abs. 3 Nr. 1 NW.FtG) verboten.

Die Einordnung der Aufführung als „andere" Veranstaltung i.S.v. § 6 Abs. 1 Nr. 5 NW.FtG setzt voraus, daß sie nicht von den in Nrn. 1–4 aufgeführten Fallgruppen erfaßt wird. Diese Voraussetzung ist erfüllt. Insbesondere handelt es sich bei der Aufführung des Musicals Starlight Express nicht um eine der in § 6 Abs. 1 Nr. 2 NW.FtG aufgeführten Veranstaltungen. Dazu gehören sportliche und ähnliche Veranstaltungen einschließlich Pferderennen und Leistungsschauen sowie Zirkusveranstaltungen, Volksfeste und der Betrieb von Freizeitanlagen, soweit dort tänzerische oder artistische Darbietungen angeboten werden. Das Verwaltungsgericht hat bereits zutreffend darauf hingewiesen, daß das Musical nicht als Freizeitanlage im Sinne der genannten Bestimmung anzusehen ist, weil hiermit ausweislich der Gesetzesmaterialien nur die sogenannten Freizeitparks gemeint sind (vgl. Begründung des Gesetzentwurfs der Landesregierung, LT-Drucks. 10/3395 S. 7).

Auch von dem Begriff sportliche „und ähnliche" Veranstaltungen wird Starlight Express nicht erfaßt. Aus dem Zusammenhang der Wendung „sportliche und ähnliche Veranstaltungen einschließlich Pferderennen und Leistungsschauen" folgt, daß es sich bei einer „ähnlichen" Veranstaltung um eine solche handeln muß, bei der eine Wettbewerbssituation im Sinne eines Leistungsvergleichs im Vordergrund steht. Das ist bei der hier zu beurteilenden musikalischen Veranstaltung nicht der Fall.

Eine entsprechende Anwendung der in § 6 Abs. 1 Nr. 2 NW.FtG getroffenen Regelung, wie sie von der Klägerin unter Hinweis auf die in dem Musical enthaltenen tänzerischen und artistischen Darbietungen gefordert wird, scheidet ebenfalls aus. Insoweit fehlt es bereits an einer Regelungslücke, weil die Veranstaltungen, die nicht unter § 6 Abs. 1 Nr. 2 NW.FtG fallen, nach dem erkennbaren Willen des Gesetzgebers von der Auffangvorschrift in Nr. 5 erfaßt sein sollen.

Bei natürlichem Sprachverständnis handelt es sich bei der Aufführung eines Musicals in einem für das allgemeine Publikum zugänglichen Theater um eine der Unterhaltung dienende öffentliche Veranstaltung. Eine an systematischen, historischen und teleologischen Erwägungen ausgerichtete Auslegung des in § 6 Abs. 1 Nr. 5 NW.FtG enthaltenen Begriffs ergibt, daß von dem Veranstaltungsverbot nur solche Darbietungen ausgenommen sind, die dem ernsten Charakter der stillen Feiertage entsprechen.

Bereits das Feiertagsgesetz in seiner ursprünglichen Fassung vom 16. 10. 1951 (GV.NW S. 127) sah am Karfreitag ein Verbot aller „anderen der Unterhaltung dienenden vereinsmäßigen oder öffentlichen Veranstaltungen, soweit sie nicht nach Ziffer 2 zugelassen sind" (§ 7 Nr. 1 Buchst. c) vor. Zugelassen waren „Veranstaltungen (Theater- und Musikaufführungen, Rundfunkdarbietungen) religiöser oder weihevoller Art" (§ 7 Nr. 2 Buchst. a). In seiner Fassung vom 9. 5. 1961 (GV.NW S. 209) verbot das Feiertagsgesetz an den stillen Feiertagen musikalische und sonstige unterhaltende Darbietungen jeder Art (§ 7 Abs. 2 Buchst. b) mit Ausnahme von Veranstaltungen (Theater- und Musikaufführungen, Rundfunkdarbietungen) „religiöser oder weihevoller Art oder sonst ernsten Charakters, die dem besonderen Wesen des Feiertags entsprechen" (§ 7 Abs. 3 Buchst. a). Das dritte Gesetz zur Änderung des Feiertagsgesetzes vom 21. 12. 1976 (GV.NW S. 470), das eine Liberalisierung des Sonn- und Feiertagsrechts insbesondere durch eine Einschränkung des Katalogs der Verbotstatbestände und die zeitliche Kürzung der Dauer des Schutzes an stillen Feiertagen herbeiführte, enthielt ein Verbot von Volksfesten und allen anderen der Unterhaltung dienenden öffentlichen Veranstaltungen einschließlich Tanz von 5.00 Uhr bis 18.00 Uhr (§ 7 Abs. 1 Nr. 5). Der Gesetzgeber sah aber davon ab, die an stillen Feiertagen zugelassenen Veranstaltungen entsprechend der bisher in § 7 Abs. 3 enthaltenen Regelung zu benennen, weil eine derartige positive Normierung nicht für notwendig gehalten wurde. Die Streichung dieser Vorschrift sollte ausweislich der Begründung des Regierungsentwurfs aber keine Verschärfung herbeiführen. Bisher zugelassene Veranstaltungen sollten auch künftig ohne ausdrückliche gesetzliche Regelung zulässig bleiben (vgl. Begründung des Gesetzentwurfs der Landesregierung, LT-Drucks. 8/1111 S. 11).

Die so entstandene Regelungssystematik, die im wesentlichen in der hier anwendbaren Fassung des Feiertagsgesetzes übernommen worden ist, rechtfertigt den Schluß, daß es der Absicht des historischen Gesetzgebers entspricht, von dem in § 6 Abs. 1 Nr. 5 NW.FtG verankerten Verbot solche Veranstaltungen anzunehmen, die einen ernsten Charakter haben, der dem besonderen

Wesen des Feiertags entspricht. Derartige Darbietungen stellen – mögen sie im Einzelfall ihr Publikum (auch) unterhalten – keine der Unterhaltung dienenden öffentlichen Veranstaltungen i.S.v. § 6 Abs. 1 Nr. 5 NW.FtG dar.

Für dieses Ergebnis spricht auch die seit dem Änderungsgesetz 1976, nunmehr in § 6 Abs. 3 Nr. 4 NW.FtG enthaltene Regelung, wonach am Karfreitag zusätzlich Veranstaltungen, Theater- und musikalische Aufführungen, Filmvorführungen und Vorträge jeglicher Art, auch ernsten Charakters, während der Hauptzeit des Gottesdienstes verboten sind. Durch die Wendung „auch ernsten Charakters" wird deutlich, daß derartige Veranstaltungen ohne weiteres am Karfreitag zulässig wären und es deshalb einer einschränkenden Regelung für die Hauptzeit des Gottesdienstes bedurfte. Das wäre nicht der Fall, wenn Darbietungen ernsten Charakters bereits unter das Verbot in § 6 Abs. 1 Nr. 5 NW.FtG fielen.

Die in § 5 Abs. 1 Buchst. b) getroffene Regelung, wonach an Sonn- und Feiertagen während der Hauptzeit des Gottesdienstes alle der Unterhaltung dienenden öffentlichen Veranstaltungen, bei denen nicht ein höheres Interesse der Kunst, Wissenschaft oder Volksbildung vorliegt, verboten sind, ist für die Auslegung des § 6 Abs. 1 Nr. 5 NW.FtG unergiebig. Anhaltspunkte für die Annahme, daß Veranstaltungen, bei denen ein Interesse der Kunst, Wissenschaft oder Volksbildung besteht, außerhalb der Hauptzeit des Gottesdienstes auch an den stillen Feiertagen zulässig sein sollen, lassen sich nicht finden. Vielmehr handelt es sich bei dieser Privilegierung nach der erkennbaren Systematik des Gesetzes um eine solche, die ausschließlich Sonn- und (nicht stille) Feiertage betrifft. Dies kommt bereits durch den die Regelungen für stille Feiertage in § 6 Abs. 1 NW.FtG einleitenden Begriff „sind zusätzlich verboten" zum Ausdruck. Dadurch, daß § 6 Abs. 1 Nr. 5 NW.FtG hinsichtlich öffentlicher Unterhaltungsveranstaltungen für die stillen Feiertage eine eigene, engere Regelung trifft, wird deutlich, daß die in § 5 Abs. 1 Buchst. b) NW.FtG für Sonn- und alle anderen Feiertage geltenden Regelung insoweit nicht greifen soll.

Bei einer Gesamtsicht des Gesetzes läßt sich danach für die Zulässigkeit öffentlicher Unterhaltungsveranstaltungen folgendes System ausmachen: An Sonn- und (nicht stillen) Feiertagen sind derartige Darbietungen – sofern nicht ein höheres Interesse der Kunst, Wissenschaft oder Volksbildung vorliegt – nur während der Hauptzeit des Gottesdienstes verboten, im übrigen aber zulässig. An den stillen Feiertagen mit Ausnahme des Karfreitags sind sie von 5.00 Uhr bis 18.00 Uhr verboten, es sei denn, es handelt sich um eine Darbietung ernsten Charakters, die dem besonderen Wesen des Feiertags entspricht. Derartige Veranstaltungen unterliegen an den stillen Feiertagen mit Ausnahme des Karfreitags keinen Einschränkungen. Am Karfreitag sind während der Hauptzeit des Gottesdienstes auch Veranstaltungen ernsten Charakters verboten, während der übrigen Zeit aber zulässig.

Diese Auslegung der in § 6 Abs. 1 Nr. 5 NW.FtG getroffenen Regelung ist mit höherrangigem Recht vereinbar.

Art. 139 WRV, der nach Art. 140 GG Bestandteil des Grundgesetzes ist, bestimmt, daß der Sonntag und die staatlich anerkannten Feiertage als Tage der Arbeitsruhe und der seelischen Erhebung gesetzlich geschützt bleiben. Schutzgut des Art. 139 WRV i.V.m. Art. 140 GG ist angesichts dieser Zweckbestimmung die Institution der Sonntage und der staatlich anerkannten Feiertage als Tage der Arbeitsruhe und der seelischen Erhebung, die als ein Grundelement des sozialen Zusammenlebens und der staatlichen Ordnung verfassungsgesetzlich gewährleistet und dem gesetzlichen Schutz überantwortet sind (vgl. BVerwG, Urteil v. 25. 8. 1992 – 1 C 38.90 –, Buchholz 11 Art. 140 GG Nr. 50 S. 51 m.w.N.).

Der Schutz des Sonntags und der Feiertage ist durch den hierzu jeweils berufenen Gesetzgeber im Rahmen seiner Gesetzgebungskompetenz zu bewirken. Der Feiertagsschutz stellt ein verfassungsgesetzlich vorgeschriebenes Regelungselement dar, das der Gesetzgeber im Rahmen der ihm zukommenden Gesetzgebungsmacht mit den anderen für den zu regelnden Lebensbereich bedeutsamen Regelungselementen zum Ausgleich bringen und damit im Gesamtzusammenhang der gesetzlichen Ordnung durch eine eigenständige gesetzgeberische Entscheidung konkretisieren muß. Art, Umfang, Intensität und nähere inhaltliche Ausgestaltung des Feiertagsschutzes sind der spezifischen Regelungsmacht des Gesetzgebers überantwortet und unterliegen seinem gesetzgeberischen Ermessen. Dieses gesetzgeberische Ermessen findet seine Grenzen darin, daß einerseits die durch das Grundgesetz festgelegte besondere Zweckbestimmung der Feiertage hinreichend gewährleistet und dadurch die Feiertage als Institution hinreichend geschützt sein müssen und daß andererseits die zum Schutz der Feiertage getroffenen Regelungen nicht unverhältnismäßig sein dürfen. In diesem Rahmen hat der Gesetzgeber insbesondere darüber zu entscheiden, ob bestimmte Tätigkeiten an Feiertagen verboten oder ob sie beschränkt oder uneingeschränkt zulässig sein sollen (vgl. BVerwG, Urteil v. 15. 3. 1988[2] – 1 C 25.84 –, Buchholz 11 Art. 140 GG Nr. 40 S. 6 f.).

Diesen Anforderungen genügt die hier einschlägige Bestimmung in § 6 Abs. 1 Nr. 5 NW.FtG. Sie stellt einerseits durch die Beschränkung auf Veranstaltungen ernsten Charakters, die dem Wesen des Feiertages entsprechen, die Institution der stillen Feiertage sicher, ist aber andererseits auch nicht unverhältnismäßig.

Die stillen Feiertage sind traditionell durch Gedanken der Trauer, des Totengedenkens und der inneren Einkehr geprägt (vgl. BVerwG, Beschluß v. 20. 4. 1983 – 1 B 53.83 –, Buchholz 11 Art. 140 GG Nr. 31 S. 10; Hoeren/Mattner, Feiertagsgesetze der Bundesländer 1989, § 6 Rdnr. 5).

---

[2] KirchE 26, 39.

Im Hinblick auf diese Zweckrichtung erscheint es nicht unverhältnismäßig, solche Veranstaltungen – ganz oder zeitweise – zu verbieten, die nicht dem ernsten Charakter des jeweiligen stillen Feiertags entsprechen. Den Veranstaltern von öffentlichen Unterhaltungsdarbietungen wird insoweit in verfassungsrechtlich nicht zu beanstandender Weise abverlangt, auf die Gefühle derjenigen Rücksicht zu nehmen, die den Feiertag bestimmungsgemäß verbringen wollen und die sich demgemäß, auch wenn sie an der jeweiligen Veranstaltung nicht selbst teilnehmen, gestört fühlen.

Der Gesetzgeber des Landes Nordrhein-Westfalen hat sich nach Einschaltung der Kirchen und interessierter Verbände (vgl. Begründung des Regierungsentwurfs zum 3. Änderungsgesetz, LT-Drucks. 8/1111 S. 8) entschossen, unterhaltende Veranstaltungen, die keinen ernsthaften, dem Zweck des jeweiligen Feiertages entsprechenden Charakter haben, nur nach Maßgabe der dargestellten Zeitbeschränkungen zuzulassen. Unter Berücksichtigung des weiten gesetzgeberischen Gestaltungsraums sind dagegen keine Einwände zu erheben. Die geltenden Beschränkungsregelungen lassen den Veranstaltern von Unterhaltungsveranstaltungen genügend Freiraum, die Darbietungen außerhalb des stillen Feiertags (Karfreitag) oder nach 18.00 Uhr durchzuführen.

Das hier gefundene Auslegungsergebnis verletzt auch nicht die in Art. 5 Abs. 3 GG verbürgte Kunstfreiheit. Der Senat unterstellt, daß die Veranstaltung des Musicals Starlight Express als schauspielerische und musikalische Darbietung dem Schutzbereich des Grundrechts unterliegt, der nach der Rechtsprechung des BVerfG durch einen weiten Kunstbegriff geprägt ist (vgl. BVerfG, Beschluß v. 24. 2. 1971 – 1 BvR 435/68 –, BVerfGE 30, 173 [188 f.]; Beschluß v. 17. 7. 1984 – 1 BvR 816/82 –, BVerfGE 67, 213 [224 f.]). Da für die Kunstfreiheit kein Gesetzesvorbehalt besteht, unterliegt sie nur den von der Verfassung selbst bestimmten Gesetzen. Den Konflikt zwischen der Kunstfreiheit und dem durch Art. 139 WRV i.V.m. Art. 140 GG gewährleisteten Feiertagsschutz hat der Gesetzgeber nach Maßgabe der verfassungsrechtlichen Bedeutung beider Institutionen zu lösen (vgl. BVerfG, Beschluß v. 24. 2. 1971, aaO, S. 193; Mattner, Sonn- und Feiertagsrecht, 2. Aufl. 1991, § 3 Rdnr. 68).

Das ist durch die hier zu beurteilende Regelung in nicht zu beanstandender Weise geschehen. Die Beschränkung unterhaltender Kunst, die dem ernsten Charakter des jeweiligen Feiertags nicht entspricht, stellt, wie oben im Hinblick auf die Einhaltung des Verhältnismäßigkeitsgrundsatzes bereits dargestellt, eine der Bedeutung sowohl der Kunstfreiheit als auch des Feiertagsschutzes entsprechende Lösung des Konflikts her.

Schließlich liegt auch kein Verstoß gegen den in Art. 3 Abs. 1 GG verankerten Gleichbehandlungsgrundsatz vor. Wie das Verwaltungsgericht bereits mit eingehender Begründung dargelegt hat, kann eine verfassungswidrige Ungleichbehandlung nicht darin gesehen werden, daß gemäß § 6 Abs. 1 Nr. 2

NW.FtG am Volkstrauertag und am Buß- und Bettag Zirkusveranstaltungen, Volksfeste und Freizeitanlagen mit tänzerischen oder artistischen Darbietungen ab 13.00 Uhr zulässig sind, während andere der Unterhaltung dienende Veranstaltungen erst um 18.00 Uhr beginnen dürfen. Diese Differenzierung erscheint unter Berücksichtigung der Entstehungsgeschichte der Norm nicht willkürlich. Insbesondere ist es nicht sachwidrig, nur solche Veranstaltungen zu privilegieren, die typischerweise am Nachmittag von Familien mit Kindern besucht werden ...

Eine verfassungswidrige Ungleichbehandlung vermag der Senat auch nicht darin zu erkennen, daß Spielhallen und ähnliche Unternehmen am Volkstrauertag und am Buß- und Bettag ebenfalls ab 13.00 Uhr geöffnet sein dürfen (§ 6 Abs. 1 Nr. 3 NW.FtG). Zwar scheint insoweit im Hinblick auf andere der Unterhaltung dienende Veranstaltungen i.S.v. § 6 Abs. 1 Nr. 5 NW.FtG ein Wertungswiderspruch zu bestehen, weil derartige Darbietungen erst ab 18.00 Uhr zulässig sind. Bei näherer Betrachtung liegt jedoch auch insoweit eine willkürliche Ungleichbehandlung nicht vor. Die differenzierenden Regelungen beruhen auf folgender Entwicklung: Im Feiertagsgesetz 1961 war der Betrieb von Spielhallen während der stillen Feiertage ausdrücklich untersagt (§ 7 Abs. 2 Buchst. c). In der Änderungsfassung 1976 waren Spielhallen nicht aufgeführt, weil der Gesetzgeber der Auffassung war, daß sie als andere der Unterhaltung dienende öffentliche Veranstaltungen anzusehen waren und damit dem für den Volkstrauertag und den Buß- und Bettag für die Zeit von 5.00 Uhr bis 18.00 Uhr geltenden Verbot unterlagen. Nachdem verschiedene Gerichte die Auffassung vertreten hatten, der Betrieb einer Spielhalle erfülle nicht das Tatbestandsmerkmal einer Veranstaltung im Sinne des Feiertagsgesetzes, nahm der Gesetzgeber den Betrieb von Spielhallen in der Änderungsfassung 1989 in den Katalog der an stillen Feiertagen verbotenen Veranstaltungen wieder auf, um – wie es in der Begründung des Regierungsentwurfs heißt – den vom Landtag 1976 gewollten Rechtszustand wiederherzustellen (vgl. LT-Drucks. 10/3395 S. 7).

Dieses Ziel verfehlte der Gesetzgeber zwar insoweit, als er den Betrieb von Spielhallen nicht den in § 6 Abs. 1 Nrn. 4 und 5 NW.FtG geregelten Fallgruppen zuschlug (Verbot bis 18.00 Uhr), sondern den Spielhallenbetrieb in § 6 Abs. 1 Nr. 3 NW.FtG zusammen mit der gewerblichen Annahme von Wetten – hierfür galt schon vorher eine entsprechende Regelung – nur bis 13.00 Uhr verbot.

Der Gleichheitssatz ist dennoch durch die unterschiedliche Behandlung des Betriebs von Spielhallen und von öffentlichen Unterhaltungsveranstaltungen nicht verletzt. Dahinstehen kann, ob die Klägerin sich auf die Ungleichbehandlung schon deshalb nicht berufen kann, weil die der Vergleichsgruppe zugrunde liegende Regelung – Freigabe des Betriebs von Spielhallen und ähnlichen Unternehmen am Volkstrauertag und am Buß- und Bettag bereits ab 13.00 Uhr –

ihrerseits den verfassungsrechtlichen Anforderungen an den Feiertagsschutz nicht genügt (vgl. BVerfG, Beschluß v. 19. 7. 1972 – 2 BvL 7/71 –, BVerfGE 33, 367 [382]; BVerwG, Beschluß v. 20. 4. 1983 – 1 B 53.83 –, Buchholz 11 Art. 140 GG Nr. 31 S. 10 a. E.).

Jedenfalls lassen sich sachliche Gründe für die gesetzliche Differenzierung finden. Das gilt schon deshalb, weil der Betrieb von Spielhallen einen überschaubaren Kreis von gewerblichen Tätigkeiten betrifft, die in der Regel nach außen nicht mit störenden, die Feiertagsruhe beeinträchtigenden Begleiterscheinungen verbunden sind. Demgegenüber fällt unter dem Begriff „alle anderen der Unterhaltung dienenden öffentlichen Veranstaltungen" eine unübersehbare Gruppe von Darbietungen, die nach Art und Umfang völlig unterschiedlich sein können. Insbesondere werden davon auch Großveranstaltungen erfaßt, die naturgemäß mit einer wesentlich höheren Störung der Feiertagsruhe verbunden sind.

Bei der Aufführung des Musicals Starlight Express handelt es sich nicht um eine Veranstaltung ernsten Charakters, die dem besonderen Wesen der hier betroffenen stillen Feiertage entspricht. Zur Beurteilung des Charakters einer Theater- oder musikalischen Aufführung ist sowohl auf den Gegenstand als auch die äußere Form der Darstellung abzustellen (vgl. Hoeren/Mattner, aaO, § 5 Rdnr. 28).

Es kann dahinstehen, ob der Inhalt des Musicals Starlight Express dem besonderen Wesen der von dem Klageantrag erfaßten Feiertage entspricht. Zwar läßt sich die Botschaft des Stückes durchaus zur inneren Einkehr nutzen. Ein Bezug zu den Feiertagen, die den Toten gewidmet sind, ist jedoch nicht ohne weiteres erkennbar. Dies kann letztlich aber auf sich beruhen. Jedenfalls stehen der Einordnung des Musicals als ernste Veranstaltung, die dem besonderen Wesen der Feiertage entspricht, die äußeren Umstände seiner Darbietung entgegen.

Das folgt allerdings noch nicht ohne weiteres daraus, daß die musikalischen Darbietungen nicht durch klassische Musik, sondern durch moderne Stilrichtungen geprägt sind. Die Unterscheidung zwischen sogenannter ernster Musik und Unterhaltungsmusik ist für die hier zu beantwortende Frage unergiebig (vgl. Hoeren/Mattner, aaO, § 6 Rdnr. 6, m.w.N.; Würkner, GewArch 1987, 321 [327]).

Auch moderne Stilrichtungen können durchaus einen ernsten Charakter aufweisen und dem besonderen Wesen der Feiertage entsprechen.

Das trifft aber auf das Musical Starlight Express nicht zu. Wie der Berichterstatter durch Einnahme des richterlichen Augenscheins festgestellt und den anderen Senatsmitgliedern vermittelt hat, lebt dieses Musical in wesentlichen Teilen von der mit großem Tempo vorgetragenen Art der Darstellung. Das kommt besonders in den auf Rollschuhen dargestellten Eisenbahnrennen zum Ausdruck, die teilweise auf Bahnen durch den Zuschauerraum führen und so das Publikum die Rasanz des Geschehens hautnah miterleben lassen. Bestätigt wird dieser Eindruck durch die grellen Kostüme und Masken sowie entsprechende Lichteffekte. Besonders in den Aktionsszenen kommt eine mit großer Lautstärke gespielte und teilweise durch mitreißende Rock'n'Roll-Rhythmen geprägte Musik hinzu. Zwar enthält das Stück durchaus auch verhaltene Momente, im Kern ist es aber, was die Art der Darstellung anbetrifft, durch ein hohes Maß an Bewegung und Unruhe geprägt. Es ist darauf angelegt, die Zuschauer durch äußerliche Effekte in seinen Bann zu ziehen und mitzureißen, nicht sie zur inneren Einkehr zu bewegen. In Anbetracht der starken auf die Zuschauer einströmenden optischen und akustischen Reize erscheint eine derartige innere Einkehr auch kaum möglich.

69

1. Es kann einen wichtigen Grund zur fristlosen Kündigung eines Chefarztes in einem katholischen Krankenhaus darstellen, wenn dieser mit seinen Behandlungsmethoden (homologe Insemination) gegen tragende Grundsätze des geltenden Kirchenrechts verstößt.
2. Bestehen zwischen dem kirchlichen Krankenhausträger und dem Chefarzt Meinungsverschiedenheiten darüber, welche konkreten Behandlungsmethoden nach den Äußerungen des Lehramts der Kirche zulässig sind und hat der Krankenhausträger dem Chefarzt angekündigt, er werde die umstrittene Frage durch Rücksprache mit den kirchenamtlich zuständigen Stellen klären, so kann auch unter Berücksichtigung des Selbstbestimmungsrechts der Kirche im Einzelfall vor Ausspruch einer Kündigung dann eine Abmahnung erforderlich sein, wenn der Chefarzt eine bestimmte Behandlungsmethode bereits vor der endgültigen Klärung ihrer kirchenrechtlichen Zulässigkeit anwendet.

§§ 626 BGB, 1 KSchG
BAG, Urteil vom 7. Oktober 1993 – 2 AZR 226/93[1] –

Die Parteien streiten über die Rechtswirksamkeit einer vom Beklagten mit Schreiben vom 11. 12. 1991 ausgesprochenen außerordentlichen Kündigung.

Der Beklagte ist eine katholische Ordensgemeinschaft und Träger des X.-Krankenhauses in T. Der Kläger leitet seit 1. Juli 1982 als Chefarzt die gynäkologisch-geburtshilfliche Abteilung des Krankenhauses. Grundlage des Ver-

---

[1] Amtl. Leitsätze. BAGE 74, 325; NJW 1994, 3032; MDR 1994, 1018; AP § 626 BGB Nr. 114; EzA § 611, kirchl. Arbeitnehmer Nr. 40; NZA 1994, 443. Nur LS: BB 1993, 2162; RdA 1994, 190; KuR 1995, H. 1, 60.

tragsverhältnisses ist der im Jahre 1982 mit der Rechtsvorgängerin des Beklagten abgeschlossene Anstellungsvertrag, der auszugsweise wie folgt lautet:

Vorbemerkung
Grundlage des Vertrages
Das Krankenhaus in T. ist ein katholisches Krankenhaus. Jede Tätigkeit in dem Krankenhaus ist daher von dem Leitgedanken der Caritas bestimmt. Alle in der Dienstgemeinschaft Tätigen erfüllen gemeinsam das dieser aufgetragene kirchliche Werk im Dienste der christlichen Nächstenliebe.
Von dieser Grundlage ausgehend wird folgendes vereinbart:
...

§ 2
Dienstliche Stellung
(1) Der Chefarzt ist für die jederzeitige ordnungsgemäße Erfüllung der Aufgaben der von ihm geleiteten gynäkologisch-geburtshilflichen Abteilung verantwortlich. Dabei ist er in seiner ärztlichen Verantwortung bei Diagnostik und Therapie unabhängig und nur dem Gesetz – auch dem kirchlichen – unterworfen.
...
(2) ...
(3) Bei Meinungsverschiedenheiten zwischen dem Chefarzt und anderen leitenden Abteilungsärzten entscheidet in ärztlichen Fragen der ärztliche Direktor des Krankenhauses, ansonsten der Dienstvorgesetzte ... Bei Meinungsverschiedenheiten des Chefarztes in nicht ärztlichen Fragen, insbesondere mit der Schwester Oberin, dem Verwaltungsleiter, einer Stationsschwester oder einem sonst Beteiligten, entscheidet in jedem Fall nach Anhörung der Betroffenen der Dienstvorgesetzte. Soweit im Vertrag nichts anderes vereinbart ist, gelten die Bestimmungen der Arbeitsvertragsrichtlinien des Deutschen Caritasverbandes.
...

§ 6
Nebentätigkeit
(1) Herrn Dr. K. wird die Genehmigung erteilt, soweit seine dienstlichen Verpflichtungen aus §§ 2 und 3 es zulassen und der allgemeine Arbeitsablauf im Krankenhaus nicht beeinträchtigt wird, in seinem Fachgebiet folgende Nebentätigkeiten auszuüben:
a) ambulante Beratung und Behandlung;

§ 12
Vertragsdauer
...
(4) Das Recht der Vertragsschließenden zur fristlosen Kündigung nach § 626 BGB bleibt unberührt. Die Vertragschließenden sind darüber einig, daß als wichtiger Grund im Sinne des § 626 BGB insbesondere auch Tatbestände in der Person oder im Verhalten des Chefarztes anzusehen sind, die angesichts des katholischen Charakters des Krankenhauses von besonderem Gewicht sind und eine weitere Tätigkeit des Chefarztes für den Krankenhausträger unzumutbar machen. Dazu gehört auch – ohne Rücksicht auf gesetzliche Regelungen – jede auf einen Schwangerschaftsabbruch oder auf eine Sterbehilfe gerichtete ärztliche Tätigkeit, die nicht im Einklang mit den Vorschriften der katholischen Kirche steht. Ob ein solcher Tatbestand vorliegt, entscheidet der Diözesanbischof als Schiedsgutachter ausschließlich und endgültig.

Der Kläger wandte sich erstmals 1989 an den Beklagten, um zu klären, ob und ggf. nach welchen Methoden er im Krankenhaus homologe Inseminationen durchführen könne. Er wollte u.a. Vaginalsekret mit Spermien absaugen und nach Reinigung in die Gebärmutterhöhle einführen. Auf eine entsprechende Anfrage teilte ihm die Generaloberin des Ordens mit Schreiben vom 30. 1. 1989 mit, eine In-vitro-Fertilisation dürfe im Krankenhaus nicht durchgeführt werden, die Unzulässigkeit solcher Maßnahmen ergebe sich aus der „Instruktion der Kongregation für die Glaubenslehre über die Achtung vor dem beginnenden menschlichen Leben und die Würde der Fortpflanzung" vom 10. 3. 1987, an deren Inhalt sich der Orden gebunden fühle. Diese Verlautbarung des Apostolischen Stuhls war dem Schreiben beigefügt. Es heißt darin u. a. sinngemäß, Verfahren der künstlichen homologen Besamung seien moralisch unerlaubt, falls sich der technische Eingriff an die Stelle des ehelichen Akts setze. Der medizinische Eingriff achte aber die Würde der Person dann, wenn er darauf abziele, den ehelichen Akt zu unterstützen, indem er seinen Vollzug erleichtere oder ihm sein Ziel zu erreichen helfe, sobald er in normaler Weise vollzogen worden sei. Die Wissenschaftler müßten ermutigt werden, mit ihren Forschungen fortzufahren, um den Ursachen der Sterilität vorzubeugen und ihnen abhelfen zu können, so daß die unfruchtbaren Ehepaare in Achtung ihrer personalen Würde und der des Ungeborenen zur Fortpflanzung gelangen könnten.

In mehreren Gesprächen mit der Oberin Schwester C. versuchte der Kläger in der Folgezeit abzuklären, wie die Ausnahmevorschrift in der Instruktion vom 10. 3. 1987 zu verstehen sei und welche Verfahren der homologen Insemination danach zulässig seien. Schwester C. erklärte dem Kläger mehrfach, eine wie auch immer geartete künstliche Befruchtung könne in dem Krankenhaus nicht erfolgen. Auch die vom Kläger angeregte Befragung von Moraltheologen wurde abgelehnt. In einem letzten Gespräch am 12. 2. 1990 wurde dem Kläger versprochen, nochmals mit den „Obern" Rücksprache zu nehmen zur Abklärung bzw. Beantwortung der Frage, welche technischen Mittel gemeint sein könnten, wenn in den „Verlautbarungen des Apostolischen Stuhls" vom 10. 3. 1987 medizinische Eingriffe, die den ehelichen Akt nur unterstützen, als erlaubt angesehen werden.

Obwohl der Kläger auf eine entsprechende Nachfrage erklärt hatte, er habe keine Verfahren der homologen Insemination angewandt, hat er tatsächlich fünf Ambulanzpatientinnen mit Kinderwunsch behandelt, wobei der genaue Zeitpunkt zwischen den Parteien streitig ist. Der Kläger hat bei den Patientinnen Vaginalsekret mit Spermien aus der Scheide entnommen und später wieder in den Gebärmutterhalskanal bzw. die Gebärmutterhöhle zurückgeführt. Die Parteien streiten darüber, ob der Kläger dabei lediglich Diagnostik betrieben oder ob er im medizinischen Sinne eine homologe Insemination durchgeführt hat, die gegen geltendes Kirchenrecht verstößt.

Nachdem der Beklagte hiervon erfahren hatte, hat er dem Kläger mit Schreiben vom 11. 12. 1991 außerordentlich mit einer Auslauffrist bis zum 31. 12. 1991 gekündigt. Diese Kündigung ist Gegenstand des vorliegenden Verfahrens. Bereits mit Schreiben vom 29. 11. 1991 hatte der Beklagte das Arbeitsverhältnis des Klägers wegen angeblicher Behandlungsfehler zum 30. Juni 1992 gekündigt. Das wegen dieser ordentlichen Kündigung anhängige Kündigungsschutzverfahren (– 1 Ca 1266/91 – Arbeitsgericht Lingen/Ems) ist noch nicht erledigt.

Mit seiner hier vorliegenden Klage macht der Kläger die Unwirksamkeit der Kündigung vom 11. 12. 1991 geltend. Er hat hierzu vorgetragen, die bei den fünf Patientinnen vollzogenen medizinischen Eingriffe seien lediglich als Maßnahmen der Diagnostik anzusehen. Selbst wenn man davon ausgehe, er habe die Patientinnen gezielt wegen ihres Kinderwunsches behandelt, sei das angewandte Verfahren medizinisch nicht als homologe Insemination anzusehen. Jedenfalls liege kein Verstoß gegen das geltende Kirchenrecht vor, allenfalls habe er im Sinne der „Verlautbarungen des Apostolischen Stuhls" vom 10. 3. 1987 künstliche Hilfsmittel angewandt, die einzig dazu gedient hätten, den ehelichen Akt zu erleichtern oder ihm zu helfen, seine natürlichen Ziele zu erreichen.

In verschiedenen Gesprächen habe er versucht, unter Einbeziehung von Moraltheologen eine Klärung des Problems herbeizuführen. Dies sei vom Beklagten abgelehnt worden. Eine Weisung des Beklagten, er solle unabhängig von der kirchenrechtlichen Zulässigkeit jegliche Form der künstlichen Insemination unterlassen, sei nach § 2 Nr. 1 Abs. 1 des Anstellungsvertrages unwirksam. Eine Vereinbarung über die Unterlassung derartiger Maßnahmen sei nicht getroffen worden. Er habe auch nicht gegen seine Dokumentationspflicht verstoßen, da es sich ausschließlich um Ambulanzpatientinnen gehandelt habe. Er habe im Ambulanzbereich auch ordnungsgemäß abgerechnet.

Die Kündigung sei auch deshalb unwirksam, weil der Beklagte entgegen § 12 Abs. 4 des Arbeitsvertrages die Entscheidung des Diözesanbischofs zu der Frage, ob die durchgeführten Maßnahmen gegen die katholische Lehre verstoßen oder nicht, nicht eingeholt habe. Auch die Mitarbeitervertretung sei an der Kündigung nicht ordnungsgemäß beteiligt worden.

Der Kläger hat beantragt festzustellen, daß sein Anstellungsverhältnis mit dem Beklagten durch die Kündigung vom 11. 12. 1991 nicht beendet worden ist.

Der Beklagte hat zur Begründung seines Klageabweisungsantrags ausgeführt, aufgrund entsprechender medizinischer Stellungnahmen sei davon auszugehen, daß der Kläger homologe Inseminationen durchgeführt habe. Das vom Kläger angewandte Verfahren verstoße auch gegen das geltende Kirchenrecht. Zwar werde vom Lehramt der katholischen Kirche nicht jeder Gebrauch künstlicher Mittel zur Behandlung der Sterilität verworfen. Die Frage, welche

Mittel erlaubt seien, befinde sich in der kirchlichen Diskussion, dazu würden verschiedene Auffassungen vertreten. Nach einer während des Verfahrens eingeholten Stellungnahme der Kongregation für die Glaubenslehre vom 26. 2. 1993 sei jedoch die künstliche homologe Insemination von der katholischen Kirche nicht erlaubt.

Jedenfalls sei dem Kläger ausdrücklich jede Form der künstlichen Insemination untersagt worden. Diese Weisung sei auch wirksam, da es sich um ein katholisches Krankenhaus handele und mit der Tätigkeit im Krankenhaus das aufgetragene kirchliche Werk der christlichen Nächstenliebe erfüllt werde. Es sei darüber hinaus anzunehmen, daß aufgrund der verschiedenen Gespräche eine Vereinbarung zustande gekommen sei, keine homologen Inseminationen durchzuführen. Schließlich habe der Kläger auch die vorgenommenen Behandlungen nicht ordnungsgemäß dokumentiert und damit den ihr zustehenden Honoraranteil verkürzt. Soweit in dem Anstellungsvertrag geregelt sei, der Diözesanbischof müsse vor der Kündigung als Schiedsgutachter tätig werden, verstoße diese Regelung als unzulässige Einschränkung gegen § 626 BGB und sei deshalb unwirksam.

Das Arbeitsgericht hat der Kündigungsschutzklage stattgegeben. Das Landesarbeitsgericht[2] hat nach Vernehmung des Oberarztes über den Hergang der Behandlungen die Berufung des Beklagten zurückgewiesen.

Seine Revision blieb ebenfalls erfolglos.

Aus den Gründen:

Die Revision des Beklagten ist unbegründet. Im Ergebnis zu Recht haben die Vorinstanzen festgestellt, daß die Kündigung des Beklagten vom 11. 12. 1991 das Arbeitsverhältnis der Parteien nicht aufgelöst hat.

A. Das Landesarbeitsgericht hat seine Entscheidung im wesentlichen wie folgt begründet:

Die Kündigung sei weder als verhaltensbedingte ordentliche Kündigung gemäß § 1 Abs. 2 KSchG sozial gerechtfertigt, noch als außerordentliche Kündigung nach § 626 Abs. 1 BGB wirksam. Es sei davon auszugehen, daß der Kläger homologe Inseminationen durchgeführt habe mit der Zielsetzung, eine Befruchtung herbeizuführen. Daß der Kläger nur Diagnostik betrieben habe, sei durch das Ergebnis der Beweisaufnahme widerlegt. Der Kläger habe Ejakulat aus der Scheide der Patientinnen entnommen und entweder im Gebärmutterhalskanal oder in der Gebärmutterhöhle plaziert. Dies sei eine Form der künstlichen Insemination. Medizinische Tests habe der Kläger nicht in allen Fällen durchgeführt.

---

[2] LAG Niedersachsen, Urteil vom 18. 2. 1993, AkKR 162 (1993), 277.

Dem Kläger könne nicht vorgeworfen werden, mit diesen Behandlungen gegen Kirchenrecht oder gegen vom Lehramt der katholischen Kirche anerkannte Maßstäbe für ärztliches Handeln verstoßen zu haben. Wann ein unzulässiger künstlicher Eingriff in den ehelichen Akt vorliege, sei in der katholischen Kirche in der Diskussion. Bischof Lehmann und Prof. Böckle sähen z. B. Methoden der homologen künstlichen Befruchtung, die nicht extrakorporal stattfänden, als zulässig an. Der Kläger habe mit den durchgeführten Inseminationen also nicht gegen Kirchenrecht oder gegen vom Lehramt der katholischen Kirche anerkannte Maßstäbe verstoßen. Eher sei anzunehmen, daß die Behandlungen mit den „Verlautbarungen des Apostolischen Stuhls" übereinstimmten und als Hilfe einzustufen seien, die dem normal vollzogenen Akt zu seinem Ziel verhelfen solle. Es komme deshalb nicht darauf an, ob gemäß § 12 Abs. 4 des Anstellungsvertrages der Diözesanbischof als Schiedsgutachter in der Sache habe entscheiden müssen.

Von einer Vereinbarung der Parteien, keine künstlichen Inseminationen durchzuführen, könne nicht ausgegangen werden. Der Kläger habe stets seinen Wunsch vorgetragen, derartige Behandlungen durchzuführen und es sei nicht ersichtlich, daß er gegenteilige Erklärungen des Beklagten akzeptiert habe.

Die einseitige Weisung des Beklagten, der Kläger dürfe homologe Inseminationen nicht vornehmen, sei nicht wirksam und ein Verstoß des Klägers gegen diese Weisung sei keine kündigungsrelevante Vertragspflichtverletzung. Der Beklagte habe durch Einzelweisungen die Loyalitätsobliegenheiten des Klägers nicht erweitern können. Im Rahmen der Ambulanz sei der Kläger freiberuflich tätig und nicht weisungsgebunden. Im Ambulanzbereich träfen ihn nur wie jeden Arbeitnehmer im kirchlichen Dienst die allgemeinen Loyalitätsobliegenheiten aufgrund des geltenden Kirchenrechts, gegen die der Kläger aber nicht verstoßen habe.

Auch das heimliche Vorgehen des Klägers rechtfertige keine Kündigung. Nach den „Verlautbarungen des Apostolischen Stuhls" habe der Kläger die Auffassung vertreten dürfen, die von ihm durchgeführten Behandlungen verstießen nicht gegen die von der Kirche festgesetzten Maßstäbe. Er habe die Methode gewählt, die im minimalsten Umfang in den natürlichen Befruchtungsvorgang eingreife.

Auch auf eine Verletzung der Dokumentationspflicht oder eine Verkürzung des dem Beklagten zustehenden Honoraranteils könne die Kündigung nicht gestützt werden. Eine Dokumentationspflicht obliege dem Kläger nach dem Anstellungsvertrag nur im stationären Bereich. Daß der Kläger nicht sämtliche erbrachten Leistungen abgerechnet habe, dafür seien keine Anhaltspunkte vorgetragen.

B. Dem angefochtenen Urteil ist im Ergebnis, nicht jedoch in allen Teilen der Begründung zu folgen.

I. Es kann dahinstehen, ob die von der Beklagten ausgesprochene außerordentliche und die hilfsweise ausgesprochene ordentliche Kündigung bereits wegen Verstoßes gegen § 30 Abs. 5, § 31 Abs. 3 MAVO unwirksam sind.
1. Die Arbeitsgerichte sind gemäß § 2 Abs. 1 Nr. 3 ArbGG für bürgerliche Rechtsstreitigkeiten zwischen Arbeitgebern und Arbeitnehmern aus dem Arbeitsverhältnis zuständig. Soweit sich die Kirchen der Privatautonomie zur Begründung von Arbeitsverhältnissen bedienen, findet das staatliche Arbeitsrecht Anwendung. Macht dabei ein kirchlicher Arbeitnehmer geltend, eine Kündigung des kirchlichen Arbeitgebers sei unwirksam, weil er die kirchliche Mitarbeitervertretung nicht ordnungsgemäß beteiligt habe, so hat das Arbeitsgericht auch dies zu überprüfen (Senatsurteil vom 10. 12. 1992[3] – 2 AZR 271/92 – EzA § 611 BGB Kirchliche Arbeitnehmer Nr. 38).
2. Nach § 30 Abs. 1 der für die Diözese anwendbaren Mitarbeitervertretungsordnung (MAVO) sind der Mitarbeitervertretung vor jeder ordentlichen Kündigung nach Ablauf der Probezeit durch den Dienstgeber schriftlich die Absicht der Kündigung und die Gründe hierfür mitzuteilen. Eine entsprechende Pflicht enthält § 31 Abs. 1 MAVO für die außerordentliche Kündigung. Danach ist der Mitarbeitervertretung vor einer außerordentlichen Kündigung die Absicht der Kündigung mitzuteilen. Eine ohne Einhaltung des Verfahrens ausgesprochene Kündigung ist unwirksam (§ 30 Abs. 5, § 31 Abs. 3 MAVO).
3. Die Parteien haben auch in erster Instanz unstreitig gestellt, daß die einschlägige MAVO für den Beklagten und damit das Arbeitsverhältnis gilt. Das Anhörungsverfahren vor Ausspruch der Kündigung hat der Beklagte nicht eingeleitet, weil er davon ausging, der Kläger unterliege als leitender Mitarbeiter nicht der MAVO.
4. Nach § 3 Abs. 2 MAVO sind jedoch Mitarbeiter in leitender Stellung nur dann vom Geltungsbereich der MAVO ausgenommen, wenn eine ausdrückliche Ausgrenzungsentscheidung des kirchlichen Arbeitgebers vorliegt, für die § 3 Abs. 2 MAVO besondere Verfahrensvorschriften aufstellt (vgl. zu den Einzelheiten Senatsurteil vom 10. 12. 1992 – 2 AZR 271/92 –, aaO). Obwohl der Kläger ausdrücklich die fehlende Anhörung der Mitarbeitervertretung gerügt hatte, hat die Beklagte in der mündlichen Verhandlung vor dem Arbeitsgericht nur erklärt, die leitenden Ärzte seien als leitende Mitarbeiter „bezeichnet" worden. Ob eine den Verfahrensvorschriften des § 3 Abs. 2 MAVO entsprechende Ausgrenzungsentscheidung bezüglich des Klägers vorliegt, haben die Vorinstanzen nicht festgestellt, und die Frage ist auch in der Revisionsverhandlung streitig geblieben. Eine Zurückverweisung zur weiteren Aufklärung, ob die Kündigung bereits wegen fehlender Anhörung der Mitarbeitervertretung formell unwirksam ist, kann aber unterbleiben, da die Kündigung weder nach

---

[3] KirchE 30, 413.

§ 626 BGB als fristlose noch nach § 1 Abs. 2 KSchG als fristgerechte Kündigung rechtswirksam ist.

II. Zutreffend geht das Berufungsgericht davon aus, daß es einen wichtigen Grund zur fristlosen Kündigung darstellen kann, wenn der Chefarzt eines katholischen Krankenhauses bei seiner ärztlichen Tätigkeit mit seinen Behandlungsmethoden gegen tragende Grundsätze des Kirchenrechts verstößt. Das gilt entgegen der Auffassung des Berufungsgerichts auch dann, wenn es sich um Verstöße im Bereich der privat betriebenen Ambulanz in den Räumen und mit den Einrichtungen des Krankenhauses handelt.

1.a) Nach der ständigen Rechtsprechung des Bundesarbeitsgerichts (vgl. BAGE 30, 247 [256][4] = AP Nr. 2 zu Art. 140 GG, zu B I 3 der Gründe; BAGE 34, 195 [204][5] - AP Nr. 7 zu Art. 140 GG, zu B II 2 a der Gründe; Urteil vom 21. 10. 1982[6] - 2 AZR 591/80 - AP Nr. 14 zu Art. 140 GG, zu B II 2 a der Gründe; Urteil vom 15. 1. 1986[7] - 7 AZR 545/85 -; zuletzt Urteile vom 18. 11. 1986 - 7 AZR 274/85 - AP Nr. 35 zu Art. 140 GG, zu II 1 der Gründe und vom 25. 5. 1988 - 7 AZR 506/87 - AP Nr. 36 zu Art. 140 GG, zu I 2 b der Gründe) können die Kirchen kraft ihres Selbstbestimmungsrechts in ihren karitativen und erzieherischen Einrichtungen die von ihrer Sendung her gebotenen Voraussetzungen für die Loyalitätsobliegenheiten der im kirchlichen Dienst tätigen, an der Verkündigung teilhabenden Arbeitnehmer festlegen. Bei der Arbeit im Dienste kirchlicher Einrichtungen, jedenfalls soweit sie das kirchliche Selbstverständnis verwirklichen, stehen zwei Aspekte nebeneinander: Das Vertrauensmoment zwischen den Parteien des Arbeitsverhältnisses und das Ansehen sowie die Glaubwürdigkeit der kirchlichen Einrichtung allgemein und gegenüber denen, die sie in Anspruch nehmen. Der Träger einer kirchlichen Einrichtung kann darauf bestehen, daß die für ihn handelnden Personen jene Grundsätze, die sie darstellen sollen, selbst beachten. Der Arbeitnehmer, der durch seine vertragliche Arbeitsleistung Funktionen der Kirche wahrnimmt und an der Erfüllung ihres Auftrages mitwirkt, macht sich für die Wahrnehmung der von ihm arbeitsvertraglich übernommenen Aufgaben ungeeignet, wenn er seine Lebensführung nicht so einrichtet, daß sie den grundlegenden Gesetzen der Kirche entspricht.

b) Danach trifft den Kläger als Chefarzt der Gynäkologie in einem katholischen Krankenhaus auch im Ambulanzbereich bei den von ihm durchgeführten Behandlungen in Form von künstlichen Inseminationen die Verpflichtung, das Kirchenrecht und die vom Lehramt der katholischen Kirche anerkannten Maßstäbe für ärztliches Handeln zu beachten. Dies ergibt sich schon aus dem Anstellungsvertrag der Parteien, wonach jede Tätigkeit in dem Krankenhaus

---

[4] KirchE 16, 367.
[5] KirchE 18, 296.
[6] KirchE 20, 160.
[7] KirchE 24, 7.

des Beklagten von dem Leitgedanken der Caritas bestimmt ist und alle in der Dienstgemeinschaft Tätigen gemeinsam das dieser aufgetragene kirchliche Werk im Dienste der christlichen Nächstenliebe erfüllen. Auch § 2 Abs. 1 Satz 2 des Anstellungsvertrages sieht vor, daß der Kläger in seiner ärztlichen Verantwortung bei Diagnostik und Therapie unabhängig und nur dem Gesetz – auch dem kirchlichen – unterworfen ist.

c) Dabei obliegt es allein der katholischen Kirche, aufgrund ihres kirchlichen Selbstbestimmungsrechtes gemäß Art. 140 GG i.V.m. Art. 137 Abs. 3 WRV festzulegen, was im einzelnen Inhalt der katholischen Glaubenslehre ist. Es ist jedenfalls nicht Aufgabe der staatlichen Gerichte, etwa unter Zuhilfenahme der Äußerungen einzelner Kirchenmitglieder oder Theologen den Inhalt der katholischen Glaubenslehre selbständig festzulegen. Das Bundesverfassungsgericht hat in seinem Beschluß vom 4. 6. 1985[8] (BVerfGE 70, 138 = AP Nr. 24 zu Art. 140 GG) u. a. ausgeführt, die Kirchen könnten der Gestaltung des kirchlichen Dienstes auch dann, wenn sie ihn auf der Grundlage von Arbeitsverträgen regelten, das besondere Leitbild einer christlichen Dienstgemeinschaft aller ihrer Mitarbeiter zugrunde legen. Dazu gehöre auch die Befugnis der Kirche, den ihr angehörenden Arbeitnehmern die Beachtung jedenfalls der tragenden Grundsätze der kirchlichen Glaubens- und Sittenlehre aufzuerlegen und deren Beachtung zu verlangen. Es bleibe den verfaßten Kirchen überlassen, verbindlich zu bestimmen, was „Die Glaubwürdigkeit der Kirche und ihrer Verkündigung erfordere", was „spezifisch kirchliche Aufgaben" seien und was „Nähe" zu ihnen bedeute, welches die „wesentlichen Grundsätze der Glaubens- und Sittenlehre" seien und was als – ggf. schwerer – Verstoß gegen diese anzusehen sei. Auch die Entscheidung darüber, ob und wie innerhalb der im kirchlichen Dienst tätigen Mitarbeiter eine „Abstufung" der Loyalitätspflichten eingreife, sei grundsätzlich eine dem kirchlichen Selbstbestimmungsrecht unterliegende Angelegenheit. Soweit diese kirchlichen Vorgaben den anerkannten Maßstäben der verfaßten Kirche Rechnung trügen, seien die Arbeitsgerichte an sie gebunden, es sei denn, die Gerichte begäben sich dadurch in einen Widerspruch zu Grundprinzipien der Rechtsordnung, wie sie im allgemeinen Willkürverbot sowie in dem Begriff der guten Sitten und des ordre public ihren Niederschlag gefunden hätten. In diesem Bereich bleibe es daher Aufgabe der staatlichen Gerichtsbarkeit sicherzustellen, daß die kirchlichen Einrichtungen nicht in Einzelfällen unannehmbare Anforderungen – insoweit möglicherweise entgegen den Grundsätzen der eigenen Kirche und der daraus folgenden Fürsorgepflicht – an die Loyalität ihrer Arbeitnehmer stellten. Im übrigen obliege den Arbeitsgerichten, den Sachverhalt festzustellen und unter die kirchlicherseits vorgegebenen, arbeitsrechtlich ab-

---

[8] KirchE 23, 105.

gesicherten Loyalitätsobliegenheiten zu subsumieren. Kämen sie hierbei zur Annahme einer Verletzung solcher Loyalitätsobliegenheiten, sei die weitere Frage, ob diese Verletzung eine Kündigung des kirchlichen Arbeitsverhältnisses sachlich rechtfertige, nach den kündigungsschutzrechtlichen Vorschriften der §§ 1 KSchG, 626 BGB zu beantworten. Diese unterlägen als für alle geltendes Gesetz im Sinne des Art. 137 Abs. 3 Satz 1 WRV umfassender arbeitsgerichtlicher Anwendungskompetenz.

d) Nach diesen Grundsätzen überschreitet, wie die Revision zu Recht rügt, das Berufungsgericht seine Kompetenz, wenn es u. a. unter Hinweis auf eine einzelne Professorenmeinung selbst feststellt, die vom Kläger gewählte Behandlungsmethode verstoße nicht gegen anerkannte Grundsätze des Kirchenrechts und wenn es die Kündigung deshalb schon an dem Fehlen einer Pflichtverletzung scheitern läßt.

aa) Über die Zulässigkeit der künstlichen Befruchtung in der Ehe gibt es mehrere Stellungnahmen des Lehramts der katholischen Kirche. Am ausführlichsten wird dieser Fragenkreis behandelt in den „Verlautbarungen des Apostolischen Stuhls" Nr. 74 vom 10. 3. 1987 „Instruktion der Kongregation für die Glaubenslehre über die Achtung vor dem beginnenden menschlichen Leben und die Würde der Fortpflanzung" (vgl. zu früheren Stellungnahmen eingehend Bettina Merz, Die medizinische, ethische und juristische Problematik artifizieller menschlicher Fortpflanzung, S. 79 ff.). Die Instruktion vom 10. 3. 1987 geht von der unlösbaren Verknüpfung von liebender Vereinigung und Fortpflanzung im ehelichen Akt aus und gelangt zu folgenden Urteilen über die verschiedenen Methoden der künstlichen Befruchtung:

– Die heterologe künstliche Befruchtung (= Befruchtung mit dem Sperma eines anderen (anonymen) Mannes sowie die Befruchtung einer unverheirateten Frau) ist moralisch nicht gerechtfertigt, wobei sich dies sowohl auf die heterologe Insemination wie auf die heterologe In-vitro-Fertilisation (= Vereinigung der Eizelle einer Spenderin mit dem Sperma des Ehemannes einer sterilen Frau außerhalb des Körpers) bezieht. Sie widerspricht der Einheit der Ehe und der Würde der Eheleute (Bettina Merz, aaO, S. 87).

– Die homologe In-vitro-Fertilisation (= Vereinigung der Eizelle der Ehefrau mit dem Sperma des Ehemannes außerhalb des Körpers) ist ebenfalls in sich unerlaubt und steht in Widerspruch zur Würde der Fortpflanzung und der ehelichen Vereinigung.

– Auch die homologe künstliche Besamung (= Befruchtung mit dem Sperma des Ehemannes) innerhalb der Ehe kann nicht zugelassen werden, mit Ausnahme des Falls, in dem das technische Mittel nicht den ehelichen Akt ersetzen, sondern ihn erleichtern und ihm helfen würde, sein natürliches Ziel zu erreichen.

Zu letzterem führt die Instruktion auszugsweise weiter aus:

„... Deshalb verwirft das moralische Gewissen jedoch nicht notwendigerweise die Anwendung gewisser künstlicher Hilfsmittel, die einzig dazu dienen, den natürlichen Akt zu erleichtern oder dem normal vollzogenen Akt zu seinem Ziel zu verhelfen. Wenn das technische Mittel den ehelichen Akt erleichtert oder ihm hilft, seine natürlichen Ziele zu erreichen, kann es moralisch bejaht werden. Falls sich hingegen der technische Eingriff an die Stelle des ehelichen Aktes setzen sollte, ist er moralisch unerlaubt. Die den ehelichen Akt ersetzende künstliche Besamung ist wegen der freiwillig bewirkten Trennung zwischen den Bedeutungen des ehelichen Aktes verboten. Die Masturbation, mit deren Hilfe normalerweise der Samen gewonnen wird, ist ein weiteres Zeichen für diese Trennung; auch wenn sie im Hinblick auf die Fortpflanzung geschieht, bleibt diese Handlung ihrer Bedeutung auf die Vereinigung hin beraubt. ... Der medizinische Eingriff achtet die Würde der Person dann, wenn er darauf abzielt, den ehelichen Akt zu unterstützen, indem er seinen Vollzug erleichtert oder ihm sein Ziel zu erreichen hilft, sobald er in normaler Weise vollzogen worden ist" (vgl. die „Verlautbarungen des Apostolischen Stuhls" Nr. 74 vom 10. 3. 1987, S. 28/29, aaO).

bb) Zwar bezeichnet auch diese ausführliche Stellungnahme des kirchlichen Lehramts nicht die Behandlungsmethoden, die ausnahmsweise kirchenrechtlich zulässig sind, und der Beklagte selbst trägt vor, die Frage, welche Mittel erlaubt seien, befinde sich in der kirchlichen Diskussion. Auch verweist der Kläger auf die Stellungnahme eines Bischofs, der immerhin ein hohes Kirchenamt bekleidet und der offenbar ähnliche wie die vom Kläger praktizierten Behandlungsmethoden für kirchenrechtlich zulässig hält. Trotzdem handelte das Berufungsgericht rechtsfehlerhaft, wenn es in eigener Kompetenz die kirchenrechtliche Zulässigkeit der vom Kläger gewählten Methode geprüft und unter Hinweis auf einzelne Stimmen aus der kirchlichen Diskussion einen Pflichtverstoß des Klägers verneint hat. Die Bewertung der kirchenrechtlichen Zulässigkeit einzelner Methoden der künstlichen Befruchtung obliegt allein dem Lehramt der katholischen Kirche. Wenn das Berufungsgericht angesichts der innerkirchlichen Diskussion Zweifel über den genauen Inhalt der katholischen Glaubenslehre in diesem Punkt hatte, dann hätte es die Frage weiter aufklären müssen und ggf. unter genauer Schilderung der vom Kläger angewandten Behandlungsmethode bei der zuständigen kirchlichen Stelle, im Zweifel also der Kongregation für die Glaubenslehre, anfragen müssen, wie das Lehramt der katholischen Kirche diese Frage konkret bewertet. Eine solche Verfahrensweise gebietet das verfassungsrechtlich garantierte Selbstbestimmungsrecht der Kirchen.

2. Das angefochtene Urteil beruht jedoch nicht auf dieser Unterlassung, weil es sich aus einem anderen Grund als richtig darstellt (§ 563 ZPO). Die dem Kläger vorgeworfenen Behandlungen der fünf Patientinnen waren deshalb nicht geeignet, dem Beklagten einen Grund zur fristlosen Kündigung zu

geben, weil es an einer im Hinblick auf die besonderen Umstände des Falles erforderlichen vorherigen Abmahnung des Klägers fehlt.

a) Es kann zugunsten des Beklagten unterstellt werden, daß die vom Kläger gewählte Behandlungsmethode eine künstliche Insemination im medizinischen Sinne darstellt. Nach den Feststellungen des Berufungsgerichts, gegen die der Kläger keine formellen Rügen erhoben hat, steht fest, daß die Behauptung des Klägers, er habe bei den fünf Patientinnen lediglich Diagnostik betrieben, eine Schutzbehauptung ist und der Kläger die Patientinnen tatsächlich gezielt auf ihren Kinderwunsch hin behandelt hat. Ob es eine künstliche Insemination im medizinischen Sinne darstellt, wenn nach dem ehelichen Akt Scheidensekret entnommen und ohne Reinigung und Aufbereitung in die Gebärmutter eingeführt wird, ist zwischen den Parteien umstritten. Gegenüber den vom Beklagten vorgelegten ärztlichen Stellungnahmen, die eine künstliche Insemination bejahen, verweist der Kläger auf medizinische Fachliteratur, die diese Behandlungsmethode noch nicht als künstliche Insemination ansieht. Da feststeht, welche Behandlungsmethode der Kläger angewandt hat und die unterschiedliche medizinische Beurteilung sich im wesentlichen darauf bezieht, wie die Spermien gewonnen werden, handelt es sich hier mehr um einen Streit um die richtige medizinische Terminologie, der für die rechtliche Beurteilung des Falles unerheblich ist.

b) Ebenso kann zugunsten des Beklagten unterstellt werden, daß der Kläger objektiv gegen Kirchenrecht verstoßen hat, indem er die Behandlungen an den fünf Patientinnen vornahm. Zwar ist im vorliegenden Verfahren bis zuletzt nicht ganz klar geworden, ob die vom Kläger gewählte Behandlungsmethode eher unter das grundsätzliche Verbot der künstlichen Befruchtung oder unter die vom Lehramt der katholischen Kirche dargestellte Ausnahme fällt. Die „Verlautbarung des Apostolischen Stuhls" vom 10. 3. 1987 nimmt insoweit auf konkrete Behandlungsmethoden nicht Bezug. Auch die vom Beklagten während des laufenden Verfahrens beigebrachte Stellungnahme der Kongregation für die Glaubenslehre vom 26. 2. 1993 bleibt letztlich unklar. Sie besagt zwar, solche im Mutterschoß praktizierte Techniken (homologe künstliche Besamung und Befruchtung) seien aus moralischer Sicht unannehmbar. Der Beklagte hat jedoch, wie in der Revisionsverhandlung nochmals verdeutlicht worden ist, die Kongregation für die Glaubenslehre nur ganz allgemein über die Zulässigkeit der homologen künstlichen Besamung und Befruchtung befragt, ohne das vom Kläger angewandte Verfahren genauer zu schildern und die Frage zu stellen, ob dieses Verfahren unter das generelle Verbot oder unter die von der Instruktion vom 10. 3. 1987 dargelegte Ausnahme fällt. Trotzdem unterstellt der Senat zugunsten des Beklagten, daß die vom Kläger gewählte Behandlungsmethode objektiv gegen Kirchenrecht verstieß und der Kläger damit seine Pflichten aus dem Arbeitsvertrag verletzt hat.

c) Es kann auch zugunsten des Beklagten unterstellt werden, diese Pflichtverletzungen stellten gewichtige Verstöße gegen tragende Glaubensgrundsätze der katholischen Kirche dar. Der Begriff „tragende" (Glaubensgrundsätze) erscheint in diesem Zusammenhang unbestimmt, zumindest schwer bestimmbar. Nach dem allgemeinen Sprachverständnis (vgl. Deutsches Wörterbuch von Jacob und Wilhelm Grimm Bd. 21, Spalte 1078) wird im Anschluß an die Ursprungsbedeutung „stützen", „stützende Kraft" u.ä. im Sinne von „wesentlich", „grundlegend", „bedeutungsvoll" gebraucht. Geht man von dieser Begriffsbedeutung aus, erscheint es klärungsbedürftig, gegen welchen wesentlichen Glaubensgrundsatz der Kläger verstoßen haben soll, zumal die Auslegung der unter den Parteien streitigen Ausnahmevorschrift der Instruktion vom 10. 3. 1987 auch in Kirchenkreisen umstritten ist und sogar in der Instruktion dazu aufgerufen wird, durch weitere Forschungen die Ausnahmevorschrift mit Inhalt aufzufüllen. Da es aber allein Sache der Religionsgesellschaften ist, ihre Angelegenheiten selbständig im Rahmen der für alle geltenden Gesetze zu regeln (Art. 140 GG, 137 WRV, d.h. konkret festzulegen, was sie unter tragenden Glaubensgrundsätzen, die ihre Heilslehre stützen, verstehen, unterstellt der Senat weiter, der Kläger habe überhaupt mit den Inseminationen gegen tragende Glaubensgrundsätze der katholischen Kirche verstoßen.

d) Es kann schließlich auch unterstellt werden, daß der Kläger schuldhaft gehandelt hat, was grundsätzlich Voraussetzung für die Wirksamkeit einer fristlosen oder fristgerechten verhaltensbedingten Kündigung ist. Bedenken könnten sich hier deshalb ergeben, weil der Kläger in einer kirchenrechtlich eher umstrittenen Abgrenzungsfrage einer nach Darstellung des Beklagten zwar irrigen Auslegung des geltenden Kirchenrechts gefolgt ist, die sich aber immerhin auf eine Äußerung des Vorsitzenden der Deutschen Bischofskonferenz stützen ließ. Dieser war zwar möglicherweise zur Entscheidung der Streitfrage kirchenrechtlich nicht befugt; sein hohes Kirchenamt kann aber immerhin Zweifel daran begründen, ob es als vorwerfbar anzusehen ist, wenn der Kläger eine Behandlungsmethode praktiziert hat, die nach der öffentlichen Erklärung dieses Bischofs wohl als zulässig anzusehen war. Für die Entscheidung des Falles kommt es aber auch auf diese Frage letztlich nicht an.

e) Denn der Beklagte hätte jedenfalls den Kläger vor Ausspruch einer Kündigung abmahnen müssen. Nach dem konkreten Stand der Gespräche zwischen den Parteien war die Kündigung des Beklagten ohne vorherige Abmahnung verfrüht.

aa) Nach den allgemeinen Grundsätzen des Kündigungsschutzrechtes ist bei einem pflichtwidrigen Verhalten des Arbeitnehmers, das sich als Störung im Leistungsbereich auswirkt, i.d.R. vor Ausspruch einer Kündigung eine vergebliche Abmahnung erforderlich, es sei denn, daß im Einzelfall besondere Umstände vorgelegen haben, aufgrund derer eine Abmahnung als entbehrlich angesehen werden durfte (ständige Rechtsprechung des Bundesarbeitsgerichts; vgl. z.B. Senatsurteil vom 28. 10. 1971 – 2 AZR 15/71 – AP Nr. 62 zu § 626 BGB, zu H 2 c der Gründe; BAG Urteil vom 18. 1. 1980 – 7 AZR 75/78 – AP Nr. 3 zu § 1 KSchG 1969 Verhaltensbedingte Kündigung, zu 2 a der Gründe).

Im Entscheidungsfall liegt allerdings das von der Beklagten behauptete Fehlverhalten des Klägers im Vertrauensbereich, wenn man davon ausgeht, daß der Kläger verpflichtet war, jegliche Form der homologen Insemination zu unterlassen. Aber auch ein Fehlverhalten im Vertrauensbereich berechtigt nach der Rechtsprechung des Senates (vgl. Urteil vom 30. 6. 1983[9] – 2 AZR 524/81 – AP Nr. 15 zu Art. 140 GG, zu A IV 1 der Gründe) dann nicht ohne vorherige Abmahnung zum Ausspruch einer Kündigung, wenn der Arbeitnehmer mit vertretbaren Gründen annehmen konnte, sein Verhalten sei nicht vertragswidrig oder werde vom Arbeitgeber zumindest nicht als ein erhebliches, den Bestand des Arbeitsverhältnisses gefährdendes Verhalten angesehen (vgl. KR-Hillebrecht, 3. Aufl., § 626 BGB Rz 99).

Diese allgemeinen Grundsätze des Kündigungsschutzrechts gelten für die Arbeitsverhältnisse kirchlicher Arbeitnehmer ebenso wie der Grundsatz der Interessenabwägung, der es verbietet, ohne Rücksicht auf die Umstände des Einzelfalles in jedem Loyalitätsverstoß von einigem Gewicht bereits einen Grund zur Trennung von dem Arbeitnehmer zu sehen (vgl. Senatsurteil vom 30. 6. 1983, aaO, zu A IV der Gründe).

bb) Danach bedurfte es im vorliegenden Fall einer Abmahnung des Klägers: Der Kläger hat sich nicht bewußt über die kirchlichen Grundsätze zur Frage der homologen Insemination hinweggesetzt. Der Apostolische Stuhl hat in der Verlautbarung vom 10. 3. 1987 ausdrücklich Forscher und Ärzte ermutigt, mit ihren Bemühungen fortzufahren, „um den Ursachen der Sterilität vorzubeugen und ihnen abhelfen zu können, so daß die unfruchtbaren Ehepaare zur Fortpflanzung gelangen". Der Kläger durfte daher bis zur endgültigen Klärung der Streitfragen zur Interpretation der Instruktion des Apostolischen Stuhls davon ausgehen, einem ausdrücklichen, vom Lehramt der katholischen Kirche erteilten Auftrag nachzukommen, nach kirchenrechtlich zulässigen Behandlungsmethoden der Sterilität in der Ehe zu suchen. Bei seinen durch die „Verlautbarung des Apostolischen Stuhls" ausdrücklich angeregten Forschungen wurde der Kläger, wovon letztlich auch der Beklagte ausgeht, mit einer Rechtslage im Kirchenrecht konfrontiert, die eine klare Entscheidung, welche Behandlungsmethoden als zulässig und welche als unzulässig anzusehen waren, schwer machte. „Die Verlautbarung des Apostolischen Stuhls" war zu einer Zeit veröffentlicht worden, in der die medizinischen Forschungen auf diesem

---

[9] KirchE 21, 162.

Gebiet sich rasch fortentwickelten. Damit lag es nahe, nur allgemeine Grundsätze aufzustellen, ohne daß es sinnvoll gewesen wäre, nach dem damaligen Stand der medizinischen Technik auf einzelne Behandlungsmethoden abzustellen. Die Instruktion vom 10. 3. 1987 enthält deshalb ein zwar grundsätzliches Verbot homologer Insemination, läßt aber Ausnahmen zu, ohne diese Ausnahmen näher zu definieren.

In dieser Situation suchte der Kläger, den der Beklagte selbst als engagierten Katholiken bezeichnet, offenbar nicht von vornherein die Konfrontation mit dem Beklagten oder gar mit dem Lehramt der katholischen Kirche, sondern er bemühte sich in zahlreichen Gesprächen, der aus seiner Sicht unklaren Rechtslage zu entsprechen und im Zusammenwirken mit dem Beklagten Behandlungsmethoden festzulegen, über deren kirchenrechtliche Zulässigkeit Einigkeit zu erzielen war. Der Ablauf der Gespräche mußte aus der Sicht des Klägers unbefriedigend erscheinen. Über einen langen Zeitraum hin wurde der Kläger hingehalten und es wurde ihm z. B. ausdrücklich die In-vitro-Fertilisation verboten, die er selbst für kirchenrechtlich unzulässig hielt und überhaupt nicht durchführen wollte. Als ihm die Instruktion vom 10. 3. 1987 vorgelegt wurde mit dem Hinweis, an deren Aussagen wolle sich der Orden halten, hat der Kläger dies sofort akzeptiert und in der Folgezeit mit dem Beklagten nur noch über Behandlungsmethoden diskutiert, die seiner Ansicht nach der Instruktion vom 10. 3. 1987 entsprachen. Immer wenn es dann aber darum ging, die kirchenrechtlich zulässigen Ausnahmen von dem generellen Verbot homologer Insemination konkreter festzulegen, verweigerte sich, wie es der Kläger ausdrückte, der Beklagte. Bis zum Ende der sich über einen langen Zeitraum hinziehenden Gespräche hat der Beklagte weder konkreter definiert, welches die „technischen Mittel" sind, die von der Kirche als erlaubt anzusehen sind, um dem ehelichen Akt zu helfen, sein natürliches Ziel zu erreichen, noch hat er die erörterten Möglichkeiten ergriffen, durch Befragung der zuständigen kirchenamtlichen Stellen in diesem Punkt eine Klärung der Rechtslage herbeizuführen. Bei dem Gespräch am 12. 2. 1990 wurde dem Kläger schließlich versprochen, der Beklagte werde nochmals mit den „Obern" Rücksprache nehmen und auf die Frage antworten, welche technischen Mittel gemeint sein könnten, die nach der Verlautbarung vom 10. 3. 1987 als zulässig anzusehen seien. Eine solche Klärung, die durch eine Anfrage beim Diözesanbischof, worauf der Anstellungsvertrag hinwies, bzw. bei der Glaubenskongregation, wie sie der Beklagte erst nach der Kündigung vornahm, hätte erfolgen können, ist bis zum Ausspruch der Kündigung unterblieben. Damit konnte der Kläger nach dem Verlauf der Gespräche zwischen den Parteien mit guten Gründen davon ausgehen, er befinde sich in Übereinstimmung mit dem Lehramt seiner Kirche.

Wenn der Kläger unter diesen Umständen die Patientinnen behandelte, durfte er mit vertretbaren Gründen annehmen, sein Verhalten sei entweder nicht vertragswidrig oder werde zumindest vom Beklagten nicht als ein erhebliches, den Bestand des Arbeitsverhältnisses gefährdendes Verhalten angesehen. Zwar zeigt die Heimlichkeit des Vorgehens des Klägers, daß dieser sich darüber im klaren gewesen sein muß, in einem heiklen Bereich tätig zu werden. Wenn er, ohne den Beklagten vorher zu informieren, die Behandlungen einfach durchgeführt hat, berührt dies zwar auch den Vertrauensbereich. Andererseits hat aber der Kläger bei seinen Behandlungen, die er noch vor der Kündigung aus eigenem Antrieb eingestellt hatte, einen möglichst geringfügigen Eingriff in den Zeugungsvorgang gewählt. Angesichts des von Anfang an kooperativen Verhaltens des Klägers und seiner auch vom Beklagten angenommenen starken Bindung an den katholischen Glauben erschien jedenfalls eine Abmahnung nicht von vornherein zwecklos.

cc) Dieses Ergebnis wird sachlich gestützt durch § 12 Abs. 4 des Anstellungsvertrages der Parteien. Jedenfalls bevor der Beklagte die Stellungnahme des Diözesanbischofs zu der zwischen den Parteien streitigen kirchenrechtlichen Frage über die Zulässigkeit der künstlichen Insemination eingeholt hatte, brauchte der Kläger nicht mit einer Kündigung ohne vorherige Abmahnung zu rechnen.

§ 12 Abs. 4 Satz 4 des Anstellungsvertrages stellt keine im Rahmen des § 626 Abs. 1 BGB unzulässige Kündigungsregelung dar. Zwar ist mit der Revision davon auszugehen, daß es nicht im Belieben der Parteien steht, das Recht zur Kündigung aus wichtigem Grund i.S.v. § 626 Abs. 1 BGB durch Normierung einzelner Kündigungsgründe über das gesetzliche Maß hinaus zu erweitern: Damit würden die für die ordentliche Kündigung des Arbeitsverhältnisses zwingend festgelegten Mindestkündigungsfristen umgangen (vgl. Senatsurteil vom 22. 11. 1973 – 2 AZR 580/72 – AP Nr. 76 zu § 626 BGB, m.w.N.; KR-Hillebrecht, 3. Aufl., § 626 BGB Rz 40, 43, m.w.N.). Ein eigenständiger Kündigungsgrund wird mit dieser Regelung aber gerade nicht normiert, ebensowenig handelt es sich um eine unzulässige Schiedsabrede. Die entsprechende Vorschrift muß vielmehr im Zusammenhang mit dem Selbstbestimmungsrecht gesehen werden, das den Religionsgesellschaften durch die Verfassung zugewiesen ist und aufgrund dessen sie gesteigerte Loyalitätsanforderungen an ihre Arbeitnehmer stellen und entsprechende Sanktionen festlegen dürfen.

Wertet man das Entscheidungsrecht des Diözesanbischofs in diesem Sinne, so ist es schon fraglich, ob nicht in § 12 Abs. 4 Satz 4 des Anstellungsvertrages eine zulässige Kündigungserschwerung zu sehen ist und die Wirksamkeit der Kündigung nicht bereits daran scheitert, daß der Beklagte vor Ausspruch der Kündigung nicht den Diözesanbischof eingeschaltet hat.

Dies kann aber letztlich dahinstehen. Jedenfalls durfte der Kläger nach dem Anstellungsvertrag davon ausgehen, daß solche Zweifelsfragen, wie sie zwischen den Parteien aufgetreten waren, letztlich nur auf höherer Ebene, also ggf. durch den Diözesanbischof, entschieden werden mußten.

3. Soweit der Beklagte in den Vorinstanzen die fristlose Kündigung darauf gestützt hat, die Parteien hätten bei den Gesprächen vereinbart, daß der Kläger im Krankenhaus des Beklagten keinerlei künstliche Inseminationen durchführe, und der Kläger habe gegen eine solche Vereinbarung verstoßen, hat das Berufungsgericht für den Senat bindend (§ 561 ZPO) festgestellt, daß zwischen den Parteien eine entsprechende Vereinbarung nicht zustande gekommen ist. Formelle Rügen erhebt der Beklagte insoweit auch nicht.

4. Auch ein Verstoß des Klägers gegen eine einseitige Weisung des Beklagten, homologe Inseminationen gleich welcher Art im Krankenhaus nicht durchzuführen, ist, wie das Landesarbeitsgericht zutreffend annimmt, nicht geeignet, eine fristlose Kündigung zu rechtfertigen.

Wertet man das Vorbringen des Beklagten insgesamt, so ist schon die Annahme nicht gerechtfertigt, daß der Beklagte unabhängig von der kirchenrechtlichen Zulässigkeit einzelner Behandlungsmethoden ein umfassenderes Verbot homologer Insemination als die Kongregation für die Glaubenslehre aufstellen, also in diesem Punkt „päpstlicher als der Papst" sein wollte. Jedenfalls hat der Beklagte dies dem Kläger gegenüber nicht hinreichend zum Ausdruck gebracht. Wenn der Beklagte als Orden päpstlichen Rechts dem Kläger die Verlautbarung vom 10. 3. 1987 überreicht und erklärt hat, daran fühle sich der Orden gebunden, und die Parteien in der Folgezeit im wesentlichen nur Gespräche über die Konkretisierung des Inhalts dieser Verlautbarung geführt haben, so läßt dies erkennen, daß sich auch der Beklagte bei seinen Weisungen im Rahmen des geltenden Kirchenrechts halten wollte. Es kann deshalb dahinstehen, ob der Beklagte als Orden darüber hinausgehende Loyalitätsanforderungen aufstellen konnte.

Selbst wenn man annimmt, der Beklagte habe als zulässige Konkretisierung der kirchenrechtlichen Vorschriften dem Kläger die Weisung erteilt, in seinem Krankenhaus keinerlei künstliche Inseminationen durchzuführen, würde der Verstoß des Klägers gegen eine solche Weisung unter den gegebenen Umständen keine fristlose Kündigung rechtfertigen. Da bis zum Schluß über ausnahmsweise zulässige Behandlungsmethoden diskutiert worden ist, war auch insoweit aus den bereits dargelegten Gründen vor Ausspruch der Kündigung eine Abmahnung erforderlich.

5. Soweit der Beklagte schließlich die fristlose Kündigung darauf stützen möchte, der Kläger habe die ihm obliegende Dokumentationspflicht verletzt, hat das Berufungsgericht mit zutreffender Begründung festgestellt, daß kein vertragswidriges Verhalten des Klägers vorlag. § 3 Ziff. 8 des Anstellungsvertrages fordert eine Dokumentation vom Kläger nur für den stationären Bereich, nicht für die Ambulanz. Wenn das Berufungsgericht feststellt, eine Verkürzung

des Honoraranteils der Beklagten durch nicht vollständige Abrechnungen des Klägers sei nicht schlüssig dargelegt worden, so ist dies revisionsrechtlich nicht zu beanstanden; gegen die Tatsachenfeststellungen des Berufungsgerichts hat der Beklagte keine formellen Rügen erhoben.

III. Ebenso wie die fristlose Kündigung scheitert auch die fristgerechte Kündigung, in die die unwirksame fristlose Kündigung umzudeuten ist, daran, daß der Beklagte den Kläger vor Ausspruch der Kündigung nicht abgemahnt hat. Es gelten im wesentlichen die gleichen Überlegungen, wie sie bei der Prüfung der Wirksamkeit der fristlosen Kündigung bereits dargelegt worden sind. Angesichts der Tatsache, daß der Kläger nicht etwa die Lehre der Kirche bekämpft, sondern versucht hat, im loyalen Zusammenwirken mit dem Beklagten eine Klärung der streitigen kirchenrechtlichen Auslegungsfrage herbeizuführen, konnte der Kläger angesichts der eher hinhaltenden Äußerungen des Beklagten nicht damit rechnen, daß der Beklagte ohne Vorwarnung und ohne höheren Orts eine Stellungnahme zur Auslegung des Kirchenrechts einzuholen, bei Bekanntwerden der Behandlungen sofort zum äußersten Mittel einer fristgerechten Kündigung griff.

70

Ein früherer Angehöriger der Scientology-Sekte darf als Anhänger von Hubbards Management-Lehre bezeichnet werden, wenn er zum Zeitpunkt der Verlautbarung noch Teile dieser Lehre in von ihm veranstalteten Management-Seminaren verwendet.

§§ 823, 824 Abs. 1, 826, 1004 BGB
OLG München, Urteil vom 15. Oktober 1993 – 21 U 1843/93[1] –

Der Kläger begehrt Widerruf, Unterlassung und – nur im ersten Rechtszug – Schadensersatz wegen einer Presseveröffentlichung.

Der Kläger führt Training und Beratung für Manager und Unternehmer durch. Die Beklagte gibt u. a. die „W." heraus. In der Ausgabe Nr. 13 der „W." wurde ein Bericht mit dem Titel „Aufs Pflaster knallen" veröffentlicht, der sich mit dem Versuch der „Scientology-Sekte" beschäftigt, Manager für sich zu gewinnen und dadurch Einfluß in der Wirtschaft zu erreichen.

Eingefügt in den Artikel ist in einem „Kasten" ein Bericht mit der Überschrift „Unternehmensberater: Psycho-Happen". Dort heißt es über den Kläger: „In Düsseldorf trainiert der frühere Scientologe Jörg St., der noch heute nach eigenem Bekunden Hubbards Management-Lehren anhängt, Kommuni-

---

[1] AfP 1993, 769. Vgl. zu diesem Fragenkreis auch OVG Nordrhein-Westfalen NWVBl. 1996, 447.

kation mit einer Übung, in der die Teilnehmer sich paarweise minutenlang anstarren müssen. Das soll die nötige Willensstärke erzeugen, um den Gesprächspartner bei der Stange zu halten."

Der Kläger war früher Scientologe.

Mit Schreiben vom 18. 4. 1991 hatten die damaligen anwaltlichen Vertreter des Klägers die Beklagte aufgefordert, eine nicht strafbewehrte Unterlassungserklärung abzugeben. Dann sei die Angelegenheit erledigt; diesem Verlangen ist der Beklagte am 24. 4. 1991 nachgekommen.

Der Kläger beantragt im Berufungsrechtszug zu erkennen:

Die Beklagte wird verurteilt, nachfolgende Widerrufserklärung in der nächsten für den Druck noch nicht abgeschlossenen Ausgabe der „W." zu veröffentlichen.

1. *„Die in der Ausgabe Nr. 13 der ,W.' vom 22. 3. 1991 auf Seite 48 unter der Überschrift: „Unternehmensberater: Psycho-Happen" aufgestellte Behauptung, daß der frühere Scientologe Jörg. St. noch heute nach eigenem Bekunden Hubbards Management-Lehren anhängt, wird als unwahr widerrufen. Tatsächlich hat sich Herr St. bereits frühzeitig von der Scientology-Sekte distanziert und ist im Jahre 1984 aus der Scientology-Sekte ausgetreten.*
2. *Die in dem Artikel vom 22. 3. 1991 auf Seite 48 aufgestellte Behauptung, daß die Klägerin Kommunikation mit einer Übung trainiert, in der sich die Teilnehmer paarweise minutenlang „anstarren" müssen, ist ebenfalls unwahr. Richtig ist dagegen nämlich, daß die Kursteilnehmer unverkrampft, locker und gelassen sowie interessiert einander begegnen und dabei nichts tun: sich also auch nicht anstarren."*
3. *Die Beklagte wird verurteilt, es bei Meidung von Ordnungsmitteln zu unterlassen, die nachfolgend zitierte Behauptung wörtlich oder sinngemäß aufzustellen und/oder zu verbreiten: „In Düsseldorf trainiert der frühere Scientologe Jörg St., der noch heute nach eigenem Bekunden Hubbards Management-Lehren anhängt, Kommunikation mit einer Übung, in der die Teilnehmer sich paarweise minutenlang anstarren müssen."*
4. *Hilfsweise stellt der Kläger die Anträge aus Ziffer 1 und 2 unter Weglassung der Richtigstellung.*
5. *Ferner stellt der Kläger für den Fall, daß die Anträge gemäß Ziffer 1 und 2 sowie 3 abgewiesen werden, die Anträge: Die Beklagte wird zu einem eingeschränkten Widerruf in der Form verurteilt, daß sie die in den Klageanträgen 1 und 2 angeführten Behauptungen nicht mehr aufrechterhält.*
6. *Der Beklagten wird es untersagt, bei einer Berichterstattung über die Scientology-Kirche Deutschland e. V. und deren Unterorganisationen die Klägerin oder den Inhaber der Klägerin namentlich zu nennen.*
7. *Hilfsweise: Der Beklagten wird es untersagt, im Zusammenhang mit einer Berichterstattung über die Scientology-Kirche e. V. die Klägerin namentlich zu nennen, ohne zugleich deutlich zu machen, daß die Klägerin in keinem Zusammenhang mit der Scientology-Sekte e. V. und ihren Unterorganisationen steht.*

Das Landgericht hat die Klage abgewiesen.

Mit seiner Berufung greift der Kläger die Abweisung der Widerrufs- und Unterlassungsklage an.

Das Rechtsmittel hatte keinen Erfolg.

Aus den Gründen:

I. Ein Anspruch des Klägers auf Widerruf der Behauptung, daß der frühere Scientologe Jörg St. noch heute nach eigenem Bekunden Hubbards Management-Lehren anhängt, besteht nicht.
1. Der Widerrufsanspruch, mag er als deliktischer Anspruch (§§ 823 Abs. 1, 823 Abs. 2, 824 Abs. 1, 826 BGB) oder als Folgenbeseitigungsanspruch (§ 1004 BGB) verstanden werden (vgl. Damm/Kuner, Widerruf, Unterlassung und Schadensersatz in Presse und Rundfunk, Rdnr. 258 und 261), setzt die objektive Unwahrheit einer aufgestellten Behauptung voraus, welche als beeinträchtigende Maßnahme zu widerrufen ist. Dabei hat derjenige, der einen Widerruf verlangt, die Unwahrheit der aufgestellten Tatsachenbehauptung zu beweisen (Damm/Kuner, aaO, Rdnr. 299 m.w.N.).
2. Jene Behauptung trifft teils unstreitig zu, teils ergibt sich ihre Richtigkeit aus der durchgeführten Beweisaufnahme. Der Senat folgt insoweit den tragenden Gründen des landgerichtlichen Urteils (§ 543 Abs. 1 ZPO), die durch das Berufungsvorbringen des Klägers nicht entkräftet werden.

Der Kläger war früher unstreitig Scientologe.

Für die Richtigkeit der Behauptung, daß der Kläger noch heute nach eigenem Bekunden Hubbards Management-Lehren anhängt, sprechen zunächst die Äußerungen des Klägers selbst in der Verhandlung vom 23. 11. 1992 vor dem Landgericht, nämlich daß er – bei seinen Seminaren und Kursen im Management-Bereich – auch Teile der Hubbard-Methoden (sogar) anwende; seine auch positive Einstellung gegenüber Hubbards Management-Lehren klingt außerdem in der von ihm der Zeugin L. gestellten Frage an: „Können Sie sich erinnern, daß ich sinngemäß gesagt habe: Hubbard hat Gutes und Schlechtes geschrieben?" Die Richtigkeit der Behauptung folgt des weiteren aus seinem im Berufungsverfahren aufrechterhaltenen Sachvortrag, daß er aus verschiedenen Management-Lehren das seines Erachtens Richtige herausgezogen habe, worunter auch Teile von Hubbards Management-Ideen enthalten seien. Die vom Kläger angefügte Einschränkung, jene hätten mit der „Scientology-Sekte" nichts Gemeinsames, beseitigt die Richtigkeit der Ausgangsbehauptung nicht; diese beschränkt sich auf den Begriff „Hubbards Management-Lehren".

Schließlich folgt die Richtigkeit der Ausgangsbehauptung aus der gerade auch vor diesem Hintergrund glaubhaften Aussage der vom vernehmenden Landgericht als glaubwürdig erachteten Zeugin L. Danach hat der Kläger der Zeugin gegenüber u.a. auf die Frage, warum sein Material trotzdem (obwohl er ihr erklärt habe, er sei nicht mehr bei den Scientologen dabei) identisch mit dem der Scientologen sei, geantwortet, daß die Ideen – also nicht nur Teile von Hubbards Management-Lehren – von Ron Hubbard gut seien; das, was die

„Church" daraus gemacht habe, sei nicht identisch mit den Ideen. Auch hier beseitigt der Zusatz die Richtigkeit der Ausgangsbehauptung nicht.

Bei der gegebenen Sachlage bestand kein Anlaß, die wiederholte Vernehmung der Zeuginnen V. und L. anzuordnen (vgl. § 398 Abs. 1 ZPO). Für die Vernehmung des Klägers als Partei fehlen die Voraussetzungen, insbesondere eine gewisse Wahrscheinlichkeit für die Richtigkeit der vom Kläger damit unter Beweis gestellten Behauptung (vgl. §§ 447, 448 ZPO).

Aus jenen Gründen ist der Senat wie das Landgericht davon überzeugt, daß der Kläger „noch heute", d. h. in der Zeit, als der beanstandete Bericht erschienen ist, nach eigenem Bekunden Hubbards Management-Lehren anhängt. Es käme hier nicht einmal entscheidend auf die inhaltliche Richtigkeit der Aussage des Klägers an, d. h. ob und gegebenenfalls inwieweit er jenen Lehren tatsächlich anhängt, denn er hat jedenfalls erklärt, daß er das tue. Ob jemand Anhänger einer Lehre ist, betrifft im wesentlichen seine innere Einstellung und gegebenenfalls sein darauf beruhendes, nach außen gezeigtes Verhalten. Es liegt eine sogenannte innere Tatsache vor. Diese innere Tatsache hat der Kläger durch seine erwähnten Äußerungen bekundet. Dem entspricht der vom Kläger beanstandete Artikel („nach eigenem Bekunden"). Einer weiteren Beweisaufnahme über die inhaltliche Richtigkeit der Äußerungen des Klägers bedarf es nicht.

Nach dem Verständnis des Durchschnittslesers der Zeitschrift „W." bedeutet die beanstandete Äußerung nicht, daß der Kläger ausschließlich Hubbards Management-Lehren anhänge. In dem Bericht der Beklagten wird nicht behauptet, der Kläger halte andere Management-Lehren ganz oder teilweise für unrichtig und verwende solche auch nicht in seinen Kursen.

Weil die objektive Unwahrheit der aufgestellten Behauptung nicht feststeht (es steht sogar die Richtigkeit fest), entfällt ein Anspruch auf Widerruf sowohl mit dem Inhalt gemäß dem Berufungsantrag Ziffer 1 mit der *zusätzlichen* „richtigstellenden" Ergänzung als auch in der Fassung des Hilfsantrages Ziffer 4, ohne daß es auf das sonstige Vorbringen des Klägers, vor allem welcher Eindruck von ihm und seiner Tätigkeit durch den Artikel insgesamt vermittelt würde oder welche Ziele er bei seinen Management-Kursen verfolge, noch entscheidend ankäme.

II. Es besteht auch kein Anspruch auf Widerruf der Äußerung, daß der Kläger Kommunikation mit einer Übung trainiere, in der sich die Teilnehmer paarweise minutenlang anstarren müßten. Das gilt wiederum für den Antrag sowohl mit als auch ohne zusätzliche „Richtigstellung". *(wird ausgeführt)*

III. Der Kläger kann auch nicht den hilfsweise begehrten eingeschränkten Widerruf verlangen, daß die Beklagte die beanstandeten Behauptungen nicht mehr aufrechterhalte. *(wird ausgeführt)*

IV. Für den geltend gemachten Unterlassungsanspruch wegen Verletzung seines allgemeinen Persönlichkeitsrechts oder seines Rechts am eingerichteten und ausgeübten Gewerbebetrieb oder wegen Kreditgefährdung in entsprechender Anwendung der §§ 823, 824, 1004 BGB fehlt die erforderliche Wiederholungsgefahr. Das Rechtsschutzbedürfnis für die erhobenen Unterlassungsklagen ist auf Grund der von den Parteien außergerichtlich getroffenen Vereinbarung entfallen. Der Geltendmachung der Unterlassungsansprüche steht zumindest der Einwand unzulässiger Rechtsausübung (§ 242 BGB) entgegen. (wird ausgeführt)

V. Ebenfalls ohne Erfolg macht der Kläger die Unterlassungsansprüche geltend, wonach es der Beklagten untersagt werden soll, bei einer Berichterstattung über die „Scientology-Kirche Deutschland e. V." und deren Unterorganisationen den Kläger oder dessen Firma namentlich zu nennen oder im Zusammenhang mit einer Berichterstattung über die „Scientology-Kirche e. V." die Firma des Klägers namentlich zu nennen, ohne zugleich deutlich zu machen, daß die Firma des Klägers in keinem Zusammenhang mit der „Scientology-Sekte" und ihren Unterorganisationen stehe (Hilfsanträge Ziffer 6).

1. Es gelten insoweit die gleichen, in Ziffer IV genannten Gründe. Die von den Parteien mit Schreiben vom 18. und 24. 4. 1991 getroffene Vereinbarung (§ 305 BGB) ist umfassend. Der Inhalt des Schreibens des Klägers vom 18. 4. 1991 ist, wenn nicht schon die Auslegungsbedürftigkeit der Erklärung wegen eines nach Wortlaut und Zweck eindeutigen Inhalts verneint wird, aus der Sicht der Beklagten als Erklärungsempfänger (vgl. BGHZ 47, 75, 78; 103, 275, 280) nach den Grundsätzen der §§ 133, 157 BGB auszulegen. Nach dem „Empfängerhorizont" enthält das Schreiben vom 18. 4. 1991 die Erklärung, daß bei Erteilung der verlangten Unterlassungserklärung jedenfalls weitere Unterlassungsansprüche auf Grund des Berichts in der „W." vom 22. 3. 1991 vom Kläger nicht mehr geltend gemacht würden („die Angelegenheit auf diesem vorgezeichneten Wege kurzfristig aus der Welt geschafft" sei).

2. Entfällt aber die Veröffentlichung in der „W." vom 22. 3. 1991 als Eingriff, der die Wiederholung „indiziert", fehlt für die hilfsweise geltend gemachten Unterlassungsansprüche die erforderliche Erstbegehungsgefahr. In einem solchen Fall kann die Wiederholungsgefahr nicht einfach vermutet werden, sondern sie muß anhand von konkreten Anhaltspunkten festgestellt werden (vgl. Damm/Kuner, aaO, Rdnr. 239 m.w.N.). Eine solche Erstbegehungsgefahr ist weder vom Kläger konkret dargelegt worden, noch ist sie sonst ersichtlich.

Der weitergehende Sachvortrag der Parteien läßt keine abweichende Beurteilung zu. Die Berufung des Klägers bleibt danach ohne Erfolg. Es kommt hier nicht mehr darauf an, ob eine Abwägung der widerstreitenden grundrechtlich geschützten Werte und Interessen (insbesondere grundrechtlich geschütztes allgemeines Persönlichkeitsrecht des Klägers, Art. 2 Abs. 1 GG, einerseits und verfassungsrechtlich gewährleistete Pressefreiheit, Art. 5 Abs. 1 Satz 2 GG, andererseits) dazu führte, daß die Offenlegung der – früheren – Zugehörigkeit des Klägers zur „Scientology-Church" nicht rechtswidrig war.

71

Eine Abwägung zwischen Persönlichkeitsrecht und Pressefreiheit kann ergeben, daß die Öffentlichkeit ein berechtigtes Interesse daran hat zu erfahren, daß der Leiter einer (Heilpraktiker-)Schule Mitglied der Scientology-Kirche ist.

Art. 4 Abs. 1, 5 Abs. 1 u. 2 GG; §§ 823, 1004 BGB
LG Baden-Baden, Urteil vom 15. Oktober 1993 – 1 O 296/93[1] –

Der Kläger begehrt im Wege einstweiliger Verfügung von dem Beklagten, es zu unterlassen, darüber zu berichten, daß er, der Kläger, Scientologe ist oder sich zur Scientology-Kirche bekennt.

Der Kläger, der Leiter der nach ihm benannten Heilpraktikerschulen, nämlich der K. Institute ist, ist unstreitig Mitglied der International Association of Scientologists und damit Mitglied der Scientology Kirche.

Die Beklagte, die die Zeitung „B' Nachrichten" herausgibt, veröffentlichte einen Artikel mit der Überschrift „K.-Institute unter Verdacht. Finanzieren die angehenden Heilpraktiker Scientology?". In dem Artikel wurde berichtet, daß sich in B. ein K.-Institut niedergelassen habe, dessen Chef, Hermann K., der in dem Artikel auch bildlich dargestellt wurde, „sich zur Scientology-Ideologie bekenne; innerhalb der Sekte solle er sogar einen hohen Rang einnehmen". In derselben Ausgabe der „B' Nachrichten" befindet sich noch ein kleinerer Artikel mit der Überschrift „K.-Institute von Scientologen geführt?".

Der Kläger trägt vor, diese Veröffentlichungen seien rechtswidrig. Seine Religionszugehörigkeit sei ausschließlich seine Privatsache. Bei der Scientology-Kirche handele es sich um eine gerichtlich anerkannte Religionsgemeinschaft im Sinne des Grundgesetzes. Er brauche es nicht hinzunehmen, daß seine Religionszugehörigkeit gegen seinen Willen einer breiten Öffentlichkeit mitgeteilt werde und zugleich falsche Mutmaßungen über nicht vorhandene Zusammenhänge mit seiner beruflichen Tätigkeit hergestellt würden. Zwischen seiner beruflichen Tätigkeit und seiner Religionszugehörigkeit bestünden keinerlei Zusammenhänge. Bei den K.-Instituten handele es sich um weltanschaulich völlig neutrale Heilpraktikerschulen. Kein Institutsleiter sei Scientologe; er, der Kläger selbst, unterrichte nicht an den Instituten. Die rechtswidrige Berichterstattung der Beklagten habe dazu geführt, daß bereits zahlreiche Kündigungen von Schülern unter Berufung auf den angegriffenen Artikel eingegangen seien. Ziel der Beklagten sei es, ganz bewußt und gezielt einzelne Personen wirtschaftlich zu ruinieren, nur weil sie sich privat zu einer bestimmten Religion

---

[1] AfP 1994, 59. Die Berufung des Klägers wurde zurückgewiesen; OLG Karlsruhe, Urteil vom 9. 2. 1994 – 6 U 221/93.

bekennten. Keinesfalls treffe es zu, daß er verpflichtet sei, im Sinne von Scientology in seinem Erwerbsgeschäft, den K.-Instituten, zu missionieren.

Die Kammer weist den Antrag auf Erlaß einer einstweiligen Verfügung zurück.

Aus den Gründen:

Der Kläger hat keinen Anspruch gemäß §§ 823, 1004 BGB gegen die Beklagte auf zukünftige Unterlassung der beanstandeten Berichterstattung.

Ein solcher Anspruch würde voraussetzen, daß der Kläger in seinem allgemeinen Persönlichkeitsrecht verletzt wäre, diesem Eingriff ein Rechtfertigungsgrund seitens der Beklagten nicht entgegenstünde und Wiederholungsgefahr gegeben wäre.

Im vorliegenden Fall wendet der Kläger sich dagegen, daß seine Religionszugehörigkeit der Öffentlichkeit mitgeteilt und Mutmaßungen über Zusammenhänge mit seiner beruflichen Tätigkeit hergestellt werden. Damit behauptet der Kläger einen Eingriff in seine Privatsphäre.

Nach ständiger Rechtsprechung des Bundesgerichtshofs (vgl. BGHZ 24, 72 [76]) ist das Persönlichkeitsrecht eines Menschen aufzufassen als einheitliches, umfassendes subjektives Recht auf Achtung und Entfaltung der Persönlichkeit, das sich nicht nur gegen den Staat und seine Organe richtet, sondern auch im Privatrechtsverkehr gegenüber jedermann gilt. Dabei unterscheidet die Rechtsprechung zwischen verschiedenen geschützten Sphären der Persönlichkeit, nämlich der Individualsphäre, der Privatsphäre und der Intimsphäre.

Im vorliegenden Fall behauptet der Kläger einen Angriff in seine Privatsphäre, nämlich sein Privatleben im weiteren Sinne.

Grundsätzlich steht jedem Menschen die Befugnis zu, selbst darüber zu bestimmen, ob über sein Privatleben in einer der breiten Öffentlichkeit zugänglichen Tageszeitung berichtet wird oder nicht, denn der dem allgemeinen Persönlichkeitsrecht gewährte Rechtsschutz läßt dem Menschen in seinem inneren Persönlichkeitsbereich die ihm gebührende Freiheit und Selbstbestimmung zukommen, die für die Entfaltung der Persönlichkeit unerläßlich ist. Zu diesem Kernbereich des Persönlichkeitsrechts gehört auch die religiöse Überzeugung eines Menschen, die er grundsätzlich niemandem gegenüber offenbaren muß. Dabei kann es im vorliegenden Fall dahingestellt bleiben, ob es sich bei der Scientology-Gemeinschaft überhaupt um eine grundgesetzlich geschützte Religionsgemeinschaft bzw. um eine diesen gleichgestellte Weltanschauungsvereinigung (vgl. Art. 4 Abs. 1 GG) handelt oder, wie auch verschiedentlich vertreten wird, um ein auf Umsatzmaximierung gerichtetes Wirtschaftsunternehmen. Zwar hat der Kläger zahlreiche Urteile vorgelegt, die seine Ansicht bestätigen, daß es sich bei der Scientology-Gemeinschaft um eine anerkannte Religionsgemeinschaft im Sinne des Grundgesetzes handele (vgl. z. B. Urteil des Verwaltungsgerichts Frankfurt vom 4. 9. 1990). Ungeachtet dessen ist jedoch darauf hinzuweisen, daß die öffentliche Diskussion nach wie vor im Gange ist, es zu dieser Frage auch andere Gerichtsentscheidungen gibt (vgl. die Zitate in dem vom Kläger selbst vorgelegten Urteil des Verwaltungsgerichts Frankfurt, S. 23) und es offensichtlich höchstrichterliche Rechtsprechung zu dieser Frage noch nicht gibt (so hat das Bundesverwaltungsgericht in seiner Entscheidung vom 14. 11. 1980, BVerwG 61, 152 ff., es ausdrücklich offengelassen, ob Scientology ein Bekenntnis im Sinne des § 11 Abs. 1 Nr. 3 Wehrpflichtgesetz ist. Das Bundesverwaltungsgericht hat ausgeführt, die bisherigen tatsächlichen Feststellungen gingen zwar dahin, daß es bei Scientology religiöse Bezüge gäbe, es hat aber weitere tatsachengerichtliche Feststellungen für erforderlich gehalten, inwieweit die Absicht privater Gewinnerzielung bestehe und verfolgt werde).

Die Zivilkammer vertritt die Auffassung, daß diese Frage im vorliegenden Fall nicht abschließend beantwortet zu werden braucht, da jedenfalls aus dem Zugehörigkeitsgefühl des Klägers zu den Scientologen, der diese selbst als Religionsgemeinschaft ansieht, folgt, daß es sich hier um einen Bereich handelt, der der Privatsphäre des Klägers zuzuordnen ist (so wohl auch im Ergebnis OLG Stuttgart - 4 U 26/92 -[2] Urteil vom 27. 5. 1992).

Es kann daher dahingestellt bleiben, ob der Kläger sich auf den Schutz der Art. 4, 140 GG i.V.m. Art. 136 Abs. 3 WRV, wonach niemand verpflichtet ist, seine religiöse Überzeugung zu offenbaren, berufen kann oder nicht. Jedenfalls handelt es sich bei der Zugehörigkeit des Klägers zur Scientology-Gemeinschaft um eine Privatsache des Klägers, die nicht ohne rechtfertigenden Grund der Öffentlichkeit mitgeteilt werden darf.

Da unstreitig eine Zustimmung des Klägers zu dem beanstandeten Bericht nicht vorlag, hat die Zivilkammer keinerlei Zweifel daran, daß im vorliegenden Fall ein Eingriff in die Privatsphäre des Klägers vorliegt.

Allerdings besteht der Schutz des allgemeinen Persönlichkeitsrechts nicht unbegrenzt, vielmehr ist weiter die Widerrechtlichkeit des Eingriffs erforderlich, um Abwehransprüche auszulösen. Dabei kann die Widerrechtlichkeit durch allgemeine Rechtfertigungsgründe ausgeschlossen sein, wobei nach dem Prinzip der Güter- und Interessenabwägung eine Abgrenzung vorzunehmen ist. Bei dieser Abgrenzung ist wiederum zu beachten, in welcher Sphäre der Persönlichkeit der Eingriff stattgefunden hat. Während die Intimsphäre (die im vorliegenden Fall nicht berührt ist) absoluten Schutz genießt und einer öffentlichen Darstellung gegenüber verschlossen ist, kann ein Eingriff in die Privatsphäre etwa befugt sein, wenn die wahrheitsgemäße Aufklärung über Vorgänge aus dem privaten Lebensbereich einer Person aus besonderen Gründen

---

[2] KirchE 30, 252.

für die Allgemeinheit von Bedeutung ist (vgl. BGH NJW 1964, 1471). Dabei hat eine Abwägung zwischen den beteiligten Interessen und Rechtsgütern, hier also des geschützten allgemeinen Persönlichkeitsrechts des Klägers und der Pressefreiheit (Art. 5 GG) der Beklagten stattzufinden.

Eine solche Abwägung ergibt im vorliegenden Fall, daß das ebenfalls grundgesetzlich geschützte Recht der freien Meinungsäußerung sowie der Pressefreiheit (Art. 5 GG) den Vorrang vor den Belangen des Verfügungsklägers genießt.

Dabei hat die Zivilkammer sich von folgenden Erwägungen leiten lassen: Abzustellen ist hier zunächst auf das Motiv und den Zweck des Eingriffs, hier der Berichterstattung. Bei der Prüfung, ob es hier einzig und allein um eine persönliche Diffamierung des Klägers geht, wie dieser behauptet, oder ob hier öffentliche Interessen verfolgt werden, nämlich die Aufklärung der Allgemeinheit, die Diskussion von Fragen des Gemeinwohls, die geistige oder politische Auseinandersetzung, das Recht zur freien Meinungsäußerung und ihrer Durchsetzung, ist die Zivilkammer zu dem Ergebnis gekommen, daß es der Beklagten im vorliegenden Fall in erster Linie um die Aufklärung der Allgemeinheit über allgemein interessierende Fragen gegangen ist.

Dabei hat die Zivilkammer gesehen, daß die Scientology-Kirche, ihr Auftreten und ihre Zielsetzungen seit längerer Zeit Gegenstand verbreiteter Aufmerksamkeit und anhaltender öffentlicher Auseinandersetzung zwischen Gegnern und Befürwortern ist. So enthält z.B. die Zeitschrift „Eltern Journal" vom 3. 9. 1993, die vom Ministerium für Kultus und Sport herausgegeben wird und an die Eltern aller schulpflichtigen Kinder verteilt wird, einen Artikel unter der Überschrift „Brennpunkt: Schwerpunkt: Beobachtung von Scientology". In diesem Artikel wird u. a. vor Gefahren durch Scientology gewarnt, wobei ausgeführt wird: „Die straff organisierte Sekte, die sich selbst als Kirche versteht, übt durch verschiedene Psychotechniken einen Einfluß auf Menschen aus, der – wie Betroffene berichten – manipulative, persönlichkeitsverändernde Auswirkungen hat ... Zielgruppe der Sekte sind vor allem Manager, Politiker und Künstler. Denn mit den Meinungsführern aus Wirtschaft, Politik und Kultur erhofft sich der Sektenkonzern, die gesamte Gesellschaft in seinem Sinne beeinflussen und unterwandern zu können."

Im „Staatsanzeiger für Baden-Württemberg" wird in der Ausgabe vom 24. 3. 1993 auf Seite 6 unter der Überschrift „Über Gefährlichkeit von Scientology einig" berichtet, daß Landtagsfraktion und Regierung für ein verschärftes Vorgehen gegen die „Sekte" seien. Diese beiden Artikel zeigen, daß sich die Landesregierung und das Kultusministerium darüber einig sind, daß die Öffentlichkeit über die Praktiken und die Struktur von „Scientology" in verstärktem Maße aufzuklären ist. Daraus folgt weiter, daß es eine ureigene Aufgabe der Presse ist, in einer die Öffentlichkeit wesentlich berührenden Frage ebenfalls Beiträge zum geistigen Meinungskampf zu liefern.

In diesem Zusammenhang ist die Namensnennung und die bildliche Darstellung des Klägers als Scientologe nicht zu beanstanden. Der Kläger ist selbst dadurch an die Öffentlichkeit getreten, daß er nicht nur Leiter verschiedener Heilpraktiker-Schulen ist, sondern diesen Heilpraktiker-Schulen auch seinen Namen, nämlich „K.-Institute", gegeben hat. Damit besteht nach Ansicht der Zivilkammer ein berechtigtes Interesse von interessierten angehenden Schülern bzw. Lehrern, darüber informiert zu sein, um was für eine Persönlichkeit es sich bei dem Leiter dieser Schulen, der diesen Schulen seinen Namen gegeben hat, handelt.

Gerade weil in der öffentlichen Diskussion und Auseinandersetzung die Ansicht vertreten wird, daß es sich bei der Scientology um ein „Unternehmen" handelt, das offenkundig nach Macht und Reichtum strebt (vgl. Staatsanzeiger aaO, in dem ein Abgeordneter der CDU ausführt, die Scientologen versteckten sich unter dem Deckmantel einer Religionsgemeinschaft, doch diese diene dazu, „schonungslos Geld zu verdienen"), hat die interessierte Öffentlichkeit ein Recht darauf, zu erfahren, daß der Leiter der K.-Institute ebenfalls Scientologe ist.

Dabei spielt es keine Rolle und kann daher dahingestellt bleiben, ob der Kläger *tatsächlich* versucht bzw. versucht hat, den Lehren der Scientology in seinen Heilpraktikerschulen Einfluß zu verschaffen oder nicht. Jedenfalls darf es für einen kritischen potentiellen Schüler eine Rolle spielen, ob er eine Heilpraktiker-Schule besucht, deren Leiter Scientologe ist oder nicht. Daß dies für diverse Schüler eine Rolle spielt, hat die Tatsache gezeigt, daß die Schule nach Veröffentlichung des Artikels bereits einige Kündigungen erhalten hat.

Im Gegensatz zu der Auffassung des Klägers ist die Zivilkammer allerdings nicht der Meinung, daß dem beanstandeten Zeitungsartikel die Aufforderung zu entnehmen ist, Angehörige einer bestimmten Religionsgemeinschaft zu boykottieren bzw. sie wirtschaftlich zu ruinieren. Vielmehr wird durch den Hinweis in dem Artikel, daß der Leiter der „K.-Institute" Scientologe ist, dem mündigen, interessierten Bürger die Möglichkeit eröffnet, sich für oder gegen dieses Institut in vollem Wissen um die Scientology-Mitgliedschaft seines Leiters zu entscheiden. Es handelt sich dabei um einen Bestandteil der ständigen geistigen Auseinandersetzung in Angelegenheiten von öffentlicher Bedeutung, die für eine freiheitliche demokratische Ordnung schlechthin konstituierend ist (vgl. BVerfG NJW 1983, 1415).

Etwas anderes würde nur dann gelten, wenn etwa ein Artikel über Scientology erschienen wäre und in diesem Artikel beliebig Personen, die in keiner Weise in der Öffentlichkeit hervorgetreten sind, als Scientologen vorgestellt würden (auf diesem Hintergrund sind auch die Urteile des OLG Stuttgart vom 27. 5. 1992 sowie des LG München vom 27. 11. 1991 zu verstehen). Diese Konstellation ist im vorliegenden Fall aber gerade nicht gegeben, vielmehr spielt der Kläger als Leiter der K.-Institute in der Öffentlichkeit eine besondere Rolle, wobei noch zusätzlich darauf abzustellen ist, daß gerade in Heilpraktiker-Schulen, anders als etwa bei der Schulmedizin, das weltanschauliche Verständnis bzw. die Betrachtungsweise des Menschen eine besondere Rolle spielt.

Damit steht zur Überzeugung der Zivilkammer fest, daß der Eingriff in die Persönlichkeitssphäre des Klägers nicht widerrechtlich war, sondern durch die Meinungsäußerungsfreiheit der Beklagten gedeckt war (so auch in einem ähnlichen Fall LG Karlsruhe, Urteil vom 12. 3. 1993 – 2 O 430/92 –).

Da somit die Berichterstattung nicht widerrechtlich war, kann der Kläger auch keinen Unterlassungsanspruch geltend machen. Die Frage, ob Wiederholungsgefahr gegeben ist oder nicht, braucht daher nicht vertieft zu werden.

72

Eine Befreiung vom Verbot des Schächtens kommt nur in Betracht, wenn der Antragsteller nachweist, daß die Schächtung als Voraussetzung erlaubten Fleischgenusses von der Religionsgemeinschaft oder einer ihrer Teilgemeinschaften, nicht nur von einzelnen Gläubigen oder Gruppen, zwingend vorgeschrieben ist. Im vorliegenden Fall wird dieser Nachweis für einen Antragsteller moslemischen Glaubens nicht als erbracht angesehen.

Art. 3, 4 Abs. 2 GG; § 4a Abs. 2 Nr. 2 TierSchG

OVG Nordrhein-Westfalen, Urteil vom 21. Oktober 1993 – 20 A 3887/92[1] –

Der Kläger ist moslemischen Glaubens und besitzt die türkische Staatsangehörigkeit. Er absolvierte in der Bundesrepublik eine Ausbildung als Metzger, die er mit der Gesellenprüfung abschloß. Im Oktober 1990 beantragten seine Prozeßbevollmächtigten für ihn sowie für den Betreiber eines Bauernhofes, auf dem vor allem warmblütige Tiere für die Schlachtung gezüchtet und gemästet werden, die Erteilung einer Ausnahmegenehmigung gemäß § 4a Abs. 2 Nr. 2 des Tierschutzgesetzes in der Fassung der Bekanntmachung vom 18. 8. 1986 – TierSchG 1986 – (BGBl. I S. 1319) mit nachfolgenden Änderungen. Sie begründeten den Antrag im wesentlichen unter Hinweis darauf, daß der Kläger als gläubiger Moslem beabsichtige, lebende Schafe und Rinder des Hofbesitzers zu kaufen und auf dem Hof, wo eine geeignete Schlachtstelle bestehe, zu schächten. Das Fleisch sei zum eigenen und zum Verzehr durch die örtliche Religionsgemeinschaft bestimmt. Die Schächtung der Tiere sei erforderlich,

---

[1] Das Urteil ist rechtkräftig.

weil der Koran den Genuß von Fleisch nicht geschächteter warmblütiger Tiere verbiete. Dabei sei die Schächtung nicht nur Ausdruck einer religiösen Grundhaltung, beinhalte vielmehr die Ausübung einer religiösen Betätigung, eines islamischen Ritus. Die Erteilung der Ausnahmegenehmigung gebiete sich unter Beachtung des verfassungsrechtlichen Gleichheitssatzes, weil religiösen Juden in der Bundesrepublik regelmäßig das Schächten von Tieren erlaubt werde.

Mit dem angefochtenen Bescheid lehnte der Beklagte die Anträge im wesentlichen mit der Begründung ab, die vom Bundesminister für Landwirtschaft angehörten relevanten Institute für Islamkunde hätten nicht geäußert, daß Schächten nach islamischen Religionsvorschriften zwingend vorgeschrieben sei. Diese Ansicht stehe im Einklang mit Gutachten höchster islamischer Instanzen für Glaubensfragen in Kairo und Ankara aus dem Jahr 1982, mit Äußerungen des Vertreters der Islamischen Gesellschaft in Hamburg anläßlich einer Anhörung vor dem Bundestag zur Novellierung des Tierschutzgesetzes und mit der Erklärung islamischer Rechtsgelehrter anläßlich einer Konferenz aus dem Jahr 1985. Die Teilnehmer letztgenannter Konferenz, die von der Weltgesundheitsorganisation und der Moslemischen Welt-Liga veranstaltet worden sei, hätten die Auffassung geäußert, daß Mohammedaner in nicht moslemischen Ländern auch das Fleisch von Tieren verzehren dürften, die nach westlichen Verfahren geschlachtet worden seien. Das Schächten der Schlachttiere sei für den Fleischverzehr der Moslems nicht zwingend vorgeschrieben, stelle vielmehr eine rituelle Handlung dar, die traditionell aufrechterhalten werde.

Der Kläger erhob Widerspruch. Unter Hinweis auf das bevorstehende islamische Opferfest, vor dessen Beginn er eine Entscheidung erbat, begründete er seinen vermeintlichen Anspruch auf Erteilung einer Ausnahmegenehmigung nach § 4a Abs. 2 Nr. 2 TierSchG 1986 u. a. mit Gutachten des Professors für Islamwissenschaften und Turkologie an der Universität Köln Dr. Manfred Götz vom 25. 8. 1989 sowie des Pastors Gerhard Jasper von der Evangelischen Beratungsstelle für Islamfragen in Wuppertal am 6. 7. 1988. Danach sei der Verzehr von Fleisch nicht geschächteter Tiere für Moslems nur in zwingenden, mit Gefahr für Leib oder Leben verbundenen Ausnahmesituationen zulässig. Das grundsätzlich bestehende Schächtverbot in Deutschland falle nicht unter eine derartige Ausnahme.

Den Widerspruch des Klägers wie es der Regierungspräsident N. zurück. Er begründete diese Entscheidung im wesentlichen damit, daß die gesetzlichen Voraussetzungen für die Erteilung der Ausnahmegenehmigung nicht erfüllt seien. Sie komme nur in Betracht, wenn der Kläger einer Religionsgemeinschaft angehöre, deren Vorschriften das Schlachten ohne Betäubung zwingend vorschrieben. Den vom Kläger für seine Auffassung zitierten Gutachten stünden – im einzelnen beispielhaft aufgeführte – gutachterliche Äußerungen islamischer Theologen gegenüber, die für Moslems den Genuß von Fleisch auch in

Ländern zuließen, in denen das Schächten nicht erlaubt sei. Der Koran verbiete nur den Verzehr von Fleisch, wenn die Tiere vor der Schlachtung getötet worden oder aber bereits tot gewesen seien. Hingegen sei die vor einer Schlachtung durchgeführte Betäubung eines Schlachttieres zugelassen, wenn diese Betäubung nicht zum Tod führe, das Schlachttier sofort nach der Betäubung geschlachtet und eine vollständige Ausblutung des Tieres erreicht werde. Durch Betäubung mittels Bolzenschußgeräts oder per Elektroschock könne der Blutentzug bei vollem Herzschlag erreicht und damit den religiösen Anforderungen der Moslems Rechnung getragen werden. Diese Erkenntnis habe dazu geführt, daß Elektrokurzzeitbetäubungen von vielen in Berlin lebenden islamischen Gläubigen akzeptiert würden.

Mit seiner Klage erstrebt der Kläger die Aufhebung der angefochtenen Bescheide und die Erteilung einer Ausnahmegenehmigung nach § 4a Abs. 2 Nr. 2 TierSchG 1986. Er führt im wesentlichen aus: Er sei gläubiger Moslem, der in der Überzeugung lebe, nur Fleisch von geschächteten Tieren essen zu dürfen. Lehrtraditionen aus der Zeit des Propheten und der ersten Generation der islamischen Gemeinschaft verlangten, daß Mohammedaner nur Fleisch von geschächteten Tieren verzehren dürften. Der Genuß des Fleisches von Tieren, die vor der Tötung betäubt worden seien, sei abgesehen von wenigen Ausnahmen verboten, wobei das gesetzliche Schächtverbot in Deutschland keine zwingende Ausnahme darstelle. Das islamische Gebot zum Schächten von Schlachttieren leite sich u. a. aus Sure 5, Vers 4, Sure 108, Vers 2, Sure 113 Abs. 103 und Sure Hack Abs. 30 und 33 her. Hieran werde deutlich, daß Schächten nicht nur hygienische Hintergründe habe, sondern eine tiefreligiöse Bedeutung besitze. Dies zeigten auch die Vorschriften über den Ablauf der Schächtung. Danach müsse das Schlachttier auf die linke Seite gelegt werden mit dem Kopf in Richtung Mekka; mindestens drei Füße des Schlachttieres müßten zusammengebunden werden. Unter Anruf Allahs müßten sodann die Weichteile des Halses einschließlich der dort gelegenen großen Blutgefäße mit Hilfe eines langen scharfen Messers ohne vorherige Betäubung bis zur Wirbelsäule durchgeschnitten werden. Erst wenn das Schlachttier vollständig ausgeblutet sei, dürfe die Wirbelsäule berührt und der Kopf abgetrennt werden. Nur wenn der vorgeschriebene Ablauf der rituellen Schlachtung genau eingehalten worden sei, dürften gläubige Moslems das Fleisch des geschächteten Tieres essen. Die Erteilung der Ausnahmegenehmigung nach § 4a Abs. 2 Nr. 2 TierSchG 1986 werde in der Bundesrepublik unterschiedlich gehandhabt: So werde in Nordrhein-Westfalen die Ausnahmegenehmigung nur an Juden erteilt, während Hessen sie auch für Moslems gewähre. Die nach § 4a Abs. 2 Nr. 2 TierSchG 1986 im Ermessen der Behörde stehende Entscheidung sei in seinem, des Klägers, Fall darauf reduziert, die Genehmigung zu erteilen, weil die religiös bedingte rituelle Schächtung durch das Grundrecht der freien Religionsausübung nach Art. 4 Abs. 2 GG geschützt sei. Art. 4 Abs. 2 GG gewährleiste die sogenannte Kultusfreiheit und damit die Vornahme der in einer Religion begründeten kultischen Handlungen und die Ausübung religiöser Gebräuche, und zwar sowohl des einzelnen als auch in Gemeinschaft mit anderen. Unter diesen Schutzbereich des Art. 4 Abs. 2 GG falle auch die Schächtung, für die eine Ausnahmegenehmigung beantragt werde. Dem Grundrecht auf ungehinderte Religionsausübung stehe andererseits kein mit Verfassungsrang ausgestatteter Rechtswert gegenüber, der einen höheren Rang als das Grundrecht genieße. Jedenfalls könne das Tierschutzrecht das Grundrecht nicht beschränken. Im übrigen ergebe sich der Anspruch auf Genehmigung des Schächtens von Tieren unmittelbar aus dem schrankenlos gewährleisteten Grundrecht des Art. 4 Abs. 2 GG, das nicht nur die in einer Religion möglicherweise herrschende Ansicht schütze, sondern gerade auch dem religiösen Minderheitenschutz diene. Insofern reiche es aus, daß jedenfalls kein völlig verschwindender Anteil der Moslems eine vorherige Betäubung von Schlachttieren für unzulässig halte. Schließlich stelle die Versagung der Ausnahmegenehmigung eine Verletzung des Gleichbehandlungsgebots des Art. 3 GG dar, die nur durch Erteilung der begehrten Ausnahmegenehmigung geheilt werden könne. Angehörigen des mosaischen Glaubens würden in Nordrhein-Westfalen wie in allen anderen Bundesländern Ausnahmegenehmigungen zum Schächten ohne weiteres erteilt.

Das Verwaltungsgericht hat die Klage abgewiesen.

In seinem Berufungsvorbringen tritt der Kläger u. a. der Ansicht entgegen, daß die islamischen Religionsvorschriften eine Betäubung von Schlachttieren vor der Tötung erlaubten. Seine Auffassung werde geteilt von dem Arbeitskreis islamischer Gemeinden in einer Stellungnahme vom 3. 4. 1990 an das Ministerium für Umwelt, Raumordnung und Landwirtschaft des Landes Nordrhein-Westfalen. Über seine Gemeinde gehöre er dem Arbeitskreis an, dessen Aussagen in Glaubensfragen für ihn verbindlich seien. Die Richtigkeit seiner Auslegung ergebe sich auch aus einer Darlegung der Botschaft des Königreichs Marokko vom 11. 11. 1992. Danach müsse nach der islamischen Religion jedes bewegungslose Tier als tot angesehen werden und dürfe deshalb nicht geschlachtet werden. Eine vorherige Betäubung komme nicht in Betracht. Ebenso habe die Vereinigung der neuen Weltsicht in Europa (AMGT) seinem Prozeßbevollmächtigten am 10. 12. 1992 mitgeteilt, daß nach einem Dekret und Fatwa der höchsten (islamischen) Autorität in Glaubensfragen in der Bundesrepublik Deutschland, des Sheikh ul-Islam, vom 20. 4. 1992 der Verzehr des Fleisches von Tieren, die zum Zeitpunkt des Schlachtens in irgendeiner Form bewußtseinsbeschränkt, d. h. betäubt gewesen seien, strikt und strengstens untersagt sei. Daß warmblütige Tiere, deren Fleisch zum menschlichen Verzehr bestimmt sei, nach den islamischen Religionsvorschriften vor der Tötung nicht betäubt werden dürften, belegten schließlich ein Rechtsgutachten (Fatwa) des Scheichs von Al-Azhar vom 4. 5. 1993, ein Aufsatz aus einer von der Imam-Muhammad-ibn-Saud-Universität herausgegebenen Zeitschrift sowie ein (weiteres) an den Minister für Umwelt, Raumordnung und Landwirtschaft des Landes Nordrhein-Westfalen gerichtetes Schreiben des Arbeitskreises islamischer Gemeinden in der Bundesrepublik Deutschland und West-Berlin zur Zabh vom 18. 3. 1989. Von dieser für ihn, den Kläger, maßgebenden Auslegung könne er nach seiner tiefen religiösen Überzeugung nicht abweichen. Schließlich habe das Verwaltungsgericht Inhalt und Reichweite des Grundrechts aus Art. 4 Abs. 2 GG verkannt, indem es seine religiöse Motivation in Zweifel gezogen habe. In allen bisher bekannten Entscheidungen hätten die Gerichte das Schächten von Tieren als religiös motiviertes Handeln anerkannt. Das Verwaltungsgericht setze sich auch nicht mit den von ihm, dem Kläger, für seine Auffassung zitierten Gerichtsentscheidungen und Literaturhinweisen auseinander. Der Tierschutz wirke weder als Tatbestandseinschränkung noch als Schranke des Grundrechts aus Art. 4 Abs. 2 GG. Endlich dürften das Grundrecht der Religionsfreiheit und das Tierschutzrecht in den einzelnen Bundesländern nicht unterschiedlich ausgelegt werden.

Der Senat weist die Berufung des Klägers zurück.

Aus den Gründen:

Die Berufung hat keinen Erfolg. Soweit der Kläger eine Ausnahmegenehmigung zum Schächten anläßlich des islamischen Opferfestes erstrebt (1), ist die darin liegende Klageänderung und damit auch die Klage unzulässig. Soweit er seinen Antrag auf Erteilung der Ausnahmegenehmigung zum Fleischgewinn weiterverfolgt, ist die Klage nicht begründet (2).

(1) Soweit der Kläger die Verpflichtung des Beklagten zur Erteilung einer Ausnahmegenehmigung gemäß § 4a Abs. 2 Nr. 2, 1. Alt. des Tierschutzgesetzes in der Fassung der Bekanntmachung vom 17. 2. 1993 (BGBl. I S. 254) – TierSchG – von dem gemäß § 4a Abs. 1 TierSchG bestehenden Schächtverbot erstrebt, liegt in diesem Begehren eine Klageänderung, die nicht zulässig ist. (wird ausgeführt)

(2) Hinsichtlich des Antrages auf Erteilung einer Ausnahmegenehmigung zum Schächten nach § 4a Abs. 2 Nr. 2, 2. Alt. TierSchG ist die Klage zulässig, jedoch nicht begründet. Der Bescheid des Beklagten vom 13. 11. 1990 und der Widerspruchsbescheid des Regierungspräsidenten N. vom 7. 6. 1991 sind rechtmäßig. Der Kläger hat keinen Anspruch auf die von ihm beantragte Ausnahmegenehmigung.

Die nach § 4a Abs. 2 Nr. 2, 2. Alt. TierSchG in Betracht kommende Genehmigung darf nur insoweit erteilt werden, als es erforderlich ist, den Bedürfnissen von Angehörigen bestimmter Religionsgemeinschaften im Geltungsbereich des Tierschutzgesetzes zu entsprechen, denen zwingende Vorschriften ihrer Religionsgemeinschaft den Genuß von Fleisch nicht geschächteter Tiere untersagen. Diese Voraussetzungen sind vorliegend nicht erfüllt.

Es genügt nicht, wenn der Kläger von sich, seiner Familie und/oder einem nicht unbeachtlichen Teil seiner moslemischen Kunden nachvollziehbar behaupten kann, daß die von ihnen als für sie verbindlich empfundene religiöse Überzeugung den Genuß solchen Fleisches verbietet. Vielmehr muß dieser Fleischverzehr – wie sich aus § 4a Abs. 2 Nr. 2 TierSchG ergibt – von zwingenden Vorschriften der Religionsgemeinschaft, der die Betroffenen angehören, untersagt sein. In diesem Zusammenhang mögen im Einzelfall – so auch hier – Darlegungsschwierigkeiten darin begründet sein, daß es innerhalb von Religionsgemeinschaften nicht selten verschiedene Glaubensrichtungen gibt, die eigenen religiösen Wertvorstellungen folgen und dabei von denselben Vorschriften durchaus unterschiedliche Auffassungen haben können. Die Angehörigen solcher bloßer Glaubensrichtungen bilden aber nicht ohne weiteres ihrerseits eine Religionsgemeinschaft i.S.d. § 4a Abs. 2 Nr. 2 TierSchG. Eine derartige Gemeinschaft, wie sie auch in Art. 7 Abs. 3 Satz 2 GG Erwähnung findet, setzt einen auf Kontinuität angelegten, verbindlichen Zusammenschluß von Personen voraus, die ein gemeinsames Anliegen hinsichtlich grundlegender religiöser Fragen im Sinne einer umfassenden Betrachtung von Fragen nach Ursprung, Sinn und Ziel der Welt und des Lebens der Menschen sowie nach dem oder den Schöpferwesen haben und die an den gefundenen Antworten ihr Bekenntnis und ihr sonstiges Verhalten ausrichten. Der Islam bildet eine derartige Religionsgemeinschaft. Dies gilt unbeschadet etwa insoweit vorhandener großer Teilgemeinschaften, die ihrerseits die Voraussetzungen einer Religionsgemeinschaft erfüllen mögen (Sunniten/Schiiten). Nicht als Religionsgemeinschaft in diesem Sinne können jedenfalls Angehörige des Islam betrachtet werden, die vereinzelt oder als Gruppe lediglich in der einen oder anderen Frage des Glaubens und der aus ihnen hergeleiteten Verhaltensgebote eine von anderen Anhängern des Islam abweichende Auffassung vertreten und praktizieren. Anderenfalls verlöre der Begriff der Religionsgemeinschaft jede, seine Handhabung bei der Rechtsanwendung begründende Kontur.

Der Kläger ist hiernach darauf verwiesen zu belegen, daß in der islamischen Religionsgemeinschaft (auch als Teilgemeinschaft) die Schächtung als Voraussetzung erlaubten Fleischgenusses zwingend vorgeschrieben ist.

Dem Kläger ist ein entsprechender Nachweis nicht gelungen. Er hat Möglichkeiten zu weiterer Klärung des Sachstandes insoweit nicht aufgezeigt. Sie sind angesichts des noch darzulegenden Erkenntnisstandes auch nicht ersichtlich. Soweit sich der Kläger zur Darlegung der Existenz eines zwingenden Vorschriften folgenden Verbots, das Fleisch von Tieren zu verzehren, die vor der

Schlachtung betäubt worden sind, auf Stellungnahmen und Gutachten bezieht, die er in das Verfahren eingeführt hat, reichen diese nicht aus, die Existenz eines solchen Verbots nachzuweisen. So stellt Pastor Gerhard Jasper von der Evangelischen Beratungsstelle für Islamfragen in Wuppertal zwar fest, daß Moslems – auch in Deutschland – grundsätzlich nur Fleisch geschächteter Tiere essen dürften. Keine Angaben macht er indes darüber, ob der Fleischverzehr auch dann untersagt ist, wenn unter Beibehaltung sämtlicher im übrigen für eine Schlachtung (im Wege des Schächtens) vorgeschriebener Riten (Ausrichtung des Schlachttieres nach Mekka, Fesselung der Beine, Anruf Allahs u. ä.) das Tier zuvor mittels einer geeigneten Methode betäubt wurde. In diesem Sinne äußert sich allerdings Prof. Dr. M. Götz in einem vom Kläger eingereichten Gutachten vom 25. 8. 1989 an den Verband der Islamischen Kulturzentren. Prof. Götz nimmt u. a. Stellung zu den Techniken des Schächtens und gelangt zum Ergebnis, daß nur das betäubungslose Schächten der im Islam vorgeschriebenen Schächtung gerecht werde. Die für seine Auffassung sodann folgende Begründung, daß allein das Schächten ohne vorherige Betäubung eine völlige Ausblutung des Schlachttieres garantiere, überzeugt hingegen nicht. Wie Beispiele in Städten mit hohem moslemischen Bevölkerungsanteil wie Berlin und Hamburg zeigen und wie die Vertreter des Beklagten in der mündlichen Verhandlung vor dem Senat für Schlachthäuser des Beklagten bestätigt haben, können Schlachtungen mit der Wirkung des vollständigen Ausblutens auch in dafür eingerichteten Schlachthöfen nach vorheriger Betäubung der Schlachttiere (etwa durch Elektroschock) durchgeführt werden. Eine abweichende Beurteilung der Schächtfrage ist auch nicht deshalb geboten, weil – wie Prof. G. weiter ausführt – die Schlachtung mit vorheriger Betäubung in der islamischen Welt nicht bekannt sei. Allein diese Behauptung – ihre Richtigkeit unterstellt – vermag nichts darüber auszusagen, ob der Fleischgenuß einem Moslem verboten ist, wenn er in der westlichen Welt lebt und Fleisch angeboten erhält, welches von vor der Schlachtung betäubten Tieren stammt, zugleich aber durch die Art der (bloßen) Betäubung gewährleistet ist, daß das Tier vor der Schlachtung noch lebt und in gleicher Weise wie bei der Schächtung ein vollständiges Ausbluten erfolgt. Das Verwaltungsgericht Berlin geht in dem vom Kläger für seine Auffassung in Anspruch genommenen (Urteil v. 19. 3. 1979 – VG 14 A 224.77 –) von der Existenz unterschiedlicher Auffassungen im Islam hinsichtlich der Zulässigkeit der Elektroschockbetäubung vor der Schlachtung aus. Das Gericht brauchte aber nicht zu prüfen, ob das betäubungslose Schlachten von zwingenden Vorschriften des Islam gefordert wird, weil es die Vorschrift des § 4a Abs. 2 Nr. 2 TierSchG seinerzeit noch nicht gab und insoweit keine Veranlassung zu entsprechenden Überlegungen – insbesondere zur Existenz von zwingenden Vorschriften – bestand. Eine vom Kläger zu den Gerichtsakten gereichte Stellungnahme der Generalstaatsanwaltschaft Hamm an das Oberlandesgericht Hamm vom 27. 6. 1991 streitet gleichfalls nicht entscheidend für die Annahme zwingender Vorschriften des Islam im hier zu erörternden Zusammenhang mit dem Fleischgenuß. Die Generalstaatsanwaltschaft geht vielmehr ohne weiteres davon aus, daß es zwingende Vorschriften des Islam gebe, die Moslems den Genuß von Fleisch nach Betäubung geschlachteter Tiere verböten, ohne diese Annahme näher zu begründen oder sich eingehend mit anderen Auffassungen auseinanderzusetzen. Gleiches gilt für die vom Kläger weiter beigebrachten einschlägigen Äußerungen: In den Stellungnahmen des Islamischen Arbeitskreises in Deutschland vom 18. 11. 1992 und des Arbeitskreises Islamischer Gemeinden in der Bundesrepublik Deutschland und West-Berlin zur Zabh vom 18. 3. 1989 und 3. 4. 1990 wird ohne nähere Herleitung oder Begründung behauptet, daß entsprechende zwingende Vorschriften bestünden. Verbindliche Geltung kann diese Auffassung – wenn überhaupt – jedoch nur für die Mitglieder des Arbeitskreises beanspruchen, was bedeutet, daß eine nicht völlig bedeutungslose Anzahl von Moslems in der Bundesrepublik Deutschland den Verzehr nicht durch Schächtung gewonnenen Fleisches als verboten ansieht. Den Stellungnahmen läßt sich indes weder nachvollziehbar entnehmen, daß ein solches Verbot von der Gesamtheit der islamischen Religionsgemeinschaft als zwingend angesehen wird, noch beantworten sie die Frage, woraus sich der Charakter der Vorschrift als zwingend herleitet. In diesem Zusammenhang darf nicht unberücksichtigt bleiben, daß Äußerungen von Interessengemeinschaften regelmäßig zweckbestimmt sind und nicht selten überspitzte oder übertriebene Darstellungen enthalten, die einer wertenden Betrachtung bedürfen. Sinn und Zweck der Äußerungen der Arbeitskreise bestanden offensichtlich darin, gläubigen Moslems, die eine Ausnahmegenehmigung zum Schächten begehren, beim Nachweis der hierfür erforderlichen Voraussetzungen zu helfen. Betrachtet man diese Stellungnahmen vor dem Hintergrund der mit ihnen verfolgten Interessen, erscheint es auch nicht widersprüchlich, daß beispielsweise Dr. Ali Emari von der Islamischen Gemeinschaft Hamburg sowohl vom Kläger als auch von Behörden für ihre jeweilige Ansicht zitiert werden (vgl. die Mitzeichnung von Dr. Emari für die vom Kläger für seine Auffassung in Anspruch genommene Stellungnahme des Islamischen Arbeitskreises in Deutschland vom 18. 3. 1989 einerseits und den die Ausnahmegenehmigung versagenden Bescheid des Beklagten, in dem Aussagen von Dr. Emari anläßlich der Anhörung zur Tierschutznovelle für die Behördenauffassung angeführt werden). Die kurze Mitteilung der Botschaft des Königreichs Marokko vom 11. 11. 1992 befaßt sich mit der Frage des Schlachtens nach vorheriger Betäubung überhaupt nicht, enthält vielmehr die These, daß nach der islamischen Religion bewegungslose Tiere als tot anzusehen seien und deshalb nicht geschlachtet werden dürften. Dies besagt aber nicht, daß nachweislich noch lebende, weil nur betäubte Tiere nicht religiösen Vorschriften entsprechend geschlachtet werden dürfen und vermag die Darlegung des Klägers hinsichtlich der Existenz zwingender Vorschriften im Sinne von § 4a Abs. 2 Nr. 2 TierSchG nicht zu stützen. Der Scheich der Al-Azhar folgert am Ende seines Rechtsgutachtens vom 4. 5. 1993 aus den Vorschriften des Koran, daß die Schlachtung dann zwingenden religiösen Vorschriften zuwiderlaufe, wenn die zuvor vorgenommene Betäubung bereits zum Tode geführt habe; daß zwingende Vorschriften den Fleischgenuß auch dann verbieten, wenn das Schlachttier nach der Betäubung noch gelebt hat, läßt sich auch diesem Gutachten nicht entnehmen. Aus dem dem Gutachten beigefügten Auszug aus einem Zeitschriftenartikel läßt sich gleichfalls nur herleiten, daß die Wirkungen einer Schächtung nicht mehr eintreten können und gläubigen Moslems der Fleischverzehr verboten ist, wenn vor dem Schächtakt das Tier bereits (durch die Betäubung) getötet worden ist. Schließlich vermag auch das Dekret des Sheikh ul-Islam vom 20. 4. 1992, dessen genauer Wortlaut nicht bekannt ist, dessen Inhalt aber in dem an den Prozeßbevollmächtigten des Klägers gerichteten Schreiben der Vereinigung der Neuen Weltsicht in Europa mitgeteilt ist, den Nachweis zwingender Vorschriften im Sinne von § 4a Abs. 2 Nr. 2 TierSchG nicht zu erbringen. Zwar soll dieses Dekret dahin lauten, daß der Verzehr von Fleisch verboten sei, das von Tieren stamme, die zum Zeitpunkt des Schlachtens in irgendeiner Form bewußtseinsbeschränkt, d. h. betäubt gewesen seien. In Anbetracht der zahlreichen bei den Gerichtsakten befindlichen Stellungnahmen islamischer Autoritäten sowie nicht islamischer Wissenschaftler (des Muslimrates Jakarta „über maschinellen Viehschlacht durch Betäubung" vom 9. 6. 1978, des Präsidiums des Amtes für Religiöse Angelegenheiten Ankara vom 2. 6. 1986, des Leiters des Arbeitsbereichs Islamwissenschaft und Semitistik der Universität Hamburg, Prof. Dr. A. Noth, vom 8. 10. 1987, des Prof. Dr. Wagner vom Institut für Orientalistik der Universität Gießen vom 17. 8. 1987, des Botschaftsrates für Soziale Angelegenheiten der Türkischen Botschaft in Bonn vom 29. 7. 1982, des Rektors der Al-Azhar Universität Kairo, Prof. Dr. M. El-Naggar, vom 25. 2. 1982, des Leiters der Islamischen Gemeinschaft in Hamburg, Dr. med. Ali Emari, vom 14. 10. 1985 und der von der Weltgesundheitsorganisation und der Moslemischen Welt-Liga im Jahr 1985 durchgeführten Konferenz „Islamische Anforderungen an Lebensmittel tierischen Ursprungs" in Jeddah/Saudi-Arabien), die sämtlich zugrundelegen, daß der Verzehr von Fleisch nicht aufgrund religiöser Vorschriften verboten ist, sofern die Tiere vor der Schlachtung lediglich betäubt worden sind, läßt sich aber gerade eine solche für zwingend erachtete Auffassung, daß der Verzehr von Fleisch verboten ist, wenn es von Tieren stammt, die vor der Schlachtung betäubt worden sind, nicht feststellen. Dem entspricht es, daß offenbar ein beachtlicher Teil der moslemischen Bevölkerung in Deutschland den Verzehr von Fleisch nach Betäubung geschlachteter

Tiere mit ihren religiösen Glaubensvorschriften in Einklang bringen kann. Die Vorschriften, die der Kläger und weitere Personen seiner Glaubensrichtung für sich als verbindlich erachten, können deswegen nicht als zwingende Vorschriften einer Religionsgemeinschaft im Sinne von § 4a Abs. 2 Nr. 2 TierSchG bewertet werden.

Die Versagung der Ausnahmegenehmigung greift nicht in das durch Art. 4 Abs. 1 und 2 GG garantierte Grundrecht des Klägers bzw. seiner Religionsgemeinschaft und deren Mitglieder auf ungestörte Religionsausübung ein. Weder der Verzehr von Fleisch noch dessen Gewinnung stellen für sich genommen „Religionsausübung" i.S.v. Art. 4 Abs. 2 GG dar. Möglich erscheint ein Grundrechtseingriff hier allenfalls mit Blick darauf, daß auch die Gestaltung der Eßgewohnheiten sowohl des einzelnen als auch einer Gemeinschaft mit Rücksicht auf religiöse Vorschriften und Verbote unter den Schutzbereich des Grundrechts fallen kann (vgl. BVerwG, Urteil vom 10. 1. 1979[2] – 8 C 27.77 –, BVerwGE 57, S. 215 [219]). Indes läßt sich eine Verletzung des Rechts auf ungestörte Religionsausübung durch die Versagung der Ausnahmegenehmigung nicht feststellen. Weder dem Kläger noch anderen Mitgliedern seiner Religionsgemeinschaft wird verboten, Fleisch betäubungslos geschlachteter Tiere zu essen. Ebensowenig werden sie durch die Versagung gezwungen, für sie unter religiösen Gesichtspunkten verbotenes Fleisch von Tieren zu verzehren, die vor der Schlachtung betäubt worden sind. Sofern sie ihnen erlaubtes Fleisch von dort erhalten können, wo es zulässigerweise hergestellt wird, steht ihnen der Genuß frei, so wie sie auch auf den Genuß von – für die menschliche Ernährung nicht unerläßlichem – Fleisch verzichten können, solange sie sich im Geltungsbereich eines Schächtverbots aufhalten. In diesem Zusammenhang entfaltet Art. 4 Abs. 1 und 2 GG Wirkung nur dahin, daß der Staat die Religionsausübung nicht stören darf. Das Grundrecht des Art. 4 GG ist ein Abwehrrecht gegen den Staat, zwingt diesen jedoch nicht dazu, die Möglichkeit, bestimmte religiös begründete Gebräuche zu üben, interessierten Menschen oder Gruppen erst zu verschaffen (vgl. Herzog in Maunz/Dürig/Herzog/Scholz/Lerche/Papier/Randelzhofer/Schmidt-Assmann, Kommentar zum Grundgesetz, Art. 4, Rdnr. 108).

Schließlich liegt in der Versagung der Schächtgenehmigung auch kein Verstoß gegen das durch Art. 3 GG garantierte Gleichbehandlungsgebot. Den – unsubstantiierten – Vortrag des Klägers als richtig unterstellt, daß Angehörige des mosaischen Glaubens in Deutschland regelmäßig Ausnahmegenehmigungen erteilt erhielten, führte dies noch nicht zur Feststellung eines Verstoßes gegen das in Art. 3 GG enthaltene Gebot, gleiche Sachverhalte grundsätzlich gleich zu behandeln. Sollte nämlich die jüdische Religion zwingende Vorschriften enthalten, die den Genuß des Fleisches von nach Betäubung geschlachteter Tiere verbie-

---

[2] KirchE 17, 149.

ten, wären die Voraussetzungen für die Erteilung der Ausnahmegenehmigung erfüllt; sollten derartige zwingende Vorschriften – wie vorliegend – nicht dargelegt werden können, wären die erteilten Ausnahmegenehmigungen rechtswidrig. Der Kläger könnte schon deshalb keine Gleichbehandlung beanspruchen.

73

Nach DDR-Recht konnte eine Religionsgemeinschaft nicht die Rechtsstellung einer Körperschaft des öffentlichen Rechts erwerben.

Die Religionsgemeinschaft der Zeugen Jehovas in Deutschland erfüllt die Voraussetzungen einer Anerkennung als Körperschaft des öffentlichen Rechts im Land Berlin.

Art. 140 GG, 137 Abs. 5 WRV
VG Berlin, Urteil vom 25. Oktober 1993 – 27 A 214/93[1] –

Die Klägerin ist aus der „Religionsgemeinschaft der Zeugen Jehovas in der DDR" hervorgegangen und hat ihren Sitz in Berlin. Sie ist in religiöser Hinsicht ein Zweig der Watch Tower Bible and Tract Society of Pennsylvania mit Sitz in Brooklyn N. Y., USA, und ist bisher in den neuen Bundesländern tätig.

Die Gemeinschaft der Zeugen Jehovas ist in Deutschland seit 1897 tätig, und zwar unter der Bezeichnung „Bibelforscher". Ihre im Jahre 1926 gegründete Gesellschaft mit dem Namen „Internationale Bibelforscher-Vereinigung Deutscher Zweig" wurde 1927 im Vereinsregister des Amtsgerichts Magdeburg als Verein registriert. Unter der Naziherrschaft wurde der Verein verboten, seine Registrierung im Vereinsregister gelöscht. Im September 1945 erfolgte eine Neugründung, der Verein wurde wiederum beim Amtsgericht Magdeburg ins Vereinsregister eingetragen. Am 31. 8. 1950 verbot der Innenminister der DDR den Verein, der seinen Namen inzwischen in „Jehovas Zeugen, Internationale Bibelforscher-Vereinigung, Deutscher Zweig, e.V." geändert hatte, woraufhin in der Bundesrepublik Deutschland eine Gesellschaft mit dem Namen „Wachturm Bibel- und Traktat-Gesellschaft, Deutscher Zweig e. V." gegründet wurde. Im Januar 1989 stellten die Zeugen Jehovas in der DDR einen Antrag an die damalige Regierung, wieder als Religionsgemeinschaft anerkannt zu werden. Der Ministerrat – Amt für Kirchenfragen – übersandte ihnen daraufhin unter dem 14. 3. 1990 eine Urkunde, in der es heißt:

---

[1] NVwZ 1994, 609. Nur LS: AkKR 163 (1994), 212. Die von beiden Parteien eingelegte Berufung wurde zurückgewiesen; OVG Berlin, Urteil vom 14. 12. 1995 – 5 B 20.94 – NVwZ 1996, 478. Die Nichtzulassungsbeschwerde der Klägerin, die die Klageabweisung hinsichtlich des Hauptantrages betraf, blieb erfolglos; BVerwG, Beschluß vom 3. 6. 1996 – 7 B 117.96 – NVwZ 1996, 998. Vgl. zu diesem Fragenkreis auch VG Berlin NVwZ 1995, 513; OVG Berlin NVwZ 1996, 478.

„Staatliche Anerkennung
Die „Religionsgemeinschaft der Zeugen Jehovas der DDR" mit Sitz in Berlin, Hauptstadt der Deutschen Demokratischen Republik, ist staatlich anerkannt.
Mit der staatlichen Anerkennung ist die Religionsgemeinschaft rechtsfähig und legitimiert, auf der Grundlage des Art. 39 (2) der Verfassung der DDR ihre Tätigkeit auszuüben."

In dem Begleitschreiben des Ministerrats vom gleichen Tag heißt es:

„Die Gemeinschaft gehört damit zu den über 30 Kirchen und Religionsgemeinschaften, die in der DDR auf der Grundlage von Art. 39 (2) der Verfassung und weiterer gesetzlicher Bestimmungen der DDR ihre Tätigkeit selbständig in voller Freiheit ausüben und Rechtsfähigkeit besitzen."

Mit Schreiben vom 23. 10. 1990 an den Magistrat und Senat der Stadt Berlin teilte die Klägerin mit, sie sei der Auffassung, sie habe aufgrund der Anerkennung durch den Ministerrat den Status einer Körperschaft des öffentlichen Rechts erlangt und bat um schriftliche Bestätigung ihrerRechtsstellung. In einem weiteren Schreiben vom 8. 4. 1991 beantragte sie, unter Aufrechterhaltung ihres bisherigen Rechtsstandpunktes vorsorglich die Anerkennung als öffentlich-rechtliche Körperschaft im Land Berlin.

Mit dem angefochtenen Bescheid lehnte die Senatsverwaltung für Kulturelle Angelegenheiten den Antrag ab. Zur Begründung führte sie aus: Eine Feststellung eines bereits durch den Ministerrat der DDR verliehenen Status als Körperschaft komme nicht in Betracht, da die von diesem ausgesprochene „Anerkennung" keine Verleihung von Körperschaftsrechten im Sinne von Art. 140 GG, Art. 137 Abs. 5 WRV bedeute. Der Rechtsstatus einer Körperschaft des öffentlichen Rechts für eine Religionsgemeinschaft sei dem Verfassungsrecht der DDR unbekannt gewesen, es habe vielmehr lediglich das bestehende Verbot aufgehoben werden sollen. Auch aus dem Einigungsvertrag (EV) i.V.m. § 2 des Gesetzes zur Regelung des Kirchensteuerwesens (KirchStG-DDR), in dem festgestellt wird, daß bestimmte Religionsgemeinschaften Körperschaften des öffentlichen Rechts sind, ergebe sich keine Anerkennung der Klägerin als Körperschaft des öffentlichen Rechts im Sinne des Grundgesetzes, da dieses Gesetz nach Art. 9 Abs. 4 EV nicht in Berlin gelte. Für eine analoge Anwendung des KirchStG-DDR auf die Klägerin fehle es an einer ausfüllbedürftigen Regelungslücke. Auch komme keine Neuverleihung des Rechts als Körperschaft des öffentlichen Rechts gemäß Art. 140 GG, 137 Abs. 5 WRV in Betracht. Diese Bestimmung verlange, daß die die Anerkennung begehrende Religionsgesellschaft ein positives, zumindest nicht distanziert-ablehnendes Grundverhältnis zum hiesigen Staat habe, woran es bei der Klägerin fehle. Diese bejahe die zum Kernbestandteil des Grundgesetzes zählenden Normen des Demokratie- und des Toleranzprinzips nicht. Übernahme von staatlicher oder zumindest öffentlicher Trägerschaft und Verantwortung lehne sie ab.

Zum Staat habe sie ein strukturell-negatives Grundverständnis, da sie diesen „wie Satan als von Gott nur zugelassen" ansähe. Es bestünden Zweifel hinsichtlich der Beachtung des Toleranzgebots, da die Klägerin ihren religiösen Ausschließlichkeitsanspruch dahin auslege, daß jeglicher Kontakt zu anderen Religionsgemeinschaften zu unterlassen sei, sie es beispielsweise ablehne, im Rahmen des ökumenischen Rats mit den anderen christlichen Kirchen und Religionsgesellschaften zusammenzuarbeiten. Ausschlaggebend für die Ablehnung des Antrages sei aber, daß die Klägerin das aktive wie das passive Wahlrecht ablehne, lediglich die Mitgliedschaft in Berufsvertretungen zulasse und keines ihrer Mitglieder Sitz und Stimme in einem kommunalen oder Landesparlament habe. Die Teilnahme an einer politischen Willensbildung durch Ausübung des aktiven und passiven Wahlrechts gehöre jedoch zu den elementaren Prinzipien der demokratischen Grundordnung der Bundesrepublik Deutschland. Diese Bedenken gegen eine Anerkennung der Klägerin als Körperschaft stellten auch keine unzulässige inhaltliche Bewertung von Religion oder Religionsausübung dar. Die Verleihung von Körperschaftsrechten durch den Staat bedeute gerade eine – ausnahmsweise – Durchbrechung des im übrigen geltenden Prinzips der Trennung von Staat und Kirche, und zwar in bezug auf die Übernahme öffentlicher Trägerschaft und Verantwortung, für die es jedoch der Klägerin an Bereitschaft fehle.

Mit ihrer Klage verfolgt die Klägerin ihr Begehren weiter. Sie habe noch in der damaligen DDR mit Inkrafttreten des KirchStG-DDR am 29. 9. 1990 den Körperschaftsstatus erlangt. Dies ergebe sich daraus, daß sie alseine andere Religionsgemeinschaft i.S.d. § 2 Nr. 4 KirchStG-DDR mit den gleichen Rechten wie die enumerativ genannten inkorporierten Kirchen ausgestattet sei, denen sie aufgrund der förmlichen Anerkennung durch den Ministerrat der DDR gleichgestellt sei. Dieser – noch vor der Wiedervereinigung erlangte – Rechtsstatus gelte in der Bundesrepublik fort.

Im übrigen erfülle die Klägerin auch die Voraussetzungen für eine Neuerlangung der Rechtsstellung einer Körperschaft des öffentlichen Rechts. Es handele sich bei der Klägerin um eine Religionsgemeinschaft im Sinne des Art. 137 Abs. 5 Satz 2 WRV, die, wie ihre missionarische Tätigkeit seit 1897, ihre finanzielle Ausstattung sowie die Anzahl ihrer Mitglieder in Berlin und im gesamten Bundesgebiet belege, auch die Gewähr der Dauer biete. An weitere Voraussetzungen sei der Anspruch aus Art. 140 GG, Art. 137 Abs. 5 WRV nicht geknüpft. Im übrigen erhebe die Beklagte zu Unrecht den Vorwurf, die Klägerin habe ein negatives Staatsverständnis. Sie befürworte lediglich die Trennung von Staat und Kirche und sei – wie auch die großen christlichen Kirchen – der Auffassung, daß Christen ihren Blick auf das „Kommen des Königreiches Gottes" zu richten hätten, ohne deshalb jedoch die Bundesrepublik Deutschland und ihr staatliches Gefüge abzulehnen.

Die Klägerin beantragt, festzustellen, daß sie eine Körperschaft des öffentlichen Rechts ist; *hilfsweise*, den Beklagten unter Aufhebung des Bescheides der Senatsverwaltung für Kulturelle Angelegenheiten vom 20. 4. 1993 zu verpflichten, ihr die Rechtsstellung einer Körperschaft des öffentlichen Rechts im Land Berlin zu verleihen.

Die Klage hatte nur mit dem Hilfsantrag Erfolg.

Aus den Gründen:

I. Der Hauptantrag der Klägerin ist als verwaltungsgerichtliche Feststellungsklage gemäß §§ 40 Abs. 1 Satz 1, 43 Abs. 1 VwGO zulässig, in der Sache aber unbegründet.

1. Durch die Verleihung der „staatlichen Anerkennung" durch den Ministerrat der DDR am 14. 3. 1990 ist der Klägerin schon deshalb nicht der Status einer Körperschaft des öffentlichen Rechts verliehen worden, weil eine derartige Rechtsform dem zu diesem Zeitpunkt geltenden Recht der DDR fremd war:

Während die erste Verfassung der DDR vom 7. 10. 1949 (GBl. S. 4) noch die Rechtsvorschrift des Art. 137 Abs. 5 der WRV, wonach Religionsgesellschaften Körperschaften des öffentlichen Rechts bleiben, soweit sie solche bisher waren und anderen Religionsgemeinschaften auf ihren Antrag hin unter bestimmten Voraussetzungen gleiche Rechte gewährt werden (vgl. Art. 41 ff. VerfDDR 1949), fast wörtlich übernommen hatte, enthielt die – bis zur Wiedervereinigung Deutschlands gültige – am 9. 4. 1968 in Kraft getretene Verfassung der DDR vom 6. 4. 1968 (GBl. I S. 199) eine derartige Bestimmung nicht mehr. Mit dieser Verfassungsänderung war jedenfalls die Stellung von Kirchen und Religionsgemeinschaften als Körperschaften öffentlichen Rechts entfallen (vgl. Weidemann, Zur Rechtsstellung der Kirchen und Religionsgemeinschaften nach der neuen Verfassung in Mitteldeutschland, DVBl. 1969, S. 10 [12]); Renck, Probleme der Rechtsangleichung im Staatskirchenrecht, ThürVBl. 1992, S. 177 [179]), ohne daß es hierfür eines zusätzlichen Gesetzgebungsaktes oder eines anderen staatlichen Aktes – der nicht erfolgt ist – bedurft hätte (a. A. Engelhardt, Die Kirchensteuer in den neuen Bundesländern, S. 22). Ob die Verfassung der DDR von 1968 überhaupt materielle Änderungen von Statusrechten zur Folge hatte, erscheint schon deswegen fraglich, weil nach der „sozialistischen" Rechtslehre der DDR die Unterscheidung zwischen öffentlichem und privatem Recht abgelehnt wurde, die Bezeichnung „Körperschaft des öffentlichen Rechts" oder „juristische Person des öffentlichen Rechts" deshalb als unwissenschaftlich und sinnlos angesehen wurde und sich daher die Auffassung durchgesetzt hatte, die Anerkennung als Körperschaft des öffentlichen Rechts bedeute „seit jeher" – also auch auf der Grundlage der Verfas-

sung von 1949 – lediglich, daß die Kirchen und Religionsgemeinschaften als juristische Personen zu behandeln seien (Mampel, Die sozialistische Verfassung der Deutschen Demokratischen Republik, 2. Aufl. 1982, Art. 39 Rdnr. 30 m.w.N.). Demzufolge stellt die am 14. 3. 1990 vom DDR-Ministerrat abgegebene Erklärung keine Verleihung von Körperschaftsrechten dar, sondern – entsprechend dem Wortlaut der Urkunde – lediglich die Verleihung der Rechtsfähigkeit und der Legitimation zur Ausübung der in Art. 39 Abs. 2 der Verfassung der DDR vom 6. 4. 1968 festgeschriebenen Rechte.
2. Auch das zusammen mit dem Einigungsvertrag vom 29. 9. 1990 in Kraft getretene Gesetz zur Regelung des Kirchensteuerwesens (BGBl. II S. 1194) – KirchStG-DDR – verleiht der Klägerin keine Körperschaftsrechte.

Dabei kann offen bleiben, ob durch § 2 Nr. 4 KirchStG-DDR – unter diese Bestimmung kann die Klägerin allein fallen – überhaupt Körperschaftsrechte verliehen werden sollen. Aus dem Gesetz ist nicht ersichtlich, welche „andere Religionsgemeinschaft, die die gleichen Rechte hat" neben den in § 2 Nr. 1–3 KirchStG-DDR enumerativ aufgezählten evangelischen und katholischen Kirchen sowie jüdischen Kultusgemeinden bereits durch Legislativakt mit Körperschaftsrechten ausgestattet werden sollte; in den amtlichen Erläuterungen wird lediglich auf die Möglichkeit hingewiesen, daß die nicht unter Nr. 1 bis 3 fallenden Religionsgemeinschaften unter bestimmten Voraussetzungen gemäß § 3 KirchStG-DDR auf Antrag den Status einer Körperschaft des öffentlichen Rechts erlangen (vgl. BT-Drucks. 11/7817 S. 126). Nach Auffassung der Kammer sind unter den Religionsgemeinschaften im Sinne des § 2 Nr. 4 KirchStG-DDR daher nur solche zu verstehen, denen die Körperschaftsrechte auf ihren Antrag hin gemäß § 3 KirchStG-DDR neu verliehen worden sind.

Jedenfalls würde aber eine etwaige, durch das KirchStG-DDR verliehene Körperschaftsstellung gemäß Art. 9 Abs. 5 i.V.m. Art. 1 Abs. 1 EV nur in den neuen Bundesländern – nicht aber in Berlin – fortgelten. Die Klägerin kann auch durch das in der DDR vor der Wiedervereinigung in Kraft getretene KirchStG-DDR keine Rechtsstellung erlangt haben, die im Land Berlin (oder auch nur im ehemaligen Ostteil Berlins) Fortbestand beanspruchen kann. Ein durch das KirchStG-DDR verliehener Status als Körperschaft des öffentlichen Rechts ist nicht vergleichbar mit der auf der Grundlage von Art. 140 GG, Art. 137 Abs. 5 WRV verliehenen Rechtsstellung. Er begründete sich auf einfachem Gesetz, unterstand nicht dem besonderen Schutz der Verfassung (vgl. Art. 39 VerfDDR 1968) und konnte daher im Land Berlin durch Art. 9 Abs. 5 EV wieder entzogen werden, ohne daß es darauf ankommt, ob eine der Verleihungsvoraussetzungen nachträglich entfallen war (vgl. zum Entzug von Körperschaftsrechten Lehmann, Die kleinen Religionsgemeinschaften des öffentlichen Rechts im heutigen Staatskirchenrecht, 1959, S. 134; Held, Die kleinen öffentlichrechtlichen Religionsgemeinschaften im Staatskirchenrecht der

Bundesrepublik, S. 146 ff.). Darüber hinaus ist der im KirchStG-DDR verwendete Begriff der „Körperschaft des öffentlichen Rechts" nicht identisch mit dem gleichen Begriff des Grundgesetzes. Zwar ergibt sich aus den amtlichen Erläuterungen zum KirchStG-DDR (aaO), daß mit der Wiedereinführung der Kirchensteuer an die Verfassung der DDR von 1949 und an eine gesamtdeutsche Verfassungstradition, die sich auf die Art. 136 ff. WRV stützt, angeknüpft werden sollte. Bereits die Bezeichnung des Gesetzes als „Gesetz zur Regelung des Kirchensteuerwesens" zeigt jedoch, daß sein Regelungsgehalt sich allein darauf beschränkt, die Kirchen und Religionsgemeinschaften in den Stand zu versetzen, Kirchensteuern zu erheben und ihnen den zur Ausübung dieser Hoheitsrechte benötigten öffentlich-rechtlichen Status zu verleihen. Andere, den auf der Grundlage der Art. 140 GG, Art. 137 Abs. 5 WRV als öffentlich-rechtliche Körperschaften anerkannten Religionsgemeinschaften zukommende Rechte – beispielsweise die Dienstherrenfähigkeit, die Disziplinargewalt und das Vereidigungsrecht – sollten mit dem KirchStG-DDR nicht verliehen werden. Einer Verleihung solcher weitergehender Rechte bedurfte es im Hinblick auf die bei Inkrafttreten des KirchStG-DDR unmittelbar bevorstehende Wiedervereinigung Deutschlands auch nicht, weil nach der Wiedervereinigung in den neuen Bundesländern sich die weiteren Rechte der körperschaftsrechtlich anerkannten Religionsgemeinschaften unmittelbar aus dem Grundgesetz ergeben. Anders als in den anderen neuen Bundesländern, in denen die Schaffung einer einheitlichen Rechtsgrundlage durch das KirchStG-DDR zur Erhebung von Kirchensteuern schon deshalb notwendig und zur Vermeidung von Finanzierungslücken für die „altkorporierten" Religionsgemeinschaften auch dringlich war, weil erst aufgrund der Landtagswahlen vom 14. 10. 1990 die Legislativorgane entstanden, bedurfte es für das Land Berlin im Hinblick auf das landesrechtlich bereits bestehende Kirchensteuerrecht einer solchen Regelung nicht, woraus sich der Sinn des Art. 9 Abs. 5 Einigungsvertrag erklärt.

Die Klage war daher in ihrem Hauptantrag abzuweisen.

II. Dem – hilfsweise gestellten – Verpflichtungsbegehren der Klägerin war hingegen stattzugeben. Die Klägerin hat einen Rechtsanspruch auf Anerkennung als Körperschaft des öffentlichen Rechts im Land Berlin, weil sie die verfassungsrechtlichen Voraussetzungen gemäß Art. 140 GG i.V.m. Art. 137 Abs. 5 WRV erfüllt und ihr daher ein entsprechendes subjektives öffentliches Recht zusteht. Nach dieser Verfassungsvorschrift bleiben Religionsgesellschaften Körperschaften des öffentlichen Rechts, soweit sie solche bisher waren; anderen Religionsgesellschaften sind auf ihren Antrag hin gleiche Rechte zu gewähren, wenn sie durch ihre Verfassung und die Zahl ihrer Mitglieder die Gewähr der Dauer bieten. Der „anderen" Religionsgesellschaft, die diese Voraussetzungen erfüllt, ist somit ein Rechtsanspruch auf Verleihung eingeräumt („sind ... zu gewähren"); einen Ermessensspielraum hat die verleihende Behörde nicht. Die Begriffe

„Religionsgesellschaft" sowie „Gewähr der Dauer" sind unbestimmte Rechtsbegriffe, deren Anwendung durch die Behörde in vollem Umfang gerichtlich nachprüfbar ist (vgl. OVG Berlin, Urteil vom 17. 4. 1969 – V B 6.67 –, OVGE 10, 105 [106] m.w.N.).

Die verfassungsrechtlichen Voraussetzungen für die Verleihung der Körperschaftsrechte liegen vor:

a) Daß es sich bei ihr um eine antragsberechtigte Religionsgesellschaft handelt, also um einen Zusammenschluß von Personen mit gemeinsamen religiösen Auffassungen von Sinn und Bewältigung des menschlichen Lebens, der den vorhandenen Konsens in umfassender Weise bezeugt (vgl. BVerwGE 61, S. 152 [154][2] m.w.N. – „Scientology Church" –; zu den Zeugen Jehovas als Religionsgesellschaft vgl. BVerfGE 19, S. 129 [133][3]), bestreitet der Beklagte selbst nicht. Für die Frage der Einordnung der Klägerin als Relitionsgesellschaft im Lande Berlin ist es ohne Bedeutung, ob neben ihr die in Westdeutschland bisher tätige „Wachturm-, Bibel- und Traktat-Gesellschaft" weiter bestehen bleibt oder – was nach dem Vorbringen der Klägerin beabsichtigt ist (vgl. auch [3] der Präambel des Statuts der Klägerin vom 20. 9. 1993) diese sich mit der Klägerin nach einer Anerkennung als Körperschaft vereinen soll. Entgegen der Auffassung der Kultusministerkonferenz („Empfehlungen über die Verleihung der öffentlichen Körperschaftsrechte an Religionsgesellschaften und Weltanschauungsvereinigungen", abgedruckt bei Weber, Die Verleihung der Körperschaftsrechte an Religionsgemeinschaften, ZevKR 34 (1989), S. 337 ff. [377]) ist die Unterscheidbarkeit einer Religionsgesellschaft von anderen in ihrem Wirkungsbereich bereits bestehenden Religionsgemeinschaften kein Begriffsmerkmal (vgl. Weber, aaO, S. 348; OVG Berlin, aaO, S. 107; Held, aaO, S. 110 f.), weil es nicht auf das theologische Bekenntnis, sondern wesentlich auf die Organisationsform ankommt, in der sich der rechtlich bedeutsame Wille zur Selbständigkeit äußerlich kundtut.

b) Die Klägerin bietet auch durch ihre Verfassung und Zahl ihrer Mitglieder die Gewähr der Dauer. Dabei ist unter „Verfassung" nicht nur die satzungsmäßige Organisation, sondern der tatsächliche und gesicherte Gesamtzustand der Religionsgemeinschaft zu verstehen (vgl. OVG Berlin, aaO, S. 107; VG München, Urteil vom 13. 10. 1982[4] – M 2784 VII 80 –, ZevKR 29 [1984], S. 628 [630]; Held, aaO, S. 116). Bedeutsam sind vor allem der Grad der Bindung der Mitglieder an ihr Bekenntnis, der Grad der Ausbildung einer festen Gemeindeorganisation und eine bestimmte Bestandszeit. Daran, daß die Klägerin ein hohes Organisationsmaß aufweist und es versteht, ihre Mitglieder in starkem Maße an sich zu binden, besteht kein Zweifel. Die Klägerin hat unwiderspro-

---

[2] KirchE 18, 311. [3] KirchE 7, 242. [4] KirchE 20, 149.

chen vorgetragen, daß es in Berlin zur Zeit 76 Gemeinden der Zeugen Jehovas gibt, in denen wöchentlich drei Zusammenkünfte mit Gottesdienst durchgeführt werden, woran regelmäßig alle Vereinsmitglieder teilnehmen. Daß ihre Vermögensverhältnisse geordnet sind, wird vom Beklagten ebenfalls nicht bestritten. Insoweit hat die Klägerin unwiderlegt vorgetragen, daß sie sich im wesentlichen durch freiwillige Spenden ihrer Mitglieder finanziert. Auch die Dauerhaftigkeit ihres Bestehens kann nicht in Zweifel gezogen werden. Zumindest seit Gründung der Gesellschaft der „Internationalen Bibelforscher-Vereinigung Deutscher Zweig" im Jahre 1926 verfügt die Religionsgemeinschaft der Zeugen Jehovas über eine eigene rechtliche Organisation, deren Nachfolge im Nachkriegs-Westdeutschland durch die bereits erwähnte Wachturm-, Bibel- und Traktat-Gesellschaft, in der früheren DDR nach Zeiten illegalen Bestehens wegen des Verbots der Zeugen Jehovas durch die Klägerin – nach Anerkennung durch den Ministerrat – angetreten wurde. Auch aufgrundder Zahl ihrer Mitglieder bietet die Klägerin die Gewähr der Dauer. Am 31. 12. 1991 soll sich die Zahl der Mitglieder/Interessenten im Land Berlin auf 6184 belaufen haben (vgl. Statistisches Jahrbuch Berlin 1992, S. 201). Auch wenn diese Zahl auf Angaben der Religionsgemeinschaft der Zeugen Jehovas selbst beruht, bestehen keine Zweifel daran, daß die Zahl der Mitglieder der Klägerin die Größe von 3000 – eine nach der Berliner Praxis (vgl. Held, aaO, S. 121) für die Gewähr der Dauer erhebliche Richtzahl – überschreitet und die soziologische Struktur der Mitglieder (vgl. zu deren Bedeutung OVG Berlin, aaO, S. 111 [112]) keine auffälligen Besonderheiten gegenüber der Gesamtbevölkerung aufweist.

c) Als – ungeschriebene – Verleihungsvoraussetzung ist schließlich das Erfordernis der „Rechtstreue" (vgl. Weber, aaO, S. 356) bzw. der „uneingeschränkten Achtung der Rechtsordnung" (vgl. von Mangold/Klein/von Campenhausen, GG-Kommentar, 3. Auflage 1991, Art. 140 Rdnr. 150) anerkannt. Der Staat ist nicht verpflichtet, den Status als Körperschaft öffentlichen Rechts an Religions- oder Weltanschauungsgemeinschaften zu verleihen, die sich in erheblichem Umfang gegen die bestehende staatliche Ordnung auflehnen oder deren Betätigung mit dem geltenden Recht unvereinbar ist (vgl. Held, aaO, S. 122, vgl. auch BVerwGE 61, 152 [161]). Das Erfordernis der uneingeschränkten Achtung der Rechtsordnung soll letztlich nur sicherstellen, daß die öffentlich-rechtlich korporierte Religionsgesellschaft in der Ausübung delegierter staatlicher Rechtsmacht für kircheneigene Zwecke, also z.B. dem Besteuerungsrecht, dem Parochialrecht, der Dienstherrenfähigkeit und dem Widmungsrecht die Gewähr der Rechtmäßigkeit ihrer Handlungen bietet (vgl. Alternativkommentar zum Grundgesetz, Art. 140, Rdnr. 56f.). Auch diese Verleihungsvoraussetzung erfüllt die Klägerin. Anhaltspunkte dafür, daß die Klägerin bei der Ausübung ihrer Rechtsstellung als Körperschaft im außerkirchlichen Bereich nicht die Gewähr für die Rechtmäßigkeit ihrer Handlungen bieten oder dem Staat aktiven Widerstand leisten wird – was allein die Versagung der Verleihung von Körperschaftsrechten aus dem Gesichtspunkt der „Rechtstreue" rechtfertigen könnte – sind vom Beklagten nicht dargelegt worden und auch sonst nicht ersichtlich.

Angesichts des Umstandes, daß die Klägerin als mitgliederstarke Religionsgemeinschaft jahrzehntelang – mit Ausnahme von Verboten und Verfolgungen während der nationalsozialistischen und kommunistischen Gewaltherrschaften – in der demokratischen Gesellschaft unbeanstandet tätig ist, muß von einem Nichtvorliegen verfassungsfeindlicher Bestrebungen und gesetzwidriger Verhaltensweisen ausgegangen werden.

Damit liegen die verfassungsrechtlichen Voraussetzungen für die Verleihung der Körperschaftsrechte an die Klägerin vor. Die Gründe, auf die der Beklagte die Versagung der Verleihung stützt, können die angegriffene Behördenentscheidung aus mehreren rechtlichen Gründen nicht stützen.

Soweit der Beklagte die Versagung der Verleihung von Körperschaftsrechten auf die Auffassung stützt, der „Übergang von einer privatrechtlichen Glaubensformation zum Status einer öffentlich-rechtlichen Religionskörperschaft bedeutet jedoch den Eintritt in den Kreis der im weitesten Sinne öffentlichen Verwaltung und beinhaltet damit die Verpflichtung, zu den elementaren staatsbürgerlichen Normen des Grundgesetzes eine tendenziell positive Haltung einzunehmen", die betreffende Religionsgesellschaft „muß deshalb in bezug auf das Toleranz- und Demokratiegebot ein Mindestmaß an Bejahung erkennen lassen", weil Art. 140 GG Bestandteil der übrigen Bestimmungen des Grundgesetzes und „infolgedessen insbesondere von den in Art. 20 GG verankerten wesentlichen Elementen unserer demokratischen Grundordnung (vgl. Art. 79 Abs. 3 GG) geprägt und durchwirkt" sei, liegt dem zunächst ein Mißverständnis vom Begriff der öffentlich-rechtlichen Religionskörperschaft im Sinne von Art. 140 GG, 137 Abs. 5 WRV zugrunde. Kirchen oder Religionsgesellschaften werden durch ihre Anerkennung als Körperschaften des öffentlichen Rechts in keiner Weise dem Staat inkorporiert. Religionsgemeinschaften entstammen einem für die Staatsgewalt unantastbaren – durch Art. 4 GG geschützten – Freiheitsbereich und leiten ihre Gewalt nicht vom Staat her (BVerfGE 18, 385 [386])[5]. Durch ihre Anerkennung als Körperschaft des öffentlichen Rechts werden sie auch nicht im weitesten Sinne staatsmittelbare Organisationen oder Verwaltungseinrichtungen (vgl. BVerfGE 42, 312 [321][6] m.w.N.). Angesichts der religiösen und konfessionellen Neutralität des Staates nach dem Grundgesetz bedeutet die Kennzeichnung der Rechtsstellung von Kirchen und Religionsgesellschaften als öffentlich-rechtliche Körperschaft

---

[5] KirchE 7, 172.
[6] KirchE 15, 320.

keine Gleichstellung mit anderen Körperschaften öffentlichen Rechts, die in den Staat organisch eingegliederte Verbände sind, sondern nur die Zuerkennung eines öffentlichen Status, der sie zwar über die Religionsgemeinschaften des Privatrechts erhebt, aber keiner besonderen Kirchenhoheit des Staates oder gesteigerter Staatsaufsicht unterwirft (BVerfGE 18, 385 [387] m.w.N.). Bei dem hier verwendeten Körperschaftsbegriff handelt es sich lediglich um einen Hilfsbegriff, der den Kirchen bestimmte, dem öffentlichen Recht eigentümliche Befugnisse eröffnet. Der Staat wollte den Kirchen mit der Zuordnung zum öffentlichen Recht rechtliche Gestaltungsmöglichkeiten für den weltlichen Rechtsbereich eröffnen, die für die kirchliche Struktur ihrem Selbstverständnis nach besser geeignet sind als die Rechtsformen des Privatrechts (vgl. von Mangold/Klein aaO, Rdnr. 149) und zugleich die besondere Bedeutung von Kirchen und Religionsgesellschaften für das Leben in Staat und Gesellschaft anerkennen (vgl. BVerfGE 42, 312 [331]). Entsprechend kann die Zuerkennung des Körperschaftsstatus nicht davon abhängig gemacht werden, daß die Religionsgemeinschaft aktiv für den Staat tätig wird oder ihm auch nur positiv gegenübersteht. Es kommt hierfür nicht einmal darauf an, ob die antragstellende Gemeinschaft willens ist, die hoheitlichen Befugnisse auszuüben, die ihr mit der Korporationsqualität zur Verfügung gestellt werden; der Körperschaftsstatus enthält lediglich das Angebot, nicht aber die Verpflichtung, von diesen Rechten Gebrauch zu machen (vgl. Weber, aaO, S. 357; Held, aaO, S. 122; OVG Berlin, aaO, S. 108).

Darüber hinaus verletzt der vom Beklagten als Grund zur Versagung der Körperschaftsstellung herangezogene Gesichtspunkt, daß die Klägerin ein negatives Grundverständnis zum Staat habe und die Übernahme staatlicher oder öffentlicher Pflichten, wie z. B. das aktive oder passive Wahlrecht für ihre Mitglieder ablehne, die Klägerin in ihrem Grundrecht aus Art. 4 Abs. 1 GG (zur Grundrechtsträgerschaft von Religionsgesellschaften vgl. BVerfGE 18, 385). Art. 4 Abs. 1 GG gewährleistet das Recht jedes einzelnen, aber auch jeder Religionsgemeinschaft, seine innersten Anschauungen und Überzeugungen frei zu bilden und sie nach außen zu bekennen. Von Art. 4 Abs. 1 GG geschützte Glaubensinhalte sind sämtliche Gedankensysteme, die die Welt universell zu begreifen und die Stellung des Menschen zu ihr zu erkennen und zu bewerten suchen, unabhängig davon, ob sie religiösen, areligiösen oder sogar antireligiösen Inhalts sind (vgl. BVerfGE 12, 1 [3f.][7]). Damit stellt auch das von der Klägerin im Verwaltungsverfahren ausführlich dargestellte und von ihr z.T. als „relative Unterordnung unter die Obrigkeit" bezeichnete Verhältnis zum Staat, das die Klägerin auf ihre Auslegung diverser Schriftstellen des Neuen Testaments – beispielsweise Röm 13, 1, 2, 4 und 7; Mk 12, 17; Mt 22, 1; Apg 5, 29 –

---

[7] KirchE 5, 256.

und damit auf ihre religiösen Grundüberzeugungen stützt, ein Element ihres grundrechtlich geschützten Glaubensinhalts dar und entzieht sich jeglicher Bewertung durch staatliche Stellen, insbesondere auch einer Überprüfung auf die theologische „Richtigkeit" der durch die Klägerin gewählten Auslegung (vgl. BVerfGE 35, 366 [376][8]). Auch der Umstand, daß die von der Klägerin vertretenen Glaubensinhalte in ihren Auswirkungen in den öffentlichen Bereich hineinreichen, berechtigt den Beklagten nicht zu einer inhaltlichen Bewertung der auf ihrem Glaubensinhalt beruhenden Verhaltensweisen der Klägerin. Denn es ist Glaubensfragen gerade eigen, daß sie nicht nur den transzendentalen Bereich betreffen, sondern auch den Menschen in seinem Bezug zur Umwelt und daher auch im Verhältnis zum Staat begreifen und hierfür Verhaltensregelungen vorsehen. Dementsprechend gehört auch das Recht des einzelnen bzw. einer Religionsgemeinschaft, das gesamte Verhalten an den Lehren des eigenen Glaubens auszurichten und der inneren Glaubensüberzeugung entsprechend zu handeln, zum Schutzbereich des Art. 4 Abs. 1 GG, weil sich anderenfalls die Glaubensfreiheit nicht voll entfalten könnte (vgl. BVerfGE 32, 98 [106][9]). Dem Begehren der Klägerin auf Verleihung von Körperschaftsrechten kann deshalb nicht entgegengehalten werden, daß sie ihre Mitglieder davon abhält, das aktive oder passive Wahlrecht auszuüben oder sich an politischen Parteien zu beteiligen. Die Klägerin überschreitet mit diesem Gebot auch nicht die Grenzen der ihr zustehenden Glaubensfreiheit, weil es weiterhin der Entscheidung jedes einzelnen Mitglieds der Klägerin freisteht, dennoch sein individuelles Recht zur politischen Willensbetätigung wahrzunehmen, andererseits keine verfassungsrechtliche Verpflichtung zur Teilnahme an Wahlen oder zu einer sonstigen politischen Betätigung besteht.

Den dargestellten Inhalt der grundrechtlich verbürgten Glaubensfreiheit verkennt der Beklagte auch, soweit er seine Ablehnung darauf stützt, daß die Klägerin „im Verhältnis zu anderen Religionsgemeinschaften jede Form des Miteinanders" ablehne, indem sie ihren religiösen Ausschließlichkeitsanspruch dahingehend auslege, daß jegliche Kontakte zu anderen Religionsgemeinschaften zu unterlassen seien. Abgesehen davon, daß die Überzeugung, daß allein die eigenen Glaubensinhalte richtig seien, einer Vielzahl von Religionsgemeinschaften eigen sein dürfte, ist eine rechtliche Begründung zu einer Verpflichtung zur Zusammenarbeit mit anderen Religionsgemeinschaften nicht erkennbar. Eine solche Verpflichtung ergibt sich insbesondere nicht aus dem Toleranzgebot. Der Begriff der „Toleranz" beschränkt sich auf die Duldung (anderer) religiöser Bekenntnisse oder nicht-religiöser Überzeugungen (vgl. Schmidt-Bleibtreu/Klein, GG, Art. 4 Rdnr. 2). Adressat des verfassungsrechtlichen To-

---

[8] KirchE 13, 315.
[9] KirchE 12, 294.

leranzgebots ist im übrigen der Staat, dem die Klägerin auch nach Verleihung von Körperschaftsrechten nicht inkorporiert wird. Religionsgemeinschaften sind demgegenüber nicht zur Toleranz verpflichtet; ihnen ist sogar erlaubt, Glaubensabwerbung zu betreiben, soweit sie durch ihr Vorgehen dabei nicht Individualrechte anderer verletzen (vgl. Zippelius, Bonner Kommentar, Art. 4 Rdnr. 79; BVerfGE 12, 1 [4f.]).

Auch die im Verwaltungsverfahren angesprochene „demokratische Innenstruktur" der Klägerin ist für ihren Anspruch auf Verleihung der Körperschaftsrechte irrelevant. Es ist Teil der verfassungsrechtlichen Autonomie der Religionsgemeinschaften und zugleich Teil der ihnen zustehenden Glaubensfreiheit, ihre innere Struktur zu gestalten. Dies gilt für körperschaftsrechtlich anerkannte Religionsgemeinschaften ebenso wie für privatrechtlich organisierte. Auch der Einfluß, den die Religionsgemeinschaft auf ihre einzelnen Mitglieder hat, unterliegt – in den Grenzen der allgemeinen Gesetze – der autonomen Gestaltung. Maßgeblich und ausreichend zur Gewährleistung der individuellen Rechte einzelner Mitglieder ist insoweit, daß die Satzung der Klägerin auch eine auf dem Willensentschluß des einzelnen Mitglieds beruhende Beendigung der Mitgliedschaft vorsieht (§ 10 Nr. 1 und 2 der Satzung), die Zugehörigkeit zur Klägerin damit auf dem Prinzip der Freiwilligkeit beruht. Anhaltspunkte dafür, daß die Freiwilligkeit der Mitgliedschaft durch die Klägerin mißachtet wird und die Verleihungsvoraussetzung der „Rechtstreue" deshalb in Frage steht, sind – wie ausgeführt – bisher weder vorgetragen noch sonst ersichtlich.

74

Zur Frage, wie bei Zusammenveranlagung von Ehegatten in glaubensverschiedener Ehe in den sog. Kappungsfällen für den Bereich der Ev.-luth. Landeskirche Hannovers der auf den kirchenangehörigen Ehegatten entfallende Anteil des zu versteuernden Einkommens zu ermitteln ist.

§§ 2 Abs. 1, 7 Abs. 2 u. 4 Nds.KiStRG
OVG Niedersachsen, Beschluß vom 27. Oktober 1993 – 13 L 72/89[1] –

Der Kläger ist Mitglied der beklagten Ev.-luth. Landeskirche Hannovers. Seine Ehefrau gehört keiner Religionsgemeinschaft an. Für das Kalenderjahr 1981 wurden die Eheleute, die damals in S. wohnten, antragsgemäß vom Finanzamt W. mit dem angefochtenen Bescheid zusammen zur Einkommens-

---

[1] NVwZ-RR 1994, 355; FR 1994, 97. Nur LS: AkKR 162 (1993), 567; KuR 1995, H. 1, 61. Der Beschluß ist rechtskräftig. Vgl. zu diesem Fragenkreis auch FG München EFG 1996, 1178; FG Nürnberg EFG 1996, 1237.

steuer veranlagt; die Ehefrau bezog in diesem Jahr eigene Einkünfte aus nichtselbständiger Arbeit. Gleichzeitig setzte das Finanzamt gegenüber dem Kläger, bestätigt durch Widerspruchsbescheid der Beklagten die für 1981 zu zahlende Kirchensteuer auf 5314,68 DM fest. Mit seiner nach Abweisung der Anfechtungsklage durch das Verwaltungsgericht eingelegten Berufung erstrebt der Kläger weiterhin die Herabsetzung dieser Festsetzung auf 4844,05 DM. Die Berufung blieb ebenfalls erfolglos.

Aus den Gründen:

In der Sache ist die Berufung unbegründet. Das Verwaltungsgericht hat die Anfechtungsklage zu Recht abgewiesen. Die angegriffene Kirchensteuerfestsetzung verletzt den Kläger nicht in seinen Rechten (§ 113 Abs. 1 Satz 1 VwGO). Die dafür im Anschluß an die Entscheidung des Oberverwaltungsgerichts vom 24. 9. 1981 (KirchE 19, 42) gegebene, rechtsfehlerfreie Begründung des angefochtenen Urteils macht sich der Senat gemäß § 130b VwGO zu eigen. Das Vorbringen der Berufung, das den erstinstanzlichen Vortrag wiederholt und vertieft, führt zu keiner anderen Beurteilung.

Rechtsgrundlage für die Erhebung von Kirchensteuern sind in Niedersachsen für das Jahr 1981 das Kirchensteuerrahmengesetz – KiStRG – vom 10. 2. 1972 (Nds.GVBl. S. 109) mit späteren Änderungen, das – soweit hier von Interesse – unverändert jetzt i.d.F. der Bekanntmachung vom 10. 7. 1986 (Nds.GVBl. S. 281) gilt, und das Kirchengesetz der Konföderation evangelischer Kirchen in Niedersachsen über die Erhebung von Kirchensteuern in den evangelischen Landeskirchen – KiStO.ev – vom 14. 7. 1972 (Nds. MBl. 1973 S. 314). §§ 2 Abs. 1 Satz 2 Nr. 1 KiStRG, 2 Abs. 1 Nr. 1 KiStO.ev ermächtigten insofern die Beklagte, aufgrund eigener Steuerordnung Kirchensteuern u.a. als Steuer vom Einkommen in einem Vomhundertsatz der Einkommensteuer (Lohnsteuer) oder nach Maßgabe des Einkommens (Arbeitslohns) zu erheben, wobei nach §§ 2 Abs. 4 Satz 1 KiStRG, 6 Abs. 1 KiStO.ev Mindest- und Höchstbeträge bestimmt werden konnten. von diesen Ermächtigungen hat die Beklagte für das Kalenderjahr 1981 in der Weise Gebrauch gemacht, daß die zu entrichtende Kirchensteuer auf 9% der Einkommensteuer (Lohnsteuer), höchstens jedoch 3,5% des zu versteuernden Einkommens bzw. des auf das zu versteuernde Einkommen umzurechnenden Arbeitslohnes, von dem die Lohnsteuer berechnet wird, festgelegt wurde (Beschluß der Landessynode der Beklagten vom 28. 11. 1980, KABl. Hannover Nr. 3/1981 S. 7 f.). Bezüglich der Bemessungsgrundlage der Kirchensteuer für den Fall der Zusammenveranlagung von Eheleuten in glaubensverschiedener Ehe bestimmt(e) weiterhin § 7 Abs. 2 Nr. 3b KiStRG, daß die zu erhebende Kirchensteuer nach dem Teil der Einkommensteuer beider Ehegatten zu bemessen ist, der auf den kirchenangehörigen Ehegatten entfällt; zur Feststellung dieses Anteils ist die Einkommensteuer beider Ehegatten im Verhältnis der Einkommensteuerbeträge aufzuteilen, die sich bei Anwendung der für getrennte Veranlagung geltenden Einkommensteuertabelle (Grundtabelle) auf die Einkünfte eines jeden Ehegatten ergeben würden. Im Erlaßwege war und ist vorgesehen, daß diese Berechnungsmethode sinngemäß auch für die Berechnung des Höchstbetrages in den sog. Kappungsfällen anzuwenden ist (vgl. Nr. 3c des Erl. des MF vom 1. 3. 1973, Nds.MBl. S. 406; in gleichem Sinne Nr. 3b Beispiel 3 des Erl. des MF vom 20. 12. 1982, Nds. MBl. 1983 S. 109).

Hiervon ausgehend ist die Heranziehung des Klägers zur Kirchensteuer in Höhe von 5314,68 DM nicht zu beanstanden.

Nach den maßgebenden Steuerdaten griffen im Fall des Klägers im Jahr 1981 die Vorschriften zur Kappung der Kirchensteuer; davon gehen auch die Beteiligten übereinstimmend aus. Denn eine Heranziehung zur Kirchensteuer in Höhe von 9% der Einkommensteuer nach Maßgabe des Berechnungsverfahrens des § 7 Abs. 2 Nr. 3b KiStRG hätte eine Steuerschuld von 5469,- DM ergeben, mithin einen Steuerbetrag, der die divergierenden Kappungsberechnungen beider Beteiligten übersteigt. Das ergibt folgende Rechnung: Bei den im Steuerbescheid für das Jahr 1981 ausgewiesenen Einkünften des Klägers in Höhe von 146 736,- DM und seiner Ehefrau in Höhe von 47 868,- DM hätten sich bei getrennter Veranlagung Einkommensteuerbeträge von (abgerundet) 67 320,- DM und 14 070,- DM = insgesamt 81 390,- DM errechnet; die Einkommensteuerschuld bei Zusammenveranlagung belief sich auf 73 480,- DM; 73 480,- DM × 67 320,- DM : 81 390,- DM = 60 777,41 DM × 9% = 5469,- DM.

Wie von den hier interessierenden Kappungsfällen der Höchstsatz der Kirchensteuer bei beantragter Zusammenveranlagung von in glaubensverschiedener Ehe lebenden Ehegatten zu berechnen ist, ist im KiStRG und in der KiStO.ev unmittelbar nicht geregelt. Der zitierte Beschluß der Landessynode der Beklagten vom 28. 11. 1980 enthält ebenfalls keine speziellen Vorschriften zum Aufteilungsverfahren, sondern bestimmt in Nr. 1 Satz 1 den Höchstsaz - wie dargelegt - lediglich allgemein auf „3,5% des zu versteuernden Einkommens". Bei dieser Normlage ist entsprechend den angeführten Erlaßregelungen und in Übereinstimmung mit der Erkenntnis des Oberverwaltungsgerichts im oben zitierten Urteil vom 24. 9. 1981 das in § 7 Abs. 2 Nr. 3b KiStRG vorgeschriebene Verfahren zur Ermittlung des auf den kirchenangehörigen Ehegatten entfallenden Einkommensteuerbetrages auch bei der Berechnung des Höchstsatzes (Kappung) analog anzuwenden (vgl. dazu auch Meyer, ZevKR 27 (1982), 171 [174 ff.]). Was der Kläger hiergegen vorbringt, ist nicht überzeugend:

Er vertritt die Auffassung, im Hinblick darauf, daß Bemessungsgrundlage des Höchstsatzes das „zu versteuernde Einkommen" sei und sich Einkommen und

Einkommensteuer nicht proportional zueinander verhielten, sei für die Ermittlung des auf den kirchenangehörigen Ehegatten entfallenden Einkommenanteils auf das Verhältnis der von den Ehegatten erzielten Einkünfte und nicht – wie in § 7 Abs. 2 Nr. 3b KiStRG – auf das Verhältnis der Steuerbeträge bei getrennter Veranlagung abzustellen. Da sich weiterhin hier nach dem Steuerbescheid 1981 das gemeinsam zu versteuernde Einkommen auf 183 590,- DM belaufen habe und seine Einkünfte (146 736,- DM) 75% der gemeinsamen Einkünfte von 194 604,- DM ausgemacht hätten, errechne sich in seinem Fall der Höchstsatz nach der Formel: 75,4% von 183 590,- DM = (abgerundet) 138 402,- DM × 3,5% = 4844,05 DM.

Dieser Berechnungsmethode begegnen nach den einschlägigen kirchenrechtlichen Rechtsgrundlagen im wesentlichen zwei durchgreifende Bedenken, die sie als nicht systemkonform und daher unzutreffend erscheinen lassen: Auch für die Kappungsfälle kann der maßgebende Kirchensteuerbeschluß der Beklagten für das Jahr 1981 – anders als der Kläger meint – zum einen bei verständiger Auslegung nicht dahin interpretiert werden, es solle eine Kirchensteuer „nach Maßgabe des Einkommens" im Sinne von § 2 Abs. 1 Satz 2 Nr. 1b KiStRG, § 2 Abs. 1 Nr. 1b KiStO.ev erhoben werden; denn die Kappung stellt keine eigenständige Steuerform dar, sondern bezeichnet lediglich die Höchstbegrenzung der von der Beklagten nach Maßgabe der §§ 2 Abs. 1 Satz 2 Nr. 1a KiStRG, 2 Abs. 1 Nr. 1a KiStO.ev in Form des Zuschlags von 9% zur staatlichen Einkommensteuer erhobenen Kirchensteuer. Schon von daher ist es (wegen der notwendigen Vergleichbarkeit) sachgeboten, die Berechnungsbasis für die Kirchensteuer in den Kappungsfällen – allerdings bezogen auf das „zu versteuernde Einkommen" als Bemessungsgrundlage – unter den hier gegebenen Umständen gleichermaßen nach den auf die Ehegatten entfallenden Einkommensteuerbeträgen zu bestimmen und das zu versteuernde Einkommen entsprechend zu quoteln (vgl. auch Meyer, aaO, S. 175 m.w.N.). Zum anderen vernachlässigt die vom Kläger vorgenommene lineare Berechnung des dem kirchenangehörigen Ehegatten zuzurechnenden Anteils am zu versteuernden Einkommen die Progression der Einkommensteuertarife, was im Rahmen der Erhebung einer Kirchensteuer in Form eines Zuschlags zur Einkommensteuer, der – wie ausgeführt – auch die Kappungsfälle unterfallen, nicht angeht.

Hieraus folgt, daß in den angefochtenen Bescheiden in entsprechender Anwendung des § 7 Abs. 2 Nr. 3b KiStRG die vom Kläger zu entrichtende Kirchensteuer rechtsfehlerfrei wie folgt festgesetzt worden ist: 67 320,- DM (Steuerbetrag des Klägers bei getrennter Veranlagung) × 183 590,- DM (gesamtes zu versteuerndes Einkommen) : 81 390,- DM (Summe der Steuerbeträge bei getrennter Veranlagung) = 151 852,- DM; Eingangswert der Tabellenstufe: 151 846,- DM × 3,5% = 5314,68 DM. Der Einwand des Klägers, mit einem

Anteil von 151 846,- DM am zu versteuernden Einkommen werde ihm zu Unrecht ein seine Einkünfte in Höhe von 146 736,- DM übersteigender Betrag als Basis für die Kirchensteuerfestsetzung zugerechnet, geht fehl; diese höhere Quote ist zwangsläufige Folge der - wie dargelegt - auch in den Kappungsfällen gebotenen Berücksichtigung der Progressionswirkung.

75

Die Eintragung der Bezeichnung „MESSIAS" als Warenzeichen für Bekleidungsstücke, Schuhwaren und Kopfbedeckungen ist ärgerniserregend.

§ 4 Abs. 2 Nr. 4 WZG

Bundespatentgericht, Beschluß vom 2. November 1993 - 27 W(pat) 85/92[1] -

Das zur Eintragung als Warenzeichen für „Bekleidungsstücke, Schuhwaren, Kopfbedeckungen" angemeldete Wort „MESSIAS" hat die Prüfungsstelle für Klasse 25 Wz des Deutschen Patentamts als für Angehörige jüdischer und christlicher Glaubensgemeinschaften ärgerniserregend beanstandet. Die angemeldete Bezeichnung sei der allseits bekannte Name für den im Alten Testament verheißenen göttlichen Heilsbringer, der in der christlichen Religion mit Jesus Christus gleichgesetzt werde, im jüdischen Glauben aber noch Gegenstand der Zukunftserwartung sei. Die Übertragung dieses religiösen Begriffs auf das profane Gebiet der Warenwirtschaft sei geeignet, das Empfinden eines beachtlichen Teils der angesprochenen Verkehrskreise zu verletzen und stelle eine grobe Geschmacksverletzung dar.

Mit zwei Beschlüssen, von denen einer im Erinnerungsverfahren erlassen worden ist, hat die Prüfungsstelle sodann die angemeldete Bezeichnung von der Eintragung ausgeschlossen.

Gegen diese Entscheidung richtet sich die Beschwerde der Anmelderin. Sie ist der Auffassung, aus der religiösen Bedeutung des Wortes „Messias" könne nicht ohne weiteres der Schluß gezogen werden, daß dessen Verwendung zur Bezeichnung von alltäglichen Gegenständen das religiöse Empfinden eines beachtlichen Teils der angesprochenen Verkehrskreise verletze. Nur ein geringer Teil der Bevölkerung habe heute noch religiöse Bindungen. Somit sei schon fraglich, ob die religiöse Bedeutung des angemeldeten Zeichens überhaupt von einem beachtlichen Teil des Verkehrs wahrgenommen werde. Davon abgesehen werde aber durch die Verwendung der angemeldeten Bezeichnung noch nicht die Schwelle erreicht, von der ab das religiöse Empfinden verletzt

---

[1] GRUR 1994, 377. Vgl. zu diesem Fragenkreis auch OLG Frankfurt AfP 1994, 231.

werde. Religiöse Begriffe hätten einen Wertewandel erfahren und seien in der heutigen Zeit ganz allgemein nicht mehr „tabu". In der Verwendung des Wortes „MESSIAS" für neutrale Gegenstände des täglichen Gebrauchs, um die es sich vorliegend handele, werde keine Herabsetzung oder Verunglimpfung gesehen.
Die Beschwerde blieb ohne Erfolg.

Aus den Gründen:
Die Beschwerde ist zulässig (WZG § 13 Abs. 1 bis 3, PatG § 73 Abs. 2), jedoch in der Sache nicht begründet.
Der Eintragung der angemeldeten Bezeichnung als Warenzeichen steht die Vorschrift des § 4 Abs. 2 Nr. 4 Alt. 1 WZG entgegen. Das Wort „MESSIAS" wird in entscheidungserheblichem Umfang für Waren der in Anspruch genommenen Art als ärgerniserregend empfunden. Ärgerniserregend ist ein Zeichen dann, wenn es das Empfinden eines beachtlichen Teils der angesprochenen Verkehrskreise zu verletzen geeignet ist, insbesondere wenn es sittlich, politisch oder religiös anstößig wirkt oder eine grobe Geschmacksverletzung enthält (Althammer, WZG, 4. Aufl., § 4 Rdnr. 66 m.w.N.). Entgegen der Auffassung der Anmelderin sind diese Voraussetzungen vorliegend gegeben, weil der Begriff „MESSIAS", mit der von der Prüfungsstelle nachgewiesenen und auch von der Anmelderin in der Sache nicht bestrittenen religiösen Bedeutung, für durchaus beachtliche Teile des angesprochenen Verkehrs im gegebenen Zusammenhang ärgerniserregend wirkt (vgl. BPatG Mitt 1968, 192 „Mosaic"; BPatGE 28, 41 „CORAN"). Der Anmelderin mag zwar einzuräumen sein, daß eine generelle Tendenz zur Lockerung religiöser Bindungen besteht und daß mithin nicht in allen Volkskreisen die Verwendung (ursprünglich) religiöser Begriffe im Bereich der Warenwirtschaft durchweg als anstößig empfunden wird. Für einen ganz erheblichen Teil der Bevölkerung, auch soweit er nicht in strengem Sinne kirchlich gebunden ist, liegt aber in jedem Fall eine grobe Geschmacksverletzung vor, wenn ihm ein Begriff wie „Messias", der im christlichen Sprachgebrauch eine andere Bezeichnung für Gott selbst darstellt (im jüdischen für einen gottgesandten Propheten), in Verbindung mit alltäglichen Gebrauchsgegenständen wie Bekleidungsstücken, Schuhwaren und Kopfbedeckungen als amtlich bestätigtes Warenzeichen im Verkehr begegnet.

76

Legt eine türkische Schülerin muslimischen Glaubens dar, daß sie durch die Teilnahme am (hier nach Geschlechtern getrennt erteilten) Sportunterricht in einen unzumutbaren Glaubens- und Gewissenskonflikt gerate, dann ist die Befreiung auch dann zu erteilen, wenn die Konfliktlage auf einer besonders strengen, in der islamischen Welt nicht allgemein verbreiteten Anschauung beruht.

Art. 4 Abs. 1, 7 Abs. 1 GG; § 3 Abs. 1 BW.SchulO
VG Freiburg, Urteil vom 10. November 1993 – 2 K 1739/92[1] –

Die 1978 geborene Klägerin türkischer Staatsangehörigkeit und islamischer Religionszugehörigkeit besucht die N.-Schule in A. Dort wird für die Klasse der Klägerin ein nach Geschlechtern getrennter Sportunterricht erteilt. Im Mai 1991 beantragte ihr Vater die Befreiung vom Sportunterricht für die Klägerin, weil sie Muslime seien und ihre Religion bestimmte Vorschriften für Frauen und Mädchen habe. Dies wurde mit dem angefochtenen Bescheid der Schulleitung abgelehnt.

Im Widerspruchsverfahren wurde zunächst eine Stellungnahme des Sheikh A. aus Karachi, Pakistan, zur Teilnahme muslimischer Mädchen am Sport (-unterricht) vorgelegt. Darin heißt es, Spaß und Sport sei gegen den wahren Geist des Korans. Auf Aufforderung des Oberschulamts wurde außerdem eine Erklärung des Sheikh B., des geistlichen Betreuers der Klägerin, übersandt. Dieser schreibt, daß sie, da sie keine Anweisungen für sportliche Aktivitäten hätten, ihre Mädchen und Frauen nicht am Sportunterricht teilhaben lassen könnten. Dies würde eine gravierende Unruhe im geistigen und weltlichen Leben verursachen. Nachdem die Klägerin religionsmündig geworden war, erklärte sie in einem persönlich verfaßten Schreiben vom 8. 1. 1992, sie ersuche aus freiem Willen heraus eine Befreiung vom Sportunterricht. Ihre religiösen Gefühle könne sie nicht mit einer weiteren Teilnahme am Sport vereinbaren. Sie sei die Tochter islamischer Eltern und trage ihr Kopftuch schon im zweiten Jahr mit Würde und der vollen Überzeugung, daß ihr Schöpfer dies von ihr erwarte.

Das Oberschulamt hat den Widerspruch zurückgewiesen. In der Begründung heißt es: Aus den vorgelegten Unterlagen, auch im Widerspruchsverfahren ergebe sich nicht zwingend, daß die Teilnahme der Klägerin am Sportunterricht zu einem gravierenden religiösen Gewissensnotstand führe. Es sei ein Ausgleich zwischen dem staatlich geregelten Bildungs- und Erziehungsauftrag (Art. 7 Abs. 1 GG), dem elterlichen Erziehungsrecht (Art. 6 Abs. 2 GG) bzw.

---

[1] InfAuslR 1994, 297. Der VGH Baden-Württemberg hat durch Urteil vom 8. 10. 1996 – 9 S 224/94 – lediglich die Erledigung der Hauptsache festgestellt, nachdem die Klägerin die Schule verlassen hat.

der Religionsfreiheit (Art. 4 Abs. 1 und 2 GG) herzustellen. Dieser führe hier nicht dazu, daß die Klägerin ganz vom Sportunterricht befreit werden müsse. Die aktive Teilnahme am Sport sei Mädchen islamischer Religionszugehörigkeit insbesondere dann zuzumuten, wenn es sich um einen nach Geschlechtern getrennten Sportunterricht handle, vom Schwimmunterricht abgesehen und das Tragen besonderer Sportkleidung zugelassen werde. Auch werde der Sportunterricht von einer Lehrerin erteilt. Im übrigen seien Angehörige anderer Kulturen in Deutschland, wie auch in der übrigen westlichen Welt, mit einer Kultur konfrontiert, in der der Alltag ihnen zumute, was in ihrem jeweiligen Heimatland undenkbar wäre. Dies verlange von ihnen Zugeständnisse. Auch die Konfrontation mit den Bekleidungsformen der hiesigen Gesellschaft sei unvermeidbar. Das gelte auch für Mädchen. Sie hiervor zu schützen, bedeute nicht nur weitgehendes, sondern faktisch vollständiges Fernhalten vom öffentlichen Leben. Bei aller Achtung des Grundrechts der Religionsfreiheit stelle sich dann jedoch die Frage, ob vor dem Hintergrund der Art. 1, 2 und 3 GG der Staat dies soweit zu akzeptieren habe, daß er seinerseits die öffentlichen, seiner Gestaltungsbefugnis unterliegenden Bereiche, wie den staatlichen Bildungs- und Erziehungsauftrag, hierauf auszurichten habe. Dies käme einer Unterstützung einer nach westlichen Wertmaßstäben unzumutbaren Kindererziehung gleich und wäre mittelbar ein Verstoß gegen die genannten Grundrechte. Die Schule komme selbstverständlich im Rahmen ihres Verfassungsauftrags den einzelnen kulturellen Empfindungen weitestgehend entgegen. So werde auch an der N.-Schule ein nach Geschlechtern getrennter Sportunterricht erteilt, bei der Klägerin eine entsprechende Kleidung toleriert sowie eine Freistellung vom Schwimmunterricht ermöglicht.

Zur Begründung ihrer Klage, mit der sie die Befreiung vom Sportunterricht erstrebt, führt die Klägerin u. a. aus, weder in der Hadith, in der Sunnah noch im Koran finde sich ein Hinweis, daß im Leben des Propheten jemals Sport getrieben worden sei. Außerdem seien die schön anzusehenden sportlichen Körper vom Koran nicht als erstrebenswert zitiert. Jeder Moment des Tages sei für Gott und von Gott. Man habe in Gedanken an Gott („zikr") zu verweilen. Auch der Gehstil sei vom Schöpfer reguliert. Man solle nicht wie „Angeber" oder mit Stolz gehen, sondern mit Furcht vor dem Schöpfer und sich eines gemäßigten Gehens annehmen (weder zu schnell noch zu langsam). Es sei ihre Erfahrung, daß sie mehr Energie bekämen, je mehr sie in „zikr" bleiben würden. Eine Beteiligung am Sport würde für sie, als aufrichtige Muslime, eine gravierende Störung und schmerzliche Unruhe für ihre geistige und physische Existenz bedeuten, die sie nicht tolerieren könnten. Sport zu treiben, würde für die Klägerin zu einem schmerzlichen Gewissensnotstand führen.

Das beklagte Land nimmt auf den Widerspruchsbescheid Bezug und vertritt die Auffassung, zum einen könne die Klägerin nicht in ausreichendem Maße erklären, daß eine Teilnahme am Sport einen Verstoß gegen die religiösen Grundsätze des Islam bedeute. Zum anderen sei diese von der Klägerin gezogene Schlußfolgerung durch die Teilnahme islamischer Staaten an internationalen Sportwettkämpfen und die Begeisterung islamischer Bevölkerung für den Sport, so zum Beispiel Ringen und Fußball in der Türkei und Langstreckenlauf in einigen nordafrikanischen Ländern, ernsthaft in Frage gestellt.

Auf eine Anfrage des Verwaltungsgerichts teilte das Auswärtige Amt unter Beilage von Stellungnahmen der deutschen Botschaften Ankara, Islamabad, Kairo, Rabat, Riad, Teheran und Algier mit, daß es in islamischen Ländern keine einheitliche Haltung gegenüber dem Sport als Unterrichtsfach gebe. In der Türkei sei Sport an allen Schulen Pflichtfach. Die Teilnahmepflicht gelte ausnahmslos; religiöse Rücksichtnahmen gebe es nicht. Ähnliches gilt nach den Stellungnahmen der Botschaften auch für Pakistan, Ägypten, Marokko, Iran und Algerien. Lediglich in Saudi-Arabien finde kein Sportunterricht statt, weil dies den islamischen Glaubensgrundsätzen widerspreche.

Die Kammer hat ein Gutachten der Sachverständigen Dr. T. zu der Frage eingeholt, ob türkischen Mädchen bzw. Jungen islamischer Religionszugehörigkeit die Teilnahme am Sportunterricht in öffentlichen Schulen aufgrund ihrer Religion selbst dann nicht erlaubt ist, wenn der Sportunterricht für Mädchen und Jungen getrennt stattfindet, der Sportunterricht für Mädchen von einer Lehrerin und der für Jungen von einem Lehrer erteilt, vom Schwimmunterricht abgesehen und das Tragen besonderer Sportbekleidung zugelassen wird. In der mündlichen Verhandlung wurde die Klägerin persönlich gehört.

Die Klage hatte Erfolg. Unter Aufhebung der angefochtenen Bescheide wird das beklagte Land verpflichtet, die Klägerin vom Sportunterricht zu befreien.

Aus den Gründen:

Die Klage ist zulässig und begründet. Die Klägerin hat einen Anspruch auf Befreiung vom Sportunterricht.

Die Klägerin ist nach § 62 Abs. 1 Ziff. 2 VwGO i.V.m. § 5 Satz 1 des Gesetzes über die religiöse Kindererziehung – RKEG – vom 15. 7. 1921 (RGBl. S. 939), geändert durch Gesetz vom 12. 9. 1990 (BGBl. I, S. 2002, 2023), für den vorliegenden Rechtsstreit prozeßfähig.

Die ablehnenden Bescheide der N.-Schule in A. und des Oberschulamts F. verletzen die Klägerin in ihrem Grundrecht aus Art. 4 Abs. 1 GG. Die Beklagte ist verpflichtet, sie vom Sportunterricht zu befreien. Die Klägerin würde durch die Teilnahme einem verfassungsrechtlich unzumutbaren Glaubens- und Gewissenskonflikt ausgesetzt.

Grundsätzlich verpflichtet § 72 Abs. 1, 2 und 4 des Schulgesetzes für Baden-Württemberg (SchG) jeden Schüler, regelmäßig am Unterricht und den übrigen verbindlichen Veranstaltungen der Schule teilzunehmen. Dazu gehört auch der Sportunterricht (vgl. Verordnung des Ministeriums für Kultus und Sport über die Stundentafel der Realschule vom 12. 3. 1984, K. u. U. 1984, S. 99). Gemäß § 3 Abs. 1 Satz 1, Abs. 2 der Schulbesuchsverordnung – SchulO – (Verordnung des Kultusministeriums über die Pflicht zur Teilnahme am Unterricht und an den sonstigen Schulveranstaltungen vom 21. 3. 1982 (K. u. U. 1982, S. 387), zuletzt geändert durch Verordnung vom 13. 6. 1991 (GBl. S. 446), werden Schüler vom Sportunterricht ganz oder teilweise befreit, wenn es ihr Gesundheitszustand erfordert. Darüber hinaus können Schüler von der Teilnahme am Unterricht in einzelnen anderen Fächern in besonders begründeten Ausnahmefällen vorübergehend oder dauernd ganz oder teilweise befreit werden (§ 3 Abs. 1 Satz 2 SchulO). Dem Wortlaut nach gilt die Befreiungsmöglichkeit in begründeten Ausnahmefällen nach § 3 Abs. 1 Satz 2 SchulO zwar nur für „andere Fächer", also nicht für Sport. Eine verfassungskonforme Auslegung sowie Sinn und Zweck dieser Vorschrift gebieten jedoch auch eine Befreiungsmöglichkeit für den Sportunterricht aus wichtigen Gründen. § 3 Abs. 1 Satz 1 SchulO stellt nur eine Sonderregelung für den häufigsten Anwendungsfall der Befreiung dar, ohne daß damit eine abschließende Regelung für die Befreiung vom Sportunterricht getroffen wäre (vgl. zu dem gleichen Problem in anderen Bundesländern VGH München, Urteil vom 6. 5. 1987[2], NVwZ 1987, S. 706 [707]; OVG Münster, Urteil vom 12. 7. 1991[3], NVwZ 1992, S. 77 f.).

Hier liegt ein die Befreiung rechtfertigender besonders begründeter Ausnahmefall im Sinne des § 3 Abs. 1 Satz 2 SchulO vor. Die Befreiung steht nach § 3 Abs. 1 Satz 2 i.V.m. Abs. 4 SchulO im Ermessen des Schulleiters. Die Klägerin hat aber einen Anspruch darauf, weil die Gewährung einer Ausnahme im Hinblick auf die Grundrechtsordnung zwingend geboten ist, d. h. eine Ermessensreduzierung „auf Null" angenommen werden muß (vgl. OVG Bremen, Urteil vom 24. 3. 1992[4], InfAuslR 1992, S. 269).

Im vorliegenden Fall tritt das Grundrecht der Klägerin auf Glaubens- und Religionsfreiheit (Art. 4 Abs. 1 GG) mit dem dem Staat erteilten verfassungsrechtlichen Bildungs- und Erziehungsauftrag (Art. 7 Abs. 1 GG) in Konflikt. Zur Glaubensfreiheit gehört nicht nur die (innere) Freiheit zu glauben oder nicht zu glauben, sondern auch das Recht des einzelnen, sein gesamtes Verhalten an den Lehren seines Glaubens auszurichten und seiner inneren Glaubensüberzeugung gemäß zu handeln (BVerfG, Beschluß vom 11. 4. 1972, BVerfGE 33, 23 [28]). Dabei sind nicht nur Überzeugungen, die auf imperativen Glaubenssätzen beruhen, geschützt. Die Glaubensfreiheit umfaßt vielmehr auch re-

---

[2] KirchE 25, 164.   [3] KirchE 29, 231.   [4] KirchE 30, 139.

ligiöse Überzeugungen, die für eine konkrete Situation eine bestimmte Reaktion für das beste und adäquate Mittel halten, um die Lebenslage nach der Glaubenshaltung zu bewältigen (vgl. BVerfG, Beschluß vom 19. 10. 1971[5], BVerfGe 32, 98 [106 ff.]). Dem steht der grundsätzlich gleichgeordnete Bildungsauftrag des Staates aus Art. 7 Abs. 1 GG gegenüber, der dem Staat die Aufsicht über das Schulwesen überträgt und ihm damit einen eigenen Erziehungsauftrag erteilt. Weder Art. 4 Abs. 1 GG noch Art. 7 Abs. 1 GG kommen grundsätzlich ein Vorrang zu. Es ist der Schule in Anbetracht der heutigen pluralistischen multikulturellen Gesellschaft nicht möglich, die Besonderheiten aller Glaubensrichtungen zu berücksichtigen; sie muß einen Kompromiß suchen. Ebenso muß der einzelne zumutbare Einschränkungen seiner Grundrechte hinnehmen. Dieses Spannungsverhältnis ist unter Würdigung der kollidierenden Interessen im Wege der Konkordanz und unter Berücksichtigung des grundgesetzlichen Gebotes der Toleranz zu lösen (vgl. BVerfG, Beschluß vom 17. 12. 1975[6], BVerfGE 41, 29 [51]; OVG Bremen, Urteil vom 24. 3. 1992, InfAuslR 1992, S. 269 [270]).

Die danach erforderliche Abwägung ergibt hier ein Überwiegen der Interessen der Klägerin. Sie hat in der mündlichen Verhandlung überzeugend deutlich gemacht, daß für sie Sporttreiben allgemein, d. h. inner- und außerhalb der Schule, durch ihren Glauben verboten ist. Der Prophet habe nie Sport gemacht, auch gebe es weder in der Hadith, in der Sunnah noch im Koran Anweisungen zu sportlicher Betätigung. Aus dem Gutachten der Sachverständigen, Frau Dr. T. und den Auskünften des Auswärtigen Amtes ergibt sich, daß diese Auffassung zwar atypisch für eine türkische Staatsangehörige islamischer Religionszugehörigkeit ist, daß es aber z.B. in Pakistan Vertreter dieser Glaubenshaltung gibt und in Saudi-Arabien deshalb sogar der Sportunterricht an Schulen offiziell verboten ist. Die Glaubensfreiheit ist nicht nur Mitgliedern anerkannter Kirchen und Religionsgemeinschaften, sondern auch den Angehörigen anderer religiöser Vereinigungen gewährleistet, ohne daß es auf deren zahlenmäßige Stärke oder Relevanz ankommt (vgl. BVerfG, Beschluß vom 19. 10. 1971, BVerfGE 32, 98 [106]). Dies gilt auch für vereinzelt auftretende Glaubensüberzeugungen, für Außenseiter und Sektierer (vgl. BVerfG, Beschluß vom 11. 4. 1972, BVerfGE 33, 23 [29]). Dabei ist eine Bewertung der jeweiligen Glaubenshaltung oder eine Überprüfung ihrer theologischen Richtigkeit dem Staat und dem staatlichen Gericht verwehrt (vgl. OVG Münster, Urteil vom 12. 7. 1991, NVwZ 1992, S. 77 [78] m.w.N.), jedenfalls solange die Grenze zur Willkür nicht überschritten ist. Es muß allerdings zur Überzeugung des Gerichts feststehen, daß der Betreffende eine bestimmte religiös mo-

---

[5] KirchE 12, 294.
[6] KirchE 15, 128.

tivierte Verhaltensregel als für sich selbst verbindlich erachtet und durch deren Verletzung in einen unzumutbaren Glaubens- und Gewissenskonflikt geraten würde (vgl. zur Beweisfrage: Herzog, in: Maunz/Dürig, Komm. z. GG, Art. 4 Rdnr. 159 ff., 174).

Der Klägerin kann keine mißbräuchliche Inanspruchnahme des Grundrechts auf Glaubensfreiheit vorgeworfen werden. Sie ist von ihrem geistlichen Betreuer Scheich B., den sie seit ca. sechs Jahren kennt und regelmäßig besucht, beeinflußt. Ihre Glaubenshaltung entspricht zwar nicht der in der Türkei überwiegend vertretenen Richtung des Islam. Ausweislich der Auskunft der Deutschen Botschaft in der Türkei und dem Gutachten von Frau Dr. T. ist in der Türkei die Teilnahme am Sportunterricht Pflichtfach. Eine Befreiung aus religiösen Gründen ist nicht vorgesehen und wäre sogar verfassungswidrig, weil die Türkei ein laizistischer Staat ist. Jedenfalls wird das Sporttreiben an sich nicht abgelehnt. Dementsprechend ging es auch in der bisherigen Rechtsprechung zur Frage der Befreiung vom Sportunterricht nur um die Glaubenskonflikte, die durch Bekleidung, koedukativen Unterricht oder Schwimmunterricht für (v. a. türkische) Mädchen entstehen könnten. Dabei wurde z. B. ein Anspruch auf Befreiung vom koedukativ erteilten Schwimmunterricht vom OVG Münster (Urteil vom 12. 7. 1991, NVwZ 1992, S. 77) und vom Amtsgericht Tiergarten (Urteil vom 25. 4. 1986, KirchE 24, S. 113), ferner auf Befreiung vom gesamten Sportunterricht, weil er nicht nach Geschlechtern getrennt durchgeführt wird, vom OVG Bremen (Urteil vom 24. 3. 1992, InfAuslR 1992, S. 269) und vom VGH Kassel (Urteil vom 3. 9. 1987[7], NVwZ 1988, S. 951, betr. pakistanisches Mädchen), und schließlich weil eine Teilnahme aufgrund der Bekleidungsvorschriften nicht zumutbar ist, vom OVG Lüneburg (Beschluß vom 26. 4. 1991[8], NVwZ 1992, S. 79; a. A. OVG Münster, Urteil vom 15. 11. 1991[9], – 19 A 2198/91 –: nur Befreiung vom Schwimmunterricht) und vom VGH München (Urteil vom 6. 5. 1987, NVwZ 1987, S. 706, betr. Angehörige der Palmarianischen Kirche) bejaht. Hier geht es hingegen darum, daß jegliche sportliche Betätigung aus Glaubensgründen abgelehnt wird, und zwar unabhängig davon, ob es sich um Frauen oder Männer handelt. Aus dem Gutachten der Sachverständigen, Frau Dr. T., ergibt sich, daß sich innerhalb des Islam eine fast unüberschaubare Vielfalt von religiösen Richtungen befindet. Die Familie der Klägerin betrachtet sich als Sunniten. Der geistliche Führer der Klägerin ist Pakistani und gehört dem Orden der Quadiria an. Dieser Orden ist über weite Teile der moslemischen Welt verbreitet, u. a. in Pakistan. Charakteristisch ist, daß seine Anhänger durch „zikr" (auch „dikr" geschrieben), die Erinnerung an Gott, das ständige Gedenken Gottes, eine mystische Verei-

---

[7] KirchE 25, 307.   [8] KirchE 29, 94.   [9] KirchE 29, 396.

nigung mit Gott suchen. Außerdem folgen sie der auch hanbalitischen Argumentation, daß alles verboten ist, was der Prophet nicht ausdrücklich erlaubt hat, so wie es die Klägerin vorträgt und es in der Stellungnahme von Scheich B. erläutert wird. Daß diese Auffassung in der islamischen Welt vertreten wird, ergibt sich auch aus der oben schon erwähnten Stellungnahme der Deutschen Botschaft in Riad. Danach ist in Saudi-Arabien Sport verboten, weil das den islamischen Glaubensgrundsätzen widerspräche, obwohl sich kein direkter Hinweis darauf im Koran und der Hadith findet. Außerdem ist aus den Verwaltungsakten des Oberschulamts ersichtlich, daß auch die Tochter des Scheich B. mit der gleichen Begründung einen Antrag auf Befreiung vom Sportunterricht gestellt hatte, dann aber die betreffende Schule verlassen hat.

Damit steht fest, daß es sich nicht um frei erfundene Glaubenssätze, also reine Willkür, handelt. Im übrigen kommt es darauf an, was die Klägerin persönlich glaubt und inwieweit sie sich daran gebunden fühlt. Denn entscheidend ist die subjektive Glaubensüberzeugung der Klägerin. Die Kammer hat vor allem auch aufgrund der Anhörung der Klägerin in der mündlichen Verhandlung die Überzeugung gewonnen, daß die Klägerin durch die Teilnahme am Sport in einen unzumutbaren Glaubens- und Gewissenskonflikt geraten würde. Sie hat erklärt, sie könne es nicht mit ihrem Gewissen vereinbaren, etwas zu machen, was ihr Schöpfer nicht wolle. Der Prophet habe keinen Sport getrieben und auch niemandem gesagt, er solle Sport treiben. Deshalb dürfe sie das auch nicht. Ansonsten müßte sie die Bestrafung ihres Schöpfers befürchten. Sie müsse ständig in „zikr" bleiben. Auch Zuschauen könne sie beim Sportunterricht nicht. Das würde sie von „zikr" ablenken.

Schon aus den Verwaltungsakten des Oberschulamts ergibt sich, daß „lahw" (Tändelei und Vergnügen) und „sahw" (zeitweiliges Vergessen Allahs) abgelehnt werden, weil sie von „zikr" ablenken würden. Die Klägerin hat auch deutlich gemacht, daß diese Grundsätze mit ihrer inneren Einstellung übereinstimmen und den Maßstab ihres Handelns bilden. Der Umstand, daß ihre Schwestern teilweise kein Kopftuch tragen und am Sportunterricht teilnehmen, steht dem nicht entgegen. Diese teilen scheinbar nicht die religiöse Auffassung der Klägerin, haben wohl auch nicht Scheich B. als geistlichen Führer. Die Angabe der Klägerin dazu, sie würden in der Familie gegenseitig ihre Standpunkte respektieren, die in dieser Hinsicht verschieden seien, zeigt eher sogar positiv, daß die Klägerin in frei gewonnener Überzeugung handelt.

Daß die Klägerin sich von ihren Glaubensgrundsätzen auch im täglichen Leben leiten läßt und sich ernsthaft und tiefgreifend damit auseinandergesetzt hat, hat sie in der mündlichen Verhandlung deutlich gemacht. Sie nimmt, abgesehen von den Besuchen bei Scheich B., zwei- bis dreimal in der Woche an Treffen der islamischen Gemeinde in X. teil. Dort wird der Koran gelesen, übersetzt und erläutert.

Sie hat erklärt, man könne deswegen Auto fahren, obwohl es das zu Zeiten des Propheten noch nicht gegeben habe, weil damals als Fortbewegungsmittel das Kamel genutzt worden sei. Sie dürfe vor allem das nicht tun, was rein zum Vergnügen sei. So sei der Prophet z.B. geritten, um voranzukommen oder Krieg zu führen. Reiten zum Vergnügen lehne sie ab. Genauso sei es mit dem Fernsehen. Sendungen, bei denen sie etwas lerne, schaue sie an, denn zum Lernen sei sie nach dem Koran verpflichtet. Auf den Einwand hin, Sport diene doch der Gesundheit, erklärte die Klägerin, der Prophet wisse mehr als sie. Sie halte es wie er nicht für erforderlich, Sport zu treiben, um sich gesund zu halten. Wenn sie „zikr" mache, bleibe sie frisch und gesund bis ins hohe Alter.

Diese Angaben der Klägerin stehen nach Auffassung der Kammer in Einklang mit der Persönlichkeit der Klägerin, soweit es in der mündlichen Verhandlung möglich war, sich hierüber ein Bild zu machen. Ihre Ausführungen wirkten weder angelernt noch oberflächlich.

Der Glaubensfreiheit der Klägerin aus Art. 4 Abs. 1 GG gebührt hier der Vorrang gegenüber dem staatlichen Bildungs- und Erziehungsauftrag aus Art. 7 Abs. 1 GG. Mit einer solchen Gewichtung des Grundrechts der Glaubensfreiheit wird die bisherigen Rechtsprechung (vgl. Nachweise oben S. 497), nach der ein Anspruch auf zumindest teilweise Befreiung vom Sportunterricht aus religiösen Gründen besteht, wenn es sich um türkische Mädchen handelt, welche aufgrund ihres Glaubensverständnisses zwar grundsätzlich Sport treiben dürfen, jedoch nur unter Einhaltung ihrer Bekleidungsvorschriften und nicht zusammen mit Jungen, konsequent fortgeführt. Es ist zwar zu berücksichtigen, daß der staatliche Bildungsauftrag gerade auch im Bereich des Sportunterrichts durch gewichtige Interessen des Allgemeinwohls begründet ist (vgl. VGH München, Urteil vom 6. 5. 1987, NVwZ 1987, S. 706 [708]). Sport dient nicht nur der Gesundheit, sondern soll auch die Integration fördern, soziales Verhalten einüben usw. Seine Bedeutung ergibt sich auch daraus, daß es versetzungsrelevant ist (vgl. § 2 Abs. 1 Nr. 1 der Verordnung des Kultusministeriums über die Versetzung an Realschulen vom 30. 1. 1984, GBl. S. 147; geändert vom 16. 7. 1990, GBl. S. 250). Jedoch wird der staatliche Bildungsauftrag durch eine Befreiung vom Sportunterricht im Einzelfall nicht grundsätzlich berührt. Weder sind organisatorische Schwierigkeiten zu erwarten, noch wird die Funktionsfähigkeit der Schule als umfassende Bildungseinrichtung in Frage gestellt (vgl. auch zur Abwägung: VGH München, Urteil vom 6. 5. 1987, NVwZ 1987, S. 706 [708] m.w.N.). Insbesondere ist hier entgegen der Befürchtung des beklagten Landes nicht zu erwarten, daß es zu einer Unzahl von Nachahmungen kommt. Aus den Ausführungen der Klägerin und auch aus den Erläuterungen der Sachverständigen in der mündlichen Verhandlung ergibt sich, daß es in Deutschland höchstens vereinzelt Angehörige der speziellen islamischen Glaubensrichtung gibt, der sich die Klägerin zugehörig fühlt. Auch fühlbare Beeinträchtigungen für das Gemeinwohl oder die Grundrechte Dritter, die die Glaubensfreiheit einschränken könnten (vgl. BVerfG, Beschluß vom 11. 4. 1972, BVerfGE 33, S. 23 [29]), sind nicht zu befürchten. In Anbetracht des besonderen Gewichts, das dem Grundrecht der Glaubensfreiheit zukommt, ist deshalb diesem hier der Vorrang zu geben. Schließlich ist nach § 3 Abs. 1 Satz 1 SchulO eine Befreiung vom Sportunterricht aus gesundheitlichen Gründen sogar zwingend vorgesehen. Dann kann aber einem anders nicht vermeidbaren Glaubenskonflikt keine geringere Bedeutung beigemessen werden (vgl. VGH München, aaO).

Da dem Glaubenskonflikt der Klägerin nur durch eine volle Befreiung vom Sportunterricht Rechnung getragen werden kann, ist eine Ermessensreduzierung auf Null anzunehmen, so daß die Beklagte verpflichtet ist, die beantragte Befreiung zu erteilen.

77

Erleidet ein Geistlicher auf der Fahrt von einem Gottesdienst zum nächsten einen Verkehrsunfall, dann liegt ein Arbeitsunfall im Sinne von § 29 Abs. 1 Ziff. 1 AVG nicht vor, wenn der Unfall selbst nicht auf dienstlicher Veranlassung, sondern auf anderen Umständen (hier hohe Blutalkoholkonzentration beim Fahrer) beruhte.

Im Falle einer Versicherungsfreiheit nach § 6 Abs. 1 Ziff. 4 AVG (hier: aufgrund einer Gewährleistungsentscheidung des zuständigen Kultusministers betr. die Übertragung einer seelsorgerlichen Tätigkeit an einen ausländischen Geistlichen) greift die Fiktion aus § 29 Abs. 2 AVG nicht ein.

LSG Niedersachsen, Urteil vom 18. November 1993 – L 1 An 61/93[1] –

Die 1978 geborene Klägerin ist das nichteheliche Kind des 1948 in O./Polen geborenen und am 27. 4. 1979 nach einem Verkehrsunfall in R. verstorbenen H. Dieser hatte nach Abschluß seiner in Polen erfolgten Schulausbildung im Juni 1966 seit dem Wintersemester 1966/1967 bis zum Sommersemester 1972 auf dem Priesterseminar in N. und O. Theologie studiert und am 30. 4. 1972 dort die Priesterweihe empfangen. Von Juni 1972 bis 23. 7. 1977 arbeitete er als Vikar in Polen und reiste am 24. 7. 1977 als Besucher nach Westdeutschland aus. In seiner Tätigkeit in Polen wurde er nicht von der Sozialversicherung erfaßt. Am 21. 8. 1977 wurde er in F. als Aussiedler registriert. Als Priester der

---

[1] Die Nichtzulassungsbeschwerde der Klägerin wurde als unzulässig verworfen; BSG, Beschluß vom 28. 2. 1994 – 4 BA 177/93 – unv.

Diözese O. wurde er durch Erlaubnis des Erzbischofs von P. vom 7. 9. 1977 zum Zelebrieren der Heiligen Messe zugelassen. Im Zeitraum Oktober 1977 bis 2. 6. 1978 besuchte er Sprachkurse für die deutsche Sprache beim Goethe-Institut in I. Der Kurs Grundstufe 1 dauerte dabei vom 5. 10. 1977 bis 1. 12. 1977 und umfaßte 200 Unterrichtseinheiten zu 45 Minuten.

Am 2. 2. 1979 übertrug der Erzbischof von P. Herrn H. die Verwaltung einer Vikarstelle in S. Herr H. ist aus der Diözese O. ausgeschieden (exkardiniert worden), aber in der Erzdiözese P. nicht inkardiniert. Unter dem 15. 9. 1977 bestätigte der Kultusminister des Landes Nordrhein-Westfalen, daß die staatskirchenrechtlichen Voraussetzungen für die Übertragung einer seelsorgerischen Tätigkeit auf Herrn H. gegeben seien.

Am 27. 4. 1979 verunglückte Herr H. gegen 13.30 Uhr auf einer Fahrt unter Alkoholeinfluß mit seinem Dienstwagen auf der Autobahn bei N. in Richtung K. tödlich.

Die Klägerin begehrte zunächst vom Erzbistum P. Versorgungsbezüge. Die wegen der ablehnenden Entscheidung des Erzbistums erhobene Klage vor dem Verwaltungsgericht hat die Klägerin zurückgenommen. Auf Veranlassung des Bundesversicherungsamts prüfte die Beklagte (BfA), ob der Klägerin ein Waisenrentenanspruch nach dem Angestelltenversicherungsgesetz zustehe. Das um Auskunft gebetene Erzbischöfliche Generalvikariat P. teilte mit, daß die Umstände des Unfalls vom 27. 4. 1979 die Annahme eines Wege- oder Arbeitsunfalls nicht zuließen.

Mit dem angefochtenen Bescheid lehnte die Beklagte die Zahlung einer Halbwaisenrente ab. Die hierfür erforderliche Wartezeit sei nicht erfüllt und könne auch nicht als erfüllt gelten. Der Unfall vom 27. 4. 1979 stelle sich nicht als Wege- oder Arbeitsunfall dar und habe sich im übrigen außerhalb des Sechs-Jahres-Zeitraumes nach Beendigung der Ausbildung (§ 29 Abs. 2 AVG) zugetragen, nachdem Herr H. am 30. 4. 1972 die Priesterweihe empfangen habe.

Die hiergegen erhobene Klage hat die Klägerin damit begründet, die Wartezeit für eine Rente wegen Berufsunfähigkeit gelte als erfüllt, weil der Verkehrsunfall vom 29. 4. 1979 auf einer Dienstfahrt geschehen sei. Herrn H's alkoholische Beeinflussung könne als wesentliche Ursache des Verkehrsunfalls nicht angesehen werden. Jedenfalls aber seien die Sprachkurse als Ausbildung i. S. des § 29 Abs. 2 AVG anzusehen.

Das Sozialgericht hat die Klage abgewiesen.

Die Berufung der Klägerin blieb erfolglos.

Aus den Gründen:

Der Rechtsstreit beurteilt sich gem. § 300 Abs. 2 SGB VI weiterhin nach den Vorschriften des am 31. 12. 1991 außer Kraft getretenen AVG. Denn die Klägerin hat den von ihr behaupteten Anspruch vor Außerkrafttreten des AVG geltend gemacht.

Die beanspruchte Hinterbliebenenrente steht der Klägerin nicht zu. Gemäß §§ 44 Abs. 1, 40 Abs. 2 AVG erhält eine Waise Rente, wenn zur Zeit des Todes eines Elternteils Versichertenrente für den Verstorbenen zu zahlen war oder die Wartezeit für eine Rente wegen Berufsunfähigkeit erfüllt ist oder nach § 29 AVG als erfüllt gilt. Diese Voraussetzungen liegen nicht vor.

Zwar ist die Klägerin das nichteheliche Kind des verstorbenen Pastors H. Diesem stand jedoch zur Zeit seines Todes eine Versichertenrente nicht zu und er hatte die Wartezeit für eine Rente wegen Berufsunfähigkeit weder erfüllt noch gilt diese als erfüllt:

Die Wartezeit für eine Rente wegen Berufsunfähigkeit beträgt nach § 23 Abs. 3 AVG 60 Kalendermonate vor Eintritt der Berufsunfähigkeit. Diese Wartezeit ist nicht erfüllt. Denn der Verstorbene hatte nicht 60 Monate Versicherungszeiten i. S. der §§ 26, 27 Abs. 1a AVG zurückgelegt. In der Bundesrepublik Deutschland war er bis zu seinem Tode nur knapp zwei Jahre. Die von ihm in der Volksrepublik Polen zurückgelegte Zeit ist nicht i. s. des DPSVA eine anrechnungsfähige Versicherungszeit. Insoweit wird auf die zutreffenden Gründe des angefochtenen Urteils, auf die sich der Senat zur Begründung der Zurückweisung der Berufung stützt, Bezug genommen, § 153 Abs. 2 SGG.

Die Wartezeit kann auch nicht durch Nachversicherung nach §§ 9, 124 Abs. 4 AVG erfüllt werden, da eine etwa mögliche Nachversicherung nicht 60 Kalendermonate erfassen würde.

Die Wartezeit gilt auch nicht nach § 29 AVG als erfüllt. Nach § 29 Abs. 1 Ziff. 1 AVG gilt die Wartezeit als erfüllt, wenn jemand bei einem Arbeitsunfall ums Leben gekommen ist. Es kann schon nicht festgestellt werden, daß Herr H. bei einem Arbeitsunfall getötet worden ist. Aus den Mitteilungen des Generalvikariats und des ihm vorgesetzten Pfarrers, der eine schriftliche Erklärung eidesstattlich versichert hat, bestand ein dienstlicher Anlaß für die Fahrt Herrn H's auf der Autobahn Richtung K. am fraglichen Tage nicht. Sein Wirkungskreis war vielmehr beschränkt auf die Kirchengemeinde in S. Auch wenn aber am fraglichen Tage zwei Firmungsgottesdienste abgehalten wurden und Herr H. nach Ablauf des ersten Gottesdienstes sich entfernt hatte und auf dem Weg zu dem zweiten Gottesdienst gewesen sein sollte, bestehen entscheidende Zweifel daran, daß es sich um eine dienstlich veranlaßte Fahrt und damit um einen Arbeitsunfall gehandelt hat. Zutreffend hat das Sozialgericht darauf abgestellt, daß die haftungsbegründende Kausalität nach den aus der Aktenlage möglichen Erkenntnissen nicht festgestellt werden kann. Arbeitsunfall ist ein Unfall, den ein Versicherter bei einer versicherten Tätigkeit erleidet, § 548 Abs. 1 Satz 1 RVO. Die dienstliche Tätigkeit muß die wesentliche Bedingung für den

Unfall gewesen sein. Die hier ermittelbaren Umstände zeigen indes zur Überzeugung des Senats, daß der Unfall nicht auf dienstlicher Veranlassung beruhte, sondern der Blutalkoholgehalt die wesentliche Unfallursache darstellte.
(wird ausgeführt)
Auch über die Norm des § 29 Abs. 2 AVG kann die Erfüllung der Wartezeit nicht fingiert werden. Die Vorschrift setzt voraus, daß ein Versicherter vor Ablauf von sechs Jahren nach Beendigung einer Ausbildung infolge eines Unfalls erwerbsunfähig geworden oder gestorben ist und in den dem Versicherungsfall vorausgegangenen 24 Kalendermonaten mindestens für sechs Kalendermonate Beiträge aufgrund einer versicherungspflichtigen Beschäftigung oder Tätigkeit entrichtet hat. Letztere Voraussetzung ist nicht erfüllt, sie könnte indes theoretisch im Wege der Nachversicherung erfüllt werden. Indessen mangelt es an dem Erfordernis, daß der Unfall sich vor Ablauf von sechs Jahren nach Beendigung einer Ausbildung zugetragen hat. Eine solche Ausbildung hat Herr H. am 30. 4. 1972 beendet, als er in O. die Priesterweihe empfing. Die beim Goethe-Institut in I. durchgeführten Deutschkurse in dem Jahre 1978 stellen eine solche Ausbildung nicht dar. Um eine Ausbildung handelt es sich, wenn sachkundige Personen anderen Kenntnisse und Fähigkeiten vermitteln, um deren Wissen und Fähigkeiten zu vervollkommnen oder um sie zur sachgemäßen Wahrnehmung bestimmter Aufgaben zu befähigen (vgl. Kasseler Kommentar-Niesel, § 53 SGB VI Rdz. 19; Berliner Kommentar Maier/Tabert, § 53 SGB VI Rdz. 44) und den Übergang in das Berufsleben zu ermöglichen (GW GK – SGB VI – Wolff § 53 Rdz. 50). Diese Ausbildungsmaßnahmen müssen Zeit und Arbeitskraft überwiegend in Anspruch genommen haben, d.h. mehr als 20 Wochenstunden in Anspruch genommen haben. Es ist schon zweifelhaft, ob die Sprachkurse eine solche Ausbildung hätten darstellen können. (...) Es fehlt aber noch an einem weiteren Gesichtspunkt. Diese Ausbildung muß verhindert haben, daß ein Versicherter Pflichtbeiträge hat entrichten können. Diese Pflichtbeiträge müssen also infolge der Ausbildung nicht erbracht worden sein. Hieran fehlt es hier aber. Denn Herr H. war nicht wegen seiner Ausbildung daran gehindert, Pflichtbeiträge zu entrichten, sondern deshalb, weil er von der generellen Gewährleistungsentscheidung des Kultusministers des Landes Nordrhein-Westfalen für Geistliche erfaßt worden ist und deshalb nach § 6 Abs. 1 Ziff. 4 AVG Versicherungsfreiheit bestand. Diese Versicherungsfreiheit besteht unabhängig vom Willen der Beteiligten kraft Gesetzes. Durch sie konnten Pflichtbeiträge für Herrn H. nicht entrichtet werden. Auf die Frage, ob Herr H. wirksam aus der Erzdiözese O. exkardiniert war oder ob er weiterhin Angehöriger dieser Erzdiözese war, weil er im Erzbistum P. nicht inkardiniert worden ist, kommt es insoweit nicht an.

78

Die katholische Kirche genießt für die Bezeichnung „römisch-katholisch" und „katholisch" Namensschutz, soweit sie zur namensmäßigen Kennzeichnung der Zugehörigkeit von Einrichtungen und Veranstaltungen zur katholischen Kirche verwendet werden.

§ 12 BGB
BGH, Urteil vom 24. November 1993 – XII ZR 51/95[1] –

Der beklagte Verein, ein Zusammenschluß von Anhängern des von der römisch-katholischen Kirche exkommunizierten und zwischenzeitlich verstorbenen Erzbischofs Lefèbvre, unterhält in K. in dem Haus „A. S." eine Kapelle. Am Eingang des Hauses befindet sich ein Schild mit den Aufschriften: „Priesterbruderschaft St. Pius X." und „röm. kath. Oratorium".

Der Kläger, das Erzbistum Köln, hat der Errichtung der Kapelle und der Verwendung der Bezeichnung „röm. kath." nicht zugestimmt. Er verlangt vom Beklagten, die am Hauseingang des Oratoriums angebrachte Bezeichnung „röm. kath." zu entfernen und es zu unterlassen, seine Kapelle in K. und überhaupt seine Einrichtungen und Veranstaltungen im Erzbistum Köln in irgendeiner Form als „katholisch" oder „römisch-katholisch" zu bezeichnen. Der Beklagte hält sich für berechtigt, diese Bezeichnungen zu führen.

Das Landgericht hat der Klage unter Androhung eines Ordnungsgeldes für jeden Fall der Zuwiderhandlung stattgegeben. Das Oberlandesgericht[2] hat die dagegen eingelegte Berufung des Beklagten mit der Maßgabe zurückgewiesen, daß Ordnungsgeld nur für den Fall der Zuwiderhandlung gegen die Verurteilung angedroht werde, es zu unterlassen, die Kapelle in K. sowie überhaupt Einrichtungen und Veranstaltungen im Erzbistum Köln in irgendeiner Form als „katholisch" oder „römisch-katholisch" zu bezeichnen. Mit der – zugelassenen – Revision verfolgt der Beklagte sein Begehren weiter, die Klage abzuweisen.

Die Revision wurde zurückgewiesen.

Aus den Gründen:

I. 1. Die von Amts wegen zu prüfende Parteifähigkeit des Klägers ist gegeben.

Der Kläger macht Ansprüche der katholischen Kirche geltend. Nach dem Grundgesetz hat die katholische Kirche, die bereits vor dem Inkrafttreten der Weimarer Reichsverfassung „Körperschaft des öffentlichen Rechts" im Sinne

---

[1] Amtl. Leitsatz. BGHZ 124, 173; MDR 1994, 1155; NJW 1994, 245; JuS 1994, 433; LM BGB § 12 Nr. 61; ZevKR 39 (1994), 202. Die Verfassungsbeschwerde des Klägers wurde nicht zur Entscheidung angenommen; BVerfG, Kammerbeschluß vom 31. 3. 1994 – 1 BvR 29/94 – NJW 1994, 2346.
[2] OLG Köln KirchE 30, 41.

des § 137 Abs. 5 WRV war (vgl. dazu Anschütz, Die Verfassung des Deutschen Reichs vom 11. 8. 1919, 12. Aufl., Art. 137 Anm. 8 S. 556; vgl. auch RGZ 38, 324 [326f.]), in der Bundesrepublik Deutschland die Stellung einer (besonderen) Körperschaft des öffentlichen Rechts (Art. 140 GG i. V. mit Art. 137 Abs. 5 WRV; vgl. auch BVerfGE 30, 112 [119][3]). Sie ordnet und verwaltet ihre Angelegenheiten selbständig, Art. 140 GG i. V. mit Art. 137 Abs. 3 Satz 1 WRV. Dazu gehört auch die Regelung ihrer kirchlichen Organisation, die deshalb in der von der Kirche verfaßten Weise von den staatlichen Gerichten zu respektieren ist. Nach c. 368 CIC besteht die katholische Kirche aus Teilkirchen, die vor allem die Diözesen sind. In dieser Weise ist die katholische Kirche auch in Deutschland gegliedert. Die Rechtsstellung einer Körperschaft des öffentlichen Rechts kommt deshalb jedenfalls den Bistümern als maßgebenden Territorialgliederungen der katholischen Kirche zu (vgl. auch VGH Baden-Württemberg DÖV 1967, 309[4]; BayObLGE 1973, 328 [329][5]; OVG Münster NJW 1983, 2592[6]; v. Mangoldt/Klein/v. Campenhausen, Das Bonner Grundgesetz 3. Aufl. Art. 140 Rdnr. 151 f.; Herzog, in: Maunz/Dürig, Grundgesetz Art. 140 – Art. 137 WRV – Rdnr. 30; Obermayer, in: Bonner Kommentar, Art. 140 Rdnr. 44; v. Campenhausen, Staatskirchenrecht, 2. Aufl., S. 103, 104; Badura, Staatsrecht, Rdnr. 41; H. Weber, Die Religionsgemeinschaften als Körperschaften des öffentlichen Rechts im System des Grundgesetzes S. 105f.).

Als juristische Person des öffentlichen Rechts ist der Kläger sowohl rechts- als auch parteifähig (W. Weber, Die Körperschaften, Anstalten und Stiftungen des öffentlichen Rechts, S. 15; Rudolf, in: Erichsen/Martens, Allgemeines Verwaltungsrecht 8. Aufl., S. 635 Fn. 26; Zöller/Vollkommer, ZPO 18. Aufl. § 50 Rdnr. 12 und 14).

2. Ohne Erfolg rügt die Revision, die Verurteilung des Beklagten, „überhaupt seine Einrichtungen und Veranstaltungen im Erzbistum Köln in irgendeiner Form als ‚katholisch' oder ‚römisch-katholisch' zu bezeichnen", sei unzulässig, weil der Klageantrag nicht hinreichend bestimmt sei.

Bei der Prüfung der Frage, ob der Urteilsausspruch den Inhalt und den Umfang eines Verbots hinreichend bestimmt erkennen läßt, kommt es nicht allein auf den Wortlaut der Urteilsformel an. Maßgebend sind bei der Auslegung insoweit auch der Tatbestand und die Entscheidungsgründe und das dort in Bezug genommene Parteivorbringen (BGH, Urteil vom 9. 10. 1986 – I ZR 138/84 – BGHR ZPO § 253 Abs. 2 Nr. 2 Bestimmtheit 3 m. N., insoweit in BGHZ 98, 330 nicht abgedruckt).

Unter Berücksichtigung dessen ist die Rüge der Revision nicht gerechtfertigt. Aus den Urteilsausführungen ergibt sich, daß das Berufungsgericht – entspre-

---

[3] KirchE 12, 2.
[4] KirchE 9, 4.
[5] KirchE 13, 405.
[6] KirchE 21, 25.

chend dem Begehren des Klägers und dessen Vorbringen im Rechtsstreit – als Gegenstand des Streits das Führen der Bezeichnungen „römisch-katholisch" und „katholisch" ausschließlich als namensmäßige Kennzeichnung von Einrichtungen und Veranstaltungen des Beklagten, insbesondere seiner in K. unterhaltenen Kapelle, angesehen hat. Dementsprechend ist das vorgenannte Verbot dahin zu verstehen, daß Einrichtungen und Veranstaltungen des Beklagten namensmäßig nicht in Beziehung zum Kläger gebracht werden dürfen. Dabei begegnet auch die Verwendung der Worte „Einrichtungen" und „Veranstaltungen" keinen durchgreifenden Bedenken. Allerdings darf ein Verbotsantrag nicht derart undeutlich gefaßt sein, daß sich der Beklagte nicht erschöpfend verteidigen kann und es in der Zwangsvollstreckung, wenn dem gestellten Antrag im Erkenntnisverfahren Rechnung getragen wird, die Entscheidung darüber, was dem Beklagten verboten ist, dem Vollstreckungsgericht überlassen bleibt (BGH, Urteil vom 11. 10. 1990 – I ZR 35/89 – GRUR 1991, 254, 256 = BGHR ZPO § 253 Abs. 2 Nr. 2 Bestimmtheit 15). So liegt der Fall indessen nicht. Der Beklagte konnte sich gegen das auf § 12 BGB gestützte eindeutige Begehren des Klägers erschöpfend verteidigen und hat von dieser Möglichkeit auch Gebrauch gemacht. Dem Beklagten sind nicht etwa einzelne namensmäßige Verwendungen erlaubt, andere hingegen untersagt worden, so daß wegen der nicht immer gleichen Bedeutung „Einrichtung" und „Veranstaltung" der Umfang des Verbots erst vom Vollstreckungsgericht festgestellt werden müßte. Vielmehr ist das Berufungsurteil dahin zu verstehen, daß dem Beklagten generell die Befugnis abgesprochen worden ist, seine Einrichtungen und Veranstaltungen mit den Namensbestandteilen „römisch-katholisch" oder „katholisch" zu versehen. Er hat es danach zu unterlassen, durch die namensmäßige Verwendung dieser Attribute den irreführenden Eindruck zu erwecken, es handele sich bei seinen Einrichtungen und Veranstaltungen um solche der katholischen Kirche. Dabei besteht unter den Parteien kein Streit darüber, was unter „Einrichtung" oder „Veranstaltung" zu verstehen ist; Bedeutung und Sinngehalt dieser Begriffe sind nicht etwa dahingestellt geblieben (vgl. dazu BGH, Urteil vom 11. 10. 1990, aaO). Ihre Verwendung erklärt sich daraus, daß es nicht darum geht, dem Beklagten die Führung seines eigenen Namens zu untersagen, sondern den namensmäßigen Gebrauch der genannten Attribute bei Erscheinungsformen seines Auftretens in der Öffentlichkeit, wie es im Unterhalten einer Einrichtung, etwa einer Kapelle, oder durch Veranstaltungen (etwa Kultushandlungen, Werbe- oder Propagandaveranstaltungen) zum Ausdruck kommen kann, zu verbieten.

II. 1. Der Kläger ist zur Geltendmachung des erhobenen Anspruchs aktivlegitimiert.

Nach c. 368 CIC ist der Kläger in dem sein Bistum umfassenden Gebiet „die katholische Kirche". Er kann deshalb die nach seiner Auffassung der katholischen Kirche zustehenden Ansprüche – örtlich beschränkt auf sein Gebiet –

selbständig geltend machen. In dieser Befugnis ist der Kläger weder durch die Aufgabenstellung der Deutschen Bischofskonferenz (vgl. dazu Schlief, in: Handbuch des Staatskirchenrechts der Bundesrepublik Deutschland, Bd. 1, § 7 S. 308) noch durch die Zuständigkeiten des Verbandes der Diözesen Deutschlands (vgl. dazu Schlief, aaO, S. 311 sowie § 3 der Satzung des Verbands der Diözesen Deutschlands – KAnz. Köln 1968 S. 261, 262) beschränkt.

2.a) Das Oberlandesgericht sieht durch die Kennzeichnung des Oratoriums als „röm. kath." das Namensrecht des Klägers aus § 12 BGB verletzt und führt dazu aus: Die Rechte aus § 12 BGB stünden auch juristischen Personen des öffentlichen Rechts zu. Bei der vom Beklagten verwandten Bezeichnung handele es sich nach allgemeinem Sprachgebrauch um ein Kürzel für das Attribut „römisch-katholisch", das den gleichen Sinngehalt wie das Wort „katholisch" habe. Daß der Kläger diese Worte nicht in seinem Namen führe, stehe der Geltendmachung von Namensschutzansprüchen nicht entgegen. Unter den Schutz des § 12 BGB fielen auch namensartige Kennzeichnungen, die unabhängig vom gesetzlichen Namen geführt würden. Ob ihnen Namensschutz zukomme, hänge davon ab, ob sie geeignet seien, auf die Person des Namensträgers hinzuweisen und sie damit von anderen Personen oder Einrichtungen zu unterscheiden. Die in Rede stehenden Bezeichnungen dienten nicht nur der Kennzeichnung bestimmter Glaubensinhalte, vielmehr handele es sich um Attribute, mit denen in der Öffentlichkeit – auch vom Staat – gerade die verfaßte römische Amtskirche und deren Untergliederungen zur Abgrenzung gegenüber anderen Religionsgemeinschaften schlagwortartig bezeichnet würden, die also für sie letztlich prägend seien.

Die Revision wendet ein, der Beklagte habe allenfalls einen Namens*teil* des Klägers für sich in Anspruch genommen, wenn man – was offen bleiben könne – davon ausgehe, daß der Kläger sich als „katholische Kirche" bezeichne und diese Bezeichnung Namens-/Unterscheidungsfunktion habe. Das Adjektiv „katholisch" bezeichne Konfession und Glauben dessen, der katholisch sei und sich katholisch nenne. Eine Unterscheidungskraft komme dieser Bezeichnung nicht zu. Bei Gattungs- und Gegenstandsbezeichnungen fehle die Unterscheidungskraft. Genauso sei es bei der Bezeichnung einer Konfession. Die gegenteilige Annahme der Vorinstanzen sei verfahrensfehlerhaft zustande gekommen. Es sei offenkundig, daß es zahllose Vereine und Einrichtungen gebe, die sich als „katholisch" bezeichneten, ohne daß der Verkehr auf die Idee käme, sie könnten Teile der Amtskirche sein.

Damit kann die Revision keinen Erfolg haben.

b) Zutreffend ist das Berufungsgericht davon ausgegangen, daß die Bestimmung des § 12 BGB den Namensschutz auch juristischen Personen des öffentlichen Rechts gewährleistet (MünchKomm/Schwerdtner, BGB 3. Aufl. § 12 Rdnr. 34 m.N.). Dem Berufungsgericht ist auch darin zu folgen, daß nach den in der Rechtsprechung zum Wettbewerbsrecht entwickelten Grundsätzen auch ein Namensteil oder eine aus dem Namen abgeleitete abgekürzte Bezeichnung dann ohne weiteres Namensschutz genießt, wenn die verwendete Bezeichnung eine individualisierende Eigenart aufweist, also eine namensmäßige Unterscheidungskraft besitzt und damit von Natur aus geeignet ist, eine Namensfunktion auszuüben (BGHZ 43, 245 [252]; Senatsurteil vom 24. 10. 1990[7] – XII ZR 112/89 – GRUR 1991, 157 – „Johanniter-Bier" –). Allerdings hat das Berufungsgericht die Ansicht vertreten, die Worte „römisch-katholisch" und „katholisch" führe der Kläger nicht in seinem Namen. Damit stellt es nur auf die Kennzeichnung des Klägers in dessen Eigenschaft als Gebietskörperschaft ab und beachtet nicht ausreichend, daß der Kläger nach dem nach Art. 140 GG i. V. mit § 137 Abs. 3 Satz 1 WRV zu beachtenden Selbstverständnis der katholischen Kirche in seinem Gebiet „die katholische Kirche ist". Die Worte „römisch-katholisch" und „katholisch" leiten sich deshalb aus dem – weiteren – Namen des Klägers ab.

Entgegen der Ansicht der Revision begegnet die Feststellung des Berufungsgerichts, die Attribute „römisch-katholisch" und „katholisch" bezeichneten die römische Amtskirche und unterschieden sie in der Öffentlichkeit schlagwortartig von anderen Religionsgemeinschaften, keinen rechtlichen Bedenken. Soweit die Revision einen Verfahrensfehler des Berufungsgerichts im Zusammenhang mit dieser Feststellung rügt, legt sie nicht dar, daß der Beklagte in den Vorinstanzen einen ihr entgegenstehenden Sachverhalt vorgetragen oder auf die Einholung einer Meinungsumfrage angetragen habe (§ 554 Abs. 3 Nr. 3 Buchst. b ZPO).

Der Feststellung des Berufungsgerichts ist auch inhaltlich beizupflichten. Der Revision ist einzuräumen, daß das griechische Wort „katholikós", von dem das Wort „katholisch" abgeleitet ist, von seiner Bedeutung „allgemein, alle betreffend" her kein spezifisch theologischer oder konfessionsbezogener Begriff ist. Die Bezeichnung katholisch wurde jedoch seit dem 3. Jahrhundert „zur Abgrenzung der Christen gegenüber häretischen Gruppen eingesetzt und zur Betonung der eigenen Rechtgläubigkeit verwendet". Durch das Religionsedikt des Theodosius im Jahre 380 erhielt es eine reichsrechtliche Bedeutung. Die enge Verbindung von Kirche und römischem Imperium führte dazu, daß „römisch-katholisch" zur Bezeichnung der katholischen Kirche wurde (vgl. H. Küng, in: Brockhaus Enzyklopädie, 19. Aufl., Stichwort „katholisch"; vgl. auch Brockhaus/Wahrig, Deutsches Wörterbuch [1982] 4. Bd., wo katholisch „heute" als „zur (römisch-)katholischen Kirche gehörend, auf ihrer Lehre beruhend" definiert wird). Daß die Worte „römisch-katholisch" und „katholisch" Unterscheidungskraft gegenüber anderen Religionsgemeinschaften besitzen und den Kläger, der die katholische Kirche repräsentiert, bezeichnen, ist

---

[7] KirchE 28, 266.

danach nicht zweifelhaft. Daß daneben das Wort „katholisch" auch den Glaubensinhalt einer Person bezeichnen kann, steht der Feststellung seiner namensmäßigen Kennzeichnungskraft für die katholische Kirche im Verhältnis zu anderen Religionsgemeinschaften nicht entgegen (vgl. BGH, Urteil vom 17. 1. 1991 – I ZR 117/89 – BGHR BGB § 12 Unterscheidungskraft 1). Es kommt in diesem Zusammenhang nicht darauf an, ob die Öffentlichkeit, wie die Revision behauptet, Vereine und Einrichtungen, die sich als „katholisch" bezeichnen, niemals als Teile der Amtskirche ansehen würde. Eine solche Einschätzung der genannten Einrichtungen in der Öffentlichkeit schlösse den Individualisierungscharakter des Wortes „katholisch" in bezug auf die katholische Kirche nicht aus. Dem Kläger steht danach für die Attribute „römisch-katholisch„ und „katholisch" grundsätzlich Namensschutz zu, soweit sie zur namensmäßigen Kennzeichnung der Zugehörigkeit von Einrichtungen und Veranstaltungen zur verfaßten katholischen Kirche verwendet werden.

3.a) Das rechtliche Interesse des Klägers, den Gebrauch dieser beiden Attribute zu verhindern, hat das Oberlandesgericht damit begründet, daß in der Öffentlichkeit der Eindruck entstehen könne, bei dem Gebetshaus des Beklagten handele es sich um ein solches der Amtskirche. Er werde nicht dadurch ausgeräumt, daß auf die „Priesterbruderschaft St. Pius X." als Träger hingewiesen werde. Dieser Hinweis stelle nur für näher Interessierte eine Verbindung zu Anhängern des Erzbischofs Lefèbvre her, zumal der Name eines früheren Papstes aufgeführt werde und nicht kenntlich gemacht werde, daß die Priesterbruderschaft ein privatrechtlich organisierter Verein sei. Ein rechtliches Interesse an der Durchsetzung von Namensschutzansprüchen bestehe in der Regel schon dann, wenn die Verwendung von prägenden Schlagworten geeignet sei, den Beklagten in irgendeiner Beziehung zum Kläger zu setzen. Hierbei sei gerade bei Vereinigungen, die zur Durchsetzung ihrer Ziele in der Öffentlichkeit wirken, deren Selbstverständnis zu beachten. Die katholische Kirche, zu deren Selbstverständnis auch die Entfaltung und Verbreitung ihrer Glaubenslehre in der Welt gehöre, könne daher ein berechtigtes Interesse daran haben, in der Öffentlichkeit nicht in Beziehung zu einer anderen Vereinigung gebracht zu werden, deren Glaubenslehre sie nicht teilen wolle.

Die Revision beanstandet, dem angefochtenen Urteil lasse sich nicht entnehmen, von welcher „Öffentlichkeit" das Oberlandesgericht ausgehe. Das Schild am Eingang des Hauses richte sich nur an eine begrenzte Öffentlichkeit, nämlich allein an Katholiken. Wieso das Oberlandesgericht feststellen könne, welchen Eindruck diese begrenzte Öffentlichkeit dem Schild des Beklagten entnehme, sei verfahrensfehlerhaft nicht dargelegt. Aus diesem Grunde sei es auch ohne tatsächliche Grundlage, wenn das Oberlandesgericht feststelle, daß nur „näher Interessierte" eine Verbindung zu Anhängern des Erzbischofs Lefèbvre herstellten.

Damit dringt die Revision nicht durch.

b) Nach der Rechtsprechung des Bundesgerichtshofs genügt es für den Erfolg einer auf § 12 BGB gestützten Unterlassungsklage, daß durch den Gebrauch von namensrechtlich geschützten Worten seitens des Beklagten das „Interesse des Klägers" verletzt wird. Dieses umfaßt jedes Interesse des Namensträgers, auch ein rein persönliches oder ideelles, selbst ein Affektionsinteresse (RGZ 74, 308 [311]; Senatsurteil vom 15. 11. 1984 – IVb ZR 46/83 – WM 1985, 95). Es ist nicht nur auf die im Gebiet des Wettbewerbs maßgebende Verwechslungsgefahr abzustellen. Es reicht aus, daß der Kläger durch den unbefugten Gebrauch der Attribute seitens des Beklagten mit diesem in irgendeine Beziehung gebracht wird (BGH, Urteil vom 15. 3. 1963 – Ib ZR 98/61 – GRUR 1964, 38, [40] – „Dortmund grüßt ..."; BGHZ 43, 245 [255]; BGH Urteil vom 23. 3. 1979 – I ZR 50/77 – NJW 1980, 280).

Diese Grundsätze hat das Oberlandesgericht beachtet. Es ist mit Recht davon ausgegangen, daß durch die Verwendung der Abkürzung „röm. kath." auf dem Schild am Hauseingang der Kapelle der Kläger mit dem Beklagten, der diese Kapelle unterhält, in Beziehung gebracht wird (vgl. auch RGZ 108, 230 [232]). Entgegen der Auffassung der Revision bedurfte es dazu keiner Ausführungen des Berufungsgerichts, von welchem Öffentlichkeitsbegriff es dabei ausgegangen ist. Selbst wenn sich das Eingangsschild nur an Katholiken wenden sollte, ändert sich nichts daran, daß es eine Beziehung zum Kläger herstellt, dessen Kurzbezeichnung „röm. kath." es enthält. Mit Recht sieht das Berufungsgericht in der Aufschrift des Schildes überdies die Gefahr, daß der Kläger mit dem Beklagten verwechselt werden kann. Denn es hat rechtlich unbedenklich festgestellt, es könne in der Öffentlichkeit der Eindruck entstehen, bei dem Gebetshaus des Beklagten handele es sich um ein solches der Amtskirche. Die Bezeichnung „röm. kath." kann als Hinweis auf die katholische Kirche als Träger der Kapelle verstanden werden. Damit besteht die Gefahr einer unzulässigen Zuordnungsverwirrung, der der Kläger entgegentreten darf, da die Bezeichnung „römisch-katholisch" für ihn namensrechtlich geschützt ist (vgl. oben II. 2. b sowie Senatsurteil vom 24. 10. 1990 – „Johanniter-Bier" – aaO, S. 158 re. Sp.). Das gilt um so mehr, als der Beklagte als Zusammenschluß von Anhängern des Erzbischofs Lefèbvre in Opposition sowie in einem Konkurrenzverhältnis zum Kläger steht, und dieser daher an der Vermeidung jeder irreführenden namensmäßigen Verwendung der umstrittenen Bezeichnungen ein besonderes Interesse hat. Auf die von der Revision angegriffenen weiteren Ausführungen des Berufungsgerichts darüber, ob nur „näher Interessierte" eine Verbindung zu Anhängern des Erzbischofs Lefèbvre herstellen, kommt es danach nicht an.

4. Ohne Erfolg bleibt die weitere Rüge der Revision, es sei rechtsfehlerhaft, daß das Berufungsgericht nur das rechtliche Interesse des Klägers geprüft, hin-

gegen unterlassen habe, eine Abwägung der beiderseitigen Interessen vorzunehmen. Die Revision führt aus, es sei davon auszugehen, daß auch die vom Beklagten vertretene Glaubenslehre katholisch sei. Es sei daher nicht schutzwürdig, wenn der Kläger sich gegen die Bezeichnung des Gebetshauses als „röm. kath." Oratorium wende.

Allerdings ist für eine auf § 12 BGB gestützte Unterlassungsklage regelmäßig eine empfindliche Beeinträchtigung der Rechtsstellung des Klägers erforderlich, die nach dem Gewicht der widerstreitenden Bestrebungen beider Parteien zu beurteilen ist (BGHZ 43, 245 [256]; Senatsurteil vom 15. 11. 1984, aaO, re. Sp.). Voraussetzung dafür ist jedoch, daß auch die Gegenseite ihrerseits ein namensrechtlich geschütztes Interesse an der Verwendung der in Rede stehenden Bezeichnungen hat. Hieran fehlt es hier. Auch wenn unterstellt wird, daß der von den Mitgliedern des Beklagten vertretene Glaube „katholisch" ist, gibt dies, wie das Berufungsgericht zutreffend ausgeführt hat, dem Beklagten kein Recht, die Worte „römisch-katholisch" oder „katholisch" namensmäßig für seine Veranstaltungen und Einrichtungen in Anspruch zu nehmen. Der Beklagte führt diese Bezeichnungen nicht in seinem Namen. Er hat auch nicht dargelegt, daß sie für ihn kennzeichnende oder prägende Kraft hätten. Der Beklagte hat deshalb für diese Bezeichnungen keine namensrechtlich geschützte Position. Es bedurfte daher keiner weiteren Ausführungen des Berufungsgerichts dazu, daß das rechtliche Interesse des Klägers, den namensmäßigen Gebrauch der Attribute durch den Beklagten zu verhindern, schutzwürdig ist. Es ist nur über die namensmäßige, nicht über die theologische Verwendung der Worte „römisch-katholisch" und „katholisch" zu entscheiden.

5. Vergeblich rügt die Revision, das Oberlandesgericht habe rechtsfehlerhaft angenommen, die Widerrechtlichkeit der Bezeichnung „röm. kath." für die Einrichtung des Beklagten ergebe sich aus dem Umstand, daß bestimmte öffentliche Einrichtungen nur mit kirchlicher Genehmigung als „katholisch" bezeichnet werden dürften. In dieser Weise ist das Berufungsurteil nicht zu verstehen.

Das Berufungsgericht führt aus, eine Einwilligung des Klägers oder einer sonstigen kirchlichen Stelle, deren Handeln der Kläger sich zurechnen lassen müsse, sei unstreitig nicht erteilt. Es seien auch keine Tatsachen dargetan, daß der Kläger über längere Zeit die Verwendung der Attribute durch den Beklagten widerspruchslos hingenommen habe. Erst der folgende Absatz befaßt sich mit der Frage, ob sich eine Rechtfertigung des Namensgebrauchs seitens des Beklagten aus kirchenrechtlichen Vorschriften ergebe. Die Feststellungen des vorhergehenden Absatzes beziehen sich deshalb offensichtlich auf das bürgerliche Recht und verneinen *danach* – und nicht nach kirchlichem Recht – die Befugnis des Beklagten, die Worte „römisch-katholisch" und „katholisch" namensmäßig zu gebrauchen.

Diese Beurteilung begegnet keinen Bedenken. Der Beklagte führt die Attribute in seinem Namen nicht. Er hat auch nicht dargelegt, daß sie auf ihn zur Unterscheidung von anderen religiösen Vereinigungen angewendet werden. Ihre Verwendung hätte deshalb der Genehmigung des Klägers bedurft. Daß das Berufungsgericht das Vorliegen einer solchen zivilrechtlichen oder kirchenrechtlichen Genehmigung des Klägers zu Unrecht verneint habe, wird von der Revision nicht ausgeführt.

6. Entgegen der Auffassung der Revision verletzt das angefochtene Urteil keine Rechte des Beklagten aus Art. 4 Abs. 2 GG.

Zutreffend geht das Berufungsgericht davon aus, daß der Beklagte Träger des Grundrechts aus Art. 4 GG sein kann. Ob dies, wie es annimmt, schon allgemein aus dessen Eigenschaft als juristische Person folgt, kann dahingestellt bleiben (vgl. dazu BVerfGE 19, 206 [215][8], aber auch BVerfGE 44, 103 [104][9]). Der Beklagte ist jedenfalls deshalb Träger des Grundrechts aus Art. 4 GG, weil sein Zweck offensichtlich die Pflege und Förderung eines religiösen Bekenntnisses ist (BVerfGE 19, 129 [132][10]; 24, 236 [246f.][11]).

a) Das Berufungsgericht hat einen Verstoß gegen das Grundrecht der Kultusfreiheit mit folgender Begründung verneint: Zwar umfasse die Glaubens- und Gewissensfreiheit nicht nur die innere Freiheit, zu glauben oder nicht zu glauben, sondern auch die äußere Freiheit, den Glauben in der Öffentlichkeit zu bekennen und zu verbreiten. Die Religionsausübungsfreiheit stehe allerdings in einem Spannungsverhältnis zu den allgemeinen Gesetzen, die der Beklagte zu respektieren habe. Auch sogenannte schrankenlose Grundrechte wie Art. 4 GG unterlägen immanenten Schranken, soweit sie mit Rechten Dritter kollidierten. Insbesondere fänden sie an anderen grundrechtlich geschützten Interessen eine Grenze. Ihre Ausübung dürfe nicht ihrerseits Rechte Dritter aus Art. 4 GG beeinträchtigen. Die Lösung des hier gegebenen Spannungsverhältnisses in der Frage, ob „Einrichtungen und Veranstaltungen" des Beklagten mit den Attributen „römisch-katholisch" oder „katholisch" gekennzeichnet werden dürften, könne nur zu Gunsten des Klägers als Repräsentanten der Amtskirche ausfallen. Diese Attribute seien nicht nur traditionelle Identifikationsmerkmale der Amtskirche in der Öffentlichkeit, vielmehr sei der Begriff „katholisch" auch in gewisser Weise institutionalisiert, wie seine Verwendung durch Staatsorgane in Staatsverträgen mit dem Heiligen Stuhl, in Verfassungsbestimmungen, sonstigen Rechtsnormen und Vereinbarungen mit Repräsentanten der Amtskirche zeige. Der Beklagte habe deshalb – als „juristischer Außenseiter" – bei der Verwendung dieser Attribute für seine Einrichtungen und Veranstaltungen Einschränkungen hinzunehmen.

---

[8] KirchE 7, 338.
[9] KirchE 16, 75.
[10] KirchE 7, 242.
[11] KirchE 10, 181.

Die Revision hält dies für rechtsfehlerhaft. Das Grundrecht aus Art. 4 Abs. 1 und 2 GG sei vorbehaltlos. In ein vorbehaltloses Grundrecht dürfe nur zum Schutz solcher Rechtsgüter eingegriffen werden, die im Grundgesetz verankert seien und deren Schutz den Staatsorganen durch dieses selbst aufgegeben werde. Sowohl für den Kläger als auch für den Beklagten gelte, daß Art. 4 Abs. 2 GG die ungestörte Religionsausübung gewährleiste. In diesen Werbungs-/Abwerbungskonflikt dürfe der Staat nicht eingreifen. Damit seien die Ausführungen des Oberlandesgerichts unvereinbar. Es sei nicht Sache des Staates, in innerkirchlichen Auffassungswiderstreit einzugreifen. Es sei ihm deshalb verwehrt, unter namensrechtlichen Gesichtspunkten die Bezeichnung „katholisch" der institutionalisierten Amtskirche vorzubehalten und dem Beklagten zu untersagen. Der formale Namensschutz (§ 12 BGB) sei kein im Grundgesetz verankertes Rechtsgut.

Damit vermag die Revision nicht durchzudringen.

b) Es kann dahingestellt bleiben, ob es für den Beklagten zu dem durch Art. 4 GG gewährleisteten Bereich gehört, die Glaubensüberzeugung seiner Mitglieder und den von ihnen gepflegten Kultus als „römisch-katholisch" oder „katholisch" zu bezeichnen. Auch wenn dies zu bejahen ist, folgt hieraus für den Beklagten nicht das Recht, den Namen des Klägers für eigene Einrichtungen und Veranstaltungen zu verwenden. Hiervon abgesehen verletzt der Beklagte das Gebot der Toleranz, das dem Grundrecht der Glaubensfreiheit zugeordnet ist (vgl. BVerfGE 32, 98 [108][12]), wenn er ohne Zustimmung des Klägers für seine Einrichtungen und Veranstaltungen Attribute verwendet, die den Kläger schon namensrechtlich kennzeichneten, als es den Beklagten noch gar nicht gab. Auch deshalb kann er sich auf den Schutzbereich des Art. 4 GG nicht berufen.

Mit dieser rechtlichen Beurteilung wird der Wesensgehalt des Grundrechts des Beklagten auf freie Religionsausübung nicht verletzt (Art. 19 Abs. 2 GG). Die Freiheit des kultischen Handelns, des Werbens und der Propaganda für die von ihm für richtig gehaltene Auffassung (vgl. dazu BVerfGE 24, 236 [245]) bleibt dem Beklagten unbenommen.

79

1. Der Senat hält an seiner im Urteil vom 20. 10. 1993 (BAGE 74, 363) vertretenen Auffassung fest, daß jedenfalls eine generelle tarifliche Altersgrenze von 65 Lebensjahren, mit deren Erreichen das Arbeitsverhältnis automatisch enden soll, gegen § 41 Abs. 4 Satz 3 SGB VI verstößt.

---

[12] KirchE 12, 294.

2. Art. 140 GG i.V.m. Art. 137 Abs. 3 Satz 1 WRV führt nicht dazu, daß die Altersgrenzenregelung des § 60 Abs. 1 BAT für kirchliche Einrichtungen zulässig ist, obwohl die übernommene tarifliche Regelung in ihrem unmittelbaren Anwendungsbereich gegen § 41 Abs. 4 Satz 3 SGB VI verstößt. § 41 Abs. 4 Satz 3 SGB VI gehört zu den für alle geltenden Gesetzen im Sinne des Art. 137 Abs. 3 Satz 1 WRV.

3. Es spricht einiges dafür, daß eine Regelung, die eine automatische Beendigung des Arbeitsverhältnisses für den Fall vorsieht, daß der Arbeitnehmer nicht nur das Rentenalter erreicht hat, sondern sich auch dazu entschließt, das Altersruhegeld in Anspruch zu nehmen, nicht gegen § 41 Abs. 4 Satz 3 SGB VI verstößt. Der Senat hat diese Frage nicht abschließend entschieden, weil die angegriffene Altersgrenzenregelung nicht an die Inanspruchnahme des Altersruhegeldes, sondern ausschließlich an die Vollendung des 65. Lebensjahres anknüpft.

BAG, Urteil vom 1. Dezember 1993 – 7 AZR 428/93[1] –

Die Parteien streiten darüber, ob ihr Arbeitsverhältnis mit Ablauf des Monats endete, in dem die Klägerin das 65. Lebensjahr vollendet hatte.

Die am 20. 1. 1928 geborene Klägerin war in der Telefonseelsorge des Beklagten, einer Einrichtung der Evangelischen Kirche, als Sekretärin beschäftigt. Auf das Arbeitsverhältnis finden die Bestimmungen des Bundes-Angestelltentarifvertrages in der für die Angestellten im Bereich der Ev. Kirche im Rheinland geltenden Fassung (BAT-KF) Anwendung. Nach § 60 Abs. 1 BAT-KF endet das Arbeitsverhältnis, ohne daß es einer Kündigung bedarf, mit Ablauf des Monats, in dem der Angestellte ds 65. Lebensjahr vollendet hat. Der Beklagte lehnte es ab, die Klägerin, die Anspruch auf eine Sozialversicherungsrente hat, über den 31. 1. 1993 hinaus weiterzubeschäftigen.

Die Klägerin hat die Auffassung vertreten, ihr Arbeitsverhältnis habe nicht mit Erreichen der tariflichen Altersgrenze geendet, sondern bestehe unbefristet fort. § 60 Abs. 1 BAT-KF sei unwirksam, weil diese Regelung gegen § 41 Abs. 4 Satz 3 SGB VI verstoße. Zum einen stehe § 41 Abs. 4 Satz 3 SGB VI nicht nur arbeitsvertraglichen, sondern auch tarifvertraglichen Altersgrenzen entgegen. Zum anderen könne § 60 Abs. 1 BAT-KF nicht als tarifliche Regelung angesehen werden. Der BAT-KF, der zahlreiche Abweichungen vom BAT enthalte, beruhe nicht auf einer Vereinbarung mit den Gewerkschaften, sondern gelte lediglich kraft einzelvertraglicher Vereinbarung. Im übrigen bedeute die Beendigung des Arbeitsverhältnisses mit Erreichen der Altersgrenze für die

---

[1] Amtl. Leitsätze. BAGE 75, 166; NJW 1994, 1490; AP § 41 SGB VI Nr. 4; DB 1994, 841; EzA § 41 SGB VI Nr. 2; NZA 1994, 841; SAE 1994, 267. Nur LS: BB 1994, 652; JR 1994, 352; KuR 1995, H. 1, 60.

Klägerin eine unzumutbare Härte, weil sie ihren Sohn, der keinen Anspruch nach dem BAföG habe, bei seinem Medizinstudium nicht mehr ausreichend unterstützen könne.

Die Klägerin hat beantragt, 1. festzustellen, daß ihr Arbeitsverhältnis über den 31. 1. 1993 hinaus fortbesteht, 2. den Beklagten zu verurteilen, sie über den 31. 1. 1993 hinaus als Verwaltungsangestellte (Sekretärin in der Telefonseelsorge) zu beschäftigen.

Der Beklagte hat Klageabweisung beantragt. Er hat die Auffassung vertreten, § 41 Abs. 4 Satz 3 SGB VI sei auf kollektivrechtliche Altersgrenzen nicht anwendbar. Der BAT-KF beruhe auf der durch Art. 140 GG i.V.m. Art. 137 WRV garantierten Rechtssetzungsbefugnis der Kirchen und habe Normcharakter. Abgesehen davon sei es unerheblich, ob tarifliche Regelungen kraft Tarifbindung oder kraft einzelvertraglicher Bezugnahme gelten würden. Die Beendigung des Arbeitsverhältnisses mit Erreichen der Altersgrenze bedeute für die Klägerin auch keine unzumutbare Härte, zumal der ca. 29 Jahre alte Sohn der Klägerin imstande sei, sein Studium aus eigenen Mitteln, etwa durch Nebentätigkeit während des Semesters, mitzufinanzieren.

Das Arbeitsgericht hat die Klage abgewiesen. Das Landesarbeitsgericht hat die Berufung der Klägerin zurückgewiesen.

Die Revision hatte Erfolg. Der Senat gibt dem Klagebegehren statt.

Aus den Gründen:

Die Revision der Klägerin ist begründet. Entgegen der Auffassung des Landesarbeitsgerichts endete das Arbeitsverhältnis nicht mit Ablauf des Monats, in dem die Klägerin ihr 65. Lebensjahr vollendet hatte.
(...)
B. (...) Die Altersgrenze des § 60 BAT-KF ist wegen Verstoßes gegen § 41 Abs. 4 Satz 3 SGB VI nach § 134 BGB nichtig.
I. Es kann dahingestellt bleiben, ob § 60 BAT-KF als eine auf der kirchlichen Rechtsetzungsbefugnis beruhende Norm anzusehen ist, die ebenso zu behandeln ist wie die übernommene tarifliche Regelung, oder ob es sich um eine Arbeitsvertragsrichtlinie handelt. Ebenso kann offen bleiben, ob die einzelvertragliche Bezugnahme auf einen Tarifvertrag der normativen Geltung kraft Tarifbindung gleichgestellt werden kann (ablehnend u.a. Boecken, ArztR 1992, Einlage zu Heft 9, S. X; Worzalla, DB 1993, 834 [835]). Der Senat hält an seiner bereits im Urteil vom 20. 10. 1993 (BAGE 74, 363) vertretenen Auffassung fest, daß jdenfalls eine generelle tarifliche Altersgrenze von 65 Lebensjahren nicht mit § 41 Abs. 4 Satz 3 SGB VI zu vereinbaren ist. Auch im Urteil am 20. 10. 1993 (aaO) hatte sich der Senat mit § 60 BAT-KF befaßt.
II. Nach § 41 Abs. 4 Satz 3 SGB VI ist eine Vereinbarung, wonach ein Ar-

beitsverhältnis zu einem Zeitpunkt enden soll, in dem der Arbeitnehmer Anspruch auf eine Rente wegen Alters hat, nur wirksam, wenn die Vereinbarung innerhalb der letzten drei Jahre vor diesem Zeitpunkt geschlossen oder von dem Arbeitnehmer bestätigt worden ist. Umstritten ist, ob der in § 41 Abs. 4 Satz 3 SGB VI verwendete Begriff „Vereinbarung" nur einzelvertragliche Abreden erfaßt und kollektivrechtliche Vereinbarungen zuläßt oder ob sich § 41 Abs. 4 Satz 3 SGB VI auch auf Tarifverträge und Betriebsvereinbarungen erstreckt.

1.–6. ...

7. Art. 140 GG i.V.m. Art. 137 Abs. 3 Satz 1 WRV führt nicht dazu, daß die Altersgrenzenregelung des § 60 Abs. 1 BAT für kirchliche Einrichtungen zulässig ist, obwohl die übernommene Regelung des § 60 Abs. 1 BAT in ihrem unmittelbaren Anwendungsbereich gegen § 41 Abs. 4 Satz 3 SGB VI verstößt.

Die Gestaltungsfreiheit des kirchlichen Arbeitgebers nach Art. 137 Abs. 3 Satz 1 WRV steht für die auf Vertragsebene begründeten Arbeitsverhältnisse unter dem Vorbehalt des für alle geltenden Gesetzes (BVerfGE 70, 138 [166 f.][2] = AP Nr. 24 zu Art. 140 GG, zu B II 1 e der Gründe). Dazu gehört auch § 41 Abs. 4 Satz 3 SGB VI. Bedienen sich die Kirchen wie jedermann der Privatautonomie zur Begründung von Arbeitsverhältnissen, so findet auf dieses das staatliche Arbeitsrecht Anwendung. Das ist die schlichte Folge einer Rechtswahl. Die Einbeziehung der kirchlichen Arbeitsverhältnisse in das staatliche Arbeitsrecht hebt allerdings deren Zugehörigkeit zu den „eigenen Angelegenheiten" der Kirche nicht auf (vgl. BVerfGE 53, 366 [392][3] = AP Nr. 6 zu Art. 140 GG, zu C I 2 a der Gründe). Bei der Interpretation des Arbeitsrechts ist zwar dem Selbstverständnis der Kirchen ein besonderes Gewicht beizumessen (vgl. BVerfGE 53, 366 [400 f.] = AP Nr. 6 zu Art. 140 GG, zu C I 2 d der Gründe; BVerfGE 66, 1 [22][4] = AP Nr. 17 zu Art. 140 GG, zu C I 2 b der Gründe). Durch die Unwirksamkeit einer Altersgrenze von 65 Lebensjahren werden jedoch die verfassungsrechtlich geschützte Eigenart des kirchlichen Dienstes, das spezifisch Kirchliche und das kirchliche Proprium nicht in Frage gestellt (vgl. hierzu BVerfGE 70, 138 [165] = AP Nr. 24 zu Art. 140 GG, zu B II 1 d der Gründe).

III. Die vorliegende Altersgrenzenregelung ist so ausgestaltet, daß ihr § 41 Abs. 4 Satz 3 SGB VI entgegensteht.

1. und 2. ...

3. Nach § 41 Abs. 4 Satz 3 SGB VI darf jedenfalls allein das Erreichen des für den sozialversicherungsrechtlichen Anspruch auf Altersruhegeld maßgeblichen Alters nicht zur automatischen Beendigung des Arbeitsverhältnisses

---

[2] KirchE 23, 105.   [3] KirchE 18, 69.   [4] KirchE 21, 307.

führen. Davon zu unterscheiden sind Regelungen, die eine Beendigung des Arbeitsverhältnisses für den Fall vorsehen, daß der Arbeitnehmer nicht nur dieses Alter vollendet hat, sondern sich auch dazu entschließt, das Altersruhegeld in Anspruch zu nehmen. Eine derartige Regelung zwingt den Arbeitnehmer nicht zum Ausscheiden aus dem Arbeitsverhältnis, sondern nimmt ihm nur die Möglichkeit, das Arbeitsverhältnis fortzusetzen und gleichzeitig Altersruhegeld zu beziehen. Eine solche auflösende Bedingung läuft auch nicht dem gesetzgeberischen Ziel zuwider, die Rentenversicherung zu entlasten. Dies spricht dafür, daß ein derart ausgestaltete auflösende Bedingung nicht gegen § 41 Abs. 4 Satz 3 SGB VI verstößt. Einer abschließenden Entscheidung bedarf es aber nicht, weil § 60 Abs. 1 BAT-KF nicht an die Inanspruchnahme des Altersruhegeldes, sondern ausschließlich an die Vollendung des 65. Lebensjahres anknüpft.

80

Ein repressiver Erziehungsstil darf in einer Sorgerechtsentscheidung auch dann berücksichtigt werden, wenn dieser auf religiöser Überzeugung beruht.

§§ 1671, 1672 BGB
OLG Frankfurt a. M., Beschluß vom 2. Dezember 1993 – 6 UF 105/93[1] –

Die getrennt lebenden Ehegatten streiten über die vorläufige Regelung hinsichtlich der elterlichen Sorge für ihre drei Töchter. Das Amtsgericht hat die elterliche Sorge auf die Mutter übertragen. Auf die Beschwerde des Vaters überträgt der Senat diesem die Sorge für die beiden jüngeren Töchter und beläßt das Sorgerecht für die älteste Tochter bei der Mutter. Für die Entscheidung spielte auch eine Rolle, daß die Mutter Angehörige der Zeugen Jehovas ist.

Aus den Gründen:

Vorab sei folgendes festgehalten: Es war und ist nicht Aufgabe des Sorgerechtsverfahrens, über den einen oder anderen Elternteil ein moralisches Werturteil zu fällen, oder gar festzustellen, wer von beiden der Bessere (in welchem Sinne auch immer) ist; auch geht es nicht um die Feststellung, wer von beiden Elternteilen das Zerbrechen der ehelichen Lebensgemeinschaft verursacht hat.

---

[1] NJW-RR 1995, 68; FamRZ 1994, 920. Nur LS: KuR 1995, H. 1, 62. Vgl. zu diesem Fragenkreis auch OLG Düsseldorf FamRZ 1995, 1511; OLG Hamburg FamRZ 1996, 684; OLG Saarbrücken FamRZ 1996, 561.

Es geht nämlich allein um die Frage, bei welchem Elternteil die Kinder nach der Trennung ihrer Eltern wohnen, leben und erzogen werden sollen (vgl. auch OLG Hamburg FamRZ 1985, 1284[2]). Ausgangspunkt bei der Beantwortung dieser Frage ist zunächst die Feststellung, daß die drei Kinder Vater und Mutter lieben und ihre Bindungen zu ihnen in etwa gleich gut sind. Insoweit besteht also zwischen den Eltern grundsätzlich Chancengleichheit.

Festgestellt werden konnte leider aber auch, daß die drei Mädchen miteinander sehr aggressiv umgehen. Sowohl bei der Sachverständigen als auch bei der Anhörung durch den beauftragten Vorsitzenden sparten sie untereinander nicht mit Kraftausdrücken (Beleidigungen) und körperlichen Angriffen; das Dominanzverhalten A's war nicht zu übersehen. Dies zeigt: Die Kinder geben untereinander den Druck weiter, den sie von der Mutter erfahren. Ob dieses Erziehungsverhalten der Mutter in deren eigener Psyche angelegt ist oder ob es sich aufgrund ihrer nunmehr starken Bindung zur Religionsgemeinschaft der Zeugen Jehovas ergibt, kann dahinstehen, denn es kommt bei allem entscheidend nur auf die rein tatsächliche Auswirkung auf die Kinder an. Beim Vater, der kein Mitglied dieser Gemeinschaft ist, erfahren die Kinder dagegen einen anderen, von der heutigen Norm nicht wesentlich abweichenden Erziehungsstil.

Nicht kann aber der Senat die Augen verschließen vor einer konkreten Auswirkung dieser Religionslehre, wonach die beiden älteren Kinder beispielsweise ausnahmslos nicht an der Klassensprecherwahl teilnehmen (bzw. ungültige Stimmzettel abgeben), weil dies „politisch" sei, und die Zeugen Jehovas sich eben politisch neutral verhielten. Dies drängt die Kinder langfristig in eine Außenseiterrolle. Die Freiheit in unserem Staate, nicht wählen gehen zu müssen, wird den Zeugen Jehovas nicht beschnitten, aber die Stigmatisierung von Kindern wird vom Senat kraft seines Wächteramtes (Art. 6 GG) nicht hingenommen. Es geht hier auch nicht darum, wie die Mutter vortragen läßt, daß ihre Religionsfreiheit durch den Senat beschnitten werde – im Gegenteil: Sie beschneidet die grundgesetzlich garantierte Freiheit der Kinder, später über die rechte Religion oder Nicht-Religion selbst befinden zu können, was diese aber nicht mehr können, wenn sie aufgrund fundamentalistischer Auffassungen und Erziehungsmethoden langfristig psychisch beeinträchtigt werden. Auch hat jeder die Freiheit, Geburtstagsfeiern, Lektüre von Märchen, Fernsehen, Telefon, Bluttransfusion etc. abzulehnen oder sich ganz auf die Mitglieder in der eigenen Glaubensgemeinschaft zu konzentrieren; aber wenn dies langfristig zur Ghettoisierung der Kinder führt, hat der Senat hierfür kein Verständnis mehr. Auch haben die Zeugen Jehovas in unserem freiheitlichen Staate das Recht, die Entscheidungsschlacht von Harmagedon (Apokalypse 16, 16) zu

---

[2] KirchE 23, 154.

beschwören, aber – abgesehen davon, daß die Offenbarung des Presbyters Johannes erst im 4. Jahrhundert vom Frühkatholizismus und erst im 9. Jahrhundert von den östlichen Patriarchaten in den Kanon des Neuen Testaments aufgenommen worden ist, also lange ohne Akzeptanz war, und noch Martin Luther zögerte, in diesem Buche wahrhaft christlichen Geist zu erkennen – es ist nicht mehr hinnehmbar, wenn schon jungen Menschen entsprechende Ängste eingeflößt werden. Es mag dahinstehen, ob in dieser Feststellung inzidenter eine unzulässige Religionskritik liegt. Das Verhalten der Mutter kann aber nicht deshalb tabuisiert sein, weil es sich auf eine religiöse Überzeugung stützt, während man einer anderen Mutter ihren repressiven Erziehungsstil vorhalten dürfte, nur weil er auf einem anderen Argumentationsmuster basiert.

(...)

Dem Senat erscheint der Vater besser geeignet, die Kinder angst- und repressionsfrei erziehen zu können. Daß auch Väter geeignet und in der Lage sind, in die Verantwortung Alleinerziehender hineinzuwachsen, hat der Senat erst jüngst festgestellt (Beschluß vom 14. 7. 1993 – 6 UF 5/93 –).

Entsprechend dem Vorschlag der Frau Sachverständigen nimmt auch der Senat allerdings eine „Aufteilung" der drei Kinder dergestalt vor, daß die beiden jüngeren Mädchen, B. und C., der Sorge des Vaters anvertraut werden. Sie finden dort das gewohnte soziale Umfeld der früheren und noch bestehenden ehelichen Wohnung vor; der Vater ist auch in der Lage, für die beiden Mädchen trotz seines Berufs in angemessenem Umfange zu sorgen. Wenn der Senat das ältere Mädchen, A., bei der Mutter beläßt, ist dies kein Widerspruch zu den vorstehenden Ausführungen zum Erziehungsstil der Mutter. Die starken Aggressionen zwischen den Kindern lassen sich derzeit leichter abbauen, wenn diese in einer Phase der Trennung zur Ruhe kommen. (wird weiter ausgeführt)

81

Die Strafvollzugsbehörde muß dafür Sorge tragen, daß ein Gefangener seine Nahrung zu einem Zeitpunkt (hier: warmes Essen im Fastenmonat Ramadan nach Sonnenuntergang) entsprechend der Vorschriften seiner Religionsgemeinschaft erhält, wenn anderenfalls seine Gesundheit mehr als nur theoretisch gefährdet wird.

Art. 4 Abs. 1 u. 2 GG; § 21 StVollzG
OLG Koblenz, Beschluß vom 2. Dezember 1993 – 3 Ws 286/93[1] –

---

[1] ZfStrVo 1995, 111.

Der Beschwerdeführer, der sich zum Islam bekennt, verbüßt in der Justizvollzugsanstalt D. eine lebenslange Freiheitsstrafe wegen Mordes. Im Dezember 1992 beantragte er, es ihm zu ermöglichen, seine religiösen Speisevorschriften zu befolgen. An bestimmten Tagen sei ihm nach Sonnenuntergang eine warme Mahlzeit zu reichen. Sollte dies der Anstalt nicht möglich sein, so müsse ihm die Benutzung eines Kochers genehmigt werden, damit er sich selbst eine warme Mahlzeit zubereiten könne. Diesen Antrag lehnte die Justizvollzugsanstalt aus organisatorischen Gründen ab. Die Moslems unter den Gefangenen könnten an ihren Fastentagen, insbesondere während des Ramadans, auf Antrag ein Lunchpaket als Ersatz für die Mittagsverpflegung erhalten. Den Antrag des Gefangenen auf gerichtliche Entscheidung und Gewährung von Prozeßkostenhilfe hat die Strafvollstreckungskammer durch den angefochtenen Beschluß mit der Begründung zurückgewiesen, die Anstalt sei nicht verpflichtet, dem Gefangenen die den Speisevorschriften seiner Religionsgemeinschaft entsprechende Kost zu verabreichen, sie sei lediglich gehalten, ihm zu gestatten, sich solche Speisen selbst zu beschaffen. Dem trage die Praxis der Justizvollzugsanstalt D. Rechnung. Denn muslimische Gefangene erhielten dort mit der sogenannten Moslemkost eine Verpflegung, die den Erfordernissen ihrer religiösen Speisegebote entspreche. Soweit sie von diesem Angebot an Fastentagen (insbesondere während des Ramadans) keinen Gebrauch machen könnten, erhielten sie auf Wunsch als Ersatz ein Lunchpaket. Auf eine warme Mahlzeit außerhalb der üblichen Mittagsverpflegung hätten Gefangene keinen Anspruch. Die Genehmigung eines Kochers scheide aus, weil dies nur aus medizinischen Gründen notwendig sei. Darüber hinaus könnten den Gefangenen eigene Kocher nicht mehr zugebilligt werden, weil sonst das Stromnetz der Anstalt überlastet würde.

Die Beschwerde führte zur Aufhebung des angefochtenen Beschlusses und Zurückverweisung der Sache an die Strafvollstreckungskammer.

Aus den Gründen:

Sein Rechtsmittel ist zulässig, weil die Feststellungen in dem angefochtenen Beschluß so unvollständig sind, daß nicht geprüft werden kann, ob die Zulässigkeitsvoraussetzungen nach § 116 Abs. 1 StVollzG vorliegen (ständige Rechtsprechung; vgl. zuletzt Senat, Beschluß vom 22. 11. 1993 – 3 Ws 272/93 –).

Die tatsächlichen Feststellungen der Strafvollstreckungskammer ermöglichen dem Senat, wie er bereits in der vorzitierten, tatsächlich und rechtlich gleichgelagerten Sache entschieden hat, nicht die Prüfung, ob eine der Bedeutung des Anliegens des Strafgefangenen entsprechende Aufklärung des Sachverhalts vorgenommen wurde. Dies dürfte auch darauf zurückzuführen sein, daß die Strafvollstreckungskammer die Bedeutung einer die Befolgung der Regeln des Islam ermöglichenden Verpflegung für den Strafgefangenen verkannt hat.

Strafvollzug

Auszugehen ist von Art. 4 Abs. 2 GG, der die ungestörte Religionsausübung gewährleistet. Dabei handelt es sich unbestrittenermaßen um ein Menschenrecht, so daß sich nicht nur Deutsche, sondern auch die Angehörigen anderer Staaten hierauf berufen können. Nicht nur die traditionell im abendländischen Kulturkreis vertretenen Religionen werden durch Art. 4 Abs. 1 und 2 GG geschützt, sondern auch andere religiöse Bekenntnisse wie der Islam, zu dem der Strafgefangene sich bekennt. Aus der vom Senat eingeholten wissenschaftlichen Stellungnahme der Sachverständigen L. J. vom Seminar für Orientkunde der Johannes-Gutenberg-Universität Mainz vom 8. 11. 1993 ergibt sich, daß für Muslime im Fastenmonat Ramadan eine strenge Fastenpflicht besteht und sie hiervon auch durch den Umstand ihrer Inhaftierung nicht dispensiert sind, wie dies etwa bei Kranken, Reisenden und Schwangeren der Fall ist (vgl. hierzu Hartmann, Die Religion des Islam, Neuausgabe Darmstadt 1992, S. 87).

Der Bedeutung religiöser Speisevorschriften wird durch § 21 Satz 3 StVollzG Rechnung getragen. Danach soll die Haftanstalt dem Gefangenen ermöglichen, die Speisevorschriften seiner Religionsgemeinschaft zu befolgen; sie ist verpflichtet, dies zu tun (Senat, aaO, m.w.N.). Zwar muß die Anstalt nicht selbst für eine entsprechende Ernährung sorgen; sie hat dem Gefangenen dann aber wenigstens zu gestatten, sich derartige Speisen selbst zu verschaffen (LG Straubing, ZfStrVo 1979, 124). Das hat, wie ohne weiteres einleuchtet, auch für den hier vorliegenden Fall zu gelten, in dem es nicht um die Beschaffenheit der Speisen, sondern um den Zeitpunkt ihrer Verabreichung geht. Dem Gefangenen nützt es nichts, daß die Anstalt den Muslimen eine spezielle Kost (sogenannte „Moslemkost") anbietet, wenn dieses Angebot zu einem Zeitpunkt erfolgt und angenommen werden müßte, in dem der Muslim aufgrund seiner Religionsregeln gehindert ist, davon Gebrauch zu machen.

Die Strafvollstreckungskammer hat gemeint, die Anstalt sei dieser Problematik dadurch enthoben, daß einerseits die Ausgabe warmen Essens nach Sonnenuntergang aus naheliegenden organisatorischen Gründen unzumutbar sei, daß sie den Muslimen andererseits aber während der Fastenzeiten ein Lunchpaket überlasse, das diese nach Sonnenuntergang verzehren könnten. Die von den Gefangenen erbetene Bewilligung eines eigenen Kochers hat sie im Hinblick auf die Überlastung des Stromnetzes der Haftanstalt, die eine Genehmigung weiterer Kocher – über die bereits aus medizinischen und anderen Gründen erlaubten hinaus – nicht zulasse (eine Begründung, die der Senat bereits mehrfach gebilligt hat, vgl. den Beschluß vom 15. 12. 1992 – 3 Ws 588/92), für unberechtigt erachtet.

Es bestehen indes durchgreifende Bedenken, ob die Verweisung auf Lunchpakete und Stromnetzüberlastung mit der Verpflichtung der Haftanstalt zur Gesundheitsfürsorge (§ 56 Abs. 1 S. 1 StVollzG) vereinbar ist. Das wäre zu verneinen, wenn das Recht des Gefangenen, die Gebote seiner Religion zu befolgen, bei gleichzeitigem Verbot eigener Speisezubereitung in der Praxis darauf hinausliefe, daß der Gefangene über einen längeren Zeitraum hinweg auf eine warme Mahlzeit völlig verzichten müßte, obwohl dies seiner Gesundheit schaden würde. Eine solche Schädigung ist vorliegend zumindest nicht von der Hand zu weisen. Für Muslime besteht nämlich an Feiertagen und im Ramadan strenge Fastenpflicht; sie müssen von der Morgendämmerung bis nach Sonnenuntergang jeglichen Speisen und Getränken entsagen. Der Beschwerdeführer kann daher die von der Haftanstalt an sechs Tagen der Woche ausgegebene warme Mittagsmahlzeit nicht einnehmen. Ein solcher Verzicht mag für einzelne Tage ohne weiteres unbedenklich und zumutbar sein; denn die Bereitschaft, für religiöse Überzeugungen auch gewisse Nachteile hinzunehmen, gehört gerade zum Inhalt und der Glaubwürdigkeit eines religiösen Bekenntnisses. Dem Senat ist überdies aufgrund der allgemeinen Lebenserfahrung bekannt, daß der Verzicht auf eine warme Mahlzeit innerhalb gewisser zeitlicher Grenzen zweifelsfrei unschädlich ist. Hier dagegen geht es um einen Verzicht auf warmes Essen über einen ganzen Monat hinweg. Strenges Fasten über einen solchen Zeitraum kann, auch wenn es nur tagsüber geschieht, nicht unerhebliche körperliche Belastungen mit sich bringen. In Freiheit befindliche Muslime nehmen deshalb in den Nächten des Ramadan wesentlich mehr Nahrung zu sich, als es in den übrigen Monaten den Tag über üblich ist. Es haben sich auch zahlreiche spezielle, kalorienreiche Fastenspeisen entwickelt (vgl. Khoury/Hageman/Heine: Islam-Lexikon, Geschichte/Ideen/Gestalten, Freiburg 1991, S. 243). Ein solcher Ausgleich besteht in der Haftanstalt nicht. Die Möglichkeit von Gesundheitsschäden bei vollständigem Verzicht auf eine warme Mahlzeit über einen derart langen Zeitraum ist deshalb nicht von der Hand zu weisen. Die Inkaufnahme von – nicht nur rein theoretisch möglichen – Gesundheitsschäden kann jedoch auch einem gläubigen Muslim nicht abverlangt werden.

Ob mit solchen Gesundheitsschäden gerechnet werden muß, kann der Senat nicht beurteilen, weil die Strafvollstreckungskammer, die diesen Gesichtspunkt nicht gesehen hat, hierzu keinerlei Feststellungen getroffen hat. Der angefochtene Beschluß war daher aufzuheben und die Vorinstanz zu verpflichten, den Gefangenen unter Ergänzung der tatsächlichen Feststellungen erneut zu bescheiden.

Dabei wird das Vollstreckungsgericht auch zu klären haben, an wievielen Tagen der Woche es dem Gefangenen außerhalb des Ramadans aus Glaubensgründen verwehrt ist, die anstaltsübliche warme Mahlzeit einzunehmen und ob einer dieser Tage mit demjenigen zusammenfällt, an dem die Haftanstalt ohnehin kein warmes Essen ausgibt. Daraus wird sich ergeben, an wieviel aufeinanderfolgenden Tagen der Gefangene bei Einhaltung seines Fastengebots ohne warmes Essen auskommen müßte.

Sodann wäre zu prüfen, ob dies aus ärztlicher Sicht, und zwar aus der Sicht des Anstaltsarztes, die körperliche Gesundheit des Gefangenen mehr als nur rein theoretisch gefährden würde.

Wäre dies, was allerdings als naheliegend angesehen werden kann, außerhalb des Monats Ramadan gesundheitlich unbedenklich, wäre zu klären, ob gesundheitliche Risiken nicht zumindest während des Ramadans bestehen, in dem der Gefangene durchgehend auf eine warme Mahlzeit völlig verzichten müßte.

Wird dies bejaht, wäre zu untersuchen, in welcher Form Abhilfe unter Berücksichtigung der organisatorischen Möglichkeiten der Haftanstalt geschaffen werden kann. Wie der angefochtene Beschluß ausführt (...), ist anderen Gefangenen, bei denen die medizinische Notwendigkeit eigener Essenszubereitung gegeben ist, der Besitz eines eigenen Kochers gestattet. Es erschiene nun widersinnig, dem Beschwerdeführer und anderen Muslimen einen solchen Kocher so lange vorzuenthalten, bis sie tatsächlich krank geworden sind, um ihnen erst dann eine medizinisch indizierte Selbstverpflegung mittels eigenen Kochers zu gestatten.

Den aus einer hieraus möglicherweise resultierenden Ausweitung des Kreises der Kocherbesitzer sich ergebenden technischen Problemen (Stromnetzüberlastung) wäre zunächst dadurch zu begegnen, daß die Möglichkeiten einer Essensausgabe in wärmehaltigen Containern oder stationsweise Aufwärmmöglichkeiten mittels Mikrowellengeräten ausgeschöpft werden. Sollten solchen Lösungen unüberwindliche Schwierigkeiten entgegenstehen, wäre an eine völlige Neubewertung der bisherigen Praxis des privaten Kocherbesitzes zu denken. Der angefochtenen Entscheidung kann ebenfalls entnommen werden, daß in der Haftanstalt einzelne Gefangene einen Kocher besitzen, ohne daß eine medizinische Notwendigkeit hierfür gegeben ist. Gerechtfertigt wird dies mit dem Gesichtspunkt des Vertrauensschutzes, weil der Kocher vor Änderung der Genehmigungspraxis erworben oder beantragt worden sei (angefochtene Entscheidung S. 5, 1. Abs.). Der Gesichtspunkt des Vertrauensschutzes kann aber nur Bedeutung beanspruchen, solange keine Neubewertung der gesamten entscheidungserheblichen Umstände erforderlich ist (vgl. in anderem Zusammenhang OLG Hamm NStZ 1993, 360). So kann es zum Beispiel keinem Zweifel unterliegen, daß ein bisher allein aufgrund des Vertrauensschutzes einen Kocher besitzender Gefangener künftig – eventuell auch während eines bestimmten Zeitraumes – auf diesen verzichten muß, wenn ein anderer Gefangener aus medizinischen Gründen auf einen Kocher angewiesen ist und die in der Justizvollzugsanstalt D. bestehende Stromnetzüberlastung eine Genehmigung zusätzlicher Kocher nicht zuläßt. Nichts anderes kann nach Auffassung des Senats gelten, wenn eine Neubewertung der Verpflichtung aus § 21 Satz 3 StVollzG im Lichte des Art. 4 GG dazu führen würde, daß die Ermöglichung einer die Glaubensvorschrift beachtenden Lebensführung höher einzuschätzen ist als früher einmal genehmigte Annehmlichkeiten anderer Gefangener. Dabei wird auch zu prüfen sein, ob solche Alterlaubnisse nicht sogar mit einem Widerrufsvorbehalt versehen wurden.

Die Problematik kann allerdings nicht einmal auf den Besitz von Kochern verengt werden. Sollte die Prüfung anderweitiger Abhilfemöglichkeiten ergebnislos verlaufen, wäre auch daran zu denken, alle einen nennenswerten Stromverbrauch aufweisenden Elektrogeräte in eine völlig neue Gesamtabwägung einzubeziehen, was wiederum dazu führen könnte, daß dem Vertrauensschutz eines Kocherbesitzers höhere Bedeutung zukommt als den Interessen einer Vielzahl von Gefangenen, denen später nur rein der Annehmlichkeit dienende Elektrogeräte genehmigt wurden.

Möglich und sogar naheliegend, weil mit der wohl geringsten Veränderung des Status quo verbunden, wäre auch eine Regelung, bei der anderen Gefangenen nur für die Dauer des Ramadan das Recht zum Kocherbesitz entzogen wird, um es muslimischen Gefangenen für diesen Zeitraum zu gewähren.

82

Es hängt vom Einzelfall ab, welche Anforderungen an den Nachweis der Ernsthaftigkeit eines Religionswechsels zu stellen sind, wenn ein Strafgefangener nunmehr statt normaler Anstaltskost eine besondere Art von Verpflegung (hier sog. Moslemkost) begehrt. Eine generelle Regelung des Inhalts, daß über den Religionswechsel die Bescheinigung eines Dritten beizubringen ist, verstößt gegen Art. 4 Abs. 1 GG.

OLG Koblenz, Beschluß vom 8. Dezember 1993 – 3 Ws 591/93[1] –

Der Strafgefangene N. hat beantragt, ihm sog. Moslemkost zur Verfügung zu stellen. Er hat geltend gemacht, daß er sein Glaubensbekenntnis gewechselt habe und jetzt Moslem sei. Die Justizvollzugsanstalt hat den Antrag abgelehnt. Sie hat den Wechsel der Religionszugehörigkeit nicht anerkannt und von dem Strafgefangenen die Einhaltung des für die Anerkennung üblichen Verfahrens verlangt. Er müsse sich an den Religionsbeauftragten für die mohammedanischen Gefangenen, Herrn A. in R., wenden. Wenn dieser eine Bescheinigung ausstelle, werde der Religionswechsel in den Gefangenenpersonalakten eingetragen. Die Bescheinigung sei auch Voraussetzung für die Aushändigung von Moslemkost. Der hierauf gerichtete Antrag des Gefangenen sei mit mündlich eröffneter Verfügung abgelehnt worden, weil der Gefangene sich geweigert habe, eine Bescheinigung des Religionsbeauftragten A. anzufordern.

---

[1] ZfStrVo 1994, 241. Vgl. zu diesem Fragenkreis auch VG Freiburg VBl.BW 1994, 291.

Strafvollzug 525

Die Strafvollstreckungskammer hat den Antrag des Strafgefangenen auf gerichtliche Entscheidung durch den angefochtenen Beschluß als unbegründet zurückgewiesen. Es sei nicht zu beanstanden, daß die Justizvollzugsanstalt die Aushändigung von Moslemkost von der Einhaltung eines bestimmten Verfahrens abhängig mache. Hierin liege keine Verletzung des Grundrechts auf ungestörte Religionsausübung gemäß Art. 4 Abs. 2 GG. Das beanstandete Verfahren finde seine sachliche Rechtfertigung darin, daß hierdurch die betreffenden Gefangenen gegenüber einer sachkundigen außenstehenden Person die Ernsthaftigkeit ihres Anliegens dokumentieren sollen. Mit der durch die geforderte Erklärung gegenüber einer autorisierten Person aufgebauten gewissen psychologischen Hemmschwelle wolle die Justizvollzugsanstalt mögliche Mißbräuche etwa dahingehend, daß ein Wechsel der Religionszugehörigkeit nur verbal behauptet wird, um so in den Genuß anderer Verpflegung zu kommen, zumindest reduzieren. Die von dem Antragsteller vorgelegte, von dem Vereinsgründer und Mitgefangenen B. unterzeichnete Bescheinigung der „Türkisch-islamischen Gesellschaft zu D." sei nicht ausreichend, zumal es sich bei dem Antragsteller um den stellvertretenden Vorsitzenden dieses Vereins handele.

Mit seiner Rechtsbeschwerde erreichte der Strafgefangene die Aufhebung des Beschlusses und die Zurückverweisung der Sache an die Strafvollstreckungskammer.

Aus den Gründen:

Die Rechtsbeschwerde ist zulässig, weil eine Überprüfung der angefochtenen Entscheidung zur Fortbildung des Rechts im Hinblick darauf geboten erscheint, von welchen Anforderungen die Anerkennung einer Religionszugehörigkeit abhängig gemacht werden darf (§ 116 Abs. 1 StVollzG).

Die Rechtsbeschwerde hat einen vorläufigen Erfolg.

Der Senat pflichtet der Strafvollstreckungskammer darin bei, daß ein Wechsel der Religionszugehörigkeit mit den sich daraus ergebenden Konsequenzen nicht schon dann angenommen werden kann, wenn er von dem Gefangenen bloß verbal behauptet wird. Einem Mißbrauch könnte sonst nicht mehr begegnet werden. Es ist auch nicht zu beanstanden, daß die von dem Mitgefangenen B. ausgestellte Bescheinigung der „Türkisch-islamischen Gesellschaft zu D." nicht als ausreichend erachtet wurde. Der die Schreibhilfe leistende Mitgefangene D. ist nicht kompetent, eine Religionszugehörigkeit des Beschwerdeführers zu bescheinigen. Durchgreifenden rechtlichen Bedenken unterliegt die Entscheidung der Strafvollstreckungskammer jedoch insoweit, als die Anerkennung des Wechsels der Religionszugehörigkeit davon abhängig gemacht wurde, daß sich der Gefangene an den Religionsbeauftragten A. in R. wendet und dieser eine entsprechende Bescheinigung ausstellt. Die Stellung dieser Anforderungen läßt besorgen, daß Bedeutung und Tragweite des Grundrechts aus Art. 4 GG verkannt worden sind.

Der verfassungsrechtliche Schutz der Freiheit des Glaubens und des Gewissens sowie der Freiheit des religiösen und weltanschaulichen Bekenntnisses (Art. 4 Abs. 1 GG), ergänzt durch die Garantie der ungestörten Religionsausübung (Art. 4 Abs. 2 GG), gehört zu den Grundrechtsgewährleistungen, auf die sich nicht nur Deutsche, sondern auch Angehörige anderer Staaten berufen können. Der Grundrechtschutz wird jedem zuteil, der glaubt, also die Grundsätze einer Religion angenommen hat (Herzog, in: Maunz/Dürig, Kommentar zum GG, Art. 4 Rdnr. 66). Hierbei erstreckt sich der Begriff des Glaubens nicht nur auf die Glaubensinhalte der großen Weltreligionen, sondern auch auf jene der Minderheitenreligionen (Zippelius, in: Dolzer/Vogel, Bonner Kommentar zum GG, Art. 4 Rdnr. 32). Art. 4 Abs. 1 GG schützt „auch die vereinzelt auftretende Glaubensüberzeugung, die von den Lehren der Kirchen und Religionsgemeinschaften abweicht" (so BVerfGE 33, 23 [29][2]). Ohne Belang ist auch, ob der Glaubende formell Mitglied einer bestimmten Religionsgesellschaft ist. Allein maßgebend ist die Ernsthaftigkeit der Glaubensüberzeugung des einzelnen (VG Berlin NVwZ 1990, 100[3]). Es ist „Pflicht aller öffentlichen Gewalt, die ernste Glaubensüberzeugung in weitesten Grenzen zu respektieren" (so BVerfGE 32, 98 [109][4]; siehe auch Steiner, JuS 1982, 157 [161]: „Verpflichtung des Staates auf Respektierung auch individuellster Glaubensstandpunkte").

Hiernach ist es mit Art. 4 Abs. 1 GG nicht mehr vereinbar, wenn die Anerkennung der Zugehörigkeit zum Islam von der Einhaltung des „üblichen Verfahrens" abhängig gemacht wird, nämlich daß sich der Gefangene an den Religionsbeauftragten A. wenden muß und dieser eine entsprechende Bescheinigung ausstellt. Für ein solches Verlangen fehlt es an einer Rechtsgrundlage; Art. 4 Abs. 1 GG enthält keinen Gesetzesvorbehalt. Es kommt hinzu, daß bei dem bisher praktizierten Verfahren ein außenstehender Religionsbeauftragter zum Richter darüber gemacht wird, ob ein Gefangener der Religion des Islam angehört oder nicht. Auch das läßt sich mit Art. 4 Abs. 1 GG nicht vereinbaren. Das Grundrecht schützt auch Glaubensüberzeugungen, die von der reinen Lehre abweichen und deshalb keine offizielle Anerkennung durch Religionsbeauftragte oder andere Stellen finden. Erst recht ist zu beanstanden, daß durch das praktizierte Verfahren eine „gewisse psychologische Hemmschwelle" aufgebaut werden soll. Es ist nicht Aufgabe staatlicher Stellen, die Wahrnehmung von Grundrechten einzuschränken; ihre vornehmste Aufgabe ist es, Grundrechte zu verwirklichen.

---

[2] KirchE 12, 410.   [3] KirchE 27, 17.   [4] KirchE 12, 294.

Dies alles bedeutet nicht, daß eine behauptete Religionszugehörigkeit unbesehen als gegeben erachtet werden muß. Insbesondere bei einem Wechsel der Religionszugehörigkeit ist es Sache des Gefangenen, die Ernsthaftigkeit der von ihm behaupteten Glaubensüberzeugung wenn nicht glaubhaft zu machen (so VG Berlin NVwZ 1990, 100), so doch plausibel darzulegen. Das Grundrecht der Glaubensfreiheit stellt ihn von dieser Last nicht frei (vgl. BVerfG NJW 1985, 1519 [1523][5] betr. Darlegung der Gewissensentscheidung).

In welcher Weise die Strafvollstreckungskammer eine Sachverhaltsaufklärung (siehe hierzu OLG Koblenz StV 1990, 169) zur Verhinderung von Mißbräuchen vornehmen und welche Anforderungen sie an die Darlegung des Religionswechsels stellen muß, ist eine Frage des Einzelfalles, bei dessen Beurteilung nicht unberücksichtigt bleiben sollte, daß vorliegend ein Mißbrauch keine gravierenden Folgen hätte. Die wirtschaftliche und technisch-organisatorische Belastung der Justizvollzugsanstalt hält sich in Grenzen, wenn einem Strafgefangenen Moslemkost statt der üblichen Anstaltskost gereicht wird (vgl. OLG Hamm NStZ 1984, 190 [191 a.E.][6]). In der Regel wird eine persönliche Anhörung des Gefangenen ausreichen. Bei begründeten Zweifeln an der Ernsthaftigkeit seiner Darlegungen bietet es sich an, Bedienstete der Justizvollzugsanstalt über das Verhalten des Gefangenen zu befragen.

Die Strafvollstreckungskammer wird daher über den Antrag erneut zu entscheiden haben.

83

Ein Zurückstellungsgrund nach § 12 Abs. 2 WPflG ist schon dann gegeben, wenn sich der Wehrpflichtige zum Gestellungszeitpunkt im Vorfeld der Aufnahme des Universitätsstudiums (hier: Fachhochschulstudiengang Religionspädagogik) ernsthaft auf das geistliche Amt vorbereitet.

VG Regensburg, Urteil vom 9. Dezember 1993 – RO 12 K 93.2046[1] –

Der 1974 geborene Kläger wurde wehrdienstfähig mit Einschränkung der Verwendungsfähigkeit für bestimmte Tätigkeiten gemustert. Gleichzeitig wurde er auf seinen Antrag vom 17. 7. 1992 hin gemäß § 12 Abs. 4 Satz 2 Nr. 3 a WPflG für den Besuch der Fachoberschule bis einschließlich 31. 7. 1993 vom

---

[5] KirchE 23, 80.
[6] KirchE 21, 335.

[1] Infolge Erledigung der Hauptsache ist das vorliegende Urteil für unwirksam erklärt worden. Den Beschluß des VG Regensburg vom 1. 10. 1993 – RO 12 S 93.1883 –, mit dem die aufschiebende Wirkung des Widerspruchs gegen den Einberufungsbescheid des Kreiswehrersatzamtes angeordnet worden war, hat das BVerwG mit Beschluß vom 11. 5. 1994 – 8 C 8.94 – aufgehoben.

Wehrdienst zurückgestellt. Der Antrag auf eine Zurückstellung bis Dezember 1997 wegen der „Ausbildung für das Priesteramt" wurde nicht beschieden. Mit dem angefochtenen Einberufungsbescheid des Kreiswehrersatzamtes R. wurde er zur Ableistung des Grundwehrdienstes nach F. einberufen.

Hiergegen erhob der Kläger Widerspruch mit der Begründung, daß er ab Oktober 1993 an der Universität Eichstätt mit dem Berufsziel Priester studieren werde. Er legte eine Bestätigung des Bischöflichen Ordinariats R. vom 30. 8. 1993 vor, wonach er an diesem Tag bei Domkapitular N. wegen seines Studiums der Religionspädagogik/Kirchliche Bildungsarbeit in Eichstätt vorgesprochen habe. Aufgrund des Wunsches des Klägers, nach den ersten vier Semestern dieses Studienganges, der wegen seines Fachabiturs Voraussetzung sei, zum Studium der Diplomtheologie überzuwechseln, sei der Universität Eichstätt mitgeteilt worden, ihm einen Studienplatz zur Verfügung zu stellen. Damit sei aus Sicht des Unterzeichners auch die notwendige Voraussetzung für eine Befreiung des Klägers vom Wehrdienst gegeben. Ferner wurde eine Studienbescheinigung der Katholischen Universität Eichstätt in Vorlage gebracht, wonach der Kläger zum Wintersemester 1993 (Beginn: 1. 10. 1993) zum Fachhochschulstudiengang Religionspädagogik eingeschrieben sei.

Zur Begründung seines Antrages, die aufschiebende Wirkung seines Widerspruchs anzuordnen, führt er aus, daß er beabsichtige, Priester zu werden. Hierzu benötige er die fachgebundene Hochschulreife, die mit dem Vordiplom des Faches Religionspädagogik an der Universität Eichstätt erworben werden könne. Er legte ein Schreiben des Priesterseminars R.vom 5. 8. 1992 vor, in dem ihm mitgeteilt wird, daß sich der Unterzeichner bei der Regentenkonferenz kundig gemacht und erfahren habe, daß er, der Kläger, auch in der Schweiz ein bestimmtes Alter und zumindest eine abgeschlossene Berufsausbildung nachweisen müsse, damit er dort als Priesteramtskandidat zugelassen werde. Ihm werde vorgeschlagen, daß er zunächst sein Fachabitur nachhole, um dann das Studium der Religionspädagogik in Eichstätt aufzunehmen und mit der bestandenen Vordiplomprüfung sein Theologiestudium an der Universität Regensburg zu beginnen. Später teilte der Kläger ergänzend mit, daß der Studiengang Religionspädagogik direkt zur Priesterausbildung im engeren Sinn gehöre. So habe er sich auch noch nach der Meldefrist vom 15. 6. 1993 zum Studium anmelden können; diese Sonderregelung bestehe nur für Priesterstudenten mit Genehmigung des Bischöflichen Ordinariats der Heimatdiözese. Der für das Studium der Religionspädagogik bestehende Numerus Clausus finde bei Priesterstudenten keine Anwendung, im Formblatt der Katholischen Universität Eichstätt sei er als Priesteramtskandidat eingetragen. Die über die Diözese begonnenen Studien würden von ihr betreut; so werde er – auch während des Fachhochschulstudiengangs – von der Diözese sowie den Ausbildungs- und Studienlehrpersonen der Hochschule zum Priesteramt entsprechend begleitet und gefördert. Das Verwaltungsgericht Regensburg hat daraufhin die aufschiebende Wirkung des Widerspruchs gegen den Einberufungsbescheid angeordnet.

Mit dem ebenfalls angefochtenen Widerspruchsbescheid der Wehrbereichsverwaltung wurde der Widerspruch zurückgewiesen. Zur Begründung wird im wesentlichen ausgeführt, daß die Voraussetzungen des § 12 Abs. 2 WPflG nicht gegeben seien, da der Kläger die nach § 7 Abs. 2 der Musterungsverordnung (MustV) geforderten Nachweise über ein ordentliches theologisches Studium sowie die Erklärung der zuständigen bischöflichen Behörde nicht beibringen könne. Das Bischöfliche Ordinariat bestätige lediglich, daß der Kläger eventuell den Priesterberuf anstrebe.

Der auf Aufhebung der Bescheide gerichteten Klage gibt das Verwaltungsgericht statt.

Aus den Gründen:

Die Klage ist zulässig und begründet. Der Einberufungsbescheid des Kreiswehrersatzamts (...) und der Widerspruchsbescheid der Wehrbereichsverwaltung (...) sind rechtswidrig und verletzen den Kläger in seinen Rechten, da er seiner Einberufung eine Wehrdienstausnahme entgegenhalten kann.

Nach § 12 Abs. 2 WPflG werden Wehrpflichtige, die sich auf das geistliche Amt vorbereiten, auf Antrag zurückgestellt. Das Gericht ist zu der Auffassung gelangt, daß sich der Kläger bereits zum Gestellungszeitpunkt auf ein geistliches Amt i. S. des § 11 Abs. 1 Nr. 2 WPflG als Geistlicher römisch-katholischen Bekenntnisses vorbereitet.

Nach den vom Kläger im Verfahren sowie in der mündlichen Verhandlung abgegebenen Erklärungen ist das Studium der Religionspädagogik bereits als Teil seiner theologischen Ausbildung, die ihn zum Priesteramt führen soll, zu betrachten, da es dem Kläger aufgrund seiner schulischen Vorbildung nicht möglich ist, sofort ein theologisches Hochschulstudium aufzunehmen. Der Kläger hat glaubhaft in der mündlichen Verhandlung versichert, daß er bei einem Besuch eines Vertreters der bischöflichen Behörde an der Fachhochschule Eichstätt auf einer Liste geführt worden sei, auf der diejenigen gesondert aufgeführt wurden, die sich auf das geistliche Amt vorbereiten. In diesem Zusammenhang ist es auch unschädlich, daß das Studium an der Fachhochschule theoretisch andere berufliche Wege eröffnet und nicht ausschließlich zur Übernahme eines geistlichen Amtes führen muß. Denn hierbei ist auch auf die subjektiven Absichten und Möglichkeiten des Klägers abzustellen. Nach Auffassung der Kammer bereitet sich der Kläger bereits jetzt ernstlich darauf vor, ein geistliches Amt zu übernehmen. Daß er die Übernahme eines geistlichen Amtes nicht nur als eine von mehreren denkbaren Möglichkeiten einer späteren Berufstätigkeit in Betracht zieht, ergibt sich auch aus seinen Bemühungen im

Vorfeld der Aufnahme des Studiums der Religionspädagogik, sofort ein Priesterstudium in der Schweiz aufzunehmen.

Der Kläger hat zum Gestellungszeitpunkt 1. 10. 1993 auch seine theologische Ausbildung bereits begonnen, da für ihn der Weg zum Hochschulstudium zwangsläufig über die Aufnahme des Fachhochschulstudiums führt.

Die Annahme der Wehrdienstausnahme des § 12 Abs. 2 WPflG ist nicht dadurch ausgeschlossen, daß der Kläger nicht die in § 7 Abs. 2 Musterungsverordnung (MustV) geforderten Nachweise erbringen kann. Der Kläger ist nämlich lediglich in der Lage, gemäß § 7 Abs. 2 Nr. 1 MustV den Nachweis eines ordentlichen theologischen Studiums an der Fachhochschule Eichstätt zu führen, sofern man diesem – in Übereinstimmung mit der Beklagtenseite – als Bescheinigung eines ordentlichen theologischen Studiums ausreichen läßt. Er kann zum derzeitigen Zeitpunkt jedoch nicht gemäß § 7 Abs. 2 Nr. 2 MustV die Erklärung der bischöflichen Behörde beibringen, daß er sich auf das geistliche Amt vorbereitet. Diese Erklärung wird nämlich von der vorgenannten kirchlichen Behörde nur dann abgegeben, wenn der Wehrpflichtige der bischöflichen Behörde als Priesteramtskandidat gemeldet ist. Es ist davon auszugehen, daß eine solche Bescheinigung erst erteilt werden kann, nachdem der Kläger ein ordnungsgemäßes Theologiestudium an der Universität aufgenommen hat und ins Priesterseminar eingetreten ist. Nach Auffassung des Gerichts ist die Regelung des § 7 Abs. 2 MustV dann Ausnahmen zugänglich, wenn der Kläger nachweisen kann, daß er sich bereits im Vorfeld der Aufnahme des Universitätsstudiums ernsthaft auf das geistliche Amt vorbereitet.

Dies ergibt sich aus dem Sinn und Zweck der Befreiungsvorschrift des § 12 Abs. 2 WPflG. Diese Vorschrift dient nämlich nach Auffassung der Kammer auch dem Vorgriff auf die Befreiung des § 11 Abs. 1 WPflG, wonach Inhaber geistlicher Ämter vom Wehrdienst zu befreien sind, und nicht ausschließlich dazu, eine Ausbildungsunterbrechung zu vermeiden (anders BVerwG, Urteil v. 15. 1. 1988, NVwZ 1988, 937).

Diese Auslegung der Musterungsverordnung ist auch eine vor dem allgemeinen Gleichheitssatz standhaltende sachlich gerechtfertigte Differenzierung, zumal die Behörden im Fall von Abiturienten, die das Theologiestudium noch nicht aufgenommen haben, das Verfahren aussetzt bis die Antragsteller in der Lage sind, die geforderten Nachweise zu erbringen. Hierbei ist dieses Verfahren deshalb gerechtfertigt, weil der Wehrpflichtige, wenn er Geistlicher im Sinne des § 11 WPflG ist, wehrpflichtmäßig ohnehin nicht zum Wehrdienst herangezogen werden darf (Hahnenfeld, Wehrpflichtgesetz, Kommentar, § 12 Rdnr. 8 b).

Es erscheint nicht sachgerecht, den Kläger, der ernsthaft beabsichtigt, ein geistliches Amt zu übernehmen, zum Wehrdienst heranzuziehen, obwohl er dann befreit werden müßte. Nach Auffassung des Gerichts ist der Sinn und Zweck der Vorschrift des § 12 Abs. 2 WPflG gerade darin zu sehen, daß solche

Fälle vermieden werden. Demnach steht dem Kläger die geltend gemachte Wehrdienstausnahme zu.

84

Für einen auf kirchliches Recht gestützten, über den Umfang der Nachversicherung gemäß §§ 233 Abs. 1 SGB VI, 9 Abs. 5 AVG hinausgehenden Anspruch eines ausgeschiedenen Ordensmitglieds ist der Rechtsweg zu den staatlichen Gerichten nicht gegeben.

Art. 140 GG, 137 Abs. 3 WRV
VG München, Urteil vom 15. Dezember 1993 – M 7 K 93.363[1] –

Die 1940 geborene Klägerin wurde im Oktober 1954 Mitglied des Beklagten, eines katholischen Schwesternordens. Sie wurde am 23. 3. 1990 nach Kirchenrecht rechtskräftig aus dem Orden entlassen. Seiner Verpflichtung zur Nachversicherung der Klägerin bei der BfA gem. §§ 233 Abs. 1 SGB VI, 9 Abs. 5 AVG kommt der Beklagte nach.

Im August 1992 erhoben die Bevollmächtigten der Klägerin Klage beim Landgericht München I mit folgendem Antrag:

I. Der Beklagte wird verurteilt, die Klägerin bei der Bundesversicherungsanstalt für Angestellte und bei der „Selbsthilfe", Zusatzrentenkasse der Deutschen Caritas, nachzuversichern (Rentenversicherung), und zwar für den Zeitraum 1. 10. 1954 bis 10. 9. 1989 entsprechend den von der Klägerin für den Beklagten ausgeübten Tätigkeiten gemäß der Eingruppierung dieser Tätigkeiten in die jeweiligen Vergütungsgruppen und der sich daraus für den jeweiligen Zeitraum ergebenden Bruttovergütung entsprechend der nachfolgenden Aufstellung:
- *Zeitraum 1. 10. 1954 bis 28. 2. 1960: Kinderpflegerin in der Vergütungsgruppe IX mit einer Bruttovergütung im Zeitraum 1. 1. 1955 bis 28. 2. 1960 in Höhe von 10953,98 DM.*
- *Zeitraum 1. 3. 1960 bis 30. 9. 1960: Schülerin der Kinderkrankenpflegeschule mit Tätigkeit im Bereich ohne Vergütung.*
- *Zeitraum 1. 10. 1960 bis 11. 10. 1964: Verwaltungstätigkeit in der Lohnbuchhaltung in der Vergütungsgruppe VII mit einer Bruttoverrgütung im Zeitraum 1. 1. 1961 bis 30. 9. 1964 in Höhe von 24.761,25 DM.*
- *Zeitraum 12. 10. 1964 bis 11. 10. 1965: Ausbildung zur Unterrichtsschwester ohne Vergütung.*
- *Zeitraum 12. 10. 1965 bis 30. 10. 1975: Unterrichtsschwester mit der Vergütungsgruppe KR 7/8 a mit einer Bruttovergütung von 176 029,03 DM.*
- *Zeitraum 1. 9. 1980 bis 1. 4. 1988: Unterrichtsschwester mit der Vergütungsgruppe KR 7/8 a mit einer Bruttovergütung von 315 880,42 DM.*

---

[1] AkKR 162 (1993), 562. Nur LS: KuR 1995, H. 1, 61. Die Berufung blieb im Ergebnis ohne Erfolg; BayVGH, Urteil vom 4. 10. 1995, NVwZ-RR 1996, 447.

- *Zeitraum 1. 6. 1981 bis 10. 9. 1989: Oberin mit der Vergütungsgruppe II mit einer Bruttovergütung von 541.845,52 DM.*

II. Der Beklagte wird verurteilt, an die Klägerin 200 000,- DM zuzüglich 8 % Zinsen hieraus seit 12. 6. 1992 zu bezahlen.

Zur Begründung ließ die Klägerin im wesentlichen vortragen:
Mit der Klage mache die Klägerin die ihr zustehenden vermögensrechtlichen Ansprüche aufgrund des Ausscheidens aus dem Orden geltend. Der Beklagte erkenne die Ansprüche zwar an, verweigere jedoch die Erfüllung.
Die Klägerin sei mit 14 Jahren in die Schwesternschaft eingetreten. Sie sei noch nicht volljährig gewesen, als sie mit 18 Jahren endgültig aufgenommen worden sei. Die Klägerin sei nicht über die rechtliche und vermögensmäßige Bedeutung des Eintritts in den Orden aufgeklärt worden. Da es sich um einen rechtlichen Grenzbereich handle, stütze die Klägerin die streitgegenständlichen Ansprüche jedoch nicht auf culpa in contrahendo analog und § 812 BGB, sondern auf die zwischen den Parteien geltenden „Lebensregeln", die vorgelegt werden und insbesondere die erfolgten Anerkenntnisse des Beklagten bezüglich der beiden streitgegenständlichen Ansprüche. Für den Fall des Ausscheidens oder der Entlassung sei in Ziff. 56 der Lebensregeln bestimmt, daß eine ausscheidende oder entlassene Schwester keinen Anspruch an das Schwesternvermögen oder auf Vergütung ihrer während der Zugehörigkeit zur Schwesternvereinigung geleisteten Arbeit habe. Was die Schwester eingebracht habe, werde ihr zurückerstattet, sofern es nicht verbraucht sei. Sie erhalte ihr Versorgungsrecht aus der Kranken- und Altersversicherung, in die seit der Aufnahme für die Schwester von der Gemeinschaft die Beiträge bezahlt worden seien. Überdies sei es ein Gebot der Liebe, der ausscheidenden oder entlassenen Schwester eine Übergangshilfe für ihr weiteres Leben zu gewähren.
Abgesehen von dem Zeitraum vom 1. 11. 1975 bis Dezember 1977, als die Klägerin ein Studium durchgeführt habe, sei sie während ihrer gesamten Zugehörigkeit zu dem Orden des Beklagten an der vom Beklagten betriebenen Kinderklinik in R. tätig gewesen. Diese Klinik sei staatlich anerkannt und sei im Krankenhausbedarfsplan nach dem Krankenhausfinanzierungsgesetz enthalten. Für sämtliche Tätigkeiten, die die Klägerin für den Beklagten ausgeübt habe, seien die jeweiligen Vergütungen über den Pflegesatz an den Beklagten als Krankenhausträger bezahlt worden. Die Klägerin habe für den Beklagten in dem fast 35-jährigen Zeitraum insgesamt eine Vergütung in Höhe von 1.069.469,20 DM brutto verdient, die auch jeweils an den Beklagten geflossen seien, zuzüglich der jeweiligen Arbeitgeberanteile für die Sozialversicherung, nachdem in dem Pflegesatz die gesamte Vergütung der Mitarbeiter einfließe.
Im September 1989 habe die Klägerin eine Stelle als Volksschullehrerin in R. angenommen. Dieser Schritt der Klägerin habe zu Auseinandersetzungen mit

dem Beklagten geführt, die dann mit der Entlassung der Klägerin aus dem Orden des Beklagten geendet habe. Von dieser innerkirchlichen Maßnahme, die durch ein staatliches Gericht nicht überprüft werden könne, seien die Rechtsfolgen hinsichtlich der damit zusammenhängenden vermögensrechtlichen Fragen zu unterscheiden.

Der Beklagte hat im wesentlichen ausführen lassen, niemand habe die Klägerin in die Gemeinschaft der Beklagten gelockt. Sie habe ersichtlich nicht nur aus religiösen Gründen gehandelt, sondern eine ihr gegebene Chance in der Übernahme der Ausbildung und aller Lebensbedürfnisse erfaßt. Die Klägerin habe im übrigen ihr Versprechen, die Lebensregeln der Gemeinschaft zu halten, anläßlich des 25. Jahrestages ihrer Profeß im Jahr 1984 in feierlicher Form bestätigt. Abgesehen davon sei das der Klägerin bereits zum Zeitpunkt ihrer Profeß 1959 bekannt gewesen. Sie habe über das Armutsversprechen und die Konsequenzen des Ausschlusses aus der Gemeinschaft Bescheid gewußt. Hätte sie zu irgendeinem Zeitpunkt ihren Eintritt bedauert, so hätte sie nach den Lebensregeln ausscheiden können. Statt einer offenen Erklärung habe die Klägerin sich durch ein Fernstudium die Qualifikation als Volksschullehrerin erworben und im September 1989 ohne Rücksprache mit der Oberin der Gemeinschaft und ohne die hierfür erforderliche Einbindung in die Lebensregeln eine Stelle als Volksschullehrerin in R. angenommen.

Die Bevollmächtigten des Beklagten machen im wesentlichen folgendes geltend: Der Beklagte habe nach dem Ausscheiden der Klägerin aus dem Orden von sich aus bereits am 11. 6. 1990 Antrag auf Nachversicherung der Klägerin bei der BfA entsprechend § 9 Abs. 5 AVG gestellt. Sobald der von der BfA berechnete Betrag feststehe, werde ihn der Beklagte nachentrichten. Damit sei er seiner Verpflichtung aus Ziff. 56 Satz 3 der Lebensregeln nachgekommen. Unter Altersversicherung im Sinne dieser Bestimmung falle die Rentenversicherung bei der BfA. Bei der Berechnung des nachzuzahlenden Betrags komme es nach dem Wortlaut der Lebensregeln darauf an, was von dem Beklagten freiwillig einbezahlt worden sei und nicht darauf, was die Klägerin glaube beanspruchen zu können. Der Beklagte habe für die Klägerin nach den für alle geltenden Grundsätzen insgesamt für den Zeitraum von 1977 bis 1990 74.016,– DM abgeführt. Die Beträge, die die gesetzliche Mindesthöhe überstiegen, würden der Klägerin persönlich als Höherversicherung gutgeschrieben. Kraft Gesetzes sei der Beklagte nur verpflichtet, 20 % der damaligen Bemessungsgrenze als fiktives Einkommen zugrundezulegen.

Durch Beschluß vom 11. 1. 1993 hat das LG München I den Rechtsstreit wegen Unzulässigkeit des ordentlichen Rechtsweges an das Verwaltungsgericht München verwiesen.

Das Verwaltungsgericht weist die Klage ab.

Aus den Gründen:
Für die mit Beschluß des Landgerichts München I vom 11. 1. 1993 an das Verwaltungsgericht München verwiesene Klage ist der Rechtsweg zu den staatlichen Gerichten nicht gegeben. Der ausschließlich auf die zwischen den Parteien geltenden „Lebensregeln" des Beklagten gestützte Klageanspruch auf Nachversicherung und Übergangshilfe bzw. Abfindung ist dem innerkirchlichen Bereich zuzuordnen und kann nicht als Akt öffentlicher Gewalt angesehen werden.

Der Verpflichtung zur Nachversicherung nach § 233 Abs. 1 SGB VI i.V.m. § 9 Abs. 5 AVG bei der BfA aufgrund des Ausscheidens der Klägerin aus dem Orden kommt der Beklagte unstreitig nach. Insoweit hätte die Kammer keine Zweifel daran, daß der Rechtsweg zu den staatlichen Gerichten eröffnet wäre. Dies ist jedoch nicht Streitgegenstand des vorliegenden Verfahrens.

Vielmehr begehrt die Klägerin – gestützt auf die „Lebensregeln" – darüber hinausgehend eine Nachversicherung entsprechend den von der Klägerin jeweils ausgeübten Tätigkeiten gemäß der Eingruppierung in die jeweiligen Vergütungsgruppen, sowie eine Nachversicherung bei der Zusatzrentenkasse der Deutschen Caritas „Selbsthilfe". Auch die geforderte Übergangshilfe bzw. Abfindung wird ausschließlich auf die „Lebensregeln" gestützt. Ob bestimmtes kirchliches Handeln dem innerkirchlichen Bereich zuzurechnen ist, entscheidet sich danach, was inhaltlich, der Natur der Sache oder der Zweckbeziehung nach als eigene Angelegenheit der Kirche anzusehen ist. In diesem Bereich ist die Kirche nicht an das für alle geltende staatliche Gesetz gebunden (vgl. BVerfGE 18, 385[2] und 42, 312[3]). Der staatlichen Gerichtsbarkeit sind insofern Eingriffe in den innerkirchlichen Bereich und damit auch die Nachprüfung der Maßnahmen und Regelungen der Kirchen aufgrund ihres Selbstverwaltungsrechts verwehrt. Andernfalls würde in die von der Verfassung garantierte Eigenständigkeit und Unabhängigkeit der kirchlichen Gewalt eingegriffen werden (Art. 140 GG i.V.m. Art. 137 Abs. 3 WRV). Die kirchliche Gewalt ist infolge der öffentlichen Rechtsstellung und der öffentlichen Wirksamkeit der Kirchen, die sich aus ihrem besonderen Auftrag ergeben und durch die sie sich von anderen gesellschaftlichen Gebilden grundsätzlich unterscheiden, zwar öffentliche, aber nicht staatliche Gewalt.

Der Beklagte, ein katholischer Schwesternorden und als solcher als Körperschaft des öffentlichen Rechts anerkannt, regelt die Beziehungen innerhalb der Schwesterngemeinschaft nach allgemeinem Kirchenrecht (corpus iuris canonici [*Anm. d. Hrsg.:* gemeint ist der Codex Juris Canonici 1983]) und den am

---

[2] KirchE 7, 172.
[3] KirchE 15, 320.

Entlassung aus Orden/Vergütungsansprüche

10. 7. 1987 oberhirtlich durch den Erzbischof von München und Freising, Friedrich Kardinal Wetter, bestätigten „Lebensregeln" der *(Beklagten)*. Auch wenn diese „Lebensregeln" die gegenseitigen Pflichten, Rechte und die Ausgestaltung des Ordenslebens bestimmen, so kann sich die Kammer doch nicht der Auffassung des Landgerichts München I anschließen, wonach es sich bei dem Verhältnis zwischen Beklagtem und Klägerin um ein Dienstverhältnis handelt. Nach der ständigen Rechtsprechung des Bundesverfassungsgerichts fallen jedenfalls in den Bereich der eigenen Angelegenheiten der Kirchen nicht nur das kirchliche Amtsrecht einschließlich der Ämterhoheit (BVerfGE 18, 385; BVerfG, Beschluß vom 1. 6. 1983[4], NJW 1983, 2569; BVerfG, Beschluß vom 5. 7. 1983[5], NJW 1983, 2569), sondern auch das mit dem Amtsrecht untrennbar verbundene Dienst- und Versorgungsrecht der Geistlichen. Wenn schon die Verleihung der kirchlichen Ämter, die Frage der Vergütung und Versorgung von Geistlichen zum Kernbereich der innerkirchlichen Angelegenheiten gehört, so muß dies nach Auffassung der Kammer erst recht für die geltend gemachten Ansprüche der Klägerin aus einer früheren Mitgliedschaft in einem katholischen Schwesternorden gelten. Die Beziehungen sind wesentlich enger und in Anbetracht des Armuts-, Gehorsams- und Keuschheitsgelübdes weit mehr im innerkirchlichen Bereich verwurzelt, als beispielsweise das Verhältnis eines evangelischen Pfarrers zu seiner Landeskirche. Die Aufgaben, die der Klägerin während ihres Ordenslebens übertragen worden sind, sei es als Kinderpflegerin, Unterrichtsschwester oder Oberin, waren ausschließlich in den – der Beurteilung durch staatliche Gerichte entzogenen – „Lebensregeln" begründet. Das Bundesarbeitsgericht hat mit Urteil vom 7. 2. 1990[6] (NJW 1990, 2082) im Falle eines exklaustrierten Ordenspriesters entschieden, daß neben dem kirchenrechtlich ausgestalteten Dienstverhältnis keine arbeitsvertraglichen Beziehungen vorlagen, da weder ein schriftlicher Arbeitsvertrag, noch eine mündliche Einigung über die Begründung eines Arbeitsverhältnisses gegeben waren. Auch im vorliegenden Fall der Klägerin werden die Beziehungen der Parteien allein von kirchenrechtlichen Grundsätzen bestimmt, so daß der Rechtsweg zu den staatlichen Gerichten nicht eröffnet ist.

Auf die Frage, ob die Klägerin bei Eintritt in die Schwesternschaft aufgrund ihrer Jugend und Unerfahrenheit sich nicht über die rechtlichen und vermögensmäßigen Folgen im Klaren war, kommt es ebensowenig an, wie auf die von dem Beklagten vorgetragene Erneuerung des Versprechens, die „Lebensregeln" der Gemeinschaft zu halten anläßlich des 25. Jahrestages der Profeß im Jahre 1984.

---

[4] KirchE 21, 132.   [5] KirchE 21, 171.   [6] KirchE 28, 14.

Die Geltendmachung vermögensrechtlicher Ansprüche vor staatlichen Gerichten wäre allenfalls dann zulässig, wenn eine ausdrückliche oder stillschweigende Zuweisung gemäß § 135 S. 1 BRRG vorläge. Dies ist jedoch unbestritten im vorliegenden Fall nicht gegeben.

Die Kammer ist im übrigen der Auffassung, daß der Klägerin auch keine Rechte ohne Ausgleich entzogen werden. Der Beklagte kommt unstreitig seinen Verpflichtungen nach, die Klägerin gemäß § 233 Abs. 1 SGB VI i.V.m. § 9 Abs. 5 AVG nachzuversichern. Hierbei wird für die Zeiten vom 1. 3. 1957 bis 31. 12. 1976 ein Betrag in Höhe von 20 % der jeweiligen Beitragsbemessungsgrenze in der Angestelltenrentenversicherung, ab 1. 1. 1977 in Höhe von 40 % der jeweiligen Bezugsgröße zugrundegelegt. Über diese Beträge hinaus wurden auch dynamisierte freiwillige Beiträge geleistet (...). Den Interessen des Staates, daß ausscheidende Ordensmitglieder zumindest gegen die Risiken verminderter Erwerbsfähigkeit und des Alters abgesichert sind, wird durch die versicherungsrechtlichen Regelungen Rechnung getragen, wobei gleichzeitig der Grundsatz des Selbstbestimmungs- und Selbstverwaltungsrechts der Religionsgesellschaften gewährleistet wird (vgl. SGB VI – Grundwerk, Erläuterungen zu § 5).

Auch kann bei der Frage, ob die von dem Beklagten gewährte Nachversicherung bei der BfA als ausreichender Ausgleich angesehen werden kann, nicht unberücksichtigt bleiben, daß der Beklagte den Ordensangehörigen mit ihrem Eintritt freie Kost, Wohnung sowie Kleidung gewährt, Ausbildungen finanziert und Beistand im Alter und bei Krankheiten garantiert. Auch die Klägerin hat diese Fürsorge während der Zeit ihrer Ordensangehörigkeit erfahren.

Ergänzend ist darauf hinzuweisen, daß der Justitiar des Erzbischöflichen Ordinariats in der mündlichen Verhandlung erklärt hat, daß der Beklagte bereit sei, im Falle der Not die Klägerin angemessen zu unterstützen. Dies gelte auch nach ihrem Ausscheiden aus dem Orden.

Bei der Frage, ob der Klägerin Rechte ohne Ausgleich i.S. der verfassungsrechtlichen Rechtsprechung entzogen werden, kommt es nicht darauf an, ob – wie von dem Beklagten behauptet – sich die Klägerin eine „Aussteuer" auf Kosten des Beklagten zusammengetragen hat.

Die Klägerin wird nicht dadurch rechtlos gestellt, daß die Kammer den vorliegenden Rechtsstreit als ausschließlich innerkirchliche Angelegenheit, die der staatlichen Gerichtsbarkeit entzogen ist, ansieht. Ihr ist als ehemaligem Ordensmitglied für die geltend gemachten Ansprüche auf Nachversicherung – über den gesetzlichen Anspruch hinaus – und auf Abfindung der innerkirchliche Verwaltungsrechtsweg eröffnet.

85

1. Das sogenannte Geistheilen ist erlaubnispflichtige Ausübung der Heilkunde.

2. Das Geistheilen bedeutet – unabhängig davon, ob es eine ernstzunehmende Heilmethode darstellt – jedenfalls dann eine Gefahr für die Volksgesundheit und rechtfertigt die Rücknahme der Heilpraktikererlaubnis, wenn eine Geistheilerin in grenzenloser Selbstüberschätzung ihrer Fähigkeiten behauptet, ohne körperliche Untersuchung praktisch alle Krankheiten unter Ausschluß jeglicher Fehldiagnose erkennen und durch Gottes Heilkraft heilen zu können, wenn sie vor dem religiösen Hintergrund ihres Wirkens als Leiterin eines geistlichen Ordens bei ihren Patienten ein fast unbegrenztes Vertrauen in ihre Heilfähigkeiten weckt und ihren Patienten suggeriert, das Aufsuchen eines Arztes oder Krankenhauses sowie die Einnahme chemisch-pharmazeutischer Mittel stünden mit Gottes Geboten nicht in Einklang (Fall der „Geistheilerin Uriella").

§§ 1 Abs. 1 u. 2 HPG, 2, 4 u. 7 HPG/DVO
VGH Baden-Württemberg, Beschluß vom 16. Dezember 1993 – 9 S 326/93[1] –

Mit Verfügung vom 13. 2. 1992 hat das Landratsamt W. die der Antragstellerin erteilte Heilpraktikererlaubnis zurückgenommen, ihr die Ausübung der Heilkunde ab sofort untersagt, die sofortige Vollziehung dieser Maßnahmen angeordnet und ein Zwangsgeld für den Fall der Zuwiderhandlung angedroht. Die Antragstellerin hat beim Verwaltungsgericht beantragt, die aufschiebende Wirkung ihres Widerspruchs gegen die obige Verfügung wiederherzustellen. Sie meint u. a., die von ihr praktizierten Heilmethoden, insbesondere das sog. Geistheilen, stelle keine Ausübung der Heilkunde i.S.d. Heilpraktikergesetzes dar.

Das Verwaltungsgericht hat den Antrag abgelehnt. Die Beschwerde blieb größtenteils ohne Erfolg.

Aus den Gründen:

Die Beschwerde ist zulässig, aber unbegründet, soweit die Antragstellerin die Wiederherstellung der aufschiebenden Wirkung ihres Widerspruchs gegen die in der Verfügung des Landratsamts W. vom 13. 2. 1992 ausgesprochene Rücknahme der Heilpraktikererlaubnis weiterverfolgt. Der Senat teilt die Rechtsauffassung des Verwaltungsgerichts, daß das öffentliche Interesse an der

---

[1] Amtl. Leitsätze. ESVGH 44, 161; VBl.BW 1994, 245. Vgl. zu diesem Fragenkreis auch OLG Karlsruhe NJW 1996, 1140.

– formell ordnungsgemäß angeordneten – sofortigen Vollziehung dieser Maßnahme das Interesse der Antragstellerin an der Aufrechterhaltung der aufschiebenden Wirkung ihres Widerspruchs überwiegt. Denn insoweit erscheint der Rechtsbehelf nicht erfolgversprechend, und die sofortige Vollziehung der Rücknahme der Heilpraktikererlaubnis ist unaufschiebbar, d. h. es besteht die begründete Besorgnis, daß sich die damit bekämpfte Gesundheitsgefahr schon während des Rechtsbehelfs- und Rechtsmittelverfahrens realisieren wird.

Mit zutreffender Begründung, auf die der Senat Bezug nimmt (§ 122 Abs. 2 Satz 3 VwGO), ist das Verwaltungsgericht zu der im Verfahren des vorläufigen Rechtsschutzes ausreichenden Überzeugung gelangt, daß die Ausübung der Heilkunde durch die Antragstellerin eine Gefahr für die Volksgesundheit bedeutet und die Rücknahme der Heilpraktikererlaubnis nach § 7 Abs. 1 i.V.m. § 2 Abs. 1 Buchstabe i HPG/DVO rechtfertigt. Das Beschwerdevorbringen rechtfertigt keine andere rechtliche Beurteilung.

Ohne Erfolg bleibt der wiederholte Einwand der Antragstellerin, das von ihr unter dem Namen »Uriella« insbesondere praktizierte Geistheilen sei keine Ausübung der Heilkunde im Sinne des Heilpraktikergesetzes, weil dabei die Heilenergie Gottes – ein kosmischer Athrumstrahl – aus Gnade durch den Geistheiler unabhängig von dessen Wissen über medizinische Zusammenhänge zum Patienten fließe und weil diese Heilmethode mit der Wirkung einer Heilung durch priesterliche Gebete vergleichbar sei. Nach § 1 Abs. 1 und 2 HPG umfaßt die erlaubnispflichtige Ausübung der Heilkunde jede berufs- oder gewerbsmäßig vorgenommene Tätigkeit zur Feststellung, Heilung oder Linderung von Krankheiten, Leiden oder Körperschäden bei Menschen. Das Verwaltungsgericht ist in zutreffender Auslegung, die diese Bestimmung durch die Rechtsprechung des Bundesverwaltungsgerichts, des Bundesgerichtshofs und des beschließenden Senats (vgl. Urteil vom 9. 7. 1991 – 9 S 961/90 –, MedR 1992, 94 und die entsprechenden weiteren Nachweise) erfahren hat, zu dem Ergebnis gelangt, daß die Aktivitäten der Antragstellerin Ausübung der Heilkunde darstellen. Denn die Antragstellerin gibt vor und nährt in ihren Patienten die Erwartung, sie könne unter Anwendung übersinnlicher bzw. übernatürlicher Kräfte nahezu alle Krankheiten heilen oder lindern (siehe dazu BGH, Urteil vom 13. 9. 1977[2], NJW 1978, 599 zum „Wunderheiler"; Bockelmann, NJW 1966, 1145 [1149]). Das Verwaltungsgericht ist auf der Grundlage der vom Bundesverwaltungsgericht (Urteil vom 18. 12. 1972, NJW 1973, 579) entwickelten einschränkenden Auslegung des Begriffs der Ausübung der Heilkunde zu Recht davon ausgegangen, daß die Tätigkeit der Antragstellerin nach allgemeiner Auffassung ärztliche Fachkenntnisse voraussetzt. Hierfür ist entgegen der Ansicht der Antragstellerin nicht entscheidend, ob ihre Behand-

---

[2] KirchE 16, 182.

lungsmethode als solche ärztliches Fachwissen voraussetzt und erfolgreich ist, sondern ob die vorgenommenen Behandlungen auf die Linderung oder Heilung von Krankheitssymptomen gerichtet sind und damit ein Ziel verfolgen, das nach allgemeiner Anschauung ärztliches Fachwissen voraussetzt (BGH, Urteil vom 13. 9. 1977, aaO, und OLG Karlsruhe, Urteil vom 25. 2. 1993 – 2 S 1/93 –, MedR 1993, 470). Es liegt auf der Hand, daß die Antragstellerin zur Behandlung ihrer zum Teil schwerkranken Patienten ärztliche Fachkenntnisse benötigt, um diejenigen Fälle, in denen sie ihre Methode ohne Gefährdung anwenden kann, von denjenigen zu unterscheiden, die in ärztliche Obhut gehören (siehe dazu Senatsurteil vom 9. 7. 1991, aaO). Das Verwaltungsgericht hat die vom Bundesverwaltungsgericht (Urteil vom 18. 12. 1972, aaO) geforderte weitere Voraussetzung, daß Ausübung der Heilkunde nur vorliegt, wenn die Behandlung gesundheitliche Schädigungen verursachen kann, ebenfalls zutreffend bejaht. Denn angesichts der von der Antragstellerin genährten Hoffnung auf Heilung selbst bei schwerster Erkrankung und ihrer unverhohlen geäußerten Abneigung gegen die Schulmedizin besteht generell die Gefahr, daß Patienten medizinisch gebotene Hilfe nicht in Anspruch nehmen, hinauszögern oder abbrechen. Für die vom Verwaltungsgericht zutreffend als berufsmäßig qualifizierte Ausübung der Heilkunde durch die Antragstellerin spricht schließlich auch, daß sie das nach ihren Angaben bei allen Beschwerden innerhalb und außerhalb des Körpers verwendbare „Athrumwasser" (vgl. das von der Antragstellerin herausgegebene Merkblatt) kostenlos abgibt, Diagnosen stellt und Heilmittelempfehlungen ausspricht.

Rechtlich unerheblich ist der Einwand der Antragstellerin, sie habe in Deutschland keine Heilpraktikerpraxis eingerichtet und die in der ARD-Fernsehsendung vom 19. 1. 1992 „Gesucht wird ... das Sprachrohr Gottes" beschriebenen Heiltätigkeiten bezögen sich überwiegend auf ihre naturärztliche mediale Praxis bis Ende 1989 in Sch./Schweiz. Denn die Antragstellerin hat die Heilkunde im Sinne des Heilpraktikergesetzes jedenfalls auch in der Bundesrepublik Deutschland ausgeübt. Aus ihrem Rundschreiben anläßlich ihres Umzugs nach Deutschland zum 1. 7. 1991 in Verbindung mit ihren eigenen Angaben folgt, daß sie ab Mitte 1991 bis Anfang 1992 in der Stiftung B. in I. (*Deutschland*) Geistheilungen durchgeführt und „Athrumwasser" abgegeben hat. In ihrem Schreiben vom 16. 1. 1992 an das WDR-Fernsehen und den beigefügten Informationsschreiben über Geistheilbehandlungen, dem Infoblatt über den organisatorischen Teil einer Heilbehandlung und dem Anmeldeformular zur Geistheilbehandlung erläutert die Antragstellerin, daß sie nicht nur – je nach Schwere eines Krankheitsfalls mindestens 9 bis 70 aufeinanderfolgende – Geistheilbehandlungen durchführt, sondern auch Diagnosen stellt und Heilmittelempfehlungen gibt. Außerdem hat sie bei der in der genannten Fernsehsendung beschriebenen zweiten Geistheilung anhand von Fotografien sogenannte Fernheilungen praktiziert. Inwieweit die Antragstellerin dafür verantwortlich ist, daß die von ihr und einem Physiker in der Schweiz hergestellten, in der Bundesrepublik Deutschland nicht zugelassenen Heilmittel hier vertrieben werden, kann derzeit nicht sicher festgestellt werden. Immerhin hat sie eingeräumt, daß in der Stiftung B. in I. Heilmittelbestellungen entgegengenommen und nach Sch./Schweiz weitergeleitet wurden, und die von der Kriminalpolizei vernommenen Zeugen Sch. und B. haben bestätigt, die in I. telefonisch bestellten Heilmittel durch im Schwarzwald aufgegebene Postsendungen erhalten und über Postgirokonten des von der Antragstellerin geleiteten Ordens Fiat Lux in Stuttgart bzw. Karlsruhe bezahlt zu haben.

Ohne Erfolg macht die Antragstellerin unter Hinweis auf die maßgebliche Sach- und Rechtslage im Zeitpunkt der noch nicht erlassenen Widerspruchsentscheidung geltend, die Rücknahme der Heilpraktikererlaubnis könne nicht mehr auf die Vornahme von Heilbehandlungen und die Abgabe von „Athrumwasser" in ihren Räumen in I. gestützt werden, weil deren Nutzung hierfür durch bestandskräftige Verfügung des Landratsamts W. vom 22. 1. 1992 untersagt worden sei. Denn die Antragstellerin verkennt, daß diese ortsgebunden wirkende baurechtliche Nutzungsuntersagung ihrer Tätigkeit als Geistheilerin an einem anderen Ort nicht entgegenstünde. Außerdem hat sie ihre Absicht, ihre im In- und Ausland praktizierten Aktivitäten – das Stellen von Diagnosen und die Geistheilung bei an- und abwesenden Patienten, Abgabe von „Athrumwasser" und Mitwirkung bei der Beschaffung ihrer Heilmittel – im Geltungsbereich des Heilpraktikergesetzes weiterhin auszuüben, keineswegs aufgegeben, was schon durch die Weiterverfolgung ihres Widerspruchs gegen die Verfügung vom 13. 2. 1992 und ihres Antrags auf Gewährung vorläufigen Rechtsschutzes hinreichend deutlich wird.

Unzutreffend ist die im Beschwerdeverfahren wiederholt vorgetragene Auffassung, das Verwaltungsverfahren sei fehlerhaft, weil den dem Gutachterausschuß am 22. 1. 1992 übersandten Unterlagen nicht die unter demselben Datum abgegebene Presseerklärung der Antragstellerin beigefügt gewesen sei, in der sie zu der nach ihrer Ansicht unwahren Darstellung im zweiten Teil der Fernsehsendung vom 19. 1. 1992 Stellung genommen habe. Es kann offenbleiben, ob die Behauptung der Antragstellerin in tatsächlicher Hinsicht zutrifft. Denn aus der nach § 7 Abs. 3 i.V.m. § 4 HPG/DVO vorgeschriebenen Anhörung des Gutachterausschusses durch die zuständige Verwaltungsbehörde vor der Zurücknahme der Heilpraktikererlaubnis kann nicht geschlossen werden, daß der betroffene Erlaubnisinhaber einen Rechtsanspruch auf Anhörung vor diesem Ausschuß habe, der ausschließlich gutachtende Tätigkeit ausübt und keine Entscheidungsfunktion besitzt. Dies hat das Verwaltungsgericht unter Bezugnahme auf die Rechtsprechung des früher zuständigen 11. Senats des

VGH Baden-Württemberg (Urteil vom 24. 4. 1980 – 11 S 2495/77 –), der sich der Senat anschließt, zutreffend ausgeführt.

Die genannten Aktivitäten der Antragstellerin stellten und stellen, wenn sie fortgeführt würden, nach dem derzeitigen Erkenntnisstand auch unter Berücksichtigung des Beschwerdevorbringens eine Gefahr für die Volksgesundheit dar. Die Antragstellerin diagnostiziert nach ihren im angefochtenen Beschluß wiedergegebenen, ausdrücklich als richtig bezeichneten Angaben die Erkrankung in der Weise, daß sie die Leibeshülle des anwesenden Patienten innerhalb kürzester Zeit verfeinstofflicht und dadurch dessen Äther- und Astralleib erkennbar werden läßt, der Träger der entsprechenden Krankheiten sei. Die erkrankte Körperstelle werde hierdurch vielfach vergrößert und der Zustand der Zellstruktur sichtbar, wodurch unter Ausschluß jeder Fehldiagnose sämtliche Störungen im Körper sichtbar würden. Auch die von der Zelle ausgehende Musik lasse Rückschlüsse auf bestehende Erkrankungen zu. Bei Abwesenheit des Patienten nimmt die Antragstellerin mittels eines Paßbildes und der Wohnadresse eine „Bilokation" vor, indem sie – angeblich – mit ihrem Geistleib die eigene physische Hülle verläßt und den Erkrankten aufsucht oder dessen Äther- und Astralleib zu sich herzitiert, ohne daß dieser es bemerke. Durch diese Art des „Hineinschauens" bzw. des Betrachtens einer Fotografie verstößt die Antragstellerin gegen den auch für Heilpraktiker geltenden unabdingbaren medizinischen Grundsatz (bestätigt durch die Stellungnahme des Staatlichen Gesundheitsamtes F. vom 21. 1. 1992, das Gutachten des Gutachterausschusses vom 7. 1. 1992 und die Stellungnahme der Kooperation Deutscher Heilpraktikerverbände vom 21. 1. 1992), daß ohne eingehende körperliche Untersuchung und die Erhebung einer Anamnese keine Diagnose gestellt und nicht mit der Behandlung begonnen werden darf. Durch diese Methode der Antragstellerin erhöht sich die von ihr in Kauf genommene Gefahr, daß sie Fehldiagnosen stellt, lebensbedrohliche Krankheitszustände und bestimmte übertragbare Krankheiten nicht erkennt, deren Behandlung nach § 30 Bundesseuchengesetz nur Ärzten gestattet ist.

Die Antragstellerin heilt nach ihren Angaben, indem sie beim Patienten die Hände auflegt – bei Abwesenden dessen Fotografie berührt – und Gebete spricht, wobei der „göttliche Athrumstrahl" durch sie zum Patienten fließe, die Krankheit über die rechte Hand aus dem Körper austrete (vgl. die SDR-Fernsehsendung „Nachtcafé" vom 26. 3. 1993), bei Aids das Immunsystem aufgebaut und das Virus verbrannt werde (Interview mit der Schweizer Illustrierten vom 2. 11. 1992), bei Krebs der Tumor bestrahlt werde, damit er sich auflöse (ARD-Fernsehsendung vom 19. 1. 1992). Ergänzend empfiehlt die Antragstellerin gegen entsprechende Bezahlung den Bezug ihrer in der Schweiz hergestellten Medikamente, vornehmlich „kosmische Ätherenergien, die schwingungsgleich zu den erkrankten Organen im Menschen sind, ... gut gegen alle, auch schwere Krankheiten sind, ... auch bei Krebs phantastisch wirken ... man kann zusehen, wie sich ein Geschwür zurückbildet" (ARD-Fernsehsendung vom 19. 1. 1992). Außerdem gibt die Antragstellerin kostenlos das sogenannte „Athrumwasser" ab, das sie ihren Angaben zufolge „auf Geheiß von Jesus Christus" seit 1982 in großen Mengen herstellt, indem sie Leitungswasser in einer Badewanne durch 21minütiges Linksquirlen mit einem Silberlöffel mit dem „kosmischen Athrumstrahl", dem „göttlichen Magnetismus", auflädt. Dieses Wasser, das sie in ihrem Merkblatt (S. 2) ausdrücklich als „unersetzliches Athrum-Heilwasser" bezeichnet, soll durch Einnahme und äußerliche Anwendung bei allen Arten von Beschwerden, u. a. bei offenen Beinen, Hautausschlägen, Gallen-, Nieren- und Blasensteinen und Herzbeschwerden, helfen und zum Reinigen der Nahrungsmittel von radioaktiven Strahlen und zum Neutralisieren von unreinem Quell- und Leitungswasser verwendet werden. Abgesehen davon, daß die Antragstellerin ohne durchgreifende Argumente die Korrektheit der vom Verwaltungsgericht ausgewerteten zahlreichen Untersuchungsbefunde bestreitet, wonach das „Athrumwasser" wohl aufgrund der unhygienischen Art der Erzeugung über einen längeren Zeitraum Krankheitserreger und bakterielle Verunreinigungen enthielt und nicht den gesetzlichen Mindestanforderungen an Trink- und Tafelwasser entsprach, behauptet sie in rational und wissenschaftlich nicht nachvollziehbarer Weise, selbst ein vollkommen verseuchtes Wasser könne „niemals zu Krankheiten führen, weil der kosmische Athrumstrahl die Wirkung von Bakterien und Viren im Wasser vollkommen eliminiert".

Die Gesundheit ihrer Patienten gefährdet die Antragstellerin erheblich durch ihre Behauptung, auf die beschriebene Weise nahezu alle Krankheiten heilen zu können, z. B. auch Krebs und Aids. Diese Aussage wird nur unwesentlich durch die nachträgliche Einschränkung relativiert, sie könne zwar jede Krankheit, nicht aber jeden Patienten heilen, d. h. nicht einen Patienten, der „karmisch" belastet sei, und bei Krebs im Endstadium komme nur noch eine Lebensverlängerung in Frage. Auch wenn zugunsten der Antragstellerin davon ausgegangen wird, daß sie in der Vergangenheit richtige Diagnosen gestellt und gewisse Heilerfolge erzielt hat, ist die Behauptung, praktisch jede Krankheit unter Ausschluß jeglicher Fehldiagnose heilen zu können, Ausdruck einer fehlenden Fähigkeit zur Selbstkritik sowie einer grenzenlosen Selbstüberschätzung, die der auch dem Heilpraktiker obliegenden Sorgfaltspflicht widerspricht, sich der Grenzen seines Wissens und Könnens bewußt zu sein und den Patienten einem Arzt oder Facharzt zu überweisen, wenn der Behandlungsfall ihn überfordern würde (siehe dazu BVerwG, Urteil vom 18. 12. 1972, aaO, S. 580). Dadurch weckt die Antragstellerin nach Auffassung des Senats – vom Verwaltungsgericht offengelassen – bei ihren Patienten ein fast unbegrenztes Vertrauen in ihre Diagnose- und Heilfähigkeiten und stärkt die Bereitschaft, einen Arzt nicht oder nicht mehr aufzusuchen.

Zwar ist im Hinblick auf widersprüchliche Aussagen beim gegenwärtigen Verfahrensstand offen, ob die Antragstellerin ein entsprechendes Verbot gegenüber den Mitgliedern des Ordens Fiat Lux ausgesprochen oder in einigen Fällen dazu geraten hat, zum Arzt oder in ein Krankenhaus zu gehen. Durch ihre unverhohlene Ablehnung der Schulmedizin suggeriert sie vor dem religiösen Hintergrund ihres Wirkens aber, daß ein Arztbesuch mit Gottes Geboten nicht in Einklang stehe. Nach ihren Angaben empfängt sie seit 1977 als „im gegenwärtigen Zeitpunkt einziges Volltrancesprachrohr Gottes" regelmäßig Botschaften bzw. Offenbarungen von Jesus Christus, die sie in Gottesdiensten, Schriften und Tonbandkassetten verbreitet. Darin heißt es: „Euer Heiland allein ist auch euer Arzt! ... Verschenkt euren Körper nicht an Ärzte, die nur darauf ausgehen, euch zu verstümmeln! ... Nur in allerdringendsten Not- und Unfallfällen, wo es nicht anders geht, sollt ihr einen Mediziner oder das Spital in Anspruch nehmen" (Kurzfassung der 403. Botschaft). „Auf keinen Fall sollt ihr mit chemisch-pharmazeutischen Mitteln die Seuchen ... bekämpfen. Im Augenblick, wo ihr euch mit diesen Giften anreichert, kann die Kommunikation mit Meinem Kosmos nicht mehr geschehen" (Botschaft Nr. 335). Gewarnt wird davor, daß „ein Chirurg mit dem Skalpell manipuliert" (Botschaft Nr. 478), und als gefährlich wird angesehen „der Augenblick, wo man in die Klauen kommt von den Ärzten" (Botschaft Nr. 401). In der „Geistesschulung durch unseren himmlischen Vater" (Heft 50 S. 21/22) wird ein negatives Bild der heutigen Medizin gezeichnet und nach der Wiedergabe der „wörtlichen" Botschaft des Heilands „Die wahre Medizin kann euch nur Gott schenken" ausgeführt: „Gott heilt durch Uriella Menschen von Krankheiten, die kein Arzt und Mediziner kurieren kann". Die Mitglieder des 1980 „durch Jesus Christus über Sein Sprachrohr Uriella" gegründeten Ordens Fiat Lux sind verpflichtet, „die göttlichen Gebote, geistigen Gesetze, Unterweisungen und Hinweise, die Jesus Christus durch seine Botschaften schenkt, aufs genaueste zu befolgen" (vgl. die Ordensregeln aus „Spiegelbild des Ordens Fiat Lux"). Zur Befolgung der strengen Ordensregeln trägt die Antragstellerin dadurch bei, daß sie Angst schürt vor unmittelbar bevorstehenden Naturkatastrophen, dem „Polsprung" und der „Reinigung" der Erde, welche nur ein Drittel der Menschheit, die „Treuen und Gerechten", in Raumschiffen überleben würden (Allgemeines Sonntagsblatt vom 17. 1. 1992; Schweizer Illustrierte vom 2. 11. 1992 und Vortrag des Ehemanns der Antragstellerin „Gottes Glocken läuten Sturm" am 2. 11. 1991 mit Wiedergabe der entsprechenden „Botschaften").

Erklärlich ist daher, daß zahlreiche Ordensmitglieder in gleichlautenden formularmäßigen „Eidesstattlichen Erklärungen", die im Fiat-Lux-Haus, S. Nr. 98, gefunden wurden, ihren „ausdrücklichen, uneingeschränkten Wunsch sowie

Willen" bekundet haben, u. a. nicht in ein Krankenhaus eingewiesen und nicht von einem Arzt schulmedizinisch oder allopathisch behandelt zu werden. Die Einlassungen der Antragstellerin über den Zusammenhang dieser Erklärungen mit ihrer Tätigkeit sind ungereimt. Während sie in ihrer schriftlichen Stellungnahme vom 1. 2. 1992 gegenüber dem Landratsamt W. erklärte, sie habe sich von dem von einem Anwalt aus Frankfurt redigierten Text distanziert, weil der Wortlaut nicht von Jesus Christus stamme, gab sie bei ihrer Anhörung im Landratsamt am 31. 1. 1992 an, den vor ca. zweieinhalb Jahren von einem Juristen (Ordensmitglied) verfaßten Text habe „der Heiland von der Formulierung her als in Ordnung befunden", weshalb er im Fiat-Lux-Haus in E./Schweiz ausgelegt worden sei. Es ist deshalb die konkrete Befürchtung gerechtfertigt, daß Mitglieder und Sympathisanten des Ordens sowie Patienten, die die Antragstellerin im Vertrauen auf ihre göttliche Heilkraft aufsuchen, trotz der von ihr betonten freien Gewissensentscheidung des einzelnen die erwartete Abkehr von der Schulmedizin willfährig vollziehen. Damit verbunden ist eine erhebliche Gefährdung von Patienten, die dauernd auf bestimmte lebensnotwendige Medikamente wie Antibiotika und Cortison angewiesen sind und denen eingeredet wird, diese seien schädlich und vergifteten ihren Körper, oder von Patienten, die wegen einer lebensbedrohlichen Erkrankung dringend einer Krankenhausbehandlung bedürfen. Von der Antragstellerin geht daher – unabhängig davon, ob das Geistheilen eine ernstzunehmende Heilmethode darstellt – eine Gefahr für die Volksgesundheit aus, weil sie in grenzenloser Selbstüberschätzung ihrer Fähigkeiten behauptet, ohne körperliche Untersuchung praktisch alle Krankheiten unter Ausschluß jeglicher Fehldiagnose erkennen und durch Gottes Heilkraft heilen zu können, weil sie vor dem religiösen Hintergrund ihres Wirkens als Leiterin des Ordens Fiat Lux bei ihren Patienten ein fast unbegrenztes Vertrauen in ihre Heilfähigkeiten weckt und ihren Patienten suggeriert, das Aufsuchen eines Arztes oder Krankenhauses sowie die Einnahme chemisch-pharmazeutischer Mittel stünden mit Gottes Geboten nicht in Einklang.

Daß sich derartige Gefahren für einzelne Patienten jederzeit realisieren können, liegt auf der Hand. Im Zusammenhang mit dem Tod von mehreren Fiat-Lux-Mitgliedern in Deutschland, die entweder auf die Heilkräfte der Antragstellerin vertraut oder sich geweigert hatten, ein Krankenhaus aufzusuchen, sind staatsanwaltschaftliche Ermittlungen wieder aufgenommen worden. Unabhängig von einer strafrechtlichen Verantwortlichkeit der Antragstellerin ist ihre Einlassung zum Fall der hochschwangeren Frau C. P.-Z. bezeichnend, die im März 1988 im Krankenhaus an einer durch eine eitrige Mittelohrentzündung ausgelösten Meningitis starb, nachdem sie sich strikt geweigert hatte, ärztliche Hilfe in Anspruch zu nehmen, und erst, als sie bewußtlos war, auf Veranlassung ihres Ehemannes zu spät ins Krankenhaus gebracht worden war. Die Antragstellerin will sie zwar nicht behandelt, ihr aber von der Schweiz aus telefonisch zur Einschaltung eines Arztes geraten haben (...). Andererseits macht sie geltend, Frau C. P.-Z. habe sich „nicht an ihre Richtlinien bezüglich der Heilmitteleinnahme gehalten" (...) und sei im Krankenhaus gestorben, „weil die Ärzte sie gewissermaßen mit chemisch-pharmazeutischen Mitteln vergiftet" hätten. Zumindest dieser Todesfall zeigt, welche Folgen das dargestellte Verhalten der Antragstellerin für ein – wie die Verstorbene – bedingungsloses Mitglied des Ordens Fiat Lux haben kann. Auf die weiteren Einzelheiten, die unter den Beteiligten streitig sind, kommt es im Verfahren des vorläufigen Rechtsschutzes nicht mehr an, da die sofortige Vollziehung der Rücknahme der Heilpraktikererlaubnis schon aus den dargelegten Gründen geboten ist.

Die Beschwerde ist begründet, soweit die Antragstellerin die Wiederherstellung bzw. Anordnung der aufschiebenden Wirkung ihres Widerspruchs gegen die in der Verfügung vom 13. 2. 1992 ausgesprochene Untersagung der Ausübung der Heilkunde und Androhung eines Zwangsgeldes begehrt; denn in diesem Umfang erscheint der Widerspruch erfolgversprechend. Für eine solche Untersagungsverfügung fehlt im Heilpraktikergesetz die erforderliche gesetzliche Grundlage. Dies hat der Senat in seinem Urteil vom 9. 7. 1991 (aaO) mit eingehender Begründung, auf die Bezug genommen wird, ausgeführt. Der Umstand, daß sich die Antragstellerin als Ausländerin nicht auf Art. 12 Abs. 1 GG berufen kann, wirkt sich auf die dargelegte Rechtslage nicht aus, da sich der Vorbehalt des Gesetzes auch aus Art. 2 Abs. 1 i.V.m. Art. 20 Abs. 3 GG ergibt. Die Argumente des Verwaltungsgerichts, wonach aus dem Sachzusammenhang der Bestimmungen des Heilpraktikergesetzes – „wohl" – eine entsprechende Handlungsbefugnis folge, und die diese Auffassung unterstützenden Ausführungen des Vertreters des öffentlichen Interesses überzeugen den Senat nicht und geben ihm keine Veranlassung, von der in einem Hauptsacheverfahren gewonnenen Erkenntnis abzuweichen. Daß das Landratsamt W. die Untersagungsverfügung nicht auf polizeirechtliche Bestimmungen stützen konnte, weil für eine solche Maßnahme allein die Gemeinde als Ortspolizeibehörde zuständig wäre (§ 66 Abs. 2 i.V.m. § 62 Abs. 4 PolG), hat das Verwaltungsgericht zutreffend ausgeführt. Wird demnach die Untersagungsverfügung aufzuheben sein, gilt das gleiche für die Zwangsgeldandrohung, weil es nunmehr an einem Verwaltungsakt fehlt, der vollstreckt werden könnte (§§ 1 Abs. 1, 16, 19 Abs. 1 Nr. 1, 20 LVwVfG). Deshalb ist auch hinsichtlich der Zwangsgeldandrohung vorläufiger Rechtsschutz zu gewähren.

Zur Klarstellung sei darauf hingewiesen, daß der Antragstellerin die Ausübung der Heilkunde gleichwohl nicht erlaubt ist, weil die Rücknahme der Heilpraktikererlaubnis weiterhin sofort vollziehbar bleibt. Ein Verstoß gegen diesen Teil der angefochtenen Verfügung wäre nach § 5 HPG strafbar, die Unterlassung der weiteren Ausübung der Heilkunde könnte derzeit nur nicht mit einem Zwangsgeld durchgesetzt werden.

86

Für das Streitjahr 1986 fehlte es in Nordrhein-Westfalen an einer Rechtsgrundlage für die Erhebung eines Kirchensteuerzuschlags von 7 % auf pauschalierte Lohnsteuer.
Bei Pauschalierung von Kirchenlohnsteuer muß die rechtliche Möglichkeit eines steuerbefreienden Nachweises der Nichtmitgliedschaft offengehalten werden.

Art. 140 GG, 137 Abs. 6 WRV; §§ 40 ff. EStG 1985, 1 Abs. 1 Nr. 1 a NW.KiStG
BFH, Gerichtsbescheid vom 21. Dezember 1993 – I R 26/93[1] –

Die Klägerin und Revisionsklägerin ist ein bundesweit tätiges Reinigungsunternehmen. Es beschäftigt überwiegend teilzeitbeschäftigte Arbeitnehmer, von denen nach Angaben der Klägerin 42 v. H. keiner steuerberechtigten Religionsgemeinschaft angehören. Den Nachweis der Nichtmitgliedschaft führt die Klägerin mit eigenen Angaben der Arbeitnehmer auf einem von der Klägerin entwickelten Formblatt. Die Klägerin hält die Erhebung der pauschalierten Kirchensteuer von Arbeitnehmern, die keiner kirchensteuerberechtigten Religionsgemeinschaft angehören, für nicht zulässig. Sie begehrt deshalb entsprechende Herabsetzung der pauschalierten Lohnkirchensteuer. Das Finanzgericht hat die Klage abgewiesen.

Die Revision der Klägerin führte zur Aufhebung des angefochtenen Urteils und zur Zurückverweisung der Sache an das Finanzgericht.

Aus den Gründen:

Die Revision ist begründet. Sie führt zur Aufhebung der Vorentscheidung und zur Zurückverweisung der Sache an das Finanzgericht (§ 126 Abs. 3 Nr. 2 FGO).

1. Nach § 3 Abs. 1 Kirchensteuergesetz Nordrhein-Westfalen (NW.KiStG) sind – vorbehaltlich des im Streitfall nicht einschlägigen § 15 Abs. 1 NW.KiStG – nur alle Angehörigen der Katholischen Kirche und der Evangelischen Kirchen kirchensteuerpflichtig, wenn sie ihren Wohnsitz oder gewöhnlichen Aufenthalt i.S.d. §§ 8, 9 AO im Land Nordrhein-Westfalen haben. § 3 Abs. 1 NW.KiStG ist dahin zu verstehen, daß keiner der beiden Kirchen ein Besteuerungsrecht gegenüber Nichtmitgliedern zusteht (Beschlüsse des BVerfG vom 14. 12. 1965[2] – 1 BvR 606/60 –, BVerfGE 19, 268;

---

[1] StuW 1994, 255. Vgl. zu diesem Fragenkreis auch BFHE 176, 382; BFH/NV 1995, 827; OVG Rheinland-Pfalz BB 1995, 286.
[2] KirchE 7, 352.

vom 8. 2. 1977³ – 1 BvR 329/71 u.a. – BVerfGE 44, 37; *v.* Mangoldt/Klein/v. Campenhausen, Das Bonner Grundgesetz, 3. Aufl., Art. 140 Rdnr. 201; Leibholz/Rinck/Hesselberger, Grundgesetz, Art. 140 Rdnr. 336). Aus der Pflicht zu weltanschaulich-religiöser Neutralität des Staates folgt, daß einer Religionsgesellschaft Hoheitsbefugnisse nur über Personen verliehen werden dürfen, die ihr mitgliedschaftlich angehören. In diesem Sinne ist auch Art. 140 GG auszulegen. Der Grundsatz gilt für alle Arten der Kirchensteuererhebung. Er gilt deshalb auch für die Erhebung der Kirchenlohnsteuer von einer pauschalierten Lohnsteuer. Dabei kann es keinen Unterschied machen, ob die als Maßstabsteuer heranzuziehende pauschalierte Lohnsteuer nach §§ 40, 40 b EStG oder aber nach § 40 a EStG ermittelt wurde.

2. Nach § 4 Abs. 1 Nr. 1 NW.KiStG ist es den Kirchen freigestellt, die ev. und rk. Kirchensteuer nach Maßgabe des Einkommens als Zuschlag zur Einkommen- bzw. Lohnsteuer oder nach einem kircheneigenen Tarif zu erheben. In Nordrhein-Westfalen haben die Kirchen von ersterer Möglichkeit Gebrauch gemacht. Sie haben über die Höhe des Zuschlags Kirchensteuerbeschlüsse i. S. des § 2 Abs. 3 NW.KiStG gefaßt (...). Danach ist als ev. Kirchensteuer ein Zuschlag von 9 v. H. zur Einkommen- bzw. Lohnsteuer zu erheben. Diese Regelung ist auch für den Streitfall einschlägig.

3. Entgegen der Auffassung des Beklagten und des Finanzgerichts fehlte es für das Streitjahr an einem Kirchensteuerbeschluß, durch den ein besonderer Kirchensteuersatz für die Erhebung ev. Kirchensteuer als Zuschlag zur pauschalierten Lohnsteuer rechtswirksam festgestellt worden wäre. Der Erlaß des FinMin NW vom 7. 2. 1975 S 2447 – 11 – V R 4 (DB 1975, 330) kann insoweit nicht als Rechtsgrundlage herangezogen werden, weil ihm kein Rechtsetzungsakt der kirchlichen Legislative zugrunde liegt. Nach § 2 Abs. 3 NW.KiStG beschließt die nach der Steuerordnung zuständige Körperschaft über die Höhe der zu erhebenden ev. Kirchensteuer. Dazu ist nach den Darlegungen des Beklagten davon auszugehen, daß für das Streitjahr die nach der Steuerordnung zuständige Körperschaft keinen Kirchensteuerbeschluß über die Erhebung einer besonderen ev. Kirchensteuer von der pauschalierten Lohnsteuer gefaßt hat. Allerdings umfaßt der in BStBl. I 1985, 692 veröffentlichte Kirchensteuerbeschluß auch die Erhebung des (normalen) Zuschlags zu der nach §§ 40, 40 a und 40 b EStG pauschalierten Lohnsteuer. An diese satzungsähnliche Regelung sind sowohl die Klägerin als auch die Beklagte als auch die die ev. Kirchensteuer verwaltenden Finanzämter als auch das Finanzgericht gebunden. Soweit deshalb ev. Kirchensteuerpflicht der Arbeitnehmer der Klägerin besteht, ist von einem Kirchenlohnsteuersatz von 9 v. H. der pauschalierten

---

³ KirchE 16, 47.

Lohnsteuer auszugehen. Für jeden anderen Kirchenlohnsteuersatz fehlt es an der erforderlichen Rechtsgrundlage.

4. Der erkennende Senat hält an seiner im Urteil vom 30. 11. 1989[4] – 1 R 14/87 – (BFHE 159, 82 = BStBl. II 1990, 993 = StRK KiSt Hgb. R. 10) vertretenen Rechtsauffassung fest, daß die pauschalierte Lohnsteuer eine Steuer ist, die von Einkünften erhoben wird, die der Arbeitnehmer erzielt. Die in § 40 Abs. 3 EStG geregelte Abwälzung der Steuer ist nur erhebungstechnischer Art. Der Arbeitnehmer bleibt derjenige, der den nach § 38 AO maßgebenden Besteuerungstatbestand verwirklicht. In diesem materiell-rechtlichen Sinne bleibt er der Steuerschuldner. Dies reicht aus, um die pauschalierte Lohnsteuer als Maßstab für die Erhebung ev. Kirchensteuer von einem ev. Arbeitnehmer heranzuziehen. Die Abwälzung der formellen Steuerschuldnerstellung auf den Arbeitgeber auch für die von der pauschalierten Lohnsteuer erhobene ev. Kirchensteuer erklärt sich aus der mit der Pauschalierung bezweckten vereinfachten Form der Steuererhebung. Sie liegt auch im Interesse des Arbeitgebers. Er wird nicht zur Pauschalierung gezwungen. Vielmehr bietet das Gesetz für den Arbeitgeber dadurch einen Anreiz, die Pauschalierung zu beantragen, daß es den pauschalierten Lohnsteuersatz für den Regelfall unter dem normalen Lohnsteuersatz ansetzt. Dies hat mit Subvention nichts zu tun (a. A.: Trzaskalik, in: Kirchhof/Söhn, Einkommensteuergesetz, § 40 Rdnr. A 20 ff.). Richtigerweise handelt es sich um eine Vereinfachungszweckform (vgl. Tipke, Die Steuerrechtsordnung, Bd. I, 124). Auch im übrigen betrifft die von Trzaskalik, aaO, geübte Kritik nicht die Behandlung der pauschalierten Lohnsteuer als Maßstabsteuer für die Erhebung der ev. Kirchensteuer, sondern allenfalls die Rechtsfolgen, die sich aus einer möglichen Verletzung der Mitwirkungspflichten des Arbeitgebers für die Festsetzung der ev. Kirchensteuer ergeben. Darauf wird später (vgl. II. 6. und 7.) zurückzukommen sein.

5. Bei dieser Rechtslage darf die Klägerin nicht als formelle Steuerschuldnerin für solche ev. Kirchensteuer in Anspruch genommen werden, die von einer pauschalierten Lohnsteuer berechnet wurde, die die Lohneinkünfte von Arbeitnehmern betrifft, die nachweislich nicht der ev. Kirche angehörten. Soweit die Festsetzung ev. Kirchensteuer mit diesem Grundsatz nicht übereinstimmt, besteht ein Verstoß gegen § 5 NW.KiStG. Die Anwendung der Vorschriften über das Lohnabzugsverfahren gilt nur für die ev. Kirchensteuer, die von der Lohnsteuer berechnet wird, die auf Löhne von Arbeitnehmern entfällt, die ihrerseits nach § 3 NW.KiStG persönlich steuerpflichtig sind, d. h. der ev. Kirche angehörten.

Dem steht das System der Steuerpauschalierung nicht entgegen. Das System ist als solches ungeeignet, um die in § 3 NW.KiStG geregelte persönliche Steu-

---

[4] KirchE 27, 326.

erpflicht zu erweitern. § 3 NW.KiStG ist logisch vorrangig vor § 5 NW.KiStG anzuwenden. Die Vorschriften über die Erhebung von ev. Kirchensteuer können sich nur auf den Personenkreis beziehen, der nach § 3 NW.KiStG persönlich steuerpflichtig ist. Aus dem Ansatz eines ev. Kirchensteuersatzes von nur 7 v. H. folgt nichts anderes. Für diesen Ansatz fehlt es an einer ausreichenden Rechtsgrundlage, d. h. an einem Rechtssetzungsakt der kirchlichen Legislative. Schon deshalb kann der Kirchensteuersatz von 7 v. H. nicht i. S. einer „gesetzlichen" Schätzung der auf ev. Arbeitnehmer entfallenden ev. Kirchensteuer verstanden werden. Damit kann unentschieden bleiben, ob das NW.KiStG eine Rechtsgrundlage für eine solche Schätzung enthält und bejahendenfalls ob diese nicht gegen höherrangiges Recht verstoßen würde. Die damit dem Arbeitgeber grundsätzlich einzuräumende Möglichkeit, den Nachweis zu führen, daß ein bestimmter Arbeitnehmer nicht Mitglied ist, bedeutet auch keinen Verstoß gegen Art. 140 GG, weil das Kirchensteuererhebungsrecht sich auf die Personen beschränkt, die Mitglied (hier:) der ev. Kirche sind. Der Nachweis der Nichtmitgliedschaft kann deshalb das verfassungsrechtlich garantierte Kirchensteuererhebungsrecht nicht berühren.

6. Entgegen der Auffassung des Beklagten ist die Festsetzung einer ev. Kirchensteuer ausgehend von einem Betrag von 7 v. H. der pauschalierten Lohnsteuerschuld aller Arbeitnehmer nicht durch § 162 AO gedeckt. Nach § 162 Abs. 1 Satz 1 bzw. Abs. 2 Satz 1 AO ist eine Schätzung nur dann gerechtfertigt, wenn entweder die Besteuerungsgrundlagen nicht ermittelt oder berechnet werden können oder wenn der Steuerpflichtige über seine Angaben keine Aufklärung zu geben vermag. Das Finanzgericht hat bisher in tatsächlicher Hinsicht nicht festgestellt (§ 118 Abs. 2 FGO), daß im Streitfall zumindest eine der beiden Voraussetzungen erfüllt wäre. Es hat die Auffassung vertreten, in tatsächlicher Hinsicht nicht aufklären zu müssen, welche Arbeitnehmer der Klägerin nicht der ev. Kirche angehörten. Diese Auffassung entspricht jedoch nicht dem NW.KiStG. Es kann auch nicht der Auffassung des Beklagten gefolgt werden, daß allein öffentliche Urkunden als Mittel des Einzelnachweises zuzulassen seien. Für eine solche Rechtsauffassung fehlt es an der erforderlichen Rechtsgrundlage. Letztlich kommt es nach § 96 Abs. 1 Satz 1 FGO allein auf die freie Überzeugungsbildung des Finanzgerichts an, die auf dem Gesamtergebnis des Verfahrens beruhen muß. Lediglich dort, wo der Sachverhalt trotz Ausschöpfung aller Beweismittel nicht hinreichend aufgeklärt werden kann, kann das Finanzgericht prüfen, ob mit Rücksicht auf den Charakter einer Vereinfachungsnorm nicht derjenige den Nachteil aus der Unaufklärbarkeit des Sachverhaltes tragen muß, der einerseits die Vereinfachung für sich beansprucht und andererseits dennoch den Nachweis nicht führt, der ohne den Antrag auf Pauschalierung der Lohnsteuer zu führen wäre.

7. Die Vorentscheidung entspricht nicht diesen Grundsätzen. Sie kann des-

halb keinen Bestand haben. Die Sache ist nicht entscheidungsreif. In tatsächlicher Hinsicht ist zu ermitteln, welche Arbeitnehmer der Klägerin im März 1986 nachweislich nicht Mitglied der ev. Kirche waren. Diese Feststellungen zu treffen ist die Aufgabe des Finanzgerichts. Es wird sich dazu seine freie Überzeugung auf der Grundlage des Gesamtergebnisses des Verfahrens bilden müssen. Dort, wo der Nachweis wegen einer Verletzung der Mitwirkungspflicht der Klägerin unmöglich werden sollte, kann das Finanzgericht nach allgemeinen Grundsätzen (vgl. Urteil des BFH vom 15. 2. 1989 – X R 16/86 – BFHE 156 = BStBl. II 1989, 462 = StRK AO 1977 § 162 R. 30) prüfen, ob nicht eine vernünftige Wahrscheinlichkeit für die persönliche Steuerpflicht eines Arbeitnehmers spricht und deshalb die ev. Kirchensteuer durch Schätzung festgesetzt werden darf. Um die fehlenden Feststellungen nachzuholen, war die Vorentscheidung aufzuheben und die Sache an das Finanzgericht zurückzuverweisen.

Sachregister

Die Seitenzahlen verweisen jeweils auf die erste Seite der Entscheidung.

A

Ämterhoheit, kirchl., s. Autonomie, Dienstrecht, kirchl.
Äußerungsrecht
- Kritik, kirchl., an anderer Religionsgemeinschaft 188, 275
- Kritik, staatl., an Religionsgemeinschaft 23, 145
- s. auch Pressefreiheit

Allgemeiner Hannoverscher Klosterfonds s. Klosterkammer
Amt
- geistl., i.S.d. Wehr- u. Zivildienstrechts 312, 527
- kirchl., Ämterhoheit 27, 199

Angelegenheiten, eigene, d. Kirchen u. Religionsgemeinschaften s. Autonomie
Angestellte, kirchl., s. Arbeitsrecht
Anscheinsvollmacht, Pfarrer ... 424
Arbeitsfreistellung aus relig. Anlässen 51
Arbeitsrecht, kirchl. Arbeitsverhältnisse
- Abmahnung, Loyalitätsverstoß 438
- Altersgrenze, tarifl. 513
- Arbeitsvertrag, aufsichtsbehördl. Genehmigung 159
- Arbeitsvertragsrichtlinien, Grenzen der Gestaltungsfreiheit 53
- Ausbildungsverhältnis 214
- Beihilferecht, staatl., Bezugnahme im kirchl. Arbeitsrecht 80
- Eingruppierung kirchl. Arbeitnehmer 11, 170
- Feiertagsarbeit, Zeitzuschlag 205
- Form 159
- Kündigung, Beteiligung d. Diözesanbischofs 438
- Kündigung, Beteiligung d. Mitarbeitervertretung 16
- Lohnverzicht, steuerrechtl. Folgen 303
- Tarifvertrag 513
- Zusatzversorgung, Gleichbehandlungsgrundsatz 53
- Arzt 438
- Erzieher 11, 170
- Heilerziehungspfleger 214
- Küster 205

Arbeitsrecht, nichtkirchl. Arbeitsverhältnisse
- Arbeitsfreistellung aus relig. Anlässen 51
- Glaubens- u. Bekenntnisfreiheit 1

Arbeitsvertragsrichtlinien, kirchl.
- Beihilferecht, staatl. Bezugnahme in A. 80
- Grenze d. Gestaltungsfreiheit 53, 170

Architekt als Vertreter d. Kirchengemeinde 134
Arzt in kirchl. Krankenhaus, moraltheol. strittige Behandlungsmethoden 438
Asylrecht, Zeugen Jehovas aus der Türkei 69
Aufsicht, kirchenbehördl.
- Genehmigung, Arbeitsvertrag . 159
- Genehmigung, Erbbaurecht ... 178

Auslandspfarrer, ev., dienstrechtl. Status 35
Autonomie d. Kirchen u. Religionsgemeinschaften

- Ämter u. Dienste 27, 199, 531
- Arbeitsrecht, kirchl. 438, 514
- Binnenstruktur 475, 504
- Glaubens- u. Sittenlehre 438
- Mitgliedschaftsrecht 420
- Ordensrecht 531
- Pflicht zur Gewerbeanzeige ... 235

B

Baulast, Kirchenorgel 283
Baurecht, öffentl.,
- Bebauungsplan, Verhinderung einer Klosteransiedlung durch Änderung d. B. 102
- Spielhalle in Kirchennähe 152
- Vorkaufsrecht, gemeindl., Berücksichtigung relig. Belange .. 136
Bekenntnis, Begriff, Merkmale 23, 420
Bekenntnisfreiheit s. Glaubens- u. Bekenntnisfreiheit
Bekenntnisschule s. Schulwesen
Berufsbildung, kirchl. Ausbildungsverhältnis 214
Berufsunfähigkeitsrente, Arbeitsunfall eines ausl. Geistlichen 500
Beschimpfung von relig. Bekenntnissen, Einrichtungen u. Gebräuchen (§ 166 StGB) 353
Beschneidungsfeier, islam., Sozialhilfe 381
Besoldung und Versorgung, kirchl., s. Dienstrecht, kirchl.
Bhagwan-(Osho-)Bewegung ... 145
Bistum s. Diözese

C

Christen, Begriff 69

D

DDR, ehem., Körperschaftsstatus von Religionsgemeinschaften .. 475
Dienstrecht, kirchl.
- Auslandspfarrer, ev., dienstrechtl. Status, Versorgungsansprüche, Rechtsweg 35
- Besoldung u. Versorgung 35

- Dienst, kirchl., u. öffentl. Dienst 121
- Gehaltsverzicht, steuerrechtl. Folgen 303
- Statusklage eines Geistlichen, Rechtsweg 27
- Unterrichtsauftrag, kirchl., Entzug 199
Dienstrecht, öffentl.
- Krankenschwester als Glaubensbewerber 1
Diözese, röm.-kath., Klagebefugnis 19, 504
Duldungsvollmacht, Pfarrer ... 424

E

Ehe, glaubensverschiedene, Kirchensteuer 486
Ehe und Familie, verf.-rechtl. Schutz, Anspruch auf Namensänderung 211
Ehe- und Kindschaftsrecht, internationales u. ausländisches
- Ehescheidung, Scheidebrief ... 9
- Israel 9
Ehrenamt, Kirchenangestellter als ehrenamtl. Richter 121
Einkommensteuer
- Gehalts-/Lohnverzicht, steuerrechtl. Folgen 303
- Werbungskosten eines Pfarrers im Ruhestand 203
Eltern
- Bekenntnisschule, Anspruch auf konfessionelle Homogenität des Lehrkörpers 191
- Erziehungsrecht, Stundenplangestaltung f. Religionsunterricht 131
- Erziehungsrecht, koedukativer Sportunterricht 341
- Personensorgerecht, Taufe 30
- Personensorgerecht, relig. Gesichtspunkte 517
Erbbaurecht, Belastung, kirchenaufsichtl. Genehmigung 178
Ersatzdienst s. Wehr- u. Zivildienst
Erzieher im kirchl. Dienst ... 11, 170

Sachregister

F

Feiertagsarbeit, Küster, Zeitzuschlag 205
Feiertagsrecht / Feiertagsschutz . 430
Form
- Arbeitsvertrag einer Kirchengemeinde 159
- Kirchenaustrittserklärung 228
- Werkvertrag einer Kirchengemeinde 134
Freimaurerloge, Wiederaufleben nach Auflösung 391

G

Gebührenfreiheit, öff.-rechtl., für Klosterkammer Hannover 364
Geistheilen, sog., Ausübung der Heilkunde 537
Geistlicher
- ausl., Arbeitsunfall, Berufsunfähigkeitsrente 500
- Gehaltsverzicht, steuerrechtl. Folgen 303
- röm.-kath., Statusklage, Rechtsweg 27
- Zivildienstbefreiung 312
- Zurückstellung wg. Vorbereitung auf das geistl. Amt 527
Gemeinde, politische, Kirchbaulast (Orgel) 283
Gemeingebrauch an öff. Straße, Info-Stand von Scientology ... 373
Gemeines Recht, Kommunalbaulast an Kirchenorgel 283
Genehmigung
- kirchenaufsichtl., Arbeitsvertrag 159
- kirchenaufsichtl., Energieversorgungsvertrag 424
- kirchenaufsichtl., Erbbaurecht . 178
- vormundschaftsgerichtl., Taufe 30
Gestellungsvertrag, kirchl. Lehrkräfte f. Religionsunterricht ... 318
Gewalt, öffentl. (Art. 19 Abs. 4 GG, § 90 Abs. 1 BVerfGG), Begriff, Abgrenzung zur kirchl. Eigenrechtsmacht 27, 199

Gewerberecht, gewerbliche Betätigung einer Religionsgemeinschaft 235
Gewohnheitsrecht, Kommunalbaulast an Kirchenorgel 283
Glaubens- u. Bekenntnisfreiheit
- Asylrecht, Zeugen Jehovas aus der Türkei 69
- Begriff 492
- Bekenntnisschule, Konfession d. Lehrkräfte 191
- Dienst, öffentl., Krankenschwester 1
- Gerichtstermin, Fernbleiben an relig. Feiertag 31
- Gewerbetätigkeit einer Religionsgemeinschaft 235
- Kritik an einer anderen Religionsgemeinschaft 188, 275
- Meinungsfreiheit 94, 275, 305
- Mitgliedschaft, kirchl. 420
- Namensänderung nach Übertritt zum Islam 211
- Namensschutz, Bezeichnung römisch-katholisch 504
- Pressefreiheit 224, 305, 460
- Privatsphäre, Verlautbarung über Zugehörigkeit zu Scientology 224, 305, 460
- Religion, Begriff 23, 136, 373
- Religionswechsel 524
- Schächten, Verbot 122, 465
- Schulwesen, Entfernung von relig. Symbolen aus Schulräumen 368
- Schulwesen, koedukativer Schwimmunterricht 323
- Schulwesen, nach Geschlechtern getrennter Sportunterricht 492
- Schulwesen, koedukativer Sportunterricht 328, 341
- Speisevorschriften, relig. .. 519, 524
- Vereinsrecht, wirtschaftl. Geschäftsbetrieb 396
- Warnung, behördl., vor Sekten etc. 145
- s. auch Religionsausübung
Gleichberechtigung von Mann u. Frau, koedukativer Schulunterricht 328, 341

Gleichheitssatz/Willkürverbot
- Arbeitsvertragsrichtlinien, kirchl., Gestaltung 53
- Schächten, Ausnahmegenehmigung 465
- Schülerbeförderungskosten, priv. Bekenntnisschule 277
- Schulwesen, Befreiung v. koedukativen Sportunterricht ... 328, 341
- Stundenplangestaltung, Religionsunterricht 131
- Veranstaltungsverbote an sog. stillen Feiertagen 430

Glocken
- Läuten, Einschränkung 67
- Kirchturmuhr, Zeitschlag, Einschränkung 112, 418

Grundbuch, Erbbaurecht 178

H

Haftung, Unfall bei Fronleichnamsprozession 47
Hannover, Klosterkammer, Gebührenfreiheit 364
Heilerziehungspfleger im kirchl. Dienst 214
Heilkunde, Ausübung, sog. Geistheilen 537
Heimzulage für Erzieherin im kirchl. Dienst 170
Herkommen, vertragsersetzendes, Kommunalbaulast an Kirchenorgel 283
Hochschulwesen
- Bezeichnung einer theol. Bildungsstätte als Universität 162
- Wissenschaftsfreiheit 162

Homosexuelles Verhalten in kirchl. Ausbildungsverhältnis .. 214

I/J

Immissionsschutz, Glockenläuten 67, 112
Islam
- Bekleidungsvorschriften ... 328, 341
- Beschneidungsfeier, Sozialhilfe . 381
- Namensänderung nach Übertritt zum Islam 211
- Schächten, staatl. Verbot .. 122, 465
- Speisevorschriften, relig. ... 519, 524

Israel, Eherecht 9

Jüdische Glaubensgemeinschaft
- Gerichtstermin, staatl., Fernbleiben an relig. Feiertag 31
- Juden israelischer Staatsangehörigkeit, Ehescheidung in Deutschland 9
- Kultussteuer 420
- Mitgliedschaft 420

Jugendreligionen, staatl./staatl. geförderte Warnung vor J. 23, 94, 145

K

katholisch, Begriff 19, 504
Kirchen, Religions- u. Weltanschauungsgemeinschaften u. deren Einrichtungen als Körperschaften d. öffentl. Rechts . 30, 112, 475, 504
Kirchenaustritt
- sog. modifizierte K'serklärung . 228
- Wiedereintritt in die Kirche ... 386

Kirchengemeinde
- Baulast, Kirchenorgel 283
- Kirchenstiftung, bay., Passivlegitimation für Immissionsschutzklage 112
- Veranstaltung, Unfallversicherungsschutz 47
- Vertretungsmacht 424
- Vollmacht, Form 134

Kirchenorgel, Baulast 283
Kirchensteuer
- Niedersachsen 486
- Nordrhein-Westfalen 546
- Anknüpfungstatbestand ... 30, 232, 386, 420
- Kappung 486
- Kirchenaustritt 228
- Kultussteuer, jüd. 420
- Pauschalierung 546
- Wiedereintritt in die Kirche ... 386
- Zuständigkeit, örtl., im K'rechtsstreit 128

Kirchturmuhr, Zeitschlag, Einschränkung 112, 418

Sachregister

Körperschaft d. öffentl. Rechts (Kirchen, Religions- u. Weltanschauungsgemeinschaften und deren Einrichtungen als K.) 30, 112, 475, 504
Kreuz/Kruzifix
– Beschimpfung 353
– Entfernung aus öffentl. Schulen 368
Kündigung s. Arbeitsrecht
Küster, Feiertagsarbeit 205
Kultussteuer, jüd. 420
Kunstfreiheit, verf.-rechtl. Schutz
– verfremdete Kreuzdarstellung . 353
– Theateraufführung an sog. stillen Feiertagen 430

L

Lärm, ruhestörender, Glocken 67, 112, 418
Lehrer s. Schulrecht
Lohnsteuer, Werbungskosten ... 203
Lohnverzicht, steuerrechtl. Folgen 303

M

Meinungsfreiheit, verf.-rechtl. Schutz
– Straße, öff., Info-Stand von Scientology 373
– Kritik, kirchl., an anderer Religionsgemeinschaft 275
– Warnung vor Scientology 94
– Pressefreiheit 224, 305, 455, 460
Mitarbeiter, kirchl., s. Arbeitsrecht, Dienstrecht, kirchl.
Mitarbeitervertretung, kirchl. ... 16
Mitgliedschaft, kirchl.
– Anknüpfungstatbestand .. 30, 420
– Begründung durch Taufe, keine vormundschaftsgerichtl. Genehmigung 30
– Übertritt, Doppelmitgliedschaft 232
– Kirchensteuer, Pauschalierung . 546
– Religionswechsel 524
– Wiedereintritt in die Kirche ... 386
Modifizierte Kirchenaustrittserklärung s. Kirchenaustritt

N

Nachbarklage, Zeitschlag einer Kirchturmuhr 418
Nachversicherung v. Ordensangehörigen 531
Namensrecht, Namensänderung nach Übertritt zum Islam 211
Namensschutz
– Bezeichnung „römisch-katholisch" 19, 504
– theol. Bildungsstätte 162
Neutralitätsgebot, staatl.
– schulischer Bildungsauftrag ... 368
– Verleihung von Körperschaftsrechten an Religionsgemeinschaften 475
Niedersachsen, Kirchensteuerrecht 486
Nordrhein-Westfalen, Kirchensteuerrecht 546

O

Observanz, Kommunalbaulast an Kirchenorgel 283
Orden u. Genossenschaften, geistl. Vergütungsanspruch ausgeschiedener Mitglieder 531
Osho-Bewegung 145

P

Pauschalierung, Kirchensteuer .. 546
Persönlichkeitsrecht, allgem., Schutz der Privatsphäre 224, 305, 455, 460
Pfarre s. Kirchengemeinde
Pfarrer
– Anscheins-/Duldungsvollmacht 424
– Unterrichtsauftrag, kirchl., Entzug 199
– im Ruhestand, Werbungskosten 203
Pressefreiheit, Berichterstattung über Zugehörigkeit zu Scientology 224, 305, 455, 460
Prozeßrecht
– Fortsetzungsfeststellungsklage . 323
– Gerichtstermin, Fernbleiben an relig. Feiertag 31

– Kirchensteuerrechtsstreit, örtl. Zuständigkeit 128
– Klagebefugnis, Diözese 19, 504
– vorläufiger Rechtsschutz 23
– Revisibilität, Kirchensteuerrecht 386
– Richter, ehrenamtl., Kirchenangestellter 121

R

Rechtspersönlichkeit d. Kirchen, Religions- u. Weltanschauungsgemeinschaften u. deren Einrichtungen als Körperschaften d. öffentl. Rechts .. 30, 112, 475, 504
Rechtsweg
– Baulast 283
– Kirchensteuer 386
– Vergütungsanspruch ausgeschiedener Ordensmitglieder .. 531
– Namensschutz f. kirchl. Einrichtungen 19
– Statusklage eines Geistlichen .. 27
– Unterrichtsauftrag, kirchl., Entzug 199
– Versorgungsansprüche eines ev. Auslandspfarrers 35
– Zeitschlag einer Kirchturmuhr, Einschränkung 112, 418
Religion, Begriff 23, 136, 373, 460, 524
Religionsausübung, verf.-rechtl. Schutz
– Begriff 136
– Bekleidungsvorschriften ... 328, 341
– Gewerbetätigkeit 235
– rituelles Schlachten (Schächten) 122, 465
– Speisevorschriften, relig. .. 519, 524
Religionsgemeinschaft
– Begriff 23, 136, 373, 460, 524
– als Körperschaft d. öffentl. Rechts 30, 112, 475, 504
– als Verein 396
Religionswechsel 524
Religionsunterricht
– Gestellungsvertrag f. Lehrkräfte 318
– Stundenplangestaltung 131
Richter, ehrenamtl., Kirchenangestellter als R. 121

S

Scientology (Church, Kirche) 23, 94, 99, 224, 235, 305, 373, 396, 455, 460
Sekte, relig., Warnung vor S. 23, 94, 145, 188, 274
Selbstbestimmungsrecht d. Kirchen u. Religionsgemeinschaften s. Autonomie
Sozialhilfe, Hilfe zum Lebensunterhalt
– Beschneidungsfeier, muslim. ... 381
– Erstkommunionfeier 90
– Tauffeier 87, 357, 381
Spielhalle in Kirchennähe, Unzulässigkeit 152

Sch

Schächten, Verbot 122, 465
Schulwesen, öffentl.
– Bekenntnisschule, konfessionelle Homogenität des Lehrkörpers 191
– Elternrecht, relig. Erziehung .. 368
– Elternrecht, koedukativer Sportunterricht 341
– Erziehungsauftrag des Staates 328, 341, 368, 492
– Kreuz/Kruzifix, Entfernung aus Schulräumen 368
– Personalrat, Beteiligung bei Gestellung kirchl. Dienstkräfte 318
– Privatschule, kath., Schülerbeförderung, Kosten 277
– Religionsunterricht, Gestellungsvertrag f. Lehrkräfte 318
– Religionsunterricht, Stundenplangestaltung 131
– Schulpflicht, Glaubensfreiheit . 323
– Schwimmunterricht, koedukativer 323
– Sportunterricht, nach Geschlechtern getrennt 492
– Sportunterricht, koedukativer 328, 341
– Unterrichtsauftrag, kirchl., Entzug 199

Sachregister

St

Staats- u. Kommunalleistungen an Kirchen u. Religionsgemeinschaften 283
Strafrecht, Beschimpfung von relig. Bekenntnissen, Einrichtungen u. Gebräuchen (§ 166 StGB) 353
Strafvollzug, relig. Speisevorschriften 519, 524
Straße, Gemeingebrauch, Info-Stand von Scientology 373

T

Tarifvertrag 513
Taufe, Begründung der kirchl. Mitgliedschaft 30, 232
Tierschutz, Verbot des Schächtens 122, 465
Toleranzgebot, Adressat u. Inhalt 475, 492, 504
Türkei, Asylbegehren v. Zeugen Jehovas aus der T. 69
Treuepflicht kirchl. Arbeitnehmer 214, 438
Turmuhr, Glockenschlag, Einschränkung 112, 418

U

Unfallversicherung s. Versicherung
Universität, priv., Namensschutz 162
Unterrichtsvertrag, Anfechtbarkeit wegen Verwendung von Scientology-Schulungsmaterial 99

V

Verein
– Freimaurerloge, Wiederaufleben nach Auflösung 391
– Scientology, wirtschaftl. Geschäftsbetrieb 396
– Warnung vor Sekten etc. als Aufgabe 23, 94
Verfahrensrecht s. Prozeßrecht

Versicherung
– Arbeitsunfall eines Geistlichen . 500
– Berufsunfähigkeitsrente, ausl. Geistlicher 500
– Unfall, Fronleichnamsprozession 47
Versorgung u. Besoldung, kirchl., s. Dienstrecht, kirchl.
Vertretung der Kirchengemeinde 134, 424
Vollmacht f. Kirchengemeinde, Form 134

W

Warenzeichen, Bezeichnung „Messias" 490
Warnung vor Sekten etc.
– durch Äußerungen eines kirchl. Beauftragten 188, 275
– durch Bericht eines Landesministeriums, Gefahrenlage 145
– durch priv. Verein, staatl. Förderungsmaßnahmen 23
– durch priv. Verein, Meinungsfreiheit 94
Wehr- und Zivildienst
– Zeugen Jehovas 312
– Zurückstellung wg. Vorbereitung auf das geistl. Amt 527
Weltanschauung, Begriff 23
Werbungskosten, Pfarrer im Ruhestand 203
Wiesenfeld/Unterfranken, Kommunalbaulast an der Orgel der Pfarrkirche St. Mariä Himmelfahrt 283
Wissenschaftsfreiheit, Errichtung priv. Hochschulen 162
Würzburg, Landrecht, Kirchbaulast politischer Gemeinden 283

Z

Zeugen Jehovas
– aus der Türkei, Asylrecht 69
– Körperschaft d. öffentl. Rechts 475
– Personensorgerecht 517
– Pionierverkünder, Zivildienstbefreiung 312